한일번역탐구 시리즈2

Korean-Japanese Translation

한일번역탐구 II

유형별표현편

김원호 지음

UUP

한일번역탐구(Ⅱ) - 유형별표현 편 -

2010년 1월 20일 초판 1쇄 발행
2014년 9월 01일 초판 2쇄 발행

지은이 | 김원호
발행인 | 이 철
발행처 | UUP(울산대학교출판부)

출판등록 | 제 370-1996-000001호(1996.3.13)
홈페이지 | http://uup.ulsan.ac.kr
주소 | 680-749 울산광역시 남구 대학로 93(무거동)
울산대학교 출판부
전화 | (052) 259-2488
팩스 | (052) 277-3011

978-89-7868-349-4 94730

값 11,500원

* 잘못된 책은 교환해 드립니다.

머리말

지금 세계는 글로벌시대이다. 이 글로벌시대에 필수적인 것은 외국어를 구사하는 일일 것이다. 외국어를 익힌다는 말은 그 나라를 연구한다는 것이다. 그렇지 않고서는 겉핥기식으로 지식을 얻어 내는 것에 지나지 않을 것이기 때문이다. 지금은 정보의 전쟁시대이다. 누구가 먼저 그 정보를 선취하느냐가 성공의 관건이다. 우주를 개발하고 인터넷으로 모든 일을 자동으로 처리하게 되는 21C에 살고 있는 것이다. 우물 안에 틀어 박혀 '에헴'하고 앉아 있어서는 안 될 것이다.

일본과의 관계에 있어서도 마찬가지이다. 과거의 일에만 집착하지 말고 과거의 경험을 교훈삼아 장래를 밝게 바라보아야 할 것이다. 한・일양국의 파트너십을 구축하면서 신시대를 열어야 할 것이다.

현시대는 많은 외국의 정보들이 물 흐르듯 흘러 들어오고 있다. 특히 일본 문화는 일부 개방에 즈음하고 있는 시점이다. 중요한 사실은, 이러한 일본의 정보를 어떻게 수용하고 어떻게 취사선택해야 할 것인지, 또한 그 취사선택된 정보를 정확하게 파악하기 위해서는 어떻게 해야 할 것 인지이다. 그것은, 완벽한 언어학적 분석을 토대로 상호이전의 번역작업이 이루어져야 할 것이다. 여기에는 양언어의 문법, 표현, 의미 등 모든 부분에서 훌륭한 능력을 겸비해야 될 것으로 본다. 무엇보다 중요한 것은 확고한 주체적인 입장을 견지하면서 말이다.

본서는, 한국어 문장을 일본어로 이전하는 작업을 능숙하게 익히기 위하여 만들어진 어학서이다. 이 중에는 일본어의 의미와 용법 그리고 표현성, 표현 하나하나의 차이에 대하여 언급해 둔 부분이 많이 있다. 시중에는 많은 일본어 어학서가 있지만 한일번역에 관련된 서적은 그다지 많지 않다.

그래서 본서는, 다양한 상황을 설정하여 **「유형별 표현」을 중심으로** 한국인의 입장에서 한국어를 일본어로 번역하는 방법을 체계적이고 알기 쉽게 분석 정리해 보았다.

그리고 본서는, 일본어의 기본학습은 물론 어떤 종류의 시험에도 유용하게 대비할 수 있도록 엮어 놓았으므로 큰 성과가 있을 것으로 본다.

마지막으로 본서의 발간에 즈음하여 영시연구(英詩, 生態)에 열중하고 있는 작은 딸 지영이의 앞날에 좋은 결실과 행운이 있기를 마음속으로 바란다. 더욱이 본서가 출판되기까지 많은 도움을 준 후학들, 그리고 본교 출판부 여러분들에게도 고마움을 표시하고 싶다.

2009, 9. 20

문수공원의 이른 단풍을 보면서

저 자

■ 일러두기

1 본서는, **「유형별 표현」을 중심으로** 구성되어 있다. 일본어의 문에서 화자의 표현 의도 意図 는 문말에서 다양하게 나타난다. 거기에는 조동사와 종조사 그리고 연어형 連語形 이 대부분이다. 특히 조동사는 그 활용이 있느냐 없느냐, 또한 활용형이 완전한지 그렇지 않는지에 따라 서로간의 접속 순위가 있다. 본서에서는 이러한 순위에 의거하여 설명하기로 한다.

2 유형별 해당표현 하나하나에는 「한국어문」 「일본어번역문」 「주요용법」으로 나누어 구성되어 있다. 단, 「한국어문」은 그 카테고리의 번호를 표시하고, 「일본어번역문」은 〈번역〉으로 표시하여 제시해 둔다.

예) **한국어문 1-1** 길가에서 어린애가 울고 있는데, 어머니에게 꾸중을 들었을지도 모릅니다.

번역 道端(みちばた)で子供が泣いているがお母さんに叱(しか)られたのかも知れません。

3 **「한국어문」**에는, 보편적이고 타당성 있는 문장을 제시하였으며, 가능하면 일상의 생활에서 흥미롭게 생각되는 한국어문을 채택하려고 노력하였다.

4 **「일본어번역문」**은, 제시된 「한국어문」에 가장 올바른 일본

어문을 번역했다. 외국어로 이전하는 데는 <u>한 가지 표현만 있는 것이 아니고 다양하게 번역할 수 있다.</u>

5 《주요용법》의 내용은 다음과 같다.

1) 해당 「한국어문」을 일본어로 번역하는데 키포인트가 되는 용법과 한국어에 맞는 유의어를 들고, 그 유의어의 차이를 용례문을 통해서 알기 쉽게 설명해두었다.

2) 모든 용례문은 다음의 예와 같이 화살표 부호(⇨)를 사용했다.

예) ⇨ 像(ぞう)は鼻(はな)が長いです。
(코끼리는 코가 깁니다.)

3) 〈주요용법〉란의 설명 순서는, 「한국어문」의 키포인트를 우선으로 설명하기로 한다.

4) 용례문의 출전은 필요한 경우, 용례문 마지막에 부호 〔 〕로 표시해두었다.

예) 乱暴(らんぼう)で乱暴で行(ゆ)く先(さき)が案じられると母が言った。〔漱石, 坊っちゃん〕
(너무나 난폭해서 장래가 걱정된다고 엄마가 말했다)

6 본서에서 사용되는 일본어의 각 품사 및 활용형의 명칭은, 편의상 다음과 같이 《약어》로 표시하기로 한다.

《약어》

가. 품사의 약어

N : 명사

V : 동사

5단 → 5단활용동사

上1 → 上1단활용동사

下1 → 下1단활용동사

くる → か行変格동사

する → さ行変格동사

自v → 자동사

他v → 타동사

A : 형용사 (일명 い형용사)

Av : 형용동사 (일명 な형용사)

助v : 조동사

* 주의 : 「V-」「A-」「Av-」「助v-」의 약어표기는, 모두 활용어이므로 각각 해당품사의 어간 語幹 을 말한다.

나. 활용형의 약어

基 : 기본형(基本形)

未 : 미연형(未然形)

用 : 연용형(連用形)

体 : 연체형(連体形)

終 : 종지형(終止形)

仮 : 가정형(仮定形)

命 : 명령형(命令形)

예) 《V- 지 않다 → V-未 ない》라는 말은,
《V- 지 않다 → V의 어간+ 미연형+ ない》를 말한다.

* V의 연체형 · 종지형은 기본형과 형태가 같다.

* A의 연체형 · 종지형도 〃 〃

* Av의 연체형은 「な」이며, 종지형은 기본형과 같다.

7 〈주요용법〉에서 보이는 N · V · A · Av의 약어 표기는, 문장상에서는 동일어 同一語 가 아닌 조건으로 각각 사용됨을 전제로 한다.

예) 〈Nは Nだ〉(N ≠ N)

〈A-くも A-くもない〉(A ≠ A)

8 「한국어문」과 「일본어번역문」에서 그 중심문형 및 표현이 서로 대응하는 부분은 모두 밑줄(짙게)로 표시하였다.

예) 나는 아침 6시에 일어나**서** 운동합**니다.**

《번역》 私は朝六時に起き**て**運動し**ます**。

일본의 초밥도 과자도 맛있**었**습니다.

《번역》 日本の寿司(すし)もお菓子(かし)も美味し**かった**です。

9 한국어에는 「형용동사」라는 품사가 없으므로, 본서에서는 이것과 닮은 성질의 품사로 「형용사(A)」를 들어 표기하기로 한다.

예) 《A- 다 → Av- 終(だ)》

깨끗하다 → きれいだ

번화하다 → にぎやかだ

10 「주요용법」란의 설명 중, 「가타가나 표기」는, 활용어의 어미語尾 부분을 말한다. 또한 「ウ단」이란, 50음도에서 「う, く, ぐ, す, つ, ぬ, む, ぶ, る」와 같이 발음이 「u」로 끝나는 것을 통칭한다. (이하 ア, イ, エ, オ단도 같은 경우로 생각한다)

예) ウ단 → イ단(けす → けし, のる → のり, あそぶ → あそび)
→ オ단(けす → けそ, のる → のろ, あそぶ → あそぼ)

용례문의 참고문헌

- http://www.yahoo.co.jp의 辞書
- 新村出(1989),『広辞苑』, 3版, 岩波書店
- 文化庁(1973. 8),『外国人のための基本語用例辞典』, 大蔵省印刷局
- グループ・ジャマシイ 編(1998),『日本語文型辞典』, くろしお出版
- 市川保子(1977),『日本語誤用例文小辞典』, 凡人社
- 日本語教育学会(1982),『日本語教育事典』, 大修館
- 大阪外国語大学 朝鮮語研究会編(1985. 8),『朝鮮語大辞典』(上)(下), 角川書店
- 林史典・鶴岡昭夫(1992),『15万例文・成句 現代国語用例辞典』, 教育社
- 小学館辞典編輯部(1994),『使い方の分かる類語例解辞典』, 小学館
- 田忠魁・泉原省二・金相順(1998),『類義語使い分け辞典』, 研究社

목차

1

〈「(ら)れる」表現〉

[受身]

한국어문 1-1 길가에서 어린애가 울고 있는데, 어머니에게 꾸중을 **들었**을지도 모릅니다.

번역 道端(みちばた)で子供が泣いているが、お母さんに叱(しか)ら<u>れ</u>たのかも知れません。

주요용법

5단, する	未	れる	: いかれる, される
上1, 下1, くる		られる	: おきられる, たべられる, こられる

助v「(ら)れる」는, 위와 같이 V의 미연형에 접속하여 소위「受身」「可能」「尊敬」「自発」의 네 가지 뜻으로 사용된다.

이 네 가지의 의미 중에서「受身」(한국어의 受動)의 의미가 근본이 된다고 한다. 이「受身」를 근본으로 하여「自発」의 의미가 파생되었다고 한다. 즉 인간은 대자연에 유순하므로 자연의 힘에 의하여 모든 것이 이루어졌다는 것이다. 이러한 자연에서 어떤 능력이 생기게 되어 「可能」이 발생되어 모든 것이 이루어졌다는 것이 되었고, 그러한 「可能」의 힘을 가진 사람은 우월한 지위에 있게 되므로 「尊敬」의 의미가 발생되었다고 한다. 여기서는 「受身」의 용법으로 사용되고 있다.

⇨ 「しかる」(5단, 꾸중하다) → 「しかられる」 (꾸중 듣다)
「ほめる」(1단, 칭찬하다) → 「ほめられる」 (칭찬 듣다)

한국어문 1-2 남에게 고용<u>되어</u>서 일하기보다는 자기 <u>스스로</u> 장사를 하는 것이 좋다는 사람도 많습니다.

번역 人に雇(やと)わ**<u>れ</u>**て働(はたら)くよりは自分(じぶん)で商売(しょうばい)をしたほうがいいという人も多いです。

주요용법

❶ 「고용되다」는 「고용하다」의 수동형이다. 그러므로 「雇(やと)う」(5단)는 「雇われる」가 된다.

⇨ 氷屋(こおりや)さんのかきいれ時(どき)は夏なので、臨時(りんじ)に人を<u>やとい</u>ます。
(얼음장수의 대목은 여름철이라서 임시로 사람을 고용합니다.)

⇨ 道子の父親(ちちおや)は鉱山(こうざん)の保安要員(ほあんよういん)として<u>雇われ</u>た。
(미치코의 부친은 광산의 보안요원으로서 고용되었다.)

❷ 「남」이라는 말은, 「他人(たにん)」으로 번역되나 「人(ひと)」

자체만으로도 그 의미가 있다.

⇨ 人のことより自分(じぶん)のことを心配(しんぱい)しろ。
(남의 일보다 자기의 일을 걱정하라.)

⇨ 人を唆(そそのか)して犯罪(はんざい)を行(おこな)わせた人もまた罪(つみ)に問(と)われる。
(남을 부추겨서 범죄를 짓게 한 사람도 또한 죄를 묻게 된다.)

한국어문 1-3 매년 졸업시험은 11월초쯤에 행해지고 논문발표는 11월말쯤에 행해진다.

번역 毎年卒業試験(そつぎょうしけん)は11月初頃(はつごろ)行(おこな)わ**れ**、論文発表(ろんぶんはっぴょう)は11月末頃(すえごろ)行わ**れる**。

주요용법

대부분의 「受身」표현은, 유정물이 주체가 되는데, 이것 이외에 무정물이 주체가 되는 경우도 있다. 최근 눈에 띄게 사용되고 있는데 구문(欧文)의 영향인 것으로 보는 경향이 있다. (有情物 : 사람 또는 사람에 준하는 것으로 의사·감정을 갖고 있는 것. 無情物 : 유정물에 대해서 의사·감정을 갖고 있지 않는 것.)

⇨ 夏季(かき)オリンピックは四年ごとに行なわれる。
(하계올림픽은 4년마다 행해진다.)

⇨ この地球上(ちきゅうじょう)からすべての兵器(へいき)が廃絶(はいぜつ)される日が来ますように。
(이 지구상에서 모든 무기가 없어지는 날이 오도록.)

한국어문 1-4 어젯밤 아파트 위층에서 밤새도록 떠들어서 잠을 잘 수 없었다.

번역 昨夜(さくや)アパートの上の階(かい)で一晩中(ひとばんじゅう)騒(さわ)がれて眠(ねむ)れなかった。

주요용법

「떠들다」는, 「騒(さわ)ぐ」(自v)에 受身의 「れる」가 접속된다. 自v에 접속될 경우, 대부분 의도적이지 않음에도 불구하고 동작주에게 폐를 끼치게 된다. 이것을 「迷惑(めいわく)の受身」라 부른다.

⇨ 休み中ずっと雨に降られてしまった。
(방학 중 계속 비가 와 버렸다.)

⇨ 忙しいとき客に来られた。
(바쁠 때 손님이 왔다.)

⇨ 事件(じけん)がマスコミに騒(さわ)がれるのをおそれた彼は、どこかに行方(ゆくえ)をくらましていた。
(사건이 매스컴에 떠들썩해 지는 것을 두려워한 그는 어딘가로 행방을 감추고 있었다.)

[可能]

한국어문 1-5 나에게는 '친구'라 부를 수 있는 친구가 없다. 정말로 믿을 수 있는 진정한 친구를 갖고 싶다.

번역 私には'親友(しんゆう)'と呼(よ)べる友だちがいない。本当に信(しん)じられるまじめな友だちがほしい。

■ 주요용법

❶ 「믿을 수 있다」는, 가능표현으로 「信(しん)じる+られる」로 분석된다. 「(ら)れる」가 가능」을 나타내는 경우, 대부분 5단v 이외에 접속하여 사용하는 경향이 있다. 5단v에 사용되는 예는 「行かれる」가 자주 보이며 그 외의 경우는 「読める」「書ける」등과 같이 소위 「가능v」로 사용된다.

❷ 「진정한 N」이라는 말은, 「真(しん)のN」이나 「本当(ほんとう)のN」으로 작문하자.

⇨ 真の友達ならそんなことはしないだろう。
(진정한 친구라면 그런 것을 하지 않을 것이다.)
⇨ 困(こま)っているときの友達が本当の友達だ。
(곤란에 처해 있을 때의 친구가 진정한 친구이다.)

한국어문 1-6 일본인의 이름에는 어려운 이름이 많아서 좀처럼 외울 수가 없습니다.

번역 日本人の名前(なまえ)にはむずかしい名前(なまえ)が多いので、なかなか覚(おぼ)え**られ**ません。

■ 주요용법

「외울 수 있다」는, 「覚(おぼ)える+られる」로 분석하여 생각하자.

⇨ 今日は疲(つか)れているせいか、どうもせりふが覚えられないと役者(やくしゃ)はこぼしていた。
(오늘은 피곤한 탓인지 아무리 해도 대본을 외울 수 없다고 배우는 투덜거렸다)

한국어문 1-7 지난 일요일에는 악천후 때문에 운동<u>할 수</u> 없었다.

번역 この前の日曜日は悪天候(あくてんこう)のため運動<u>でき</u>なかった。

■ 주요용법

「운동할 수 있다」는,「運動する+れる」 즉「運動される」를 사용하여 가능을 나타내지 않는다. 다시 말하면,「する」의 가능 표현은「できる」로만 표현하는 것에 주의하자. 즉,「運動できる」와 같이 사용하면 된다.

⇨ 積雪(せきせつ)の多い冬期(とうき)の三ヶ月間、この道路は閉鎖(へいさ)され、車は<u>通行でき</u>ない。
(적설량이 많은 겨울의 3개월간, 이 도로는 폐쇄되어 차가 통행할 수 없다.)

한국어문 1-8 가벼운 교통사고를 당했다고 들었습니다만, 학교에 <u>올 수</u> 있겠습니까?

번역 軽(かる)い交通事故(こうつうじこ)にあったと聞きましたが、学校に<u>来(こ)られ</u>ますか。

■ 주요용법

최근에 「来られる」를 「来れる」,「起きられる」를 「起きれ

る」등「ラぬき」형태로 많이 사용되고 있는 추세다. 그것은 아마 5단v가 가능동사화한 것을 유추하여 사용하고 있는 것 같다. 즉「よむ(5단) → よめる, はしる(5단) → はしれる」와 같이「来る → 来れる, 起きる → 起きれる」로 사용하고 있는 것이다. 오용이라 할 수 있겠지만 현대 일본어에서는 파격적으로 사용되고 있으니 참고로 알아두자.

[自発]

한국어문 1-9 이 유치원 사진을 보니까, 괜지 고향에 있는 누나 생각이 난다.

번역 この幼稚園(ようちえん)の写真(しゃしん)を見ると、なんとなく故郷(ふるさと)の姉(あね)が思い出さ**れる**。

주요용법

❶ 「(ら)れる」의「自発」용법이다. 이 용법에는「～이 저절로 된다」라는 뜻이 내포되어 있다. 이러한 류의 표현은, 다음의 예와 같이「意思나 情意를 나타내는 V」에 국한하여 사용되고 있다.

⇨ 考(かんが)えられる(생각나다)　案(あん)じられる(걱정되다)
思(おも)い出(だ)される(생각나다)　心配(しんぱい)される(걱정되다)
偲(しの)ばれる (그리워지다, 그려지다)

⇨ 体が案じられれば無理(むり)をしないほうがよい。
(몸이 걱정되면 무리를 하지 않는 쪽이 좋다.)

⇨ 月を見てみると国(くに)のことが思い出されます。

(달을 보고 있으면 고향이 생각납니다.)

⇨ 将来(しょうらい)のことが心配される。
(장래의 일이 걱정된다.)

❷ 「고향」은, 「故郷(こきょう)」나 「ふるさと」 「国(くに)」로 번역하자. 「故郷」는 漢語的인 표현이며, 「ふるさと」는 일상어적인 표현이다. 「国」는 스스럼없이 하는 말로 많이 사용되고 있다. 「ふるさと」는, 「古里」 「故郷」 「故里」와 같이 여러 가지 한자로 표기할 수 있다.

⇨ ソウルは第二(だいに)の故郷です。
(서울은 제2의 고향입니다.)

⇨ 三年ぶりのクラス会で、ふるさとの懐(なつ)かしい言葉(ことば)を聞いた。
(3년만의 학급 모임에서 그리운 고향이야기를 들었다.)

⇨ お国はどちらですか。
(고향은 어디에요?)

⇨ 久(ひさ)しぶりに国の友人(ゆうじん)と会った。
(오래간만에 고향 친구를 만났다.)

한국어문 1-10 저렇게 한가하게 놀고만 있으니 장래가 걱정된다.

번역 あんなにのんきに遊んでばかりいては行(ゆ)く末(すえ)が心配(しんぱい)さ**れる**。

주요용법

❶ 「걱정되다」는, 「心配(しんぱい)する+れる」로 분석된다.

❷ 「한가하게」는, 「のんきに」로 표현하자.

⇨ 退職(たいしょく)した父は、母といっしょに田舎(いなか)に引(ひ)きこもって、<u>のんきに</u>暮(く)らしている。
(퇴직한 아버지는 엄마와 함께 시골에 파묻혀 한가로이 지내고 있다.)

❸ 「장래」는, 「行(ゆ)く末(すえ)」이외 「将来(しょうらい)」 「前途(ぜんと)」 「行(ゆ)く先(さき)」등이 있다. 「行く先」는, 「목적지」 「행선지」의 의미로도 많이 쓰인다.

⇨ 病弱(びょうじゃく)なわたしは、わが子の<u>行く末</u>が、案(あん)じられて眠れぬ夜もあります。
(병약한 나는, 우리 아이의 장래가 걱정이 되어 잠 못 이루는 밤도 있습니다.)

⇨ <u>前途</u>ある若者(わかもの)なら、もっと<u>将来</u>に目を向けて行動(こうどう)するべきだ。
(미래가 있는 젊은이라면, 더욱 장래를 향하여 행동해야 한다.)

⇨ あの子は長男(ちょうなん)なのに、いつまでたっても甘(あま)えん坊(ぼう)で<u>行く先</u>が案じられる。
(그 아이는 장남인데 늘 응석받이여서 장래가 걱정된다.)

⇨ <u>行く先</u>を言って外出(がいしゅつ)しなさい。
(행선지를 말하고 외출해요.)

한국어문 1-11 경복궁과 비원을 보고 있노라면, 왠지 이조시대의 번창했던 그 때의 모습이 **그려집**니다.

번역 景福宮(キョンボクグン)と秘苑(ビーウォン)を見ていると、なんとなく李氏朝鮮(イシちょうせん)の賑(にぎ)やかだった時代の面影(おもかげ)が偲(しの)ば**れ**ます。

주요용법

「그려진다」는, 「偲(しの)ぶ+れる」로 분석된다. 이것과 뉘앙스가 약간 다르지만 「떠오르다」는, 「思い浮(うか)ぶ」로 표현하는데 이 말은 「れる」를 붙이지 않고 사용한다.

⇨ 丘(おか)に立って故郷(こきょう)の村を眺(なが)めると、遠い昔(むかし)がしのばれます。
(언덕에 서서 고향 마을을 바라보면 먼 옛날이 그려집니다.)

⇨ この曲(きょく)を聴(き)いていると、田園(でんえん)の美しい風景(ふうけい)が、思い浮かびます。
(이 곡을 듣고 있노라면 전원의 아름다운 풍경이 떠오릅니다.)

한국어문 1-12 할아버지는 건강하시지만, 할머니는 몸이 편찮으셔 걱정**됩**니다.

번역 祖父(そふ)は元気(げんき)ですが、祖母(そぼ)は病気(びょうき)で案(あん)じ**られ**ます。

■ 주요용법

❶ 「걱정되다」도, 「案(あん)じる+られる」로 자발의 용법이다.

❷ 「할머니는 몸이 편찮으셔 걱정 된다」는, 「祖母は病気のことが案じられる」나 「祖母は病気で心配だ」로도 번역할 수 있다.

[尊敬]

한국어문 1-13 선생님께서는 연휴에 어딘가 가**셨**습니까?

번역 先生は連休(れんきゅう)にどこかへ行か<u>れ</u>ましたか。

■ 주요용법

「(ら)れる」의 존경용법이다. 일본어에서는 이 용법은 주로 학식 있는 부류의 사람들이 많이 사용하고 있는 용법인데, 단어의 간결함으로 인하여 앞으로도 발달할 소지가 많다고 한다.

⇨ 先生は明日成田(なりた)をたって、アメリカに行か<u>れる</u>。
(선생님은 내일 나리타를 출발하여 미국에 가신다.)

한국어문 1-14 이 분은 어제 막 일본에 오셔서 일본의 사정을 이해하시지 못합니다.

번역 この方(かた)はきのう日本へ来(こ)**られ**たばかりなので日本の事情(じじょう)があまりお分(わか)りになりません。

주요용법

❶ 존경표현「오시다」는,「来る+られる」로 분석할 수 있다.

⇨ 都合(つごう)で来られないい人が多くては、パーティーの料理を作るにも張(は)り合(あ)いが抜(ぬ)けてしまう。
(형편상 오시지 못한 분이 많으면, 파티 요리를 만드는데 맥이 빠져 버린다.)

❷「~ㄴ 지 얼마 되지 않았다」「막~하다」는,「~たばかりだ」로 번역하자.

⇨ このあいだ買ったばかりなのに、食卓(しょくたく)が壊(こわ)れてしまった。
(몇 일전 구입한지 얼마 안 되었는데 식탁이 부서져 버렸다.)

⇨ 買ったばかりの機械(きかい)が動(うご)かないそうだが、使用法(しようほう)を誤(あやま)っていないかい。
(금방 구입한 기계가 움직이지 않는다는데, 사용법을 잘못한 게 아닌가?)

한국어문 1-15 황태자는 매주 3일 기숙사에서 보내**십**니다. 전혀 특별한 대우는 받지 않으**시**고, 다른 학생과 같은 조건하에서 생활하**십**니다.

번역 皇太子(こうたいし)殿下(でんか)は週(しゅう)に三日(みっか)寮(りょう)でお過ごしになら**れ**ます。全然(ぜんぜん)特別(とくべつ)な待遇(たいぐう)に**お**受け**になら**ず、外(ほか)の学生と同(おな)じ条件下(じょうけんか)で生活さ**れ**ます。

■ 주요용법

❶ 여기서의「보내시다」「받지 않으시다」「생활하시다」는, 존경의 助v「(ら)れる」와「お～になる」형식을 사용하고 있다.「お～になる」형은,「(ら)れる」보다 존경의 정도가 높다.

⇨ 書く(5단) → お書きになる (쓰시다)
読む(5단) → お読みになる (읽으시다)

❷ 특히,「おっしゃる」를「おっしゃられる」로 한다던가,「申(もう)す」를「申される」로 사용하는 것은 오용이므로 주의해야 된다.

⇨ 祖母(そぼ)は口ぐせのように、「早く良(よ)い婿(むこ)を捜(さが)しておくれ」とおっしゃる。
(할머니는 입버릇처럼「빨리 좋은 신랑감을 데려 오너라」라고 말씀하신다.)

⇨ 時(とき)は金(かね)なりともうしますが。
(시간은 돈이라고 합니다만…)

2

〈使役表現〉

한국어문 2-1 인공적으로 비를 내리게 하여 사막을 녹지화 할 수 없을까?

번역 人工的(じんこうてき)に雨を降らせて、砂漠(さばく)を緑地化(りょくちか)することができないかしら。

■ 주요용법

❶ 사역 표현은, 상대방에게 명령하거나 요구하여 그대로 실행하게 한다는 의미를 나타내는데 주로 助v 「(さ)せる」를 사용한다. 〈(ら)れる의 접속방법과 동일〉

5단, する	未	せる	:	いかせる, させる
上1, 下1, くる		させる	:	おきさせる, たべさせる, こさせる

助v 「(さ)せる」는, 위와 같이 V・助v 未然形에 접속하여, 「～하게 하다」 「시키다」라는 소위 「使役」의 뜻으로 사용된다.[1] 접속방법이 助v 「(ら)れる」와 동일한 것이 특이하

다. (《유형별 표현 1-1》 참조)

⇨ いく(5단, 가다) → いかせる(가게 하다)
運動する(する, 운동하다) → 運動させる(운동하게 하다)
来る(くる, 오다) → 来(こ)させる(오게 하다)

❷ 「내리게 하다」는, 「降る+せる」로 분석하여 번역하자.

❸ 「~ㄹ까?」는, 의문・추량을 표현하는 말이다. 일본어에는 「~だろうか」「~かしら」「~か」로 번역하면 된다. 특히 「かしら」는, 여성들이 많이 사용하는 조사이다.

⇨ どうしたのだろうか。
(어떻게 된 걸까?)
⇨ これ、だれのわすれ物かしら。
(이거 누구의 분실물일까?)
⇨ どこに行くのがよいかな。
(어디에 가는 게 좋을까?)

---

1) 참고로 助v 「す」「さす」에 대하여 살펴보자. 「(さ)せる」 대신에, 5단v에는 「す」, 1단v와 「来る」는 「さす」를 붙여 사역을 표현하는 경우가 있으며 「する」의 경우는 「さす」가 된다. 이것은 文語에서 온 잔존형태이다. 주로 連用·終止·連体形으로 사용되며 그 중 「て」「た」에 접속되는 일이 많다.

⇨ ぼくにも歌わしてくれ。 … 用
(나도 노래 부르게 해 줘.)
⇨ 若い時にはずいぶん親を悩(なや)ましたものだ。 … 用
(어렸을 때는 꽤 부모님을 성가시게 했었다.)
⇨ 親が子どもに手紙を書かす。 … 終
(부모가 아이에게 편지를 쓰게 한다.)
⇨ これでは子供たちに十分食べさすこともできまい。 … 体
(이런 식이라면 어린이들에게 충분히 먹일 수도 없을 것이다.)

한국어문 2-2 공해문제에 대하여 주민들에게 깊은 관심을 갖게 했습니다.

번역 公害問題(こうがいもんだい)に対(たい)して住民(じゅうみん)らに深い関心(かんしん)を向(む)けさせました。

■ 주요용법

「갖게 하다」는, 「向(む)ける(下1)+させる」로 분석하자.

⇨ 相手を怒(おこ)らせることで、自分への関心を向けさせ、繋(つな)ぎ止(と)めようとする傾向(けいこう)がある。
(상대를 화나게 함으로써 자기 자신에게 관심을 갖게 하여 매어놓으려 하는 경향이 있다.)

한국어문 2-3 병이 나은지 얼마 되지 않으니까 너무 무리한 운동은 시키지 않는 것이 좋습니다.

번역 病気(びょうき)が治(なお)ったばかりですから、あまり無理(むり)な運動はさせないほうがいいです。

■ 주요용법

1. 「운동은 시키지 않는다」는, 「운동을 시키다」를 부정하면 된다. 즉 「運動をする+せる+ない」로 분석하여 번역하자.

⇨ 食べざかりの子供たちにひもじい思いをさ<u>せ</u>ないように苦労(くろう)しています。
(한창 먹을 아이들에게 배고픈 생각이 들지 않게 하려고 노력하고 있습니다.)

❷ 「~한지 얼마 되지 않다」와 같이 어떤 동작이 일어난 지 얼마 되지 않을 때는 「V-たばかりだ」로 한다.

⇨ 結婚(けっこん)し<u>たばかり</u>の姉(あね)は、楽しそうに、毎日家事(かじ)にいそしんでいる。
(결혼 한지 얼마 안 되는 언니는 즐거운 듯이 매일 집안일에 열심이다.)

한국어문 2-4 **금년에는 딸아이가 희망하고 있었던 해외여행을 가<u>게 하</u>기로 했습니다.**

번역 今年は娘(むすめ)が希望(きぼう)していた海外旅行(かいがいりょこう)に行か<u>**せる**</u>ことにしました。

주요용법

❶ 「가게 하기로 하다」는, 「行く+せる+ことにする」로 분석하여 번역한다.

❷ 「~기로 되다」 「~기로 하다」는, 「~ことになる」 「~ことにする」로 결정적인 일을 표현할 때 사용한다. 「こと」는 활용형의 연체형에 붙어 결심, 결정적인 사태를 나타낸다.

⇨ 金君は今度、東京大学へ行く<u>ことになっ</u>た。

(김 군은 이번에 도쿄대학에 가게 되었다.)

⇨ きょうから酒は飲まないことにしている。

(오늘부터 술은 마시지 않기로 한다.)

한국어문 2-5 갖가지 소음이 부지불식간에 사람들의 신경을 곤두서게 하고 있다.

번역 さまざまな騒音(そうおん)が、知(し)らず知らずに人の神経(しんけい)をいら立(だ)たせている。

■ 주요용법

❶ 「신경을 곤두서게 하다」는, 「神経(しんけい)をいら立(だ)つ」(신경이 곤두서다)를 사역으로 고치면 된다. 즉 「神経をいら立たせる」로 표현한다.

⇨ 寝不足(ねぶそく)のせいか、神経がいらだって、仕事に集中(しゅうちゅう)できない。

(잠 부족 탓인지 신경이 곤두서서 일에 집중할 수 없다.)

❷ 「갖가지다」는, 「いろいろだ」나 「さまざまだ」로 번역한다.

⇨ いろいろな食べ物を取(と)りそろえる。

(갖가지 음식을 갖추다.)

⇨ 空の色はさまざまに変(か)わる。

(하늘색은 여러 가지로 바뀐다.)

⇨ 兄弟でも性格(せいかく)はさまざまだ。

(형제라도 성격이 갖가지다.)

❸ 「부지불식간에」「자기도 모르는 사이에」는, 「知(し)らず知らずに」 나 「知らず知らずのうちに」로 번역하자.

⇨ 彼の話を聞くうちに、自分の身(み)の上と重(かさ)ね合わせて、私は知らず知らずに涙(なみだ)を流(なが)していました。
(그의 이야기를 듣는 동안, 나의 처지와 같아 나도 모르게 눈물을 흘리고 있었습니다.)

⇨ わたしたちは読書(どくしょ)をしながら、知らず知らずのうちに、人間や社会について経験(けいけん)を広(ひろ)げ深(ふか)めているのです。
(우리는 독서를 하면서 부지불식간에 인간과 사회에 대한 경험을 깊이 있게 넓혀 나갑니다.)

한국어문 2-6 무사태평한 저 사람에게 약간 자극을 주어 당황하 게 해 주자.

번역 あののんき者(もの)に少しショックを与(あたえ)て、あわてさせてやろう。

■ 주요용법

❶ 「당황하게 하다」는, 「あわてる(下1)+させる」로 분석된다.

⇨ 道にごみを捨(す)てようとさせた子供を母はそっとたしなめて、すぐかごに捨てさせた。
(길에 쓰레기를 버리려고 한 아이를 엄마는 조용히 타일러 바로 휴지통에 버리게 했다.)

❷ 「무사태평한 사람」은, 「のんき(な)者」로 하자. 즉 Av 「のんきだ」에서 온 말이다.

⇨ 彼女は生(う)まれつき<u>のんきな</u>性格(せいかく)だから、きっと長生(ながい)きするでしょう。
(그녀는 태어날 때부터 무사태평한 성격이므로 반드시 장수할 것입니다.)

한국어문 2-7 이 이상하고 잔혹한 사건은, 당시 모든 세계 사람들을 떨<u>게 했</u>다.

번역 この異常(いじょう)で残虐(ざんぎゃく)な事件(じけん)は、当時(とうじ)の世界中(せかいじゅう)の人を震撼(しんかん)さ<u>せ</u>た。

■ 주요용법

「떨다」는, 「震撼(しんかん)する」 나 「震(ふる)える」「戦(おのの)く」로 번역하자. 이 한국어문의 「떨게 하다」는, 「震撼する+せる」로 하고 있다.

⇨ プールからあがってきた選手たちは、くちびるをまっ青(さお)にしてぶるぶる<u>震え</u>ていた。
(풀장에서 나온 선수들은 입술을 새파랗게 하고 덜덜 떨고 있었다.)

⇨ 事件(じけん)を目撃(もくげき)した人たちは、恐怖(きょうふ)に<u>戦く</u>表情(ひょうじょう)でその模様(もよう)を語(かた)った。
(사건을 목격한 사람들은 공포에 떠는 표정으로 그 모습을

이야기했다.)

한국어문 2-8 독서라는 것은, 순식간에 사라지는 영상과는 달리, 인간에게 사물을 깊게 생각하게 한다.

번역 読書(どくしょ)というのは、瞬時(しゅんじ)に消(き)える映像(えいぞう)とは違(ちが)って、人間(にんげん)に物を深(ふか)く考(かんが)えさせる。

주요용법

❶ 「생각하게 하다」는, 「考える+させる」로 분석된다.

❷ 「순식간에」는 「瞬(また)く間(ま)に」나 「またたくうちに」로 번역하자.

⇨ 少女(しょうじょ)を乗(の)せた赤い自動車はまたたくまに走(はし)り去(さ)って行った。
(소녀를 태운 빨간 자동차는 순식간에 달려갔다.)

⇨ わたしの青春(せいしゅん)はまたたくうちに過(す)ぎ去(さ)ってしまった。
(내 청춘은 순식간에 지나가고 말았다.)

❸ 「사라지다」는, 「消(き)える」 「無(な)くなる」로 표현하자.

⇨ 「にじだ、にじ。」と弟がさけぶうちに早(はや)くもにじははかなく消えようとしていた。
(「무지개다 무지개!」라고 동생이 외치는 사이에 무지개는 허무하게도 벌써 사라지려고 하고 있었다.)

⇨ 話(はなし)がはずみ、気がついた時には、もう帰る電車がなくなっていた。
(이야기가 흥이 나 정신을 차렸을 때는 이미 돌아갈 전차가 보이지 않았다.)

❹ 「～와(는) 달리」는, 「～と(は)違(ちが)って」로 번역한다.

⇨ 人間(にんげん)は機械(きかい)とちがって、想像力(そうぞうりょく)をもっている。
(인간은 기계와 달리 상상력을 갖고 있다.)

한국어문 2-9 **할아버지는, 새해 첫날 아침에 가족 모두에게 새해 소감을 말하게 하는 것을 관례로 삼고 있다.**

번역 祖父(そふ)は、元旦(がんたん)の朝、家族全員(ぜんいん)に年頭所感(ねんとうしょかん)を語(かた)ら**せる**のを習(なら)わしとしている。

■ 주요용법

❶ 「말하게 하다」는 「語(かた)る(5단)+せる」로 생각하자.

❷ 「관례(습관, 풍습)」는, 「慣例(かんれい)」나 「仕来(しきたり)」 「習(なら)わし」로 번역하자.

⇨ その会社では、女子社員(じょししゃいん)は結婚すると辞(や)めるのが慣例のようになっていた。
(그 회사에서는, 여사원은 결혼하면 그만 둔다는 것이 관례와 같이 되어 있었다.)

⇨ お正月(しょうがつ)のしきたりの一つにおとそを飲むというのがある。
(설날 풍습의 하나로 도소주를 마시는 일이 있다.)

⇨ 一日(いちにち)に三回食事(しょくじ)をするという習わしは、いつごろ始まったのでしょうか。
(하루에 세끼 식사하는 습관은 언제부터 시작됐을까?)

❸ 「~을 ~로 삼다」는, 「~を~にする」「~を~とする」나「~を~と見(み)なす」로 번역하자.

⇨ 彼を競争(きょうそう)の対象(たいしょう)としている。
(그를 경쟁의 대상으로 삼고 있다.)

⇨ 韓国および日本では多くの場合、これを助詞(じょし)という品詞(ひんし)と見なす。〔朝鮮語の格語尾〕
(한국 및 일본에서는 대부분의 경우 이것을 조사라고 하는 품사로 간주한다.)

한국어문 2-10 오염을 막고 호수를 소생시키기 위해서 어떠한 대책을 세워야할 것인가?

번역 汚染(おせん)をくい止(とめ)、湖(みずうみ)を生(い)き返(かえ)ら**せる**ために、どのような対策(たいさく)をとるべきか。

■ 주요용법

❶ 「소생하다」는, 「生(い)き返(かえ)る」(自v, 5단)이다. 여기서는 「소생시키다」이므로 他v로 바꾸어 표현한다. 「せる」를

붙여 「生き返らせる」로 번역하면 된다.

❷ 「막다」는, 「止(とめ)る」나 「くい止(とめ)る」로 번역하자.

⇨ 傷口(きずぐち)の痛(いた)みをとめる。
(상처의 통증을 멎게 하다.)

⇨ 環境破壊(かんきょうはかい)をくい止め、自然(しぜん)を回復(かいふく)させることは、地球(ちきゅう)に生(い)きるわたしたちの重要(じゅうよう)な課題(かだい)です。
(환경파괴를 막고 자연을 회복시키는 일은 지구에 살고 있는 우리들의 중요한 과제입니다.)

한국어문 2-11 이 분야의 기술을 향상시키기 위하여, 여러 가지 실험을 해 보고, 많은 인력과 경비를 투자했다.

번역 この分野(ぶんや)の技術(ぎじゅつ)を向上(こうじょう)せしめるために、いろいろの実験(じっけん)をしてみたし、多くの人手(ひとで)と経費(けいひ)を投資(とうし)した。

■ 주요용법

助v 「しめる」는, 文語의 사역 助v 「しむ」에서 발생되었다. 회화체로는 사용되지 않고, 주로 문장체로 쓰이면서 사역의 뜻(~하게 하다, 시키다)을 갖고 있다. V의 未、文語 助v 「ず」「たり」의 미연형(「ざら」「たら」)에 접속되는데, 동작의 주체에는 「に」 또는 「をして」를 붙인다.

⇨ 知る(5단、알다)　　　　　→ 知らしめる (알게 하다)
運動する(する、운동하다)　→ 運動せしめる (운동하게 하다)

⇨ 彼の説教(せっきょう)は悪人(あくにん)をして真人間(まにんげん)たらしめる説得力(せっとくりょく)を持つ。
(그의 설교는 악인이 참인간이 되도록 하는 설득력을 갖는다.)

⇨ 彼をして行かざらしめることは不可能(ふかのう)だ。
(그를 가지 않게 하는 것은 불가능하다.)

한국어문 2-12 제가 말하면, 책임은 당연히 정부가 져야 한다고 생각합니다.

번역 私に言わ**しめれ**ば、責任(せきにん)は当然(とうぜん)政府(せいふ)が取(と)るべきだと思っております。

주요용법

「제가 말하면」은, 「저에게 말하게 한다면」이라는 의미이다. 즉 「言う+しめる+ば」로 분석하여 번역하자.

⇨ 私をして言わしめれば、彼は悪人(あくにん)である。
(제가 말하면 그는 나쁜 사람이다.)

⇨ 私に言わしめれば、日本の大部分の人々がこういう意見をもっていること自体に危機感(ききかん)があると思っている。
(제가 말하면, 일본의 대부분의 사람들이 이런 의견을 갖고 있는 것 자체에 위기감이 있다고 생각한다.)

3

〈V+使役+受身表現〉

한국어문 3-1 어제는 머리가 아파서 약을 먹지 않을 수 없었다.

번역 昨日(きのう)は頭(あたま)が痛(いた)くて薬(くすり)を飲ま**された**。

주요용법

❶ 〈마지못해 V-하다 ⇒ V-(さ)せられる, -Vされる〉

아래의 표현 (a)와 (b)는 동일한 의미를 갖고 있으며 (b)쪽(「される」)이 구어체이다. 어떠한 행동을 하는데 「마지못해 하게 될 때」 또는 「본의 아니게 타인에 의해 하게 될 때」 이와 같은 표현을 사용한다.

┌ 飲む+せる+られる → 飲ま **せ られる** (마지못해 마시다) … (a)
└ 飲む+す(使役 助v)+れる → 飲ま **さ れる** (〃) … (b)
┌ 待つ+せる+られる → 待た **せ られる** (본의 아니게 기다리다) … (a)
└ 待つ+す+れる → 待た **さ れる**(〃) … (b)

(a)와 같이 5단v에 붙는 「せられる」는, 구어체의 경우에 (b)와 같이 「される」로 되는 일이 많다. 단, 「話す」 「消す」와 같이 「す」로 끝나는 말에는 「される」로 하여 사용할 수 없다.

⇨ 話さされる (×)　消さされる (×)

❷ 「약을 먹다」는, 「薬(くすり)を飲む」를 쓴다. 「먹지 않을 수 없다」는, 마지못해서 먹는 경우이므로 「飲ませられる」 또는 「飲まされる」로 번역한다.

⇨ 被害者(ひがいしゃ)は病死(びょうし)のように見えたが, 実(じつ)は薬物(やくぶつ)を<u>飲まされ</u>ていたことが判明(はんめい)した。
(피해자는 병으로 죽은 것 같이 보였지만, 실은 약물을 먹었던 것으로 판명됐다.)

한국어문 3-2 **송년회에서 많은 사람들 앞에서 억지로 노래를 부르<u>게 되</u>어 부끄러웠다.**

번역 忘年会(ぼうねんかい)でおおぜいの人の前に無理(むり)やり歌(うた)を歌(うた)わ<u>**され**</u>て恥(は)ずかしかった。

주요용법

❶ 「마지못해 노래를 부르게 되었다」는 뜻이므로 「歌(うた)う+す+れる」로 분석되며 「歌う+せる+られる」와 같다. 즉 「歌わさ

れる」나 「歌わせられる」로 사용하면 된다.

⇨ 押(お)し売(う)りにいりもしないものを買わ<u>され</u>てしまった。
(강제로 사라고 해서 필요도 없는 것을 사버렸다.)

❷ 「억지로」는, 「無理(むり)やり」나 「強(し)いて」「無理に」로 번역하자.

⇨ 無理なことを<u>強いて</u>行(おこな)おうとすると、必ずしっぱいするものです。
(무리한 것을 억지로 행하려 하면 반드시 실패하는 법입니다.)

⇨ お客にさけを<u>無理に</u>すすめないほうがよい。
(손님에게 술을 무리하게 권하지 않는 것이 좋다.)

한국어문 3-3 **수업 중에 장난을 치기도 하고 숙제를 게을리 하면, 걸상을 높게 들어 올려 서 <u>있</u>기도 했다고 합니다.**

번역 授業中(じゅぎょうちゅう)にいたずらをしたり宿題(しゅくだい)を怠(おこた)ったりしたら、椅子(いす)を高く持(も)ち上げながら立(た)た<u>**され**</u>たりしたそうです。

주요용법

❶ 「서 있다」는, 본의 아니게 서 있게 된다는 의미이므로 「立つ+す+れる」 또는 「立つ+せる+られる」로 분석하여 사용한다. 즉 「立たされる」「立たせられる」로 번역할 수 있다.

⇨ 生(い)きるか死(し)ぬかの土壇場(どたんば)に立たされると、人は思わぬ力(ちから)を出(だ)せるものです。
(죽느냐 사느냐의 막판에 세워지면 사람은 생각지도 않은 힘을 내게 되는 법입니다.)

❷ 「장난을 치다」는, 「いたずらをする」로 한다.

⇨ 子供らがいたずらをしないよう見張(みは)っていなさい。
(아이들이 장난을 치지 않게 지키고 있으세요.)

❸ 「(일 등을) 게을리 하다」는, 「怠(おこた)る」를 사용하여 번역하자.

⇨ チャンピオンを夢(ゆめ)見て練習に励(はげ)む青年(せいねん)は、一日(いちにち)も努力(どりょく)を怠らない。
(챔피언을 꿈꾸면서 연습에 열심인 청년은, 하루도 노력을 게을리하지 않고 있다.)

한국어문 3-4 **산만큼이나 많이 쌓여 있는 집안일을, 재빨리 처리해 가는 엄마에게서 늘 감탄을 느끼게 된다.**

번역 山ほどたまっている家事(かじ)を、速(すみ)やかに処理(しょり)していく母には、いつも感心(かんしん)させられる。

주요용법

❶ 「감탄을 느끼게 된다」는, 그러한 모습에서 저절로 나타나게 된다는 의미이므로 「せられる」로 형으로 번역하면 된다. 「感心(かんしん)する+せられる」로 분석된다.

⇨ この作家(さっか)の洗練(せんれん)された文体(ぶんたい)にはいつも感心させられた。
(이 작가의 세련된 문체에서는 언제나 나도 모르게 감동하게 된다.)

❷ 「쌓이다」는, 「た(溜)まる」 나 「積(つ)もる」로 번역한다.

⇨ 台所のごみがたまったので、袋(ふくろ)に入れて、ごみ捨(す)て場(ば)に出してちょうだい。
(부엌 쓰레기가 쌓여 있으니까 봉지에 넣어 쓰레기 버리는 곳에 내놔 줘.)

⇨ 二週間も家を空(あ)けていたので、テーブルにはほこりが積もっていた。
(2 주일이나 집을 비워 두어 테이블에는 먼지가 쌓여 있었다.)

❸ 「재빨리」는, 「速(すみ)やかだ」의 연용형 「速やかに」로 번역하자.

⇨ 本件(ほんけん)に関(かん)して、市(し)としては可及的(かきゅうてき)速やかに対処(たいしょ)するつもりです。
(본건에 관해서 시로서는 가급적 신속하게 대처할 예정입니다.)

한국어문 3-5 집 안에서는, 저의 아버님이 의사이기 때문에 어떻게 해서라도 대물림을 원하셔서, 의과대학시험을 치게 되었어요. 그렇지만 결국은 그만두게 되었습니다.

번역 うちでは、私の父が医者(いしゃ)だからどうしても後(あと)を継(つ)がせたいといって、私は医学部(いがくぶ)の試験(しけん)を受(う)け**させられ**ましたよ。でも結局(けっきょく)は止(や)めることになりました。

주요용법

❶ 「시험을 치게 되다」는, 본인의 의사가 들어가 있지 않다. 마지못해 시험을 친 것이므로 「受けさせられる」표현이 적합하다. 「受ける+させる+られる」로 분석된다.

❷ 「시험을 치다」는, 「試験(しけん)を受ける」로 번역한다. 「試験を見る」라는 말은 사용하지 않는다.

⇨ 兄は、難しい大学の入学試験を受けて、めでたく合格(ごうかく)した。
(형은 어려운 대학의 입학시험을 치고 영광스럽게 합격했다.)

❸ 「대물림하다」 「뒤를 잇다」는, 「後(あと)を継(つ)ぐ」 나 「代(だい)を継ぐ」를 사용하자. 행위의 주체는 「집안」 이므로 사역을 붙여 표현하면 된다.

⇨ 王(おう)の死後(しご)、だれが後を継ぐかで、兄弟の間に醜(みにく)い争(あらそ)いが始まった。
(왕이 죽은 후 누가 뒤를 이을지 형제간의 추악한 싸움이 시작되었다.)

⇨ 「桃太郎」 (ももたろう)や 「浦島太郎」(うらしまたろう)などの昔話(むかしばなし)は、孫子(まごこ)の代まで語(かた)り継がれていくだろう。
(「모모타로」나 「우라시마타로」 등 옛날이야기는, 손자대까지 이야기가 이어져 갈 것이다.)

한국어문 3-6 「자기 스스로 해야 할 일은 빠짐없이 해야 된다」라고 늘 아버지로부터 이야기를 들어 왔습니다. 그렇게 들어 보면, 아버지의 말씀도 꽤 수긍이 가는 데가 있는 듯합니다.

번역 「自分(じぶん)ですべきことは、ちゃんとすべきだ」といつも言(い)い聞(き)かされていました。そう言(い)われて見(み)ると、父の話(はな)しにもかなりうなずかせられるところがあるように思われます。

주요용법

여기서의 「이야기를 듣다」「수긍이 가다」는, 본의 아닌 상황으로 판단되므로 「言(い)い聞(き)かされる」「うなずかせられる」로 번역한다. 「言い聞く+す+れる」「うなずく+せる+られる」로 분석할 수 있다.

⇨ 祖父の昔話は、耳にたこができるほど聞かされた。
(할아버지의 옛날이야기는 귀에 못이 박힐 정도로 들었다.)

4

〈希望·欲求表現〉

한국어문 4-1 저 거만한 여자의 콧대를 한 번이라도 좋으니까 꺾어 놓고 싶다.

번역 あの高慢(こうまん)な彼女の鼻を一度でいいから、へし折(お)ってみたい。

■ 주요용법

1. 「~고 싶다」의 희망·욕구 표현은, 助v 「~たい」를 사용한다. 「~たい」가 문말술어에 나타나는 경우에는, 일반적으로 화자자신이 어떤 행위나 태도의 실현을 희망하는 경우에 사용하지만 타인의 심정을 직접 나타내는 일은 없다. 상대방에게 희망·욕구를 질문하는 경우에는, 「か」「かい」를 붙인다.

⇨ この仕事(しごと)はどうしても今日中に仕上(しあ)げてしまいたい。
(이 일은 어떻게 해서라도 오늘 중으로 끝내고 싶다.)

⇨ 今日はだれにも会いたくない。

(오늘은 아무도 만나고 싶지 않다.)

⇨ 君は酒が飲みたい。(×)

(자네는 술을 먹고 싶다.)

⇨ 君もいっしょに行きたいかい。

(자네도 함께 가고 싶은 거야?)

❷ 「콧대를 꺾어 놓다」는, 「鼻(はな)をへし折(お)る」로 쓰자.

⇨ ぜがひでも優勝(ゆうしょう)して彼の自慢(じまん)の鼻をへし折ってやりたい。

(무슨 일이 있어도 꼭 우승하여 그의 잘난 체하는 콧대를 꺾어 주고 싶다.)

한국어문 4-2 **기쁠 때 기뻐하고 슬플 때 눈물을 흘리고 이상한 일에는 놀라는, 그러한 당연한 마음을 소중히 하고 싶다.**

번역 うれしい時に喜(よろこ)び、悲(かな)しい時に涙を流(なが)し、不思議(ふしぎ)なことには驚(おどろ)く、そういうあたりまえの心を大切(たいせつ)にし**たい**。

주요용법

❶ 희망표현 「~고 싶다」는, 앞과 마찬가지로 「~たい」를 사용하여 번역한다. 「소중히 하다」 「중요시 하다」 는 「大切(たいせつ)にする」를 쓰자.

⇨ 物の豊富(ほうふ)な現代(げんだい)、物を大切にする心が失(うしな)われてきています。
(물질이 풍부한 현대, 물질을 소중히 하는 마음이 상실되고 있습니다.)

한국어문 4-3 사용하고 싶은 사람이 언제라도 사용할 수 있도록 테니스 코트는 열쇠를 잠그지 말아주세요.

번역 使(つか)い**たい**人がいつでも利用(りよう)できるようにテニスコートは鍵(かぎ)をかけないでください。

주요용법

「사용하고 싶은 사람」은, 연체수식구의 경우이다. 이 경우의 「たい」는 화자 자신의 희망・욕구를 나타내기도 하고, 화자 이외의 희망・욕구를 나타내기도 하지만 이때는 「특정한 무엇」을 희망하지는 않는다.

⇨ こう物価が高くなっては買いたいものも買えない。 … 화자
(이렇게 물가가 올라서는 사고 싶은 것도 살 수 없다.)

⇨ あなたの食べたいものを用意しますから、遠慮(えんりょ)なく言って下さい。 … 화자이외
(당신이 먹고 싶은 것을 준비할 테니까 염려 말고 말해 주세요.)

⇨ 伝言板(でんごんばん)には、相手に伝えたいことを簡潔(かんけつ)に書こう。 … 화자이외
(전언판에는 상대에게 전하고 싶은 것을 간결하게 쓰자.)

한국어문 4-4 그녀는 코트가 구겨지는 초만원 전철을 두 번 다시 타고 싶지 않았다. 〔소설〕

번역 彼女はコートがくしゃくしゃにされる超満員(ちょうまんいん)の電車に二度(にど)と乗り<u>たく</u>なかった。

주요용법

「그녀는 ~타고 싶지 않았다」라는 희망표현은, 소설 속에 있는 주인공의 입장이 되어 화자의 희망을 나타내고 있는 경우로 보아 「~たい」로 번역하는 것이 적절하다.

⇨ 父は、このままでは終わり<u>たく</u>ない、もうひと花咲(はなさ)かせ<u>たい</u>、と常々(つねつね)言っていた。〔소설〕
(아버지는 이렇게는 끝나고 싶지 않고 다시 재기하고 싶다고 늘 말하고 있었다.)

한국어문 4-5 서울에서 일하고 있는 누나는, 엄마에게 보낸 편지에서 시골로 돌아가고 싶다고 한다.

번역 ソウルで働いている姉は、母親にあてた手紙の中で、田舎へ帰り<u>たい</u>ともらしていたという。

주요용법

「~고 싶다」의 주체는 제3인칭 「姉」이다. 이 한국어문에서는 「~たい」를 사용하여 표현하고 있는데, 이 경우 제3자의 희망을 전문・단정・추측하는 경우에 「という」「のだ」「ようだ」「だろう」등의 보조어를 동반하여 사용된다.

⇨ 兄は今月日本へ行きたいという。 … 전문
(형은 이번 달에 일본에 가고 싶다고 한다.)

⇨ 田中さんはあなたに頼みたいんですよ。 … 단정
(다나카씨는 당신에게 부탁하고 싶은 거예요.)

⇨ 一部の学生は旅行に参加したくないようだ。 … 추측
(일부의 학생은 여행에 참가하고 싶지 않은 것 같다.)

⇨ 彼女はもっときれいな旅館(りょかん)に泊まりたいでしょうね。
(그녀는 좀 더 깨끗한 여관에 묵고 싶은 거군요.) … 추측

한국어문 4-6 **사건을 공개하고 싶지 않다는 주위의 압력을 뿌리치고, 그는 그 일을 책으로 내놓았다.**

번역 事件を公(おおやけ)にしたくないという周囲(しゅうい)の圧力(あつりょく)をはねのけて、彼はそのことを本に著(あらわ)した。

■ 주요용법

1 「공개하고 싶지 않다는 주위의 압력」은, 제3자의 희망・욕구를 나타내고 있다. 연체수식구내에서 「たい」의 사용이다. 화자 자신이나 화자 자신 이외의 희망・욕구에도 사용한다. 아래의 예①의 形을 취하며, ②는 자연스럽지 않다.

⇨ ① これが山田さんが ┌ 買いたいと言っていた ┐ 本ですよ。
└ 買いたがっていた ┘

(이것이 야마다씨가 ┌ 사고 싶다고 말하던 ┐ 책입니다.)
└ 사고 싶어 하던 ┘

② これが山田さんの買いたい本ですよ。
(이것이 야마다씨가 사고 싶어 하는 책입니다.)

❷ 「공개하다」는, 「公(おおやけ)にする(なる)」 「公開(こうかい)する」로 표현해 본다.

⇨ その事件が公になると、日本中(じゅう)が騒然(そうぜん)となった。
(그 사건이 공개되자 일본 전체가 시끄러웠다.)

❸ 「～를 뿌리치다」는, 「～をはね除(の)ける」로 쓰자.

⇨ 深い認識(にんしき)に至(いた)るため、先入観(せんにゅうかん)や偏見(へんけん)というまぶたにかぶっている覆(おお)いをはねのけなければならない。
(깊은 인식에 이르기 위하여, 선입관이나 편견이라는 꺼풀로 덮혀 있는 덮개를 제거하지 않으면 안 된다.)

한국어문 4-7 **비가 와서 좁은 집안에 갇혀 있던 남동생은, 바깥에서 마음껏 설치고 싶어 한다.**

번역 雨でせまい家(いえ)の中に閉(と)じこめられた弟は、外で思い切(き)り暴(あば)れ**たがっ**ている。

■ 주요용법

❶ 「～고 싶어하다」의 희망・욕구 표현은, 「～たがる」로 쓰

자. 「～たがる」는, 다음과 같이 정리할 수 있다.

(1) 일반적으로 「제3자」의 희망・욕구 표현에 사용 → 화자가 관찰자 입장에서

⇨ 子供はだれでも大人のまねをしたがるものだ。
(어린이는 누구라도 어른 흉내를 내고 싶어 하는 것이다.)

(2) 「제3자」가 당사자의 언동 등에서부터 그러한 심정을 내포하고 있는 것이 충분히 이해되는 경우에 많이 사용한다.

⇨ 母は済州島へ行きたがる。
(엄마는 제주도에 가고 싶어 한다.)

(3) 「제3자」의 어느 정도 지속적인 심정을 취해 서술하는 것이 보통 → 「ている」를 취함

⇨ 彼は若いころ絵かきになりたがっていた。
(그는 젊은 시절 화가가 되고 싶어 했다.)

❷ 「마음껏」은, 부사 「思い切(き)り」나 「思う存分(ぞんぶん)」으로 번역하자.

⇨ 時には大声(おおごえ)を上(あ)げて、思い切り叫(さけ)んでみたくなる。
(때로는 큰 소리를 내고서 마음껏 소리 질러 보고 싶어진다.)
⇨ 思う存分実力(じつりょく)を発揮(はっき)してみろ。
(마음껏 실력을 발휘해 보아라.)

❸ 이 한국어문의 「설치다」는, 「暴(あば)れる」도 좋지만 「飛(と)び回(まわ)って遊ぶ」도 좋다. 「暴れる」는 일반적으로 마이너스적인 뉘앙스가 내포되어 있다.

⇨ 毎晩ねずみが台所であばれてこまります。
(매일 밤 쥐들이 부엌에서 설쳐 죽겠습니다.)
⇨ 子供たちが公園で飛び回って遊んでいる。

(어린이들이 공원에서 마구 뛰놀고 있다.)

한국어문 4-8 나는 어린 시절 자주 동물원에 가고 싶어 했던 것 같다.

번역 私は子供の頃(ころ)よく動物園(どうぶつえん)へ行き**たがっ**ていたようだ。

주요용법

1인칭의 경우, 「~고 싶어 하다」가 과거를 돌아보고 그때의 심정을 회상하는 경우라면 「~たがる」를 쓰는 것이 좋다.

⇨ 私が行きたがっているのに、あなたは知(し)らん顔(かお)をしている。
(내가 가고 싶어 하는데도 당신은 모른 척 하고 있다.)

⇨ 子どものころ、私は人(ひと)の食べている物を食べたがった。
(어린 아이 때는 나는 남이 먹고 있는 것을 먹고 싶어 했었다.)

한국어문 4-9 앞으로 이 기계의 조작에 대하여 배우고 싶은 것이 있으면, 그녀에게 부탁하세요.

번역 これからこの機械(きかい)の操作(そうさ)について教え**てもらいたい**ことがありましたら、彼女(かのじょ)に頼(たの)んでください。

주요용법

「배우고 싶은 것」은, 일본어로는 「가르쳐 받고 싶은 것」 즉 「教えてもらいたいこと」로 번역하는 것이 일본어답다. 「～てもらいたい」를 사용하여 희망・욕구를 나타내는 경우이다. 겸양어 「～ていただきたい」도 같은 용법이다. 이 형식은 자기 자신의 뜻을 짐작해 줄 것(「くんでくれる」)을 상대방에게 기대하는 뜻이 있고, 文末술어로 사용될 때에는 상대방에 대한 요구 또는 완곡한 명령이 될 수 있다.

⇨ ちょっと私の部屋まで来<u>てもらいたい</u>。 … 요구
(잠깐 내 방까지 와 줬으면 좋겠다)

⇨ この単語の意味を説明し<u>ていただきたい</u>のですが。 … 완곡한 명령
(이 단어의 의미를 설명해 주셨으면.)

한국어문 4-10 **이 부근의 집들은 모두 다 똑같이 빈 집이 털렸기 때문에, 빨리 범인이 검거<u>되기</u>를 바라고 있다.**

번역 この付近(ふきん)の家々(いえいえ)はのきなみ空(あ)き巣(す)ねらいにやられているので、早く犯人(はんにん)を挙(あ)げ<u>**てもらいたい**</u>と願(ねが)っている。

주요용법

① 「되기를 바라다」는, 앞과 마찬가지로 「～てもらいたい」형식을 사용한다.

❷ 「모두 다 똑같이」는, 부사 「軒並(のきなみ)」나 「一様(いちよう)に」「ひとしく」로 표현하자.

⇨ 第二次世界大戦(だいにじせかいたいせん)の空襲(くうしゅう)で、この辺(あた)りは軒並焼(や)けてしまいました。
(제2차 대전의 공습으로 이 부근은 모두 다 타 버렸습니다.)

⇨ みなさんがその意見にいちように反対(はんたい)しました。
(여러분들이 그 의견에 모두가 한결같이 반대했습니다.)

⇨ その発表にひとしく感嘆(かんたん)の声(こえ)を上(あ)げた。
(그 발표에 한결같이 감탄의 소리를 질렀다.)

❸ 「빈 집이 털리다」는, 수동형 「空(あ)き巣(す)ねらいにやられる」로 번역한다.

⇨ うっかりしてて、かぎをかけ忘れて、空き巣ねらいにやられた。
(깜박 열쇠 잠그는 것을 잊어버려 빈 집이 털렸다.)

한국어문 4-11 「조합원은 전원 내일 대회에 참가**해 주기 바란다**」는 공고가 게시판에 붙어 있었다.

번역 「組合員(くみあいいん)は全員(ぜんいん)明日の大会(たいかい)に参加(さんか)さ**れたい**」というお知(し)らせが掲示板(けいじばん)に貼(は)ってあった。

■ 주요용법

한국어문의 「～해 주기 바란다」와 같이, 실질적인 요구・명

령에 가까울 때는「V+(ら)れる+たい」또는 「N+せられたい」의 형식을 사용할 수도 있다. 일본의 관청(役所) 등에서 사용하는 문서에서 자주 보이는 문장표현으로, 좀 딱딱한 문체라 할 수 있다.

⇨ 何等(なんら)かの変更(へんこう)がある場合は、すぐに届出(とどけで)られたい。
(어떠한 변경이 있는 경우는, 곧바로 신고해 주기 바란다.)

⇨ 参考文献(さんこうぶんけん)は巻末(かんまつ)にあるので参照(さんしょう)されたい。
(참고 문헌은 권말에 있으므로 참조해 주기 바란다.)

⇨ 心当(こころあ)たりの方(かた)は係(かかり)まで申(もう)し出(で)られたい。
(짐작 가는 분은 담당자에게 신청해 주기 바란다.)

⇨ 上記(じょうき)三名の者(もの)、ただちに出頭(しゅっとう)せられたい。［日本語文型辞典, くろしお］
(상기 3명 즉시 출두해 주기 바란다.)

한국어문 4-12 설명서를 원하는 사람은 오늘 중으로 가지러 오십시오. 얼마든지 드리겠습니다.

번역 説明書(せつめいしょ)が**ほしい**人は今日じゅうに取りに来てください。いくらでもさしあげます。

주요용법

「～를 원하다」는, 「～がほしい」를 사용하여 희망・욕구를

표현하고 있다. 손윗사람에게는 의향(意向)을 직접 물을 경우, 실례의 표현이 되므로 주의한다.

⇨ 이것과 같은 것을 원합니까?
→ これと同じものがほしいですか。(×)
→ これと同じものがおかいになりたいのですか。(○)
→ これと同じものがおもちになりたいのですか。(○)

한국어문 4-13 이번에는 웨스트라인에 악센트를 둔 여성스러운 드레스를 입고 싶어.

번역 今度はウエストラインにアクセントを置(お)いた、女性(じょせい)らしいドレスが**ほしい**わ。

주요용법

❶「～를 입고 싶다」의 희망표현도, 앞과 마찬가지로「～がほしい」로 하든가「～が着たい」로 하자.

❷「～스럽다」는,「～らしい」나「～に思う」로 번역하자. 예를 들면,「여성스럽다」는「女性らしい」로,「사랑스럽다」는「愛らしい」,「명예스럽다」는「名誉(めいよ)に思う」로 바꾸면 좋은 표현이 된다.

⇨ 女性ホルモンは、数多(かずおお)くあるホルモンのうち`性(せい)ホルモン`の一種(いっしゅ)で、女性らしい身体(しんたい)を作る作用(さよう)があります。〔女性ホルモン〕
(여성호르몬은, 수많은 호르몬 중 `성 호르몬`의 일종으

로, 여성스러운 신체를 만드는 작용이 있습니다.)

⇨ 色白(いろじろ)の丸顔(まるがお)に、ほんのり赤(あか)みの差(さ)したほおがなんとも愛らしい。
(희고 동그란 얼굴에 발그레 붉어진 볼이 너무나 사랑스럽다.)

⇨ 大阪ヨーロッパ映画祭において、私の出演(しゅつえん)した映画が、日本の皆様(みなさま)に好評(こうひょう)だったことをお聞きして、大いに名誉に思うものです。
(오사카 유럽 영화제에서 내가 출연한 영화가, 일본의 여러분들로부터 호평이었던 것을 듣고, 너무나도 명예스럽습니다.)

한국어문 4-14 가능하면 참가해 주기를 바라지만 억지로는 강요하지 않는다.

번역 できるだけ参加(さんか)してほしいが、敢(あ)えて強制(きょうせい)はしない。

주요용법

여기서의 「～를 바라다」는, 「～てほしい」의 형식을 취하여 표현하고 있다. 「～てほしい」를 사용하면 상대방에 대해 어떤 사항의 실현을 희망하는 표현이 된다. 「～てもらいたい」와 같다고 할 수 있다. 東京語라기보다 최근에는 関西(かんさい)방언에 많이 보인다. 「～てもらいたい」와 같이 병행적으로 사용되고 있다.

⇨ あのことは水に流(なが)してほしい。
(그 일은 없었던 일로 해 버리고 싶다.)

⇨ 大学生になったんですから、自分の考えで行動するようになってほしいものです。
(대학생이 됐으니까 자기 스스로 생각해서 행동하도록 바래요.)

한국어문 4-15 이 창간호는 내가 **갖고 싶어 했**기 때문에 친구들이 양보해 주었습니다.

번역 この創刊号(そうかんごう)は私が**ほしがっ**ていたから友だちが譲(ゆず)ってくれました。

주요용법

「갖고 싶어 하다」의 표현은, 「~ほしがる」로 번역하자. 「ほしい—ほしがる」의 관계와 「たい—たがる」와의 관계는 같다고 할 수 있다. [《유형별 표현 4-8》과 동일]

⇨ 毛皮(けがわ)のコートなどという、わが家(や)の生活水準(すいじゅん)に合(あ)わないものを欲(ほ)しがってはいけない
(모피 코트 등 우리 집의 생활수준에 맞지 않는 것을 입고 싶어 해서는 안 된다.)

5

〈可能表現〉

한국어문 5-1 죄송하지만, **가능하면** 3시까지 서류를 회사 쪽으로 제출해 주십시오.

번역 申(もう)し訳(わけ)ありませんが、**できれ**ば三時までに書類(しょるい)を会社の方(ほう)に提出(ていしゅつ)してください

■ 주요용법

「가능하면」은, 「出来(でき)る」(自v)의 가정형 「できれば」로 표현하고 있다. 가능의 의미인 「～할 수 있다」로 대표되는 표현으로 영어로는 흔히 「can」으로 나타나지만, 일본어에는 다음과 같이 나열할 수 있다.

① **「出来(でき)る」**(上1, 自v)를 사용한다. [경우에 따라서는 「漢語N+できる」를 자주 사용한다.]

⇨ フランス語ができる。(불어를 할 수 있다)

信頼(しんらい)できる。(신뢰할 수 있다)

❷ 「V의 体 + ことができる」를 사용한다.

⇨ 読む → 読むことができる。(읽을 수 있다)
食べる → 食べることができる。(먹을 수 있다)

❸ 「可能V」로 바꾸어 사용한다. (단, 5단v만 가능함 -- 5단v의 기본형어미「ウ段」→「エ段 + る」)

⇨ 読む → 読める (읽을 수 있다)
書く → 書ける (쓸 수 있다)

❹ 助v 「(ら)れる」를 사용한다. --- **「V의 未 + (ら)れる」**
［* 사용방법은, 《유형별표현-1.「(ら)れる」표현》 참조］

⇨ 行く → 行かれる (갈 수 있다.) ［최근, 5단v에는 그다지 사용하지 않으며 사용되더라도 「行かれる」정도이다.］
⇨ 食べる → 食べられる (먹을 수 있다.) ［단, 「する」는 「できる」를 사용한다. 「される」로 쓰지 않음］

❺ 보조동사를 사용한다.

(1) V에 「かねる」를 접속하여 사용 → **「V의 用 + かねる」** → 「～することができない」「～することがむずかしい」의 의미

⇨ 計画(けいかく)を実行(じっこう)にうつすべきか、腹(はら)を決(き)めかねています。
(계획을 실행에 옮겨야 할지 마음을 정하기 어렵습니다.)

(2) V에 「得(う)る」 나 「得(え)る」를 접속하여 사용한다.[2)]

---

2) * 현대일본어에서는 아래의 ①과 ②를 병용하고 있음.
┌ 終, 体 → **うる** (「える」보다)
└ 仮 → **うれ** (「えれ」보다)

→ **「V의 用 + 得る」** --- 고풍스러운 표현임 [「できない」의 경우는 「～えない」를, 「できる」의 경우는 「～うる(得る)」쪽을 사용하는 것이 보통임.]

⇨ 読む　→ 読みうる (읽을 수 있다 = 読むことができる)
　起きる　→ 起きうる (일어날 수 있다 = 起きることができる)
　する　→ なしうる (할 수 있다 = することができる)
　ある　→ あり得(う)る。　… 終
　　(있을 수 있다 = あるだろう、あることもある)
　あり得(え)ない (있을 수 없다)　… 未
　あり得(う)ること (있을 수 있는 것)　… 体
　できる　→ できうれば、そうしたい。　… 仮
　　(가능하면 그렇게 하고 싶다)

6 可能의 의미가 내재한 **「自V類」(分かる、入る、見える、聞こえる 등)**를 사용한다.

⇨ こういうことばの意味がよく分かる。
(이러한 말의 의미를 잘 알 수 있다.)

---

①「える」(口語、下一段)

未	用	終	基	体	仮	命
え	え	える。	える	える	えれ	えろ
ない	たい			こと	ば	

②「う」(文語、下二段活用)

未	用	終	基	体	已	命
え	え	う。	う	うる	うれ	えよ
ず	たり			こと	ば	

⇨ この小さいかばんはあまりものが入らない。
(이 작은 가방은 짐이 그다지 들어가지 않는다.)

⇨ この丘(おか)からなら花火(はなび)がよく見える。
(이 언덕이면 불꽃놀이를 잘 볼 수 있다.)

7 連語形을 사용한다.

(1)「～て(は)いられない」 (～하고(는) 있을 수 없다.)
(2)「～て(は)たまらない」 (～해서(는) 견딜 수 없다. 너무~하다)
(3)「～わけに(は)いかない」 (～라고(는) 할 수는 없다.)

⇨ あんなひどい事を言われてはだまって(は)いられない。
(저렇게 심한 이야기를 듣고는 가만히 있을 수 없다.)

⇨ その物語(ものがたり)を聞いてかなしくてたまらない。
(그 이야기를 듣고 너무나 슬퍼 견딜 수 없다.)

⇨ ここは田舎(いなか)だから都会(とかい)のようなわけにはいかない。
(여기는 시골이니까 도시와 같을 수는 없다.)

한국어문 5-2 눈이 온 다음 날, 눈이 녹아 학교 운동장은 질퍽거려 운동을 할 수가 없다.

번역 雪が降った翌日(よくじつ)、雪が溶(と)け、学校のグランドはぬかって運動ができない。

주요용법

1 가능의 표현으로 대표적인 V는,「出来る」가 있다. 어떠한 사물의「대상이나 상황」이 가능하다는 의미를 나타낸다. 게

다가 이것과는 달리, 「주체」가 되는 것에 그 능력을 가지고 있을 때도 있다. 이 한국어문은 전자의 경우에 해당된다.

⇨ 生(う)まれつき足が不自由(ふじゆう)で、運動が<u>でき</u>ない。

[주체의 능력]

(태어날 때부터 다리가 불편해서 운동을 할 수 없다.)

❷ 「질퍽거리다」「질다」는, 「ぬかる」「ぬかるむ」「どろどろになる」로 번역한다.

⇨ 昨夜の雨のせいで、まだ道は<u>ぬかっ</u>ていた。
(어젯밤 내린 비로 아직 길은 질퍽거렸다.)

⇨ 雨上(あ)がりのグランドは<u>ぬかるん</u>で、試合ができるかどうか心配だ。
(비가 그친 운동장은 질퍽거려 시합을 할 수 있을지 걱정이다.)

⇨ 雪が溶(と)けて地面(じめん)が<u>どろどろになる</u>。
(눈이 녹아 지면이 질퍽거린다)

한국어문 5-3 이렇게 작고 허술한 배로 파도가 사나운 태평양을 항해할 <u>수</u> 있습니까?

번역 こんなに小さくて粗末(そまつ)な船(ふね)で波(なみ)が荒(あら)い太平洋(たいへいよう)を航海(こうかい)<u>でき</u>ますか。

주요용법

❶ 「漢語N+できる」형을 사용하는 가능표현이다.

⇨ 運転できる (운전할 수 있다)　交換できる (교환할 수 있다),

⇨ 選択できる (선택할 수 있다)

❷ 「사납다」는, 「荒(あら)い」「激(はげ)しい」로 표현하자.

⇨ 台風(たいふう)の余波(よは)らしく、荒い波が海岸(かいがん)に押(お)し寄(よ)せている。
(태풍의 여파인 듯 사나운 파도가 해안에 밀려오고 있다.)

⇨ 折(おり)からの激しい風にあおられて、ボートはあっというまに転覆(てんぷく)してしまった。
(때마침 사나운 바람이 불어닥쳐, 보트는 순식간에 전복되어 버렸다.)

한국어문 5-4 그는 아인슈타인의 이론을 이해할 수 있었던 소수의 학자 중 한 사람이었다.

번역 彼はアインシュタインの理論(りろん)が理解できた少数(しょうすう)の学者(がくしゃ)の中の一人(ひとり)だった。

주요용법

앞과 마찬가지로 「N+できる」의 가능표현이다.

⇨ 少しでも、社会(しゃかい)に奉仕(ほうし)できる人間になりたいものです。
(조금이라도 사회에 봉사할 수 있는 인간이 되고 싶다.)

⇨ 環境(かんきょう)に対して柔軟(じゅうなん)に対応(たいおう)できる力がなければ種族(しゅぞく)を存続(そんぞく)させることが不可能(ふかのう)だ。
(환경에 맞서 유연하게 대응할 수 있는 힘이 없으면 종족을 존속시키는 것이 불가능하다.)

한국어문 5-5 인류평화를 위해 죽을 수 있는 사람은 정말로 평화를 사랑하는 사람입니다.

번역 人類平和(じんるいへいわ)の為(ため)に死ぬ**ことができる**人は本当に平和を愛(あい)する人です。

주요용법

「죽을 수 있다」의 가능표현을 「～ことができる」형으로 표현하고 있다. 구체적인 사항의 가능을 나타낸다.

⇨ 現在(げんざい)は、音声(おんせい)を合成(ごうせい)して、コンピューターにしゃべらせることができる。
(현재는 음성을 합성하여, 컴퓨터에게 말하게 할 수 있다.)

한국어문 5-6 모친이 일본인이라도 부친이 외국인일 때는, 일본 국적을 취할 수 없다.

번역 母親(ははおや)が日本人であっても父親(ちちおや)が外国人の時は日本の国籍(こくせき)を取(と)る**ことができ**ない。

주요용법

「～ことができる」를 사용하고 있다. 또는 「取(と)れない」를 사용해도 되지만 이때는 「日本の国籍が取れない」와 같이 대상의 조사 「が」가 필요하다.

⇨ 海草(かいそう)から沃素(ようそ)が取れる。
(해초로부터 옥소를 얻을 수 있다.)

⇨ よい給料(きゅうりょう)が取れる仕事(しごと)に就(つ)きたい。
(바람직한 급료를 받을 수 있는 일에 종사하고 싶다.)

한국어문 5-7 그 물고기는 가슴지느러미가 발달해서 100미터 정도는 물 위를 날아다닐 **수 있다.**

번역 その魚は、胸(むな)びれが発達(はったつ)していて、百メートルくらいなら水上(すいじょう)を飛(と)ぶ**ことができる**。

■ 주요용법

「～ことが出来る」의 가능표현을 사용하고 있다.

⇨ そんなのんびりした作業(さぎょう)では、決(き)められた時間で数(かず)をこなすことができない。
(그렇게 태평스럽게 작업을 하면 정해진 시간 안에 많은 양을 처리할 수가 없다.)

한국어문 5-8 일본어는 1년 정도로 전부는 배울 수 없지만, 열심히 하면 꽤 능숙하게 될 수 있습니다. 한 번 배워서 기억하고 있기란 꽤 어렵습니다.

번역 日本語は一年ぐらいですべては習(なら)えませんが、いっしょうけんめい勉強すればかなり上手になれます。一度習ったことを覚(おぼ)えているのは大変(たいへん)難(むずか)しいです。

■ 주요용법

「배울 수 있다」「될 수 있다」는, 「習う」「なる」의 가능v「習える」「なれる」를 사용하고 있다.

⇨ なまなかの努力(どりょく)では、一流(いちりゅう)の役者(やくしゃ)にはなれまい。
(어중간한 노력으로는 일류 배우는 될 수 없을 것이다.)

한국어문 5-9 2시간 8분 이내로 42.195km를 달릴 수 있는 선수가 아니면 우승이 어려운 대회다.

번역 二時間八分以内(いない)で42.195kmを走(はし)**れる**選手(せんしゅ)でなければ優勝(ゆうしょう)がむずかしい大会(たいかい)である。

■ 주요용법

❶ 「走(はし)る」(5단)의 가능v「走れる」를 사용하고 있다.

❷ 「～を走れる」와 같이 문장의 주체자가 혼동되거나 아래의 예와 같이 수동으로 오해받을 가능성이 있을 경우, 조사「を」를 그대로 사용할 수 있다. 최근의 일본신문에서「を」사용이 증가하고 있다.

⇨ 東京23区で土地(とち)を買えるか。〔朝日, '90, 11. 8〕
(도쿄 23구에서 땅을 살 수 있을까?)

⇨ 全員(ぜんいん)の協力(きょうりょく)を得(え)られるという前提(ぜんてい)があれば、結論(けつろん)はすぐに出るでしょう。
(전원의 협력을 얻을 수 있다는 전제가 있다면 결론은 금방 나오겠죠.)

한국어문 5-10 지난달에 당신이 부탁한 것이 완성되었습니다만, 지금 곧 드릴 수는 없습니다.

번역 先月(せんげつ)あなたに頼(たの)まれたものができあがりましたけど、今すぐ上(あ)げ**られ**ません。

주요용법

1. 「드릴 수는 없습니다」는, 「(ら)れる」를 사용하는 可能의 표현이다. 「上(あ)げられません」 또는 「差(さ)し上げるわけにはいきません」라고도 번역할 수 있다.

2. 「완성되다」는, 「出来上(できあが)る」나 「完成(かんせい)する」로 번역한다.

⇨ この工事(こうじ)は今年中にはできあがらないみたいだ。
(이 공사는 올해 안에는 완성되지 않을 것 같다.)

⇨ 二十年前に着工(ちゃっこう)された海底(かいてい)トンネルがようやく完成した。
(20년 전에 착공된 해저터널이 겨우 완성됐다.)

한국어문 5-11 쌓여 있는 일도 많고 정신적인 여유가 없어서, 지금 즉시 답장할 수 없습니다.

번역 溜(た)まっている仕事(しごと)も多(おお)くて精神的(せいしんてき)な余裕(よゆう)がないので、今すぐにはご返事(へんじ)いたし**かね**ます。

■ 주요용법

「～かねる」를 사용하여 不可能「～できない」를 나타내고 있다. 「返事(へんじ)いたす+かねる」로 분석하여 번역하자.

⇨ 援助(えんじょ)を申(もう)し出た見ず知らずの人の底意(そこい)をはかりかね、快(こころよ)く受(う)け入れるわけにはいなかった。
(도움을 신청한 생면부지 사람의 속마음을 짐작하기 어려워, 흔쾌히 받아들일 수는 없었다.)

한국어문 5-12 어머니께 꾸중을 들은 남동생은 자못 말을 꺼낼 수 없어서 주저하고 있었다.

번역 母(はは)に叱(しか)られた弟はいかにも言い出(だ)し**かね**てためらっていた。

■ 주요용법

1. 부정의 의미가 있는 가능표현「～かねる」를 사용하고 있다. 「言い出す+かねる」로 분석하여 번역하자.

2. 「주저하다」는, 「ためらう」나 「躊躇(ちゅうちょ)する」를 사용하자.

⇨ 「いっしょに行かないか」の誘(さそ)いに、わたしは返事をためらった。
(「함께 가지 않을래?」라고 권유하는데 나는 대답을 주저했다.)

⇨ 大学院の5学期の時に行(おこな)われる論文発表(ろんぶんはっぴょう)を躊躇している。
(대학원 5학기 때 하는 논문발표를 망설이고 있다.)

한국어문 5-13 여동생은, 감기가 들었는데 좀 무리했기 때문에 폐렴을 일으켰습니다. 그래서 집에서는 치료도 잘 <u>할 수 없</u>기 때문에, 엊저녁 제일병원에 입원시켰습니다.

번역 妹は、かぜを引いたのに少し無理(むり)をしたものだから、肺炎(はいえん)をおこしたんです。それで家では手当(てあて)もよく<u>**できかねる**</u>ので、ゆうべ第一病院(だいいちびょういん)に入院(にゅういん)させました。

주요용법

❶ 「できる」에 보조동사 「~かねる」를 접속하여 가능을 중복 표현하고 있다.

⇨ ご使用後の返品(へんぴん)は一切(いっさい)<u>できかね</u>ますので、ご了承(りょうしょう)ください。
(사용 후의 반품은 일체 할 수 없기 때문에 양해 바랍니다.)

⇨ 一旦(いったん)納入(のうにゅう)された代金(だいきん)は、理由の如何(いか)によらず返却(へんきゃく)<u>できかね</u>ますので、ご了承ください。
(일단 납입된 대금은, 이유 여하를 막론하고 반환할 수 없으므로 양해 바랍니다.)

❷ 「치료하다」는, 「手当(てあて)する」 또는 「治療(ちりょう)する」로 번역하다.

⇨ 傷(きず)は早く<u>手当てすれ</u>ば、あとが残(のこ)ることは少ない。
(상처는 빨리 치료하면 흔적이 남는 일이 적다.)

⇨ その時は、私の足を<u>治療し</u>てくれたのが、鈴木さんのお父さんだとは知らなかった。
(그 때는, 나의 다리를 치료해 준 사람이 스즈키씨의 아버지라고는 몰랐다.)

한국어문 5-14 겨울 산의 등산은, 방심하면 목숨을 잃을 수 있는 위험성을 동반하고 있다.

번역 冬山(ふゆやま)の登山(とざん)は、油断(ゆだん)すると命(いのち)も落(お)とし**かねない**危険性(きけんせい)を伴(ともな)っている。

주요용법

❶ 「잃을 수 있다」는, 「落(お)とす+かねる+ない」로 분석하여 번역하자. 「잃어버리기 어려운 것이 아니다」 즉, 「잃을 수 있다」는 말이다.

❷ 「방심하다」는, 「油断(ゆだん)する」나 「放心(ほうしん)する」로 번역한다. 「放心する」의 의미는, 약간 뉘앙스가 다르다. 「ぼうぜんとする」의 문장체로서, 너무나 의외이어서 뜻밖에 놀라거나 멍하니 있어서 일어나는 것으로, 선악(善悪)을 묻지 않는다는 말이다. 그러나 「油断する」는, 자기 자신의 부주의로 바보스러운 일을 하게 되어 반성하는 기분이 강하게 내재되어 있다.

⇨ 母は、いつも暮(く)らしを立てることに油断せず、買い物ひとついいかげんにはしない。

(엄마는 늘 생계를 꾸려나가는 것에 빈틈없고, 시장 보는 것 하나에도 적당하게 하지 않는다.)

⇨ 放心したように庭を見つめている老人(ろうじん)の顔には、寂(さび)しい孤独(こどく)な表情(ひょうじょう)があった。
(멍하니 정원을 바라보고 있는 노인의 얼굴에는, 쓸쓸하고 고독한 표정이 보였다.)

❸ 「생명을 잃다」는, 「命(いのち)を落(お)とす」로 표현하자.

⇨ 先日(せんじつ)の航空機事故(こうくうきじこ)では、二百人もの人が命を落としました。
(전날 항공기 사고에서는 200명이나 되는 사람이 생명을 잃었다.)

한국어문 5-15 대중을 상대로 하는 매스컴에서 그에 대한 무책임한 그러한 비판은 도저히 있을 수 없다.

번역 大衆(たいしゅう)を相手(あいて)とするマスコミで彼に対するあのように無責任(むせきにん)な批判(ひはん)はとうていありえない。

■ 주요용법

❶ 「있을 수 없다」는, 「ありえない」를 사용하여 표현하자. 보조V 「える」를 사용하고 있다.

⇨ 太陽(たいよう)が西から昇(のぼ)ることはありえない。(= 決してない)

(태양이 서쪽에서 떠오르는 일은 있을 수 없다.)

⇨ あまりの美(うつく)しさに、ことばでは表(あら)わしえない。
(너무나 아름다워 말로 표현할 수 없다.)

❷ 「무책임하다」는, 「無責任(むせきにん)だ」를 사용하여 표현하자.

⇨ 彼は無責任な男だから、約束(やくそく)してもあまりあてにならないよい。
(그는 무책임한 남자이기에 약속하더라도 그다지 믿을 수 없다.)

한국어문 5-16 **아차 하는 순간에 집 재산을 잃어버리는 일은, 이 세상에 흔히 있을 수 있는 일이다.**

번역 あっと言う間(ま)に家財(かざい)を失(うしな)うということは、世(よ)の中にはよくありうることだ。

■ 주요용법

❶ 「있을 수 있는 일」은, 「うる」의 연체형 용법으로 번역하면 된다. 「ありうること」가 된다.

❷ 「이 세상」은, 「世(よ)の中」나 「世間(せけん)」으로 표현한다.

⇨ 世の中には、病気や貧困(ひんこん)などで苦(くる)しんでいる人がおおぜいいます。
(이 세상에는 질병이나 빈곤 등으로 고통 받고 있는 사람이 많이 있습니다.)

⇨ アルファベットは、今は世間一般に広く用いられている。
(알파벳은, 지금 세상 일반에게 널리 사용되고 있습니다.)

❸ 「흔히」는, 「よく」나 「度々(たびたび)」 「しばしば」로 번역하자. 또한 「ありふれている」 「ありふれた」라는 말도 자주 사용되므로 알아두자. 이 말은 연체형 용법으로 사용되므로 주의하자.

⇨ クラスの中によく学校を休む学生がいる。
(학급 내에는 자주 학교를 쉬는 학생이 있다.)

⇨ 山陽新幹線(さんようしんかんせん)では列車がしばしばトンネルに入るので、外の景色(けしき)が落(お)ち着(つ)いて見られない。
(산요 신칸센은 열차가 자주 터널에 들어가기 때문에 바깥 경치를 차분히 볼 수 없다.)

⇨ 小学生のころ、いたずらが激(はげ)しかったので、先生に注意(ちゅうい)されることも度々だった。
(초등학교 때, 장난이 심해서 선생님으로부터 주의를 받았던 일도 자주 있었다.)

⇨ 慣用的(かんようてき)に使われる、ありふれた表現ではなく、新鮮(しんせん)なイメージを生(う)み出す比喩(ひゆ)を考えてみなさい。
(관용적으로 사용되는 흔한 표현이 아니라, 신선한 이미지를 나타내는 비유를 생각해 봐요.)

한국어문 5-17 이 가방이라면, 3박4일 정도의 여행에 필요한 옷은 **들어갈 수 있을** 것 같다.

번역 このカバンなら、三泊(さんぱく)四日(よっか)ぐらいの旅行に必要(ひつよう)な衣類(いるい)は**入(はい)り**そうだ。

주요용법

「들어갈 수 있다」는, 가능의 의미가 있는 「入る」(5단)를 사용하여 표현하는 것이 일본어답다.

⇨ ちっとも勉強していなかった彼が、ストレートで大学に入るとは信じられない。
(전혀 공부하지 않고 있었던 그가, 곧바로 대학에 들어갈 수 있다는 건 믿을 수 없다.)

⇨ 近くの駅は、早朝(そうちょう)と深夜(しんや)は駅員(えきいん)が改札口(かいさつぐち)にいないので、切符(きっぷ)を切らずに入る。
(가까운 역은, 이른 아침과 심야에는 역무원이 개찰구에 없기 때문에, 표를 끊지 않고 들어갈 수 있다.)

한국어문 5-18 **일본어의 단어 중, 「一代」「一台」「一題」는 모두 「いちだい」로 읽는데 의미의 차이는 한자를 보게 되면 즉시 알 수 있다.**

번역 日本語の言葉(ことば)のうち、「一代」も「一台」も「一題」もみんな「いちだい」と読むが、意味(いみ)の違(ちが)いは、漢字(かんじ)を見ればすぐ**分かる**。

주요용법

「알 수 있다」의 가능표현은, 「分かる」(自v)로 표현하면 간단하다. 그러나 「分かられる」라는 표현은 없으니 주의하자.

⇨ 母親はあてた手(て)の感じで子供の熱(ねつ)が上(あ)がったか下(さ)がったか分かるそうです。
(어머니는 대고 있는 손 느낌으로 아이의 열이 올랐는지 내렸는지 알 수 있다고 합니다.)

한국어문 5-19 저 아이는 금방 주의를 주었는데도 조금도 반성의 빛을 볼 수 없다.

번역 あの子は、注意(ちゅうい)したばかりなのに、少しも反省(はんせい)の色が見えない。

주요용법

1. 「볼 수 없다」는, 가능의 뜻이 내포된 「見える」(自v)를 사용하여 번역하면 좋다.

2. 「반성의 빛」은, 「反省(はんせい)の光」로 쓰지 말고 「反省の色」와 같이 「～色」로 표현하자.

⇨ 木々(きぎ)は黄色(きいろ)く色づき、通(とお)りはすっかり秋の色になっている。
(나무들은 노란색으로 물들고 길은 완전히 가을빛으로 되어 있다.)

⇨ どうかしたのかい、何だか顔の色がよくないよ。
(무슨 일이라도 있었어, 어쩐지 얼굴빛이 좋지 않아.)

⇨ スイカどろぼうときくと、正雄も鈴木も、一様(いちよう)に興奮(こうふん)した目の色をした。
(수박서리라 듣자, 마사오도 스즈키도 한결같이 흥분한 눈빛을 했다.)

한국어문 5-20 박쥐는, 인간의 귀로써는 들을 수 없는 초음파를 냅니다.

번역 こうもりは、人間(にんげん)の耳には聞こえない超音波(ちょうおんぱ)を発(はっ)します。

주요용법

「들을 수 없다」는, 「聞こえる」(自v)를 사용하여 가능의 의미로 표현하자.

⇨ 母が掃除機(そうじき)をかけているので、テレビの音(おと)が聞こえない。
(엄마가 청소기를 사용하고 있어서 TV 소리가 들리지 않는다(들을 수 없다).)

한국어문 5-21 저 남자가 진범이라고 결정된 것이 아니기에 이 정도로 해서 사건이 해결됐다고 기뻐하고 있을 수 없다.

번역 あの男の人が真犯人(しんはんにん)だと決まったわけではないから、これで事件(じけん)が解決(かいけつ)したと喜(よろこ)ん**でいられない**。

주요용법

이 한국어문의 「~고 있을 수 없다」는, 「~て(は)いられない」「~てはたまらない」 등으로 표현할 수 있다.

⇨ いても立(た)っ<u>ても いられない</u>。
(안절부절 못하다.)

⇨ うれしく<u>てたまらない</u>。
(기뻐서 어쩔 줄 모르겠다.)

한국어문 5-22 모두들 하는 것이 너무 지나치기 때문에, 나도 가만히 **<u>있을 수 없</u>**었습니다.

번역 あまりみんなのやることがひどすぎるので、ぼくも黙(だま)っ**<u>ていられな</u>**くなりました。

주요용법

앞과 마찬가지로 「가만히 있을 수 없다」는, 「～ていられない」를 사용하여 번역하자.

⇨ 今の話を聞いてから急に軽蔑(けいべつ)したくなった。かれはなぜ両人(りょうにん)の話しを沈黙(ちんもく)して聞い<u>ていられない</u>のだろう。〔漱石, 吾輩は猫である〕
(지금 이야기를 듣고 나서 갑자기 경멸하고 싶어졌다. 그는 왜 두 사람의 이야기를 가만히 듣고 있을 수 없는 걸까?)

한국어문 5-23 식당에 취직한 그는, 같은 또래의 어린 학생들이 가족과 함께 식당에 와, 행복하게 밥을 먹는 것을 보자, 부러워서 견딜 수 없었다.

번역 食堂(しょくどう)に就職(しゅうしょく)した彼は、自分(じぶん)と同じ年頃(としごろ)の若(わか)い学生たちが家族と共(とも)に食堂(しょくどう)に来て、幸(しあわ)せそうにご飯を食べるのを見ると、うらやましく**てたまらなかった**。

주요용법

1. 「견딜 수 없다」의 가능표현은, 「~て(は)たまらない」를 사용하여 표현하고 있다.

2. 「식당」은, 「食堂(しょくどう)」도 좋지만 현대적 감각이 있는 「レストラン」으로도 좋다. 일본에서는 음식을 먹거나 술을 마시는 곳을 「○○処(ところ)」로 하여 많이 사용하는데, 예를 들면, 「すし処」「酒処」「ラーメン処」「お好(この)み処」「とんカツ処」 등이 보인다. 그리고 「こだわりべんとう」와 같이 「こだわり○○」라는 가게도 자주 보이는데, 이것은 자기 가게에서 자랑할 만한 음식이나 장기 상품을 판매할 때 사용한다.

3. 「같은 또래」는, 「同じ年頃(としごろ)」로 번역하자.

⇨ 公園では、<u>同じ年ごろ</u>の男の子が五人、カンけりをして遊んでいる。
(공원에서는 같은 또래의 남자 아이가 다섯 명, 깡통 차기

놀이를 하고 있다.)

한국어문 5-24 옆구리가 아파서 참을 수 없어 병원에 가 보니까 맹장염인 것을 알았다.

번역 横(よこ)っ腹(ぱら)が痛く**てたまらない**ので病院へ行ったら、盲腸炎(もうちょうえん)と分かった。

주요용법

1. 「~해서 참을 수 없다」는, 「~てたまらない」로 표현하고 있다.
2. 「옆구리」는, 「横(よこ)っ腹(ぱら)」 또는 「横腹(よこばら)」라고도 한다.

⇨ ひどい運動できのうから右の横腹が痛んできました。
(심한 운동으로 어제부터 오른쪽 옆구리가 아파요.)

한국어문 5-25 여동생은 인형을 받고 너무 기뻐 참을 수 없어서인지, 깡충깡충 뛰고 있다.

번역 妹は人形を買ってもらって、うれしく**てたまらない**のか、ぴょんぴょん飛(と)びはねている。

■ 주요용법

❶ 앞과 마찬가지로「～해서 참을 수 없다」의 표현이다. 「～てたまらない」 또는 「～ていられない」로 하면 된다.

⇨ 足(あし)の傷(きず)がかのうしたらしく、うみがたまって、とても痛(いた)くてたまらない。
(발의 상처가 곪았는지 고름이 고여, 너무 아파서 참을 수 없다.)

❷ 「깡충깡충」은, 「ぴょんぴょん」으로 번역하자.

⇨ 子供たちが楽(たの)しそうに、ぴょんぴょん跳(と)び回(まわ)りながら遊ぶ。
(아이들이 즐거운 듯 깡충깡충 뛰어다니면서 논다.)

한국어문 5-26 대부분의 은행은, 담보도 없이 그런 큰돈을 빌려 줄 수 없습니다.

번역 銀行(ぎんこう)の多くは担保(たんぽ)もなしに、そんな大金(たいきん)をお貸(か)しする**わけにはいきません**。

■ 주요용법

❶ 「～わけにはいかない」의 형을 사용하고 있다. 「빌려 줄 수 없습니다」는 「貸(か)し出(だ)しはしません」이라고도 할 수 있다.

❷ 「담보도 없이」는, 「担保(たんぽ)もなしに」로 번역하자. 「な

し」는, 문어적인 표현으로 「ない」의 의미이다.

⇨ 彼の能力(のうりょく)は、社長(しゃちょう)に高く買(か)われているので、昇進(しょうしん)は間違(まちが)いなしだろう。
(그의 능력은 사장에게 높이 평가받았기에 승진은 틀림없을 것이다.)

한국어문 5-27 올 여름은 예년보다 기온이 높아진다고 합니다. 목이 마르고 덥다고 해서 아이스크림만 먹을 수는 없습니다.

번역 今年の夏は例年(れいねん)より気温(きおん)が高(たか)くなるそうです。喉(のど)が渇(かわ)いて暑(あつ)いからといってアイスクリームだけ食べる**わけにはいき**ません。

■ 주요용법

❶ 「예년」은, 「例年(れいねん)」「いつもの年(とし)」로 번역하자.

⇨ 今年は例年になく、くりがたくさん採(と)れたそうです。
(올해는 예년에 없이 밤이 많이 수확됐다고 합니다.)

⇨ 今年もせみは、いつもの年のようにジージーとよく鳴(な)いています。
(금년에도 매미는, 예년과 마찬가지로 맴맴 소리 내면서 신나게 울고 있습니다.)

❷ 「먹을 수는 없습니다」는, 내심 먹고 싶지만 필연적으로 그렇게 하기가 불가능한 상태의 어감이 내재되어 있다. 「~

わけにはいかない」로 번역하자.

❸ 「아이스크림만 먹다」는, 「아이스크림만 반복해서 먹는다」는 의미이므로 「ばかり」를 사용한다. 이와 같이, 「いつも(항상)」 「何度も繰(く)り返(かえ)して(몇 번이고 반복해서)」의 의미가 있으면, 限定의 조사 「だけ」나 「のみ」로는 대체할 수 없다.

⇨ 母は朝から晩まで小言(こごと)<u>ばかり</u>言っている。
(≠だけ、≠のみ) … 반복
(엄마는 아침부터 저녁까지 잔소리만 하고 있다.)

⇨ あなた<u>だけ</u>にお知(し)らせします。 … 한정
(당신에게만 알리겠습니다.)

⇨ 後(あと)はただ結果(けっか)を待つ<u>のみ</u>です。 … 한정
(나머지 일은 그저 결과를 기다릴 뿐입니다.)

한국어문 5-28 **과학이나 기술의 발달은 바람직스럽지만, 그렇다고 해서 자연을 파괴하는 것은 허용<u>할 수 없다.</u>**

번역 科学(かがく)や技術(ぎじゅつ)の発達(はったつ)は望(のぞ)ましいことだが、だからといって、自然を破壊(はかい)するのは許(ゆる)す<u>**わけにいかない**</u>。

주요용법

❶ 「허용할 수 없다」는, 허락하고 싶지만 그러한 행동을 인간으로서 도저히 할 수 없다는 「불가능」의 표현이다. 「許(ゆ

る)すわけにいかない」로 표현하면 적절하다.

❷ 「바람직스럽다」는, 「望(のぞ)ましい」나 「好(この)ましい」로 바꾸어보자.

⇨ 大学入試(にゅうし)についても、リスニング・テストを導入(どうにゅう)するのが望ましいとした。(= desirable)
(대학 입시에 대해서도 듣기 평가를 도입하는 것이 바람직하다고 했다.)

⇨ 政府はその外交官を望ましからぬ人物(じんぶつ)として国外退去(こくがいたいきょ)を命(めい)じた。(= desirable, good)
(정부는 그 외교관을 바람직하지 않는 인물로 국외 퇴거를 명령했다.)

⇨ 彼は学校であまり好ましい成績ではなかった。(= good)
(그는 학교에서 그다지 바람직한 성적은 아니었다.)

⇨ 彼について好ましからざるうわさを聞いた。 (= favorable)
(그에 대해 바람직하지 않는 소문을 들었다.)

6

〈予想・予感・様態表現〉

한국어문 6-1 전국에 30만명이나 된다는 재수생은 앞으로 더욱 증가__할 것 같__은데, 이것은 앞으로 가장 심각한 문제 중에 하나가 **__될 것 같다.__**

번역 全国(ぜんこく)で三十万名もいると言われる浪人(ろうにん)はこれから一層(いっそう)増(ふ)え***__そうだ__***が、これは今後(こんご)最も深刻(しんこく)な問題の中の一つになり***__そうである__***。

주요용법

1 「~ㄹ 것 같다」의 표현은, 「V의 用+そうだ」의 표현형식을 사용하는 경우이다. 소위, 양태의 「そうだ」용법인데 다음과 같이 정리할 수 있다.

(1) 화자가 그 장면의 상황을 「그렇게 되기 직전의 상태」로 받아서 표현하는 것이다. 표현의 초점은 현재의 상황이 어떻게 받아들여지는가이다. 경우에 따라, 성질・상태를

나타내는 비유적 표현 즉, 관용적 표현으로도 사용된다.

⇨ どんよりとくもった、今にも降りだしそうな空だ。
(날씨가 잔뜩 흐려, 당장 비가 내릴 것 같은 하늘이다.)
⇨ 忙(いそが)しくて、目が回(まわ)りそうだ。
(바빠서 눈이 돌 것 같다.)

(2) 현재의 상황을 근거로 해서 무언가 실현될 전망이 충분히 있음을 나타낸다. 표현의 초점은 무언가의 실현可否에 있다.

⇨ この仕事(しごと)は今日中に終わりそうだ.
(이 일은 오늘 중에 끝날 것 같다.)

(3) 그 장면의 상황이나 과거의 경험 등을 토대로 해서, 「극히 주관적으로 뭔가를 추측하는 뜻」을 나타내는데 반드시 논리적인 필연성이 있다고 하기 어렵다.

⇨ 暑い時だから、生ものは避けたほうがよさそうだ。
(더울 때이니까, 날 것은 피하는 편이 좋을 것 같다.)

❷ 「재수생」은, 「浪人(ろうにん)」으로 번역하자. 원래 「浪人」은, 「섬기는 군주가 없는 무사」를 가리키는 말인데, 현대어에는 직장이 없는 사람, 입학시험에서 불합격하여 학적이 없는 사람(재수생)을 말한다.

⇨ 主君(しゅくん)を失(うしな)い浪人となり、諸国(しょこく)を放浪(ほうろう)しております。
(군주를 잃어 떠도는 무사가 되어, 여러 지방을 방랑하고 있습니다.)
⇨ 第一志望(しぼう)の大学に落(お)ちたので、一年間浪人して来年を期(き)することにした。
(제1지망 대학에 떨어져 1년간 재수하여 내년을 기약하기로 했다.)

한국어문 6-2 이 유적의 발견으로, 야요이 시대에서 고분시대로의 변화를 아는 단서를 얻을 수 있을 **것 같다.**

번역 この遺跡(いせき)の発見(はっけん)によって、弥生時代(やよいじだい)から古墳(こふん)時代への変化(へんか)を知る手掛(てが)かりが得(え)られ**そうだ**。

주요용법

❶ 이 한국어문의 경우 「～ㄹ 것 같다」는, 가능의 의미를 나타내는 V류에 「そうだ」를 접속하여 표현하고 있다.
〈A・Av・가능v・상태v +「そうだ」〉의 표현형식으로 공부하자. 이 용법은, 실제로 확인한 것은 아니나, 「외견에서 판단하면 충분히 그와 같은 성질이나 상태가 인정됨」을 나타낸다. 또는 「객관적으로 그러한 속성을 나타내는 것」으로 사용되는 경우도 많다.

⇨ この柿(かき)は赤くて、おいしそうだ。 … A
(이 감은 빨개서 맛있을 것 같다.)

⇨ こわそうに見えるけれど、根(ね)はやさしい人なんだ。 … A
(무섭게 보이지만 근본은 상냥한 사람이다.)

⇨ 彼はいかにも丈夫そうな体をしている。 … Av
(그는 자못 튼튼한 몸을 하고 있다.)

⇨ このコンピューターはまだ使えそうだ。 … 가능v
(이 컴퓨터는 아직 사용할 수 있을 것 같다.)

⇨ あの男の学生はお金がありそうだ。 … 상태v
(저 남학생은 돈이 있어 보인다.)

❷ 「단서」「근거」는, 「手掛(てが)かり」로 하자.

⇨ このミステリーでは、主人公(しゅじんこう)の父親の性格(せいかく)がなぞを解(と)く<u>手掛かり</u>を与(あた)えてくれる。
(이 미스터리에서는 주인공인 아버지의 성격이 수수께끼를 푸는 단서를 준다.)

한국어문 6-3 **내일까지 이 책 한 권을 다 읽어야 하기 때문에, 오늘 밤 잠을 잘 수 <u>없을 것 같아요.</u>**

번역 明日までこの本一冊を全(すべ)て読み終(お)えなければならないから、今夜(こんや)は寝られ<u>**そうもありません**</u>。

주요용법

이 한국어문의 「잠을 잘 수 없을 것 같다」는, 「잠을 잘 수 있을 것 같지 않다」는 말이다. 즉 양태 「そうだ」의 부정형 「～そうもない」로 표현하는데, 공손부정형은 「～そうもありません」이 됨을 주의하자. 양태 「そうだ」의 부정형에 대하여는 「V+そうだ」 와 「A+そうだ」 두 가지로 나누어 정리할 수 있다.

〈V・A- 지 않을 것 같다, ～ㄹ 것 같지(도) 않다〉

(1) <u>V +「そうだ」의 부정형 → 「V+そうもない」「V+そうに(も)ない」</u>
→ 기대와 달리(「期待に反して」) 그렇게 될 전망이 없음을 나타낸다.

⇨ この分じゃ当分(とうぶん)、雨は降り<u>そうもない</u>。
(이러한 상태라면 당분간 비는 내릴 것 같지도 않다.)
⇨ 今から行っても間(ま)に合(あ)い<u>そうにない</u>。

(지금부터 가더라도 시간 내에 도착하지 못할 것 같다.)

* 이외에도 다음과 같은 V의 부정형도 있다.

→「V+そうではない」(앵므새 식 대답에 사용됨)

「V+なそうだ」(일반적이지 않음)

⇨ 会はもう始まりそうですか。↔ いえ、まだ始まりそうじゃないですよ。

(회의는 이제 시작될 것 같습니까?) (아니요, 아직 시작될 것 같지 않습니다.)

⇨ 雨は降らなそうだ。(비는 내릴 것 같지 않다.)

(2) A의 부정형 →「A+そうではない」「A+なさそうだ」

⇨ このお菓子はあまりおいしそうではない。
(이 과자는 그다지 맛있을 것 같지 않다.)

⇨ このお菓子はあまりおいしくなさそうだ。
(이 과자는 그다지 맛있지 않을 것 같다.)

한국어문 6-4 「어느 정도 걸릴 것 같습니까?」「두 세 시간으로는 끝나지 않을 것 같아요. 멍하니 있으면 내일 아침까지 걸릴 것 같은 느낌이에요.」

번역 「どのぐらいかかり**そうです**か。」「二三時間では終わり**そうもありません**。うっかりすると明日の朝までかかり**そうな**気配(けはい)ですよ。」

주요용법

1 「걸릴 것 같다」는,「V+そうだ」의 양태표현이다. 또한「끝

나지 않을 것 같다」의 부정표현 역시 전과 같이 「終わりそうもない」로 사용하면 된다.

❷ 「멍하니」는, 「うっかり」로 하면 적당하다.

⇨ うっかりして、電車の中に荷物(にもつ)を忘れてしまった。
(깜박하고 전차 속에서 짐을 잊어 버렸다.)

⇨ うっかり針(はり)で指(ゆび)を刺(さ)すと、だれでも痛(いた)いと感(かん)じるでしょう。
(무심코 바늘로 손가락을 찌르면 누구라도 아프다고 느낄 것이다.)

❸ 「～ㄴ 느낌이다」는, 「～気配(けはい)だ」나 「～感(かん)じがする」를 사용하여 번역하자.

⇨ 夏ももう終わりだというのに、一向(いっこう)に涼(すず)しくなる気配が見えない。
(여름도 이제 끝난다는데 전혀 시원해지는 낌새가 보이지 않는다.)

⇨ 赤や黄色(きいろ)やオレンジ色が暖かい感じがするのは、太陽(たいよう)の色と似(に)ているからだろうか。
(빨강 노랑 오렌지빛이 따뜻한 느낌이 드는 것은, 태양빛과 비슷하기 때문일까?)

한국어문 6-5 길가에는 아직 충분히 사용할 수 있을 것 같은 냉장고가 아깝지 않게 버려져 있다.

번역 道端(みちばた)にはまだ十分に使えそうな冷蔵庫(れいぞうこ)が、惜(お)し気(げ)もなく捨(す)ててある。

■ 주요용법

❶ 여기서의 「~ㄹ 것 같다」의 양태표현은, 「가능V+そうだ」의 형식이다.

❷ 「아깝지 않게」 「아낌없이」는, 「惜(お)し気(げ)もなく」나 「惜(お)しみなく」로 하자.

⇨ 父には、高い金を出して買った本も、気(き)に入(い)った人には惜しげもなく与(あた)える癖(くせ)があった。
(아버지에게는 비싼 돈을 주고 산 책도 마음에 드는 사람에게는 아깝지 않게 주는 습관이 있었다.)

⇨ 自分の財産(ざいさん)を惜しみなく喜捨(きしゃ)する。
(자기의 재산을 아낌없이 희사한다.)

한국어문 6-6 **처음에는 간단한 것 같이 느껴졌지만 사실은 그렇게 간단하지 않았어요.**

번역 最初(さいしょ)は簡単そうに感じましたが、実(じつ)はそう簡単(かんたん)ではなかったのです。

■ 주요용법

「간단한 것 같이」는, 앞의 「Av+そうだ」의 형식을 사용하면 된다. 즉 「簡単そうに」가 된다.

⇨ 元気そうに見えますが、父はあれで六十の板(いた)をとっくに越(こ)えているのです。
(건강하게 보이지만 아버지는 저래도 60줄을 훨씬 넘었습니다.)

한국어문 6-7 있을 수 없<u>을 것 같</u>은 일이지만, 한번 확인해 보는 편이 좋아.

번역 ありえなさ<u>**そうな**</u>ことだけど、一度確(たし)かめてみたほうがいいよ。

주요용법

「있을 수 없다」는 「ありえない」로 표현하자. 「있을 수 없을 것 같다」는, 「ありえない+そうだ」로 분석할 수 있는데 「ありえなさそうだ」와 같이 「さ」가 개입되는 것에 주의하자.

⇨ 言葉(ことば)の発明(はつめい)なしには、人類(じんるい)の文化の発達(はったつ)は<u>ありえなかっ</u>たろう。
(언어의 발명이 없었으면, 인류 문화의 발달은 있을 수 없었을 것이다.)

7

〈期待의 実現·的中表現〉

한국어문 7-1 일본의 씨름선수 '아사쇼루' 가 전승 우승할 것이라는 __예상이 적중했__다.

번역 日本の力士(りきし)の '朝青竜(あさしょうりゅう)' が全勝優勝(ぜんしょうゆうしょう)するだろうという__予想(よそう)が的中(てきちゅう)し__た。

주요용법

「예상이 적중하다」는, 「予想(よそう)が的中(てきちゅう)する」로 번역하자. 「的中」와 비슷한 어휘에는, 「当(あ)たり」「命中(めいちゅう)」「百発百中(ひゃっぱつひゃくちゅう)」 등이 있다. 「当たり」는, 「当たる」의 명사형이다. 「～에 맞다」의 뜻 이외 「다른 물건에 부딪친다」는 의미로도 사용된다. 또한 「만지는 느낌, 감촉」의 뜻도 있고 「장사, 흥행 등이 성공하다」는 뜻도 있다. 「的中」은, 화살·탄환 등이 표적에 맞는 것, 또는 예상 등을 사전에 생각한 것이 잘 맞아 떨어진다는 뜻도 있다. 「命中」은, 목표한 부분에 적중하는 것으로 우연의 일치에는 사용

하지 못한다. 「百発百中」는, 겨누면 반드시 명중한다는 뜻이다.

⇨ 運動会(うんどうかい)の当日(とうじつ)は天気予報(てんきよほう)が的中し、雲一つない秋晴(あきば)れだった。
(운동회 당일은 일기예보가 적중하여 구름 한 점 없는 쾌청한 가을 날씨였다.)

⇨ 「当たるもはっけ(占(うら)ない)、当たらぬもはっけ」といって、はっけは、当たったりはずれたりするものだ。
(「맞는 것도 점, 맞지 않는 것도 점」이라는데 점치는 것은 맞기도 하고 맞지 않기도 하는 법이다.)

⇨ 当たりが強くてこわれる。
(세게 부딪혀 부서지다.)

⇨ 当たりのやわらかい肌着(はだぎ)。
(감촉이 부드러운 속옷)

⇨ こんどの企画(きかく)は大変な当たりだ。
(이번 기획은 대단한 성공이다.)

⇨ 気合(きあ)いとともに放(はな)された矢(や)は、鋭(するど)い的(まと)に命中した。
(기합과 함께 쏜 화살은, 날카로운 소리를 내고서 과녁에 명중됐다.)

⇨ 百発百中の腕前(うでまえ)。
(백발백중의 솜씨)

한국어문 7-2 경제기획청**의 예측대로** 금년 경제성장률은 3%에도 달하지 않을 것이다.

번역 経済企画庁(けいざいきかくちょう)**の予測(よそく)どおりに**今年の経済成長率(けいざいせいちょうりつ)は3%にも達(たっ)しないだろう。

주요용법

「N의 예측대로」는, 「Nの予測(よそく)どおり」 또는 「予想(よそう)したとおり」의 형도 있다.

⇨ 実験(じっけん)してみると、予想したとおりの結果(けっか)が出た。
(실험해 보니까 예상한 대로의 결과가 나왔다.)

한국어문 7-3 「자전거에 열쇠를 걸지 않으면 도둑맞아요.」라고 주의해 두었지만, 아니나 다를까 자전거를 잃어버리고 말았다.

번역 「自転車(じてんしゃ)に鍵(かぎ)をかけないと盗(ぬす)まれますよ」と注意(ちゅうい)しておいたが案(あん)の定(じょう)とられてしまった。

주요용법

「아니나 다를까」라는 표현에, 부사 「案(あん)の定(じょう)」를 사용하면 적합하다.

⇨ 画家(がか)になりたいとお父さんに告(つ)げると、案の定猛反対(もうはんたい)された。
(화가가 되고 싶다고 아버지에게 이야기하니까 아니나 다를까 극구 반대였다.)

한국어문 7-4 그 부부는 이혼하는가 했더니 **예상외로** 사이좋게 보내고 있는 것 같다.

번역 あの夫婦(ふうふ)は離婚(りこん)するかと思ったら**案外(あんがい)**仲(なか)よく過(すご)しているようだ。

주요용법

「예상외로」는, 여기서는 「案外(あんがい)」를 사용하고 있다. 다른 유사표현으로 「予想(よそう)がはずれる」「予想もつかない」「予想外(よそうがい)」등을 사용하여 표현할 수 있다.

⇨ こんどの定期試験(ていきしけん)は予想がまったくはずれて、さんざんな成績だった。
(이번 정기시험은 예상이 전혀 빗나가 아주 성적이 엉망이었다.)

⇨ 人々は戦争がいつ終わるか予想もつかない不安(ふあん)な毎日を送った。
(사람들은 전쟁이 언제 끝날지 예상치 못하는 불안한 하루하루를 보냈다.)

⇨ あの強いチームが初出場(はつしゅつじょう)チームに敗(やぶ)れるとは、全(まった)く予想外だった。
(저 강팀이 첫 출장 팀에 진다니 전혀 예상 밖이었다.)

한국어문 7-5 일본어 기말고사 시험문제는 생각<u>**한 이상으로**</u> 어려운 것이었다. 괄호 넣기 문제는 생각보다 쉬웠지만 문법에서 <u>**뜻하지 않은**</u> 실패를 했다.

번역 日本語の期末試験(きまつしけん)の問題(もんだい)は思ってい<u>**た以上(いじょう)に**</u>難しいものだった。穴(あな)うめ問題だけは思ったより易(やさ)しかったが文法(ぶんぽう)で<u>**思いがけない**</u>失敗(しっぱい)をした。

주요용법

❶「~ㄴ 이상으로」는,「~た以上に」로 표현한다. V에 붙여「~보다 더욱」(~よりもっと) 이라는 의미를 나타낸다.

⇨ 経済指標(けいざいしひょう)を見ると、今年の景気(けいき)は予想(よそう)し<u>た以上に</u>よくないようである。
(경제 지표를 보면, 올해의 경기는 기대했던 이상으로 좋지 않은 것 같다.)

❷「뜻하지도 않은」은「思いがけない」로 번역하자.「뜻하지도 않게」「생각지도 않게」에 해당되는 유사어로,「案外(あんがい)」「意外(いがい)」「思いのほか」「思いがけなく」「思わず」가 있다. 어떤 결과가 예상보다 좋은 경우든 나쁜 경우든 모두 사용된다.

「案外」는 막연히 상상하여 상식으로 생각했던 범위 이상으로 된 상태를,「意外」는 자기 스스로 생각해 보아 그만한 생각의 범위가 아니었다는 의미를 표현할 때 사용된다. 스스럼없는 구어체로「意外と」를 사용하는 경우도 있다. 그리고「思いのほか」는「意外」와 거의 같은 느낌이며, 「思いがけなく」는 전혀 예상하지 않았을 때 사용되는 말이다. 「思いがけない」로도 다용된다. 나쁜 것을 했다는 의식은 없으며, 자기 스스로 예상외의 것을 그만둘 수 없거나 감정을 컨트롤할 수 없을 때 사용한다.

⇨ 体の不自由な人が案外によい仕事をし、優(すぐ)れた能力を出していることが多い。
(몸이 불편한 사람이 의외로 좋은 일을 하고, 우수한 능력을 발휘하는 일이 많다.)

⇨ 意外に強い相手(あいて)と戦(たたか)うことになる。
(의외로 강한 상대와 싸우게 된다.)

⇨ 子供のわりには意外としっかりしているね、きみは。
(어린아이 치고는 의외로 야무지게 하네, 너는.)

⇨ 解(と)いてみると、思いのほか、簡単な問題だった。
(해석해 보면 생각보다 간단한 문제였다.)

⇨ 思いがけなくプレゼントをもらってうれしい。
(뜻밖에 선물을 받아 기쁘다)

⇨ 「あっ、危(あぶ)ない」と思った瞬間(しゅんかん)、わたしは思わず、両目(りょうめ)を閉(と)じてしまいました。
(「앗 위험하다」고 생각한 순간, 나는 무심코 눈을 감아 버렸습니다.)

한국어문 7-6 어제는 **생각지도 않게** 돈이 생겼기 때문에, 친구를 불러 노래방에 가서 노래를 불렀다.

번역 昨日(きのう)は**思(おも)いがけなく**お金(かね)が入(はい)ったので、友達(ともだち)を呼(よ)び出(だ)してカラオケに行って歌(うた)を歌(うた)った。

■ 주요용법

「생각지도 않게」는, 앞과 마찬가지로 「思(おも)いがけなく」로 사용하자.

⇨ 何十年も会わなかった人とこんな所で一緒(いっしょ)になるとは、<u>思いがけない</u>こともあるものですね.
(몇십년이나 만나지 않던 사람과 이런 곳에서 같이 있게 되다니, 뜻밖의 일도 있군요.)

8

〈類似・比喩表現〉

한국어문 8-1 자동차가 가솔린으로 달리는 것은, 인간이 음식을 먹고 활동하는 것과 <u>닮았다</u>.

번역 自動車(じどうしゃ)がガソリンで走(はし)るのは、人間(にんげん)が食べ物を食べて活動(かつどう)するのに<u>似(に)ている</u>。

주요용법

「닮았다」는, 「似(に)る(1단)」를 사용하고 있다. 이 V는 상태성이므로 항상 「～ている」를 붙여 사용한다. 이외에도 「太(ふと)っている」「やせている」「かけている」등이 있다.

⇨ 双子(ふたご)なので顔がよく<u>似ている</u>。そっくりだ。
(쌍둥이라서 얼굴이 너무 닮았다. 똑 같다.)

한국어문 8-2 인간의 몸에 영양이 필요한 것**과 같이** 마음에도 영양이 필요한 것입니다.

번역 人間(にんげん)の体(からだ)に栄養(えいよう)が必要(ひつよう)な**ように**心(こころ)にも栄養(えいよう)が要(い)るのです。

주요용법

「～과 같이」는, 「ようだ」를 사용하여 표현하고 있는데, 여기에는 여러 가지 용법이 있다. 「비유」「불확실한 단정」「예시」 등의 의미가 주종이다.

⇨ まだ4月なのに、夏のような暑さだ。 … 비유
(아직 4월인데도 여름과 같은 더위다.)

⇨ 9時の汽車に間に合わないようだ。 … 불확실 단정
(9시 기차에 대지 못할 것 같다.)

⇨ コーラのような冷たい飲み物がほしい。 … 예시
(콜라 같은 차가운 음료를 마시고 싶다.)

한국어문 8-3 그런 꿈**같은** 것만 얘기 하지 말고 빨리 일을 시작해요.

번역 そんな夢(ゆめ)**みたいな**ことばかり言(い)っていないで早(はや)く仕事(しごと)を始(はじ)めなさい。

■ 주요용법

「～같다」를, 「N+みたいだ」를 사용하여 표현하고 있다. 「みたいだ」에는 「비유」 「예시」등의 의미가 있어서 「ようだ」와 흡사한데 「구어적이며 스스럼없는 표현」에 자주 사용된다. 가끔 「ようだ」의 문장에다 「みたいだ」로 대체하게 되면 의미가 상통하는데 전부는 대체할 수 없다. 특히 「고정된 용법」 즉 「속담(ことわざ)」이나 「격언」등에는 서로 바꾸어 사용할 수 없다.

⇨ 泣きはらして兎(うさぎ)みたいな赤い目をしている。(= のような)
(몹시 울어서 토끼눈 같이 충혈되어 있다.)

⇨ コーヒーみたいに刺激(しげき)の強い飲み物は、できるだけ飲むのを控(ひか)えたほうがいいでしょう。(= のような)
(커피 같이 자극이 강한 음료는 가능한 한 마시는 것을 삼가는 편이 좋겠지요.)

⇨ ┌ いもをあらうような混雑。
(감자를 씻는 것 같은 혼잡 → 많은 사람이 북적거림)
└ いもをあらうみたいな混雑。(×)

한국어문 8-4 이 가게에 놓여있는 셔츠는, 모두 비슷비슷해서 특별히 마음에 드는 것은 없어요.

번역 この店(みせ)に置(お)いてあるシャツは、全部(ぜんぶ)**似(に)たりよったり**で特(とく)に気に入ったのはありませんね。

■ 주요용법

「비슷비슷」은, 부사「似(に)たりよったり」를 사용하고 있다.

그러나 「전혀 비슷하지 않은 경우」는, 「似(に)ても似つかぬ」를 사용한다.

⇨ 化粧品(けしょうひん)の成分(せいぶん)は広告文(こうこくぶん)とは異(こと)なり、どれも似たりよったりだ。
(화장품 성분은 광고문과는 달리 어느 것도 비슷비슷하다.)

⇨ 妹は「ロラ」という名前だが、その名前とは似ても似つかぬおてんば娘だ。
(여동생은 「로라」라는 이름이지만 그 이름과는 전혀 비슷하지 않은 말괄량이 아가씨다.)

한국어문 8-5 이 사진과 꼭 닮게 똑같은 스타일로 머리를 깎아 주십시오.

번역 この写真(しゃしん)と**そっくり**同(おな)じようなスタイルに髪(かみ)をカットしてください。

주요용법

❶ 「꼭 닮았다」는 부사 「そっくりだ」가 적합하다. 「そっくりだ」와 비슷한 말로는 「等(ひと)しい」 「同じだ」를 들 수 있는데 궁극적으로는 의미가 다르다. 즉 「そっくりだ」는, 서로 다른 두 가지를 비교해 볼 때, 분간하기 어려울 정도로 너무나 닮았다는 뜻으로 구어적 표현이다.

⇨ レナさんの顔立(かおだ)ちは田中さんとそっくりだ。
(레나의 얼굴은 다나카와 속 빼닮았다.)

⇨ 宇宙(うちゅう)をテーマにした映画を見たその夜、そっくり同じ夢を見た。
(우주를 테마로 한 영화를 본 그날 밤, 매우 똑같은 꿈을 꾸었다.)

「等しい」는, 서로 다른 대상들을 비교하여 똑같은 가치를 가지고 있다는 말이며 문장어적이다.

⇨ あの打者(だしゃ)に直球(ちょっきゅう)を投げるのは自殺行為(じさつこうい)に等しい。
(저 타자에게 직구를 던지는 것은 자살행위나 마찬가지이다.)

그러나 「同じだ」는, 서로 다른 대상의 것에 한하지 않고, 「대상 자체 또는 동 종류의 대상을 비교」한다던가 「다른 대상들끼리 비교」해 볼 때 거의 차이가 없다는 말이다. 구어적 표현이나 문장어적 표현에 모두 사용된다.

⇨ ぼくも君も誕生日は同じ日だ。
(너랑 나랑 생일은 같은 날이다.)
⇨ 収入(しゅうにゅう)と支出(ししゅつ)が同じだ。
(수입과 지출이 같다.)

❷ 「(머리털・풀 등을) 깎다」는, 「カットする」「刈(か)る」를 사용하는데, 「剃(そ)る」는 「면도하다」의 의미가 짙다.

⇨ 美容院(びよういん)へ行って髪をカットしてもらったら、すっきりして気分(きぶん)もさわやかになった。
(미장원에 가 머리를 깎으니 깔끔해지고 기분도 상쾌해졌다.)
⇨ 髪がだいぶ伸(の)びてきたので、床屋(とこや)さんで短く刈ってもらった。
(머리가 꽤 길어서 이발관에서 짧게 깎았다.)
⇨ 彼は毎朝ひげをそって会社へ行きます。

(그는 매일 아침 면도를 하고 회사에 갑니다.)

⇨ 床屋へ行くと、散髪(さんぱつ)だけでなく顔も<u>そって</u>もらいます。
(이발관에 가면 이발뿐만 아니라 얼굴도 면도합니다.)

한국어문 8-6 저 두 사람은 얼굴은 **닮았**지만, 전혀 다른 사람이라 한다.

번역 あの二人(ふたり)は顔(かお)は<u>**うり二(ふた)つだ**</u>けど、赤(あか)の他人(たにん)だそうだ。

주요용법

1 이 한국어문의 「닮았다」는, 참외(「うり」)의 모양이 서로 비슷비슷하다는 의미에서 「참외 두개」의 뜻으로 「うりふたつだ」를 사용하고 있다. 이 표현은 사람의 얼굴형이 매우 닮은 경우에 사용한다.

⇨ この間、きみと<u>うり二つ</u>の弟さんが、図書館にいて、思わず声をかけてしまったよ。
(일전에 너와 똑같이 닮은 남동생이 도서관에 있어서 무심코 소리를 질러버렸어.)

2 「전혀 다른 사람」「생판 남」은, 「赤(あか)の他人(たにん)」으로 번역해 보자.

⇨ 彼女は、<u>赤の他人</u>のわたしにもほんとうに親切にしてくれました。
(그녀는 생판 남인 나에게도 정말로 친절히 해주었습니다.)

한국어문 8-7 「서면 작약이요, 앉으면 모란 걸어가는 모습은 백합」이라는 말은, 아름다운 여성을 꽃에 <u>**비유하는 말**</u>이다.

번역 「立(た)てば芍薬(しゃくやく)、座(すわ)れば牡丹(ぼたん)、歩(ある)く姿(すがた)は百合(ゆり)」と言う言葉は、美(うつく)しい女性(じょせい)を花に<u>**譬(たと)え**</u>だ。

주요용법

「비유하다」는, 「譬(たと)える」의 N형 「譬(たと)え」를 사용하여 표현하고 있다.

⇨ 父はよく、イソップ物語(ものがたり)を<u>たとえ</u>に引(ひ)いて、教訓(きょうくん)を垂(た)れたものだった。
(아버지는 자주 이솝 이야기를 비유로 하여 교훈을 주시곤 했다.)

9

〈比較表現〉

한국어문 9-1 '사해'는 보통 호수<u>와는 달리,</u> 해면보다 400m나 낮은 곳에 있습니다.

번역 '死海(しかい)'は普通(ふつう)の湖(みずうみ)<u>**とは違(ちが)って**</u>、海面(かいめん)より400メートルも低(ひく)いところにあります。

주요용법

「N와(는) 달리」는, 「Nと(は)違って」로 한다. 「違(ちが)う」와 비슷한 말로 「異(こと)なる」도 있다. 「違う」가 「異なる」보다 일반적으로 사용되는데 비해, 「異なる」는 문장어적이다. 참고로 「気(き)が違う」라는 말을 알아두자. 이 말은, 마음의 상태나 머리의 활동이 정상이 아닌 상태를 말할 때 사용한다.

⇨ 失礼(しつれい)ですが、田中さんですか。いいえ、<u>違い</u>ます。
(실례하지만 다나카씨입니까? 아니오, 아닙니다.)

⇨ 父が生まれた当時(とうじ)は今と<u>違っ</u>て、村に鉄道も走っていなかったそうだ。

(아버지가 태어난 그 당시는 지금과 달리, 마을에 철도도 놓여 있지 않았다고 한다.)

⇨ 言葉だけでなく、国によって習慣(しゅうかん)が異なるのは当然のことです。

(말 뿐 아니라 나라에 따라 습관이 다른 것은 당연합니다.)

⇨ 母親は二人の息子を失(うしな)ったショックで、気が違ったようになってしまった。

(어머니는 두 아들을 잃은 충격으로 제정신이 아니었다.)

한국어문 9-2 **별 가운데는 크기도 태양보다 아주 큰 것이 있고, 밝기도 태양보다 훨씬 밝은 것이 있다.**

번역 星(ほし)の中にはその大(おお)きさも太陽(たいよう)**より**はるかに大きい物があるし、その明(あか)るさも太陽**より**ずっと明(あか)るい物がある。

주요용법

「～보다」는, 「Nより(も)」나 「V- 終+より(も)」의 형으로 번역하자.

⇨ 供給(きょうきゅう)より需要(じゅよう)が多ければ物の値段(ねだん)は上(あ)がるし、供給より需要がすくなければ値段は下(さ)がるのが普通(ふつう)だ。

(공급보다 수요가 많으면 물건의 가격은 올라가고, 공급보다 수요가 적으면 가격은 내려가는 것이 일반적이다.)

⇨ 休みの日は外(そと)へ出(で)かけるよりうちでごろごろして

いる方(ほう)が好きだ。

(휴일에는 외출하는 것보다 집에서 빈둥빈둥 노는 쪽을 좋아한다.)

한국어문 9-3 결혼을 해서 어린애가 생기면 집안일이나 육아에 쫓기어, 얻는 것보다 주는 쪽(득보다 실)이 많아지는 법이다.

번역 結婚(けっこん)をして子供(こども)ができると、家事(かじ)とか育児(いくじ)に追(お)われて得(え)るもの**より**与(あた)える**ほうが**多くなるものだ。

주요용법

앞에서와 같이, 이 한국어문도 「N/Vより(も)」형으로 간단히 사용할 수 있는데 대체로 「AよりもBのほうが~」「BはAよりも~」형으로, A가 비교의 기준이 되는 경우가 많다. 그리고 스스럼없이 사용하는 구어적인 표현으로 「よりか」「それよか」형을 사용하여 표현할 수도 있다.

⇨ やらずに後悔(こうかい)するよりは、無理(むり)にでもやってみた方がいい。
(하지 않고 후회하는 것보다는 무리해서라도 해 보는 쪽이 좋다.)

⇨ レストランよりか居酒屋(いざかや)の方がリラックスできていいんじゃないかな。
(레스토랑보다 선술집이 편안해서 좋지 않나.)

⇨ 今から外食(がいしょく)しに行くのもいいけど、それよか一緒に買い物に行ってうちで作って食べない?

(이제부터 외식하러 가는 것도 좋지만, 그보다 같이 쇼핑해서 집에서 만들어 먹지 않을래?)

한국어문 9-4 집에서 빈둥빈둥 놀고 있는 것보다는 뭔가 값싼 아르바이트를 하는 쪽이 낫다.

번역 家でぶらぶら遊んでいるよりは安(やす)くても何かアルバイトをしたほうがましだ。

주요용법

❶ 「A보다 B쪽이 낫다」는, 문형 「AよりB(の方)がましだ」로 사용하자. 「ましだ」는 Av임을 주의하자.

⇨ こわれかかった傘(かさ)だが、まあないよりはましだろう。
(부서진 우산이지만 없는 것보다 나을 거야.)

⇨ こんなまずいものを食べるくらいなら、何にも食べない方がましだ。
(이렇게 맛없는 것을 먹는다면 아무것도 먹지 않는 쪽이 낫다.)

⇨ A : 具合(ぐあい)はどうですか。
(몸 상태는 어떻습니까?)
B : きのうよりましですが、まだ頭痛(ずつう)がします。
(어제보다 좋아졌습니다만 아직 두통이 있어요.)

❷ 「아르바이트를 하다」는, 「アルバイトをする」 또는 「バイトをする」로도 사용한다. 일본에서는 아르바이트를 할 기회가 많이 있다. 흔히 햄버거 가게나 음식점 등에서 학생들이 용돈 마련으로 많이 하는 편인데 시간당 9백엔 정도이

다. 어쨌든 일본에서 아르바이트를 하려면 일본어가 어느 정도 가능해야 한다.

한국어문 9-5 여섯 살 먹은 친척아이에게 「서울과 시골, <u>어느 쪽이 좋으냐?</u>」라고 물어 보니까 시골 <u>쪽이 좋다</u>고 말했다.

번역 六歳になる親戚(しんせき)の子供に「ソウルと田舎(いなか)と<u>**どっちがいいか**</u>」と聞いてみると、田舎<u>**の方がいい**</u>と言った。

■ 주요용법

「A와 B 어느 쪽이 좋은가?」는, 「AとBとどっちがいいか」로 한다. 약간 뉘앙스가 다르지만 「AとBとどっちがすきですか」라는 표현도 자주 사용한다.

⇨ あまいもの<u>と</u>からいもの<u>とどっちがすきですか</u>。
(단 것과 매운 것 어느 쪽을 좋아합니까?)

한국어문 9-6 인간은 몸의 무게<u>에 비하여</u>, 꽤 무거운 뇌를 갖고 있다. 고릴라의 뇌는, 인간의 뇌에 반도 되지 않는다.

번역 人間(にんげん)は体の重(おも)さ<u>に比(くら)べて</u>、かなり重い脳(のう)を持(も)っている。ゴリラの脳は人間の半分(はんぶん)もない。

주요용법

❶ 「比(くら)べる」와 유사한 말로, 「比較(ひかく)する」「比(ひ)する」등이 있다. 두 개 이상의 대상을 대조하여 이동(異同)・우열(優劣) 등을 조사하여 분명히 구별하는 것을 말한다. 「比べる」「比較する」는, 거의 동일한 뜻이지만, 전자는 일상적인 말에 사용되며, 후자는 계측하거나 실험하여 데이터를 뽑을 경우에 사용된다. 「比する」는, 대부분 「～に比して」「比(ひ)すべく」의 형태로 사용되는 문장어적인 표현이다.

⇨ 山奥(やまおく)の村は、町(まち)に比べると、冬の訪(おとず)れが早い。
(깊은 산의 마을은 도시에 비하면 겨울이 빨리 찾아온다.)

⇨ 売上高(うりあげだか)を昨年と比較する。
(총 판매액을 작년과 비교하다.)

⇨ 他社(たしゃ)に比して給与水準(きゅうよすいじゅん)が高い。
(타사에 비해서 급여 수준이 높다.)

⇨ 他(た)に比すべくもない。
(다른 것에 비할 것도 없다.)

❷ 「반도 되지 않다」는, 「半分(はんぶん)もならない」가 아니고 「半分もない」나 「半分にもならない」를 쓰자.

⇨ この女子大学の定員(ていいん)は日本の他(ほか)の大学に比(くら)べて半分もない。
(이 여자대학의 정원은 일본의 다른 대학에 비하여 반도 되지 않는다.)

10

〈程度表現〉

한국어문 10-1 이 역사가와 이야기하**면 할수록** 배워야 할 것이 많다는 생각을 강하게 느낀다.

번역 この歴史家(れきしか)と話をすれ**ばするほど**、習うべきものがたくさんあるという思いを強くさせられる。

■ 주요용법

① 〈~면 ~ㄹ 수록 → V-仮 ば　V-終 ほど,
A-仮(けれ) ば　A-終(い) ほど,
N/Av-であればあるほど〉

「~면~ㄹ 수록」의 정도표현은, 품사에 따라 다양하게 접속되므로 주의해야 된다.

⇨ 韓国では北へ行けば行くほど寒くなります。
(한국에서는 북으로 가면 갈수록 추워집니다.)

⇨ 値段が高<u>ければ</u>高い<u>ほど</u>品(しな)がよくなる。
(가격이 높으면 높을수록 상품이 좋아진다.)

⇨ 金持ち<u>であればあるほど</u>、もっとけちだ。
(부자이면 부자일수록 더욱 인색하다.)

⇨ 通りが賑(にぎ)やか<u>であればあるほど</u>、商店街(しょうてんがい)の賃貸料(ちんたいりょう)は高い。
(도로가 번화하면 할수록 상가의 임대료는 비싸다.)

❷ 「강하게 느낀다」는, 「強くさせられる」로 번역한다. 〔《유형별표현-3-1》 참조〕

한국어문 10-2 「어느 정도의 예산입니까?」라고 가게주인이 물으니까 「싸면 쌀<u>수록</u> 좋은데요.」라고 대답했다.

번역 「どれぐらいのご予算(よさん)ですか」と店の主人が聞いたら、「安<u>**ければ**</u>安い<u>**ほど**</u>いいんですが」と答えた。

■ 주요용법

「A-ければ A-終(い)ほど」의 형을 취하여 「～면 ～ㄹ 수록」을 표현하고 있다.

⇨ 酒(さけ)と友人(ゆうじん)は古(ふる)<u>ければ</u>古<u>ほど</u>良(よ)い。
(술과 친구는 오래면 오랠수록 좋다.)

한국어문 10-3 활발하고 우수한 학생이면 일수록 지식을 일방적으로 주는 수업은 재미없게 느낄 것이다.

번역 活発(かっぱつ)で優秀(ゆうしゅう)な学生**であればあるほど**知識(ちしき)を一方的(いっぽうてき)に与える授業はつまらなく感じるのだろう。

주요용법

「학생이면 ~학생일수록」이라는 정드표현은 「Nであればあるほど」의 형을 취하여 나타내자.

⇨ お金持ちの国の国民がより幸(しあわ)せを感じており、その中でもお金をたくさん儲(もう)ける人であればあるほど、さらに幸せを感じておる。
(부자나라의 국민이 보다 행복을 느끼고 있으며, 그 중에서도 돈을 많이 버는 사람이면 일수록 한층 더 행복을 느끼고 있다.)

⇨ 不況期(ふきょうき)であればあるほど、広告(こうこく)を増(ふ)やせば売上増大(うりあげぞうだい)につながると分析(ぶんせき)された。
(불황기이면 일수록 광고를 늘리면 판매증대와 연결된다고 분석되었다.)

한국어문 10-4 혁명은 늘 세계를 뒤흔든다. 그렇지만 러시아 혁명만큼 세계에 충격을 준 것은 없을 것이다.

번역 革命(かくめい)は常(つね)に世界(せかい)を揺(ゆ)るがす。しかし、ロシア革命**ほど**世界に衝撃(しょうげき)を与(あた)えたものはあるまい。

주요용법

❶ 「N만큼」이라는 정도의 표현은, 「～ほど」를 사용하여 번역하자.

⇨ お前ほど歩(あゆ)みののろい者はない。
(자네만큼 걸음이 느린 사람은 없다.)

⇨ ここは大都市(だいとし)近郊(きんこう)ほどは、宅地開発(たくちかいはつ)が進(すす)んでいない。
(여기는 대도시 근교인 만큼 택지개발이 진전되어 있지 않다.)

❷ 「뒤흔들다」는, 「揺(ゆ)るがす」로 번역한다.

⇨ 昔は、ソウルでも、大地(だいち)を揺るがすセミの大合唱(だいがっしょう)が聞かれたものです。
(옛날에는 서울에서도 대지를 뒤흔드는 매미의 대합창 소리가 들리곤 했습니다.)

❸ 「없을 것이다」는, 「あるまい」 또는 「ないだろう」로 표현한다. 「まい」는, 이와 같이 「否定推量」의 의미도 있지만, 다음과 같이 「否定意志」의 의미도 있다.

⇨ レイナとの別れはつらかった。もう二度と恋(こい)はするまい。

(레이나와 이별은 괴로웠다. 두 번 다시 사랑은 하지 않을 거야.)

한국어문 10-5 엥겔은 「소득이 많은 가계<u>일수록</u> 식비가 소비지출 총액 중에 차지하는 비율이 작고, 반대로 소득이 적은 가계<u>일수록</u> 식비가 차지하는 비율이 크다」는 것을 발표했다.

번역 エンゲルは,「所得(しょとく)の多い家計(かけい)<u>**ほど**</u>食費(しょくひ)が消費支出(しょうひししゅつ)の総額(そうがく)のうち占(し)める比率(ひりつ)が小(ちい)さく、逆(ぎゃく)に所得の少ない家計<u>**ほど**</u>食費が占める比率が大きい」ということを発表(はっぴょう)した。

■ 주요용법

「가게일수록」은, 「Nほど」의 형식으로 표현한다.

⇨ まじめな人<u>ほど</u>がストレスがたまる。
(착실한 사람일수록 스트레스가 쌓인다.)

⇨ 目標(もくひょう)が大きい<u>ほど</u>力(ちから)も湧(わ)いてくる。
(목표가 클수록 힘도 솟아나온다.)

한국어문 10-6 최근 자연을 지키려는 목소리가 높아지고 있다. 신문, 잡지 등에서도 자연보호를 호소하는 기사가 증가하는 편이다.

번역 最近(さいきん)自然(しぜん)を守(まも)ろうとする声(こえ)が高(たか)まっている。新聞、雑誌などでも自然保護(ほご)を訴(うった)える記事(きじ)が増(ふ)える一方(いっぽう)だ。

주요용법

❶ 「～ㄴ 편이다」「～ㄹ 뿐이다」는, 「～一方(いっぽう)だ」를 쓴다. 상황이 어떤 일정한 방향으로 자꾸 진행하여 정지하지 않는 것을 나타내는데, 주로 좋지 않은 일에 많이 사용된다.

⇨ 父の病状(びょうじょう)は悪化(あっか)する一方だ。
(아버지의 병환은 악화될 뿐이었다.)

❷ 「지키다」는, 「守(まも)る」 또는 「保護(ほご)する」로 번역하자.

⇨ この美しい自然を守り育(そだ)てて、後代(こうだい)に伝えていくことが、われわれの責任(せきにん)なのだ。
(이 아름다운 자연을 키우고 지켜 후대에 전하는 것이 우리들의 책임이다.)

⇨ 自然が破壊(はかい)されつつある現代、自然を保護し、緑(みどり)を守っていくことは大きな課題(かだい)です。
(자연이 파괴되고 있는 현대, 자연을 보호하고 푸르름을 지켜가는 것은 큰 과제입니다.)

❸「호소하다」는,「訴(うった)える」로 번역하자.

⇨ この作品(さくひん)は生々(なまなま)しい戦争体験(せんそうたいけん)を通(とお)して、戦争の恐怖(きょうふ)と平和(へいわ)の尊(とうと)さを強く<u>訴え</u>ている。
(이 작품은 생생한 전쟁 체험을 통하여 전쟁의 공포와 평화의 소중함을 강하게 호소하고 있다.)

11

〈仮定·条件表現〉

한국어문 11-1 밤에는 불이 있으<u>면</u> 보이지만, 없으<u>면</u> 보이지 않습니다.

번역 夜は明(あか)りがあれ<u>**ば**</u>見えますが、なけれ<u>**ば**</u>見えません。

주요용법

일본어의 가정·조건을 나타내는 표현의 용법이다. 여기에는「ば」「と」「たら」「なら」가 있는데 서로의 사용용법이 애매모호하므로 주의하자. 먼저 접속방법의 차이와 의미용법에 대하여 살펴보면, 다음과 같다.

❶ <u>ば : 과거(×), 추상적 논리관계, 일반적사실·진리</u>

V- 仮ば	ふる → ふれ<u>ば</u> (비가 내리면)
A- 仮(けれ)ば	さむい → さむけれ<u>ば</u> (추우면)
Av- 仮(なら)(ば)	すきだ → すき<u>なら(ば)</u> (좋아하면)

「ば」는, 가정의 의미를 나타내는 대표적인 접속조사로서 V, A, Av의 「가정형(仮)」에 접속하며 구체적인 상황 설명이 아니라, 추상적인 논리관계, 일반적 사실이나 진리로서 서술하는 조건법으로 문말에 「た」를 붙여 구체적인 완료표현으로 할 수 없다. 그러나, 아래의 예(4)와 같이 항상적(恒常的)조건이나 예(5)와 같이 과거의 사실이 아닌 가상(仮想)의 조건이라면 과거의 「た」를 붙일 수 있다.

⇨ (1) 風が吹けば桶屋(おけや)がもうかる。
(바람이 불면 물통장사가 돈 번다.)
(2) 2に3をたせば5だ。
(2에 3을 보태면 5다.)
(3) 右上手(みぎうわて)を取れば絶対(ぜったい)に負(ま)けない。
(오른쪽 샅바를 잡으면 절대로 지지 않는다.)
(4) 彼は右上手を取れば絶対に負けなかった。
(그는 오른쪽 샅바를 잡으면 절대로 지지 않았다.)
(5) 食べられさえすれば何でもよかった。
(먹을 수 있는 것이라면 뭐라도 좋아.)

❷ と : 과거(×), 추상적 논리 관계 · 구체적 상황 설명, 성립 즉시 행동 유발

V - 終と	ふる	→	ふると (비가 내리면)
A - 終と	さむい	→	さむいと (추우면)
Av - 終と	すきだ	→	すきだと (좋아하면)

「と」는, 조건 · 가정을 나타내는 접속조사로서 V · A · Av의 「종지형(終)」에 접속하고, 「ば」와 마찬가지로 아래의 예(1)과 같이 추상적인 논리관계로서도 사용 가능하지만, 예

(2)와 같이 구체적인 상황설명에도 사용 가능한 점이 「ば」와 다르다. 더욱이 아래의 예(3)과 같이, 어떤 상황이 성립하면 즉시 발생하는 경우에도 잘 사용한다.

⇨ (1) スイッチをひねると電気がつく。
(스위치를 틀면 전기가 켜진다.)
(2) 彼がスイッチをひねると電気がついた。
(그가 스위치를 틀면 전기가 켜졌다.)
(3) うちの犬は主人(しゅじん)を見ると走ってくる。
(우리 집 개는 주인을 보면 달려온다.)

❸ たら : 시제에 관계없음, 시간적 先後, 문말의 주관적 표현

(명령 · 허가 · 권유 · 희망 등)

N だったら	とり	→	とりだったら	(새라면)
V - 用たら	ふる	→	ふったら	(비가 내리면)
A - 用(かっ)たら	さむい	→	さむかったら	(추우면)
Av - 用(だっ)たら	すきだ	→	すきだったら	(좋아하면)

「たら」는, 원래 「た」의 가정형으로 조동사이다. N에는 「だったら」, V · A · Av는 「연용형(用)」에 접속하며, 아래의 예와 같이 과거 · 현재 · 미래 · 가상 등 어떤 경우의 시제에도 사용된다. 前件(종속절)에서 서술된 상황이 실현된 경우로 보고 그렇게 실현된 상황 아래에서 사태가 발생되는 것을 後件(주절)에서 서술하는 표현방법이다. 그리고 특히 주절에는 화자의 주관적인 표현이 뚜렷이 나타나는데 명령 · 금지 · 추측 등 다양하다.

⇨ (1) きのうデパートへ行ったら先生に会った。 … 과거
(어제 백화점에 갔더니 선생님을 만났다.)

(2) もうここまで来たら一人で帰れます。 … 현재
(이제 여기까지 왔으니 혼자서 돌아갈 수 있습니다.)

(3) あした学校へ行ったら、この手紙を先生に渡(わた)しなさい。 … 미래
(내일 학교에 가면, 이 편지를 선생님께 건네주세요.)

(4) もし困ったことが起こったら、遠慮(えんりょ)なく相談に来たまえ。 … 가상
(만약 곤란한 일이 생긴다면, 염려 말고 상담하러 오렴.)

(5) あの船に乗っていたら沈没(ちんぼつ)して溺死(できし)していたかもしれない。 … 가상
(저 배를 타고 있었다면 침몰해 익사했을지도 모른다.)

❹ なら: 시제에 관계없음, 어떤 상황이 성립하는 것을 인정, 그 성립을 전제로 취함.

N なら	とり	→ とりなら (새라면)
V- 終 なら	ふる	→ ふるなら (비가 내리면)
A- (の)なら	いたい	→ いたい(の)なら (아프다면)
AV- 仮 なら(ば)	すきだ	→ すきなら(ば) (좋아하면)

「なら」는, N와 V의 「종지형(終)」, Av의 「가정형(仮)」에 접속하며 미래・현재・과거에 모두 쓸 수 있다. 원래 「なら」는 「だ」의 가정형으로 助v이다. 어떤 상황이 성립하거나 성립하고 있는 것을 인정하고, 그 성립을 전제로 취하는 화자의 표현이다. 따라서 後件은 화자의 행위나 판단문이 된다. 前件은 未定(「君が行くなら」)이나 既定(「行くところであるなら」) 어느 쪽도 될 수 있다. 동작동사에 「なら」가 사용되는 경우, 아래의 예(1)과 같이 그 행위가 성립되기 전에 일어나는 사항이 후건에 온다. 이 점이 「たら」와 다른데 예(3)

과 같이 「たら」는 선후관계가 된다. 단, 예(4)와 같이 「~たなら」의 경우는 「たら」와 같은 순서가 된다.

⇨ (1) 君が行くなら餞別(せんべつ)をあげよう。
(네가 가면 전별금을 줄께.)
(2) そんなに痛いのなら早く帰ったほうがいいですよ。
(그렇게 아프면 일찍 가는 편이 좋아요.)
(3) 君が行ったら家の中が寂(さび)しくなった。
(네가 가니 집안이 쓸쓸해졌어.)
(4) そこへ行ったなら、あの人に会ったでしょう。
(거기에 갔으면 그 사람을 만났겠죠.)

한국어문 11-2 시청 앞에서 버스를 타면 바꿔 타지 않고 직접 갈 수 있습니다.

번역 市役所(しやくしょ)の前でバスに乗れば、乗(の)り換(か)えずに直接(ちょくせつ)行けます。

주요용법

❶ 「버스를 타면」은, 전후의 문맥상 일반적인 사실이라 본다면 「バスにのれば」가 적당하다.

❷ 「~지 않고」는, 「~ずに」 또는 「~なしで」로 번역하자. 즉 「바꿔 타지 않고」는, 「乗り換えずに」나 「乗り換えなしで」로 바꿀 수 있다.

⇨ どの電車に乗ればいいのかわからずに、まごまごしているうちに、ドアが閉(し)まってしまった。
(어떤 전차를 타면 좋을지 몰라 갈팡질팡 하는 사이에 문이 닫혀버렸다.)

⇨ 実際、ソーラーカーやヨットは、すでに燃料なしで走ることができます。
(실제 태양 전지자동차나 요트는, 이미 연료 없이 달릴 수 있어요.)

한국어문 11-3 추운 겨울이 지나가고 따뜻한 봄이 오면 아름다운 꽃이 핍니다.

번역 寒い冬が過(す)ぎて暖(あたた)かい春が来(く)れ**ば**きれいな花が咲(さ)きます。

■ 주요용법

자연의 오묘한 진리이므로「ば」가 선택된다.

⇨ 晩秋(ばんしゅう)になればば、イチョウの葉(は)はまっきろい。
(만추가 되면 은행잎은 샛노랗다.)

한국어문 11-4 선생님은 아이들에게「2에 7을 더하면 9가 된다」라고 그림을 사용하여 설명하고 있습니다.

번역 先生は子供たちに「二に七を足(た)せ**ば**九になる」と絵(え)を使って説明(せつめい)しています。

■ 주요용법

수의 계산이다. 화자의 의지와 관계없는 자연의 법칙이므로 「ば」가 아니면 불가능하다.

⇨ 500に200を引(ひ)け<u>ば</u>、300になる。
(500에 200을 빼면 300이 된다.)

한국어문 11-5 자동차에 기름이 떨어지<u>면</u>, 즉시 끼익 끼익 소리가 나기 시작한다.

번역 車の油(あぶら)が切(き)れる<u>と</u>、すぐキーキーと鳴(な)り出(だ)す。

■ 주요용법

❶ 「と」로 표현되는 가정 조건은, 행동 및 작용이 실행되면 즉시 다음의 동작 작용이 발생되는 특징이 있다.

❷ 「끼익끼익」은, 의성어로서 「キーキーと」로 번역하자.

⇨ 上野動物園のサルは見物人(けんぶつにん)に向かって<u>キーキーと</u>ないた。
(우에노 동물원의 원숭이는 구경꾼을 향하여 끼익끼익 소리 냈다.)

한국어문 11-6 우리 집 강아지 '삽살이'는 나를 보면 쏜살 같이 달려오는데 너무나 귀엽다.

번역 うちの子犬(こいぬ)の'サップサリ'は私を見る**と**すぐに走(はし)ってくるがたいへんかわいい。

■ 주요용법

❶ 「～하면 즉시 ～하다」는, 행동이 즉각 실행됨을 나타내므로 「と」가 적합하다.

❷ 「쏜살 같이」는, 「すぐ(に)」로 번역한다.

⇨ 暴(あば)れ川なので、橋を架(か)けてもすぐ流(なが)され、また架(か)け直(なお)すといういたちごっこが続いた。
(거센 강물이어서 다리를 놓아도 금방 떠내려가고, 또 다시 놓고 하는 악순환만 계속되었다.)

⇨ 若(わか)い人って、どうしてすぐに流行(りゅうこう)にとびつくんだろうな。
(젊은 사람이란 왜 금방 유행에 빠지는 걸까.)

한국어문 11-7 어쩌면 친구가 올지 모릅니다만, 오거든 내 방에서 기다리라고 말해 주세요.

번역 ひょっとしたら友達が来(く)るかもしれませんが、来(き)たら私の部屋(へや)で待(ま)つように言ってください。

■ 주요용법

❶ 「たら」를 사용하면, 주절의 문말에는 명령・권유・금지・허용 등 화자의 다양한 주관적 표현이 나타나는 특징이 있다.

❷ 참고로 「Nときたら」에 대해서 살펴보자. 「N라 하면」「N로 말할 것 같으면」의 의미로, 「Nとくると」로도 사용된다. 이 표현은, 어떤 일을 「불만」이나 「비난」의 기분을 가지면서 「화제의 대상」으로 내세우는 표현방식이다. 「Nといえば」보다 소극적이며 수동적인 어감이 든다. [「Nといえば」는, 《유형별표현-11-11》 참조]

⇨ 彼は<u>ときたら</u>いつもほらばかり吹いている。
(그로 말할 것 같으면 항상 허풍만 떨고 있다.)

⇨ 彼の講義(こうぎ)<u>ときたら</u>全く分からんよ。
(그의 강의라 하면 전혀 이해가 안 가요.)

⇨ 春<u>とくると</u>桜の花というのが日本人に定着(ていちゃく)したイメージだろう。
(봄이라 말할 것 같으면, 벚꽃이라는 것이 일본인에게 정착된 이미지일 것이다.)

❸ 「어쩌면」은, 「ひょっとしたら」「もしかすると」라는 부사를 사용하는데 문말에는 반드시 「かもしれない」가 나타난다.

⇨ <u>ひょっとしたら</u>彼は外出(がいしゅつ)した<u>かも知しれない</u>。
(어쩌면 그는 외출했을지도 모른다.)

⇨ 物価(ぶっか)が<u>もしかすると</u>落ちる<u>かもしれない</u>。
(물가가 어쩌면 떨어질지 모른다.)

한국어문 11-8 아버지께 「컴퓨터를 사 주십시오」라고 말씀드렸더니, 이번 토요일에 사 주신다고 하셨습니다.

번역 父に「コンピューターを買って下さい」と言ったら、今度(こんど)の土曜日に買ってくれると言いました。

주요용법

문말을 잘 보자. 이 한국어문의 「사 주신다」는, 아버지의 「意思」가 들어 있으므로 화자의 주관성이 내재되어 있어 「たら」가 적합하다.

⇨ 話があるのなら、直接(ちょくせつ)本人(ほんにん)にぶつかってみたらどうだい、いい結果が得(え)られるかもしれないよ。
(할 말이 있으면, 직접 본인에게 부딪혀 보는 건 어때, 좋은 결과를 얻을 수 있을지도 몰라.)

한국어문 11-9 내 분야와 관련 있는 서적이 나오면 맨 먼저 나에게 알려 주렴.

번역 私の分野(ぶんや)に関(かん)する書籍(しょせき)が出(で)たら、真(ま)っ先(さき)に私に知らせてくれたまえ。

주요용법

❶ 주절에는 「알려 주렴」이라고 하는 命令의 의미가 있으므로

「たら」가 적합하다.

❷ 「~해 주렴」은, 손아래 사람에게 사용하는 명령표현이다. 「~てくれたまえ」로 번역한다. 「~하게」「~하지」라고 부드럽게 명령하는 표현은 「~たまえ」로 하자.

⇨ のどが渇(かわ)いたので、水を一杯もってきてくれたまえ。
(목이 마르니까 물 한잔 갖다 주렴.)

⇨ きみはまだ十七歳(じゅうななさい)だから、あせずにチャンスを待って、また挑戦(ちょうせん)したまえ。
(너는 아직 17살이니까 초조해 하지 말고 기회를 기다려, 또 도전하게.)

한국어문 11-10 유학 중 만약 곤란한 일이 생기면, 염려하지 말고 의논하러 와요.

번역 留学中(りゅうがくちゅう)困(こま)ったことが起(お)こったら、遠慮(えんりょ)なく相談(そうだん)に来(き)なさい。

주요용법

❶ 위와 마찬가지로 「의논하러 와요」라는 명령표현이 있으므로 「たら」가 적합하다.

❷ 「의논하다」는, 「相談(そうだん)する」로 옮기자. 〔《문형 · 오용편-15-1》 참조바람〕

⇨ 問題(もんだい)の解決(かいけつ)を相談する。
(문제의 해결을 의논하다.)

한국어문 11-11 부산**이라면**, 새마을호를 타고 종점에서 내리면 돼요.

번역 釜山**なら**セマウル号(ごう)に乗って終点(しゅうてん)で降りればいい(ん)です。

주요용법

「부산이라면」은, 「釜山なら」나 「釜山だったら」를 사용한다. 이외 「釜山といえば」라는 표현도 있다. 그러나 「Nといえば」라고 하면, 그 용법이 사뭇 다르다. 「北海道といえばもう雪だろう」(홋카이도라고 하면 이제 눈이 내릴 것이다.) 와 같이 화자가 「화제의 대상」을 제목으로 내세울 때 사용한다. 본 한국어문의 경우, 「부산이라면」은, 「釜山といえば」로 하면 문맥상 너무 비약한 답이 될 수 있다. 「釜山といえばさしみだ」(부산이라면 생선회다)와 같이 사용하면 문제가 없을 것이다.

한국어문 11-12 형님의 권유로 수학을 그만두고 임학을 전공하기로 했다. 임학**이라면** 산에도 자주 갈 수 있고 건강에도 좋을 거야.

번역 兄の勧(すす)めで数学(すうがく)をやめて林学(りんがく)を専攻(せんこう)することにした。林学**なら**山へもよく行けるし健康(けんこう)にもいいだろう。

주요용법

❶ 「임학이라면」은, 「林学(りんがく)なら」 또는 「林学だったら」로 번역하자.

⇨ あまり使わないもの<u>だったら</u>、買うより借(か)りたほうが得(とく)だ。
(그다지 사용하지 않는 것이라면 사는 것보다 빌리는 것이 이득이다.)

❷ 「~기로 하다」는, 「~ことにする」로 하자.

⇨ みんな疲(つか)れているようだから、このへんで少し休憩(きゅうけい)をとる<u>ことにし</u>よう。
(모두 지친 것 같으니까, 이 근처에서 잠깐 휴식을 취하도록 하자.)

한국어문 11-13 자연보호운동의 선구자 존 뮤아를 미국의 국립공원의 아버지라 부르<u>면</u>, 타무라 쯔요시 박사야말로 일본국립공원의 아버지로 부르기에 적합한 사람이다.

번역 自然保護運動(しぜんほごうんどう)の先駆者(せんくしゃ)のジョン・ミューアをアメリカの国立公園(こくりつこうえん)の父と呼(よ)ぶ**なら**、田村剛(たむらつよし)博士(はかせ)こそ日本の国立公園の父と呼ぶにふさわしい人である。

■ 주요용법

❶ 「부르면」은, 「ならば」 또는 「なら」어느 쪽도 무방하다. 「なら」는, 어떤 상황이 성립하거나 성립하고 있는 것을 인정하고, 그 성립을 전제로 취하는 화자의 표현이다.

⇨ ブレーキがさびついていやな音(おと)がする<u>なら</u>、油(あぶら)を差(さ)しなさい。
(브레이크가 녹이 슬어서 이상한 소리가 나면 기름을 넣으세요.)

❷ 「적합하다」는, 「ふさわしい」로 바꾸어 사용하자.

⇨ ぜいたくばかり言ってないで収入(しゅうにゅう)に<u>ふさわしい</u>生活をするべきだ。
(분수 넘치는 말만 하지 말고 수입에 맞는 생활을 해야 한다.)

12

〈当然·義務表現〉

한국어문 12-1 주거지는 햇볕이 잘 들고 남향<u>이어야 한다</u>.

번역 住(すま)いは日当(ひあた)りが良(よ)くて南向(みなみむ)き<u>**でなければならない**</u>。

주요용법

❶ 한국어문의 「N이어야 한다」의 표현은 「N+でなければならない」로 표현하는데 주의하자. 즉 「법률 · 규칙」등에 정해져 있어서 자신의 의지로 그것을 변경 · 무시할 수 없는 경우, 또는 개인적인 일이더라도 변경할 수 없을 경우에도 사용할 수 있다.

❷ 여기서 「なければ」를 「なけりゃ」 또는 「なきゃ」로, 「なくては」를 「なくちゃ」로 연음되어 사용되는데 일본인들의 대화에서 자주 듣는 말이다.

⇨ あ、もう五時だ。すぐ帰ら<u>なけりゃ(なきゃ)</u>。

(아 벌써 다섯 시다. 곧 돌아가지 않으면 안 돼.)

⇨ もっとまじめに勉強しなくちゃだめだよ。

(더 착실히 공부해야 돼요.)

* 그러면, 「当然・義務表現」의 종류에 대하여 요약 설명하기로 한다.

1) N, V, A 이지 않으면 안 된다, ~이어야 한다(된다), ~(해)야 된다.

→ N でなければならない (なりません)
V- なくてはいけない (いけません)
Av- でないとだめだ (だめです)
A- くなくてはいけない (いけません)

「그렇게 하는 것이 당연하다」「그렇게 해야 한다」라는 당연・의무의 표현이다. N와 Av에는 반드시 연용형 「で」가 필요하나, V에는 「で」가 필요 없다. A는 어간에 「く」(연용형)을 붙여 사용한다. 동사형 助V, 형용사형 助V, 형용동사형 助V는, 각각 V・A・Av에 따른다. (단, 괄호 속의 표현은 공손체를 말함)

가. 「なければならない」

그렇게 하는 것이 「의무라고 여겨지는 사항」과, 그렇게 되는 것이 「필연적인 귀결로 취급되는 사항」을 나타내는 표현형식이다.

(1) 「법률・규칙」등에 정해져 자신의 의지로 그것을 변경・무시할 수 없는 사항을 나타낸다.

⇨ 日本では、自動車は道路の左側を走らなければならない。
(일본에서는, 자동차는 도로의 좌측을 달리지 않으면 안 된다.)

(2) 개인적인 일이더라도 변경할 수 없을 경우의 표현에도 사용한다.

⇨ 来客(らいきゃく)があるから、急いで帰らなければならない。
(올 손님이 있으니까, 급히 돌아가지 않으면 안된다.)

(3) 위의 예는, 다소 뉘앙스의 차이는 있지만「なければいけない」로도 대체 가능하다.

나.「なければいけない」

(1) 그렇게 하는 것이「필요」하고「가장 바람직스럽다」고 여겨지는 사항에 사용한다.

⇨ 寝る前には歯をみがかなければいけない。
(자기 전에는 이를 닦지 않으면 안된다.)

(2) 행위자 자신의「주체적인 판단」에 의존한다.

君たちは死ななければいけない。(너희들은 죽지 않으면 안 된다.)
↓
生きていてはいけない。(살아서는 안 된다.) 라는 의미가 된다.

⇨ 動物(どうぶつ)はすべて死ぬ。したがって、我々は必ず死ななければならない。
(동물은 모두 죽는다. 따라서 우리들도 반드시 죽지 않으면 안 된다.)

(3) 듣는 사람 자신에 관한 것일 경우, 상대에게 그렇게 하는 것이 필

요하다고 「권고」하는 것 → 실질적으로 「명령」 「지시」와 같다.

⇨ 君は太りすぎだから、少しやせるように心がけなければいけないね。 … 권고
(너는 너무 살이 쪘으니까, 좀 살을 빼도록 마음먹지 않으면 안 되겠다.)

⇨ 当番(とうばん)は8時までに登校しなければいけない。 … 명령, 지시
(당번은 8시까지 등교하지 않으면 안 된다.)

2) 〈V - 지 않을 수 없다 ⇒ V - 未 ざるを得(え)ない〉

(1) 「아무리 생각해도 그러한 결론밖에 이르지 못한다」는 표현 형식. 필연적으로 도출된다는 판단을 나타내는 점에 있어서는, 「なければならない」용법의 일부와 상당히 가깝다 → 대체 가능함

⇨ からだの調子が悪く、旅行を取りやめざるをえなかった。
(몸이 좋지 않아서, 여행을 취소하지 않을 수 없었다.)

(2) 일반적으로, 言外에 그러한 결론에 도달한 것을 화자가 「본래의 의도에 반하는 것」으로 취급하고 있는 기분이 내재됨 → 「할 수 없이」(= やむをえず), 「본의 아니게」(= 心ならずも)의 뜻이 포함된다.

⇨ せっかく遠(とお)くからきたのに、ついたそうそう帰(かえ)れと言(い)わんばかりの顔をされては帰らざるをえない。
(모처럼 멀리서 왔는데, 도착하자마자 당장이라도 돌아가라고 할 것 같은 얼굴이어서 돌아가지 않을 수 없다.)

(3) 「좋고 싫고 관계없이, 그렇게 밖에 판단할 수 없다」는 내용

으로, 얼핏 「망설임」을 보이는 듯한 형태지만 실제로는 「단정적인 판단」을 나타낸다.

⇨ このように考えてくると、日本の歴史の中で、天皇が自ら政治を執(と)り行(おこな)っていた時代というのは、きわめて短かったと言わざるをえない。
(이렇게 생각해 보면, 일본 역사 속에서, 천황이 직접 정치를 집행하고 있었던 시대라는 것은, 극히 짧았다고 말하지 않을 수 없다.)

(4) 의지력으로는 억제 불가능할 경우 → 「なければならない」로 대체 불가능 (제약에서 벗어날 수 없음을 본인 자신이 납득한 경우에만 사용하므로)

⇨ 友人の訃報(ふほう)に接し、人生の無常(むじょう)を感じざるをえない。
(친구의 부고를 접하고, 인생의 무상함을 느끼지 않을 수 없다.)

3) 〈V - 지 않을 수 없다 ⇒ V - 未 ないわけにはいかない〉

(1) 「ざるをえない」와 완전히 같은 의미 (위의 「ざるをえない」의 예와 대체가능, 그러나 예(3)에 대체하면 극히 부자연스럽다)

(2) 「ざるをえない」 보다 「구어적인 표현」

⇨ 彼としては、あの時、うそをつかないわけにはいかなかったのだろう。
(그로서는 그 때 거짓말을 하지 않을 수 없었을 것이다.)

4) 〈V - 야 한다, 야 할 것이다 ⇒ V - 終 べきだ〉

(1) 「べき」→ 文語 助v「べし」의 연체형에서 온 口語 助v임 (文語의 잔존형태)[3]

(2) 道理・본래의 태도(「あり方」)로 당연함・적당함을 나타낸다. 특징 → 실현여부 관계없이 규범으로서의 태도 서술

⇨ 車内では年寄りや体の不自然な人に席を譲(ゆず)る<u>べきだ</u>。 (차 안에서는 노인이나 몸이 불편한 사람에게 자리를 양보해야 한다.)

(3) 현실적으로 본인의 의지에 역행하는 제약 받음

⇨ 立場上、会長を引き受ける<u>べきだ</u>と思っていたが、やむをえない事情で断(ことわ)ら<u>なければならなく</u>なった。 (입장상 회장을 맡아야 한다고 생각하고 있었지만 부득이한 사정으로 거절하지 않으면 안 되게 되었다.)

(4) 「べきだ」와 「なければならない(いかない)」의 차이

㈎ 「べきだ」 → 방침・원칙 (「建て前」)
「なければならない(いけない)」 → 행동에 관한 제약 그 자체

㈏ 대체 가능한 경우와 불가능한 경우 있음 (「なければならな

---

3) 「べし」의 활용

未	用	終	基	体	已然	命
べから	べかり	べし	べし	べき	べけれ	×
べく	べく	×		×	×	×

い」는「べきだ」로 불가능하지만,「べきだ」는「なければならない」와 대체 가능)

(다)「べきだ」　　　　→ 미온적

「なければならない」 → 강제적 (법률)

⇨ 語学(ごがく)は若いうちにやるべきだ。
(어학은 젊을 때 해야 한다.)

⇨ 車は道路の左側を走らなければならない。
(차는 도로 좌측을 가야 된다.)

한국어문 12-2 우리들은 무슨 일을 하더라도 다른 사람에게 폐를 끼치지 않도록 주의**해야 합**니다.

번역 私たちは何をしても人に迷惑(めいわく)をかけないように注意(ちゅうい)し**なければなり**ません。

주요용법

1. 행위자의 의지와는 특별히 관계가 없다고 본다면「なければならない」쪽이 바람직하다.

2. 「폐를 끼치다」는,「迷惑(めいわく)をかける」나「邪魔(じゃま)をする」를 쓰자.

⇨ ランナーが盗塁(とうるい)するとき、バッターがわざと空振(からぶ)りして送球(そうきゅう)の邪魔をすることがある。
(주자가 도루할 때 타자가 일부러 스윙하여 송구에 방해를 끼치는 일이 있다.)

한국어문 12-3 손님이 오늘 12명이 오는데 찻잔은 12개가 **있어야 됩니다.** 2개가 모자랍니다.

번역 お客さんが今日12人来ますが、湯(ゆ)のみ茶(ちゃ)わんは12個(こ)**なければなりません**。2個足(た)りません。

■ 주요용법

「있어야 된다」는, 변경 무시할 수 없는 경우로 생각된다. 「あらなければならない」가 아니라 「なければならない」로 해야 된다.

한국어문 12-4 야마다씨, 당신은 답안지 쓰는 것이 늘 늦는군요. 더 빨리 써**야 합**니다.

번역 山田さん、あなたは答案用紙(とうあんようし)を書くのがいつも遅(おそ)いですね。もっと早(はや)く書か**なければいけ**ません。

■ 주요용법

1. 시험 답안지를 쓰는 것이 매번 늦는 편이니까 그 행위가 바람직스럽지 않다는 경우의 당연·의무표현이다. 따라서 「なければいけない」쪽을 쓰는 것이 좋다.

2. 「답안지」는, 일본어에서는 「答案紙」로 하지 않고 「答案用

紙(とうあんようし)」로 번역한다.

⇨ 昨日のテストの<u>答案用紙</u>を返しますから、まちがえたところはもう一度やり直しておきなさい。

(어제 친 시험 답안지를 돌려줄 테니까 틀린 부분을 다시 한 번 고쳐두세요.)

⇨ 試験官(しけんかん)の合図(あいず)で、受験生(じゅけんせい)は<u>答案用紙</u>に向かった。

(시험관의 신호로, 수험생은 답안용지 쪽을 향해보았다.)

한국어문 12-5 기말시험이 다가왔기 때문에 열심히 공부하**<u>지 않으면 안됩</u>**니다.

번역 期末試験(きまつしけん)が近(ちか)づいていましたから一生懸命(いっしょうけんめい)に勉強し**<u>なくてはいけ</u>**ません。

주요용법

공부를 열심히 하는 것은 행위자의 의지에 관계가 있는 것으로 볼 수 있고 듣는 사람 자신에 관한 것일 경우, 상대에게 그렇게 하는 것이 필요하다고 「권고」하는 것이다. 실질적으로는 「명령」「지시」와 다름없으므로 「なければいけない」 「なくてはいけない」가 적절하다.

한국어문 12-6 평상복은 질기고 튼튼하<u>지 않으면 안된다</u>.

번역 普段着(ふだんぎ)は強(つよ)くて丈夫(じょうぶ)<u>でないとだめだ</u>。

주요용법

1. 「～でないとだめだ」는, 「～でないといけない」와 비교하면, 보다 구어적인 표현이다. 물론 「～でないといけない」의 표현도 가능하다.

2. Av「丈夫(じょうぶ)だ」에 접속되는 용법이다. 「튼튼하지 않다」는 「丈夫でない」이다.

한국어문 12-7 남편으로서 지<u>켜야 할</u> 도리가 있는 것이다. 밝<u>아야 할</u> 가정이 술 때문에 엉망이 되었다.

번역 夫(おっと)として守(まも)る<u>べき</u>道(みち)があるはずだ。明(あか)るくある<u>べき</u>家庭(かてい)が酒(さけ)のためにめちゃくちゃにされた。

주요용법

1. 「べき」도 당연·의무의 한 표현이다. 「べし」의 연체형 「べき」로 사용되고 있다. 이 경우 문어체 「べき」를 사용할 때

는 주의를 해야 한다. 즉 V는 종지형이 접속한다. A나 Av에 접속되는 경우에는 「A-くあるべきN」「Av-であるべきN」의 形을 사용하여 당연・의무를 나타낼 수 있다.

⇨ 美しくあるべき女性。(아름다워야 할 여성)

⇨ もっと謙虚(けんきょ)であるべき人間。
(더욱 겸허해야 할 인간.)

⇨ 清潔(せいけつ)であるべき調理場(ちょうりば)に洗濯物(せんたくもの)が積(つ)んであった。
(청결해야 할 조리장에 세탁물이 쌓여 있었다.)

❷ 「엉망이 되다」는, 「めちゃくちゃにされる」「めちゃくちゃになる」로 번역하자.

⇨ せっかくの会が会長(かいちょう)が酔(よ)っぱらってめちゃくちゃになってしまった。
(모처럼의 모임이 회장이 술에 취해 엉망이 되어 버렸다.)

한국어문 12-8 한일 양국의 슬퍼해야 할 과거를 극복하고 다가올 21세기에 있어서 새로운 동반자 구축을 향한 제언을 하고 싶습니다.

번역 韓日両国(かんにちりょうこく)の悲(かな)しむべき過去(かこ)を克服(こくふく)し、来(きた)るべき21世紀(せいき)における新しいパートナーシップ構築(こうちく)に向(む)けての提言(ていげん)をさせていただきたいと思います。

■ 주요용법

❶ 「슬퍼해야 할 과거」「다가 올 21세기」는, 「V의 終+べき+N」의 형식을 취하고 있다. 「悲(かな)しむべき過去」「来るべき21世紀」로 번역한다.

❷ 「동반자」는, 「パートナーシップ (= partnership)」로 표현하자.

⇨ 同(おな)い年(どし)結婚が増(ふ)えた理由は何かというと、女性が夫婦関係にパートナーシップを求(もと)めたということでしょう。
(동갑내기 결혼이 증가한 이유가 무엇이냐고 하면, 여성이 부부관계에서 대등함을 요구한 것이겠죠.)

한국어문 12-9 아무리 바쁘더라도 친한 친구의 결혼식이면 참석하지 않을 수 없다.

번역 いくら忙(いそが)しくても親しい友達の結婚式(けっこんしき)なら参席(さんせき)せ**ざるを得ない**。

■ 주요용법

「V -未+ざるを得ない」의 용법으로, 必然을 나타내는 의미인 「なければならない」와 유사하다. 이 표현은, 아무리 생각해도 그러한 결론 밖에 이르지 못한다는 의미이다. 접속방법에 주의하자.

⇨ 行く(5단) + ざるを得ない → 行かざるを得ない (가지 않을 수 없다)
起きる(上1) + ざるを得ない → 起きざるを得ない (일어나지 ———)

食べる(下1) + ざるを得ない → 食べざるを得ない (먹지 ———)
来(く)る + ざるを得ない → こざるを得ない (오지 ———)
する + ざるを得ない → せざるを得ない (하지 ———)

한국어문 12-10 이 비참한 이야기를 읽으면, 인정 있는 사람은 모두 눈물을 흘리<u>지 않을 수가 없다</u>.

번역 この悲惨(ひさん)な物語(ものがたり)を読めば、心(こころ)ある者(もの)はみんな涙(なみだ)をながさ<u>**ざるを得ない**</u>。

주요용법

❶ 의지력으로는 억제할 수 없는 경우의 표현이다. 이 경우에는 본인 자신의 일이 아니기 때문에 「なければならない」로 대체할 수 없다.

❷ 「비참하다」는, Av 「悲惨(ひさん)だ」로 번역하자.

⇨ この映画は二人の若者(わかもの)の生(い)き方(かた)を通(とお)して、<u>悲惨な</u>戦争の姿(すがた)を訴(うった)えようとした。
(이 영화는 두 젊은이의 삶의 태도를 통하여 비참한 전쟁의 모습을 호소하려 했다.)

❸ 「인정있는」은, 「心(こころ)ある」 「人情(にんじょう)がある」 「人情味(にんじょうみ)がある」로 번역하자.

⇨ 苦労(くろう)した人には、<u>人情味</u>や思いやり<u>のある</u>人が多いようです。
(고생을 겪은 사람에게는 인정이나 동정심이 있는 사람이 많은 것 같습니다.)

한국어문 12-11 대선배조차 공부하기 때문에 내가 하지 않을 수 없지요.

번역 大先輩(だいせんぱい)でさえ勉強するんですから、わたしがやら**ないわけにはいかない**ですよね。

■ 주요용법

「~지 않을 수 없다」는, 「ないわけにはいかない」로 표현할 수 있다. 이 말은, 결국 「ざるを得ない」와 같다고 할 수 있는데 이것보다 구어적인 표현이다.

⇨ でも、夜型(よるがた)だからといって朝起きないわけにはいかないでしょ、仕事してるんだし。
(그렇지만, 야간형이라 해서 아침에 일어나지 않을 수 없지요, 일을 하고 있고 해서.)

한국어문 12-12 후지산은 해발 3,776미터의 높은 산이므로 상당히 추울 것이다.

번역 富士山(フジサン)は海抜(かいばつ)3,776メートルの高い山だから、たいへん寒い**わけだ**。

주요용법

* 〈당연 · 의무 표현〉은, 위의 〈12-1〉의 종류 이외에도 다음과 같은 표현도 있다.

❶ 〈~ㄹ 것이다, ~ㄹ 리 없다, ~ㄴ 법이다 →はずだ、ものだ、わけだ〉

「はずだ」「ものだ」「わけだ」에는 다양한 의미 · 용법이 보이는데 이 중 필연 · 당연의 의미 용법을 나타내는 경우를 살펴보면, 다음과 같다.

가. 「はずだ」

(1) 사정 등을 근거로 추론 → 당연한 것으로 예측 · 기대

⇨ きのう電話をしておいたから、彼は知っているはずです。
(어제 전화를 해 놓았기 때문에 그는 알고 있을 것입니다.)

(2) 당연하다고 화자 자신이 납득한다.

⇨ あんなにサービスが悪くちゃ、客が来ないはずだよ。

(저렇게 서비스가 나빠서는 손님이 올 리 없다.)

나. **「ものだ」**: 극히 자연스러운 것 (그렇게 한다, 그렇게 된다.)

(1) 사람의 일반적 경향

⇨ 年をとると気が弱くなるものだ。
(나이를 먹으면 소심해지는 법이다.)

(2) 사회습관 · 도덕에서 문제점 제시 (상대에 충고)

⇨ 人に会ったらあいさつぐらいするものだ。
(사람을 만나면 인사 정도는 해야 한다.)

다. **「わけだ」**: 일이 되어가는 형편이나 사물의 도리로 보아 → 필연적으로 결론에 달함

(1) 이유를 명시, 결론을 서술한다.

⇨ 道理(どうり)で寒かったわけだ。今朝は零下(れいか)5度まで下がったそうだ。
(어쩐지 추웠다. 오늘 아침은 영하 5도까지 내려갔었다고 한다.)

(2) 판단과정은 言外로 하고, 결론만 둔다.

⇨ 部屋代だけでも5万円はかかるわけだから、7万円の奨学金ではかなり生活が苦しい。
(방값만도 5만엔은 들기 때문에 7만엔의 장학금으로는 꽤 생활이 어렵다.)

(3) 당연한 것 (화자가 어떤 결과에 이른 사항)

⇨ 予定表を御覧になればおわかりのように、まず最初にロンドンに行く<u>わけです</u>。
(예정표를 보시면 아시겠습니다간 맨 먼저 런던으로 갑니다.)

❷ 위와 같이, 당연・의무・필연의 표현으로 「はずだ」「ものだ」「わけだ」를 사용할 수 있는데 각각 뉘앙스가 다르므로 구별하여 사용하자.

이 한국어문에서는 이유를 분명히 명시하고 있으므로 필연적으로 결론에 이른다는 내용이 내재되어 있다. 「わけだ」가 바람직스럽다.

⇨ こんなにサービスが悪くちゃ客がこない<u>はずだ</u>。
(이렇게 서비스가 나빠서는 손님이 올 리 만무하다.)

⇨ 両親のいうことは聞く<u>ものだ</u>。
(부모님이 말씀하시는 것은 들어야 한다.)

⇨ 時差が4時間あるから、日本時間のちょうど正午に着く<u>わけだ</u>。
(시차가 4시간 나기 때문에 일본 시간으로 정각 정오에 도착할 것이다.)

13

〈断定表現〉

한국어문 13-1 도쿄는 일본의 수도<u>이자</u> 인구 천 이백만의 거대한 도시<u>이다</u>.

번역 東京は日本の首都(しゅと)<u>で(あり)</u>、人口(じんこう)千二百万(せんにひゃくまん)の巨大(きょだい)な都市(とし)<u>だ(である)</u>。

■ 주요용법

❶ 이 한국어문에서 「～이자, ～이다」는, 断定表現인 「～で(あり)、～だ(である)」의 형식으로 번역한다.

❷ 여기에서 단정표현의 형식에 대하여 자세히 살펴보기로 하자. 「断定表現」은 ,「だ」「である」「のだ」「です」「のです」「であります」「でございます」「ものだ」「わけだ」「はずだ」「にちがいない」「にほかならない」「にすぎない」등으로 표현할 수 있다.

(1)「だ」는,「주제로 내세운 것」에 대한 긍정적 판단을 나타내고、어떤 것이 무언가와 동등관계에 있음을 나타낸다. 문말술어에서,「田中さんは学生だ」「きのうは学校が休みだった」「これは私の本ではない」와 같이「だ」「だった」「ではない」등은 독백적 표현을 나타내며, 発話 이전의 내적인 사고를 나타낸다.

「だ」표현은, 독백적이고 스스로의 사실을 인정하며、또한 무례함이나 무뚝뚝하고 거칠게 들리는 어감이므로 여성에게는 적합하지 않다. 이렇게 품위가 없게 느껴진 것은, 에도(江戸)시대 하층 시민들 사이에 사용한 것에 영향을 받은 것이다. 그러나 현대어에서「である」체가 대부분인 신문기사나 학술논문에「だ」체가 허용되고 있다.

(2)「である」「です」는,「だ」와 마찬가지로 기능은 같으나 문체에 있어서 차이가 있다.「である」는 원래 논설문이나 학술논문에 많이 사용된다. 특히 작가 나츠메 소오세키(夏目漱石)는「である」체를 소설에서 많이 사용하고 있으며 심지어는 작품이름에도 붙이고 있다.

⇨ 青春(せいしゅん)とは、人間の真実(しんじつ)の愛や友情(ゆうじょう)について、真剣(しんけん)に悩(なや)む時期である。
(청춘이란、인간의 진실된 사랑이나 우정에 대하여 진지하게 고민하는 시기이다.)

⇨ これは世間(せけん)を憚(はば)かる遠慮(えんりょ)というよりも、その方が私に取って自然だからである。 [漱石, こころ]
(이것은 세상을 꺼려하는 의식적인 염려보다 그 쪽이 나에게 있어 자연스럽기 때문이다.)

⇨ 日本の有名な小説家(しょうせつか)夏目漱石は、一九〇五年1月、俳句雑誌(はいくざっし)'ホトトギス' に '吾輩(わがはい)は猫である' という長篇(ちょうへん)小説を発表した。
(일본의 유명한 소설가 나츠메 소오세키는, 1905년 1월 하이꾸잡지 '호토토기스'에 '나는 고양이로소이다'라는 장편소설을 발표하였다.)

한국어문 13-2 너한테 말**이야**, 꼭 물어보고 싶은 것이 있어.

번역 君に<u>だ</u>ね、ぜひとも聞いてもらいたいことがあるんだ。

주요용법

구어체인 「~말이야」「~말이다」의 말투는, 「だ」를 사용하면 적합하다. 구어체에서 단어 뒤에 첨가하여 간투조사적으로 사용하는데 상대방에게 강하게 타이르는 듯한 느낌으로 말하는 남성어이다. (여성어의 경우는 「です」를 사용함)

⇨ それは<u>だ</u>、君だけでなく我々にとっても<u>だ</u>、決して無視できないことだと思うな。
(그것은 말이야, 너 뿐만 아니라 우리에게도 결코 무시할 수 없는 일이라고 생각해.)

⇨ 僕(ぼく)は<u>だ</u>、なんとしても<u>だ</u>、納得(なっとく)出来なかったんだ。
(나는 말이다, 도무지 말이야, 납득할 수 없었단 말이야.)

한국어문 13-3 이번에 옆방에 유학생이 이사 왔어요. 일본어를 못할 거라고 생각했는데 매우 능숙했어요.

번역 今度、隣(となり)の部屋に留学生が引(ひ)っ越(こ)して来たんですよ。日本語が話せないのかと思ったら、とても上手でした。

주요용법

1. 구어체인 「~어요」의 표현은, 공손어이므로 「~のです」「~んです」로 번역하자. 「~んです」 또는 「~のだ」는, 결론을 도출하기 위하여 전제되는 것을 서술하여 이유・사정을 나타낸다. 또한 상대방의 관심을 끄는 경우도 있다.

⇨ 日本へ留学したのだから、まず日本語を習うべきだ。
(일본에 유학 왔기 때문에 우선 일본어를 배워야 한다.)

⇨ 電車の事故があったんです。それで遅れてしまいました。
(전철 사고가 있었던 것입니다. 그래서 늦어 버렸습니다.)

2. 「이사하다」는, 「引(ひ)っ越(こ)す」로 번역하자.

⇨ 今秋(こんしゅう)結婚予定の者です。今引っ越す家を探(さが)していて、いろいろ考えた結果川越のはずれに決まりそうなんです。
(이번 가을에 결혼 예정인 사람입니다. 지금 이사갈 집을 찾고 있고, 여러 가지 생각한 결과 '카와고에'에서 좀 떨어진 곳으로 정해질 것 같습니다.)

한국어문 13-4 인류를 깊이 사랑하는 그는, 일생을 평화운동과 사회사업에 바쳤던 **<u>것이다</u>**.

번역 人類(じんるい)を深(ふか)く愛(あい)する彼は、一生(いっしょう)を平和運動(へいわうんどう)と社会事業(しゃかいじぎょう)に捧(ささ)げた<u>のだ</u>。

주요용법

1 「N은 V- ㄴ 것이다」는, 표현의 의도를 「Nは Vのだ」의 형식으로 취한다. 그래서 새삼 의심이 없는 사실임을 확인하는 것이다. 「のだ」 「のです」는, 경우에 따라 강조・주장・납득을 나타내기도 한다.

⇨ 金さんには今、病気な<u>のだ</u>。 … 강조
(김씨는 지금 몸이 아파요.)

⇨ どう考えたって彼が犯人にちがいない<u>のだ</u>。 … 주장
(어떻게 생각하든 그가 범인임에 틀림없는 것이다.)

2 「바치다」는, 「捧(ささ)げる」로 번역하자.

⇨ 戦争(せんそう)のときには、国のために命(いのち)を<u>捧げる</u>と言って死(し)んだ若者(わかもの)たちがたくさんいたそうです。
(전쟁 때에는 나라를 위하여 목숨을 바친다고 하고서 죽은 젊은이들이 많이 있었다 합니다.)

한국어문 13-5 신주쿠역은 하루 승객이 200만명에 달하는 일본에서 제일 이용객이 많은 역**입니다**. 국철, 사철, 지하철의 각선이 이 역에 모여 있는 곳**입니다**.

번역 新宿(シンジュク)駅は一日(いちにち)乗客数(じょうきゃくすう)が200万人に達(たっ)する日本一(いち)の利用客(りようきゃく)が多い駅**であります**。国鉄(こくてつ)、私鉄(してつ)、地下鉄(ちかてつ)の各線(かくせん)がこの駅に集(あつ)まっている所(ところ)**であります**。

주요용법

「N、V-ㅂ니다」는, 「N、A、Av-です(であります、でございます)」의 형식으로 표현하자. 일본어의 공손어(丁寧語)를 보면, 「です」→「であります」→「でございます」의 순서로 그 공손의 정도가 강해진다. 이 「であります」표현은, 경의(敬意)가 느껴지지 않을 정도로 가벼운 경어이다. 오히려 「사교어」라고도 할 수 있지만 「です」의 명쾌한 표현에 밀리어 점점 사라지고 있는 추세이다. 그러나 지금도 강연, 연설문, 군대 용어에서 사용되고 있다. 이 한국어문은, 강연에서 사용되는 「であります」로 생각하자.

한국어문 13-6 호랑이나 사자 코끼리와 같은 동물은, 밀림에서는 어떤 상대에게도 지지 않는 맹수들**입니다**.

번역 虎(トラ)とか獅子(シシ)とか象(ゾウ)のような動物(どうぶつ)は、密林(みつりん)ではどんな相対(そうたい)にも引(ひ)けを取(と)らない猛獣(もうじゅう)**でございます**。

주요용법

❶ 여기서의 「입니다」는, 「Nでございます」를 사용하고 있다. 이 말은, 에도(江戸)시대말부터 사용되기 시작했는데 문어적인 구어체이다. 이것을 문장에서 표현하면 몰개성적인 느낌을 받을 수 있으며 주관적인 서술 표현에 효과가 있다.

❷ 「～에게(도) 지지 않다」는, 「～に引(ひ)け取(と)る(～에게 지다)」를 부정표현으로 하면 된다. 즉 「～に(も)引けを取らない」로 표현하면 된다.

⇨ 昔の人の知恵(ちえ)は、決してわれわれ現代人(げんだいじん)に引けを取るものではない。
(옛날 사람의 지혜는 결코 우리 현대인들에게 지지 않는다.)

⇨ その少年(しょうねん)はサッカーが好きで、上級生(じょうきゅうせい)にも引けをとらなかった。
(그 소년은 축구를 좋아하여 상급생에게도 지지 않았다.)

한국어문 13-7 부모는 자나 깨나 자식 걱정을 하<u>는 법이다</u>.

번역 親(おや)は明(あ)けても暮(く)れても子供のことを心配(しんぱい)する<u>**ものだ**</u>。

주요용법

❶ 「～법이다」를, 「～法だ」라고 번역해서는 안 된다. 이러한 표현은 일본어에 없다. 여기서는 응당 그렇게 하는 것이 인륜이고 도리라는 일반적인 경향을 나타내는 것으로 「～ものだ」라는 형식적인 문말 표현을 사용한다. 물론 단정을 표시하고 있다. 이것 이외에도 영탄, 감동, 욕구, 습관적인 과거의 회상 등을 표현하기도 한다.

⇨ 人生(じんせい)なんてはかない<u>ものだ</u>。 … 영탄
(인생은 말이야 덧없는 거야.)

⇨ わずか十歳(じっさい)の子がこの絵をかいたとは、たいした<u>ものだ</u>。 … 감동
(겨우 10살 먹은 아이가 이런 그림을 그렸다니 대단하다.)

⇨ それはぜひ見たい<u>ものだ</u>。 … 욕구
(그거 꼭 보고 싶어요.)

⇨ 学生のころはよく貧乏旅行をした<u>もので</u>した。 … 회상
(학생시절에는 자주 가난한 여행을 하곤 했습니다.)

❷ 「자나 깨나」는, 부사 「いつも」「毎日」이외 「明(あ)けても暮(く)れても」로 번역할 수도 있다. 「자나 깨나～하다」는, 「明け暮れる」로 하자.

⇨ 母親は、病弱(びょうじゃく)な一人息子のことを<u>明けても</u>

暮れても心配していた。

(엄마는 병약한 외아들을 자나 깨나 걱정하고 있다.)

⇨ 大学時代(じだい)は、クラブ活動(かつどう)に明け暮れる毎日だった。

(대학 때는 과외 활동을 자나 깨나 매일 했다.)

한국어문 13-8 **개미들이 냄새를 더듬어 찾아서 먹이와 집 사이를 왔다 갔다 하기 때문에, 행렬이 생기는 것이다.**

번역 アリたちはにおいをたどって、えさと巣(す)の間を行ったりきたりするので、行列(ぎょうれつ)ができるという**わけだ**。

■ 주요용법

여기서의 「~ㄴ 것이다」는, 어떤 일이 필연적으로 결론을 맺는 경우로 볼 수 있으며 断定의 의미가 강하다고 본다. 문말표현 「~わけだ」를 사용하자. 원래 「わけ」(보통명사)는, 「이유·사정」의 의미이다.

⇨ 大人(おとな)は大人なりの考(かんが)えがあるわけだ。

(어른은 어른 나름대로의 생각이 있는 거다.)

⇨ 彼が会から脱会(だっかい)したのは、こういうわけだ。

(그가 모임에서 탈퇴한 것은 이러한 이유다.)

⇨ やむを得(え)ないわけで欠勤(けっきん)した。

(어쩔 수 없는 사정으로 결근했다.)

한국어문 13-9 12시발 도쿄 행을 타**기 때문에**, 늦어도 11시 반까지는 탑승수속을 마쳐주십시오.

번역 12時発(はつ)の東京行(ゆ)きに乗る**わけです**から、おそくとも11時半までには搭乗手続(とうじょうてつづ)きをすませて下さい。

주요용법

「12시발 도쿄 행을 타기 때문에」는, 내용으로 보아 기정사실인 것을 나타내므로 「～わけだ」를 사용하자. 「～わけだ」는, 기정사실로 된 일을 재확인하는 의미가 강할 뿐 아니라, 어떤 결과에 이른 사항을 당연한 것으로 생각할 때 사용한다.

⇨ 君たちだって、いずれは年をとるわけだから、年寄(としよ)りは大事にすべきだよ 。 … 기정사실
(너희들도 어차피 나이를 먹게 되니까 노인은 소중하게 여겨야 한다.)

⇨ こうして二人は仲(なか)むつまじく平和な毎日を送ったというわけだ。 … 당연
(이렇게 해서 두 사람은 사이좋게 평화로운 나날을 보냈다는 것이다.)

한국어문 13-10 그만큼 자상하고 세심하게 설명해 주면, 아무리 이해가 늦은 사람이라도 당연히 이해할 수 **있을 것이다**.

번역 あれだけ丁寧(ていねい)に説明してやれば、いくら飲(の)みこみが悪い人だって理解(りかい)できる**はずだ**。

▪ 주요용법

❶ 「이해할 수 있을 것이다」는, 여러 사정을 근거로 추론하여 당연하다고 예측 또는 기대하는 것이다. 「～はずだ」로 번역하자.

⇨ この程度のことは、子供だってわかるはずだ。
(이 정도의 일은 아이라도 당연히 알 수 있는 것이다.)

⇨ 夜が明(あ)ければ、車窓(しゃそう)に、月見草(つきみそう)の花がさいているのが見えるはずだ。
(날이 새면 차창가에 달맞이꽃이 피어 있는 것이 보일 것이다.)

❷ 「이해」는, 「理解(りかい)」 또는 「飲(の)み込(こ)み」로 번역하자.

⇨ 監督(かんとく)は理解が早いので、ぼくたちの考えをすぐに分かってくれた。
(감독은 이해가 빠르기 때문에 우리들의 생각을 빨리 이해해 주었다.)

⇨ きみたちは飲み込みが早いから、先生の言う事はすぐわかるでしょう。
(너희들은 사리분별력이 빨라서 선생님이 말하는 것은 즉시 이해가 되지요?)

한국어문 13-11 학생들의 우울한 모습을 보니까, 기말시험은 어려웠음에 틀림이 없다.

번역 学生たちのゆううつそうな様子(ようす)からすると、試験はむずかしかった**にちがいない**。

주요용법

「～에 틀림(이) 없다」는, 「にちがいない」로 대응된다. 「にちがいない」는, 객관적 증거는 없지만, 「그 외에는 생각할 수 없다」라고 하는 確信이 내포되어 있다. 전제 조건에서 도출된 대상에 대하여 화자가 확신하는 것을 말한다. 문장체에서는 자주 쓰이지만, 구어체에서는 대체로 「きっと～思います」로 대신하여 사용하면 좋다.

⇨ 英語の教師なら、彼は英会話ができるにちがいない。
英語の教師なら、彼は英会話がきっとできると思います。
(영어교사라면, 그는 영어회화를 할 수 있음에 틀림없다.)

⇨ この老木(ろうぼく)は、喜(よろこ)びや悲しみ、愛や憎(にく)しみなど、おびただしい人間のドラマを見てきたに違いない。
(이 오래된 나무는 기쁨이나 슬픔, 사랑이나 증오 등 수많은 인간 드라마를 보아 왔음에 틀림없다.)

한국어문 13-12 그 사람의 오늘날 성공은 오랜 동안의 노력의 덕택임에 틀림없다.

번역 彼の今日(こんにち)の成功(せいこう)は長年(ながねん)の努力(どりょく)のたまもの**にほかならない**。

주요용법

❶ 「～에 틀림없다」는, 「～にちがいない」이외 「～にほかならない」로도 번역할 수 있다. 이것은, 「그것 이외의 아무

것도 아니다」(= それ以外の何ものでもない)라든가, 「확실히 그 것이다」(= まさにそのものである)라는 의미이다.

⇨ 今回(こんかい)の計画(けいかく)の失敗(しっぱい)は、推進委員会(すいしんいいんかい)の責任(せきにん)<u>にほかならない</u>。
(이번 계획의 실패는 추진위원회의 책임임에 틀림없다.)

❷ 이 경우의 「덕택」은, 「徳」이나 「徳沢」으로 쓰지 않는다. 「賜物(たまもの)」 또는 「成果(せいか)」로 번역하자.

⇨ 彼の今日の成功は、まったく努力の<u>たまもの</u>で運(うん)がよかったからではない。
(그의 오늘날의 성공은 오직 노력의 덕택으로 운이 좋았기 때문은 아니다.)

⇨ この治療法(ちりょうほう)は、ガンに対してある程度(ていど)<u>成果</u>をあげています。
(이 치료법은, 암에 대하여 어느 정도 성과를 내고 있습니다.)

한국어문 13-13 절멸의 위기에 있는 동물은 세계에서 몇 가지 종류가 되며, 판다는 그 일례<u>**에 지나지 않는다**</u>.

번역 絶滅(ぜつめつ)の危機(きき)にある動物は世界に何種類(なんしゅるい)もあり、パンダはその一例(いちれい)<u>**に過ぎない**</u>。

■ 주요용법

「~에 지나지 않는다」는, 「~にすぎない」가 적합하다. 이것은, 「그만한 정도나 범위를 넘지 못한다」(= その程度・範囲を出ない), 「대단한 것은 없다」(= たいしたことはない)라는 강조의 의미가 내포되어 있다.

⇨ 私の別荘(べっそう)は掘(ほ)っ立(た)て小屋(ごや)に毛(け)が生(は)えた程度(ていど)のものにすぎない。
(나의 별장은 판자 집에 풀이 난 정도의 것에 불과하다.)

⇨ 月(つき)に行くなんてことは五十年前までは、ただの想像(そうぞう)にすぎなかったことだ。
(달에 간다고 하는 것은 50년 전까지는 그저 상상에 지나지 않았던 것이다.)

14

〈過去・確認表現〉

한국어문 14-1 지구가 둥글다고 하는 것은 지금 우리들에 있어서는 당연한 것으로 되어 있지만, 당시로서는 대단한 발견이었다.

번역 地球(ちきゅう)が丸いというのは、今私たちにとって当(あ)たり前(まえ)のことになっているが、当時(とうじ)としては大変(たいへ)な発見(はっけん)だった。

■ 주요용법

❶ 「발견이었다」는, 「発見(はっけん)だった」로 한다. 과거助V 「た」로 번역하는 것은 당연하다. 「た」는, 사항의 실현이 「확정적인 사실」을 나타내며 일반적으로 「과거」 또는 「회상」을 나타낸다. 술부에는 「た」로 표시되는데 이 한국어문의 「当時」와 같이 과거의 부사를 동반하는 것이 대부분이며 경우에 따라서는 이것이 없더라도 문장은 이루어진다.

⇨ きのうは一日じゅう雨が降っていた。 … 과거
(어제는 하루 종일 비가 내렸다.)

⇨ 自分で作った網(あみ)を持ち、湖(みずうみ)の浅(あさ)い所で魚を取ったものです。 … 회상
(나 스스로 만든 그물을 갖고 호수 얕은 곳에서 고기를 잡았어요.)

❷ 「당연하다」는, 「当(あ)たり前(まえ)だ」이다. 여기서 「당연한 것」은, 「当たり前なこと」「当たり前のこと」로 번역한다.

⇨ そんな悪口(わるくち)を言われたら、怒(おこ)るのは当たり前よ。
(그런 악담을 들으면 화나는 것은 당연하지.)

한국어문 14-2 300미터 수영하는 것이야, 바닷가에서 자란 나에게는 식은 죽 먹기였다.

번역 三百(さんびゃく)メートル泳(およ)ぐことなど、海辺(うみべ)で育(そだ)ったぼくには朝飯前(あさめしまえ)***だった***。

주요용법

❶ 「~이었다(였다)」는, 「확정적인 사실」에 대한 과거표현이다. 「だ」의 과거형 「だった」로 번역한다.

❷ 「~것이야」는, 「그러한 것 따위는」이라는 가볍게 여기는 의미가 있으므로 「~ことなど」로 번역하면 적절하다.

⇨ 君はいつもうそばかりついているから、君の言うことなどだれも信用(しんよう)しない。
(너는 늘 거짓말만 하고 있으니까, 네가 말하는 것이야 누구도 신용하지 않는다.)

❸ 「식은 죽 먹기다」「누워서 떡 먹기다」는, 관용구 「朝飯前(あさめしまえ)だ」라 한다.

⇨ この数学(すうがく)の問題は大学生には朝飯前だ。
(이 수학 문제는 대학생에게는 식은 죽 먹기다.)

한국어문 14-3 **가까이에 우체국을 찾아보았으나 찾을 수가 없었습니다. 그래서 파출소에 가서 물어 보았더니 금방 알 수 있었습니다.**

번역 最寄(もよ)りの郵便局を捜(さが)しましたが見つかりませんでした。それで交番(こうばん)に行って聞いたらすぐわかりました。

■ 주요용법

「물어 보았더니」「알 수 있었습니다」는, 각각 「聞いたら」「わかりました」로 번역한다. 앞과 마찬가지로 확정적인 사실의 과거이다. 이것과는 달리, 문말 술어에 나타나는 사항 이전에 실현될 것을 상정하는 경우에는 「장래의 일」이나 「가정적인 일」에도 표현된다.

⇨ 母が生きていてくれたら、どんなにか喜んでくれるだろうに。
(어머니께서 살아 계신다면 얼마나 기뻐해 주실까.) … 가정

한국어문 14-4 무모한 싸움을 걸고서 **패**한 장군에게, 사람들은 비난의 소리를 퍼부**었다**.

번역 無謀(むぼう)な戦(たたか)いをいどんで敗(やぶ)れ**た**将軍(しょうぐん)に、人々は非難(ひなん)の声を浴(あ)びせ**た**。

■ 주요용법

1. 「패한 장군」은, 「敗(やぶ)れた将軍(しょうぐん)」으로 「V-た+N」의 형을 취하면 된다. 연체수식구 중의 경우이다. 이것은 문말 술어에 나타나는 사항 以前에 「이미 실현된 경우」를 표현한다.

⇨ 忘れていた出来事(できごと)を思い出した。
(잊고 있었던 사건이 생각났다.)

2. 「싸움을 걸다」는, 「戦(たたか)いを挑(いど)む」로 한다.

⇨ 平家(へいけ)は源氏(げんじ)に最後の決戦(けっせん)を挑んだ。
(헤에케는 겐지에게 최후의 결전을 청했다.)

3. 「비난의 소리를 퍼붓다」는, 「非難(ひなん)の声を浴(あ)びせる」로 번역하자.

⇨ 失政(しっせい)によって国民はその大統領に非難の声を浴びせた。
(잘못된 정치로 인해 국민은 그 대통령에게 비난의 소리를 퍼부었다.)

한국어문 14-5 앞으로 2승만 하면 되기 때문에, 이미 자이언트 쪽의 우승은 결정 났어.

번역 あと2勝(にしょう)すればいいんだから、もうジャイアンツ(巨人)の方の優勝(ゆうしょう)は決(き)まった<u>た</u>ね。

주요용법

「결정 났어」는, 「決(き)まったね」로 번역한다. 문맥상으로 보아 사실 내용이 아직 미실현(未実現)이지만, 「실현이 확정된 경우」로 볼 수 있다.

⇨ 二泊程度(にはくていど)の心積(こころづ)もりで出かけた温泉だったが、つい一週間も逗留(とうりゅう)してしまった。
(2박정도 예상하고 떠났던 온천이었지만 결국 일주일이나 머물러 버렸다.)

한국어문 14-6 끝이 뾰족한 연필은 부러지기 쉽지만 쓰기에는 매우 편리하다.

번역 先(さき)のとがった鉛筆は折(お)れやすいが書くにはとても便利(べんり)だ。

주요용법

「뾰족한 연필」은, 「とがった鉛筆」로 번역한다. 여기서의 「た」

는, 「완료・상태」를 나타낸다. 「めがねをかけた人 = めがねをかけている人」와 같이, 「た」는 「ている」로 대체하여 사용할 수 있는데 이것은 「지속적인 상태」 즉, 「이미 실현된 결과」를 나타낸다고 볼 수 있다.

⇨ 父は、既製(きせい)の洋服は体に合わないからと、いつも決まったお店であつらえます。
(아버지는, 기성복은 몸에 맞지 않는다고 해서 늘 정해진 가게에서 맞춥니다.)

⇨ その医師は、新しい技術(きじゅつ)で、少年(しょうねん)のくっついた手を治(なお)した。
(그 의사는, 신기술로 소년의 달라붙은 손을 고쳤다.)

한국어문 14-7 **나이팅게일은, 적아군 가리지 않고 전쟁터에서 몸을 아끼지 않으면서 부상당한 병사들의 간호에 임했다.**

번역 ナイチンゲールは、敵味方(てきみかた)の別(べつ)なく、戦場(せんじょう)でかいがいしく傷(きず)ついた兵士(へいし)たちの看護(かんご)に当(あ)たった。

주요용법

❶ 「부상당하다」는, 「傷(きず)つく+た」로 분석하여 번역하자. 앞과 같이 「완료・상태」의 「た」의 표현이다.

❷ 「적아군 구별 없이」는, 「敵味方(てきみかた)の別(べつ)なく」로 한다.

⇨ 戦場(せんじょう)で傷(きず)を負(お)った兵士(へいし)たちは、敵味方の別なく手当(てあて)を受けた。
(전쟁터에서 상처 입은 병사들은, 적아군 구별 없이 치료를 받았다.)

❸「몸을 아끼지 않다」는, A「かいがい(甲斐甲斐)しい」로 사용하고, 「간호에 임하다」「간호를 맡다」는, 「看護(かんご)に当(あ)たる」로 번역하자.

⇨ かいがいしく病人(びょうにん)の看護に当たる看護婦(ふ)さんは白衣(はくい)の天使(てんし)という言葉にふさわしい。
(몸을 아끼지 않고 환자의 간호를 맡는 간호원은 백의의 천사라는 말에 어울린다.)

⇨ 1945年沖縄で負傷兵(ふしょうへい)の看護に当たった。
(1945년 오키나와에서 부상병 간호에 임했다.)

한국어문 14-8 남대문시장은 생기가 넘치는 곳이다. 여기저기서 '자, **비켜요, 비켜요**' 라는 소리가 들린다.

번역 南大門市場(ナムデムンいちば)は活気(かっき)に溢(あふ)れる所だ。あちらこちらから'さあ、そこをどい***た***、どい***た***'という声が聞こえる。

주요용법

「비켜!」를, 「どいた」로 번역한 것은 관용적인 표현에 가깝다. 원래 「た」에는 「명령」을 나타내는 용법도 있음을 유의하자. 기본형은 「どく(退く)」이며 고풍스러운 남성어이다. 굳이 현대어로 표현한다면 「どいて」로 사용하면 된다.

⇨ さあ起きた。もう少しで頂上(ちょうじょう)だ。どうせ休むなら及第(きゅうだい)してから、緩(ゆ)っくり休まう。さあ起きろ。〔漱石, 虞美人草〕
(자 일어나라! 곧 정상이다. 어차피 쉬는 거라면 합격하고 나서 천천히 쉬자. 자 일어나!)

⇨ さあ、行った、行った、ここはお前達(まえたち)なぞの立ってるところぢゃない。〔島崎藤村, 夜明け前〕
(자, 가라 가! 여기는 너희들 따위가 설 자리가 아니다.)

15

〈否定表現〉

한국어문 15-1 엄마에게 새 자전거를 사 달라고 졸랐는데 상대를 해주지 않는다.

번역 母に新しい自転車を買ってくれとねだったが、相手(あいて)にしてくれ**ない**。

주요용법

1. 여기서의 「~지 않다」는, 「V+ない」의 경우이다. 부정표현 「ない」는, 동작・작용과 성질・상태 등을 부정하는 것을 나타낸다. V에 접속하는 부정 「ない」는 앞의 갈과 밀착되여 V와 일체화하는 습관이 있는 助V임을 주의하자. 거기에 비하여, A・Av에 접속하는 「ない」는, 보조A이다. 그래서 부조사(「は」「も」)가 자주 삽입될 뿐 아니라, 독립성이 강한 점을 알아두자.

⇨ ロボットが動(うご)かない。 … V

(로봇이 움직이지 않는다.)

⇨ 今年の夏はあまり暑く<u>ない</u>。 … A

(올 여름은 그다지 덥지 않다)

⇨ 今日私は忙しく**も**<u>ない</u>。 … A

(오늘 나는 바쁘지도 않다.)

⇨ その町はそんなに賑やかで**は**<u>ない</u>。 … Av

(이 동네는 그렇게 번화하지는 않다)

❷ 「조르다」는, V「ねだる」「せがむ」를 사용하여 번역하자.

⇨ うちのインコは小さな頭をふりたててえさを<u>ねだる</u>のです。

(우리 집 잉꼬새는 조그만 머리를 흔들어대면서 먹이를 달라고 조릅니다.)

⇨ わがままに育(そだ)ったその子は、何でも欲しがっては買ってほしいと<u>せがむ</u>。

(제멋대로 자란 그 아이는, 뭐라도 갖고 싶은 것은 사 달라고 졸라댄다.)

한국어문 15-2 IMF시대에 모든 회사는 자금 융통이 되<u>지 않아</u> 대단히 어려움을 겪고 있다.

번역 IMFの時代(じだい)、あらゆる会社は資金(しきん)繰(ぐ)りがつか<u>**なくて**</u>たいへん困(こま)っている。

주요용법

❶ 「～지 않아(서)」는, 「～なくて」로 번역한다. V・A에 「なくて」가 붙는 경우는, 문말의 술어에 의해 표현되는 내용의

원인을 나타낸다. 그러나「～なくてもいい」「～なくてはいけない」와 같이 사용되어 그렇지 않는 경우로도 사용된다.

⇨ このカバンはあまり大きくなくて使いやすい。
(이 가방은 그다지 크지 않아서 사용하기 쉽다.)

⇨ 試験の勉強をしなくて困っている。
(시험공부를 하지 않아 곤란하다.)

⇨ 今日来なくてもいい。
(오늘 오지 않아도 된다.)

⇨ 薬を飲まなくてはいけない。
(약을 먹지 않고서는 안 된다.)

❷「자금 융통이 되다」는,「資金繰(しきんぐ)りがつく」로 표현한다.

⇨ 不況(ふきょう)になると最初に倒(たお)れるのは資金繰りのつかない中小企業(ちゅうしょうきぎょう)だ。
(불황이 되자 최초로 도산하는 것은, 자금 융통이 되지 않은 중소기업이다.)

한국어문 15-3 다른 사람을 의지하지 말고, 조금은 자기 스스로 생각하는 습관을 길러야 한다.

번역 他人(たにん)を頼(たよ)らずに、少しは自分(じぶん)で考える習慣(しゅうかん)を養(やしな)わなければならない。

■ 주요용법

「~지 말고」「~지 않고」는, 「~ずに」 또는 「~ないで」로 표현한다. 회화체에서 비교적 잘 사용된다.

⇨ あそこの和菓子屋(わがしや)が、品質(ひんしつ)を落(お)とさずに今までやってこられたのは、昔(むかし)気質(かたぎ)のおやじさんがいたからだ。
(그곳의 일본과자 가게가 품질이 떨어지지 않고 지금까지 해 올 수 있었던 것은 옛 기질의 주인장이 있었기 때문이다.)

⇨ 通訳(つうやく)の力を借(か)りずに外国人と自由(じゆう)に話せるようになりたいなあ。
(통역의 힘을 빌리지 않고 외국인과 자유롭게 이야기할 수 있게끔 되고 싶어.)

한국어문 15-4 **사고 소식을 듣고 급히 달려온 사람들은, 상세한 정보를 얻을 수 없어 점점 초조해 하는 기색을 보이기 시작했다.**

번역 事故(じこ)の知(し)らせを聞いて駆(か)け付(つ)けた人々は、詳(くわ)しい情報(じょうほう)が得(え)られず、しだいに焦(あせ)りの色を見せ始めた。

■ 주요용법

❶ 「얻을 수 없어」는, 「得(え)られず」로 번역한다. 「得る+れる+ぬ」로 분석되는데 부정助V 「ぬ」의 연용형 「ず」가 사용

되고 있다.

⇨ 勉強も手(て)につかず、日をごとに彼女への思いは募(つの)るばかりだった。
(공부도 손에 잡히지 않고, 날마다 그녀를 향한 마음은 더해질 뿐이었다.)

⇨ 彼らは彼女に対しては決して口答(くちごた)えをせず、はたから見ると、まるで従順(じゅうじゅん)な家来(けらい)のようだった。
(그들은 그녀에게는 결코 말대답도 하지 않고, 옆에서 보면 마치 고분고분 잘 따르는 종 같았다.)

❷ 「급히 달려오다」는, 「駆(か)け付(つ)ける」로 쓰자.

⇨ 母の容態(ようだい)が急変(きゅうへん)したという知らせに急いで病院にかけつけた。
(엄마의 용태가 급변했다는 연락으로 급히 병원으로 달려갔다.)

❸ 「초조해 하다」는, 「焦(あせ)る」 또는 「いらいらする」「いらだつ」를 사용하자.

⇨ 危険(きけん)な時こそ、焦らず慎重(しんちょう)に行動(こうどう)すべきだ.
(위험한 때야말로 초조해 하지 않고 신중히 행동해야 한다.)

⇨ 白くまは、広い岩場(いわば)を、右(みぎ)に左(ひだり)に、いらいらしながら歩き回(まわ)っている。
(백곰은 넓은 바위 터를 좌우르 초조하게 돌고 있다.)

⇨ 日が暮(く)れて、寒くなってきたので、早く下山(げざん)しなければと、心がいらだった。

(해가 저물어 추워져서, 빨리 하산해야 한다고 하면서 초조해 했다.)

한국어문 15-5 그 사람은 세상 물정을 너무 몰라서 마치 어린애 같다.

번역 あの人はものを**知らな**すぎてまるで子供みたいだ。

주요용법

❶ 「너무 모르다」는, 「너무 알지 못하다」로 생각하여 번역하자, 즉 「知らない+すぎる」로 분석한다. 부정의 「ない」에, 「すぎる」나 「양태 そうだ」가 결합될 때는, V에는 「さ」가 개입되지 않으며 A에만 개입됨에 주의하자.

┌ V에 붙는 「ない」 → 「V- なすぎる」「V- なそうだ」
└ A에 붙는 「ない」 → 「A- なさすぎる」「A- なさそうだ」

⇨ 遊ばなすぎる。 (너무 놀지 않다)
行かなそうだ。 (가지 않는 것 같다)
暑くなさすぎる。(너무 덥지 않다)
高くなさそうだ。(너무 비싸지 않은 것 같다)

❷ 「세상 물정」은, 「もの」이외 「世情(せじょう)」「物情(ぶつじょう)」「世故(せこ)」등의 유의어가 있다.

⇨ 彼はがんこなところはあるがもののわからない人間ではない。
(그는 외고집이기는 하지만 세상 물정을 모르는 사람은 아니다.)
⇨ 研究室に閉(と)じこもっているというから、世情にはまるでうとい人のようだ。

(연구실에 틀어 박혀 있으니까、세상 물정에는 어두운 사람 같다.)

⇨ 当時ソウルは，戒厳令(かいげんれい)が敷(し)かれ、物情騒然(そうぜん)としていた。

(당시 서울은, 계엄령이 내려져 세상이 어수선했다.)

⇨ 世故に通(つう)じた叔父(おじ)だから、この問題も上手に処理(しょり)してくれるだろう。

(세상 물정에 밝은 삼촌이니까, 이 문제도 잘 처리해 줄 것이다.)

❸ 「너무～하다」는, 「V用+すぎる」「A- すぎる」로 한다.

⇨ 너무 먹다 (과식하다) → 食べすぎる

너무 마시다 (과음하다) → 飲みすぎる

너무 빠르다 → 速(はや)すぎる

너무 춥다 → 寒すぎる

한국어문 15-6 잔혹한 것 같지만, 이러한 장면은 대자연의 약육강식 규율에 적용하면 어쩔 수 없는 일이 아닌가?

번역 残酷(ざんこく)なようだが、この場面(ばめん)は大自然(だいしぜん)の弱肉強食(じゃくにくきょうしょく)のおきてに当(あ)てはめればやむをえないこと**ではないか**。

■ 주요용법

❶ 이 한국문의 「～이(가) 아닌가?」는, 「～ではないか」의 부

정형식으로 표현한다. 이것은, 화자의 기대에 어긋나는 경우, 기대를 하게 한 상대에 대하여 불만이나 비난의 기분으로 말할 때 사용하는 형식이다. 회화체로는「～じゃないか」가 자주 사용된다.

⇨ 前後(ぜんご)のつながりのないことを言いだした彼に、みんな頭がどうかしたのではないかとびっくりしました。
(앞뒤 관계가 없는 말을 꺼낸 그에게 모두들 머리가 어떻게 된 것이 아니냐며 놀라워했습니다.)

⇨ 兄弟の間で秘密(ひみつ)にするなんて水臭(みずくさ)いじゃないか。
(형제간에 비밀로 하다니 매정하지 않은가?)

❷「규율」은,「おきて(掟)」나「規則(きそく)」「規律(きりつ)」로 번역하자.

⇨ 法律(ほうりつ)は、国のおきてであり、国民はこれを守らなければならない。
(법률은, 나라의 규율이며 국민은 이것을 지켜야 된다.)

⇨ 規則に当てはめようとしてもできない場合がある。
(규칙에 적용하려 해도 할 수 없는 경우가 있다.)

⇨ 旅行中は、規律を守って事故を起(お)こさないようにしましょう。
(여행 중에는 규율을 지켜 사고를 일으키지 않도록 합시다.)

❸「적용하다」는,「当(あ)てはめる」나「適用(てきよう)する」로 번역한다.

⇨ 昔(むかし)の人の例を現在(げんざい)の人に当てはめようとしても無理だ。
(옛날 사람의 선례를 현대인에게 맞추려고 하지만 무리이다.)

⇨ 同じことが次(つぎ)のような場合(ばあい)にも適用される。

(같은 사실이 다음과 같은 경우에도 적용된다.)

한국어문 15-7 책임자로서 이 사건의 전모를 알지 못할 리는 없을 것이다.

번역 責任者(せきにんしゃ)としてこの事件(じけん)の全容(ぜんよう)を知らぬはずはあるまい。

주요용법

1 「~지 못하다」는, 부정 助V「ぬ」를 사용하고 있다. 즉「ぬ」는「ない」와 같으며 문장체이다.

⇨ 見知(みし)らぬ土地(とち)で迷(まよ)ったわたしにとって、昔の友人と偶然(ぐうぜん)あったときは、地獄(じごく)で仏(ほとけ)にあったような思いでした。
(잘 모르는 곳에서 길을 잃은 나에게 옛 친구를 우연히 만났을 때는, 지옥에서 부처님 만난 것 같은 심정이었습니다.)

2 「~ㄹ 리 없다」는,「~はずがない」로 표현한다.「알지 못할 리 없을 것이다」는,「知らぬはずはあるまい」로 번역할 수 있는데 이것은「知らないはすはないだろう」와 같이 풀이할 수 있다.

⇨ きみならこんな問題、解(と)けないはずはないよ。
(너라면 이런 문제, 풀 수 없을 리 없어.)

⇨ 子供ではあるまいし、分からないはずがないよ。
(아이도 아닌데 모를 리가 없어.)

한국어문 15-8 아버지는, 귀찮은 일은 모두 엄마에게 떠맡기고 그 다음은 <u>모른 체 하</u>고 있다.

번역 父は、めんどうな事はすべて母にげたを預(あず)けて、あとは<u>知(し)らん顔(かお)をし</u>ている。

주요용법

❶ 「모르는 체 하다」는, 「아는 체 하다」(知る顔をする)를 부정으로 하면 된다. 즉 「知らない顔をする」로 하면 되지만 「知らん顔をする」나 「知らぬ顔をする」와 같이 연체형 「ん(ぬ)」로 표현해 보자. 부정 助V 「ぬ」는, 원래 연체형이지만 종지형으로도 사용된다.

⇨ 行かねばならぬ(ん)。 … 終
(가지 않으면 안 된다.)

⇨ 全然わかりませぬ(ん)。 … 終
(전혀 모르겠습니다.)

❷ 「떠맡기다」(일임하다)는, 관용구 「下駄(げた)を預(あず)ける」나 「押(お)し付(つ)ける」로 표현한다.

⇨ この問題に関しては、すべておじさんに<u>下駄を預け</u>てあります。ぼくはおじさんの指示(しじ)に従(したが)うつもりです。
(이 문제에 관해서는 모두 삼촌에게 일임하고 있습니다. 나는 삼촌의 지시에 따를 예정입니다.)

⇨ 自分(じぶん)の仕事(しごと)を友人(ゆうじん)に<u>押し付け</u>た。
(자기 일을 친구에게 떠맡겼다.)

한국어문 15-9 아파트 입구에 '관계자 외는 들어오면 <u>안 된다</u>' 라는 큰 방(榜)이 붙어 있다.

번역 アパートの入口(いりぐち)に'無用(むよう)の者(もの)入(はい)る<u>**べからず**</u>'という大きい張(は)り紙(がみ)がはってある。

주요용법

1. 「안 된다」는, 「금지」를 나타내는 「~べからず」로 번역하면 적절하다. 「~べきではない」의 文語形으로 그 행위가 올바르지 않고 바람직스럽지 않은 것을 나타낼 때 표현하는데 「~てはいけない」의 뜻이 된다. 강하게 금지하는 표현으로 간판・게시판・방(榜) 등에 쓰이는 경우가 많다.

⇨ 芝生(しばふ)に入(はい)る<u>べからず</u>。
(잔디밭에 들어가지 말 것.)

⇨ みだりに、路上(ろじょう)に痰(たん)、唾(つば)を吐(は)く<u>べからず</u>。
(함부로 길 위에 가래나 침을 뱉지 말 것.)

⇨ 関係者以外(いがい)立(た)ち入(い)る<u>べからず</u>。
(관계자이외 출입금지.)

⇨ 陳列品(ちんれつひん)に手を触(ふ)れる<u>べからず</u>。
(진열품에 손을 대지 말 것.)

2. 「방(榜)」 「벽보」라는 말에는, 「張(は)り紙(がみ)」나 「掲示(けいじ)」등 유의어가 있다. 그러나 「榜」이라는 어휘는 사용하지 않는다.

⇨ 友人を見舞(みま)いに行くと、病室(びょうしつ)のドアには、面会謝絶(めんかいしゃぜつ)の張り紙がしてあった。
(친구의 병문안을 가니까, 병실 입구에 면회사절이라는 방이 붙어 있었다.)

⇨ その掲示板には、総選挙(そうせんきょう)の投票日(とうひょうび)は11月8日に行われると公示されていた。
(그 게시판에는 총선거의 투표일은 11월 8일에 거행된다고 공시되어 있었다.)

한국어문 15-10 **바다는 일본 국민에 있어서 소중한 식량의 보고이며, 생선은 일본인의 식생활에서 빠뜨릴 수 없는 주요 단백원(蛋白源)이다.**

번역 海は日本国民にとって大切な食料(しょくりょう)の宝庫(ほうこ)であり、魚は日本人の食生活(しょくせいかつ)に**欠(か)かせぬ**主要(しゅよう)蛋白源(たんぱくげん)である。

주요용법

「빠뜨릴 수 없는」는, 「欠(か)かせぬ」라는 연어형으로 생각하면서 번역하자. 즉, 이 말은 「欠かせる+ぬ」로 분석된다. 이와 같이 「ぬ」가 들어 있는 연어나 관용구가 많이 있다. 주로 문장체에서 사용되므로 유의하자.

· けしからぬ (괘씸한)
· そしらぬ (모르는 체 하다)
· はかり知れぬ (헤아릴 수 없는)
· ほかならぬ (다름 아닌)
· 見ぬふりをして (못 본 체 하고)

· 言わぬが花。(말하지 않는 것이 좋다.)
· えも言われぬ。(무어라 말할 수 없는)
· 押(お)しも押されぬ。(확고부동하다.)

⇨ 彼女はどんな人かって? 言わぬが花。会うまでのお楽しみ。
(그 여자는 어떤 사람이냐고? 상상에 맡기겠어. 만날 때까지 기대해 봐.)

⇨ 桜の皮(かわ)で染(そ)めたというその染め物は、上気(じょうき)したようなえも言われぬ色をしている。
(벚나무 껍질로 물들였다는 그 염색물은, 너무나 홍분되어 이루 말할 수 없는 아름다운 색을 띠고 있다.)

⇨ 95年、東京臨海新交通(りんかいしんこうつう) 'ゆりかもめ' がオープンするとその夜景(やけい)が話題(わだい)となった。続いて96年にデックス東京ビーチ、東京ファッションタウンビルなど続々と新しいビルがオープンすると、押しも押されぬ人気スポットになった。〔ツアー〕
(95년, 도쿄 임해 신교통 '유리카모메'가 오픈되어 그 야경이 화제가 되었다. 연이어 96년에 덱스 동경비치, 도쿄 패션타운 등 잇달아 새로운 빌딩이 오픈되자, 확고부동한 인기장소가 되었다.)

한국어문 15-11 시합 당일 에이스가 열이 심하게 나서, 어쩔 수 없이 대기 선수를 내 보내기로 했다.

번역 野球の試合(しあい)の日にエースが高熱(こうねつ)を出して、**やむをえず**、控(ひか)えの選手(せんしゅ)を出すことにした。

주요용법

❶ 「어쩔 수 없이」는, 「やむをえず」를 쓴다. 「ず」도, 관용구나 연어형에 많이 보이며 주로 문장체에 나타난다.4)

· とりあえず。(서둘러)　　· 相変(あいか)わらず。(변함없이)
· 命知(いのちし)らず。(죽음을 두려워하지 않고)
· とりもなおさず。(곧, 즉)

⇨ あまり時間がないんだ。とりあえず用件(ようけん)だけ言うよ。
(그다지 시간이 없어. 서둘러 용건만 말할게.)

⇨ 遠くへ就職(しゅうしょく)した友達から、相変わらず、元気で働いている、と便(たよ)りがあった。
(멀리 취직한 친구로부터 변함없이 건강하게 일하고 있다는 소식이 있었다.)

⇨ 怪物退治(かいぶつたいじ)のうわさを聞いて、命知らずの若者たちが我(われ)こそはと集まってきた。
(괴물을 퇴치한다는 소문을 듣고, 죽음을 두려워하지 않은 젊은이들이 너나 할 것 없이 모였다.)

⇨ 自由(じゆう)に生(い)きるということは、とりもなおさず、責任(せきにん)を持って生きていくことにほかならない。
(자유롭게 살아간다는 것은, 곧 책임을 지고 살아간다는 것이나 다름없다.)

❷ 「에이스」(=Ace)에 해당되는 말은, 「エース」 또는 「主戦投手(しゅせんとうしゅ)」로 쓴다.

⇨ 彼女は、バレーボールのアトランタ五輪(ごりん)女子代表のエースだった。

---

4) 위의 말 이외에도, 다음과 같은 연어형이나 관용구를 들 수 있다.
⇨ 思わず。(엉겁결에, 무의식중에)　　知らず知らず。(부지불식간에)
飲まず食わず。(먹지도 마시지도 않고)　　のみならず。(뿐만 아니라)
絶(た)えず。(끊임없이)　　あしからず。(부디 나쁘게 생각마세요)

(그녀는, 배구 애틀랜타 올림픽 여자대표의 에이스였다.)

⇨ カナダ代表の主戦投手、五輪出場(ごりんしゅつじょう)せず。［記事のタイトル］

(캐나다 대표의 주전 투수, 올림픽에 출전하지 못하다.)

⇨ 背(せ)番号11ながら主戦投手としてフォークボールを武器(ぶき)に57年ぶり大会2連覇(れんぱ)に貢献(こうけん)した。

(등 번호 11이면서 주전투수로서 포크 볼을 무기로 57년 만의 대회 2연패에 공헌했다.)

❸ 「대기 선수」라는 말은, 「예비적으로 준비해 두는 선수」라는 의미이다. 「控(ひか)えの選手」라는 좋은 말이 있다.

⇨ さすが強豪(きょうごう)だ。控えの選手だってうちのチームならレギュラーだ。

(과연 강호다. 예비 선수라니 우리 팀이라면 정규 멤버다.)

한국어문 15-12 이러한 병은 너무나 중증이기 때문에 환자에게 직접 알리는 것은 불가능합니다.

번역 このような病気はあまりに重症(じゅうしょう)なので患者(かんじゃ)に直接(ちょくせつ)知らせることなど出来(でき)**かね**ます。

주요용법

「불가능하다」를, 「出来(でき)かねる」로 번역하고 있다. 「V用+かねる」의 표현형식은, 대체로 V「言う」「読む」「飲む」「出来る」에 접속되는 특징이 있으며, 부정의 의미를 내포하거나 가능의 의미도 내포되어 있다. 자주 「～かねない」형으로 사용되기도 하므로 유의하자. 〔《유형별표현-5-1》의 「かねる」항 참조〕

⇨ たいしたことがない山だからなどと侮(あなど)っていると、大変なことになりかねない。
(대단하지 않은 산이라 해서 경시하면, 큰 일이 날 수 있다.)

한국어문 15-13 야당 측의 입장을 생각하면 그를 위원장으로 한 것은 무난한 인선이었다고 생각할 수 있다.

번역 野党側(やとうがわ)の立場(たちば)を考えると、彼を委員長(いいんちょう)にしたのは無難(ぶなん)な人選(じんせん)だったと思える。

주요용법

이 한국어문은, 접두어 「無」 「非」 「不」를 사용하여 부정의 의미를 나타내는 경우이다. 예를 들면, 「無関心(むかんしん)」 「非現実(ひげんじつ)」, 「不可能(ふかのう)」 「不透明(ふとうめい)」 등 많이 들 수 있다.

⇨ 人が困っていると聞いては、無関心ではいられない。
(다른 사람이 곤란한 입장에 있다는 이야기를 듣고서 무관심하게 있을 수 없다.)

⇨ きみの考えは理想(りそう)かも知れないが、非現実的(ひげんじつてき)で、実際(じっさい)には不可能(ふかのう)だ。
(자네의 생각은 이상적일지 모르지만, 비현실적이며 실제로는 불가능하다.)

⇨ 店内(てんない)が外から丸見(まるみ)えでは落(お)ち着(つ)かないので、ウインドーには不透明(ふとうめい)なガラスを使ってみよう。
(가게 안이 바깥에서 환하게 보여서는 차분한 느낌이 나지 않으므로, 진열장에는 투명하지 않은 유리를 사용해 보자.)

16

〈意志表現〉

한국어문 16-1 작전을 어떻게 짤지는 시합 상대에 따라 결정하겠다.

번역 作戦(さくせん)をどうするかは、試合(しあい)の相手次第(あいてしだい)で決め<u>よう</u>。

주요용법

❶ 「결정하겠다」는, 「決める+よう」로 하면 된다 (「V+未(よ)う」 만드는 방법은 《문형・오용편-19-1》을 참조). 「(よ)う」는, 화자 자신이 지금 결의한 것을 그대로 직접적으로 표명하는 것이며, 지속성은 반드시 있다고 볼 수 없다.

⇨ 入学祝(いわ)いにこの万年筆をあげ<u>よう</u>。
(입학 축하 선물로 이 만년필을 줄께.)

⇨ あの男はどうも挙動(きょどう)があやしい、ちょっと調べてみ<u>よう</u>。
(저 남자는 어쩐지 거동이 의심스러워. 좀 조사해 보자.)

❷ 「작전을 짜다(세우다)」는, 「作戦(さくせん)をする」나 「作戦を立(た)てる」로 한다.

⇨ 日本が専守防衛(せんしゅぼうえい)に徹(てっ)した作戦をするなら、今のままの戦力(せんりょく)でいいのでしょうか?
(일본이 전수방위에 일관하는 작전을 짠다면, 지금 이대로의 전력으로 좋은지요?)

⇨ 部隊(ぶたい)は、背後(はいご)の山から、敵(てき)を襲(おそ)う作戦を立てた。
(부대는 뒷산에서부터 적을 습격할 작전을 세웠다.)

❸ 「N에 따라」 「N 나름에 따라」는, 「N次第(しだい)で」 「Nによって」로 번역하자.

⇨ 泳げるようになるかならないかは、きみたちの練習次第で可能だ。
(헤엄칠 수 있나 없나는 너희들의 연습에 따라 가능하다.)

⇨ 私たちは労働(ろうどう)によって所得(しょとく)を得(え)る。
(저희들은 노동에 따라 소득을 얻는다.)

한국어문 16-2 이런 상태로 싸우고 헤어져서는 뒤가 좋지 않으니까 내가 양보하기로 하겠다.

번역 このままけんか別(わか)れになっては後味(あとあじ)が悪いから、ぼくのほうが譲(ゆず)ることにしよう。

주요용법

❶ 「양보하기로 하겠다」는, 앞과 마찬가지로 자기 자신이 결의한 것을 그대로 직접 표현하고 있다. 즉 「譲(ゆず)ることにしよう」로 번역하자.

❷ 「뒤가 좋지 않다」「뒷맛이 개운치 않다」는, 「後味(あとあじ)が悪い」 또는 「嫌(いや)な後味が残(のこ)る」로 표현한다.

⇨ ハッピーエンドで終わらない映画を見て、後味が悪かった。
(해피엔드로 끝나지 않은 영화를 보고, 뒷맛이 개운치 않았다.)

⇨ 一生懸命頑張(がんば)ったのに、失敗して後味が悪い。
(열심히 노력했는데 실패하여, 기분이 좋지 않다.)

⇨ ひきょうな勝(か)ち方(かた)をしたことが、心の中に嫌な後味としていつまでも残った。
(비겁하게 이긴 것이 마음속에 늘 좋지 않게 남았다.)

한국어문 16-3 아무리 괴로워도 시험에 합격하기 위해 마지막까지 열심히 하려고 결심했습니다.

번역 どんなに苦(くる)しくても、試験にパスするために最後(さいご)まで頑張(がんば)ろうと決心(けっしん)しました。

주요용법

「열심히 하려고 결심하다」는, 「頑張(がんば)ろうと決心(けっしん)する」로 번역한다. 「(よ)う」는, 자기의 의지표현이더라도 객관화하여 서술하고 싶을 때는「思う」「決心する」등을 추가하여 표현한다.

한국어문 16-4 구급대원은 넓은 바다에서 난파선 조각 사이를 헤엄치면서, 물에 빠져있는 사람의 생명을 구하려고 필사적이다.

번역 救急隊員(きゅうきゅうたいいん)は大海(たいかい)で難破船(なんぱせん)の破片(はへん)の間を泳ぎながら、おぼれている人の命(いのち)を救(すく)おうと必死(ひっし)だ。

주요용법

❶「생명을 구하려고 (생각하고) 필사적이다」는,「命を救おうと(思って)必死だ」로 번역한다.「～よ(う)と」의 뒤에는 경우에 따라「～思う」「～考える」등을 생략할 수 있다.

❷「생명을 구하다」는,「命(いのち)を救(すく)う」나「生命(せいめい)を救う」로 번역한다.

⇨ 彼は、海でおぼれそうになった人の命を救ったので、今度表彰(ひょうしょう)される。
(그는, 바다에 빠질 뻔 했던 사람의 생명을 구했기 때문에 이번에 표창을 받는다.)

⇨ 医師は、人の生命を救うためにいろいろと手を尽(つ)くします。
(의사는, 사람의 생명을 구하기 위하여 온갖 수단을 다 씁니다.)

한국어문 16-5 도쿄에 온 김에 발을 좀 넓혀 닛코와 하코네까지 다녀오**려고 생각하고 있다**.

번역 東京に来たついでに、ちょっと足を延(の)ばして、日光(ニッコウ)と箱根(ハコネ)まで行ってこ**ようと思っている**。

주요용법

❶ 「다녀오려고 생각하고 있다」는, 「行ってこようと思っている」로 하면 된다. 이 「(よ)う」표현은, 어떤 결의를 했던 시점에서 의지를 표명하는 것이기 때문에, 이 한국어문에서와 같이 현재 어떤 의지를 계속 품고 있거나 또는 어떤 의지를 품은 것이 발화시점보다 과거인 경우에는, 각각 「～(よ)うと思っている」「～(よ)うと考えた」등의 형식을 사용한다. 또한 이 「(よ)う」표현은, 청자나 제3자의 의지가 있을 때 「思う」「考える」를 첨가하여야 하는데 이 때, 문말에 추측(らしい 등)이나 伝聞(そうだ 등)이 붙는 경우가 많다.

⇨ その時、横浜まで行ってこようと考えた。
(그 때 요코하마까지 다녀오려고 생각하고 있었다.)

⇨ 鈴木さんは会社をやめようと考えている**らしい**。
(스즈끼씨는 회사를 그만두려고 생각하고 있는 것 같다.)

⇨ 大統領は来年アメリカを訪問しようと思っている**そうだ**。
(대통령은 내년 미국을 방문하려 하고 있다 한다.)

❷ 「발을 넓히다」는, 「足を延(の)ばす」로 번역하자.

⇨ 福岡に来たついでに、別府(ベップ)、阿蘇山(アソサン)まで足を延ばして、観光(かんこう)した。
(후쿠오카에 온 김에 벳부, 아소산까지 발을 넓혀 관광했다.)

한국어문 16-6 이 시는, 리듬에 특징이 있으니까 반복하여 소리 내어 읽어 **볼까요**?

번역 この詩(し)は、リズムに特徴(とくちょう)があるので、声に出して繰(く)り返(かえ)し読んでみ**ましょうか**。

주요용법

❶ 「~ㄹ까요?」는, 「~ましょうか」로 표현한다. 「(よ)う」의 정중체 「ましょう」는, 상대에 대하여 자신의 의지를 표시하는데 사용된다. 「~ましょうか」는, 자신에게 무언가를 할 의지가 있는 것을 표명하고, 상대에게 찬부(贊否)를 묻는 형태를 취하는 것이다. 표현의 핵심은 상대가 어떻게 하기를 가장 바라는지 그 의향을 묻는 데에 있다.

⇨ お昼はおすしにしましょうか、焼肉(やくにく)にしましょうか。
(점심은 초밥으로 할까요? 불고기로 할까요?)

⇨ 東京は初めてだそうですが、一人で大丈夫ですか、一緒についていってあげましょうか。
(동경은 처음이라 하는데, 혼자서 괜찮습니까? 함께 가 드릴까요.)

❷ 「반복하다」나 「거듭하다」는, 「繰(く)り返(かえ)す」 또는 「反復(はんぷく)する」로 번역한다.

⇨ 赤毛(あかげ)の少女(しょうじょ)アンは、数々(かずかず)の失敗を繰り返しながら大人になっていった。
(빨강머리 소녀 앤은, 수많은 실패를 거듭하면서 어른이 되어 갔다.)

⇨ ぼくはその詩を頭の中で何度(なんど)も反復して、すっかり覚(おぼ)えこんでしまった。
(나는 그 시를 머릿속에 몇 번이고 반복하여 완전히 외워 버렸다.)

한국어문 16-7 각지에서는 자연 애호가들로 하나로 뭉친 자연 보호 운동이 일어나려 하고 있었다.

번역 各地(かくち)では自然愛好者(あいこうしゃ)たちと一丸(いちがん)となった自然保護(ほご)の運動が起(お)ころうとしていた。

■ 주요용법

1. 「일어나려 하다」는, 「起ころうとする」로 하면 된다. 이 「～(よ)うとする」표현은, 행위자의 의지에 관계없이 객관적으로 어떤 사태가 「실현되기 직전의 상태」를 나타내기도 하고, 그 실현을 목표로 행동을 취하고 있음을 나타내고 있다. 또한 이럴 경우 아래의 「冬休み」와 같이 「시간의 추이」에 관련된 것에 한하는 경우가 많이 있다.

⇨ 冬休みも終わろうとするころ、急(きゅう)に国の戦争が知らされた。

(겨울 방학도 끝나려고 할 때, 갑작스런 고국의 전쟁을 알게 되었다.)

⇨ 吹(ふ)く風は、初夏(しょか)の香(かお)りを漂(ただよ)わせ、今年の夏も、はやく行こうとしています。
(부는 바람은 초여름의 향기를 내품고 있어 올 여름도 빨리 지나가려 합니다.)

❷ 「(하나로) 뭉치다」는, 「一丸(いちがん)となる」로 번역하자.

⇨ 家族みんなが協力(きょうりょく)し一丸となって働けば、この困難(こんなん)を乗(の)り切(き)ることができるだろう。
(가족 모두가 협력하고 하나로 뭉쳐 일하면 이러한 어려움을 극복할 수 있을 것이다.)

한국어문 16-8 **힘에 지친 멧돼지는 마지막으로 발버둥을 치려고 했다.**

번역 力尽(ちから つ)きたイノシシは、最後(さいご)のあがきを試(こころ)み**ようとし**た。

■ 주요용법

❶ 「발버둥을 치려고 하다」는, 「あがきを試(こころ)みようとする」로 번역하는데 이와 같이 「~(よ)うとする」의 표현에는 멧돼지의 행위와 같이 의인화하여 표현하는 경우도 있다.

⇨ ばらのつぼみが開こうとしている。
(장미꽃 봉오리가 피려고 하고 있다.)

❷ 「발버둥을 치다」는, 「あがきを試(こころ)みる」「あがきを取る」로 표현하자.

⇨ 計画(けいかく)だけはできたが、資金(しきん)が集まらず<u>あがきが取れ</u>なかった。
(계획만은 되었지만 자금이 모이지 않아 꼼짝 할 수 없었다.)

한국어문 16-9 뒷문을 <u>열려고 했</u>습니다만, 문은 이제 조금도 움직이지 않았습니다.

번역 後ろの戸(と)を開け<u>**ようとし**</u>ましたが、戸はもう一分(いちぶ)も動(うご)きませんでした。

주요용법

❶ 「열려고 하다」는, 「開けようとする」로 하면 된다. 이것은, 「開ける」의 실현을 목표로 하여 행동을 취하고 있음을 표현하고 있다.

⇨ 母の小言(こごと)を食(く)らいながらも、父はたばこをやめ<u>ようと</u>は<u>し</u>ない。
(어머니의 잔소리를 들으면서도, 아버지는 담배를 끊으려고 하지 않는다.)

❷ 「조금도」는, 「ちっとも」 또는 「少しも」「一分(いちぶ)」로 번역한다.

⇨ きょうは運動をしないから、ちっともおなかがすかない。
(오늘은 운동을 하지 않으니까 조금도 배가 고프지 않다.)

⇨ 彼女とは全然会ってなくて10年ぶり、少しも老(ふ)けてなくて驚(おどろ)いた。
(그녀와는 전혀 만나지 못하여 10년만인데, 조금도 늙지 않아 놀랐다.)

⇨ 勝負(しょうぶ)が始まると、相手(あいて)は一分のすきもない構(かま)えで挑(いど)んできた。
(시합이 시작되자 상대는 조금도 빈틈이 없는 태세로 덤벼들었다.)

한국어문 16-10 숙취 동안에는 두 번 다시 과음하지 않겠다고 했는데 결국 또 과음해 버렸다.

번역 二日酔(ふつかよ)いの間はもう二度(にど)と飲みすぎる**まい**と思ったが、ついまた飲み過(す)ぎてしまった。

주요용법

1. 「~지 않겠다」는, 「~まい」라는 부정적인 의지로 나타내는 助v를 사용하면 된다. 특히 문말에 사용되면 결의(決意)의 의미가 강하게 나타나게 된다. 이 「~まい」는, 부정표현에서도 설명했지만 부정적인 추량의 의미(= ~ないだろう)도 있다.

⇨ 二度とこのような過(あやま)ちは繰(く)り返(かえ)すまい。
(두 번 다시 이와 같은 잘못은 반복하지 않겠다.)

❷ 「숙취」는, 「二日酔(ふつかよ)い」이다.

⇨ 次の日に二日酔いを治(なお)す食べ物・飲み物を教えてください。

(다음날 숙취를 푸는 음식・음료를 가르쳐 주세요.)

⇨ 昨夜(さくや)の飲み過ぎがたたって、二日酔いで頭ががんがんする。

(어제 밤 과음이 탈이 되어 숙취 상태로 머리가 띵하다.)

한국어문 16-11 엄마를 슬프게 하지 않으려고 그 일은 알리지 않았다.

번역 母を悲(かな)しませ**まい**と思ってそのことは、知らせずにおいた。

주요용법

「슬프게 하지 않으려고」는, 「悲しむ+せる+まい」로 생각하여 번역하자. 「まい」는, 이와 같이 부정적인 의지를 품으면서 의지대로 일이 실현되도록 해 본다는 뜻이 담겨있다.

⇨ 銃(じゅう)を奪(うば)われまいとして争(あらそ)いになった。

(총을 뺏기지 않으려고 서로 싸우게 되었다.)

⇨ 親に日記(にっき)を読まれたことがわかり、僕は憤慨(ふんがい)して二度と日記を書くまいと思った。

(부모님이 내 일기를 읽은 것을 알고, 나는 화가 나 두 번 다시 일기를 쓰지 않겠다고 했다.)

한국어문 16-12 외출할 **예정이**었는데 갑자기 친한 친구가 와서 나갈 수 없게 되었다.

번역 出かける**つもりだっ**たのに、急(きゅう)に親しい友達が来て出られなくなった。

주요용법

「외출할 예정이다」는, 「出かけるつもりだ」 또는 「外出(がいしゅつ)するつもりだ」로 번역한다. 「つもりだ」는, 그렇게 의향을 품고 있는 심적 상태를 객관적으로 표시하는 것이다. 「のに」「から」등의 종속절에 한하여 사용하는 경우가 많다.

⇨ 日没(にちぼつ)までに帰るつもりだったのに、引(ひ)きとめられて、ついおそくなってしまった。
(해지기 전까지 돌아갈 예정이었는데 만류당하는 바람에 결국 늦어버렸다.)

⇨ 来週までに書類(しょるい)を提出(ていしゅつ)するつもりですから、よろしくお願いいたします。
(다음 주까지 서류를 제출할 예정이므로 잘 부탁드립니다.)

한국어문 16-13 또 한 번 처음부터 다시 한다는 **생각**으로 열심히 하겠습니다.

번역 もう一度、一(いち)から出直(でなお)す**つもり**でがんばります。

▚ 주요용법

❶ 「~ㄴ 생각으로」는, 「~つもりで」로 하여 번역하자. 여기서의 「つもり」는, 개념화된 의미로 사용되었다. 즉 「예정」 「의향」 「생각」 등의 실질적인 「명사용법」으로 사용되고 있다.

⇨ 今年3月大手(おおて)グループの会社に就職(しゅうしょく)するつもりだ。
(올 3월 대그룹회사에 취직할 예정이다.)

⇨ 大事(だいじ)な会議(かいぎ)を無断(むだん)で欠席するとは、あなたはいったいどういうつもりですか。
(중요한 회의를 무단으로 결석하다니 도대체 어떻게 할 의향입니까?)

⇨ 誤解(ごかい)しないでください。わたしはあなたを非難(ひなん)するつもりはまったくありません。
(오해하지 마십시오. 나는 당신을 비난할 생각은 조금도 없습니다.)

❷ 「처음부터 다시 하다」는, 「一(いち)から出直(でなお)す」로 번역하자.

⇨ 一度や二度の失敗(しっぱい)でくじけてなるものか、一から出直してがんばるぞ。
(한두 번의 실패로 마음이 꺾일 건가, 처음부터 다시 열심히 하는 거야.)

한국어문 16-14 여기에 있는 모든 상품은 일률적으로 2할 할인하겠습니다.

번역 ここにあるすべての商品(しょうひん)も一律(いちりつ)に二割引(にわりび)きといたします。

주요용법

❶ 「하겠습니다」는, 겸양어 「いたします」로 번역한다. 흔히 사용하는 助v 「ます」자체에 화자의 의지가 내재되어 있는 것을 알아 두자.

⇨ 昨日の委員会(いいんかい)で決(き)まったことを報告(ほうこく)いたします。
(어제 위원회에서 결정된 것을 보고 드리겠습니다.)

⇨ 気(き)の毒(どく)な子供たちに示された皆様(みなさま)のご厚意(こうい)に深く感謝します。
(불쌍한 아이들에게 보내주신 여러분들의 호의에 깊이 감사드립니다.)

❷ 「일률적으로」는, 「一律(いちりつ)に」로 번역하자.

⇨ 参加者(さんかしゃ)には、年齢(ねんれい)に関係なく一律に三千円ずつ支給(しきゅう)される。
(참가자에게는 연령에 관계없이 일률적으로 삼천 엔씩 지급된다.)

한국어문 16-15 오늘은 사정에 의해 2시에 문을 닫**겠습니다**.
그리고 내일은 쉬**겠습니다**.

번역 本日(ほんじつ)は都合(つごう)により2時に閉店(へいてん)さ**せていただきます**。それから明日は休ま**せていただきます**。

■ 주요용법

「~겠습니다」는, 「~いたします」로도 좋지만 「~させていただきます」로도 좋다. 「~(さ)せていただきます」는, 전자보다 겸손의 정도를 강하게 표현할 수 있다. 또한 「ます」의 형태로 화자의 의지를 나타낼 수 있다. 이 표현은, 아래의 예와 같이 인사말을 할 때의 관용적인 표현으로 쓰이는데 '이렇게 하는 것이 영광스럽게 느껴진다' 는 기분이 포함되어 있다.

⇨ 新郎(しんろう)の友人(ゆうじん)を代表して、一言(ひとこと)ご挨拶(あいさつ)さ<u>せていただきます</u>。
(신랑 친구를 대표하여 한 마디 인사를 하겠습니다.)

⇨ 先生が新年号(しんねんごう)に寄稿(きこう)された文章(ぶんしょう)を読ま<u>せていただき</u>、大変(たいへん)感銘(かんめい)を受(う)けました。
(선생님께서 신년호에 기고하신 문장을 읽고 매우 감명 받았습니다.)

17
〈伝聞表現〉

한국어문 17-1 장기 예보에 의하면, 올 겨울은 예년보다 춥다고 한다.

번역 長期予報(ちょうきよほう)によると、今年の冬は例年(れいねん)より寒い**そうだ**。

■ 주요용법

「전문표현」이란, 「외부에서 정보를 얻어 화자가 현 시점에서 그 정보 내용이 현실 상황에 모순되지 않게 자신의 판단으로 바꿔 말하는 표현」을 말한다. 여기에는 「다양한 표현 형식」이 있다. 여기서는 助V 「そうだ」로 표현하고 있다. 「V・A・Av의 終+そうだ」의 형식을 취하여 사용된다.

⇨ 課長は今日会社を休むそうだ。 … V
(과장님은 오늘 회사를 쉰다고 한다.)

⇨ このラーメン屋はおいしいそうだ。 … A
(이 라면 가게는 맛있다고 한다.)

⇨ 渋谷(シブヤ)の街(まち)は、賑(にぎ)やかだそうだ。 … Av

(시부야의 거리는 번화하다고 한다.)

한국어문 17-2 일본 경제는 앞으로 점점 곤란한 상황에 직면할 것이라 한다.

번역 日本経済(けいざい)はこれからますます困難(こんなん)な状況(じょうきょう)に直面(ちょくめん)する**という**。

주요용법

「～라 하다」는, 여기서는 「～という」를 사용하고 있다. 가장 대표적인 전문표현이다.

⇨ 母は生まれた子猫をよそにやりたいという。
(엄마는 갓 태어난 새끼고양이를 옆에 두고 싶다고 한다.)

⇨ 動物を使って地震予知(じしんよち)をさせようという試(こころ)みがある。
(동물을 이용해서 지진을 예지하려는 시도가 있다.)

한국어문 17-3 일본인은, 외국어를 조금만이라도 말하면, 항상「능숙하시네요」라 하며 칭찬한다.

번역 日本人は、外国語(がいこくご)を少しでも話すと、いつも「お上手(じょうず)ですね」**って**褒(ほ)める。

■ 주요용법

「~라 하며」의 「~って」는, 「~といって」의 축약표현으로 앞의 「~という」에서 온 말이다. 역시 전문표현으로 생각할 수 있다.

⇨ 電話して聞いてみたけど、予約(よやく)のキャンセルはできないって。
(전화하여 물어 봤지만 예약 취소는 안 된대.)

⇨ A：鈴木さんとけんかしたんだって。
(스즈키와 싸웠다면서?)
B：そうなんだよ。人が親切で言ってるのに聞こうともしないんだ。
(그래, 친절하게 이야기하고 있는데 들으려고도 안하잖아.)

한국어문 17-4 다음 주 수요일에 파티가 있다고 들었는데 정말인지요?

번역 来週(らいしゅう)の水曜日(すいようび)にパーティーがあると聞(き)いたんですけど本当(ほんとう)でしょうか。

■ 주요용법

「~라고 듣다」는, 「~と聞く」의 형식을 취하고 있다.

⇨ 肉体的(にくたいてき)にも精神的(せいしんてき)にも早熟(そうじゅく)な少女(しょうじょ)だったから、十五歳と聞くとたいていの大人(おとな)は驚(おどろ)いた。
(육체적으로나 정신적으로나 조숙한 소녀였기 때문에 열다섯 살이라고 듣자 대부분의 어른들은 놀랐다.)

한국어문 17-5 일전에 스즈끼씨를 만났을 때 **이야기로는**, 그 모임에 사정이 되지 않아 출석할 수 없**다는 것이**었다.

번역 この間(あいだ)鈴木(すずき)さんに会(あ)った時**のお話(はなし)では**、その集(あつ)まりには都合(つごう)が悪(わる)くて出席(しゅっせき)できない**と言うことだっ**た。

주요용법

전문표현의 여러 가지 형식 중에서 「(N의 이야기로는) ~라는 것이다」는, 「(Nの話では) ~と言うことだ」로 사용하고 있다. 이 형식은 종종 정보원(源)이 되는 말을 생략하여 사용하기도 한다.

⇨ 新しい冷蔵庫(れいぞうこ)を買う場合は、古いのを下取(したど)りしてくれるということだから、それを確(たし)かめてから買ったほうがいい。
(새로운 냉장고를 살 경우, 헌 것 값을 얼마 쳐준다고 해서, 그것을 확인한 후 구입하는 쪽이 좋다.)

⇨ ノーベルの化学賞(かがくしょう)を受(う)けたあの教授(きょうじゅ)は授賞式(じゅしょうしき)ですばらしい英語のスピーチをなさったということだ。
(노벨 화학상을 받은 그 교수는 수상식에서 훌륭한 영어 스피치를 하셨다고 한다.)

한국어문 17-6 전날 잡지에 발표된 야마다 박사**의 설로는**, 반세기 채 안되어 세계적인 식량위기가 반드시 **온다는 것이다**.

번역 先日(せんじつ)雑誌に発表(はっぴょう)された山田博士(はくし)**の説(せつ)では**、半世紀(はんせいき)足(た)らずのうちに必(かなら)ず世界的(せかいてき)な食糧危機(しょくりょうきき)が訪(おとず)れる**ということである**。

■ 주요용법

이 한국어문의 「(N의 설로는) ~한다는 것이다」는, 「(Nの説では)~ということだ」의 형식을 취하고 있다. 이 형식도 자주 정보원(源)이 생략되기도 한다.

⇨ あの二人がうまくいかなかった理由(りゆう)は、「性格(せいかく)が合(あ)わない」ということだそうです。
(그 두 사람이 원만하지 않았던 이유는, 「성격이 맞지 않는다」고 하는 것입니다.)

한국어문 17-7 기상청의 장기 예보에 의하면, 이번 겨울은 따뜻해서 벚꽃이 피는 것도 예년보다 조금 이르다고 한다.

번역 気象庁(きしょうちょう)の長期予報(ちょうきよほう)によると、この冬は暖冬(だんとう)だから桜(さくら)の開花(かいか)も例年(れいねん)よりちょっと早(はや)い**とのことだ**。

주요용법

「N에 의하면, ～라고 한다」는, 「Nによると、～とのことだ」의 형식을 취하고 있다. 「～とのことだ」는, 「～そうだ」「～ということだ」와 같은 전문을 나타내는 표현이다.

⇨ そちらは寒い日が続いているとのことですが、皆様(みなさま)お変(か)わりありませんか。
(그 쪽은 추운 날이 계속된다고 하는데, 여러분들은 별고 없으신지요?)

한국어문 17-8 목장 주인의 한 사람인 하우씨에 의하면, 「땅이 비옥하여 좋은 목초가 자라면 육질도 좋아요」라고 합니다.

번역 牧場主(ぼくじょうぬし)のひとり、ハウさん**によると**、「土(つち)が肥(こ)えていていい牧草(ぼくそう)が育(そだ)てば肉質(にくしつ)もいいんだよ」**とのことです**。

주요용법

❶ 앞과 마찬가지로 「Nによると、～とのことだ」의 형식이다.

❷ 「비옥하다」는, 「肥沃(ひよく)だ」「豊沃(ほうよく)だ」나 「肥(こ)える」로 번역한다. 모두 땅이 비옥하여 작물이 잘 생산된다는 의미이다. 그러나 「肥える」는, 「天(てん)高く馬(うま)肥える秋」(천고마비의 가을) 「この馬はよく肥えている」(이 말은 살이 잘 쪘다)와 같이 「살이 찌다」의 의미로도 사용된다.

⇨ 当地(とうち)は、気候(きこう)が穏(おだ)やかで土地(とち)も肥沃なので、農作物(のうさくぶつ)がよく育(そだ)ちます。
(이곳은 기후가 온화하고 땅도 비옥하기 때문에 농작물이 잘 자랍니다.)

⇨ 時には氾濫(はんらん)し、大きな被害(ひがい)を出す川が豊沃な平野(ひらの)を作り出します。
(때로는 범람하고 큰 피해를 내는 강이 비옥한 평야를 만들어 냅니다.)

⇨ この地方(ちほう)は雨量(うりょう)が多いだけでなく、土地も肥えていて、農業(のうぎょう)に適(てき)しています。
(이 지방은 강우량이 많을 뿐 아니라 땅도 비옥하고 농업에 적합합니다.)

⇨ 今日はぬけるような青空(あおぞら)だね、天高く馬肥える秋とはこのことかな。
(오늘은 탁 트인 맑은 하늘이다, 천고마비의 가을이란 바로 이런 건가.)

한국어문 17-9 옛날부터 입춘 전날 밤에, 자기의 나이와 같은 수의 콩을 먹으면, 병들지 않고 행복한 1년을 보낼 수 있다고 한다.

번역 昔(むかし)から節分(せつぶん)の夜(よる)、自分(じぶん)の年(とし)と同(おな)じ数(かず)の豆(まめ)を食べると、病気をしないで幸福(こうふく)な一年を過(す)ごせる**と言われている**。

■ 주요용법

「～라(고) 한다」의 표현은, 「～と言われている」의 전문형식이 적합하다.

⇨ 昔からこの村は有名(ゆうめい)な人材(じんざい)が多く生(う)まれたと言われている。
(옛날부터 이 마을은 유명한 인재가 많이 태어났다고 한다.)

한국어문 17-10 저 청년은 스포츠를 잘 한다고 했는데 정말일까?

번역 あの青年(せいねん)はスポーツが上手(じょうず)だ**との話だっ**たがほんとうかな。

■ 주요용법

이 한국어문에서 「～라고 하다」는, 「～との話(はなし)だ」의 형식을 사용하고 있다. 즉「～という話だ」라는 말과 같다.

⇨ ある日、彼女が日本で成功(せいこう)した、との話が聞こえてきた。
(어느 날, 그녀가 일본에서 성공했다는 이야기가 들려 왔다.)

한국어문 17-11 그냥 소문인지 모르지만 그 노인은 매우 부자래요.

번역 ただの噂(うわさ)かも知(し)れないけど、あの老人(ろうじん)は大金持(おおがねも)ちなんですって。

주요용법

「～ㄴ대요」「～래요」는, 구어체 표현으로「～んですって」라는 전문 형식으로 표현하면 된다. 원래「～んだって」의 공손체이다. 이 말은 타인으로부터 얻은 정보를 전하는 표현으로 남녀 구별 없이 사용하는 스스럼없는 말이다.「～なのだって」「～のだって」의 형은 거의 사용하지 않고「～んだって」「～んですって」로 사용한다.「～んですって」는, 주로 여성이 사용하며「です」가 들어 있더라도 손위의 사람에게는 사용하지 않는다. 손위 사람에게는「あの人は社長なんだそうです」(저 사람은 사장님이래요) 와 같이 말한다.

⇨ A: あの店のケーキ、おいしいんだって。
(저 가게 과자, 맛있대)
B: いや、それほどでもないよ。
(아니, 그 정도는 아니야)

⇨ あの選手(せんしゅ)はオリンピックに出(で)たこともあるんですって。
(저 선수는 올림픽에 나간 일도 있대요.)

⇨ 噂(うわさ)なんだけど人工衛星(じんこうえいせい)が落ちて来るかもしれないんだって。
(소문인데 인공위성이 떨어질 지도 모른대.)

한국어문 17-12 「日本の歴史」를 구하고 싶다고 하시는데, 지금 재고가 한 권도 없으니 좀 기다려 주시겠습니까?

번역 「日本の歴史(れきし)」をお求(もと)めになりたい由(よし)ですが、今在庫(ざいこ)が一冊(いっさつ)もありませんので少しお待ちいただけますでしょうか。

주요용법

「~라고 하다」를, 「~由(よし)だ」의 전문 형식을 취하고 있다. 이 형식은 편지문과 같은 문장체에서 쓰인다. 「由(よし)」라는 말은, 사물의 「내용」 「취지」 또는 「방법」 「전문」 등을 나타내는데, 이 한국어문에서는 「전문」의 용법으로 사용되고 있다.

⇨ この由、ご伝言(でんごん)ください。 … 내용
(이러한 뜻 전해 주십시오)

⇨ 行方(ゆくえ)は知る由もない。 … 방법
(행방은 알 방법이 없다)

⇨ 子供たちは、親が若い時代のことなど知る由もない。 … 방법
(아이들은 부모가 젊었을 때의 일을 알 방법이 없다.)

⇨ ご家族の皆さまにはお元気の由、何よりも存じます。 … 전문
(가족 모든 분이 건강하시다고 하니 무엇보다도 다행스럽습니다.)

한국어문 17-13 어머님**이 말씀하시는데**, 아버님 병환은 꽤 좋아지셨다**고 하**시던데요.

번역 母**が申(もう)すには**、父の病気はたいぶよくなってきた**とのこと**です。

■ 주요용법

「N이 말씀하시는데, ~라고 하다」는 「Nが申(もう)すには、~とのことだ」의 형식을 취하여 번역하고 있다. 그러나 「あなたが申す」라는 표현은 사용하지 않는다.

⇨ 先日は大変失礼しましたと、母が申しておりました。
(지난번은 대단히 실례했다고 어머니가 말씀하셨습니다.)

⇨ あなたの申すことはわかりません。(×)
(당신이 말씀하시는 것을 모르겠습니다.)

18

〈推量表現〉

한국어문 18-1 몸이 아파 일주일간 책방에 보이지 않았던 주인은 **자못** 건강한 **것 같이** 일하고 있다.

번역 病気(びょうき)で一週間(いっしゅうかん)本屋(ほんや)に見えなかった主人(しゅじん)は**いかにも**元気(げんき)**そうに**働(はたら)いている。

주요용법

「자못 ~ㄴ 것 같다」는, 「いかにも~らしい」 또는 「いかにも~そうだ」의 형으로 자주 사용된다.

⇨ 城(しろ)を取(と)り囲(かこ)む堀(ほり)の落ち着いた風情(ふぜい)がいかにも城下町(じょうかまち)らしい。
(성을 둘러싼 도랑의 차분한 풍경이 자못 성 마을답다.)

⇨ 「結婚おめでとう」と言うと、彼はいかにもうれしいそうに頭をかいた。
(「결혼 축하해요」라고 하자, 그는 자못 기쁜 듯 머리를 긁었다.)

한국어문 18-2 오전에는 맑았는데 오후가 되니까, **당장이라도** 한바탕 비가 **올 것 같**은 날씨군요.

번역 午前(ごぜん)は晴(はれ)ていたが午後(ごご)になると、**今(いま)にも**一雨(ひとあめ)来(き)**そうな**空模様(そらもよう)ですね。

주요용법

❶ 「당장이라도 ~ㄹ 것 같다」「막 ~ㄹ 듯하다」는, 「今(いま)にも ~そうだ」의 형태로 자주 표현한다.

⇨ 今にも倒(たお)れそうになりながら、気力(きりょく)だけで最後(さいご)まで走りぬいた。
(막 쓰러질 듯하면서도 정신력만으로 마지막까지 달렸다.)

❷ 「한바탕 비가 오다」는, 「一雨来(ひとあめく)る」로 번역하자.

⇨ 今日はとても暑いけど、一雨来たらすずしくなるだろう。
(오늘은 매우 덥지만 한바탕 비가 오면 시원해질 것이다.)

❸ 「날씨」는, 「天気(てんき)」 또는 「空模様(そらもよう)」로 옮기자.

⇨ 雨の日と違って、今日は天気がよいからボールの弾(はず)みもきっといいだろう。
(비오는 날과 달리 오늘은 날씨가 좋아서 공의 탄력도 틀림없이 좋을 것이다.)

⇨ このどんよりした空模様ではすぐ雨になる。
(이런 잔뜩 찌푸린 날씨는 곧 비가 오게 된다.)

한국어문 18-3 넘어질 듯이 넘어지지 않는 '피사의 사탑' 은 이제 그 기울기가 심해져 보수가 필요한 시기이다.

번역 倒(たお)れ**そうで**倒れない'ピサの斜塔(しゃとう)'はもうその傾(かたむ)きがひどくなって補修(ほしゅう)が必要(ひつよう)な時期(じき)である。

주요용법

❶ 「~ㄹ 듯이」는, 양태 助V「そうだ」의 연용형「そうで」「そうに」로 쓰면 된다.

⇨ ご老体(ろうたい)、お元気そうで何よりです。
(영감님은 건강하게 보여 최고입니다.)

⇨ 玄関のドアを開けたとだん、珍しく早く帰って来たお父さんとぶつかりそうになった。
(현관문을 연 순간 오랜만에 일찍 돌아오신 아버지와 부딪칠 뻔했다.)

❷ 「기울기」「경사」는,「傾(かたむ)く」의 N형「傾(かたむ)き」로 표현하자.

⇨ 傾きが急(きゅう)なので、屋根(やね)にのぼるのは危険(きけん)だった。
(경사가 심하기 때문에 지붕에 오르는 것은 위험했다.)

한국어문 18-4 올해는 장마도 빨리 끝나고 홍수가 나지 않았기 때문에 벼농사는 성공<u>인 것 같다</u>.

번역 今年は梅雨(つゆ)も早く上(あ)がって大水(おおみず)が出なかったので稲作(いなさく)は成功(せいこう)の<u>ようだ</u>。

주요용법

❶ 「~ㄴ 것 같다」는, 助v「ようだ」로 번역하고 있다. 「ようだ」표현은, 정보의 근거는 불확실하지만 그렇게 받아들일 수 있는 상태에 있을 때 표현한다. 극히 주관적인 판단을 표시하되 명확한 근거가 없다. 「らしい」와 용법이 비슷하지만 이것과 대체하려면 꽤 객관적인 정보가 필요하다. 「ようだ」는, 「らしい」보다 폭 넓은 용법으로 볼 수 있다.

⇨ 地震(じしん)の<u>ようだ</u>と思って、急いでガスをとめた。
(지진인 것 같아서 급히 가스를 잠갔다.)

⇨ 雨が降っている<u>らしい</u>。かさをさし歩ていているから。
(비가 내리고 있는 것 같다. 우산을 받치고 걷고 있으니까.)

❷ 「비」나 「장마」등이 「끝나다」 「그치다」 「개다」는, 「上(あ)がる」나 「止(や)む」등을 사용하면 좋다.

⇨ 雨が<u>上がる</u>と、それまで低かった気温(きおん)もぐんぐん上(あ)がってきました。
(비가 그치자 그 때까지 낮았던 기온도 부쩍 올라갔습니다.)

⇨ 大きな木の下に雨宿(あまやど)りして、雨がやむのを待った。
(큰 나무 밑에서 비를 피해 그치기를 기다렸다.)

❸ 「홍수」는, 「大水(おおみず)」「洪水(こうずい)」로 번역한다.

⇨ ここは昔から土地(とち)が低いため、何度も大水が出た所だ。
(여기는 옛날부터 땅이 낮기 때문에 여러 번 홍수가 난 곳이다.)

⇨ ナイル川や黄河(こうが)の洪水は、その流域(りゅういき)に華(はな)やかな文明(ぶんめい)をもたらすもとともなった。
(나일 강이나 황하의 홍수는, 그 유역에 화려한 문명을 낳게 되는 원천이 되기도 했다.)

❹ 「벼농사」는, 「稲作(いなさく)」나 「米作(べいさく)」로 표현하자.

⇨ 今年の稲作は平年作(へいねんさく)だ。
(금년의 벼농사는 평년작이다.)

⇨ 二千年も前から稲作を行(おこ)なっていた日本では、川(かわ)から農業用水(のうぎょうようすい)をとることによって水田(すいでん)を潤(うるお)した。
(2천년이나 전부터 벼농사를 지어온 일본에서는, 강에서 농업용수를 얻음으로써 논을 윤택하게 했다.)

⇨ 体長10センチほど、茶色や緑色のカタツムリに似た巻貝(まきがい)は、アジアの米作農民にとって、火星人(かせいじん)の襲来(しゅうらい)みたいなものだ。［外来生き物、ジャンボタニシ］
(몸길이 10센티 정도, 갈색 또는 녹색 달팽이를 닮은 고둥은, 아시아의 벼농사 농민에게 있어서 화성인의 습격 같은 것이다.)

한국어문 18-5 길에 사람들이 우산을 쓰고 있지 않은 걸 보니, 이제 비가 그친 **것 같**아요.

번역 道(みち)で人々が傘(かさ)を差(さ)していないことを見ると、今は雨が止(や)んだ**らしい**ですよ。

주요용법

「~ㄴ 것 같다」는, 「~らしい」로 옮기자. 助V 「らしい」는, 꽤 확신할 수 있는 객관적 근거에 의하여 그렇게 취해도 좋은 상황에서 판단하는 표현이다.

⇨ 電気がついていないところをみると、彼はいないらしい。
(불이 켜져 있지 않은 것을 보니까 그는 없는 것 같다.)

⇨ 金持(かねも)ちほど、けちで、金を惜(お)しむものらしい。
(부자일수록 인색하고 돈을 아까워하는 듯하다.)

한국어문 18-6 큰 슈퍼가 생겨, 1년도 되지 않아 앞 채소 가게는 영업을 그만 두었다. 틀림없이 손님을 모두 빼앗겼**을 것이다**.

번역 大きなスーパーマーケットができて一年もしないうちに、前の八百屋(やおや)は営業(えいぎょう)をやめてしまった. きっと、お客をみんなとられた**のだろう**。

주요용법

1. 먼저 「だろう」의 표현에 대하여 알아보자. 이것은, 화자의 여러 가지 정보나 주위 상황을 근거로 어떤 사항을 사실이라고 인정할 수 있는 「가능성」이 있다고 화자가 판단하는 표현이다. 그런 판단(추량)을 현재 내렸음을 직접 표현하는 말이며, 객관화할 때는, 「～と思う」「～と考える」등 첨가하여 말한다.

⇨ 今夜(こんや)は雪になるだろう。
(오늘 밤은 눈이 내릴 거야.)

⇨ その件(けん)なら、彼に聞けばわかるだろうと思う。
(그 건이라면 그에게 물어보면 알 것으로 본다.)

그런데 이 한국어문에서 「のだろう」로 표현한 것은, 「사실 상황을 근거」로 하여 도출하는 경우의 판단 표현이기 때문이다. 그러나 다음과 같이 원인·이유를 추량하여 표현하고 있는 경우도 있는데 참고로 해둔다.

⇨ 今日はお祭(まつり)でもあるのだろう。人が大(おお)ぜい出ている。
(오늘은 축제라도 있는 걸까. 사람이 많이 나와 있다.)

2. 「큰 슈퍼」는, 「スーパー(マーケット)」(= super market)로 쓴다. 거기에 비해 「소형 슈퍼」는 「コンビニ(エンスストア)」(= convinience store)라고 한다. 연중무휴로 24시간을 영업하는 가게를 말한다. 일본에는 이러한 가게가 많이 있다. 예를 들면, 「ローソン」(= Lawson), 「Am Pm」「Family mart」「mini stop」「セブンイレブン」등을 들 수 있다. 또한 최근에는

「100円ショップ」라 하여 한 가지 물건의 가격을 모두 100円으로만 판매하는 신종가게가 많이 생겼다. 점점 다양화하여 「99円ショップ」「1000円ショップ」등과 같은 가게도 생겨나고 있다.

한국어문 18-7 두드려라, 그러면 열릴 것이다. 〔聖書〕

번역 叩(たた)けよ、さらば開(ひら)かれるであろう。

주요용법

「~ㄹ 것이다」라는 추량표현은, 여러 가지가 있지만 이 경우는 「~であろう」로 표현하면 적절한 표현이다.

「であろう」는, 추량표현의 일종으로 특히 殿様(とのさま、領主)・예언자・마법사・神 등의 말 속에서 찾아 볼 수 있다. 미래형 표현에 자주 등장하는데 단순한 개연성을 나타내는 것이 아니라 「확실한 것」을 나타낼 수 있는 표현이다. 여기에는 권위・위엄・중후함이 내재되어 있어서 불경이나 성서를 번역하는데 적절한 어법이라 할 수 있다.

⇨ ほうびを取らせるであろう。(殿様 → 家来(하인))
(포상을 주리라.)

⇨ あなたがたの心と思いとを、キリスト・イエスにあって守るであろう。
(여러분들의 마음과 생각을, 예수 그리스도가 지켜줄 것이리라.)

한국어문 18-8 이번의 문화 개방으로 인하여 장래 한일양국의 문화교류는 점점 번창해 질 것이다.

번역 今度の文化開放(ぶんかかいほう)によって将来(しょうらい)韓日両国(かんにちりょうこく)の文化交流(ぶんかこうりゅう)はますます盛(さか)んになるであろう。

■ 주요용법

「～ㄹ 것이다」라는 추량표현을, 「～であろう」로 표현하고 있다. 이것은 또한 「だろう」와 대체로 동일하나 〈앞의 한국어문〉의 특징 이외 문체적인 차이도 있으며, 「객관적으로 제3자의 사항」에 대해서 추량 판단하는 표현으로 사용된다.

⇨ おして言葉(ことば)をはさめば、著(いちじる)しく相手(あいて)の機嫌(きげん)を損(そこ)ねることになるであろう。
(무리하게 말참견하면, 명백히 상대의 기분을 상하게 할 것이다.)

한국어문 18-9 올해의 대통령 연두사에 관해서는 다음과 같이 해석할 수 있을 것이다.

번역 今年の大統領(だいとうりょう)年頭(ねんとう)の辞(じ)に関しては次のように解釈(かいしゃく)することができよう。

주요용법

「~ㄹ 것이다」의 표현에는, 다양한 추량표현이 있지만 助v「(よ)う」로 표현하는 경우이다. 「(よ)う」의 표현은, 문장어적인 표현에 쓰이며 V・A・助v에 접속하여 사용한다.

V에 접속할 경우, 아래의 예와 같이 「できる」「言える」「うる(える)」등 가능의 뜻을 나타내는 동사나, 「ある」「いる」와 같이 존재를 나타내는 동사에 자주 볼 수 있다.

⇨ あの学生なら、これくらいの問題はできよう。 … V
(저 학생이라면 이 정도 문제는 가능할 것이다.)

⇨ この点(てん)については、次のようなことが言えよう。 … V
(이 점에 대해서는, 다음과 같은 것을 말할 수 있을 것이다.)

⇨ そんな馬鹿(ばか)げたことがありえようか。 … V
(그런 어처구니없는 일이 있을 수 있을까?)

⇨ あれほどの人にどうしてできないわけがあろう。 … V
(저만한 사람이 어째서 못할 이유라도 있을까?)

⇨ さぞや辛(つら)かろうと気(き)の毒(どく)でならない。 … A
(추측컨대 힘들 것이라 생각하니 가엾어 죽겠다.)

⇨ 事故(じこ)の責任は私たちにあるのではなかろうか。 … 助v
(사고의 책임은 저희들에게 있는 것이 아닐까요?)

한국어문 18-10 이 생선을 조려 먹든 구워 먹든, 당신 마음대로 요리하세요.

번역 この魚(さかな)を煮(に)て食(く)お**うと**焼(や)いて食お**うと**、君(きみ)の勝手(かって)に料理(りょうり)しなさい。

주요용법

이 한국어문의 「~든, ~든」은, 추량표현으로 보기 어렵다. 「~(よ)うと~(よ)うと」나 「~(よ)うと~まいと」 「~(よ)うが~まいが」의 형식으로 관용적으로 표현한다. 추량을 나타내는 것으로 취급할 수 있지만 문맥을 보면 그 실질적인 의미는 「~ても~ても」로 해석할 수 있다.

⇨ 遊ぼうと勉強しようとお好きなようにしてください。
(놀든 공부하든 마음대로 하세요.)

⇨ 君が彼女に会おうと会うまいと、僕には関係のないことだ。
(자네가 그녀를 만나든 말든, 나에게는 관계없는 일이야.)

⇨ 雨が降ろうが降るまいが、予定(よてい)どおり出かける。
(비가 내리든 말든, 예정대로 출발한다.)

한국어문 18-11 서두르면 오후 6시 기차시간에 댈지도 모르니까 빨리 갑시다.

번역 急(いそ)げば午後六時の汽車に間(ま)に合(あ)う**かもしれない**から早くいきましょう。

주요용법

「~ㄹ지도 모른다」는, 「~かも知れない」로 대응된다. 이 말은 추량표현의 하나로, 사실자체의 실현성이 상당히 희박하다는 어감을 주는 말로 「우연성」이 강조되는 표현이라 할 수 있다. 호응하는 부사는, 대부분 「もしかすると」 「もしかすれば」 또는 「ひょっ

すると」「ひょっとすれば」가 앞에 온다.

⇨ もしかすると飛行機は落ちるかもしれません。
(혹시 비행기가 떨어질지 모릅니다.)

⇨ その絵(え)はもしかすると、「幸せな涙」と言われた巨匠(きょしょう)の遺作(いさく)かもしれない。
(그 그림은 혹시 「행복한 눈물」로 불러진 거장의 유작일지도 모른다.)

⇨ ひょっとすると雪になるかもしれない。
(어쩌면 눈이 올지 몰라.)

⇨ ひょっとすれば、宝(たから)くじに当たるかもしれない。
(어쩌면 복권에 당첨될지 몰라.)

한국어문 18-12 우리 집 아이가 처음 하숙하였을 때는, 감기는 들지 않았는지 혼자 쓸쓸하지는 않았는지 걱정스러워 견딜 수 없었다.

번역 うちの子供が初めて下宿(げしゅく)した時には、かぜをひいてはい**まい**か、一人でさびしがってはい**まい**かと心配でならなかった。

주요용법

1. 「~지 않을 것이다」는, 부정추량의 助v 「まい」를 사용하여 번역해 보자. 「まい」는 「부정 추량」(~지 않을 것이다, = ないだろう), 「부정 의지」(~지 않겠다)를 나타내는 활용하지 않는 助v이다.

⇨ つまらぬおしゃべりにやたら青春(せいしゅん)を浪費(ろうひ)することもあるまい。 … 부정 추량
(시시한 이야기를 하여 마구 청춘을 낭비하는 일도 없을 것이다.)

⇨ 二度とそんな所へ行くまい。 … 부정 의지
(그런 곳에는 두 번 다시 가지 않겠다.)

❷ 「まい」의 접속방법은 다음과 같다.

「V+まい」는, 「5v의 종지형」「1단v의 연용형 또는 기본형」에 접속한다. 즉 「行くまい」「見まい」「見るまい」가 된다. 또한 「くる」는 「くるまい」「こまい」가 되는데 특히 「する」는, 구어체의 경우 지방에 따라 「せまい」「しまい」「するまい」「すまい」등으로 사용한다. 특히 동경을 중심으로 하는 관동지방에서는 「しまい」로 사용하고 있다.

V이외 즉, 「N/Avではない」의 형은 「N/Avではあるまい」로, 「A-くない」의 형은 「A-くあるまい」가 되는 것에 주의하자.

⇨ 子供ではあるまいし、自分のことは自分でしなさい。 … N
(어린이가 아닌 이상, 자기의 일은 자기가 해요.)

⇨ それは現在の入試制度(にゅうしせいど)の大きな欠陥(けっかん)ではあるまいか。 … N
(그것은 현 입시 제도의 크나큰 결함이 아닐까?)

⇨ 福岡は釜山ほど賑やかではあるまい。 … Av
(후쿠오카는 부산만큼 번화하지 않을 것이다.)

⇨ もう春だから、雪嶽山(ソラクサン)もそれほど寒くあるまい。… A
(이제 봄이니까 설악산도 그만큼 춥지 않을 것이다.)

❸ 「~해서 견딜 수 없다」는, 「~でならない」로 번역한다.

〔《유형별표현-5-1》 참조〕

⇨ そんな彼女を狙(ねら)ってる奴(やつ)がいると思うと気掛(きが)かりでならない。
(그녀를 노리고 있는 그런 놈이 있다고 생각하면 걱정이 되어 견딜 수 없다.)

19

〈勧誘・勧告表現〉

한국어문 19-1 「쇠는 달구었을 때 쳐라」라고 하니까 지금 단련해 두자.

번역 「鉄(てつ)は熱いうちに打(う)て」というから、今のうちに鍛錬(たんれん)しておこう。

■ 주요용법

① 「~해 두자」의 권유표현은, 「~しておく+う」로 생각하여 번역하자. 즉 「~しておこう」가 된다. 助V 「(よ)う」에는 권유・권고의 의미도 내포되어 있다.

⇨ 状況(じょうきょう)に応(おう)じた戦術(せんじゅつ)を決(き)めよう。
(상황에 맞는 전술을 정하자.)

② 「단련하다」는, 「鍛錬(たんれん)する」나 「鍛(きた)える」「磨(みが)く」로 번역하자.

⇨ 体を鍛錬するために、早朝(そうちょう)のジョギングを始めて、もう三年になる。
(몸을 단련하기 위하여 이른 아침 조깅을 시작, 벌써 3년이 된다.)

⇨ 若いうちに挫折(ざせつ)を味(あじ)わうことは、自己を豊(ゆた)かな人間に鍛え上げるきっかけになる。
(젊었을 때 좌절을 맛보는 것은, 자기를 풍요로운 인간으로 단련하는 계기가 된다.)

⇨ 感受性(かんじゅせい)を磨くために、優(すぐ)れた文学作品を読み味わうことも一つの方法(ほうほう)だ。
(감수성을 기르기 위하여 우수한 문학작품을 읽어보는 것도 하나의 방법이다.)

한국어문 19-2 **먼저 일본의 풍토가 사람들의 생활이나 사고방식에 어떠한 영향을 주고 있는지 거기서부터 생각해 보자.**

번역 まず、日本の風土(ふうど)が、人々の暮(く)らしや考え方にどんな影響(えいきょう)を与(あた)えているか、そのあたりから考えてみ**よう**。

주요용법

❶ 「생각해 보자」는, 권유의 형이다. 「考えてみる+よう」로 분석하여 번역하자.

⇨ 一度(いちど)通読(つうどく)して話の筋(すじ)がわかったら、今度はじっくりと味わって読んでみよう。
(한번 통독해 이야기의 줄거리를 이해했다면 이번에는 꼼

꼼히 음미하면서 읽어보자.)

❷ 「거기서 부터」는, 「そのあたりから」로 번역한다.

⇨ 昨日は第一章(だいいっしょう)の真(ま)ん中まで勉強しましたが、今日は、<u>そのあたりから</u>始めましょうか。
(어제는 제1장 중간까지 공부했는데 오늘은 거기서부터 시작할까요?)

한국어문 19-3 당분간 비가 그칠 것 같지 않으니까 어디에서 비를 좀 피해가<u>지 않을래요</u>?

번역 しばらく雨がやみそうにないから、どこかで少し雨宿(あまやど)りをしていき<u>**ませんか**</u>。

■ 주요용법

❶ 「~지 않을래요?」「~지 않는가요?」라는 권유 또는 의향을 묻는 표현은, 공손체 「~ませんか」로 하면 된다. 보통체로는 「~ないか」(~지 않을래?) 로 말하는데 인토네이션을 높여 「~ない ↗」라고도 말한다.

⇨ ここで10分ぐらい待ってくれ<u>ない</u>。↗　ごめんね。
(여기서 10분정도 기다려 주지 않을래?　미안해.)

⇨ 君みたいに身長(しんちょう)のある人は、入り口のかもいに頭をぶつけ<u>ませんか</u>。
(당신같이 키가 큰 사람은 입구의 윗미닫이틀에 머리가 부딪치지 않는가요?)

❷ 「그칠 것 같지 않다」는, 「やみそうに(も)ない」로 한다.
〔《유형별표현-6-3》 참조〕

⇨ 「はあ … まいったな、こりゃ。」一向(いっこう)にやみそうもない雨を見て、シンジはぼやくようにつぶやいた。
(「야 … 이거 정말.」 전혀 그칠 것 같지 않은 비를 보면서, 신지는 투덜대듯이 중얼거렸다.)

❸ 「비를 피하다」는, 「雨宿(あまやど)りをする」나 「雨(あま)よけをする」로 번역한다.

⇨ 子供たちは雨宿りをしようとせず、水たまりをじゃぶじゃぶと楽しそうに歩いていった。
(어린이들은 비를 피하려고도 하지 않고 물구덩이를 철벅철벅 하면서 즐겁게 걸어갔다.)

⇨ にわか雨で雨避けをするために軒下(のきした)に入った。
(소낙비가 와서 피하기 위해 처마 밑에 들어갔다.)

한국어문 19-4 그만큼 나쁜 짓을 했는데 그냥 주의 정도로는 조치가 가벼운 것이 아닐까?

번역 あれだけ悪いことをしたのに、ただの注意(ちゅうい)では処置(しょち)が甘(あま)いのではないだろうか。

주요용법

❶ 「～이(가) 아닐까?」라는 권고・의향의 표현은 「～ではないだろうか」가 적합하다. 공손체로는 「～ではないでしょうか」가 있다.

⇨ 仕事(しごと)を持つ女性(じょせい)が増(ふ)えたというのも時代の一面(いちめん)をよく表(あらわ)しているのではないでしょうか。
(일을 가진 여성이 증가했다는 것도 시대의 일면을 잘 나타내고 있는 것이 아닐까요?)

❷ 「조치가 가볍다」는, 「処置(しょち)が甘(あま)い」로 옮기자.

⇨ 問題を起(お)こした生徒たちに対して学校側(がわ)の処置が甘かった。
(문제를 일으킨 학생들에 대하여 학교 측의 조치가 가벼웠다.)

한국어문 19-5 편안하게 돈을 벌려고 하는 한심한 생각은 버리는 편이 좋다.

번역 楽(らく)をしてもうけようなどという浅(あさ)ましい了見(りょうけん)は捨(す)て**たほうがいい**。

주요용법

❶ 「~는 편이 좋다」는, 「~たほうがいい」로 한다. 특정 상대를 대상으로 그렇게 하는 것을 권유한다는 뜻으로 사용하는 것이다.

⇨ ちょっと味がうすいようだね、お塩(しお)をひとつまみ加(くわ)えたほうがいいだろう。
(맛이 좀 싱거운 것아, 소금을 약간 더 넣는 편이 좋겠다.)

❷ 「돈(을) 벌려 하다」는, 「돈 벌려고 하는 그런 행위」라는 약

간의 모멸스러운 표현이다. 왜냐하면 「한심하다」가 있기 때문이다. 그래서 「もうけようなどという」나 「もうけようなどとする」로 번역하면 좋을 것이다.

⇨ もうけようなどとした一部企業の投機(とうき)心理とそれに便乗(びんじょう)して手数料収入を得ようとした銀行の「欲」から生じたものだ。
(돈을 벌려하는 일부 기업의 투기 심리와 거기에 편승해 수수료 수입을 얻으려고 한 은행의 「욕심」에서 생긴 것이다.)

❸ 「한심하다」는, 「浅(あさ)ましい」로 번역하자.

⇨ お前のその浅ましい根性(こんじょう)が気(き)に入(い)らない。
(너의 그 한심한 생각이 마음에 안 든다.)

❹ 「생각」은, 「考(かんが)え」나 「了見(りょうけん)」등으로 번역할 수 있다.

⇨ これからいろいろ経験(けいけん)を積(つ)んで自分(じぶん)の考えを深(ふか)めていきたい。
(이제부터 여러 경험을 쌓아서 나 스스로의 생각을 깊게 해나가고 싶다.)

⇨ 彼は、了見が狭(せま)くて、反対意思(はんたいいし)に耳を傾(かたむ)けようとしない。
(그는 생각이 좁아서 반대 의사에 귀를 기울이지 않는다.)

한국어문 19-6 「이 책을 읽으면 어때?」라고, 선생님으로부터 권유 받았다.

번역 「この本を読ん***だらどうか***」と先生に勧(すす)められた。

■ 주요용법

「～면 어때?」의 표현은, 「～たらどうか」가 적합하다. 이 권유・권고의 표현은, 「내 생각으로는 이렇게 하면 바람직스러운 결과를 얻을 수 있다고 생각하는데 당신은 어떻게 생각하는가?」의 의미이다. 앞에서 설명한 「～たほうがいい」의 표현만큼 적극성 없이 자기 의견을 서술하는 것이다. 공손어로는 「～たらいかがですか」를 사용할 수 있다.

⇨ 明日は阿蘇山(アソサン)へ行く日だよ。一人より二人のほうが楽(たの)しいから、君(きみ)も相棒(あいぼう)をこしらえ<u>たらどうか</u>。
(내일은 아소산에 가는 날이다. 혼자보다 두 사람이 가는 쪽이 재미있으니까 너도 짝을 지어 가면 어때?)

⇨ 少しお酒でも飲んでみ<u>たらいかがですか</u>。気分(きぶん)がよくなりますよ。
(조금 술이라도 마시면 어떻습니까? 기분이 좋아져요.)

한국어문 19-7 **여름에는 음식물이 상하기 쉬우니까 빨리 <u>먹어야 한다.</u>**

번역 夏は食べ物が傷(いた)みやすいので、早目(はやめ)に食べる<u>**ことだ**</u>。

■ 주요용법

❶ 여기서의 「먹어야 한다」는, 권고의 표현으로 보자. 여러 가지로 번역할 수 있지만 「食べることだ」를 사용하여 번역

해 보자. 「～ことだ」는, 특정 상대에게 그렇게 하는 것이 필요하고 당연하다는 것을 권고・요구하는 표현이다. 경우에 따라 「～こと。」로 끝맺는 경우도 있다.

⇨ この公園内でキャッチボールをしないこと。
(이 공원에서 캐치볼을 하지 말 것.)

⇨ A : 先生、テストの前に注意しておくことを教えてください。
(선생님, 테스트 전에 주의해 둘 점을 알려 주세요.)
B : あ… そうですね。答案(とうあん)にはボールペンを使わないこと。
(아 … 그래요. 답안에는 볼펜을 사용하지 말 것!)

❷ 「상하다」는, 「傷(いた)む」 또는 「腐(くさ)る」 「腐敗(ふはい)する」를 사용하여 번역하자. 「傷む」에는 물건이 「파손되다」는 의미도 있다.

⇨ 湿気(しっけ)の多い梅雨時(つゆどき)は、食べ物が腐ることが多い。
(습기가 많은 장마철은, 음식물이 썩는 일이 많다.)

⇨ 夏場(なつば)は、食べ物が腐敗しやすいので、十分(じゅうぶん)に注意しよう。
(여름철에는 음식이 부패하기 쉬우니까 충분히 주의하자.)

⇨ 古い蔵書(ぞうしょ)の中には、かなり傷んでいるものもあった。
(오래된 장서 가운데에는 꽤 파손된 것도 있었다.)

20

〈許可・許容・禁止表現〉

한국어문 20-1 갖고 싶은 것이 있다면, 가지고 가도 괜찮아요.

번역 欲(ほ)しいものがあれば、持って行ってもかまいませんよ。

■ 주요용법

「~해도 괜찮다」는, 허용・허가를 나타낸다. 「~てもかまわない」로 번역하는데 「~てもいい」와 거의 똑같이 사용된다. 「~てもいい」는 적극적인 뉘앙스가 내포되어 있음에 반해, 「~てもかまわない」는 소극적인 뉘앙스를 느낄 수 있다.

⇨ いやなら断(ことわ)ってもいいですか。
(싫으면 그만 두어도 좋습니까?)

⇨ いやなら断ってもかまいませんか。
(싫으면 그만 두어도 괜찮습니까?)

다음의 예와 같이 잘못 사용하는 경우가 있으므로 주의할 필

요가 있다. 예를 들어 상대방과 약속시간을 정할 때 「~てもいいですか」라는 표현보다 「~たらいいですか」나 「~ばいいですか」쪽을 사용하는 것이 올바르다.

⇨ 몇 시에 오면 좋습니까?
- 何時に来てもいいですか。 (×)
- 何時に来たらいいですか。 (○)
- 何時に来ればいいですか。 (○)

한국어문 20-2 **조그만 상처라도 크게 이어지는 경우가 있으니까, 가볍게 보아서는 안 돼.**

번역 小さな傷(きず)でも、大事(だいじ)につながる場合があるので、侮(あなど)っ**てはいけない**よ。

주요용법

1 「가볍게 보아서는 안 된다」는, 「侮(あなど)ってはいけない」로 번역하자. 「~てはいけない」는, 그렇게 하는 것이 바람직스럽지 않기 때문에 뭔가 인정하지 않으려고 하는 경우에 사용되는 금지 표현이다. 화자보다 손위의 사람에게 사용하게 되면 강하게 충고하는 말이 된다. 그래서 손위의 사람에게는 사용하지 못하는데, 그럴 경우 「~ないでください」 「~ないでいただきたい」로 완곡하게 말을 바꾸어 사용하면 좋다.

⇨ 彼の友情(ゆうじょう)をあだやおろそかにしてはいけません。

(그의 우정을 대수롭지 않게 여겨서는 안 됩니다.)

⇨ ここは危険(きけん)な場所(ばしょ)なので、当局(とうきょく)の許可(きょか)のない者(もの)は入らないでください。
(이 곳은 위험한 장소이므로, 당국의 허가가 없는 사람은 들어오지 마십시오.)

❷ 「가볍게 보다」나 「경시하다」는, 「侮(あなど)る」르 번역한다.

⇨ 失敗の原因(げんいん)は、相手(あいて)のチームが弱いと見て侮ったからだ。
(실패의 원인은 상대방 팀이 약하다고 경시했기 때문이다.)

한국어문 20-3 우리들은 두 번 다시 6·25와 같은 전쟁을 일으켜 서는 안 된다.

번역 われわれは二度と6・25のような戦争(せんそう)を起(お)こし**てはならない**。

주요용법

「～서는 안 된다」는, 「～てはならない」로 번역하는데, 이것은 「금지」를 표현하지만 일반적인 「주의」「훈계」를 말할 때 사용하는 경우가 많다. 주로 문장체에 사용하며 구어체로는 「～じゃならない」「～ちゃあだめだ」「～ちゃいけない」로 사용한다.

⇨ 警察が来るまで、だれもここに入ってはならないそうだ。
(경찰이 올 때까지 누구도 여기에 들어와서는 안 된다고 한다.)

⇨ 薬を飲んでいるので、酒を飲んじゃならない。
(약을 먹고 있으니까 술을 마셔서는 안 된다.)

⇨ だれもこの建物に入っちゃあだめだ。
(어느 누구도 이 건물에 들어와서는 안 돼.)

⇨ この芝生(しばふ)に入っちゃいけない。
(이 잔디밭에 들어가서는 안 돼.)

한국어문 20-4 「일하지 않는 사람은 먹**지 마라**」라는 말을 듣고, 모두들 열심히 일을 하게 됐다.

번역 「働(はたら)かざる者は食(く)う**べからず**」と言われて、みんないっしょうけんめい働かされた。

주요용법

「먹지 마라」는, 금지표현「食(く)うべからず」로 번역하자.「べからず」는,「べきではない」의 文語形으로, 옛날에는 팻말(立札=たてふだ) 등에 사용하여 금지사항을 나타냈는데, 현재는 간판이나 게시 등에 사용되고 있다. 그러나 요즈음은 부드러운 표현으로「芝生に入ってはいけません」「芝生育成中(いくせいちゅう)」와 같이 자연스럽게 금지의 뜻으로 표현하고 있다. 이 밖의 금지표현으로는「研究者以外立(た)ち入(い)り禁止」(연구자 이외 출입금지)「立ち入ることを禁(きん)ず」(출입을 금지한다)와 같이 문장체에 쓰이는 것 등이 있다.

21 〈敬語表現〉

한국어문 21-1 나는 바쁘지 않으니까 당신부터 먼저 하세요.

번역 わたしは急(いそ)ぎませんから、あなたからお先(さき)にどうぞ。

주요용법

이 한국어문의 「당신」이라는 말은, 한국어에서는 대부분 존경어로 쓰이지만 부부간의 호칭으로 사용되거나 경우에 따라 상대방을 모멸스럽게 표현할 때도 쓰인다. 여기에서는 존경으로 보아 「あなた」로 표현하자. 일본어에서도 「여보」 「당신」이라 하여 부부간에도 「あなた」를 쓰고 있다.

대부분 경어와 관련이 있는 것에 「인칭」의 문제가 있다. 그래서 우선 일본어의 「인칭대명사」중 많이 쓰이는 2인칭(対称) 즉, 「あなた」 「君(きみ)」 「お前(まえ)」에 대하여 알아보기로 한다.

1. 「あなた」는, 에도(江戸, 17C)시대 이후 2인칭 대명사로 사용되고 있는데 현재 경의(敬意)의 정도가 그렇게 높지 않다. 그래

서 손윗사람에게 사용하기 어려운 말이다. 즉 일반적인 상대에게 호칭하거나 아내가 남편에게 부르는 경우에 주로 사용한다.

⇨ この中からあなたのお好きなお料理を選んでください。亮吉(りょうきち)はいった。「あなたは子供を好きですか。子供は好きですけど、赤ん坊はきらいです。」〔室生犀星,「杏(あんず)っ子」〕
(이 가운데에서 당신이 좋아하는 요리를 선택해 주십시오. 료키치는 말했다. 「당신은 아이를 좋아합니까? 아이는 좋아하지만 갓난아이는 싫어해요.」)

⇨ 「ねえ、あなた、今日はどこへ行ってらしたの?」と保子(やすこ)が、彼の顎(あご)の下で、ささやくように言った。〔伊藤整, 氾濫〕
(「있잖아요, 당신 오늘 어디 다녀오셨소?」라고 야스꼬가 그의 턱밑에서 속삭이듯 말했다.)

❷ 「君(きみ)」는, 아주 오래 전(上代,9C)부터 사용됐고 그 당시 경의의 정도가 높았다. 현재는 동년배이하의 사람에게만 사용되고 남성어이면서 남성을 호칭할 때에만 사용한다. 여성에게는 곤란하다. 예를 들면, 어느 직장의 과장이 같은 과의 여사원에게 「きみ」라고 부르면 적절하지 않다. 「あなた」 또는 「○○さん」으로 불러야 한다.

⇨ 君が口を出(だ)すと、よけいな話がこじれるから、黙(だま)って見ていた方がいい。
(네가 참견하면 쓸데없이 이야기가 악화되기 때문에, 잠자코 보고 있는 것이 좋아.)

⇨ 君が列挙(れっきょ)する条件(じょうけん)にかなうような人間は、まず見つからないだろうな。

(자네가 열거한 조건을 갖춘 그러한 사람은 아마 찾을 수 없을 거야.)

⇨ 君はショパンが好きだなあ。僕はやっぱりモーツァルトだ。
(너는 쇼팽을 좋아하군. 나는 역시 모차르트야.)

❸ 「お前(まえ)」는, 헤이안(平安, 9C)시대 이후 사용되었는데, 원래 경의의 정도가 높았다. 그러나 현재는 동년배 이하의 사람에게만 사용되고 있고 그것도 점점 신분의식이 사라져서 「あなた」로 대신하고 있다. 「おまえさん」이라고도 하고, 「おめえ」라는 욕설적인 말도 나타났다.

⇨ お前の誕生日、いつだっけな。　　あさって。
(너 생일 언제였더라.)　　(모레.)
ルビーのはいった指環(ゆびわ)でも買ってやろうか。
〔石川達三, 花のない季節〕
(루비가 있는 반지라도 사줄까?)

⇨ お前、どうしてそんなに淋(さび)しがるんだろう。途中で電話をかけようかと思ったんだけれど。…… 用もあったもんだからね。〔永井荷風, 二人妻〕
(너, 왜 그렇게 섭섭해 해? 도중에 전화라도 걸려고 했는데 …… 일도 있고 해서.)

⇨ お前が気を付けなかったから、こんな始末(しまつ)になったんだ。
(네가 주의하지 못했으니까 이 꼴이 됐잖냐.)

⇨ 「さあさあお前さんたちは少しお庭へ出てお遊びなさい。今におかあさまがいいお菓子をあげるから」と細君(さいくん)はようやく子供を追いやって……。〔漱石, 吾輩は猫である〕
(「자 너희들은 좀 정원에 나가 놀아. 곧 엄마가 맛있는 과

자 줄 테니까」라 하고 아내는 이윽고 아이를 쫓아 보내고 …….)

⇨ 「先生、僕はどこへ座(すわ)ったらよいのでしょう」「どこでも座りゃいい。おめえの座ったところが下座(しもざ)だ」〔対談「笑い」の混沌, 山藤章二〕
(「선생님, 나는 어디에 앉으면 좋은지요?」「어디라도 앉아도 좋아. 니가 앉는 곳이 말석이니.」)

한국어문 21-2 어여쁜 따님이셔서 앞으로 장래가 기대되시겠어요.

번역 おきれいなお嬢様(じょうさま)で、将来(しょうらい)がお楽(たの)しみですね。

주요용법

일본어의 접두어 「お」「ご」는 한자 「御」로 쓰는데, 이 표현은 존경어・겸양어 이외 미화어 등으로 두루 사용되기도 한다. 이 한국어문에서는 모두 존경어로 사용되고 있다.

⇨ おいくつ(연세), ご覧(らん)になる(보시다) … 존경
お読みします(읽겠습니다)
ご案内いたします(안내하겠습니다) … 겸양
お米(こめ)(쌀), おぼん(쟁반), おしぼり(물수건)
… 미화

한국어문 21-3 오늘 대단히 수고하셨습니다. 덕분에 즐거운 하루를 보낼 수 있었습니다.

번역 今日はどうもお疲(つか)れさま。おかげで楽(たの)しい一日(いちにち)が過(す)ごせました。

주요용법

앞과 마찬가지로 접두어 「お」의 쓰임을 말하고 있다. 「お疲(つか)れさま」(존경), 「おかげで」(겸양)와 같이 명사 앞의 「お」에 유의하면서 번역하자.

한국어문 21-4 연구실에는 몇 시 쯤 계십니까? 한번 꼭 찾아뵙고 싶은 데요.

번역 研究室(けんきゅうしつ)には何時頃(なんじごろ)いらっしゃいますか。ぜひ一度(いちど)お訪(たず)ねいたしたいんですが。

주요용법

① 「가시다」「계시다」「오시다」는, 통합경어「いらっしゃる」(= いく, いる, くる)로 표현하면 된다. 이 한국어문은「いる」의 존경어로 사용되고 있다.

⇨ お買物は、いつもどちらへいらっしゃるのですか … 行く

(쇼핑은 늘 어느 쪽으로 가십니까?)

⇨ お宅には何時頃<u>いらっしゃい</u>ますか。 … いる

(댁에는 몇 시 쯤 계십니까?)

⇨ 先生は何時頃研究室に<u>いらっしゃる</u>んですか。 … 来る

(선생님은 몇 시 쯤 연구실에 오십니까?)

❷ 「いらっしゃる」를 비롯하여, 「おっしゃる」(「言う」의 존경어), 「くださる」(「くれる」의 존경어), 「なさる」(「する」의 존경어)는, 「ます」형과 명령형이 모두 「い」가 되는 특수하게 활용하는 경어v이므로 주의해야 한다.

〈ます형〉	〈명령형〉
⇨ いらっしゃ<u>い</u>ます (가십니다, 계십니다, 오십니다)	いらっしゃ<u>い</u> (가세요, 계세요, 오세요)
おっしゃ<u>い</u>ます (말씀하십니다)	おっしゃ<u>い</u> (말씀하세요)
くださ<u>い</u>ます (주십니다)	くださ<u>い</u> (주세요)
なさ<u>い</u>ます (하십니다)	なさ<u>い</u> (하세요)

특히 「なさる」는, 명령형 「(お)～なさい」로 자주 쓰고 있다. 부모가 자녀에게, 선생님이 학생에게 쓰는 등 감독하는 입장에 있는 사람이 사용하는 경우가 많다. 또한 친한 사이에 사죄하는 의미나, 잠잘 때의 인사, 시험문제의 지시하는 말 등에도 보인다. 그리고 기본형 꼴인 「なさる」형식은 원래 에도시대 때부터 사용되었지만 최근에는 점점 쇠퇴해 가고 있다.

⇨ 明日も学校があるから、早く寝なさい。
(내일도 수업이 있으니까 일찍 자.)

⇨ うるさい。すこし静かにしなさい。
(시끄러워. 좀 조용해요.)

⇨ ごめんなさい。
(미안해요.)

⇨ お休みなさい。
(안녕히 주무세요.)

⇨ 次の文を読んで、質問に答えなさい。
(다음의 문장을 읽고 질문에 대답하시오.)

⇨ さ、どうぞ、おらくになさいませ。〔三浦綾子, 氷点〕
(자, 편안하게 있으세요.)

⇨ お父さんは一日中、盆栽(ぼんさい)いじりをなさるのが日課(にっか)になっています。
(아버님은 하루종일 분재를 만지시는 것이 일과로 되어 있어요.)

한국어문 21-5 사장님, 조금 전에 김용씨라 하신 분이 오셨습니다.

번역 社長、先程(さきほど)金竜(キムリョン)さんと**おっしゃる**方(かた)が**おみえになり**ました。

■ 주요용법

❶ 「하시다」는, 「말씀하시다」의 의미이다. 「言う」의 존경동사 「おっしゃる」를 쓰면 된다.

❷ 「오시다」는, 「いらっしゃる」「おいでになる」로 표현해도 좋지만 「お見(み)えになる」라는 표현도 있다. 「お～にな

る」형이 맞는 표현으로 생각할 수도 있는데, 이 말은 하나의 존경동사 같이 생각해도 좋다. 원래 「見える」(보이다) 즉, 「見ることができる」(볼 수 있다)의 의미에서 「来る」의 존경이 발생되었다고 한다. 에도시대 이후부터 사용되었는데 「いらっしゃる」보다 존경의 정도가 높다.

⇨ お客さまがお見えになったら、すぐお茶をお出ししましょうか。
(손님이 오시면 즉시 차를 준비할까요?)

⇨ 応接室に叔母様(おばさま)がお見えになっています。
(응접실에 숙모님이 와 계십니다.)

한국어문 21-6 졸업할 때 선생님이 주신 사전은, 지금도 소중히 사용하고 있습니다.

번역 卒業の時に先生が下(くだ)さった辞書(じしょ)は、今も大切(たいせつ)に使っています。

주요용법

「주시다」는, 「くれる」「与(あた)える」의 존경어 「くださる」를 사용하면 된다.

⇨ このままでは意味(いみ)が通(つう)じないので、もっとわかりやすいように書き直(なお)してください。
(이대로는 의미가 통하지 않기 때문에 좀 더 이해하기 쉽도록 고쳐 쓰세요.)

한국어문 21-7 엄마의 목숨만 살려**주신**다면 만날 수 없어도 전혀 원망하지는 않**겠습니다**.

번역 母の命(いのち)さえ**お**助(たす)け**くだされ**ば、会えなくても少しも**お**恨(うら)みは**いたし**ません。

주요용법

1. 「~해 주시다」라는 존경표현은, 「お~くださる」형식을 취한다. 이것은 「~てくださる」의 표현형식과 동일하다. 즉 「お助(たす)けくだされば」나 「助けてくだされば」로 표현하면 된다.

⇨ お読みくださる = 読んでくださる (읽어주시다)
お書きくださる = 書いてくださる (써 주시다)

2. 「목숨을 살리다」는, 「命(いのち)を助ける」로 표현하자.

⇨ 有(あ)り金(がね)全部差(さ)し上(あ)げますから、命ばかりはお助けを。
(가진 돈 전부 드릴 테니까 목숨만은 살려주세요.)

3. 「致(いた)す」는, 「する」의 겸양어이다.

⇨ お客様(きゃくさま)、ご注文(ちゅうもん)は何にいたしましょうか。
(손님, 무엇으로 주문하실 건가요?)

4. 「원망하지 않겠습니다」는, 「원망하겠습니다」의 부정표현이다. 겸양표현 「お+V用+する」나 「お+V用+いたす」를 사용한다. 즉 「お恨(うら)みはいたしません」으로 번역하는데

「お+V用+いたす」쪽이 겸양의 정도가 강하다.

⇨ お書きする → お書きいたす
　お読みする → お読みいたす

한국어문 21-8 1시간 전에 집을 나가셨다고 하니까, 곧 도착하시겠죠.

번역 一時間前に家を**お**出(で)**になっ**たと言うから、まもなく**お**着(つ)き**になる**でしょう。

주요용법

❶ 존경표현 「お+V用+になる」의 형식을 사용하고 있다. 이 표현은, 존경의 정도가 높으며 일반적으로 안내원, 판매원 등과 같은 서비스업에 종사하는 사람이 자주 사용하고 있다.

⇨ 着く(5단) → お着きになる (도착하시다)
　乗る(5단) → お乗りになる (타시다)

❷ 「곧」은, 「間(ま)もまく」「もうすぐ」 등으로 표현하자.

⇨ お疲れさまでした。電車は間もなく東京駅に到着(とうちゃく)します。
(수고하셨습니다. 전차가 곧 동경 역에 도착하겠습니다.)

⇨ もうすぐ夏休みだから、今のうちに計画(けいかく)を立てておこう。
(이제 곧 여름방학이니까 지금 계획을 세워두자.)

한국어문 21-9 부장님은 출장 중이어서 지금 <u>안계십니다</u>.

번역 部長(ぶちょう)は出張中(しゅっちょうちゅう)でいま<u>**おりません**</u>。

주요용법

1. 자기측 사람에 관하여 말할 때는 존경어를 따로 사용하지 않는다. 그래서 「おる」(「いる」의 겸양어)라는 겸양v를 사용하고 있다.

   ⇨ 退職(たいしょく)してからは、日々(ひび)悠々自適(ゆうゆうじてき)に過(す)ごして<u>おり</u>ます。
   (퇴직하고 나서는 매일 유유자적하면서 보내고 있습니다.)

2. 「부재중이다」는, 「留守(るす)だ」나 「留守にする」로 해도 좋다.

   ⇨ 久しぶりにおじが訪ねてきたのに、父は得意回(とくいまわ)りに出かけて<u>留守だっ</u>た。
   (오랜만에 삼촌이 오셨는데, 아버지는 거래처 순방을 나가서 부재중이었다.)

   ⇨ 午後からは<u>留守にし</u>ますので、午前中においでください。
   (오후부터는 자리에 없으니까 오전 중으로 오세요.)

한국어문 21-10 오늘 오후 5시경에 연구실에 **방문해**도 괜찮겠습니까? **드릴** 말씀은 다음 달에 시행되는 일본어가이드 시험에 관한 **이야기**입니다만.

번역 今日(きょう)午後五時ごろ研究室(けんきゅうしつ)に**おたずねし**てもかまいませんか。**申(もう)し上(あ)げ**たいことは来月(らいげつ)に行(おこな)われる日本語ガイドの試験(しけん)についての**お話し**なのですが。

주요용법

1. 「방문하다」는, 「お+V用+する」의 겸양형식을 취하여 번역하자. 「おたずねする」로 표현한다.

2. 「드릴 말씀」은, 겸양어로 표현하면 된다. 「言う」의 겸양어 「申(もう)す」 「申し上げる」를 사용하자. 그 밖의 겸양 V로서, 「差(さ)し上(あ)げる」(やる, 与える), 「上(あ)がる」(訪問する, いく), 「いただく」(もらう, 食う, 飲む), 「拝見(はいけん)する」(見る) 등이 있으므로 알아두자.

⇨ わかりにくいので案内してさしあげます。
(이해하기 어려우니까 안내해 드리겠습니다.)

⇨ 先生のお宅には、一度上がったことがあります。
(선생님 댁에 한 번 방문한 적이 있습니다.)

⇨ 一個五十円ですから、全部で五百円頂きます。
(한 개 50엔이니까 전부 5백 엔 받겠습니다.)

⇨ わたしは、お酒もタバコもいただきません。
(저는 술도 담배도 하지 않습니다.)

⇨ では、失礼(しつれい)して、お部屋を拝見させていただきます。
(그럼 실례를 무릅쓰고 방을 보겠습니다.)

한국어문 21-11 그러면 제가 이 회의의 의장을 맞겠습니다.

번역 それでは、私(わたくし)がこの会議(かいぎ)の議長(ぎちょう)を務(つと)めさせていただきます。

주요용법

❶ 일본어의 「인칭대명사」중 많이 쓰이는 1인칭(自称) 즉, 「わたくし(私)」「わたし」「わし」『僕(ぼく)」「おれ(俺)」에 대하여 알아보기로 하자.

(1) 「わたくし(私)」는, 우리말로 「제」로 해석된다. 이 말은, 에도시대부터 현재까지 사용되고 있는 가장 겸손한 1인칭 대명사이다. 남녀 공히 사용할 수 있으며 「あたくし」라고도 한다. 손윗사람에게 말할 때나 공식적인 발언을 할 때 사용된다.

⇨ 私(わたくし)は日本語の将来(しょうらい)について、極(きわ)めて悲観的(ひかんてき)な気持ちなんです。(나는 일본어의 장래에 대하여 극히 비관적인 느낌이 듭니다.)

⇨ じゃ何を見ているんです。僕にはわからない。私(わたくし)さっきから、あの白い雲を見ておりますの。〔漱石, 三四郎〕(뭘 보고 있어요? 모르겠네. 나는 아까부터 저 흰 구름을 보고 있어요.)

(2) 「わたし」는, 에도시대 발생되었는데 처음에는 경의의 정도가 「わたくし」와 같았다. 지금은 「わたくし」 →

「わたし」→「あたし」와 같이 약해졌고, 남녀를 불문하고 가장 일반적이고 가장 표준적으로 사용하는 1인칭 대명사이다.

⇨ ほほほほ お父さん。わたしまだやっと十八になったばかりよ。
(호호, 아빠, 나는 이제 겨우 18살이 됐어요.)〔永井荷風, 雲解〕

(3) 「わし」는, 에도 초 여성들이 손윗사람에 대하여 자기를 낮추어 많이 사용하였다. 「わたし」를 축약한 것으로 경의의 정도가 낮으며, 요즘은 그다지 사용되지 않고 있으나 연세 드신 할아버지가 아래 사람에게 말하는 고풍스러운 남성어이다.

⇨ わしは人に好(す)かれようという気など一向(いっこう)にありはしないんだ。
(나는 다른 사람에게 호감을 얻으려고 하는 거 조금도 하지 않아.)

(4) 「僕(ぼく)」는, 메이지(明治, 19C경)무렵 성행한 적이 있고, 동경의 주택지구(= 山の手)를 중심으로 청소년 사이에 널리 사용되기 시작했다. 겸양의 정도가 약하기 때문에 친구・가족・손아래 사람에게는 사용할 수 있지만, 손위 사람에게는 사용할 수 없는 1인칭 대명사로 남성어이다. 최근에는 「おれ」가 더욱 세력이 있는 느낌이다.

⇨ 僕の家は君の家よりもずっと公園寄(よ)りにあるんだ。
(내 집은 네 집보다도 훨씬 공원 가까이에 있어.)

(5) 「おれ(俺)」는, 가마쿠라(鎌倉, 12C경)부터 사용되었고 에도에는 여성이 사용했던 「わし」보다 많이 사용했다. 그러나 현재는 남성어로 쓰이며 「僕(ぼく)」보다 조략한 말이 되고 있다. 근년에 와서는 젊은이 사이에 많이 사용되고 있고, 가끔 손윗사람에게도 사용하는 경향이 있다.

⇨ おれ(俺)のクラスには野球選手の息子(むすこ)、俳優(はいゆう)の息子など多士済済(たしせいせい)だ。
(내 반에는 야구선수 아들, 배우 아들 등 인재가 많아.)

❷ 겸양형식으로 「V-(さ)せていただく」가 있다. 매우 겸양의 정도가 강함을 나타내는 표현이다. 즉, 「お+v用+する」 → 「お+v用+いたす」 → 「V-(さ)せていただく」의 순으로 강하다고 볼 수 있다.

⇨ これで授業を終わらせていただこうと思います。
(이 정도로 해서 수업을 마치려고 합니다.)

한국어문 21-12 아이를 잘 단속하지 못한 것은 부모인 저의 부덕한 소치입니다.

번역 子供の不始末(ふしまつ)は、親であるわたくしの不徳(ふとく)のいたすところでございます。

주요용법

❶ 「부덕한 소치입니다」는, 겸양의 표현으로 나타내면 된다. 「부덕한 행동을 하다」는, 「不徳(ふとく)をする」의 겸양어인 「不

徳をいたす」로 번역하자. 더욱이 「不徳のいたすところ」의 형식을 취하여 표현하는 경우가 많다.

⇨ この一件(いっけん)は、すべて私の<u>不徳のいたすところ</u>で、まことに申(もう)し訳(わけ)ございません。
(일련의 사건은 모두 저의 부덕의 소치이므로 진심으로 죄송하게 생각합니다.)

❷ 「잘 단속하지 못한 것」「잘 간수하지 못한 것」「부주의」는, 「不始末(ふしまつ)」로 번역한다.

⇨ 昨夜(さくや)の火事(かじ)は、台所の火の<u>不始末</u>が原因(げんいん)だったということだ。
(어젯밤의 화재는 부엌 불간수를 잘못한 것이 원인이었다고 한다.)

❸ 여기서 「입니다」는, 丁寧語(공손어)인 「でございます」표현으로 나타내고 있다. 즉「です」→「であります」→「でございます」의 순으로 공손의 정도가 점점 강해지는 것에 유의하자.

⇨ 여기가 저의 대학<u>입니다</u>.
- ここが私の大学<u>です</u>。
- ここが私の大学<u>であります</u>。
- ここが私の大学<u>でございます</u>。

한국어문 21-13 알려**드리겠습니다**. 손**님** 중에서 한국에서 오신 이영철**씨**, 계시면 정면 입구까지 **와 주십시오.** 〔백화점 안내방송〕

번역 **お**知(し)らせ**いたします**。お客**様(さま)**の中で韓国からおいでになった李永哲(イヨンチョル)**様(さま)**、いらっしゃいましたら正面(しょうめん)の入り口(ぐち)まで**お越(こ)しくださいませ**。

주요용법

❶ 「알려드리겠습니다」는, 겸양형식 「お+V用+いたす」를 사용하고 있다. 앞 한국어문의 「V-(さ)せていただく」의 표현보다는 겸양의 정도가 약하다고 볼 수 있다.

❷ 이 한국어문에서 한국어의 「님」 「씨」 「양」등과 같이 사람에게 붙여 사용하는 접미어는, 일본어에 「様(さま)」 「様(さん)」 「方(がた)」 「殿(との)」 「氏(し)」 「嬢(じょう)」등을 들 수 있는데 하나하나 알아보기로 한다.

(1) 특히 「様(さま)」는, 사람뿐만 아니라 그 행위 · 상태에 대하여도 붙일 수 있음을 알아두자.

⇨ ごはんを食べ終わると、子供たちは、「ごちそうさま」も言わないで飛(と)び出(だ)していった。
(밥을 다 먹자 아이들은 「잘 먹었습니다」 라고 인사도 하지 않고 총알같이 뛰쳐 나갔다.)

⇨ お客さん、お待(ま)ち遠(どお)さま。
(손님 오래 기다리셨습니다.)

(2) 「さん」은, 「さま」보다 경의가 낮다. 상대방의 姓과 이름, 친족호칭, 직업, 지위 등에 붙여 경의를 나타낼 수 있다. 그러나 「教授さん」「選手さん」「社長さん」이라고는 하지 않음을 주의하자.

⇨ ┌ 春子さん, お父さん, そば屋(や)さん, 奥(おく)さん --- (○)
  └ 先生さん, 教授さん, 選手さん, 社長さん --- (×)

(3) 접미어 「方(がた)」는, 사람에게 붙여 존경의 용법으로 사용되는데, 에도시대부터 사용되었다. 현재는 거의 복수의 접미어로 사용되고 있다.

⇨ ┌ 先生方, あなた方, 奥様方 --- (○)
  └ おまえ方, お宅方, 課長方 --- (×)

⇨ 貴婦人(きふじん)がたの考えによると人間は服装(ふくそう)の動物である。〔漱石, 吾輩は描である〕
(귀부인들의 생각에 의하면 인간은 복장의 동물이다.)

(4) 「殿(どの)」는, 헤이안(平安)시대부터 사용되었는데 「성명・관명」 뒤에 붙이는 존경 접미어이다. 지금은 「편지문」이나 「공식용어」에만 쓰이는데 점점 「様(さま)」쪽으로 많이 사용되고 있다. 그리고 편지문과 공식용어 이외에 사용되는 「殿」는, 아랫사람에게 가벼운 경칭으로 사용하는 일이 많기 때문에 손윗사람에게는 사용하지 않는 편이 좋다. 〔辻村敏樹, 敬語の用法〕

⇨ 田中春子殿。(다나카 하루코님)
人事課長殿。(인사부장님)
⇨ 私どもの学校には、例年(れいねん)ないしは隔年(かくねん)ごとに視学官(しがくかん)<u>殿</u>、督学(とくがく)<u>殿</u>がおいでくださいミして……。〔石坂洋次郎, 若い人〕
(저희들 학교에는 예년 또는 격년마다 장학관님, 감독관님이 오셔서 …….)

⇨ 欄外(らんがい)というようなところに野々宮宗八(ののみやむねはち)<u>どの</u>と書いてあった。〔夏目, 三四郎〕
(난외에 노노미야 무네하치님이라 쓰여 있었다.)

(5) 「氏(し)」는, 주로 문장어로 사용한다. 공식적인 발언에서 「さん」보다는 「氏」쪽을 사용하는 경우가 있다. 여성을 부를 때에는 「さん」쪽이 어감이 좋다.

(6) 그리고 「嬢(じょう)」는, 미혼여성의 姓과 이름 또는 직업을 나타내는 말 등에 붙여, 가벼운 경의를 나타내는 접미어이다. 현대어에서는 일반적으로 문장어에 사용되는데, 최근에는 「○○嬢」보다 「○○さん」쪽이 많이 사용된다. 「お嬢(じょう)さん」(따님)과 같이 접미어가 아닌 N형태로 사용되는 말도 있다.

⇨ 中村<u>嬢</u>。電話交換(こうかん)<u>嬢</u>。案内(あんない)<u>嬢</u>。

9 「와 주십시오」는, 「お越(こ)しくださいませ」 또는 「いらっしゃいませ」로 번역하자. 「お～ください」형식에 「越(こ)す」(5단)를 사용했다. 「越す」에는 「来る」「行く」의 의미 이외 「引(ひ)っ越(こ)す」(이사하다)라는 의미도 있다.

⇨ 本日(ほんじつ)は有り難うございました。またの<u>お越し</u>をおまちいたしております。
(오늘은 대단히 고마웠습니다. 또 오시기를 기다리겠습니다.)

⇨ せっかく仲良(なかよ)くなれたと思ったとたん、彼は隣町(となりまち)に越していってしまった。
(모처럼 사이좋게 지내자, 그는 옆 동네로 이사가버렸다.)

⑩ 문말에 붙이는 「ませ」(또는 「まし」)에 대해서 보자. 음식점・백화점 등 손님을 대상으로 하는 경우나, 어느 계층 이상의 부인들의 말에 한정되어 사용된다. 둘 다 「ます」의 명령형으로 극히 공손한 명령(의뢰) 표현이며, 지방과 시기에 따라 구별하여 사용되기도 한다. 가게 등 손님을 대상으로 하는 장소에서는 「ませ」가 사용된다. 그러나 「まし」는, 에도 후기에 성행되었던 고풍스러운 말이어서 「ませ」보다 경의가 높다고 볼 수 있으나 현재는 그다지 사용되지 않는다.

⇨ 狭(せま)いところですが、どうぞ、お上がりになっていて下さいませ。〔井上靖, 氷壁〕
(좁은 곳이지만, 어서 들어오십시오.)

⇨ 書道展(しょどうてん)を御覧(ごらん)のお客様は五階ホールへお越し下さいませ。
(서예전을 관람하시는 손님은 5층 홀로 와 주십시오.)

⇨ どうぞ沢山(たくさん)召(め)しあがって下さいまし。〔伊藤 整, 氾濫〕
(어서 많이 드십시오.)

찾아보기

> 이 〈**찾아보기**〉란은, 본서에 기재된 문형·거구 및 어휘를, 손쉽게 찾아볼 수 있고 다양하게 활용할 수 있도록 사전식으로 배열해 두었으니 많은 활용 바란다. (단, 마지막의 숫자는 해당 '한국어문'의 고유번호를 말한다.)

〈한국어 편〉

《문형》

《어휘 · 어구》

〈가〉

〈사〉

〈일본어 편〉

《한국어 한자읽기 순》

〈가〉

〈다〉

〈라〉

〈마〉

〈바〉

〈사〉

〈아〉

〈자〉

〈차〉

〈타〉

〈파〉

〈하〉

《문형》

《어휘 · 어구》

〈あ〉

〈い〉

〈ぬ〉

〈ね〉

〈の〉

〈は〉

〈ひ〉

〈ふ〉

〈へ〉

Messages of

Bible through Trinity

Lee Heung Joo

QUMRAN

서문

승자(勝者)의 삶을 다룬 야곱의 씨름 사건이 기록된 창세기 32장 22-32절에서 '어떤 사람'을 보내주신 분은 '하나님 아버지'(God the Father)이십니다. 그리고 야곱의 씨름 사건을 처음에서부터 끝까지 이끌어 가신 분은 성육신(聖育身: incarnation) 이전의 '하나님 성자'(God the Son) 곧 예수 그리스도이십니다. 그런데 이것은 하나님 아버지의 뜻에 따라 이루어진 것입니다.

야곱이 부르거나 초청하기 이전에, 곤고한 야곱을 성자 예수 그리스도께서 먼저 찾아가, 야곱을 훈련시키시고 '움켜쥐는 자, 강탈하는 자, 속이는 자'라는 의미의 그의 이름을 '하나님과 및 사람으로 더불어 겨루어 이긴 자'라는 이름으로 바꾸어 주시면서, 그의 정체성을 일깨워 주셨습니다. 그에게 그렇게 축복하여 주신 분은 성육신 이전의 하나님이신 예수 그리스도이십니다.

야곱을 찾아오시고, 훈련시키시고, 이름을 바꾸어 주시고, 축복하여 주신 분이 바로 하나님이신 예수 그리스도이심을 야곱에게 깨닫게 하시고, 야곱으로 하여금 "내가 하나님과 맞대면하여 보았으나 내 생명이 보존되었다"라고 감격하게 하시고, 그 감격을 '페니엘'(פְּנִיאֵל)이라고 토설(吐說)케 하신 분이 '하나님 성령'(God the Spirit)이십니다. 그리고 이스라엘이라는 새로운 이름으로 바꾸어진 야곱이 '페누엘'(פְּנוּאֵל)이라고 하는 지역을 지나갈 때, 자기와 씨름한 '그 어떤 사람'이 하나님이심과, 그 하나님을 맞대면하여 보았음에도 불구하고 자기 생명이 보존되었음을 '페누엘'(פְּנוּאֵל)이라는 지명의 이름으로 창세기 성경 기자에게 재확인(再確認)시켜 주신 분 또한 하나님 성령(God the Spirit)이십니다. 왜냐하면 야곱이 토설한 '페니엘'(פְּנִיאֵל)이라는 이름의 뜻과 '페누엘'(פְּנוּאֵל)이라는 지명의 이름이 '하나님의 얼굴'이라는 동일한 뜻을 나타내기 때문입니다. 창세기 성경 기자는 이를 깨닫고 얼마나 놀랐겠습니까? 이렇게 제삼자에게 재확인(再確認)시켜 주시는 분이 바로 하나님 성령(God the Spirit)이십니다. 창세기를 읽는 모든 사람에게 말이죠.

야곱은 자기의 형인 에서(Esau)와의 만남을 피하고 싶었습니다. 하지만 피할 수도 없고 만나야만 하는 두렵고 떨리는 절박한 극한의 위기 상황 속에서 절묘한 때와 시간을 정해 눈높이 고육훈련을 통하여 은혜롭게 문제를 해결하도록 하신 분이 '하나님 아버지'(God the Father)이십니다.

본 글에서 야곱의 씨름사건이 기록된 창세기 32장 22-32절에 이어서 다룬 "하나님! 하필이면 왜 접니까?"(욥 3:24-26), "솔로몬의 일천번제(왕상 3:4-15) – 하나님의 학수고대(鶴首苦待)", "예언의 말씀(사 14:24-27) – 반드시 되며, 반드시 이루리라", "어제는 옛날, 오늘은 살날, 내일은 새날"(마 6:31-34), "구하라, 찾으라, 두드리라 – 구찾두삼단기도"(마 7:7-11), "천국은 침노를 당하나니"(마 11:7-15), "나를 믿으라"(요 14:1-15), "믿음으로 믿음에 이르나니"(롬 1:15-17)라는 각각의 본문(text)에서도 삼위일체(三位一體) 하나님의 역사(役事)를 구체적으로 깨달을 수 있고, 이를 체감적(體感的)으로 느끼고, 그것을 육신화(肉身化)시켜 성경말씀을 일상생활에 적용할 수 있는 귀한 형제자매 여러분이 되시기를 바랍니다.

야곱이 하나님이신 예수 그리스도와 맞대면하여 문제를 해결(解決)받은 후 씨름한 그 장소에서 '브니엘'을 외치면서 기뻐한 것처럼, 우리 모두, 하나님이시면서 온전한 사람이신 예수 그리스도와 맞대면하면서 모든 문제의 답(答: answer)을 얻고 해결(解決)받으며, 기도한 바로 그 장소에서 '브니엘'이라고 외치며 기뻐할 수 있기를 바랍니다. 왜냐하면 신약시대에 살고 있는 우리에게는 야곱시대와는 달리, 예수 그리스도께서 우리 안에 상주(常住)하시기 때문입니다. 우리가 마음의 문을 열기만 하면 예수님은 언제나 우리를 만나주십니다. 바로 우리의 마음의 문을 열고 간구하기만 하면 말입니다. 야곱처럼 우리 모두도 하나님의 은혜를 깨닫고 확신하는 가운데 승자(勝者)의 삶을 사는 모두가 될 수 있다고 확신(確信: confidence)합니다. 또한 그렇게 되기를 소원합니다.

이와 같이 본 글에서 다룬 "하나님! 하필이면 왜 접니까?"(욥 3:24-26)에서는 환난과 역경과 고난을 극복하고 삼위일체 하나님께 더욱 가까이 가는 신앙 성장의 디딤돌로, "솔로몬의 일천번제(왕상 3:4-15) – 하나님의 학수고대(鶴首苦待)"에서는 하나님의 뜻을 옳게 분별하며 하나님께서 우리 각자에게 학수고대하는 바를 간구하여 하나님을 감동시킬 수 있는 기도를 어떻게 할 수 있는가를, "예언의 말씀(사 14:24-27) – 반드시 되며, 반드시 이루리라"에서는 만군의 여호와께서 맹세하여 가라사대로 표현된 나의 생각한 것과 나의 경영한 것이 '하나님 아버지'(God the Father)와 '하나님 아들'(God the Son)과 '하나님 성령'(God the Spirit)으로 나타내는 삼위일체의 하나님의 역사(work)로서 어떻게 로마서 8장 28절의 말씀과 같이 합력하여 선을 이루시는가를, "어제는 옛날, 오늘은 살날, 내일은 새날"(마 6:31-34)에서는 어떻게 염려에서 벗어나고 물리칠 수 있는가를 그리고 이를 통하여 어떻게 삼위일체의 하나님을 더욱 깊이 알 수 있는가를, "구하라, 찾으라, 두드리라 – 구찾두삼단기도(마 7:7-11)"에서는 기도의 구체적인 진행과정과 로고스(logos)와 레마(rema)의 차이점이 무엇이며, 로고스가 주도하면서 레마가 어떻게 현장의 문제를 해결하며 하나님의 말씀이 실천되고 하나님의 뜻이 이루어져 가고 있는가를, "천국은 침노를 당하나니"(마 11:7-15)에서는 아이서지서스(eisegesis)와 엑서지서스(exegesis)의 차이점이 무엇이며, 하나님의 나라와 의를 위하여 우리는 무엇을 어떻게 하여야 하는가를, "나를 믿으라"(요 14:1-15)에서는 영어의 'believe on'과 'believe'와 'believe in'의 차이가 무엇인가를 그리고 성경말씀의 행간 의미(meaning between lines)를 통하여 하나님의 마음을 어떻게 읽을 수 있는가를, 그리고 믿고 아는가? 아니면 알고 믿는가?"를, 그리고 마지막 장(chapter)인 "믿음으로 믿음에 이르나니"(롬 1:15-17)에서는 여호와 하나님께서 왜 아브람의 믿음을 의(righteousness)로 여겨 주셨는가를 그리고 '믿음의 진보'(the furtherance of faith)란 무엇이며 '나선형 믿음 사이클'(spiral faith cycle)이란 무엇인가를 깨닫고, '하나님 아버지'(God the Father), '하나님 아들'(God the Son), 즉 '예수 그리스도'(Jesus Christ)와 '하나님 성령'(God the Spirit)께서 삼위일체의 하나님으로서 합력하여 선을 이루시는 생생한 역사(work)를 다루었습니다. 본 글을 읽는 모든 분들이 체감할 수 있고, 그것을 실생활에서 나타낼 수 있도록 믿음의 진보에 보탬이 되었으면 좋겠습니다. 그렇게 되기를 축원합니다.

사람들이 삼위일체라는 말은 많이 하면서도 정작 삼위일체에 대하여 물으면 잘 모를 뿐만 아니라, 삼위일체는 성경에 나오는 용어도 아니며 신학자들이 만들어낸 사변적(思辨的)인 것으로 우리가 알 수도 없고, 그 용어를 만들어낸 신학자들 자신들도 잘 알 수 없는 관념적(觀念的)이고 형이상학적(形而上學的)인 것이라고 생각하고 있음을 알게 됩니다. 그러므로 공연히 그 논쟁에 휘말리다 보면 머리만 아프고 끝없는 논쟁으로 서로 간에 감정만 상한다고 여기어 기피(忌避)하는 경우를 많이 보아왔습니다. 그러나 진실은 그렇지 않습니다. 바르게 이해하면 아주 쉽게 일상의 신앙생활에 적용할 수 있고 감사를 입에 달고 다니는 은혜의 생활을 할 수 있습니다(십자가를 통해서 보는 삼위일체의 신비, 이흥주, 쿰란출판사, 2014.).

한글개역성경과 한글개역개정성경을 보면 출애굽기 3장 14절에서 삼위일체의 하나님은 "나는 스스로 있는 자니라"고 말씀합니다. 이를 영어성경에서는 "I am that(who) I am."이라고, 히브리어 성경에서는 "에흐예 아쉐르 에흐예"(אֶהְיֶה אֲשֶׁר אֶהְיֶה)라고, 헬라어 성경에서는 "에고 에이미 호 온"(ἐγώ εἰμι ὁ ὢν)이라고 쓰며 '여호와 하나님'을 뜻합니다. 성경을 묵상하는 가운데 떠오른 저의 소견으로는 우리말로는 '초월적인 하나님'이 '우리 안에서 함께하시는 하나님'이 되시고, 또한 '내 안에서 함께하시는 하나님'이 되시는 것입니다. 여기서 '우리 안에서 함께하시는 하나님'이란 '우리 공동체 안에서 함께하시는 하나님'으로서 우리들의 '교회 안에서 함께하시는 하나님', '우리 가정 안에서 함께하시는 하나님' 그리고 '우리의 일터 등에서 함께하시는 하나님'을 말합니다.

본인이 전에 쓴 《십자가를 통해서 보는 삼위일체의 신비》에서는 이를 영어로 초월적인 하나님은 'transcendent God'으로, 우리 안에서 함께하시는 하나님은 우리와 함께하시는 하나님과 우리 안에 거하시는 하나님으로 나누어 우리와 함께하시는 하나님은 'God with us'로, 우리 안에 거하시는 하나님은 'God in us'로 쓰고, 이를 간단하게 표현하기 위하여 이들을 통합해서 집약된 표현으로 'God WithIn us'로 썼습니다. 여기서 'WithIn'은 'with and in'을 나타냅니다. 이와 같은 방법으로 내 안에서 함께하시는 하나님은 'God WithIn me'로 썼습니다.

이를 헬라어로는 초월적인 하나님은 '호 휘페르페리스소스 호 데오스'(ὁ ὑπερπερισσός ὁ θεός)로, 우리 안에서 우리와 함께하시는 하나님은 '메드 헤몬 호 데오스'(μεθ' ἡμῶν ὁ θεός)로, 우리 안에 거하시는 하나님은 '엔 헤민 호 데오스'(ἐν ἡμῖν ὁ θεός)로, 나와 함께하시는 하나님은 '메트 에무 호 데오스'(μετ' ἐμοῦ ὁ θεός)로, 내 안에 계시는 하나님은 '엔 에모이 호 데오스'(ἐν ἐμοί ὁ θεός)로 쓸 수 있습니다.

히브리어로는 초월적인 하나님은 '예호바'(יְהוָה)로, 우리와 함께하시는 하나님은 '임마누엘'(עִמָּנוּאֵל)로, 우리 안에 거하시는 하나님은 '빠누엘'(בָּנוּאֵל)로, 나와 함께하시는 하나님은 '임마디엘'(עִמָּדִיאֵל)로, 내 안에 거하시는 하나님은 '삐엘'(בִּיאֵל)로 쓸 수 있습니다.

여기서 한 걸음 더 나아가 각각의 본문에서, 그 본문과 연관된 '대본문'(contexture)을 감싸고 있는 삶의 정황[싯즈 임 레벤(Sitz im Leben: German)]에 대한 하나님 아버지의 마음을 깨닫고, 그 하나님 아버지의 마음에 덧입혀진 하나님의 말씀인 '로고스'(영어: logos / 헬라어: λόγος)를 그 본문에서 찾을 수 있기를 바랍니다. 왜냐하면 우리가 맞부딪혀 해결해야만 하는 현실세계(real world)의 제반 문제는 여기서 찾아낸 '로고스'를 가지고 '해결해야 될 문제'의 '방향과 지표(指標)'가 설정(setting)되기 때문입니다. 이것은 마치 우리가 자동차를 운전할 때 많이 사용하는 내비게이터(navigator)와 같습니다. 우리는 운전할 때 우선 내비게이터(navigator)에 목표지점과 그에 도달하는 길(way)을 설정합니다. 이것이 로고스의 역할입니다. 이후로는 수정하면서 그 목표와 길을 따라가는 것입니다. 이것은 레마(영어: rema / 헬라어: ῥῆμα)에 의해서 이루어집니다. 레마는 현실세계의 현장에 임한 삶의 정황(Sitz im Leben: German)에 대한 하나님 아버지의 마음, 그 하나님 아버지의 마음을 표출(表出)시키는 성경 속에 있는 하나님의 말씀입니다.

그래서 본문(context)의 선정이 중요합니다. 왜냐하면 로고스로 정하여진 문제의 방향과 지표(指標) 상에서 모든 문제가 이루어지기 때문입니다. 이것은 '하나님 성자'(God the Son) 곧 예수 그리스도께서 주관하십니다. 부닥친 각 문제의 삶의 정황에 대한 레마는 '하나님 성령'(God the Spirit)께서 주관하십니다. '하나님 아버지'(God the Father)께서 정하신 '때와 시기'[영어: time / 헬라어: 카이로스(καιρός)]에 그 일이 행해지는 것입니다. 하나님 아버지께서 정하신 때에, 로고스(logos)와 레마(rema)로, 모든 삶의 정황에 부닥친, 현실의 제반 문제에 대하여 해결을 받고 더욱 하나님께 영광을 돌려드릴 수 있기를 축원합니다.

2017년 3월

예랑동산에서

이흥주

차례

구약성경
Old Testament

제1부 야곱의 씨름 사건(창 32:22-32)-승자의 삶

제2부 하나님! 하필이면 왜 접니까?(욥 3:24-26)

신약성경
New Testament

제1부 어제는 옛날, 오늘은 살날, 내일은 새날(마 6:31-34)

제2부 구하라, 찾으라, 두드리라(마 7:7-11) - 구찾두삼단기도

제3부 천국은 침노를 당하나니(마 11:7-15)

제4부 나를 믿으라(요 14:1-15)

구약성경

Old Testament

구약성경
Old Testament

제1부

야곱의 씨름 사건(창 32:22-32) - 승자의 삶

The Affair of the Wrestle of Jacob (Gen. 32:22-32) - The Life of Winner

승자(勝者)의 삶

(The Life of Winner)

"하나님과 및 사람들과 겨루어 이겼음이니라"

(창 32:22-32 중에서 창 32:28)

본문 창세기 32장 22-32절은 야곱의 씨름 사건에 관한 내용으로 크게 ① 사건의 배경(창 32:22-23), ② 사건의 진행 과정(창 32:24-29), ③ 야곱 자신의 평가와 내적 고백(창 32:30), 그리고 ④ 그의 후속 조치(창 32:31-32)의 네 부분으로 쓰였다고 볼 수 있습니다. 그리고 씨름의 진행 과정은 전체적인 ㉮ 개요(창 32:24), ㉯ 육적인 씨름(창 32:25), ㉰ 말씨름(창 32:26-29)과 ㉱ 자기 선포(창 32:30)의 네 부분으로 나누어 볼 수 있습니다. 그 중에서 쟁점 사항 몇 가지를 알아보도록 하겠습니다.

Ⅰ. ‘그’는 예수 그리스도

창세기 32장 22-32절까지의 본문은 보는 각도에 따라 여러 가지로 해석할 수 있습니다. 그중 하나의 예로 북왕국 이스라엘의 선지자 호세아가 해석한 것을 들 수 있습니다. 호세아 선지자는 한글개역성경이나 한글개역개정성경에서 호세아 12장 3-4절에, 히브리어 성경에서는 호세아 12장 4-5절에 야곱이 “힘으로는 하나님과 겨루되 천사와 겨루어 이기고 울며 그에게 간구하였으며”라고 요약하였습니다. 히브리어 성경 창세기 32장 25절에서 ‘이쉬’(אִישׁ)로 쓰인 것을 한글개역성경과 한글개역개정성경 창세기 32장 24절에서는 ‘어떤 사람’으로 번역하였습니다. 이를 히브리어 성경 호세아 12장 5절에서는 ‘말르아크’(מַלְאָךְ)로 나타냈습니다. 이는 ‘천사’(angel)나 ‘메신저’(messenger) 등으로 번역될 수 있습니다.

히브리어 성경 창세기 32장 25절의 ‘이쉬’(אִישׁ)는 특정한 것을 지칭하는 영어의 정관사 ‘the’에 해당하는 히브리어 ‘하’(הַ)를 가지고 있지 않습니다. 그래서 일반적인 사람(man)을 나타냅니다. 이것이 한글개역성경이나 한글개역개정성경 창세기 32장 24절에서 ‘어떤 사람’으로 번역된 이유입니다. 흠정역영어성경(KJV)이나 국제표준역영어성경(NIV) 등 대부분의 영어성경에서 ‘a man’으로 번역된 것이 이를 뒷받침하고 있습니다. 그런데 1998년에 발간된 “The Complete Jewish Bible(CJB)”에서 ‘some man’으로, 1985년에 발간된 “The New Jerusalem Bible(NJB)”에서 ‘someone’으로 번역한 것처럼 간혹 다르게 번역된 것도 있습니다.

한글개역성경이나 한글개역개정성경 호세아 12장 4절에서 천사로 번역된, 히브리어 성경 호세아 12장 5절의 히브리어 ‘말르아크’(מַלְאָךְ)도 특정한 것을 지칭하는 영어의 정관사 'the'에 해당하는 히브리어 '하'(הַ)를 가지고 있지 않습니다. 그래서 한글개역성경이나 한글개역개정성경 창세기 32장 24절의 '어떤 사람'으로 번역된 히브리 성경 창세기 32장 25절의 [이쉬(אִישׁ)]가 호세아 선지자에 의해서 일반적인 천사인 히브리어 [말르아크(מַלְאָךְ)]로 바뀌면서 한글개역성경이나 한글개역개정성경 호세아 12장 4절에서 그 의미하는 바의 범위가 '일반적인 사람'에서 '일반적인 천사'로 바뀌긴 했지만 특정한 천사로 지목된 것은 아니었습니다.

그런데 야곱은 창세기 32장 30절에서 '이쉬'(אִישׁ)를 '엘로힘'(אֱלֹהִים)으로 나타냈습니다. 호세아 선지자도 호세아 12장 3절에서 '말르아크'(מַלְאָךְ)를 '엘로힘'(אֱלֹהִים)으로 나타냈습니다. '엘로힘'은 '하나님'을 나타냅니다. 그러므로 창세기 32장 24절의 '어떤 사람'은 야곱과 호세아 선지자에 의해서 하나님과 천사로 이해(understanding)된 것입니다. 여기에서 천사는 일반적인 천사가 아니고 하나님이신 천사입니다. 이를 좀 더 이해하기 쉽게 말하면 하나님이신 메신저라고 할 수 있습니다.

신약성경에서 사람이시면서 하나님이시고 메신저이신 분이라면 그분은 예수 그리스도밖에 될 수 없습니다. 그러므로 창세기 32장 24절의 '어떤 사람'은 성육신(聖育身: incarnation) 이전의 예수 그리스도이십니다. 다시 말하면 하나님 아버지의 사자(使者)로서, 성자(聖子) 예수 그리스도께서 야곱과 씨름하는 동안, 야곱의 씨름 사건 속에 현현(顯現)하신 것으로 보아야 합니다. 이것을 뒷받침할 수 있는 것으로 야곱이 창세기 32장 30절에서 "내가 하나님과 대면하여 보았으나 내 생명이 보전되었다"라고 고백한 것을 들 수 있습니다.

우리는 신약성경을 통해서 예수 그리스도는 하나님이시면서 또한 사람이신 것을 압니다(요 20:28; 딤전 2:5). 또한 우리는 예수 그리스도께서 이 땅에 오셔서 자의(自意)로 행하지 아니하시고 오직 하나님 아버지의 뜻을 온전히 이루어드리는 분이심을 압니다. 그러나 호세아 선지자 시대는 예수 그리스도께서 육신으로 오시기 전이기 때문에 이를 정확히 표현하지 못하고 일반적인 천사로 표현하였습니다. 그 천사는 우리가 알고 있는 일반적인 천사가 아닙니다. 호세아 선지자도 그 천사를 한글개역성경이나 한글개역개정성경 호세아 12장 3절과 히브리어 성경 호세아 12장 4-5절에서 '하나님'이시라고 말합니다.

이뿐만 아니라 대부분의 영어성경 호세아 12장 4절에서는 이를 'the angel'로 썼습니다. 아주 드물게 'an angel'이나 'some man'이나 'someone'으로 썼습니다. 직역(直譯: a word for word translation)의 관점에서 본다면 호세아 12장 4절의 '말르아크'(מַלְאָךְ)를 'an angel'이나 'some man' 또는 'someone'으로 쓰는 것이 오히려 원문에 가깝습니다.

그러면 히브리어 성경 호세아 12장 5절의 히브리어 '말르아크'(מַלְאָךְ)를 왜 직역을 원칙으로 삼는 흠정역(KJV) 영어성경에서까지도 'the angel'로 썼을까요? 그것은 '말르아크'(מַלְאָךְ)로 표현된 천사가 예수 그리스도를 암시하는 것으로 예배와 찬양의 대상이 될 수 있어야 하기 때문입니다. 그 이유가 신약성경의 히브리서 1장 14절에 잘 설명되어 있습니다. "모든 천사들은 섬기는 영으로서 구원받을 상속자들을 위하여 섬기라고 보내심이 아니냐"라고 말씀하고 있음으로써 일반적인 천사는 섬기는 자임을 강조합니다. 결코 예배나 경배의 대상이 될 수 없습니다. 그러나 예수 그리스도는 하나님이시기 때문에 예배나 경배의 대상이 될 수 있습니다. 그래서 흠정역(KJV) 영어성경 등 직역을 원칙으로 삼는 영어번역본에서까지도 불가피하게 'the angel'로 쓰면서 번역자의 의도가 가미(加味)된 의역(意譯)을 부분적으로 허용한 것입니다.

'그 천사'(the angel)는 야곱이 불러서 아니면 초청해서 오신 분이 아니고, 야곱이 부르거나 초청하기 이전에 야곱이 곤고(困苦)할 때 찾아오신 하나님이십니다. 이를 좀 더 구체적으로 말하면 하나님이신 예수 그리스도라고 할 수 있는 것입니다.

Ⅱ. 창세기 32장 22-24절

한글개역성경이나 한글개역개정성경 창세기 32장 22-24절을 보면 "밤에 일어나 두 아내와 두 여종과 열한 아들을 인도하여 얍복 나루를 건널새 그들을 인도하여 시내를 건너가게 하며 그의 소유도 건너가게 하고 야곱은 홀로 남았더니 어떤 사람이 날이 새도록 야곱과 씨름하다가"라고 되어 있습니다. 여기서 문제점으로 떠오르는 것은 야곱이 어떻게 홀로 남았는가 하는 문제와, 야곱이 앉아 있는 가운데 씨름이 시작되었는가 아니면 야곱이 서 있는 가운데 씨름이 시작되었는가 하는 등의 야곱의 씨름의 시작 자세(始作姿勢)입니다.

야곱이 어떻게 홀로 남았는가를 알아보려면 우선 나루와 시내의 차이점을 알아야 합니다. 나루는 히브리어 성경에서 '마아바르'(מַעֲבָר)로 기록되어 있습니다. 마아바르는 배를 매놓는 나루(ferry point)나, 또는 얕은 물의 여울(ford)로 번역될 수 있습니다. 그러나 이를 좀 더 자세히 살펴보면 마아바르(מַעֲבָר)는 '건너다'라는 뜻을 가진 '아바르'(עָבַר)에, 장소 또는 수단을 가리킬 때 사용되는 히브리어 알파벳(alphabet)의 '멤'(מ)이 모음 '아'(ַ)를 취하여 마아바르(מַעֲבָר)가 된 것으로, 배를 매는 나루라기보다는 '걸어서 건널 수 있는 얕은 여울'이라고 보는 것이 더 타당할 것 같습니다. 흠정역 영어성경(KJV)에서는 이를 'ford'로 번역하였습니다. 그 뜻은 '얕은 여울'입니다.

이와 같은 예는 사사기 3장 28절의 히브리어 '마빼로트'(מַעְבְּרוֹת)에서도 볼 수 있습니다. 여기서 쓰인 마빼로트는 '마빠라'(מַעְבָּרָה)의 복수 명사입니다. 여기서 마빠라는 앞에서 살펴본 창세기 32장 22절의 '마아바르'(מַעֲבָר)와 같은 히브리어로서 그 어원은 '아바르'(עָבַר)입니다. 사사기 3장 28절에서도 마빼로트의 뜻을 우리말로 배를 대는 '나루'로 번역하였는데, 그보다는 물 깊이가 낮은 '여울들'이라그 보아야 합니다. 이도 영어성경에서는 'ford'의 복수형인 'fords'로 번역하였습니다. 야곱 일행은 하란에서부터 고향으로 향하는 먼 길이었으므로 강을 건너가기 위한 배를 준비할 수도 없었을 것입니다. 그러므로 창세기 32장 22절은 "밤에 일어나 두 아내와 두 여종과 열한 아들을 인도하여 얍복 나루의 얕은 여울을 찾아 도보로 건넜다"라고 보아야 합니다. 건넜으니까 뭍에 올라선 것입니다.

그 뭍(land)의 장소가 하도 좁아 두 아내와 두 여종과 열한 아들과 야곱 자신만이 차지하기에도 급급한 넓이였다고 생각합니다. 왜냐하면 그의 소유물을 건넸다는 말이 없기 때문입니다. 여기서 소유물이라고 하는 것은 형 '에서'에게 보내기 위한 예물에 관련된 일체의 것 외에 야곱이 소유한 모든 것이라고 생각됩니다. 정황으로 보아 소유물은 건네지 못하였고 숙영지(宿營地)에 그대로 놓아둔 상태였다고 봅니다.

흠정역 영어성경(KJV) 창세기 32장 22절에서는 '여울을 건넜다'라는 말과 함께 "And he rose up that night, and took his two wives, and his two womenservants, and his eleven sons, and passed over the ford Jabbok."이라고 썼습니다.

그런데 창세기 32장 23절에서 '시내를 건너가게 했다'는 말이 또 나옵니다. 그 내용은 "And he took them, and sent them over the brook, and sent that he had."입니다. 여기서 쓰인 '시내'는 히브리말로 '한나할'(הַנַּחַל)입니다. 이는 강의 지류(支流)를 뜻하는 '나할'(נַחַל)에 정관사 '하'(הַ)가 결합되어 만들어진 것입니다. 이때 정관사 '하'(הַ)는 히브리어 자음(consonant) '헤'(ה)에 모음 'ㅏ'(ַ)가 결합되어 '하'(הַ)가 된 것입니다. 여기서 사용된 'ㅏ'(ַ)에서 'ㅏ'는 한글 모음 문자 '아'입니다. 이 정관사 '하'(הַ)가 '나할'(נַחַל)과 결합하면 나할의 첫 글자 히브리어 알파벳 '눈'(נ)이 이중자음이 됩니다. 이것이 '이중점'(二重點: dagesh lene)을 취하여 '한나할'(הַנַּחַל)이 된 것입니다. 그래서 한나할은 특정한 지류(支流)를 나타내는 것입니다. 나할(נַחַל)은 욥기 6장 15절에서는 건널 수 있는 '개울'로, 창세기 26장 19절과 아가 6장 11절에서는 얕은 강이 흐르는 저지대를 나타내는 '골짜기'로 표현했습니다. 이로 보건대 창세기 32장 23절에서 야곱이 그의 권속(眷屬)들과 소유물을 건너보낼 때 나룻배를 이용했다는 언급이 없는 것으로 보아 도보나 달구지로 건널 수 있는 얕은 지류일 것으로 보입니다. 아마도 여울보다는 조금 더 깊은 지류일 것 같습니다.

여기서 문제가 될 수 있는 것은 한글개역성경이나 한글개역개정성경에 나오는 '건널새'라고 표현된 시간을 나타내는 부사(副詞: adverb)입니다. 한글개역성경이나 한글개역개정성경에서처럼 창세기 32장 22절에서 "밤에 일어나 두 아내와 두 여종과 열한 아들을 인도하여 얍복 나루를 건널새"로 번역하면, 창세기 32장 22절이 얍복 나루를 건널 때의 상황을 설명한 것으로 볼 수 있기 때문입니다. 만일 이렇게 되면 창세기 32장 22절에서 야곱은 얍복 나루를 건넌 것이 아닌데 건너간 것으로 생각하기 쉽습니다.

한글개역성경이나 한글개역개정성경의 창세기 32장 22절(히브리어 성경 창 32:22-23)에는 세 개의 동사(動詞: verb)가 나옵니다. 그것은 '일어나'[봐이야캄(וַיָּקָם)]와 '인도하여'[봐이익카흐(וַיִּקַּח)]와 '건널새'[봐이야아보르(וַיַּעֲבֹר)]입니다. 여기서 세 개의 히브리어 동사들의 맨 앞에 있는 첫 글자는 히브리어로 '봐'(וַ)로 쓰인 것인데, 읽을 때는 사람에 따라 '봐' 또는 '와'로 읽습니다. 이것은 히브리어 연결사(連結詞) '봐'(וְ)가 음(音)의 변화를 일으킨 것으로 영어의 'and'나 'but' 또는 'and then' 또는 'when' 등으로 번역될 수 있습니다. 그러나 여기서는 영어의 'and'로 번역하는 것이 더욱 자연스럽습니다. 왜냐하면 동작이 연속된 것이기 때문입니다. 대부분의 영어성경에서도 이를 'and'로 번역하였습니다. 한글개역성경이나 한글개역개정성경 창세기 32장 22절에 있는 '건널새'에서 때를 나타내는 부사(副詞: adverb)로 해석될 수 있는 '새'는 히브리어 원문에는 없는 말로 번역자가 삽입한 것입니다.

혹시 창세기 32장 22절에 연이어 나오는 창세기 32장 23절에서 그러한 가능성이 있는 말을 발견할 수 있지 않을까 하고 유심히 살펴보아도 그런 말은 나오지 않습니다. 히브리어 성경 창세기 32장 22-23절에 나와 있는 세 개의 동사(動詞: verb), 즉 '인도하여'[봐이익카헴(וַיִּקָּחֵם]와 '건네며'[봐이야아비렘(וַיַּעֲבִרֵם)]와 '건네고'[봐이야아베르(וַיַּעֲבֵר)]에서도 맨 첫 글자로 히브리어 '봐'(וְ)가 쓰였습니다. 앞에서 설명한 바와 같이 이 히브리어 '봐'(וְ)도 영어의 'and'나 'but' 등과 같이 주로 연결사(連結詞)로 쓰이지만 때에 따라서는 'and then'이나 'when' 등의 시간을 나타내는 부사(副詞: adverb)로 쓰이기도 합니다. 그래도 이것은 무리수입니다. 왜냐하면 연속된 동작들이기 때문입니다. 영어성경에서도 이를 대부분 'and'로 번역하였습니다.

이들을 종합하여 볼 때 야곱이 얍복 나루에 도달했을 때 깊이가 얕은 여울을 찾았을 것이고, 그 여울을 도보로 건너 육지에 다다랐으며, 야곱은 그 육지에서 이어지는 강의 지류(支流)를 야곱 스스로 그의 권속들을 직접 지휘하여 사람이나 짐승은 걸어서 가게 하고 짐은 달구지나 짐승의 등에 실어서 다 보내고 나서, 자신은 홀로 그곳에 남았다고 보아야 할 것입니다.

야곱이 홀로 남아있는 곳의 지형적(地形的)인 특징은 앞뒤로 물이 흐르면서 얍복 나루의 물이 흐르는 방향으로 길쭉하게 생긴 물 가운데 고립(孤立: isolated)된 극히 미소(微小: very small)한 섬(islet)과 같은 곳이 아닐까 싶습니다.

Ⅲ. 창세기 32장 27-28절

한글개역성경과 한글개역개정성경 창세기 32장 27-28절이, 히브리어 성경에서는 창세기 32장 28-29절에 "봐이요메르 엘라이브 마-쉐메카 봐이요메르 야아코프 봐이요메르 로 야아코브 예아메르 오드 쉬므카 키 임-이스라엘 키-사리타 임-엘로힘 베임-아노쉼 밧투콜"(וַיֹּאמֶר אֵלָיו מַה־שְּׁמֶךָ וַיֹּאמֶר יַעֲקֹב וַיֹּאמֶר לֹא יַעֲקֹב יֵאָמֵר עוֹד שִׁמְךָ כִּי אִם־יִשְׂרָאֵל כִּי־שָׂרִיתָ עִם־אֱלֹהִים וְעִם־אֲנָשִׁים וַתּוּכָל)로 쓰였습니다. 여기에서 "봐-이요메르 엘라이브 마-쉐메카 봐이요메르 야아코프 봐이요메르 로 야아-코브 예아메르 오드 쉬므카 키 임-이스라엘" (וַיֹּאמֶר אֵלָיו מַה־שְּׁמֶךָ וַיֹּאמֶר יַעֲקֹב וַיֹּאמֶר לֹא יַעֲקֹב יֵאָמֵר עוֹד שִׁמְךָ כִּי אִם־יִשְׂרָאֵל)이라는 말은 한글개역성경 32장 27-28절에서 "그 사람이 그에게 이르되 네 이름이 무엇이냐 그가 가로되 야곱이니이다 그 사람이 가로되 네 이름을 다시는 야곱이라 부를 것이 아니요 이스라엘이라 부를 것이니"라고 번역되었습니다. 한글개역개정성경에서는 한글개역성경에서 "가로되"로 쓰인 말이 "이르되"로, 나중에 쓰인 "그 사람이"라는 말이 "그가"로 바뀐 것 외에는 달라진 것이 없습니다. 그래서 내용상 차이가 별로 없습니다. 이를 흠정역영어성경(KJV)에서는 "And he said unto him, What is thy name? And he said, Jacob. And he said, Thy name shall be called no more Jacob, but Israel"로, 1995년도와 2011년도 국제표준역영어성경(NIV)에서는 "The man asked him, What is your name? 'Jacob,' he answered. Then the man said, "Your name will be no longer be Jacob, but Israel,"이라고 번역하였습니다. 이 역시 내용상 큰 차이가 없습니다.

그런데 히브리어 성경 창세기 32장 29절의 "키-사리타 임-엘로힘 베임-

아노쉼 밧투콜”(כִּי־שָׂרִיתָ עִם־אֱלֹהִים וְעִם־אֲנָשִׁים וַתּוּכָל)은 그렇게 간단하지 않습니다. 왜냐하면 보는 관점에 따라 여러 가지로 번역이 가능하기 때문입니다.

문제의 핵심은 ‘이스라엘’이라는 낱말의 뜻이 무엇이며 ‘그 기원은 무엇인가?’와 ‘사람이 과연 하나님과 겨루어 이길 수 있는가?’라는 두 가지 사항입니다. 본인은 한글개역성경 창세기 32장 28절에서 그 어떤 사람이 야곱에게 한 말 즉 “이는 네가 하나님과 사람으로 더불어 겨루어 이기었음이니라”라는 말이 ‘이스라엘’이라는 낱말의 뜻이 아니라 그 어떤 사람이 씨름의 상대였던 그 사람에게 네 이름을 ‘야곱’이라고 부를 것이 아니라 “이스라엘로 바꾸어 부를 것이니라”고 하면서 야곱의 이름을 그렇게 불러야만 하는 이유를 야곱에게 설명한 것이라고 봅니다. 좀 더 자세히 설명하면 ‘그 어떤 사람’이 자기의 씨름 상대였던 ‘야곱’과의 ‘씨름 사건’을 통하여 야곱이 체감(體感)적으로 이해할 수 있도록 ‘그 낱말’ 즉 ‘이스라엘’이라는 말을, 방금 전에 치른 씨름 사건에 적용하여, 야곱으로 하여금 그 뜻을 감지(感知: sensing)할 수 있도록, 야곱이 체험(體驗: experience)한 객관적인 사실을 예제(例題: example)로 삼아 ‘이스라엘’이라는 말의 뜻을 풀이하여 준 것이라고 봅니다. 본인은 여호와 하나님의 큰 뜻이 거기에 숨겨져 있다고 봅니다.

1. 이스라엘이라는 낱말의 뜻과 기원

이스라엘이라는 낱말의 뜻을 좀 더 깊이 알기 위해서는 먼저 아브라함과 하갈 사이에서 태어난 첫 아들 ‘이스마엘’을 주의 깊게 살펴볼 필요가 있습니다. 창세기 16장 11절의 히브리어 ‘이스마엘’(יִשְׁמָעֵאל)은 ‘듣다’라는 히브리어 '솨마'(שָׁמַע) 동사(verb)에 히브리어 접두어(接頭語: prefix) '이'(י) 를 접두(接頭: prefix)시켜 미완료(未完了)형 동사(verb)로 만들고 맨 나중에 하나님을 나타내는 '엘'(אֵל)을 접미(接尾)시켜 "이 솨마 엘"(י שָׁמַע אֵל)이 되었고, 이것이 모음변화(母音變化: vocalized)를 일으켜 '이스마엘'(יִשְׁמָעֵאל)이 된 것입니다. 여기서는 히브리어 알파벳(alphabet)이 하나도 탈락(脫落: drop out)되지 않았고 단지 모음변화(母音變化: vocalized)만 있었습니다. 히브리어에서는 자음(consonant)이 중요합니다. 그런데 "이 솨마 엘"(י שָׁמַע אֵל)에서 히브리어 '이스마엘'(יִשְׁמָעֵאל)로 모음의 변화를 일으킬 때에, 모음변화 전에 사용된 히브리어 알파벳(alphabet)이, 모음변화 후에도 그대로 모두 다 사용되었기 때문에 '이스마엘'(יִשְׁמָעֵאל)을 나타내는 원 동사(source of verb)는 히브리어 '솨마'(שָׁמַע)라는 데 논란(論難)의 여지(餘地)가 없습니다. 그 뜻은 "하나님이 듣는다"(God hears)입니다. 미완료동사(imperfect verb)가 쓰였으니 듣는 행동이 완료됨이 없이 계속하여 지속된다는 것입니다.

한글개역 및 개역개정성경 창세기 32장 28절(히브리어 성경 창세기 32장 29절)에서 히브리어로 '이스라엘'(יִשְׂרָאֵל)이라는 말은 "노력하다(to exert oneself), 저항하다(to persist), 견디다(to persevere), 지배권을 갖다(to be a chief), 군주가 되다(to be a prince), 겨루다(to wrestle), 싸우다(to fight)" 등을 나타내는 히브리어 '사라'(שָׂרָה) 동사(verb)에 칼 완료 3인칭 남성 단수(qal perfect third person masculine singular)를 취하고 이에 미완료(imperfect)를 나타내는 히브리어 접두어(接頭語: prefix) '이'(י)를 접두(接頭: prefix)시켜 미완료(未完了)형 동사(verb)를 만들고 나서 맨 나중에 하나님을 나타내는 '엘'(אֵל)을 접미(接尾)시켜 "이 사라 엘"(י שָׂרָה אֵל)이 되었습니다. 이것이 모음변화(母音變化: vocalized)를 일으켜 '이스라엘'(יִשְׂרָאֵל)이 된 것입니다. 그런데 여기서 모음변화(母音變化: vocalized)를 일으키면서 히브리어 알파벳(alphabet)의 '헤'(ה)가 탈락(脫落: drop out)됐습니다. 그래서 '이것이 과연 올바른 해석인가?'로부터 시작해서 어원(語源: source)의 동사(verb)가 히브리어 '사라'(שָׂרָה)가 아니라 히브리어 성경 이사야 32장 1절에서 사용된 "군주로서 다스린다(to reign as a prince), 군주가 되다(to be a prince), 다스린다(to rule)"를 나타내는 히브리어 '사라르'(שָׂרַר)라고 주장하는 등 의견(意見)이 분분(紛紛)한 것입니다. 왜냐하면 '이스마엘'(יִשְׁמָעֵאל)인 경우 히브리어 알파벳(alphabet)의 '아인'(ע)과 '알레프'(א) 모두가 히브리어 알파벳(alphabet)의 자음(子音: consonant)이면서 목구멍(throat)에서 나는 후음(喉音: guttural)으로서 단어(單語: word)의 끝에 올 때는 묵음(默音)으로 발음하지 않습니다. 그럼에도 불구하고 '이스마엘'(יִשְׁמָעֵאל)에서는 히브리어 알파벳(alphabet)의 '아인'(ע)과 '알레프'(א)가 연이어서 모두가 사용되었습니다. 그런데 히브리어 '이스라엘'(יִשְׂרָאֵל)에서는 이와는 다르게 히브리어 알파벳(alphabet)의 '헤'(ה)가 탈락(脫落: drop out)됐습니다. 이것이 히브리어에서 '이스라엘'(יִשְׂרָאֵל)의 어원(語源 source)을 규명함에 있어 '이스마엘'(יִשְׁמָעֵאל)과 다른 점입니다. 그래서 '이스라엘'(יִשְׂרָאֵל)을 나타내는 기본 동사(verb)가 히브리어 '사라'(שָׂרָה)가 아닌 히브리어 '사라르'(שָׂרַר)이거나 또는 다른 그 어떤 것이 아닌가 하여 히브리어뿐만 아니라 아람어(Aramaic)나 아랍어(Arabic) 등을 연구하였으나 아직까지 뚜렷한 결과(結果)나 근거(根據)를 제시하지 못했습니다. '이스라엘'(יִשְׂרָאֵל)을 나타내는 기본 동사(verb)가 히브리어 '사라'(שָׂרָה)인가 아니면 히브리어 '사라르'(שָׂרַר)인가에서 하나를 택하여야만 한다면 필자는 히브리어 "사라(שָׂרָה)"를 택하겠습니다. 왜냐하면 의미상으로는 히브리어 '사라르'(שָׂרַר)도 가능하지만 '이스라엘'(יִשְׂרָאֵל)이라는 낱말의 뜻을 '그 어떤 사람'이 야곱에게 설명할 때 그 기본 동사(verb)를 사용하지 않았겠나 싶어서 히브리어 '사라'(שָׂרָה)라고 보는 것이 더 타당(妥當)하다고 봅니다. 그뿐만 아니라 히브리어 '사라르'(שָׂרַר)가 사용된 이사야서 32장 1장 전후의 문단의 내용이 '이스라엘'(יִשְׂרָאֵל)이라는 낱말의 뜻을 설명하는데 부합하지 않기 때문입니다. 그에 더하여 히브리어 '사라르'(שָׂרַר)의 마지막 글자인 히브리어 알파벳(alphabet)의 '레쉬'(ר)는 히브리어 알파벳(alphabet) '알레프(א), 아인(ע), 헤(ה)'와 같이 목구멍에서 나오는 후음(喉音: guttural)으로 분류는 할 수 있지만 그 단어를 읽을 때 단어의 끝에 있는 히브리어 알파벳(alphabet) '레쉬'(ר)가 단어의 끝에 있는 히브리어 알파벳(alphabet) '알레프(א), 아인(ע), 헤(ה)'와 같이 묵음(黙音)이 아니라 우리말로 '르'로 발음하여야 하는 유음(流音: liquid consonant)이기 때문입니다.

히브리어 '사라'(שָׂרָה)는 '열국의 어미'라는 아브라함의 아내 이름으로 사용되는 등 명사(noun)로는 창세기를 비롯한 구약성경 여러 곳에서 사용되었으나 동사(verb)로는 구약성경에서 한글개역성경과 한글개역개정성경 창세기 32장 28절(히브리어 성경 창세기 32장 29절)에서 사용된 것 외에 히브리어 성경 호세아 12장 4절 "빱베텐 아-카브 엣트-아히브 우브오노 사라 엣트-엘로힘"(בַּבֶּטֶן עָקַב אֶת־אָחִיו וּבְאוֹנוֹ שָׂרָה אֶת־אֱלֹהִים)에서 히브리어 '사라'(שָׂרָה)로 한 번 더 사용되어 구약성경에서 단지 두 번만 사용된 히브리어 동사(verb)입니다.

한글개역성경 호세아 12장 3절에서는 "야곱은 태에서 그 형의 발뒤꿈치를 잡았고 또 장년에 하나님과 힘을 겨루되"로, 한글개역개정성경 호세아 12장 3절에서는 "야곱은 모태에서 그의 형의 발뒤꿈치를 잡았고 또 힘으로는 하나님과 겨루되"로 번역하였습니다. 이를 흠정역영어성경(KJV)에서는 "He took his brother by the heel in the womb, and by his strength he had power with God."로, 1995년도와 2011년도의 국제표준역영어성경(NIV)에서는 "In the womb he grasped his brother's heel; as a man he struggled with God."으로, 개정표준역영어성경(RSV)에서는 "In the womb he took his brother by the heel; and in his manhood he strove with God."으로, 미국표준역영어성경(ASV)에서는 "In the womb he took his brother by the heel; and in his manhood he had power with God."으로 번역하였습니다.

히브리어 성경 호세아 12장 4절 후반부 "우브오노 사라 엣트-엘로힘"(וּבְאוֹנוֹ שָׂרָה אֶת־אֱלֹהִים)에서 우리가 관심을 갖는 것은 히브리어 '사라'(שָׂרָה)로 쓰인 히브리어 동사(verb)입니다. 히브리어 성경 호세아 12장 4절 후반부의 "우브오노 사라 엣트-엘로힘"(וּבְאוֹנוֹ שָׂרָה אֶת־אֱלֹהִים)에서 히브리어 '우'(וּ)는 접속사 또는 연결사로서 우리말로는 '또', '~과', 또는 '~와'를, 영어로는 'and' 또는 'but' 등을 나타냅니다. 히브리어 '베오노'(בְאוֹנוֹ)는 능력이나 힘을 나타내는 히브리어 '온'(אוֹן)에 남성 단수 연계형 대명사어미 3인칭 남성 단수(masculine singular construct suffix third person masculine singular)를 취한 일반명사(common noun)에 우리말로 '~에, ~안에, ~함께'로, 영어로는 'at, in, with' 등을 나타내는 히브리어 전치사(preposition) '베'(בְ)를 그 앞에 접두(接頭: prefix)시킨 것입니다. 그래서 히브리어 '베오노'(בְאוֹנוֹ)는 우리말로는 '또 힘으로는'으로, 영어로는 'and by his strength'나 'and in his strength' 또는 'and in his manhood'로 번역할 수 있습니다. 히브리어 '사라'(שָׂרָה)는 우리말로 '우세하다, 왕으로서의 권력을 쥐다, 싸우다, 다투다, 힘을 가지다', 영어로는 'get(gain, obtain) the mastery, contend, strive, wrestle)' 등을 나타내는 동사(verb)에 칼 완료 3인칭 남성 단수(qal perfect third person masculine singular)를 취한 것입니다. 히브리어 '엣트'(אֶת)는 직접목적어(direct object)임을 나타내는 지소사(指小辭:

particle)이고 히브리어 '엘로힘'(אֱלֹהִים)은 하나님을 나타내는 히브리어 '엘로하'(אֱלֹהַּ)에 남성 복수(masculine plural)를 취한 일반명사(common noun)입니다. 여기서 히브리어 창세기 32장 29절의 히브리어 '사라'(שָׂרָה) 동사(verb)와 다른 점은 하나님이라는 히브리어 '엘로힘'(אֱלֹהִים) 앞에 히브리어 전치사(preposition) '임'(עִם־) 대신에 직접목적어를 나타내는 지소사(指小辭: particle) '엣트'(אֶת)를 취한 것입니다. 그래서 히브리어 성경 호세아 12장 5절에서는 야곱이 "하나님을 이겼다" 또는 "힘으로 제압했다"는 뉘앙스(nuance)가 창세기 32장 29절보다 강합니다. 왜냐하면 창세기 32장 29절에서는 히브리어 '사라'(שָׂרָה) 동사(verb)가 영어의 전치사(preposition) 'with'와 같은 기능을 하는 히브리어 전치사(preposition) '임'(עִם־)과 같이 하나님을 나타내는 '엘로힘'(אֱלֹהִים)을 받아 '임-엘로힘'(עִם־אֱלֹהִים)으로 쓰였기 때문입니다. 그래서 히브리어 성경 창세기 32장 29절 후반부에서는 "맞대어 겨루었다"는 뉘앙스(nuance)가 히브리어 성경 호세아 12장 5절보다 더 강합니다. 부연해서 설명하면 히브리어 성경 창세기 32장 29절 후반부에서는 이기고 졌다는 승패의 결과보다는 맞대어 씨름한 씨름의 과정을 정황적으로 살펴본 것에 강조점이 있다고 봅니다. 그래서 문맥의 전후의 관계를 통해 흐름의 맥락(脈絡: flow)을 살펴보았을 때 히브리어 동사(verb) '사라'(שָׂרָה)를 쓰면서, 하나님을 나타내는 히브리어 '엘로힘'(אֱלֹהִים) 앞에 일부러 히브리어 전치사(preposition) '임'(עִם־)을 히브리어 '마케프'(מַקֵּף)로 묶어, '임-엘로힘'(עִם־אֱלֹהִים)으로 한 단어(word)처럼 사용한 이유가, 그 어떤 사람이 야곱과의 씨름에서 야곱의 스파링 파트너(sparring partner) 역할을 하면서 이 씨름 사건을 통하여 야곱을 교육훈련(教育訓練)시켰다는 것을 의연(毅然) 중에 표출시키고자 함이었다고 봅니다. 그 교육훈련(教育訓練)의 목적은 "하나님이 다스리신다" 또는 "하나님이 통치하신다"라는 것입니다. 영어로 말하면 "God reins." 또는

"God governs."라고 할 수 있습니다.

하나님이 통치하신다는 말씀은 성경 곳곳에서 찾아볼 수 있습니다. 이 글을 쓰면서 저의 마음에 떠오른 하나님의 말씀은 이사야 52장 7절의 "좋은 소식을 가져오며 평화를 선포하며 복된 소식을 가져오며 구원을 공표하며 시온을 향하여 이르기를 '네 하나님이 통치하신다'(KJV: Thy God reigneth.) 하는 자의 산을 넘는 발이 어찌 그리 아름다운고"라는 말씀입니다. 그래서 "하나님께서 다스리신다"는 것을 믿는 사람들은 하나님의 말씀을 '듣는 것'이 우선적인 일로서 "하나님의 백성은 하나님의 말씀을 들어야 한다"라고 말할 수 있습니다. 그래서 일천번제를 드리고 여호와 하나님께 '듣는 마음'을 달라고 구한 솔로몬 왕에게 여호와 하나님께서는 솔로몬 왕이 구하지도 않은 장수와 부까지도 넘치도록 은혜를 베풀어주신 것입니다.

이러한 관점으로 볼 때 이스마엘의 후손들은 '이스마엘'(יִשְׁמָעֵאל)이라는 이름의 뜻이 "하나님이 듣는다"라는 의미를 나타내기 때문에, 기도를 하더라도 기도하는 자가 자기의 필요를 채우기 위해서 기도하는 것이라고 볼 수 있습니다. 그러나 야곱의 후손들은 "하나님이 통치하신다"는 것을 믿기 때문에, "하나님의 말씀을 듣고 지키고 행해야 한다"는 것에 강조점이 있습니다. 왜냐하면 야곱의 후손들은 하나님께서 모든 것을 주관하신다고 믿기 때문입니다. 그러므로 야곱의 후손들에게는 기도를 해도 하나님의 뜻이 이 땅에서 이루어지고 하나님의 나라가 이 땅에서 이루어지기를 바라고 기도해야 합니다. 그것이 최우선의 과제(課題)입니다. 여기서 말하는 이 '땅'은 우리의 '마음'(hart/mind)을 나타내기도 합니다.

2. 사람이 하나님과 겨루어 이길 수 있는가?

그 답은 "겨루어 이길 수 있다"입니다. 그것이 한글개역성경과 한글개역개정성경 창세기 32장 28절 후반부의 말씀입니다. 이것이 히브리어 성경에서는 창세기 32장 29절로 되어 있습니다. 히브리어 성경 창세기 32장 29절 후반부의 말씀은 "키-사리타 임-엘로힘 베임-아노쉼 밧투콜"(כִּי־שָׂרִיתָ עִם־אֱלֹהִים וְעִם־אֲנָשִׁים וַתּוּכָל)입니다. 여기서 히브리어 '키-사리타'(כִּי־שָׂרִיתָ)는 히브리어 '키'(כִּי)와 '사리타'(שָׂרִיתָ)가 영어의 하이픈(hyphen)에 해당하는 히브리어 '마케프'(מַקֵּף)로 묶어 한 단어(word)처럼 사용된 것입니다. 여기서 히브리어 '키'(כִּי)는 이유를 나타내는 접속사(接續詞)로서 영어로 'because'나 'for'를 나타내며, 히브리어 '사리타'(שָׂרִיתָ)는 우리말로 '우세하다, 왕으로서의 권력을 쥐다, 싸우다, 다투다, 힘을 가지다', 영어로는 'get(gain, obtain) the mastery, contend, strive, wrestle)' 등을 나타내는 동사(verb)에 칼 완료 2인칭 남성 단수(qal perfect second person masculine singular)를 취한 동사(verb)입니다. 히브리어 '임-엘로힘'(עִם־אֱלֹהִים)은 히브리어 전치사(preposition) '임'(עִם)과 하나님을 나타내는 히브리어 '엘로힘'(אֱלֹהִים)을 영어의 하이픈(hyphen)에 해당하는 히브리어 '마케프'(מַקֵּף)로 묶어 한 단어(word)처럼 사용한 것입니다. 히브리어 '엘로힘'(אֱלֹהִים)은 하나님을 나타내는 히브리어 '엘로하'(אֱלֹהַ)에 남성 복수 절대형(masculine plural absolute)를 취한 일반명사(common noun)입니다. 히브리어 '베임-아노쉼'(וְעִם־אֲנָשִׁים)은 영어의 'and'에 해당하는 히브리어 접속사(conjunction) '베'(וְ)를 영어의 'with'에 해당하는 히브리어 전치사(preposition) '임'(עִם)에 접두(接頭: prefix)시키고 히브리어 '베임'(וְעִם)과 영어의 'men'에 해당하는 히브리어 '아노쉼'(אֲנָשִׁים)이 영어의 하이픈(hyphen)에 해당하는 히브리어 '마케프'(מַקֵּף)로 묶어 한 단어(word)처럼 사용한 것입니다. 여기서 히브리어 '아노쉼'(אֲנָשִׁים)은 사람(man)이라는 히브리어 '이쉬'(אִישׁ)에 남성 복수 절대형(masculine plural absolute)를 취한 일반명사(common noun)입니다.

히브리어 '밧투콜'(וַתּוּכָל)은 우리말로는 '능가하다, 압도하다, 견디다, 권력을 가지다, 할 수 있다'로, 영어로는 'to hold on to, to endure, to have power to, to be able to'를 나타내는 히브리어 '야골'(יָכֹל)에 칼 봐브 계속 미완료 2인칭 남성 단수(qal vav consecutive imperfect second person masculine singular)를 취한 후 영어의 'and'에 해당하는 히브리어 '베'(וְ)를 접두(接頭: prefix)시킨 것입니다. 여기서 '칼 봐브 계속 미완료'(qal vav consecutive imperfect)가 사용되었으므로 번역할 때는 '칼 완료'(qal perfect)로 행동이 끝난 것으로 번역합니다. 이를 직역(直譯)하면 "그리고 네가 하나님과 맞대어 씨름했다. 그리고 사람들과 맞대어 씨름했다. 그런데 너는 (그들을) 압도했다"가 됩니다. 여기서 괄호 속의 '그들은'이라는 말은 본문에 없는 것을 이해를 돕기 위하여 필자가 첨가한 것입니다. 이를 한글개역성경 창세기 32장 28절 후반부에서는 "이는 네가 하나님과 사람으로 더불어 겨루어 이겼음이니라"로, 한글개역개정성경에서는 "이는 네가 하나님과 및 사람으로 더불어 겨루어 이겼음이니라"로, 흠정역영어성경(KJV)에서는 "for as prince because hast thou power with God and with men, and hast prevailed"로, 1995년도 국제표준역영어성경(NIV)에서는 "because you have struggled with God and with men and have overcom"으로, 2011년도 국제표준역영어성경(NIV)에서는 1995년도의 것에서 "with men"을 "with humans"로 바꾸었습니다. 표준역영어성경(RSV)에서는 "for you have striven with God and with men, and have prvailed"로, 미국표준역영어성경(ASV)에서는 "for thou hast striven with God and with men, and hast prevailed"로 번역하였습니다.

히브리어 성경 창세기 32장 29절 후반부에서 야곱의 이름을 야곱에서 이스라엘로 바꾼 이유를 설명한 부분을 한글개역성경 빌립보서 2장 6-8절의 "그는 근본 하나님의 본체시나 하나님과 동등됨을 취할 것으로 여기지 아니하시고 오히려 자기를 비어 종의 형체를 가져 사람들과 같이 되었고 사람의 모양으로 나타나셨으매 자기를 낮추시고 죽기까지 복종하셨으니 곧 십자가에 죽으심이라"라는 말씀을 거울삼아 삼위일체의 관점에서 살펴보면 그 어떤 사람은 하나님의 아들로서 하나님의 본체시나 하나님과 동등됨을 취할 것으로 여기지 아니하시고 오히려 자기를 비워 종의 형체를 가져 사람들과 같이 되었고 사람의 모양으로 나타나서 자기를 낮추시고, 하나님 아버지께서 야곱을 교육 및 훈련시키고자 하실 때 "스파링 파트너(sparring partner)"의 역할을 감당하면서 야곱의 능력을 고양(高揚)시켜 자기(그 어떤 사람)를 이기게 한 것으로 볼 수 있습니다.

여기서 야곱으로 하여금 그 어떤 사람을 따라 끝까지 씨름을 견뎌내게 하시고 이기게 하신 분은 '하나님 성령'(God the Spirit)입니다. 그리고 여기서 그 어떤 사람으로 표현된 '한 사람'은 하나님(God)과 모든 신(god)을 대표하고 모든 사람을 대신하신 '하나님의 아들'(God the Son)입니다. 그래서 야곱은 그 이름이 '이스라엘'(יִשְׂרָאֵל)르 바뀌면서 모든 사람들뿐만 아니라 그들이 믿는 신(神)들까지도 다 압도(壓倒: prevail)했다는 것입니다. 왜냐하면 하나님을 나타내는 히브리어 '엘로힘'(אֱלֹהִים)은 한글개역성경 출애굽기 12장 12절에서 "내가 그 밤에 애굽 땅에 두루 다니며 사람과 짐승을 무론하고 애굽 나라 가운데 처음 난 것을 다 치고 애굽의 모든 신(KJV: gods)에게 벌을 내리리라 나는 여호와로라" 이렇게 말씀하고 있기 때문입니다. 여기에서 보는 바와 같이 구약성경에서는 이방인들이 섬기는 신(神)들을 나타낼 때에도 히브리어 '엘로힘'(אֱלֹהִים)이 사용되었기 때문입니다. 히브리어 성경 출애굽기 12장 12절에서 모든 신들(KJV:

gods)이라고 할 때의 신들(KJV: gods)은 '엘로헤'(אֱלֹהֵי)로 쓰인 것인데 이는 하나님을 나타내는 히브리어 '엘로힘'(אֱלֹהִים)에 남성 복수 연계형(noun common masculine plural construct)를 취한 일반명사(common noun)입니다.

그리고 히브리어 성경 창세기 32장 29절에서 마지막 단어인 히브리어 '밧투콸'(וַתּוּכָל)은 완료형으로 번역하되 현재완료형(present perfect)이나 또는 미래완료형(future perfect)으로 번역될 수 있는 단어입니다. 왜냐하면 히브리어 시제(時制: tense)에는 완료형과 미완료형의 두 가지 종류밖에 없는데, 그중에서 완료형에는 현재완료형(present perfect)과 미래완료형(future perfect)이 있습니다. 이때 미래완료형(future perfect)을 예언적 완료형(prophetic perfect)이라고 부릅니다. 그래서 히브리어 '밧투콸'(וַתּוּכָל)을 현재완료형(present perfect)인 "네가 이겼다"(Thou hast prevailed.)와 미래완료형(future perfect)인 "네가 이길 것이다"(Thou shalt have prevailed.)로 번역할 수 있습니다. 이를 구체적으로 예를 들어 설명하면 야곱이 형 에서를 얍복 나루의 씨름 사건에서 이겼을 뿐만 아니라 후에 실제로 형 에서를 만나서 이긴 것으로 말할 수 있습니다.

Ⅳ. 씨름이 시작될 때의 야곱의 자세

야곱은 그의 권속과 그의 소유물을 다 보내고, 앞에도 물이 흐르고 뒤에서도 물이 흐르는 고립무원(孤立無援: isolated)의 장소에서 외롭게 혼자 남아 있습니다. 우리들이라면 이런 상황에서 과연 어떠한 자세를 취할 수 있을까요? 아니 '나'라면 어떠한 자세를 취했을까? 골똘히 생각해 봅니다. 자기의 마음의 동요(動搖)에 따라 신앙의 정도에 따라 여러 가지 반응이 나올 수 있을 것입니다. 어떤 사람은 서서 서성거릴 수도 있고, 어떤 사람은 조용히 앉아 기도할 수도 있고, 또 어떤 사람은 무릎을 꿇고 기도할 수도 있을 것입니다. 성경 본문에 명확한 언급이 없으니 안타깝습니다. 참으로 독자들의 반응에 의존할 수밖에 없습니다. 하여튼 씨름은 곧 '어떤 사람'에 의해서 시작됩니다.

V. 페니엘과 페누엘의 언어 형성 배경

창세기 32장 30-31절에서 "그러므로 야곱이 그곳 이름을 브니엘이라 하였으니 그가 이르기를 내가 하나님과 대면하여 보았으나 내 생명이 보전되었다 함이더라 그가 브니엘을 지날 때에 해가 돋았고 그의 허벅다리로 말미암아 절었더라"고 말씀하십니다. 한글개역성경이나 한글개정개역성경 창세기 32장 30절과 31절에서는 '하나님의 얼굴'을 나타내는 히브리어를 번역할 때 동일하게 '브니엘'로 나타내었습니다. 그러나 히브리어 성경에서는 다르게 쓰였습니다.

한글개역성경 창세기 32장 30절에서 '브니엘'로 표현된 것이 히브리어 성경 창세기 32장 31절에서는 히브리어 '페니엘'(פְּנִיאֵל)로 쓰인 것입니다. 이 '페니엘'(פְּנִיאֵל)은 히브리어 구약성경 중에서도 권위 있는 것으로 인정되어 많이 쓰이는 "레닌그라드 히브리어 구약성경"(WTT: Leningrad Hebrew Old Testaments)에서 창세기 32장 31절에 단 한 번 쓰였습니다. 그러나 그 다음 절인 히브리어 성경 창세기 32장 32절(한글개역성경 창세기 32:31)에서 쓰인 '페누엘'(פְּנוּאֵל)은 히브리어 성경으로 사사기 8장 8절에서 두 번, 창세기 32장 32절과 사사기 8장 9절, 사사기 8장 17절 그리고 열왕기상 12장 25절에서 각각 한 번씩 모두 여섯 번 구약성경에 쓰였습니다. 그 뜻은 '하나님의 얼굴'(the face of God)입니다.

'페니엘'(פְּנִיאֵל)과 '페누엘'(פְּנוּאֵל)은 모두 '하나님의 얼굴'(the face of God)을 나타내는 말이지만 형성 배경이 각각 다릅니다. 그러면 한글개역성경이나 개역개정성경에서는 왜 동일하게 '브니엘'[히브리어: 페니엘(פְּנִיאֵל)]로 썼을까요? 원본인 히브리어 구역성경에서도 이렇게 상이(相異)하게 쓰였는데 말입니다. 그러면 영어성경에서는 어떤지 궁금합니다.

히브리어 '페니엘'(פְּנִיאֵל)은 '얼굴'(face)을 나타내는 히브리어 '파네'(פָּנֶה)에 하나님을 나타내는 '엘'(אֵל)이 합성된 것으로 '하나님의 얼굴'(the face of God)을 나타냅니다. 이를 좀 더 자세히 살펴보면 얼굴을 나타내는 히브리어 '파네'(פָּנֶה)의 연계형(連繫形: construct form) '페네'(פְּנֵי)가 하나님을 나타내는 '엘'(אֵל)과 연계되어 '페네엘'(פְּנֵיאֵל)이 됩니다. 이 '페네엘'(פְּנֵיאֵל)에서 한글 모음 '네'(נֵי)의 'ㅔ'(ֵי)와 '엘'의 'ㅔ'(ֵ)가 같은 'ㅔ'의 음(音)을 냅니다. 또한 이 둘이 모두 장모음(長母音)이기 때문에 '네'(נֵי)의 장모음 'ㅔ'(ֵי)가 장모음 'ㅣ'(ִי)로 바뀝니다. 그래서 '페니엘'(פְּנִיאֵל)이 된 것입니다. 여기서 'ㅔ', 'ㅣ'는 한글 모음 문자 '에'와 '이'를 나타냅니다.

한글개역성경이나 개역개정성경에서는 이를 '브니엘'이라고 썼습니다. 대부분의 영어성경에서는 'Peniel'로 썼습니다. '하나님의 얼굴'이라는 뜻입니다. 한글개역성경이나 개역개정성경 창세기 32장 30절에서 "내가 하나님과 대면하여 보았으나"라고 표현한 것은 자기가 하나님의 얼굴과 대면하여 보았다는 것입니다. 그런데 그의 생명이 보존되었다는 것입니다. 흠정역영어성경(KJV) 창세기 32장 30절은 "I have seen God face to face."로 썼습니다. 이것은 야곱이 자기 얼굴을 똑바로 하여 하나님의 얼굴을 자세히 보았음과 동시에 하나님께서도 관심을 집중하여 야곱의 얼굴을 자세히 보셨다는 것입니다.

한글개역성경이나 개역개정성경에서는 창세기 32장 31절로 쓰인 것이 히브리어 성경에서는 창세기 32장 32절로 쓰였습니다. 그런데 한글개역성경이나 개역개정성경 창세기 32장 31절에서는 히브리어 성경 창세기 32장 32절에서 히브리어 '페누엘'(פְּנוּאֵל)로 쓰인 것을 의역(意譯: dynamic translation)하여 히브리어로 '페니엘'(פְּנִיאֵל)로, 이것을 영어로 음역(音譯)하여 'Peniel'로 쓴 것을 한글개역성경과 한글개역개정성경에서는 히브리어 발음에 좀 더 가깝게 '브니엘'로 음역(音譯)한 것입니다. 영어성경 중에서 원문(原文)의 뜻을 정확히 이하하는 데 주안(主眼)점을 두고 의역(意譯: dynamic translation)한 국제표준역영어성경(NIV)에서도 창세기 32장 30절에서는 히브리어 성경 창세기 32장 31절의 히브리어 '페니엘'(פְּנִיאֵל)을 음역(音譯)하여 'Peniel'로, 창세기 32장 31절에서는 히브리어 성경 32장 32절의 히브리어 '페누엘'(פְּנוּאֵל)을 의역(意譯)하여 'Peniel'로 썼습니다.

그러나 영어성경 중에서 직역(直譯: a word for word translation)을 위주로 한 흠정역영어성경(KJV)에서는, 히브리어 성경에 있는 그대로, 창세기 32장 30절에서는 히브리어 성경 창세기 32장 31절의 히브리어 '페니엘'(פְּנִיאֵל)을 음역(音譯)하여 'Peniel'로, 창세기 32장 31절에서는 히브리어 성경 32장 32절의 히브리어 '페누엘'(פְּנוּאֵל)을 음역(音譯)하여 'Penuel'로

셨습니다. 그러면 '페니엘'(פְּנִיאֵל)과 '페누엘'(פְּנוּאֵל)의 차이는 무엇일까요?

히브리어 '페누엘'(פְּנוּאֵל)은 "Gesenius' Hebrew-Chaldee Lexicon to the Old Testament"에 의하면 '하나님의 얼굴'(the face of God)을 나타냅니다. 이것은 단수(singular)인 얼굴(face)을 나타내는 '파님'(פָּנִים)의 연계형(連繫形: construct form)인 '페누'(פְּנוּ)에 하나님을 나타내는 '엘'(אֵל)이 결합되면서 생긴 말입니다. 그런데 '페누'(פְּנוּ)는 야곱의 씨름 사건 당시에는 별로 쓰이지 않는 폐용(廢用)된 말이었습니다. 그러므로 야곱의 씨름 사건 이전의 히브리어의 고어(古語)로 하나님의 얼굴을 나타내려면 우선 단수(singular)로 얼굴(face)을 나타내는 '파님'(פָּנִים)의 연계형(連繫形: construct form) '페네'(פְּנֵי)가 고어(古語)인 '페누'(פְּנוּ)로 바뀌어야 합니다. 여기에다가 하나님을 나타내는 '엘'(אֵל)을 붙이면 '페누엘'(פְּנוּאֵל)이 됩니다.

이해를 돕기 위하여 부연 설명을 드리면 이렇습니다. 즉 야곱이 자기가 씨름한 바로 그 지점(地點: point)을 가리켜 야곱 당시에 사용되던 용어로 '페니엘'(פְּנִיאֵל)이라고 명명(命名)하였습니다. 그런데 한글개역성경 창세기 32장 31절에서는 "그가 브니엘을 지날 때에 해가 돋았고 그 환도뼈로 인하여 절었더라"라고 기록되었습니다. 여기서 야곱을 3인칭 단수(third person singular)로 표현한 것으로 보아 이것은 창세기를 쓴 기자(reporter)가 자기의 말을 쓴 것입니다. 그런데 이 말은 소설가가 소설을 쓰듯 자기가 마음대로 자기의 말을 쓴 것이 아니라 '하나님 성령'(God the Spirit)의 감동(感動: inspiration)을 받고 하나님 성령(God the Spirit)께서 지시하시는 대로 쓴 것입니다. 왜냐하면 디모데후서 3장 16절에서 "모든 성경(聖經: scripture)은 하나님의 감동(感動: inspiration)으로 된 것으로 교훈과 책망과 바르게 함과 의(義: righteousness)로 교육하기에 유익하니"라고 말씀하고 있기 때문입니다.

좀 더 자세히 설명하면 야곱이 다음날 새벽에 일어나 그 지역 일대를 지나가게 되었는데, 바로 그 지역 이름이 '페누엘'(פְּנוּאֵל)이었던 것입니다. 이것을 '하나님 성령'(God the Spirit)께서 이 기사(記事)를 쓴 창세기 성경 기자(reporter)에게 말씀하여 주신 것입니다. 다시 말하면 페누엘(פְּנוּאֵל)은 오래전부터 전해 내려오는 이 지역 일대(地域一帶: area)의 고유명사(固有名詞)로, 그렇게 불리어지는 이름이었다는 것입니다. 그리고 야곱이 페누엘(פְּנוּאֵל)을 지날 때에 해가 돋았고 야곱이 그 환도뼈로 말미암아 절었다는 것입니다.

그 반면에 '페니엘'(פְּנִיאֵל)은 야곱이 씨름 사건을 회고(回顧)하면서 '천사와 야곱이 씨름한 바로 그 지점(地點: point)'에 야곱이 새롭게 붙인 지소(地所) 이름입니다. 여기서 우리는 여러 가지를 생각해볼 수 있는데, 그중에서 대표적인 두 가지를 살펴보겠습니다.

Ⅵ. 페니엘과 페누엘의 사용 배경 설명

1. 페니엘과 페누엘을 구별하여 사용하는 경우

(1) 하나님의 인증표(人證標)

첫째는, 야곱은 알지 못하는 가운데 '하나님의 얼굴'이라는 뜻을 가진 물살이 비교적 느리고 깊이가 낮은 얍복 나루의 지류인 '페누엘'

(פְּנוּאֵל)이라는 지역에 하나님의 인도하심으로 도착하였습니다. 야곱에게 대적(對敵)하는 형 '에서'를 이기게 하기 위하여, 하나님 아버지께서 특별히 보내신 '어떤 사람'과 씨름을 시키면서 야곱의 기량(氣量)을 향상시켜 주셨습니다. 야곱은 이 훈련을 통과한 후에, 자기와 씨름한 그 '어떤 사람'이 바로 하나님이심을 알고 "내가 하나님과 대면하여 보았으나 내 생명이 보존되었다"라고 감탄했습니다. 자기 스스로, 자기도 알지 못하는 사이에, 그의 입술로부터 터져 나온 그 훈련장(訓鍊場)의 이름이 '페니엘'(פְּנִיאֵל)이었습니다.

야곱이 그 다음날 아침에 일찍이 일어나 그의 고향으로 발걸음을 다시 옮길 때 '하나님 성령'(God the Spirit)께서 창세기 성경기자에게 그 지역의 본 이름은 '페누엘'(פְּנוּאֵל)이라고 알려 주셨습니다. 그런데 그 뜻이 무엇인가 알아보니 '하나님의 얼굴'(the face of God)이었습니다. 그 성경 기자가 얼마나 놀랐겠습니까? 하나님의 주도면밀하신 계획에 얼마나 감탄했겠습니까? 참으로 놀라운 일이 아닐 수 없습니다. 준비해 주시는 하나님, 여호와 이레의 하나님을 온몸으로 체험했을 것입니다. 실로 '페누엘'(פְּנוּאֵל)은 정말로 야곱의 "나는 하나님의 얼굴을 맞대면하여 보았다"(I have seen God face to face.)라는 고백에 대한 하나님의 인증표(人證標)라고 창세기 성경 기자는 확신(確信)하였을 것입니다. 물론 하나님께서 야곱에게 주신 것이지요. 그럼에도 불구하고 야곱 자신은 이것을 몰랐을 수도 있습니다. 왜냐하면 오늘날 우리에게도 제삼자가 보기에는 하나님의 특별하신 역사임에 틀림이 없는데도 불구하고 자기 자신은 전혀 그것을 느끼지 못하고 사는 경우가 너무나 많으니까요. 이것을 영어로 말하면 'external evidence'는 확실한데 'internal evidence'가 약하다고 말하는 경우입니다. 예를 들면 하나님께서는 사역자로 부르셨는데 당사자는 그것을 전혀 인지(認知)하지 못하는 경우 말이죠.

(2) 숨겨진 하나님의 은혜

창세기 32장 24절의 그 '어떤 사람'이 곧 예수 그리스도이십니다. 야곱은 그 어떤 사람으로 말미암아 야곱에서 이스라엘로 그 이름이 바뀌었습니다. 우리는 예수 그리스도로 말미암아 죽을 수밖에 없는 죄인이 구원받으며 영생의 선물을 받게 된 의인으로 바뀌었습니다. 신약시대에 구원받기 전 우리의 모습이 바로 야곱의 모습이었습니다. 야곱이라는 이름의 뜻은 '움켜쥐는 자'(a man who grasps), '강탈하는 자'(a man who supplants) 그리고 '속이는 자'(a man who deceives)입니다. 그런데 '하나님과 사람으로 더불어 겨루어 이긴 자'라는 '이스라엘'로 그 이름이 바뀌었습니다.

'어떤 사람'으로 감추어져 있던 예수 그리스도께서 직접 '이스라엘'이라는 말의 뜻을 풀어주셨습니다. 즉 '하나님과 및 사람으로 겨루어 이기었음'이라고 말입니다. 이를 요약하면 '이스라엘'의 뜻은 '하나님에 의해서 승리의 삶을 사는 사람'이라 할 수 있습니다.

만일 창세기 32장 30절과 창세기 32장 31절에서 히브리어 '페니엘'(פְּנִיאֵל)과 '페누엘'(פְּנוּאֵל)을 뜻으로만 보고 한글개역성경이나 한글개역개정성경 및 국제표준역영어성경(NIV)과 같이 의역(意譯)하여, 구별 없이 '페니엘'(פְּנִיאֵל)로 통일하여 썼다면 다반사(茶飯事)로 창세기 32장 31절을 큰 관심 없이 지나쳐 버리지 않겠나 싶습니다. 성경을 번역할 때 이런 것들이 직역(直譯: a word for word translation)과 의역(意譯: dynamic translation)의 차이점입니다.

2. 페니엘과 페누엘을 구별 없이 하나로 사용하는 경우

두 번째로 창세기 32장 31절의 히브리어 '페누엘'(פְּנוּאֵל)을 창세기 32장 30절에서와 동일하게 '페니엘'(פְּנִיאֵל)로 번역하는 경우입니다. 이런 경우에 우선적으로 문제가 되는 것은 히브리어 성경 자체가 이를 뒷받침하고 있지 않다는 것입니다. 창세기 32장 30절에서 31절로 자연스럽게 이어지기 때문에 그 속에 숨어있는 하나님의 큰 은혜를 별 관심 없이 지나쳐버릴 수 있습니다. 그러므로 주의를 요(要)합니다.

Ⅶ. 페니엘 영성 훈련소
(The Peniel Camp for Spiritual Training)

1. 눈높이 교육 및 훈련

창세기 32장 24절을 보면 "야곱은 홀로 남았더니 어떤 사람이 날이 새도록 야곱과 씨름하다가"라고 하였습니다. '홀로 남았더니'라는 말씀으로 미루어 보아 어떤 사람이 야곱에게 개별교육과 훈련(individual teaching and training)을 시작할 것임을 암시하고 이어서 '날이 새도록 야곱과 씨름하다가'라고 말합니다. 밤새도록 야곱과 씨름했다는 이야기입니다. 여기서 어떤 사람은 앞에서 살펴본 바와 같이 하나님의 사자이시고 천사이시며 예수 그리스도이시며 하나님이심을 우리는 압니다. 피조물에 불과한 야곱이 어찌 하나님과 대등한 관계에서 씨름을 할 수 있겠습니까? 하나님의 사자인 그 어떤 사람이 자기를 낮춰 야곱의 수준에 맞춰준 것입니다.

실로 빌립보서 2장 5-8절을 회상하게 합니다. “너희 안에 이 마음을 품으라 곧 그리스도 예수의 마음이니 그는 근본 하나님의 본체시나 하나님과 동등됨을 취할 것으로 여기지 아니하시고 오히려 자기를 비워 종의 형체를 가지사 사람들과 같이 되셨고 사람의 모양으로 나타나사 자기를 낮추시고 죽기까지 복종하셨으니 곧 십자가에 죽으심이라”는 말씀 말입니다. 하나님의 자녀들을 양육하는 모든 교사와 트레이너(trainer)들이 취할 자세입니다. 왜냐하면 모든 하나님의 자녀 양육자들은 이 ‘어떤 사람’과 같이 하나님으로부터 특별한 소명을 받은 자들이기 때문입니다.

2. 잊지 못할 흔적

창세기 32장 25절을 보면 “자기가 야곱을 이기지 못함을 보고 그가 야곱의 허벅지 관절을 치매 야곱의 허벅지 관절이 그 사람과 씨름할 때에 어긋났더라”고 하였습니다. 하나님께서 어찌 야곱을 이기지 못하셨겠습니까? 야곱이 앞으로 치러야 할 대적(對敵)은 형 ‘에서’임을 상기할 필요가 있습니다. 그래서 야곱이 형 에서를 이길 수 있도록 하나님의 사자인 그 ‘어떤 사람’이 야곱의 형 에서의 역할을 감당하면서 야곱을 훈련시키신 것이 창세기 32장 24절입니다. 그다음에 창세기 32장 25절에서 형 에서로 현현(顯現)된 그 ‘어떤 사람’이 자기가 동생 야곱을 이기지 못함을 보고 동생 야곱의 허벅지를 친 것입니다. 이것은 야곱에게 있어서 경이(驚異)적인 사건이고 이정표(里程標)와 같은 중대한 사건입니다. 형 에서로 말미암아 죽을 수밖에 없는 상황에서 생명을 구한 것입니다. 하나님께서는 이것을 영원히 새기게 하기 위하여 지워지지 않는 증표(證票)로 삼으셨습니다. 그래서 야곱에게 흔적을 남기셨습니다. 그것도 영원히 지워지지 않는 흔적 말입니다. 바로 허벅지를 어긋나게 한 것입니다.

이것은 한 걸음 더 나아가 사람을 의지하면 아니 되고 하나님만 의지하라는 신호(sign)입니다. 이후로 육체적인 힘의 대결은 다시 나타나지 않습니다. 그런 다음 쭉 문답(問答: question and answer)으로 이어집니다. 다시 말하면 말씀으로 이기라는 것입니다. 그리고 그렇게 진행되고 있습니다.

3. 하나님의 문답식 교육훈련

창세기 32장 26-27절을 보면 "그가 이르되 날이 새려 하니 나로 가게 하라 야곱이 이르되 당신이 내게 축복하지 아니하면 가게 하지 아니하겠나이다"라고 하였습니다. 날이 새니까 하나님의 사자 그 '어떤 사람'은 떠나야만 했습니다. 형 에서로서의 역할을 감당하는 '어떤 사람'이기 때문입니다. 이것은 하나님께서 훈련시키심에 있어 시간이 제한되어 있다는 것을 의미합니다. 임의로 늘이고 줄일 수 있는 것이 아닙니다. 그 훈련시간에 맞춰 교육훈련을 진행해야 되는 것이지요. 시간의 엄격함을 다시 한 번 더 실감(實感)하게 됩니다.

여기서 "나로 가게 하라"고 쓰인 것은 히브리어로는 '쇌르헤니'(שַׁלְּחֵנִי)로 쓰였습니다. 히브리어 쇌르헤니(שַׁלְּחֵנִי)는 '떠나게 하다'(let go)라는 '쇌라흐'(שַׁלַּח)의 1인칭 어미(語尾)를 가진 강의형 능동 명령 동사(first person masculine singular suffix first person common singular piel imperative verb) 입니다. 그 뜻은 '나로 가게 하라'입니다. 즉 하나님의 사자가 야곱에게 보내달라고 부탁한 것이 아니라 강력하게 명령한 것입니다.

하나님의 사자인 '그 사람'이 얼마든지 야곱을 뿌리치고 떠나갈 수 있었음에도 불구하고 굳이 야곱에게 이렇게 강력하게 명령하신 이유는 허벅지가 위골(違骨)된 야곱이 과연 하나님을 의지하고 있는지 시험하고자 함이었습니다. 이는 아브라함에게 100세에 아들 이삭을 주시고 또 그 아들을 모리아 산에서 번제로 바치라고 명령하심으로써 아브라함의 믿음을 시험하셨던 하나님의 모습과 유사합니다. 그러나 하나님의 시험은 자기 백성을 넘어뜨리기 위함이 아닙니다. 오히려 복을 내려주시고자 함입니다.

야곱의 대답은 "당신이 내게 축복하지 아니하면 가게 하지 아니하겠나이다"입니다. 여기에서 그 '어떤 사람'은 야곱의 대답을 통해서 야곱이 하나님을 온전히 의지하고 있을 뿐만 아니라 하나님의 축복을 받기를 갈망하고 있음을 보았습니다. 야곱은 시험에 합격했습니다.

(1) 네 자신을 알라(know thyself)

창세기 32장 27절을 보면 "그 사람이 그에게 이르되 네 이름이 무엇이냐 그가 이르되 야곱이니이다"라고 기록되어 있습니다. 그 '어떤 사람'은 참으로 예수님이심을 다시 한 번 더 떠올리게 합니다. 왜냐하면 예수님의 교육방식이, 먼저 물으시고 피교육자로 하여금 그의 대답을 통해서 예수님께서 이루고자 하시는 교육의 목적을 피교육자 스스로가 달성할 수 있도록 만드시기 때문입니다. 이것이 신약성경을 통해서 우리들에게 보여주신 예수님의 전형적(cannonical form)인 교육방법입니다.

야곱이 자기 이름을 댑니다. 야곱이라는 말의 뜻은 전에 상고해 본 것과 같이 '움켜쥐는 자'(a man who grasps), '강탈하는 자'(a man who supplants) 그리고 '속이는 자'(a man who deceives)입니다. 그러니 '나는 세상 속에 파묻혀 세상적인 삶을 사는 사람'이라고 고백한 것과 마찬가지입니다. 전형적인 세상적인 삶의 모습이 '움켜쥐는 자'(a man who grasps), '강탈하는 자'(a man who supplants) 그리고 '속이는 자'(a man who deceives)로 사는 것이기 때문입니다. 하나님의 사자인 그 '어떤 사람'은 이것을 야곱이 회개(悔改: repent)한 것으로 보아 주었습니다. 참으로 짧지만 집약된 회개의 모습입니다. 왜냐하면 이것이 야곱의 참모습이요 우리들의 본 모습이기 때문입니다. 그래서 야곱의 하나님 하면 회개의 하나님으로 말하는 것입니다. 유명한 철학자 소크라테스의 주문(注文) "네 자신을 알라"(know thyself!)의 답(答: answer)이 바로 여기 있습니다.

(2) 하나님께서 수여하신 빛나는 페니엘 합격증(合格證)

창세기 32장 28절을 보면 "그가 이르되 네 이름을 다시는 야곱이라 부를 것이 아니요 이스라엘이라 부를 것이니 이는 네가 하나님과 및 사람들과 겨루어 이겼음이니라"고 하였습니다. 여기서 '이겼음'이라 하신 그것이 하나님께서 수여하신 빛나는 합격증입니다. 이를 '페니엘 합격증'이라고 부르고 싶습니다. 자세한 내용은 앞에서 살펴보았습니다.

(3) 합격증(合格證)에 대한 야곱의 내적 확인(內的 確認)

창세기 32장 29-30절을 보면 "야곱이 청하여 이르되 당신의 이름을 알려 주소서 그 사람이 이르되 어찌하여 내 이름을 묻느냐 하고 거기서 야곱에게 축복한지라 그러므로 야곱이 그곳 이름을 브니엘(페니엘)이라 하였으니 그가 이르기를 내가 하나님과 대면하여 보았으나 내 생명이 보전되었다 함이더라"고 하였습니다. 여기서 '그 사람'으로 불리어지는 그 사람은 특정한 사람으로서 예수 그리스도를 나타내는데, 이 이름은 신약시대 이전에는 감추어져 있어야 할 이름이지 표출되어 회자(膾炙)될 이름이 아니었습니다. '그 사람'이 야곱을 축복합니다. 이것이 합격증 수여식입니다.

야곱이 합격증을 받고 내면으로부터 흘러나와 그의 입으로부터 터져 나온 말이 페니엘이었습니다. 그리고 야곱이 그 뜻을 풀이하기를 "내가 하나님을 대면하여 보았으나 내 생명이 보전되었다"라고 하면서, 자기 자신이 스스로 죄를 고백하였습니다. 이를 합격증에 대한 내적(內的)인 확인(確認)이라고 부르고 싶습니다.

(4) 합격증(合格證)에 대한 야곱의 외적 확인(外的 確認)

야곱이 하나님께서 수여하신 빛나는 합격 증서를 마음에 새기고 그 다음날 다시 일어나 고향으로 갈 때 햇빛이 그의 머리 위에서 찬란하게 빛났습니다. 마치 온 세계가 자기를 축복하여 준다는 감격이 밀려왔을 것입니다. 그런데 '하나님 성령'(God the Spirit)께서 창세기 성경 기자에게 그곳의 이름이 다름 아닌 '페누엘'(פְּנוּאֵל)이라고 말씀했습니다. 그의 뜻이 '하나님의 얼굴'이니 야곱이 말한 '페니엘'과 그 뜻이 일치하는 것이었습니다. 창세기 성경 기자가 얼마나 놀랐겠습니까? 하나님의 합격 증서가 외적으로 창세기 성경 기자에 의해서 객관적으로 증명되는 순간이었습니다. 창세기 기사를 읽는 모든 사람에게 말이죠. 그래서 이를 야곱의 합격증에 대한 외적(外的)인 확인(確認)이라고 부르고 싶습니다.

Ⅷ. 삼위일체(三位一體) 하나님의 역사(役事)

승리하는 자의 삶은 하나님께서 "네가 이겼다"라고 그의 손을 들어 주실 때만 가능한 것입니다. 야곱의 씨름 사건에서와 같이 말입니다. 이것은 야곱에게만 주어진 것이 아닙니다. 우리 모두에게도 주어진 것입니다. 하나님께서는 우리들의 모든 문제 해결을 위하여 이미 그 답을 마련해 놓으셨습니다.

'페누엘'(פְּנוּאֵל)로 인도하신 하나님께서 "네가 하나님과 및 사람들과 겨루어 이겼다"라고 선포하신 것을 잊지 마십시오. 하나님과 겨루어 이겼다는 말씀은 하나님의 심령이 우리 마음에 꽂혔다는 것을 의미합니다.

창세기 32장 22-32절에서 야곱을 ① 먼저 찾아오신 하나님 예수 그리스도, ② 야곱을 훈련시키시는 예수 그리스도, 야곱의 정체성을 바꾸어 주시는 하나님 예수 그리스도, ③ 야곱에게 승리를 선포하시는 하나님 예수 그리스도, 그리고 ④ 야곱과 하나님 예수 그리스도를 맞대면케 하여 주시는 것과, 그 맞대면의 상대가 바로 하나님 예수 그리스도이심을 야곱에게 깨닫게 하시고, 이를 지명을 통하여 이 기사를 읽는 모든 자에게 재확인(再確認)시키시는 하나님 성령님의 역사를 상기하면서 놀라움을 금치 못합니다.

이 모든 것이 하나님 아버지께서 사랑하는 아들 예수 그리스도를 야곱에게 보내주심으로부터 시작되었고, 그 일련의 과정이 하나님 아버지의 뜻대로 이루어지고 있음을 봅니다. 실로 삼위일체(三位一體: trinity) 하나님의 역사(役事: work)입니다.

하나님은 영(靈: Spirit)이시니 우리는 하나님을 볼 수도 없고, 만져 볼 수도 없으며, 어떻게 상상할 수도 없습니다. 요한복음 1장 18절을 보면 "본래 하나님을 본 사람이 없으되 아버지 품속에 있는 독생하신 하나님이 나타내셨느니라"고 하였습니다. 그러므로 우리의 문제 해결을 위하여 우리의 시선을 사람에게 맞추지 말고 오직 예수 그리스도께 맞추어야 하겠습니다(Let us keep our eyes focussed on Jesus, not upon man.)

IX. 소원(所願)과 축원(祝願)

야곱의 씨름 사건에서 '어떤 사람'을 보내주신 분은 바로 하나님 아버지이십니다. 그리고 야곱의 씨름 사건을 처음에서부터 끝까지 이끌어 가신 분은 하나님 예수 그리스도이십니다. 그런데 이것은 하나님 아버지의 뜻에 따라 이루어진 것입니다. 야곱이 부르거나 초청하기 이전에 곤고한 야곱을 먼저 찾아가, 야곱을 훈련시키시고, '움켜쥐는 자', '강탈하는 자', '속이는 자'라는 그의 이름을, '하나님과 및 사람으로 더불어 겨루어 이긴 자'라는 이름으로 바꾸어 주시면서, 그의 정체성을 바꾸어 주시고, 그에게 축복하여 주신 분이 하나님 예수 그리스도이십니다. 야곱을 찾아오시고 훈련시키시고, 이름을 바꾸어 주시고, 축복하여 주신 분이 바로 하나님 예수 그리스도이심을 야곱에게 깨닫게 하시고, 야곱으로 하여금 "내가 하나님 예수 그리스도와 맞대면하여 보았으나 내 생명이 보존되었다"라고 감격하게 하시고, '브니엘'[페니엘(פְּנִיאֵל)]이라고 토설(吐說)하게 하신 분이 '하나님 성령'(God the Spirit)이십니다.

하나님의 얼굴이라는 뜻의 '페누엘'(פְּנוּאֵל)이라는 지명을 통하여 예수 그리스도께서 하나님이심과, 그 하나님을 맞대면하여 보았음에도 불구하고 야곱의 생명이 보존되었음을 창세기를 읽는 모든 사람들에게 재확인(再確認)하게 하신 분은 하나님 성령(God the Spirit)이십니다. 이러한 삼위일체(三位一體) 하나님의 역사(役事)를 깨닫는 형제자매 여러분, 이를 체감(體感)적으로 깨달아 일상생활에 적용하는 귀한 여러분이 다 되시기를 바랍니다.

사랑하는 형제자매 여러분!

야곱이 '하나님 아들'(God the Son)이시면서 '예수 그리스도'이신 '그 어떤 사람'과 맞대면하여 문제를 해결(解決)받은 후 씨름한 그 장소에서 '브니엘'을 외치면서 기뻐한 것처럼, 우리 형제자매 여러분들도 '하나님 아들'(God the Son)이시면서 '온전한 사람'이신 예수 그리스도로 말미암아 모든 문제의 해결(解決)의 답(答: answer)을 얻고 기도한 바로 그 장소에서, '브니엘'[페니엘(פְּנִיאֵל)]이라고 외치며 기뻐할 수 있기를 바랍니다. 왜냐하면 신약시대에 살고 있는 우리에게는, 예수 그리스도께서 야곱시대와는 달리, 세상 끝 날까지 항상 우리와 함께하시기 때문입니다. 우리가 문을 열기만 하면 예수님은 언제나 우리를 만나주십니다. 바로 우리의 마음의 문을 열기만 하면 말이지요. 야곱처럼 우리 모두가 하나님의 은혜를 깨닫고 확신하는 가운데 승자(勝者)의 삶을 살기를 축원합니다.

구약성경
Old Testament

제2부

하나님! 하필이면 왜 접니까?

(욥 3:24–26)

O God! Why me?

(Job. 3:24–26)

하나님께서 학수고대하는
고난 받는 욥의 자성의 소리

[(하나님! 하필이면 왜 접니까?) → (하나님! 하필이면 왜 제가 아닙니까?)]

-not ("Why me?") but ("Why 'NOT' me?")-

"나는 먹기 전에 탄식이 나며 나의 앓는 소리는 물이 쏟아지는 것 같구나 나의 두려워하는 그것이 내게 임하고 나의 무서워하는 그것이 내 몸에 미쳤구나 평강도 없고 안온도 없고 안식도 없고 고난만 임하였구나"

(욥 3:24-26)

저는 2001년 10월 18일 화랑목회자회(육사 출신 목회자 모임)에서 중요한 역할을 담담하셨던 양요석(생도시절 이름: 양영부/육사 23기: 1967년 졸업) 목사님의 갑작스런 소천(召天) 소식을 듣고 깜짝 놀라 김포에 있는 고려병원 영안실로 찾아갔습니다. 빈소를 찾아 조문(弔問)한 후 사고의 내용을 듣게 되었습니다. 양 목사님이 본 교회(주사랑교회)에서 새벽기도회를 마치고 집으로 돌아오는 길에 같은 방향의 교인을 그의 집까지 태워다 주고 오시는 길에, 갑자기 오토바이가 끼어들자 그것을 피해 충돌을 막으려다 육교의 교각을 들이받아 목사님은 사고 현장에서 숨을 거두시고, 사모님도 다쳐 병원 2층 중환자(重患者)실에 입원한 상태라고 했습니다. 오토바이는 접촉이 없었기 때문에 무사했고 아무 흔적도 남기지 않고 그냥 가버렸다는 것입니다.

김포에 새로 들어선 3,000세대 이상의 대단위 아파트(현대아파트) 단지 내에 새롭게 성전을 아름답게 꾸미고 지난 4월에 입당하여 활발하게 목회(牧會)를 하던 중에 일어난 참변(慘變)이었습니다. 목사님께서는 이틀 전에 본 교회에서 부흥회를 마쳤다고 했습니다. 사모님 말씀이 "그렇게 하나님을 사랑하여 잠도 자지 않고 불철주야(不撤晝夜) 목회만 생각하던 목사님이 세상을 떠나셨는데 '어찌 나는 살아남아 몸이 아프다는 생각이 나나?' 쿡쓸 사람이로다. 이렇게 가시면 우리는 어떻게 하라고?" 하면서 눈물을 주르르 흘리시는 것이었습니다. 저는 침상(寢牀) 옆에 서 있었습니다. 저는 위로의 말을 찾지 못했습니다.

침묵이 흐르는 동안 사관학교 후배 목사님 중의 한 분이신 김정은(육사 29기: 1973년 졸업) 목사님이 어렵게 입을 떼시면서 위로의 말씀을 하셨습니다. "하나님께서는 모든 것을 다 알고 또 보고 계십니다. 사람은 누구나 다 죽게 되어 있고 단지 차이가 있다면 '먼저 가느냐? 조금 늦게 가느냐?'의 차이뿐입니다. 목사(牧師)의 관점에서 보면 '양 목사님은 새벽기도를 통하여 양들에게 좋은 꼴을 먹이시고, 성도를 집까지 모셔다 주는 헌신(獻身)을 보여주셨고, 또 오토바이 탄 사람의 생명을 구하려다 자기 생명을 버려 희생정신(犧牲精神)을 몸으로 보이신 귀한 목자(牧者)의 길을 걸으신 것입니다.' 너무 슬퍼 마시고 믿음을 굳게 지켜 사모의 본(本)을 보이셔야 됩니다" 하면서 "주님께서 다 지켜 보호하여 주실 것이니 염려하지 마십시오" 하는 것이었습니다. 사도님은 슬픔을 거두고 화랑목회자 회원들에게 고맙다는 인사를 하셨습니다. 여러분이 그의 입장이었다면 어떻게 하시겠습니까?

사랑하는 믿음의 형제자매 여러분! 여러분은 두려워하는 것이 있습니까? 여러분은 무서워하는 것이 있습니까? 그것이 여러분에게 임하고 여러분의 몸에 임하였다면 어떻게 하시겠습니까? 만일 우리가 욥의 처지로 돌아가 욥과 같이 "나는 먹기 전에 탄식이 나며 나의 앓는 소리는 물이 쏟아지는 것 같구나 나의 두려워하는 그것이 내게 임하고 나의 무서워하는 그것이 내 몸에 미쳤구나" 하고 탄식하면서 나에게는 "평강도 없고 안온도 없고 안식도 없고 고난만 임하였구나"라는 자조(自嘲)의 말을 하였다면 그 뒤에 어떠한 말이 자연스레 이어져 나오겠습니까? 그것은 아마도 다름 아닌 "하나님!" 하는 부르짖음과 함께 나오는 "하필이면 왜 접니까?" 하는 탄식의 소리가 아니겠습니까? 만일 여러분이 이러한 처지에 있는 사람을 위문하고자 방문 간 친구라면 여러분은 그에게 어떤 위로의 말을 하시겠습니까?

Ⅰ. 인간(人間)의 삶

욥과 같이 앞을 봐도 뒤를 봐도 오른편을 봐도 왼편을 봐도 평강이 없고 안온이 없으며 안식이 없고 고난밖에 없는 딱한 처지에 있을 때 그에게 요구되는 절실한 말이 무엇이겠습니까? 그것은 다름 아닌 그 고통을 풀어 줄 수 있는 기가 막힌 해답, 즉 "그 답이 여기 있습니다"(The answer is here.)라는 말일 것입니다. 그것이 '복된 소식'이요 '복음'입니다. 그것이 무엇입니까?

사람들의 삶을 논(論)할 때 그 분류 방법에 따라 여러 가지가 있겠지만 그중의 한 방법은 삶의 중심을 어디에 두느냐에 따라 분류하는 것입니다. 그 하나는 삶의 중심을 자기[자아(自我): oneself]에 두는 것입니다. 이것을 이기주의적 인생(利己主義的 人生: egoistic life)이라고 합니다. 다른 하나는 삶의 중심을 자기가 아닌 다른 사람에 두는 것입니다. 이것을 '이타주의적 인생'(利他主義的 人生: altruistic life)이라고 합니다. 이 이타주의적 삶 중에서 특별히 하나님 중심으로 사는 것을 '신본주의적 인생'(神本主義的 人生: theocentric life)이라고 합니다.

세상 사람들은 이기주의적 삶은 비하(卑下)시켜 멸시하는 반면에 이타주의적 삶은 귀중히 여겨 존경(尊敬)합니다. 마치 우리가 포은 정몽주 선생을 존경하는 것과 같은 것입니다. 왜냐하면 그가 지은 단심가(丹心歌) "이 몸이 죽고 죽어 일백 번 고쳐 죽어 백골이 진토 되어 넋이라도 있고 없고 님 향한 일편단심이야 가실 줄이 있으랴"에서 보는 바와 같이 그는 고려의 마지막 왕을 위하여 생명을 바쳐 충성한 전형적인 이타주의적 삶을 보여주었기 때문입니다. 그러나 여기서 문제가 되는 것은 포은 정몽주 선생이 그렇게도 충성을 바쳤던 '님'인 고려의 마지막 왕이 성경적으로 볼 때 온전한 의인(義人)이 되지 못하고 죄인(罪人)이라는 사실입니다. 그가 섬긴 고려의 마지막 왕은 시시때때로 그의 위상(位相)과 심령(心靈)이 변화하는 피조물(被造物)에 불과했다는 것입니다.

세계 각국의 독재자들은 자기 신하들에게 죽도록 충성할 것을 강요합니다. 독재자의 입장에서는 이기주의의 극대화요 신하의 입장에서는 이타주의의 극대화입니다. 그러므로 시시각각으로 변하는 인간이나 피조물 즉 자기 자신이나 타인, 또는 자연물(自然物)을 생활의 중심으로 삼는 우상숭배자(偶像崇拜者)가 되어서는 안 됩니다. 왜냐하면 그것들은 다 변화(變化)하고 소멸(消滅)될 수밖에 없는 피조물들이기 때문입니다. 그러므로 오직 어제나 오늘이나 영원토록 동일하신 예수 그리스도를 삶의 중심으로 삼아야 합니다(히 13:8). 이것이 진정한 그리스도인이요 신본주의자(神本主義者)입니다. 우리 모두는 진정한 그리스도인이 되어 하나님을 경외하는 사람이 되어야 하겠습니다.

Ⅱ. 보상(報償)과 탈보상(脫報償)

욥기 1장을 보면 욥은 순전하고 정직하여 하나님을 경외하는 사람이었고 악에서 떠난 사람이었습니다. 이것은 하나님이 직접 하신 말씀입니다. 하나님께서는 욥기 1장 8절에서 사탄에게 '네가 내 종 욥을 유의하여 보았느냐 그와 같이 순전하고 정직하여 하나님을 경외하며 악에서 떠난 자가 세상에 없느니라"고 말씀하셨습니다. 또 욥기 2장 3절에서는 "네가 나를 격동하여 까닭 없이 그를 치게 하였어도 그가 오히려 자기의 순전을 굳게 지켰느니라"고 말씀하셨습니다.

사탄도 이에 대하여 이의(異意)를 달지 않습니다. 단지 사탄은 욥이 하나님을 경외(敬畏)하는 동기(動機), 즉 경외하는 까닭에 대하여 이의(異意)를 제기할 뿐입니다. 문맥상으로 볼 때 사탄은 욥이 이유(理由) 즉 까닭이 있기 때문에 하나님을 경외한다는 것이고, 하나님은 그와 반대로 욥은 이유나 까닭을 따지는 수준을 뛰어넘는 순전(純全)한 마음으로 하나님을 온전히 경외한다는 것입니다. 다시 말하면 사탄은 보상(報償)이 있기 때문에 욥이 하나님을 경외한다는 것이고, 하나님은 보상이 없어도 욥은 하나님을 경외한다는 것입니다. 즉 보상(報償)과 탈보상(脫報償)의 문제입니다.

욥기는 난해(難解)한 성경 중 하나입니다. 욥기를 읽고 첫 번째로 떠오르는 것은 고난 받는 욥이 끝까지 신앙을 지켜 두 배의 복을 받았다는 축복(祝福)의 이야기입니다. 좀 더 자세히 읽고 묵상하는 분들에게는 하나의 의문이 생깁니다. 그것은 '욥과 같이 순전하고 정직하여 하나님을 경외하며 악에서 떠난 의인(義人)이 어떻게 고난을 받을 수 있는가?' 하는 문제입니다. 이사야 53장의 고난 받는 종(suffering servant)의 문제로 돌아가게 됩니다. 이해하기 어려운 문제입니다. 이에서 한 걸음 더 나아가 욥기를 읽고 깊이 묵상한 분들에게는 사탄의 질문 "욥이 까닭 없이 하나님을 경외하리이까?"라고 하는 보상(報償)의 문제에 관심을 모으게 됩니다. 왜냐하면 이것이 욥기의 주제(主題)일 가능성이 크기 때문입니다. 진정한 종(slave)은 주인으로부터 어떠한 보상을 바라고 일하는 것이 아닙니다(눅 17:7-10).

Ⅲ. 욥의 신앙(信仰)의 근간(根幹)

1. 욥의 신앙(信仰)

욥기 1장에서부터 2장까지를 살펴보면, 욥은 인생(人生)의 생사화복(生死禍福)이 오로지 하나님께만 속하였다고 믿고 있습니다. 자기 재산(財産)상이나 또는 자기 가족이 어떤 갑작스런 변화나 재앙을 만났을 때 우리는 지금까지 버티어 온 신앙으로, 또 어떤 때는 얼떨결에 '당장'(그 당시) 하나님이 원하시는 신앙고백을 할 수 있습니다. 그러나 이것이 일시적인 현상이 아니고 지속되거나 자기 자신의 몸에 직접 닥친 재앙일 때는 그렇게 간단치가 않고 또한 쉽지도 않습니다. 특히 암 환자의 투병 과정에서 이러한 경우를 많이 봅니다.

(1) 욥의 신앙(信仰)의 토대(土臺)

욥기가 이를 잘 보여주고 있습니다. 욥기 1장을 보면 욥은 아들이 일곱 명에 딸이 세 명으로 자녀들도 많았으며, 이에 더하여 양이 7,000마리, 약대가 3,000마리, 소가 500겨리 즉 1,000마리였으며, 암나귀가 500마리에 달하는가 하면 종도 많이 거느린 사람으로, 성경 욥기에서는 욥을 '동방에서 가장 큰 자'라 하였습니다. 욥의 자녀들은 우의(友誼)가 돈독(敦篤)하였습니다. 그래서 그 아들들은 자기 생일이면 각각 자기의 집에서 잔치를 베풀고 그 누이 셋도 청하여 함께 먹고 마셨습니다. 욥 자신은 신앙심이 깊었습니다. 그래서 그 잔칫날이 지나면 욥은 그들을 불러다가 성결케 하였습니다. 아침에 일어나서 그들의 명수대로 번제를 드린 후 말하기를 "혹시 내 아들들이 죄를 범하여 마음으로 하나님을 배반하였을까 염려하여 번제를 드렸다"고 하였습니다. 욥의 행사가 항상 이러하였습니다(욥 1:4-5).

욥은 졸지에 사랑하는 일곱 아들과 세 딸 및 자기의 전 재산을 다 잃었습니다. 그러나 욥은 "주신 자도 여호와시요 취하신 자도 여호와시오니 여호와의 이름이 찬송을 받으실지니이다"(욥 1:21)라고 하면서 이 모든 일에 욥이 범죄하지 아니하고 하나님을 향하여 어리석게 원망하지 아니하였습니다. 하나님께서는 이것을 보고 사탄에게 "네가 내 종 욥을 유의하여 보았느냐 그와 같이 순전하고 정직하여 하나님을 경외하며 악에서 떠난 자가 세상에 없느니라 네가 나를 격동하여 까닭 없이 그를 치게 하였어도 그가 오히려 자기의 순전을 굳게 지켰느니라"(욥 2:3)고 자랑하셨습니다. 하나님께서 욥에게 자녀와 재산의 복을 주셨기 때문에 욥이 하나님을 경외한다는 사탄의 주장이 터무니없이 무너지는 순간이었습니다. 그러자 이번에는 사탄이 그 전술 전략을 바꾸어 공격 목표를 욥 자신에게로 돌립니다.

하나님의 자랑을 들은 사탄은 "가죽으로 가죽을 바꾸오니 사람이 그 모든 소유물로 자기의 생명을 바꾸올지라 이제 주의 손을 펴서 그의 뼈와 살을 치소서 그리하시면 정녕 대면하여 주를 욕하리이다"(욥 2:4-5)라고 말합니다. 이것을 들은 하나님께서 사탄에게 허락하시어 사탄이 욥을 쳐서 그 발바닥에서 정수리까지 악창이 나게 하였습니다. 이때 그의 아내는 "당신이 그래도 자기의 순전을 굳게 지키느뇨 하나님을 욕하고 죽으라"(욥 2:9)고 말하면서 당장 죽어서 고통을 잊으라고 합니다. 이에 대하여 욥은 "그대의 말이 어리석은 여자 중 하나의 말 같도다 우리가 하나님께 복을 받았은즉 재앙도 받지 아니하겠느뇨"(욥 2:10)라고 하고 이 모든 일에 욥이 입술로 범죄하지 않았습니다.

(2) 하나님께서 학수고대(鶴首苦待)하는 욥의 자문자답(自問自答)

자세히 따져보면 이 순간에도 욥은 하나님께서 기다리시는 '바로 그 대답'을 하였습니다. 그러나 여기서는 전과는 달리 사탄이 나타나지 않았으며 하나님의 자랑하심도 없습니다. 그 대신에 친구 셋이 오며 칠일(七日) 칠야(七夜)를 지낸 다음에 욥의 이야기로 시작되는 3장으로 이어집니다. 여기서 '칠'(七)이라는 숫자는 하나님의 완전수(完全數)를 의미하는 것으로서 이는 욥이 참고 인내(忍耐)하는 기간(期間)을 나타내는 것입니다. 이 '칠일 칠야'는 욥의 고통이 요동하는 단계(transition period)를 지나 고통스럽기는 하지만 어느 정도 감내(堪耐)할 수 있는 정상(steady state)적인 상태의 단계로 접어든 것으로 볼 수 있습니다. 그래서 3장 1절의 욥의 첫마디는 고통을 지속적으로 견디낼 수 있는가의 여부를 가늠하는 심적인 반응(反應)으로, 하나님께서 예의 주시하는 중요한 대목입니다.

욥이 칠일 칠야를 지냈음에도 불구하고 "나의 두려워하는 그것이 내게 임하고 나의 무서워하는 그것이 내 몸에 미쳤구나 평강도 없고 안온도 없고 안식도 없고 고난만 임하였구나"라는 탄식(歎息)의 말 대신에 "내가 건강(健康)을 하나님께 받았은즉 또한 병고(病苦)도 받지 아니하겠느냐" 하고 하나님께 감사하며 '마음으로 범죄'하지 않았더라면 욥에 대한 하나님의 더 큰 칭찬과 더불어 성경 욥기는 여기서 끝나지 않았겠는가 하는 생각이 듭니다. 욥이 '까닭 없이도 하나님을 경외할 수 있다'는 사실을 하나의 표본(sample)으로 보여주기를 학수고대(鶴首苦待)하시는 하나님을 그려보면서 예수 그리스도를 주(主)로 모시고 사는 우리 모두의 신앙상태를 다시 한 번 더 점검해 봅니다.

(3) 성경 속에 나타난 인과응보(因果應報)의 사상(思想)

욥을 위문(慰問)하기 위하여 온 세 친구 데만 사람 엘리바스, 수아 사람 빌닷, 나아마 사람 소발과 젊은 친구 부스 사람 에리후의 변론을 통해서 교리(敎理)와 경험(經驗) 및 관습(慣習)과 전통(傳統)에 대한 변증과 설교를 듣습니다. 이들의 변증과 설교에서 일관되게 흐르고 있는 주된 사상(思想)은 인과응보(因果應報)입니다. 그 외의 성경 다른 곳에도 이 인과응보의 사상은 많이 보입니다. 대표적인 예를 든다면 갈라디아서 6장 7절 "스스로 속이지 말라 하나님은 만홀히 여김을 받지 아니하시나니 사람이 무엇으로 심든지 그대로 거두리라"는 말씀을 들 수 있습니다.

구약성경에서 축복의 장이라고 하는 신명기 28장 1-6절을 보면 "네가 네 하나님 여호와의 말씀을 삼가 듣고 내가 오늘날 네게 명하는 그 모든 명령을 지켜 행하면 네 하나님 여호와께서 너를 세계 모든 민족 위에 뛰어나게 하실 것이라 네가 네 하나님 여호와의 말씀을 순종하면 이 모든 복이 네게 임하며 네게 미치리니 성읍에서도 복을 받고 들에서도 복을 받을 것이며 네 몸의 소생과 네 토지의 소산과 네 짐승의 새끼와 네 우양의 새끼가 복을 받을 것이며 네 광주리와 떡 반죽 그릇이 복을 받을 것이며 네가 들어와도 복을 받고 나가도 복을 받을 것이니라"고 하였습니다. 이를 자세히 살펴보면 이것도 "이러이러한 것을 하면 이러이러한 복을 받는다"는 인과응보의 관계를 나타내는 것입니다.

신약성경에서는 사도행전 16장 31절 "주 예수를 믿으라 그리하면 너와 네 집이 구원을 얻으리라", 마태복음 16장 27절 "인자가 아버지의 영광으로 그 천사들과 함께 오리니 그때에 각 사람의 행한 대로 갚으리라", 요한계시록 22장 12절 "보라 내가 속히 오리니 내가 줄 상이 내게 있어 각 사람에게 그의 일한 대로 갚아 주리라"는 말씀들이 그렇고, 요한복음 3장 16절 "하나님이 세상을 이처럼 사랑하사 독생자를 주셨으니 이는 저를 믿는 자마다 멸망치 않고 영생을 얻게 하려 하심이니라"는 말씀도 '믿음의 전제조건(前提條件)과 그에 따른 영생의 결과(結果)'를 나타내는 것으로 구문(構文)상으로는 인과응보의 관계로 취급할 수 있습니다. 인과응보의 문제는 곧 보상(報償)의 문제로 확대할 수 있습니다. 더욱이 히브리서 11장 6절에서는 "믿음이 없이는 기쁘시게 못하나니 하나님께 나아가는 자는 반드시 그가 계신 것과 또한 그가 자기를 찾는 자들에게 상 주시는 이심을 믿어야 할지니라"고 기록되어 있습니다. 즉 보상이 있음을 믿으라는 것입니다.

(4) 믿음과 보상(報償)

하나님의 은혜를 인하여(by the grace of God) 믿음으로 말미암아(through the faith of us) 구원을 얻습니다. 그러나 보상은 각자가 행한 일에 따라 받습니다. 그러므로 욥기의 독자들은 큰 난관에 봉착하게 됩니다. 왜냐하면 욥기 1장에서 하나님께서는 암시적으로 "사람이 까닭없이도 하나님을 경외할 수 있다"라고 말씀하시기 때문입니다. 언뜻 보기엔 상호 모순되는 것같이 보입니다. 그러나 자세히 살펴보면 거기에 아무 모순도 없습니다. 왜냐하면 보상의 전제조건인 각자의 행함은 우리 안에 계신 하나님께서 자기의 기쁘신 뜻을 행하신 것입니다(빌 2:13). 즉 각자가 자기의 뜻을 행한 것이 아닙니다. 그러므로 하나님께 보상을 받기 위해서는 하나님에 의한 행함, 곧 성령님에 의한 행함이 있어야 하며 이것은 예수를 주로 믿을 때만 가능합니다. 이를 간추려서 집약하여 설명하면 주권(主權: lordship)을 예수님께 이양해야만 한다는 것입니다.

갈라디아서 2장 20절에서 사도 바울은 "내가 그리스도와 함께 십자가에 못 박혔나니 그런즉 이제는 내가 산 것이 아니요 오직 내 안에 그리스도께서 사신 것이라"고 말합니다. 예수 그리스도께서 주관자가 되어 이루어진 일만이 하나님께로부터 받을 수 있는 보상의 대상이 되는 것입니다. 그러므로 세상 사람들의 관점에서 볼 때 '까닭 없이는 하나님을 경외할 수 없는 것'처럼 보입니다. 사탄도 이와 같이 생각한 것입니다.

욥기 1장 8절에서 사탄이 하나님께 "욥이 까닭 없이 하나님을 경외하리이까?"라고 묻는 물음에서 '까닭'이라는 말은 어떤 이유(理由)가 있다는 것으로, 그의 실제 내용은 하나님께서 보상을 하여 주기 때문에 욥이 하나님을 경외한다는 것입니다. 여기서 사탄이 한 말은 하나도 틀린 것이 없습니다. 그럼에도 불구하고 사탄의 말은 옳은 것이 아닙니다. 왜냐하면 보상에 대한 개념(槪念) 정립이 잘못되었기 때문입니다. 사탄이 생각하는 보상의 개념은 앞에서 살펴본 것과 같이 세상 사람들의 관점에서 본 것입니다. 개념 정립의 잘못이 이렇게 무서운 것입니다.

사탄이 생각하는 보상(報償)은 세상에 존재하는 것으로, 보이는 보상(visible reward)만을 생각합니다. 그러나 하나님께서는 그것을 초월해 보이지 않는 보상(invisible reward)까지도 염두에 두시고, 사탄의 시험을 허락하신 것입니다. 그러므로 하나님께서는 순전한 사람이라면 까닭 없이도(사탄의 개념으로 볼 때) 하나님을 경외할 수 있다고 보신 것입니다. 이것이 하나님의 말씀 속에 담겨 있는 진의(眞意)입니다.

특히 히브리서 11장 6절에서는 "믿음이 없이는 기쁘시게 못하나니 하나님께 나아가는 자는 반드시 그가 계신 것과 또한 그가 자기를 찾는 자들에게 상 주시는 이심을 믿어야 할지니라"고 하였습니다. 하나님을 믿는 자마다 언제 어디에서든지 자기가 처해 있는 그곳에서 '지금 이곳(now and here)에 하나님께서 계신다'는 무소불위(無所不爲: omnipresent)하심을 믿어야 합니다. 그뿐만 아니라 그의 전지전능(全知全能)하심도 믿어야 합니다. 이것이 욥이 긴 고통의 터널을 지난 후 터득하고 욥기 42장 1-6절에서 여호와 하나님께 대답한 것입니다. 그는 피조물의 한계를 절감(切感)하면서 그의 무지와 교만을 회개하고 있습니다. 이렇게 전지(omniscient)하시고 전능(omnipotent)하시며 무소불위(omnipresent)하신 하나님이 자기를 찾는 자들에게 '상 주시는 이'심을 믿어야 합니다. 이것이 얼마나 귀한 상(reward)이겠습니까? 이 상의 극치(極値)는 다름 아닌 영생(永生)의 선물인 구원(救援)입니다.

구원(salvation) 외의 보상 문제를 다루기 위해서는 각자의 믿음의 성장과 신앙의 성숙도(成熟度)를 살펴보아야 합니다. 예수 그리스도를 주로 믿는 크리스천들에게는 고린도전서 13장 13절에서와 같이 믿음, 소망, 사랑 이 세 가지가 항상 있습니다. 그러나 믿음과 신앙의 성숙도(成熟度)에 따라서 주축(主軸: principle axis)이 달라집니다. 때에 따라서는 믿음이 주축을 이루고 [영혼의 구원(the salvation of spirit) - 엡 2:8], 때에 따라서는 소망이 주축을 이룹니다[몸의 구원(the salvation of body) - 롬 8:23].

또 어떤 때는 사랑이 주축을 이루기도 합니다[행함의 구원(the salvation of work) - 마 5:43-44)]. 믿음과 신앙의 성숙도에 따라 '하는 일'도 달라집니다. 믿음과 신앙은 성장해야만 자연스런(natural) 것입니다. 성장하지 않고 제자리에 머물러 정체(停滯) 상태에 있는 믿음과 신앙은 마치 식물원(植物園)에서 분재(盆栽)를 가꿀 때 나무에 철사를 얽어매어 자라지 못하게 하는 것과 같습니다. 자라야 하는데 자라지 못하는 나무를 상상해 보셨습니까? 이것은 하나님께서 좋아하시지 않습니다. 그러므로 믿음과 신앙은 성장해야만 하고 그렇게 하기 위해서 힘써야 합니다.

믿음의 초기 단계에서는 가시(可視: visible)적인 보상을 원합니다. 그것은 자연스런 것입니다. 믿음과 신앙의 성장에 따라 나중에는 종말론적(終末論的)인 소망을 갖게 됩니다. 이것은 보이는 것을 소망하는 것이 아니라 지금 당장은 보이지 않지만 종말에 받게 될 보상을 바라는 것입니다(고후 4:16-18). 이것을 극명하게 보여주는 성경구절은, 사도 바울이 디모데후서 4장 7-8절에서 "내가 선한 싸움을 싸우고 나의 달려갈 길을 마치고 믿음을 지켰으니 이제 후로는 나를 위하여 의의 면류관이 내게 예비되었으므로 주 곧 의로우신 재판장이 그날에 내게 주실 것이니"라고 고백한 것입니다.

신앙이 좀 더 성장하게 되면 보상에 관계없는, 즉 탈보상(脫報償)의 단계로서 일방적으로 사랑하게 됩니다. 사랑의 중요성을 잘 나타낸 고린도전서 13장은 방언도 예언도 믿음도 봉사도 사랑이 없으면 다 헛것이라고 말합니다. 신앙은 인간이 성장하는 단계와 비슷합니다. 딱 부러지는 반대급부를 요구하는 가시적 보상단계의 유년시절과, 비록 보이지는 않지만 앞으로 얻을 것을 꿈꾸며 비전(vision)을 갖는 비가시적 보상단계의 청년시절을 지나면, 보상의 유무(有無) 관계를 떠나 내리(down-ward) 사랑하는 장년기와 노년기에 이르는 것과 같습니다.

하나님께서는 주님이 재림하실 때 각 사람에게 그의 일한 대로 갚아 주시겠다고 말씀하셨습니다. 즉 보상의 문제를 말씀하신 것입니다. 일의 양(量)에 따라 보상해 주실 것인지, 아니면 일의 질(質)에 따라 보상해 주실 것인지 확실하지 않습니다. 그러나 우리가 확실히 알 수 있는 것은 하나님께서 각자에게 주신 능력(能力), 즉 역량(力量)과 각자가 행한 일의 비율(比率)에 깊은 관계가 있다는 것입니다. 왜냐하면 주님은 달란트의 비유에서 2달란트 받은 사람이 2달란트를 남겨 도합 4달란트 만든 것이나, 5달란트 받은 사람이 5달란트를 남겨 도합 10달란트를 만든 것이나 동일하게 취급하여 "착하고 충성된 종아 네가 작은 일에 충성하였으매 내가 많은 것으로 네게 맡기리니 네 주인의 즐거움에 참예할지어다"(마 25:14-30)라고 칭찬하셨기 때문입니다.

(5) 욥의 고난(苦難)에 대한 자탄(自歎)

본문에서 욥은 "나의 두려워하던 것이 나에게 임하였고 나의 무서워하던 것이 내 몸에 미쳤구나" 하고 탄식하고 있습니다. 그렇기 때문에 "평강이 없고 안온이 없고 안식이 없고 고난만 임하였구나" 하고 한숨만 쉬고 있습니다. 그러나 하나님께서는 욥이 이 절망의 상황 속에서도 이를 박차고 뛰쳐나와 하나님을 찬양하며 경배하는 모습을 보이기를 학수고대(鶴首苦待)하고 있습니다. 그리하여 하나님께서는 욥에게 더 큰 칭찬을 할 수 있기를 바라는 것입니다. 욥은 현재 가진 것이라고는 하나도 없고, 연고자라고 해보았자 아내 한 명밖에 없습니다. 그것도 악창이라는 피부병 때문에 누구와도 접촉이 불가능해 만나 볼 수조차

없는 피폐한 상태에 있었습니다. 욥이 할 수 있는 것이라고는 온 마음을 바쳐 심령 깊은 곳에서 솟아나오는 하나님께 대한 찬양밖에 없습니다. 그것을 입술을 통하여 토해내는 것입니다.

만약 욥이 그렇게 하였더라면 이 모습이 얼마나 하나님께 감동적이었겠습니까? 얼마나 귀한 찬양이었겠습니까? 아마도 그랬다면 욥이 그 수많은 수난(受難)을 거쳐서 터득한 후 회개하고, 그전보다 두 배의 축복을 받은 욥기 42장의 내용보다 훨씬 더 큰 상급을 받았을지 모릅니다. 왜냐하면 하나님께서 욥에게 주신 자기역량(自己力量)에 대한 욥이 행한 일의 비율(比率)을 계산하여 볼 때 거의 무한대(無限大)에 가까운 것을 알 수 있기 때문입니다. 일한 대로 갚아 주리라고 약속하신 말씀 중에서 그가 하나님을 찬양한 일은 분명 있으되 하나님께서 욥에게 주신 능력(能力), 즉 욥이 할 수 있는 역량(力量)이라고는 하나도 없기 때문에 수학적(數學的)으로 나타내면 어떤 숫자 나누기 영이 되어 그 값이 무한대(無限大)가 되기 때문입니다. 물론 찬양할 수 있는 마음을 주신 것도 하나님이시지만 단순화하여 외형적인 것만을 따져 계량적(計量的)으로 살펴보았을 때 그렇다는 이야기입니다.

Ⅳ. 육적(肉的)인 삶과 영적(靈的)인 삶

극한의 열악한 상태에서 하나님을 찬양할 수 있는 마음은 어떻게 생길 수 있을까요? 그것은 바른 신앙의 토대 위에서 하나님과 깊은 영적인 교제를 할 때 가능합니다. 바른 신앙의 토대를 구축하기 위하여 각자는 끊임없이 자문자답(自問自答)을 하며 자기 성찰(省察)을 꾀해야 합니다. 자문자답하는 방법 중의 하나가 "하나님! 하필이면 왜 저는 아닙니까?"(If so, O Lord! Why not me?)라는 질문입니다.

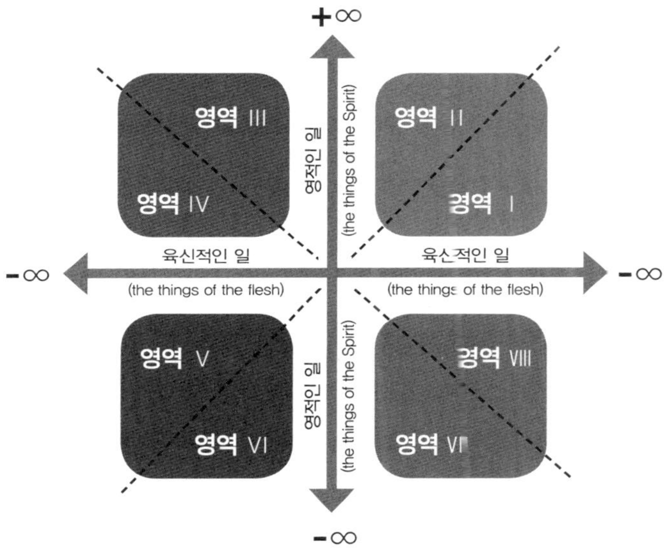

〈그림 1〉 삶의 주축(主軸)

우리가 추구하는 일들은 크게 두 종류로 분류할 수 있습니다. 그 하나는 육신(肉身: flesh)의 일이고, 그 다른 하나는 영(靈: Spirit)의 일이며(롬 8:5), 이를 그림으로 보이면 〈그림 1〉과 같습니다. 〈그림 1〉에서 수평축(水平軸)은 육신의 일(the things of flesh: Rom 8:5)을 나타내고, 수직축(垂直軸)은 영의 일(the things of Spirit: Rom 8:5)을 나타냅니다. '+∞'의 표시는 잘되고 잘 나가 형통(亨通)하게 되는 것 즉 다다익선(多多益善)을 의미하며, '-∞'의 표시는 잘 안되고 잘 나가지 못하여 열악(劣惡)하게 되는 다다익악(多多益惡)을 나타냅니다. 이 수평과 수직으로 이루어진 좌표축을 교차점인 ‘ 0 ’에서 반시계방향(counterclockwise)으로 45도를 돌려 새로운 좌표축을 만들어 〈그림 1〉에서 보는 바와 같이 영역 Ⅰ과 Ⅱ, 영역 Ⅲ과 Ⅳ, 영역 Ⅴ와 Ⅵ, 그리고 영역 Ⅶ과 Ⅷ로 8개 영역으로 나누었습니다. 두 ‘좌표축’(座標軸: axix) 즉 육신의 일에 대한 ‘좌표축’(axis)과 영의 일에 대한 ‘좌표축’(axis)에 ‘동일한 눈금’(same scale)을 새기고 이를 반시계방향으로 45도 돌리면 새로운 좌표축이 생기는데 이 좌표축 상의 각 ‘점’(點: point)들은 영(靈)의 일에 대한 관심도(觀心度)와 육신(肉身)의 일에 대한 관심도(觀心度)가 동일(同一)함을 나타냅니다.

육신(세상)적으로 잘 되는 사람(〈그림 1〉의 →방향) 중에는 영적인 측면에서 보았을 때 하나님을 믿는 신자(信者)일 수도 있고(〈그림 1〉의 영역 Ⅰ과 Ⅱ), 하나님과는 전혀 관계가 없는 무신론자(無神論者)일 수도 있습니다(〈그림 1〉의 영역 Ⅶ과 Ⅷ).

〈그림 1〉에서 우선 수평축을 중심으로 살펴보겠습니다. 〈그림 1〉에서 믿는 사람 중에는 세상적으로 성공한 사람, 〈그림 1〉의 영역 Ⅰ에 속한 사람, 즉 범사(凡事)가 잘됨과 같이 영혼(靈魂)이 잘된 사람이 있는가 하면, 〈그림 1〉의 영역 Ⅱ에 속한 사람 즉 영혼(靈魂)이 잘됨같이 범사가 잘된 사람도 있습니다. 전자의 경우는 세상적으로 후자와 동일하게 보일지는 모르겠으나 그 심령의 내부를 들여다보면 판이하게 다릅니다. 이는 자기의 목적을 위해서 하나님을 사용하는, 나쁘게 말하면 하나님을 부려먹는 경우입니다. 이들의 최대관심은 자기들의 목적을 달성하는 데 있지 하나님을 섬기는 데 있지 않습니다. 입술(lip)이 마음(heart)과 일치하지 않습니다. 표리(表裏)가 부동(不同)합니다. 이를 이름하여 자기중심의 신앙(egoistic religion)을 가진 사람이라고 부릅니다. 이는 오늘날 믿

는다고 하면서 교회에 다니는 사람들이 빠지기 쉬운 함정입니다.

그러나 후자의 경우, 즉 〈그림 1〉의 영역 Ⅱ의 경우는 전자와는 다르게 하나님을 믿고 따르고 섬김으로 인해서 하나님께서 주시는 하나님의 은혜로 만사(萬事)가 잘 풀려 세상적으로도 성공적인 삶을 사는 경우입니다. 이때 모든 사고(思考)와 행사(行事)의 중심(中心)은 하나님입니다(Put God in the center.). 세상 사람들이 보기에는 하나님을 잘 믿기 때문에, 하나님을 잘 섬기기 때문에, 교회를 잘 다니기 때문에 하나님의 은혜로 만사가 형통(亨通)한 것처럼 보이는 경우입니다. 이를 좀 더 구체적으로 설명하면 이런 이는 세상의 일과 하나님의 일이 동시에 자기 앞에 놓였을 때 우선적으로 하나님의 일을 택하는 사람입니다(마 6:33). 다시 말하면 모든 것의 중심축(中心軸)이 하나님인 것입니다. 이를 이름하여 하나님 중심의 신앙(theocentric religion)을 가진 사람이라고 부릅니다. 이는 다니엘서에서 다니엘이 나라가 바뀌고 왕이 바뀌었음에도 불구하고 장기간 통치자로 산 경우에서 볼 수 있는 것과 같은 것입니다.

세상적인 관점으로 볼 때 외형적으로는 이 양자(兩者)를 구별할 수가 없습니다. 제3자도 이것을 구별할 수 없습니다. 그러나 본인은 알고 있습니다. 〈그림 1〉의 영역 Ⅱ의 경우는 요한삼서 1장 2절 "사랑하는 자여 네 영혼이 잘됨 같이 네가 범사에 잘 되고 강건하기를 내가 간구하노라"는 하나님의 말씀이 현실로 나타난 진리(眞理)인 반면에, 〈그림 1〉의 영역 Ⅰ의 경우는 〈그림 1〉의 영역 Ⅱ와 비슷하게 브이지만 요한삼서 1장 2절에서 '영혼이 잘됨 같이'가 '범사가 잘됨 같이'로 바뀐 것으로 하나님의 말씀이 왜곡된 것입니다. 이것은 비진리(非眞理)입니다. 이것은 별것 아닌 것 같이 생각되기 쉽지만, 이 양자(兩者) 사이에는 건널 수 없는 큰 구렁이 있어 이쪽에서 저쪽으로 갈 수 없고, 저쪽에서 이쪽으로 올 수도 없습니다(눅 16:26). 즉 세상적인 관점으로 볼 때 외형상으로는 같거나 비슷하게 보일지 모르지만 그 내용에는 엄청난 차이가 있다는 이야기입니다. 왜냐하면 예수님께서 산상수훈 중 주기도문의 기도에 대한 응답판(應答版)이라고 볼 수 있는 마태복음 6장 33절에서 "너희는 먼저 그의 나라와 그의 의를 구하라[찾으라: 사역(私譯)] 그리하면 이 모든 것을 너희에게 더하시리라"고 말씀하고 계시기 때문입니다. 그래서 순서가 중요합니다.

그러면 이번에는 세상적으로 고통을 받고 있는 사람, 〈그림 1〉의 영역 Ⅲ과 Ⅳ를 살펴보겠습니다. 믿는 사람 중에서도 〈그림 1〉에서 보는 바와 같이 세상적으로 어려움을 당하는 사람(〈그림 1〉의 ←방향)이 있습니다. 영(靈)을 좇고 영의 일을 생각하는 영적인 사람임에도 불구하고 어려움을 당하는 경우에 대한 것입니다. 즉 영적인 생각이 그 사람의 생활을 주도하면서 지배하는 경우입니다(〈그림 1〉의 영역 Ⅲ). 다시 말하면 영적인 일이 중심축(中心軸)을 이루는 경우입니다. 그럼에도 불구하고 고난이 닥칩니다. 자타(自他)가 수용하기 어렵고 이해하기 어려운 대목입니다. 이는 창세기 37장에서부터 시작되는 요셉의 생애 중에서 요셉이 좋은 신앙심을 가지고 있음에도 불구하고 숱한 어려움을 겪었던, 다시 말하면 하나님께서 부여하신 시험(試驗: testing)을 치르는 기간에 요셉이 치른 그의 삶에서 볼 수 있는 것입니다.

그런가 하면 믿는 사람임에도 불구하고 세상적인 어려움에 매몰(埋沒)되어 영적으로도 피폐(疲弊)해지는 경우가 있습니다(〈그림 1〉의 영역 Ⅳ). 이런 경우는 믿는 신자임에도 불구하고 육신적인 생각이 그 사람의 생활을 주도하고 지배하는 경우입니다. 육신의 일 즉 세상일이 중심축(中心軸)을 이루고 있습니다. 우리가 흔히 보는 경우입니다. 외형상으로 볼 때는 이 두 경우 그 차이를 발견할 수 없습니다. 똑같게 보입니다. 그러나 그 내용은 판이(判異)하게 다릅니다. 이 모든 것의 결국은 지금 받고 있는 고통의 문제를 해결할 수 있는 주체(主體)가 누구인가의 문제로 돌아갑니다. 줄여서 말하면 주권(主權: lordship)의 문제로 돌아갑니다. 즉 누가 나의 주인이며, 이 고통을 해결할 수 있는 주체(主體)는 '누구'인가의 문제입니다. 하나님(God)인가, 아니면 나 자신(自身: myself)인가의 문제입니다.

이번에는 〈그림 1〉에서 수직축을 중심으로 살펴보겠습니다. 영적(靈的)인 사람(〈그림 1〉의 ↑방향) 중에는 육신적으로 성공한 것처럼 보이는 사람(〈그림 1〉의 영역 Ⅰ과 Ⅱ)이 있는가 하면, 육신적으로 실패한 사람처럼 보이는 (〈그림 1〉의 영역 Ⅲ과 Ⅳ)의 경우도 있습니다.

영적(靈的)인 문제에 대하여는 〈그림 1〉의 ↓방향에서 보는 바와 같이 영적인 문제에 대하여 전혀 관심이 없거나 잘못된 편견을 가지고 과민(過敏)하게 알레르기 반응을 보이는 사람도 있습니다. 영적이라면 깔보거나 무시하거나 비하(卑下)시켜 말하거나 아예 도외시하거나 상종(相從)하지 않으려는 사람들이 이에 속하는 사람들입니다. 비영적(非靈的)인 사람(〈그림 1〉의 ↓방향) 중에도 육신적으로 성공한 사람(〈그림 1〉의 영역 Ⅶ과 Ⅷ)이 있는가 하면, 또한 육신적으로 실패한 사람(〈그림 1〉의 영역 Ⅴ와 Ⅵ)처럼 보이는 경우도 있습니다. 그러나 〈그림 1〉의, 영역 Ⅴ로부터 영역 Ⅷ까지의 4개 영역은 믿지 않는 비신자(非信者)를 나타내는 경우이기 때문에 본 글에서는 그 설명을 생략하였습니다.

삶의 주(主)된, 영적(靈的)인 축(軸)과 육적(肉的)인 축(軸)을 나타내는 〈그림 1〉을 통하여, 나의 영적인 좌표가 어디에 있는지, 그리고 나를 이끌고 있는 주(主)된 좌표축(座標軸)이 무엇인지를 살펴보시기 바랍니다. 특히 불행이나 재앙이 우리에게 닥칠 때 우리는 불행이나 재앙 자체에 초점을 맞춰 온 신경을 거기에 집중시키는 경우가 다반사(茶飯事)입니다. 그것은 사탄의 전략에 말려드는 것입니다. 우리는 우리 자신을 성찰(省察)하고 우리 자신의 정체(正體: identity)성을 바로 깨달아야 합니다. 그것은 십자가(十字架)의 도(道)를 통해서만 가능합니다. 우리는 죄악에 물든 사람이지, 의로운 사람이 아닙니다. 그렇기 때문에 성경은 모든 사람이 죄를 범하였으매 하나님의 영광에 이르지 못한다고 가르쳐 줍니다(롬 3:23). 바울 사도와 같은 위대한 신앙인도 자기가 고백하기를 죄인 중에 괴수라고 하였습니다(딤전 1:15). 욥도 온전한 '의인'이 아닙니다. 하나님께서 의롭다고 칭의(稱義), 즉 "순전하고 정직하여 하나님을 경외하고 악에서 떠난 자"라고 불러주셨을 따름입니다. 그러므로 우리는 자기 자신에 대하여 '의'(義)로운 자로 생각해서는 안 됩니다. 하나님의 은혜로, 하나님을 믿음으로 말미암아, 하나님께로부터 '의롭다'고 칭함을 받은 존재일 뿐입니다.

1. 자아 성찰의 기준(Reference of Self-examination)

한글개역성경 요한삼서 1장 2절의 "사랑하는 자여 네 영혼이 잘됨 같이 네가 범사(凡事)에 잘되고 강건(强健)하기를 내가 간구하노라" [Beloved, I wish above all things that thou mayest prosper and be in health, even as thy soul prospereth.-KJV)는 말씀이 현실로 나타날 때에는 하나님께 감사와 찬송을 올려드리기가 쉽습니다. 그래서 우리는 마태복음 6장 33절의 말씀 "너희는 먼저 그의 나라와 그의 의를 구하라[찾으라: 사역(私譯)] 그리하면 이 모든 것을 너희에게 더하시리라"(But seek ye first the kingdom of God, and his righteousness; and all these things shall be added unto you.-KJV)는 말씀을 실천하는 것이 그렇게 어렵지 않습니다.

그런가 하면 육신적으로는 이와 비슷한 것처럼 보이지만 영적으로는 근원적으로 다른 "네 범사(凡事)가 잘됨 같이 네 영혼"이 잘될 때에도 하나님께 감사와 찬송을 올려드리기가 비교적 쉽습니다. 그런데 이 속에 사탄, 마귀, 귀신들의 '낚시 바늘'이 숨겨 있을 수 있다는 것을 명심하여야 합니다. 왜냐하면 우리의 믿음을 파먹는 '좀(moth)과 동록(東麓: rust)' 같은 것이 그 속에 있을 수 있기 때문입니다. 만약 이로 인하여 우리의 믿음을 잃어버리거나 우리의 믿음이 떨어지면 이것은 바람직한 것이 아닙니다. 영적으로 볼 때 말이죠. 왜냐하면 이것은 마태복음 6장 33절의 경우와 반대의 경우이기 때문입니다.

그런가 하면 육신적으로 볼 때 매사가 잘 안되고 짜증이 나는 상황임에도 불구하고, 욥기 1장 21절의 말씀 "내가 모태에서 적신(赤身)이 나왔사온즉 또한 적신(赤身)이 그리로 돌아가올지라 주신 자도 여호와시요 취하신 자도 여호와시오니 여호와의 이름이 찬송을 받으실지니이다"라고 믿음으로 이를 극복하고 영적으로 크게 성장하는 계기로 만든 분들도 많습니다.

그런가 하면 육신적으로 볼 때 매사가 잘 안 되고 짜증이 나는 상황이지만, 믿는 사람이기 때문에 이를 극복하려고 무척 많은 노력을 함에도 불구하고 육신의 상황에 짓눌려 어찌할 바를 모르는 경우도 있습니다. 특히나 믿음을 잃어가면서 방황하고 영적으로 피폐(疲弊)해지는 경우 말입니다. 이것은 바람직한 모습이 아닙니다. 영적으로 볼 때 말이죠. 육신적으로 잘 안 될 때에도 믿음을 우선(優先)시하여 난관(難關)을 극복하고, 욥기 1장 21절의 말씀과 같이 하나님께 찬양을 올려드리는 우리 모두가 되었으면 좋겠습니다. 바로 이 고백이 하나님께서 학수고대(鶴首苦待)하시는 답일 것이기 때문입니다.

그래서 〈그림 1〉의 영역 Ⅰ에서부터 Ⅳ까지를 좀 더 쉽게 이해하기 위하여 영과 육의 일에 대한 좌표 값을 상호 비교하여, 그 크고 작음을 수학의 부등호 기호를 써서 ‘ > ’와 ‘ < ’로 나타내면 다음과 같이 요약해서 설명할 수 있습니다.

영역 Ⅰ: 그래도 이것은 바람직한 것이 아니다.
왜냐하면 마태복음 6장 33절에 어긋나기 때문이다.
그 이유는 “영적인 좌표 값 〈 육적인 좌표 값”

영역 Ⅱ: 그래서 이것은 바람직하다.
왜냐하면 마태복음 6장 33절에 부합(符合)하기 때문이다.
그 이유는 “영적인 좌표 값 〉 육적인 좌표 값”

영역 Ⅲ: 그래도 이것은 바람직하다.
왜냐하면 마태복음 6장 33절에 부합(符合)하기 때문이다.
그 이유는 “영적인 좌표 값 〉 육적인 좌표 값”

영역 Ⅳ: 그래서 이것은 바람직한 것이 아니다.
왜냐하면 마태복음 6장 33절에 어긋나기 때문이다.
그 이유는 “영적인 좌표 값 〈 육적인 좌표 값”

여기서 '좌표 값'이란 쉽고 간단하게는 자기 자신이 매일 하고 있는 영의 일과 육의 일을 우선순위로 나열한 뒤, 그 중요도에 가중치(加重値)를 주어 자리 매김을 한 후, 그 각각에 대하여 자기가 사용한 실지의 시간을 상호 비교하여 볼 때 드러나는 것을 말합니다. 이렇게 하면 그 윤곽이 드러나지 않을까 싶습니다.

2. 영적인 삶의 추구(追求)

하나님의 은혜가 떠난 '나' 역시 어느 '레벨'(level)의 재앙이든지 간에 무엇이든지 다 받을 수 있는 존재(being)입니다. '지금, 이곳'(now and here)에 있는 '나'는 오로지 "하나님의 은혜로 '지금, 이곳(now and here)'에 있는 '나'일 뿐입니다"(by the grace of God I am what I am - 1Cor 15:10), KJV. 왜냐하면 세상적으로 봤을 때에도 나보다 더 훌륭하고 선한 사람이 나보다도 훨씬 더 열악(劣惡)한 상황에 처한 경우를 비일비재(非一非再)하게 볼 수 있기 때문입니다. 욥이라고 하여 지금보다 더 나쁜 처지에 빠지지 말라는 법이 없습니다.

지금 이곳에 있는 모든 것이 다 하나님의 은혜의 산물(産物)입니다. 여기서 중요한 것은 우리의 소망(hope)은 저 높은 곳 천국(天國)으로 올라가 '위'(above)에 있는 것으로 충만해야 하지만, 우리의 심령의 태도(the attitude of heart)는 저 낮은 곳 지옥(地獄)으로 내려가 '밑'(below)에 있는 것으로 가난하고 애통(哀痛)해야 합니다. 예수님께서 그의 제자들에 대한 산상수훈의 설교에서 "심령이 가난한 자는 복이 있나니 천국이 저희 것임이요 애통하는 자는 복이 있나니 저희가 위로를 받을 것임이요"라고 하셨기 때문입니다. 그러므로 이 고통의 현실 속에서 우리의 심령의 태도(the attitude of heart)는 '위'(above)를 쳐다볼 것이 아니라 '밑'(below)을 내려다보아야 한다는 것입니다.

극심한 고통의 현실 속에서 허우적거리고 있을 때 우리는 "하나님! 하필이면(If so, O God!) 왜 접니까?(Why me?)"라고 부르짖을 것이 아니라, "하나님! 하필이면(If so, O God!) 왜 제가 아닙니까?(Why 'NOT' me?)"라고 스스로 자신에게 물으며 부르짖어야 합니다. 왜냐하면 전자(前者), 즉 심령의 태도가 '위'(above)를 쳐다보는 사람의 뒤에는 "나는 이러한 재앙을 받기에 너무나도 의(義)로운 사람이다"라는 의식(意識)이 깔려 있기 때문입니다. 결국은 죄인이 아니라 의인이라는 이야기입니다. 왜냐하면 자기는 주변 사람들보다 더 선(善)하게 살고 있으며 앞으로 살 것이고, 지금까지도 많은 사람들을 위하여 헌신 봉사해 왔다는 것입니다. 그러므로 이러한 재앙을 받아들일 수 없다는 것입니다. 그러니 이러한 사람들에게 어떻게 고난 뒤에 임하는 하나님의 은혜를 기대할 수 있겠습니까?

예수님은 자기 스스로 의인(義人)이라고 생각하는 사람에게는 역사(役事)하지 않으십니다. 오직 자기 스스로 죄인(罪人)이라고 생각하는 사람에게만 역사(役事)하십니다. 이때 필요한 것은 자기가 죄인(sinner)이라는 것을 깊이 깨닫는 것입니다. 이때의 죄는 절대적(絕對的)인 죄(罪)이지 상대적(相對的)인 죄(罪)가 아닙니다. 예수님께서 이러한 '나'(myself)를 위하여 십자가에서 저주(咀呪)를 받으며 처참(悽慘)하게 죽으신 것입니다(갈 3:13; 고전 15:3-4).

우리의 어떠한 고통이나 모멸(侮蔑)도 예수님이 당하신 것보다 클 수 없습니다. 왜냐하면 예수님은 흠도 없고 점도 없으신 분, 근본적으로 하나님의 본체이신 분, 그러나 하나님과 동등됨을 취할 것으로 여기지 아니하시고 오히려 자기를 비어 종의 형체를 가져 사람들과 같이 되셨고 사람의 모양으로 이 땅에 오신 분, 자기를 낮추시고 죽기까지 복종하셔서 온갖 고통과 치욕과 저주를 받으시고 바로 '나의 죄'를 대신하여 십자가에서 죽으신 분이기 때문입니다(빌 2:6-8). 예수님께서는 더 이상 고통 받을 것도 더 이상 치욕 받을 것드 없습니다. 왜 그렇습니까? 가장 밑바닥에 내려갔기 때문입니다. 이러므로 하나님이 그를 지극히 높여 모든 이름 위에 뛰어난 이름을 주셨고, 하늘에 있는 자들이나 땅에 있는 자들이나 땅 아래 있는 모든 자들로 예수의 이름에 그들의 무릎을 꿇게 하시고 모든 입으로 예수 그리스도를 주라 시인하여 하나님 아버지께 영광을 돌리게 하셨습니다(빌 2:10-11).

우리들 각자는 어떠한 역경이나 환난이나 고통이나 치욕을 받더라도 담대(膽大)하게 감내(堪耐)하면서 이겨야 합니다. 그뿐만 아니라 아니꼽고 더럽고 치사하고 메스꺼운(일명 아더메치: 단어들의 첫 글자) 일을 당할지라도 참아야 합니다. 우리는 예수 그리스도의 십자가(十字架) 사건(事件)을 마음에 깊이 새기고 그 도(道: the message of the cross)를 철저히 깨달아야 합니다. 이것은 머리로 깨닫는 것만으로는 충분치 않습니다. 심령(心靈)으로 깨달아야 합니다. 그러므로 십자가의 도는 머리로부터 심령에 이르기까지(from head to heart) 철저히 깨달아야 합니다. 그래서 십자가의 도로 모든 고난을 이기고 하나님께 영광을 돌려야 합니다. "밤이 깊어질수록 새벽은 가까워지고 있다"라는 말과 같이 우리의 겉사람은 후패(朽敗)하나 우리의 속은 날로 새롭게 됩니다. 우리의 잠시 받는 환난의 경한 것이 장차 지극히 크고 영원한 영광의 중한 것을 우리에게 이루게 하기 때문입니다. 우리가 마음에 두는 것은 보이는 가시적인 보상이 아니요 보이지 않는 하늘의 면류관입니다. 이는 보이는 것은 잠깐이요 보이지 않는 것은 영원하기 때문입니다.

주어진 처지가 열악(劣惡)하면 열악(劣惡)할수록 우리가 할 수 있는 일은 작아질지언정 우리들 속에서 하나님께서 하실 수 있는 일의 영역은 더욱 확대될 수 있습니다. 왜냐하면 우리의 마음을 온전히 하나님께 맡길 수 있기 때문입니다. 그러므로 사면팔방으로 욱여쌈을 당한 것처럼 막혀 있는 고난의 현장에 매몰되어서는 안 됩니다. 현실을 박차고 우리의 관심을 예수님의 십자가로 옮겨야 합니다. 현실을 부정하면서 다람쥐 쳇바퀴 돌듯 시기하고 미워하며 질투하고 불평하는 마음의 갈등을 청산하고 과감하게 십자가 앞으로 나아가야 합니다. 왜냐하면 흠과 점이 없으신 예수님이 고통 중에서 가장 극심한 최상급(最上級)의 고통을 '우리'를 위하여, 아니 '나'를 위하여 당하셨기 때문입니다.

사망의 고통도, 저주의 고통도, 수치의 고통도 모두다 예수님이 '우리'를 위해서, 아니 바로 '나'를 위해서 십자가에서 당하셨습니다. 맨 나중에 멸망 받을 원수는 사망이라고 했습니다(고전 15:26). 나무에 달린 자마다 저주 아래 있는 자라고 했습니다(갈 3:13). 멸시를 받아서 사람에게 싫어 버린 바 되었으며 사람들에게 얼굴을 가리고 보지 않음을 받는 자같이 되었다고 했습니다(사 53:3). 그러므로 우리의 받는 고통이 아무리 크다 할지라도 예수님이 받으신 고통 그 이상은 될 수 없습니다. 그리고 우리는 죄인입니다. 당연히 받을 죗값을 받는 것입니다. 그러므로 우리는 억울하다고 생각할 것이 하나도 없습니다.

우리가 받는 고통은 죗값을 치르기 위하서 받는 것이 아닙니다. 죗값은 예수님이 십자가에서 이미 다 지불하셨습니다. 그러므로 우리가 받는 이 고통은 예수님이 받으신 고통을 일부나마 체험하는 동역(同役: working together)의 삶을 통하여 예수님을 더욱 깊이 이해하고, 한 걸음 더 나아가 하나님께서 주신 은혜에 더욱 감사하고, 종국(終局)에는 종말에 있을 재림의 때에 그 체험을 통하여 얻은 기쁨을 주님께 이야기하기 위함입니다. 그러므로 "나의 두려워하는 그것이 내게 임하고 나의 무서워하는 그것이 내 몸에 미쳤구나"라고 탄식하면서 나에게는 "평강도 없고 안온도 없고 안식도 없고 고난만 임하였구나"라는 자조(自嘲)의 말로 탄식하는 소극적이며 피동적이며 방어적인 태도로 시간을 허비해서는 아니 됩니다. 그 대신에 적극적이며 능동적이며 긍정적인 회개를 통하여 예수님의 십자가의 피로 온전히 죄 씻음을 받아야 합니다. 그런 후에 '두려워하고 무서워하는 마음의 근원'이 되는 사탄 마귀의 궤계(詭計)를 분쇄(粉碎)할 수 있도록 우리는 간절히 기도해야 합니다.

우리에게 '그것들'이 임하고 우리 몸에 '그것들'이 미친 후에야 야단법석을 떨 것이 아니라 사전(事前)에 미리 알아서 '그것들'을 분쇄할 수 있도록 간구(懇求)해야 합니다. 왜냐하면 야고보서 4장 7절에서는 "마귀를 대적하라 그리하면 너희를 피하리라", 베드로전서 5장 7-9절에서는 "너희 대적 마귀가 우는 사자같이 두루 다니며 삼킬 자를 찾나니 너희는 믿음을 굳게 하여 저를 대적하라"고 권면하고 있기 때문입니다. 이런 때의 기도와 간구(懇求)는 생사결단(生死決斷)의 자세로 적극적이며 능동적이며 공격적이어야 합니다.

3. 영적(靈的) 전쟁(戰爭)

세상적인 싸움에서도 대적(對敵)을 피하여 도망갈 경우, 도망자(逃亡者)는 추적자(追跡子)의 일거수일투족(一擧手一投足)을 소상히 알 수 없지만, 그와는 대조적으로 추적자는 도망자의 일거수일투족을 훤히 꿰뚫어 봅니다. 왜냐하면 피동적이고 수동적이며 방어적인 기도의 태도를 취할 때는, 영적 전쟁에서 전쟁의 주체가 사탄이 되기 때문입니다. 다시 말하면 공격의 주체가 사탄이 되고, 그 공격에 따른 우리의 대응이기 때문에, 이 영적 전쟁에서 우리가 취할 수 있는 태도에는 제한(制限)을 받을 수밖에 없다는 것입니다. 즉 우리가 가질 수 있는 자유도(自由度)가 별로 없습니다. 그러므로 평안과 안온과 안식을 빼앗아가는 '고난'이 우리에게 임하고, 그 치명적인 영향이 우리에게 미치기 이전에 그 고난의 '핵심'(kernel)이 제거되도록 적극적이며 능동적인 자세로 하나님께 기도하고 간구해야 합니다.

이러한 간구의 기도에 앞서 자기 자신을 객체화(客體化)시켜 마치 육적(肉的)인 전쟁에서 간첩(間諜)을 색출하듯, 영적인 전쟁에서도 성령님의 인도(引導)하심으로 자기 내에 도사리고 있는 죄악을 낱낱이 색출하여 우선적으로 제거하고 하나님께로 돌아와야 합니다. 이것이 회개(悔改)의 기도입니다. 무엇보다 먼저 우리가 해야 할 일은 '이 기도를 할 수 있도록 허락하신 하나님'께 철저히 감사(感謝)하고 찬양(讚揚)하는 것입니다. 그리고 이어서 회개(悔改)와 간구(懇求)의 기도를 하는 것입니다. 얽어매고 있는 사탄과 우는 사자처럼 덤벼들어 우리에게 죄를 범하게 하는 마귀에 대하여 회피(回避)하고 도망(逃亡)갈 것이 아니라 대적(對敵)하여 싸워야 합니다. 이때 우리는 방어적(防禦的)인 자세보다는 공격적(攻擊的)인 자세를 취해야 합니다. 이것이 영적 전쟁(靈的戰爭)입니다. 이 영적 전쟁에서 승리하는 최선의 방책(方策)은 어떤 사람이나 대상물(對象物)을 공격하기보다는 영적(靈的)인 사탄의 궤계(詭計) 자체(自體)를 와해(瓦解)시키는 것입니다. 주기도문에서는 이를 "시험에 들게 마옵시고"라고 말합니다. 싸우지 않고 이기는 것입니다. 기도로 '시험'(temptation)에 들지 않도록 사전(事前)에 '예방'(豫防)하는 것입니다.

4. 우리의 응답(應答)을 기다리시는 삼위일체 하나님

지금도 하나님께서는 우리가 고난 중에서도 우리의 심령의 중심에서 우러난(emanating) '감사와 찬양'의 기도를 하나님께 드리기를 학수고대(鶴首苦待)하고 계십니다. 이러한 감사와 찬양을 위해서 우리 자신에게 직접 물으면서, 우리의 입술로 그 우러난 감사와 찬양을 하나님께 올려 드리기에 합당한 좋은 질문(question) 하나가 있습니다.

우리가 환난과 고난과 역경을 만나면 우리의 입술을 통하여 절로 나오는 것이 "하나님! 하필이면 왜 접니까?"(If so, O Lord! Why me?)라는 말입니다. 그러나 이것은 하나님께서 욥에게 학수고대(鶴首苦待)하시는 욥의 대답이 아닙니다. 왜냐하면 욥의 경우를 곱씹어 보면 그것을 알 수 있기 때문입니다. 욥의 고난은 하나님께서 허락하셨기 때문에 일어난 것입니다. 왜냐하면 하나님의 허락하심이 없이는 그 어느 것 하나도 이루어질 수 없기 때문입니다. 이를 마태복음 10장 29절에서는 "참새 두 마리가 한 앗사리온에 팔리는 것이 아니냐 그러나 너희 아버지께서 허락지 아니하시면 그 하나라도 땅에 떨어지지 아니하리라"고 말씀하고 있습니다. 그러면 하나님께서 욥에게 학수고대(鶴首苦待)하시는 욥의 대답은 무엇이겠습니까? 그것은 다름 아닌 "하나님! 하필이면 왜 제가 아닙니까?"(If so, O Lord! Why 'NOT' me?)라는 반전(反轉)의 말입니다. 왜냐하면 현재의 고난은 장차 우리에게 나타날 영광과 족히 비교할 수 없기 때문입니다(롬 8:18).

고난 중 토해내는 한마디 말 "하나님! 하필이면 왜 접니까?"(If so, O Lord! Why me?), 이것은 땅으로부터(from the earth) 토해내는 말입니다. 즉 밑으로부터(from below) 치솟아 올라온 말입니다. 불평(不評)과 불만(不滿)과 원망(怨望)과 시비(是非)가 뒤섞인 말입니다. 그러나 하나님께서 원하시는 것은 그런 것이 아닙니다. 더욱이 하나님께서 학수고대(鶴首苦待)하시는 것은 그런 것이 아닙니다. 그것은 하늘로부터(from heaven) 내려온 은혜(恩惠), 그것에 덧입은 감사(感謝)의 말입니다. 즉 '위로부터 내려온'(from above) 은혜에 대한 응답(應答)의 말입니다. 그것은 자기 자신(自己自身)이 하나님의 사랑을 인식하고 있을 뿐만 아니라 그에 대한 고마움의 표현이기 때문입니다. 특히 고통이 심하면 심할수록 더욱 그러합니다. 하늘로부터 온 은혜(恩惠: grace)는 삼위일체 하나님으로만 해석이 가능합니다.

예수님은 요한복음 15장 12절에서 "내 계명은 곧 내가 너희를 사랑한 것같이 너희도 서로 사랑하라 하는 이것이니라"고 말씀하십니다. 예수님께서는 사랑의 본체(本體)이신 삼위일체 하나님으로서 하나님 아버지께서 우리를 사랑하고 계심을 정확하게 그리고 소상하게 알고 계실 뿐만 아니라, 그것을 우리에게 증거하시며 바르게 전달해 주심과 동시에 그것을 보여주고 계십니다. 그것이 예수님의 십자가 사건입니다. 예수님의 십자가 사건을 일명(一名) '그리스도의 십자가 사건'(Christ event)이라고 부릅니다. 하나님의 말씀을 우리에게 전하여 주는 선지자의 기름 부음과, 인간의 죄를 하나님께 고(告)하고 그에 대한 하나님의 뜻을 대행하는 제사장의 기름 부음과, 하나님의 뜻대로 백성을 인도하는 왕의 기름 부음을 한 몸에 지닌 그리스도의 십자가 사건을 통하여 예수님께서 하나님 아버지의 사랑을 구체적으로 우리로 하여금 체휼(體恤)하게 하시고 인식(認識)하게 하시며 깨닫게 하십니다. 왜냐하면 '그리스도'(Christ)라는 말이 '기름 부음'(anointing)이라는 말이고, 이 기름 부음은 선지자와 제사장과 왕에게 행하여졌기 때문입니다.

그래서 그리스도의 십자가 사건을 생각할 때마다, 그리스도의 십자가 사건을 깊이 묵상하면 할수록 더욱 하나님의 사랑에 대한 감사가 우러납니다. 그래서 "하나님 감사합니다. 오 주님!"(Thanks God. O LORD!)이라고 고백할 수밖에 없습니다. 그래서 절로 나오는 말이 "하나님! 하필이면 왜 제가 아닙니까?"(If so, O Lord! Why 'NOT' me?)라는 것입니다. 이것은 "하나님! 하필이면 왜 접니까?"(If so, O Lord! Why me?)라는 '아래(땅)으로부터 올라온[from below(the earth)] 탄식(歎息)의 말'로부터 '위(하늘)에서 내려온[from above(heaven)] 은혜(恩惠: grace)'에 대한 응답(應答: response)의 말 곧 '감사(感謝)의 말'로 바뀐 것입니다. 절로 나오는 "하나님! 하필이면 왜 제가 아닙니까?"(If so, O Lord! Why 'NOT' me?)라는 말은 아무나 할 수 있는 말이 아닙니다. 이 말은 하나님 성령께서 말할 수 없는 탄식으로 우리의 마음을 간단(簡單) 없이 두드리면서 우리의 심령(心靈)을 성령 충만케 하시고, 하나님 성령께서 그 성령 충만한 마음으로부터 이끌어낸 '초자연적인 감사'(supernatural thanksgiving)의 표현입니다. 그래서 이것은 온전한 하나님 중심의 마음에서 우러난 감사의 고백(告白)인 것입니다. 이 감사의 고백, 그 위에 하나님의 복이 임하는 것입니다. 실로 솔로몬의 일천번제 후에 하나님께서 부어주신 넘치는 복에서처럼 말입니다. 그래서 우리 모두는 이에서 한 걸음 더 나아가 평소에도 이 초자연적인 감사를 자연스럽게 토해낼 수 있도록 삼위일체 하나님이 주시는 사랑의 맥(脈)을 욥기에서 꼭 발견할 수 있어야 합니다. 특히 본문의 말씀을 통해서 말입니다.

V. 소원(所願)과 축원(祝願)

사랑하는 믿음의 형제자매 여러분! 본문의 욥과 같이 '나의 두려워하는 그것'이 내게 미치고 '나의 무서워하는 그것'이 내 몸에 미쳤을지라도 우리는 이 주어진 환경과 조건에 대하여 부정하면서 갈등 속에서 에너지를 소진(消盡)할 것이 아니라, 과감하게 이것을 수용하고 "오 주님! 하필이면 왜 접니까?"(If so, O LORD! Why me?)라는 탄식(歎息)의 말로부터 벗어나 "오 주님! 하필이면 왜 제가 아닙니까?"(If so, O Lord! Why Not me?)라는 대망(待望)의 말을 토해내면서, 평소에도 하나님이 위에서 부르신 부름의 상을 위하여 긍정적이며 능동적이며 적극적이며 공격적인 자세로 기도하여 고난을 극복하고 하나님께 더욱 큰 영광을 돌려 영혼이 잘됨과 같이 범사가 잘되기를 주님의 이름으로 축원합니다.

구약성경
Old Testament

제3부

솔로몬의 일천번제(왕상 3:4-15)

-하나님의 학수고대

A thousand Burnt offerings of Solomon(1 king. 3:4-15)

- The Earnest Expectation of God

내가 네게 무엇을 줄꼬 너는 구하라

(Ask What I Shall Give Thee)

"기브온에서 밤에 여호와께서 솔로몬의 꿈에 나타나시니라
하나님이 이르시되
내가 네게 무엇을 줄꼬 너는 구하라"
(왕상 3:3-15 중에서 왕상 3:5)

오늘의 본문은 솔로몬 왕이 기브온에서 일천번제를 드렸더니 기브온에서 밤에 여호와께서 솔로몬의 꿈에 나타나시어 "내가 네게 무엇을 줄꼬 너는 구하라"고 하신 말씀입니다.[1] 열왕기상 1장과 2장은 솔로몬이 왕으로 등극하기 직전의 파란만장한 소용돌이를 개략적이기는 하지만 어느 정도 가늠하여 그 정황을 그려볼 수 있도록 비교적 소상하게 전하여 주고 있습니다. 열왕기상 2장 말미에 "나라가 솔로몬의 손에 견고하여지니라"는 언급으로 그 소용돌이에 대한 이야기를 마칩니다.

그런 연후에 열왕기상 3장 1절에 "솔로몬이 애굽의 왕 바로와 더불어 혼인관계를 맺어 그의 딸을 맞이하고 다윗성에 데려다가 두고 자기의 왕궁과 여호와의 성전과 예루살렘 주위의 성의 공사가 끝나기를 기다리니라"고 하면서 솔로몬 왕이 왜 기브온 산당에서 제사를 드리게 되었는가 하는 이유와 함께 일천번제를 드렸다는 이야기가 나옵니다.

솔로몬 왕이 일천번제를 드렸다는 대목에 가서는 "왜 솔로몬 왕이 번제를 드리게 되었을까? 그것도 일천 번이나 말입니다" 하는 질문과 함께 "솔로몬 왕이 '어떠한 몸가짐'과 '마음의 자세'로 번제를 드렸기에 여호와께서 솔로몬의 꿈에 나타나

시어 하나님이 '내가 네게 무엇을 줄꼬 너는 구하라'는 엄청난 말씀을 하셨을까?" 하는 의문 또한 생깁니다. 왜냐하면 이는 하나님께서 솔로몬 왕에게 백지수표(白紙手票: blank check)를 주시겠다는 말씀과 같기 때문입니다.

솔로몬 왕의 꿈에 나타나신 분은 히브리인들에게는 특별한 경외심을 갖고 대하는 하나님의 이름 '여호와'로 쓰인 반면에, 그 꿈속에서 솔로몬 왕에게 말씀하신 분은 '하나님'으로, 그것도 히브리어 성경으로 볼 때 하나님을 나타내는 '엘로하'(eloha) 대신에 그의 복수형(plural form)인 엘로힘(elohim)으로 쓰였습니다. '여호와'나 또는 인칭 대명사 '그'로 쓰일 법한데 말이죠. 왜 그랬을까요? 그 외에도 많은 의문점이 있지만 본 글에서는 몇 가지 점만 추려서 생각해 보겠습니다.

Ⅰ. 하나님의 학수고대(鶴首苦待)

“내가 네게 무엇을 줄꼬 너는 구하라”는 하나님의 말씀을 정확히 헤아리기는 어렵지만 그 말씀의 배경을 크게 두 가지로 유추하여 볼 수 있습니다. 하나는 성경에 있는 말씀 그대로 하나님께서 솔로몬 왕에게 무엇이든지 해주고 싶었는데도 불구하고 솔로몬 왕이 아무것도 구하지 않아서 그렇게 말씀하신 것이라는 해석입니다. 또 다른 하나는 솔로몬 왕이 일천번제를 통하여 하나님께 무엇인가를 구하기는 구하였으되, 하나님께서 원하시는 바를 구하지 않았기 때문에 그런 것이라는 해석입니다. 즉 하나님께서 그것을 학수고대하시면서 솔로몬에게 물으신 것이라는 것입니다.

첫 번째 이유처럼 솔로몬 왕이 일천번제를 하나님께 드리는 동안 하나님께 구하는 것이 하나도 없었다면 이는 기적 중의 기적이요 이적 중의 이적일 것입니다. 왜냐하면 레위기 1장 1-3절에 “여호와께서 회막에서 모세를 부르시고 그에게 말씀하여 이르시되 이스라엘 자손에게 말하여 이르라 너희 중에 누구든지 여호와께 예물을 드리려거든 가축 중에서 소나 양으로 예물을 드릴지니라 그 예물이 소의 번제이면 흠 없는 수컷으로 회막 문에서 여호와 앞에 기쁘시게 받으시도록 드릴지니라”고 말씀하고 계시기 때문입니다.

솔로몬 왕이 하나님께 드리는 번제는 ‘하나님을 기쁘시게 하는 것’이 핵심이지 ‘일천’이라는 숫자에 매달려 그것을 이루는 것이 핵심은 아닐 것입니다. 그러므로 ‘일천번제’를 해석함에 있어 무엇이 핵심 사항인지를 파악하는 것이 중요합니다. 만약 핵심을 잃은 작정 기도처럼 솔로몬 왕이 일천번제를 드리겠다고 결심하고 '하나님을 기쁘시게 하는 것'은 차제로 치고 '일천'이라는 숫자를 채우는 것, 그것을 최우선 과제로 하여 일천번제의 드림을 마쳤다면, 이것은 하나님을 기쁘시게 한 것이 아니라 '자기의 의'를 이루려는 것이거나 '자기만족'을 충족시키려는 것으로 볼 수 있습니다. 만약 이것이 솔로몬 왕이 일천번제를 드린 이유라면 이것은 오히려 여호와 하나님께 가증스러운 일일 것입니다. 솔로몬 왕이 일천번제를 드린 후에 여호와께서 밤에 솔로몬의 꿈에 나타나시어 하나님께서 "내가 네게 무엇을 줄꼬 너는 구하라"고 말씀하신 것으로 보아 하나님을 기쁘시게 한 번제였음이 분명합니다. 다시 말하면 하나님을 기쁘시게 하는 것을 최우선시한 번제였다고 여겨지는 것입니다.

Ⅱ. 하나님을 기쁘시게 하는 번제

번제를 드리되 어떻게 드리는 것이 하나님을 기쁘시게 해드리는 것일까요? 창세기 1장을 보면 "하나님이 보시기에 좋았더라"고 하는 말씀이 자주 나옵니다. 우선은 하나님이 보시기에 좋은 번제 드림이 되어야 할 것입니다. 그렇게 되려면 번제를 드리는 사람의 행실이 하나님 앞에서 반듯해야 할 것입니다[2] 그것은 곧 하나님의 계명을 지키는 사람이 되는 것입니다. 만일 하나님의 계명을 지키지 못하였다면 진정한 회개를 통하여 하나님께로부터 계명 어김에 대한 죄 씻음을 받아서 하나님께서 그의 번제를 받기에 합당한 사람이 되는 것입니다. 이것은 창세기 4장에 나오는 가인과 아벨의 제사와 로마서 12장 1절의 산 제사(living sacrifice)에 대한 성경 말씀을 통하여 알 수 있습니다.

하나님을 기쁘시게 해드리는 사람이, 하나님을 더욱 기쁘시게, 그것도 최상으로 기쁘시게 해드리기 위해서는 하나님께서 그 사람에게 주고 싶어 하시는 그 무엇을 달라고 구하는 사람일 것입니다. 이 세상의 아버지도 사랑하는 자녀에게는 무엇이든지 주기를 좋아하지 않습니까? 누구든지 '주는 아버지', '베푸는 아버지'가 되기를 원합니다. 그것도 아버지가 주기를 원하는 그것을 말이지요. 즉 하나님께서는 받으시기보다 주시기를 더 좋아하신다는 것입니다. 그것도 그 사람에게 가장 좋은 것으로 말입니다. 왜냐하면 하나님은 전지전능하시고 무소불위하신 분이기 때문입니다.

Ⅲ. 번제에 임하는 솔로몬의 몸가짐과 마음의 자세

솔로몬 왕이 번제를 드릴 때의 몸의 가짐과 마음의 자세는 '하나님을 기쁘시게 하는 것'을 최우선시하여 마음과 정성을 다한 것으로 신령과 진정으로 드리는 번제였을 것입니다. 그래서 다수의 번제물을 동시에 드리게 되었고, 이를 한 번 두 번 거듭하여 누적하다 보니 천 마리 희생 제물로, 번제를 7~8일에 걸쳐 드리게 되지 않았나 싶습니다.[3] 세상적인 눈으로는 보이지 않지만 영적인 눈으로는 마치 하나님께서 좋아하시고 기뻐하시는 그 모습에 침몰되어 마음이 이끌려가는 것처럼 말이죠. 이것이 하나님 성령(God the Spirit)의 인도하심에 따른 번제의 드림입니다.

Ⅳ. 하나님께서 솔로몬에게 물으신 이유

필자는 하나님께서 "내가 네게 무엇을 줄꼬 너는 구하라"는 말씀의 배경을, 앞에 설명한 두 번째의 것, 즉 "솔로몬 왕이 일천번제를 통하여 하나님께 무엇인가를 구하기는 구하였으되, 하나님께서 원하시는 바를 구하지 않았다고, 그래서 하나님께서 그것을 학수고대하시면서 솔로몬에게 물으신 것이다"라고 생각합니다. 왜냐하면 열왕기상 2장 말미에 "나라가 솔로몬의 손에 견고하여지니라"고 언급되어 있지만, 외면상과는 달리 내면상으로는 솔로몬이 왕위 등극에 임하였던 소용돌이의 갈등이 말끔히 씻어진 것은 아니었기 때문입니다. 게다가 애굽과의 화친 정책에 의한 바로의 딸을 맞아들인 것 또한 많은 문제를 야기했을 것이기 때문입니다. 그래서 번제를 드리는 동안에는 자기중심적인 간구를 하였다는 것이지요.

일천번제를 드리면서 솔로몬이 하나님께 구한 것은, 자기 일신상의 문제나 왕권확립 또는 나라의 안녕이나 부국강병 등 왕으로서의 자기중심적인 구함이었지 하나님 중심적인 구함이 아니었다는 것입니다. 번제를 드리는 몸의 가짐이나 마음의 자세는 하나님을 기쁘시게 해드렸으나 구함의 내용은 그렇지 못하였다는 것입니다. 왜냐하면 하나님께서는 다윗 왕과의 언약 관계로 솔로몬이 온전히 하나님 중심의 왕이 되기를 간절히 바라신 것입니다. 그래서 큰 은혜를 베풀기 위하여 작은 문제의 기도 응답은 보류하신 것입니다.

V. 삼위일체(三位一體) 하나님의 역사(役事)

1. 삼위일체 하나님의 관점으로 본 열왕기상 3장 5절

삼위일체 하나님의 관점으로 보면 다음과 같습니다. 솔로몬 왕은 마음과 정성을 다하여 신령과 진정으로 번제를 드렸기 때문에 번제를 거듭하면서 하나님을 경외하는 마음과 더불어 하나님께서 반드시 자기를 도와주실 것이라는 확신이 더해지게 되었고, 일천번제에 이르러서는 "그 확신에 대한 믿음이 극(極)에 도달했을 것이다"라는 것입니다. 그래서 하나님 아버지께서는 솔로몬의 번제를 기뻐 흠향하셨습니다. 실로 히브리서 11장 6절의 말씀인 "믿음이 없이는 하나님을 기쁘시게 하지 못하나니 하나님께 나아가는 자는 반드시 그가 계신 것과 또한 그가 자기를 찾는 자들에게 상 주시는 이심을 믿어야 할지니라"는 말씀이 절로 생각이 납니다.

그럼에도 불구하고 솔로몬이 구한 그 간구의 내용에 대하여는 만족하지 못했습니다. 왜냐하면 솔로몬이 번제 드릴 때의 몸가짐이나 마음의 태도는 나무랄 데 없이 훌륭했으나 그 구함의 내용에 있어서는 기대에 미치지 못하였기 때문입니다. 그 이유는 하나님 아버지께서는 다윗과 같이 그의 아들 솔로몬도 자기의 마음에 온전히 합한 왕이 되기를 간절히 바라셨으나 그가 간구하는 기도 내용을 보니 그렇지 못했다는 것입니다.

그래서 하나님 아버지께서 일천번제를 마칠 때까지 이번에는 "올바로 구하겠지 올바로 구하겠지" 하고 학수고대하면서 기다리시다가 그것이 이루어지지 않자 일천번제를 마치자마자 그날 밤에 솔로몬의 꿈에 직접 나타나신 것입니다. 안타까워하시면서 말이죠. 그래서 하나님 아버지께서, 스스로 학수고대하는 바를 솔로몬에게 알려 주시고자, 하나님 성자 곧 '예수 그리스도'로 하여금 솔로몬의 꿈에 나타나게 하셨고, 꿈속에서 하나님 성자 곧 예수 그리스도께서 솔로몬에게 말씀하게 하신 것입니다. 왜냐하면 하나님 아버지께서는 하나님 성자 곧 예수 그리스도를 통해서만 자기를 계시(啓示)하시기 때문입니다.[4] 바로 그 예수 그리스도께서 솔로몬에게 말씀하신 것이 열왕기상 3장 5절에서 "내가 네게 무엇을 줄꼬 너는 구하라"고 한 것입니다.

2. 열왕기상 3장 5절에 나타난 여호와와 엘로힘의 차이

열왕기상 3장 5절 후반부에서 특이한 것은 "내가 네게 무엇을 줄꼬 너는 구하라"고 말씀하신 하나님 성자 곧 예수 그리스도를 하나님 아버지를 지칭(指稱)하는 여호와와 구별되게 '하나님'으로 표현한 것입니다. 히브리어 '엘로힘'으로 말입니다. 한글개역성경과 한글개역개정성경 요한복음 1장 18절에서는 똑같이 "본래 하나님을 본 사람이 없으되 아버지 품속에 있는 독생하신 하나님이 나타내셨느니라"고 하였습니다. 좀 더 풀어서 설명하면 하나님 아버지 품속에 계신 하나님 성자 곧 예수 그리스도께서 하나님으로서 '하나님 아버지의 마음과 뜻'은 물론 하나님 아버지의 모든 '품성'을 가감승제(加減乘除) 없이 그대로 나타내신다는 것입니다. 이로 보건대 열왕기상 3장 5절에서 말씀하시는 하나님은 요한복음 1장 18절의 독생하신 하나님 곧 '예수 그리스도'이심을 알 수 있습니다.

그뿐만 아니라 한글개역개정성경 요한복음 14장 10절을 보면 예수님께서 "내가 아버지 안에 거하고 아버지는 내 안에 계신 것을 네가 믿지 아니하느냐 내가 너희에게 이르는 말은 스스로 하는 것이 아니라 아버지께서 내 안에 계셔서 그의 일을 하시는 것이라"고 말씀하십니다. 이로 보건대 열왕기상 3장 5절에 쓰인 '하나님'이 바로 이 '예수 그리스도'를 나타내고 있음을 다시 한 번 더 확인해 볼 수 있습니다.

3. 하나님 아버지의 소원을 풀어드리는 간구

여기서 의문이 생깁니다. 그러면 왜 솔로몬은 번제가 끝나기까지 하나님 아버지께서 그렇게 학수고대하시는 바를 한 번도 간구하지 아니하였는가 하는 문제입니다. 그렇게 많은 번제를 드렸음에도 불구하고 말입니다. 이를 로마서 8장 26절의 "이와 같이 성령도 우리의 연약함을 도우시나니 우리가 마땅히 빌 바를 알지 못하나 오직 성령이 말할 수 없는 탄식으로 우리를 위하여 친히 간구하시느니라"는 말씀에 비추어 살펴보면 다음과 같습니다.

로마서 8장 26절 "우리가 마땅히 빌 바를 알지 못하나 오직 성령이 말할 수 없는 탄식으로 우리를 위하여 친히 간구하시느니라"는 말씀에 견주어 보면 비록 솔로몬이 마땅히 빌 바를 알지 못하고 있을지라도 하나님 성령께서 말할 수 없는 탄식으로 솔로몬을 위하여 하나님 아버지께 친히 간구하셨을 것입니다. 그리고 하나님 성령께서 일천번제를 드리는 동안 내내 솔로몬의 마음과 생각을 감동감화(感動感化)시키면서 그의 마음과 생각을 인도(引導)하셨을 것입니다. 즉 솔로몬의 연약함을 도우셨을 것입니다. 그럼에도 불구하고 솔로몬은 그것을 깨닫지 못하였다는 것입니다. 이유가 무엇이겠습니까? 솔로몬은 이스라엘 왕(king)으로 자기의 신상(身上)의 문제를 해결해야만 하였고, 그로 인하여 자기중심적인 생각에 사로잡혀 있었기 때문입니다.

로마서 8장 26절에 의하면 솔로몬뿐만 아니라 그 어느 누구도 하나님 성령의 도움 없이는 마땅히 빌 바를 알지 못한다고 합니다. 또한 하나님 성령께서 '말할 수 없는 탄식'으로 간구하시기 때문에, 즉 말로 표현할 수 없는 탄식이기 때문에 그 간구하는 바를 가늠하기란 그리 쉽지 않습니다. 그래서 특단(特段)의 조치가 필요했던 것입니다.

4. 하나님 성령님의 역사하심

일천번제를 마칠 때까지 하나님 아버지의 학수고대하심과 솔로몬의 간구하는 바가 서로 맞지 않아 엇박자를 이루었습니다. 그래서 다급해진 하나님 아버지께서 특단의 조치를 취하셔야만 했던 것입니다. 예수 그리스도께서 하신 열왕기상 3장 5절의 말씀 "내가 네게 무엇을 줄꼬 너는 구하라"는 명령에 솔로몬의 귀가 번쩍 뜨였을 것입니다. 왜냐하면 이상한 느낌(feeling)이 들었기 때문입니다.

솔로몬이 생각하기에 비록 꿈속이기는 하지만 "나는 분명히 솔로몬으로서 남자임에도 불구하고 왜 예수 그리스도께서는 나를 지칭(指稱)하는 말로 '남자인 네게'로, 또는 '여자인 네게'로, 동시(同時: at the same time)에 이중적 해석이 가능한 '묘한 표현'[5]을 사용했을까?" 하는 의문이 생겼을 것이기 때문입니다. 즉 왜 유별나게 히브리어 읽기 전승에서나 볼 수 있는 특별한 형식의 "쉼의 법칙"[6]을 써서

"포잘 형식"(pausal form)[7)]의 말로 그에게 물으셨느냐 하는 것입니다.

이로 인하여 2인칭 남성 대명사인 '네게'로부터는 '왕(king)으로서의 너'를, 2인칭 여성 대명사인 '네게'로부터는 '왕국'(kingdom)을 지칭(指稱)하는 2인칭 여성대명사로서의 '너'를 생각하게 된 것입니다. 그래서 왕으로서 자기중심적인 지금까지의 간구를 버리고 하나님 왕국의 대리치리자로서의 간구를 하기에 이른 것입니다. 즉 솔로몬이 하나님 아버지의 코드(code)에 맞추게 된 것입니다. 하나님 성령님의 인도하심으로 말입니다. 실로 전광석화(電光石火)와 같은 순간적인 '생각의 전환'(the transform of thought)이었습니다. 그래서 하나님 아버지와 솔로몬 왕 쌍방 간에 코드(code)가 온전히 일치하게 된 것입니다. 참으로 결정적인 순간이었습니다. 전 과정을 통해서 볼 때 그렇습니다. 피조물인 인간의 편에서, 하나님 성령의 세미한 음성을 들으면서, 마음의 감동 감화를 받으며, 그의 인도함을 따라, 하나님 성령님의 도움을 받아, 모든 것을 그에게 온전히 맡기는, '겸허(謙虛)한 마음'으로 되는 것이 얼마나 중요한 것인가를 깊이 깨닫게 됩니다.

즉 열왕기상 3장 5절에서 알 수 있는 바와 같이 하나님 성자 곧 예수 그리스도께서 솔로몬에게 하나님 아버지의 뜻을 직접 말씀하신 이후에서야 솔로몬이 이것을 듣고 정신을 가다듬게 되었고, 솔로몬 자신의 마음이 하나님 성령에 의한 감동 감화(感動 感化)를 받고 있음과, 자신의 마음이 하나님 성령에 의하여 인도(引導)되고 있음을 깨달았을 것입니다. 그리고 그것을 인식(認識)하기 시작하면서부터 솔로몬 왕이 자기 자신의 마음을 하나님 성령께 온전히 맡기게 된 것입니다. 그 후에 비로소 하나님 성령에 의하여 솔로몬의 마음이 하나님 아버지의 마음에 꼭 맞게 움직이기 시작한 것입니다. 그것은 요한복음 16장 13절의 말씀을 통해서도 알 수 있습니다.

요한복음 16장 13절을 보면 "그러나 진리의 성령이 오시면 그가 너희를 모든 진리 가운데로 인도하시리니 그가 스스로 말하지 않고 오직 들은 것을 말하며 장래 일을 너희에게 알리시리라"고 했습니다. 이 말씀에서 "하나님 성령께서 '누구의 말씀'을 듣고 그것을 그대로 말씀하시는가?" 하는 문제를 푸는 것이 중요합니다. 물론 하나님 성령께서 하나님 성자 예수 그리스도의 말씀을 듣고 그것을 말씀하시는 것입니다. 그런데 하나님 성자 예수 그리스도는 하나님 아버지의 말씀을 듣고 그것을 그대로 말씀하십니다. 그러므로 하나님 성령께서는 하나님 성자 예수 그리스도의 말씀을 듣고 그대로 말씀하신다고도 말할 수 있고, 다른 한편으로는 하나님 아버지의 말씀을 듣고 그대로 말씀하신다고도 말할 수 있습니다. 이것이 삼위일체(三位一體) 하나님의 신비(神秘)입니다.

5. 열왕기상 3장 5절에 감추어진 비밀

한글개역개정성경이나 한글개역성경 및 흠정역영어성경(KJV)이나 국제표준역 영어성경(NIV) 등으로는 분간하기 어려우나 히브리어 원문을 보면 분명하게 나타납니다. "내가 네게 무엇을 줄꼬"라고 할 때의 '네게'는 히브리어로 포잘 형식(pausal form)[8]으로 쓰여 있어 '남성인 네게' 또는 '여성인 네게'라고 번역할 수 있습니다. 그래서 얼핏 보기에는 사리(事理)에 맞지 않을 뿐만 아니라 일반적인 상식으로도 애매모호한 "묘한 표현"[9]을 썼다고 볼 수 있습니다. 그럼에도 불구하고 그것에는 특별한 의미를 나타내는 특별한 '그 무엇'이 있다고 생각합니다.

여기서 '남성인 네게'라고 하면 문맥상 문제가 없지만 문법상으로는 문제가 있습니다. 왜냐하면 문맥상으로는 솔로몬은 남자였기 때문에 문제가 없지만, 문법상으로는 '네게'가 전형적인 '여성인 네게'를 나타내는 표현이기 때문에 문제가 되는 것입니다. 그러나 히브리어 성경을 읽을 때 "쉼(pause)의 법칙"[10)]을 적용하면 예외적인 경우로 인정되어 '남성인 네게'로도 해석할 수 있는 표현입니다.

한편 '여성인 네게'라고 하면 문법상으로는 문제가 없으나 문맥상 맞지 않는 것 같습니다. 왜냐하면 솔로몬은 남자였기 때문입니다. 그런데 이것을 좀 더 깊이 생각하면 '남성인 네게'라고 말할 때는 '남성인 왕(king)'인 '솔로몬'을 가리키지만, '여성인 네게'라고 말할 때는 '이스라엘 왕국(kingdom)'을 가리킨다고 볼 수 있습니다. 왜냐하면 화자(話者: speaker)인 '예수 그리스도'께서 청자(聽者: listener)인 솔로몬 왕을 대면하여 말할 때 솔로몬 왕을 '이스라엘 왕국을 대표하는 자'로 보아, 그를 부를 때 2인칭 여성 대명사로 나타낸 것으로 볼 수 있습니다.[11)] 마치 '이스라엘' 나라를 부를 때 "너 이스라엘아"로 또는 단순히 '너'로, 아니면 도시 '예루살렘'을 부를 때 "너 예루살렘아" 또는 단순히 '너'로 말하는 것과 같이 말입니다. 이렇게 부를 때는 2인칭 여성 대명사를 씁니다. 즉 영어로는 주격인 경우에 'she'로, 소유격이나 목적격인 경우에는 'her'로 나타내는 것과 같다는 말입니다.

좀 더 구체적으로 설명하면 하나님 성자께서 '솔로몬 왕'을 '너'라고 지칭하실 때 객관적인 면과 주관적인 면으로 나누어 다르게 불러 솔로몬 왕을 일깨워 줌으로써 하나님 성령께서 하나님 아버지께서 학수고대하는 '답'(answer)을 솔로몬 왕이 하도록 로마서 8장 28절과 같이 합력하여 선을 이루게 하셨다는 것입니다. 즉 "너는 내게 구하라"고 말씀하실 때의 '너'는 명실상부(名實相符)한 남자인 솔로몬 왕을 가리키지만, "내가 네게 무엇을 줄꼬"라고 말씀하실 때의 '네게'는 솔로몬 왕이 지금 다스리고 있는 나라, 곧 이스라엘 왕국(kingdom)을 의인화(擬人化)하여 2인칭 여성 단수(second person feminine singular)로 나타낸 것입니다. 이를 위하여 하나님(예수 그리스도)께서 솔로몬 왕에게 "내가 네게 무엇을 줄꼬 너는 구하라"고 말씀하실 때, '네게'를 히브리어로 포잘 형식(pausal form)[12]으로 써서, 대화의 상대가 남성인 솔로몬 왕이지만 듣기에 따라 '남성인 네게'로 또는 '여성인 네게'라고 이중적(二重的)으로 이해할 수 있는 색(色)다른 표현을 써서, 솔로몬 왕에게 각별(各別: particular)히 주의를 환기시키신 것입니다.

삼위일체 하나님께서 하나님 아버지의 마음속에 새겨 있는 나의 백성을 다스려야 할 솔로몬 바로 '너'를, 하나님 아버지를 계시(revelation)하시는 하나님 성자, 곧 '예수 그리스도'께서 염두에 두시고, 남성인 솔로몬 왕에게 '왕국'(kingdom)을 나타내는 히브리어 '말르쿠트'(מַלְכוּת)라는 여성 명사를 상기(想起)시켜, 솔로몬 왕으로 하여금 남성인 왕이지만, 특별히 '하나님의 백성을 다스려야만 하는 왕'임을 부각시키기 위하여 일부러 여성 대명사를 써서 '네게'라고 부르셨다는 것입니다.

그래서 열왕기상 3장 5절에 솔로몬 왕의 꿈에 나타나신 분은 삼위일체 하나님의 제1위(第一位)이신 '하나님 아버지'(God the Father)를 나타내는 '여호와'로, 꿈속에서 솔로몬에게 말씀하신 분은 삼위일체 하나님의 제2위(第二位)이신 '하나님 성자'(God the Son)로 나타내기 위하여 '여호와'와 구별된 '하나님'으로 나타낸 것입니다. 히브리말로는 '엘로힘'(אֱלֹהִים)으로 말입니다. 여기서 하나님 성자(God the Son)는 신약에서 말하는 '예수 그리스도'이십니다. 그렇다면 삼위일체(三位一體) 하나님의 관점으로 볼 때 제3위(第三位)이신 '하나님 성령'(God the Spirit)께 대한 언급(言及)이 열왕기상 3장 5절에 있을 법한데 "왜 열왕기상 3장 5절에서는 그것을 찾아볼 수 없느냐?" 하고 질문할 수 있을 것입니다. 그것은 아마도 하나님 성령(God the Spirit)께서는 소리 내지 않고 보이지 않게 역사(役事)하시는 분이시기 때문일 것입니다. 즉 솔로몬 왕의 마음을 소리 없이 조용히 보이지 않게 움직이셨다는 것입니다.

하나님께서 "내가 네게 무엇을 줄꼬"라고 말씀하셨을 때 '너'를 '남성인 너'로 받아들일 것인지, 아니면 '여성인 너'로 받아들일 것인지의 양자택일(兩者擇一)의 문제는 전적으로 솔로몬 왕에게 달려 있습니다. 자칫 잘못 생각하면 왕으로 나타난 '너'는 주격(主格: nominative)으로, '왕국'을 나타내는 '네게'는 여격(與格: dative)으로 격(格: case)만 다른 것이지 뭐가 다르겠느냐고 반문할 수 있으나 히브리어에서는 남성과 여성으로 구분되어 그 의미하는 바가 확연히 다릅니다. 그래서 열왕기상 3장 5절을 해석할 때 히브리어 구약성경의 원문을 잘 살펴보아야 합니다.

6. 하나님 성령님의 인도함을 받는 솔로몬 왕

히브리어 남성 명사로 표현되는 왕으로서의 '너'인 솔로몬은 자기 일신상의 문제로, 왕권의 확립을 위해, 나라의 평안을 위해, 부국강병을 위해, 나라의 번영 등을 위해 간구할 수 있었을 것입니다. 아마도 일천번제를 드리는 내내 이런 것들을 위해 여호와 하나님께 구하지 않았나 싶습니다. 그런데 여호와 하나님께서 진정 원하시는 것은 이러한 자기 중심적인 간구가 아니고 하나님 중심으로 온전히 통치하는 다스림의 문제를 솔로몬 왕이 구하기를 바라셨을지 도릅니다.

통치하는 다스림의 문제에 들어가면 다스림을 받는 백성이 누구의 백성인가 하는 문제부터 해결해야 합니다. 이것이 최우선의 과제입니다. 하나님 성령께서 솔로몬 왕에게 깨우쳐 주고자 하신 것은 다스림을 받는 백성이 솔로몬 자신의 백성이 아니라 바로 여호와 하나님의 백성이라는 것입니다. 일천번제를 통하여 하나님 성령의 감동(感動)과 감화(感化)를 받고 인도(引導)함을 받은 솔로몬 왕은 일천번제를 드린 마지막 날 꿈속에서 여호와 하나님께서 학수고대(鶴首苦待)하시는 방향으로 그의 마음과 생각이 바뀌었습니다. 그 결과 열왕기상 3장 9절에서 "누가 주의 이 많은 백성을 재판할 수 있사오리이까"라고 말한 것입니다. 솔로몬 왕이 자기가 다스려야 하는 백성이 자기 백성이 아니라 하나님의 백성이라는 것을 바로 알았다면 그에게 요구되는 첫 번째 책무는 선악을 분별하는 일일 것입니다. 이때의 왕은 백성 위에 군림하는 왕이 아니라 하나님의 명령을 대행하는 대리자로서의 왕입니다.

7. 하나님 아버지를 매료(魅了)시킨 솔로몬 왕의 구함

열왕기상 3장 5절에서 솔로몬 왕이 하나님으로부터 "너는 구하라"는 명령을 받았을 때의 '너는' 문법적으로나 문맥적으로 남성인 솔로몬 왕을 가리킨다는 데 하등(何等)의 이의(異議)가 없습니다. 그러므로 여호와 하나님께서 학수고대하시면서 남성인 왕 솔로몬에게 바라시는 것은 하나님의 백성을 통치하는 왕에게 필수불가결한 여호와 하나님의 말씀을 '듣는 마음'을 구하는 것이었습니다. 솔로몬 왕이 이것을 하나님 성령님의 인도하심을 따라 하나님 아버지께 구한 것입니다. 이것이 바로 한글개역개정성경 열왕기상 3장 9절의 말씀입니다. 즉 "누가 주의 이 많은 백성을 재판할 수 있사오리이까 '듣는 마음'(히브리어: 레브 쇼메아)[13]을 종에게 주사 주의 백성을 재판하여 선악을 분별하게 하옵소서"라고 솔로몬 왕이 '여호와 하나님'께 구한 것입니다. 이때 사용된 '여호와 하나님'이라는 호칭(呼稱)은 솔로몬 왕의 일천번제를 다룬 열왕기상 3장 전체를 통하여 단 한 번 여기에서 사용되었습니다. 그 내력(來歷)은 다음과 같습니다.

솔로몬 왕이 꿈속에서 하나님으로부터 "내가 네게 무엇을 줄꼬 너는 구하라"는 명령을 받고 솔로몬 왕이 하나님께 말한 대화의 내용이 열왕기상 3장 6절에 나옵니다. 여기서 하나님은 곧 '예수 그리스도'를 나타냅니다. 이때에 솔로몬이 대화의 상대인 하나님을 당신(thou)이라고 부르면서 당신께서 자기의 아버지 다윗에게 하신 일과 자신에게 하신 일을 말합니다. 그런데 사실(事實)은 대화의 상대는 하나님 성자 곧 '예수 그리스도'였습니다. 그런데 솔로몬은 그분을 하나님 아버지 곧 여호와라고 생각한 것입니다. 그래서 솔로몬은 열왕기상 3장 7절에서 "나의 하나님 여호와여"(O LORD my God - KJV)라고 불렀습니다. 흠정역 영어성경(KJV)에서는 '여호와'를 'LORD'로 모두 대문자로 썼습니다. 열왕기상 3장 7절에 이어서 특히 열왕기상 3장 9절에서 솔로몬 왕은 여호와 하나님께 "누가 주의 이 많은 백성을 재판할 수 있사오리이까 '듣는 마음'(레브 쇼메아)[14]을 종에게 주사 주의 백성을 재판하여 선악을 분별하게 하옵소서"라고 말합니다.

이에 감동을 받은 여호와 하나님께서 솔로몬 왕에게 응답하시면서 그 마음의 일단을 열왕기상 3장 12-13절에 나타내셨습니다. "내가 네 말대로 하여 네게 지혜롭고 총명한 마음을 주노니 네 앞에도 너와 같은 자가 없었거니와 네 뒤에도 너와 같은 자가 일어남이 없으리라 내가 또 네가 구하지 아니한[15] 부귀와 영광도 주노니 네 평생에 왕들 중에 너와 같은 자가 없을 것이라"고 말씀하셨습니다. 마치 백지 수표를 주는 것처럼 말입니다. 폭포수처럼 부어 주셨습니다. 여기서 말씀하신 분은 문맥상 여호와 하나님이십니다. 마태복음 6장 33절의 말씀 "그런즉 너희는 먼저 그의 나라와 그의 의를 구하라[사역(私譯): 찾으라] 그리하면 이 모든 것을 너희에게 더하시리라"는 말씀이 절로 생각납니다. 그러나 열왕기상 3장 11절에서 그것을 실제로 솔로몬에게 말씀하신 분은 '여호와 하나님'이라는 호칭에서 '하나님'이라는 호칭으로 바뀌었습니다. 여기서 '하나님'은 하나님 성자 곧 예수 그리스도를 지칭합니다. 즉 하나님 아버지의 마음속에 있는 하나님 아버지의 뜻을 하나님 성자 곧 예수 그리스도께서 솔로몬 왕에게 전하신 것입니다.

한글개역개정성경에서는 솔로몬 왕의 이 '간구'를 높이 사서 존칭어를 써 열왕기상 3장 10절에 '그 말' 대신에 '그 말씀'이 "주의 마음에 든지라"고, 한글개역성경에서는 '그 말' 대신에 '그 말씀'이 "주의 마음에 맞은지라"고 표현하였습니다. 특히 한글개역성경에서 하나님의 말씀은 주로 '가라사대'로, 인간의 말은 '말하되'로 썼으며, 존칭으로 쓰는 경우에 한하여 '이르시되'로 썼습니다. 그래서 하나님의 말씀을 구별하기가 비교적 쉽습니다. 그런데 여기서는 인간인 솔로몬의 '말'을 '말씀'으로 나타냈습니다. 좀 이상하지 않습니까? 왜냐하면 우리나라 말의 관습상 아랫사람이 윗사람에게 말할 때 존경하는 마음으로 '제가 말씀드리는 바는' 등 자기의 '말'을 '말씀'으로 이야기하는 경우는 있지만, 제3자가 '아랫사람'의 '말'을 '윗사람'에게 전하면서 '아랫사람'의 '말'을 '말씀'으로 높여서 '윗사람'에게 말하는 경우는 거의 없기 때문입니다.[16] 더구나 히브리 사람들의 관습상 열왕기상을 우리말로 번역한 번역자가 솔로몬이 비록 왕이기는 하지만 어떻게 솔로몬이 한 말을 '말씀'이라는 존칭어를 써서 '주(Load)의 마음에 맞은지라'로 성경에 기록할 수 있는가 하는 것입니다. 왜냐하면 여기서 '주'[主: Lord/히브리어: 아도나이(אֲדֹנָי)]라고 하는 말은 실은 '여호와'(יְהוָה)라는 하나님을 지칭(指稱)한다고 볼 수 있기 때문입니다. 히브리 사람들은 여호와(יְהוָה)라는 하나님의 이름을 너무나 경외(敬畏)하였기 때문에 사람의 입으로는 발설할 수 없는 것이었습니다. 그래서 그 대용(代用)으로 사용된 말이 '주'[主: Lord/히브리어: 아도나이(אֲדֹנָי)]라는 용어였습니다. 이러한 상황을 고려하여 볼 때, 비록 번역상의 문제이기는 하지만 한글개역성경이나 한글개역개정성경 번역자가 솔로몬의 '이 간구'를 우리말로 옮길 때 "어떻게 솔로몬 왕의 말을 '말씀'으로 쓸 수 있었을까?" 하는 것입니다. 이것은 앞에서 설명한 바와 같이 "솔로몬 왕이 하나님께 구한 '듣는 마음'(레브 쇼메아), 그것을 하나님 성령께서 솔로몬의 마음을 감동(感動) 감화(感化)시켜 만들어내신 하나님 성령님의 작품으로 본 것이 아닌가 싶습니다. 그래서 '존칭어를 쓰지는 않았나?' 생각해 봅니다.

Ⅵ. 소원(所願)과 축원(祝願)

하나님께서는 예배 시 또는 기도 시 우리의 몸가짐이나 마음의 자세도 보시지만 내용을 더욱 중히 보십니다. 그리고 하나님께서는 일천번제를 드린 솔로몬 왕에게만 "내가 네게 무엇을 줄꼬 너는 구하라"고 말씀하시지 않습니다. 지금 우리에게도 동일한 명령 "내가 네게 무엇을 줄꼬 너는 구하라"고 말씀하십니다. 특히 크고 작은 리더들에게 말입니다. 리드를 해야 할 회중을 하나님의 백성으로, 하나님의 자녀로 또는 하나님의 아들딸들로 보는 것이 매우 중요합니다. 솔로몬 왕에게서 보는 것처럼 말입니다.

우리 모두에게는, 아니 우리 각자 한 사람 한 사람에게는 하나님께서 특별히 독특하게 원하시는 그 무엇이 있습니다. 솔로몬 왕도 일천번제를 드렸음에도 불구하고 마땅히 빌 바를 알지 못했습니다. 밤에 꿈에 나타나신 예수 그리스도의 말씀 "내가 네게 무엇을 줄꼬 너는 구하라"는 음성을 듣고 나서야 하나님 성령님의 인도하심으로 말미암아 그것을 깨닫고 하나님 아버지께 그것을 간구하였습니다. 하나님께서는 지금 우리에게도 마땅히 빌 바 곧 그것을 기도하기를 학수고대하십니다. 탕자의 예 "아직도 상거(相距)가 먼데 아버지가 저를 보고 측은히 여겨 달려가 목을…입을…" 하는 그 장면이 가슴을 메이게 합니다(눅 15:20).

사랑하는 형제자매 여러분!

우리는 솔로몬 왕처럼 하나님께서 원하시는 기도제목을 얻기 위하여 일천번제를 드릴 필요가 없습니다. 왜냐하면 우리 모두는 '예수 그리스도를 나의 구주'로 믿음으로 말미암아 하나님 성령님께서 믿는 각 사람의 심령 속에 이미 와 계시기 때문입니다. 그럼에도 불구하고 우리는 모든 일을 무조건 기도로부터 시작해야 합니다. 때로는 하나님 아버지께서 학수고대하는 바를 알지 못할지라도 말입니다. 왜냐하면 솔로몬 왕도 우리가 앞에서 살펴본 바와 같이 하나님 아버지께서 학수고대하는 바를 처음부터 안 것이 아니기 때문입니다. 기도 중에 하나님 성령께서 우리의 마음에 감동 감화를 주시고 우리의 기도 내용을 하나님 아버지께서 원하는 방향으로 수정하시면서 인도하여 가시기 때문입니다. 마치 내비게이터(navigator)로 길을 찾아가듯 말입니다.

여호와 하나님께서 왕인 솔로몬에게 "내가 네게 무엇을 줄꼬 너는 구하라"에서 "내가 네게 무엇을 줄꼬"와 "너는 구하라"라는 말씀에서, 왜 남성인 솔로몬 왕을 나타냄에 있어 남성인 당신(너)을 나타내는 히브리어 '레카'(לְךָ)가 사용되지 않고, 여성인 당신(너)을 나타내는 히브리어 '라크'(לָךְ)가 사용되었는가를 주의 깊게 살펴보아야 합니다. 즉 왜 이것을 "포잘 형식(pausal form)으로 나타냈는가?" 하는 것입니다. 그 이유는 솔로몬은 남성인 왕이지만 자기 백성을 다스리는 왕이 아니라 하나님의 백성을 다스려야 하는 하나님의 대리자(代理者)로서의 왕임을 상기시켜 주기 위해서였습니다. 이것은 크고 작은 모든 지도자들에게 해당되는 사항입니다. 깊이 마음에 새겨야 할 교훈입니다.

그러므로 기도하면 기도할수록 또는 같은 기도를 거듭할수록 더 나아가 기도시간이 길어질수록 '자기 중심'에서 '하나님 중심'으로 그 기도의 내용이 변하여 가면 이것은 틀림없이 하나님 성령께서 그 기도에 개입하시어 역사(役事)하고 계신 징조를 보이는 것입니다. "시간이 없어 기도 못한다"라는 말은 어불성설(語不成說)입니다. 왜냐하면 시간이 없을수록 직(直: direct) 코스(course)로 가야 하기 때문입니다.

데살로니가전서 5장 17절의 "쉬지 말고 기도하라"는 말씀을 해석함에 있어 우리가 하나님께 말하는 것만을 기도라고 본다면 쉬지 않고 기도한다는 것이 가능하겠습니까? 하나님께 말하는 시간 외의 모든 시간은 우리가 하나님께로부터 오는 말씀을 듣는 시간입니다. 일을 하면서도 들을 수 있고 잠자면서도 들을 수 있습니다. 꿈에도 들을 수 있고 생시에도 들을 수 있습니다. 단 유심한 가운데 들을 수 있는 것이지, 무심한 데에서는 들을 수 없습니다. 혹 듣는다고 하여도 그 핵심을 인지할 수 없습니다. 그래서 하나님의 말씀을 듣는 데 예민할 뿐만 아니라 그 사모함 또한 지극하여 하나님의 말씀을 듣는 데 조금도 소홀함이 있어서는 아니 되겠습니다. 솔로몬 왕과 같이 꿈속에서라도 마땅히 빌 바를 깨달으면 됩니다. 하나님 성령님의 인도하심을 통해서 말입니다. 하나님께서는 우리에게 "내가 네게 무엇을 줄고 너는 구하라"고 말씀하십니다.

우리에게는 부르짖어 기도하는 유성기도, 말없이 입속말로 기도하는 무성기도, 깊은 생각 속에 드리는 묵상기도, 말없이 고요하게 드리는 침묵기도, 하나님의 말씀을 듣는 관상기도 등 여러 가지 기도 방법이 있습니다. 어떠한 기도 방법을 구사하든 간에 하나님의 말씀을 듣는 데 총력을 기울여야 하고 또한 예민하여야 됩니다. 기도의 형식이 중요한 것이 아닙니다. 그 내용이 중요합니다.

지금도 우리 모두에게 주시는 하나님의 말씀 "내가 네게 무엇을 줄꼬 너는 구하라"는 말씀을 상기하면서 하나님께서 학수고대하는 바를 이루어드리는 우리 모두가 되기를 바라고, 그로 인하여 솔로몬 왕과 같이 구하지도 않은 많은 복을 받아 누리는 복된 우리 모두가 되기를 축원합니다.

後註

1) 여호와(יְהוָה)는 출애굽기 3장 14절에서 하나님께서 모세에게 직접 자신(自身)의 이름을 밝힌 것으로 한글개역개정성경에서는 “나는 스스로 있는 자이니라”로, 흠정역영어성경(KJV)에서는 “I AM THAT I AM.”으로, 국제표준역영어성경(NIV)에서는 “I AM WHO I AM.”으로 나타낸 것입니다. 이는 언약(言約)의 하나님을 나타냅니다. 일반적으로 삼위일체 하나님을 나타낼 때는 ‘하나님 아버지’(God the Father)를 지칭(指稱)합니다. 엘로힘(אֱלֹהִים)은 히브리어 성경 신명기 32:17에서는 ‘엘로하’(אֱלֹהַּ)로, 느헤미야 9:17, 욥기 3:4, 시편 18:32, 114:7 등에서는 ‘엘로하’(אֱלוֹהַּ)로 도합 49회 사용된 하나님을 나타내는 ‘엘로하’(אֱלֹהַּ)의 복수형(plural form)입니다. 히브리어 성경 시편 18:32이 한글개역성경과 흠정역영어성경(KJV) 등에서는 시편 18:31로 되어있습니다. 여기서 보시는 바와 같이 단수(singular)로 하나님을 나타낼 때 신명기 32:17에서는 ‘엘로하’(אֱלֹהַּ)로, 느헤미야 9:17, 욥기 3:4, 시편 18:31, 114:7에서는 ‘엘로하’(אֱלוֹהַּ)로 발음은 같지만 표기는 다르게 했습니다. 한글개역성경 시편 18:31(히브리어성경 시 18:32)에서는 여호와(יְהוָה)를 ‘엘로하’(אֱלֹהַּ)와 같은 것으로 설명하기도 했습니다. 한편 하나님을 복수(plural)로 나타낸 엘로힘(אֱלֹהִים)은 하나님을 단수(singular)로 나타낸 ‘엘로하’(אֱלוֹהַּ)를 존칭으로 부를 때 사용되기도 합니다. 그뿐만 아니라 삼위일체 하나님을 지칭(指稱)하는 것으로 사용되기도 합니다.

2) 산 제사(롬 12:1), 가인과 아벨의 제사(창 4:3-5; 히 11:4)

3) 솔로몬 왕의 ‘일천번제’에 대한 해석입니다.

① 솔로몬 왕이 ‘일천 마리’의 소를 일시에 번제로 드린 것이 아니라 많은 양의 소를 번제로 드린 것을 과장해서 표현한 말이다.

② 솔로몬 왕이 일천 마리의 소를 일시에 번제로 드렸다.

③ 솔로몬 왕이 하루에 한 마리씩 거의 3년에 걸쳐 드렸다.

④ 솔로몬 왕이 하루에 약 130마리 내외의 소로 7~8일에 걸쳐 드렸다.

이처럼 해석이 다양하지만 성경에 정확한 설명이 없으므로 가늠하기가 쉽지 않습니다. 다 일리는 있어 보입니다. 왜냐하면 첫째는, "어떻게 '일천 마리'의 소를 일시에 번제로 드릴 수 있다는 말인가? 그것은 많은 양의 소를 번제로 드린 것을 '과장해서 표현한 말'이다"라는 것입니다. 둘째는, "성경에 구체적인 설명 없이 '일천번제'를 드렸다고 하니 그대로 믿으면 될 것 아니냐?" 하는 것입니다. 셋째는, 열왕기상 3장 4절에서 "솔로몬이 그 단에 일천번제를 드렸더니"라는 말씀에서 유추한 것입니다. 이때 '드렸더니'라는 말씀이 히브리어로 '야알레'(יַעֲלֶה)라고 되어 있는데, 이는 히브리어 '알라'(עָלָה) 동사에 히필 미완료 3인칭 남성 단수(hiphil imperfect third person singular masculine)를 취한 것입니다. 여기서 동사가 미완료형으로 사용되었으므로 반복적인 의미를 내포하고 있다고 보아 솔로몬 왕이 하루에 한 번씩 거의 3년에 걸쳐 총 일천 번의 번제를 드린 것으로 해석한 것입니다. 넷째는, 열왕기상 3장과 역대하 1장의 일천번제에 관한 기사를 레위기 23장 초막절에 대하여 언급된 말씀에 비추어 해석한 것입니다. 그 이유는 다음과 같습니다.

역대하 1장에 의하면, 이 제사가 국가적인 행사로 치러졌으며 대단히 많은 회중과 관료가 함께 참여했던 것으로 기록되어 있는데, 왕과 관료들이 국사를 제쳐두고 예루살렘을 3년 동안이나 비워두고 기브온에 머물면서 번제를 드렸다는 것은 현실적으로 불가능합니다. 그것도 집권 초기에 말입니다. 또 열왕기상 3장 4절에 "거기는 산당이 큼이라"는 말씀은 솔로몬 왕이 기브온에 간 이유를 설명하는 동시에 간접적으로 솔로몬 왕의 제사가 대규모였음을 나타냅니다. 왜냐하면 당시 기브온은 유서 깊은 성지일 뿐만 아니라 대규모의 제사를 드리기에 적합한 큰 규모의 산당이 있었기 때문입니다.

레위기 23장 33-44절의 초막절에 관한 기사 중 특히 레위기 23장 36절에 "이레 동안에 너희는 여호와께 화제를 드릴 것이요 여덟째 날에도 너희는 성회로 모여서 여호와께 화제를 드릴지니 이는 거룩한 대회라"고 하였습니다. 솔로몬 왕이 이 제사가 '거룩한 대회'가 되기를 바랐을 것으로 생각되어 번제를 드린 날짜는 7~8일이지 않겠나 싶습니다. 열왕기상 3장 4절에서는 '일천번제'를 말할 때 '일천'을 히브리어로 '엘레프'(אֶלֶף)로 나타냈는데, 이는 '천' 또는 '천 개'를 나타내는 수사(numeral)입니다. 히브리어 '엘레프'(אֶלֶף)는 '1,000'이라는 숫자를 '수사 숫자 남성 단수 연계형'(numeral cardinal masculine singular construct)으로 나타낸 것입니다. 역대하 1장 6절에서는 "여호와 앞 곧 회막 앞에 있는 놋 제단에 솔로몬이 이르러 그 위에 천 마리 희생으로 번제를 드렸더라"고 말씀합니다. 이때의 '일 천'은 히브리어로 '알레프'(אָלֶף)로 나타내었습니다. 이는 '천' 또는 '천 개'를 나타내는 '엘레프'(אֶלֶף)에 '수사 숫자 남성 단수 절대형'(numeral cardinal masculine singular absolute)을 취한 것입니다. 여기서 주의할 점은 열왕기상 3장 4절이나 역대하 1장 6절에서 '일 천'을 말할 때 '개체'의 '수'를 나타내는 '숫자'(cardinal)로 쓰였지, 순서를 나타내는 '순번'(ordinal)으로 쓰이지 않았다는 것입니다.

이들을 종합하여 보건대 솔로몬 왕이 하루에 일백삼십여 마리의 소를 희생 제물로 삼아 7~8일에 걸쳐 번제를 드렸다고 보는 것이 합당할 것으로 사려(思慮)됩니다.

4) 요한복음 1:18

5) 히브리어 성경 열왕기상 3:5의 해석

빼기브온 니르아 예흐바 엘-쉘로모 빠할롬 할라옐라 봐이요메르 엘로힘 쉐알 마 엣텐-라크(נִרְאָה יְהוָה אֶל־שְׁלֹמֹה בַּחֲלוֹם הַלָּיְלָה וַיֹּאמֶר אֱלֹהִים שְׁאַל מָה אֶתֶּן־לָךְ בְּגִבְעוֹן)의 해석입니다.

열왕기상 3장 5절은 히브리어로 한 문장에 두 개의 분리 성(性)의 쉼(in pause)의 '강조 음'(accent)이 있는 형태(There are two major disjunctive accents within each hebrew verse or sentence.)로 쓰였습니다. 열왕기상 3장 5절에서는 마지막이 히브리어 마침표 '소프 팟수크'(sof passuq)인 ' : '로 끝납니다. 이

것은 한 문장에 두 개의 끝(end)이 있는 것으로, 첫 번째 끝의 단어에 악센트(accent)가 있고, 마지막 끝의 단어에 악센트(accent)가 있어 한 문장이지만 강조 음(accent)으로 두 개의 문장으로 분리하여 말하는 것입니다. 히브리어 마침표 '소프 팟수크'(sof passuq)인 ' : '로 끝나는 모든 히브리어 성경의 문장의 끝 단어에는 악센트(accent)를 나타내는 '실루크'(silluq)의 기호 ' ׀ '가 있으며 그래서 장모음으로 끝납니다. 특히 히브리어 전치사(preposition) '레'(לְ)에 2인칭 단수(second person singular)를 취하여 '너에게'(to thee, to you)라고 말하는 경우, 남성(masculine)과 여성(feminine)이 동일하게 '실루크'(silluq)의 기호 ' ׀ '가 있는 히브리어 '라크'(לָךְ)로 표기합니다.

히브리어의 '쉼 강세음'(pausal accent)을 나타내는 '아트나'(athnach)의 기호(֑)가 첫 번째 끝의 단어에 표기되어 있습니다. 이때 첫 번째 끝의 단어가 단모음일 때는 그것이 장모음으로 바뀌고, 그 장모음에 '음(音)의 강세(accent)'가 붙습니다. 그리고 끊어 말하는 지점은 말하는 길이에 따라 결정되는 것이 아니라 말하는 당사자의 기분(sense)에 따라 결정됩니다. 이의 좋은 예로 창세기 1장 7절을 들 수 있습니다.

한글개역성경 창세기 1장 7절 "하나님이 궁창을 만드사 궁창 아래의 물과 궁창 위의 물로 나뉘게 하시니 그대로 되니라"[히브리어: 봐이야아스 엘로힘 에트-하라키아 봐이야브뗄 뻰 함마임 아쉐르 밋타하트 라라키아 우벤 함마임 아쉐르 메알 라라키아 봐예히-켄(וַיַּעַשׂ אֱלֹהִים אֶת־הָרָקִיעַ וַיַּבְדֵּל בֵּין הַמַּיִם אֲשֶׁר מִתַּחַת לָרָקִיעַ וּבֵין הַמַּיִם אֲשֶׁר מֵעַל לָרָקִיעַ וַיְהִי־כֵן)에서 끊어 읽는 지점이 문장 끝에서 두 번째 단어인 '라라키아'(לָרָקִיעַ) 단어까지 말하고 쉼(pause)을 갖습니다. 전반부의 악센트(accent)는 이 '라라키아'(לָרָקִיעַ) 단어 중 '키'에 있습니다. 여기서 히브리어 '키'(קִי)를 읽을 때, 모음은 '이'로 발음하는 것으로 우리말로 표기할 때는 한글 모음 'ㅣ'로, 히브리어로는 장모음 ' ִי '로 표기합니다. 이 장모음 ' ִי '에 '아트나'(֑)가 더하여 있으니 아주 길게 강세(accent)를 주어 '키'(קִי)를 발음하여 '라라키~아'(לָרָקִיעַ)로 첫 번 말을 맺는 것입니다.

창세기 1장 7절에서 두 번째 말은 '봐예히-켄'(וַיְהִי־כֵן)의 두 단어가 합쳐진 한 단어뿐입니다. 악센트(accent)는 '실루크'(silluq)의 음의 강세기호 ' ׀ '가 있는 '봐예히 켄'(וַיְהִי־כֵן)의 '켄'(כֵן)에 있습니다. 악센트(accent)를 나타내는 '실루크'(silluq) 강세기호 ' ׀ '는 히브리어 '봐예히-켄'(וַיְהִי־כֵן)에 표기하지 못했습니다. 그런데 '켄'의 한글모음 'ㅔ'가 히브리어로는 장모음 '에'(..)입니다. 여기에다 실루크(silluq)의 강세기호 ' ׀ '가 더하여 있어 더욱 길게 강세(accent)를 주어 발음하는 것입니다. 그래서 마지막 부분을 읽을 때 '봐예히-케 ~ 엔' 하고 읽는 것을 끝냅니다. 왜냐하면 '포잘 폼'(pausal form)으로 쓰여진 문장이기 때문입니다. 이는 첫 부분과 마지막 부분이 문장의 길이로 결정되는 것이 아니라 그 내용을 감정(emotion)을 섞어 동적(動的: dynamic)으로 나타내고자 하는 것으로서, 감(sense)으로 결정된다는 사실을 극명하게 보여주는 하나의 좋은 예라고 볼 수 있겠습니다.

전형적인 '포잘 폼'(pausal form)으로 쓰여진 히브리어 열왕기상 3장 5절 "빼기브온 니르아 예호바 엘-쉘로모 빠할롬 할라옐라 봐이요메르 엘로힘 쉐알 마 엣텐-라크"(בְּגִבְעוֹן נִרְאָה יְהוָה אֶל־שְׁלֹמֹה בַּחֲלוֹם הַלָּיְלָה וַיֹּאמֶר אֱלֹהִים שְׁאַל מָה אֶתֶּן־לָךְ)는 "빼기브온 니르아 예호바 엘-쉘로모 빠할롬 할라옐라"(בְּגִבְעוֹן נִרְאָה יְהוָה אֶל־שְׁלֹמֹה בַּחֲלוֹם הַלָּיְלָה)와 "봐이요메르 엘로힘 쉐알 마 엣텐-라크"(וַיֹּאמֶר אֱלֹהִים שְׁאַל מָה אֶתֶּן־לָךְ)의 두 개의 말로 나누어 볼 수 있습니다.

열왕기상 3장 5절의 첫 번째 부분인 "빼기브온 니르아 예호바 엘-쉘로모 빠할롬 할라옐라"(בְּגִבְעוֹן נִרְאָה יְהוָה אֶל־שְׁלֹמֹה בַּחֲלוֹם הַלָּיְלָה)에서 악센트는 마지막 단어인 '할라옐라'(הַלָּיְלָה)에서 '할라'(הַלָ)에 있고 그 중에서 '라'(לָ)에 있습니다. 여기에 더하여 '포잘 폼'(pausal form)의 악센트(accent)인 히브리어 '아트나'(atnach) 강세기호 ' ׀ '가 '라'(לָ)에 덧붙여 있습니다. 그래서 '라'(לָ)를 아주 길게 악센트(accent)를 주어 발음하여 '할라~옐라'가 되는 것입니다. 여기서도 '아트나'(atnach) 강세기호 ' ׀ '를 히브리어 '할라옐라'(הַלָּיְלָה)에 표기하지 못했습니다.

열왕기상 3장 5절의 두 번째 말씀은 히브리어로 "봐이요데르 엘로힘 쉐알 마 엣텐-라크"(וַיֹּאמֶר אֱלֹהִים שְׁאַל מָה אֶתֶּן־לָךְ)이고, 우리말로 "하나님이 이르시되 내가 네게 무엇을 줄꼬 너는 구하라"입니다. 여기서 히브리어 "봐이요메르 에로힘"(וַיֹּאמֶר אֱלֹהִים)은 한글개역성경이나 한글개역개정성경에서 공(共)히 "또 하나님이 이르시되"(and God said)로 쓰인 것입니다. 히브리어 "쉐알 마 엣텐-라크"(שְׁאַל מָה אֶתֶּן־לָךְ)에서 히브리어 쉐알(שְׁאַל)은 히브리어 솨알(שָׁאַל) 동사에 칼 명령법 남성(qal imperative masculine singular)을 취한 것으로, 그 뜻은 직설법(indicative)의 '구하다'(ask, ask for)에서 명령법(imperative)의 '구하라'(ask, ask for)로 바뀐 것입니다. 히브리어 '마'(מָה)는 의문 대명사(interrogative pronoun)로서 '무엇'(what, whatever)을 뜻합니다. 히브리어 '엣텐-라크'(אֶתֶּן־לָךְ)는 '엣텐'(אֶתֶּן)이라는 단어와 '라크'(לָךְ)라는 단어가 마케프(מַקֵּף)인 ' - '로 연결된 것으로 마치 한 단어처럼 쓰고 읽으라는 것입니다. 여기서 '마케프'(מַקֵּף)는 영어의 하이픈(hyphen) 즉 (-)와 같은 것입니다.
히브리어 '엣텐'(אֶתֶּן)은 히브리어 '나탄'(נָתַן) 동사(verb)에 '칼'(qal) 미완료(imperfect) 1인칭 (first person), 보통(common), 단수(singular)를 취한 것입니다. 히브리어 '라크'(לָךְ)는 히브리어 전치사 '레'(לְ)에 대명사어미(pronoun suffix) 2인칭(second person) 여성(feminine) 단수(singular)를 취한 것입니다. 문법분해(parsing): 참고문헌 Page H. Kelley, *Biblical Hebrew An Introductory Grammar*, William B. Eerdmans Publishing Company, Grand Rapid, Michigan, p.68, 1992.

그런데 히브리 시문학(poetic literature) 읽기 전승에 의하면 시적인(poetic) 운율(rhythm)의 조화를 위하여 '남성인 너에게'를 나타내는 히브리어 '레카'(לְךָ)를 '여성인 너에게'를 나타내는 히브리어 '라크'(לָךְ)와 동일하게 읽는 경우가 종종 있습니다(창 14:21, 28:15, 28:22, 33:9, 45:10, 45:11; 출 13:11; 대하 1:7 …). 특히 '포잘 폼'(pausal form)으로 말입니다. 그뿐만 아니라 히브리어 마침표 '소프 팟수크'(sof passuq)인 ' : '로 끝나는 모든 히브리어 성경의 문장의 끝 단어에는 악센트(accent)를 나타내는 '실루크'(silluq)의 기호 ' ׀ '가 붙어 있으며, 그래서 장모음으로 끝납니다. 특히 히브리 전치사(preposition) '레'(לְ)에 2인칭 단수(second person singular)를 취하여 '너에게'(to thee, to you)라고 말하는 경우, 남성(masculine)과 여성(feminine)이 동일하게 '실루크'(silluq)의 기호 ' ֽ '가 있는 히브리어 '라크'(לָךְ)로 표기합니다.

열왕기상 3장 5절도 '포잘 폼'(pausal form)으로 쓰여져 있습니다. 그래서 첫 번째는 남성이면서 '유다'라는 세상 나라를 다스리는 왕인 솔로몬을 지칭(指稱)하는 히브리어 남성인 '너'를 나타내는 '레카'(לְךָ)가 히브리어 여성인 '너'를 나타내는 '라크'(לָךְ)에 '실루크'(silluq)의 '쉼 악센트'(accent in pause)가 붙어 '실루크'(silluq) 악센트(accent)가 있는 히브리어 '라크'(לָךְ)가 된 것으로 보는 것입니다. 왜냐하면 '포잘 폼'(pausal form)으로 쓰여진 열왕기상 3장 5절의 마지막 부분에 있는 히브리어 "쉐알 마 엣텐-라크"(שְׁאַל מָה אֶתֶּן־לָךְ)에서 문장의 마침표인 '소프 팟수크'(sof passuq)인 ' : ' 앞에 있는 단어인 히브리어 '라크'(לָךְ)에 '실루크'(silluq)의 '쉼의 악센트'(accent in pause)가 있기 때문입니다. 그래서 히브리어 남성인 '너'를 나타내는 '레카'(לְךָ)에서 히브리어 전치사 '레'(לְ)의 반모음(half vowel) 또는 준모음(semi-vowel)이라고 불리어지는 '보우컬 쉐바'(vocal sheva)인 '(:)'가 히브리어 장모음 '카메스'(qames)인 '아'(ָ)로 바뀌고, 히브리어 '레카'(לְךָ)에서 '카'(ךָ)에 있는 히브리어 장모음 '카메스'(qames)인 '아'(ָ)가 '보우컬 쉐바'(vocal sheva)인 '(:)'로 바뀌면서, 그것이 히브리어 자음 카프(kaph)인 ' ך '안에 들어가고, 여기에 '실루크'(silluq)의 '쉼 악센트'(accent in pause)가 붙어 '실루크'(silluq) 악센트(accent)가 있는 히브리어 '라크'(לָךְ)가 된 것으로 보는 것입니다.

그래서 마지막 단어인 '실루크'(silluq) '악센트'(accent)가 있는 히브리어 '라크'(לָךְ)가 장모음(long vowel)으로 바뀌면서 모음 변화를 일으켜, '라크'(לָךְ)의 한글 장모음 'ㅏ'에 강한 악센트(accent)인 히브리어 실루크(silluq) 강세기호 ' ֽ '가 첨가됨으로 인해 평(平)문장에서 '라크'(לָךְ)를 발음할 때의 '아' 보다 더 길게 '라 ~ 크'로 발음하여 운율(韻律)의 조화를 극대화(極大化)시켰다고 보는 것입니다. 그러면 열왕기상 3장 5절 후반부는 "내가 남성인 너에게 무엇을 줄꼬. 남성인 너는 구하라"가 됩니다. 여기서도 히브리어 '실루크'(silluq) 음의 강세기호 'ˌ'를 히브리어 '라크'(לָךְ)에 표기하지 못했습니다.

두 번째는, '라크'(לָךְ)라는 단어를 '엣텐'(אֶתֵּן)이라고 발음하고 곧 이어서 바로 '라크'(לָךְ)라고 발음하는 경우, 즉 '마케프'(מַקֵּף)로 연결된 '엣텐-라크'(אֶתֶּן־לָךְ)를 성경 본문에 있는 그대로 한 단어로 읽고 '라크'(לָךְ)라는 여성 대명사에 포잘 형식(pausal form)을 취하여 악센트(accent) '실루크'(silluq) 강세기호 'ˌ'가 첨가되어 아주 길게 강세(accent)를 주어 발음하는 것으로 해석하여도 문법상으로는 전혀 문제가 되지 않습니다. 이것은 솔로몬 왕이 남성이지만 여자와 같은 '너'라고 표현했다고 보는 것입니다. 그러나 대부분의 주석가들은 이를 선호하지 않습니다. 왜냐하면 솔로몬 왕이 남자인 고로 문맥상 문제가 있다고 생각하는 것입니다. 즉 여기에서 사용된 히브리어 '라크'(לָךְ)를 남성으로 해석하고 싶은 것입니다. 이것이 불가능한 것은 아닙니다. 왜냐하면 앞에서 살펴본 바와 같이 '쉼의 악센트'(accent in pause)에 의해서 여성(feminine)인 '당신(너)'을 나타내는 히브리어 '라크'(לָךְ)와 남성(masculine)인 '당신(너)'을 나타내는 히브리어 '레카'(לְךָ)를 구별 없이 그냥 강세기호 '실루크'(silluq)를 나타내는 'ˌ'의 기호를 가진 히브리어 '라크'(לָךְ)로 사용하기 때문입니다. 그래서 이를 히브리어 전치사 '레'(לְ)에 대명사어미(pronoun suffix) 2인칭(second person) 여성(feminine) 단수(singular)를 취한 것으로도 볼 수 있고 남성(masculine) 단수(singular)를 취한 것으로도 볼 수 있습니다.

히브리어 마침표 '소프 팟수크'(sof passuq)인 ':' 바로 앞에서 히브리어 전치사 '레'(לְ)에 대명사어미(pronoun suffix) 2인칭(second person) 여성(feminine) 단수(singular)를 취하여, 포잘 형식(pausal form)의 악센트(accent) 실루크(silluq) 강세기호 'ˌ'가 첨가된 '라크'(לָךְ)가, 시편 122편 9절, 이사야 23장 12절, 60장 5절, 예레미야 15장 5절, 30장 13절, 15절, 46장 11절과 예레미야 애가 1장 10절, 2장 13절, 나훔 3장 7절, 스가랴 9장 12절 등 구약성경 여러 곳에서 사용되었습니다. 단수(singular)인 여성(feminine)인 '너에게'(to thee, to you)를 나타내는 히브리어 '라크'(לָךְ)를 히브리어 마침표 '소프 팟수크'(sof passuq)인 ':' 바로 앞에서 열왕기상 3장 5절에서와 같이 실루크(silluq)의 악센트(accent)가 있는 히브리어 '라크'(לָךְ)를 사용하고 있는 예를 보아서도 알 수 있는 바와 같이, 열왕기상 3장 5절에서 "여성인 너에게 무엇을 줄꼬"라고 해석하여도 문법상으로는 하등의 문제가 될 것이 없습니다. 문제는 '어떻게 남자인 솔로몬 왕을 여성으로 표현할 수 있는가?' 하는 문제입니다. 즉 문맥상(context of a passage)의 문제입니다.

문제의 발단은 솔로몬 왕이 남자이기 때문에 '라크'(לָךְ)를 여성(feminine)으로 해석하면 문맥이 통하지 않는다는 것입니다. 그러나 본 글의 본문에서처럼 '왕국'(kingdom)을 나타내는, 특별히 솔로몬이 다스려야 하는 이스라엘 왕국을 지칭(指稱)하는 2인칭 여성 대명사로 해석하면 문법상 또는 문맥상 전혀 문제가 되지 않습니다. 왜냐하면 히브리말로 '왕'(king)은 '멜렉크'(מֶלֶךְ)라고 남성명사로 표현하지만, '왕국'(kingdom)은 '말르쿠트'(מַלְכוּת)라고 여성명사로 표현하기 때문입니다. 문법분해(parsing): 참고문헌 Benjamin Davidson, *The Analytical hebrew and Chaldee Lexicon*, Zondervan Publishing House, Academic and Professional Books, Grand Rapid, Michigan, A Division of Harper Collins Publishers, Section V, p. 13, 1993/ John Joseph Owens, *Analytical Key to the Old Testament*, Vol. 2, Judges-Chronicles, p. 414.

그러므로 이렇게 히브리어 "마 엣텐-라크"(מָה אֶתֶּן־לָךְ)를 해석하는 경우는 "내가 여성인 당신에게 무엇을 줄꼬"라고 해석하는 것입니다. 이를 좀 더 구체적으로 설명하면 솔로몬이 남자인 왕으로서 1,000마리의 소로 정성껏 번제를 드리기는 했지만, 하나님께 구한 간구(supplication)의 내용을 보니 마치 여자들처럼 소소(小小: triviality)한 자기중심의 것을 구했다는 것입니다. 그래서 충격요법으로 정신을 차리고 바른 것을 똑바로 구하라고 "내가 여자 같은 너에게 무엇을 줄꼬"라고 하나님께서 솔로몬 왕에게 말씀하신 것이라는 것입니다. 이의 근거는 "내가 네게 무엇을 줄꼬"라고 말씀하신 분은 하나님이시고, 그것을 꿈속이기는 하지만 직접 들은 자는 솔로몬 왕이며, 이것을 쓴 분은 열왕기상을 기록한 성경 기자이고, 이것을 읽는 이는 독자들이기 때문에 보는 관점에 따라 그 해석이 다른 것입니다. 가장 중요한 것은 '말씀하시는 하나님'의 관점입니다. 필자는 솔로몬 왕이 이 순간 하나님의 마음을 바로 읽어서 깨닫고 하나님의 뜻에 맞춰가기 시작했다고 봅니다. 성령님의 인도하심으로 말입니다.

대부분의 주석가들의 견해처럼 '남성인 네게로' 볼 때는 "내가 남성인 당신에게 무엇을 줄꼬"가 됩니다. "내가 남성인 당신에게 무엇을 줄꼬"라고 해석할 경우는 '일천번제'를 마칠 때까지 솔로몬 왕은 하나님께 아무것도 구하지 않았다고 보아야 할 것입니다. 왜냐하면 비록 꿈속이기는 하지만 솔로몬 왕이 여호와 하나님과 대화할 때 특별히 이상한 징후나 관심을 가져야 할 특별한 대목이 하나도 없기 때문입니다. 그냥 흘러가는 것입니다.

그뿐만 아니라 우리말이나 영어에서는 2인칭 대명사로 '당신'이나 '너'를 지칭(指稱)할 때 남성이냐 여성이냐를 구별하지 않고 동일하게 사용하기 때문에 이것을 한글개역개정성경과 한글개역성경에서는 "내가 네게 무엇을 줄꼬"로, 흠정역영어성경(KJV)에서는 "what I shall give thee"로, 국제 표준역영어성경(NIV)에서는 "whatever you want me to give you"로 번역하여 남성과 여성을 구별하지 않았습니다.

그러나 히브리어 성경에서는 2인칭 단수 '네게'(to thee, to you)인 경우에도 남성과 여성에 따라 다르게 구별하여 남성인 경우에는 히브리어 '레카'(לְךָ)로, 여성인 경우에는 히브리어 '라크'(לָךְ)로 구별하여 사용합니다. 그렇기 때문에 여호와 하나님께서 솔로몬 왕에게 "내가 네게 무엇을 줄꼬"라고 물으셨을 때 "왜 '레카'(לְךָ)를 사용하시지 않고 '라크'(לָךְ)라는 말을 사용하셨을까?" 하고 의아해했을 것입니다. 왜냐하면 글로 표기된 것은 같을지라도 말씀하시는 당사자인 하나님의 마음은 남자인 솔로몬 왕을 앞에 놓고 말씀하시는 '레카'(לְךָ)의 경우와 '하나님의 왕국'(kingdom of God)을 대표하는 자로서의 솔로몬을 앞에 놓고 말씀하시는 '라크'(לָךְ)의 경우에 그 말씀하시는 하나님의 내면의 세계가 다를 것이기 때문입니다.

하나님께서 "내가 네게 무엇을 줄꼬"라고 말씀하실 때, 말 자체는 똑같을지라도 말씀하시는 음성이나 음색의 톤(tone)의 억양에서만이라도 다르게 나타나지 않겠습니까? 음의 강세 악센트(accent)를 갖고 있는 '실루크'(silluq)의 '라크'(לָךְ)로 동일하게 말씀하실지라도 하나님의 말씀을 듣고 있는 솔로몬에게는 그 감(感: feeling)이 다르게 와 닿을 수 있다고 봅니다. 즉 하나님의 마음의 표현인 말씀의 억양에서 솔로몬이 스스로가 자기 자신의 나라의 왕이라고 생각하는 경우와, '하나님의 백성과 하나님의 나라'를 대표하는 자로서의 왕이라고 생각하는 경우에 '네게' (to thee, to you)라는 그 대상을 지칭할 때 억양의 높낮이의 정도가 상이할 것이라고 봅니다.

필자의 생각으로는 솔로몬 왕이 꿈속이기는 하지만 그 미묘함을 성령의 인도하심으로 깨달았다는 것입니다. 그래서 여기서 힌트를 얻어 여호와 하나님께서 내(솔로몬 왕)게 원하시는 것은 이 세상의 이스라엘의 왕으로서가 아니라 이 세상의 이스라엘을 다스리시는 하나님의 대리자로서의 자신을 염두에 두고 계신다는 것을 알아차린 것입니다.

그래서 필자는 열왕기상 3장 5절 후반부를 그러한 관점에서 해석하여야 한다고 봅니다. 열왕기상 3장 5절에서 일반적인 평문(平文)을 사용하지 않고 일부러 전형적인 '포잘 형식'(pausal form)을 사용하는가 하면 '구하라'(ask/명령형 동사: imperative verb), '무엇'(what)을, '줄꼬'(give/imperfect verb), '네게'(to thee, to you)라는 단어들도 "대화 중에 솔로몬 왕이 감을 잡을 수 있도록" 그에 맞게 정교하게 배열되었다고 봅니다. 열왕기상 3장 5절에서 하나님께서 솔로몬 왕에게 "한글개역성경: 내가 네게 무엇을 줄꼬 너는 구하라"/ KJV: Ask what I shall give thee/ NIV: Ask for whatever you want me to give you/ 히브리어 성경: 쉐알 마 엣텐-라크(שְׁאַל מָה אֶתֶּן־לָךְ)라고 말씀하신 특별한 이유가 바로 '여기에 있다'고 생각합니다.

6) 상기 주해 4번 참조

7) 상(上)과 동일(同一)

8) 상(上)과 동일(同一)

9) 상(上)과 동일(同一)

10) 포잘 형식(pausal form)

11) 히브리어로 '왕'(king)은 '멜렉크'(מֶלֶךְ)라고 남성명사로 표현하지만, '왕국'(kingdom)은 '말르쿠트'(מַלְכוּת)라고 여성명사로 표현하기 때문입니다.

12) 상(上)과 동일(同一)

13) 레브 쇼메아(לֵב שֹׁמֵעַ)

14) 상(上)과 동일(同一)

15) 열왕기상 3:13의 말씀의 배경. 솔로몬 왕이 꿈속에서 하나님과의 대화 시 '듣는 마음'만을 구했다는 것입니다.

16) 말씀: ① '윗사람의 말'을 높이어 이르는 말
② 상대편을 높이어 그에게 하는 '자기의 말'을 겸손하게 이르는 말
예: 외람되오나 제가 한 ~ 드리겠습니다.
* 동아 새국어사전, 이기문 감수, 엮은이 동아출판사 편집국, 펴낸이 권태영, 펴낸곳 (주)동아출판사, 1996.

구약성경
Old Testament

제4부

예언의 말씀(사 14:24-27)
- 반드시 되며, 반드시 이루리라

The Word of Prophecy(Is 14:24-27)
- Surely Shall It Come to Pass and Surely Shall It Stand

반드시 되며, 반드시 이루리라

(Surely Shall It Come to Pass and Surely Shall It Stand)

"만군의 여호와께서 맹세하여 가라사대 나의 생각한 것이 반드시 되며
나의 경영한 것이 반드시 이루리라"
(사 14:24-27 중에서 사 14:24)

오늘 본문의 핵심은 하나님의 생각은 반드시 되며 하나님의 경영은 반드시 이루어진다는 것입니다. 이를 신약성경에서 찾아보면 아마도 마태복음 6장 9-13절까지의 주기도문이 아닐까 생각합니다. 특별히 주기도문 선단 부분에 해당하는 "뜻이 하늘에서 이룬 것같이 땅에서도 이루어지이다"라는 마태복음 6장 10절의 말씀 말입니다. 하나님의 관점에서 말씀하신 것입니다. 이를 피조물인 인간의 관점에서 본다면 하나님의 생각과 하나님의 경영에 반대가 되면 절대로 이루어질 수 없다는 것입니다. 그와는 반대로 하나님의 생각과 하나님의 경영에 일치된다면 이것은 반드시 이루어질 수밖에 없다는 것을 알 수 있습니다.

인간의 삶에 이를 적용하여 볼 때 어떠한 "생각"이 떠오르고 그 생각이 경영을 통하여 이루어지기 위해서는 그 생각과 경영을 하나님의 생각과 하나님의 경영에 일치시키는 것이 가장 현명한 방법일 것입니다. 그래서 하나님의 생각을 알고 하나님의 경영 방법을 아는 것이 최우선 과제입니다.

Ⅰ. 그 누구의 말씀인가?

1. 범(犯)하기 쉬운 진리(眞理)의 왜곡(歪曲)

"젊은이여, 야망을 가지라!"(Boys, be ambitious!) 한때 일본에서 유행되었던 말로 필자가 중·고등학교 다닐 때에도 많은 학생들이 자기 책상 앞에 이것을 써서 붙여놓고 야망을 불태우는 것을 보았습니다. 그 모습이 제 눈에 선하며 그 기억이 새삼스러워집니다. 이 말은 실은 미국의 매사추세츠 대학(University of Massachusettes)의 농학교수 윌리엄 스미스 클라크(William Smith Clark, 1826년 7월 31일~1836년 3월 9일) 박사가 지금부터 약 100여 년 전에 1년간의 북해도 삿포로의 생활을 마치고 1877년 4월 16일 귀국하는 길에 삿포로 가까운 부둣가에서 배를 타기 직전 이별을 아쉬워하는 학생들과 석별의 정을 나누면서 한 말입니다.

그는 일본의 농업 발전을 위하여 북해도의 삿포로 농업학교(지금의 국립 삿포로 대학 전신)에 일 년간 와서 낮에는 학생들에게 농업 기술을 가르치고, 밤에는 교수 사택에 학생들을 초청하여 성경을 가르쳤습니다. 그가 부둣가에서 자기를 배웅하는 사랑하는 제자들에게 "젊은이들이여, 그리스도를 위하여 대망을 가지라!"(Boys, be ambitious for Christ!)고 말한 것이 일본 사람들의 구미에 맞게 각색되어 가장 중요한 '그리스도를 위하여'(for Christ)라는 말이 빠지고 '대망'(ambitious)을 '야망'으로 번역하면서 제2차 세계대전이 끝난 후 오랫동안 일본 청년 대학생들의 심금(心琴)을 울리는 격려의 말이 되었습니다. '그리스도를 위하여'(for Christ)라는 말이 빠지면서 하나님을 위한 대망의 말이 세상 나라에서 출세를 위한 야망의 말로 바뀌었습니다. 즉 자기의지(自己意志)를 다지는 말로 변질되었습니다. “내가 너희를 사랑한 것같이 너희도 서로 사랑하라”는 예수님의 헌신과 희생의 사랑의 말씀에서 야망을 불태워 성공하라는 입신출세(立身出世)를 종용하는 말로 바뀌었습니다. 참으로 본래의 의도와는 너무나도 다르게 바뀌었습니다.

이와 유사한 것으로 빌립보서 4장 13절의 말씀을 들을 수 있습니다. 내용인즉 “내게 능력 주시는 자 안에서 내가 모든 것을 할 수 있느니라”는 말씀입니다. 여기에서 “내게 능력 주시는 자 안에서”(through Christ which strengtheneth me-KJV)라는 제어구(制御句: constrained clause)를 생략하고 “내가 모든 것을 할 수 있느니라”는 세속적인 구호(口號)만 남기는 것입니다. 다시 말하면 “내가 모든 것을 할 수 있느니라”고 되뇌이면서 자기의 의지(意志)를 절대화하여 신념화(信念化)하는 것입니다. 이는 하나님을 떠나게 하는 구호이며 만에 하나라도 하나님의 ‘생각’과 하나님의 ‘경영’에 정반대되는 그 무엇을 추구하였다면 그것은 “절대로 될 수 없으며, 절대로 이루어질 수 없다”는 것이 본문 말씀의 숨은 뜻입니다. 왜냐하면 이사야 14장 24절을 보면 “만군의 여호와께서 맹세하여 가라사대 나의 생각한 것이 반드시 되며 나의 경영한 것이 반드시 이루리라”고 기록되어 있기 때문입니다. 실로 누가 무엇을 위하여 말하였는가가 중요합니다.

프랑스 황제 ‘나폴레옹 보나파르트’(본명: 나폴레오네 부오나파르테 / Napoleone Buonaparte)처럼 세상적으로 승승장구(乘勝長驅)하면서 세상 사람들의 부러움의 대상이 되는가 하면 자기 스스로도 자부(自負)하기를 “나의 사전에는 불가능이란 없다”라고 호언장담(豪言壯談)하면서 나는 모든 것(everything)을 할 수 있다고 확신하면서 의기양양(意氣揚揚)하게 사는 사람이 있다면, 빌립보서 4장 13절을 깊이 묵상하시면서 진정한 승리자는 어떠한 마음의 자세로 살아야 하는가를 그림 1을 참고로 그 해답을 하나님 성령님을 통하여 주님으로부터 받으시기를 바랍니다.

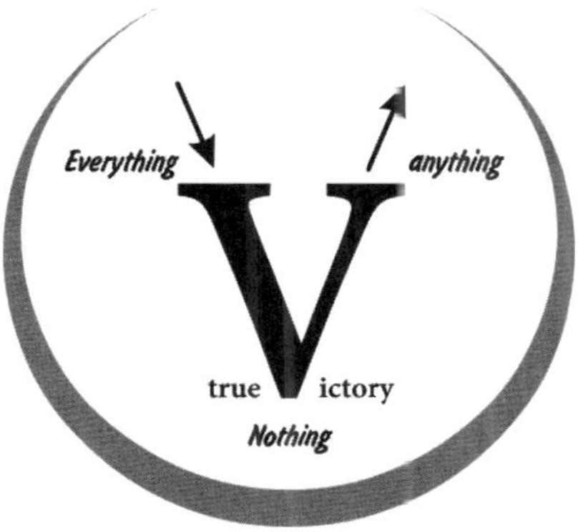

〈그림 2〉 진정한 승리(True Victory)

2. 이사야 14장 24절 말씀의 배경

이사야 14장 24절과는 반대로 이사야 7장 7절에는 "주 여호와의 말씀에 이 도모가 서지 못하며 이루지 못하리라"고 기술되어 있습니다. 여기서 '이 도모'는 이사야 7장 5-6절에서 언급된 것입니다. 이의 배경은 다음과 같습니다. 아람 왕 르신이 북이스라엘 왕 르말리야의 아들 베가와 함께 앗수르의 디글랏빌레셀 3세(Tiglath-Pileser Ⅲ)의 남서진(南西進) 정책에 위협을 느꼈습니다. 그리하여 아람 왕 르신은 앗수르의 팔레스타인으로의 팽창 세력을 저지하고자 북이스라엘 왕 베가와 동맹을 맺고, 남유다의 아하스 왕에게 이에 동참할 것을 권유했습니다. 이때 현실 정치에 영악했던 남유다의 아하스 왕은 아람 왕 르신이 북이스라엘 왕 베가와 맺은 반앗수르 동맹에 가담하라는 제안을 거부하고 친앗수르 정책을 쓰려고 하였습니다. 이러한 기미를 포착한 아람 왕 르신이 북이스라엘 왕 베가와 함께 남유다를 침공하기에 이르렀습니다(B.C. 735년). 이때 여호와 하나님께서 이사야 선지자를 통해서 아하스 왕에게 일러준 것이 이 '도모'입니다. 즉 이사야 7장 5-6절 말씀 "에브라임(이스라엘을 의미)과 르말리야의 아들(베가를 가리킴)과 더불어 아람 왕 르신이 악한 꾀로 너(아하스 왕)를 대적하여 이르기를 우리가 올라가 유다를 쳐서 그것을 곤하게 하고 우리를 위하여 그것을 파하고 '다브엘의 아들'을 그중에 세워 '왕을 삼자' 하였으나" 이 '도모' 즉 '다브엘(아람 사람)의 아들을 유다의 왕으로 삼자'고 한 이 계획이 '서지 못하며 이루지 못하리라'는 것입니다.

왜 여호와 하나님께서는 이 '도모'가 서지 못하며 이루지 못하리라고 하셨을까요? 우리는 그 답을 사무엘하 7장 12-16절에서 찾아야 할 것 같습니다. 하나님께서는 나단 선지자를 통하여 다윗 왕에게 "네 몸에서 날 자식을 네 뒤에 세워 그 나라를 견고케 하리라"고 약속하셨습니다. 좀 더 자세히 살펴보면 "네 수한이 차서 네 조상들과 함께 잘 때에 내가 네 몸에서 날 자식을 네 뒤에 세워 그 나라를 견고케 하리라 저는 내 이름을 위하여 집을 건축할 것이요 나는 그 나라 위를 영원히 견고케 하리라 나는 그 아비가 되고 그는 내 아들이 되리니 저가 만일 죄를 범하면 내가 사람 막대기와 인생 채찍으로 징계하려니와 내가 네 앞에서 폐한 사울에게서 내 은총을 빼앗은 것같이 그에게서는 빼앗지 아니하리라 네 집과 네 나라가 내 앞에서 영원히 보전되고 네 위가 영원히 견고하리라 하셨다 하라"는 것이었습니다. 그런데 아람 왕 르신이 자기 임의로 아람 사람인 다브엘의 아들로 유다 왕을 세우겠다고 하였으니

이는 다윗 왕국을 이은 유다 나라에 대한 여호와 하나님의 생각과 경영에 도전하는 말이며 여호와 하나님의 생각과 경영에 어긋나는 것입니다. 그러므로 이 도모는 서지 못하며 이루어질 수 없는 것입니다.

여호와 하나님께서는 다윗 왕의 몸에서 날 자식을 세워 나라의 왕으로 삼고 영원히 보전되게 하시며 견고케 하시되 그가 여호와의 말씀에 순종치 않고 죄를 범하면 "내(여호와 하나님)가 '사람 막대기와 인생 채찍으로' 징계하리라"고 사무엘하 7장 14절에서 말씀하십니다. '여호와께서 사로잡으셨다'라는 뜻의 이름을 가진 남유다 왕 아하스는 그 이름의 뜻과는 정반대로 모압의 영향을 받아 자기 아들을 불살라 제물로 바치는 등 우상숭배에 몰두했던 왕이었습니다. 그러므로 하나님께서 사람 막대기와 인생 채찍으로 아람 왕 르신과 에브라임 왕 르말리야의 아들(베가)을 들어 유다를 치게 하였던 것입니다. 여기서 한 가지 유의할 점은 이사야서에 당시 이스라엘 왕을 지칭하는 말르 이스라엘 왕 '베가'라고는 단 한 번밖에 나오지 않습니다.

왜 이스라엘 왕 베가라고 계속 말하지 않고 에브라임 왕 또는 르말리야의 아들이라고 하였을까요? 의문이 생깁니다. 이것은 아마도 베가(그가 '눈을 뜨다'라는 뜻)가 정상적으로 이스라엘의 왕이 되지 못하고 이스라엘의 16대 왕 므나헴(위로자라는 뜻)의 아들 브가히야('여호와께서 열어 주셨다'라는 뜻)를 죽이고(B.C. 740년) 왕이 되어 그 정통성이 없기 때문이라고 생각됩니다. 그래서 브가히야 왕 밑에서 장관을 지냈던 그의 아버지 이름을 따서 '르말리야의 아들'이라고 부르게 된 것 같습니다. 브가히야 왕도 그 부왕 므나헴과 같이 북이스라엘 왕 여로보암 1세의 죄악, 즉 벧엘과 단에 금송아지를 만들고 우상숭배(왕상 12:22-30)를 답습하였으며, 궁중은 친앗수르파와 친애굽파로 갈라져 서로 갈등을 일으키고 있었습니다. 브가히야 왕이 친앗수르 정책을 쓰면서 그의 부친 므나헴을 따라 앗수르에 조공을 바쳤기 때문에 그의 군대 장관이었던 베가가 그의 왕 브가히야을 죽이고 왕이 되었습니다. 그러므로 그는 반앗수르 정책을 쓸 수밖에 없었습니다.

이사야 선지자는 이것을 꿰뚫어 보았습니다. 그는 앗수르가 강성해진 것도 아람 왕 르신과 북이스라엘 왕 베가가 동맹을 맺고 유다를 치는 것도 다 하나님의 섭리 아래 일어나는 것이라고 보았습니다. 오직 여호와의 말씀에 순종하고 공평과 정의가 온전히 실현되는 나라가 되면 이 모든 어려움은 여호와 하나님께서 해결해 주시리라고 믿은 것입니다. 그러므로 아하스 왕에게 친앗수르 정책을 쓰지 말고 오직 여호와 하나님만 의지하라고 권한 것입니다. 실로 마태복음 6장 33절의 말씀이 생각납니다. "너희는 먼저 그의 나라와 그의 의를 구하라[찾으라: 사역(私譯)] 그리하면 이 모든 것을 너희에게 더하시리라"는 말씀 말입니다.

3. 이사야 14장의 배열(排列)과 그 이유(理由)

본문 이사야 14장 24-27절의 말씀은 독립된 문단(文段)의 단락(段落)이라고 봅니다. 왜냐하면 14장 1-23절까지는 바벨론에 대한 경고의 말씀이고, 14장 28-31절까지는 블레셋에 대한 경고의 말씀인 데 비하여, 14장 24-27절은 앗수르에 대한 경고의 말씀이기 때문입니다. 그러면 왜 이사야 14장의 배열이 바벨론, 앗수르, 블레셋에 대한 경고로 이어졌는가 하는 문제를 발견할 수 있습니다.

블레셋은 유다를 괴롭히기는 했지만 그렇게 강대한 국가는 아니었기 때문에 맨 나중에 나오는 것은 그렇게 이상할 것이 없다고 봅니다. 그러나 이사야 14장의 경고의 말씀이 선포될 때에 앗수르는 강대한 나라였습니다. 그에 비하면 바벨론은 미미(微微)한 나라에 불과했습니다. 그럼에도 불구하고 배열의 순서에서 바벨론이 먼저 나온 이유는 현재는 별 볼일 없지만 앞으로 창성(昌盛)하게 될 나라로서 그 교만(驕慢) 또한 극치(極致)에 달할 것을 여호와 하나님께서 이미 아셨기 때문이라고 봅니다.

앗수르는 이사야 10장 8-11절에서 "나의 방백들은 다 왕이 아니냐 갈로는 갈그미스와 같지 아니하며 하맛은 아르밧과 같지 아니하며 사마리아는 다메섹과 같지 아니하냐 내 손이 이미 신상을 섬기는 나라에 미쳤나니 그 조각한 신상이 예루살렘과 사마리아의 신상보다 우승하였느니라 내가 사마리아와 그 신상에게 행함같이 예루살렘과 그 신상에게 행치 못하겠느냐" 하고 자기의 눈을 높였습니다. 그런가 하면 이사야 10장 13-14절에서 "나는 총명한 자라 열국의 경계를 옮겼고 그 재물을 약탈하였으며 또 용감한 자같이 위에 거한 자를 낮추었으며 나의 손으로 열국의 재물을 얻은 것은 새의 보금자리를 얻음 같고 온 세계를 얻은 것은 내어 버린 알을 주움 같았으나 날개를 치거나 입을 벌리거나 지저귀는 것이 하나도 없었다"라고 자기를 한껏 자랑하고 있습니다. 그러나 바벨론을 제외한 모든 나라, 곧 앗수르에서까지도 이 모든 것은 피조물의 한계 내에서 땅에 있는 세상적인 것을 논하고 자신이 믿는 신이 예루살렘의 신보다 우세하다는 말을 했을지언정 자신이 신(god)이라는 생각은 갖지 않았습니다. 그러나 바벨론은 그렇지 않았습니다.

바벨론에 대하여 하나님께서는 이사야 14장 12-15절에서 이렇게 말씀하십니다. 즉 “너(바벨론) 아침의 아들 계명성이여 어찌 그리 하늘에서 떨어졌으며 너 열국을 엎은 자여 어찌 그리 땅에 찍혔는고 네가 네 마음에 이르기를 내가 하늘에 올라 하나님의 뭇 별 위에 나의 보좌를 높이리라 내가 북극 집회의 산 위에 좌정하리라 가장 높은 구름에 올라 지극히 높은 자와 비기리라 하도다 그러나 이제 네가 음부 곧 구덩이의 맨 밑에 빠치우리로다”라고 말입니다. 바벨론은 앗수르와는 달리 하나님과 비기겠다고 합니다. 마치 창세기 3장 5절을 보면 하와가 하나님과 같이 되고자 선악을 알게 하는 나무의 열매를 따먹고 죽음에 이르는 원죄(原罪)에 이른 것같이 말입니다.

바벨론에 대하여는 구약성경에서뿐만 아니라 신약성경 요한계시록 17장 2-5절에서도 “땅의 임금들도 그로 더불어 음행하였고 땅에 거하는 자들도 그 음행의 포도주에 취하였다 하고 곧 성령으로 나를 데리고 광야로 가니라 내가 보니 여자가 붉은빛 짐승을 탔는데 그 짐승의 몸에 참람(僭濫)된 이름들이 가득하고 일곱 머리와 일곱 뿔이 있으며 그 여자는 자줏빛과 붉은빛 옷을 입고 금과 보석과 진주로 꾸미고 손에 금잔을 가졌는데 가증한 물건과 그의 음행의 더러운 것들이 가득하더라 그 이마에 이름이 기록되었으니 비밀이라 큰 바벨론이라, 땅의 음녀들과 가증한 것들의 어미라 하였더라”고 하였습니다.

이뿐만 아니라 요한계시록 18장 2-3절에서는 “힘센 음성으로 외쳐 가로되 무너졌도다 무너졌도다 큰 성 바벨론이여 귀신의 처소와 각종 더러운 영의 모이는 곳과 각종 더럽고 가증한 새의 모이는 곳이 되었도다 그 음행의 진노의 포도주를 인하여 만국이 무너졌으며 또 땅의 왕들이 그로 더불어 음행하였으며 땅의 상고들도 그 사치의 세력을 인하여 치부하였다 하더라"고 하였습니다. 이들로 미루어보건대 교만(驕慢)의 정도가 바벨론이 제일 극심했고, 그 다음이 앗수르, 그 다음이 블레셋이지 않았겠는가 하는 것입니다. 그래서 그 배열의 순서가 바벨론, 앗수르, 블레셋이 되었다고 봅니다.

Ⅱ. 이사야 14장 24-27절의 해석(解析)

1. 누가 누구에게 맹세했는가?

이사야 14장 24-27절의 말씀을 좀 더 자세히 살펴보면 14장 24-25절과 14장 26-27절로 나누어 두 가지 내용으로 구성되어 있다고 볼 수 있습니다. 왜냐하면 14장 24-25절은 여호와 하나님이 직접 하신 말씀이고, 14장 26-27절은 여호와 하나님의 말씀을 이사야 선지자가 듣고 자기 나름대로 그것을 해석하여 기록한 말씀이기 때문입니다. 이사야 14장 24절은 포괄적인 여호와 하나님의 생각과 그의 경영에 대한 선언적인 말씀인 데 비하여 이사야 14장 25절은 여호와 하나님께서 앗수르에 대하여 그의 생각과 경영을 실제로 적용할 것임을 알려 주는 말씀입니다. 이사야 14장 26절은 이사야 선지자가 여호와 하나님의 말씀을 듣고 주변국에서 이루어지고 있는 정황을 살펴보고 얻은 결론으로서, 이것은 세계를 향한 여호와 하나님의 생각과 경영이며, 이것은 열방에로 확대되어야 할 여호와 하나님의 생각과 경영으로 보았습니다. 그리고 이 여호와 하나님의 생각은 반드시 되며, 여호와 하나님의 경영은 반드시 이루어진다고 믿었습니다. 그러므로 이를 막을 수가 없다는 것을 통감하고 그것을 예언의 말씀으로 유다 궁중관료들에게 강조하고 오직 여호와 하나님만 의뢰하라고 한 것입니다.

이사야 14장 24절에서는 "누가 누구에게 맹세하였으며, 그것을 누구에게 말씀하신 것인가?"가 중요합니다. 여기서 맹세한 주체는 여호와 하나님이심이 분명하고 맹세한 대상도 여호와 하나님이심이 분명합니다. 왜냐하면 내용상으로도 "나의 생각한 것이 반드시 되며 나의 경영한 것이 반드시 이루리라"고 선언할 수 있는 분은 오직 한 분, 즉 출애굽기 3장 14절에서 "나는 스스로 있는 자니라"[I am that I am. /에흐예 아쉐르 에흐예(אֶהְיֶה אֲשֶׁר אֶהְיֶה)-히브리어 성경]고 선포하신 여호와 하나님 한 분밖에는 있을 수 없기 때문입니다. 이외에는 모두가 하나님의 피조물로서 그 누구도 입 밖에 낼 수 없는 말씀입니다. 이를 순전하고 정직하여 하나님을 경외하며 악에서 떠난 자라고 극찬을 받은 욥이 수많은 수난을 겪고 사물의 이치(理致)를 깨닫고 난 후 고백한 말이 한글개역성경에서 "주께서는 무소불능하시오며 무슨 경영이든지 못 이룰 것이 없는 줄 아오니"(욥 42:2) 하면서 그의 다음 말을 이어갑니다. 실로 욥기 42장 2절의 말씀은 이사야 14장 24절 말씀에 담긴 내용의 다른 표현이라고 생각됩니다. 그러나 누구에게 말씀하신 것인가에 대해서는 분명치가 않습니다. 문단의 내용으로 보아 아마도 하나님 자신에게 말씀하신 것인데 이것을 이사야 선지자가 들었거나 아니면 여호와 하나님께서 이사야 선지자에게 직접 하신 말씀을 기록한 것일 겁니다. 그런데 후자인 경우라면 그 이름이 거명되었을 것으로 보이는데 없는 것으로 보아 전자라고 생각됩니다.

이사야 14장 24절에서 '맹세하여'(has sworn-NIV)로 나타낸 히브리어의

'니쉬빠'(נִשְׁבַּע)는 히브리 동사 '솨바'(שָׁבַע)의 3인칭 남성 단수를 나타내는 니팔(niphal) 완료 동사입니다. 여기서 사용된 니팔 완료 동사는 수동이나 또는 재귀(再歸)를 나타내는 동사인데, 본문에서는 재귀를 나타내며 맹세가 끝난 것을 말합니다. 그러므로 여호와 하나님이 "그가 그 자신에게 맹세하여"(He has sworn to Himself.)라고 해석할 수 있습니다.

2. 시제(時制: tense)

이사야 14장 24절의 "나의 생각한 것이"에서 '생각한'을 나타내는 히브리 동사 띰미티(דִּמִּיתִי)는 히브리 동사 따마(דָּמָה)의 강조형 피엘(piel) 1인칭 단수 완료형으로 "나는 생각했다(I have thought.-KJV)라는 뜻으로 그 행동이 지금 끝난 현재완료로 해석할 수 있습니다. 그리고 "반드시 되며"라고 말할 때의 '되며'에 해당하는 히브리 동사 하야타(הָיָתָה)는 영어의 'be'동사에 해당하는 히브리 능동형 동사 '하야'(הָיָה)의 칼(qal) 3인칭 여성 단수 완료 동사입니다. 그러나 여기 히브리 동사 '하야타'(הָיָתָה)는 히브리 동사 띰미티(דִּמִּיתִי)와는 달리 같은 완료형 동사이지만 이것은 미래완료(future perfect)로 해석하여야 합니다. 왜냐하면 히브리어에서 완료시제(perfect tense)는 현재완료(present perfect)와 미래완료(future perfect)로 구분(區分)함 없이 어느 것이나 사용할 수 있기 때문입니다. 그러므로 해석상 둘 다 가능합니다. '생각한 것'은 지금 시점 이전에 생각하는 행동이 완료된 것이고, 앞으로 그것이 이루어질 것을 내다보며 '되며'로 표현한 것은 앞으로 이루어질 미래의 일이기 때문입니다.

이사야 14장 24절에서 '나의 경영한 것이'라고 말할 때의 '경영한'을 나타내는 히브리 동사 '야아쯔티'(יָעַצְתִּי)는 능동형으로 히브리 동사 '야아쯔'(יָעַץ)의 1인칭 보통(남성 또는 여성 구별 없이 사용) 단수 칼(qal) 완료 동사입니다. 그러나 '이루리라'고 표현된 히브리 동사 '타쿰'(תָּקוּם)은 능동형으로 히브리 동사 쿰(קוּם)의 3인칭 여성 단수 칼(qal) 미완료(imperfect) 동사입니다. 여기서 미완료 동사로 쓴 이유는 앞으로 이루어질 일이기 때문입니다.

히브리 동사 '쿰'(קוּם)은 한글개역성경 마가복음 5장 41절에서도 사용되었습니다. 열두 살 된 회당장 야이로의 딸이 죽었을 때 예수님께서 죽은 야이로의 딸의 손을 잡고 "달리다쿰"이라고 말씀하시니 죽은 야이로의 딸이 곧 일어나 걸었습니다. 이때 "달리다쿰"은 '달리다'와 '쿰'을 합쳐서 말한 것으로 헬라어 성경에서는 달리다(Ταλιθα)와 쿰(κουμ)으로 나누어져 쓰여 있습니다. 헬라 성경에 달리다(Ταλιθα)로 표기되어 있는 말은 원래 아람(Aram)어로 되어 있는 것을 발음 나는 그대로 기술한 것이며, 그 뜻은 '소녀'인데 이것을 우리말로 '소녀야!'라고 번역한 것입니다. 그 이유는 호격(vocative)으로 사용되었기 때문입니다. 이것을 영어의 흠정역(KJV)에서는 '탈리다'(Talitha)로, 아람어로는 두 가지로 나타내었는데 그 하나는 자음만으로 '탈리다'(טליתא)로, 다른 하나는 자음과 모음을 함께 써서 탈리타(טְלִיתָא)로, 헬라어 성경에서는 탈리다(Ταλιθα)로 썼습니다.

헬라 성경에 '쿰'(κουμ)이라고 되어 있는 말은 히브리말이나 아람말에서 자음(子音)으로만 표기할 때 동일하게 쿰(קוּם)으로 표기됩니다. 이것을 발음 나는 그대로 기술한 것이 헬라어 쿰(κουμ)입니다. 그 뜻은 '일어나다'라는 것으로 남성 2인칭 단수 단순과거 능동 명령형 동사(masculine second person singular aroist active imperative verb)입니다. 이것이 여성 2인칭 단수 명령형(imperative feminine second person singular)으로 쓰일 때는 히브리어로 쿠미(קוּמִי)가 됩니다. 흠정역 영어성경(KJV)에서는 이를 '쿠미'(cumi)로 하여, 한글개역개정성경에서 "소녀야 일어나라"로 쓰여 있는 것이 흠정역영어성경(KJV)에서는 "Talitha cumi"로 쓰여 있습니다.

헬라어 "달리다 쿰"(Ταλιθα κουμ)은 예수님께서 회당장 야이로의 딸을 죽음에서 살려내실 때에 하신 말씀으로 원래는 아람어 "달리다 쿠미"(טְלִיתָא קוּמִי)인데 마가가 이를 헬라어로 음역(音譯)하는 과정에서 여성 2인칭 단수 명령형인 "달리다 쿠미"(טְלִיתָא קוּמִי)를 남성 2인칭 단수 명령형인 헬라어 "달리다 쿰"(Ταλιθα κουμ)으로 일반화시킨 것이 아닌가 싶습니다. 이를 뒷받침하듯 어떤 헬라어 사본(寫本)에서는 "달리다 쿠미"(Ταλιθα κουμι)라고 되어 있는 것도 있습니다. 예를 들면 로빈슨 피에르폰트 머조리티 텍스트(Robinson Pierport Majority Text-BYZ:1995)에는 "달리다 쿠미"(Ταλιθά κοῦμι)로 되어 있습니다. 아람어 쿰(קוּם)은 이사야 14장 24절의 "나의 경영한 것이 반드시 이루리라"고 말씀한 구절에서 '이루리라'로 번역된 히브리어 '쿰'(קוּם)이라는 말과 동일한 뜻의 아람어입니다. 흠정역영어성경(KJV)에서는 이것을 이사야 14장 24절에서 'stand'로 번역하였습니다.

한 가지 의문이 더 제기됩니다. "내가 생각한 것이 반드시 되며"라고 말할 때의 '되며'는 완료(perfect)형으로 쓴 반면에 "나의 경영한 것이 반드시 이루리라"고 말씀할 때는 왜 미완료(imperfect)형으로 썼는가 하는 문제입니다. 그 이유는 아마도 '생각하는 것'은 마음속에서 이루어지는 것으로 비가시적(非可視的)인 믿음(faith)에 관련된 것이기 때문인 것으로 생각됩니다. 왜냐하면 히브리서 11장 1절에 "믿음은 바라는 것들의 실상이요 보지 못하는 것들의 증거"라고 말씀하고 있기 때문입니다. 즉 믿음을 가지고 바라는 것은 현재는 보이지 않고 가지고 있지 않지만 앞으로 다가올 미래에 이미 이루어져 가진 바 되어 우리가 '볼 수 있고 만질 수 있는 어떤 그 무엇'이기 때문에 우리는 이것을 미래완료(future perfect)형으로 나타낼 수 있습니다. 그 미래완료형으로 나타낸 것이 믿음의 눈으로 보았을 때 현재완료형으로 이루어진 것으로 보는 것입니다. 그러나 "내가 경영한 것이 반드시 이루리라"고 말씀할 때의 '경영한 것'은 가시적(可視的)으로 표출(表出)되어야만 하는 것이기 때문입니다. 그러므로 이는 믿음으로만 표현하기가 어렵다고 생각됩니다. 그러므로 이것은 미래에 가시적으로 이루어질 것으로 보아 미완료(imperfect)형 동사로 나타냈다고 생각합니다.

3. 동사의 어미변화(語尾變化)와 주어명사(主語名詞)

이사야 14장 24절에서 또 다른 의문점이 생기는 것은 남성, 여성, 중성을 나타내는 히브리 동사의 어미(語尾) 변환입니다. 대한성서공회 발행 한글개역성경상으로는 "나의 생각한 것이 반드시 되며"에서 동사 '되다'의 주어는 '나의 생각한 것'이라는 구(phrase)에서 '것'이 됩니다. 그리고 "나의 경영한 것이 반드시 이루리라"에서 '반드시 이루리라'고 하는 구(phrase)에서 '이루다' 동사의 주어는 '나의 경영한 것'이라는 구(phrase)에서 '것'이 됩니다. 여기서 '것'이라고 표현된 주어의 성(性: gender)을 말할 때 남성이나 여성을 따지지 않고 중성(中性)으로 받습니다. 이를 문법상으로는 '보통'(common)이나 '공통'(both)으로 표시하기 때문에 이것을 주어로 받는 동사가 '남성'이든 '여성'이든 관계가 없다고 볼 수 있으나 문법(文法)상으로는 '중성'으로 받는 것이 제일 좋을 것 같고, 남성이나 여성 중에서 하나를 택하여 동사의 어미 변환을 취하여야 한다면 '생각하는 주체'가 '여호와 하나님'이므로 남성으로 나타내기 때문에 여성보다는 오히려 남성의 어미 변환을 취하는 것이 더 바람직할 것 같은데, 왜 이사야 14장 24절에서는 남성의 어미 변환보다 여성의 어미 변환을 취하였을까 하는 의문이 생길 수 있습니다. 그러나 영어 성경을 보면 우리와 다른 뉘앙스(nuance)입니다.

영어 성경을 직역하면 "내가 생각한 대로(완료형), 그것이 그대로 될 것이며"(as I have thought, so shall it come to pass-KJV)라고 되어 있습니다. 그리고 "내가 경영한 대로(완료형), 그것이 그대로 이루리라"(as I have purposed, so shall it stand-KJV)로 되어 있습니다. 즉 주어가 '생각한 것'이나 '경영한 것'이 아닌 지시 대명사 'it'으로 되어 있습니다. 여기서 '반드시'라는 말은 히브리어 '임로'(אִם־לֹא)를 번역한 것으로 영어로는 'surely'(KJV)로 번역한 것입니다.

히브리 성경을 보면 '되며'와 '이루리라'의 두 동사의 주어가 여성 단수 명사로 되어 있습니다. 동사 '되며'의 주어로 '나의 생각한 것'을 중성 명사로 받아야 하는데, 이사야 14장 24절에서 '되며'(히브리어: 하야타-הָיְתָה)의 주어가 여성 명사이기 때문에 명사(名詞: noun)의 성(性: gender)이 맞지 않아 혼돈이 일어납니다.

앞에서 설명한 바와 같이 '반드시 되며'에서 '되며'에 해당하는 히브리 동사 '하야타'(הָיְתָה)는 영어의 'be'동사에 해당하는 히브리 능동형 동사 하야(הָיָה)의 칼(qal) 3인칭 여성 단수 완료 동사입니다. 그러므로 '되다'(히브리어: 하야타-הָיְתָה)의 주어가 여성 명사이어야 합니다. 전후의 문맥으로 보아 이것은 이사야 14장 25절의 '땅'(히브리어: 에레쯔-אֶרֶץ)을 가리킵니다. 좀 더 구체적으로는 여호와 하나님이 거하시는 예루살렘(히브리어: 예루살라임-יְרוּשָׁלַיִם)을 가리킵니다. 왜냐하면 이사야 14장 25절의 '땅'(히브리어: 에레쯔-אֶרֶץ)이 실제로는 예루살렘(히브리어: 예루살라임-יְרוּשָׁלַיִם)을 가리키기 때문입니다. 그리고 이것도 여성 명사로 나타내기 때문입니다. 이것을 영어성경(KJV, NIV)에서는 중성의 의미를 갖는 대명사 'it'으로 나타내었습니다.

그런데 'be'동사인 하야(הָיָה)가 능동형 동사로 표현되었으므로 '예루살렘'이 능동적으로 '된다'는 것입니다. 그 무엇을 능동적으로 행한다는 것입니다. 그럼에도 불구하고 이사야 14장 24절에 비추어 보면 행함의 결과는 여호와 하나님의 생각대로 '된다'는 것입니다. 즉, 이사야 14장 24-25절을 한 묶음으로 보면 '나의 생각한 것'이 무엇에 대한 생각이냐 하면 '나의 땅'에 대한 생각입니다. 좀 더 구체적으로는 '예루살렘'에 대한 생각입니다. 그런데 이 둘이 여성 명사입니다. 왜냐하면 히브리말로 '땅'(히브리어: 에레쯔-אֶרֶץ)은 여성 명사로 나타내기 때문입니다. 그뿐만 아니라 예루살렘은 히브리어 성경에서는 '예루살라임'(יְרוּשָׁלַיִם)으로 표기하는데, 그 예루살라임이라는 도성(都城)도 여성으로 받기 때문입니다.

문자적으로는 '예루살렘이 능동적으로 ~이 된다'는 것입니다. 어떻게 예루살렘이 능동적으로 무엇이 될 수 있습니까? 없습니다. 이것은 '예루살렘에 사는 거민(居民)이 나(하나님 아버지)의 생각을 능동적으로 그대로 해낸다'는 것을 다르게 표현한 것입니다. 왜냐하면 이사야 14장 25절에서 "내가 앗수르 사람을 나의 땅에서 파하며 나의 산에서 그것을 짓밟으리니 그때에 그의 멍에가 이스라엘에게서 떠나고 그의 짐이 그들의 어깨에서 벗어질 것이라"고 말씀하고 있기 때문입니다. 이로 보건대 아마도 예루살렘에 사는 거민이 하나님 아버지의 생각을 자기의 소원으로 삼고 이루어낸다는 말일 것입니다. 실로 빌립보서 2장 13절의 "너희 안에서 행하시는 이는 하나님이시니 너희로 소원을 두고 행하게 하시나니"라는 말씀이 절로 생각납니다. 그뿐만 아니라 잠언 16장 9절의 "사람이 마음으로 자기의 길을 계획할지라도 그 걸음을 인도하는 자는 여호와시니라"는 말씀이 떠오릅니다. 이사야 14장 24절을 히브리 원문과 영어의 흠정역(KJV) 번역본으로 보면 다음과 같습니다.

히브리 성경:

נִשְׁבַּע יְהוָה צְבָאוֹת לֵאמֹר

אִם־לֹא כַּאֲשֶׁר דִּמִּיתִי כֵּן הָיָתָה

וְכַאֲשֶׁר יָעַצְתִּי הִיא תָקוּם׃

(니쉬빠 예흐바 쩨바오트 레모르

임-로-카아쉐르 띰미티 켄 하야타

베카아쉐르 야아쯔티 히 타쿰)

KJV 성경:

The LORD of hosts hath sworn,

saying,

Surely as I have thought,

so shall it come to pass;

and as I have purposed,

so shall it stand:

"반드시 이루리라"에서도 동일합니다. 즉 '이루리라'라고 표현된 히브리 동사 '타쿰'(תָּקוּם)은 능동형 히브리어 동사 '쿰'(קוּם)의 3인칭 여성 단수 칼(qal) 미완료(imperfect) 동사입니다. '되며'에서와 마찬가지로 3인칭 여성 단수 명사로 표현되는 예루살렘 '그'가 능동적으로 그 무엇을 이루지만 결국은 여호와 하나님의 경영대로 이루어진다는 것입니다. 그러므로 여호와 하나님의 생각과 경영으로 우리가 그 무엇을 추구할 때 그것이 가장 확실한 길이요 가장 빠른 길이라는 것입니다.

Ⅲ. 진노(震怒)의 막대기와 분한(忿恨)의 몽둥이로 피택(被擇)된 앗수르

여호와 하나님께서는 유다와 그 백성을 징계하기 위하여 그의 진노(震怒)의 막대기와 분한(忿恨)의 몽둥이로 앗수르를 택하시어 강성(强盛)하게 하셨습니다. 그리고 앗수르에게 그의 나라(유다)와 그의 백성(유다의 백성)을 쳐서 탈취하며 노략하며 또 그들을 가로상(街路上)의 진흙같이 밟게 하셨습니다(사 10:6). 그러나 앗수르는 하나님께로부터 부여받은 위임사항을 넘어 그 마음에 다짐하기를 "허다한 나라를 파괴하며 멸절하겠다"라고 하였습니다. 또한 자기가 총명한 자라고 자임(自任)하면서 열국의 재물을 약탈하고 용감한 자같이 위에 거한 자를 낮추겠다고 하면서 교만해졌습니다(사 10:13-14). 그러므로 여호와 하나님께서는 시온산과 예루살렘에서 유다와 유다 백성의 징계에 대한 자기의 생각과 경영을 다 이루신 후 앗수르를 벌하시겠다고 작정하셨습니다(사 10:12). 즉 "내(여호와 하나님)가 앗수르 사람을 나의 땅(유다)에서 파하며 나의 산(시온 산)에서 발아래 밟으리니 그때에 그의 멍에가 이스라엘에게서 떠나고 그의 짐이 그들의 어깨에서 벗어질 것이라"(사 14:25)고 하셨습니다.

이사야 30장 30-32절에서는 이것을 다시 좀 더 구체적으로 이사야 선지자를 통하여 설명하십니다. 즉 "여호와께서 그 장엄한 목소리를 듣게 하시며 혁혁한 진노로 그 팔의 치심을 보이시되 맹렬한 화염과 폭풍과 폭우와 우박으로 하시리니 여호와의 목소리에 앗수르가 낙담할 것이며 주께서는 막대기로 치실 것인데 여호와께서 예정하신 몽둥이를 앗수르 위에 더하실 때마다 소고를 치며 수금을 탈 것이며 그는 전쟁 때에 팔을 들어 그들을 치시리라"고 하였습니다. 본 예언들은 기원전 701년도부터 이루어지기 시작하였습니다. 즉 앗수르 왕 산헤립이 랍사게로 하여금 예루살렘의 유다 왕 히스기야를 치게 하였을 때부터입니다(B.C. 701년). 그때 예루살렘 전투에서 기세등등하던 앗수르 군대가 갑작스런 여호와 하나님의 특별한 간섭하심으로 말미암아 십팔만 오천 명이 한밤중에 다 시체가 되고 말았습니다. 이것은 가시적(可視的)으로 예언이 이루어진 증명된 사실입니다(왕하 19:35; 사 37:36). 이로 인하여 앗수르 왕 산헤립이 유다를 떠나 니느웨로 돌아가서 거기 거하게 되었고, 그가 그의 신 니스록의 묘에 경배할 때에 아드람멜렉과 사레셀이 저를 칼로 쳐 죽이고 아라랏 땅으로 도당하였기 때문에 그의 아들 에살핫돈이 대신하여 왕이 되었습니다(왕하 19:35-37). 앗수르의 니느웨는 갈대아 사람 나부-아플라-우스르(Nabu-apla-usur), 일명 나보폴라살(Nabopolassar)에게 함락당하였고(B.C. 612년), 그 후 쇠락(衰落)을 거듭하더니 다음 제국인 신 바벨론의 한 지명으로 전락하고 말았습니다.

선지자 이사야를 통한 예언의 말씀은 유다와 유다 백성에게 선포된 것이지 앗수르와 그의 백성에게 선포된 것이 아닙니다. 즉 여호와 하나님께서는 하나님을 믿는 자기의 백성에게는 자기의 생각과 경영을 거듭하여 알려 주십니다. 그러나 진노의 막대기와 분한(忿恨)의 몽둥이로 사용하신 앗수르에게는 비록 자기(여호와 하나님)의 생각과 경영에 어긋난 행동을 할지라도 그에 대한 경고의 말씀을 주시지 않고 방임(放任)한 상태에서 내버려 두십니다. 그리고 바로 징계에 들어가십니다. 실로 '내어 버려두사' 합당치 못한 일을 하게 하셨다는 로마서 1장 28-32절의 말씀이 실감(實感)납니다. "또한 저희가 마음에 하나님 두기를 싫어하매 하나님께서 저희를 그 상실한 마음대로 내어 버려두사 합당치 못한 일을 하게 하셨으니 곧 모든 불의, 추악, 탐욕, 악의가 가득한 자요 시기, 살인, 분쟁, 사기, 악독이 가득한 자요 수군수군하는 자요 비방하는 자요 하나님의 미워하시는 자요 능욕하는 자요 교만한 자요 자랑하는 자요 악을 도모하는 자요 부모를 거역하는 자요 우매한 자요 배약하는 자요 무정한 자요 무자비한 자라 저희가 이 같은 일을 행하는 자는 사형에 해당하다고 하나님의 정하심을 알고도 자기들만 행할 뿐 아니라 또한 그 일을 행하는 자를 옳다 하느니라"는 말씀 말입니다.

Ⅳ. 징계(懲戒) 속의 은혜(恩惠)

앗수르의 징계를 통하여 우리가 큰 위로를 받는 것은 설령 하나님께서 우리에게 징계를 가하실지라도 우리에게 거듭하여 수차례 경고하시는가 하면, 그래도 우리가 듣지 않으면 징계하시되 남은 그루터기를 남기신다는 것이며(사 6:13), 비록 징계를 결심하셨어도 우리가 눈으로 보고 귀로 듣고 마음으로 깨달아 회개하고 주님께 돌아오면 우리를 고쳐주신다는 것입니다. 이러므로 이사야서 중에서도 특별히 이사야서 6장 10절과 13절의 말씀은 우리가 마음에 새겨야 할 말씀입니다. 하나님께서 극히 싫어하시는 것은 신앙적인 교만이며 '하나님과 같이 되고자 하는 것'입니다. 우리는 이것을 바벨론의 교만과 앗수르의 교만을 상호 비교하면서 살펴보았습니다. 그러므로 하나님께서는 하나님의 말씀을 도용(盜用)하여 마치 '자기가 하는 것처럼' 하거나 비록 사람의 말일지라도 '하나님을 위하여' 발(發)하여진 말을 '자기의 육신을 위한' 출세의 말로 바꾸면 매우 섭섭하게 생각하십니다. 때에 따라서는 진노(震怒)하십니다.

신약성경에서 '이루리라' 또는 '이루어지이다'라는 말이 몇 차례 나오는데, 이들 모두에서 '이루는 주체'는 하나님이시고 인간인 우리들 자신이 아닙니다. 예를 들어 요한복음 15장 7절 '너희가 내 안에 거하고 내 말이 너희 안에 거하면 무엇이든지 원하는 대로 구하라 그리하면 이루리라"에서 '이루리라'의 주체는 '내'가 아니고 '예수님'이십니다. 한글개역성경에서는 '내가 이룬다'고 생각하기 쉬운데 헬라어 성경에서는 이 '이루리라'라는 말이 '게네세타이 휘민'(γενήσεται ὑμῖν)으로 되어 있습니다. 여기서 '휘민'은 '너희들에게'로 영어로는 'unto you'로 쓸 수 있습니다. 헬라어 '게네세타이'(γενήσεται)는 디포넌트 동사(deponent verb) '기노마이'(γίνομαι)의 3인칭 단수의 미래 직설법 중간태를 취한 디포넌트 동사(third person singular indicative future middle deponent verb)입니다. 디포넌트(deponent) 동사란 태 또는 형태(voice)로는 능동태(active voice)가 없고, 단지 수동태(passive voice)나 중간태(middle voice)만 있는 것으로,

쓰여진 것이 수동태(passive voice)이거나 중간태(middle voice)이거나에 관계없이 그 뜻은 능동태(active)와 같은 것을 말합니다.

디포넌트(deponent)란 말은 라틴(Latin)어 '디포네레'(deponere)에서 나온 말로 수동적인 의미를 버리고 능동적인 의미를 가졌다고 하여 쓰인 말입니다. 문자적으로 직역하면 '그것이 발생할 것이다'(it shall come to pass)라고 할 수 있지만 주어(subject)로 쓰인 '그것'(it)이 앞에서 "무엇이든지 원하는 대로 구하라"는 문장을 나타내므로 중성(neuter) 대명사(pronoun)로 표시할 수밖에 없고, 중성 대명사가 동작의 주체가 된다는 것이 자연스럽지 못하기 때문에 이를 수동적으로 번역하여 '누구에 의하여 누구에게 이루어질 것이다'라는 뜻으로 번역하여 흠정역영어성경(KJV)에서는 "그것이 '나'에 의하여 '너희에게' 이루어질 것이다"(It shall come to pass upon you)라고 번역한 것입니다. 여기서 '나'는 예수님을, '너희'는 제자들을 가리킵니다. 그러나 '나에 의하여'(by me)라는 전치사 구(prepositional phrase)는 생략되었습니다. 왜냐하면 말씀하고 계신 분이 예수님이시기 때문입니다.

영어성경을 보면 "그것이 너희들에게 이루어질 것이다"(It shall be done unto you. KJV/ It will be given you. - NIV)로 되어 있습니다. 여기에서는 '그에 의해서' 또는 '예수님에 의해서'라는 즉 'by Him' 또는 'by Jesus'가 생략되었다고 보아야 합니다. 한 예로 마태복음 6장 9-10절의 "하늘에 계신 우리 아버지여 이름이 거룩히 여김을 받으시오며 나라이 임하옵시며 뜻이 하늘에서 이룬 것같이 땅에서도 이루어지이다"에서 '땅에서도 이루어지는 것'이 '나'에 의해서 이루어지는 것이 아니고 '하나님'에 의해서 이루어진다는 우리들의 신앙고백을 더 들 수 있습니다.

V. 이사야 14장 24절을 통하여 본 구약의 삼위일체

본문 말씀에 이를 적용하여 보면 '만군의 여호와'는 삼위일체에서 일체에 해당하는 하나님의 본체를 말하는 것이며, '나의 생각한 것이'는 하나님 아버지께서 생각하는 것이고, '나의 경영한 것이'는 하나님 성자께서 경영하는 것이며, '되고 이루리라'는 하나님 성령님께서 시행(施行)하는 것을 말한다고 볼 수 있습니다. 이를 풀어서 이야기하면 입안자(立案者)로서의 '하나님 아버지'(God the Father)의 생각은 집행자(執行者)로서의 '하나님 성자'(God the Son)의 경영을 통하여 우리에게 계시되고, 시행자(施行者)로서의 '하나님 성령'(God the Spirit)께서 '하나님 성자'(God the Son)를 통하여 그 계시된 '하나님 아버지'의 생각이 곧 우리의 소원이 되게 하시고, '하나님 성자'의 집행에 따라 '하나님 성령'께서 우리에게 권능을 주시어 우리로 하여금 그것을 행하여 이루어 내게 하십니다. 어떠한 일을 이루어 내는 데 생각, 경영, 시행 중 어느 것 하나 소홀히 할 수 없는 것처럼, 그 중요도(重要度) 또한 마찬가지로 경중(輕重)이나 고하(高下)의 구별이 없이 똑같습니다. 이처럼 세 분 모두가 일체가 되어 움직이십니다. 실로 로마서 8장 28절과 같이 합력하여 선을 이루시는 분들입니다.

우리의 신앙생활에서 모든 일의 출발점은 하나님 아버지의 뜻인 하나님 아버지의 생각을 구하는 것입니다. 그러므로 하나님 아버지의 생각을 알기 위하여 하나님 성령님의 세밀한 음성을 듣는 데 예민해야 합니다. 그리고 그분의 인도함을 잘 받아야 합니다. 하나님 성자의 경영을 알기 위해서도 하나님 성령님의 음성을 잘 들어야 합니다. 왜냐하면 하나님 성령님은 하나님 아버지께로부터 직접 우리에게 나오시기도

했지만(요 15:26- proceed), '하나님 성자'가 숨을 내쉼으로 우리에게 오셨기 때문입니다(요 20:22- breathe). 하나님 성령님의 음성은 기도 중에 듣습니다. 예배 중에 듣습니다. 말씀을 읽거나 암송하는 중에 듣습니다.

로마서 8장 26-27절을 보면 "이와 같이 성령도 우리 연약함을 도우시나니 우리가 마땅히 빌 바를 알지 못하나 오직 성령이 말할 수 없는 탄식으로 우리를 위하여 친히 간구하시느니라 마음을 감찰하시는 이가 성령의 생각을 아시나니 이는 성령이 하나님의 뜻대로 성도를 위하여 간구하심이니라"고 하였습니다. 여기서 성령은 '하나님 성부'(God the Father)와 '하나님 성자'(God the Son)와 함께 생각하고(thinking), 느끼고(feeling), 뜻을 세우는(willing) 기능(faculty)을 지닌 인격체로 본 제3위의 '하나님 성령'(God the Spirit)이십니다.

삼위일체라는 말은 많이 하면서도 사람들이 정작 삼위일체에 대하여 물으면 잘 모를 뿐만 아니라, 삼위일체는 성경에 나오는 용어도 아니며 신학자들이 만들어낸 사변적(思辨的)인 것으로 우리가 알 수도 없고, 그 용어를 만들어낸 신학자들 자신들도 잘 알 수 없는 관념적(觀念的)이고 형이상학적(形而上學的)인 것으로 생각하고, 공연히 그 논쟁에 휘말리다 보면 머리만 아프고 끝없는 논쟁으로 서로 간에 감정만 상한다고 기피(忌避)하는 경우를 필자는 너무나 많이 보아왔습니다. 그러나 진실은 그렇지 않습니다. 바르게 이해하면 아주 쉽게 일상의 신앙생활에 적용할 수 있습니다. '이래도 감사 저래도 감사 하여튼 감사'라고 하면서, 감사를 입에 달고 다니는 은혜의 생활을 할 수 있습니다(십자가를 통해서 보는 삼위일체의 신비, 이홍주, 쿰란출판사, 2014.).

삼위일체 하나님은 한글개역성경과 한글개역개정성경 출애굽기 3장 14절에서 "나는 스스로 있는 자니라"고 말씀합니다. 이를 영어성경에서는 "I am that(who) I am."이라고, 히브리어 성경에서는 "에흐예 아쉐르 에흐예"(אֶהְיֶה אֲשֶׁר אֶהְיֶה)라고, 헬라어 성경에서는 "에고 에이미 호 온"(ἐγώ εἰμι ὁ ὤν)이라고 쓰인 '여호와 하나님'이십니다. 성경을 묵상하는 가운데 떠오른 개인적인 소견으로는 우리말로는 '초월적인 하나님'이 '우리 안에서 함께하시는 하나님'이 되시고, 또한 '내 안에서 함께하시는 하나님'이 되시는 것입니다. 여기서 '우리 안에서 함께하시는 하나님'이란 '우리 공동체 안에서 함께하시는 하나님'으로서 우리들의 '교회 안에서 함께하시는 하나님', '우리 가정 안에서 함께하시는 하나님' 그리고 우리의 일터 등에서 함께하시는 하나님을 말합니다.

필자의 저서 《십자가를 통해서 보는 삼위일체의 신비》에서는 이를 영어로 초월적인 하나님은 "transcendent God"으로, 우리 안에서 함께하시는 하나님은 우리와 함께하시는 하나님과 우리 안에 거하시는 하나님으로 나누어 우리와 함께하시는 하나님은 "God with us"로, 우리 안에 거하시는 하나님은 "God in us"로 쓰고, 이를 간단하게 표현하기 위하여 이들을 통합해서 집약된 표현으로 "God WithIn us"로 썼습니다. 여기서 'WithIn'은 'with and in'을 나타냅니다. 이와 같은 방법으로 내 안에서 함께하시는 하나님은 "God WithIn me"로 썼습니다.

이를 헬라어로는 초월적인 하나님은 '호 휘페르페리스소스 호 데오스'(ὁ ὑπερπερισσός ὁ θεός: 참조 막 7:37)로, 우리 안에서 우리와 함께하시는 하나님은 '메드 헤몬 호 데오스'(μεθ' ἡμῶν ὁ θεός: 참조 마 1:23)로, 우리 안에 거하시는 하나님은 '엔 헤민 호 데오스'(ἐν ἡμῖν ὁ θεός: 참조 요

17:21)로, 나와 함께하시는 하나님은 '메트 에무 호 데오스'(μετ' ἐμοῦ ὁ θεός: 참조 마 12:30)로, 내 안에 계시는 하나님은 '엔 에모이 호 데오스'(ἐν ἐμοί ὁ θεός: 참조 요 14:11)로 쓸 수 있습니다. 히브리어로는 초월적인 하나님은 '예흐봐'(יְהוָה: 참조 창 2:4, 출 3:14, 6:3)로, 우리와 함께하는 하나님은 '임마누엘'(עִמָּנוּאֵל: 참조 사 7:14)로, 우리 안에 거하시는 하나님은 '빠누엘'(בְּנוּאֵל: 참조 민 14:8)로, 나와 함께하시는 하나님은 '임마디엘'(עִמָּדִיאֵל: 참조 창 28:20)로, 내 안에 거하시는 하나님은 '삐엘'(בִּיאֵל: 참조 삼하 22:20)로 쓸 수 있습니다.

Ⅵ. '나'라면 '어떻게 할까?'

2016년 브라질의 리우올림픽에 대한 국민일보 2016년 8월 13일 토요일 미션라이프 17페이지에 게재된 기사입니다. 이 기사를 읽고 '이러한 상황이 내게 임한다면 어떻게 할까?'를 곰곰이 생각하면서 지금까지의 나의 신앙을 점검하고, 새로운 믿음의 결단을 내리고, 그것을 인내하며 극복하고 실천하면서, 하나님께 영광을 올려드리기를 바라면서, 이 기쁨을 누리는 우리 모두가 되시기를 바라는 마음으로 본 글에 추가했습니다.

하나님을 부르며 믿고 쏘았다

11일(현지시간) 브라질 리우올림픽 양궁경기에서 2관왕을 차지한 장혜진(29)은 '믿음의 궁사'다. 여자 개인전 결승에서 금메달을 확정짓는 순간 장혜진의 기도 세리머니는 전 세계의 눈을 사로잡았다. 기독교가 '개독교'로 조롱받으며 위축되고 있고, 상당수 크리스천 청년들이 자신이 크리스천임을 숨기기도 하지만 장혜진은 전 세계인 앞에서 자신의 신앙을 밝혔다. 지난 7일 단체전 금메달을 딴 뒤 기도한 모습 그대로였다. 사선 뒤에 활을 내려놓은 그는 조용히 눈을 감고 두 손을 모았다. 마지막 순간까지 함께해준 하나님을 향한 감사 기도였다. 그리고 관중석을 향해 활짝 웃으며 두 손을 흔들었다.

시상식 후 가진 인터뷰에서도 장혜진의 신앙은 금빛만큼 빛났다. 첫 일성으로 "하나님 아버지께 영광을 돌린다"고 말했다. SNS를 통해 자신을 응원해준 국민과 팬들에게 감사 인사를 전하면서도 맨 앞에 똑같이 썼다. "사선에 섰을 때 어떤 마음을 갖느냐"는 기자들의 질문에 대해서는 "하나님을 부르면서 '믿고 쏘자'는 마음으로 임한다"며 웃었다.

양궁 여자 대표팀 3명은 기량면에서 거의 차이가 없다. 오히려 장혜진의 기량이 가장 떨어진다는 것이 양궁전문가들의 평가다. 따라서 장혜진이 유일하게 2관왕을 차지한 것은 '멘탈'이 결정적인 영향을 미쳤다. 장혜진은 얼굴 인상으로 볼 때 어디 한 군데 독한 구석이 없어 보이지만 안정적이고 흔들리지 않는 멘탈을 갖고 있다는 평가를 받고 있다.

박철승 태릉선수촌교회 목사는 "혜진이는 4년 전 런던올림픽 대표선발전에서 아쉽게 4위에 머물렀을 때에도 '모든 과정을 감사하며 받아들인다'며 더욱 훈련에 매진했었다"고 말했다. 좌절과 절망의 순간 그를 일으킨 것은 신앙의 힘이었다는 것이다. 모든 것이 합력하여 선을 이룬다는 성경 말씀을 굳게 믿고 있다는 얘기다.

기보배(28)와 준결승에서는 6m/s가 넘는 풍속으로 인해 3점을 쐈을 때도 장혜진은 실망하는 표정 대신 살짝 미소를 보였다. 그리고 잠시 눈을 감고 기도했다. 박 목사는 "3점을 쏜 뒤에도 자신에게 능력을 주시는 하나님을 믿고 기도한 것이 평정심을 찾은 원동력이 됐을 것"이라고 말했다. 장혜진은 같은 기독 국가대표 선수들 사이에서도 신앙심이 깊기로 유명하다. 경기도 용인시 처인구 산위의교회(장병창 목사)에 아버지 장병일 집사 등 가족과 함께 출석하고 있는 장혜진은 태릉선수촌에 입촌해서 기숙사 생활을 할 때도 늘 성경책을 옆에 두고 묵상하는 것이 중요한 하루 일과였다.

태릉선수촌 국가대표기독신우회장 안래현 장로는 "혜진이는 말씀에 푹 빠져 모든 것을 하나님께 맡기는 선수로 알려져 있다"며 "평소 좋아하는 성경구절을 예쁜 손글씨로 적고 읽으며 심리적인 안정을 꾀한다. 그런 습관이 평정심을 유지하는 데 도움이 됐을 것"이라고 말했다.

선수들이 가장 좋은 경기력을 발휘하기 위해 자신만의 루틴(routine)을 갖고 있다. 장혜진의 경우 활시위를 당기기 전 "내게 능력 주시는 자 안에서 내가 모든 것을 할 수 있느니라"(빌 4:13)를 머릿속으로 되뇌는 것이 루틴이다. 항상 몸에 지니고 다니며 경기 전에 펼쳐보는 수첩에도 손글씨로 적은 성경구절이 담겨 있다.

현지 경기장에선 올림픽선교위원회실무회장을 맡고 있는 윤덕신(66) 목사가 어머니처럼 장혜진을 챙겼다. 윤 목사는 12일 전화통화에서 준결승을 앞두고 몸을 풀고 있던 장혜진을 잠시 만났다고 했다. 그는 "'승리의 하나님을 믿고 담대하고 배짱 있게 시합하라고 격려했고 의로운 팔로 역사하시는 하나님이 퍼펙트(10점)를 쏠 수 있게 해달라고 기도했다"고 전했다. 장혜진은 기도에 응답하듯 명승부를 펼치며 이번 올림픽에서 한국선수로는 처음으로 시상대 가장 높은 자리에 두 번 올랐다.

금메달을 목에 걸고 윤 목사를 찾아온 장혜진은 "감사하다. 하나님께서 하셨다"며 감격의 포옹을 나눴다고 한다. 유복한 편이 아닌 가정의 네 딸 중 장녀인 장혜진은 부모에게 효심이 강하고 동생들도 사랑으로 보살피고 있다고 주위 사람들은 전했다. 장혜진은 올림픽 이후에도 분명 다시 새로운 꿈을 꾸기 시작할 것이다. 크리스천에게 믿음의 경주는 끝이 없기 때문이다. 그의 꿈이 어떤 형태로 새롭게 펼쳐질지 주목된다.

최기영 기자 ky710@kmib.co.kr

Ⅶ. 소원(所願)과 축원(祝願)

사랑하는 형제자매 여러분! 만군의 여호와께서 맹세하여 가라사대 "나의 생각한 것이 반드시 되며 나의 경영한 것이 반드시 이루리라"고 한 이사야 14장 24절의 말씀은 우리를 통하여 하나님의 생각과 경영이 반드시 실현된다는 말씀입니다. 압축하여 말하면 하나님은 전능(全能)하신 분이라는 것입니다. "내게 능력 주시는 자 안에서 내가 모든 것을 할 수 있느니라"는 빌립보서 4장 13절의 말씀도 전능하신 하나님의 힘을 덧입어서 내가 모든 것을 할 수 있다는 것입니다.

하나님의 힘을 덧입으려면 '하나님의 생각과 경영'에 맞아야만 합니다. 다시 말하면 하나님의 생각과 경영이 '나'를 통하여 '되며, 이루어진다'는 것입니다. 이 하나님이 구약에서는 '만군의 여호와'로 표현된 것이 많고, 신약에서는 주로 '주 예수 그리스도'로 나타납니다. 히브리서 13장 8절에 예수 그리스도는 "어제나 오늘이나 영원토록 동일하시니라"고 했습니다. 그뿐만 아니라 빌립보서 2장 13절에 "너희 안에서 행하시는 이는 하나님이시니 자기의 기쁘신 뜻을 위하여 너희로 소원(所願)을 두고 행하시나니"라고 하였습니다.

어제나 오늘이나 영원토록 동일하신 주 예수 그리스도께서 하나님 아버지의 '생각', 그에 따른 자기 자신의 '경영'을 우리에게 소원으로 주시고, 성령님으로 하여금 우리를 통하여 그것을 반드시 '되게 하시며' 또한 우리로 하여금 '이루게 하신다'는 말씀입니다. 그러므로 로마서 12장 2절과 같이 이 세대를 본받지 말고 오직 마음을 새롭게 함으로 변화를 받아 하나님의 선하시고 기뻐하시고 온전하신 뜻이 무엇인지 분별하여야겠습니다. 그리하여 하나님 아버지의 생각과 예수님의 경영을 성령님의 가르치심으로 알아서, 그것을 우리의 소원으로 삼고, 그것은 "반드시 되며, 반드시 이루어진다"는 믿음을 가지고 살아야 하겠습니다. 왜냐하면 여기서 쓰인 '만군의 여호와'는 삼위일체(三位一體)의 하나님을 말하는 것이기 때문입니다. 생각은 하나님 아버지께서 하시는 것이고, 그 생각에 따라 경영은 성자이신 예수 그리스도께서 하시는 것이며, 그 생각과 경영을 성령님이 이루어내는 것이기 때문입니다. 실로 삼위(三位)의 하나님께서 혼연일체(渾然一體)가 되어 일사불란(一絲不亂)하게 이루시는 것을 볼 수 있습니다. 필자는 이것이 구약(舊約)에서 보이신 삼위일체(三位一體)의 신비(神秘)를 집약적(集約的)으로 잘 나타낸 좋은 예(例)라고 믿습니다.

우리의 "꿈(★)은 이루어진다"는 말이 2002년 한일(韓日: Korea Japan)월드컵(World Cup)대회에서 첫 선(2002년 6월 29일, 상암 월드컵 경기장)을 보인 이후 한때 유행어(流行語)가 되었습니다. 그러나 여기에 유의(有意)할 점이 하나 있습니다. 그것은 다름 아닌 이루어지는 '꿈'은 나에 의해서 생성(生成)되거나 조작(造作)되거나 가필(加筆)된 꿈(a dream by me)이 아니라 하나님께서 나에게 주신 순수(純粹)한 꿈(the dream by God)이라는 것입니다. 이의 근거(根據)는 "만군의 여호와께서 맹세하여 가라사대 나의 생각이 반드시 되며, 나의 경영한 것이 반드시 이루리라"고 하신 '하나님의 말씀'입니다. 그러므로 우리 믿는 자들은 "꿈(★)은 이루어진다"는 애매모호(曖昧模糊)하고 불확실(不確實)한 관념(觀念) 속에서 헤맬 것이 아니라, 나에게 소원(所願)으로 주신 하나님의 '생각과 경영은 반드시 되며 이루어진다'는 말씀의 토대 위에 굳건히 서야 하겠습니다.

주님의 '뜻은 반드시 이루어진다'는 확신 속에서 우리의 일상생활을 통하여 실천적으로 보여야 하겠습니다. 이러한 축복이 우리 모두에게 임하여 주님께 크게 영광 돌리는 우리 모두가 되기를 축원합니다.

신약성경

New Testament

신약성경
New Testament

제1부

어제는 옛날, 오늘은 살날, 내일은 새날(마 6:31-34)

Yesterday is Old Day, Today Living Day, Tomorrow New Day(Mat. 6:31-34)

어제는 옛날, 오늘은 살날, 내일은 새날
-내일 일을 위하여 염려하지 말라-

(Yesterday is Old Day, Today Living Day,

Tomorrow New Day)

"그러므로 내일 일을 위하여 염려하지 말라
내일 일은 내일이 염려할 것이요
한 날의 괴로움은 그날로 족하니라"
(마 6:31-34 중에서 마 6:34)

예수님은 본문 마태복음 6장 34절에서 "내일 일을 위하여 염려하지 말라"고 말씀하십니다. 상식적으로 이해하기 힘든 말씀입니다. 왜냐하면 우리에게 베짱이처럼 살라는 말씀인가 하고 오해될 수 있기 때문입니다.

어느 회사에서 있었던 일입니다. 회사 내에서 예수님을 잘 믿기로 정평이 나 있는 젊은 사람이 하도 자기가 맡은 일이 잘 안 풀리고 가슴은 답답하고 지쳐서 아침에 일찍이 출근하여 하나님의 말씀에서 새 힘을 얻으리라 생각하여 성경을 펴고 예수님의 산상수훈을 읽던 중 마태복음 6장 34절에 이르렀습니다. 그때 그의 회사 사장님이 그날따라 일찍이 출근하여 무엇을 열심히 읽고 있는 그 청년을 보고 대견하게 생각되어 찾아가서 말을 걸었습니다.

"자네 무엇을 그렇게 열심히 읽고 있나?" "마음이 답답하여 성경책을 읽고 있습니다." "그 내용이 뭔데?" "내일 일을 염려하지 말랍니다." 그 순간 사장님의 얼굴이 일그러지면서 "이 사람! 회사를 말아먹을 사람이로구먼" 하고 역정을 냈다고 합니다.

Ⅰ. 금지 명령

"내일 일을 위하여 염려하지 말라"고 할 때의 '하지 말라'는 금지 명령입니다. 헬라어에서 금지 명령을 나타낼 경우는 크게 두 가지로, 그 하나는 단순과거 능동 가정법(aorist active subjunctive) 형의 금지 명령이고, 다른 하나는 현재 능동 명령법(present active imperative) 형의 금지 명령입니다. 단순과거 능동 가정법 형의 금지 명령은 '일의 시작 자체를 금하는 것'이고, 현재 능동 명령법 형의 금지 명령은 '이미 시작된 일이지만 그의 계속을 금하는 것'입니다.

마태복음 6장 34절에서는 일의 시작 자체를 금하는 단순과거 능동 가정법(aorist active subjunctive) 형의 '메 메림네세테'(μὴ μεριμνήσητε)라는 헬라어가 사용되었습니다. 여기서 '메'(μὴ)는 금지(no)를 나타냅니다. 그러므로 '어떤 일의 시작 자체를 하지 말라'는 것입니다. 좀 더 구체적으로 말하면 '염려를 시작하지 말라'는 것입니다.

그러나 마태복음 6장 25절의 "그러므로 내가 너희에게 이르노니 목숨을 위하여 무엇을 먹을까 무엇을 마실까 몸을 위하여 무엇을 입을까 '염려하지 말라'(take no thought-KJV) 목숨이 음식보다 중하지 아니하며 몸이 의복보다 중하지 아니하냐"라는 말씀에서는 현재 능동 명령법(present active imperative) 형의 '메 메림나테'(μὴ μεριμνᾶτε)라는 헬라어가 사용되었습니다. 여기서도 '메'(μὴ)는 금지(no)를 나타냅니다. 즉 염려가 시작은 되었지만 계속하지 말라는 것입니다. 왜냐하면 이것은 오늘의 당면한 일이기 때문입니다.

그런데 마태복음 6장 34절의 중간부 "내일 일은 내일 염려할 것이요"라는 말씀에서의 '염려'는 헬라어로 '메림네세이'(μεριμνήσει)로 쓰인 것인데, 이것은 헬라어 동사 '메림나오'(μεριμνάω)에 직설법 미래 능동 3인칭 단수(indicative future active third person singular)를 취한 동사(verb)입니다. 그 뜻은 명령법으로 쓰인 것이 아니라 직설법으로 쓰였기 때문에 일반 서술식의 표현으로 염려는 시작할 수 있으나 '내일이라는 한도를 넘지 말라'는 의미입니다. 그래서 마태복음 6장 34절의 후반부에서는 "내일 일은 내일 염려할 것이요"라고 하면서 "한 날의 괴로움은 그날로 족하니라"고 말씀합니다. 내일 일을 앞당겨서 오늘 염려하지 말라고 하였습니다. 오늘의 일 중에 어떤 것은 염려를 할 수밖에 없는 상황이 되어, 염려할 수밖에 없는 경우가 있습니다. 그러나 그것을 내일까지 계속하지는 말라는 것입니다. 바꾸어 말하면 염려의 시작은 있을 수 있겠으나 그것을 지속하지는 말라는 것이고, 더욱이 오늘을 넘겨 내일까지 연장하지 말라는 것입니다.

마태복음 6장 34절과 6장 25절에서 우리말 개역성경이나 우리말 개역개정성경에서는 동일하게 "염려하지 말라"고 표기된 것이 헬라어 원문으로 볼 때는 이렇게 차이가 있습니다. 이뿐만 아니라 "take no thought"로 표기된 흠정역영어성경(KJV)에서도, "do not worry about"로 표기된 국제표준역(NIV) 영어성경에서도 이 차이를 찾아볼 수 없습니다. 주의를 요(要)하는 대목입니다.

Ⅱ. 염려

1. 원어상의 의미

마태복음 6장 34절에서 쓰인 '염려'는 헬라어 성경에서는 '메림네세테'(μεριμνήσητε)로 되어 있습니다. 사전(辭典)에 등재된 원동사는 '메림나오'(μεριμνάω)입니다. 명사(noun)형은 '메림나'(μέριμνα)입니다.

한편 명사 '메림나'(μέριμνα)는 명사 '메리스'(μερίς)에서 유래되었고, 이는 '하나의 부분'(a part)이라는 뜻을 나타냅니다. 그리고 명사 '메리스'(μερίς)의 동사형은 '메리조'(μερίζω)입니다. 이는 '나누다'(devide)라는 뜻을 나타냅니다.

이로 유추하여 보건대 명사인 '메림나'(μεριμνα)의 본뜻은 '부분으로 나누인 마음 씀씀이'(dividing care)이거나 또는 '삶의 목적을 흐트러뜨려 주의를 산만하게 만드는 마음가짐'(distracting the heart from the true object of life) 등으로 번역할 수 있을 것 같습니다. 그러므로 명사 '메림나'(μέρι μνα)는 '쪼개진 마음 또는 흐트러진 마음으로부터 유발되는 걱정(worry)이나 근심(anxiety)' 등을 나타내는 말로 해석되었습니다.

그러나 신약성경이 쓰이던 시대에는 이러한 본래의 뜻은 사라지고 '마음 씀씀이'나 '마음가짐'에 초점이 맞춰져 '진지하게 생각하는 것'(earnest thoughtfulness)으로 확대되어 '마음 씀'을 나타내는 단어로 사용되었습니다. 왜냐하면 걱정이나 근심 자체도 '마음 씀씀이'가 없으면 생길 수 없는 것이기 때문입니다. 물론 '진지하게 생각하는 마음'(earnest thoughtfulness)이라는 단어의 범주 속에는 걱정(worry)이나 근심(anxiety)도 포함되어 있었습니다. 아마도 이것들이 주축을 이루고 있었을 것이라고 생각됩니다. 이를 뒷받침이라도 하듯 대부분의 영어성경에서는 'care'로 번역하였음에도 불구하고 흠정역영어성경(KJV)에서는 'thought'로 번역하였습니다.

왜냐하면 흠정역영어성경(KJV)이 번역된 시대에는 근심, 걱정, 염려 등을 나타내는 말로 'care'보다 'thought'가 일반적으로 많이 쓰였기 때문입니다. 이는 세계적인 문호 셰익스피어(Shakespeare)의 작품《햄릿》(*Hamlet*)을 보면 알 수 있습니다. 왜냐하면 이 두 가지 사건이 거의 동시대에 일어난 일이기 때문입니다. 《햄릿》(*Hamlet*)에 이런 대목이 나옵니다. "사느냐 죽느냐(to be or not to be) 이것이 문제로다"라고 하면서 "결단의 본 색체가 생각의 창백한 색조로 병약(病弱)되어졌다"(The native hue of resolution is sicklied o'er with the pale cast of thought.)라고 말이죠. 이때의 생각(thought)은 걱정(worry)이나 근심(anxiety)을 말합니다.

2. 염려가 발생하는 근본 원인

염려가 무엇 때문에 생기느냐고 물으면 대부분의 사람들이 대답하기를 욕심 때문에 생긴다고 말합니다. 야고보서 1장 15절을 보면 "욕심이 잉태한즉 죄를 낳고 죄가 장성한즉 사망을 낳느니라"고 하였습니다. 사람들이 두려워하는 것이 사망이고 이로 인하여 걱정, 근심, 불안, 초조 등의 염려가 생기는 것도 사실인즉 그럴듯합니다. 그러나 예수님께서는 '믿음이 적기 때문'이라고 말씀하십니다. 이로 보건대 욕심도 근원적으로는 믿음이 적기 때문에 생기는 것입니다.

한글개역개정성경 마태복음 6장 30절을 보면 예수님께서 "오늘 있다가 내일 아궁이에 던져지는 들풀도 하나님께서 이렇게 입히시거늘 하물며 너희일까보냐 '믿음이 적은 자들아'"라고 말씀하셨습니다. 여기서 '믿음이 적은 자들아'라고 하신 것을 한글개역성경에서는 '믿음이 작은 자들아'라고 하였습니다. 흠정역영어성경(KJV)에서는 'little faith'로, 그리고 국제표준역영어성경(NIV)에서도 'little faith'로 번역하였습니다. 이것을 헬라어 성경에서는 '올리고피스토이'(ὀλιγόπιστοι)로 표기하였습니다. 헬라어 '올리고피스토이'(ὀλιγόπιστοι)는 형용사 '올리고피스토스'(ὀλιγόπιστος)의 남성 복수 호격 형용사(masculine plural vocative adjective)입니다. 형용사 '올리고피스토스'(ὀλιγόπιστος)는 형용사 '올리고스'(ὀλίγος)와 형용사 '피스티스'(πίτις)의 합성어입니다. 형용사 '올리고스'(ὀλίγος)는 '적음'(little)을 나타내고, 형용사 '피스티스'(πίτις)는 '믿음'을 나타냅니다. 그래서 형용사 '올리고피스토스'(ὀλιγόπιστος)는 믿음이 적다는 것을 나타내는 것입니다.

예수님께서 '믿음이 적은 자들아' 또는 '믿음이 작은 자들아'라고 말씀하실 때는 믿음 자체가 적거나 많거나 또는 작거나 크거나를 말씀하신 것이 아닙니다. 그 대신 믿음의 적용 범위를 말씀하시는 것입니다. 즉 "하나님께서 들풀까지도 입히시는 것을 보면서 믿음의 적용 범위를 너희들 자신에게는 왜 적용하지 못하느냐?" 하는 것입니다. 신뢰하면 믿는 것이고 신뢰하지 못하면 믿음이 없는 것입니다. 다시 말하면 믿음은 'all' or 'nothing'입니다. 그러므로 염려가 발생하는 근본적인 이유는 각각의 관심의 대상에 대하여 믿음이 '없기' 때문입니다. 믿음이 있으면 관심의 대상 자체 때문에 생기는 염려는 전무(全無)합니다.

염려는 '마음 씀씀이'로부터 발생합니다. 이 마음 씀씀이는 대상이 있을 때 작동합니다. 즉 영어로 표현하면 'care for something' 또는 'care for someone'입니다. 이 'something'이나 'someone'이 중요합니다.

문제는 피조물 세계에 현상(現狀)으로 존재하고 있는 이 'someone'이나 'something' 자체가 끊임없이 변한다는 것입니다. 그리고 그 현상이 마음에 투영(投影)된 상(像) 또한 끊임없이 변한다는 것입니다. 이에 붙잡힌 우리의 마음 또한 끊임없이 변합니다. 마치 바람에 밀려 요동치는 물결 같습니다. 이들이 매순간마다 상호 갈등을 일으키면서 충돌하여 발생하는 것이 걱정, 근심, 불안, 초조입니다.

이를 극복하려면 우선적으로 생각이나 '마음 씀'의 대상이 되는 'something'이나 'someone'이 견고해야 합니다. 그런데 'something'이나 'someone' 그 자체가 물결치듯 요동하고 있으니, 마음에 투영되는 상(像) 또한 요동치게 됩니다. 그러므로 이 'something'이나 'someone'을 보다 견고하고 분명하게 하기 위해서는 우리의 관심을 대상 자체에만 국한시켜서는 안 됩니다. 그 이상의 다른 어떤 방도를 강구해야 합니다.

이 'something'이나 'someone'이 나타내는 가시적인 현상 자체만으로는 어떠한 방법도 걱정, 근심, 불안, 초조를 물리치는 데 역부족(力不足)입니다. 왜냐하면 현상에 실린 우리의 마음이 그것을 감당하지 못하기 때문입니다. 왜 감당하지 못합니까? 현상 자체가 변화무쌍하고 예측불허이기 때문입니다. 그래서 그 현상을 뚫고, 그 현상을 지배하는 불변(不變)의 근원(根源)을 찾아야 합니다. 찾아낸 그 근원으로부터, 우리의 마음이 쓰이는 그 대상으로 생각이 이어져야 합니다. 그리고 찾아낸 그 근원이, 우리 '마음'을 작동시키는 동인(動因)이 되어야 합니다. 그래서 그 현상을 지배하고 있는, 그 근원이 중요합니다.

그 근원이 하나님이십니다. 그런데 그 하나님은 우리가 볼 수도 없고 만질 수도 없습니다. 그럼에도 불구하고 그 볼 수 없는 하나님을 볼 수 있는 하나님으로 계시된 분이 계시는데, 그분이 바로 예수 그리스도이십니다. 그분은 하나님이십니다. 그분은 또한 약속의 말씀이십니다. 그래서 이 약속의 말씀을 붙들어야 합니다. 그것은 믿음으로만 가능합니다. 이를 히브리서 11장 3절에서는 이렇게 가르칩니다. "믿음으로 모든 세계가 하나님의 말씀으로 지어진 줄을 우리가 아나니 보이는 것은 나타난 것으로 말미암아 된 것이 아니니라"고 말입니다. 이에 더하여 히브리서 13장 8절에서는 "예수 그리스도는 어제나 오늘이나 영원토록 동일하시니라"고 하였습니다. 변화가 없다는 말입니다. 즉 그 대상이 예수 그리스도로부터 말미암은 것이라는 믿음이 있으면 확신이 생기고, 그에 대한 믿음이 없으면 염려가 생기는 것입니다.

그럼에도 불구하고 예수 그리스도를 믿지 않는 사람들이나, 믿더라도 교만한 사람들은 이 'something'이나 'someone'을 스스로 해결해야만 하는 것으로 착각합니다. 여기서 해결하면 고만한 자가 되는 것이고, 해결하지 못하면 자포자기(自暴自棄)하다가 염려의 수렁으로 빠지는 자가 되고 맙니다. 이도 따지고 보면 하나님과 같이 되고자 하는 마음의 교만으로부터 나온 것입니다. 겸손하지 못한 자는 하나님께 온전히 맡기지 못합니다.

베드로전서 5장 6절을 보면 "그러므로 하나님의 능하신 손아래에서 겸손하라 때가 되면 너희를 높이시리라"고 하였습니다. 겸손할 것을 강조합니다. 이는 겸손하라는 명령입니다. 헬라어에서는 선(線: line)적인 개념을 가진 연속적인 행동이나 반복적인 행동을 나타내는 명령은 현재 명령법을 쓰는 반면에, 점(點: point)적인 개념을 가진 불확정적(不確定的)인 행동이거나 일회적인 동작을 나타내는 명령은 부정과거 명령법을 씁니다. 그런데 여기서는 부정과거 명령형이 사용되었습니다.

베드로전서 5장 7절을 보면 "너희 염려를 다 주께 맡기라 이는 그가 너희를 돌보심이라"고 하였습니다. 얼핏 보기에는 겸손한 사람이 자기의 염려를 주님께 맡길 수 있는 것처럼 보입니다. 마치 겸손이 '염려를 주님께 맡기는 출발점'인 것처럼 보입니다. 왜냐하면 절(節: clause)의 순서상 겸손이 맡기는 것보다 앞선 것으로 보입니다. 그런데 그렇지 않습니다. 오히려 반대입니다. 염려를 하나님께 맡기는 사람이 겸손한 사람입니다. 그 이유는 다음과 같습니다.

베드로전서 5장 6-7절의 연속된 두 개의 절에서는 주(主) 명령 동사가 베드로전서 5장 6절의 '겸손하라'입니다. 여기서 겸손하라는 명령이 대부분의 영어성경에서는 'humble yourselves'로 되어 있습니다. 헬라어 성경에서는 '타페이노세테'(ταπεινώθητε)로 되어 있습니다. 이는 '낮추다'(to humble)라는 뜻의 동사 '타페이노오'(ταπεινόω)에서 나온 것으로, 동사 '타페이노오'(ταπεινόω)에 부정과거(不定過去) 수동태 2인칭 명령동사(aorist passive second person plural imperative verb)를 취한 것입니다. 수동태(受動態: passive voice)인 고로 그 뜻이 '낮추다'(to humble)에서 '낮추어지다'(to be humbled)라고 바뀝니다.

그런데 이때 수동태(受動態: passive voice)는 자기 자신들이 어떤 것을 받아들이는 허용(許容)의 의미를 내포하고 있기 때문에 이를 허용수동태(許容受動態: permissive passive)라고 부릅니다. 이를 적용하여 좀 더 구체적으로 해석하면 "겸손하여지도록 너희 자신들을 허용하라"(allow yourselves to be humbled)가 됩니다.

그러면 도대체 누구에 의해서 겸손하여지라는 말입니까? 하나님에 의해서 겸손하여지라는 것입니다. 자기 스스로 겸손하여지는 것이 아닙니다. 그래서 겸손도 성령님의 인도하심을 받아야 가능합니다. 이를 고려하여 다시 번역하면 "하나님에 의하여 각자가 겸손하여지는 것을 너희 자신들은 받아들이라"는 것입니다. 영어성경에서는 이를 줄여서 'humble yourselves'로, 우리말 성경에서는 '겸손하라'로 번역한 것입니다. 겸손하되 그것도 단번에 겸손하라는 것입니다.

또 하나 생각해 보아야 할 것이 있습니다. 겸손한 것이 먼저인가, 염려를 맡기는 것이 먼저인가 하는 문제입니다. 베드로전서 5장 7절을 보면 "너희 염려를 다 주께 맡기라"(casting all your care upon him: KJV)고 할 때 대부분의 영어성경에서는 "cast, throw, heave, give" 등으로 쓰였습니다. 그런데 '맡기라'는 말씀이 헬라어 원문에서는 '에피립산테스'(επιρίψαντες)로 쓰였습니다. 이는 동사가 아니고 명령의 성격(imperative sense)을 띤 부정과거 능동 남성 주격 2인칭 복수 분사(aorist active nominative masculine second person plural participle)입니다. 분사는 동사와 형용사의 성격을 함께 가집니다. 따라서 분사는 동사의 행동력과 형용사의 묘사력을 함께 갖고 있습니다. 여기서 부정과거 분사(aorist participle)로 쓰였으니 염려를 하나님께 맡기는 것이 베드로전서 5장 6

절의 '겸손하여지라'는 본동사 '타페이노세테'(ταπεινώθητε)보다 앞에 일어나야 하는 것입니다. 그러니 염려를 하나님께 맡기고, 그 후에 겸손하여진다는 말씀입니다.

베드로전서 5장 7절에서 '맡기라'는 말씀이 능동태(能動態: active voice)의 분사로 쓰였으니 '스스로 맡기라'는 것입니다. 이를 뒤집어서 생각하면 사전(事前)에 스스로 자기의 염려를 하나님께 맡길 수 없는 사람은 겸손한 사람이 될 수 없다는 것입니다. 즉 교만한 사람이라는 것입니다. 맡기지 못하는 것은 교만 때문입니다. 스스로 능동적으로 맡기면 하나님께서 그를 겸손하게 만들어 주십니다. 그리고 때가 되면 그를 높여 주십니다.

3. 대상에 의해서 발생하는 마음의 반응

걱정하는 것이 있고, 걱정되어지는 것이 있습니다. 근심하는 것이 있고, 근심되어지는 것이 있습니다. 능동과 수동의 관계입니다. 능동과 피동의 관계입니다. 능동적인 것은 자기가 마음대로 제어(control)할 수 있는 것입니다. 의지의 결단만 있다면 해결 가능한 것으로 비교적 쉬운 문제입니다. 그러나 수동적이거나 피동적인 것은 우리가 마음대로 제어할 수 있는 것이 아닙니다. 왜냐하면 우리의 통제 밖에 있는 것이기 때문입니다.

걱정되어지는 것이나 근심되어지는 것은 그 대상으로 말미암아 유발(誘發: induce)되는 것으로, 그렇게 쉽게 해결할 수 있는 문제가 아닙니다. 이것은 우리의 '마음'과 우리의 마음의 '대상'이 서로 주고받는(give and take) 것으로서, 쌍방 간에 서로 '갔다 왔다'(back and forth) 하면서 이루어지는 상호의존적인 관계 속에서 나타나는 마음의 한 현상입니다. 그러므로 대상도 '절대적이고 독립된 대상'이 될 수 없고, 그 대상이 '마음이 실려 있는 상대적인 대상'으로 바뀝니다. 우리의 마음도 '절대적이고 독립된 마음'이 될 수 없고, 그 마음이 '대상이 투영된 상대적인 마음'으로 변합니다.

예를 들어 "호랑이는 무섭다"라고 할 때 우리는 호랑이가 무서운지 또는 상냥한지 모릅니다. 그러나 우리는 호랑이를 보는 순간 "호랑이는 무섭다"라는 잠재의식이 내가 본 그 호랑이에 실려 그 호랑이를 보는 순간 무섭다는 생각이 생기는 것입니다. 이를 호랑이에 '투영된 마음의 상(像: image)'이라고 부르고 싶습니다. 그 '투영된 마음의 상' 때문에 우리는 그 호랑이를 두려워하는 것입니다. 그런데 호랑이를 보는 순간, 호랑이의 행동을 주관하시는 분이 하나님이시고, 그 하나님께서는 절대로 나를 해치도록 그 호랑이를 내버려두지 않을 것이라는 믿음이 생겼다면 그 호랑이를 보더라도 두렵지 않을 것입니다. 왜냐하면 호랑이에 투영된 마음의 상이 그것을 허용하지 않기 때문입니다.

4. 내일을 위한 염려

예수님께서 마태복음 6장 34절에서 "내일 일을 위하여 염려하지 말라"고 하셨을 때 대부분의 사람들은 '내일'이라는 개념을 자기 본위(本位)적으로 생각합니다. 자기가 만든 내일을 생각하는 것입니다. 내일은 우리가 잡을 수도 없고 만질 수도 없고 볼 수도 없습니다. 우리가 단지 이러이러하리라고 상상할 뿐입니다. 내일을 자기의 생각 속에 가두어버리는 것입니다. 그러나 내일이라는 개념 속에는 두 가지 부류가 있습니다. 그 하나는 오늘의 연장으로서의 내일입니다. 이것은 주관적(主觀的)인 내일입니다. 다른 하나는 하나님께서 주관하시는 내일입니다. 그것은 객관적(客觀的)인 내일입니다.

첫 번째의 내일은 '오늘의 연장으로서의 내일은 버리라'는 것입니다. 오늘 살아있으니 내일도 살아있을 것이다, 오늘 성공하였으니 내일도 성공할 것이다, 오늘 건강하게 지냈으니 내일도 건강하게 지낼 것이다, 또는 '오늘도 ~했으니 내일도 ~할 것이다' 등의 생각을 버리라는 것입니다. 야고보서 4장 14절에서도 내일 일은 알 수 없다고 강조하면서 "내일 일을 너희가 알지 못하는도다 너희 생명이 무엇이냐 너희는 잠깐 보이다가 없어지는 안개니라"고 하였습니다.

두 번째의 내일은 하나님께서 주관하시는 내일입니다. 이것은 우리의 손 밖에 있습니다. 우리가 살아있어도 우리가 세상을 떠나도 우리와 상관없이 하나님의 계획 하에 내일은 오는 것입니다. 이 내일은 하나님과 우리의 관계 속에서 각자에게 복되게 올 수도 있고 그렇지 않을 수도 있습니다. 왜냐하면 우리의 반응에 따라 달라지기 때문입니다. 투영된 마음의 상이 하나님의 뜻에 합하기만 하면 하나님께서 우리로 하여금 아무런 제한 없이 나래를 마음껏 펼 수 있도록 새날을 주시는 것입니다. 이것은 염려의 대상이 될 수 없습니다. 그래서 마태복음 6장 34절에서는 아예 염려의 시작 자체를 하지 말라고 말씀하신 것입니다. 우리 믿는 자들은 하나님께 대한 확신을 가지고 소망으로 맞이할 기쁨의 날인 것입니다.

5. 오늘을 위한 염려

예수님은 마태복음 6장 34절 후반부에서 "한 날의 괴로움은 그날로 족하니라"고 말씀하십니다. 여기서 '한 날'에 매일 우리가 살아가고 있는 하루하루이고 그것을 '오늘'이라고 표현합니다. 오늘에는 세 가지가 있습니다. 즉 '어제의 내일로서의 오늘'(today as yesterday's tomorrow)과 '오늘의 오늘'(today's today)과 '내일의 어제로서의 오늘'(today as tomorrow's yesterday)입니다. 이들은 그 보는 기준점(基準點: reference point)에 따라 다르게 본 오늘(today)입니다. '어제의 내일로서의 오늘'(today as yesterday's tomorrow)은 그 기준점이 어제(yesterday)입니다. 그리고 '내일의 어제로서의 오늘'(today as tomorrow's yesterday)은 그 기준점이 내일(tomorrow)입니다. 오직 '오늘의 오늘'(today's today)만이 그 기준점을 오늘(today)에 둔 것입니다. 왜 우리의 삶의 기준점(基準點: reference point)을 허공(虛空)에 두어야 합니까?

'어제'(yesterday)와 '내일'(tomorrow)은 우리의 영역 밖입니다. 우리가 다룰 수 없습니다. 이미 지나갔거나(gone away) 아직 오지 않았습니다(not yet come). 우리가 다룰 수 있는 것은 단지 '오늘의 오늘'(today's today)뿐입니다. 그런데 그 오늘(today)이라는 개념(槪念: concept) 속에는 앞에서 설명한 바와 같이 관점(觀點: point of view)에 따라 세 가지 부류(部類)가 있습니다. 즉 '어제의 내일로서의 오늘'(today as yesterday's tomorrow)과 '오늘의 오늘'(today's today)과 '내일의 어제로서의 오늘'(today as tomorrow's yesterday)입니다. 본 글에서는 이를 발췌(拔萃: extract)하여 '어제의 오늘'(yesterday's today), '오늘의 오늘'(today's today) 그리고 '내일의 오늘'(tomorrow's today)로 부르고자 합니다.

'어제의 오늘'(yesterday's today)은 그 기반을 어제에 두고 있습니다. 그러므로 어제의 오늘은 어제와 단절된 것이 아닙니다. 어제의 연속선(continuous line)상에 있는 것입니다. 즉 무 잘라버리듯 딱 잘라버릴 수 있는 것이 아닙니다. 어제의 일이 자기의 의도대로 잘 이루어진 사람은 어제의 내일인 오늘에 그 성공으로 인하여 교만하여지기 쉽고, 자기의 의도가 좌절된 경우는 그 실패로 인하여 근심과 걱정이 엄습하여 옵니다. 이런 경우 오늘을 염려로 시작하는 경우가 많습니다. 그런가 하면 하루하루를 특별한 관심이나 특별한 일(event) 없이 지내면서 일상적(日常的)인 생활을 반복하는 경우도 있습니다. 이런 경우는 생각 없이 오늘이 왔으니까 오늘을 사는 것입니다.

이와는 반대로 하루하루의 삶이 하나님의 섭리로 이루어졌고, 앞으로도 이루어질 것이라고 믿고 매사에 감사하면서 사는 사람이 있습니다. 실패에 대한 원망도 성공에 대한 자만도 없습니다. 이루어진 매사(每事)에서 또는 이루어질 매사(每事)에서 하나님의 섭리를 깨닫고자 애쓰는 사람입니다.

어찌되었던 간에 우리 모두의 오늘의 출발점은 어제의 오늘입니다. 그러므로 어제의 상황과 여건과 그 진척 상태에 따라서 어제라는 지나간 옛날의 일이지만 그로 인하여 유발될 수 있는 오늘의 일에 대하여 염려할 수밖에 없는 경우가 있습니다. 그런 경우 염려를 할 수 있으되 오늘이라는 날을 넘기지 말라는 것입니다. 그런가 하면 어제의 성공으로 인하여 교만해질 수도 있습니다. 고린도전서 10장 12절을 보면 "그런즉 선 줄로 생각하는 자는 넘어질까 조심하라"고 권면하고 있습니다.

주기도문에서도 오늘을 강조합니다. 양식을 구할 때 더욱 그렇습니다. 주님은 제자들에게 기도를 가르치시면서 마태복음 6장 11절에서 "우리에게 일용할 양식을 주옵시고"라고 기도하라고 말씀하십니다. 때로는 필요한 양식을 구하지 못하여 염려, 근심, 걱정이 될 수도 있습니다. 이때는 마태복음 6장 34절에서 '내일'의 일을 위해서는 염려 자체를 하지 말라는 것과는 달리, 마태복음 6장 25절에서는 목숨을 위하여 무엇을 먹을까, 무엇을 마실까, 몸을 위하여 무엇을 입을까에 대한 '오늘'의 문제에 대하여 염려는 시작할 수 있으나 계속하지는 말라고 말씀하십니다.

이스라엘 자손이 엘림에서 떠나 엘림과 시내 산 사이에 있는 신 광야에 이르렀을 때, 먹는 문제로 모세와 아론을 원망할 때가 있었습니다. 그때 하나님께서 출애굽기 16장 4절에서 이렇게 말씀하십니다. "그 때에 여호와께서 모세에게 이르시되 보라 내가 너희를 위하여 하늘에서 양식을 비같이 내리리니 백성이 나가서 일용할 것을 날마다 거둘 것이라 이같이 하여 그들이 내 율법을 준행하나 아니하나 내가 시험하리라"고 말입니다. 여기서도 한 날 한 날을 나타내는 '날마다'를 강조하고 있습니다.

마태복음 6장 34절에서는 종합적으로 "한 날의 괴로움은 그날로 족하니라"고 강조하십니다. 이 말씀을 역으로 풀어볼 때 '한 날'에는 괴로움이 없다는 것이 아닙니다. 그와는 반대로 괴로움이 있다는 것이고 그 '한 날'로 끝이라는 것입니다. 즉 시작은 가(可) 하나 '날'을 넘기지 말라는 것입니다.

Ⅲ. 적용

1. 내일에 대하여

미국의 유명한 여류 작가 중 마가렛 미첼(Margaret Mitchell: 1900-49)이라는 분이 있습니다. 그가 쓴 소설 《바람과 함께 사라지다》(*gone with wind*)라는 책의 제목은, 저자인 마가렛 미첼이 직접 붙인 원 제목은 아닙니다. 원 제목은 "내일은 다른 하나의 날"(Tomorrow Is Another Day)이었습니다. 출판 당시 다른 사람이 쓴 책 중에 《내일은 다른 하나의 날》(*Tomorrow Is Another Day*)이라는 제목의 책이 있었습니다. 그리고 출판 당시에는 미국이 남북전쟁을 겪은 직후였기 때문에, 사람들에게 희망을 주기 위하여 이와 유사한 제목의 책이 많이 나왔습니다. 그래서 출판사에서 경영 전략상 붙인 새 이름이 "바람과 함께 사라지다"였습니다. 이것이 대박을 친 것입니다. 왜일까요?

"바람과 함께 사라지다"(gone with wind)라는 제목 속에는 '오늘의 것'에 '강조점'이 있습니다. 그러나 '내일은 다른 하나의 날'(Tomorrow Is Another Day)이라는 제목 속에는 '오늘의 괴롬은 잊으라. 내일은 오늘과 단절된 완전히 새로운 날'이라는 소망이 담겨져 있는 '내일의 것'에 '강조점'이 있습니다.

오늘은 근심, 걱정, 불안, 초조 등에 휘말릴 수밖에 없는 지경의 날일지언정 그것을 내일까지 끌고 가기를 바라는 사람은 아무도 없습니다. 할 수 없이 끌려갈 뿐입니다. 이것들은 다 오늘 안에 오늘이라는 시간과 함께 다 사라져버려야 할 것들입니다. 마치 《바람과 함께 사라지다》

라는 소설에서와 같이 말입니다. 그러나 내일은 기쁘고 즐겁고 영화로운 복된 날이 되기를 소원합니다. 이것이 인지상정(人之常情) 아닙니까? 참으로 성서적이라고 생각됩니다. 마태복음 6장 25절과 34절의 말씀이 그들을 감동 감화시킨 것이 아닌가 싶을 정도입니다.

'내일은 다른 하나의 날'(Tomorrow Is Another Day)이라고 할 때 그것은 또한 하나님께서 주관하시는 '주님의 날'임을 스스로 고백하는 것입니다. 그리고 그것은 대망(待望)의 날입니다.

우리가 내일을 올바로 맞이하기 위해서는 이 '내일은 다른 하나의 날'(Tomorrow is another day)이라는 오늘과 완전히 단절된 개념에서, '내일의 오늘'(tomorrow's today)이라는 개념으로 오늘과 연관되어져야 합니다. 오늘과 유리(遊離)된 하나의 내일이, 오늘이라는 개념 속으로 침입해 들어오도록 그 패러다임(paradigm)이 바뀌어야 합니다. 한 걸음 더 나아가 이 '내일의 오늘'(tomorrow's today)이 '실상의 오늘'(substantial today)이 되어야 하고, 이 '실상(實狀)의 오늘'이 '실제의 오늘'(real today)이 되게 해야 합니다. 이것을 가능하게 하는 것이 바로 '믿음'입니다. 왜냐하면 히브리서 11장 1절에서 "믿음은 바라는 것들의 실상이요 보지 못하는 것들의 증거니라"고 말씀하고 있기 때문입니다. 그래서 이 모든 것이 소망 가운데 이루어지는 것입니다. 내일은 실로 염려의 대상이 아니라 소망의 대상입니다.

제가 일전에 미국 캘리포니아(California)의 팜 스프링(Palm Spring) 근방에 있는 패튼 군사 박물관(Patten Military Museum)을 방문한 바 있습니다. 그때 비디오 영상물을 보는 가운데 특별히 제 마음을 끄는 것이 있었습니다. 그것은 다름 아닌 패튼(George S. Patten) 장군의 특징을 말하는 가운데 그가 계획(plan), 준비(prepare), 공격(attack)을 모토(motto)로 삼고 그것을 실천하면서 살았다는 것이었습니다. 관심이 있어 몇 번을 되풀이하여 보았습니다. 그런데 이 사항만 되풀이될 뿐 신앙적인 이야기가 없었습니다. '과연 계획하고 준비하고 공격하였기 때문에 승리를 하였고 존경받는 군인이 되었을까?' 의문이 생겼습니다.

이것은 패튼 장군의 껍데기만 본 것이라는 생각이 들었습니다. 제 생각으로는 그는 전장에서 맞이하는 내일에 대한 개념이 성서적이었을 것이라고 보았습니다. 불확실한 내일의 전장 상황을 그리면서, 그것을 지배하시는 하나님께 기도로 지혜를 구하였을 것입니다. 그리고 그 지혜에 입각해서 기도하는 가운데 계획(plan)을 세웠을 것이며, 그 계획에 근거하여 기도하면서 준비(prepare)를 하고. 그 준비된 가운데 기도하면서 공격(attack)하였을 것이라고 보았습니다.

(1) 정사면체로 본 하나님 나라의 건설

이것을 그림으로 그려 설명하면 다음과 같습니다. 우선 자기 앞에 정삼각형을 그립니다. 정삼각형의 중심에 수직 막대기를 세우고 바닥에 있는 정삼각형과 동일한 정삼각형 세 개를 각 변에 잇대어 수직 막대기에 기대어 놓으면 면이 네 개가 되는 정사면체가 됩니다. 정 사면체는 정삼각형의 면이 네 개 있다는 뜻입니다. 바닥에 있는 좌측 꼭짓점에는 계획(plan)이라고, 우측 꼭짓점에는 준비(prepare)라고, 앞에 있는 꼭짓점에는 공격(attack)이라고 쓰고, 수직 막대기에 있는 꼭짓점에는 하나님(God)이라고 씁니다. 그리고, 그 수직 막대기 상에 있는 꼭짓점과, 바닥에 있는 꼭짓점들을 잇는 각각의 선에는 기도라고 씁니다. 그러면 위에서 설명한 것을 그려 볼 수 있을 것입니다. 각자 이것을 실제로 그려 보고 써보십시오.

여기서 이사야 14장 24절을 되새겨봅니다. 즉 "나의 생각한 것은 반드시 되며 나의 경영한 것은 반드시 이루리라"는 말씀입니다. 이를 삼위일체(三位一體)의 관점으로 해석하면 '나의 생각한 것'은 하나님 아버지의 생각이시고, '나의 경영한 것'은 성자 예수 그리스도의 경영이시며, '이루리라'는 말씀에서 '이루시는 분'은 하나님 성령이십니다. 그래서 수직 막대기에 모인 꼭짓점은 하나님 아버지를 나타냅니다. 이로 보건대 기도 가운데 하나님 아버지의 생각으로 계획을 세웁니다. 이것이 좌측 꼭짓점입니다. 기도하면서 성자 예수 그리스도의 경영으로 준비를 합니다. 이것이 우측 꼭짓점입니다. 기도하면서 하나님 성령의 역사로 공격을 합니다. 이것이 앞 꼭짓점입니다. 삼위일체의 하나님께서 역사하신 것입니다. 이렇게 그림을 그려 생각하면 좀 더 실감이 나지 않을까 생각해 봤습니다. 이것은 패튼 장군의 경우를 예로 들어 상상해 본 것입니다.

그러면 우리들의 경우는 어떨까 생각해 봅니다. 아마도 패튼 장군의 모델에서 공격(attack) 대신에 우리들이 해결해야만 하는 일(work)에 대한 적용(application)이나 임무(mission) 등으로 바꾸어 쓰면 우리들의 일상생활에서도 활용 가능하리라고 봅니다. 우리를 통하여 이루어 가시는 하나님의 그 역사의 한 장면이라고 볼 수 있지 않겠습니까?

(2) 마음속에 이루어진 하나님 나라의 진보(성화)

앞에서 설명한 정사면체를 다시 한 번 더 생각해 보겠습니다. 바닥에 그려진 정 삼각형의 중심에 조그만 원을 그리고 그 원 안에 '하나님의 나라'(the Kingdom of God)라고 씁니다. 바닥의 각 꼭짓점에서 바닥의 삼각형의 중심을 향하여 그 원의 원주(圓周)에 이르기까지 각각 화살표를 긋고, 그 각각의 화살표 위에 '하나님의 사랑'(the Love of God)이라고 씁니다. 그리고 바닥의 삼각형의 중심에서, 앞에서 세웠던 수직 막대기를, 하늘로 향하는 화살표로 바꾸고, 그 끝을 향하여 '하나님의 의'(the Righteousness of God)라고 씁니다. 이렇게 하면 마태복음 5장 48절의 "하늘에 계신 너희 아버지의 온전하심과 같이 너희도 온전하라"(Be perfect, therefore, as your heavenly Father is perfect-NIV)는 말씀에 따라 하나님의 의(righteousness)를 향하여 치솟아 올라가는 것이 되고, 이것은 곧 우리가 말하는 성화(sanctification)를 이루어가는 것이 됩니다. 왜냐하면 하나님의 사랑(love)과 하나님의 의(righteousness) 및 그의 적용범위를 우리의 일상생활에서 점점 확대하여 나가는 것이 되기 때문입니다.

좀 더 자세히 설명하면 이것은 삼위일체의 각 위(位: person)를 나타내는 '하나님 성부'(God the Father)와 '하나님 성자'(God the Son)와 '하나님 성령'(God the Spirit)의 역사(work)가 우리들의 일상생활을 통하여 하나님의 사랑의 바탕 위에서 기도로 계획하고, 하나님의 사랑의 바탕 위에서 기도로 준비하며, 하나님의 사랑의 바탕 위에서 기도로 실행함으로써 화살표의 방향을 따라 우리들의 마음속에 있는 '하나님 나라'(the kingdom of God)의 '하나님의 의'(righteousness)가 높아지기 때문입니다. 다시 말하면 이 땅에서 하나님의 사랑으로 하나님 나라(the Kingdom of God)가 이루어집니다. 그 이루어진 하나님 나라(the Kingdom of God)에서 '하나님의 의'(the Righteousness of God)가 나타납니다. 그 나타난 하나님의 의(the Righteousness of God)가 우리에게 닥치는 각각의 염려 사건의 극복을 통해서 점점 더 하늘에 계시는 하나님의 온전하신 의(the Perfect Righteousness of God)에 가까이 가는 것입니다. 이것 또한 성화(聖化: sanctification)의 한 단면(斷面)입니다.

2. 오늘에 대하여

(1) 능동적인 것

우리는 '염려한다'는 말을 자주 씁니다. 이 것은 말 자체가, '말하는 당사자'가 염려를 제어(control)할 수 있다는 것을 내포합니다. 염려 자체가 우리에게 해로운 것인즉 금지하면 됩니다. 왜냐하면 성경말씀 곳곳에서 염려하지 말라고 하셨기 때문입니다(마 6:25, 31, 34; 빌 4:6; 벧전 5:7). 그러나 이런 경우는 그리 흔하지 않습니다. 누가 일부러 걱정하며 근심하며 불안해하며 초조해하려 하겠습니까? 무의식중에 자기도 모르는 사이에 이루어지는 것입니다. 여기서 중요한 점은 염려가 우리에게 얼마나 해로운 것인가를 깨닫는 것입니다. 이 염려, 근심, 걱정, 불안, 초조 등이 모든 질병의 원인이 된다는 것입니다. 많은 사람들이 건강이나 웰빙(well being) 등에 초미(初味)의 관심을 가지면서도 이들의 뿌리를 파먹는 이 염려, 근심, 걱정, 불안, 초조 등은 간과해 버리는 모습을 자주 봅니다. 의도적으로 또는 의식적으로 떨쳐버리려고 각고의 노력을 경주해야 합니다.

(2) 수동적인 것

염려의 수동적인 것은 '염려되어지는 것'입니다. 이것은 우리의 통제 안에 있는 것이 아닙니다. 우리의 통제 밖에 있습니다. 그래서 우리는 어떻게 할 수가 없습니다. 이것이 문제입니다. 우리 손을 떠난 것인즉 우리가 기댈 곳은 하나님밖에 없습니다. 그런데 놀라운 사실은 하나님께서 우리를 도우시겠다고 성경말씀 곳곳에서 일러 주셨다는 것입니다. 그리고 그것들을 확인할 수 있습니다.

시편 37편 5-6절에서는 "너희 길을 여호와께 맡기라 그를 의지하면 그가 이루시고 네 의를 빛같이 네 공의를 정오의 빛같이 하시리로다"라고 하였습니다. 또 시편 55편 22절에서는 "네 짐을 여호와께 맡겨버리라 그가 너를 붙드시고 의인의 요동함을 허락하지 아니하시리로다"라고 하였습니다. 베드로전서 5장 7절에서는 "너희 염려를 다 주께 맡기라 이는 그가 너희를 돌보심이라"고 하였습니다.

빌립보서 4장 6-7절에서는 "아무것도 염려하지 말고 다만 모든 일에 기도와 간구로, 너희 구할 것을 감사함으로 하나님께 아뢰라 그리하면 모든 지각에 뛰어난 하나님의 평강이 너희 마음과 생각을 지키시리라"고 말씀하십니다. 여기서 '아무것도 염려하지 말고'가 흠정역영어성경(KJV)에서는 'be careful for nothing'으로, 국제표준역영어성경(NIV)에서는 'do not be anxious about anything'으로 번역되었습니다. 그런데 '아무것도'와 '~아니다'라는 뜻을 합한 영어의 'nothing'에 해당하는 단어로, 헬라어 원어성경에서는 '메덴'(μηδέν)으로 나타냈습니다. 그리고 "아무것도 염려하지 말라"는 "메덴 메림나테"(μηδὲν μεριμνᾶτε)로 썼습니다. 전에 살펴본 헬라어 금지 명령이 생각납니다. 바로 현재 능동 금지명령(present active prohibit imperative) 형으로 쓰인 것입니다. 이는 영어로 번역할 때 염려를 시작은 할 수 있으되 계속하지는 말라는 "stop worrying about anything"으로 하는 것이 더 원문에 가깝습니다. 왜냐하면 빌립보 교회에는 사도 바울이 편지를 쓰기 이전에 이미 근심 걱정거리가 있었습니다. 그래서 그것을 계속하지 말고 끝내라고 쓴 것이기 때문입니다.

예수님은 마태복음 6장 25절에서 "너희 목숨을 위하여 무엇을 먹을까 무엇을 마실까 너희 몸을 위하여 무엇을 입을까 염려하지 말라"고 하시면서 "목숨이 음식보다 몸이 의복보다 중하지 아니하냐" 하고 물으십니다. 그리고 이어서 마태복음 6장 26절에서 공중의 새를 보라고 말씀하십니다. "심지도 않고 거두지도 않고 창고에 모아들이지도 아니하되 너희 하늘 아버지께서 기르시나니"라고 말씀하시면서 "너희는 이것들보다 귀하지 아니하냐" 하고 물으십니다. 여기서 중요한 것은 하늘 아버지께서 기르시되 새들의 입에까지 먹이를 넣어주시지는 않는다는 것입니다. 우리가 새들을 볼 때 하나님께서 기르심에도 불구하고 새들이 먹이를 부지런히 쪼아 먹는 것을 볼 수 있습니다. 비둘기들이 길거리에서 먹이를 열심히 쪼아먹는 것을 보는 것과 같습니다. 억지 비유일지는 모르겠으나 냉장고에 음식을 채워주시되 그것을 꺼내어 입에까지 넣어주시지는 않는다는 것입니다. 그러면 우리는 어떻게 해야 합니까? 물론 문을 열고 꺼내어 먹어야지요.

만약 냉장고 문을 열고 보았는데 원하는 음식이 없으면 '아! 이를 어쩌나?' 하고 탄식하면서 걱정할 수는 있으도 낙심하지 말라는 것입니다. 그 걱정을 끌고 다니지는 말라는 것입니다. 그 대신에 즉시 하나님께 냉장고를 채워달라고 기도하라는 것입니다. 그리고 기도하면서 냉장고를 어떻게 하면 채울까 '진지한 생각'(earnest thoughtfulness)을 하라는 것입니다. 이것은 염려와는 판이하게 다른 것입니다. 왜냐하면 진지한 생각(earnest thoughtfulness)은 긍정적인 마음 씀으로부터 나오는 것인 반면에, 염려는 부정적인 마음 씀으로부터 나오는 것이기 때문입니다.

또 한편으로는 인내하면서 하나님의 은혜를 구하라는 것입니다. 그리고 이어지는 마태복음 6장 28-29절에서 "또 너희가 어찌 의복을 위하여 염려하느냐 들의 백합화가 어떻게 자라는가 생각하여 보라 수고도 아니하고 길쌈도 아니하느니라 그러나 내가 너희에게 말하노니 솔로몬의 모든 영광으로도 입은 것이 이 꽃 하나만 같지 못하였느니라"고 말씀하십니다. 들의 백합화가 춘하추동 엄동설한을 어떻게 보냅니까? 말없이 묵묵히 보냅니다. 그러나 햇볕을 따라 몸을 간추리면서 때가 되면 아름다운 꽃을 피웁니다. 이 얼마나 놀라운 일입니까!

어느 목사님의 설교에서 '환난과 고통과 역경은 자동 기도제목 생산(生產)기'라고 하는 말을 들은 적이 있습니다. 염려도 마찬가지입니다. 우리가, 아니 내가, 지금 염려를 하고 있다는 것을 인식하는 순간 기도해야 합니다. 그러니 '기도제목 생산기(生產機)' 아닙니까? 그리고 하나님의 말씀을 붙잡아야 합니다. 좀 더 구체적으로 설명하면 '염려하기 시작했다, 또는 염려하고 있는 중에 있다, 아니면 염려되어지기 시작했다, 또는 염려되어지는 중에 있다' 싶으면 즉시 기도하면서 하나님의 뜻을 구하고, 하나님 아버지의 생각으로 그것을 극복할 수 있는 계획을 세워야 합니다. 기도하면서 말씀을 통해서 예수 그리스도의 경영법으로 잘 준비를 해야 합니다. 기도하면서 성령님이 주시는 확신으로 이 염려를 '바람과 함께' 날려버려야 합니다. 우리가 역점을 두어야 할 것은 기도하면서 얻은 생각으로 분투노력하면서 열심히 구하는 것입니다. '무엇을 하라!'(do something!)는 것입니다. 근심, 걱정 따위의 염려로 그 귀중한 시간을 허비하지 말라는 것입니다. 요한복음 14장 14절에서 "내 이름으로 무엇이든지 내게 구하면 내가 시행하리라"고 예수님께서 말씀하십니다.

Ⅳ. 소원(所願)과 축원(祝願)

염려! 이로부터 자유로울 수 있는 사람은 아무도 없습니다. 이는 너무나도 일상적인 것입니다. 그러므로 우리는 생각 없이 무의식적으로 염려에 파묻혀 사는 경우가 태반입니다. 그러나 여기에는 무서운 독소가 있습니다. 우리를 파괴시키는 근본 요소 중의 하나가 바로 염려입니다. 그래서 우리는 하나님의 말씀을 통하여 그의 정체를 바로 깨닫고 대처해야만 합니다.

내일은 염려의 대상이 아니라 소망의 대상입니다. 그러므로 하나님 아버지께 기도하는 중에 하나님의 뜻을 구하고, 그 뜻에 준거해서 기도하면서 하나님 아버지의 생각으로 계획을 세우고, 하나님 아버지께 기도하는 중에 말씀에서 예수 그리스도의 경영받을 찾아 준비를 하고, 하나님 아버지께 기도하는 중에 하나님 성령께서 주시는 확신과 능력으로 당면한 문제를 해결해야 합니다. 이것이 삼위일체 하나님의 역사입니다. 이를 요약해서 예수님께서는 마태복음 6장 33절에서 "너희는 먼저 그의 나라와 그의 구하라[찾으라: 사역(私譯)] 그리하면 이 모든 것을 너희에게 더하시리라"고 말씀하셨습니다. 이것을 더 정제하면 하나님의 '사랑과 공의'로 표현할 수 있습니다. 왜냐하면 하나님의 나라는 사랑으로 다스려지는 나라이고, 그 하나님 나라를 다스리는 법이 공의이기 때문입니다. 하나님의 공의를 실천하려고 노력하면서 하나님의 사랑에 대하여는 조금도 의심하지 말아야 합니다. 하나님의 사랑은 이미 예수 그리스도를 통하여 십자가에서 보여주시지 않으셨습니까? 즉 "염려하지 말고 하나님의 의를 행하라"(Not worry but be righteous.)는 것입니다.

하나님께서 염려 중에 우리들에게 기도의 제목을 주십니다. 그러므로 이를 전화위복(轉禍爲福)의 기회로 삼아야 합니다. 내일 일을 위해서는 염려, 그 시작 자체를 하지 말라고 했습니다. 그 대신 하나님께서 주시는 소명(召命)과 사명완수(使命完遂)의 기회로 삼아야 합니다. 왜냐하면 내일은 다른 하나의 날(tomorrow is another day)이기 때문입니다. 오늘에 연연할 필요가 없습니다. 내일은 주님이 주관하시는 주님의 날입니다.

오늘의 염려는, 염려를 일으키는 문제에 빠져 허우적거릴 것이 아니라, 그 문제 해결을 위하여 긍정적이고 능동적이며 적극적으로 대처해야 합니다. 우선적으로 기도해야 합니다. 오늘의 문제는 피상적인 것이 아니라 우리와 직결된 실체적인 것이기 때문에 헤쳐 나오기가 쉽지 않습니다. 무의식 중에 염려에 빠져 허우적거릴 수 있습니다. 그러나 염려에 빠졌다 싶으면 즉시 기도하고 하나님께 부르짖어야 합니다. 문제에 연연해서는 안 됩니다. 하나님께서는 "구하라 그리하면 너희에게 주실 것"이라고 말씀하셨습니다.

염려는 잊어버리거나 무시하거나 피할 것이 아니라 하나님께 맡겨버릴 것입니다. 마치 "바람과 함께 사라지다"에서와 같이 염려를 자기 영역에서 모두 떨쳐버려야 합니다. 누구에게요? 하나님께입니다. 아니 예수 그리스도께입니다. 예수님께서 마태복음 11장 28-30절에서 "수고하고 무거운 짐 진 자들아 다 내게로 오라 내가 너희를 쉬게 하리라 나는 마음이 온유하고 겸손하니 나의 멍에를 메고 내게 배우라 그러면 너희 마음이 쉼을 얻으리니 이는 내 멍에는 쉽고 내 짐은 가벼움이라"고 말씀하고 계시기 때문입니다.

때로는 '지지고 볶고'를 반복하며 무료(無料)한 삶을 살 수밖에 없는 환경과 여건일지라도, 그래도 우리는 사랑하며(loving), 배우며(learning), 살며(living), 하루하루를 엮어가면서 오늘로 인한 내일의 소망을 찾아내야만 합니다. 어디에서 찾습니까? 하나님의 갈씀 속에서 찾아야 합니다. 그래서 오늘은 살아야만 하는 날입니다. 오늘은 살날입니다(Today is a living day).

어제는 이미 지나간(gone away) 옛날(an old day)입니다. 다시 되돌릴 수 없는 날입니다. 싫든지 좋든지 상관없이 말입니다. 오늘과는 달리 우리가 어떻게 할 수 없는 우리의 영역 밖의 날입니다. 오늘만이 우리의 영역 안에 있는 유일(唯一: only one)한 날입니다. 그러므로 잊지 말아야 할 것은 '지금 내가 염려하고 있다' 싶으면 즉시 중단하고 주님께 맡기라는 마태복음 11장 28-30절의 말씀을 기억하는 것입니다. 또한 다가오는 내일은 새날이라는 것입니다. 오늘보다 더 좋을 수 있는 날입니다. 내일은 새날입니다(Tomorrow is a new day.). 그뿐만 아니라 하나님께서는 우리를 도우시는 분명한 근거를 가지고 계십니다. 왜냐하면 로마서 8장 32절에서 "자기 아들을 아끼지 아니하시고 우리 모든 사람을 위하여 내어주신 이가 어찌 그 아들과 함께 모든 것을 우리에게 은사로 주시지 아니하겠느냐"고 말씀하고 계시기 때문입니다.

사랑하는 형제자매 여러분!

내일은 오늘과 완전히 다른 새로운 날입니다. 내일은 오늘의 연장이 아닙니다. 내일은 하나님께서 주관하시는 온전한 주님의 날입니다. 내일은 새롭게 출발할 수 있는 복된 날입니다. 'Tomorrow is another day.'입니다. 내일은 새날입니다. "Tomorrow is a new day." 그러므로 내일 일을 위하여 염려하지 마십시오.

오늘은 우리가 일할 수 있는 유일한 날입니다. 오늘은 염려에 붙잡혀 허우적거릴 날이 아닙니다. 오늘은 살아야만 하는 날(Today must be a living day)입니다. 하나님께 기도하십시오. 하나님께 맡기십시오. 염려의 대상에서 관심을 떼십시오. 염려하는 마음을 떨쳐버리십시오. 근심하는 것을 떨쳐버리십시오. 염려되어지는 것을 하나님께 온전히 맡겨버리십시오. 낙심되는 것은 하나님께 온전히 맡겨버리십시오. 그리고 하나님께서 주시는 일에 전력투구(全力投球)하십시오.

염려! "바람과 함께 사라지다"(gone with the wind)를 기억하십시오. 이 모든 것의 출발점은 "먼저 그의 나라와 그의 의를 구하라"[찾으라: 사역(私譯)]는 것입니다. 그리하면 "이 모든 것을 너희에게 더하시리라"고 말씀하십니다. 하루하루의 삶이 소망의 삶이 되기를 바라며, 하나님의 나라가 확장되며, 더욱 내실을 기해 성화되어 가는 삶이 되기를 바랍니다. 어제는 이미 지나간 날입니다. "Yesterday is already gone away." 어제는 옛날입니다. "Yesterday is an old day." 오늘은 살아야만 하는 날입니다. "Today must be a living day." 오늘은 살날입니다. "Today is a living day." 내일은 새롭게 다가오는 날입니다. "Tomorrow is a coming new day." 내일은 새날입니다. "Tomorrow is a new day." 주님의 사랑과 공의가 충만하기를 축원합니다.

신약성경
New Testament

제2부

구하라, 찾으라, 두드리라(마 7:7–11)

– 구찾두삼단기도

ASK Triadic Prayer(Mat. 7:7–11)

구하라, 찾으라, 두드리라

(ASK Triadic Prayer)

"구하라 그리하면 너희에게 주실 것이요 찾으라 그리하면 찾아낼 것이요
문을 두드리라 그리하면 너희에게 열릴 것이니"
(마 7:7-11 중에서 마 7:7)

본문 마태복음 7장 7-11절의 말씀은 예수님께서 제자들에게 하신 산상수훈의 가르침 가운데 기도에 관한 마지막 말씀입니다. 우선 잘못된 기도 즉 본받아서는 안 되는 외식하는 기도를 가르치셨고(마 6:5-8), 다음으로 본받아야만 할 주님의 기도를 가르치시고 나서(마 6:9-13), 실생활에 관한 것을 가르치시면서, 먼저 하나님의 나라와 하나님의 의를 찾아야 한다는 것을 마태복음 6장 33절에서 가르치셨습니다. 그리고 이어서 나오는 말씀입니다. 왜 이렇게 기도를 거듭하여 강조하셨을까요? 예수님께서 제자들에게 주님의 기도를 가르치신 후에 말씀하신, 외식하는 금식을 하지 않는 것(마 6:16-18), 보물을 하늘에 쌓아두는 것(마 6:19-24), 염려하지 않는 것(마 6:25-34), 남을 비판하지 않는 것(마 7:1-5), 그리고 거룩한 것을 개에게 주지 않으며 진주를 돼지 앞에 던지지 않는 것(마 7:6) 등 그 어느 것 하나 바른 기도 없이는 될 수 있는 것이 하나도 없기 때문입니다.

Ⅰ. 이렇게 기도하라

우리는 '기도'라는 말을 떠올릴 때, 순수한 우리말로 '하나님께 빈다'라는 것을 첫 번째로 떠올립니다. 무엇을 위하여 빕니까? 자기가 필요한 것들을 얻기 위하여 하나님께 비는 것입니다. 이를 청원기도(請願祈禱)라고 부릅니다. 청원기도로 대표적인 것을 말하라고 한다면 그것은 예수님께서 제자들에게 가르쳐 주신 마태복음 6장 9-13절의 '주기도'(主祈禱)일 것입니다. 왜냐하면 예수님께서 제자들에게 주기도를 가르치시는 마태복음 6장 9절을 시작하시면서 "그러므로 너희는 이렇게 기도하라"(After this manner therefore pray ye.-KJV/ This, then, is how you should pray.-NIV)고 말씀하시기 때문입니다.

여기서 예수님께서 제자들에게 하신 '기도하라'(pray)는 말씀은 얼핏 보면 강제성을 띤 '지시명령'(指示命令)으로 보입니다. 강제성을 띤 지시명령(指示命令)? 그런데 좀 이상해 보입니다. 그래서 '기도하라'는 말을 좀 자세히 살펴볼 필요가 있습니다. 그 이유는 헬라어 원문 상에는 복합적인 의미를 포함하고 있기 때문입니다. 헬라어로는 '프로슈케스데'(προσεύχεσθε)로 쓰인 것인데, 이는 '기도하다'라는 뜻의 헬라어 '프로슈코마이'(προσεύχομαι)에 명령법 현재 수동태/중간태 디포넌트 2인칭 복수(imperative present passive or middle deponent second person plural)를 취한 동사(verb)로, 외형적으로는 중간태(middle voice)나 수동태(passive voice)의 형식을 취하지만 내용상으로는 능동태의 역할을 하는 동사입니다. 그래서 이를 문자적으로 해석하면 기도는 하나님께서 시켜서 "기도하는 자들이 수동적으로 기도하는 것이지만, 실제 내용상으로는 기도하는 자들이 능동적으로 기도하는 것이다"라는 것입니다. 이를 풀어서 설명하면 기도를 할 수밖에 없는 상황, 기도를 할 수 있는 여건, 기도하고 싶은 마음 등 근본적인 동기(motive)를 일으키는 것은 하나님의 몫이고, 실제로 기도를 행하는 것은 기도하는 자의 몫이라는 것입니다. 이 둘이 어울려져야만 올바른 기도를 할 수 있습니다. 그래서 헬라어에서 이중적인 뜻을 가진 '디포넌트 동사'(deponent verb)가 사용된 것입니다.

그런데 마태복음 6장 9-13절에서 제자들이 하늘에 계신 아버지께 드리는 청원은 '받으시오며', '임하옵시며', '이루어지이다', '주옵시고'(2), '구하옵소서'의 여섯 가지 청원의 말로 구성되어 있습니다. 이것을 마태복음 6장 9절의 서두에서 사용된 "기도하라"는 명령과 마태복음 6장 9-13절의 여섯 가지 청원의 말을 함께 묶어서 예수님께서 제자들에게 명령하신 말씀을 마태복음 5장에서부터 7장까지의 산상수훈의 강론에서 좀 더 간단명료(簡單明瞭)한 말로 표현한 것이 있다면, 그것은 아마도 마태복음 7장 7절의 첫 번째 명령 '구하라'(ask)는 말씀이 아니겠는가 싶습니다. 그래서 '구하라'(ask)는 명령어로 인하여 마태복음 6장 9-13절과 7장 7절 사이에 그 어떤 연결 고리가 있을 것이라고 생각하는 것입니다.

Ⅱ. 주기도(主祈禱: Lord's Prayer)

하나님의 은혜를 필요로 하는 수혜자(受惠者: receiver of grace)로서 필요한 것들을 얻기 위하여 하늘에 계신 하나님 아버지께 청원(請援: ask)할 때 본받아야 할 주님의 기도(마 6:9-13)를 좀 더 깊이 이해하기 위해서는, 마태복음 6장 9-13절의 주기도와 함께, 청원자가 주기도를 통하여 청원한 것들을 들으신 하나님 아버지께서, 이번에는 시혜자(施惠者: giver of grace)로서, 청원자들에게 주신 그의 응답, 그것을 찾으라고 말씀하시는 것, 즉 예수님께서 그의 제자들에게 말씀하신 마태복음 6장 33절의 주기도 응답(主祈禱應答: the Answer of Lord's Prayer)을 주의 깊게 살펴보아야 합니다.

마태복음 6장 33절에서는 하나님 아버지께서 청원자들에게 주신 응답을 선후(先後)로 나누어 우선적으로 '찾아내야 할 것'과 '나중에 더하여지는 것들'을 구별하여 말씀하십니다. 여기서 '찾아내야 할 것'이라고 말한 것은 필자의 사적(私的: personal)인 제안입니다. 그 이유는 앞으로 계속하여 설명해 드릴 것입니다. 한글개역성경이나 한글개역개정성경에 따르면 '구하여야 할 것'으로 써야 합니다. 우선적으로 찾아내야 할 것은 '하나님 나라와 그의 의'라고 강조하시면서, "너희(제자)들이 필요한 '이 모든 것들'은 '하나님 나라와 그의 의를 찾을 때 덤으로 '함께 더하여질 것'이라"고 말씀하시면서 다시 한 번 더 '하나님 나라와 그의 의'를 먼저 찾을 것을 강조하십니다.

마태복음 6장 33절 후반부는 "그리하면 이 모든 것을 너희에게 더하시리라"고 말씀하십니다. 마태복음 6장 33절 전반부에서 '찾으라'고 말씀하실 때는 헬라어 성경에서 '제테이테'(ζητεῖτε)라는 현재 능동 명령법의 동사가 사용되었는데, 그에 반하여 후반부 '더하시리라'고 말씀하실 때는 헬라어 성경에서 '더하다'라는 뜻의 헬라어 동사 '프로스티데미'(προστίθημι)에 미래 수동 직설법을 취한 '프로스테데세타이'(προστεθήσεται)라는 동사가 사용되었습니다. 마태복음 6장 33절 후반부에서는 제자들에게 필요한 것에 대하여 '찾으라'고 하거나 아니면 '구하라'고 하거나 아니면 '기도하라'고 하는 등의 그 어떤 명령법 동사가 사용되어야 할 것 같은데 전혀 그렇지 않습니다. 단지 직설법의 동사를 사용하여 '더하여질 것이다'라고 하시면서 서술적으로 앞으로 되어질 일에 대한 설명으로 끝났습니다. 왜 그랬을까요? 의문이 갑니다.

아마도 그 이유는 마태복음 6장 33절에서 전반부와 후반부의 응답이 이루어지는 영역이 다르기 때문일 것입니다. 전반부는 영(靈)의 세계를 말하는 것으로 하나님의 것들에 대한 청원이고, 후반부는 육의 세계를 말하는 것으로 청원자의 필요를 채우기 위한 청원이기 때문에 동일한 평면에서 논할 수 없어, 예수님께서 전반부는 현재 능동 명령법의 동사를 사용하셨고, 후반부는 전반부의 '찾으라'는 명령의 수행의 결과로 더하여지는 것이기 때문에 미래 수동 직설법의 동사를 사용하셨다고 봅니다.

마태복음 6장 33절에서 전반부 "그러나 너희는 먼저 하나님의 나라와 그의 의를 찾으라"고 말씀하실 때는, 하나님의 나라는 너희 마음속에 임하는 것이고 그의 '의'(righteousness)란 하나님의 통치(reign)를 받는 것을 말하는 것인데, 실제적으로는 하나님의 말씀에 순종(obedient)하는 것을 뜻합니다. 그래서 마태복음 6장 33절의 전반부 "그러나 너희는 먼저 하나님의 나라와 그의 의를 찾으라"는 말씀은 마태복음 6장 32절에서와 같이 이방인들처럼 먹을 것, 마실 것, 입을 것을 위하여 찾아 헤매지 말고 우선적으로 먼저 순종(obedient)할 하나님의 말씀을 '기록된 하나님의 말씀'인 성경에서 찾아내라는 것입니다. 그리하면 마태복음 6장 11-13절의 일용할 양식, 죄 사함, 악에서 구함과 같은 청원은 마태복음 6장 33절 전반부에서 찾아낸 하나님의 말씀으로 이 세상에서 하나님 아버지의 응답을 이루어낼 것이라는 말씀입니다.

마태복음 7장 7-11절의 '구하라'에서는 마태복음 6장 9-13절의 '주기도'와 그에 대한 응답의 문제를, '찾으라'에서는 마태복음 6장 33절 전반부의 '하나님 나라와 그의 의'를, '두드리라'에서는 마태복음 6장 33절 후반부의 '더하여지는 것들'에 대한 문제를 예수님께서 그의 제자들에게 종합적으로 말씀하신 것으로 보입니다. 특히 마태복음 6장 33절 후반부의 "이 모든 것들"(all these things)은 직접적인 것으로는 마태복음 6장 31절의 먹을 것, 마실 것, 입을 것을 말하지만 간접적으로는 마태복음 6장 11-13절의 일용할 양식, 죄 용서함, 악에서 구함 등을 말합니다.

마태복음 7장 7절에서 "구하라 그리하면 너희에게 주실 것이요"라는 말씀은 믿음으로 구하면 하나님 아버지께서 그 응답을 '믿음의 확신'으로 주신다는 것이고, "찾으라 그리하면 찾아낼 것이요"라는 말씀은 그 받은 '믿음의 확신'에 대한 보증으로서 '약속의 말씀'이 기록된 하나님의 말씀인 성경에서 찾아낼 수 있다는 말씀이며, "두드리라 그리하면 열릴 것이니"라는 말씀은 찾아낸 그 '약속의 말씀'을 가지고 청원한 것들이 쌓여 있는 창고의 문을 두드리면 그 청원한 것들의 문이 열려지면서 청원한 것들을 받아 하나님 아버지께서 주신 그 기도응답의 결실을 현실세계에서 열매로 받을 것이라는 말씀입니다.

마태복음 6장 9-13절 중 9-10절의 주기도에서 세 가지의 '주(당신)의 것들'[(thy/your) things]에 대한 청원 즉 '하나님의 것들'에 대한 청원:

당신의 이름이 거룩히 여김을 받게 하소서
(Hollowed be thy name-KJV)
[하기아스데토 토 오노마 수(ἁγιασθήτω τὸ ὄνομά σου)-헬라어 성경]

당신의 나라가 임하게 하소서
(Thy kingdom come-KJV)
[엘데토 헤 바실레이아 수(ἐλθέτω ἡ βασιλεία σου)-헬라어 성경]

당신의 뜻이 이루어지게 하소서
(Thy will be done-KJV)
[게네데토 토 델레마 수(γενηθήτω τὸ θέλημά σου)-헬라어 성경]

라는 청원들이 땅에서 이루지기를 바랐으니 히브리서 11장 1절 "믿음은 바라는 것들의 실상이요 보지 못하는 것들의 증거니"라는 말씀에 의하면 하나님 아버지께서 그 청원들이 땅에서 이루어지도록 응답해 주신다고 믿어야 하고 실제로 그렇게 이루어지는 것입니다.

주기도에서는 청원에 대한 응답으로 '믿음의 확신'(the confidence of faith)을 받아야 하고, 한 걸음 더 나아가 그 믿음의 확신을 확인할 수 있는 '확인 증거'(確認 證據: the witness of confirmation)를 받을 수 있어야 합니다. 그래서 마태복음 6장 33절의 '하나님의 나라와 그의 의'를 찾을 때는 땅에서 이루어진 세 가지의 '주(당신)의 것들(thy things)' 즉 '하나님의 것들'의 응답을 찾는 것입니다.

여기서 말하는 땅은 세상의 땅(earth)을 의미하기도 하지만 청원자의 마음을 가리키기도 합니다. 그래서 세상의 땅으로 해석할 때는, 세상에 오신 하나님의 말씀, 즉 성경의 말씀 속에 그 응답이 있다고 생각할 수도 있고, 또 말씀으로 오셔서 육신화(肉身化: incarnation)된 예수 그리스도 안에 그 응답이 있다고 생각할 수도 있습니다. 그러나 다른 한편으로 즉 그 땅을 청원자의 마음으로 해석할 때는, 청원자의 마음속에 와 계시는 예수 그리스도의 말씀 가운데 그 응답이 있다고 생각할 수도 있고(요 15:7), 하나님 성령(God the Spirit)이 함께하시는 청원자의 마음속에 그 응답이 있다고 생각할 수도 있습니다.

그래서 청원자의 세 가지 바람, 즉 "① (당신의) 이름이 거룩히 여김을 받으소서, ② (당신의) 나라가 임하게 하소서, ③ (당신의) 뜻이 이루어지게 하소서"라는 청원의 응답들이 '하나님의 나라와 그의 의'로 축약(縮約)되어서 성경 말씀 속에 잠겨 있는 청원자의 마음이거나, 예수 그리스도의 생각으로 가득 차있는 청원자의 마음이거나 성령의 인도함을 받고 있는 청원자의 마음에 이미 와 있는 것입니다. 왜냐하면 마태복음 6장 9-10절의 "하늘에 계신 우리 아버지여 이름이 거룩히 여김을 받으시오며 나라이 임하옵시며 뜻이 하늘에서 이룬 것같이 땅에서도 이루어지이다"라는 말씀을 자세히 보면 세 가지의 청원이 접속사(接續詞)나 연결사(連結絲)가 하나도 없이 그냥 연결되어 있기 때문입니다. 즉 접속사(接續詞)나 연결사(連結絲)가 하나도 사용됨이 없이 ① 하나님의 이름이 거룩히 여김을 받으시는 것과, ② 하나님 나라가 임하는 것과, ③ 하나님의 뜻이 이루어지는 것이 자연스럽게 연결되어 세 가지의 하나님의 것들을 나타내고 있습니다.

그런데 영어성경이나 헬라어 성경에서는 이 세 가지 청원들을 연이어서 ①과 ② 및 ②와 ③을 연결하여 설명할 때 영어로는 'and', 헬라어로는 '카이'(καί)와 같은 접속사(conjunction)나 연결사(connector)가 하나도 사용되지 않았습니다. 그래서 같은 것을 반복해서 경우에 따라 그의 여건(與件)에 알맞게 변형하여 설명한 것이라고 볼 수 있습니다. 즉 "이름이 거룩히 여김을 받으시오며"나, "나라이 임하옵시며"나, "뜻이 하늘에서 이룬 것같이 땅에서도 이루어지이다"라는 것이 다 '하나님의 나라와 그의 의'에 대한 청원으로 압축(壓縮)될 수 있다는 것입니다. 이것이 마태복음 6장 33절에서 "너희는 먼저 하나님의 나라와 그의 의를 찾으라"는 것이고, 마태복음 7장 7절에서 "찾으라 그리하면 너희가 찾아낼 것이요"라고 말씀하신 것입니다.

그런 반면에 마태복음 6장 11-13절에서는 단순 과거 능동 2인칭 단수 명령법(aorist active second person singular imperative)으로 쓰인 ① 오늘날 우리에게 일용할 양식을 '주옵시고'[영어-give us / 헬라어-도스 헤민(δὸς ἡμῖν)], ② 우리가 우리에게 죄지은 자를 사하여 준 것같이 우리 죄를 사하여 '주옵시고'[영어-forgive us / 헬라어-아훼스 헤민(ἄφες ἡμῖν)], ③ 단순 과거 중간태 디포넌트 2인칭 단수 명령법(aorist middle deponent second person singular imperative)으로 쓰인, 우리를 시험에 들게 하지 마옵시고 다만 악에서 '구하옵소서'[영어-deliver us / 헬라어-뤼사이 헤마스(ῥῦσαι ἡμᾶς)]라는 것을 계속 연결하여 설명할 때 ①에서 ②로 넘어갈 때 헬라어로는 '카이'(καί), 영어로는 'and'의 연결사가 사용되었고, ②에서 ③으로 넘어갈 때 헬라어로는 '카이'(καί), 영어로는 'and'의 연결사가 사용되었습니다. 이것은 연결사가 사용되었기 때문에 개별적인 것으로 보아야 합니다. 마태복음 6장 11-13절의 이 청원들을 이루는 것이 마태복음 7장 7절의 "두드리라 그리하면 너희에게 열릴 것이니"라는 말씀입니다.

Ⅲ. 주기도 응답
(主祈禱 應答: the Answer of Lord's Prayer)

마태복음 6장 33절은 "(그러나) 너희는 먼저 그의 나라와 그의 의를 (찾으라) 그리하면 이 모든 것을 너희에게 더하시리라"고 말씀합니다. 여기서 '(그러나)'는 한글개역성경 마태복음 6장 33절의 "너희는 먼저 그의 나라와 그의 의를 구하라 그리하면 이 모든 것을 너희에게 더하시리라"는 구절 첫머리에 필자가 추가 삽입한 것이고, '(찾으라)'는 한글개역성경 마태복음 6장 33절의 "너희는 먼저 그의 나라와 그의 의를 '구하라' 그리하면 이 모든 것을 너희에게 더하시리라"에서 '구하라'를 '찾으라'로 바꾼 것입니다. 한글개역개정성경 마태복음 6장 33절에는 "'그런즉' 너희는 먼저 그의 나라와 그의 의를 '구하라' 그리하면 이 모든 것을 너희에게 더하시리라"고 쓰였기 때문에 구절 첫머리에 있는 '그런즉'이 '그러나'로 바뀌었고, 구절 중간쯤에 있는 '구하라'가 '찾으라'로 바뀐 것입니다.

왜 이렇게 "추가 삽입하고 바뀌었는가?" 하면 그렇게 하는 것이 문맥의 흐름상 좀 더 원활할 뿐만 아니라 헬라어 원문에도 가깝기 때문입니다. 대부분의 영어성경에서도 그렇게 번역하고 있는 것이 이를 뒷받침하고 있습니다. 더욱 중요한 것은 '구하라'고 번역할 때는 마태복음 6장 33절을 마태복음 6장 9-13절의 주기도문의 축약문(縮約文)으로 보기 쉽기 때문에, 예수님께서 말씀하신 마태복음 7장 7-11절의 기도에 대한 세 가지 명령이 마태복음 6장 9-13절의 주기도문과는 관계가 없고, 단지 관계가 있다면 아마도 마태복음 6장 33절의 말씀과만 관계가 있다고 생각할 것이기 때문입니다.

만약 마태복음 6장 33절의 말씀이 마태복음 6장 9-13절의 주기도문의 축약(縮約)이라고 생각한다면 굳이 마태복음 6장 9-13절의 주기도문까지 끌어들여서 마태복음 7장 7-11절의 기도명령과 관계를 맺으려 하겠는가 하는 생각이 듭니다. 그러나 필자는 마태복음 6장 33절이 마태복음 6장 9-13절의 주기도문과 마태복음 7장 7-11절의 세 가지 기도에 대한 명령 사이에서 그 어떤 가교(架橋: bridge) 역할을 한다고 믿습니다. 그리고 마태복음 7장 7-11절이 예수님께서 제자들에게 일러주신 '기도'(祈禱: prayer)에 대한 포괄적인 말씀이라고 봅니다.

Ⅳ. 구찾두삼단기도(ASK Triadic Prayer)

한글개역성경 마태복음 7장 7-11절을 보면 "구하라 그리하면 너희에게 주실 것이요 찾으라 그리하면 찾을 것이요 문을 두드리라 그리하면 너희에게 열릴 것이니 구하는 이마다 얻을 것이요 찾는 이가 찾을 것이요 두드리는 이에게 열릴 것이니라 너희 중에 누가 아들이 떡을 달라 하면 돌을 주며 생선을 달라 하면 뱀을 줄 사람이 있겠느냐 너희가 악한 자라도 좋은 것으로 자식에게 줄 줄 알거든 하물며 하늘에 계신 너희 아버지께서 구하는 자에게 좋은 것으로 주시지 않겠느냐"라고 말씀합니다. 여기서 '구하라'(ask), '찾으라'(find), '두드리라'(knock)에서 그들의 첫 글자를 따서 '두문자어'(頭文字語: acronym)를 만들어 우리말로는 '구찾두'라고, 영어로는 'ASK'라고 하고, 이를 '기도'(祈禱: prayer)라는 말 앞에 붙이면 '구찾두기도'(ASK prayer)라고 말할 수 있고 세 번에 걸쳐 단계적으로 기도를 언급하고 있다고 보아서, 우리말로는 '구찾두삼단기도'

로, 영어로는 'ASK Triadic Prayer'로 쓸 수 있습니다.

마태복음 5-7장까지의 예수님의 산상수훈(山上垂訓)의 강화(講話) 가운데 기도에 대한 말씀은 마태복음 6-7장에 나옵니다. 그중에서 기도에 대한 중요한 말씀을 뽑으라고 한다면 아마도 마태복음 6장 9-13절의 '청원'(請願: ask), 마태복음 6장 33절의 '응답'(應答: answer) 그리고 마태복음 7장 7-11절의 '청원과 그 응답'(ask and the answer)이 되지 않을까 싶습니다. 그래서 예수님의 기도에 대한 산상수훈의 말씀을 바르게 깨닫고, 그것을 실제 생활에 올바로 적용하려면 청원(請願: ask)과 그의 응답(應答: answer)에 대한 상호관계를 간단명료(簡單明瞭)하게 나타낸 마태복음 7장 7-11절의 '구찾두삼단기도'(ASK Triadic Prayer)를 깊이 묵상하면서 체질화(體質化)시켜야 된다고 믿습니다. 그래서 이미 우리의 마음속에 와 있는 하나님 나라와 그의 의를 매일매일 더욱 새롭게 발견하여야 합니다.

V. ACTS

기도에 대하여 말할 때 영어로 'ACTS'라는 용어를 많이 사용합니다. 그 뜻은 영어 'A'는 '찬양'(adoration)을 말하고, 'C'는 '고백'(confession)을 말하고, 'T'는 '감사'(thanksgiving)를 말하고, 'S'는 '간구'(supplication)를 말합니다. 한글개역성경 다니엘 9장 19절에서 보는 바와 같이 하나님께 대한 찬양과 간구가 함께 어우러져 있는 것도 있습니다. 한글개역성경 다니엘 9장 19절의 "주여 들으소서 주여 용서하소서 주여 들으시고 행하소서 지체치 마옵소서 나의 하나님이여 주 자신을 위하여 하시옵소서 이는 주의 성과 주의 백성이 주의 이름으로 일컫는 바 됨이니이다" 라는 말씀이 이런 종류에 속합니다. 흠정역영어성경(KJV) 다니엘 9장 19절에서는 "O Lord, hear; O Lord forgive; O Lord hearken and do; defer not, for thine own sake, O my God; for thy city and thy people are called by thy name."이라고 쓰였고, 국제표준역영어성경(NIV) 다니엘 9장 19절에서는 "O Lord, listen! O Lord, forgive! O Lord, hear and act! For your sake, O my God, do not delay, because your city and your people bear your name."이라고 썼습니다. 히브리어 성경 다니엘 9장 19절에서는 "아도나이 쉐마아 아도나이 쎌라하 아도나이 하카쉬바 바아세 알-테아하르 레마아느카 엘로하이 키-쉬므카 니크라 알 이르카 베알-암메카(הַקְשִׁיבָה וַעֲשֵׂה אַל־תְּאַחַר לְמַעַנְךָ אֱלֹהַי כִּי־שִׁמְךָ נִקְרָא עַל־עִירְךָ וְעַל־עַמֶּךָ אֲדֹנָי שְׁמָעָה אֲדֹנָי סְלָחָה אֲדֹנָי)"라고 쓰여 있습니다.

다니엘 9장 19절에서는 다니엘이 하나님께서 기도를 들으시고 용서해 주시고 행하셔야 되는 이유를, 그 백성을 주의 백성이라고 부르고, 그 도성을 주의 도성이라고 주의 이름을 붙여 부르기 때문에, 속히 기도를 들으시고 행하셔야 한다고 하나님께 아뢰고 있습니다. 이 또한 하나님의 이름을 높이는 찬양으로부터 나온 기도입니다. 하늘에 계신 하나님 아버지께서 창조주가 되시며 전지전능하시고 무소불위하신 초월적인 하나님이시기 때문에 그의 이름이 내 마음속에서 지존(至尊)자로 여김을 받아야 하고, 이와 동시에 하나님의 성품인 '거룩'(holiness-레 11:44, 19:2), 의(righteousness-롬 3:21), 빛(light-요 8:12), 사랑(love-요일 4:8, 16), 온유(meekness-마 11:29), 겸손(humbleness-빌 2:8), 지혜(wisdom-사 11:2), 총명(understanding-사 11:2), 모략(counsel-사 11:2), 재능(might-사 11:2), 지식

(knowledge-사 11:2), 경외(fear of the Lord-사 11:2) 등을 높여드려야 합니다.

'ACTS'를 주기도문이 기록된 마태복음 6장 9-13절과 연관시켜 보면 마태복음 6장 9-10절의 "하나님의 이름이 거룩히 여김을 받으시오며"가 'A' 즉 하나님 아버지를 찬양(adoration)함에 해당하고, 마태복음 6장 10절의 "나라이 임하옵시며"는 'C' 즉 고백(confession)에 해당합니다. 왜냐하면 '하나님의 나라'가 우선 기도하는 자의 마음속에 이루어지기를 바라는 것이고, 그렇게 되려면 먼저 죄의 문제를 해결해야 되는데 이는 하나님 아버지께 죄를 고백하지 않고는 될 수 없기 때문입니다. 그리고 "뜻이 하늘에서 이룬 것같이 땅에서도 이루어지이다"라는 말씀에서 '땅'은 우리 마음 밭을 말한다고 볼 수 있고, 우리의 '마음'에 하나님의 뜻이 이루어지면, 하나님 아버지의 뜻대로 구한, 모든 우리의 기도는 다 이루어질 것이기 때문에, 우리는 '감사'(thanksgiving)할 수 있습니다. 왜냐하면 우리는 믿음으로 구하고 있기 때문입니다. 그 이유는 히브리서 11장 1절의 말씀에서 "믿음은 바라는 것들의 실상이요 보지 못하는 것들의 증거니"라는 말씀이 이를 확인시켜 주고 있기 때문입니다. 그래서 이를 'T'(thanksgiving)라고 보는 것입니다. 그리고 'ACTS'에서 마지막 글자 'S'는 간구(supplication)를 나타냅니다. 여기서 말하는 간구는 마태복음 7장 7절에서 말씀하는 '구하라'(ask)를 지칭(指稱: designation)합니다.

Ⅵ. ASK

한글개역성경 마태복음 7장 7절을 보면 예수님께서 "구하라 그러면 너희에게 주실 것이요 찾으라 그러면 찾을 것이요 문을 두드리라 그러면 너희에게 열릴 것이니"라고 말씀하십니다. 이것을 세 부분 즉 "구하라 그러면 너희에게 주실 것이요"와, "찾으라 그러면 (너희가) 찾을 것이요"와, "문을 두드리라 그러면 너희에게 열릴 것이니"로 나누어볼 수 있습니다. 그래서 기도의 제1단계를 '구하라'로, 기도의 제2단계를 '찾으라'로, 기도의 제3단계를 '두드리라'로 본 것입니다. 기도의 제1단계에서 하나님의 의의 통치를 받으면서 구하는 자들이 하나님의 뜻을 이루어가면서 살고자 할 때에, 그에 필요한 것은 무엇이든지 하나님 아버지께 구하라는 것입니다. 그러면 하나님 아버지께서 필요한 그 모든 것을 다 주신다는 것입니다. 요한복음 15장 16절의 "너희가 나를 택한 것이 아니요 내가 너희를 택하여 세웠나니 이는 너희로 가서 과실을 맺게 하고 또 너희 과실이 항상 있게 하여 내 이름으로 아버지께 무엇을 구하든지 다 받게 하려 함이니라"는 말씀이 이를 뒷받침해 줍니다. 여기서 기도의 응답을 받는 자의 조건은 ① 예수님의 택함을 받은 자 ② 과실을 맺는 자 ③ 내(예수님) 이름으로 아버지께 구하는 자라고 말씀하고 있습니다.

1. 기도의 제1단계 : 구하라 → 응답의 확신 → 확인의 증거

마태복음 7장 7절의 "구하라 그리하면 너희에게 주실 것이요"라는 말씀은 '너희가 필요한 것이 있으면 하나님 아버지께 구하라'는 것입니다. 여기서 '너희들'은 '예수님의 제자들'을 가리킵니다. 마태복음 6장 9-10절의 주기도의 말씀과 같이 먼저 하늘에 계신 하나님의 이름이 너희 마음속에서 거룩히 여김을 받게 하라는 것입니다. 그러고 나서 하나님의 나라가 너희 마음에 임하도록 철저히 회개하여 모든 죄를 사함 받고, 너희들의 정결하고 깨끗한 마음속에 하나님의 나라가 임하게 하고, 하나님의 의의 통치를 받으면서 너희들 자신이 하나님의 뜻을 이루어내고자 할 때에 필요로 하는 모든 것들을 청원하라는 것입니다. 그리고 히브리서 11장 1절의 "믿음은 바라는 것들의 실상이요 보지 못하는 것들의 증거니"라는 말씀과 같이 청원한 것들의 응답이 '다 이루어졌다'고 믿으라는 것입니다. 그 믿음의 확신을 가지고 마태복음 6장 33절에서 너희에게 필요한 것을 '찾기' 이전에 먼저 하나님의 나라와 그의 의를 마음속에 임한 하나님 나라에서 그 응답의 말씀을 '찾으라'는 것입니다. 어떻게 그럴 수 있겠습니까?

(1) 마태복음 6장 33절

하나님 아버지께서는 청원하는 자들의 마음속에 이루어진 하나님의 나라에 청원하는 자(asker)가 청원한 것에 대한 답을 즉시 주십니다. 하나님의 나라는 "하늘에 계신 우리 아버지여 이름이 거룩히 여김을 받으시오며 나라이 임하옵시며 뜻이 하늘에서 이룬 것같이 땅에서도 이루어지이다"라고 청원하는 그 심령 안에 이루어지는 것입니다. 왜냐하면 여기서 '땅'은 이 세상을 지칭할 수도 있지만 우리의 '마음'을 가리키기도 합니다. 그래서 마태복음 6장 33절에서 "그러나 너희는 먼저 그의 나라와 그의 의를 찾으라"고 명령하신 것입니다. 그리고 그것을 강조하고 있는 것입니다.

그때 청원하는 자들의 마음속에 있는 하나님 나라에 주어진 하나님 아버지의 응답은 '예'(yes) 또는 '아니요'(no)입니다. 이때 '예'(yes) 또는 '아니요'(no)라는 응답만 주시는 것이 아니라 이와 함께 성령도 주십니다. 만일 성령을 이미 받은 청원자라면 청원하는 자의 마음속에 이미 와 계신 성령님께서 청원하는 자에게 성령님이 이미 와 계심을 깨우쳐 주십니다.

이는 마태복음 7장 9-11절의 "너희 중에 누가 아들이 떡을 달라 하면 돌을 주며 생선을 달라 하면 뱀을 줄 사람이 있겠느냐 너희가 악한 자라도 좋은 것으로 자식에게 줄 줄 알거든 하물며 하늘에 계신 너희 아버지께서 구하는 자에게 좋은 것으로 주시지 않겠느냐"라는 말씀과, 누가복음 11장 11-13절 "너희 중에 아비 된 자 누가 아들이 생선을 달라 하면 대신에 뱀을 주며 알을 달라 하면 전갈을 주겠느냐 너희가 악할지라도 좋은 것을 자식에게 줄 줄 알거든 하물며 너희 천부께서 구하는 자에게 성령을 주시지 않겠느냐"라는 말씀을 유추하여 보면 알 수 있습니다. 그런데 여기서 문제가 있습니다. 청원자가 성령을 특별히 구하지도 않았는데 어떻게 성령을 구하였다고 할 수 있느냐고 묻는다면 필자는 '먼저 하나님의 나라와 그의 의를 찾은 거기'에 이 '성령의 구함도 내포되었다고 본 것'이라고 답하겠습니다. 왜냐하면 성령님의 임재(臨在: presence) 없이는 하나님 나라가 임(臨: presence)할 수 없기 때문입니다.

(2) 고린도전서 12장 31절

고린도전서 12장 31절의 "너희는 더욱 큰 은사를 사모하라 내가 또한 제일 좋은 길을 너희에게 보이리라"는 말씀이 이를 뒷받침합니다. 왜냐하면 여기서 '은사'를 '응답'으로 바꾸어 생각하면 되기 때문입니다. 좀 더 자세히 설명하면 응답을 사모하면서 그 응답을 받아 하나님의 뜻을 이루어내는 데 '제일 좋은 길'을 보여 달라고 간구하면 되기 때문입니다. 그 좋은 길로 갈 때 그의 결과는 성령의 열매로 나타납니다. 이는 사랑의 바탕 위에서 영글어지는 것이기 때문입니다. 왜냐하면 그 열매가 열매 중 제일 좋은 열매이기 때문입니다. 그래서 사랑장(love chapter)이라고 일컬어지는 고린도전서 13장 1-3절에서는 "내가 사람의 방언과 천사의 말을 할지라도 사랑이 없으면 소리 나는 구리와 울리는 꽹과리가 되고 내가 예언하는 능이 있어 모든 비밀과 모든 지식을 알고 또 산을 옮길 만한 모든 믿음이 있을지라도 사랑이 없으면 내가 아무것도 아니요 내가 내게 있는 모든 것으로 구제하고 또 내 몸을 불사르게 내어 줄지라도 사랑이 없으면 내게 아무 유익이 없느니라"고 하였습니다.

그러나 고린도전서 13장 4-7절에서는 사랑의 표현 방식이 여러 가지로 다양하게 나타남을 볼 수 있습니다. 고린도전서 13장 4-7절에서 "사랑은 오래 참고 사랑은 온유하며 투기하는 자가 되지 아니하며 사랑은 자랑하지 아니하며 교만하지 아니하며 무례히 행치 아니하며 자기의 유익을 구하지 아니하며 성내지 아니하며 악한 것을 생각지 아니하며 불의를 기뻐하지 아니하며 진리와 함께 기뻐하고 모든 것을 참으며 모든 것을 믿으며 모든 것을 바라며 모든 것을 견디느니라"고 하였습니다. 한국음식에서 양념이 들어가야 제맛을 내듯 모든 것에 사랑이 들어가야 제맛을 내게 되어 있는 것과 같은 것입니다. 이와 같이 기도의 응답도 사랑의 바탕 위에서 이루어져야 실제 생활에서 아름다운 열매를 맺습니다. 그래서 하나님 아버지께서 응답을 주실 때 좋은 것 중에 제일 좋은 것인 성령을 함께 주시는 것입니다.

(3) 갈라디아서 5장 22-23절

갈라디아서 5장 22-23절에서는 "오직 성령의 열매는 사랑과 희락과 화평과 오래 참음과 자비와 양선과 충성과 온유와 절제니 이 같은 것을 금지할 법이 없느니라"고 말씀합니다. 헬라어 성경 갈라디아서 5장 22절의 '성령의 열매'에서 '열매'(fruit)로 표현된 헬라어 '카르포스'(καρπός)는 명사(noun)로서 단수(單數: singular)로 쓰였습니다. 그러므로 '성령의 열매는 사랑이다'라고 볼 수 있고, 그 사랑이 "희락과 화평과 오래 참음과 자비와 양선과 충성과 온유와 절제"와 같은 속성으로 나타난다고 볼 수 있습니다. 좀 더 쉽게 말하면 수학의 인수분해 기법을 사용하여 '사랑'을 공통인수(共通因數)로 뽑아내면 영어로 "But the fruit of the Spirit is love(joy, peace, long-suffering, gentleness, goodness, faith, meekness, temperance.)"와 같이 쓸 수 있습니다.

이로 보건대 마태복음 7장 7절의 "구하라 그리하면 너희에게 주실 것이니"라는 말씀은 "너희가 필요한 것을 하나님 아버지께 구하라 그리하면 성령을 우선 먼저 너희에게 주어 가장 좋은 기도응답의 결실을 맺게 하겠다. 그 응답은 '예'(yes) 또는 '아니요'(no)이다"라는 의미입니다. 왜냐하면 이것은 창세기 2장 15-17절에서도 볼 수 있습니다. 즉 첫 사람 아담이 죄를 짓기 이전의 에덴동산에서도 하나님께서 허용하지 않는 금지 명령이 있었기 때문입니다. 하나님께서 금지하는 명령을 받으면 받는 당시에는 기분이 좀 언짢을 수도 있지만 실제로는 축복의 '좋은 응답'(good answer)인 것입니다. 만약 우리가 청원한 것을 모두 '예'(yes)로만 받았다면 전 지구가 우리의 창고가 되었다고 가정하여도 오히려 그 창고가 부족할지 모릅니다.

(4) 하나님 나라와 시간

헬라어에는 시간을 가리키는 말이 두 가지가 있습니다. 그 하나는 '크로노스'(Χρόνος)이고, 다른 하나는 '카이로스'(Καιρός)입니다. 여기서 크로노스는 우리가 시계(時計: clock)에서 보는 양적인 시간, 그냥 흘러가는 시간(time)을 말합니다. 이를 '크로노스 타임'(chronos time)이라고 부릅니다. 반면에 카이로스는 결정적인 때를 가리키는 질적인 시간을 말하는 것으로 하나님의 시간(timing)을 말합니다. 즉 사건(event)이 일어나는 그 '때'(timing)을 말합니다. 그래서 기도 응답의 때는 하나님 아버지께서 주관하시는 '때와 시기'를 나타내는 '카이로스'(Καιρός)로 나타냅니다. 이는 하나님 아버지께서 정하신 '때'(timing)를 말하는 것으로 '카이로스 타임'(kairos time)이라고 말할 수 있습니다.

하나님 나라에서는 시간의 구애(拘碍)를 받지 않습니다. 그래서 구하는 자의 마음속에 와 있는 하나님 나라에는 기다림(wait)이라는 기도의 응답은 없습니다. 좀 더 구체적으로 설명하면 하나님 나라에는 시간의 흐름 체계(the flow system of time), 그 자체가 다르기 때문에 과거(past), 현재(present), 미래(future)라는 시제(時制: tense)가 없습니다. 왜냐하면 우리가 사용하는 시간은 '크로노스 시간'(chronos time)인 반면에, 하나님께서 사용하는 시간은 '카이로스 시간'(kairos time)이기 때문입니다. 그런데 하나님 아버지의 응답을 절실히 필요로 하는 곳은 사실은 구하는 자의 마음속에 있는 하나님 나라에서가 아니라 구하는 자가 일상생활에서 부딪치는 시간(chronos time)이 지배하는 현실세계이기 때문에 하나님 나라의 응답이 현실세계에서 인식되고 또한 그 응답이 이루어질 수 있도록 하는 그 어떤 변환과정(transform process)이 필요합니다. 대부분의 문제는 바로 여기에서 발생합니다.

왜냐하면 그 변환이 일어나지 않기 때문에 많은 사람들이 기도는 하지만 자기는 응답을 받지 못하였다고 생각합니다. 그러나 사실은 응답받지 못한 것이 아니라 응답받은 것을 인지(認知: recognition)하지 못한 것입니다. 이렇게 인지하지 못하는 가장 근본적인 이유는 구하는 자의 마음을 좌지우지(左之右之)하고 있는 자아(自我: oneself)의 주체(主體: lord)가 자기 마음속에 이루어진 하나님의 나라를 인식(認識)하지 못하거나 또는 그 나라에 들어가지 못하기 때문입니다. 왜 그렇습니까? 자기의 죄(罪: sin / 헬라어-하마르티아: ἁμαρτία) 때문입니다. 이 죄가 들어가지 못하도록 꼼수를 부리고 있는 것입니다. 속지 말아야 합니다. 예수님의 십자가의 피로 그 죄들을 깨끗이 씻어내야 합니다. 요한일서 1장 7절의 "예수의 피가 우리를 모든 죄에서 깨끗하게 하실 것이요"(and the blood of Jesus Christ his Son cleanseth us from all sin-KJV) / 헬라어: 카이 토 하이마 이에수 투 휘우 아우투 카다리제이 헤마스 아포 파세스 하마르티아스 - καὶ τὸ αἷμα Ἰησοῦ τοῦ υἱοῦ αὐτοῦ καθαρίζει ἡμᾶς ἀπὸ πάσης ἁμαρτίας) 라는 말씀에 의지해서 말입니다.

(5) 어떻게 하면 됩니까?

구하는 자가 끈질기게 하나님께 죄를 고백(confession)하고 예수의 십자가의 피로 생각에 떠오른 모든 죄를 씻어 회개(repent)하고 나서, 하나님께 필요한 것을 계속 구해야 합니다. 응답을 받을 때까지 말입니다. 즉 그 응답은 믿음의 확신(the confidence of faith)이 구하는 자의 마음에 와 닿을 때까지 말입니다. 마치 창세기 32장에서 보는 바와 같이 얍복 나룻가에서 천사와 씨름하였던 야곱처럼 말입니다. 그래서 마태복음 7장 7절에서 "구하라"(ask)는 헬라어 동사(verb)가 현재형(present tense)으로 쓰인 것입니다. 헬라어에서 동사(verb)의 시제(tense)가 현재형(present tense)인 경우 '지속적으로 행하라'는 것입니다(to keep in doing).

이때 중요한 것 한 가지를 더 말해야 한다면 그것은 여기서 끝내지 말고 한 걸음 더 나아가 그 믿음의 확신이 더욱 확실해지도록 '하나님께서 일으키는'(in causing by God) 그 어떠한 증거(證據: witness)를 받아 '그 믿음의 확신'을 객관적으로 '확인'(confirmation)하라는 것입니다. 그 확인(確認)의 증거(證據: the witness of confirmation)는 어느 때는 설교의 말씀 중에서, 또는 자기가 읽은 하나님의 말씀 중에서, 친구나 친지나 가족 등의 대화 중에서, 주변의 상황이나 사건을 통해서, 또는 꿈이나 환상 등을 통해서 발견하게 됩니다. 하나님께서 구하는 자의 마음에 특별하게 느껴지게 하시는 것입니다. 보통의 평범한 말이나 말투나 감정의 표현이나 느낌(feeling)이나 사건 등이 '그때 그곳'(then and there)에서는 아주 특별하게 느껴지고 선명하게 그려지는 것입니다. 그래서 믿음의 확신에 대한 감각(feeling)이 예민해져야 합니다.

(6) 영적전쟁 직전까지의 상황

영적으로 깨어 있어서 응답에 대한 믿음의 확신과 확신에 대한 확인으로서의 증거를 받은 분은 기도 제2단계 "찾으라"로, 한 단계 높은 기도의 단계로 올라가야 합니다. 특히 증거가 하나님의 말씀으로 확인되었을 때는 더욱 그러합니다. 이러한 경우는 구하는 자의 영적인 주체(主體: lord)가 하나님 나라에 들어가 하나님의 의가 그의 마음에 임한 것입니다. 그러나 그렇지 못한 경우에는 이의 극복을 위하여 영적전쟁을 치러야 합니다. 이러한 경우 구하는 자에게는 응답에 대한 믿음의 확신이 생겼고 또한 그에 대한 확인까지는 되었지만 아직도 마음속에 있는 하나님 나라에 들어간 것은 아닙니다. 구하는 자가 현실세계에 고

착(固着)되어 영적으로 무지(無知)한 까닭입니다. 그래서 이것을 깨버려야 합니다. 한글개역성경 나훔 1장 13절에 기록된 "이제 네게 지운 그의 멍에를 내가 깨뜨리고 너의 결박을 끊으리라"(For now will I break his york from off thee, and will burst thy bonds in sunder.-KJV / Now I will break their york from your neck and tear your shackles away.-NIV / 베앗타 에쉬뽀르 모테후 메알라이크 우모쎄로타이크 아낫테크(אֶשְׁבֹּר מֹטֵהוּ מֵעָלָיִךְ וּמוֹסְרֹתַיִךְ אֲנַתֵּק וְעַתָּה-히브리 성경)는 말씀에서처럼 하나님 아버지께서 성령님으로 말미암아 우리에게 지워진 멍에와 결박을 끊어 산산조각이 나게 만들어 주십니다. 영적인 전쟁을 통해서 말입니다. 여기서 '그의 멍에'(his york)는 앗수르가 남유다에게 지운 멍에를 말하고 '너의 결박'(thy bonds)은 유다 자신이 만든 자신의 결박을 말합니다. 즉 외부적인 멍에와 내부적인 결박을 말합니다.

청원하는 자의 청원의 영(靈: spirit)을 얽어매고 있는, 현실세계의 잡신(雜神)의 멍에를 깨뜨리고, 그들로 인한 모든 결박을 끊어 버려야 합니다. 이것은 청원 속에서 영적 전쟁을 통해서 가능합니다. 창세기 32장 22-32절에서 보는 바와 같이, 야곱이 천사와 씨름할 때 '뒤꿈치를 잡는 자'(heel catcher), '찬탈하는 자'(supplanter), 또는 '사기꾼'(deceiver)이라는 뜻의 그의 이름 '야곱'(Jacob)이, "하나님과 사람으로 더불어 겨루어 이기었느니라"(For as a prince hast thou power with God and with men and hast prevailed.)는 뜻의 이름인 '이스라엘'(Israel)로 바뀐 것이 하나의 좋은 예입니다. 이와 같이 끝까지 싸워 이겨야 합니다.

에베소서 6장 12절에서는 "우리의 씨름은 혈과 육에 대한 것이 아니요 정사와 권세와 이 어두움의 세상 주관자들과 하늘에 있는 악의 영들에게 대함이라"고 말씀합니다. 마태복음 11장 12절에서는 "세례 요한의 때부터 지금까지 천국은 침노를 당하나니 침노하는 자는 빼앗느니라"고 말씀합니다. 구하는 자의 씨름의 대상은 혈과 육은 아니지만 매우 강력한 힘과 능력과 지력(知力)까지 가진 영적인 존재입니다. 그런데 이들이 호시탐탐(虎視耽耽) 구하는 자의 마음속에 있는 하나님의 나라를 공격하고 빼앗습니다. 왜냐하면 영적으로, 구하는 자는 힘이 없기 때문입니다. 무기력합니다. 자신의 힘으로는 도저히 이길 수 없습니다. 그래서 하나님께 모든 것을 전적으로 맡기고 하나님의 은혜로 말미암아 성령으로 이들을 물리쳐야 합니다. 이를 위해서 하나님 아버지께서 응답을 주실 때 그와 함께 성령을 주시는 것입니다. 성령은 전지전능(全知全能)하시고 무소불위(無所不爲)하시기 대문입니다. 못하실 것이 없습니다. 알지 못할 일이 없습니다. 능치 못할 일이 없습니다. 그래서 성령으로 말미암아 이기는 것입니다.

(7) 치러야 할 영적전쟁

만약 구하는 자가 영적전쟁에서 패(敗)하거나 기피(忌避)한다면 하나님께서 주신 응답을 인식하지 못하고 응답받았다는 생각을 할 수 없을 뿐만 아니라 그러한 생각이 들지도 않는 것입니다. 여기서 구하는 것을 끝내면 하나님 아버지의 응답을 받지 못하고 자기의 필요를 하나님 아버지께 아뢰는 독백(獨白: monolog)과 같은 기도로 끝나는 것입니다. 참으로 안타깝습니다. 그렇게 하면 안 됩니다. 계속 구하여 응답을 받아야 합니다.

그래서 구하는 자가 살고 있는 현실세계의 응답으로 하나님의 응답이 바뀔 때, 다시 말하면 구하는 자의 마음속에 있는 하나님 나라의 응답이 현실세계 속에 있는 하나님의 응답으로 변환(transform)될 때는, 그 응답이 '예'(yes) 또는 '아니요'(no)라는 두 가지 종류의 응답에서, '예'(yes)나 '아니요'(no)나 또는 '기다림'(wait)의 세 가지 종류로 바뀝니다.

'레마'(rema)는 기도 제3단계 "두드리라"에서 최초로 나타납니다. 즉 청원자의 마음속에 임한 하나님 아버지의 응답을 현실세계에 적용할 때 일어납니다. 좀 더 자세히 설명하면 기도 제2단계 "찾으라"에서 찾아낸 '로고스'(logos) 속에 있는 하나님 아버지의 마음에, 청원한 것들의 현장(現場)에 임(臨: presence)한 하나님 아버지의 마음이 덧입혀져, 성경 속의 말씀으로 형체화(形體化: bodily form)된 것이 '레마'(영어-rema / 헬라어- ῥῆμα)입니다.

신학자나 목회자 중에는 '로고스'(logos)와 '레마'(rema)가 성경에서 구별 없이 사용되었다고 보아 이를 인위적으로 구별하여 사용하는 것은 잘못된 것이라고 주장하시는 분들도 있습니다. 그러나 본 글에서는 로고스(logos)를, 성경의 본문(text)과 그의 앞뒤의 문단을 연결한 대 본문(context) 속에 있는 하나님 아버지의 마음을 나타내는 성경말씀으로 보았고, 레마(rema)는 그 찾아낸 로고스(logos) 속에 있는 하나님 아버지의 마음에 청원한 것들의 현장에 대한 하나님 아버지의 마음이 덧입혀진 그 하나님 아버지의 마음을 나타내는 성경말씀이라고 보았습니다. 그러므로 본 글에서는 대부분의 경우 기도 제3단계 초기에는 로고스(logos)와 레마(rema)가 동일하지만, 문제가 진행됨에 따라 이 양자(兩者)의 삶의 정황(sitz im leben: german)이 상이(相異)한 경우에는 다를 수 있습니다. 왜냐하면 로고스(logos) 속에 있는 '하나님의 뜻'이 기도 제3단계 시작으로부터 응답의 결실을 맺을 때까지 시종(始終)을 관통하여 수행되면서 '하나님의 뜻'이 온전히 이루어져야 하기 때문입니다.

이는 한글개역성경 이사야 14장 24절의 "만군의 여호와께서 맹세하여 가라사대 나의 생각한 것이 반드시 되며 나의 경영한 것이 반드시 이루리라"(The Lord of hosts hath sworn, saying, Surely as I have thought, so shall it come to pass; and as I have purposed, as so shall it stand.-KJV / The Lord Almighty has sworn, "Surely, as I have planned, so it will be, and as I have purposed, so it will stand.-NIV / 니쉬빠 아도나이 쩨바오트 레모르 임로 카아쉐르 띰미티 켄 하야타 베카아쉐르 야아츠티 히 타쿰(נִשְׁבַּע יְהוָה צְבָאוֹת לֵאמֹר אִם־לֹא כַּאֲשֶׁר דִּמִּיתִי כֵּן הָיָתָה וְכַאֲשֶׁר יָעַצְתִּי הִיא תָקוּם)는 말씀을 통하여 알 수 있습니다.

삼위일체의 관점에서 이사야 14장 24절을 볼 때 만군의 여호와는 삼위일체 하나님으로, '생각'은 삼위일체의 제1위(位)이신 '하나님 아버지'(God the Father)의 것으로, '경영한 것'은 삼의일체의 제2위(位)이신 '하나님 아들'(God the Son) 즉 '예수 그리스도'의 것으로, '이루리라'는 삼위일체의 제3위(位)이신 '하나님 성령'(God the Spirit)의 것으로 보았습니다. 그리고 그 '하나님 아버지'의 생각을 '하나님 아들' 즉 '예수 그리스도'의 경영에 의해서 '하나님 성령'의 역사(役事: work)로 말미암아 이루어내는 것으로 보았습니다. 어떤 일의 성사(成事)를 위해서는 '때(time)와 시기(season)'를 '아는 언제'(KnowWhen), 무엇을 할 것인가를 '아는 무엇'(KnowWhat), 그리고 어떻게 할 것인가를 아는 어떻게'(KnowHow)의 세 가지 요소를 꿰뚫어 그들의 핵심을 알아야 합니다. 그런데 '언제를 아는 것'(KnowWhen)은 하나님 아버지께서, '무엇을 아는 것'(KnowWhat)

은 '하나님 아들'(God the Son) 즉 '예수 그리스도'께서, '어떻게를 아는 것'(KnowHow)은 '하나님 성령'(God the Spirit)께서 담당하신다고 보았습니다. 이를 제어공학에서 많이 사용하는 용어를 빌려 '생각'은 '가버너'(governor)로, '경영하는 것'은 '컨트롤러'(controller)로, 그리고 '이루는 것'은 '액추에이터'(actuator)로 보면 좀 더 이해가 쉬울 것 같습니다. 아니면 하나님 아버지(God the Father)는 입안자(立案者: thinker)로, 하나님 아들(God the Son)은 집행자(執行者: administrator)로, 하나님 성령(God the Spirit)은 시행자(施行者: doer)로 이해해도 좋을 것 같습니다.

기도의 응답은 청원자의 마음속에 있는 하나님 나라에 즉시 임하지만 그것이 현실세계에서 결실을 맺어 청원자의 필요를 채우기까지는 상당한 시간이 소요됩니다. 그 와중(渦中)에 부딪치는 문제의 상황은 수시로 변할 수 있어, 응답을 주신 하나님 아버지의 최초의 생각이 일관되게 변동(變動) 없이 관철되려면 그 변동하는 상황에 대한 하나님의 말씀, 즉 성경말씀도 그에 따라 바뀌어야 그 하나님 아버지의 최초의 생각이 그대로 이루어질 수 있습니다. 그래서 초기에는 '로고스'(logos)와 '레마'(rema)가 동일하였을지라도 응답의 결실을 맺는 과정에서 로고스와 레마가 다를 수도 있다고 보았습니다. 이 레마에 대하여는 기도 제3단계에서 좀 더 자세히 설명했습니다.

기도 제1단계인 "구하라"에서는 시간(chronos time)이 지배하는 현실세계에서, 기도하는 자의 마음속에 와 있는 '하나님 나라'(the kingdom of God)에 주신 하나님 아버지의 응답을 찾기 위하여, 기도 제2단계 "찾으라"로 들어가야 하는 단계인 고로, 여기서 고려되는 하나님 아버지의 응답은 '예(yes) 또는 아니요(no)'의 두 가지밖에 없습니다. 기도 제2단계

"찾으라"에서도 하나님 아버지께서 기도하는 자의 마음속에 와 있는 하나님 나라(the kingdom of God)에 주신 하나님 아버지의 응답을 '찾는 것'이기 때문에 여기서 고려되는 하나님 아버지의 응답도 역시 '예(yes) 또는 아니요(no)'의 두 가지밖에 없습니다.

그러므로 기도 제1단계 "구하라"의 최종 결과물인 '믿음의 확신'이나 '확인의 증거', 기도 제2단계 "찾으라"의 최종 결과물인 '로고스'(logos)에는 하나님 아버지께서 기도하는 자의 마음속에 와 있는 하나님 나라(the kingdom of God)에 주신 하나님 아버지의 응답에 대한 것이므로 고려되는 하나님 아버지의 응답은 '예(yes) 또는 아니요(no)'의 두 가지밖에 없습니다. 그러나 기도 제3단계 "두드리라"이서는 믿음의 세계에서 현실의 세계로 전환되는 과정이기 때문에 고려되는 하나님 아버지의 응답은 '예(yes)나 아니요(no)나 또는 기다림(wait)'의 세 가지로 바뀝니다. 왜냐하면 현실세계에서는 '예'(yes)라는 응답이 즉시 이루어지는 '예'(yes)와, 나중에 이루어지는 '예'(yes)라는 두 가지 종류의 응답으로 나누어지기 때문입니다. 나중에 이루어지는 '예'(yes)라는 응답을 통상적으로 부르기를 '기다림'(wait)이라고 합니다.

앞에서, 구하는 자가 구하는 즉시, 하나님 아버지께서 그 응답을 주신다고 하였는데 정말 그런지 의문이 생깁니다. 왜냐하면 마태복음 7장 7절에서 "구하라…찾으라…두드리라"는 명령은 현재형 동사(verb)가 쓰였지만 그 응답들인 "그리하면 너희에게 주실 것이요…그리하면 찾을 것이요…그리하면 열릴 것이니"라는 말씀에서는 동사의 시제(tense)가 미래형(future tense)이기 때문입니다. 여기서 미래형 동사가 쓰인 이유는 "구하라…찾으라…두드리라"는 명령 다음에 이루어지는 것이기 때문에 그 차별화를 위하여 미래형 동사가 쓰였다고 생각합니다. 그뿐만 아니라 마태복음 7장 7절의 주안(主眼)점은 "구하라…찾으라…두드리라"는 명령의 수행입니다. 그러나 마태복음 7장 8절에서는 주안점이 명령을 수행한 후에 있게 될 그 결과에 있습니다. 그런데 한글개역성경 마태복음 7장 8절에서 그 결과를 나타내는 "얻을 것이요…찾을 것이요"는 미래형 동사로 보이지만, 헬라어 성경이나 영어성경에서는 현재형 동사(present verb)로 쓰였고, 그 앞에 있는 꾸미는 말 '구하는 이마다', '찾는 이가'는 현재분사(present participle)로 쓰여 있어 주동사(main verb)인 '얻는 것이요', '찾는 것이요'와 동일한 때로 보아 현재형(present tense)으로 해석해야 합니다. 왜냐하면 마태복음 7장 8절의 주동사(main verb)가 현재형 동사(present verb)이기 때문에 '얻을 것이요', '찾을 것이요'라는 말씀은 '얻는 것이요', '찾는 것이요'라고 생각해야 하기 때문이고, 헬라어에서 현재분사(present participle)는 주동사(main verb)의 시제(tense)를 따르게 되어 있기 때문입니다. 그래서 즉시 응답이 주어진다고 본 것입니다.

그런데 유독 마태복음 7장 8절의 "두드리는 이에게 열릴 것이니라"에서는 주동사(main verb)인 '열릴 것이니라'가 미래 동사(future verb)로 쓰였고, 주동사(main verb)를 꾸미는 분사(participle)인 '두드리는 이에게'는 현재분사(present participle)가 쓰였습니다. 현재분사(present participle)는 문법적으로 그 시제(tense)가 주동사(main verb)를 따릅니다. 그래서 분사 '두드리는 이에게'에서 행동이 일어나는 시기는 주동사(main verb)의 시제(tense)를 따라 미래(future)로 해석하는 것입니다. 그래서 '두드리는 것'과 '열리는 것'은 시제(tense)상으로 동일한 미래(future)를 나타냅니다. 그러므로 기도하라는 명령이 수행된 후에 그 결과가 나타난다고 보는 것입니다. 왜냐하면 마태복음 7장 7절의 "문을 두드리라 그리하면 너희에게 열릴 것이니"라는 미래형의 말씀은 구함의 응답이 궁극적으로는 구하는 자의 필요를 현실세계에서 충족시킬 수 있어야 하기 때문에, 기도 중인 믿음의 세계가 아닌 기도 후의 현실세계에서 일어날 응답의 열매, 그것을 염두에 둔 말씀이기 때문입니다.

기도 제1단계에서 청원자가 구하는 즉시 하나님 아버지께서 그의 응답을 청원자에게 바로 주시는 이유는, 마태복음 6장 32절의 "이는 다 이방인들이 구하는 것이라 너희 천부께서 이 모든 것이 너희에게 있어야 할 줄을 아시느니라"(For after all these things do the Gentiles seek: for your heavenly Father knoweth that ye have need of all these things.-KJV)는 말씀과, 시편 139편 1-6절의 "여호와여 주께서 나를 감찰하시고 아셨나이다 주께서 나의 앉고 일어섬을 아시며 멀리서도 나의 생각을 통촉하시오며 나의 길과 눕는 것을 감찰하시며 나의 모든 행위를 익히 아시오니 여호와여 내 혀의 말을 알지 못하는 것이 하나도 없으시니이다 주께서 나의 전후를 두르시며 내게 안수하셨나이다. 이 지식이 내게 너무 기이하니 높아서 내가 능히 미치지 못하나이다"(O LORD thou hast searched me and known me. Thou knowest my downsitting and mine uprising; thou understandest my thought afar off. Thou compassest my path and my lying down, and art acquainted with all my ways. For there is not a word in my tongue, but, lo, O Lord, thou knowest it altogether. Thou hast beset me behind and before, and laid thine hand upon me. Such knowledge is too wonderful for me; it is high, I cannot attain unto it.-KJV)라는 말씀과 같이 하나님 아버지께서 청원자들의 필요를 다 알고 계시기 때문입니다.

2. 기도의 제2단계 : 찾으라 → 약속의 말씀 → 로고스

(1) 왜 '찾으라'고 하는가?

하나님 아버지께서 주시는데 언제 어디에다 주시는가 하면 기도 제1단계에서 살펴본 바와 같이 구하는 즉시 구하는 자의 마음속에 와 있는 하나님 나라에 주십니다. 그래서 기도 제2단계에서는 그것을 "찾으라"는 것입니다. 이런 이유로 인하여 마태복음 6장 33절의 말씀을 "너희는 먼저 그의 나라와 그의 의를 구하라"고 볼 것인가 아니면 "너희는 먼저 그의 나라와 그의 의를 찾으라"고 볼 것인가 하는 문제가 중요하게 대두되는 것입니다.

(2) 마태복음 6장 33절의 '구하라'를 '찾으라'로

필자는 먼저 혼돈(混沌)을 피하기 위하여 헬라어 성경 마태복음 6장 33절의 말씀 "제테이테 데 프로톤 텐 바실레이안 (투 데우) 카이 텐 디카이오쉬넨 아우투, 카이 타우타 판타 프로스테데세타이 휘민"(ζητεῖτε δὲ πρῶτον τὴν βασιλείαν (τοῦ θεοῦ) καὶ τὴν δικαιοσύνην αὐτοῦ, καὶ ταῦτα πάντα προστεθήσεται ὑμῖν)을 "그러나 너희는 먼저 그의 나라와 그의 의를 찾으라 그리하면 이 모든 것을 너희에게 더하시리라"고 번역하였습니다. 이는 한글개역성경과 비교하면 '그러나'라는 말이 추가된 것이고 '구하라'는 말이 '찾으라'로 바뀐 것입니다. 한글개역개정성경 마태복음 6장 33절의 "그런즉 너희는 먼저 그의 나라와 그의 의를 구하라 그리하면 이 모든 것을 너희에게 더하시리라"와 비교하면 '그런즉'이 '그러나'로 바뀐 것이고, 또 '구하라'는 말씀이 '찾으라'는 말씀으로 바뀐 것입니다. 흠정역영어성경(KJV) 마태복음 6장 33절에서는 "But seek ye first the kingdom of God, and his righteousness; and all these things shall be added unto you."라고, 국제표준역영어성경(NIV)에서는 "But seek his kingdom and his righteousness, and all these things will be given to you as well."이라고 번역하였습니다. 문제의 핵심은 '구하라'고 번역된 헬라어 '제테이테'(ζητεῖτε)를 어떻게 볼 것인가 하는 것입니다. 왜냐하면 헬라어 제테이테(ζητεῖτε)의 번역 여하(如何)에 따라 그 뜻이 달라지기 때문입니다.

헬라어 '제테이테'(ζητεῖτε)는 헬라어 '제테오'(ζητέω)에 명령법 현재 능동태 2인칭 복수(imperative present active second person plural)를 취한 헬라어 동사(verb)입니다. 그 뜻은 우리말로는 '발견하기 위하여 찾다', '구하다', '요구하다', '갈망하다' 등이며, 영어로는 '① to seek after, look for, strive to find; ② to seek, require, demand, expect; ③ to inquire, ask' 등입니다.

그런데 예수님께서 마태복음 6장 33절의 기도에 대한 말씀에 이어서 기도에 대한 말씀이 나오는 마태복음 7장 7절의 한글개역성경에서는 "구하라 그러면 너희에게 주실 것이요 *찾으라* 그러면 찾을 것이요 문을 두드리라 그러면 너희에게 열릴 것이니"라고 번역하였으며, 이를 한글개역개정성경에서는 "구하라 그리하면 너희에게 주실 것이요 *찾으라* 그리하면 찾아낼 것이요 문을 두드리라 그리하면 너희에게 열릴 것이니"라고 번역하였습니다. 여기서 보는 바와 같이 *이탤릭체(italic type)*로 쓰인 마태복음 7장 7절의 "*찾으라*"는 헬라어 '제테이테'(ζητεῖτε)를 우리말로 '*찾으라*'로 번역한 것입니다. 한글개역성경과 한글개역개정성경 모두가 '*찾으라*'로 번역하였습니다. 흠정역영어성경(KJV) 마태복음 7장 7절에서는 "Ask, and it shall be given you; *seek*, and ye shall find;

knock, and it shall be opened unto you."라고 번역하였으며, 이를 국제표준역영어성경(NIV)에서는 "Ask and it will be given to you; seek and it will find; knock and the door will be opened to you."로 번역하였습니다. 여기서 보는 바와 같이 헬라어 '제테이테'(ζητεῖτε)를 흠정역영어성경(KJV)과 국제표준역영어성경(NIV)에서 모두 '*seek*'로 번역하였습니다. 그래서 헬라어 성경 마태복음 6장 33절의 '제테이테'(ζητεῖτε)를 우리말로는 "*찾으라*"로 번역하는 것이 "구하라"로 번역하는 것보다 더 낫습니다.

한글개역성경과 한글개역개정성경 마태복음 6장 33절의 "구하라"를 "찾으라"로 바꾸면 마태복음 7장 7절의 "찾으라"와 인클루지오(inclusio), 즉 수미상관법(首尾相關法) 또는 포위구조법(包圍構造法)을 이루고 있어 그 문맥의 강조점과 흐름이 더욱 명확해집니다. 그래서 마태복음 6장 33절의 역할이 더욱 두드러지게 나타납니다. 필자의 단편적인 생각이지만, 마태복음 6장 9-13절의 주기도문으로부터 시작된 예수님의 기도에 대한 말씀의 연장선(延長線)상에서 볼 때 헬라어 '제테이테'(ζητεῖτε)를 우리말로는 '찾으라'로, 영어로는 'seek'로 보는 것이 문맥의 흐름상 더 자연스럽다고 봅니다.

마태복음 6장 33절의 서두(序頭)에 있는 '*그러나*'는 한글개역성경에는 없는 말을 추가한 것이고, 한글개역개정성경에서 '그런즉'이라고 쓰인 것을 '*그러나*'로 바꾼 것입니다. 그 이유는 마태복음 6장 7-8절이 마태복음 6장 9-13절의 주기도문에 대한 서론적 역할을 하듯, 마태복음 6장 31-32절이 마태복음 6장 33절의 기도에 관한 말씀에서 그에 대한 서론적인 역할을 한다고 볼 수 있기 때문입니다. 그 내용은 마태복음 6

장 9-13절의 주기도문에서는 마태복음 6장 7-8절에서 이방인들이 말을 많이 하여야 그들의 신(神)들이 듣는 줄 알고 중언부언하는 것과는 다르게 기도하라는 반어적(反語的) 의미가 있는 것과 마찬가지로, 마태복음 6장 31-32절과 마태복음 6장 33절 사이에서도 그와 같은 반어적(反語的) 의미가 있기 때문입니다. 왜냐하면 마태복음 6장 31-32절의 "그러므로 염려하여 이르기를 무엇을 먹을까 무엇을 마실까 무엇을 입을까 하지 말라 이는 다 이방인들이 (찾는) 것이라 너희 천부께서 이 모든 것이 너희에게 있어야 할 줄을 아시느니라"는 말씀 다음에 연이어서 나오는 마태복음 6장 33절의 "(그러나) 너희는 먼저 그의 나라와 그의 의를 (찾으라) 그리하면 이 모든 것을 너희에게 더하시리라"는 말씀을 살펴보면 알 수 있기 때문입니다. 그래서 '그런즉' 보다는 '그러나'로 바꾸는 것이 더 바람직하다고 보았습니다. 여기서 *이탤릭체*(italic type)로 쓰인 것은 필자의 사적(私的)인 번역입니다. 한글개역성경이나 한글개역개정성경 마태복음 6장 32절의 '구하는'을 '찾는'으로 바꾼 이유는 다음과 같습니다.

한글개역성경이나 한글개역개정성경 마태복음 6장 32절에서 '구하는'으로 번역된 헬라어 '에피제테오'(ἐπιζητέω)가 헬라어 '제테오'(ζητέω)에 그 뜻을 강화(intensification)시키기 위하여 헬라어 전치사(preposition)인 '에피'(ἐπί)를 헬라어 '제테오'(ζητέω) 앞에 접두(接頭)시킨 것입니다. 그래서 그 기본적인 뜻은 헬라어 '제테오'(ζητέω)와 같은 것입니다. 그런데 마태복음 7장 7절에서 이 헬라어 제테오를 한글개역성경과 한글개역개정성경에서는 '찾으라'로, 영어 흠정역영어성경(KJV)과 국제표준역영어성경(NIV)에서는 'seek'로 번역하였기 때문입니다.

(3) 기도 제2단계의 핵심 쟁점

기도 제1단계에서 청원하는 자가 청원하는 즉시 하나님 아버지께서 청원하는 자의 심령 속에 와 있는 하나님의 나라에 청원하는 자의 청함에 대한 응답을 주신다고 말씀하셨습니다. 그러나 청원하는 자가 이것을 믿기가 그렇게 쉬운 것은 아닙니다. 그래서 청원하는 자가 하나님 아버지께서 청원하는 즉시 응답을 주신다는 마태복음 7장 8절의 말씀을 자세히 살펴보았습니다. 왜냐하면 마태복음 7장 7절은 기도하는 자가 하나님 아버지의 수혜자(受惠者)임에 주안점을 두고 예수님께서 그의 제자들에게 능동적으로 청원할 것을 주문하신 말씀이라면, 마태복음 7장 8절은 하나님 아버지께서 청원자에게 시혜자(施惠者)임에 주안점을 두고 예수님께서 그의 제자들에게 능동적으로 받을 것을 주문하신 말씀이기 때문입니다.

기도 제1단계에서는 '응답의 확신'과, 그 응답의 확신을 '확인'시켜 주는 응답의 '확신'(確信: confidence)에 대한 그 어떤 '확인 증거'(確認證據: the witness of confirmation)를 받는 것으로 끝났습니다. 그러나 기도 제2단계에서는 그 응답의 확신이나 그 응답에 대한 확신의 '증거'를 '하나님의 말씀'으로 승화(昇華: sublimation)시켜야 됩니다. 그것을 '약속의 말씀'이라고 부르겠습니다. 그래서 이 약속의 말씀으로서 '하나님의 말씀'을 창세기 1장 1절로부터 요한계시록 22장 21절까지의 성경말씀에서 찾아내야 합니다. 만약 기도 제1단계에서 응답에 대한 확신(確信: confidence)으로서 그 어떤 '확인 증거'(確認證據: the witness of confirmation)를 하나님의 말씀, 즉 '성경의 말씀'으로 받았다면 이 과정은 필요하지 않습니다.

기도 제2단계에서는 성경 창세기 1장 1절로부터 요한계시록 22장 21절까지의 성경말씀을 예민하게 검색(檢索: scan)하는 가운데 성령의 도우심과 인도하심으로 '약속의 말씀'으로 와 닿는 그 어떤 말씀이 그의 생각에 떠오르게 됩니다. 그 '떠오른 말씀'을 '약속의 말씀'으로 보는 것입니다.

이 '약속의 말씀'을 가지고 이번에는 역(逆)으로 기도 제1단계에서 받은 믿음의 확신과 청원하게 된 동기(motive)와 그의 배경(background), 그리고 청원의 내용(content)을 가지고 묵상할 때 묵상하면 묵상할수록 '하나'(oneness)로 모아지는 수렴(收斂: conversion)의 과정이 이루어지게 되면 '약속의 말씀'이라 볼 수 있고, 그렇지 않고 여러 개로 갈라져 '발산'(發散: diversion)되면 이것은 약속의 말씀이 아닙니다. 그러면 이 과정을 다시 반복하여야 합니다.

그러면 이번에는 그 '떠오른 하나님의 말씀'이 속해 있는 문단(文段)을 성경 창세기 1장 1절로부터 요한계시록 22장 21절 사이에서 찾고, 그 문단의 전후에 있는 문단을 본문의 문단에 연이어서 그 세 개의 문단에 흐르는 문맥을 찾고, 그 문맥을 주관하는 하나님의 생각과 감정과 의지를 살펴 하나님의 마음을 읽어내야 합니다. 이때 문맥에 흐르는 하나님의 마음을 읽는 것을 '행간 의미(meaning between lines)를 깨닫는다'고 말합니다. 여기서 사용된 문단을 '페리코프'라고 말하는데, 영어로는 'perikope'로 헬라어로는 '페리코페'(περικοπή)라고 씁니다. 목사님들이 설교할 때는 이것을 우리말로는 '본문'이라고 말하고, 영어로는 'text'라고 부릅니다. 본문의 깊은 묵상을 통해서, 그 본문의 문맥의 흐름을 깨닫기 위하여 'text'의 전후 문단을 본문의 문단에 연이어서 만든 하나의 큰 문단을 보고 'context'라고 말합니다.

그 'context' 내에서 그 'text'를 깊이 묵상하여 그 'text'의 '삶의 정황'(sitz im leben: german)을 파악해야 합니다. 그래서 그 'text'를 감싸고 있는 하나님의 마음과, 그 'text'상의 하나님의 마음의 흐름과, 그 'text'의 '삶의 정황'으로부터 주제(主題: theme)를 찾고, 그 주제를 총괄하는 주제어(主題語: key word / 렘마:λῆμμα)를 찾아서 이를 '약속의 말씀'으로 붙잡는 것입니다.

이때 사용된 렘마를 영어로 'dictionary form'이라고도 합니다. 왜냐하면 히브리어나 헬라어 성경에서 그 낱말(word)을 사전(辭典: dictionary / lexicon)에서 찾기가 쉽지 않기 때문입니다. 그래서 때로는 떠오른 낱말을 사전에서 찾을 수 있도록 '낱말의 분석'(parsing of word)이 필요합니다. 낱말의 분석을 통하여 낱말의 기본형을 찾는 것을 렘마(lemma), 즉 'dictionary form'을 찾는다고 말합니다. 어떤 낱말의 'dictionary form'을 알면 거기서 파생된 여러 가지 낱말을 알 수 있고, 그 각각의 낱말을 품고 있는 성경구절들을 숙고(熟考)함으로써 좀 더 깊이 하나님의 마음을 깨달을 수 있습니다.

청원자의 마음에 떠오른 '약속의 말씀'에서 '핵심 낱말'(key word)을 찾아내고, 그 핵심 낱말에 대한 히브리어나 헬라어의 기본형을 찾아 그로부터 파생된 파생어까지를 히브리어나 헬라어 성경에서 두루 찾아 살펴보면, 그 핵심 낱말의 본뜻을 좀 더 명확하게 파악할 수 있습니다. 그로 인하여 그 '약속의 말씀'에 대한 주제어가 올바로 설정되었는지, 또한 그 주제어에 따른 본문이 올바로 설정되었는지의 여부를 좀 더

주의 깊게 분별해 낼 수 있습니다. 여기서 렘마(lemma)와 레마(rema)를 혼동하지 마시기 바랍니다. '렘마'(영어-lemma/헬라어-λῆμμα)는 헬라어 낱말의 'dictionary form'을 말하고, '레마'(영어-rema/헬라어-ῥῆμα)는 어떤 '삶의 정황'(Sitz im Leben: German)에 임한 하나님의 말씀을 말합니다.

'약속의 말씀'(the word of promise)은 성경말씀의 근원으로부터 도출해 내는 '엑서지서스'(exegesis)를 통한 해석으로부터 나온 하나님의 뜻, 그것을 나타내는 하나님의 말씀이어야 합니다. 그래야만 청원하게 된 동기와 그 배경, 그리고 그 청원에 대한 하나님의 뜻을 나타내는 하나님의 말씀으로서의 약속의 말씀이 되는 것입니다. 이 약속의 말씀 속에 있는 하나님의 지정의(知情意) 곧 하나님의 마음, 그 마음이 행동을 일으킬 수 있도록 활성화(活性化: energetic)된 상태, 그 경지에 이른 하나님의 말씀을 '로고스'(logos)라고 부릅니다. 좀 더 알기 쉽게 풀어서 설명하면, 성령의 온전한 인도하심으로, 약속의 말씀이 찾는 자의 마음에 와 닿으면서, 그 약속의 말씀이 속해 있는 기록된 하나님의 말씀인 성경의 문단에서, 그 문맥에 흐르는 하나님 아버지의 마음이, 약속의 말씀에 감동 감화(感動 感化)를 일으키면서, 그 약속의 말씀이 청원자가 행동(行動: activation)을 일으키도록 활성화(活性化: energetic)시키는 하나님의 말씀, 그것이 '로고스'(logos)입니다. 이를 집약(集約: compaction)해서 표현하면 본문(the text of scripture) 속에 있는 하나님의 마음이 하나님의 말씀이 덧입혀져서, 그 하나님의 마음이 형체화(形體化: bodily form)된 것이 '로고스'라는 것입니다.

기도 제2단계에서 말하는 '로고스'(logos)는, '약속의 말씀'(the word of promise)이 핵심이 되어 그 약속의 말씀이 속해 있는 문단과 그 문단의

'context'에 흐르는 하나님의 마음, 즉 그 문단의 삶의 정황(sitz im leben: german)에 대한 하나님의 마음에 그 약속의 말씀이 덧입혀진 것, 좀 더 요약해서 말하면 '기록된 약속의 말씀'(the written word of promise) 곧 성경말씀이 활성화된 것입니다. 그 말씀이 곧 한글개역성경 히브리서 4장 12-13절에서 언급하고 있는 "하나님의 말씀은 살았고 운동력이 있어 좌우에 날선 어떤 검보다도 예리하여 혼과 영과 및 관절과 골수를 찔러 쪼개기까지 하며 또 마음의 생각과 뜻을 감찰(監察)하나니 지으신 것이 하나라도 그 앞에 나타나지 않음이 없고 오직 만물이 우리를 상관하시는 자의 눈앞에 벌거벗은 것같이 드러나느니라"는 말씀입니다. 그러므로 기도 제2단계의 로고스(logos)는 《십자가를 통해서 보는 삼위일체의 신비》(이흥주, 쿰란출판사, 2014.)에서 말하는 '노우-왓'(KnowWhat)이라고 말할 수 있습니다. '노우-왓'(KnowWhat)이란 '무엇을 할 것인가를 알려 주시는 말씀'입니다. 왜냐하면 요한복음 14장 6절에 "예수께서 가라사대 내가 곧 길이요 진리요 생명이니 나로 말미암지 않고는 아버지께로 올 자가 없느니라"고 말씀하고 있기 때문입니다.

3. 기도의 제3단계 : 두드리라 → 레마 → 응답의 열매

(1) 기도 제3단계를 위한 예비지식

기도의 열매라고 할 수 있는 마지막 기도 제3단계에서는 마태복음 7장 13-14절의 말씀을 유의하여 보아야 합니다. 한글개역성경과 한글개역개정성경에서는 "좁은 문으로 들어가라 멸망으로 인도하는 문은 크고 그 길이 넓어 그리로 들어가는 자가 많고 생명으로 인도하는 문은 좁고 길이 협착하여 찾는 이가 적음이니라"고 말씀합니다. 흠정역영어성경(KJV)에서는 "Enter ye in at the strait gate: for wide is the gate, and broad is the way, that leadeth to destruction, and many there be which go in thereat: Because strait is the gate, and narrow is the way, which leadeth unto life, and few there be that find it."라고 썼으며, 국제표준역영어성경(NIV)에서는 "Enter through the narrow gate. For wide is the gate and broad is the road that leads to destruction, and many enter through it. But small is the gate and narrow the road that leads to life, and only a few find it."라고 썼습니다. 헬라어 성경에서는 "에이셀다테 디아 테스 스테네스 퓔레스 호티 플라테이아 헤 퓔레 카이 유뤼코로스 헤 호도스 헤 아파구사 에이스 텐 아폴레이안 카이 폴로이 에이신 호이 에이세르코메노이 디 아우테스 티 스테네 헤 퓔레 카이 테들림메네 헤 호도스 헤 아파구사 에이스 텐 조엔 카이 올리고이 에이신 호이 휴리스콘테스 아우텐"(Εἰσέλθατε διὰ τῆς στενῆς πύλης ὅτι πλατεῖα ἡ πύλη καὶ εὐρύχωρος ἡ ὁδος ἡ ἀπάγουσα εἰς τὴν ἀπώλειαν καὶ πολλοί εἰσιν οἱ εἰσερχόμενοι δι' αὐτῆς τί στενὴ ἡ πύλη καὶ τεθλιμμένη ἡ ὁδὸς ἡ ἀπάγουσα εἰς τὴν ζωὴν καὶ ὀλίγοι εἰσὶν οἱ εὑρίσκοντες αὐτήν)이라고 썼습니다.

여기서 유의할 점이 있습니다. 마태복음 7장 7절에서 한글개역성경에서는 '찾을 것이요'로, 한글개역개정성경에서는 '찾아낼 것이요'라고 쓰인 말이 헬라어 성경에서는 '휴레세테'(εὑρήσετε)로 쓰였습니다. 그런데 헬라어 휴레세테는 헬라어 '휴리스코'(εὑρίσκω)에서 나온 말이며 그 뜻은 '찾는다'입니다. 이것이 헬라어 성경 마태복음 7장 14절에서는 '휴리스콘테스'(εὑρίσκοντες)라는 말로 쓰였습니다. 헬라어 휴리스콘테스라는 말은 헬라어로 '찾는다'는 뜻의 헬라어 '휴리스코'에서 나온 말입니다. 마태복음 7장 7절과 7장 14절에서 '찾는다'는 뜻의 말이 한글개역성경이나 한글개역개정성경에서 반복되어 사용되었고, 영어성경에서는 'find'로, 헬라어 성경에서는 '휴리스코'(εὑρίσκω)로 반복되어 사용되었습니다. 그래서 마태복음 7장 7-14절이 인클루시오(inclusio), 즉 수미상관법(首尾相關法) 또는 포위구조법(包圍構造法)을 이루고 있다고 볼 수 있습니다. 그러므로 기도 제2단계 "찾으라 그리하면 찾아낼 것이요"에서 로고스(logos)를 '찾은 자' 또는 '찾아낸 자'는, 기도 제3단계 "두드리라 그리하면 열릴 것이니"에서 기도 제2단계에서 찾아낸 그 로고스로 청원한 것들을 두드려 '레마'(rema)를 하나님 아버지께로부터 받고, 그 '레마'로 좁은 문(strait gate)을 열고 들어가 협착한 길(narrow way)로 가야 생명에 이를 수 있습니다. 이것이 하나님의 말씀을 따라 사는 삶입니다.

(2) 기도 제3단계의 체감을 위한 믿음

기도 제3단계 "두드리라"에서 생명의 길을 택한 하나의 예를 든다면 아마도 구약성경 출애굽기 14장의 이스라엘 백성이 홍해를 건너는 사건이 아닐까 싶습니다. 모세가 백성의 길을 따르지 않고, 좁고 협착한 길, 어떻게 보면 불가능하다고 생각할 수밖에 없는 하나님의 길을 따라 갔기 때문에 출애굽한 이스라엘 백성이 죽지 않고 살 수 있었습니다. 즉 생명의 길로 갈 수 있었던 것입니다. 이때 중요한 것은 모세는 부르짖었고, 하나님께서는 말씀하셨으며, 모세는 그 말씀대로 행한 것입니다. 행한 자는 지도자 모세입니다. 말씀을 받은 자입니다. 즉 청원자입니다. 그 청원자가 '그때 그곳'(then and there), 즉 그 현장(現場)에서 '행했다'는 것입니다. 청원자가 말씀을 받아야 하고, 청원자가 말씀을 실행에 옮겨야 합니다. 말씀을 주시는 것은 하나님의 몫이지만, 말씀을 받는 것과 그 말씀을 실행하는 것은 청원자의 몫입니다. 그런데 이것은 외형적인 이야기이고, 실제로는 성령님께서 청원자의 눈앞에서 육신의 눈으로는 보이지 않지만 다 인도하고 계신 것입니다. 그래서 청원자에게는 모든 것을 성령님께 맡길 수 있는 믿음이 필요합니다.

우리가 능동적으로 믿는다고 해서 무조건 확신(確信)이 생기는 것은 아닙니다. 왜냐하면 '믿는다'는 것은 우리 마음대로 믿거나 믿지 않는 것이 아니기 때문입니다. 하나님께서 우리로 하여금 믿도록 하셔야 우리가 믿을 수 있고 또 그것이 믿어지는 것입니다. 그래서 믿음은 하나님의 은혜가 없이는 이루어질 수 없습니다. 한글개역성경 에베소서 2장 8절을 보면 "너희가 그 은혜를 인하여 믿음으로 말미암아 구원을 얻었나니 이것이 너희에게서 난 것이 아니요 하나님의 선물이라"(For by grace are saved through faith; and that not of yourselves: it is gift of God. - KJV)고 하였습니다. 이 말씀에서도 믿는다는 것은 자기 스스로 능동적으로 믿는 것이 아닙니다. 하나님께서 믿어지게 하시는 것이고 그 결과로 믿어지는 것입니다. 이것은 이사야 7장 9절의 말씀을 통해서도 알 수 있습니다.

이사야 7장 9절에 "만일 너희가 믿지 아니하면 정녕히 굳게 서지 못하리라"고 말씀하고 있기 때문입니다. 여기서 중요한 것은 하나님께서 우리로 하여금 믿게 만드셔야 한다는 것입니다. 이것이 이사야 7장 9절의 말씀이 특히 강조하고 있는 사항입니다. 한글개역성경은 이사야 7장 9절에서 "만일 너희가 믿지 아니하면 정녕히 굳게 서지 못하리라"고 합니다. 이를 흠정역영어성경(KJV)에서는 "If ye will not believe, surely ye shall not be established."로, 국제표준역영어성경(NIV)에서는 "If you do not stand firm in your faith, you will not stand at all."이라고 쓰였습니다. 그런데 히브리어 성경에서는 "임 로 타아미누 키 로 테아메누"

(אִם לֹא תַאֲמִינוּ כִּי לֹא תֵאָמֵנוּ)로 쓰였습니다.

히브리어 성경 이사야 7장 9절의 후반부 "임 로 타아미누 키 로 테아메누(אִם לֹא תַאֲמִינוּ כִּי לֹא תֵאָמֵנוּ)에서 동사(動詞: verb)를 제외한 나머지 단어들 즉 '임'(אִם)은 영어로 'if'라는 뜻이고, '로'(לֹא)는 절대부정(絕對否定: absolute negative)을 나타내는 영어로 'not'이고, '키'(כִּי)는 영어로 'surely'를 나타냅니다. 문제는 두 개의 동사 즉 '타아미누'(תַאֲמִינוּ)라는 동사와 '테아메누'(תֵאָמֵנוּ)"라는 동사입니다. '타아미누'(תַאֲמִינוּ)라는 동사는 히브리어로 '아만'(אָמַן)에 히필 미완료 2인칭 남성 복수(hiphil imperfect second person masculine plural)를 취한 동사입니다. 여기서 '히필'이란 '사역동사'(使役動詞: causative verb)로서 그 뜻은 '~가 ~로 하여금 ~하게 한다'입니다. 그러므로 이는 '하나님께서 너희로 하여금 믿게 한다'라는 뜻입니다. 그런데 여기에 히브리어 절대부정(絕對否定)을 나타내는 '로'(לֹא)가 쓰였습니다. 그러므로 이를 합쳐서 번역하면 '하나님께서 너희로 하여금 절대로 믿지 못하게 한다'가 됩니다.

그리고 '테아메누'(תֵאָמֵנוּ)라는 동사는 히브리어로 '아만'(אָמַן)에 니팔 미완료 2인칭 남성 복수(niphal imperfect second person masculine plural)를 취한 동사입니다. 여기서 '니팔'(niphal)이라는 동사는 히브리어로 단순 수동태(單純 受動態: simple passive)를 나타내는 동사(動詞)로서 '믿어진다'라는 뜻입니다. 여기에서도 히브리어 절대부정(絕對否定)을 나타내는 '로'(לֹא)가 쓰였기 때문에, 이를 합쳐서 번역하면 '절대로 믿어질 수 없다'가 됩니다. 그래서 이를 총합하여 번역하면 '만일 하나님께서 너희로 하여금 믿게 하지 아니하시면 결코 너희가 믿어지지 아니한다'가 됩니다. 이를 한글개역성경에서는 "만일 너희가 믿지 아니하면 정녕히 굳게 서지 못하리라"로 번역하였습니다.

(3) 기도 제3단계 "두드리라"의 진정한 의미

기도 제2단계에서 찾아낸 '로고스'(logos)를 가지고 청원자가 '청원한 것들'에 대한 상황과 그 상황과 함께하는 '삶의 정황'(sitz im leben: german)을 두드리면 그에 대한 하나님 아버지의 마음과, 그 마음에 덧입혀진 하나님의 말씀인 '레마'(rema / 헬라어-ῥῆμα)를 받습니다. 기도 제3단계에서 "두드리라"는 말은 '묵상하라'는 말의 다른 표현입니다. 이를 집약(集約: compaction)해서 설명하면 '그때 거기'(then and there)에 있는 그 청원한 것들에 대한 하나님 아버지의 마음이 기도 제2단계에서 찾아낸 로고스의 하나님 아버지의 마음에 덧입혀져 겹쳐지고, 그 하나님 아버지의 마음에 성경말씀이 덧입혀져 형체화(形體化: bodily form)된 것이 '레마'(rema)입니다. 그 레마는 현실세계에서 그 청원한 것들의 문을 여는 열쇠이며, 또한 그 청원한 것들의 현실적인 제반(諸般) 상황(狀況: circumstances)과 그 '삶의 정황'(sitz im leben: german)을 하나님 아버지의 뜻대로 이끌어 가는 행위자(行爲者: doer)로서의 하나님 말씀입니다. 그렇다면 이것을 어떻게 받습니까? 그 답은 '로고스'(logos)로 현장(現場)의 정황을 묵상할 때 묵상 중에 성령께서 가르쳐주십니다. 이는 한글개역성경 요한복음 14장 26절의 "보혜사 곧 아버지께서 내 이름으로 보내실 성령 그가 너희에게 모든 것을 가르치시고 내가 너희에게 말한 모든 것을 생각나게 하시리라"(But the comforter which is the Holy Ghost, whom the Father will send in my name, he shall teach you all things, and bring all things to your remembrance, whatsoever I have said unto you.- KJV)는 말씀과 요한복음 16장 13절의 "그러하나 진리의 성령이 오시면 그가 너희를 모든 진리 가운데로 인도하시리니 그가 자의로 말하지 않고 오직 들는 것을 말하시며 장래 일을 너희에게 알리시리라(Howbeit when he, the Spirit of truth, is come, he will guide you into all truth: for he shall not speak of himself; but whatsoever he shall hear, that shall he speak; and he will show you things to come. - KJV)는 말씀을 유추하여 보면 알 수 있습니다.

그런데 기도 제2단계 "찾으라"에서 언급된 본문(text) 속의 '삶의 정황'에 대한 하나님의 말씀인 로고스(logos)와는 다르게, 기도 제3단계에서 언급되는 하나님의 말씀은 성경의 말씀 속이 아닌, 실제 삶의 현장에서 일어나는 제반문제들과 맞부딪쳐 해결해야 하는 '레마'(rema / 헬라어-ῥῆμα)의 말씀입니다. 여기서 말하는 '레마'(rema / 헬라어-ῥῆμα)는 청원자가 온전한 응답의 열매를 맺기까지, 시시때때로 부딪치게 되는 각각의 현장(現場)의 삶의 정황에 대하여 각각의 경우에 맞게 '두드리는 자'를 행동화(activate)시키는 성경 속에 있는 '하나님의 말씀'입니다. 이러므로 현장(現場)에 대한 삶의 정황(sitz im leben: german)과, 그 정황에 대한 '하나님의 마음', 그것에 대한 성경 속의 말씀 그것이 중요한 것입니다. 수시로 각각의 경우에 맞게 하나님의 말씀을 '두드리는 자'의 마음에 떠오르게 하시는 분은 성령님이십니다.

그러므로 기도 제3단계 "두드리라"의 최초의 시간에는 로고스(logos)와 레마(rema)가 동일한 경우가 많지만 시간의 흐름(the flow of chronos time)에 따라 현장의 상황이 변할 수 있기 때문에 상이할 수 있습니다. 그럼에도 불구하고 하나님 아버지의 마음 씀의 주류(main stream)는 로고스(logos)가 품고 있는 하나님 아버지의 마음이기 때문에 변화가 없습니다. 즉 기도 제2단계에서 찾아낸 로고스(logos) 속에 있는 하나님 아버지의 마음에다가, 기도 제3단계의 변화하는 현장에 대한 하나님 아버지의 마음이 덧입혀지고, 그 덧입혀진 그 하나님의 마음이 성경 속의 하나님의 말씀으로, 형체화(形體化: bodily form)된 것이 레마(rema)이기 때문에, 기도 제2단계에서 찾아낸 로고스(logos)의 하나님 아버지의 뜻이 기도 제3단계에서 그대로 이루어지는 것입니다.

이후로는 하나님의 마음을 그대로 이행(履行)하시는 성령님이 '로고스'의 하나님 아버지의 뜻을 따라 '레마'의 말씀으로 두드리는 자를 이끌어 하나님의 응답을 이루어내어 청원의 초종 열매를 맺게 하는 것입니다. 여기서 말하는 '레마'(rema / 헬라어-ῥῆμα)는 시시때때로 변하는 상황에 맞게 적재적소(適材適所)에 임하는 살아 역동하는 하나님의 말씀인 성경말씀입니다. 즉 수시(隨時)로, 두드리는 자의 마음에 임하는 성경 속의 하나님의 말씀입니다. 두드리는 자의 생각 속에 솟아오르는 하나님의 말씀입니다. 특별히 여기서 유의할 점은 하나님의 마음에 하나님의 말씀이 덧입혀져야만 하나님의 말씀이 살아있는 말씀이 되고, 행동하게 하는 말씀이 되며, 활력이 넘치게 하는 말씀이 될 수 있다는 것입니다.

로고스 속에 있는 하나님의 마음은 응답의 열매를 맺게 하는 주된 흐름을 주관하고, 레마 속에 있는 하나님의 마음은 사건의 현장의 문제를 해결하는 것을 주관하십니다. 그래서 행간 의미(meaning between lines)를 깨닫는 것이 중요합니다. 이를 《십자가를 통해서 보는 삼위일체의 신비》(이홍주, 쿰란출판사, 2014)에서는 '노우-하우'(KnowHow)를 주관하시는 하나님 성령이라고 부릅니다. 여기서 '노우-하우'란 "'어떻게 하면 되는가?'라는 질문에서 '어떻게'(how)를 알고 있다" 또는 "'어떻게'(how)를 알려 준다"라는 뜻입니다. 결과적으로 해석적인 관점에서 본다면 기도 제2단계의 '로고스'(logos)에서는 성경 본문(the text of scripture)에서 하나님 아버지의 뜻이 밖으로 분출되는 '엑서지서스'(exegesis)를 통하여 깨달은 하나님의 말씀인 반면에, 기도 제3단계의 '레마'(rema)에서는 잡신(雜神: lords)들이 좌지우지(左之右之)하고 있는 현장에서 그 잡신들을 몰아내고 하나님 아버지의 뜻이 온전히 이루어지도록 하기 위하여 로고스가 그 삶의 정황으로부터 이끌어낸 성경 속의 하나님 말씀입니다.

여기서 중요한 것은 기도하는 자가 주체(主體)가 되기는 하지만, 성령의 도우심과 인도하심으로 처음부터 모든 것이 이루어지고 있음을 잊지 말아야 한다는 점입니다. 독선(獨善)적으로 행하거나, 어떤 목적의식을 가지고 의도적으로 묵상하고 나서, 그것을 약속의 말씀이라고 자기 자신이 스스로 결정하면 안 됩니다. 왜냐하면 이것은 하나님께서 주신 말씀이 아니라 자기가 자기 구미(口味: taste)에 맞게 재단(裁斷)한 자기의 말이기 때문입니다. 이것은 밖으로부터 성경 안으로 자기의 뜻을 주입시키는 것으로 '아이서지서스'(eisegesis)라고 말하는데, 이 '아이서지서스'로부터 나온 것이어서는 절대로 안 됩니다. 여기서 제일 중요한 것이 하나님께 모든 것을 맡겨드리는 것입니다. 즉 자기를 완전히 비운 상태에서 묵상하는 것입니다. 그래서 성령의 온전한 인도하심으로 그 '약속의 말씀'(the word of promise)이 '로고스'(logos)가 되고 '레마'(rema)가 되는 것입니다. 이를 두고 이르기를 영어로 'contextualize'가 이루어졌다고 말합니다.

(4) 기도 제3단계를 체감할 수 있는 예문

출애굽한 이스라엘 백성이 홍해를 건넌 사건에 대한 이야기가 출애굽기 14장에 쓰여 있는데, 이는 '구찾두삼단기도'(ASK Triadic Prayer)의 전형적인 예를 보여주는 것이라 할 수 있습니다. 기도의 제1단계로서 청원자가 청원을 하고, 기도 제2단계에서 청원자가 주된 흐름을 주관하는 활성화된 하나님의 말씀인 로고스(logos)를 찾아내며, 기도 제3단계에서 청원자가 사건 현장의 문제에 레마(rema)를 적용해서, 절체절명(絕體絕命)의 난제(難題)를 풀어 해결한 것입니다. 이는 하나님 아버지의 응답이, 홍해가 갈라지는 실체적(實體的)인 응답의 열매로 맺어진 것입니다. 그리고 출애굽기 15장은 그 열매에 대한 모든 공로(功勞)를 온전히 하나님께 돌려드리면서 하나님을 찬양하는 내용입니다.

출애굽한 이스라엘 백성이 홍해를 건넌 사건에서는 기도의 제1단계 "구하라"에서 청원자인 지도자 모세가 '부르짖음'으로 나타났고, 그에 대한 하나님 아버지의 응답으로서 "그리하면 너희에게 주실 것이요"에서는 "너는 어찌하여 내게 부르짖느뇨 이스라엘 자손을 명하여 앞으로 나아가게 하고 지팡이를 들고 손을 바다 위로 내밀어 그것으로 갈라지게 하라"(출 14:15-16)는 말씀으로 나타났습니다. 기도 제2단계 "찾으라"는 기도 제1단계에서 청원의 응답으로 '하나님의 말씀'을 '약속의 말씀'으로 바로 받았기 때문에 생략되었습니다. 이는 '약속의 말씀'과 '로고스'와 '레마'가 동일한 경우입니다. 기도 제3단계 "두드리라 그리하면 열릴 것이니"라는 말씀에서는 기도 제3단계의 '두드리라'가 '약속의 말씀이면서 로고스요 레마인 여호와의 말씀'이 따라서 "지팡이를 들고 손을 바다 위로 내밀어"라는 말씀의 준행(遵行)으로 나타났고, "그리하면 열릴 것이니"라는 말씀은 홍해가 갈라지는 것으로 나타났습니다. 여기서는 기도 제2단계의 '로고스'(logos)와 기도 제3단계의 '레마'(rema)가 같은 경우입니다. 그 응답의 결과는 "보기에 좋고(to be pleasant to the sight), 먹기에 좋은(to be good for food)" 것과 같은 열매를 맺은 것입니다.

출애굽한 이스라엘 백성들이 홍해를 육지같이 건넌 것이 바로 그 열매입니다. 출애굽기 15장은 모세가 노래로 마음껏 하나님을 찬양한 내용입니다. 하나님의 이름을 높여드린 것입니다. 하나님의 이름을 거룩히 여긴 것입니다. 실로 출애굽기 14-15장은 마태복음 7장 7절의 말씀을 가시적(可視的)인 예(example)로 실감나게 보여주는 사건입니다.

Ⅶ. 주기도의 참된 송영

한글개역성경 마태복음 6장 9-13절의 주기도문 "하늘에 계신 우리 아버지여 이름이 거룩히 여김을 받으시오며 나라이 임하옵시며 뜻이 하늘에서 이룬 것같이 땅에서도 이루어지이다 오늘날 우리에게 일용할 양식을 주옵시고 우리가 우리에게 죄지은 자를 사하여 준 것같이 우리 죄를 사하여 주옵시고 우리를 시험에 들게 하지 마옵시고 다만 악에서 구하옵소서 (나라와 권세와 영광이 아버지께 영원히 있사옵나이다 아멘)"에서 "나라와 권세와 영광이 아버지께 영원히 있사옵나이다 아멘"을 '송영'이라고 말합니다. "나라와 권세와 영광이 아버지께 영원히 있사옵나이다 아멘"이 기도의 마지막 부분으로서의 참된 송영이 되려면 기도의 응답이 이 땅에서 아름다운 성령의 열매로 맺어져야 합니다. 왜냐하면 예수님께서 마태복음 7장 20절에 "이러므로 그의 열매를 보고 그들을 알리라"고 말씀하시기 때문입니다. 다시 말하면 기도의 참된 좋은 열매를 맺는 것, 그의 지름길은 구찾두삼단기도(ASK Triadic

Prayer)를 통하여 하나님께서 보시기에 좋은 열매를 맺는 것입니다.

우리는 마태복음 7장 7절의 "구하라…찾으라…두드리라"를 살펴보았습니다. 하나님께서는 구하고 찾고 두드리되 한 번만 하는 것이 아니라 응답받을 때까지 반복해서 지속적으로 계속하라고 말씀하십니다. 응답받을 때까지 반복해서 지속적으로 하되 여기서 주의를 요하는 것은 이방인과 같이 중언부언하지 말라는 것입니다. 하나님 나라에서뿐만 아니라 현실세계에서도 반드시 이루어질 것을 믿고 그것에 대한 신뢰를 더욱 높이 쌓아가면서 응답받을 때까지 계속 구하라는 것입니다. 대부분의 사람들의 기도는 기도의 제1단계인 '구하라'에서 끝납니다. 이것은 잘못된 것입니다.

기도 중에 마음에 깊이 새겨야 할 것이 있습니다. 그것은 야고보서 4장 3절에 "구하여도 받지 못함은 정욕으로 쓰려고 잘못 구함이라"는 말씀입니다. 그래서 죄를 철저히 회개하고 먼저 하나님 나라와 그의 의를 찾아야 합니다. 이것이 바른 기도의 출발점입니다. 우리들의 마음속에서 하나님 나라와 그의 의가 회복되면 우선적으로 구하는 당사자들에게, 제일 좋은 응답인 '성령'을 주십니다. 이미 성령이 기도하는 자에게 임하여 있으면 그것을 깨닫게 하십니다. 성령님께서 다양한 방법으로 깨닫게 하십니다. 그중의 하나가 '예수님은 나의 주(Lord)라고 확실하게 고백하는 것'입니다. 왜냐하면 고린도전서 12장 3절을 보면 "그러므로 내가 너희에게 알게 하노니 하나님의 영으로 말하는 자는 누구든지 예수를 저주할 자라 하지 않고 또 성령으로 아니하고는 누구든지 예수를 주시라 할 수 없느니라"고 말씀하고 있기 때문입니다. 구하는 자들이 구한 것을 하나님 아버지께서 응답해 주시는데, 구한 당사자가 하나님 아버지의 응답을 받는 곳은 그의 마음속에 있는 하나님 나라입니다. 그래서 구하는 자가 자기의 마음속에 와 계시는 성령님을 인식하지 못하면 응답받았다는 사실을 느끼지 못하는 경우가 많습니다. 그것이 문제입니다. 왜 그럴까요?

하나님 나라에서 받은 하나님 아버지의 응답을 현실세계로 전환(transform)하지 못하였기 때문입니다. 좀 더 자세히 설명하면, 하나님께서 이미(already) 우리들의 마음속에 와 있는 하나님 나라 안에서, 하나님 아버지께서 응답으로 주신 그것을, 우리들의 마음속에 있는 하나님 나라에서 찾지 못하기 때문에 일어나는 현상이라는 것입니다. 우리에게 임한 하나님 나라는 믿음의 세계입니다. 그런데 우리는 믿음의 눈으로 보지 않고 세상적인 눈으로 봅니다. 그렇기 때문에 받은 응답을 볼 수도 없고 느낄 수도 없는 것입니다. 그래서 응답받지 못한 것으로 생각합니다. 이러한 우(愚)를 범하지 않기를 바랍니다. 역으로 말하면 우리가 구한 것은 이미 믿음의 세계에서 이루어졌습니다. 그것을 찾지 못하여 하나님 아버지께 되돌려 보내야만 한다면 얼마나 안타까운 일입니까? 마치 우체국에 온 편지, 찾아가지 않아 되돌려 보내는 것같이 말이죠. 그래서 기도에서 마지막으로 중요한 것은 "내 마음속, 하나님 나라에 와 있는 '받은 응답', 그것을 우선 믿음의 눈으로 찾으라"는 것입니다.

삼위일체의 제1위인 하나님 아버지께서는, 구하는 자에게 '하나님 아버지의 응답'을, 구하는 자가 기도하는 중에 즉 믿음의 세계 곧 이미 구하는 자의 마음속에 와 있는, 하나님 나라 안에서 구하는 즉시 주십니다. 하나님 아버지께서 이미 우리 마음속에 와 있는 하나님 나라 안에서 응답으로 주신 '하나님 아버지의 응답'이, 구하는 자가 처한 현실

세계(real world)에서 구하는 자가 '느끼고' '생각하고' '뜻'을 정하는, 다시 말하면 현실세계에서 구하는 자의 '지정의'(知情意) '체계'(體系: system)로, '예'(yes)나 '아니요'(no)나 '기다림'(wait) 중에서 하나가 믿음의 확신으로 마음에 와 닿을 때까지, 계속해서 반복적으로 끊임없이 구하라는 것입니다. 이때 믿음의 확신으로 마음에 와 닿는 것이 있으면, 그것이 '하나님 아버지의 응답'입니다. 보통은 여기에서 기도가 끝납니다.

그런데 여기에서 끝내지 마시고 이 응답을 가지고 어떻게 하면 하나님 나라와 하나님의 의를 이룰 수 있을까를 생각하면서 하나님 성령의 도우심과 인도하심을 받는 가운데, 즉 성령님의 조명 하에, 구하는 자가 능동적으로 삼위일체의 제2위인 하나님 성자의 기록된 말씀인 성경말씀 중에서, 그 '하나님 아버지의 응답'에 해당하는 '기록된 말씀'(written word)인 '로고스'(logos)를 찾아내라는 것입니다. 그러면 기도의 제1단계에서 받은 '믿음의 확신'이, 기도 제2단계에서 하나님 성자의 말씀으로 좀 더 구체화됩니다. 이것이 '약속의 말씀'(the word of promise)입니다. 이를 '응답의 말씀'(the word of answer)이라고도 합니다.

이 약속의 말씀을 기점으로 성경 전체에서, 그의 해당 책에서, 그의 장에서, 그리고 그의 문단에서, 문맥의 흐름을 따라 깊이 생각하고 묵상하면, 성령의 조명하에 해당 주제(主題: theme)와 그의 주제어(主題語: key word)를 찾아낼 수 있습니다. 그로부터 본문(text) 속에 있는 성경말씀의 삶의 정황과 그에 대한 하나님 아버지의 생각과 느낌과 뜻 및 이들의 응집체인 하나님 아버지의 마음을 깨달아 알게 됩니다. 그 하나님의 마음에 덧입혀진 성경 속의 하나님의 말씀이 '로고스'(logos)입니다. 즉 이 로고스 속에 있는 하나님의 마음이 활성화되어 구하는 자로

하여금 행동을 일으키게 하는 성경 속의 '하나님의 말씀', 즉 이 '로고스'(logos)가 기도의 최종열매를 맺을 때까지 '주된 흐름'(main stream)을 끌고 갑니다. 이 로고스를 찾아내면 기도 제2단계 "찾으라 그리하면 찾아낼 것이요"라는 기도의 단계가 끝난 것입니다. 그러나 바라고 원하는 것은 여기에서 끝내지 마시고 한 걸음 더 나아가 이 로고스의 말씀을 가지고 계속 묵상하면서 "두드리라"는 기도 제3단계로 이어가라는 것입니다.

기도의 제3단계인 "두드리라"에서 성령님의 도우심과 인도함을 받는 가운데, 즉 성령님의 조명 하에 기도 제2단계 "찾으라"에서 '찾아낸 로고스'와, 그 로고스의 문맥에 따른 성경말씀의 정황에 대한 하나님 아버지의 마음을 깨달을 후, 기도 제3단계 "두드리라 그리하면 열릴 것이니"에서, 기도하는 자가 청원한 것들의 '삶의 정황'(sitz im leben: german)을 놓고 깊이 묵상하면 청원한 것들의 삶의 정황에 대한 하나님의 마음이, 그 로고스의 문맥에 따른 성경말씀의 정황에 대한 하나님 아버지의 마음에 덧입혀져서, 그 현장의 삶의 정황에 대한 하나님 아버지의 마음을 더욱 깊이 깨달아 알게 됩니다. 이때 두드리는 자의 마음에 떠오른 하나님의 말씀, 그것이 '레마'(rema / 헬라어-ῥῆμα)입니다. 이것이 기도 제3단계 "두드리라"의 응답입니다. 즉 기도 제2단계에서 찾아낸 로고스의 문맥에 따른 성경말씀의 정황에 대한 하나님 아버지의 마음에다가, 기도 제3단계 "두드리라"에서 '두드리는 자'가 청원한 것들에 대한 하나님 아버지의 마음이 덧입혀져, 그 겹쳐진 하나님 아버지의 마음이 성경 속의 하나님의 말씀으로 형체화(形體化: bodily form)된 것이 레마라는 것입니다. 그래서 로고스 속에 있는 하나님 아버지의 마음이 레마의 마음의 중심에 좌정(坐定: seat)하고 계신 것입니다.

기도 제3단계의 삶의 정황은 시시때때로 변하는 변화무쌍(變化無雙)한 현실세계이므로, 그에 따라 임하는 하나님의 말씀도 수시(隨時)로 변할 수 있습니다. 왜냐하면 변화에 대응하는 말씀이어야 하기 때문입니다. 그러나 그 중심(中心)에는 기도 제2단계에서 찾아낸 로고스(logos) 속에 있는 하나님 아버지의 마음이 좌정하고 있어서 주노선(主路線: main stream)은 변하지 않습니다. 그래서 레마의 하나님 말씀은 기도 제2단계에서 찾아낸 로고스의 하나님의 말씀과 같을 수도 있고 다를 수도 있습니다. 그러나 기도 제3단계 초기에는 로고스와 레마의 말씀이 대부분 동일합니다.

로고스(logos)와 레마(rema)의 차이점을 집약(集約: compaction)해서 설명하면, 로고스는 본문(the text of scripture) 속에 있는 하나님의 마음에 덧입혀져서 그 하나님의 마음이 성경말씀으로 형체화(形體化: bodily form)된 것으로, 이 로고스는 기도 제3단계에서 하나님 아버지의 마음을 열게 하는 두드림(nock)이 됩니다. 그리고 레마는 '그때 거기'(then and there)에 있는 그 현장(現場)에 대한 하나님의 마음이 기도 제2단계에서 찾아낸 로고스 속에 있는 하나님 아버지의 마음에 덧입혀져 겹쳐지고, 그 겹쳐진 하나님 아버지의 마음이 성경말씀으로 형체화(形體化: bodily form)된 것으로, 그 레마는 그 현장(現場)의 문을 여는 열쇠이면서 또한 그 현장의 제반(諸般) 상황(狀況: circumstances)과 '삶의 정황'(Sitz im Leben-German)을 하나님 아버지의 뜻대로 이끌어가는 행위자(行爲者: doer)로서의 하나님 말씀입니다.

이 '레마'(rema / 헬라어-ῥῆμα)의 말씀으로 계속 기도하면서 기도의 응답을 이루어가면, 육신의 세계일지라도 하나님 아버지의 기도 응답이 삼위일체의 제1위인 하나님 아버지께서 정한 때(time)와 시기(season), 즉 '카이로스'(καιρός) 시간에 가시적(可視的)으로 이루어져 응답의 실체를 보게 됩니다. 여기서 말하는 때(time)와 시기(season)는 세상에서 말하는 때와 시기, 즉 '크로노스'(χρόνος) 시간이 아닙니다. 그래서 때로는 기다림이 요구되는 것입니다. 실로 하나님 아버지께서는 '노우-웬'(KnowWhen)을 주관하시는 분임을 깨닫게 됩니다.

기도하는 자가 기도 제3단계에서 기도응답으로 받은 '레마'를 가지고, 이 땅에 있는 현실세계(real word)에서, 하나님 아버지께서 주신 기도의 응답을 실현해 내는 것입니다. 성령의 도우심과 인도하심으로 말입니다. 이렇게 되면 기도 제1단계로부터 기도 제3단계에 이르는 기도의 전 과정을 통한 기도의 응답이 완성되는 것입니다. 하나님 아버지께서 기도의 응답이 현실로 나타난 것을 볼 때 무엇이라 말씀하시겠습니까? "보기에 참 좋다"라고 말씀하시지 않겠습니까? 그리고 기도한 당사자에게는 "너는 내 사랑하는 아들(딸)이요, 네 안에서 내가 기뻐하노라"(Thou art my beloved son(daughter); in thee I am well pleased.)고 칭찬해 주시지 않겠습니까? 이것이 우리가 바라는 기도의 표상(表象: model)이 되었으면 좋겠습니다. 하나님께 영광을 돌리면서 말입니다.

그래서 기도는 항상 현재형이나 현재 진행형으로 해야 하며, 현실 세계에서 기도의 응답이 온전히 이루어졌을 때 비로소 끝나는 것입니다. 그러므로 공적인 기도나 개인 기도를 할 때 "예수님의 이름으로 기도했습니다"라고 과거형이나 완료형으로 기도를 마치면 그것은 잘못된 표현이 되는 것입니다.

Ⅷ. 소원(所願)과 축원(祝願)

기도의 대전제는 기도하는 자의 마음속에서 우선 하늘에 계신 하나님 아버지의 이름이 거룩히 여김을 받으셔야 하며, 기도하는 자의 마음에 하나님 아버지의 나라가 임해야 되고, 기도하는 자 자신이 하나님 아버지의 뜻을 이 땅에서 이루며 살고자 하는 의지(意志: will)가 있어야 한다는 것입니다.

앞에서 살펴본 바와 같이 "구하라, 찾으라, 두드리라"는 기도의 3단계에서 하나님 성령의 도우심과 인도하심, 그리고 하나님 성령의 조명 없이는 기도로 이루어질 수 있는 것이 하나도 없음을 우리는 깊이 깨달았습니다. 이 땅에서 살고 있는 우리의 현실세계에서 우리의 삶의 정황을 낱낱이 알고 계시며 섭리하시는 삼위일체인 하나님께서 때와 시기는 삼위일체의 제1위(位)이신 하나님 아버지께서, 무엇을 할 것인가는 제2위(位)이신 하나님 성자께서, 어떻게 할 것인가는 제3위(位)이신 하나님 성령께서 주관하심을 깨달았습니다. 즉 '노우-웬'(KnowWhen)은 하나님 아버지께서, '노우-왓'(KnowWhat)은 하나님 성자께서, '노우-하우'(KnowHow)는 하나님 성령께서 주관하심을 깨달은 것입니다.

예수님의 명령 "구하라, 찾으라, 두드리라"를 따라 기도함으로 말미암아 기도의 진수를 매일매일 더욱 깊이 체험할 수 있기를 바랍니다. 기도 제1단계에서 기도응답에 대한 '믿음의 확신'과, 그 믿음을 더욱 공고히 하는 믿음의 확신에 대한 확인 증거(the witness of confirmation)를 살펴보았습니다. 기도 제2단계에서 창세기 1장 1절로부터 요한계시록 22장 21절까지를 쭉 훑어볼 때 마음에 떠오른 하나님의 '약속의 말씀'(the

Word of Promise)과, 그 약속의 말씀이 속해 있는 성경 본문의 삶의 정황과, 그에 대한 하나님 아버지의 마음을 살펴보았습니다. 또한 기도 제2단계에서 이 하나님 아버지의 마음을 밖으로 표출한 하나님의 말씀인 로고스를 찾아냈습니다.

청원에 대한 하나님 아버지의 응답을 실현(實現)하기 위해서는 '무엇'(what)을 '어떻게'(how) 할 것인가가 중요한데, 이는 기도 제2단계에서 찾아낸 '로고스'가 '무엇'(what)을 할 것인가를 알려 줍니다. 즉 로고스를 통해서 '노우-왓'(KnowWhat)을 알게 되고 그에 따라 '무엇을 할 것인가?'라는 방향(direction)과 그에 이르는 길(way)이 결정(set up)됩니다. 그래서 '로고스' 하면 딱 '노우-왓'(KnowWhat)이 떠오릅니다. 그런데 '어떻게'(how)할 것인가는 레마(rema / 헬라어-ῥῆμα)와 직접 연결되어 있습니다.

기도 제3단계 "두드리라"에서, 기도자가 청원한 것들의 삶의 현장의 문제를 기도 제2단계에서 찾아낸 로고스를 가지고 두드릴 때, 하나님 아버지께로부터 받는 것이 '레마'입니다. 기도자는 이 레마를 가지고 현실세계(現實世界)에 있는 청원한 것들의 현장(現場)의 문을 열고 들어가, 그 현실 속에서 하나님 아버지의 마음을 가지고 하나님 아버지의 뜻을 이루어냅니다. 그래서 '레마' 하면 '노우-하우'(KnowHow)가 연상됩니다.

레마는 '그때 거기'(then and there)에 있는, 그 현장(現場)에 대한 하나님 아버지의 마음에 성경 속의 말씀이 덧입혀져 형체화(形體化: bodily form)된 하나님의 말씀입니다. 여기서 그 현장(現場)에 대한 하나님 아버지의 마음은 기도 제2단계에서 찾아낸 로고스 속의 하나님 아버지의 마음에 기도 제3단계 "두드리라"에서 '두드리는 자'가 현실세계에서 청원한 것들의 현장에 대한 하나님 아버지의 마음이 덧입혀져 겹쳐진 것이고, 그 겹쳐진 하나님의 마음이 성경말씀으로 형체화된 것이 레마입니다.

레마는 그 현장(現場)의 문을 여는 열쇠(key)이면서, 또한 그 현장(現場)의 제반(諸般) 상황(狀況: circumstances)과 그 상황의 삶의 정황(Sitz im Leben: German)을 하나님 아버지의 뜻대로 이끌어 가는 하나님의 말씀입니다. 좀 더 쉽게 설명하면, 원래 레마는 하나님 아버지께서 현장을 보셨을 때 일어나는 하나님 아버지의 생각을 표현한 성경의 말씀인데, 기도 제3단계에서 말하는 레마는 하나님 아버지께서 기도 제2단계에서 찾아낸 로고스의 관점을 가지고 청원한 것들의 현장을 보았을 때 일어나는 생각을 표현한 성경의 말씀입니다.

기도 제2단계의 로고스와 기도 제3단계의 레마가 기도 제3단계 초기에는 대부분 동일(同一)하나 시간이 흐름에 따라 현장의 상황과 정황이 성경의 본문 속에 있는 삶의 정황(sitz im leben: german)과 다르게 변할 수 있기 때문에 어떤 경우에는 기도 제2단계의 '로고스'와 기도 제3단계의 '레마'가 상이(相異)할 수 있습니다. 로고스와 레마는 하나님 아버지의 마음이 성경말씀으로 형체화된 것은 동일하나 하나님 아버지의 마음이 임(臨: presence)하는 작용점(作用點: point of action)이 로고스는 성경본문(the text of scripture) 속에 있고, 레마는 청원하는 것들의 현장 속에 있다는 것이 다른 점입니다.

기도 제3단계에서 기도자는 그가 당면(當面)한 삶의 정황에 대한 하나님의 마음과, 그 하나님의 마음의 표현으로서 성경말씀인 삶의 정황에 대한 '레마'를 하나님 아버지께로부터 수시로 받습니다. 때로는 기도자의 생각에 레마가 갑자기 떠오르기도 합니다. 수시로 바뀌는 기도자의 삶의 정황일지라도 기도 제2단계에서 찾아낸 로고스(logos)의 근본적인 방향(direction)과 길(way)은 변하지 않습니다. 그래서 때에 따라서는 우회도로(迂廻道路)를 갈 경우가 있을지라도, 최종 기도의 결실에 이르는 로고스의 길(way)을 따라가면서 기도 제3단계에서 받은 레마로 시시(時時)때때로 부딪치는 삶의 정황에서 기도의 응답을 온전히 이루어내는 기도의 묘미를 체험적으로 깨달을 수 있습니다. 마치 내비게이터(navigator)로 길을 찾아갈 때 길을 잘못 들어도 곧 수정하여 찾아갈 수 있는 것처럼 말입니다.

사랑하는 형제자매 여러분!

기도 제1단계 "구하라"에서 청원자의 마음에 와 닿은 '믿음의 확신'과 '확신의 증거'로서의 '약속의 말씀' 및 기도 제2단계 "찾으라"에서 찾아낸 로고스를 가지고 본문으로부터 깨달은 하나님 아버지의 마음, 그리고 기도 제3단계 "두드리라"의 본문에서 깨달은 하나님 아버지의 마음을 가지고 현장을 볼 때, 청원자의 마음에 임한 레마에 의해 하나님의 뜻이 현실세계에서 이루어져 가는 기도의 위용과 묘미와 신비를 체득하시기를 바랍니다.

기도 제3단계 "두드리라"에서 시시때때로 변하는 현장의 상황, 그때 그곳의 삶의 정황에 대한 하나님의 말씀인 레마를 통하여 기도 응답이 이 땅에서 세밀(細密)하게 이루어지는 모습을 그려 보면서 더욱 힘을 낼 수 있기를 바랍니다. 기도 중에 하나님 아버지와 하나님 성자와 하나님 성령과 각각 깊은 교제가 이루어져 삼위일체의 하나님의 영광을 구체적으로 직접 체득하는 우리 모두가 되기를 기원합니다. 결과적으로 하나님 아버지께서 우리에게 주신 기도 응답이 이 땅에서 이루어진 실체를 하나님 아버지께서 보실 때, 하나님 아버지께로부터 "참 잘했다"는 칭찬의 말씀을 들을 수 있기를 바랍니다. 그래서 누가복음 3장 22절의 말씀과 같이 "내가 네 안에서 기뻐하노라"(In thee I am well pleased.)는 말씀으로 우리의 기도 응답이 마무리되면서, 우리 모두가 하나님 아버지께 더욱 감사할 수 있기를 축원합니다.

신약성경
New Testament

제3부

천국은 침노를 당하나니(마 11:7-15)

The Kingdom of Heaven Suffereth Violence(Mat. 11:7-15)

천국은 침노를 당하나니

(The Kingdom of Heaven Suffereth Violence)

"세례 요한의 때부터 지금까지 천국은 침노를 당하나니
침노하는 자는 빼앗느니라"
(마 11:7-15 중에서 마 11:12)

마태복음 11장 12절의 "세례 요한의 때부터 지금까지 천국은 침노를 당하나니 침노하는 자는 빼앗느니라"는 말씀은 1970~80년대에 복음전도나 교회성장을 위한 교육훈련 시에 많이 활용된 말씀인데, 필자의 경우에는 성경말씀과 선포되는 말씀이 일치하지 않는 것 같아 납득하기 어려웠습니다. 그래서 여러 가지 문헌을 찾아보았습니다. 결국 이 마태복음 11장 12절이 마태복음서에서 해석하기 힘든 구절 중의 하나로 정평이 나 있다는 것을 알게 되었습니다. 왜냐하면 마태복음 11장 12절에서 '침노를 당하나니'로 번역된 헬라어 '비아제타이'(βιάζεται)가 헬라어에서 중간태(middle voice)로도 볼 수 있고 수동태(passive voice)로도 볼 수 있는가 하면, '침노하는 자'라고 번역된 헬라어 '비아스타이'(βιασταὶ)와 '빼앗느니라'고 번역된 헬라어 '하르파주신'(ἁρπάζουσιν)이라는 두 개의 동사를 나타내는 단어가 긍정적(肯定的: positive)인 의미로 해석할 수도 있고 부정적(否定的: negative)인 의미로도 해석할 수 있어, 이 세 개의 단어에 대한 해석 여하에 따라 그 뜻이 달라질 수 있기 때문입니다. 이것이 번역본(translated version)에 따라서 그의 내용이 상이(相異)한 이유였습니다.

예를 들면 한글성경 중에서 개역성경과 개역개정성경은 "세례 요한의 때부터 지금까지 천국은 침노(侵擄)를 당하나니 침노하는 자는 빼앗느니라"고 하였으며, 공동번역성경은 "세례자 요한 때로부터 지금까지 하늘나라는 폭행을 당해 왔다. 그리고 폭행을 쓰는 사람들이 하늘나라를 빼앗으려고 한다"라고 번역한 반면에, 표준새번역성경은 "세례자 요한 때로부터 지금까지, 하늘나라는 힘을 떨치고 있다. 그리고 힘을 쓰는 사람들이 그것을 차지한다"라고 번역하였습니다. 한글개역성경과 한글개역개정성경 및 공동번역성경은 하나님 나라가 세상 나라로부터 침공을 받는다고 본 반면에, 표준새번역성경은 하나님 나라가 세상 나라를 침공하는 것으로 본 것입니다.

영어성경에서도 흠정역영어성경(KJV)에서는 "And from the days of John the Baptist until now the kingdom of heaven suffereth violence, and the violent take it by force."로, 미국표준역영어성경(ASV)에서는 "And from the days of John the Baptist until now the kingdom of heaven has suffered violence, and men of violence take it by force."로 하나님 나라가 폭력에 시달리는 것으로 본 반면에, 국제표준역영어성경(NIV) 1995년도 판(edition)에서는 "From the days of John the Baptist until now, the kingdom of heaven has been forcefully advancing, and forceful men lay hold of it."로 하나님 나라가 세상 나라로 뻗쳐나가 팽창하는 것으로 번역하였습니다. 그런데 국제표준역영어성경(NIV) 2011년도 판(edition)에서는 "From the days of John the Baptist until now, the kingdom of heaven has been subjected to violence, and violent people have been raiding it."로 이전과는 반대로 하나님 나라가 세상 나라에 의해서 폭행을 당하는 것으로 번역하였습니다.

그래서 헬라어 성경을 자세히 살펴볼 필요가 있습니다. 헬라어 성경 마태복음 11장 12절을 보면 "아포 데 톤 헤메론 이오안누 투 밥티스투 헤오스 아르티 헤 바실레이아 톤 우라논 비아제타이 카이 비아스타이 하르파주신 아우텐"(ἀπὸ δὲ τῶν ἡμερῶν Ἰωάννου τοῦ βαπτιστοῦ ἕως ἄρτι ἡ βασιλεία τῶν οὐρανῶν βιάζεται καὶ βιασταὶ ἁρπάζουσιν αὐτήν)이라고 기록되어 있습니다. 해석의 편의를 위하여 이를 "아포 데 톤 헤메론 이오안누 투 밥티스투 헤오스 아르티"(ἀπὸ δὲ τῶν ἡμερῶν Ἰωάννου τοῦ βαπτιστοῦ ἕως ἄρτι)와, "헤 바실레이아 톤 우라논 비아제타이"(ἡ βασιλεία τῶν οὐρανῶν βιάζεται) 및 "카이 비아스타이 하르파주신 아우텐"(καὶ βιασταὶ ἁρπάζουσιν αὐτήν)의 세 부분으로 나누어 살펴보겠습니다.

I. 헬라어 성경 마태복음 11장 12절

헬라어 성경 마태복음 11장 12절의 전반부에 있는 "아포 데 톤 헤메론 이오안누 투 밥티스투 헤오스 아르티"(ἀπὸ δὲ τῶν ἡμερῶν Ἰωάννου τοῦ βαπτιστοῦ ἕως ἄρτι)에서 헬라어 '아포'(ἀπο)는 전치사(preposition)로 우리말로는 '~로부터', 영어로는 'from'을 나타내며, '데'(δὲ)는 헬라어 등위접속사(等位接續詞: coordinate conjunction)로 우리말로는 '그러나', '그리고', 영어로는 'but', 'and'를 나타내며, 헬라어 '톤'(τῶν)은 정관사(definite article)로 우리말로는 '그', 영어로는 'the'를 나타내며, 헬라어 '헤메론'(ἡμερῶν)은 여성 명사(noun feminine)로 우리말로는 '날들', '일자들', 영어로는 'days'를 나타내며, 헬라어 '이오안누 투 밥티스투'(Ἰωάννου τοῦ βαπτιστοῦ)는 인명(人名)을 나타내는 명사(noun)로 우리말로는 '세례 요한', 영어로는 'John the Baptist'를 나타내며, 헬라어 '헤오스'(ἕως)는 헬라어 전치사(preposition)로 우리말로는 '~까지', 영어로는 'until'을 나타내며, 헬라어 '아르티'(ἄρτι)는 헬라어 형용사적 부사(adjectival adverb)로 우리말로는 '지금', 영어로는 'now'를 나타냅니다. 그래서 이를 번역하면 "그리고 세례 요한의 날들로부터 지금까지"가 됩니다. 이것은 별로 문제가 되지 않습니다.

그러나 헬라어 성경 마태복음 11장 12절에 있는 우리말로 "천국은 침노(侵擄)를 당하나니"(한글개역성경)로, 영어로 "the kingdom of heaven suffererth violence"(KJV)로 번역된 헬라어 "헤 바실레이아 톤 우라논 비아제타이"(ἡ βασιλεία τῶν οὐρανῶν βιάζεται)와, 우리말로 "침노하는 자는 빼앗느니라"(한글개역성경)로, 영어로 "and the violent take it by force"(KJV)로 번역된 헬라어 "카이 비아스타이 하르파주신 아우텐"(καὶ βιασταὶ ἁρπάζουσιν αὐτήν)의 번역에서는 그렇게 간단하지 않습니다. 그래서 헬라어 성경 마태복음 11장 12절의 중간부분에 있는 "헤 바실레이아 톤 우라논 비아제타이"(ἡ βασιλεία τῶν οὐρανῶν βιάζεται)를 ①번 절(phrase)로, 헬라어 성경 마태복음 11장 12절의 마지막 부분에 있는 "카이 비아스타이 하르파주신 아우텐"(καὶ βιασταὶ ἁρπάζουσιν αὐτήν)을 ②번 절(phrase)로 명명(命名)하여 좀 더 자세히 살펴보겠습니다.

Ⅱ. 문제의 핵심 단어

본문에서 문제가 되는 것 중의 하나는 ①번 절(clause)의 "침노를 당하나니"로 번역된 헬라어 '비아제타이'(βιάζεται)가 헬라어에서 중간태(middle voice)로도 볼 수 있고 수동태(passive voice)로도 볼 수 있는가 하면, ②번 절(clause)의 헬라어 '비아스타이'(βιασταὶ)와 헬라어 '하르파주신'(ἁρπάζουσιν)이라는 두 개의 단어가 긍정적(肯定的: positive)인 의미로 해석할 수도 있고 부정적(否定的: negative)인 의미로도 해석할 수 있어, 이 세 개의 단어에 대한 해석의 방향이 근본적인 문제가 되는 것입니다. 여기서 우리말로 "천국은 침노(侵擄)를 당하나니"(한글개역성경), 영어로 "the kingdom of heaven suffererth violence"(KJV)로, 헬라어로 "헤 바실레이아 톤 우라논 비아제타이"(ἡ βασιλεία τῶν οὐρανῶν βιάζεται)로 나타낸 ①번 절(clause)에서 헬라어 '비아제타이'(βιάζεται)라는 말은 '강제로 들어가다' 또는 '폭력을 쓰다'라는 헬라어 '비아조'(βιάζω)에 직설법 현재 중간태 또는 수동태 3인칭 단수(indicative present middle or passive third person singular)를 취할 수 있는 헬라어 동사(verb)입니다. 여기서 보는 바와 같이 헬라어 비아조(βιάζω)에서 유래된 헬라어 '비아제타이'(βιάζεται)는 중간태(middle voice)로도 볼 수 있고 수동태(passive voice)로도 볼 수 있습니다. 그래서 문제가 발생하는 것입니다.

헬라어 동사(verb)에서 중간태(middle voice)란 주어(主語: subject), 즉 동사(verb)의 주체(主體)가 자기자신(自己自身)에게 그 동사(verb)의 '행위결과'(行爲結果)가 미치게 하는 경우로서 직접 중간태(direct middle voice)와 간접 중간태(indirect middle voice)의 두 가지 경우가 있습니다. 직접 중간태란 "행위의 결과가 자기 자신에게 직접 미치는 것으로"(as acting directly on himself), 예를 들면 영어로 "I wash myself"라고 말할 때 "I wash myself."라는 문장의 동사(verb)인 'wash'가 그 동사(verb)의 주어(subject)인 '나'(I)에게 직접적인 영향을 미치는 것과 같은 것으로 '내가 내 자신을 씻는다'라는 뜻으로 '내가 목욕한다'라는 것입니다.

간접 중간태(indirect middle voice)란 '행위 결과'(行爲)結果)가 자기 자신에게 간접적으로 영향을 미치는 것으로(as acting 'for himself'/as acting 'for his own interest'), 예를 들면 "I buy it for myself."에서 전치사 'for'를 사용하여 자기자신(自己自身)에게 미치는 영향을 간접적으로 나타내는 경우입니다. ①번 절(clause)의 헬라어 "헤 바실레이아 톤 우라논 비아제타이"(ἡ βασιλεία τῶν οὐρανῶν βιάζεται)를 간접 중간태(indirect middle voice)로 쓴 것으로 보고, 이를 간접 중간태(indirect middle voice)로 해석하면 우리말로 "천국은 천국 자신을 위하여 강력한 힘을 쓴다"라고, 영어로는 "the kingdom of heaven has been violating for the kingdom of heaven itself"라고 말할 수 있습니다. 이를 우리말로 번역한 표준새번역성경에서는 "하늘나라는 힘을 떨치고 있다"라고 번역하였으며,

1995년도 국제표준역영어성경(NIV)에서는 "the kingdom of heaven has been forcefully advancing"이라고 번역했습니다. 즉 천국 자신이 강력한 힘을 가지고 팽창해 나간다는 뜻으로 번역한 것입니다.

그러나 헬라어 '비아제타이'(βιάζεται)를 수동태(passive voice)로 볼 때는 '천국이 공격을 당하는 것'으로 봅니다. 한글개역성경이나 한글개역개정성경이 이렇게 보아 "천국은 침노를 당하나니"로 번역하였습니다. 흠정역영어성경(KJV)도 이런 입장을 취하여 "the kingdom of heaven suffererth violence"라고 번역하였으며, 미국표준역영어성경(ASV)도 이런 입장을 취하여 동일하게 "the kingdom of heaven suffereth violence"라고 번역하였습니다. 국제표준역영어성경(NIV)에서는 1995년도에 중간태(middle voice)로 번역하여 "the kingdom of heaven has been forcefully advancing"으로 번역하였던 것을 2011년도에는 이를 수동태(passive voice)로 보아 "the kingdom of heaven has been subjected to violence"로 중간태(middle voice)로부터 수동태(passive voice)로 바꾸어 번역하였습니다.

본문에서 문제가 되는 다른 하나는 ②번 절(clause)의 우리말로 "침노하는 자는 빼앗느니라"(한글개역성경), 영어로 "and the violent take it by force"(KJV), 헬라어로 "카이 '비아스타이'(βιασταὶ) 하르파주신 아우텐"(καὶ βιασταὶ ἁρπάζουσιν αὐτήν)이라고 쓰인 절(clause)에서 헬라어 명사 '비아스타이'(βιασταὶ)라는 말입니다. 헬라어 명사 비아스타이는 헬라어 명사 '비아스테스'(βιαστής)에 주격 남성 복수(nominative masculine plural)를 취한 헬라어 명사(noun)입니다. 헬라어 비아스테스라는 말은 헬라어 동사(verb)인 헬라어 '비아조'(βιάζω)라는 말에서 유래한 명사입니다. 이는 복수명사(複數名詞: plural noun)를 나타내는 것으로 하나가 아닌 여러 사람이라는 뜻이며 이를 정확히 번역하면 '침노하는 사람들'이 됩니다. 이는 ①번 절(clause)에서 언급한 '비아제타이'(βιάζεται)의 헬라 원어(原語) 비아조에서 유래한 명사(名詞: noun)로서, 긍정적인 의미로 사용된 말로 볼 수도 있고 부정적인 의미로 사용된 말로 볼 수도 있습니다.

이를 긍정적인 의미로 쓰였다고 보는 사람들은 '용기 있는 자들' 또는 '몹시 단호한 사람들'이라고 봅니다. 마치 "임박해 오는 하나님의 천국을 전파하기 위하여 사탄(불순종의 영)이 지배하는 세상 나라를 향하여 돌진하는 강력한 제자들"로 이해할 수 있습니다. 이런 경우 이들은 "예수님의 부르심을 받고 생업뿐만 아니라 가족까지도 버리고 예수님을 좇는 사람들"을 가리킵니다. 그러나 이를 부정적인 의미로 쓰였다고 보는 사람들은 긍정적으로 보는 경우와는 반대로 '침노하는 자들' 또는 '폭력적인 사람들'로 보는 것으로서 '예수님을 대적하는 자들'입니다. 구체적으로는 '바리새인들, 악한 영들, 그들을 따르는 무리들, 세례 요한과 예수님에 대하여 적대감을 가졌던 모든 사람들'로 보는 것입니다.

본문에서 문제가 되는 또 다른 하나는 ②번 절(clause)에서 사용된 헬라어 '하르파주신'(ἁρπάζουσιν)이라는 헬라어 동사(verb)입니다. 이 동사(verb)는 우리말로 '낚아채다' 또는 '잡아끌다'라는 뜻으로 헬라어 동사 '하르파조'(ἁρπάζω)에 직설법 현재 능동태 3인칭 복수(indicative present active third person plural)를 취한 헬라어 동사(verb)입니다. 이 헬라어 동사인 '하르파주신'(ἁρπάζουσιν)도 긍정적인 의미로 사용된 말로 볼 수도 있고 부정적인 의미로 사용된 말로 볼 수도 있습니다. 그래서 문제가 되는 것입니다.

본문에서 문제가 되는 마지막 하나는 마태복음 11장 12절의 헬라어 '아우텐'(αὐτήν)인데, 이 헬라어 아우텐은 '그', '그 남자', '그 여자', '그것' 등을 나타내는 헬라어 대명사(pronoun)인 헬라어 '아우토스'(αὐτός)에 대명사 목적격 여성 단수(pronoun accusative feminine third person singular)를 취한 헬라어 대명사(pronoun)이기 때문에, 여성명사(noun feminine)로 나타내는 마태복음 11장 12절의 중간(中間)에 있는 천국(the kingdom of heaven)을 지칭(指稱: designate)한다고 보아야 합니다.

Ⅲ. 문제의 핵심 요약

긍정(肯定: positive)과 부정(否定: negative)의 취사선택(取捨選擇)의 관점(point of view)에 따라 각각의 절(clause)이 의미하는 바의 내용을 자세히 분석한 후, 각각의 특징을 조합하여 큰 묶음으로 나누어 보면 다음의 네 가지로 요약할 수 있습니다.

A: ①번과 ②번 모두를 긍정적으로 보는 경우,
B: ①번과 ②번 모두를 부정적으로 보는 경우,
C: ①번은 부정적으로 보지만 ②번은 긍정적으로 보는 경우,
D: ①번은 긍정적으로 보지만 ②번은 부정적으로 보는 경우

헬라어 원문상 이 네 가지 경우의 해석이 다 가능합니다. 그러므

로 어느 특정한 성경 본문을 해석할 때에는 성경 전체(whole bible)의 관점에서, 그 책(book)의 관점에서, 그 장(chapter)의 관점에서, 그 문단(paragraph / periocpe)의 관점에서, 그 절(phrase)의 관점에서 그 단어(word)를 해석하여야 합니다. 여기서 그 단어의 의미(meaning)를 긍정적(肯定的: positive)으로 볼 것이냐 아니면 부정적(否定的: negative)으로 볼 것이냐가 중요합니다.

앞에서 설명한 C와 D의 경우는 ①번과 ②번을 긍정(肯定)과 부정(否定)의 교차(交差)로 보는 것으로서 수사학(修辭學: rhetoric)에서 동일한 말을 반복하지만 그 내용이 반대이거나 또는 다른 경우를 나타내는 'antanaclasis'의 전형적인 하나의 예(example)로 보는 것입니다. 여기서 'antanaclasis'란 영어로 'reflection'을 나타내는 말로 'æntəˈnækləsɨs/ant–ə–nak–lə–sis'로 읽는 단어(word)인데, 이는 헬라어 '안타나클라시스'(ἀνταναάκλασις)에서 나온 말입니다. 이는 영어로 'against'에 해당하는 헬라어 전치사(preposition)인 '안티'(ἀντί)와 영어로 'up'에 해당하는 헬라어 전치사(preposition)인 '아나'(ἀνά)와 영어로 'breaking'에 해당하는 헬라어 명사(noun)인 '클라시스'(κλάσις)의 합성어(合成語)입니다. 즉 헬라어 '안티(ἀντί) + 아나(ἀνά) + 클라시스(κλάσις)'라는 말입니다. 그 뜻은 동어이의(同語異義: 같은 말인데 그 뜻을 다르게 나타내는 말)를 나타냅니다. 예를 들면 셰익스피어(Shakespeare)의 《오델로》(*Othello*)에서 "Put out the light, then put out the light…"에서 첫 번째 'light'는 '촛불을 끈다'(extinguish the candle)라는 뜻이고, 두 번째 'light'는 '데스데모나의 생명을 끊는다'(end Desdemona's life)라는 뜻으로, 같은 말이지만 그 의미하는 바 '뜻'(meaning)이 다른 것을 말합니다.

이렇게 해석하거나 번역하는 경우는 헬라어 성경 마태복음 11장 12절에서 문제가 되는 ①번의 "침노를 당하나니"로 번역된 헬라어 '비아제타이'(βιάζεται)라는 말과 ②번의 헬라어 '비아스타이'(βιασταὶ)라는 말이 헬라어 '비아조'(βιάζω)에서 파생한 말들이기는 하지만, ①번과 ②번에서 하나는 긍정(肯定: positive)인 의미로 다른 하나는 부정(否定: negative)인 의미로 그 뜻을 다르게 나타냈다는 것입니다. 이것은 이론적으로는 가능하지만 필자의 생각으로는 성경 해석에 난맥(亂脈)을 초래할 수 있을 뿐만 아니라 자의적(恣意的)인 해석인 영어로 '아이서지서스'(eisegesis)의 소지(素地: one's original intention)가 있어 수사학(修辭學: rhetoric)에서는 좋은 방법일지 모르나 성경의 해석에서는 바람직하지 않다고 봅니다. 왜냐하면 일관성(一貫性)이 없기 때문입니다. 그래서 본 글에서는 C의 경우와 D의 경우는 배제하고 A와 B의 경우만 살펴보겠습니다.

Ⅳ. 관련 근거

A. ①번과 ②번 모두를 긍정적으로 보는 경우

1. 문헌 조사자들에 의하면 ①번의 헬라어 '비아제타이'(βιάζεται)라는 헬라어 동사(動詞: verb)는 형식상으로는 중간태(middle voice)나 또는 수동태(passive voice)를 나타내지만, 실제적으로는 능동태(active voice)의 역할을 하는 '디포넌트 동사'(deponent verb)인 헬라어 '비아조마이'(βιάζομαι)에서 나왔다는 것입니다. 그뿐만 아니라 이 헬라어 비아조마이는 헬라어 '비아조'(βιάζω)에서 나온 헬라어 디포넌트 동사라는 것입

니다. 그래서 헬라어 동사인 비아제타이(βιάζεται)의 근원(根源: source)은 결국 헬라어 동사인 '비아조'(βιάζω)인 셈입니다. 뿌리가 같다는 이야기입니다. 그런데 성경이나 성경 기자가 성경을 쓰던 시대의 성경 외의 문헌들, 그중에서도 힘(force)에 관련된 문헌들에서는 이 디포넌트 동사(deponent verb)인 헬라어 비아조마이(βιάζομαι)가 수동태(passive voice)보다는 중간태(middle voice) 동사(verb)로 많이 쓰였다는 것입니다.

이를 좀 더 자세히 설명하면 헬라어 '비아제타이'(βιάζεται)가 헬라어 '비아조마이'(βιάζομαι)에서 나왔고, 헬라어 비아조마이(βιάζομαι)가 헬라어 '비아조'(βιάζω)에서 나왔을 뿐만 아니라 이 헬라어 비아조마이(βιάζομαι)가 성경이나, 성경 기자가 성경을 쓰던 시대의 성경 외의 문헌들, 그중에서도 힘(force)에 관련된 문헌들에서는 중간태(middle voice)로 사용되어 긍정적인 의미를 나타냈으니, ①번 절(clause)의 "침노를 당하나니"로 번역된 헬라어 비아제타이(βιάζεται)에서도 중간태로 해석하여 긍정적인 의미를 나타내는 것으로 보아야 하지 않겠느냐 하는 것입니다.

이런 연유로 인하여, 헬라어 '비아제타이'(βιάζεται)는 헬라어 '비아조'(βιάζω)의 직설법 현재 3인칭 단수(indicative present third person singular)로서 중간태(middle voice) 또는 수동태(passive voice)를 취할 수 있지만, 여기서는 앞에서 설명한 바와 같이 헬라어 비아조마이(βιάζομαι)와 같이 중간태를 취한 헬라어 동사로 보아야 한다는 것입니다. 왜냐하면 앞에서 설명한 바와 같이 헬라어 비아제타이(βιάζεται)가 헬라어 비아조마이(βιάζομαι)에서 나왔고, 헬라어 비아조마이(βιάζομαι)도 헬라어 비아조(βιάζω)에서 나왔기 때문입니다. 그런데 성경이나 성경 기자가 성경을 쓰던 시대의 성경 외의 문헌들, 그중에서도 힘(force)에 관련된 문헌들에서는 헬라어 비아조마이(βιάζομαι)가 중간태(middle voice)로 사용되어 긍정적인 의미를 나타내고 있기 때문이라는 것입니다.

그래서 한글개역성경에서 "천국은 침노를 당하나니"로 번역된 마태복음 11장 12절의 중간부분에 있는 ①번 절(phrase)의 헬라어 성경 "헤 바실레이아 톤 우라논 비아제타이"(ἡ βασιλεία τῶν οὐρανῶν βιάζεται)에서 헬라어 '비아제타이'(βιάζεται)를 실제 상황을 고려하여 우리말로는 "천국이 천국 자신을 위하여 힘을 사용하는 것이다"라고, 영어로는 "the kingdom of heaven exercises force for the kingdom itself"라고 보아야 한다는 것입니다. 이것을 '주된 관점'(主觀點: main subject)으로 보아, 한글개역성경에서 "침노하는 자가 빼앗느니라"고 번역된 ②번 절(phrase)의 헬라어 성경 마태복음 11장 12절의 마지막 부분에 있는 "카이 비아스타이 하르파주신 아우텐"(καὶ βιασταὶ ἁρπάζουσιν αὐτήν)도 자동적으로 긍정적(肯定的: positive)인 분위기(雰圍氣: environment) 하(下: under)에서 긍정적인 의미(意味: meaning)로 해석해야 한다고 주장하는 것입니다.

2. 마태복음 11장 12절과 유사한 내용을 말씀하는 누가복음 16장 16절에서 앞에서 언급한 것을 뒷받침하듯 헬라어 '비아제타이'(βιάζεται)가 긍정적인 의미로 쓰였다는 것입니다. 누가복음 16장 16절은 한글개역성경과 한글개역개정성경에서 "율법과 선지자는 요한의 때까지요 그 후부터는 하나님 나라의 복음이 전파되어 사람마다 그리로 침입하느니라"로, 흠정역영어성경(KJV)은 "The law and the prophets were until John since that time the kingdom of God is preached, and every man

presseth into it."로 쓰였습니다. 1995년도 판(edition) 국제표준역영어성경(NIV)은 "The law and prophets were proclaimed until John. Since that time, the good news of the kingdom of God is being preached, and everyone is forcing his way into it."로, 2011년도 판(edition) 국제표준역영어성경(NIV)은 "~their way into it."로, 이 둘의 차이는 1995년도 판에서 "his way into it"가 2011년도 판에서는 "their way into it."로 바뀐 것뿐입니다. 헬라어 성경은 "호 노모스 카이 호이 프로페타이 메크리 이오안누 아포 토테 헤 바실레이아 투 데우 유앙겔리제타이 카이 파스 에이스 아우텐 비아제타이"(Ὁ νόμος καὶ οἱ προφῆται μέχρι Ἰωάννου· ἀπὸ τότε ἡ βασιλεία τοῦ θεοῦ εὐαγγελίζεται καὶ πᾶς εἰς αὐτὴν βιάζεται)로 쓰였습니다. 여기서 마태복음 11장 12절에서 쓰인 것과 동일한 헬라어 비아제타이(βιάζεται)가 누가복음 16장 16절에서 긍정적인 의미(意味: meaning)로서 "사람마다 하나님 나라로 들어온다"라고 쓰였다는 것입니다.

3. 마태복음 11장 12절 앞의 마태복음 11장 2-6절에서 "요한이 옥에서 그리스도의 하신 일을 듣고 제자들을 보내어 예수께 여짜오되 오실 그이가 당신이오니이까 우리가 다른 이를 기다리오리이까 예수께서 대답하여 가라사대 너희가 가서 듣고 보는 것을 요한에게 고하되 소경이 보며 앉은뱅이가 걸으며 문둥이가 깨끗함을 받으며 귀머거리가 들으며 죽은 자가 살아나며 가난한 자에게 복음이 전파된다 하라 누구든지 나를 인하여 실족하지 아니하는 자는 복이 있도다 하시니라"는 말씀으로 예수님과 세례 요한 간의 대화(對話)가 있었기 때문이라는 것입니다. 비록 세례 요한이 자기 제자들을 통한 예수님과의 간접적인 대화이기는 하지만 긍정적인 소식의 대화로 볼 수 있다는 것입니다.

4. 마태복음 11장 5절의 "소경이 보며 앉은뱅이가 걸으며 문둥이가 깨끗함을 받으며 귀머거리가 들으며 죽은 자가 살아나며 가난한 자에게 복음이 전파된다 하라"는 말씀이 이사야 61장에서 말씀하고 있는 것으로서, 이사야 61장에서 말씀하고 있는 '메시아'(Messiah)가 바로 예수님 자신임을 나타내고 있으며, 이사야 61장의 복음이 지금 전파되고, 그 복음의 역사(役事)가 실제로 일어나고 있음을 나타내는 긍정적인 표현이라는 것입니다.

5. 하나님 나라와 그 하나님 나라를 위하여 일하는 사람들은 역동적인 힘을 갖고 있으며, 역동적으로 그 일을 이루어내고 있고, 또 이루어내야 한다는 우리의 잠재적(潛在的)인 통념(通念)의 생각과도 일치한다는 것입니다.

B. ①번과 ②번 모두를 부정적으로 보는 경우

1. 문헌조사자들에 의하면 ②번의 헬라어 '비아스타이'(βιασταὶ)라는 헬라어 명사(noun)는 성경에서는 오직 이 본문에서만 사용된 유일한 단어이며, 성경이 기록될 당시에 성경 외의 다른 문헌에서 긍정적인 의미로 쓰여진 적이 한 번도 없다는 것입니다.

2. 마태복음 11장 12절에 쓰인 ①번 절(phrase)의 헬라어 '비아제타이'(βιάζεται)와 ②번 절(phrase)의 헬라어 '비아스타이'(βιασταὶ)의 어근(語根: source)이 동일한 헬라어 '비아조'(βιάζω)이기 때문에 ②번 절(phrase)에서 부정적(否定的: negative)인 의미로 쓰였으므로 ①번 절(clause)에서도 부정적인 의미로 쓰였다고 보아야 한다는 것입니다.

3. 문헌조사자들에 의하면 ②번의 헬라어 '하르파주신'(ἁρπάζουσιν)은 100% 부정적인 말로 쓰인 것은 아니지만 하나님(성부, 성자, 성령)에 관련된 극히 소수의 경우를 제외하고는 거의 모든 경우에 부정적인 의미로 쓰였다는 것입니다. 특히 마태복음에서는 본문을 제외한 두 곳, 즉 마태복음 12장 29절과 마태복음 13장 19절에서 쓰였는데 이들 모두가 부정적인 의미로 쓰였습니다.

이를 좀 더 자세히 설명하면, 한글개역성경 마태복음 12장 29절의 "사람이 먼저 강한 자를 결박하지 않고야 어떻게 그 강한 자의 집에 들어가 그 세간을 늑탈하겠느냐 결박한 후에야 그 집을 늑탈하리라"(Or else how can one enter into a strong man's house, and spoil his goods, except he first bind the strong man? and then he will spoil his house.-KJV)는 말씀에서 '늑탈하다'라는 말씀과, 한글개역성경 마태복음 13장 19절의 "아무나 천국 말씀을 듣고 깨닫지 못할 때는 악한 자가 와서 그 마음에 뿌리운 것을 빼앗나니 이는 곧 길가에 뿌리운 자요"(When any one heareth the word of the kingdom, and understandeth it not, then cometh the wicked one, and catcheth away that which was sown in his heart. This is he which received seed by the way side.-KJV)라는 말씀에서 '빼앗나니'로 쓰였습니다. 이와 같이 마태복음 12장 29절과 마태복음 13장 19절에서 모두 부정적인 의미로 쓰였다는 것입니다.

이를 헬라어 성경에서도 확인할 수 있습니다. 헬라어 성경 마태복음 12장 29절에서는 "헤 포스 뒤나타이 티스 에이셀데인 에이스 텐 오이키안 투 이스퀴루 카이 타 스큐에 아우투 하르파사이 에안 메 프로톤 데세 톤 이스퀴론 카이 토테 텐 오이키안 아우투 디아르파세이"(ἢ πῶς δύναταί τις εἰσελθεῖν εἰς τὴν οἰκίαν τοῦ ἰσχυροῦ καὶ τὰ σκεύη αὐτοῦ ἁρπάσαι, ἐὰν μὴ πρῶτον δήσῃ τὸν ἰσχυρόν; καὶ τότε τὴν οἰκίαν αὐτοῦ διαρπάσει)라고 쓰였습니다. 여기서 쓰인 헬라어 '하르파사이'(ἁρπάσαι)와 '디아르파세이'(διαρπάσει)가 마태복음 11장 12절에서 쓰인 헬라어 '하르파주신'(ἁρπάζουσιν)과 동일한 헬라어 어원(語源: source)인 '하르파조'(ἁρπάζω)에서 파생한 헬라어 동사입니다.

이를 좀 더 자세히 설명하면 헬라어 성경 마태복음 12장 29절에서 쓰인 헬라어 '하르파사이'(ἁρπάσαι)와 '디아르파세이'(διαρπάσει) 중에서, 헬라어 하르파사이(ἁρπάσαι)는 우리말로는 '빼앗다', '붙잡다', '낚아채다', 영어로는 'steal', 'carry off', 'drag away', 'take away', 'snatch away'라는 뜻의 헬라어 동사인 '하르파조'(ἁρπάζω)에 부정사 과거 능동태(infinitive aorist active)를 취한 헬라어 동사(verb)이고, 헬라어 '디아르파세이'(διαρπάσει)는 우리말로는 '강탈하다', '약탈하다' 영어로는 'plunder thoroughly'라는 뜻의 헬라어 '디아르파조'(διαρπάζω)에 직설법 미래 능동태 3인칭 단수(indicative future active third person singular)를 취한 헬라어 동사입니다. 그런데 헬라어 '디아르파조'(διαρπάζω)는 헬라어 '디아'(διά)와 '하르파조'(ἁρπάζω)가 결합된 합성어입니다. 여기서 헬라어 디아(διά)는 강조(intensification) 또는 분리(separation)을 나타내기 위하여 사용되는 헬라어 전치사(preposition)인데, 헬라어 성경 마태복음 12장 29절에서는 강조를 나타내기 위하여 사용된 것입니다. 그래서 헬라어 디아르파조(διαρπάζω)는 헬라어 하르파조(ἁρπάζω)를 강도 높게 표현한 것이라고 봅니다.

헬라어 성경 마태복음 13장 19절을 보면 "판토스 아쿠온토스 톤 로

곤 테스 바실레이아스 카이 메 쉬니엔토스 에르케타이 호 포네로스 카이 하르파제이 토 에스파르메논 엔 테 카르디아 아우투 후토스 에스틴 호 파라 텐 호돈 스파레이스”(παντὸς ἀκούοντος τὸν λόγον τῆς βασιλείας καὶ μὴ συνιέντος ἔρχεται ὁ πονηρὸς καὶ ἁρπάζει τὸ ἐσπαρμένον ἐν τῇ καρδίᾳ αὐτοῦ, οὗτός ἐστιν ὁ παρὰ τὴν ὁδὸν σπαρείς)라고 쓰였습니다. 여기서 헬라어 ‘하르파제이’(ἁρπάζει)는 우리말로는 ‘빼앗다’, ‘붙잡다’, ‘낚아채다’, 영어로는 ‘steal’, ‘carry off’, ‘drag away’, ‘take away’, ‘snatch away’라는 뜻의 헬라어 ‘하르파조’(ἁρπάζω)에 직설법 현재 능동태 3인칭 단수(indicative present active third person singular)를 취한 헬라어 동사입니다. 이와 같이 헬라어 하르파조(ἁρπάζω)는 모두 부정적(否定的: negative)인 의미(意味: meaning)를 나타냅니다.

4. 마태복음 11장 2-6절만을 생각하면 긍정적(肯定的: positive)인 의미로 해석할 수 있습니다. 하지만, 전체적인 본문의 맥락에서 보면, 본문의 배경은 세례 요한이 옥에 갇혀 있는 상태에서 그의 제자들을 예수님께 보냈고, 예수님께서 세례 요한의 제자들에게 답(answer)을 주신 이후에, 예수님께서 자기와 함께한 무리(오클로스, ὄχλος)에게 하신 말씀이기 때문에, 전체적인 구도에서 볼 때 요한이 옥에 갇혀 있는 부정적인 환경이라는 것입니다.

이뿐만 아니라 이 세례 요한을 강조하기 위하여 마태복음 11장 13-14절에서 “모든 선지자 및 율법이 요구한 것이 요한까지니 만일 너희가 즐겨 받을진대 오리라 한 엘리야가 곧 이 사람이니라”고 썼다고 보는 것입니다. 왜냐하면 정상적으로 말하면 누가복음 16장 16절에서 “율법과 선지자는 요한의 때까지요 그 후부터는 하나님 나라의 복음이 전파되어 사람마다 그리로 침입하느니라"고 하신 말씀과 같이 마태복음 11장 13절에서도 누가복음 16장 16절에서와 같이 어순(語順)상 '율법'과 '선지자'로 말씀하여야 할 것 같은데, 그와는 반대로 율법과 선지자라는 어순(語順)을 세례 요한을 강조하기 위하여 일부러 뒤집어서 '선지자와 율법'이라고 썼다는 것입니다. 왜냐하면 세례 요한에 초점을 맞추기 위해서라는 것입니다. 그뿐만 아니라 세례 요한도 마태복음 3장 2절에서 "회개하라 천국이 가까이 왔느니라"고 천국을 선포한 당사자이기 때문입니다. 예수님도 천국을 선포했고 '유대 권세자'(Jewish authority)들에 의해서 십자가에서 죽임을 당하였습니다. 유사성(類似性)이 내포되어 있다는 것입니다.

5. 헬라어 성경 마태복음 11장 12절의 맨 마지막에 있는 헬라어 '아우텐'(αὐτήν)은 '그', '그 남자', '그 여자', '그것' 등을 나타내는 헬라어 대명사(pronoun)인 헬라어 '아우토스'(αὐτός)에 대경사 목적격 여성 단수(pronoun accusative feminine third person singular)를 취한 헬라어 대명사이기 때문에, 여성 명사(noun feminine)로 나타내는 마태복음 11장 12절의 중간(中間)에 있는 천국(the kingdom of heaven)을 지칭(指稱: designate)하게 됩니다. 그렇게 하여야 문맥이 자연스럽다는 것입니다.

Ⅴ. 적용

마태복음 11장 12절에서 ①과 ②번을 긍정적(肯定的: positive)인 의미와 부정적(否定的: negative)인 의미로 C와 D와 같이 상호 엇갈리게 해석하는 경우는 앞에서 설명한 바와 같이 해석상 가능은 하나 특별한 경우를 제외하고는 그것들을 받아들이지 않습니다. 그래서 여기서는 단지 ①번과 ②번을 모두 긍정적으로 보는 A의 경우와, ①번과 ②번을 모두 부정적으로 보는 B의 경우만 집중적으로 살펴보겠습니다.

①번과 ②번을 모두 긍정적으로 보는 경우에는 문맥상 ②번에서 'it'이 사탄(불순종의 영)이 지배하는 '이 세상의 나라'(the kingdom of this world)를 나타내게 되는데, 이는 앞에서 '이 세상의 나라'(the kingdom of this world)에 대한 언급이 전혀 없기 때문에 추리로밖에 알 수 없습니다. 예를 들면 1995년도 국제표준역영어성경(NIV)에서는 "forceful men lay hold of it"로 쓰여 있어 'it'을 'the kingdom of heaven'으로 보는 경우 예수님의 제자들이 'the kingdom of heaven' 즉 '천국'을 움켜쥐어야 하는 상황이기 때문에 문맥(文脈 : context of a passage)상 자연스럽지 못합니다. 왜냐하면 여기서 'it'으로 표현된 것이 헬라어 원문에서는 여성 지시대명사로 표현된 지시대명사 헬라어 '아우텐'(αὐτὴν)이기 때문입니다. 그래서 이 'it'를 천국(the kingdom of heaven)의 반대 개념인 '이 세상의 나라'(the kingdom of this world)로 볼 수밖에 없습니다. 왜냐하면 '나라'(kingdom)가 헬라어로 '바실레이아'(βασιλείας)로 쓰이는데 이것이 여성 명사(noun feminine)이기 때문입니다. 그런데 이 '이 세상의 나라'(the kingdom of this world)는 앞에서 언급된 바가 전혀 없습니다. 그래서 해석의 어려움이 생기는 것입니다.

그리고 본문이 나타내는 무대 자체가 세례 요한이 감옥에 갇힌 상태에서 그가 직접 제자들을 보내어 "오실 그이가 당신이오니이까 우리가 다른 이를 기다리오리이까?"라고 물은 질문에, 예수님께서 세례 요한의 제자들에게 답하신 후에, 예수님과 함께 있던 무리(오클로스, ὄχλος)들에게 하신 말씀 중에 나오는 것이기 때문입니다. 아마도 베드로전서 5장 9절의 "너희는 믿음을 굳게 하여 저를 대적하라"는 말씀과 같이 '핍박을 각오하고 믿음으로 이겨내야 한다는 뉘앙스'가 가득 차 있는 것이 아닌가 싶습니다.

①번의 '침노를 당하나니'로 번역된 헬라어 '비아제타이'(βιάζεται)가 직설법 현재 중간태 3인칭 단수(indicative present middle third person)나 또는 직설법 현재 수동태 3인칭 단수(indicative present passive third person)로 번역될 수 있는 헬라어 동사이기는 하지만, 문맥(文脈 : context of a passage)의 흐름상 후자인 직설법 현재 수동태 3인칭 단수(indicative present passive third person)로 번역하는 것이 더 자연스럽습니다. 이를 뒷받침하듯 앞에서 살펴본 바와 같이, 국제표준역영어성경(NIV)에서 1995년도에 이를 중간태(middle voice)로 번역하였던 것을 2011년도에는 수동태(passive voice)로 바꾸어 번역하였습니다.

그러므로 필자는 ①번과 ②번 모두를 부정적으로 해석하여 '천국은 공격을 당하고 있다. 그 공격하는 자들이 천국을 낚아채려고 강력한 힘을 쓰고 있다'로 해석하고 싶습니다. 여기서 중요한 것은 공격하는 자들이 복수(複數: plural)로 여럿이고, 그들의 힘이 강력할 뿐만 아니라 지금 현재에도 일어나고 있다는 것입니다. 왜냐하면 ①번의 '침노를 당하나니'로 번역된 헬라어 '비아제타이'(βιάζεται)라는 말의 시제(tense)가 직설법 현재형으로 되어 있으며, ②번의 능동형 헬라어 '하르파주신'(ἁρπάζουσιν)이라는 말 또한 직설법 현재형으로 쓰였기 때문입니다. 시제가 현재형으로 쓰였다는 것은 행위가 지금도 지속되고 있음을 뜻합니다.

디모데후서 3장 12절을 보면 "무릇 그리스도 예수 안에서 경건하게 살고자 하는 자는 핍박을 받으리라"고 말씀하고 있습니다. 예수 그리스도를 믿음으로 우리 심령에 임한 하나님 나라, 우리 가정에 임한 하나님 나라, 우리 교회에 임한 하나님 나라, 나아가 우리나라에 임한 하나님 나라, 이 세상에 임한 하나님 나라는 적대 세력에 의하여, 그것도 많고 강력한 적대 세력들에 의하여 침공을 받고 있는 것입니다. 우리는 9·11 테러 사건에서 이를 목도한 바 있습니다.

실로 베드로전서 5장 8-9절의 "근신하라 깨어라 너희 대적 마귀가 우는 사자같이 두루 다니며 삼킬 자를 찾나니 너희는 믿음을 굳게 하여 저를 대적하라 이는 세상에 있는 너희 형제들도 동일한 고난을 당하는 줄을 앎이니라"는 말씀을 되새기게 됩니다.

마태복음 11장 12절의 해석이 난해(難解: difficulty)하지만 이것을 어떻게 해석하느냐에 따라서 신학(神學: theology)의 관점(觀點: point of view)이 달라질 수 있기 때문에 이의 바른 해석은 대단히 중요하다고 생각합니다. 마태복음 11장 12절을 긍정적인 관점에서 해석하게 되면, 천국은 힘있게 팽창되어 가고 있다고 할 수 있습니다. 이는 힘(force)있는 사람들에 의해서 이루어지고 있으며, 이렇게 힘 있는 사람이 되기 위해서는 하나님께로부터 능력(power)을 받아야 한다고 하며, 이렇게 능력을 받기 위해서는 부르짖어 기도해야 한다고 강조할 수 있습니다. 그래서 예레미야 33장 3절의 "너는 내게 부르짖으라 내가 네게 응답하겠고 네가 알지 못하는 크고 비밀한 일을 네게 보이리라"는 말씀을 굳게 붙잡고 "무조건 기도하면 모든 것이 해결된다"라고 강조하는 분들을 많이 보아왔습니다. 문맥상 마태복음 11장 12절의 말씀의 내용은 그렇지 않은 것 같은데 말입니다.

그뿐만 아니라 마태복음 11장 12절을 긍정적으로 해석하는 분들은 누가복음 11장 8절의 "내가 너희에게 말하노니 비록 벗됨을 인하여서는 일어나 주지 아니할지라도 그 강청(强請)함을 인하여 일어나 그 소용대로 주리라"는 '강청기도'와, 예수님께서 누가복음 18장 5-6절에서 "이 과부가 나를 번거롭게 하니 내가 그 원한(怨恨)을 풀어 주리라 그렇지 않으면 늘 와서 나를 괴롭게 하리라 하였느니라 주께서 또 가라사대 불의한 재판관의 말한 것을 들으라" 하시면서 누가복음 18장 7절에서 "하물며 하나님께서 그 밤낮 부르짖는 택하신 자들의 원한을 풀어주시지 않겠느냐 저희에게 오래 참으시겠느냐"라고 말씀하신 '끈질긴 기도'를 강조하면서 하나의 전형적인 모델로 창세기 32장의 얍복 나루에서의 야곱의 기도를 예(例: sample)로 드는 경우를 많이 보았습니다. 그래서 본 글을 쓰게 되었습니다.

예레미야 33장 3절의 "너는 내게 부르짖으라 내가 네게 응답하겠고 네가 알지 못하는 크고 비밀한 일을 네게 보이리라"는 말씀은 "무조건 기도하면 모든 것이 해결된다는 의미가 아닙니다. 쉽게 말해서 기도하는 사람이 하나님의 뜻에 정반대되는 것을 구할 때 부르짖어 기도하여 하나님께 응답을 받아 이루어졌다면 그것은 복(福: blessing)이 아니라 화(禍: cursing)일 것이기 때문입니다. 그래서 여기서 중요한 것은 우선 구하는 것이 '하나님의 뜻'(the willing of God)에 맞아야 하고, 그것이 하나님의 뜻에 맞지 않을 때는 하나님의 뜻에 맞을 때까지 부르짖어 기도하라는 것입니다. 왜냐하면 부르짖어 기도하는 동안에 '하나님 성령'(God the Spirit)께서 하나님의 뜻에 맞도록 기도하는 자의 마음을 바꾸어주시기 때문입니다. 그래야만 하나님의 응답을 받을 수 있습니다. 이뿐만 아니라 '강청하는 기도'나 '끈질긴 기도'도 마찬가지입니다.

또한 야곱이 야복 나루에서 기도할 때 그 어떤 사람은 성육신(聖肉身: incarnation)하시기 전의 예수님이십니다. 이 예수님께서 야곱에게 "네 이름이 무엇이냐"라고 물으신 것이고, 야곱이 "제 이름은 야곱입니다"라고 대답했을 때 그것을 '움켜쥐는 자'(a man who grasps), '강탈하는 자'(a man who supplants) 그리고 '속이는 자'(a man who deceives)라는 뜻으로 해석해 주신 분이 '하나님 성령'(God the Spirit)이십니다. 그리고 그것을 그대로 받아들여 야곱이 회개(repent)한 것으로 인정(認定: recognize)하고 수용(受容: receive)하신 분이 바로 창세기 32장 24절에 그 '어떤 사람'으로 나타난 성육신하시기 전의 예수님입니다. 이는 야곱 스스로 나는 죄악 된 세상 속에 파묻혀 세상적으로 사는 죄인이라고 고백한 것과 마찬가지입니다. 전형적인 세상적인 삶의 모습이 '움켜쥐는 자'(a man who grasps), '강탈하는 자'(a man who supplants) 그리고 '속이는 자'(a man who deceives)로 사는 것이기 때문입니다. 하나님의 사자인 그 '어떤 사람'은 이것을 야곱이 회개(悔改: repent)한 것으로 보아주었습니다. 참으로 짧지만 집약된 회개의 모습입니다. 왜냐하면 이것이 야곱의 진짜 모습이요 우리들의 본모습이기 때문입니다. 그래서 '야곱의 하나님' 하면 '회개의 하나님'으로 말하는 것입니다. 그 후에야 그 어떤 사람이 창세기 32장 28절에서 "네 이름을 다시는 야곱이라 부를 것이 아니요 이스라엘이라 부를 것이니 이는 네가 하나님과 사람으로 더불어 겨루어 이기었음이니라"고 야곱에게 말했습니다. 그래서 회개(悔改: repent)가 중요하고, 그 다음은 하나님의 뜻에 합한 마음이 되어야 하며, 하나님께서 흠향하시기에 합당한 간구라야 응답이 되는 것이고, 그 응답이 복된 것입니다. 여기서 "이는 네가 하나님과 사람으로 더불어 겨루어 이기었음이니라"는 말씀은 하나님께서 시행한 시험(test)에 합격했다는 말씀이고, 하나님의 시험에 합격했기 때문에 그 합격증(certification)에 의하여 사람인 '네 형 에서(Esau)를 이길 것'이라는 말씀의 다른 표현이라고 필자는 생각합니다. 여기서 예수님께서 자신이 하나님이심을 드러내신 것입니다. 이 시험을 통해서 말입니다. 어떻게 피조물인, 사람인 야곱이 창조주 하나님을 이길 수 있겠습니까?

마태복음 11장 12절의 긍정적인 의미로의 해석이 번영신학(繁榮神學: prosperity theology)과 그에 따른 성공주의(成功主義) 및 기복신앙(祈福信仰)에 큰 영향을 미쳤다고 필자는 생각합니다. 미국에서는 'American Dream'으로 우리나라에서는 "잘 살아보세"라는 사회적인 분위기(雰圍氣: mood)에 편승(便乘: jump on the bandwagon)해서 말입니다. 왜냐하면 마태복음 11장 12절의 긍정적인 의미의 해석의 뿌리는 근원적(根源的)으로 하나님 중심이나 예수님 중심이 아닌 자기중심에 있기 때문입니다.

그 반면에 마태복음 11장 12절의 부정적인 의미로의 해석은 세상 나라가 하나님 나라를 침공해 들어오고, 세상 나라의 권세자들이 하나님 나라를 위하여 일하는 사람들을 잡아가는, 핍박을 받는 상황이기 때문에 이를 뚫고 나가기 위해서는 고난신학(神學: suffering theology)이라 일컬어질 수 있는 '십자가 신학'(theology of the cross)이 필요합니다.

이 경우에는 우선적으로 베드로전서 5장 7절의 "너희 염려를 다 주께 맡겨 버리라 이는 저가 너희를 권고하심이니라"(Casting all your care upon him, for he careth for you.-KJV, Cast all your anxiety on him because he cares for you.-NIV)라는 말씀을 떠오르게 합니다. 왜냐하면 베드로전서 5장 4-9절에서 "그리하면 목자장이 나타나실 때에 시들지 아니하는 영광의 면류관을 얻으리라 젊은 자들아 이와 같이 장로들에게 순복하고 다 서로 겸손함으로 허리를 동이라 하나님이 교만한 자를 대적하시되 겸손한 자들에게는 은혜를 주시느니라 그러므로 하나님의 능하신 손 아래서 겸손하라 때가 되면 너희를 높이시리라 너희 염려를 다 주께 맡겨 버리라 이는 저가 너희를 권고하심이니라 근신하라 깨어라 너희 대적 마귀가 우는 사자같이 두루 다니며 삼킬 자를 찾나니 너희는 믿음을 굳게 하여 저를 대적하라 이는 세상에 있는 너희 형제들도 동일한 고난을 당하는 줄을 앎이니라"(한글개역성경)고 말씀하고 있기 때문입니다.

여기서 베드로전서 5장 9절의 "믿음으로 마귀를 대적하라"(resist the devil,)는 말씀을 유의(有意)하여 보아야 합니다. 세상 나라는 권세(power)나 힘(force)을 가지고 하나님 나라를 쳐들어가지만, 하나님 나라의 사람들은 힘(force)이 아닌 믿음(faith)을 가지고 대적합니다. 그래서 야고보서 4장 7절에서 "그런즉 너희는 하나님께 순복(順服)할지어다 마귀를 대적하라 그리하면 너희를 피하리라"고 말씀하시는 것입니다.

마태복음 11장 12절의 상황하에서 하나님 나라의 사람들이 붙잡아야 할 전형적인 모형(模型: model)의 기도는 예수님께서 겟세마네 동산에서 한 기도입니다. 한글개역성경 누가복음 22장 42절의 "아버지여 만일 아버지의 뜻이어든 이 잔을 내게서 옮기시옵소서 그러나 내 원대로 마옵시고 아버지의 원대로 되기를 원하나이다"(Father, if thou be willing, remove this cup from me: nevertheless not my will, but thine, be done.-KJV/

Father, if you willing, take this cup from me; yet not my will, but yours be done.-NIV)라는 기도입니다. 즉 자기 뜻이 이루어지는 것이 아니라 하나님 아버지의 뜻이 이루어져야 하는 것입니다.

그래서 한글개역성경 마태복음 6장 9-13절을 보면 예수님은 "하늘에 계신 우리 아버지여 이름이 거룩히 여김을 받으시오며 나라이 임하옵시며 뜻이 하늘에서 이룬 것같이 땅에서도 이루어지이다 오늘날 우리에게 일용할 양식을 주옵시고 우리가 우리에게 죄 지은 자를 사하여 준 것같이 우리 죄를 사하여 주옵시고 우리를 시험에 들게 하지 마옵시고 다만 악에서 구하옵소서 나라와 권세와 영광이 아버지께 영원히 있사옵나이다 아멘"이라고 말씀합니다. 마태복음 6장 33절에서 이를 집약해서 "너희는 먼저 그의 나라와 그의 의를 구하라[찾으라: 사역(私譯)] 그리하면 이 모든 것을 너희에게 더하시리라"(한글개역성경)고 말씀합니다.

이들을 요약해서 설명하면, 자기의 권세(authority)나 능력(power)이나 힘(force) 등의 자기를 믿는 '자신감'(自信感: self reliance)으로 세상 나라를 대적하는 것이 아니라, 예수 그리스도가 우리의 주인이심을 믿는 '주신감'(主信感: to feel reliance on the Lord)으로 세상 나라를 대적하여 하나님 아버지의 뜻을 이루는 것입니다. 이것이 마태복음 11장 12절을 바르게 해석한 '엑서지서스'(exegesis)라고 필자는 믿습니다. 그 반면에 마태복음 11장 12절을 긍정적으로 해석하는 경우는 자의적(恣意的)인 해석으로 흘러 결국은 '아이서지서스'(eisegesis)가 될 확률이 많다고 생각합니다. 이것은 잘못된 것입니다.

삼위일체의 관점에서 보면 이것은 하나님 아버지의 뜻이 하나님 성자인 주 예수 그리스도 안에 있는 '경륜'(經綸: 한글개역성경 엡 3:2 / dispensation / 헬라어-오이코노미아: οἰκονομία)에 따라 하나님 성령의 행하심에 의하여 이루어지는 것입니다. 그래서 삼위(三位: three persons)의 하나님이 일체(一體)가 된 삼위(三位)의 합작(合作)품인 것입니다. 그래서 우리가 사모하는 기도는 땀이 핏방울이 되도록 기도하신 예수님의 '겟세마네 동산의 기도'입니다. 그 기도에는 누가복음 22장 42절에서 보는 바와 같이 예수님께서 "아버지여 만일 아버지의 뜻이어든 이 잔을 내게서 옮기시옵소서 그러나 내 원대로 마옵시고 아버지의 뜻대로 되기를 원하나이다"라고 기도하시니 누가복음 22장 43-44절에서 "사자가 하늘로부터 예수께 나타나 힘을 돕더라 예수께서 힘쓰고 애써 더욱 간절히 기도하시니 땀이 땅에 떨어지는 핏방울같이 되더라"(한글개역성경)고 누가복음 기자는 예수님의 기도 모습을 자세히 묘사합니다.

"힘쓰고 애써 더욱 간절히 기도하시니 땀이 땅에 떨어지는 핏방울같이 되더라"는 기도는 번영신학(prosperity theology)에서가 아니라 십자가 신학(theology of the cross)에서만 가능한 것입니다. 누가복음 22장 43절 "사자가 하늘로부터 예수께 나타나 힘을 돕더라"는 말씀은 '하나님 성령'(God the Spirit)의 역사(役事: work)하심입니다.

Ⅵ. 소원(所願)과 축원(祝願)

하나님 나라는 누가복음 16장 16절의 "율법과 선지자는 요한의 때까지요 그 후부터는 하나님 나라의 복음이 전파되어 사람마다 그리로 침입하느니라"는 말씀과 같이 끊임없이 힘차게 확장되고 팽창되어져야 하고 또한 그렇게 되고 있다고 필자는 믿습니다. 그럼에도 불구하고 하나님 나라는 여러 면에서 세상 사람들과 세상 나라들로부터 많은 시련과 도전과 공격을 받고 있습니다. 이때 우리는 어떻게 해야 합니까?

마태복음 11장 12절을 긍정적인 의미로 해석하여 하나님의 나라가 힘차게 팽창해 나가면서 세상 나라를 공격하고 그의 일꾼으로 쓰임 받는 우리는 강력한 힘을 지닌 자들로서 세상나라를 쟁취해 나가는 모습을 그리게 만드는 것은, 자의적(恣意的)인 해석으로 '아이서지서스'(eisegesis)를 한 것입니다. 이것은 올바른 해석이 아닙니다. 이렇게 아이서지서스를 하는 경우는 예레미야 33장 3장의 '부르짖는 기도'와 누가복음 18장 5절의 '강청하는 기도' 및 누가복음 18장 1-8절의 불의한 재판관에게 자기의 원한을 풀어달라고 끈질기게 간구하는 '끈질긴 과부의 기도'를 강조하게 되고, 자기의 목적이 쟁취되어야 하는 것이 우선시되어 창세기 32장의 얍복 나루의 야곱의 기도를 하나의 전형적인 모델로 제시하게 되기 쉽습니다.

여기서 잊지 말아야 할 것은, 이 모든 기도가 다 주옥같이 귀한 기도들임에는 틀림이 없지만 우리의 당면한 기도의 상황과 여건과 조건을 잘 살펴보아야 한다는 점입니다. 본문을 자의적(恣意的)으로 해석하는 아이서지서스(eisegesis)가 아니라 본문을 문맥의 흐름에 맞게 해석하고 그로부터 삼위일체의 하나님의 뜻을 찾아 바르게 현실에 적용하여야 합니다. 즉 '엑서지서스'(exegesis)를 제대로 해야 한다는 것입니다.

기도하는 자가 자신의 죄를 온전히 회개하고 있는가? 기도하는 자의 간구 내용이 하나님의 뜻에 합한 것인가? 좀 더 집약적으로 표현하면 '자기를 죽이고 하나님 중심의 기도를 하고 있는가?'입니다. 대부분의 경우는 그렇지 못합니다. 왜냐하면 출발을 자기중심으로 하였기 때문입니다. 이것은 잘못된 것입니다. 그럼에도 불구하고 기도가 진행되고 있는 중에 하나님 성령께서 우리의 기도 내용을 바꾸어 주십니다. 모든 것을 하나님께 맡기면 말이죠. 그래서 '겸손하라'는 것입니다.

이와는 반대로 회개하지도 않고 교만한 마음을 가지고 자의적(恣意的)인 아이서지서스(eisegesis)로 본문을 당면한 상황에 잘못 적용하면, 때에 따라서는 번영신학(繁榮神學: prosperity theology)으로 오용(誤用)될 수 있고, 긍정의 힘 등으로 악용(惡用)되어 하나님의 말씀과는 무관(無關)한 결과를 초래할 수 있습니다.

마태복음 11장 12절을 부정적인 의미로 해석하여 '천국이 공격을 당하고 있다. 세상 나라의 강력한 자들이 하나님 나라를 빼앗아가고 있다.'라고 해석하면, 그때 '우리는 어떻게 하여야 하는가?'라는 질문을 스스로 하게 됩니다. 그러면 베드로전서 5장 7절의 "너희 모든 염려를 다 주께 맡겨 버리라 이는 저가 너희를 권고하심이니라"는 말씀이 생각나면서 "근신하라, 깨어라, 믿음으로 마귀를 대적하라"는 베드로전서 5장 4-9절의 말씀을 상기하게 되고, 야고보서 4장 7절의 말씀처럼 "그런즉 너희는 하나님께 순복(順服)할지어다 마귀를 대적하라 그리하면 너희를 피하리라"는 말씀으로 마귀를 쫓아내게 됩니다.

이때 가장 중요한 우리의 기도 자세는 누가복음 22장 42-44절의 말씀과 같이 "나의 원대로 마옵시고 아버지의 원대로 되기를 원하나이다"라는 말씀입니다. 즉 하나님 중심의 기도를 해야 한다는 것입니다. 그리고 예수님께서 힘쓰고 애써 더욱 간절히 기도하시니 "땀이 땅에 떨어지는 핏방울같이 되더라(눅 22:44)"는 말씀과 같이, 우리도 온 힘을 다하여 기도할 수 있습니다. 이때 빌립보서 2장 13절의 "너희 안에서 행하시는 이는 하나님이시니 자기의 기쁘신 뜻을 위하여 너희로 소원을 두고 행하게 하시나니"라는 말씀과 같이 하나님의 인도하심을 받으면서 빌립보서 4장 13절의 "내게 능력 주시는 자 안에서 내가 모든 것을 할 수 있느니라"는 고백과, 마태복음 19장 26절의 "사람으로서는 할 수 없으되 하나님으로서는 모든 것을 할 수 있느니라"는 말씀이 마음속 깊은 곳에서 흘러나와 하나님의 응답을 확신할 수 있습니다. 올바른 엑서지서스(exegesis)를 통해서 말입니다.

사랑하는 형제자매 여러분!

마태복음 11장 12절을 바르게 해석(解釋: exegesis)하여 예수님의 고난(苦難)에 동참(同參)하면서 자기 십자가(十字架: the cross)를 지고 모이기를 폐하는 어떤 사람들의 습관과 같이 하지 말고 오직 권하여 그날이 가까움을 볼수록 더욱 경성하고 말씀에 굳게 서서 하나님의 영광을 드러내며, 하나님께서 주신 은혜와 은총을 누리며 전하는 자, 하나님의 나라를 확장하는 역군들이 다 되시기를 축원합니다.

신약성경
New Testament

제4부

나를 믿으라(요 14:1-15)

Believe in Me(Jn. 14:1-15)

나를 믿으라

(Believe in Me)

"내가 아버지 안에 있고 아버지께서 내 안에 계심을 믿으라
그렇지 못하겠거든 행하는 그 일을 인하여 나를 믿으라"

(요 14:1-15 중에서 요 14:11)

본문 요한복음 14장 1-15절은 요한복음 13-17장까지의 예수님의 다락방 강화(upper room discourse) 중, 요한복음 14-16장에 기록된 예수님의 고별설교의 첫 부분입니다. 앞 장인 요한복음 13장에서 예수님께서는 가룟 유다의 배반과 자신의 부활 승천에 대한 암시 및 베드로의 세 번에 걸친 부인(否認) 등에 관하여 말씀하셨습니다. 이로 인하여 제자들이 몹시 당황하고 불안해하며 그들의 마음이 요동하여 술렁이고 있을 때에 예수님께서 "너희는 마음에 근심하지 말라 하나님을 믿으니 또 나를 믿으라"고 말씀을 시작하신 것입니다.

요한복음 14장 1절은 하나님을 믿는 것과 동일하게 '나'(예수님)를 믿으라는 말씀입니다. 왜냐하면 이것만이 제자들에게 엄습해 오고 있는 근심을 해소할 수 있는 유일한 길이기 때문입니다. 당시에 제자들에게 하나님을 믿으라는 것은 너무나 당연한 일로 여겨졌을 것이고, 오히려 하나님을 믿으라고 강조하시는 예수님을 이상하게 생각했을지도 모릅니다. 여기서 예수님이 강조하고 계신 것은 "나를 믿으라"는 것입니다. 왜냐하면 예수님께서 "내가 곧 길이요 진리요 생명이니 나로 말미암지 않고는 아버지께로 올 자가 없다"라고 말씀하셨고, 아버지께 올 수 없는 자는 하나님을 믿을 수 없기 때문입니다.

"너희가 하나님을 믿는 것과 동일하게 나를 믿으라"는 말씀입니다. 왜냐하면 예

수님의 십자가 사건과 부활 및 승천사건을 통하여 제자들이 나중에 깨달은 것이기는 하지만 예수님 자신이 하나님이시기 때문입니다. 도마는 이것을 요한복음 20장 28절에서 예수님께 대하여 "나의 주시며 나의 하나님이시니이다"라고 고백함으로써 만천하에 "예수님이 곧 하나님이시다"라는 것을 선포한 것입니다. 이제 여기에서는 '예수님을 믿는다'고 말할 때의 믿는 것'을 영어로 'believe on'과 'believe' 및 'believe in'으로 나누어 살펴보겠습니다.

영어로 'believe'라는 단어를 사용하여 말할 때에 일반적으로 전치사(前置詞: preposition)를 동반한 숙어(熟語: idiom)로 생각하여 숙어(熟語)동사(phrasal verb) 'believe in'으로 생각합니다. 그런데 영어성경 중에서 그 '뜻'을 정확히 전하기 위하여 영어를 사용하는 각 나라에서 선발된 저명한 언어학자 100여 명이 심사숙고(深思熟考)한 끝에 만든 국제표준역영어성경(NIV: New International Version)에서는 'believe on'과 'believe' 및 'believe in'으로 세 가지 상이(相異)한 표현을 사용하여 '예수님을 믿는다'는 것을 나타냈습니다. 이 국제표준역영어성경(NIV)은 뜻을 정확히 전하는 것과 문법체계를 정확히 지키는 것을 생명으로 삼은 의역(意譯: dynamic translation)본(本)입니다.

Ⅰ. 믿다(believe on)

1995년도에 출판된 국제표준역영어성경(NIV)에서는 이 단어가 요한복음 14장 11절, 빌립보서 1장 29절, 디모데전서 1장 16절에서 도합 세 번에 걸쳐 사용되었습니다. 첫 번째가, 요한복음 14장 11절의 "내가 아버지 안에 있고 아버지께서 내 안에 계심을 믿으라 그렇지 못하겠거든 행하는 그 일을 인하여 나를 믿으라"(Believe me when I say that I am in the Father and the Father is in me, or at least believe on the evidence of the miracles themselves.)는 것이고 둘째는, 빌립보서 1장 29절의 "그리스도를 위하여 너희에게 은혜를 주신 것은 다만 그를 믿을 뿐 아니라 또한 그를 위하여 고난도 받게 하심이라"(For it has been granted to you on behalf of Christ not only to believe on him, but also to suffer for him.)는 것이며 셋째는, 디모데전서 1장 16절의 "그러나 내가 긍휼을 입은 까닭은 예수 그리스도께서 내게 먼저 일체 오래 참으심을 보이사 후에 주를 믿어 영생 얻는 자들에게 본이 되게 하려 하심이니라"(But for that very reason I was shown mercy so that in me, the worst of sinners, Christ Jesus might display his unlimited patience as an example for those who would believe on him and receive eternal life.)는 것입니다.

그런데 2011년도에 출판된 국제표준역영어성경(NIV)에서는 'believe on'이라는 말이 요한복음 14장 11절에 단 한 번 사용되었습니다. 왜냐하면 영어 'believe'를 자동사(自動詞: intransitive verb)로 사용할 때 전치사(前置詞: preposition)를 동반한 숙어(熟語: idiom)로 'believe in'을 우선적으로 먼저 생각하면서 머리에 떠올리기 때문에 'believe on'이라는 숙어(熟語: idiom)는 상대적으로 점점 찾아보기 힘들게 되었습니다. 이렇게 언어의 변천이 국제표준역영어성경(NIV)에 반영된 것이 1995년도

역본(譯本: translated edition)에서 요한복음 14장 11절, 빌립보서 1장 29절, 디모데전서 1장 16절에서 도합 세 번에 걸쳐 사용되었던 'believe on'이 2011년도 역본(譯本: translated edition)에서는 요한복음 14장 11절에만 단 한 번 사용된 이유라고 필자는 생각합니다. 세월이 흘러갈수록 사람들이 사용하는 언어는 변천되지만 언어가 그렇게 변천된다고 하여 하나님 말씀의 뜻이 더욱 올바로 번역되어진다고 볼 수는 없습니다. 그 이유는 세상 문화가 하나님의 말씀과 점점 더 멀어지는 것을 제 자신이 많이 목격(目擊)하기 때문입니다. 그래서 필자는 1995년도 판(版: published edition)을 더 좋아합니다.

이로 보건대 'believe on'은 전치사 'on'의 본래 뜻인 '위에' 또는 '표면에'라는 '뜻'으로부터 '관하여' 또는 '대하여'라는 뜻으로 확장되었음을 알 수 있습니다. 그래서 'believe on him'이라고 말하면 '그에 관하여 또는 그에 대하여 믿으라'는 것으로 주로 그의 행한 행적(行蹟)을 믿으라는 것으로 해석합니다. 요한복음 14장 11절에서는 "believe on the evidence of miracles themselves"라고 했는데 이를 한글개역성경에서는 "행한 그 일을 인하여 나를 믿으라"[1)]고 하였습니다. 그러면 나의 무엇을 믿으란 말입니까? 그것은 '행한 일'들을 통하여 하나님만이 하실 수 있는 능력의 소유자임을 믿으라는 것이고, 사람으로서는 할 수 없고 하나님밖에 할 수 없는 일을 행하였으니 궁극적으로는 예수님이 하나님이심을 믿으라는 것입니다.

Ⅱ. 'believe'

여기서는 'believe'를 타동사(他動詞: transitive verb)로 보아 목적어로 'me'나 'him', 또는 'that'이나 'that으로 이루어지는 절(clause)'을 취하여 'believe me'[2]나 'believe him'[3] 또는 'believe that'이나 'believe + that clause'로 한 것으로 봅니다. 요한복음 14장 11절의 "Believe me when I say that I am in the Father and the Father is in me."라고 할 때 '나'를 믿되 이것은 "내가 아버지 안에 있고 아버지께서 내 안에 계시다"고 '말하는 나'를 믿으라는 것입니다. "너 내 말 믿어?"라고 묻고 싶을 때 "believe me?"라고 묻기도 합니다. 'believe'를 자세히 설명한 영영사전이나 영한사전에서는 'believe him'을 '그가 한 말을 믿는다'는 의미로 설명하고 있습니다. 실로 요한복음 14장 11절의 말씀과 같이 설명했습니다.

그런데 우리가 주의를 기울여야 할 것은 예수님께서 하신 말씀 "나는 아버지 안에 있고 아버지께서는 내 안에 계심을 믿으라"고 하신 말씀을 곰곰이 되새기며 깊이 음미(吟味)해 보면, 그것은 예수님과 하나님 아버지께서 상호(相互) 내주(內住)하심을 나타내는 것으로 궁극적으로는 예수님이 삼위일체(三位一體) 하나님이심을 가리키는 것입니다.

Ⅲ. 'believe in'

1995년도에 출판된 국제표준역영어성경(NIV)에서 총 24번[4] 사용된 숙어동사(phrasal verb)로서 'believe in'은 전치사(前置詞: preposition) 'in'에서 보는 것처럼 '내부' 또는 '안'을 믿는 것으로 신앙적으로는 그를 근원적(根源的)으로 신뢰하는 것을 말합니다. 이를 예수님께 적용하면 예수님의 내면적인 것을 믿는다는 뜻입니다. 즉 예수님의 '인격'(人格: personality)을 믿는다는 것입니다. 이것은 예수님께 대한 믿음의 극치(極致)로서 예수님의 인격을 믿음으로 권능을 입으며, 지혜와 총명을 얻을 수 있고, 의로운 언행(言行)을 할 수 있는 것입니다. 또한 요한복음 14장 12절의 "내가 진실로 진실로 너희에게 이르노니 나를 믿는 자는 나의 하는 일을 저도 할 것이요 또한 이보다 큰 것도 하리니 이는 내가 아버지께로 감이니라"는 말씀이 응(應)할 수 있습니다.

Ⅳ. 믿음과 이해, 어느 것이 먼저인가?

1. 교회사(教會史)에서의 변증(辨證)

교회사를 살펴보면 평신도(laity)로서 변증가(apologist)이며 '삼위일체'라는 신학용어를 최초로 사용한 것으로 알려진 터툴리안[퀸투스 셉티미우스 플로렌스 테르텔리아누스(Quintus Septimius Florens Tertullianus, ca 155-230)]은 그의 변증서(辨證書)에서 기독교인들을 박해하는 로마 관리들에게, "당신들의 불법은 우리들의 무죄를 변증한다"(Your iniquity is the proof of our innocence.)라고 말하면서 "순교자들의 피는 교회의 씨앗"(the blood of the martyrs is the seed of the Church: Apologeticus, Chapter 50, 12ff)이라고 말했습니다. 예수님의 십자가에서의 수난을 십자가의 수치라고 말하는 마르키온(Marcion)에게 "그리스도의 십자가에서의 수난은 기독교 신앙의 필수다. 네가 부당하다고 주장하는 일체는 내게 모두 유익하다"라고 말했습니다.

터툴리안은 "하나님의 아들이 십자가에서 죽음을 당하셨다. 부끄러울 것이 없다. 왜냐하면 그것은 너무나도 부끄러운 것이기 때문이다. 그리고 하나님의 아들이 죽었다. 그것은 반드시 믿어진다. 왜냐하면 그것은 모순되기 때문이다. 또 매장되었다가 부활했다. 그것은 확실하다. 왜냐하면 불가능하기 때문이다[라틴어: Crucifixus est dei filius; non pudet, quia pudendum est. Et mortuus est dei filius; credibile prorsus est, quia ineptum est. Et sepultus resurrexit; certum est, quia impossibile(De Carne Christi V, 4)/영어: The Son of God was crucified: I am not ashamed, because it is shameful. And the Son of God died: it is by all means to be believed, because it is absurd. And, buried, He rose again: it is certain, because impossible."라고 주장하면서 이것은 사람들이 흔히 생각할 수 있는 생각이 아니라는 사실을 강조하고자 이런 수사법을 이용한 말을 해서 예수님의 인성을 부정하는 이단 종파인 '마르키온 주의'(Gnostic Docetism of Marcion)에 대항했습니다.

여기서 라틴어로 쓰인 "credibile prorsus est, quia ineptum est"는 그 후에 사람들이 라틴어로는 "Credo quia absurdum"으로, 영어로는 "I believe because it is absurd."로 자기들의 구미에 맞게 각색(脚色: paraphrase)하여 지금까지도 "Credo quia absurdum"을 터툴리안이 말한 것으로 알고 있는 사람들이 많습니다. 그런데 사실은 "Credo quia absurdum"이라는 라틴어는 터툴리안의 저술 가운데서 발견된 적이 없습니다. 그럼에도 불구하고 이 문제에 관한한 문맥상 터툴리안의 사상을 간단명료하면서도 비교적 그 내용을 잘 묘사해 주고 있어 그냥 터툴리안이 말한 것으로 알려져 있습니다.[5)]

필자가 보기에 그 이유는 "믿음(faith)과 이성(reason)"에 관한 변증(辨證)에서 터툴리안이 말한 "그것은 반드시 믿어진다. 왜냐하면 그것은 모순되기 때문이다"(라틴어: credibile prorsus est, quia ineptum est/영어: It is by all means to be believed, because it is absurd.)라는 말을 중세기 이후의 사람들이 히포의 어거스틴[Augustine of Hippo(354-430)]의 언명(言明: dictum) "너는 이해하기 위해서 믿어라"(crede, ut intelligas, 'believe in order that you may undersand'; Sermon 43.7 and 9)라는 말과, 캔터베리의 안셀름[Anselm of Canterbury(1033-1109)]의 "나는 이해하기 위해서 믿는다"(credo ut intelligam; Proslogion, 1/영어: I believe in order that I may understand.)라는 말을 안셀름의 "이해를 찾는 믿음"(fides quaerens intellectum: Proslogion/영어: faith seeking understanding)에 더하여 한 묶음으로 묶어서 믿음에서 출발하여 신앙의 신비에까지 이르는 큰 사고(思考)의 틀로 생각하고 싶은데서 비롯되었다고 봅니다.

터툴리안이 실제로 말한 것 즉 우리말로 "그것은 반드시 믿어진다. 왜냐하면 그것은 모순되기 때문이다"(라틴어: credibile prorsus est, quia ineptum est/영어: it is by all means to be believed, because it is absurd.)라는 말에서 우리말로는 '부적당한, 어리석은, 어색한, 불합리한, 모순된'으로, 영어로는 'unsuitable, silly, awkward, absurd'로 번역되는 라틴어 '이네프툼'(ineptum)의 원형(原形: dictionary form)인 '이네프투스'(ineptus)를 그와 유사한 뜻을 나타내는 라틴어 '압수르두스'(absurdus)로 바꾸어 그 뜻하는바 의미는 손상되지 않으면서 보다 간결하게 나타낼 수 있도록 하기 위하여 터툴리안의 말을 의역(意譯: paraphrase)하여 라틴어 "Credo quia absurdum"으로 말한 것으로 전해 내려왔다고 보는 것입니다.

라틴어로 '크레도'(credo)는 라틴어 동사 '크레도'(credo)에 '직설법 현재 능동태 1인칭 단수'(indicative present active first person singular)를 취한 것으로 우리말로는 '나는 믿는다'이고, 영어로는 'I believe'입니다. 라틴어 '퀴아'(quia)는 관계사(relative)로서 우리말로는 '왜냐하면, 때문에', 영어로는 'because, for, that'을 나타냅니다. 라틴어 '압수르둠'(absurdum)은 라틴어(Latin) 형용사(adjective) '압수르두스'(absurdus)에 '주격 중성 단수'(nominative neuter singular)를 취한 것으로 그 뜻은 우리말로는 '어리석은, 지각없는, 이치에 맞지 않는, 모순되는', 영어로는 'foolish, silly, unreasonable, incongruous, inconsistent'입니다. 그래서 라틴어 '크레도 퀴아 압수르둠'(Credo quia absurdum)을 우리말로는 "나는 믿는다. 왜냐하면 그것이 모순되기 때문이다"라고, 영어로는 "I believe because it is absurd."라고 말하는 것입니다.

특별히 믿음(faith)과 이해(understanding)의 문제는 크게는 신앙(faith)과 이성(reason)의 문제로 초대교회로부터 뜨거운 논쟁을 일으킨 것으로 터툴리안의 "불합리하기 때문에 믿는다"는 주장은 진리는 이성이 아니라 믿음에 의해서만 파악될 수 있다는 것으로, 영어로 'fideism'으로 취급될 수 있어, 잘못 이해하면 터툴리안이 맹신(盲信)자처럼 보일 수 있으나 사실은 믿음을 강조하기 위하여 터툴리안이 역설적인 수사법(修辭法: rhetoric)을 사용한 것입니다. 그러나 그의 본뜻은 예수님이 하나님의 아들이시고, 그 하나님의 아들의 죽음과 부활에 대한 사건은 이성(理性)의 범주(範疇)를 넘는 초월적(transcendent)인 사건이기 때문에 우선 믿고 나서 그 믿음의 체계 하에서 이해해야한다는 것입니다.

2. 헬라어성경 요한복음 6장 68-69절의 말씀

이렇게 복잡다단(複雜多端)한 문제를 요한복음 6장 67절에서 예수님께서 그의 제자들에게 "너희도 가려느냐?"라고 물으실 때 시몬 베드로가 간단명료(簡單明瞭)하게 예수님께 대답한 것이 요한복음 6장 68-69절의 말씀입니다. 한글개역성경 요한복음 6장 68-69절의 말씀을 보면 "시몬 베드로가 대답하되 주여 영생의 말씀이 계시매 우리가 뉘게로 가오리이까 우리가 주는 하나님의 거룩하신 자신 줄 믿고 알았삽나이다"라고 쓰였고, 한글개역개정성경에서는 여기에서 '계시매'를 '있사오니'로, '뉘게로'를 '누구에게로'로, '자신'을 '자이신'으로 바꾸어 "시몬 베드로가 대답하되 주여 영생의 말씀이 주께 있사오니 우리가 누구에게로 가오리이까 우리가 주는 하나님의 거룩하신 자이신 줄 믿고 알았삽나이다"라고 쓰였습니다. 그러나 그 내용은 동일합니다.

이를 헬라어성경(GNT)[6] 요한복음 6장 68-69절에서는 "아페크리데 아우토 시몬 페트로스 퀴리에 프로스 티나 아펠류소메다 레마타 조에스 아이오니우 에케이스 카이 헤메이스 페피스튜카멘 카이 에그노카멘 호티 쉬 에이 호 하기오스 투 데우"(ἀπεκρίθη αὐτῷ Σίμων Πέτρος· κύριε, πρὸς τίνα ἀπελευσόμεθα; ῥήματα ζωῆς αἰωνίου ἔχεις, καὶ ἡμεῖς πεπιστεύκαμεν καὶ ἐγνώκαμεν ὅτι σὺ εἶ ὁ ἅγιος τοῦ θεοῦ)로 쓰였습니다.

이와는 다른 헬라어성경(BYZ)[7]에서는 "아페크리데 운 아우토 시몬 페트로스 퀴리에 프로스 티나 아펠류소메다 레마타 조에스 아이오니

우 에케이스 카이 헤메이스 페피스튜카멘 카이 에그노카멘 호티 쉬 에이 호 크리스토스 호 휘오스 투 데우 투 존토스"('Απεκρίθη οὖν αὐτῷ Σίμων Πέτρος κύριε πρὸς τίνα ἀπελευσόμεθα ῥήματα ζωῆς αἰωνίου ἔχεις καὶ ἡμεῖς πεπιστεύκαμεν καὶ ἐγνώκαμεν ὅτι σὺ εἶ ὁ χριστὸς ὁ υἱὸς τοῦ θεοῦ τοῦ ζῶντος)로 쓰였습니다. 이것은 헬라어성경(GNT)[8] 요한복음 6장 68-69절에 ①우리말로 '그러므로, 결과적으로, 따라서, 그때에'로, 영어로는 'therefore, consequently, accordingly, then'으로 나타내는 헬라어 '운'(οὖν)이 삽입되었고, ②헬라어 '호티'(ὅτι) 다음에 나오는 헬라어 "쉬 에이 호 하기오스 투 데우"(σὺ εἶ ὁ ἅγιος τοῦ θεου)가 헬라어 "쉬 에이 호 크리스토스 호 휘오스 투 데우 투 존토스"(σὺ εἶ ὁ χριστὸς ὁ υἱὸς τοῦ θεοῦ τοῦ ζῶντος)로 바뀐 것입니다.

이와는 또 다른 헬라어성경(STE)[9]에서는 "아페크리데 운 아우토 시몬 페트로스 퀴리에 프로스 티나 아펠류소메다 레마타 조에스 아이오니우 에케이스"(ἀπεκρίθη οὖν αὐτῷ Σίμων Πέτρος κύριε πρὸς τίνα ἀπελευσόμεθα ῥήματα ζωῆς αἰωνίου ἔχεις καὶ ἡμεῖς πεπιστεύκαμεν καὶ ἐγνώκαμεν ὅτι σὺ εἶ ὁ χριστὸς ὁ υἱὸς τοῦ θεοῦ τοῦ ζῶντος: Jn 6:68)로 쓰였습니다. 이것은 헬라어성경(BYZ)과 같은 것인데 단지 요한복음 6장 68절에서 시작하는 말 헬라어 '아페크리데'('Απεκρίθη)의 첫 글자인 대문자(capital letter) '알파'(A)를 소문자(small letter) '알파'(α)로 써서 '아페크리데'(ἀπεκρίθη)로 바꾼 것뿐입니다. 그 내용은 헬라어성경(BYZ)의 요한복음 6장 69절과 동일합니다.

흠정역영어성경(KJV)에서는 요한복음 6장 68-69절이 "Then Simon Peter answered him, Lord, to whom shall we go? thou hast the words of eternal life. And we believe and are sure that thou art that Christ, the Son of the living God."이라고 쓰였습니다. 그래서 필자는 흠정역영어성경(KJV)이 헬라어성경(BYZ) 요한복음 6장 68-69절을 번역한 것이라고 봅니다. 이를 미국표준역영어성경(ASV)과 비교하여 보면 미국표준역영어성경(ASV)에서는 흠정역영어성경(KJV) 요한복음 6장 68절의 'Then'이 빠졌고, 69절에서는 'believed'가 'have believed'로, 'are sure'가 'know'로, 그리고 'that clause' 즉 'that thou art that Christ, the Son of the living God'가 'that thou art the Holy One of God'으로 바뀌었습니다. 미국표준역영어성경(ASV)에서는 "Simon Peter answered him, Lord, to whom shall we go? thou hast the words of eternal life. And we believe and know that thou art the Holy One of God."이라고 쓰였습니다.

1995년에 발간된 국제표준역영어성경(NIV)에서는 "Simon Peter answered him, Lord, to whom shall we go? You have the words of eternal life. We believe and know that you are the Holy One of God."이라고 쓰였고, 2011년에 발간된 국제표준역영어성경(NIV)에서는 "Simon Peter answered him, Lord, to whom shall we go? You have the words of eternal life. We have come to believe and to know that you are the Holy One of God."이라고 쓰였으며, 개역표준역영어성경(RSV)에서는 "Simon Peter answered him, "Lord, to whom shall we go? You have the words of eternal life; and we have believed, and have come to know, that you are the Holy One of God."이라고 쓰였습니다. 이와 같이 번역본에 따라 그 내용이 다른 이유는 앞에서 살펴본 바와 같이 번역할 때 사용한 원본(原本: source)이 다르기 때문일 것이라고 생

각합니다. 특히 여기서 알고자 하는 것은 요한복음 6장 69절의 '믿다'(believe)와 '알다'(know)의 우선순위(優先順位)의 문제입니다.

영어에서 'believe'는 자동사(intransitive)와 타동사(transitive)로 쓰이는데 타동사로 쓰일 경우 그것도 'that 절' 즉 'that clause'가 그 다음에 오는 경우 'that clause' 안에 있는 내용을 믿는다는 것입니다. 다시 말하면 'that clause'의 내용이 중요합니다. 그래서 헬라어 성경에서 사용된 동사를 살펴보고자 합니다.

요한복음 6장 68절에서는 세 개의 헬라어 동사가 사용되었는데 헬라어 '아페크리데'(ἀπεκρίθη)는 우리말로는 '대답하다'를, 영어로는 'answer, reply'를 나타내는 헬라어 '아포크리노마이'(ἀποκρίνομαι)에 '직설법 단순과거 수동태 디포넌트 3인칭 단수'(indicative aorist passive deponent third person singular)를 취한 동사입니다. 여기서 헬라어 '아포크리노마이'(ἀποκρίνομαι)가 수동태를 취하지만 디포넌트(deponent) 동사이므로 수동태를 능동태로 번역합니다. 그래서 동작이 완료된 상태로 보아 '그가 대답했다'(He answered.)가 됩니다. 헬라어 '아펠류소메다'(ἀπελευσόμεθα)는 우리말로는 '떠나다, 출발하다, 가버리다'를, 영어로는 'go, go away, leave'를 나타내는 헬라어 '아페르코마이'(ἀπέρχομαι)에 '직설법 미래 중간태 디포넌트 1인칭 복수'(indicative future middle deponent first person plural)를 취한 동사입니다. 여기서 헬라어 '아페르코마이'(ἀπέρχομαι)는 중간태(middle voice)를 취하지만 디포넌트(deponent) 동사이므로 능동태로 번역합니다. 그래서 "우리가 갈 것이다"(We shall go)가 됩니다. 이것을 의문문으로 만들어서 "가오리이까?"(Shall we go?)가 된 것입니다. 헬라어 '에케이스'(ἔχεις)는 우리말로는 '가지다, 잡다, 소유하다'를, 영어로는 'have, hold, seize'를 나타내는 헬라어 '에코'(ἔχω)에 '직설법 현재 능동태 2인칭 단수'(indicative present active second person singular)를 취한 동사입니다. 헬라어 '에케이스'(ἔχεις)는 "Thou hast/you have"가 됩니다. 그래서 헬라어성경(GNT)[10] 요한복음 6장 68절 "아페크리데 아우토 시몬 페트로스 퀴리에 프로스 티나 아펠류소메다 레마타 조에스 아이오니우 에케이스"(ἀπεκρίθη αὐτῷ Σίμων Πέτρος· κύριε, πρὸς τίνα ἀπελευσόμεθα; ῥήματα ζωῆς αἰωνίου ἔχεις)는 한글개역성경에서는 "시몬 베드로가 대답하되 주여 영생의 말씀이 계시매"라고 쓰였고, 국제표준역영어성경(NIV)[11]과 개역표준역영어성경(RSV)에서는 "Simon Peter answered him, "Lord, to whom shall we go? you have the words of eternal life."라고, 흠정역영어성경(KJV)과 미국표준역영어성경(ASV)에서는 "Simon Peter answered him, Lord, to whom shall we go? you hast the words of eternal life."라고 번역하였습니다.

3. 시제(時制: tense)로 본 요한복음 6장 69절

요한복음 6장 69절에서도 세 개의 동사가 사용되었습니다. 첫 번째로 사용된 헬라어 '페피스튜카멘'(πεπιστεύκαμεν)은 우리말로는 '믿다, 참되다고 생각하다, 설득되다, 확신을 두다, 맡기다'를, 영어로는 'believe, believe in, trust, trust in, be convinced of, give credence to'를 나타내는 헬라어 '피스튜오'(πιστεύω)에 '직설법 완료 능동태 1인칭 복수'(indicative perfect active first person plural)를 취한 헬라어 동사입니다. 헬라어 '에그노카멘'(ἐγνώκαμεν)은 우리말로는 '알다, 이해하다, 인지하다, 지각을 갖다'를, 영어로는 'know, come to know, learn, ascertain, find out'를 나타내는 헬라어 '기노스코'(γινώσκω)에 '직설법 완료 능동태

1인칭 복수'(indicative perfect active first person plural)를 취한 헬라어 동사(verb)입니다. 헬라어 '에이'(εἶ)는 우리말로는 '있다, 존재하다, 발생하다, 현존하다'를, 영어로는 'be, be present, exist, live, stay'를 나타내는 헬라어 '에이미'(εἰμί)에 '직설법 현재 능동태 2인칭 단수'(indicative present active second person singular)를 취한 헬라어 동사입니다. 이들을 종합하여보면 'that clause'가 포함하고 있는 내용을 '믿는 것을 완료'하고 나서, 그런 후에 '아는 것이 완료'되었다는 것입니다. 그러므로 'that clause'가 포함하고 있는 내용을 알고 나서 믿는 것이 아니라 '믿는 것이 완료'된 이후에 알게 된다는 것입니다.

이것을 한글개역성경과 한글개역개정성경에서는 "우리가 주는 하나님의 거룩하신 자신(자이신) 줄 믿고 알았삽나이다"로, 1995년에 발간한 국제표준영어성경(NIV)에서는 "We believe and know that you are the Holy One of God."이라고, 2011년에 발간한 국제표준영어성경(NIV)에서는 "We have come to believe and to know that you are the Holy One of God."이라고, 개역표준역영어성경(RSV)에서는 "and we have believed, and have come to know, that you are the Holy One of God."이라고, 흠정역영어성경(KJV)에서는 "And we believe and are sure that thou art that Christ, the Son of the living God."이라고, 미국표준역영어성경(ASV)에서는 "And we have believed and know that thou art that Christ, the Son of the living God."이라고 번역하였습니다.

이것은 예수님께서 "너희도 가려느냐?"(KJV: Will ye also go away?/NIV: You do not want to leave too, do you?/RSV: Do you also wish to go away?/ASV: Would ye also go away?)라고 그의 제자들에게 직접 물으시는 절박

한 상황에서 그 예수님의 물음에 대하여 시몬 베드로가 제자들을 대표하여 그의 입으로 토해낸 시몬 베드로의 신앙고백인 것입니다. 흠정역영어성경(KJV) 상으로 볼 때 시몬 베드로가 믿는 믿음의 내용 마태복음 16장 16절의 말씀과 동일합니다. 요한복음 6장 69절의 번역본들에서 알 수 있는 바와 같이 '믿다'(believe)와 '알다'(know)의 우선순위(優先順位)를 논한다면 시제(時制: tense)의 문제에 관한 한 필자는 개역표준역영어성경(RSV)의 번역이 원문(原文: the original)에 가깝다고 봅니다.

어떤 사람은 말하기를 요한복음 17장 8절의 "나는 아버지께서 내게 주신 말씀들을 저희에게 주었사오며 저희는 이것을 받고 내가 아버지께로부터 나온 줄을 참으로 아오며 아버지께서 나를 보내신 줄도 믿었사옵나이다"라는 말씀과, 요한일서 4장 16절의 "하나님이 우리를 사랑하시는 사랑을 우리가 알고 믿었노니 하나님은 사랑이시라 사랑 안에 거하는 자는 하나님 안에 거하고 하나님도 그 안에 거하시니라"는 말씀에서는 '믿다'(believe)와 '알다'(know)의 순서가 '알다'(know)와 '믿다'(believe)의 순서로 바뀌었는데 이것은 어떻게 된 것이냐고 물을 수 있습니다. 왜냐하면 여기서 쓰인 '믿다'(believe)는 헬라어로 동사의 원형(原形: dictionary form)이 '믿다'(believe)는 '피스튜오'(πισ-εύω)로, '알다'(know)는 '기노스코'(γινώσκω)로 쓰였기 때문입니다. 이는 우리말이나 영어는 물론 헬라어에서까지도 요한복음 6장 69절에서 쓰인 동사(verb)의 원형(原形: dictionary form)과 동일하기 때문입니다. 그 대답은 이렇게 말할 수 있습니다.

이때의 믿음은 예수님이 '그리스도이시고 살아 계신 하나님의 아들'이라는 것을 믿는 믿음의 토대 위에서 예수님께서 행하신 일(work), 예를 들면 인간이 도저히 생각할 수 없는 말씀이나 초월적인 사랑, 온전한 의(righteousness)에 의한 표적이나 이적(sign and wonder) 또는 오직 사랑에 의한 치유(healing)나 축귀(exorcist)와 같은 예수님께서 행하신 말씀과 역사(役事: work)를 보고 그렇게 할 수 있는 분은 오직 하나님밖에 없다는 것을 알고 난 후에 그 말씀과 사랑이 하나님께로부터 온 것임을 믿었다고 보는 것입니다. 이때 하나님이 예수님을 통하여 우리에게 말씀해 주시고, 예수님께서 우리를 사랑하시는 그 사랑을 통하여 하나님이 우리를 사랑하시는 사랑을 우리로 하여금 알게 하시는 분은 하나님 성령(God the Spirit)이고 그것을 믿게 하시는 분 또한 하나님 성령(God the Spirit)이십니다.

4. 요한복음 6장 69절의 믿음과 이해의 내용

한글개역성경과 한글개역개정성경 마태복음 16장 16절에서 시몬 베드로가 말한 "주는 그리스도시요 살아계신 그 하나님의 아들이십니다"라는 것은 시몬 베드로의 신앙고백이라고 볼 수 있습니다. 그런데 흠정역영어성경(KJV)에서는 "Thou art the Christ, the Son of the living God"로 썼습니다. 한글개역성경과 한글개역개정성경 마태복음 16장 16절에서는 '그리스도'라고만 쓰인 것이 흠정역영어성경(KJV)에서는 특정한 '그리스도'라는 뜻으로 'the Christ'라고 썼습니다. 일반적인 기름부음을 받은 자라는 뜻의 '그리스도'가 아니고 '살아 계신 하나님의 아들이시며 특별히 구별된 그리스도'라는 것입니다. 그런데 흠정역영어성경(KJV) 요한복음 6장 69절에서는 시몬 베드로가 대답하는 주체를 12제자를 대표해서 말하는 것으로 보이는, 즉 주어를 자기를 나타내는 '나'(I) 대신에 제자들을 묶음으로 나타내는 '우리'(we)로 쓰면서 이를 더욱 부각시켜 "Lord, to whom shall we go? thou hast the words of eternal life. And we believe and are sure that thou art that Christ, the Son of the living God."이라고 대답하면서 '그리스도'를 'that Christ'라고 썼습니다. 예수님께서 그리스도 중에서도 특별한 그리스도이심을 좀 더 강조한 것입니다.

흠정역영어성경(KJV)에서, 요한복음 6장 69절의 말씀을 마태복음 16장 16절과 비교하여 보았을 때 차이가 있다면 마태복음 16장 16절에서 'the Christ'였던 것이 요한복음 6장 69절에서는 'that Christ'로 바뀐 것밖에는 없습니다. 이것을 한글개역성경과 한글개역개정성경 및 기타(其他)의 다른 영어성경 즉 국제표준영어성경(NIV)과 개역표준역영어성경(RSV) 등에서는 '주는 하나님의 거룩하신 자'(You are the Holy One of God.)라고 번역하였습니다. 이에 더하여 흠정역영어성경(KJV)과 유사하다고 생각되는 미국표준역영어성경(ASV)에서도 '주는 하나님의 거룩하신 자'(Thou art the Holy One of God.)라고 번역하였습니다.

요한복음 6장 69절에서 믿음과 이해의 핵심 사항은 예수님이 그리스도이시고 살아 계신 하나님의 아들이시라는 것입니다. 즉 예수님이 그리스도이신데 그분이 바로 살아계신 하나님의 아들이시라는 것입니다. 이것을 어떻게 증명할 수 있겠습니까? 그것을 이성(理性: reason)으로 증명한다는 것은 불가능합니다. 왜냐하면 이것은 이성의 영역 밖의 것이기 때문입니다. 여기서 주는 주님이라는 주(主: Lord)가 아니고 당신(you, thou)이라는 뜻입니다. 흠정역영어성경(KJV)에서 당신은 '그리스도시요 살아 계신 하나님의 아들'(that Christ, the Son of the living God)이라고 한 것을 왜 한글개역성경이나 한글개역개정성경 및 국제표준영어성경(NIV)

을 비롯한 많은 영어성경에서 일관되게 '하나님의 거룩하신 자'(the Holy One of God)라고 번역하였을까요? 의문이 갑니다. 가장 큰 이유는 번역한 원본이 다르기 때문일 것입니다.

필자의 소견(所見: opinion)으로는 그 외에도 몇 가지 이유가 더 있다고 봅니다. 한글개역성경 마태복음 14장 33절에서 "배에 있는 사람들이 예수께 절하며 가로되 '진실로 하나님의 아들이로소이다' 하더라"고 말씀합니다. 여기서 예수님을 하나님의 아들이라고 불렀습니다. 이것이 발전하여 흠정역영어성경(KJV)을 제외하면, 한글개역성경과 한글개역개정성경 및 대부분의 영어성경에서는 요한복음 6장 69절에서 시몬 베드로가 예수님께 '주(thou/you)는 하나님의 거룩하신 자(the Holy One of God)'라고 우리는 믿고 안다고 말합니다.

그런데 이사야서 40장 25절의 말씀에서 "그 거룩하신 자"(the Holy One)라고 일컬어진 분이 한글개역개정성경 이사야서 57장 15절에서는 "지극히 존귀하며 영원히 거하시며 거룩하다 이름하는 이"(KJV: the high and lofty One that inhabiteth eternity, whose name is holy)라고 불리어집니다. 그분이 구약성경에서 30회 사용된 "이스라엘의 거룩한 자"(the Holy One of Israel, Ps 78:41, 89:18; Isa 1:4, 29:19, 55:5, 60:9; Jer 50:29, 51:5, etc.)입니다. 그분은 공간적으로나 시간적으로나 초월자이시면서 존재론적으로는 본성뿐만 아니라 인격 또한 거룩한 분이십니다. 그럼에도 불구하고 이스라엘의 거룩한 자이신 여호와 하나님은 통회하는 자의 마음을 소성케 하시고, 겸손한 자의 영을 소성케 하시기 위하여, 통회하는 자와 마음이 겸손한 자와 함께 거(居: dwelling)하십니다(사 57:15). 그래서 필자는 여기서 말하는 통회하는 자와 마음이 겸손한 자는 이스라엘뿐만 아니라 '온 열방'(all nations)의 모든 사람들에게도 적용되어야 할 것으로 보았습니다. 한글개역성경 이사야 57장 15절에서 "지존무상하며 영원히 거하는 자"(KJV/NIV: the high and lofty One)로 나타낸 것을 "이스라엘의 거룩한 자"(the Holy One of Israel)로 해석할 수 있다고 보았습니다. 이사야서 57장 15절에서 "이스라엘의 거룩한 자"(the Holy One of Israel)로 해석할 수 있는 것을 요한복음 6장 69절에서는 "하나님의 거룩한 자"(the Holy One of God)로 나타냈다고 생각합니다.

한글개역개정성경 누가복음 4장 18-19절에 인용된 이사야서 61장 1-3절의 "주 여호와의 영이 내게 내리셨으니 이는 여호와께서 내게 기름을 부으사 가난한 자에게 아름다운 소식을 전하게 하려 하심이라 나를 보내사 마음이 상한 자를 고치며 포로된 자에게 자유를, 갇힌 자에게 놓임을 선포하며 여호와의 은혜의 해와 우리 하나님의 보복의 날을 선포하여 모든 슬픈 자를 위로하되 무릇 시온에서 슬퍼하는 자에게 화관을 주어 그 재를 대신하며 기쁨의 기름으로 그 슬픔을 대신하며 찬송의 옷으로 그 근심을 대신하시고 그들이 의의 나무 곧 여호와께서 심으신 그 영광을 나타낼 자라 일컬음을 받게 하려 하심이라(KJV: The Spirit of the Lord GOD is upon me; because the LORD hath anointed me to preach good tidings unto the meek; he hath sent me to bind up the brokenhearted, to proclaim liberty to the captives, and the opening of the prison to them that are bound; To proclaim the acceptable year of the LORD, and the day of vengeance of our God; to comfort all that mourn; To appoint unto them that mourn in Zion, to give unto them beauty for ashes, the oil of joy for mourning, the garment of praise for the spirit of heaviness; that they might be called trees of righteousness, the planting of the LORD, that he might be glorified.)"의 말씀에서 "주 여호와의 영이 내게 임하셨으니"(The Spirit of the Lord God is upon me.)라는 말씀은 한글개역개정성경 마태복음 3장 16절의 "예수께서 세례를 받으시고 곧 물에서 올라오실새 하늘이 열리고 하나님의 성령이 비둘기 같이 내려 자기 위에 임하심을 보시더니"라는 말씀과, 누가복음 3장 21-22절의 "백성이 다 세례를 받을 새 예수도 세례를 받으시고 기도하실 때에 하늘이 열리며 성령이 비둘기 같은 형체로 그의 위에 강림하시더니 하늘로부터 소리가 나기를 너는 내 사랑하는 아들이라 내가 너를 기뻐하노라 하시니라"라는 말씀으로 성취되었습니다.

그리고 이사야서 61장 1절에서 "여호와께서 내게 기름을 부으사"라는 말씀은 예수님의 사역(ministry)을 위한 기름부음(anointing)을 나타내는 것으로 이사야서 61장 1-3절까지의 내용을 논리적으로 우선순위를 따져보면 성령강림 이전에 기름부음이 이루어진 것으로 그 기름부음이 먼저 이루어지고 나서 그 후에 성령강림이 이루어진 것으로 되어 있습니다. 고대 이스라엘에서는 특별한 사명을 수행하는 자들을 임명할 때 그들의 머리 위에 올리브 기름을 붓는 전통(傳統)이 있었습니다. 그 대표적인 사명자가 선지자(prophet)와 제사장(priesthood)과 왕(king)이었습니다. 여호와 하나님께서 그의 아들을 이 땅에 보내실 때 문자적인 의미로 기름을 부으신 것이 아니라 영적인 측면에서 기름부음을 받게 하신 것으로 그 아들로 하여금 선지자로서, 제사장으로서, 왕으로서의 직분을 감당케 하신 것입니다. 이분이 바로 하늘 보좌를 버리고 이 땅에 오셔서 우리와 함께 거하시는 임마누엘(Immanuel)의 하나님이 되신 분으로서 신명기 18장 15절에서 말하는 모세와 같은 선지자의 본체(本體)이신 진정한 '메시아'(messiah)입니다. 시몬 베드로가 이 메시아를 그리스도(Christ)라고 고백한 것입니다. 이것을 베드로에게 알게 하신 분은 혈육이 아니요 하늘에 계신 내 아버지시라고 마태복음 16장 17절에서 예수님께서 베드로에게 직접 말씀하셨습니다. 그래서 베드로의 신앙고백의 핵심은 "예수가 하나님의 아들일 뿐만 아니라 삼위일체 하나님의 한 위를 차지하는 하나님이시고 그리스도이시다"라는 것입니다.

그래서 흠정역영어성경(KJV)의 'the Son of the living God'이나 한글개역개정성경 및 국제표준영어성경(NIV)를 비롯한 많은 영어성경에서의 'the Holy One of God'도 삼위일체의 제2의 위격인 하나님 성자 곧 예수 그리스도를 지칭하는데 그 표현방식을 다르게 한 것뿐이라고 봅니다. 그 핵심 내용은 예수는 그리스도이시고 온전한 하나님이시라는 것입니다. 복음서에서 이를 여러 가지의 다른 도양으로 표현하였습니다.

예를 들면 흠정역영어성경(KJV)과 미국표준역영어성경(ASV) 마태복음 14장 33절에서 배에 있는 사람들이 예수님을 보고 "진실로 하나님의 아들이로소이다"(Of a truth thou art the Son of God.)라고 말하는가 하면, 국제표준영어성경(NIV)과 개역표준역영어성경(RSV)에서는 "진실로 하나님의 아들이로소이다"(Truly you are the Son of God.)로 번역하였습니다. 그리고 베드로의 신앙고백으로 마가복음 8장 29절에서는 "주는 그리스도이시다"(KJV: Thou art Christ./NIV: You are the Christ/Messiah.)"로, 누가복음 9장 20절에서는 "하나님의 아들 그리스도이시다"[KJV: The Christ of God./NIV: (the Christ of God)/(God's Messiah)]"로 번역하였습니다. 마태복음 16장 16절에서는 "주는 그리스도이시요 살아 계신 하나님의 아들이시니이다"(KJV: Thou art the Christ, the Son of the living God./NIV: You are the Christ/Messiah, the Son of the living God.)"로, 요한복음 6장 69절에서는 "주는 그리스도이시요 살아 계신 하나님의 아들이시니이다"(KJV: thou art that Christ, the Son of the living God./NIV: you are the Holy One of God.)라고 번역하였습니다. 여기서 NIV 성경인 경우 문자표 "/" 앞에 있는 것은 1995년에 발간된 것이고 뒤에 있는 것은 2011년에 발간된 것입니다.

한글개역성경 이사야서 40장 25절의 말씀은 "거룩한 자가 가라사대 그런즉 너희가 나를 누구에게 비기며 나로 그와 동등이 되게 하겠느냐"(KJV: To whom then will ye liken me, or shall I be equal? saith the Holy One./NIV: "To whom will you compare me? Or who is my equal?", saith the Holy One.)이고, 한글개역성경 이사야서 57장 15절의 말씀은 "지존무상하며 영원히 거하며 거룩하다 이름하는 자가 이같이 말씀하시되 내가 높고 거룩한 곳에 거하며 또한 통회하고 마음이 겸손한 자와 함께 거하나니 이는 겸손한 자의 영을 소성케 하며 통회하는 자의 마음을 소성케 하려 함이라"(KJV: For thus saith the high and lofty One that inhabiteth eternity, whose name is Holy; I dwell in the high and holy place, with him also that is of a contrite and humble spirit, to revive the spirit of the humble, and to revive the heart of the contrite ones./NIV: For this is what the high and exalted One says- he who lives forever, whose name is holy: "I live in a high and holy place, but also with the one who is contrite and lowly in spirit, to revive the spirit of the lowly and to revive the heart of the contrite.")입니다.

이것은 마치 기하학(幾何學: geometry)에서 "두 점 간의 최단 거리는 직선이다"라고 말할 때, 이 직선을 실제로 그릴 수 있는지 물을 때 그릴 수 없다고 하는 것과 같습니다. 기하학의 정의(definition)에 따르면 직선은 폭(width)이 없습니다. 점(點: point)은 면적(面積: area)이 없습니다. 폭과 면적이 없는 점과 선을 어떻게 그릴 수 있겠습니까? 그러니 그릴 수가 없는 것입니다. 그릴 수 없다고 하여 그 공리(公理)가 잘못되었다고는 말할 수 없습니다. 왜냐하면 그것은 무조건 인정해야만 하는 공리이기 때문입니다. 그래서 수학이나 논리학에서는 이와 같은 공리(公理: axiom)를 '증명이 없이 자명한 진리로 인정되며, 다른 명제를 증명하는데 전제가 되는 원리'라고 말합니다.

흠정역영어성경(KJV)의 요한복음 6장 69절에서 말씀하고 있는 "예수님께서 그리스도이시고 살아 계신 하나님의 아들이시다"라는 사실은 이성(reason)으로 증명할 수 없고 이해할 수 없습니다. 이것은 오직 믿음으로밖에는 납득(納得)될 수 없습니다. 고린도전서 12장 3절을 보면 "내가 너희에게 알게 하노니 하나님의 영으로 말하는 자는 누구든지 예수를 저주할 자라 하지 않고 또 성령으로 아니하고는 누구든지 예수를 주시라 할 수 없느니라"라고 말씀하십니다. 이 또한 이성으로 증명되거나 이해될 수 있는 것이 아닙니다. 오직 믿음로만 가능합니다. 빌립보서 2장 5-11절을 보면 "너희 안에 이 마음을 품으라 곧 그리스도 예수의 마음이니 그는 근본 하나님의 본체시나 하나님과 동등됨을 취할 것으로 여기지 아니하시고 오히려 자기를 비어 종의 형체를 가져 사람들과 같이 되었고 사람의 모양으로 나타나셨으매 자기를 낮추시고 죽기까지 복종하셨으니 곧 십자가에 죽으심이라 이러므로 하나님이 그를 지극히 높여 모든 이름 위에 뛰어난 이름을 주사 하늘에 있는 자들과 땅에 있는 자들과 땅 아래 있는 자들로 모든 무릎을 예수의 이름에 꿇게 하시고 모든 입으로 예수 그리스도를 주라 시인하여 하나님 아버지께 영광을 돌리게 하셨느니라"라고 말씀하십니다. 예수 그리스도가 주시라는 것입니다. 어떻게 이를 이성으로 증명하고 이해할 수 있겠습니까? 오직 믿는 것 외에는 다른 방도(方道)가 없습니다. 오직 믿는 수밖에 없습니다. 이들을 종합하여 볼 때 예수님이 곧 그리스도이시고 주(主: Lord)시라는 것과 예수님이 하나님이시라는 것과 죄가 하나도 없으신 온전한 인간이라는 사실은 믿음으로만 이해(knowing, understang)가 가능한데, 그 믿음은 성령의 역사(役事: work)로만 이해(knowing, understanding)가 가능하다는 것입니다. 수학에서 "두 점 간의 최단 거리는 직선이다"라는 것을 공리로 하여 다른 명제를 증명하듯 "예수님이 그리스도이시고 주시다"라는 것과 "예수님은 하나님이시면서 온전한 사람이다"라는 믿음 위에서 모든 성경의 말씀은 풀려질 수 있습니다.

예를 들면 마태복음 14장 28절과 마가복음 6장 48절 및 요한복음 6장 19절의 예수님께서 바다 위를 걷는 사건은 어떠한 이론으로도 증명되거나 이해될 수 없습니다. "예수님이 하나님이시다"라는 것을 빼고는 말입니다. "예수님이 하나님이시다"라는 것을 인정하지 않고 어떻게 인간으로서 물 위를 걸을 수 있겠느냐 하는 것입니다. 그러나 우리가 예수님이 하나님인 것을 인정한다면 오히려 바다 위를 걷지 못하는 것이 이상한 것 아닙니까? 하나님께 불가능(不可能: impossible)한 것이 존재(存在: existence)한다면 그것 자체가 논리에 맞지 않습니다. 그런 것이 바로 모순이라고 터툴리안이 지적한 것입니다. 그래서 수학이나 논리학에서 공리(公理: axiom)로부터 다른 명제를 증명하듯 예수님께 대한 핵심적인 말씀으로부터 일상생활의 모든 문제를 성경의 말씀으로 풀어나갈 수 있습니다. 그의 요체가 삼위일체의 하나님에 대한 올바른 이해라고 필자는 믿습니다.

V. 적용

우리말로 '믿는다'는 말이 영어성경에서, 특히 문법체계를 엄격히 준수하면서도 원어(原語: original language) 성경의 본래의 '뜻'을 정확히 전하려는 데 초점을 둔 국제표준역영어성경(NIV)에서는 'believe on him'과 'believe him' 및 'believe in him'으로 나누어 구별하여 사용하였습니다.

'believe on him'은 예수님의 '행한 그것을 인하여', '예수님을 믿는 것'입니다. 이와 같이 믿을 때는 잘못하면 예수님이 행하신 기적(miracle)과 이적(wonder) 및 표적(sign)이나 치유(healing) 사건 또는 축귀(exorcism) 사건은 확실히 믿으나 그 사건이 지금도 일어날 수 있으며 또한 일어나고 있다는 확신이 박약할 수 있습니다. 왜냐하면 그 당시와 지금의 환경과 상황과 여건이 다르기 때문입니다. 그 당시에 일어났던 일로는 믿으나, 나에게도 일어날 수 있으며 지금 나에게 일어나고 있다는 믿음은 갖지 못하는 오류(誤謬)를 범할 수 있습니다. 이어 예수님께서는 요한복음 14장 11절에서 이를 믿음의 하한(下限: lower limitation)선으로 정하여 "그렇지 못하겠거든 행한 그 일을 인하여 나를 믿으라"(at least believe on the evidence of the miracles themselves)고 말씀하십니다. 그래서 이것을 "…나를 믿으라"(believe me when I say that…)는 말씀 밑에 둔 것입니다.

'believe him'은 예수님께서 하나님 아버지 안에 계시고 하나님 아버지께서는 예수님 안에 계심을 믿으라는 예수님의 말씀을 믿는 것입니다. 이는 예수님께서 말씀하신 것 하나하나는 잘 믿지만 말씀과 말씀 사이의 연결 고리를 찾지 못하고 독립된 말씀으로 끝나버리는 우(愚)를 범할 수 있습니다. 즉 예수님의 말씀은 믿으나 예수님의 마음을 읽지 못할 수 있다는 것입니다.

그러나 'believe in him'은 예수님을 바로 믿는 것으로서 예수님의 행하신 그것을 인하여 예수님을 믿으며, 이를 토대로 예수님께서 하신 말씀을 믿어 예수님의 언행을 믿은 다음에 예수님의 마음을 읽어 예수님의 말씀의 행간(行間)의 뜻을 깨달아 알 수 있습니다. 그뿐만 아니라 예수님께서 직접 말씀하지 않으신 것까지라도 우리는 묵시적(默示的)으로 예수님의 뜻과 의도를 알 수 있으며, 예수님께서 좋아하시는 것을 위하여 마음과 뜻과 정성을 다하여 헌신할 수 있습니다. 한 걸음 더 나아가 우리가 신성(神性)을 지니신 예수님의 인격을 믿음으로써 예수님이 우리 마음에 육신(肉身)화되어, 몸은 우리의 것이로되 그 안에 있는 소프트웨어(software)는 예수님의 것이 되어 신성(神性: divinity)을 지니신 예수님의 인격(人格)체로 사는 것입니다. 이것을 이름 하여 '성령 충만한 삶'이라고 부릅니다.

성령 충만한 삶을 살기 위해서는 예수님을 '믿고 이해'하려고 해야지 '이해하고 나서 믿으려고 하면 아니 됩니다. 여기서 순서가 중요합니다. 요한복음 6장 69절의 "우리가 주는 하나님의 거룩한 자신 줄 믿고 알았삽나이다"(NIV: We believe and know that you are the Holy One of God./헬라어 성경: 카이 헤메이스 페피스튜카멘 카이 에그노카멘 호티 쉬 에이 호 하기오스 투 데우(καὶ ἡμεῖς πεπιστεύκαμεν καὶ ἐγνώκαμεν ὅτι σὺ εἶ ὁ ἅγιος τοῦ θεοῦ)라는 말씀이 이를 뒷받침합니다.

이를 삼위일체의 관점에서 보면 '하나님 아버지'(God the Father)께서는 자기의 생각(thought)과 뜻(will)과 느낌(feeling), 즉 하나님 아버지(God the Father)의 지정의(知情意)를 나타내는 하나님 아버지의 마음(mind)을 '하나님의 아들'(God the Son)의 말씀(word)과 행적(work)으로 나타냅니다. 이것을 이루어 내시는 분은 '하나님 성령'(God the Spirit)입니다. 이번에는 역(逆)으로 우리들로 하여금 하나님의 아들(God the Son)의 말씀(word)과 행적(work)을 통해서 하나님 아버지(God the Father)의 생각(thought)과 뜻(will)과 느낌(feeling), 즉 하나님 아버지(God the Father)의 마음(mind)을 깨닫게 하시는 분 또한 하나님 성령(God the Spirit)이십니다. 그래서 요한복음 14장 11절의 "내가 아버지 안에 있고 아버지께서 내 안에 계심을 믿으라 그렇지 못하겠거든 행하는 그 일을 인하여 나를 믿으라"(Believe me when I say that I am in the Father and the Father is in me, or at least believe on the evidence of the miracles themselves.-NIV)는 말씀에서 이것을 삼위일체(三位一體: trinity)의 관점(觀點)으로 보면 아버지는 '하나님 아버지'(God the Father)를 나타내는 것이고, '내가'로 말씀한 것은 '하나님의 아들'(God the Son) 곧 '예수 그리스도'(Jesus Christ)를 지칭(指稱)하는 것이며, 이 모든 것을 깨달아 알게 하시는 분은 '하나님 성령'(God the Spirit)이십니다. 하나님 성령의 도우심이 없이는 하나님 아버지와 하나님의 아들의 상호내주(相互內住) 하심은 물론 예수 그리스도의 행적(行蹟: work)을 통한 하나님 아버지의 마음을 읽는 것도 불가(不可)합니다.

Ⅵ. 소원(所願)과 축원(祝願)

예수님께서는 아버지 안에 계시고 하나님 아버지께서는 예수님 안에 계신다고 말씀하셨습니다. 이는 혼연일체(渾然一體)가 되었다는 이야기이고 호흡이 완전히 일치되었다는 것을 말합니다. 우리가 예수님의 행하신 그것으로 인하여 예수님을 믿는 'believe on him'의 단계를 지나 예수님의 말씀을 믿는 'believe him'의 단계를 뛰어넘어 예수님 말씀의 행간(行間)의 뜻을 읽을 수 있기를 원합니다. 그리하여 예수님의 마음을 알고 뜻을 알고 사랑을 알아 예수님의 지정의(知情意)를 떠받치고 있는 인격을 믿을 뿐만 아니라 하나님의 본체(本體)이신 신성(神性)도 아울러 믿는 'believe in him'의 단계에 이를 수 있기를 바랍니다.

우리가 예수님 안에 있고 예수님은 우리 안에 계셔서 예수님과 혼연일체(渾然一體)가 되고 호흡이 일치하기를 소원합니다. 이와 같은 일체(一體)와 일치(一致)를 위해서는 죄악 된 우리가 죽어야 합니다. 즉 육신의 정욕과 안목의 정욕과 이생의 자랑을 죽여야 합니다. 자기를 죽이는 결단으로 자기를 부인(否認)하면서 주님을 따르는 'believe in him'에 의한 믿음의 복된 삶이 되기를 축원합니다.

부록 : 요한복음 14:1의 '믿다'(believe)의 해석

요한복음 14장 1절의 말씀을 한글개역성경에서는 "하나님을 믿으니 또 나를 믿으라"고 하였습니다. 이를 헬라어 원문에서는 "피스튀에테 에이스 톤 데온 카이 에이스 에메 피스튀에테"(πιστεύετε εἰς τὸν θεὸν καὶ εἰς ἐμὲ πιστεύετε)라고 하였습니다. 여기서 헬라어 '피스튀에테'(πιστεύετε)는 동사 '피스튀오'(πιστεύω)에 직설법 현재 능동태 2인칭 복수(indicative present active second person plural)를 취하거나 또는 명령법 현재 능동태 2인칭 복수(imperative present active second person plural)를 취한 것입니다. 문자적으로는 직설법(indicative)도 가능하고 명령법(imperative)도 가능합니다. 그러므로 번역본에 따라 표현이 다릅니다.

한글개역성경에서는 앞부분은 직설법으로 번역하였고 뒷부분에서는 명령법으로 번역하였습니다. 이는 제자들에게는 “하나님을 믿으라”는 것이 너무나도 당연한 일인 고로 굳이 명령형으로 쓸 필요가 없다고 여긴 것 같습니다. 흠정역영어성경(KJV)에서도 앞부분을 “ye believe in God”으로 하여 직설법을 취하고, 뒷부분은 “believe also in me”로 하여 명령법을 취하여 한글개역성경과 동일한 입장을 취했습니다. 그러나 제 소견(所見)으로는 앞뒤를 불문하고 앞두 모두를 명령형으로 쓰는 것이 예수님을 하나님과 동일하게 믿는 데 도움이 되지 않을까 싶습니다. 왜냐하면 예수님의 하나님 되심을 강조하기 위해서입니다. 이를 뒷받침하듯 국제표준역영어성경(NIV)에서는 앞뒤 모두를 명령형으로 번역하였습니다. 그렇지만 국제표준역영어성경(NIV)에서는 헬라어 원문의 ‘피스튀에테 에이스’(πιστεύετε εις)를 영어의 ‘believe in’으로 하지 않고 ‘trust in’으로 번역하였습니다. 좀 아쉬운 점이 있습니다. 그러나 대부분의 영어성경에서는 이를 ‘believe in’으로 번역하였습니다.

헬라어 동사 ‘피스튀오’(πιστεύω)와 전치사 ‘에이스’(εἰς)를 한 묶음으로 볼 때 신약성경에서 총 27개의 절에서 28회[12)]가 사용되었는데, 27개의 절 중에서 20개의 절이 요한복음에서 사용되었으며, 요한복음에서 요한일서까지 합치면 무려 22개의 절에 23회가 사도 요한에 의해서 사용된 셈입니다. 여기서 헬라어 전치사 ‘에이스’(εἰς)는 영어로 ‘into’에 해당하는 것으로 '시작점'(starting point)은 확실하게 말할 수 있지만 그 '끝점'(ending point)은 그렇게 확실하게 말할 수 없습니다. 왜냐하면 헬라어 에이스(εἰς)를 영어로 번역(translation)할 때 'into'라고 하고, 이를 우리말로 번역할 때 '안으로'라고 번역하는데 그 끝이 명확하지 않고 계속 진행(proceeding)되기 때문입니다. 그래서 필자의 생각으로는 그 시작(starting point)에 해당하는 것이 'on'이고, 그 중간 과정에 해당하는 것이 'in'이며, 그 끝점(ending point)은 계속 진행되기 때문에 영어로 말하면 'on going' 상태에 있는 것을 나타내는 것이라고 봅니다. 이러한 개념을 가지고 영어로 번역된 성경을 두루 살펴볼 때, 헬라어 동사 피스튀오(πιστεύω)와 전치사 에이스(εἰς)를 한 묶음으로 사용한 전치사 동사(prepositional phrasal verb)를 영어로 해석함에 있어 'believe into'로 번역하여야 하지만, 때로는 'believe on'으로, 때로는 'believe in'으로 번역본(飜譯本: translated version)에 따라 다양하게 번역하였습니다. 그래서 헬라어 성경을 살펴볼 필요가 있습니다.

흠정역 영어성경(KJV)에서는 'believe in'[13]이 총 13개의 절에서 13회가 사용되었는데, 이중 마태복음 18장 6절, 마가복음 9장 42절, 요한복음 12장 36절 및 14장 1절은 헬라어 동사 피스튀오(πιστεύω)와 전치사 '에이스'(εἰς)를 한 묶음으로 한 것을 'believe in'으로 번역하였으며, 'believe on'은 14개의 절에서 15회가 사용되었는데, 그중 요한복음 1장 12절, 6장 29절, 7장 39절, 9장 35절, 9장 36절, 11장 48절과 요한일서 5장 13절에서 헬라어 동사 피스튀오(πιστεύω)와 전치사 에이스(εἰς)를 한 묶음으로 한 것을 'believe on'[14]으로 번역한 것입니다.

헬라어 성경에서 헬라어 '피스튀오'(πιστεύω) 동사의 임의의 변환과 전치사 '엔'(ἐν)을 한 묶음으로 볼 때 총 다섯 번 사용되었는데, 흠정역영어 성경(KJV) 마가복음 1장 15절에서는 'believe'로, 요한복음 3장 15절에서는 'believeth in'으로, 로마서 10장 9절과 데살로니가전서 1장 7절에서는 'believe in'으로, 디모데전서 3장 16절에서는 'believed on'으로, 그리고 사도행전 17장 34절에서는 'believed among'으로 번역하였습니다.

헬라어 성경에서 헬라어 동사 '피스튀오'(πισ-εύω)와 전치사 '에피'(ἐπί)[15]를 한 묶음으로 볼 때 다섯 개의 절에 다섯 번 사용되었으며[16], 헬라어 동사 '피스튀오'(πιστεύω)와 전치사 '엪'(ἐπ')[17]을 한 묶음으로 볼 때 이 역시 다섯 개의 절에 다섯 번 사용되었습니다.

後註

1) 예수님께서 '행한 그 일' 중에는 크게 세 가지가 포함되는데 첫째는, 하나님 밖에 할 수 없는 기적과 이적을 행한 것입니다. 여기에는 죽은 나사로를 살리신 일(요 11:1-16), 나인 성 과부의 독자를 살리신 일(눅 7:11-17), 회당장 야이로의 딸을 살리신 일(마 9:18-26; 막 5:21-43; 눅 8:40-56) 및 풍랑을 잔잔하게 하신 일(눅 8:22-25)과 물 위를 걸으신 일(요 6:16-21) 등을 들 수 있습니다. 둘째는, 병든 자를 고치신 치유의 사건입니다. 눈먼 소경을 고치셨고(요 9:1-12), 38년 된 병자를 고치셨으며(요 5:1-18), 열두 해를 혈루 증으로 앓던 여자를 고치셨고(막 5:25-34), 문둥병자를 고치셨습니다(마 8:1-4; 막 1:40-45; 눅 5:12-16, 17:11-19). 셋째는, 귀신들린 자에게서 귀신을 쫓아낸 축귀(逐鬼) 사건입니다(막 5:1-20).

2) 출 4:1; 사 43:10; 눅 22:67; 요 4:21, 5:46, 8:45, 8:46, 10:37, 10:38, 14:11-NIV / 2011(US).

3) 대하 32:15; 잠 26:25; 마 21:25, 21:32*2; 막 11:31; 눅 20:5-KJV / 1611(1769).

4) 민 14:11; 시 78:22, 119:66; 마 18:6, 27:42; 막 9:42; 요 7:5, 9:36, 11:48, 12:37, 12:44, 16:9, 17:20; 행 16:31, 16:34, 19:4, 22:19; 롬 4:24, 10:9, 10:14; 벧전 1:8, 1:21; 요일 3:23, 5:13.

5) Bengt Hägglund, *Histoy of Theology*, Translated by Gene J. Lund,, Concordia Publishing House, St. Louis, Missouri for the English edition, 54p. 1968.

6) *The Greek New Testment* edited by Kurt Aland, 1975.

7) *The New Testament in the Original Greek Byzantine Text Form*, 2005.

Compiled and arranged by Maurice A. Robinson and William G. Pierpont.

8) *The Greek New Testment* edited by Kurt Aland, 1975.

9) Stephanus (Robert Estienn's) GNT, 1550.

10) *The Greek New Testment* edited by Kurt Aland, 1975.

11) 국제표준역영어성경(NIV) 1995과 2011년도 판.

12) Mt. 18:6; Mk. 9:42; Jn. 1:12, 3:16, 3:18, 3:36, 6:29, 6:35, 6:40, 7:38, 7:39, 9:35, 9:36, 11:25, 11:26, 11:48, 12:36, 12:44(2), 12:46, 14:1, 14:12, 16:9; Ac. 10:43; Rom. 10:10, 15:13; 1Jn. 5:10, 5:13.

13) believe in : 2Kings 17:14; 2Ch. 20:2; Mt. 18:6; Mk 9:42, 16:17; Jn. 7:5, 12:36, 14:1; Rom. 10:9, 15:31; 1Th. 1:7; 1Pe. 1:21.

14) believe on : Jn. 1:12, 6:29, 7:39, 9:35, 9:36, 11:48, 17:20; Ac. 16:31, 19:4; Rom. 4:24; Ph. 1:29; 1Tm. 1:16; 1Jn. 3:23, 5:13(2).

15) Mk. 1:15; Jn. 3:15; Rom. 10:9; 1Th. 1:7; 1Tm. 3:16.

16) Lk. 24:25; Ac. 11:17, 16:31, 22:19; Rom. 4:24.

17) Mt. 27:42; Rom. 9:33, 10:11; 1Tm. 1:16; 1Pe. 2:6.

신약성경
New Testament

제5부

믿음으로 믿음에 이르나니(롬 1:15-17)

From Faith unto Faith(Rom. 1:15-17)

믿음으로 믿음에 이르나니

(From Faith to Faith)

"복음에는 하나님의 의가 나타나서 믿음으로 믿음에 이르게 하나니
기록된 바 오직 의인은 믿음으로 말미암아 살리라 함과 같으니라"
(롬 1:15-17 중에서 롬 1:17)

우리말로 기록된 성경에서 '믿' 자(字: letter)로 시작되는 낱말이 최초로 사용된 곳은 창세기 15장 6절입니다. 그 내용은 한글개역성경과 한글개역개정성경에서 똑같이 "아브람이 여호와를 믿으니 여호와께서 이를 의로 여기시고"라고 쓰였습니다. 흠정역영어성경(KJV)에서는 "And he believed in the LORD and he counted it to him for righteousness."라고, 국제표준역영어성경(NIV)에서는 "Abram believed in the LORD and he credited it to him as righteousness."라고, 미국표준역영어성경(ASV)에서는 "And he believed in Jehovah; and he reckoned it to him as righteous."라고, 개역표준역영어성경(RSV)에서는 "And he believed the LORD; and he reckoned it to him as righteous."라고 쓰였습니다. 이렇게 여러 가지의 번역본을 지루하게 소개해 드리는 것은 필자가 그만큼 중요하다고 생각하기 때문입니다.

한글개역성경 하박국 2장 1-4절에서는 "내가 내 파수하는 곳에 서며 성루에 서리라 그가 내게 무엇이라 말씀하실는지 기다리고 바라보며 나의 질문에 대하여 어떻게 대답하실는지 보리라 그리하였더니 여호와께서 내게 대답하여 가라사대 너는 이 묵시를 기록하여 판에 명백히 새기되 달려가면서도 읽을 수 있게 하라 이 묵시는 '정한 때'(카이로스: Καιρός)]가 있나니 그 종말이 속히 이르겠고 결코 거짓되지 아니하리라 비록 더딜지라도 기다리라 지체되지 않고 정녕 응하리라 보라 그의 마음은 교만하며 그의 속에서 정직하지 못하니라 그

러나 의인은 그 믿음으로 말미암아 살리라"고 하였습니다.

한글개역성경 로마서 1장 16-17절에서는 "내가 복음을 부끄러워하지 아니하노니 이 복음은 모든 믿는 자에게 구원(救援)을 주시는 하나님의 능력이 됨이라 첫째는 유대인에게요 또한 헬라인에게로다 복음에는 하나님의 의가 나타나서 믿음으로 믿음에 이르게 하나니 기록된바 오직 의인은 믿음으로 말미암아 살리라 함과 같으니라"고 하였습니다.

신약성경 로마서 1장 17절과 갈라디아서 3장 11절 및 히브리서 10장 38절에서 구약성경 하박국 2장 4절이 인용되어 사용되었는데, 그 내용에 있어 차이가 있습니다. 그 이유가 무엇인가를 자세히 살펴보고, 한글개역성경 빌립보서 1장 25절의 "내가 살 것과 너희 믿음의 진보(進步)와 기쁨을 위하여 너희 무리와 함께 거할 이것을 확실히 아노니"라는 말씀에서 '믿음의 진보(進步)'가 무엇인가를 좀 더 넓고 깊고 높게 깨달아 로마서 1장 17절에서 언급된 "믿음으로 믿음에 이르게 하나니"라는 말씀이 '믿음의 진보(進步)'에 어떻게 적용될 수 있는가 그 방법을 모색하고자 합니다.

Ⅰ. 내적 증거(Internal Evidence)

1. 창세기 15장 1-6절의 해석

창세기 15장 6절의 말씀을 해석함에 있어 믿는데 '무엇을 믿는가?'에 대한 대답이 중요합니다. 앞에서 설명한 성경 중에서 한글개역성경과 한글개역개정성경에서는 "아브람이 여호와를 믿으니"라고 하였습니다. 그러면 아브람이 여호와의 무엇을 믿었는가 하는 의문이 생깁니다. 이 문제를 풀기 위해서는 창세기 15장 6절 이전의 그 어떤 설명이 필요합니다. 한글개역성경 창세기 15장 1-5절에서는 "이후에 여호와의 말씀이 이상 중에 아브람에게 임하여 가라사대 아브람아 두려워 말라 나는 너의 방패요 너의 지극히 큰 상급이니라 아브람이 가로되 주 여호와여 무엇을 내게 주시려나이까 나는 무자(無子)하오니 나의 상속자는 이 다메섹 엘리에셀이니이다 아브람이 또 가로되 주께서 내게 씨를 아니 주셨으니 내 집에서 길리운 자가 나의 후사가 될 것이니이다 여호와의 말씀이 그에게 임하여 가라사대 그 사람은 너의 후사(後嗣)가 아니라 네 몸에서 날 자가 네 후사가 되리라 하시고 그를 이끌고 밖으로 나가 가라사대 하늘을 우러러 뭇 별을 셀 수 있나 보라 또 그에게 이르시되 네 자손이 이와 같으리라 아브람이 여호와를 믿으니 여호와께서 이를 그의 의로 여기시고"라고 하였습니다. 이것을 좀 더 나누어 자세히 살펴보면 〈표 1〉과 같습니다.

이 본문을 삼위일체 하나님의 관점으로 볼 때, 창세기 15장 6절의 "여호와를 믿으니 여호와께서 이를 그의 의로 여기시고"에서 '여호와'

〈표 1〉 창세기 15장 1-6절의 말씀

화자(話者: Speaker)	내용(內容: Content)
성경 기자의 말	이후에 여호와의 말씀이 이상 중에 아브람에게 임하여 가라사대
여호와의 말씀	아브람아 두려워 말라 나는 너의 방패요 너의 지극히 큰 상급이니라
성경 기자의 말	아브람이 가로되
아브람의 말	주 여호와여 무엇을 내게 주시려나이까 나는 무자(無子)하오니 나의 상속자는 이 다메섹 엘리에셀이니이다
성경 기자의 말	아브람이 또 가로되
아브람의 말	주께서 내게 씨를 아니 주셨으니 내 집에 서 길리운 자가 나의 후사가 될 것이니이다
성경 기자의 말	여호와의 말씀이 그에게 임하여 가라사대
여호와의 말씀	그 사람은 너의 후사(後嗣)가 아니라 네 몸에서 날 자가 네 후사가 되리라
성경 기자의 말	그를 이끌고 밖으로 나가 가라사대
여호와의 말씀	하늘을 우러러 뭇 별을 셀 수 있나 보라
성경 기자의 말	또 그에게 이르시되
여호와의 말씀	네 자손이 이와 같으리라
성경 기자의 말	아브람이 여호와를 믿으니 여호와께서 이를 그의 의로 여기시고

는 '하나님 아버지'(God the Father)를 지칭(指稱)하고, '여호와의 말씀'은 성육신(incarnation) 이전의 말씀으로 계신 하나님 성자(God the Son) 곧 예수 그리스도이시며, '아브람의 말'은 아브람 자신의 말이고, '창세기 성경 기자의 말'은 디모데후서 3장 16절의 "모든 성경(聖經: scripture)은 하나님의 감동(感動: inspiration)으로 된 것으로 교훈과 책망과 바르게 함과 의로 교육하기에 유익하니"라는 말씀과 같이 '하나님 성령'(God the Spirit)의 감동(感動: inspiration)을 받은 창세기 성경 기자의 말입니다. 특히 창세기 15장 6절의 말씀은 비록 창세기 성경 기자의 말이지만 이것은 하나님 성령께서 아브람의 심령(心靈: heart)을 훤히 들여다보고 하신 말씀임과 동시에 '하나님 아버지'의 말씀을 그대로 전한 것입니다. 왜냐하면 예수님께서 요한복음 16장 13절의 "그러하나 진리의 성령(聖靈)이 오시면 그가 너희를 모든 진리(眞理) 가운데로 인도(引導)하시리니 그가 자의(自意)로 말하지 않고 오직 듣는 것을 말하시며 장래(將來) 일을 너희에게 알리시리라"고 말씀하시기 때문입니다.

이로 유추해 볼 때 아브람이 믿은 것은 "네 몸에서 날 자가 네 후사가 되리라"는 말씀과 "네 자손이 이(뭇별)와 같으리라"는 것입니다. 이를 뒷받침이라도 하듯 개역표준역영어성경(RSV)에서는 "And he(Abram) believed the LORD."라고 번역하였습니다. 왜냐하면 영어에서 'believe'라는 동사가 인격(人格: person)을 가진 목적어를 가질 때는 그 인격체(人格體: person)의 말을 믿는 것으로 보기 때문입니다. 이는 "THE RANDOM HOUSE DICTIONARY OF THE ENGLISH LANGUAGE THE UNABRIDGED EDITION"(시사영어사 랜덤하우스, 英韓大辭典, 1991)의 'believe'의 설명을 통해서도 알 수 있습니다. 즉 "I believe him"을 "나는 그의 말을 믿는다"라고 설명하고 있습니다.

2. 히브리어 성경 창세기 15장 6절의 해석

히브리어 성경 창세기 15장 6절에서는 "베헤에민 빠이흐바 바이야흐쉐베하 로 쩨다카"(וְהֶאֱמִן בַּיהוָה וַיַּחְשְׁבֶהָ לּוֹ צְדָקָה)라고, 칠십인역헬라어 성경[LXX/LXT - LXX Septuaginta (LXT) (Old Greek Jewish Scriptures) edited by Alfred Rahlfs, Copyright ⓒ 1935 by the Württembergische Bibelanstalt]에서는 "카이 에피스튜센 아브람 토 데오 카이 엘로기스데 아우토 에이스 디카이오쉬넨"(καὶ ἐπίστευσεν Αβραμ τῷ θεῷ καὶ ἐλογίσθη αὐτῷ εἰς δικαιοσύνην)이라고 썼습니다. 창세기 15장 6절에서 '믿으니'라고 쓰인 것은 히브리어 성경에서는 히브리어로 '베헤에민'(וְהֶאֱמִן)으로 쓰인 것인데, 이는 우리말로 '지지하다', '진실을 입증하다', '충실하다' 영어로 'believe', 'be convinced that', 'rely upon', 'believe in'이라는 뜻의 히브리어 동사 '아만'(אָמַן)에 히필 완료 3인칭 남성 복수(hiphil perfect masculine third person singular)를 취한 후에 히브리어 접속사 '베'(וְ)를 접두(接頭)시킨 히브리어 동사(verb)입니다. 여기서 히필 동사(hiphil verb)란 '~가 ~에게 ~을 하게 한다'는 사역동사(使役動詞: causative verb)입니다. 이것을 창세기 15장 6절에 적용하면 "여호와께서 아브람으로 하여금 믿게 했다"가 됩니다. 왜냐하면 완료형의 히브리어 동사가 사용되었기 때문입니다. 그리고 사용된 히브리어 동사가 사역형의 동사이기 때문에 아브람이 믿었다는 것은 "여호와께서 아브람에게 믿게 하는 대로 순종했다"라는 말과 같은 것입니다.

3. 히브리어 '아만'(אָמַן)의 용례

하나님 또는 여호와 하나님과 같이 신(神: God)에 직접 또는 간접적으로 관련된 히브리어 동사 '아만'(אָמַן)의 용례를 구약성경에서 찾아보면, 출애굽기 14장 31절에서는 "이스라엘이 여호와께서 애굽 사람들에게 베푸신 큰일을 보았으므로 백성이 여호와를 경외하며 여호와와 그 종 모세를 **믿었더라**"고 되어 있습니다. 민수기 14장 11절에서는 "여호와께서 모세에게 이르시되 이 백성이 어느 때까지 나를 멸시하겠느냐 내가 그들 중에 모든 이적을 행한 것도 생각하지 아니하고 어느 때까지 나를 **믿지 않겠느냐**"라고, 민수기 20장 12절에서는 "여호와께서 모세와 아론에게 이르시되 너희가 나를 **믿지 아니하고** 이스라엘 자손의 목전에 나의 거룩함을 나타내지 아니한 고로 너희는 이 총회를 내가 그들에게 준 땅으로 인도하여 들이지 못하리라 하시니라"고, 신명기 1장 32절에서는 "이 일에 너희가 너희 하나님 여호와를 **믿지 아니하였도다**"라고, 열왕기하 17장 14절에서는 "저희가 듣지 아니하고 그 목을 굳게 하기를 그 하나님 여호와를 **믿지 아니하던** 저희 열조의 목같이 하여"라고, 역대하 20장 20절에서는 "이에 백성들이 일찍이 일어나서 드고아 들로 나가니라 나갈 때에 여호사밧이 서서 가로되 유다와 예루살렘 거민들아 내 말을 들을지어다 너희는 너희 하나님 여호와를 **신뢰하라** 그리하면 **견고히 서리라** 그 선지자를 **신뢰하라** 그리하면 형통하리라"라고, 시편 78편 22절에서는 "이는 하나님을 **믿지 아니하며** 그 구원을 의지하지 아니한 연고로다"라고, 요나 3장 5절에서는 "니느웨 백성이 하나님을 **믿고** 금식을 선포하고 무론 대소하고 굵은 베를 입은지라"고 하였습니다.

4. 아람어 동사 '아만'(אֲמַן)의 용례

히브리어 동사 '아만'(אָמַן)과 같은 뜻으로 쓰인 아람어 동사 아만(אֲמַן)이 사용된 것으로는 다니엘 6장 4(5)절, 다니엘 2장 45절 및 6장 23(24)

절의 세 구절을 들 수 있습니다. 한글개역성경 다니엘 6장 4절(히브리어 성경 단 6:5)에는 "이에 총리들과 방백(方伯)들이 국사에 대하여 다니엘을 고소할 틈을 얻고자 하였으나 아무 틈, 아무 허물을 얻지 못하였으니 이는 그가 **충성되어** 아무 그릇함도 없고 아무 허물도 없음이었더라"로 쓰였습니다. 한글개역성경 다니엘 6장 4절(히브리어 성경 단 6:5)의 '그가 충성되어'라는 말은 아람어로 '띠 메헤만 후'(דִּי־מְהֵימַן הוּא)라고 쓰였습니다. 여기서 아람어 '띠'(דִּי)는 영어로 'forasmuch as, because'라는 뜻으로 이유를 나타내는 관계사(particle relative)이고, '후'(הוּא)는 '그 남자'를 나타내는 주어 대명사(subject pronoun)로서 영어로 말하면 'he'에 해당합니다. '충성되어'로 나타낸 아람어 '메헤만'(מְהֵימַן)은 '믿다'라는 아람어 동사 '아만'(אֲמַן)에 하펠 칼 수동 분사 남성 단수 절대형(haphel passive participle masculine singular absolute)을 취한 것입니다. 여기서 아람어 문법에서 '하펠'(haphel)이란 일명 'H-stem'이라고도 불리는 것으로, 원인(原因)이나 인과관계(因果關係)를 나타낼 때 사용하는 동사입니다. 그래서 때로는 사역형을 나타낸다고 하여 'causative stem'이라고 불리어지기도 합니다. 이를 사역동사(causative verb)임과 동시에 '수동형 동사'(passive verb)임을 감안하여 한글개역성경 다니엘 6장 4절(히브리어 성경 단 6:5)의 아람어 '메헤만'(מְהֵימַן)을 번역하면 "왜냐하면 하나님께서 그로 하여금 믿어지게 하셨기 때문이다"(because God made him to be believed)라고 말할 수 있습니다.

히브리어에서 동사를 분사로 만들었을 때는 '분사 → 동사 + 형용사'의 역할을 하기도 합니다. 그래서 분사는 동사의 성격과 형용사의 성격을 모두 가지고 있습니다. 동사이므로 주어, 목적어, 부사 등을 가지고 있을 수 있습니다. 형용사이므로 명사를 수식하며 또 독립적 용법으로 사용되어 명사로도 쓰입니다. 이는 아람어에서도 동일합니다. 아람어 '메헤만'(מְהֵימַן)은 형태(form)로는 형용사적 분사(adjectival participle)로, 기능(function)적으로는 형용사(adjective)의 역할을 하는 것으로 볼 수 있습니다. 그러면 "다니엘이 태만하거나 타락함이 없이 신실한 사람으로"(Daniel is described as a faithful man without negligence or corruption.) 기술되어질 수 있습니다. 이를 흠정역영어성경(KJV)에서는 "forasmuch as he was faithful"로 번역하였고, 국제표준역영어성경(NIV)에서는 "because he was trustworthy"라고 번역하였습니다.

한글개역성경 다니엘 2장 45절에서는 "왕이 사람의 손으로 아니하고 산에서 뜨인 돌이 철과 놋과 진흙과 은과 금을 부서뜨린 것을 보신 것은 크신 하나님이 장래 일을 왕께 알게 하신 것이라 이 꿈이 **참되고** 이 해석이 확실하니이다"라고 쓰였습니다. 여기서 "이 해석이 확실하니이다"라는 말은 아람어로 "우메헤만 피쉬레흐"(וּמְהֵימַן פִּשְׁרֵהּ)라는 말입니다. 여기서 아람어 동사 '우메헤만'(וּמְהֵימַן)은 아람어 동사 아만(אֲמַן)에 하펠 수동 분사 남성 단수 절대형(haphel passive participle masculine singular absolute)을 취한 것에 히브리어 접속사(particle conjunction) '베'(וְ)를 접두(接頭: prefix)시키고 그 음(音: vowel)이 '베'(וְ)에서 '우'(וּ)로 변한 것입니다. 형식(form)상으로는 수동태 분사(passive participle)이고, 기능(function)적으로는 '형용사적 의미'(adjectival meaning)를 나타내는 것으로 '신뢰할 수 있는', '신용할 수 있는', '믿을 수 있는'(trustworthy/faithful) 것을 나타냅니다. 아람어 '피쉬레흐'(פִּשְׁרֵהּ)는 아람어 명사(noun) '페솨르'(פְּשַׁר)에 일반명사 남성 단수 연계형 대명사어미 3인칭 남성 단수(noun common masculine singular construct suffix third person masculine singular)를 취한 것입니다. 이들을 종합하여 직역하면 “the interpretation of the king’s dream is trustworthy/faithful”이라고 쓸 수 있습니다. 이를 흠정역영어성경(KJV)에서는 “and the interpretation thereof sure”로, 국제표준역영어성경(NIV)에서는 “and the interpretation is trustworthy”라고 번역하였습니다.

한글개역성경 다니엘 6장 23절(히브리어 성경 단 6:24)에서는 “왕이 심히 기뻐서 명하여 다니엘을 굴에서 올리라 하매 그들이 다니엘을 굴에서 올린즉 그 몸이 조금도 상하지 아니하였으니 이는 그가 자기 하나님을 의뢰함이었더라”고 말합니다. 여기서 “그가 자기 하나님을 의뢰함이었더라”는 말은 히브리 성경에서는 아람어로 “띠 헤민 뻴라헤흐”(דִּי הֵימִן בֵּאלָהֵהּ)로 쓰였습니다. 여기서 아람어 ‘띠’(דִּי)는 관계사(particle relative)이고 그 뜻은 영어로 ‘because’이며, 아람어 ‘헤민’(הֵימִן)은 아람어 동사 ‘아만’(אֲמַן)에 하펠 완료 3인칭 남성 단수(haphel perfect masculine third person singular)를 취한 아람어 동사입니다. 여기서 아람어 ‘아만’(אֲמַן)은 히브리어 동사 ‘아만’(אָמַן)과 모음(母音: vowel)만 다를 뿐 자음(子音: consonant)은 동일합니다. 그리고 아람어 아만(אֲמַן)의 뜻은 ‘믿다’(believe)입니다. 아람어 ‘뻴라헤흐’(בֵּאלָהֵהּ)는 아람어 전치사(preposition) ‘베’(בְּ)를 아람어 명사(noun) ‘엘라흐’(אֱלָהּ)에 접두(接頭: prefix)시킨 것입니다. 여기서 아람어 전치사(preposition) 베(בְּ)는 영어의 ‘in’을 나타내고, 아람어 명사(noun) ‘엘라흐’(אֱלָהּ)는 ‘하나님’을 나타냅니다. 그리고 아람어 동사 ‘헤민’(הֵימִן)은 아람어 동사 ‘아만’(אֲמַן)에 하펠 완료 3인칭 남성 단수(haphel perfect third person singular)를 취한 것입니다. 그의 뜻은 아람어 동사 ‘헤민’(הֵימִן)이 사역동사(使役動詞: causative verb)이므로 ‘~가 ~로 하여금 믿게 했다’ 또는 ‘~가 ~로 하여금 의지하게 했다’(someone made him to believe/trust)라고 번역할 수 있습니다.

여기서 '~'로 표기된 어떤 분(someone)은 하나님이십니다. 그래서 '하나님이 그로 하여금 하나님을 믿게/의지하게 하셨다'(God made him to believe/trust in his God)라고 번역할 수 있습니다. 아람어 헤민(הֵימִן)을 해석함에 있어 "행동을 하게 하시는 분은 하나님이시지만 그 행동을 실시하는 당사자인 '그 남자'는 능동적으로 행했다"고 보아야 합니다. 왜냐하면 사역동사이기 때문입니다. 그런데 대부분의 번역본에서는 행동을 일으키게 하시는 하나님의 행동은 당연지사(當然之事)로 여기고 사람이 해야 할 일에 초점(焦點: focus)을 맞추어 해석합니다. 이를 뒷받침이라도 하듯 흠정역영어성경(KJV)에서는 "because he believed in his God"이라고 번역하였고, 국제표준역영어성경(NIV)에서는 "because he had trusted in his God"이라고 번역하였습니다.

5. 히브리어 동사 '아만'(אָמַן)이 사용된 용례의 특징

히브리어 성경에서 히브리어 동사 '아만'(אָמַן)이 사용된 용례로는 크게 세 가지를 들 수 있는데, 그 첫째는, 'Qal-stem'이라고 하여 칼 능동태(qal active voice)로 '확실하게 하다'(to confirm) 또는 '지탱하다'(to support)라는 뜻으로, 그 두 번째는, 'Niphal-stem'이라고 하여 칼 수동태(qal passive voice)로 영어로 직역하면 'to be believed'가 되는데, 영어성경에서는 주로 'to be established'나 'to be faithful'로 번역하였습니다. 그 세 번째는, 'Hiphil-stem'이라고 하여 사역동사(causative verb)로 '확실하다고 생각하다'(to be certain) 또는 '믿다'(to believe)라는 뜻으로 번역하였습니다. 그런데 하나님 또는 여호와 하나님과 같이 신(神: God)에 직접 또는 간접적으로 관련된 히브리어 동사 '아만'(אָמַן)의 용례를 구약성경에서 찾아보면, 앞에서 살펴본 바와 같이 주로 세 번째의 'Hiphil-stem'이 사용되었고, 그 결과로서 믿어지게 되는 칼 수동태(qal passive voice)의 'Niphal-stem'이 사용되었습니다.

구약성경에서는 'Niphal-stem'의 수동태(passive) 동사를 설명함에 있어 영어로 'faithful' 또는 'faithfulness'라는 단어를 사용하여 번역하였을 뿐만 아니라, 히브리어 명사(noun) '에문'(אֵמוּן)과 '에무나'(אֱמוּנָה)도 영어로 'faithful' 또는 'faithfulness'로 번역되었습니다. 히브리어 명사 '에문'(אֵמוּן)은 5개의 절(신 32:20; 잠 13:17, 14:5, 20:6; 사 26:2)에 쓰였고, 히브리어 명사 '에무나'(אֱמוּנָה)는 하나님의 속성(屬性: attribute)을 나타내는 것으로, 하나님의 성품(性稟: character)과 약속(約束: promise)을 나타내는 명사(noun)로, 구약에서 처음으로 사용된 절(verse)은 신명기 32장 4절 "그는 반석이시니 그 공덕이 완전하고 그 모든 길이 공평하며 진실무망하신 하나님이시니 공의로우시고 정직하시도다"라는 말씀입니다. 여기서 "공평하며 진실무망하신 하나님이시니"라고 말할 때 '진실'이 히브리어 성경에서는 히브리어 명사 '에므나'(אֱמוּנָה)가 사용되었고, 이를 흠정역영어성경(KJV)에서는 'truth'로, 극제표준역영어성경(NIV)에서는 'upright'라고 번역하였습니다. 이외에도 구약성경 여러 곳에서 하나님의 말씀(word)과 하나님의 역사(役事: work)에 사용되었습니다(삼상 26:23, faithfulness, 신실 / 시 96:13, truth, 진실 / 시 98:3, truth, 성실 / 시 100:5, truth, 성실 / 합 2:4, faith, 믿음-영어: KJV / 우리말: 한글개역성경).

6. 이사야 7장 9절의 해석

한글개역성경 이사야 7장 9절에서는 "만일 너희가 믿지 아니하면 정녕히 굳게 서지 못하리라"고 하였습니다. 여기서 중요한 것은 '하나님께서 우리로 하여금 믿게 만들어야 한다'는 것입니다. 이것이 이사야 7장 9절의 말씀에서 특히 강조하고 있는 사항입니다. 한글개역개정성경 이사야 7장 9절에서는 "만일 너희가 믿지 아니하면 너희는 굳게 서지 못하리라"고 말씀합니다. 이를 흠정역영어성경(KJV)에서는 "If ye will not believe, surely ye shall not be established."로 번역하였고, 국제표준역영어성경(NIV)에서는 "If you do not stand firm in your faith, you will not stand at all."이라고 번역하였습니다. 그런데 히브리어 성경에서는 "임 로 타아미누 키 로 테아메누"(אִם לֹא תַאֲמִינוּ כִּי לֹא תֵאָמֵנוּ)로 쓰였습니다.

히브리어 성경 이사야 7장 9절의 후반부 "임 로 타아미누 키 로 테아메누(אִם לֹא תַאֲמִינוּ כִּי לֹא תֵאָמֵנוּ)에서 동사(動詞: verb)를 제외한 나머지 단어들, 즉 '임'(אִם)은 영어로 'if'라는 뜻이고, '로'(לֹא)는 절대부정(絕對否定: absolute negative)을 나타내는 'not'이고, '키'(כִּי)는 영어로 'surely'를 나타냅니다. 문제는 두 개의 동사 즉 '타아미누'(תַאֲמִינוּ)라는 동사(verb)와 '테아메누'(תֵאָמֵנוּ) 동사(verb)입니다.

히브리어 '타아미누'(תַאֲמִינוּ)라는 동사(verb)는 히브리어로 '아만'(אָמַן)에 히필 미완료 2인칭 남성 복수(hiphil imperfect second person masculine plural)를 취한 히브리어 동사입니다. 여기서 '히필'이란 '사역동사'(使役動詞: causative verb)로서 그 뜻은 '~가 ~로 하여금 ~하게 한다'입니다. 그러므로 이는 '하나님께서 너희로 하여금 믿게 한다'라는 뜻입니다. 그런데 여기에 히브리어 절대부정(絕對否定)을 나타내는 '로'(לֹא)가 쓰였습니다. 그러므로 이를 합쳐서 번역하면 '하나님께서 너희로 하여금 절대로 믿지 못하게 한다'가 됩니다.

그리고 '테아메누'(תֵאָמֵנוּ)라는 동사(verb)는 히브리어로 '아만'(אָמַן)에 니팔 미완료 2인칭 남성 복수(niphal imperfect second person masculine plural)를 취한 동사(verb)입니다. 여기서 '니팔'(niphal)이라는 동사(verb)는 히브리어로 단순 수동태(單純 受動態: simple passive)를 나타내는 동사(動詞)로서 '믿어진다'라는 뜻입니다. 여기에서도 히브리어 절대부정(絕對否定)을 나타내는 '로'(לֹא)가 쓰였기 때문에 이를 합쳐서 번역하면 '절대로 믿어질 수 없다'가 됩니다. 그래서 이를 종합하여 번역하면 '만일 하나님께서 너희로 하여금 결단코 믿게 하지 아니하시면 결코 너희가 믿어지지 아니한다'가 됩니다. 이를 한글개역성경에서는 "만일 너희가 믿지 아니하면 정녕히 굳게 서지 못하리라"고 번역하였고, 한글개역개정성경에서는 "만일 너희가 굳게 믿지 아니하면 너희는 굳게 서지 못하리라"고 번역하였습니다.

7. 역대하 20장 20절의 해석

히브리어 성경 이사야 7장 9절의 후반부와 유사하게 쓰인 구약성경 구절로는 역대하 20장 20절을 들 수 있습니다. 한글개역성경 역대하 20장 20절을 보면 "이에 백성들이 일찌기 일어나서 드고아 들로 나가니라 나갈 때에 여호사밧이 서서 가로되 유다와 예루살렘 거민들아 내 말을 들을지어다 너희는 너희 하나님 여호와를 **신뢰하라** 그리하면 **견고히 서리라** 그 선지자를 **신뢰하라** 그리하면 형통하리라"고 하였습니다. 이를 한글개역개정성경에서는 '아침에'를 첨가하고, '일찌기'를 '일찍이'로, '가로되'를 '이르되'로, '그'를 '그의'로 바꾸어 "이에 백성들이 일찍이 일어나서 드고아 들로 나가니라 나갈 때에 여호사밧이 서서 이르되 유다와 예루살렘 거민들아 내 말을 들을지어다 너희는 너희 하나님 여호와를 신뢰하라 그리하면 견고히 서리라 그의 선지자를 신뢰하라 그리하면 형통하리라"고 기록되어 있습니다.

여기서 우리가 살펴보고자 하는 것은 "너희는 너희 하나님 여호와를 신뢰하라 그리하면 견고히 서리라 그의 선지자를 신뢰하라 그리하면 형통하리라"는 말씀입니다. 여기서 사용된 '신뢰하라'는 말은 '믿으라'는 말입니다. 그러면 이를 ① "너희는 너희 하나님 여호와를 믿으라", ② "그리하면 견고히 서리라", ③ "그의 선지자를 믿으라", ④ "그리하면 형통하리라"고 재구성(再構成)하여 볼 수 있습니다. 여기서 ①과 ②를 연결하여 보면 "너희는 너희 하나님 여호와를 믿으라 그리하면 견고히 서리라"고 쓸 수 있습니다. 이를 이사야 7장 9절 후반부의 "만일 너희가 믿지 아니하면 정녕히 굳게 서지 못하리라"는 말씀과 비교하여 보면 '만일'이라는 가정법의 말과 '아니하면'이라는 부정적(否定的: negative)인 말이 '하라'는 긍정적(肯定的)인 명령형의 말로 바뀐 것과, 믿음의 대상이 언급되지 않은 데서 믿음의 대상이 구체적으로 언급된 것이 차이일 뿐 문법상으로는 대동소이(大同小異)한 것을 알 수 있습니다. 그래서 자세히 살펴보고자 합니다.

역대하 20장 20절에서 첫 번째 나오는 '신뢰하라'는 말씀이 히브리어 성경에서는 히브리어 '하아미누'(הַאֲמִינוּ)라는 동사(verb)로 쓰였는데, 이는 히브리어 동사 '아만'(אָמַן)에 히필 명령 남성 복수(hiphiil imperative masculine plural)를 취한 것입니다. 여기서 믿음의 대상이 되는 '너희 하나님'은 히브리어 성경에서는 히브리어 '빠이봐 엘로헤켐'(אֱלֹהֵיכֶם בַּיהוָה)이라고 쓰였는데, 여기서 '빠이봐'(בַּיהוָה)는 삼위일체의 하나님이시며 한글개역성경 출애굽기 3장 14절에서 "나는 스스로 있는 자니라"(I AM THAT I AM-KJV)고 말씀하신 '여호와'(וְהוָה)에 히브리어 전치사(preposition) '베'(בְּ)를 접두(接頭: prefix)시킨 것으로, 그 뜻은 우리말로 '주님 안' 영어로는 'in the LORD'입니다.

히브리어 '엘로헤켐'(אֱלֹהֵיכֶם)은 하나님이라는 히브리어 '엘로힘'(אֱלֹהִים)에 일반명사 남성 복수 연계형 대명사 어미 2인칭 남성 복수(common noun masculine plural construct second person masculine plural)를 취한 히브리어 명사(noun)입니다. 그 뜻은 직역하면 우리말로는 '남성인 너희들의 남성 복수 하나님'이고, 영어르는 'your(masculine plural) God(masculine plural)'인데 '남자인 너희들'을 '너희'(your)로, 하나님을 장엄(莊嚴)하게 표현하기 위하여 자주 쓰이는 '복수형으로 나타낸 것'입니다. 이를 우리말로 번역할 때 그냥 '하나님'(God)으로 표현한 것입니다. 그래서 '여호와 너희 하나님을 믿으라'고 번역할 것을 한글개역성경이나 한글개역개정성경에서는 "여호와 너희 하나님을 신뢰하라"고 유다 여호사밧 왕이 그의 군사들에게 명령한 것으로 번역하였습니다. 이를 흠정역영어성경(KJV)에서는 "believe in the LORD your God"이라고, 국제표준역영어성경(NIV)에서는 "Have faith in the LORD your God." 이라고 썼습니다. 흠정역영어성경(KJV)이나 국제표준역영어성경(NIV)에서 "believe the LORD your God"이라고 하지 않고 "believe in the LORD your God"이라고 표현한 것을 주의하여 보아야 합니다. 영어로 "believe the LORD your God"이라는 말씀의 구체적인 뜻은 "여호와 너희 하나님의 말씀을 믿으라"는 것입니다. 그러나 영어로 "believe in the LORD your God"이라는 말씀의 구체적인 뜻은 '여호와 너희 하나님(the LORD your God)의 내부(內部: in)를 믿으라'는 것으로 여호와 너희 하나님의 인격, 즉 여호와 너희 하나님의 거룩함(holiness: 레

19:2), 의(righteousness: 롬 1:17), 사랑(love: 요일 4:8), 빛(light: 요일 1:5), 온유(meekness: 마 11:29), 겸손(lowliness: 마 11:29), 지혜(wisdom: 사 11:2), 총명(understanding: 사 11:2), 모략(counsel: 사 11:2), 재능(might: 사 11:2), 지식(knowledge: 사 11:2), 경외(fear: 사 11:2) 등의 성품을 믿으라는 것입니다. 이를 달리 표현하면 여호와 하나님의 말씀과 그렇게 말씀하시는 여호와 하나님의 인격과 그에 따른 여호와 하나님의 마음을 믿으라는 것입니다.

한글개역성경과 한글개역개정성경 역대하 20장 20절의 "그리하면 견고히 서리라"고 쓴 것을 히브리어 성경에서는 '베테아메누'(וְתֵאָמֵנוּ)라고 썼습니다. 여기서 쓰인 '테아메누'(תֵּאָמֵנוּ)라는 동사(verb)는 히브리어로 '아만'(אָמַן)에 니팔 미완료 2인칭 남성 복수(niphal imperfect second person masculine plural)를 취한 동사(verb)에 히브리어 접속사(particle conjunction) '베'(וְ)를 접두(接頭: prefix)시킨 것입니다. 여기서 '니팔'(niphal)이라는 동사(verb)는 히브리어로 단순 수동태(單純 受動態: simple passive)를 나타내는 동사(動詞)로 '믿어진다'는 뜻입니다. 이를 한글개역성경과 한글개역개정성경 역대하 20장 20절에서는 "그리하면 견고히 서리라"고 썼습니다. 이를 흠정역영어성경(KJV)에서는 "so shall ye be established"로 번역하였고, 국제표준역영어성경(NIV)에서는 "and ye will be upheld"로 번역하였습니다. 이사야 7장 9절에서는 히브리어 니팔 동사(niphal verb) '테아메누'(תֵאָמֵנוּ) 앞에 부정(否定: negative)을 나타내는 '로'(לֹא)를 놓은 히브리어 '로 테아메누'(לֹא תֵאָמֵנוּ)를 한글개역성경에서는 "정녕히 굳게 서지 못하리라", 한글개역개정성경에서는 "너희는 굳게 서지 못하리라"로 번역하였습니다.

한글개역성경과 한글개역개정성경 역대하 20장 20절의 "그 선지자를 신뢰하라 그리하면 형통하리라"고 쓴 것을 히브리어 성경에서는 "하아미누 바느비아이브 베하쯔리후"(הַאֲמִינוּ בִנְבִיאָיו וְהַצְלִיחוּ)라고 썼습니다. 여기서 쓰인 '하아미누'(הַאֲמִינוּ)라는 동사(verb)는 히브리어로 동사(verb) '아만'(אָמַן)에 히필 명령법 남성 복수(hiphil imperative masculine plural)를 취한 것이고, 그 뜻은 '남성인 너희들은 믿으라'입니다. 그리고 히브리어 명사(noun) '바느비아이브'(בִנְבִיאָיו)는 히브리어 '나비'(נָבִיא)에 일반명사 남성 복수 연계형 대명사어미 3인칭 남성 단수(noun common masculine plural construct suffix third person masculine singular)를 취하고 히브리어 전치사(preposition) '베'(בְּ)를 접두(接頭: prefix)시킨 것으로, 그 뜻은 우리말로는 '그의 남자 선지자들'이고 영어로는 'his prophets'입니다. 그리고 히브리어 '베하쯔리후'(וְהַצְלִיחוּ)는 히브리어 '잘라흐'(צָלַח) 동사(noun)에 히필 명령법 남성 복수(hiphil imperative masculine plural)를 취하고 히브리어 접속사(particle conjunction) '베'(וְ)를 접두(接頭: prefix)시킨 것입니다. 그 뜻은 '그리하면 하나님께서 너희들로 하여금 형통케 하실 것이다'라는 것입니다. 이를 한글개역성경과 한글개역개정성경에서는 "그리하면 형통하리라"고 번역하였고, 흠정역영어성경(KJV)에서는 "so shall ye prosper"이라고, 국제표준역영어성경(NIV)에서는 "you will be successful"이라고 번역하였습니다. 여기서 형통이라는 말은 우리가 일반적으로 많이 사용하는 부귀영화(富貴榮華)나 행복, 승리 등 우리 중심의 '그 좋은 어떤 것'이 아니라 '하나님의 뜻이 온전히 이루어지는 것'을 말합니다.

8. 창세기 15장 1절의 해석

한글개역성경 창세기 15장 1절을 보면 “이후에 여호와의 말씀이 이상 중에 아브람에게 임하여 가라사대 아브람아 두려워 말라 나는 너의 방패요 너의 지극히 큰 상급이라”고 하였습니다. 한글개역개정성경에서는 “이후에 여호와의 말씀이 환상 중에 아브람에게 임하여 이르시되 아브람아 두려워하지 말라 나는 네 방패요 너의 지극히 큰 상급이니라”고 하였습니다. ‘가라사대’가 ‘이르시되’로, ‘두려워’가 ‘두려워하지’로, ‘너의’가 ‘네’로 바뀌었습니다. 흠정역영어성경(KJV)에서는 “After these things the word of the LORD came unto Abram in a vision, saying, Fear not, Abram: I am thy shield, and thy exceeding great reward”라고, 국제표준역영어성경(NIV)에서는 After this, the word of the LORD came to Abram in a vision: “Do not be afraid, Abram. I am your shield, your very great reward.”라고 번역하였습니다.

히브리어 성경 창세기 15장 1절에서는 “아하르 핫드바림 하엘레 하야 데바르-예흐바 엘 아브람 빰마하쩨 르모르 알-티라 아브람 아노키 마겐 라크 쎄카르카 하르뻬 메오드”(אַחַר הַדְּבָרִים הָאֵלֶּה הָיָה דְבַר־יְהוָה אֶל־אַבְרָם בַּמַּחֲזֶה לֵאמֹר אַל־תִּירָא אַבְרָם אָנֹכִי מָגֵן לָךְ שְׂכָרְךָ הַרְבֵּה מְאֹד)라고 쓰여 있습니다. 히브리 어 ‘아하르 핫드바림 하엘레’(אַחַר הַדְּבָרִים הָאֵלֶּה)는 ‘그 일들 이후에’라는 말입니다. 히브리어 ‘아하르’(אַחַר)는 부사(adverb)로서 시간적으로 ‘이후’라는 뜻이며 히브리어 ‘핫드바림’(הַדְּבָרִים)은 히브리어로 ‘사건’, ‘일’ 등을 나타내는 ‘따바르’(דָּבָר)에 남성 복수 절대형(masculine singular absolute)을 취한 일반 명사(common absolute)에 정관사 ‘하’(הַ)를 접두(接頭: prefix)시킨 것입니다. 그 뜻은 ‘그 사건들’, ‘그 일들’을 가리킵니다. 히브리어 ‘하엘레’(הָאֵלֶּה)는 히브리어 인칭지시대명사

(personal demonstrative pronoun) '엘레'(אֵלֶּה)에 형용사 보통 복수 절대형[adjective both(masculine, feminine) plural absolute]을 취한 지시 형용사(demonstrative adjective)에 정관사 '하'(הַ)를 접두(接頭: prefix)시킨 것입니다. 이는 단 한 가지 사건을 가리키기보다는 지금까지 아브람에게 일어났던 여러 가지 일들을 강조적으로 나타내기 위한 표현입니다.

그중에는 특별히 창세기 11장 31절에서 그의 고향 갈대아 우르를 떠났던 일, 창세기 12장 1-3절에서 여호와 하나님께로부터 부르심을 받았던 일, 창세기 13장 8절에서 조카 롯에게 "우리는 한 골육이라 나나 너나 내 목자나 네 목자나 서로 다투게 말자 네 앞에 온 땅이 있지 아니하냐 나를 떠나라 네가 좌하면 나는 우하고 네가 우하면 나는 좌하리라"고 자기 마음을 비우고(vacant) 기득권을 양보(yield)하였던 일, 창세기 14장 16절에서 모든 빼앗겼던 재물과 자기 조카 롯과 또 부녀와 인민을 다 찾은 전투에 관한 일과, 창세기 14장 19-20절에서 "천지의 주재(主宰)시요 '지극히 높으신 하나님'(엘 엘르욘: אֵל עֶלְיוֹן)이여 아브람에게 복을 주옵소서 너희 대적을 네 손에 붙이신 '지극히 높으신 하나님' 엘르욘(אֵל עֶלְיוֹן)을 찬송할지로다"하매 아브람이 그 얻은 것에서 십분 일을 살렘 왕 멜기세덱에게 주어 감사를 표했던 일 등이 다 포함되었을 것입니다. 그러므로 이를 종합하면 보면 여호와께서 아브람에게 일어났던 이전의 여러 가지 일들과는 판이하게 다른 그 어떤 말씀을 하시고자 함을 나타냅니다.

히브리어 '데바르-예흐바'(דְּבַר־יְהוָה)는 히브리어로 '말씀'이라는 '데바르'(דְּבַר)와 세상 만물과 구별되어 '스스로 존재하시는 하나님'의 이름 '예흐바'(יְהוָה)가 '막케프'(maqqef: מַקֵּף)로 두 개의 단어 '데바르'(דְּבַר)와

‘예호바’(יְהוָה)를 ‘ ־ ’로 연결한 것으로 구약성경에서 처음으로 창세기 15장 1절에서 사용된 것입니다. 그 뜻은 ‘여호와의 말씀’입니다. 히브리어 ‘빰마하쩨’(בַּמַּחֲזֶה)는 히브리어로 환상(vision)을 나타내는 ‘마하쩨’(מַחֲזֶה)에 남성 단수 절대형(masculine singular absolute)을 취한 일반 명사(common noun)에 히브리어 정관사 ‘하’(הַ)를 접두(接頭)시키고 나서 그 앞에 히브리어 전치사(preposition) ‘빼’(בְּ)를 접두(prefix)시킨 것입니다. 그 뜻은 ‘이상 중에’라는 말입니다. 그런데 히브리어 명사(noun) ‘마하쩨’(מַחֲזֶה)는 ‘보다’(욥 15:17; 시 58:10), ‘깨닫다’(욥 34:32)를 나타내는 히브리 동사(verb) ‘하짜’(חָזָה)에서 유래된 것입니다. 이는 하나님께서 초자연적인 능력으로 무엇을 보여주셔서 그것을 깨닫게 하시는 것을 뜻하는 것으로 영어의 정관사 ‘the’에 해당하는 히브리어 정관사 ‘하’(הַ)와 영어 전치사 ‘in’에 해당하는 히브리어 전치사(preposition) ‘빼’(בְּ)를 접두(prefix)시킨 것은 하나님께서 아브람에게 보여주시는 환상 속에 아브람이 완전히 몰입되어 있는 상태를 나타냅니다.

히브리어 ‘알-티라 아브람’(אַל־תִּירָא אַבְרָם)에서 히브리어 ‘알’(אַל)은 ‘부정을 나타내는 부사’(adverb)로서 ‘adverb of negation’을 나타냅니다. 즉 우리말로 ‘두려워하지 말라’, 영어로 ‘do not fear’를 나타내는 ‘금지’의 말입니다. 이는 계속하여 두려워하지 말고 지금 그 두려움을 네 마음에서 쫓아내라는 명령입니다. 왜냐하면 히브리어 ‘티라’(תִּירָא)는 ‘두려워하다’(fear)라는 히브리어 ‘야레’(יָרֵא)에 칼 미완료 2인칭 남성 단수(qal imperfect second person masculine singular)를 취한 히브리어 동사로서 형식상으로는 일반적인 단순 동사(simple verb)이지만 의미상으로 명령을 나타내는(jussive in meaning) 것입니다. 여기에 히브리어 부정어 ‘알’(אַל)을 취하여 ‘두려워하지 말라’는 명령이 됩니다. 그러므로 유일한 두려움의 대상이신 하나님께서 두려워하지 말라그 말씀하시니, 아브람은 아무 두려움 없이 평안한 마음으로 환상 속이기는 하지만 하나님과 자연스럽게 대화할 수 있는 것입니다.

세상적인 관점에서 보면 아브람이 두려워할 수 있는 첫 번째의 가능성은 창세기 14장 1절에서 언급된 시날 왕 아므라벨과 엘라살 왕 아리옥과 엘람 왕 그돌라오멜과 고임 왕 디달의 북방 연합군의 재침을 들 수 있습니다. 아브람은 하나님의 도우심으로 318명이라는 소수의 인원을 가지고도 기적적인 전과를 올려 승리했습니다. 그러나 그들이 다시 쳐들어온다면 호락호락하다고는 볼 수 없었을 것이기 때문입니다. 어떤 주석가는 말하기를, 창세기 14장 14-16절의 "아브람이 그 조카의 사로잡힘을 듣고 집에서 길리고 연습한 자 삼백십팔 인을 거느리고 단까지 쫓아가서 그 가신(家臣)을 나누어 밤을 타서 그들을 쳐서 파하고 다메섹 좌편 호바까지 쫓아가서 모든 빼앗겼던 재물과 자기 조카 롯과 부녀와 인민을 다 찾아왔더라"는 말씀에서, "집에서 길리고 연습한 자 삼백십팔 인"을 총 관리하고 훈련한 사람이 아브람이 후사로 삼으려 했던 창세기 15장 2절의 "나의 상속자는 이 다메섹 엘리에셀이니이다"에 나오는 '엘리에셀'이라고 합니다. 그 엘리에셀을 숫자로 환산하면 '318'이라고 하면서, 히브리어 성경 창세기 15장 2절에 나오는 히브리어를 주의 깊게 관찰하여야 한다고 주장하는 분도 있습니다. 왜냐하면 엘리에셀은 히브리어로 '엘리에쩨르'(אֱלִיעֶזֶר)로 쓰였고, 그 뜻은 '엘리'(אֱלִי)는 '나의 하나님'이라는 뜻이고 '에쩨르'(עֶזֶר)는 '남성인 그가 도왔다'(He helped.)라는 히브리어 동사(verb)인가 하면, 여기서 사용된 히브리어 알파벳을 숫자로 환산하면 히브리어 'א/알리프/aleph'는 '1', 'ל/라메드/lamed'는 '30', 'י/요드/yod'는 '10', 'ע/아인/ayin'은 '70', 'ז/자인/zayin'

은 '7', 'ר/레쉬/resh'는 '200'이므로 이를 모두 합하면 숫자로 '318'이 됩니다. 그리고 히브리어 성경 창세기 15장 2절의 '다메섹'(דַּמֶּשֶׂק)을 인위적(人爲的)인 것이지만 아람어로 '다'(דַּ)와 '메섹'(מֶּשֶׂק)이 합친 것으로 보고, 아람어 '다'(דַּ)를 음이 같은 아람어 '다'(דָּא)로 보면 그 뜻이 영어로 'this'라는 뜻이고, '메섹'(מֶּשֶׂק)은 '후사'(heir)라는 뜻이 있기 때문에 'this (is my) heir'를 나타내는 '언어(言語)의 유희(遊戲, word play)로 볼 수도 있다고 주장합니다.

그러나 어찌 되었든 간에 시날 왕 아므라벨과 엘람 왕 그돌라오멜 등 4개국의 연합군이 쳐들어온다는 문제는 믿음의 사람인 아브람에게는 전연 문제가 되지 않았을 수도 있습니다. 그보다도 더 근본적인 문제는 아브람 자신이 점점 나이가 들어 늙어 가는데, 아들을 갖지 못함으로 인하여 자기의 대를 이을 후사가 없다는 것입니다. 이는 아브람이 하나님께 말한 창세기 15장 2-3절에서 "아브람이 가로되 주 여호와여 무엇을 내게 주시려나이까 나는 무자(無子)하오니 나의 상속자는 이 다메섹 엘리에셀이니이다 아브람이 또 가로되 주께서 내게 씨를 아니 주셨으니 내 집에서 길리운 자가 나의 후사가 될 것이니이다"라는 말을 통해서도 알 수 있습니다. 당시 아브람은 아들이 없었으므로 여호와 하나님께서 "이 땅을 네 자손에게 주리라"고 말씀하신 창세기 12장 7절의 하나님의 약속이 점점 현실과 멀어져 가고 있다고 생각하면서 두려움을 느꼈던 것입니다. 이때 여호와 하나님께서 아브람에게 "두려워 말라"고 말씀하신 것입니다.

히브리어 성경 창세기 15장 1절의 히브리어 '아노키 마겐 라크'(אָנֹכִי מָגֵן לָךְ)에서 '아노키'(אָנֹכִי)는 대명사(pronoun)로 '아노키'(אָנֹכִי)에 1인칭 공통 단수(first person common singular)를 취한 인칭 대명사(personal pronoun)로 그 뜻은 '나'(영어: I)입니다. 히브리어 '마겐'(מָגֵן)은 그 뜻이 '방패'(shield)라는 히브리어 '마겐'(מָגֵן)에 남성/여성 단수(masculine/feminine singular)를 취한 일반 명사(common none)입니다. 히브리어 '라크'(לָךְ)는 히브리어 전치사(preposition) '레'(לְ)에 전치사어미 2인칭 여성 단수(particle preposition second person feminine singular)를 취한 히브리어 전치사(preposition)입니다. 그 본래의 뜻은 '그 여자의(her)'입니다. 그러나 여기서는 하나님께서 아브람의 두려워하는 모습을 보시고 안타까워하시면서, 비록 아브람은 남성이지만 마치 여성과 같이 두려워하기 때문에, 그 연약한 심적(心的)인 상태를 꿰뚫어 보시면서, 히브리어로 '아노키 마겐 라크'(אָנֹכִי מָגֵן לָךְ)라고 말씀하십니다. 그런데 히브리어 '아노키 마겐 라크'(אָנֹכִי מָגֵן לָךְ)에는 히브리어 동사(verb)가 하나도 없습니다. 이를 직역하면 우리말로 '나 방패(여자인 너의)'가 되고, 영어로는 'I shield (thy/your)'가 됩니다. 문장(sentence)이 되지 않습니다. 이런 이유로 인하여 번역할 때는 영어의 'be' 동사를 삽입하여 영어로 'I (am) thy shield.'라고 번역합니다. 영어로는 '단수 남자인 너의'와 '단수 여자인 너의'를 구별 없이 'thy(your)'로 나타내기 때문에 자세히 알 수 없지만 히브리어에서는 '단수 남자인 너의'는 히브리어 '레카'(לְךָ)로, '단수 여자인 너의'는 히브리어 '라크'(לָךְ)로 구별하여 사용합니다. 그래서 하나님께서 두려워하는 아브람에게 영어로 "I am thy shield"라고 하시면서 '여성과 같은 너(thou)의 방패'라고 '꾸중(scolding) 섞인 소망'의 말씀을 하셨다고 필자는 생각합니다.

히브리어 성경에서 계속하여 이어지는 창세기 15장 1절의 히브리어 '쎄카르크카 하르뻬 메오드'(שְׂכָרְךָ הַרְבֵּה מְאֹד)에서 히브리어 '쎄카르크카'

(שְׂכָרְךָ)는 그 뜻이 '보상, 급료, 요금'(reward, wage, fare)을 나타내는 히브리어 '싸카르'(שָׂכָר)에 남성 단수 연계형 대명사어미 2인칭 남성 단수(masculine singular construct suffix second person masculine singular)를 취한 히브리어 일반 명사(common noun)입니다. 히브리어 '하르뻬'(הַרְבֵּה)는 히브리어 동사(verb) '라바'(רָבָה)에서 나온 부사(adverb)로서 그 뜻은 '크다, 수(數)가 많다, 양(量)이 많다'(great, many, much)입니다. 히브리어 '메오드'(מְאֹד)는 히브리어 부사(adverb)로서 그 뜻은 '대단히, 매우'(very, in the highest degree, very much indeed)입니다. 그래서 히브리어 '쎄카르카 하르뻬 메오드'(שְׂכָרְךָ הַרְבֵּה מְאֹד)의 뜻은 '남자인 너의 지극히 큰 보상(reward)'입니다. 그런데 여기서 두 가지 해석이 가능합니다. 왜냐하면 히브리어 '아노키 마겐 라크 쎄카르카 하르뻬 메오드'(אָנֹכִי מָגֵן לָךְ שְׂכָרְךָ הַרְבֵּה מְאֹד)에서 히브리어로 동사(verb)나 연결사(連結絲: connector)가 사용된 것이 하나도 없기 때문입니다. 히브리어 '쎄카르카 하르뻬 메오드'(שְׂכָרְךָ הַרְבֵּה מְאֹד)를 첫 번째로는 그 앞에 있는 '방패'(shield)를 꾸미는 형용사 구(adjectival phrase)로 보아 '나는 너의 방패인데, 그 방패는 지극히 큰 상급으로 주어지는 것이다'라고 볼 수 있고, 두 번째로는 그 앞에 있는 히브리어 '아노키'(אָנֹכִי)를 꾸미는 형용사 구(adjectival phrase)로 보아 '너의 지극히 큰 상급인 나(여호와 하나님)는 너(아브람)의 방패다'라고 번역할 수 있습니다. 이렇게 번역하는 경우는 '방패'에 역점(力點)이 있습니다. 그런가 하면 영어로 등위접속사(等位接續詞: coordinate conjunction)인 'and'를 삽입하여 영어로 "I (am) thy shield (and) thy exceeding great reward"라고 번역할 수 있습니다. 문법상으로는 이 세 가지가 다 가능합니다. 그러나 대부분의 성경에서는 세 번째의 해석인 "나는 너(아브람)의 방패요 그리고 나는 너의 지극히 큰 상급이다"라고 번역하고 있습니다. 이렇게 번역하는 경우에는 상급(reward)에

강조점(强調點)이 있습니다.

마태복음 1장 1-17절까지의 예수 그리스도의 족보상으로 볼 때 예수님이 아브라함의 후손임을 알 수 있습니다. 그렇기에 여기서 말씀하시는 그 상급(reward)이 다름 아닌 바로 아브라함의 후손으로 오신 예수님이심을 알 수 있습니다. 아브라함의 믿음의 보상으로 말입니다. 여기서 알 수 있는 바와 같이 여호와의 이 말씀은 세상을 놀라고 또 놀라게 하는 어마어마한 말씀입니다. 왜냐하면 여기서 여호와로 표현된 하나님은 신약에서 예수 그리스도를 나타내는 것으로, 하나님이신 '나' 자신이 '너의 후손(後孫)'이 되며 '너의 씨(seed)'가 되고 '너의 후사(後嗣)'가 될 것이라는 예언적인 말씀이기 때문입니다. 족보상으로 볼 때 먼 훗날에 실제로 그렇게 되었습니다. 실로 하나님의 세계는 '크로노로지컬 타임'(chronological time)에 얽매이는 세계가 아닙니다. 시간(時間)과 무관(無關)한 '탈(脫) 시간(時間)의 세계(世界)'임을 알 수 있습니다.

9. 예수님의 족보를 통한 창세기 15장 6절의 해석

창세기 15장 6절에서 "아브람이 여호와를 믿으니 여호와께서 이를 그의 의로 여기시고"라는 말씀을 신약성경을 인용하여 그 뜻을 살펴보면 "아브람이 예수 그리스도를 믿으니 이를 그의 의로 여기시고"라고 해석할 수 있으며, 이것이 바로 신약에서 말하는 '이신칭의'(以信稱義)가 되는 것입니다. 그것이 곧 창세기 15장 1절의 히브리어 '쎄카르크카 하르뻬 메오드'(שְׂכָרְךָ הַרְבֵּה מְאֹד)의 첫 번째 번역인 '너를 지키는 방패'라고 할 때의 '방패'를 꾸미는 형용사구(adjectival phrase)로서 '방패'에 대한 부연설명(additional description)인 것입니다. 즉 여호와 하나님께서 아브람을 '의'로 칭(稱)하시고, 아브람을 '의인'으로 보아 시편 55편 22절의 "네 짐을 여호와께 맡겨 버리라 너를 붙드시고 의인의 요동함을 영영히 허락지 아니하시리로다"(Cast thy burden upon the LORD, and he shall sustain thee: he shall never suffer the righteous to be moved.)라는 말씀과 같이 아브람을 지키시겠다는 것입니다. 그래서 첫 번째 해석은 '방패'에 강조점이 있고, 두 번째 해석에서는 '상급'에 강조점이 있는 것으로 '그 상급'이 바로 신약에서 말하는 '예수 그리스도'라는 것입니다.

한글개역성경 창세기 15장 5절에서 "그를 이끌고 밖으로 나가 가라사대 하늘을 우러러 뭇별을 셀 수 있나 보라 또 그에게 이르시되 네 자손이 이와 같으리라"로 번역된 것이 한글개역개정성경에서는 하나님께만 적용하던 특수 용어인 '가라사대'를 일반 용어인 '이르시되'로 바꾸어 "그를 이끌고 밖으로 나가 이르시되 하늘을 우러러 뭇별을 셀 수 있나 보라 또 그에게 이르시되 네 자손이 이와 같으리라"로 번역되었습니다. 흠정역영어성경(KJV)에서는 "And he brought him forth abroad, and said, Look now toward heaven, and tell the stars, if thou be able to number them: and he said unto him, So shall thy seed be."라고 쓰였고, 국제표준역영어성경(NIV)에서는 "He took him outside and said, "Look up at the heavens and count the stars - if indeed you can count them." Then he said to him, "So shall your offspring be."라고 쓰였습니다.

그런데 히브리어 성경 창세기 15장 5절에서는 "봐이요쩨 오토 하후짜 봐이요메르 합베트-나 핫솨마예마 우쓰포르 학코카빔 임-투칼 리쓰포르 오탐 봐이요메르 로 코 이흐예 짜르에카"(וַיֹּאמֶר לוֹ כֹּה יִהְיֶה זַרְעֶךָ

וַיּוֹצֵא אֹתוֹ הַחוּצָה וַיֹּאמֶר הַבֶּט־נָא הַשָּׁמַיְמָה וּסְפֹר הַכּוֹכָבִים אִם־תּוּכַל לִסְפֹּר אֹתָם)라고 쓰여 있습니다. 이것을 “봐이요쩨 오토 하후짜 봐이요메르 합베트-나 핫솨마예마”(וַיּוֹצֵא אֹתוֹ הַחוּצָה וַיֹּאמֶר הַבֶּט־נָא הַשָּׁמַיְמָה)와 “우쓰포르 학코카빔 임-투칼 리쓰포르 오탐 봐이요메르 로 코 이흐예 짜르에카”(וּסְפֹר הַכּוֹכָבִים אִם־תּוּכַל לִסְפֹּר אֹתָם וַיֹּאמֶר לוֹ כֹּה יִהְיֶה זַרְעֶךָ)로 나누겠습니다. 여기서 “봐이요쩨 오토 하후짜 봐이요메르 합베트-나 핫솨마예마”(וַיּוֹצֵא אֹתוֹ הַחוּצָה וַיֹּאמֶר הַבֶּט־נָא הַשָּׁמַיְמָה)는 한글개역성경이나 한글개역개정성경 및 다른 영어성경의 번역으로도 그 뜻을 아는 데 충분하므로 본 글에서는 그냥 넘어가겠습니다. 여기서 좀 더 깊이 살펴보고자 하는 것은 “우쓰포르 학코-카빔 임-투칼 리쓰포르 오탐 봐이요메르 로 코 이흐예 짜르에카”(וּסְפֹר הַכּוֹכָבִים אִם־תּוּכַל לִסְפֹּר אֹתָם וַיֹּאמֶר לוֹ כֹּה יִהְיֶה זַרְעֶךָ)입니다.

여기서 해석의 편의를 위하여 히브리어 “우쓰포르 학코 카빔 임-투칼 리쓰포르 오탐 봐이요메르 로 코 이흐예 짜르에카”(וּסְפֹר הַכּוֹכָבִים אִם־תּוּכַל לִסְפֹּר אֹתָם וַיֹּאמֶר לוֹ כֹּה יִהְיֶה זַרְעֶךָ)를 “우쓰포르 학코-카빔”(וּסְפֹר הַכּוֹכָבִים)과 “임-투칼 리쓰포르 오탐”(אִם־תּוּכַל לִסְפֹּר אֹתָם)과 “봐이요메르 로 코 이흐예 짜르에카”(וַיֹּאמֶר לוֹ כֹּה יִהְיֶה זַרְעֶךָ)로 세분하여 살펴보겠습니다.

첫 번째의 “우쓰포르 학코 카빔”(וּסְפֹר הַכּוֹכָבִים)에서 히브리어 ‘우쓰포르’(וּסְפֹר)는 그 뜻이 ‘계수하다’(to count), ‘다시 세다’(to recount), ‘이야기하다’(to relate), ‘선언하다’(to declare)라는 히브리어 ‘싸파르’(סָפַר)에 칼 명령법 남성 단수(qal imperative masculine singular)를 취한 히브리어 동사(verb)입니다. 여기에 히브리어 접속사(particle conjunction) ‘베’(וְ)를 접두(接頭: prefix)시킨 것입니다. 히브리어 ‘학코 카빔’(הַכּוֹכָבִים)은 그 뜻이 ‘별’(star)이라는 히브리어 ‘코카브’(כּוֹכָב)에 남성 복수(masculine singular)를 취

한 일반명사(common noun)입니다. 그래서 히브리어 "우쓰포르 학코카빔"(וּסְפֹר הַכּוֹכָבִים)의 뜻은 여호와 하나님께서 아브람에게 내린 "별들을 세어라"는 명령입니다.

두 번째의 히브리어 "임-투칼 리쓰포르 오탐"(אִם־תּוּכַל לִסְפֹּר אֹתָם)에서 히브리어 '임-투칼'(אִם־תּוּכַל)은 히브리어 '임'(אִם)과 '투칼'(תּוּכַל)이 히브리어에서 두 단어를 연결시키는 '막케프'(maqqef: מַקֵּף)로 두 단어 '임'(אִם)과 '투칼'(תּוּכַל)을 ' - '로 연결시킨 것입니다. 여기서 히브리어 '임'(אִם)은 접속사(conjunction)로 영어의 'if'에 해당합니다. 히브리어 '투칼'(תּוּכַל)은 그 뜻이 '할 수 있다'(to be able to)라는 히브리어 '야콜'(יָכֹל)에 칼 미완료 2인칭 남성 단수(qal imperfect second person masculine singular)를 취한 동사(verb)입니다. 히브리어 '리쓰포르'(לִסְפֹּר)는 그 뜻이 '계수하다'(to count), '다시 세다'(to recount), '이야기하다'(to relate), '선언하다'(to declare)라는 히브리어 '싸파르'(סָפַר)에 부정사 칼 연계형(infinite qal construct)인 동사(verb)에 '에게'(to), '위하여'(for), '에서'(at)를 나타내는 히브리어 전치사(preposition) '레'(לְ)를 접두(prefix)시킨 것입니다. 히브리어 '오탐'(אֹתָם)은 히브리어에서 직접목적어(particle direct object marker)를 나타내는 '에트(אֵת)에 대명사어미 3인칭 남성 복수(suffix third person masculine plural)를 취한 것입니다. 그래서 히브리어 "임-투칼 리쓰포르 오탐"(אִם־תּוּכַל לִסְפֹּר אֹתָם)은 "네가 그것들을 셀 수 있다면"(if thou be able to count them)으로 번역할 수 있습니다.

세 번째 히브리어 "봐이요메르 로 코 이흐예 짜르에카"(וַיֹּאמֶר לוֹ כֹּה יִהְיֶה זַרְעֶךָ)라는 말씀에서 히브리어 '봐이요메르'(וַיֹּאמֶר)는 그 뜻이 '말하다'(say)라는 히브리어 '아마르'(אָמַר)에 칼 바브 계속 미완료 3인칭 남성 단수(qal vav consecutive imperfect third person masculine singular)를 취한 동사(verb)입니다. 히브리어 '로'(לוֹ)는 그 뜻이 영어의 전치사(preposition) 'to', 'unto'에 해당하는 히브리어 전치사(preposition) '레'(לְ)에 3인칭 남성 단수(third person masculine singular)의 어미(suffix)를 취한 것입니다. 히브리어 '코'(כֹּה)는 히브리어 부사(adverb)로 그 뜻은 '그러므로', '이와 같이'(so, thus, in the same way)입니다. 히브리어 '이흐예'(יִהְיֶה)는 그 뜻이 '~이다'라는 영어의 'be' 동사(verb)와 같은 히브리어 '하야'(הָיָה)에 칼 미완료 3인칭 남성 단수(qal imperfect third person masculine singular)를 취한 동사입니다. 히브리어 '짜르에카'(זַרְעֶךָ)는 그 뜻이 '씨', '자손'(seed, offspring)이라는 히브리어 '쩨라'(זֶרַע)에 남성 단수 연계형 대명사 어미 2인칭 남성 단수(masculine singular construct suffix second person masculine singular)를 취한 히브리어 일반명사(common noun)입니다. 그래서 히브리어 "봐이요메르 로 코 이흐예 짜르에카"(וַיֹּאמֶר לוֹ כֹּה יִהְיֶה זַרְעֶךָ)는 "또 그에게 이르시되 네 자손이 이와 같게 될 것이다"(and he said unto him, So shall thy seed be)라고 번역할 수 있습니다.

히브리어 '리쓰포르'(לִסְפֹּר)는 그 뜻이 '계수하다'(count)라는 히브리어 '싸파르'(סָפַר)에 칼 부정사 연계형(qal infinitive construct)을 취한 동사입니다. 히브리어 '오탐'(אֹתָם)은 히브리어에서 직접 목적어를 나타내는 표시(sign)를 나타내는 '에트'(אֵת)에 직접목적어 대명사어미 남성 복수(direct object marker suffix third person masculine plural)를 취한 것입니다. 그 뜻은 '정확한 대상에 대한 지목'(direct object marker suffix third person masculine plural)을 나타냅니다.

앞에서 히브리어 '우쓰포르'(וּסְפֹר)는 단순 명령동사(qal imperative)에 남성 단수(masculine singular)가 사용되었기 때문에 그 명령을 수행해야 하는 자는 남성인 '아브람'(Abram)으로서, 그 구체적인 내용은 "아브람아, 별들을 세어라"입니다. 그래서 아브람은 별들을 하나둘 세다가 그 수(數: number)가 너무 많음으로 인하여 여호와 하나님께 '셀 수 없습니다'라고 말했거나 아니면 하늘을 쳐다보는 순간 별들이 너무 많음으로 인하여 아예 숫자를 헤아리는 것을 시작도 하지 않고 '셀 수 없습니다'라고 마음속으로 생각했는지 모릅니다. 하여튼 아브람은 별들을 세지 못했거나 세지 않았습니다. 하나님의 명령을 수행하지 않았거나 명령을 수행하지 못했습니다. 아브람은 하늘의 별들을 셀 수 없다는 것을 뭇별들을 보면서 자기 자신 속, 내면(內面)에 깊이 인지(認知)했고 인식(認識)했으며 인정(認定)했습니다. 결론적으로 말하면 '나는 할 수 없다'(I can do nothing)라고 생각한 것입니다. 그런데 그다음 하나님의 말씀을 보면 히브리어로 "임-투칼 리쓰포르 오탐 봐이요메르 로 코 이흐예 짜르에카"(אִם־תּוּכַל לִסְפֹּר אֹתָם וַיֹּאמֶר לוֹ כֹּה יִהְיֶה זַרְעֶךָ)라고 쓰여 있습니다. 우리말로는 "네(아브람)가 그것들, 즉 그 별들을 셀 수 있을 것 같으면 네 씨가 그와 같으리라"입니다. 여기서 아브람이 조건절(conditional clause)인 "네가 그들(그 별들)을 셀 수 있다면"(If thou be able to number them.)이라는 조건을 만족시키지 못하고, 그것을 만족시킬 수 없다고 자기 자신 속, 내면(內面)에 깊이 인지(認知)했고 인식(認識)했으며 인정(認定)을 했기 때문에 아브람은 묵묵부답(默默不答)으로 성경에서는 아브람의 반응에 대한 아무 말도 언급함이 없이 창세기 15장 5절을 끝내고 창세기 15장 6절로 넘어갑니다.

그래서 히브리어 성경 창세기 15장 5절의 '결과 절'(result clause)인 "네 씨가 이와 같으리라"(So shall thy seed be.)라는 하나님의 말씀이 '진정,

무엇을 의미하는가?'라는 물음이 생깁니다. 원인(原因: cause)과 결과(結果: result)의 관계로만 보면 그렇다는 이야기입니다. 아브람의 이 묵묵부답(默默不答)에 대하여 결과 절(result clause)의 하나님의 말씀이 아브람에게 '너의 씨도 네가 하늘의 별을 셀 수 없었던 것처럼 많아서 셀 수 없게 될 것이다'라고 이해(理解: understanding)하고 인정(認定: recognition)했는가, 아니면 아브람의 마음속에 가득 찬 '나는 아무것도 할 수 없다'(I can do nothing)는 아브람의 고백(告白: confession)과 아브람이 '오로지 여호와 하나님만이 할 수 있다'는 확신(確信: confidence)을 가지고 모든 것을 여호와 하나님께 맡기는 '전적(全的: complete)인 위탁(委託: commitment)'으로 보았는가 하는 문제입니다.

한글개역성경 시편 147편 4절에서는 "저가 별의 수효를 계수하시고 저희를 다 이름대로 부르시는도다"(He telleth the number of the stars; he calleth them all by their names.-KJV)라고 말씀하십니다. 여기서 '저'는 '여호와 하나님'을 가리키고 '저희'는 '별들'을 나타냅니다. 즉 여호와 하나님은 별들의 숫자뿐만 아니라 그 별들의 이름까지도 다 부르고 계신다는 것입니다. 그런가 하면 이사야 40장 26절에서 "너희는 눈을 높이 들어 누가 이 모든 것을 창조하였나 보라 주께서는 수효대로 만상을 이끌어 내시고 각각 그 이름을 부르시나니 그의 권세가 크고 그의 능력이 강하므로 하나도 빠짐이 없느니라"(Lift up your eyes on high, and behold who hath created these things, that bringeth out their host by number: he calleth them all by names by the greatness of his might, for that he is strong in power; not one faileth.-KJV)고 말씀하십니다. 그뿐만 아니라 이사야 40장 12절에서 "누가 손바닥으로 바닷물을 헤아렸으며 뼘으로 하늘을 재었으며 땅의 티끌을 되에 담아보았으며 명칭(皿秤)으로 산들을, 간칭(杆秤)

으로 작은 산들을 달아 보았으랴"(Who hath measured the waters in the hollow of his hand, and meted out heaven with the span, and comprehended the dust of the earth in a measure, and weighed the mountains in scales, and the hills in a balance?-KJV)라고 말씀하고 있습니다.

여호와 하나님께서는 이 모든 것들을 달아보고 재어보고 세어보고 계신다는 것입니다. 그러므로 모든 것을 다 알고 계신다는 것입니다. 하나님께서는 아브람의 능력에 대해서도 다 알고 계십니다. 왜냐하면 한글개역성경 시편 139편 1-6절에서 "여호와여 주께서 나를 감찰하시고 아셨나이다 주께서 나의 앉고 일어섬을 아시며 멀리서도 나의 생각을 통촉하시오며 나의 길과 눕는 것을 감찰하시며 나의 모든 행위를 익히 아시오니 여호와여 내 혀의 말을 알지 못하시는 것이 하나도 없으시니이다 주께서 나의 전후를 두르시며 내게 안수하셨나이다 이 지식이 내게 너무 기이하니 높아서 내가 능히 미치지 못하나이다"(O LORD, thou hast searched me, and known me. Thou knowest my downsitting and my uprising; thou understandest my thought afar off. Thou compassest my path and my lying down, and art acquainted with all my ways. For there is not a word in my tongue, but, lo, O LORD, thou knowest it all together. Thou hast beset me behind and before, and laid thine hand upon me. Such knowledge is too wonderful for me; it is high, I cannot attain unto it.-KJV)라고 말씀하시기 때문입니다.

아브람이 하늘의 별들을 셀 수 없다는 것도 다 알고 계십니다. '그럼에도 불구하고 하나님께서는 아브람에게 왜 하늘의 별들을 세어보라고 하셨을까?', '하나님의 깊은 뜻이 숨겨져 있는 것은 아닐까?' 등등의 의문이 증폭됩니다. 하나님께서는 왜 아브람에게 더 이상 묻지 않으시고 창세기 15장 6절의 "아브람이 여호와를 믿으니 여호와께서 이를 그의 의로 여기시고"라고 일방적(一方的)으로 "아브람이 여호와를 믿었다"라고 말씀하시고, 또한 '이를 그의 의'로 여기셨는가 하는 것입니다. 로마서 10장 10절의 "사람이 마음으로 믿어 의에 이르고 입으로 시인하여 구원에 이르느니라"는 구절이 절로 떠오릅니다. 왜냐하면 만약 아브람이 "하늘의 별을 셀 수 없어 그 수효를 알 수 없습니다"라고 답하였고, 그것이 하나님의 원하시는 답이 아니었다면 어떻게 되었겠습니까? 결과적으로 보면 묵묵부답(默默不答)이 정답(正答)이었습니다. 이때의 아브람에게는 말하는 것이 중요한 것이 아니었다는 것입니다. 마음으로 믿어 의(righteousness)에 이른다는 로마서 10장 10절의 말씀이 체감(體感)적으로 느껴집니다.

10. 창세기 15장 5절과 창세기 15장 6절의 연결 고리

창세기 15장 5절에서, 히브리어 성경에서는 "우쓰포르 학코카빔"(וּסְפֹר הַכּוֹכָבִים)으로, 흠정역영어성경(KJV)에서는 "and tell the stars"로, 국제표준역성경(NIV)에서는 "and count the stars"로, 한글개역성경과 한글개역개정성경에서는 "뭇별을 셀 수 있나"로 말씀하신 여호와 하나님의 명령에 대한 아브람의 응답은 "나는 셀 수 없습니다"(I can not count them.) 또는 "나는 할 수 없습니다"(I can do nothing.)라는 완전무능(完全無能)의 답변일 수밖에 없습니다. 왜냐하면 별들이 너무 많기 때문입니다. 그러나 창세기 15장 6절에서 "아브람이 여호와를 믿으니 여호와께서 이를 그의 의로 여기시고"라고 기록된 것으로 보아 중간 과정은 어찌되었든 간에 여호와께서 아브람의 반응을 심히 만족하게 보셨고, 그의 반응을 그의 믿음으로부터 나온 것으로 간주하셨다는 것입니다.

이로 보건대 여호와 하나님께서는 이 아브람의 묵묵부답(默默不答)을 앞에서 설명한 바와 같이, 아브람의 마음속에 가득 찬 "나는 아무것도 할 수 없다"(I can do nothing.)는 아브람의 전적무능(全的)無能)의 고백(告白: confession)과, 그 순간 아브람의 마음을 완전히 압도하고 있는 '오로지 여호와 하나님만이 하실 수 있다'는 하나님의 전능(全能)에 대한 전적인 신뢰(信賴: trustiness)와 확신(確信: confidence)을 가지고 모든 것을 여호와 하나님께 완전히 맡기는 '전적(全的: complete)인 위탁(委託: commitment)'으로 보았다고 봅니다. 그 근본적인 이유는 여호와 하나님은 별들을 숫자로 셀 수 있으실 뿐만 아니라 그 별들의 이름까지도 다 기억하고 계신 분이기 때문입니다.

어떻게, 왜냐고요? 그분이 만드셨을 뿐만 아니라 지금도 그들을 섭리하고 계신 분이기 때문입니다. 그래서 여호와 하나님이 말씀하지는 않으셨지만 아마도 삼위일체의 '하나님 성령'(God the Spirit)께서 아브람으로 하여금 묵묵부답(默默不答)으로 여호와 하나님께 반응케 한 것이라고 필자는 생각합니다. 마치 마태복음 16장 15-16절에서 "가라사대 너희는 나를 누구라 하느냐"(But whom say ye that I am?-KJV)라고 예수님께서 제자들에게 물으셨을 때, 시몬 베드로가 예수님께 "주는 그리스도시요 살아 계신 하나님의 아들이시니이다"(Thou art the Christ, the son of living God.-KJV)라고 대답한 것과 같습니다. 이 대답을 들으신 예수님께서 하신 말씀을 보십시오. 마태복음 16장 17절을 보면 "예수께서 대답하여 가라사대 바요나 시몬아 네가 복이 있도다 이를 네게 알게 한 이는 혈육이 아니요 하늘에 계신 내 아버지시니라"(And Jesus answered, and said unto him, Blessed art thou, Simon Bar-jona: for flesh and blood hath not revealed it unto thee, but my Father which is in heaven.-KJV)고 말씀하십니다. 이처럼 여호와 하나님께서 아브람에게 "아브람아 이것을 네게 알게 하신 이는 네 혈육이 아니요 하늘에 계신 내 아버지시니라"(For flesh and blood hath not revealed it unto thee, but my Father which is in heaven). 말씀하신 것이 아닌가 싶습니다. 여기서 '하늘에 계신 내 아버지'는 삼위일체의 관점에서 보면 '하나님 아버지'(God the Father)를 지칭(指稱)합니다. 그래서 아브람으로 하여금 이것을 깨달아 알게 하신 분은 '하나님 아버지'(God the Father)이십니다. 그러나 아브람으로 하여금 깨닫게 하신 그것을 직접 말하지 않고 여호와 하나님으로 하여금 해석하게 하신 분은 삼위일체의 관점에서 보면 '하나님 성령'(God the Spirit)이십니다. 왜냐하면 크고 넓고 깊고 높은 하늘에 계신 하나님 아버지의 응답이 아브람의 표현의 한계성(限界性)으로 말미암아 제한받지 않게 하기 위해서입니다. 이러한 아브람의 묵묵부답(默默不答)을 '아브람이 여호와를 믿는 것으로 보시고, 그 믿음을 의로 여기신 분'은 삼위일체의 관점에서 보면 '하나님 성자'(God the Son)이십니다. 그래서 '삼위일체 하나님'의 각각의 위(位)와 아브람 간에 딱 부러지게 나타난 바는 성경에 없지만 무언(無言)의 그 어떤 상호작용(mutual interaction)이 있었던 것입니다.

별들의 숫자는 무한(無限: unlimited)히 많지만 정해진 숫자가 있습니다. 단지 인간이 헤아릴 수 없을 뿐입니다. 창세기 15장 5절의 하나님의 말씀을 액면 그대로 읽으면 아브람이 별들의 숫자를 세지 못하였으니 아브람의 씨를 숫자로 말할 수 없는 것입니다. 왜냐하면 하나님께서 "네 씨가 이와 같으리라"고 말씀하셨기 때문입니다. 필자는 여기서 의역(意譯)을 하기보다는 문자적(文字的)인 해석을 하고 싶습니다. 아브람은 단지 넘겨잡아서 하나님께 헤아릴 수 없이 많다고 대답할 수 있었을 것입니다. 성경에는 기록되어 있지 않지만 말입니다. 아니면 총총히 빛나는 하늘의 별, 그 헤아릴 수 없는 뭇별들을 보고 아연실색(啞然失色)을 하고 있는 아브람의 속마음을 하나님께서 꿰뚫어 보시고, 아브람이 하늘의 별이 '헤아릴 수 없을 만큼 많습니다'라고 대답했다고 인정하고 아브람이 자기의 씨를 여호와 하나님께서 헤아릴 수 없을 만큼 많게 하시기로 작정(作定)했다고 믿은 것으로 보고 창세기 15장 6절로 넘어갔는지도 모릅니다. 하여튼 한글개역성경 창세기 15장 6절에서는 "아브람이 여호와를 믿으니 여호와께서 이를 그의 의로 여기시고"라고 기록하고 있습니다. 그러나 이것만 가지고는 필자의 머리로는 뚜렷한 그림이 그려지지 않습니다. 아브람의 "셀 수 없습니다"라는 막연한 대답을 가지고 여호와 하나님께서 그것을 아브람의 믿음으로 인정하고, 그 믿음을 의(righteousness)로 여기신 것일까요? 필자의 마음에는 '아니다'라는 생각이 더 지배적입니다.

하나님께서 아브람에게 물으신 것은 '하늘의 별과 같이 너의 씨가 많을 것'이라는 막연한 숫자가 아니라 아브람에게 별들 하나하나를 개별적으로 세어서 그 총합된 숫자를 정확하게 말하라는 것일 것입니다. 즉 정확한 숫자를 원하는 것입니다. 하나님께서는 아브람이 셀 수 없는 것도 아십니다. 그래서 하나님과 아브람 사이에 특별한 상호작용(interaction)이 필요한 것입니다. 창세기 15장 6절의 "아브람이 여호와를 믿으니"(And he believed in the LORD.-KJV)에서 '~가 ~로 하여금 ~을 하게 한다'라는 사역동사(causative verb)가 쓰인 이유입니다. 즉 하나님께서 아브람으로 하여금 세게(count) 하셨습니다. 그 숫자는 하나님께서 알고 계십니다. 그런데 아브람은 묵묵부답(默默不答)입니다. 그러니까 하나님께서는 아브람이 "여호와께서 아십니다"라고 답변하는 것으로 보셨고, 그것을 믿음(faith)으로 여기신 것입니다. 마치 마태복음 16장 16-17절에서 예수님이 "너희는 나를 누구라 하느냐"(Whom say ye that I am?)라는 물음에 베드로가 "주는 그리스도시요 살아 계신 하나님의 아들이시니이다"(Thou art the Christ, the Son of the living God.)라고 대답했을 때, 예수님께서 마태복음 16장 17절에서 "바요나 시몬아 네가 복이 있도다 이를 네게 알게 한 이는 혈육이 아니요 하늘에 계신 내 아버지시니라"(Blessed art thou, Simon Bar-jona: for flesh and blood hath not revealed it unto thee, but my Father which is in heaven.)고 말씀하신 것처럼 말입니다.

아브람이 하나님께서 별들의 숫자를 정확히 아시는데 '나는 하늘의 별들이 너무 많아서 셀 수 없으니 별들의 숫자는 하나님께 온전히 맡기겠다(trust), 위탁하겠다(commit)'라고 생각하고 '하나님께서 알고 있는 그 숫자입니다'라고 생각하고 믿었다는 것입니다. 즉 숫자를 세는 행동을 하신 분은 '아브람'이 아니라 '하나님'이시라는 것입니다. 그래서 필자는 이것이 빌립보서 2장 13절의 "너희 안에서 행하시는 이는 하나님이시니 자기의 기쁘신 뜻을 위하여 너희로 소원을 두고 행하게 하시나니"(For it is God which worketh in you both to will and to do of his good pleasure.-KJV)라는 말씀의 예표라고 봅니다. 또한 갈라디아서 2장 20절의 "내가 그리스도와 함께 십자가에 못 박혔나니 그런즉 이제는 내가 산 것이 아니요 오직 내 안에 그리스도께서 사신 것이라 이제 내가 육체 가운데 사는 것은 나를 사랑하사 나를 위하여 자기 몸을 버리신 하나님의 아들을 믿는 믿음 안에서 사는 것이라"(I am crucified with Christ: nevertheless I live; yet not I, but Christ liveth in me: and the life which I now live in the flesh I live by the faith of the Son of God who loved me, and gave himself for me.-KJV)는 말씀의 예표라고 봅니다. 아브람의 관점에서 보면 자신은 하늘의 별을 셀 수 없다는 것입니다. 왜냐하면 '나는 그리스도와 함께 십자가에 못 박혀 죽은 자이기 때문이다. 그래서 나는 하늘의 별을 셀 수 없다. 그러나 나는 하늘의 별을 셀 수 있다. 왜냐하면 그리스도께서 내 안에서 살고 계시기 때문이다. 그분은 모든 것을 할 수 있는 분이고 모든 것을 아시는 분이기 때문이다. 그뿐만 아니라 그분은 모든 것을 창조하시고 만드신 당사자이시다'라는 고백입니다. 그분이 바로 마태복음 19장 26절의 "예수께서 저희를 보시며 가라사대 사람으로서는 할 수 없으되 하나님으로서는 다할 수 있느니라"(But Jesus beheld them, and said unto them, With men this is impossible; but with God all things are possible.-KJV)고 말씀하신 분이라는 것입니다. 여기서 말하는 '그분'이 바로 예수 그리스도이시고, 아브람의 '씨'(seed)로서 말씀이 육신이 되어 이 땅에 오신 분이시며, 창세기 15장 1절에서 "나는 너의 방패요 너의 지극히 큰 상급"이라고 말씀하신 바로 그 '여호와' 하나님이십니다.

11. 신약성경을 통해 본 아브람의 믿음

믿음의 장(chapter)이라고 하는 히브리서 11장 1-3절에서 "믿음은 바라는 것들의 실상(實狀)이요 보지 못하는 것들의 증거니 선진들이 이로써 증거를 얻었느니라 믿음으로 모든 세계가 하나님의 말씀으로 지어진 줄을 우리가 아나니 보이는 것은 나타난 것으로 말미암아 된 것이 아니니라"(Now faith is the substance of things hoped for, the evidence of things not seen. For by it the elders obtained a great report. Through faith we are understand that the worlds were framed by the word of God, so that things which are seen were not made of things which do appear.-KJV / 에스틴 데 피스티스 엘피조메논 휘포스타시스 프라그마톤 엘렝코스 우 블레포메논 엔 타우테 가르 에마르튀레데산 호이 프레스뷔테로이 피스테이 노우멘 카테르티스다이 투스 아이오나스 레마티 데우 에이스 토 메 에크 파이노메논 토 블레포메논 게고네나이: Ἔστιν δὲ πίστις ἐλπιζομένων ὑπόστασις πραγμάτων ἔλεγχος οὐ βλεπομένων. ἐν ταύτῃ γὰρ ἐμαρτυρήθησαν οἱ πρεσβύτεροι. Πίστει νοοῦμεν κατηρτίσθαι τοὺς αἰῶνας ῥήματι θεοῦ, εἰς τὸ μὴ ἐκ φαινομένων τὸ βλεπόμενον γεγονέναι-헬라어 성경 UBS4)고 말씀하십니다.

창세기 15장 6절에서 아브람의 믿음의 실상은 "나는 셀 수 없습니다" 그러나 "나는 셀 수 있습니다"라는 것입니다. 어떻게요? 여호와 하나님께 맡겼기 때문입니다. 그분이 센(counted, numbered) 숫자가 "제(아브람)가 여호와 하나님께 대답하고자 하는 숫자입니다"라는 것입니다. 히브리서 11장 1절에서 "보지 못하는 것들의 증거니"라는 말씀은 아브람의 눈(eye) 속에 들어온 별들이 한정(限定)된 숫자로 존재한다는 것입니다. 그러나 아브람은 그것들을 셀 수도 없고 헤아릴 수도 없습니다. 그것은 창조주 하나님만이 알 수 있고 셀 수 있고 헤아릴 수 있습니다. 히브리서 11장 2절에서 "선진들이 이로써 증거를 얻었느니라"는 말씀 중에는, 아브람이 창세기 15장 1-6절에서 후사에 대한 여호와의 말씀을 깨닫고 아브람 자신이 자기의 믿음의 마음판에 지울 수 없는 증거로 새긴 창세기 15장 6절의 말씀도 포함되어 있습니다.

그뿐만 아니라 창세기 15장 1절에서 "나는 너의 방패요 너의 지극히 큰 상급이니라"는 말씀이 한글개역성경 히브리서 11장 6절의 "믿음이 없이는 기쁘시게 못하나니 하나님께 나아가는 자는 반드시 그가 계신 것과 또한 그가 자기를 찾는 자들에게 상(賞) 주시는 이심을 믿어야 할지니라"(But without faith it is impossible to please him: for he that cometh to God must believe that he is, and that he is a rewarder of them that diligently seek him.-KJV / 코리스 데 피스테오스 아뒤나톤 유아레스테사이 피스튜사이 가르 데이 톤 프로세르코메논 토 데오 호티 에스틴 카이 토이스 엑제투신 아우톤 미스다포도테스 기네타이: χωρὶς δὲ πίστεως ἀδύνατον εὐαρεστῆσαι πιστεῦσαι γὰρ δεῖ τὸν προσερχόμενον τῷ θεῷ ὅτι ἔστιν καὶ τοῖς ἐκζητοῦσιν αὐτὸν μισθαποδότης γίνεται.-헬라어 성경 UBS4)는 말씀의 예표입니다.

왜냐하면 창세기 15장 1절의 '상급'(reward)이라는 말과 히브리서 11장 6절의 '상 주시는 이'(rewarder)라는 말이 헬라어로는 '미스도스'(μισθός)에서 파생된 말로서 동일한 어근(語根)을 갖고 있기 때문입니다. 즉 창세기 15장 1절의 '상급'이라는 말이 히브리어로 '쎄카르카'(שְׂכָרְךָ)로 쓰였는데, 이는 그 뜻이 '보상, 급료, 요금'(reward, wage, fare)이라는 히브리어 '싸카르'(שָׂכָר)에 남성 단수 연계형 대명사어미 2인칭 남성 단수(masculine singular construct suffix second person masculine singular)를 취한 히브리어 일반명사(common noun)입니다. 히브리어 성경을 헬라어로 번역한 칠십인역 헬라어 성경(LXX/LXT)에서는 헬라어 미스도스(μισθός)로 쓰였습니다. 이는 '보상'(reward)이라는 헬라어 '미스도스'(μισθός)에 주격 남성 단수(nominative masculine singular)를 취한 일반명사(common noun)입니다. 그런데 히브리서 11장 6절에서 쓰인 '상 주시는 이'라는 말이 헬라어로 '미스다포도테스'(μισθαποδότης)로 쓰였습니다.

이는 '보상자'(rewarder)라는 뜻의 헬라어 '미스다포도테스'(μισθαποδότης)에 주격 남성 단수(nominative masculine singular)를 취한 명사(noun)입니다. 히브리서 11장 6절의 '상 주시는 이'라는 헬라어 '미스다포도테스'(μισθαποδότης)는 '보상'이라는 헬라어 '미스도스'(μισθός)에서 파생된 말입니다.

12. 아브람의 믿음 시험과 빛나는 합격증

한글개역성경 창세기 15장 6절에서 아브람은 믿음의 시험에 빛나는 합격증을 받았습니다. 합격증의 증서에는 "내가 너를 의로 여기노라"[I(The Lord) do count that thou art righteousness.]고 쓰여 있습니다. 바로 하나님의 칭의(稱義)입니다. 아브람은 '믿음의 질의응답 시험'(the Test of Faith through Question and Answer)에는 합격하였으나 한 가지 더 남은 것이 있습니다. 그것은 '믿음의 실행 시험'(the Test of Faith through Actual Practice)입니다. 하나님께서 원하시는 것은 완벽한 믿음'(perfect faith)인 것입니다. 한글개역성경 마태복음 5장 48절의 말씀 "그러므로 하늘에 계신 너희 아버지의 온전하심같이 너희도 온전하라"(Be ye therefore perfect, even as your Father which is in heaven is perfect.-KJV/ Be perfect, therefore, as your heavenly Father is perfect.-NIV)는 말씀처럼 말입니다.

영어로 믿음을 'faith'라고 씁니다. 온전한 믿음의 출발점은 우리의 일상생활에서 여러 가지 선택의 문제에 부딪칠 때 용단(勇斷)을 내리는 것입니다. 즉 결단(決斷)하는 것입니다. 그때 하나님을 택하는 것입니다. 좀 더 구체적으로는 그 하나님을 우리가 인식할 수 있고 인지할 수 있고 인정할 수 있도록 하나님께서 우리에게 브내주신 예수 그리스도를 택하는 것입니다. 이를 '두문자어'(頭文字語: acronym)로 만들어 표현하면 'Forsaking all I take Him.'이라고 쓸 수 있지 않는가 싶습니다. 여기서 'Him'은 삼위일체의 하나님이시고, 우리가 보고 듣고 이해할 수 있도록 우리에게 계시된(revealed) 분으로서 '우리 주 예수 그리스도'이십니다. 그분이 바로 창세기 15장 1절에서 말씀하시는 아브람의 방패요 지극히 큰 상급으로 말씀하신 여호와 하나님이십니다.

Ⅱ. 외적 증거(External Evidence)

1. 창세기 22장 1–2절의 말씀

한글개역성경 창세기 22장 1-12절을 보면 "그 일 후에 하나님이 아브라함을 시험하시려고 그를 부르시되 아브라함아 하시니 그가 가로되 내가 여기 있나이다 여호와께서 가라사대 네 아들 네 사랑하는 독자 이삭을 데리고 모리아 땅으로 가서 내가 네게 지시하는 한 산 거기서 그를 번제로 드리라 아브라함이 아침에 일찍이 일어나 나귀에 안장을 지우고 두 사환(使喚)과 그 아들 이삭을 데리고 번제에 쓸 나무를 쪼개어 가지고 떠나 하나님의 자기에게 지시(指示)하시는 곳으로 가더니 제 삼일에 아브라함이 눈을 들어 그곳을 멀리 바라본지라 이에 아브라함이 사환에게 너희는 나귀와 함께 여기서 기다리라 내가 아이와 함께 저기 가서 경배하고 너희에게로 돌아오리라 하고 아브라함이 이에 번제 나무를 취하여 그 아들 이삭에게 지우고 자기는 불과 칼을 손에 들고 두 사람이 동행하더니 이삭이 그 아비 아브라함에게 말하여 가로되 내 아버지여 하니 그가 가로되 내 아들아 내가 여기 있노라 이삭이 가로되 불과 나무는 있거니와 번제할 어린 양은 어디 있나이까 아브라함이 가로되 아들아 번제할 어린 양은 하나님이 자기를 위하여 친히 준비하시리라 하고 두 사람이 함께 나아가서 하나님이 그에게 지시하신 곳에 이른지라 이에 아브라함이 그 곳에 단을 쌓고 나무를 벌여놓고 그 아들 이삭을 결박하여 단 나무 위에 놓고 손을 내밀어 칼을 잡고 그 아들을 잡으려 하더니 여호와의 사자가 하늘에서부터 그를 불러 가라사대 아브라함아 아브라함아 하시는지라 아브라함이 가로되 내가 여기 있나이다 하매 사자가 가라사대 그 아이에게 네 손을 대지 말라 아무 일도 그에게 하지 말라 네가 네 아들 네 독자라도 아끼지 아니하였으니 내가 이제야 네가 하나님을 경외하는 줄을 아노라"고 말씀하십니다.

2. 창세기 22장 1-12절의 해석

창세기 22장 1절에서 "그 일 후에"라는 말은 히브리어 성경 창세기 22장 1절에서는 '봐예히 아하르 핫데바림 하엘레'(וַיְהִי אַחַר הַדְּבָרִים הָאֵלֶּה)라고 쓰인 것인데, 그 뜻은 '이 일들 후에'(after these things)입니다. 일(thing)이 복수(plural)형으로 쓰였으므로 어느 하나의 일 이후가 아니라 아마 아브람이 본토 친척 아버지 집을 떠나(창 12:1-4) 약속의 땅 가나안에 들어온 후 겪었던 온갖 사건들, 그중에서도 "네 몸에서 날 자가 네 후사가 되리라"고 말씀하셨던 여호와 하나님의 말씀이 성취된 일 등 지금까지의 제반사(諸般事)를 일단락 짓고 새로운 사건이 일어날 것을 예고하는 말씀입니다.

여기서 한 가지 짚고 넘어가야 할 것은 창세기 21장의 이삭의 출생(出

生)과 특히 그의 이유(離乳)를 기념하는 축하대연(祝賀大宴) 사건이 일어난 직후에 일어난 일들만을 지칭(指稱)하는 것이 결코 아니라는 것입니다. 창세기 21장에 나오는 이삭의 젖을 떼는 대연(大宴)이 베풀어진 때의 이삭의 나이는 아마도 서너 살 정도였을 것입니다. 왜냐하면 그때가 보통 젖을 떼는 나이이기 때문입니다. 그런데 본 문단에서는 이삭이 아버지 아브라함과 더불어 3일 길을 걸으며 짐을 지고 산을 오를 수 있을 만큼 육체적으로 성장했을 뿐만 아니라 "불과 나무는 있거니와 번제할 어린 양은 어디 있나이까?"라고 물을 정도로 정신적으로도 성장한 나이였습니다. 그래서 이삭의 나이가 16~17세 정도 되지 않았을까 추측합니다. 그렇다면 창세기 22장의 사건은 창세기 21장의 사건이 일어난 후 적어도 10년 이상 경과된 후의 일임을 알 수 있습니다.

우리가 주목해야 할 말씀 중의 하나는 '시험하시려고'라는 말씀입니다. 이는 히브리어 성경 창세기 22장 1절에서는 '닛싸'(נִסָּה)라고 쓰인 것인데 이는 그 뜻이 '시도하다', '입증하다', '시험하다', '분석하다', '증명하다'라는 히브리어 '나싸'(נָסָה)에 피엘 완료 3인칭 남성 단수(piel perfect third person masculine singular)를 취한 히브리어 동사(verb)입니다. 나싸(נָסָה)는 구약성경에서 36회 사용된 단어로, 사람이 주어(主語: subject)로 사용될 때는 대부분 나쁘게 쓰여 부정적(否定的)인 의미를 나타냅니다. 이스라엘 백성들이 광야에서 하나님을 시험할 때도 이 히브리어 나싸(נָסָה)가 사용되었는데(출 17:2, 7) 모세는 신명기 6장 16-17절에서 "너희가 맛사에서 시험한 것과 같이 너희 하나님 여호와를 시험하지 말고 너희의 하나님 여호와께서 너희에게 명하신 명령과 증거하신 것과 규례를 삼가 지키며"라고 말하면서, 인간이 절대로 하나님을 시험해서는 안 되는 것으로 이를 금(禁)했습니다. 그러나 하나님께서 사람들이 하나님을 경외하는지의 여부를 알아보기 위하여 '시험'(test)하시거나 또는 '입증'(prove)하시고자 할 때도 히브리어 '나싸'(נָסָה)가 사용되었습니다. 그래서 창세기 22장 1절에서는 하나님께서 아브라함을 유혹(temptation)하기 위한 것이 아니고 아브라함의 믿음을 입증(prove)하기 위한 시험(test)이었던 것입니다. 왜냐하면 믿음의 열매는 순종(obedience)이기 때문입니다.

창세기 22장 1-12절에서 아브라함은 하나님의 말씀에 즉시 순종하였고, 조금도 흔들림 없이 온전히 하나님께서 지시한 땅에 도착하였습니다. 드디어 그의 아들 이삭을 결박하여 번제로 드리려고 하였습니다. 창세기 22장 12절에서 하나님께서 아브라함에게 학수고대(鶴首苦待)하던 바가 이루어지는 것을 우리는 목격할 수 있습니다. 맹목적인 순종이 아닌 이유 있는 순종, 그 이유 있는 순종을 넘어 감격(感激)과 감동(感動)과 감복(感服)과 감탄(感歎)과 감화(感化)의 순종을 유발(誘發: induced)하는 경외(敬畏: fear to God)를 말입니다.

3. 히브리어 성경 창세기 22장 12절의 해석

히브리어 성경 창세기 22장 12절에서는 "봐이요메르 알-티쉴라흐 야드카 엘-한나아르 베알- 타아쓰 로 메움마 키 앗타 야다티 키-예레 엘로힘 앗타 베로 하싸크타 에트-삐느카 에트-예히드카 밈멘니"(וַיֹּאמֶר אַל־תִּשְׁלַח יָדְךָ אֶל־הַנַּעַר וְאַל־תַּעַשׂ לוֹ מְאוּמָה כִּי עַתָּה יָדַעְתִּי כִּי־יְרֵא אֱלֹהִים אַתָּה וְלֹא חָשַׂכְתָּ אֶת־בִּנְךָ אֶת־יְחִידְךָ מִמֶּנִּי)라고 쓰였습니다.

히브리어 성경 창세기 22장 12절 전반부 "봐이요메르 알-티쉴라흐 야드카 엘-한나아르(וַיֹּאמֶר אַל־תִּשְׁלַח יָדְךָ אֶל־הַנַּעַר)에서 히브리어 '봐이요메르'(וַיֹּאמֶר)는 '말하다'(to say)라는 히브리어 '아마르'(אָמַר)에 칼 바브 계속 미완료 3인칭 남성 단수(qal vav consecutive imperfect third person masculine singular)를 취한 동사(verb)에 '그리고'(and)라는 뜻의 히브리어 접속사(particle conjunction) '베'(וְ)를 접두(prefix)시킨 것입니다. 그래서 그 뜻은 '그리고 그는 말했다'(and he said)입니다. 히브리어 '알-티쉴라흐'(אַל־תִּשְׁלַח)는 '내밀다', '보내다'(give free, play to, let go, stretch out)라는 뜻의 히브리어 '솰라흐'(שָׁלַח)에 칼 미완료 2인칭 남성 단수 의미상 명령형(qal imperfect second person masculine singular jussive in meaning)을 취한 동사(verb)입니다. 그리고 히브리어 '알'(אַל)은 부사(adverb)로 그 뜻은 '아니다', '하지 말라', '이도저도 아니다' 등이며, 영어로는 'emphatic negative', 'certainly not', 'prohibition'입니다. 히브리어 '야드카'(יָדְךָ)는 '손'(hand)이라는 뜻의 히브리어 '야드'(יָד)에 여성 단수 연계형 대명사어미 2인칭 남성 단수(feminine singular construct suffix second person masculine singular)를 취한 일반 명사(common noun)입니다. 히브리어 '엘-한나아르'(אֶל־הַנַּעַר)는 '소년'(boy), '젊은이'(youth), '종'(servant), '젊은 남자'(young man)라는 뜻의 히브리어 '나아르'(נַעַר)에 남성 단수 절대형(masculine singular absolute)을 취한 일반 명사(common noun)에 '~'을 향하여(toward)라는 히브리어 전치사 '엘'(אֶל)을 접두(接頭: prefix)시킨 것입니다. 그래서 히브리어 "봐이요메르 알-티쉴라흐 야드카 엘-한나아르"(וַיֹּאמֶר אַל־תִּשְׁלַח יָדְךָ אֶל־הַנַּעַר)는 "칼을 든 네 손을 이삭의 몸에 대지 말 뿐만 아니라 그 손을 이삭을 향해 조금도 나아가게 하지 말라"고 번역할 수 있습니다. 이와 같은 사실은 본문과 동일한 의미로서 "털끝만큼도 이삭을 상하게 하지 말라"는 동일한 의미의 명령이 곧바로 주어지는 데서도 확인할 수 있습니다.

히브리어 "베알-타아쓰 로 메움마"(וְאַל־תַּעַשׂ לוֹ מְאוּמָה)에서 히브리어 '베알-타아쓰'(וְאַל־תַּעַשׂ)는 '행하다, 만들다, 성취하다'(make, manufacture, produce)라는 뜻의 히브리어 '아싸'(עָשָׂה)에 칼 미완료 2인칭 남성 단수(qal imperfect second person masculine singular)를 취한 동사(verb)입니다. 이 동사는 칼 미완료(qal imperfect) 형으로 쓰였지만 형식상으로나 의미상으로 명령 단축형(jussive in both form and meaning apocopated)으로 봅니다. 이에 '아니다, 없다, 이도저도 아니다'(emphatic negative, certainly not, prohibition)라는 뜻의 히브리어 '알'(אַל)을 접두(接頭: prefix)시킨 것입니다. 히브리어 '로'(לוֹ)는 부정(否定: negation)을 나타내는 'no, not'이며, 히브리어 '메움마'(מְאוּמָה)는 '어떤 것'(anything, at all)이라는 히브리어 '메우마'(מְאוּמָה)에 남성 단수 절대형(masculine singular absolute)을 취한 일반명사(common noun)입니다. 그래서 히브리어 '베알-타아쓰 로 메움마'(וְאַל־תַּעַשׂ לוֹ מְאוּמָה)의 뜻은 "너는 그에게 아무 일도 하지 말라"(Thou doest not anything unto him.)고 하는 명령입니다.

히브리어 성경 창세기 22장 12절의 후반부 "키 앗타 야다티 키-예레 엘로힘 앗타 베로 하싸크타 에트-뻬느카 에트-예히드카 밈멘니"(כִּי עַתָּה יָדַעְתִּי כִּי־יְרֵא אֱלֹהִים אַתָּה וְלֹא חָשַׂכְתָּ אֶת־בִּנְךָ אֶת־יְחִידְךָ מִמֶּנִּי)는 '키 앗타 야다티'(כִּי עַתָּה יָדַעְתִּי)와 '키-예레 엘로힘 앗타'(כִּי־יְרֵא אֱלֹהִים אַתָּה) 및 '베로 하싸크타 에트-뻬느카 에트-예히드카 밈멘니'(וְלֹא חָשַׂכְתָּ אֶת־בִּנְךָ אֶת־יְחִידְךָ מִמֶּנִּי)의 세 구절로 나누어 살펴보겠습니다.

첫 번째 히브리어 '키 앗타 야다티'(כִּי עַתָּה יָדַעְתִּי)에서 히브리어 '키'(כִּי)는 '이유', '때문에', '일 때'(for, that, because, when)를 나타내는 히브리어 접속사(particle conjunction)이고, 히브리어 '앗타'(עַתָּה)는 '지금, 이제'

(now, in the present situation)를 나타내는 히브리어 부사(particle adverb)입니다. 히브리어 '야다티'(יָדַעְתִּי)는 '알다'(know, come to understand, realize, recognize)를 나타내는 히브리어 '야다'(יָדַע)에 칼 완료 1인칭 단수(qal perfect first person singular)를 취한 히브리어 동사(verb)입니다. 그래서 히브리어 '키 앗타 야다티'(כִּי עַתָּה יָדַעְתִּי)는 "왜냐하면 이제야 나는 알았다"(for now I have known that)라고 번역할 수 있습니다. 이를 좀 더 구체적으로 설명하면 "하나님께서 아브라함이 이삭을 죽이는 일을 막으셨다. 왜냐하면 아브라함의 순종의 원인이 하나님을 사랑함에 있음을 아셨기 때문이다"라는 것입니다.

두 번째 히브리어 "키-예레 엘로힘 앗타"(כִּי־יְרֵא אֱלֹהִים אַתָּה)에서 히브리어 '키'(כִּי)는 앞에서 설명한 바와 같이 '이유, 때문에, 일 때'(for, that, because, when)를 나타내는 히브리어 접속사(particle conjunction)이고, 히브리어 '예레'(יְרֵא)는 '두려운, 외경하는, 무서운'(afraid of, fearful, reverential awful)이라는 히브리어 '야레'(יָרֵא)에 남성 단수 연계형(masculine singular construct)을 취한 히브리어 형용사(adjective)입니다. 히브리어 '엘로힘'(אֱלֹהִים)은 히브리어에서 복수 강조 용법으로 나타낸 하나님(God)을 지칭(指稱)하는 명사(noun)입니다. '앗타'(עַתָּה)는 우리말로는 '너, 당신'을, 영어로는 'thou, you'를 나타내는 히브리어 대명사(pronoun independent)인 '앗타'(אַתָּה)에 2인칭 남성 단수(second person masculine singular)를 취한 히브리어 대명사(pronoun independent)입니다. 그래서 히브리어 '키 - 예레 엘로힘 앗타'(כִּי־יְרֵא אֱלֹהִים אַתָּה)에는 동사가 하나도 사용되지 않았기 때문에 '단어 대 단어'(word to word)로 직역하면 '것, 경외, 하나님, 너'(that, fear of, God, thou)가 됩니다. 이것을 우리말로는 '네가 하나님을 경외하는 것'으로, 영어로는 'that thou fearest

God'으로 번역하였습니다. 여기서 '경외'(fear)를 나타내는 히브리어 '야레'(יָרֵא)는 막연하고 감정적인 공포심을 의미하는 것이 아니라 하나님을 경외하면서 그분 앞에서 자기의 부족함을 철저히 통감하는 경건한 두려움을 나타냅니다. 그런 점에서 하나님을 향한 경외는 하나님을 섬기는 자의 가장 기본적인 요건(要件)입니다. 그래서 한글개역성경 전도서 12장 13절에서는 "일의 결국을 다 들었으니 하나님을 경외하고 그 명령을 지킬지어다 이것이 사람의 본분이니라"고 말씀합니다. 그래서 히브리어 "키-예레 엘로힘 앗타"(כִּי־יְרֵא אֱלֹהִים אַתָּה)를 히브리어 "키 앗타 야다티"(כִּי עַתָּה יָדַעְתִּי)와 연결시켜서 한글개역성경과 한글개역개정성경에서는 공(共)히 "내가 이제야 네가 하나님을 경외하는 줄을 아노라"고 번역하였고, 흠정역영어성경(KJV)과 미국표준역영어성경(ASV)에서는 "for now I know that thou fearest God"으로, 국제표준역영어성경(NIV)에서는 "Now I know that you fear God."으로, 개정표준역영어성경(RSV)에서는 "for now I know that you fear God"로, 영즈레터럴번역성경(YLT: Young's Leteral Translation 1862/1898)에서는 "for now I have known that thou art fearing God"로 번역하였습니다. 히브리어 '야다'(יָדַע) 동사(verb)가 완료(perfect)형으로 쓰였기 때문에 영즈레터럴번역성경(YLT: Young's Leteral Translation 1862/1898)에서 번역한 것처럼 문자적인 직역(直譯)을 하면 'I have known'이라고 번역해야 합니다. 그런데 앞에서 언급한 다른 번역본에서는 이것을 의역(意譯)하여 'I know'라고 시제(tense)를 완료(perfect)에서 현재(present)로 바꾸어 번역했습니다. 왜냐하면 '이제야'라는 히브리어 부사(particle adverb)가 있기 때문입니다. 그러다 보니 이처럼 여러 가지 번역본이 나타난 것입니다.

세 번째 히브리어 성경 창세기 22장 12절에서 "베로 하싸크타 에트 - 뻬느카 에트 - 예히드카 밈멘니"(וְלֹא חָשַׂכְתָּ אֶת־בִּנְךָ אֶת־יְחִידְךָ מִמֶּנִּי)에서 히브리어 '베로'(וְלֹא)는 '베'(וְ)와 '로'(לֹא)가 결합된 것으로, 여기서 히브리어 '베'(וְ)는 영어의 'and, but, then' 등을 나타내는 접속사(particle conjunction)이고, 히브리어 '로'(לֹא)는 부정어(否定語)로서 영어의 'no, not'를 나타내는 부사(adverb)입니다. 히브리어 '하싸크타'(חָשַׂכְתָּ)는 '보류하다, 제한하다, 말리다, 억누르다, 자제하다'(restrain, hold back, withhold, spare)라는 뜻의 히브리어 '하싸크'(חָשַׂךְ)에 칼 완료 2인칭 남성(qal perfect second person masculine singular)을 취한 동사(verb)입니다. 히브리어 '에트-뻬느카'(אֶת־בִּנְךָ)는 히브리어 '뻬느카'(בִּנְךָ)에 히브리어 '에트'(אֶת)를 결합시킨 것입니다. 여기서 '뻬느카'(בִּנְךָ)는 '아들, 손자, 구성원'(son, grand son, member of a people)이라는 뜻의 히브리어 '벤'(בֵּן)에 남성 단수 연계형 대명사어미 2인칭 남성 단수(masculine singular construct suffix second person masculine singular)를 취한 일반 명사(common noun)입니다. 히브리어 '에트'(אֶת)는 직접목적어를 나타내는 번역되지 않는 히브리어 에트(אֶת)입니다. 에트(אֶת)는 직접목적어를 나타내는 '에트'(אֵת)에서 장모음(長母音: long vowel)이던 것이 단모음(單母音: short vowel)으로 모음(母音: vowel)의 변화를 일으킨 것입니다. 히브리어 '에트-예히드카'(אֶת־יְחִידְךָ)는 히브리어 '에트'(אֶת)와 '예히드카'(יְחִידְךָ)가 결합된 것입니다. 여기서 히브리어 '예히드카'(יְחִידְךָ)는 '유일한, 오직 하나의, 외아들'(only, one's only son)이라는 뜻의 히브리어 '야히드'(יָחִיד)에 남성 단수 연계형 대명사어미 2인칭 남성 단수(masculine singular construct suffix second person masculine singular)를 취한 형용사(adjective)입니다. 히브리어 에트(אֶת)는 직접목적어를 나타내는 히브리어 '에트'(אֵת)에서 장모음(長母音: long vowel)이 단모음(單母音: short vowel)으로 모음(母音: vowel)이 변한 것입니다. 히브리어 '밈멘니'(מִמֶּנִּי)는 '~로부터, ~에서 밖으로, 때문에, ~

로부터 떨어져'(out of, since from, away from)다는 뜻의 히브리어 '민'(מִן) 에 대명사어미 1인칭 보통 단수(suffix first person common singular)를 취한 히브리어 전치사(preposition)입니다. 그래서 한글개역성경에서는 "네가 네 아들 네 독자라도 내게 아끼지 아니하였으니"라고 번역하였고, 한글개역개정성경에서는 "네가 네 아들 네 독자까지도 내게 아끼지 아니하였으니"라고 번역하였습니다. 한글개역성경의 '독자라도'가 한글개역개정성경에서는 '독자까지도'로 바뀌었습니다. 흠정역영어성경(KJV)과 미국표준역영어성경(ASV)에서는 "seeing thou hast not withheld thy son, thine only son from me"라고, 국제표준역영어성경(NIV)에서는 "because you have not withheld from me your son, your only son"이라고, 개역표준역영어성경(RSV)에서는 "seeing you have not withheld your son, your only son, from me"라고 번역하였습니다.

4. 의(義: righteousness)의 증표(證票: evidence)

100세에 낳은 아들 이삭에게 아브라함은 태어난 지 팔 일 만에 하나님의 명령대로 할례를 행하였습니다. 아이가 자라매 사라가 젖을 떼고, 이삭이 젖을 떼는 날에 아브라함은 대연(大宴)을 배설했습니다. 아브라함의 가정에 하갈의 소생 이스마엘로 인한 갈등은 있었지만 그 나름대로 이 문제를 해결하고, 아비멜렉과 브엘세바에서 맹세로 언약을 세운 이후 블레셋 족속의 땅에서 여러 날을 지내면서 행복에 겨운 생활이 이어졌을 것이라고 생각합니다. 정확히 알 수는 없지만 아브라함에게는 하나님보다 아들 이삭이 더 귀하게 여겨졌을지도 모릅니다. 이때에 여호와께서 아브라함을 시험하시려고 "내가 네게 지시하는 한 산 거기서 그(이삭)를 번제로 드리라"고 명하십니다.

창세기 15장 6절에서 "아브람이 여호와를 믿으니 여호와께서 이를 그의 의로 여기시고"라고 말씀하셨습니다. 즉 의(義: righteousness)로 여겨진 '믿음'(faith), 그 믿음(faith)의 증표(證票: evidence)인 순종(順從: obedience), 그 순종(順從: obedience)에 대한 실행시험(實行試驗)이 창세기 22장 1절로부터 시작된 것입니다. 이 시험에서 아브라함이 초지일관(初志一貫) 하나님의 명령을 실행(實行)에 옮겼고, 여호와 하나님께로부터 "내가 이제야 네가 하나님을 경외하는 줄을 아노라"(창 22:12)는 합격의 말씀을 들은 것입니다. 그 이유는 한글개역성경 창세기 22장 12절을 보면 알 수 있습니다. "네가 네 아들 네 독자라도 내게 아끼지 아니하였으니"(seeing thou hast not withheld thy son, thine only son from me-KJV)라는 말씀에 드러나 있습니다. 그 합격증의 이름이 '여호와 하나님께 대한 경외'(Fear on the LORD God)입니다. 우리 주 예수 그리스도를 믿는 자들이 하나님께 자기의 가장 귀한 것을 아낌없이 드릴 수 있을 때 이 합격증을 받을 수 있습니다. 아브라함에게 있어서 이삭처럼 그 귀한 것을 드릴 수 있을 때 말입니다. 이로 볼 때 필자는 믿음이 행동화되는 것이 순종이고, 의가 행동화되는 것이 경외라고 생각합니다. 그렇기에 '믿음(faith)의 증표(證票: evidence)는 순종(順從: obedience)'이고, '의(義: righteousness)의 증표(證票: evidence)는 하나님께 대한 경외(敬畏: fear)'라고 봅니다.

Ⅲ. 내적 증거에서 외적 증거로

(From Internal Evidence to External Evidence)

1. 히브리어 성경 하박국 2장 4절의 해석

한글개역성경 하박국 2장 4절을 보면 "보라 그의 마음은 교만하며 그의 속에서 정직하지 못하니라 그러나 의인은 그 믿음으로 말미암아 살리라"고 하였습니다. 한글개역개정성경에서는 "보라 그의 마음은 교만하며 그 속에서 정직하지 못하나 의인은 그의 믿음으로 말미암아 살리라"고 하였습니다. 여기서 한글개역성경과 한글개역개정성경의 차이점은 '그의 속에서'에서 '그 속에서', '그 믿음으로'에서 '그의 믿음으로', '못하니라'가 '못하나'로 바뀐 것뿐입니다. 흠정역영어성경(KJV) 하박국 2장 4절에서는 "Behold, his soul which is lifted up is not upright in him: but the just shall live by his faith."라고 쓰였으며, 국제표준역영어성경(NIV)에서는 "See, the enemy is puffed up; his desires are not upright-but the righteous person will live by his faithfulness-"라고 쓰였고, 미국표준역영어성경(ASV)에서는 "Behold, his soul is lifted up, it is not upright in him; but the righteous shall live by his faith."라고 쓰였으며, 개역표준역영어성경(RSV)에서는 "Behold, he whose soul is not upright in him shall fail, but the righteous shall live by his faith."라고 쓰였습니다. 이 본문은 신약성경 로마서 1장 17절, 갈라디아서 3장 11절, 히브리서 10장 38절에 인용되었는데, 그 인용된 내용에 있어서 히브리어 성경과 차이가 있어서 자세히 살펴보고자 합니다.

히브리어 성경 하박국 2장 4절에서는 "힌네 욥플라 로-야쉬라 나프쇼 뽀 베짯디크 뻬에무나토 이흐예"(הִנֵּה עֻפְּלָה לֹא־יָשְׁרָה נַפְשׁוֹ בּוֹ וְצַדִּיק בֶּאֱמוּנָתוֹ יִחְיֶה)라고 쓰였습니다. 여기서 히브리어 '힌네'(הִנֵּה)는 히브리어로 감탄사(particle interjection)로서 그 뜻은 '보라'(behold)입니다. 이는 단순히 '보라'가 아니고 바로 앞절 하박국 2장 3절에서 하나님의 심판이 이루어지는 종말의 때가 반드시 올 것이라는 말씀을 상기하면서 깊이 살펴보라는 것입니다. 이에 이어지는 본 절에서는 바벨론의 근본적 교만과 정직하지 못함으로 인하여 바벨론이 결국은 하나님의 심판을 받게 될 것이라는 확신 하에 악인과 의인을 대조하고 있는 것입니다. 하박국 선지자는 잠언 1장 13절의 "우리가 온갖 보화를 얻으며 빼앗은 것으로 우리 집을 채우리니"를 비롯한 말씀을 떠올리면서 바벨론을 거짓된 자, 악인으로 지칭(指稱: designate)한 것입니다. 그 바벨론을 보라는 것입니다.

히브리어 '웁플라'(עֻפְּלָה)는 구약성경에서 우리말로 '교만하며'로 번역된 본문 하박국 2장 4절 "보라 그의 마음은 교만하며 그의 속에서 정직하지 못하니라 그러나 의인은 그 믿음으로 말미암아 살리라"와 우리말로 '올라갔고'라고 번역된 민수기 14장 44절 "그들이 그래도 산꼭대기로 올라갔고 여호와의 언약궤와 모세는 진을 떠나지 아니하였더라"에 두 번밖에 사용되지 않은 단어입니다. 히브리어 '웁플라'(עֻפְּלָה)는 '① 들어 올리리다, 부풀다, ② 추정하다, 부주의하다, 부주의함을 보이다' 등을 나타내는 히브리어 '아팔'(עָפַל)에 푸알 완료 3인칭 여성 단수(pual perfect third person feminine singular)를 취한 히브리어 동사입니다. 여기서 푸알(pual)이란 히브리어 강조형(强調形) 동사의 수동태(passive)입니다.

바벨론이 강대국이 될 수 있었던 것은 하나님께서 남왕국 유다를 징계하시기 위하여 사람 막대기와 인생 채찍으로 사용하고자 강성(强盛)하게 해주신 것인데 바벨론 사람들이 이를 깨닫지 못한 것입니다. 그들은 하나님께서 하박국 1장 6절에서 "보라 내가 사납고 성급한 백성 곧 땅의 넓은 곳으로 다니며 자기의 소유 아닌 거할 곳들을 점령하는 갈대아 사람을 일으켰나니"라고 말씀하신 뜻을 알지 못했습니다. 그래서 잠언 1장 13-16절 "우리가 온갖 보화를 얻으며 빼앗은 것으로 우리 집을 채우리니 너는 우리와 함께 제비를 뽑고 우리와 함께 전대(纏帶) 하나만 두자 할지라도 내 아들아 그들과 함께 길에 다니지 말라 네 발을 금하여 그 길을 밟지 말라 대저 그 발은 악으로 달려가며 피를 흘리는 데 빠름이니라"는 말씀에서 보는 바와 같이 하나님의 진정한 의도는 알지 못한 채 그 도(度)를 넘어섰습니다. 또 잠언 16장 18절 "교만은 패망의 선봉이요 거만한 마음은 넘어짐의 앞잡이니라"는 말씀과 같이, 바벨론이 자만(自慢)하고 교만(驕慢)하여 자기 스스로를 지나치게 높이고 자랑하면서 이웃나라들을 학대하고 괴롭히는가 하면 하나님까지도 도외시(度外視)하는 어리석음을 범한 것입니다. 그 결과는 불을 보듯이 뻔한 것입니다.

히브리어 '로'(לֹא)는 절대부정(絕對否定)을 나타내는 부정사(particle negative)이고, 히브리어 '야쉬라'(יָשְׁרָה)는 우리갈로 '올바르다, 곧다, 수평이다, 수직이다, 옳다, 적법하다, 부드럽다'를, 영어로는 '① go straight ahead, ② be right, please'를 나타내는 히브리어 '야솨르'(יָשַׁר)에 칼 완료 3인칭 여성 단수(qal perfect third person feminine singular)를 취한 히브리어 동사(verb)입니다.

히브리어 '나프쇼'(נַפְשׁוֹ)는 우리말로 '영혼, 자아, 생명, 피조물, 개인, 식욕, 마음, 실존, 소망, 감정, 열정' 등을, 영어로는 'throat, neck, breath, living being, man, personality, individuality life, soul' 등을 나타내는 히브리어 '네페쉬'(נֶפֶשׁ)에 일반명사 여성 단수 연계형 대명사어미 3인칭 남성 단수[noun common both(masculine, feminie) singular construct suffix third person masculine singular]를 취한 히브리어 명사(noun)입니다. 히브리어 '뽀'(בּוֹ)는 히브리어 전치사(preposition) '베'(בְּ)에 대명사어미 3인칭 남성 단수(suffix third person masculine singular)를 취한 히브리어 전치사(preposition)입니다. 그 뜻은 영어로 'in, among, before, within, with' 등입니다. 그래서 히브리어 '로 야쉬라 나프쇼 뽀'(לֹא־יָשְׁרָה נַפְשׁוֹ בּוֹ)를 직역하면 '그의 영혼은 그의 안에서 정직하지 못하다'(his soul is not upright in him)가 됩니다. 여기서 '그의 영혼'이라는 표현과 '그의 속에서'라는 표현은 바벨론의 죄악이 단지 표면적으로 드러난 것뿐만 아니라 그의 마음에 내재한 악까지도 다 포함된 것을 말합니다.

히브리어 성경 하박국 2장 4절의 전반부에 있는 "힌네 웁플라 로-야쉬라 나프쇼 뽀"(הִנֵּה עֻפְּלָה לֹא־יָשְׁרָה נַפְשׁוֹ בּוֹ)는 한글개역성경에서는 "보라 그의 마음은 교만하며 그의 속에서 정직하지 못하니라"고, 한글개역개정성경에서는 "보라 그의 마음은 교만하며 그 속에서 정직하지 못하나"라고 하여 '그의 속에서'가 '그 속에서'로 바뀐 것뿐입니다. 흠정역영어성경(KJV)에서는 "Behold, his soul which is lifted up is not upright in him."이라고, 국제표준역영어성경(NIV)에서는 "See, the enemy is puffed up: his desires are not upright."라고, 미국표준역영어성경(ASV)에서는 "Behold, his soul is lifted up."이라고, 개역표준역영어성경(RSV)에서는 "Behold, he whose soul is not upright in him shall fail."이라고 번역하였습니다.

그런데 히브리어 성경 하박국 2장 4절의 후반절 "베짯디크 뻬에무나토 이흐예"(וְצַדִּיק בֶּאֱמוּנָתוֹ יִחְיֶה)는 번역에 따라 그 의미하는 바가 크게 달라질 수 있기 때문에 특별한 주의를 요(要)합니다. 히브리어 '베짯디크'

(וְצַדִּיק)는 히브리어 형용사(adjective) '짯디크'(צַדִּיק)에 남성 단수 절대형(masculine singular absolute)을 취하고 히브리어 접속사 '베'(וְ)를 접두(接頭)시킨 히브리어 형용사(adjective)입니다. 히브리어 '짯디크'(צַדִּיק)의 뜻은 '의'(義: righteous)라는 것인데, 이를 명사화(名詞化)하여 '의인'(義人: the righteous)으로 쓸 수 있습니다. 그래서 히브리어 '베짯디크'(וְצַדִּיק)를 '그러나 의인은'(but the righteous)이라고 번역하였습니다. 히브리어 '이흐예'(יִחְיֶה)는 '살리라'(live)는 뜻의 히브리어 동사(verb) '하야'(חָיָה)에 칼 미완료 3인칭 남성 단수(qal imperfect third person masculine singular)를 취한 히브리어 동사입니다. 여기까지는 별로 큰 문제가 없습니다.

그런데 히브리어 '뻬에무나토'(בֶּאֱמוּנָתוֹ)는 그 상황이 다릅니다. 히브리어 '뻬에무나토'(בֶּאֱמוּנָתוֹ)는 히브리어 명사(noun) '에무나토'(אֱמוּנָתוֹ)에 일반명사 여성 단수 연계형 대명사어미 3인칭 남성 단수(noun common feminine singular construct third person masculine singular)를 취하고, 그 앞에 히브리어 전치사(preposition) '베'(בְּ)를 접두(接頭: prefix)시킨 것입니다. 그 뜻은 '그의 믿음으로'(by his faith)입니다. 그래서 한글개역성경에서는 "그러나 의인은 그 믿음으로 말미암아 살리라"로, 한글개역개정성경에서는 "그러나 의인은 그의 믿음으로 살리라"로, 번역하였으며, 이 두 번역을 자세히 보면 '그의 믿음으로'가 '그 믿음으로' 바뀐 것뿐임을 알 수 있습니다. 흠정역영어성경(KJV)이나 미국표준역영어성경(ASV)은 "but the just shall live by his faith"로 번역하였으며, 개역표준역영어성경(RSV)에서는 "but the righteous shall live by his faith"로 번역하였고, 국제표준역영어성경(NIV)에서는 "but the righteous person will live by his faithfulness"라고 번역하였습니다.

2. 칠십인역(Septuagint: LXX/LXT) 하박국 2장 4절의 해석

히브리어 성경을 헬라어로 번역한 칠십인역 헬라어 성경(LXX/LXT) 하박국 2장 4절은 "에안 휘포스테일레타이 우크 유도케이 헤 프쉬케 무 엔 아우토 호 데 디카이오스 에크 피스테오스 무 제세타이"(ἐὰν ὑποστείληται οὐκ εὐδοκεῖ ἡ ψυχή μου ἐν αὐτῷ ὁ δὲ δίκαιος ἐκ πίστεώς μου ζήσεται)라고 쓰였습니다. 여기서 헬라어 '에안'(ἐὰν)은 헬라어 에안(ἐὰν)에 종속접속사(subordinating conjunction)를 취한 것으로 그 뜻은 '~이라면'입니다.

헬라어 '휘포스테일레타이'(ὑποστείληται)는 우리말로는 '① 뒤로 잡아당기다, 떨어뜨리다, 낮추다, ② 물러나다, 겁이 많다, 움츠리다, 감추다, 숨기다' 등을, 영어로는 'draw back in fear', 'shrink from', 'avoid', 'keep silent about' 등을 나타내는 헬라어 '휘포스텔로'(ὑποστέλλω)에 가정법 단순과거 중간태 3인칭 단수(subjunctive aorist middle third person singular)를 취한 것입니다. 헬라어 '우크'(οὐκ)는 부정(否定: negative)을 나타내는 헬라어 부사(adverb) '우'(οὐ)에서 나온 것으로 그 뜻은 '아니오'(no)이고, 헬라어 '유도케이'(εὐδοκεῖ)는 우리말로는 '① 좋게 생각하다, 선택하다, 결정하다, ② 매우 기뻐하다, 즐거워하다, 사랑하여 기울다' 등을, 영어로는 '① consider good, consent, resolve, ② be well pleased, take delight, ③ delight, approve, like'를 나타내는 헬라어 '유도케오'(εὐδοκέω)에 직설법 현재 능동 3인칭 단수(indicative present active third person singular)를 취한 헬라어 동사(verb)입니다.

헬라어 '헤'(ἡ)는 영어의 정관사(definite article) 'the'와 같은 것으로 헬라어 정관사(definite article) '호'(ὁ)에 주격 여성 단수(nominative feminine singular)를 취한 것이고, 헬라어 '프쉬케'(ψυχή)는 우리말로는 '마음', 영어로는 'soul'을 나타내는 헬라어 '프쉬케'(ψυχή)에 주격 여성 단수(nominative feminine singular common)를 취한 것이며, 헬라어 '무'(μου)는 자아(自我)를 나타내는 헬라어 '에고'(ἐγώ)에 소유격 1인칭 단수(genitive first person singular)를 취한 것이고, 헬라어 '언'(ἐν)은 우리말로는 '안' 또는 '내부', 영어로는 'in'을 나타내는 헬라어 전치사(preposition) '엔'(ἐν)에 여격(δατίνε)을 취한 헬라어 전치사(preposition)이며, 헬라어 '아우토'(αὐτῷ)는 우리말로는 '그', '그 남자', '그 여자', '그것', 영어로는 'he', 'she', 'it'를 나타내는 헬라어 '아우토스'(αὐτός)에 여격 남성 3인칭 단수(dative masculine singular)를 취한 인칭 대명사(personal pronoun)입니다. 그래서 칠십인역 헬라어 성경(LXX/LXT) 하박국 2장 4절 전반부 "에안 휘포스테일레타이 우크 유도케이 헤 프쉬케 무 엔 아우토"(ἐὰν ὑποστείληται οὐκ εὐδοκεῖ ἡ ψυχή μου ἐν αὐτῷ)를 영어로 번역한 LXE(Brenton LXX with Apocrypha)에서는 "If he should draw back, my soul has no pleasure in him."이라고 번역하였습니다.

헬라어 칠십인역 헬라어 성경(LXX/LXT) 하박국 2장 4절 후반부 "호 데 디카이오스 에크 피스테오스 무 제세타이"(ὁ δὲ δίκαιος ἐκ πίστεώς μου ζήσεται)에서 헬라어 '호'(ὁ)는 영어의 정관사(definite article) 'the'와 같은 것으로 헬라어 정관사(definite article) '호'(ὁ)에 주격 남성 단수(nominative masculine singular)를 취한 것이고, 헬라어 '데'(δὲ)는 우리말로는 '그러나', '더욱이', '그리고' 등을, 영어로는 'but rather', 'and' 등을 나타내는 헬라어 '데'(δὲ)가 등위접속사(等位接續詞: coordinating conjunction)로 사용된 것입니다. 헬라어 '디카이오스'(δίκαιος)는 우리말로는 '의로운', '신의', '법에 순종하는', 영어로는 'just', 'righteous upright', 'fair' 등을 나타내는 헬라어 '디카이오스'(δίκαιος)에 대명사적 형용사 주격 남성 단수(pronominal adjective nominative masculine singular)를 취한 헬라어 형용사(adjective)입니다.

헬라어 '에크'(ἐκ)는 우리말로 '~안에서 밖으로', '~로부터', '의하여', '~부터 떨어져서', 영어로는 'from', 'out of', 'away from', 'by', 'because of', 'by means of' 등을 나타내는 헬라어 '에크'(ἐκ)에 소유격(genitive)을 취한 헬라어 전치사(preposition)입니다. 헬라어 '피스테오스'(πίστεώς)는 우리말로 '① 진리에 대한 확신, 믿음, ② 충성, 충실, 성실', 영어로는 '① faithfulness, reliability, loyalty, commitment, ② that which evokes confidence, solemn, promise, oath, ③ trust, confidence, faith in the active sense=especially of relation to God and Christ, ④ that which is believed, body of faith, doctrine' 등을 나타내는 헬라어 '피스티스'(πίστις)에 소유격 여성 단수(genitive feminine singular)를 취한 헬라어 명사(noun)입니다. 헬라어 피스테오스(πίστεώς)에서 두 번째에 있는 음(音)의 강세기호(accent)는 그 다음에 있는 헬라어 '무'(μου)에 있을 음의 강세기호(accent)가 앞으로 옮겨온 것입니다.

헬라어 '제세타이'(ζήσεται)는 우리말로 '① 살다, 숨 쉬다, 거하다, ② 현재의 삶을 즐기다, ③ ~한 생활방식과 행동방식을 가지고 살다, ③ 생수의 강, ④ 온유, 최고의 힘을 가지고 있다', 영어로는 'of natural life, of life of the child of God' 등을 나타내는 헬라어 '자오'(ζάω)에 직설법 미래 중간태 3인칭 단수(indicative future middle third person singular)를 취한 헬라어 동사(verb)입니다. 그래서 헬라어 칠십인역 헬라어 성경(LXX/LXT) 하박국 2장 4절 후반부 "호 데 디카이오스 에크 피스테오스

무 제세타이"(ὁ δὲ δίκαιος ἐκ πίστεώς μου ζήσεται)를 헬라어 칠십인역(LXX)을 영어로 번역한 'LXE'에서는 "but the Just shall live by my faith"라고 번역하였습니다. 여기서 '나의 믿음'(my faith)이라고 말씀하실 때의 '나'는 '여호와 하나님'이십니다.

3. 누구의 믿음인가?

앞에서 살펴본 바와 같이 번역본에 따라 하박국 2장 4절 후반부 표현이 다를 뿐만 아니라 그 의미하는 바가 영어로 'his faith'에서 'my faith'로 확연히 구별되기 때문에 주의 깊게 살펴볼 필요가 있습니다. 문제의 핵심은 한글개역성경의 "의인은 그 믿음으로 말미암아 살리라"에서와 한글개역개정성경의 "그의 믿음으로 말미암아 살리라"에서 '믿음'이 '누구의 믿음인가?'에 대한 답에 있습니다. 한글개역성경과 한글개역개정성경 하박국 2장 4절의 "의인은 그(의) 믿음으로 말미암아 살리라"를 주어(subject)와 동사(verb)만으로 이루어진 '간단한 문장'(simple sentence)으로 보면 "의인은 살리라"가 됩니다. 여기서 '그(의) 믿음으로 말미암아'를 어떻게 보느냐 하는 것입니다. 첫째는, '그(의) 믿음으로 말미암아'를 '살리라'는 동사를 부연해서 설명하는 보어(補語: complement)로서 부사구(adverbial phrase)로 해석하는 것이고 둘째는, '그(의) 믿음으로 말미암아'를 주어(subject)인 '의인'을 수식하는 '형용사 구'(adjectival phrase)로 해석하는 것입니다. 그러고 나서 그 각각에 대하여 '그(의) 믿음'을 구체적으로 '누구의 믿음으로 보느냐?' 하는 것입니다. 의인 자신의 믿음으로 볼 것이냐, 아니면 하나님께서 그 의인에 대하여 갖고 있는 믿음으로 볼 것이냐 하는 것입니다. 그래서 이 네 가지 경우에 대하여 히브리어 성경을 자세히 살펴보고자 합니다.

히브리어 성경 하박국 2장 4절에서 말하는 ‘믿음’은 히브리어로 ‘뻬에무나토’(בֶּאֱמוּנָתוֹ)라고 쓰인 것인데, 이는 히브리어 명사(noun) ‘에무나’(אֱמוּנָה)에 일반명사 여성 단수 연계형 대명사어미 3인칭 남성 단수(noun common feminine singular construct third person masculine singular)를 취하고, 그 앞에 히브리어 전치사(preposition) ‘베’(בְּ)를 접두(接頭: prefix)시킨 것입니다. 그 뜻은 남성인 ‘그’(he)에 대한, ‘그의 믿음으로’(by his faith)입니다. 왜냐하면 대명사어미(pronominal suffix)가 3인칭 남성 단수(third person masculine singular)이기 때문입니다. 여기서 3인칭 남성 단수(third person masculine singular)로 나타낸 ‘그의’(his)는 “의인은 그의 믿음으로 말미암아 살리라”고 할 때의 주어(subject)인 그 ‘의인’을 지칭(指稱)할 수 있지만, 또 다른 한편으로는 여호와 하나님께서 하박국 2장 4절 후반부의 문장의 주어(subject)인 그 ‘의인’을 믿어주는, 그 ‘여호와 하나님’으로 볼 수도 있습니다.

그래서 히브리어 성경 하박국 2장 4절 후반부는 문법적(grammatical)으로 묶어서 크게 분류하여 주어(主語: subject)와 술부(述部: predicate)로 나누어볼 때:

“(베짜디크 뻬에무나토) 이흐예: (וְצַדִּיק בֶּאֱמוּנָתוֹ) יִחְיֶה”… ①

또는

“베짜디크 (뻬에무나토 이흐예): וְצַדִּיק (בֶּאֱמוּנָתוֹ יִחְיֶה)”… ②

로 나누어 볼 수 있습니다. 여기서 우리말로 쓴 것은 왼쪽에서 오른쪽으로 읽어야 하고, 히브리어로 쓴 것은 오른쪽에서 왼쪽으로 읽어야 합니다. (1)은 히브리어 ‘뻬에무나토’(בֶּאֱמוּנָתוֹ)를 연결사(particle conjunction)와 문장(sentence)의 주어(subject)가 합친 히브리어 '베짜디크'(וְצַדִּיק)를 좀 더 구체적으로 설명하는 형용사구(adjectival phrase)로 본 것이고, (2)는 히브리어 쁘에무나토(בֶּאֱמוּנָתוֹ)를 문장(sentence)의 술부(predicate)의 동사(verb)인 히브리어 '이흐예'(יִחְיֶה)를 좀 더 자세히 설명해 주는 부사구(adverbial phrase)로 본 것입니다.

그런데 히브리어 '쁘에무나토'(בֶּאֱמוּנָתוֹ)를 ① '의인'(the just)의 믿음(faith)으로 볼 수도 있고, ② '여호와 하나님'의 믿음으로 볼 수도 있습니다. 왜냐하면 히브리어 '쁘에무나토'(בֶּאֱמוּנָתוֹ)에서 대명사 어미(pronominal suffix)가 3인칭 남성 단수(third person masculine singular)로 쓰였고, 하박국 2장 1-4절에서 말씀하시는 분이 여호와 하나님이시기 때문입니다. 이를 반영이라도 하듯 히브리어 성경을 헬라어로 번역한 칠십인역 헬라어 성경(LXX/LXT) 하박국 2장 4절의 후반부에서는 "호 데 디카이오스 에크 피스테오스 무 제세타이"(ὁ δὲ δίκαιος ἐκ πίστεώς μου ζήσεται)로 쓰였습니다. 이를 영어로 번역한 LXE에서는 "but the Just shall live by my faith"라고 번역하였습니다. 그래서 문법상(grammatical)으로는 도합(都合: total) 네 개의 해석(translation)이 가능합니다.

그러나 이것들 중에서 가장 자연스러운 것은 '의인' 자신(himself)의 '믿음'으로 보는 것입니다. 왜냐하면 의인이 히브리어 '짜디크'(צַדִּיק)에 형용사 남성 단수 절대형(adjective masculine absolute)을 취하고, 그 앞에 영어의 'and'에 해당하는 히브리어 접속사(particle conjunction) '베'(וְ)를 접두(接頭: prefix)시켜 히브리어 '베짜디크'(וְצַדִּיק)가 되었기 때문입니다. 히브리어 '짜디크'(צַדִּיק)가 형용사(adjective)이지만 관계성을 나타내는 상태(state)가 연계형(construct)이 아니고 절대형(absolute)이므로 '독립적인

용법'(independent usage)으로 의인화(擬人化)시켜 명사(noun)로 취급해서 '의인'(the just)으로 본 것입니다. 즉 그 의인이 남성 단수로 표현되었다고 보는 것입니다. 그러면 히브리 성경 하박국 2장 4절의 후반부 "베짯디크 빼에무나토 이흐예"(וְצַדִּיק בֶּאֱמוּנָתוֹ יִחְיֶה)를 그리고 '믿음으로 의인이 된 남자, 그는 살리라'로 번역될 수 있습니다.

또한 다른 한편으로는 믿음을 하나님께서 '그 의인'을 신뢰하는 믿음으로 볼 수 있다는 것입니다. 이는 앞으로 설명하게 될 창세기 15장 6절의 설명을 통하여 알 수 있습니다. 또한 앞에서 설명한 바와 같이 히브리어 성경 하박국 2장 4절을 헬라어로 번역한 칠십인역 헬라어 성경(LXX/LXT)을 통하여 알 수 있습니다. 칠십인역 헬라어 성경(LXX/LXT)에서는 하박국 2장 4절의 후반부가 "호 데 디카이오스 에크 피스테오스 무 제세타이"(ὁ δὲ δίκαιος ἐκ πίστεώς μου ζήσεται)라고 쓰였습니다. 이를 영어로 번역한 LXE에서는 "but the Just shall live by my faith"라고 번역하였습니다. 여기서 'my faith'는 '여호와 하나님'(the LORD God)이 그 '의인'을 믿는 '믿음'(faith)입니다.

그런데 비록 '의인'일지라도 사람은 믿음의 대상이 될 수 없습니다. 왜냐하면 사람의 마음은 수시로 변하기 때문입니다. 그에 따라 사람의 믿음도 수시로 변합니다. 사람의 마음이 그렇게 수시로 변할지라도 어느 한순간만은 하나님께서 기뻐 흠향할 수 있는 믿음의 상태가 될 수 있습니다. 하나님께서는 스냅사진(a snap shot)을 찍듯 영원히 지워지지 않는 하나님의 기억 속에 이것을 찍어 넣어 두시고 마치 그 사람이 하나님을 온전히 변함없이 믿는 믿음처럼 여겨 주신다는 것입니다. 이 믿음을 보고 하나님께서는 그 사람을 의로 여기고(counted) '의롭다'(He counted it to him for righteousness.)라고 칭하시는 것입니다. 그래서 '의인'(the just)은 하나님께서 의롭다고 칭(稱)하여 주시는 그 '의인'은 그 믿음으로 산다는 것입니다. 이를 히브리어 성경 하박국 2장 4절에서는 히브리어로 '뻬에무나토'(בֶּאֱמוּנָתוֹ)로 보아서 '그의 믿음'(his faith)으로 표현한 것이고, 히브리어 성경을 헬라어로 번역한 칠십인역 헬라어 성경(LXX/LXT) 하박국 2장 4절에서는 '의인을 믿는' 하나님의 '신실하심'(faithfulness)을 영어로 'by my faith'로 나타낸 것입니다. 즉 여기서 말하는 'by my faith'는 '의인은 살 것이다'라는 말씀에서 그 '의인'의 믿음을 의(義: righteousness)로 여겨 주시는 여호와 하나님의 신실하심(faithfulness)이라는 것입니다.

앞에서 살펴본 바와 같이 영어로 'by faith'를 부사구(adverbial phrase)로 볼 것이냐 아니면 형용사구(adjectival phrase)로 볼 것이냐 하는 문제와 또 각각의 경우에 '믿음'(faith)을 의인의 믿음으로 볼 것이냐 아니면 하나님의 믿음으로 볼 것이냐 하는 문제에서 이 네 가지 경우에 대한 해석이 다 가능합니다. 그러나 그것들을 계속 파고 들어가면 동일한 결론에 이르게 됩니다. 그 결론은 '의인이 여호와 하나님을 믿는 믿음'과 '여호와 하나님이 그 의인을 믿는 믿음'이 같아야 한다는 것입니다. 이는 창세기 15장 6절의 해석에서 보여주고 있습니다.

4. 요동하는 사람의 믿음과 변함없는 하나님의 믿음

여호와 하나님이 그 '의인'을 믿어 주는 믿음은 한결같이 동일합니다. 왜냐하면 앞에서 설명한 바와 같이 하나님의 기억 속에 영원히 지워지지 않는 스냅사진(a snap shot)이 있기 때문입니다. 이를 '하나님의 신실하심'(faithfulness of God)이라고 표현합니다. 그러나 의인이 하나님을 신뢰하는 믿음은 하나님께서 그 '의인'에 대해서 믿으시는 믿음에 미치지 못합니다. 왜냐하면 사람의 마음은 항상 변하고 그에 따라 믿음도 요동(搖動)하기 때문입니다. 그래서 창세기 15장 6절에서도 여호와 하나님께서 아브람의 믿음을 '아브람의 믿음(faith)이 의(righteousness)다.', 영어로는 'His(Abram's) faith is righteousness.'라고 하지 않고, 우리말로는 '의로 여기셨다'로, 영어로는 "He(the Lord) counted it to him(Abram) for righteousness.(KJV)"라고 표현했습니다. 실제로 아브람의 '믿음'(faith)이 '의'(義: righteousness)가 아니고 하나님께서 '의'(義: righteousness)로 간주(看做)하여 주시는 것입니다. 그래서 '의인'(the just)의 믿음은 하나님께서 자기를 의로 여겨 주시는 그 믿음, 즉 '하나님의 신실하심'(faithfulness of God)에 이르도록 '믿음의 진보'(the furtherance of faith: 빌 1:25-KJV)가 끊임없이 이루어져야 합니다. 언제까지입니까? 여호와 하나님께서 '의'(義: righteousness)로 여겨주시는 '그' '믿음'(faith)에 이를 때까지입니다. 이를 일컬어 성화(聖化: sanctification)의 과정을 밟는다고 말하는 것입니다.

창세기 15장 1-6절까지를 보면 여호와 하나님께서 그 의인에게 갖는 믿음은 '내가 그 의인의 지극히 큰 상급이 되어진다'는 것입니다. 삼위일체 하나님의 관점에서 보면 이 지극히 큰 상급이 하나님의 아들인 예수 그리스도이시고, 그 하나님 성자(God the Son)께서 '믿는 자들'(believers)과 함께하는(with us), 그리고 '믿는 나'(believer)와 '함께'(with me)하는 하나님이신 것입니다. 창세기 15장 1절에서 신약성경에서 주 예수 그리스도로 판명되는 여호와 하나님께서 아브람의 지극히 큰 상급으로 그와 함께하시겠다는 것입니다. 이 얼마나 놀라운 일입니까?

5. 신약성경에 인용된 하박국 2장 4절의 말씀

히브리어 성경 하박국 2장 4절의 말씀이 신약성경 로마서 1장 17절, 갈라디아서 3장 11절, 히브리서 10장 38절에 인용되었는데, 그 인용된 내용에 있어 차이가 있어 다시 자세히 살펴보고자 합니다. 헬라어 성경 로마서 1장 17절 후반부에서는 "호 데 디카이오스 에크 피스테오스 제세타이"(ὁ δὲ δίκαιος ἐκ πίστεως ζήσεται)로, 갈라디아서 3장 11절 후반부에서는 "호티 호 디카이오스 에크 피스테오스 제세타이"(ὅτι ὁ δίκαιος ἐκ πίστεως ζήσεται)로, 히브리서 10장 38절 전반부에서는 "호 데 디카이오스 무 에크 피스테오스 제세타이"(ὁ δὲ δίκαιός μου ἐκ πίστεως ζήσεται)로 쓰였습니다. 헬라어에서 어순(語順)에 '큰 구애(拘碍)를 받지 않는다'라는 말을 받아들인다면, 헬라어 성경 로마서 1장 17절과 갈라디아서 3장 11절의 후반부 사이에는 단지 로마서 1장 17절에서 영어의 반어적(反語的)인 연결사 'but'에 해당하는 헬라어 연결사 '데'(δε)가 갈라디아서 3장 11절에서는 영어의 이유를 나타내는 연결사 'for'에 해당하는 헬라어 '호티'(ὅτι)로 바뀐 것 외에는 변화가 없습니다. 그래서 로마서 1장 17절이나 갈라디아서 3장 11절에서 동일하게 사용된 "호 디카이오스 에크 피스테오스 제세타이"(ὁ δίκαιος ἐκ πίστεως ζήσεται)는 동일(同一)한 뜻을 전하는 것이라고 필자는 생각합니다. 왜냐하면 한글개역성경이나 한글개역개정성경 로마서 1장 17절의 후반부에서는 똑같이 이를 "의인은 믿음으로 말미암아 살리라"고, 갈라디아서 3장 11절 후반부에서는 "의인이 믿음으로 살리라"로 번역하여 로마서 1장 17절과 갈라디아서 3장 11절 사이에 주어(subject)를 나타내는 표현의 방식에 '은'과 '이'의 약간의 차이가 있지만, 흠정역영어성경(KJV)에서는 로마서 1장 17절과 갈라디아서 3장 11절 및 히브리서 10장 38절에서 완전히 동일하게 "the just shall live by faith"라고 썼습니다. 국제표준역영어성경

(NIV), 개역표준역영어성경(RSV) 및 미국표준역영어성경(ASV)에서는 다르게 썼습니다. 히브리서 10장 38절에 대하여는 흠정역영어성경(KJV)에서는 로마서 1장 17절이나 갈라디아서 3장 11절과 같이 "the just shall live by faith"라고 썼으나, 국제표준역영어성경(NIV)에서는 "my righteous one will live by faith"라고, 개역표준역영어성경(RSV)과 미국표준역영어성경(ASV)에서는 동일하게 "my righteous one shall live by faith"라고 썼습니다. 즉 'the just'와 'the righteous one'의 차이와 조동사(auxiliary verb) 'shall'과 'will'의 차이입니다. 그 전체의 뜻은 대동소이(大同小異)하다고 봅니다.

Ⅳ. 믿음의 진보(The Furtherance of Faith)

1. 믿음에 대한 말씀의 흐름

한글개역성경 창세기 15장 1-6절을 보면 "이후에 여호와의 말씀이 이상 중에 아브람에게 임하여 가라사대 아브람아 두려워 말라 나는 너의 방패요 너의 지극히 큰 상급이니라 아브람이 가로되 주 여호와여 무엇을 내게 주시려나이까 나는 무자(無子)하오니 나의 상속자는 이 다메섹 엘리에셀이니이다 아브람이 또 가로되 주께서 내게 씨를 아니 주셨으니 내 집에서 길리운 자가 나의 후사가 될 것이니이다 여호와의 말씀이 그에게 임하여 가라사대 그 사람은 너의 후사(後嗣)가 아니라 네 몸에서 날 자가 네 후사가 되리라 하시고 그를 이끌고 밖으로 나가 가라사대 하늘을 우러러 뭇별을 셀 수 있나 보라 또 그에게 이르시되 네 자손이 이와 같으리라 아브람이 여호와를 믿으니 여호와께서 이를 그의 의로 여기시고"라고 하였습니다.

한글개역성경 창세기 22장 1-12절을 보면 "그 일 후에 하나님이 아브라함을 시험하시려고 그를 부르시되 아브라함아 하시니 그가 가로되 내가 여기 있나이다 여호와께서 가라사대 네 아들 네 사랑하는 독자 이삭을 데리고 모리아 땅으로 가서 내가 네게 지시하는 한 산 거기서 그를 번제로 드리라 아브라함이 아침에 일찍이 일어나 나귀에 안장을 지우고 두 사환(使喚)과 그 아들 이삭을 데리고 번제에 쓸 나무를 쪼개어 가지고 떠나 하나님의 자기에게 지시(指示)하시는 곳으로 가더니 제 삼일에 아브라함이 눈을 들어 그곳을 멀리 바라본지라 이에 아브라함이 사환에게 이르되 너희는 나귀와 함께 여기서 기다리라 내가 아이와 함께 저기 가서 경배하고 너희에게로 돌아오리라 하고 아브라함이 이에 번제 나무를 취하여 그 아들 이삭에게 지우고 자기는 불과 칼을 손에 들고 두 사람이 동행하더니 이삭이 그 아비 아브라함에게 말하여 가로되 내 아버지여 하니 그가 가로되 내 아들아 내가 여기 있노라 이삭이 가로되 불과 나무는 있거니와 번제할 어린 양은 어디 있나이까 아브라함이 가로되 아들아 번제할 어린 양은 하나님이 자기를 위하여 친히 준비하시리라 하고 두 사람이 함께 나아가서 하나님이 그에게 지시하신 곳에 이른지라 이에 아브라함이 그곳에 단을 쌓고 나무를 벌여 놓고 그 아들 이삭을 결박하여 단 나무 위에 놓고 손을 내밀어 칼을 잡고 그 아들을 잡으려 하더니 여호와의 사자가 하늘에서부터 그를 불러 가라사대 아브라함아 아브라함아 하시는지라 아브라함이 가로되 내가 여기 있나이다 하매 사자가 가라사대 그 아이에게 네 손을 대지 말라 아무 일도 그에게 하지 말라 네가 네 아들 네 독자라도 내게 아끼지 아니하였으니 내가 이제야 네가 하나님을 경외하는 줄을 아노라"고 하였습니다.

한글개역성경 하박국 2장 1-4절을 보면 "내가 내 파수하는 곳에 서며 성루에 서리라 그가 내게 무엇이라 말씀하실는지 기다리고 바라보며 나의 질문에 대하여 어떻게 대답하실는지 보리라 그리하였더니 여호와께서 내게 대답하여 가라사대 너는 이 묵시를 기록하여 판에 명백히 새기되 달려가면서도 읽을 수 있게 하라 이 묵시는 정한 때가 있나니 그 종말이 속히 이르겠고 결코 거짓되지 아니하리라 비록 더딜지라도 기다리라 지체되지 않고 정녕 응하리라 보라 그의 마음은 교만하며 그의 속에서 정직하지 못하니라 그러나 의인은 그 믿음으로 말미암아 살리라"고 하였습니다.

한글개역성경 로마서 1장 16-17절을 보면 "내가 복음을 부끄러워하지 아니하노니 이 복음은 모든 믿는 자에게 구원(救援)을 주시는 하나님의 능력이 됨이라 첫째는 유대인에게요 또한 헬라인에게로다 복음에는 하나님의 의가 나타나서 믿음으로 믿음에 이르게 하나니 기록된 바 오직 의인은 믿음으로 말미암아 살리라 함과 같으니라"고 하였습니다.

한글개역성경 갈라디아서 3장 9-11절에서는 "그러므로 믿음으로 말미암은 자는 믿음이 있는 아브라함과 함께 복을 받느니라 무릇 율법 행위에 속한 자들은 저주 아래 있나니 기록된바 누구든지 율법책에 기록된 대로 온갖 일을 항상 행하지 아니하는 자는 저주 아래 있는 자라 하였음이라 또 하나님 앞에서 아무나 율법으로 말미암아 의롭게 되지 못할 것이 분명하니 이는 의인이 믿음으로 살리라 하였음이니라"고 하였습니다.

한글개역성경 히브리서 10장 32-39절에서는 “전날에 너희가 빛을 받은 후에 고난(苦難)의 큰 싸움에 참은 것을 생각하라 혹 비방(誹謗)과 환난으로써 사람에게 구경거리가 되고 혹 이런 형편에 있는 자들로 사귀는 자 되었으니 너희가 갇힌 자를 동정하고 너희 산업을 빼앗기는 것도 기쁘게 당한 것은 더 낫고 영구한 산업이 있는 줄 앎이라 그러므로 너희 담대함을 버리지 말라 이것이 큰 상을 얻느니라 너희에게 인내가 필요함은 너희가 하나님의 뜻을 행한 후에 약속을 받기 위함이라 잠시 잠깐 후면 오실 이가 오시리니 지체하지 아니하시리라 오직 나의 의인은 믿음으로 말미암아 살리라 또한 뒤로 물러가면 내 마음이 저를 기뻐하지 아니하리라 하셨느니라 우리는 뒤로 물러가 침륜에 빠질 자가 아니요 오직 영혼을 구원함에 이르는 믿음을 가진 자니라”고 하였습니다.

이들을 종합하여 볼 때 한글개역성경 창세기 15장 6절에서 “아브람이 여호와를 믿으니 여호와께서 이를 그의 의로 여기시고”라는 말씀은 삼위일체의 관점으로 보면 하나님 성령께서 아브람의 심령(心靈: heart) 속에 아브람으로 하여금 여호와 하나님의 말씀으로부터 여호와 하나님 자체, 곧 여호와 하나님의 인격(人格: personality)과 신격(神格: divinity)을 온전히 믿게 한 것입니다. 이를 입증하는 하나님의 말씀이 빌립보서 2장 13절입니다. 한글개역성경 빌립보서 2장 13절에서는 “너희 안에서 행하시는 이는 하나님이시니 자기의 기쁘신 뜻을 위하여 너희로 소원을 두고 행하게 하시나니”라고 하였고, 흠정역영어성경(KJV)에서는 “For it is God which worketh in you both to will and to do of his good pleasure.”라고 하였습니다.

이를 제 삼자의 객관적인 관점으로 보면, 한글개역성경 아가 8장 6절에서 "너는 나를 인(印)같이 마음에 품고 도장같이 팔에 두라 사랑은 죽음같이 강하고 투기는 음부같이 잔혹하며 불같이 일어나니 그 기세가 여호와의 불과 같으니라"(Set me as a seal upon thine heart, as a seal upon thine arm: for love is strong as death; jealousy as cruel as the grave: the coals thereof are coals of fire, which hath a most vehement flame.-KJV)는 말씀에서처럼 하나님 성령께서 아브람이 자기의 심령 속에서 여호와 하나님을 신뢰하게 된 이 믿음을 여호와 하나님의 마음(heart)에 인(印: seal)같이 새기고 여호와 하나님의 팔(arm)에 도장(seat)같이 판 것이 아닌가 싶습니다. 의(義: righteousness)라는 말로 말입니다. 이때만큼은 아브람이 여호와 하나님을 믿는 믿음과 여호와 하나님이 아브람을 믿는 믿음이 같은 것입니다. 이것이 히브리어 성경 하박국 2장 4절에서 아브람의 믿음으로 나타난 'his faith'와 히브리어 성경을 헬라어로 번역한 칠십인역 헬라어 성경(LXX/LXT) 하박국 2장 4절에서 하나님의 믿음으로 나타난 'my faith'가 동일한 이유입니다. 이와 같이 'his faith'와 'my faith'가 동일한 것이기 때문에 신약성경 로마서 1장 17절과 갈라디아서 3장 11절 및 히브리서 10장 38절에서 구약성경 하박국 2장 4절을 인용할 때 히브리어 성경 하박국 2장 4절의 'his faith'와 히브리어 성경을 헬라어로 번역한 칠십인역 헬라어 성경(LXX/LXT) 하박국 2장 4절의 'my faith'를 동일한 것으로 보아 그냥 'faith'로만 표기한 것입니다.

2. 하박국 2장 4절을 인용한 신약성경의 말씀들

한글개역성경 로마서 1장 17절 "복음에는 하나님의 의가 나타나서 믿음으로 믿음에 이르게 하나니 기록된바 오직 의인은 믿음으로 말미암아 살리라 함과 같으니라", 누가복음 17장 5절 "사람들이 주께 여짜오되 우리에게 믿음을 더하소서 하니", 누가복음 22장 32절 "그러나 내가 너를 위하여 네 믿음이 떨어지지 않기를 기도하였노니 너는 돌이킨 후에 네 형제를 굳게 하라", 빌립보서 1장 12절 "형제들아 나의 당한 일이 도리어 복음의 진보(進步)가 된 줄을 너희가 알기를 원하노라", 빌립보서 1장 25절 "내가 살 것과 너희 믿음의 진보와 기쁨을 위하여 너희 무리와 함께 거할 이것을 확실히 아노니", 로마서 4장 1-8절 "그런즉 육신으로 우리 조상 된 아브라함이 무엇을 얻었다 하리요 만일 아브라함이 행위로써 의롭다 하심을 얻었으면 자랑할 것이 있으려니와 하나님 앞에서는 없느니라 성경이 무엇을 말하느뇨 아브라함이 하나님을 믿으매 이것이 저에게 의로 여기신 바 되었느니라 일하는 자에게는 그 삯을 은혜로 여기지 아니하고 빚으로 여기거니와 일을 아니할지라도 경건치 아니한 자를 의롭다 하시는 이를 믿는 자에게는 그의 믿음을 의로 여기시나니 일한 것이 없이 하나님께 의로 여기심을 받는 사람의 행복에 대하여 다윗의 말한 바 그 불법을 사하심을 받고 그 죄를 가리우심을 받는 자는 복이 있고 주께서 그 죄를 인정치 아니하실 사람은 복이 있도다 함과 같으니라"는 말씀들을 두루 살펴서 얻은 필자의 생각은 믿음은 하나의 '나선형 순환'(spiral circulation) 과정을 통하여 믿음의 진보(進步: furtherance)가 있어야 한다는 것입니다. 이를 뒷받침이라도 하듯 한글개역성경 히브리서 10장 38절에서는 "오직 나의 의인은 믿음으로 말미암아 살리라 또한 뒤로 물러가면 내 마음이 저를 기뻐하지 아니하리라 하셨느니라"(Now the Just shall live by faith: but if any man draw back, my soul shall have no pleasure in him.-KJV)고 말씀합니다.

3. 로마서 1장 17절

한글개역성경 로마서 1장 17절에서는 “복음에는 하나님의 의가 나타나서 믿음으로 믿음에 이르게 하나니 기록된바 오직 의인은 믿음으로 말미암아 살리라 함과 같으니라”고 하였습니다. 흠정역영어성경(KJV) 로마서 1장 17절에서는 “For therein is the righteousness of God revealed from faith to faith: as it is written, The just shall live by faith.”라고 했고, 국제표준역영어성경(NIV)에서는 “For in the gospel a righteousness from God revealed, a righteousness that is by faith from first to last, just as it is written: The righteous will live by faith.”라고, 미국표준역영어성경(ASV)에서는 “For therein is revealed a righteousness of God from faith unto faith: as is written, But the righteous shall live by faith.”라고, 개정표준역영어성경(RSV)에서는 “For in it the righteousness of God is revealed through faith for faith; as it is written, “He who through faith is righteous shall live.”라고 기록되어 있습니다.

헬라어 성경 로마서 1장 17절에서는 “디카이오쉬네 가르 데우 엔 아우토 아포칼륍테타이 에크 피스테오스 에이스 피스틴 카도스 게그랍타이 호 데 디카이오스 에크 피스테오스 제세타이”(δικαιοσύνη γὰρ θεοῦ ἐν αὐτῷ ἀποκαλύπτεται ἐκ πίστεως εἰς πίστιν, καθὼς γέγραπται· ὁ δὲ δίκαιος ἐκ πίστεως ζήσεται)라고 쓰였습니다. 이를 전반부 “디카이오쉬네 가르 데우 엔 아우토 아포칼륍테타이 에크 피스테오스 에이스 피스틴”(δικαιοσύνη γὰρ θεοῦ ἐν αὐτῷ ἀποκαλύπτεται ἐκ πίστεως εἰς πίστιν)과 중반부 ‘카도스 게그랍타이’(καθὼς γέγραπται)와 후반부 ‘호 데 디카이오스 에크 피스테오스 제세타이’(ὁ δὲ δίκαιος ἐκ πίστεως ζήσεται) 세 부분으로 나누어 살펴보겠습니다.

헬라어 성경 로마서 1장 17절 전반부의 "디카이오쉬네 가르 데우 엔 아우토 아포칼륍테타이 에크 피스테오스 에이스 피스틴"(δικαιοσύνη γὰρ θεοῦ ἐν αὐτῷ ἀποκαλύπτεται ἐκ πίστεως εἰς πίστιν)을, 다시 해석의 편의를 위하여 "디카이오쉬네 가르 데우 엔 아우토"(δικαιοσύνη γὰρ θεοῦ ἐν αὐτῷ)와 "아포칼륍테타이 에크 피스테오스 에이스 피스틴"(ἀποκαλύπτεται ἐκ πίστεως εἰς πίστιν)으로 나누어 보겠습니다. 첫째 부분에서 '가르'(γὰρ)는 종속접속사(subordinate conjunction)로서 그 뜻은 '왜냐하면'(for)입니다. '디카이오쉬네'(δικαιοσύνη)는 '의'(righteousness)를 나타내는 헬라어 'δικαιοσύνη'에 주격 여성 단수(nominative feminine singular)를 취한 헬라어 명사(noun)이고, 헬라어 '데우'(θεοῦ)는 하나님을 나타내는 헬라어 '데오스'(θεός)에 소유격 남성 단수(genitive masculine singular)를 취한 헬라어 명사(noun)이며, 헬라어 '엔'(ἐν)은 우리말로 '안'(in)에를 나타내는 헬라어 전치사(preposition) '엔'(ἐν)에 여격(dative)을 취한 것이고, 헬라어 '아우토'(αὐτω)는 '그 남자(he)', '그 여자(she)', '그것(it)'을 나타내는 헬라어 '아우토스'(αὐτός)에 여격 중성 3인칭 단수(dative neuter third person singular)를 취한 헬라어 대명사(pronoun)입니다. 이를 '단어 대 단어'(a word for word)로 직역(直譯: direct translation)하면 '왜냐하면 그 안에 하나님의 의를 위하여'(for righteousness in it)가 됩니다. 헬라어 성경 로마서 1장 17절의 전반부 첫째 부분에는 동사(verb)가 없고, 이어지는 둘째 부분에 동사(verb)가 있습니다.

그리고 헬라어 성경 로마서 1장 17절의 전반부 둘째부분의 "아포칼륍테타이 에크 피스테오스 에이스 피스틴"(ἀποκαλύπτεται ἐκ πίστεως εἰς πίστιν)에서 '아포칼륍테타이'(ἀποκαλύπτεται)는 '벗기다', '덮인 것을 열어놓다', '알리다', '나타내다', '이전에 알려지지 않은 것을 폭로하다'

(reveal, disclose) 등을 나타내는 헬라어 '아포칼륍토'(ἀποκαλύπτω)에 직설법 현재 수동태 3인칭 단수(indicative present passive third person singular)를 취한 헬라어 동사(verb)이고, 헬라어 '에크'(ἐκ)는 '안에서 밖으로', '~로부터', '~의하여', '떨어져서'(to denote separation, to denote the direction from which something comes from, out of, from, to denote origin, cause, motive reason from, of, by) 등을 나타내는 헬라어 전치사(preposition) '에크'(ἐκ)에 소유격(genitive)을 취한 것이고, 헬라어 '에이스'(εἰς)는 '~안으로', '~까지', '~에게', '~향하여', '~로, 사이에'(into, to, toward)를 나타내는 헬라어 전치사(preposition) '에이스'(εἰς)에 목적격(accusative)을 취한 것이며, 헬라어 '피스테오스'(πίστεως)는 '진리에 대한 확신, 믿음, 충성, 충실, 성실'(faith, trust, commitment) 등을 나타내는 헬라어 '피스티스'(πίστις)에 소유격 여성 단수(genitive feminine singular)를 취한 헬라어 명사(noun)이고, 마지막으로 헬라어 '피스틴'(πίστιν)은 앞에서 설명한 헬라어 '피스티스'(πίστις)에 목적격 여성 단수(accusative feminine singular)를 취한 명사(noun)입니다. 그래서 헬라어 성경 로마서 1장 17절의 전반부 둘째 부분의 "아포칼륍테타이 에크 피스테오스 에이스 피스틴"(ἀποκαλύπτεται ἐκ πίστεως εἰς πίστιν)을 '단어 대 단어'(a word for word)로 직역(直譯: direct translation)하면 '믿음으로부터 나와서 믿음 안으로 나타내어진다'(to be revealed from faith into faith)가 됩니다. 그래서 헬라어 성경 로마서 1장 17절 전반부의 "디카이오쉬네 가르 데우 엔 아우토 아포칼륍테타이 에크 피스테오스 에이스 피스틴"(δικαιοσύνη γὰρ θεοῦ ἐν αὐτῷ ἀποκαλύπτεται ἐκ πίστεως εἰς πίστιν)을 '단어 대 단어'(a word for word)로 직역(直譯: direct translation)하면 '왜냐하면 그 안에 하나님의 의가 믿음으로부터 밖으로 나와서 믿음 안으로 나타내어진다'(for in it (the) righteousness of God is revealed from faith into faith)가

됩니다. 여기서 영어 'it'이 로마서 1장 16절의 '복음'(gospel)을 말하기 때문에 정관사(definite article) 'the'를 접두(接頭: prefix)시켜 'the gospel'이 되었고, 'righteousness' 앞에 'the'를 쓴 것은 'righteousness' 뒤에 있는 'of God'이라는 한정적(限定的)인 전치사 구(prepositional phrsaise)가 있기 때문에 헬라어 원문에는 없지만 영어로 번역되면서 삽입(揷入)된 것입니다.

로마서 1장 16절에서 말씀하는 복음은 모든 믿는 자에게 구원을 주시는 하나님의 능력입니다. 로마서 1장 16절에서 능력으로 번역된 헬라어 '뒤나미스'(δύναμις)는 어떤 일을 '성취할 단한 힘'이라는 것으로 '체력, 전투력, 능력, 권능, 폭력, 이적 자체, 풍부, 이적적인 일꾼, 전능한 일, 놀라운 일' 등 포괄적인 의미를 나타냅니다. 히브리어 성경 시편 33편 17절의 히브리어 '헬로'(חֵילוֹ)는 '힘, 능력'(strength, power)을 나타내는 히브리어 '하일'(חַיִל)에 남성 단수 연계형 대명사어미 3인칭 남성 단수(masculine singular construct third person masculine singular)를 취한 일반명사(common noun)입니다. 그런데 히브리어 성경을 헬라어로 번역한 칠십인역 헬라어 성경(LXX/LXT) 시편 33편 17절에서는 히브리어 성경 시편 33편 17절의 히브리어 '헬로'(חֵילוֹ)로 쓰인 것을 헬라어로 '뒤나메오스'(δυνάμεως)라고 번역하였습니다. 헬라어 '뒤나메오스'(δυνάμεως)는 헬라어 '뒤나미스'(δύναμις)의 소유격 여성 단수(genitive feminine singular)를 취한 '일반 명사'(common noun)입니다. 이 헬라어 '뒤나미스'(δύναμις)가 영어 'dynamic'이나 'dynamite'의 어원이 되었습니다. 이로써 하나님의 능력이 얼마나 역동적이며 폭발적인가를 알 수 있습니다.

한글개역성경 로마서 1장 17절의 전반부의 끝부분에 있는 "믿음으로 믿음에 이르게 하나니"로 표현된 것은 영어성경에서는 다음과 같이 여러 가지로 번역되었습니다. 즉 "KJV: from faith to faith/NIV: by faith from first to last/RSV: through faith for faith/ASV: from faith unto faith/NIRV: from beginning to end/ERV: by faith unto faith/GWN: this approval begins and ends with faith/NJB: a just based on faith and addressed to faith" 등으로 말입니다.

이들을 두루 살펴볼 때에 ① 믿는 자의 입장에서 하나님께로부터 '의롭다'라고 칭함(여김)을 받게 하는 것도 '믿음'(faith)이고, ② 하나님께서 믿는 자를 '의롭다'라고 '칭하시는 것 / 여기는 것'도 '믿음'(faith)이라는 것입니다. ①의 경우는 하박국 2장 4절의 "의인은 그의 믿음으로 말미암아 살리라"는 히브리어 성경을 직접 번역한 역본(譯本)에서는 'his faith'라고 하여 '의인의 믿음'(the Just's faith)으로 보았고, ②의 경우는 히브리어 성경을 헬라어로 번역한 칠십인역 헬라어 성경(LXX/LXT) 하박국 2장 4절을 모체로 번역한 역본(譯本)에서는 'my faith'라고 하여 'God's faith'로 보았습니다. 이 둘의 경우 어떠하든 간에 '믿음'으로 시작하고 '믿음'으로 끝난다는 것이며, 또한 ①과 ②는 동일한 믿음이어야 한다는 것입니다. 이를 위해서는 믿는 자의 믿음 자체가 '온전한 믿음'(perfect faith)이어야만 됩니다. 만일 이 둘에 괴리(乖離)가 있다면 그것은 '불완전한 믿음'(imperfect faith)일 뿐만 아니라 그것은 여기서 말하는 믿음이 결단코 아니라는 것입니다. 여기서의 강조점은 그와 같은 불완전한 믿음(imperfect faith)을 가지고는 복음의 능력이 나타날 수 없다는 것입니다.

헬라어 성경 로마서 1장 17절 중반부에서는 '카도스 게그랍타이'

(καθὼς γέγραπται)라고 쓰였습니다. 헬라어 '카도스'(καθὼς)는 종속접속사(subordinate conjunction)로서 '~처럼'(as, just as, so far as), '~때문에'(since)라는 뜻입니다. 헬라어 '게그랍타이'(γέγραπται)는 '쓰다'(write), '글로 채우다'(write down), '작문하다'(compose)라는 뜻의 헬라어 '그랍포'(γράφω)에 직설법 완료 수동태 3인칭 단수(indicative perfect passive third person singular)를 취한 동사(verb)입니다. 그러서 헬라어 '카도스 게그랍타이'(καθὼς γέγραπται)는 '기록된 것처럼' 드는 '기록된바'라고 번역할 수 있습니다.

헬라어 성경 로마서 1장 17절 후반부에서는 "호 데 디카이오스 에크 피스테오스 제세타이"(ὁ δὲ δίκαιος ἐκ πίστεως ζήσεται)로, 갈라디아서 3장 11절 후반부에서는 "호티 호 디카이오스 에크 피스테오스 제세타이"(ὅτι ὁ δίκαιος ἐκ πίστεως ζήσεται)로, 히브리서 10장 38절 전반부에서는 "호 데 디카이오스 무 에크 피스테오스 제세타이"(ὁ δὲ δίκαιός μου ἐκ πίστεως ζήσεται)로 쓰였습니다. 헬라어에서는 어순(語順)에 '큰 구애(拘碍)를 받지 않는다'라는 말을 받아들인다면, 헬라어 성경 로마서 1장 17절과 갈라디아서 3장 11절의 후반부 사이에는 단지 로마서 1장 17절에서 영어의 반어적(反語的)인 연결사 'but'에 해당하는 헬라어 연결사 '데'(δε)가 갈라디아서 3장 11절에서는 영어의 이유를 나타내는 연결사 'for'에 해당하는 헬라어 '호티'(ὅτι)로 바뀐 것 외에는 차이가 없습니다.

그래서 로마서 1장 17절이나 갈라디아서 3장 11절에서 동일하게 사용된 "호 디카이오스 에크 피스테오스 제세타이"(ὁ δίκαιος ἐκ πίστεως ζήσεται)가 동일(同一)한 뜻을 전하는 것이라고 필자는 생각했습니다.

왜냐하면 한글개역성경이나 한글개역개정성경 로마서 1장 17절의 후반부에서는 똑같이 이를 "의인은 믿음으로 말미암아 살리라"로, 갈라디아서 3장 11절 후반부에서는 "의인이 믿음으로 살리라"로 번역하여 로마서 1장 17절과 갈라디아서 3장 11절 사이에 주어(subject)를 나타내는 표현의 방식에 '은'과 '이'의 약간의 차이가 있지만, 흠정역영어성경(KJV)에서는 로마서 1장 17절과 갈라디아서 3장 11절에서 완전히 동일하게 "the just shall live by faith"라고 썼기 때문입니다. 그러나 국제표준역영어성경(NIV)에서는 "The righteous will live by faith."로, 개역표준역영어성경(RSV)에서는 "He who through faith is righteous shall live."로, 미국표준역영어성경(ASV)에서는 "But the righteous shall live by faith."로 다소 다르게 썼습니다. 그럼에도 불구하고 그 의미하는 바는 같다고 보았습니다.

히브리서 10장 38절에 대하여는 흠정역영어성경(KJV)에서는 로마서 1장 17절이나 갈라디아서 3장 11절과 같이 "the just shall live by faith"라고 썼으나, 국제표준역영어성경(NIV)에서는 "my righteous one will live by faith"라고, 개역표준역영어성경(RSV)에서는 "my righteous one shall live by faith"라고, 미국표준역영어성경(ASV)에서는 "my righteous one shall live by faith"라고 썼습니다. 여기서 주의를 요하는 것은 히브리어 성경 하박국 2장 4절 후반부 "의인은 그의 믿음으로 말미암아 살리라"에서 '그의 믿음'(his faith)과 히브리어 성경을 헬라어로 번역한 칠십인역 헬라어 성경(LXX/LXT)에서 '나의 믿음'(my faith)이라고 쓴 것을 헬라어 성경 로마서 1장 17절, 갈라디아서 3장 11절 및 히브리서 10장 38절에서는 단지 'faith'로만 썼다는 것입니다. 그 이유는 '그의 믿음'(his faith)과 '나의 믿음'(my faith)이 동일한 믿음이어야 하기 때문입니다.

4. 믿음과 순종(Faith and Obedience)

헬라어 성경 로마서 1장 17절을 헬라어 원문 자체로만 볼 때 "에크 피스테오스 에이스 피스틴"(ἐκ πίστεως εἰς πίστιν)을 '믿음의 세계로부터 현실세계로, 그리고 현실세계로부터 믿음의 세계 속으로/유대인에게로부터 헬라인(이방인)에게로, 그리고 헬라인(이방인)에게로부터 유대인에게로/자기 마음속에 임재(臨齋: presence)한 하나님 나라로부터 자기를 둘러싸고 있는 세상 나라로, 그리고 자기를 둘러싸고 있는 세상나라로부터 자기 마음속에 임재(臨齋: presence)한 하나님 나라로/하나님으로 말미암은 자기의 생각 속으로부터 세상으로 말미암은 자기의 생각 속으로, 그리고 세상으로 말미암은 자기의 생각 속으로부터 하나님으로 말미암은 자기의 생각 속으로'라고 생각할 수 있지 않느냐 하는 것입니다. 이것이 가능하다면 앞에서 설명한 여러 가지 경우를 축약해서 '믿음의 세계로부터 일상(日常)의 세상 속으로, 그리고 일상(日常)의 세상 속으로부터 믿음의 세계로'라고 번역할 수 있다고 봅니다. 이러한 경우 '믿음의 세계로부터 일상(日常)의 세상 속으로' 나올 때의 믿음(faith)은 온전한 믿음입니다. 이에 더하여 '일상(日常)의 세상 속으로부터 믿음의 세계로' 들어갈 때의 믿음은 '세상 풍파에 온갖 시련을 다 겪은 불로 연단받은 금(gold)같은 순종(順從: obedience)으로 확인(確認: confirm)된 '온전한 믿음'(perfect faith)일 것입니다.

이 믿음의 토대 위에서 믿음의 세계 속으로 들어갔다가, 그 믿음의 세계로부터 일상(日常)의 세상 속으로 나올 때, 하나님께서 '의(義)롭다'고 여겨 주시는 믿음을 가지고, 일상(日常)의 세상 속에서 온전히 순종(順從: obedience)하면, 하나님께로부터 그 순종의 원인이 하나님께 대한 '경외'(fear)로 인정받게 될 것입니다. 그러면 하나님 성령께서는 그 '온전한 믿음'(perfect faith)을 가지고 일상(日常)의 세상 속에서 더욱 새롭게 적용할 수 있는 영역(領域: realm)을 의인(the just)에게 더 넓혀주실 것입니다. 하나님의 의가 나타나는 믿음의 영역(領域: realm)이 현실세계에서 지금보다 증가하면 빌립보서 1장 25절에서 "내가 살 것과 너희 믿음의 진보와 기쁨을 위하여 너희 무리와 함께 거할 이것이 확실하니"라는 말씀에서 보는 바와 같이 믿음의 진보(進步: furtherance/ advance/ progress)가 이루어지는 것이고, 믿음의 영역(領域: realm)이 현실세계에서 지금보다 줄어들면 히브리서 10장 38절에서 "오직 나의 의인은 믿음으로 말미암아 살리라 또한 '뒤로 물러가면'(draw back) 내 마음이 저를 기뻐하지 아니하리라"는 말씀에서 보는 바와 같이 믿음의 퇴보(退步: drew back)가 이루어지는 것입니다.

여기서 '하나님의 의'란 삼위일체에서 삼위 각각의 위(位)간의 상호관계 속에서 나타나는 본질(本質)입니다. 이는 한글개역성경 요한복음 1장 1절의 "태초에 말씀이 계시니라 이 말씀이 하나님과 함께 계셨으니 이 말씀은 곧 하나님이시니라"(In the beginning was the Word, and the Word was with God, and the Word was God.-KJV)는 말씀에서 우리말로는 '함께', 영어로는 'with', 헬라어로는 '프로스'(πρός)라는 말씀이 삼위일체에서 태초 이전에 하나님(God) 외에 적어도 한 분 이상의, 그 어떤 분이 '함께'(with) 존재(存在)한다는 것을 말하는 것입니다. 그분들이 곧 '성자'(God the Son)와 '성령'(God the Spirit)이라는 것이 밝혀지면서 삼위일체론이 정립됩니다(이홍주, 십자가를 통해서 보는 삼위일체의 신비, 쿰란출판사, p.162, 2014.).

이들 상호간의 관계에서 서로 존경(respect)하고 순종(obedience)한다는 것이 성경의 말씀입니다. 왜냐하면 요한복음 16장 13절에서 "그러하나 진리의 성령(聖靈)이 오시면 그가 너희를 모든 진리(眞理) 가운데로 인도하시리니 그가 자의로 말하지 않고 오직 듣는 것을 말하시며 장래 일을 너희에게 알리시리라"고 말씀하기 때문입니다. 성령(聖靈: God the Spirit)께서 자의(自意)로 말하지 않고 오직 듣는 것을 말한다고 말씀합니다. 그런가 하면 요한복음 12장 49절에서도 예수님께서 "내가 내 자의로 말한 것이 아니요 나를 보내신 아버지께서 나의 말할 것과 이를 것을 친히 명령하여 주셨으니"라고 하였습니다. 여기서 쓰인 하나님 아버지(God the Father)의 성자(God the Son)에 대한 명령은 세상에서 말하는 상급자가 하급자에게 말하는 그런 권위적인 명령이 아니고 상호 존경하는 가운데 이루어지는 대화의 말씀을 예수님께서 명령의 말씀으로 받아들이신 것입니다. 이러한 순종(順從: obedience)을 의(義: righteousness)라고 말합니다.

삼위일체 하나님의 본성(本性)은 '사랑'입니다. 그뿐만 아니라 '하나님 아버지'(God the Father)와 '하나님 성자'(God the Son)와 '하나님 성령'(God the Spirit)의 각각의 위(位: person)의 본성(本性)도 '사랑'입니다. 그래서 삼위일체 하나님의 가장 근본적인 두 축(軸)은 사랑(love)과 의(righteousness)입니다. 여기서 사랑(love)은 본질이고, 의(righteousness)는 각 위(位: person) 간(間)의 관계성(relationship) 속에서 나온 순종(順從: obedience)인 것입니다(이홍주, 십자가를 통해서 보는 삼위일체의 신비, 쿰란출판사, p.162, 2014.)

이 사랑과 의를 함께 하나로 묶어 표현한 것이 경외(敬畏: fear)입니다. 경외(敬畏: fear)를 우리 인생들이 피부로 느끼면서 하나님께 경배(敬拜)

를 가장 잘 드릴 수 있는 것이 예배(worship)입니다. 그래서 한글개역성경 전도서 12장 13절을 보면 "일의 결국을 다 들었으니 하나님을 경외하고 그 명령을 지킬지어다 이것이 사람의 본분이니라"(Let us hear the conclusion of the whole matter: Fear God, and keep his commandments: for this is the whole duty of men.)고 말씀합니다. 이와 같이 하나님을 경외하고 그 명령을 지키려면 신령(spirit)과 진리(truth)로 드리는 예배를 통하지 않고는 불가(不可)합니다. 이를 한글개역개정성경 요한복음 4장 24절을 보면 "하나님은 영이시니 예배하는 자가 영(kjv: spirit/NIV: spirit)과 진리(truth)로 예배할지니라"고 말씀하고 있습니다.

앞에서 설명한 로마서 1장 17절의 "복음에는 하나님의 의가 나타나서 믿음으로 믿음에 이르게 하나니 기록된바 오직 의인은 믿음으로 말미암아 살리라 함과 같으니라"는 한글개역성경의 말씀을 문단(phrase)과 절(verse)을 넘어 신약성경 전체를 아울러 살펴보면, 복음을 믿으면 믿는 자에게 하나님의 의(righteousness)가 나타나고(reveal), 믿는 자는 그 하나님의 의(righteousness)를 표출(表出: manifestation)해야 되는데, 표출된 그것이 순종(順從: obedient)이며, 그렇게 할 수 있는 마음(heart)은 하나님을 경외(敬畏: fear)함으로부터 나온다는 것입니다.

5. 케뤼그마(Kerygma)

신약성경에서 믿으라고 말할 때는 복음을 믿으라는 것이고, 복음의 시작은 한글개역성경 마가복음 1장 1절에 의하면 '하나님의 아들 예수 그리스도'입니다. 왜냐하면 한글개역성경 마가복음 1장 1절에서 "하나님의 아들 예수 그리스도 복음의 시작이라"고 말씀하고 있기 때문입니다. 그뿐만 아니라 '예수'는 하나님의 아들로서 원죄(原罪)가 없을 뿐만 아니라 예수님의 삶 자체가 하나님의 뜻에 하나도 어긋남이 없이 모든 율법도 준행하였기에 자범죄(自犯罪)가 하나도 없습니다. 그래서 예수님은 삼위일체의 제2위의 하나님으르서 온전한 하나님의 의(義: righteousness)를 가지고 있을 뿐만 아니라 그 의(義: righteousness)를 사람들에게 온전히 나타내 주시는 분입니다. 그렇기에 누구든지 자기의 죄(罪: sin)를 예수 그리스도께 전가(轉嫁: transfer)시키고, 예수 그리스도의 온전한 의(義: righteousness)를 전가(轉嫁: transfer)받으면 하나님께서는 그 사람을 '의롭다' 칭(稱)해 주십니다. 이것은 예수 그리스도께서 성경대로 내 죄를 위하여 죽으셨다는 사실을 믿음으로 가능합니다. 그래서 예수 그리스도께서 '하나님의 아들'이라는 사실과 '예수님의 삶'을 나타내는 예수님의 언행(言行)이 중요한 것입니다.

그 복음은 복된 소식으로서 예수님의 십자가 사건 이전에는, 예수님께서 약속하신 ① '하나님 나라의 선포'[the proclamation of (the kingdom of God)]를 말하며, 예수님의 십자가 사건 이후에는, 그 약속의 말씀이 이루어진 '그 하나님 나라의 백성'[the people of (the kingdom of God)]이 되기 위해서 필수적(必須的)인 ① '그리스도의 죽음과 부활의 선포'[the proclamation of (the death and resurrection of Christ)], 즉 '그리스도 사건의 선포'(the proclamation of Christ-event)를 말합니다. 이 복음을 올바로 이해하기 위해서는 헬라어 '케뤼그마'(κήρυγμα)를 잘 알아야 합니다. 헬라어 '케뤼그마'(κήρυγμα)는 우리 말로는 '선포하다', '선언하다', '설교하다', '고지(告知)하다', '포고(布告)하다', 영어로는 'to proclaim aloud', 'to announce, mention publicly', 'to preach most often in reference to God's saving action', 'to herald 라는 뜻의 헬라어 동사 '케뤼소'

(κηρύσσω-갈 2:2, 5:11)에서 나온 헬라어 명사입니다.

헬라어 '케뤼그마'(영어: kerygma / 헬라어: κήρυγμα)는 어간(語幹: lemma, dictionary form)이 '~μα'로 끝나는 중성 명사(neuter noun)로서 그의 어미변화(reflection)는 헬라어 명사(noun)의 격변화(declension) 중 제3변화(the third declension)에 속합니다. 헬라어 케뤼그마(κήρυγμα)는 신약성경과 헬라어 칠십인역(LXX)에서 '단수'(singular)로만 나타나는 단어로서 주격(nominative)은 고린도전서 2장 4절, 15장 14절, 디모데후서 4장 17절에서 '케뤼그마'(κήρυγμα)로, 속격(genitive)은 고린도전서 1장 21절에서 '케뤼그마토스'(κήρυγματος)로, 여격(dative)은 디도서 1장 3절에서 '케뤼그마티'(κήρυγματι)로, 대격(accusative)은 마태복음 12장 41절, 마가복음 16장 8절, 누가복음 11장 32절, 로마서 16장 25절, 칠십인역(LXX) 요나서 3장 2절에서 '케뤼그마'(κήρυγμα)로 신약성경에서 9번, 헬라어 칠십인역(LXX)에서 1번 도합 10번 나타납니다.

헬라어 제3변화의 명사는 그 어간이 자음(consonant)이나 자음의 성격을 지닌 반모음(半母音: half vowel) 'ι'나 'υ' 등으로 끝나는 명사인데, 제1변화나 제2변화와는 달리 단수 속격(singular genitive)에서 숨겨진 어간(語幹)이 나타나므로 단수 속격이 중요시됩니다. 특히 어간이 케뤼그마(κήρυγμα)와 같이 '~ma'로 끝나는 명사는 모두 중성 명사(neuter noun)로서 그 명사의 성격은 단수 속격(singular genitive)에서 잘 나타납니다. 이를 케뤼그마(κήρυγμα)에 적용하면 단수 소유격(singular genitive)의 케뤼그마토스(κήρυγματος)에서 속격을 나타내는 어미(語尾)는 'ος'입니다.

헬라어 명사의 속격을 나타내는 어미(語尾) 'ος'를 가진 헬라어 '케뤼그마토스'(κήρυγματος)는 헬라어 동사 '케뤼소'(κηρύσσω)에서 나온 속격 중성 단수(genitive neuter singular)를 취한 명사(noun)이기 때문에 헬라어 케뤼그마토스(κήρυγματος)에서 중성(neuter)이면서 속격(genitive)임을 감안하면 그 어근(語根: source)을 나타내는 헬라어 동사 케뤼소(κηρύσσω)가 속격(genitive)의 명사(noun)로 바뀔 때 수동태(passive voice)의 의미(meaning)를 지녔다고 볼 수 있습니다. 왜냐하면 중성 명사(neuter noun)이기 때문에 동작을 나타내는 주체(主體)가 스스로 작동할 수 없기 때문입니다. 그런데 헬라어 명사 제3변화에서 어간(語幹: lemma, dictionary form)의 어미(語尾: suffix, ending)가 '~μα'인 경우는 그 어근(語根: source)을 나타내는 원래의 동사(verb)가 능동태(active voice)의 의미(meaning)를 나타낸다고 봅니다.

그래서 신약성경에서 9번, 헬라어 칠십인역(LXX)에서 1번 모두 10번에 걸쳐 성경에서 사용된 헬라어 '케뤼그마'(κήρυγμα)는 수동태(passive voice)와 능동태(active voice)의 의미(meaning)를 지닌다고 보는 것입니다. 이러므로 헬라어 '케뤼그마'(κήρυγμα)를 헬라어 명사 제3변화에서 어간(語幹: lemma, dictionary form)의 어미(語尾: suffix, ending)가 '~μα'라는 점에 주안점(主眼點: main point)을 두고 능동태(active voice)로 이해하면 이렇게 볼 수 있습니다. 하나님이신 말씀이 육신화(incarnation)되어 인간으로서의 예수님께서 십자가 사건 이전에 행하신 ① '하나님 나라의 선포'를 말하고, 케뤼그마(κήρυγμα)를 단수 소유격(singular genitive)의 케뤼그마토스(κήρυγματος)에서 속격을 나타내는 어미(語尾)는 'ος'라는 점에 주안점(主眼點: main point)을 두고 수동태(passive voice)로 이해하면 십자가 사건 이후에 하나님께서 예수님의 제자들로 하여금 행하게 하신 ② 그리스도의 사건(the Christ-event)의 선포를 말합니다. 여기서 말하는

'그리스도의 사건'(the Christ-event)이란 '그리스도의 죽음과 부활'을 하나로 묶어서 '하나의 사건'(one event)으로 본 것입니다.

이러므로 케뤼그마(κήρυγμα)를 능동태(active voice)의 의미(meaning)로 말할 때는 우리말로는 하나님 나라를 '선포', '설교', '고지'(告知), '포고'(布告)하는 것으로, 영어로는 'proclamation', 'preach', 'message'로 번역하고, 케뤼그마(κήρυγμα)를 수동태(passive voice)의 의미(meaning)로 말할 때는 그리스도의 사건(the Christ-event)을 선포하는 것, 즉 그리스도의 죽음과 부활을 선포하는 것으로 말합니다. 특히 수동태(passive voice)의 의미(meaning)로 말할 때 핵심적인 것으로는 ① 그리스도의 죽으심(the death of Christ)과, ② 그리스도의 부활하심(the resurrection of Christ)으로 말하는데, 그중에서도 줄여서 가장 핵심적인 것을 말하라고 하면 '그리스도의 죽으심'(the death of Christ)으로 말합니다. 이를 '그리스도의 죽음의 사건'(the death event of Christ)이라고 부르기도 합니다. 왜냐하면 예수님에 의하여 선포된 '하나님 나라'는 예수님에 의한 '그리스도의 죽음'으로 완성(It is finished)되었고, 그 '완성된 하나님 나라'에 들어가려면 '그리스도의 죽음과 부활 사건', 즉 '그리스도의 사건'(the Christ-event)을 믿어야만 하기 때문입니다.

헬라어를 영어로 풀이한 "The Complete Word Study Dictionary New Testament, AMC International, Inc. 1993"에서는 케뤼그마(κήρυγμα)를 우리말로는 '선포하다, 설교하다, 고지(告知)하다, 포고(布告)하다', 영어로는 'to proclaim, to preach, to herald'라는 뜻의 헬라어 동사 케뤼소(κηρύσσω)에서 나온 헬라어 명사(noun)로 설명합니다. 그 어간(語幹)이 '~μα'로 끝나기 때문에 이렇게 설명합니다. "With suffix '~

ma', it means the result of preaching, that which is cried by the herald, the command, communication, proclamation of the redeeming purpose of God in Christ(Rom. 16:25); the proclamation of Jesus Christ(1Cor. 1:21, 2:4; 15:14; 2Tim. 4:17; Tit. 1:3); the message of denunciation from God to Ninevites through Jonah(Matt. 12:41; Luke 11:32 Sept.; Jon. 3:2)라고 말입니다.

헬라어 케뤼그마(κήρυγμα)의 핵심적인 내용 첫 번째는 예수님께서 직접 선포하신 '하나님 나라'이고, 두 번째는 예수님의 제자들에 의하여 선포된 '그리스도의 죽음과 그리스도의 부활 사건'입니다. 다시 말하면 첫 번째는, 예수님께서 지상에서 사역하실 때의 일이고 두 번째는, 예수님께서 부활 승천하신 후에 예수님의 제자들에 의하여 이루어진 일입니다. 사실 이 둘은 같은 것입니다. 왜냐하면 예수님께서 선포하신 것은 '하나님 나라' 그 자체이고, 제자들이 선포한 것은 '그 하나님 나라에 들어가는 조건'을 선포한 것이기 때문입니다.

그래서 헬라어인 케뤼그마(κήρυγμα)를 믿으라고 할 때에 그중에서도 헬라어 케뤼그마(κήρυγμα)를 간략하면서도 명료하게 꼭 있어야 할 것을 모두 포함시킨 중요한 말씀이 있는데, 그것은 고린도전서 15장 3-5절입니다. 또 그것을 종합적으로 잘 나타낸 말씀이 고린도전서 15장 1-11절의 말씀입니다. 고린도전서 15장 3절의 말씀은 '그리스도의 죽음의 사건인 십자가 사건'(the event of the cross)으로 예수님께서 행하신 '하나님 나라의 선포'(the proclamation of 'kingdom of God')가 온전히 이루어진 것입니다. 이를 예수님께서 요한복음 19장 30절에서 "다 이루었다"(It is finished./테텔레스타이: τετέλεσται)는 말씀으로 마무리하셨습니다.

좀 더 부연해서 설명하면 케뤼그마(κήρυγμα)의 핵심은 한글개역성경 고린도전서 15장 3-5절의 "성경대로 그리스도께서 우리 죄를 위하여 죽으시고 장사 지낸 바 되었다가 성경대로 사흘 만에 다시 살아나사 게바에게 보이시고 후에 열두 제자에게 보이시고"(that Christ died for our sins according to the scriptures; And that he was buried, and that he rose again the third day according to the scriptures: And that, he was seen Cephas, then of the twelve;-KJV/호티 크리스토스 아페다넨 휘페르 톤 하마르티온 헤몬 카타 타스 그라파스 카이 호티 에타페 카이 호티 에게게르타이 테 헤메라 테 트리테 카타 타스 그라파스 카이 호티 옵데 케파 에이타 토이스 도데카(ὅτι Χριστὸς ἀπέθανεν ὑπὲρ τῶν ἁμαρτιῶν ἡμῶν κατὰ τὰς γραφὰς καὶ ὅτι ἐτάφη καὶ ὅτι ἐγήγερται τῇ ἡμέρᾳ τῇ τρίτῃ κατὰ τὰς γραφας καὶ ὅτι ὤφθη Κηφᾷ εἶτα τοῖς δώδεκα·)"라는 성경말씀이라는 것입니다.

여기서 주의를 요하는 것은 고린도전서 15장 3-4절에서 예수라는 말 대신에 '왜 그리스도라고 썼는가?' 하는 문제와 고린도전서 15장 3절에서 영어로 'for our sins'라고 말할 때 영어 전치사(preposition) 'for'가 의미하는 바가 무엇인가 하는 것입니다. 그 대답은 이렇습니다. 예수라는 이름 대신에 그리스도라고 쓴 것은 종말의 '메시아' 즉 '기름부음 받은 자'라는 의미를 강조하기 위하여 그리스도라고 한 것으로, 유대인들이 학수고대(鶴首苦待)하는 종말의 메시아가 바로 예수님이라는 것을 강조하기 위하여 일부러 쓴 호칭(呼稱)인 것입니다. 대표적으로 기름부음을 받는 자는 제사장(priest)과 선지자(prophet)와 왕(king)의 직분(職分)을 맡은 사람입니다.

그리고 "우리 죄를 위하여"라고 말할 때의 '위하여'는 영어로는 'for'라고 쓰여진 것인데 헬라어로는 헬라어 전치사(preposition) '휘페르'(ὑπέρ)가 사용되었습니다. 이는 대속(代贖: redemption)의 의미와 대신(代身: substitution)의 의미 및 대표(代表: representative)의 의미가 있습니다. 여기서 헬라어 전치사(preposition) 휘페르(ὑπέρ)가 사용됨으로 인하여 예수님 당시의 사람들뿐만 아니라 지금의 우리도 또한 나도 우리말로 '우리 죄를 위하여', 영어로 'for our sins'로 번역한 헬라어 '휘페르 톤 하마르티온 헤몬'(ὑπὲρ τῶν ἁμαρτιῶν ἡμῶν)에 속할 수 있는 것입니다. 이것이 '우리의 죄'를, 아니 한 걸음 더 나아가 '나의 죄'를 위하여 그리스도께서 죽으신 이유입니다.

한글개역성경 고린도전서 15장 4절에서는 '장사 지낸 바 되었다가'로, 흠정역영어성경(KJV)에서는 'he was buried'로 쓰인 것이 헬라어 성경에서는 헬라어 '에타페'(ἐτάφη)로 쓰였습니다. 이는 우리말로 '묻다', '매장하다'로, 영어로 'bury'를 나타내는 헬라어 '답토'(θάπτω)에 직설법 단순과거 수동태 3인칭 단수(indicative aorist passive third person singular)를 취한 헬라어 동사(verb)입니다. 여기서 '장사 지낸 바 되었다가'로 쓰여진 헬라어 에타페(ἐτάφη)의 시제(tense)가 단순과거(aorist)이므로 이는 과거 어느 한 시점에서 딱 한 번 일어난 사건을 뜻합니다. 오로지 '단 한 번 죽어서 단 한 번 장사지냈다'는 것입니다.

고린도전서 15장 4절에서 '부활'을 나타내는 헬라어 에게게르타이(ἐγήγερται)는 우리말로 '깨우다', '일어나게 하다', '나타나게 하다', 영어로 'wake', 'rouse', 'raise', 'appear'를 나타내는 헬라어 '에게이로'(ἐγείρω)에 직설법 완료 수동태 3인칭 단수(indicative perfect passive third person singular)를 취한 동사(verb)입니다. 여기서 시제(時制)가 완료(完了: perfect)

형이 쓰였다는 것은 부활이 일어났다는 것과 지금도 그 부활의 상태가 지속되고 있음을 나타냅니다. 즉 지금도 살아서 역사(役事: work)하시는 분이라는 것입니다. 그리고 수동태(passive voice)로 기록된 이유는 신적 수동태로서 경외(敬畏)의 대상이신 하나님의 이름을 쓰지 않고 하나님께서 이루신 일을 나타낼 때 쓰는 유대인들의 관습에 따른 것으로 '하나님께서 하신 일'이라는 것을 나타냅니다.

고린도전서 15장 3절의 그리스도의 죽으심과 15장 4절의 그리스도의 부활을 말할 때 우리말로 '성경대로'로, 영어로 'according to the scriptures'로, 헬라어로 '카타 타스 그라파스'(κατὰ τὰς γραφὰς)로 말하는 것은 구약성경 책들(books: plural, 여러 곳)에서 이미 예언되었던 것인데 이것이 성취되었다는 것을 뜻합니다. 그리고 그리스도의 죽으심을 나타낼 때 헬라어 '아페다넨'(ἀπέθανεν)이라고 쓰였는데, 이는 우리말로 '죽다'로, 영어로 'to die', 'of physical death'로 나타내는 헬라어 '아포드네스코'(ἀποθνήσκω)에 직설법 단순과거 능동태 3인칭 단수(indicative aorist active third person singular)를 취한 헬라어 동사(verb)입니다.

헬라어에서 시제(時制: tense)가 단순과거(aorist)형이면 과거 어느 한 시점에서 단 한 번밖에 일어나지 않는 것으로 전 역사(歷史: history)를 통하여 오로지 한 번만 일어나는 단회(單回)적인 사건이라는 뜻입니다. 이는 그리스도께서 능동적으로 단 한 번 죽으시고, 사람들에 의하여 수동적으로 장사지낸바 되었다가, 하나님에 의하여 수동적으로 살아나시어 구약성경에서 예언된 바가 성취되었음을 뜻합니다.

그런데 고린도전서 15장 5-8절에서 부활하신 예수님께서 그의 제자들과 그 외에 많은 사람들에게 직접 부활하셨음을 보여주심으로 인하여 '그리스도께서 죽고 부활하심'에 대한 '그리스도의 사건'(the Christ-event)이 인간적인 측면에서도 실존(實存)한 객관적인 사실임이 입증(proofed)된 '역사적 사건'(historical event)이라는 것입니다.

이들을 종합하면 '케리그마'(κήρυγμα)를 줄이고 줄여서 핵심 중 핵심만을 말하라고 한다면 예수님의 '그리스도 사건'(Christ event)이라고 불리는 '그리스도의 죽음과 부활'로 나타낼 수 있는데, 그중에서도 핵심은 바로 고린도전서 15장 3절 후반부의 "성경대로 그리스도께서 우리 죄를 위하여 죽으셨다"(that Christ died for our sins according to the scriptures/호티 크리스토스 아페다넨 휘페르 톤 하마르티온 헤몬 카타 타스 그라파스: ὅτι Χριστὸς ἀπέθανεν ὑπὲρ τῶν ἁμαρτιῶν ἡμῶν κατὰ τὰς γραφὰς)라는 것입니다. 이것을 '죽음의 형식'(death formula)이라고 부릅니다. 왜냐하면 '케리그마'(κήρυγμα)의 핵심이 바로 이것이기 때문입니다. 그러므로 이것을 믿어야 하고 이를 믿을 때 우리의 삶의 영역에서 하나님의 의(righteousness)가 나타납니다. 그래서 이러한 하나님의 의(righteousness)를 매일매일의 삶의 영역에서 나타낼 수 있도록 믿음의 진보(進步: furtherance/advance/progress)가 이루어져야 합니다. 이러한 삶의 영역이 우리의 믿음의 크기를 나타내는 것입니다.

6. 의인을 위한 나선형 믿음 사이클(Spiral Faith Cycle for the Just)

앞에서 설명한 '믿음의 진보'라는 관점을 가지고 창세기 15장 6절에서 믿음의 '나선형 순환'(螺旋形循環: spiral circulation)에 필요한 핵심 낱말을 뽑으면 명사(名詞: noun)로 '믿음'(faith)과 '의'(righteousness)를 뽑을 수 있고, 동사(動詞: verb)로 '믿다'(believe)와 '여기다'(count)를 뽑을 수 있습니다. 창세기 22장 1-12절에서는 명사(名詞: noun)로 '순종'(順從: obedience)과 '경외'(敬畏: fear)를 뽑을 수 있고, 동사(動詞: verb)로 '알다'(know)를 뽑을 수 있습니다. 하박국 2장 1-4절에서는 명사(名詞: noun)로 '믿음'(faith)과 '의인'(the Just)을 뽑을 수 있고, 동사(動詞: verb)로 '살다'(live)를 뽑을 수 있습니다. 그리고 로마서 1장 17절에서는 명사(名詞: noun)로 '믿음'(faith)과 '의인'(the Just)을 뽑을 수 있고, 동사(動詞: verb)로 '이르게 한다'(reveal)와 '살리라'(live)를 뽑을 수 있습니다.

이들 중에서 믿음의 '나선형 순환'(螺旋形循環: spiral circulation)을 위해 꼭 필요한 낱말을 추리면 명사(名詞: noun)로 '믿음'(faith), '의'(righteousness), '순종'(obedience), '경외'(fear)의 네 가지 낱말을 추릴 수 있고, 동사(動詞: verb)로 '여기다'(count), '살다'(live), '알다'(know), '이르다'(reveal)의 네 가지 낱말을 추릴 수 있습니다. 이 순환 과정을 '의인을 위한 나선형 믿음 사이클'(spiral faith cycle for the just)이라고 명명(命名)하고 이를 그림(diagram)으로 보이면 〈그림 3〉과 같습니다.

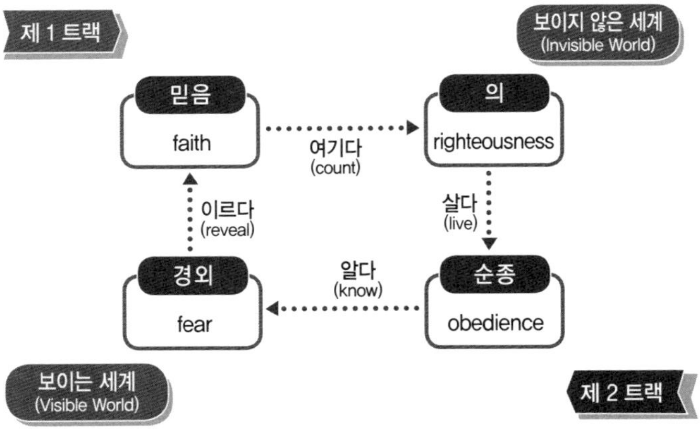

〈그림 3〉 의인을 위한 나선형 믿음 사이클(Spiral Faith Cycle for the Just)

우리가 하나님의 말씀을 온전히 믿고 '나는 아무것도 할 수 없습니다'(I can do nothing.)라고 하나님께 고백하고, 하나님께 온전히 맡기면 '하나님 성령'(God the Spirit)께서 맡기는 자의 심령(心靈: heart) 속에다가 'I can do all things through Christ that strengtheneth me.'라고 확신(確信: confidence)시켜 주십니다. 이때 하나님께서는 그를 의롭다 칭하십니다. 이것이 바로 앞에서 그림으로 보인 '의인을 위한 나선형 믿음 사이클'(spiral faith cycle for the just)에 있는 제1트랙(first track)입니다. 여기서 믿음(faith)을 의(righteousness)로 여기는 것이고, 이를 한자(漢字)로 칭의(稱義)라고 쓰고 부르는 것입니다. 이때의 믿음은 '온전한 믿음'을 지칭(指稱)합니다. 제1트랙은 '믿음의 세계'(faith world)에서 일어나는 것이고 '보이지 않는 세계'(invisible world)의 일입니다. 그런 다음에 믿음으로 순종하는 사람이 자기의 가장 귀한 것까지라도 아낌없이 하나님께 드릴 수 있는 심령(心靈: heart)이 되면, 하나님께서는 그때 그를 보고 '내가 너를, 나(하나님)를 경외하는 자로 알고 있다'라고 그에게 알려 주십니다. 이것이 앞에서 그림으로 보인 '의인을 위한 나선형 믿음 사이클'에 있는 제2트랙(second track)입니다. 제2트랙은 '실생활'(實生活: real life)에서 이루어지는 것이고 '현실 세계'(real world)에서 일어나는 것이며 '보이는 세계'(visible world)의 일입니다.

'믿음의 세계'(faith world)에 있는 제1트랙의 의(righteousness)를 실생활(實生活: real life)에서 삶으로 보여주는 것이 제2트랙의 순종(obedience)에 이르는 것입니다. 또한 믿는 자가 순종하는 가운데 하나님의 지극한 자비(慈悲)에 압도(壓倒)되면서 믿는 자가 자기의 가장 귀한 것까지도 아낌없이 하나님께 드려, 하나님의 사랑이 믿는 자의 내면(internal)에 충만케 된 상태에서, 믿는 자가 하나님께 대한 경외(fear)함에 온전히 휩싸인 채 제1트랙의 출발점(starting point)에 되돌아오되, 출발점의 믿음(faith)에서부터 더욱 깊고 높고 넓은 영역에 적용될 수 있는 검증된 새로운 믿음으로 되돌아오면, 로마서 1장 17절에서 말씀하고 있는 "믿음으로 믿음에 이르나니(reveal)"라는 한 사이클(one cycle)이 완성되는 것입니다.

그러면 그 다음의 '의인을 위한 나선형 믿음 사이클'(spiral faith cycle for the just)에서는 새로운 차원(次元: dimension)의 '믿음의 영역'(realm of faith)에서 다시 시작하는 것입니다. 이것을 반복하면서 '믿음의 영역'이 '지금 현재'(now and here)의 '믿음의 영역'에서 그 다음에는 그 영역(realm of faith)이 더 확장되어 나가는 것입니다. 즉 제1트랙의 믿음(faith)에서 시작하여 제2트랙의 순종(obedience)에 이르고, 제2트랙의 순종(obedience)에서 출발하여 제1트랙의 믿음(faith)에 이르게 하는데, 이때의 믿음은 바로 전에 출발했을 때의 믿음의 영역을 확장시킬 수 있는 검증된 새로운 믿음으로 '이르게 하는'(reveal) 것입니다. 이것이 로마서 1장 17절에서 "믿음으로 믿음에 이르게 하나니"(revealed from faith to faith-KJV)라고 표현된 것입니다. 제2트랙의 순종(obedience)에서 제2트랙의 경외(fear)를 거쳐 제1트랙의 믿음(faith)에 '이르게 하는'(reveal) 과정(過程: course)에서, 하나님께로부터 "내가 이제야 네가 하나님을 경외하는 줄을 아노라"는 증표를 받음으로써 믿는 자는 그의 믿음과 의와 순종을 하나님께로부터 인정받는 것입니다. 그래서 제1트랙에 이른 믿음은 '실전'(實戰: real battle)의 경험(經驗: experience)을 통하여 단련(鍛鍊: discipline)된 믿음이 되고 하나님께로부터 인정(認定)받은 검증(檢證: verification)된 '참 믿음'(true faith)이 되는 것입니다.

이것은 '실전'(實戰: real battle)을 통하여 입증(立證: proof)된 믿음으로서 전(前)과 다른 차원(次元)의 믿음의 진보(進步: furtherance)를 초래(招來: bring)할 수 있는 믿음입니다. 그래서 더욱 깊게, 높게, 넓게 깨달은 믿음이라고 볼 수 있습니다. 이 믿음이 새로운 영역으로 확장되면서 진일보(進一步)한 새로운 '믿음의 사이클'(faith cycle)이 시작됩니다. 이것이 나선형(螺旋形: spiral)으로 순환(循環: circulation)되면서 믿음의 진보(進步: furtherance/advance/progress)가 계속 이루어지는 것입니다. 그래서 앞에 나온 그림에서 대각선(對角線)상에 있는 순종(obedience)은 믿음(faith)의 증표(證票: evidence)이고, 경외(fear)는 의(righteousness)의 증표(證票: evidence)가 되는 것입니다.

하나의 예(例: example)로 가상(假想: imagination)적으로 대각선(對角線)상에 있는 순종(obedience)과 믿음(faith)을 잇는 선(線: line)을 긋고, 또한 의(righteousness)와 경외(fear)를 잇는 선(線: line)을 그어 만나는 점(點: point)에 십자가(cross)와 예배(worship)라고 씁니다. 이 가상점(假想點: the point of imagination)에 쓴 십자가와 예배가 의인을 위한 나선형 믿음 사이클(spiral faith cycle for the just)의 중심축(中心軸)이 될 수 있습니다. 이것이 로마서 1장 17절에서 말씀하는 "믿음으로 믿음에 이르게 하나니"라는 사이클(cycle)의 회전축(回轉軸: the axis of revolution)으로 말입니다.

의인을 위한 나선형 믿음 사이클(spiral faith cycle for the just)에서 믿음(faith), 의(righteousness), 순종(obedience), 경외(fear), 믿음(faith)의 순서(順序: order)가 시계방향(clockwise)으로 돌아가면 앞으로 전진(前進)하는 것으로 안으로 들어가는 것입니다. 이는 산업용 기계장치(機械裝置: machine)에서 많이 쓰이는 나사(screw)를 예(例: example)로 들어 설명

하면 쉽게 이해할 수 있습니다. 왜냐하면 모든 나사(screw)는 시계방향(clockwise)으로 돌리면 안으로 들어가게 되어 있기 때문입니다. 즉 전진(前進: advance)하게 되어 있습니다.

의인을 위한 나선형 믿음 사이클(spiral faith cycle for the just)을 피상적(皮相的)이고 관념적(觀念的)으로만 이해할 것이 아니라, 우리의 믿음생활에 실제로 적용하였으면 좋겠습니다. 어떤 하나의 믿음이, 믿음의 세계에서 의롭다 여김을 받고, 그 믿음이 현실 세계에서 순종을 통하여 하나님께로부터 경외하는 자라는 인정을 받는 정금과 같이 단련된 믿음이 되면, 이 믿음을 토대로 그 다음에는 새로운 영역에서 새롭게 확장된 믿음으로 새롭게 출발할 수 있습니다. 이것은 로마서 1장 17절의 "믿음으로 믿음에 이르나니"라는 말씀을 통해 믿음의 영역이 확장되어 가는 믿음의 진보를 가시(可視)적으로 볼 수 있는 실증(實證: real witness)이 될 수 있습니다. 믿음의 진보(進步)에 대한 하나의 좋은 예(example)로 말입니다.

여기서 말하는 믿음은 하나님께서 인정하는 온전한 믿음입니다. 그 믿음을 실생활에서 살아내는 것입니다. 그것이 순종입니다. 그렇게 순종할 수 있을 때 믿는 자가 가장 아끼고 사랑하고 고귀하게 여기는 것까지도 스스로 하나님께 기쁜 마음으로 즐거운 마음으로 감사하는 마음으로 드릴 수 있게 되며 그리고 모든 것을 하나님께 맡길 수 있게 됩니다. 왜냐하면 하나님을 신뢰하고 믿기 때문입니다. 믿음이 믿음을 불러오고 신뢰가 신뢰를 불러오는 것입니다. 성경을 해석할 때도 삼위일체 하나님 중심으로 온전한 '엑서지서스'(exegesis)를 하게 됩니다. 왜냐하면 모든 것이 하나님 중심이고 눈에 보이는 예수님 중심이기 때문입니다. '눈에 보이는 예수님'을 어디에서 만날 수 있습니까? 성경에서 만날 수 있습니다(요 1:18, 5:39).

그러나 의인을 위한 나선형 믿음 사이클(spiral faith cycle for the just)에서 믿음(faith), 경외(fear), 순종(obedience), 의(righteousness), 믿음의 순서(順序: order)가 반시계방향(counterclockwise)으로 돌아가면 이것은 믿음의 세계에서 현실의 세계로 빠져나오는 것으로, 히브리서 10장 38-39절에서 말씀하는 믿음의 퇴보(draw back)를 초래(招來)하게 됩니다. 이것은 모든 선택의 중심이 '나'에게 있고 '나'를 지배하는 세상의 관점에 있습니다. 이런 경우 성경을 해석할 때도 본문 중심의 '엑서지서스'(exegesis)를 하는 것이 아니라 자기중심으로 하는 '아이서지서스'(eisegesis)를 하게 됩니다. 왜냐하면 하나님을 알지 못하고 예수님이 보이지 않기 때문입니다. 이때는 하나님을 경외(fear)한다고 할지라도 두려움과 공포와 무서움으로부터 나온 경외이기 때문에, 그 속에는 하나님의 사랑과 자비가 없습니다. 이때의 순종은 짓눌린 것으로 기쁨과 즐거움과 감사가 없고, 어떻게 할 수 없어서 억지로 복종하는 것입니다. 이때의 의(義: righteousness)는 하나님께서 인정하는 의가 아닙니다. 단지 자기 스스로가 의롭다고 여기는, 스스로 자칭(自稱)하는 의(義)입니다. 이때의 믿음은 하나님께서 의롭다고 칭(稱)해 주시는 믿음이 아닙니다. 자기 스스로 만들어 낸 자신감(自信感)일 뿐입니다. 하나님과 관계가 없는 믿음입니다.

V. 소원(所願)과 축원(祝願)

하나님을 믿고 예수 그리스도를 '주'(主: Lord)로 모시고 사는 사람들은 하나님께 대하여 '나는 아무것도 할 수 없습니다'(I can do nothing.)라고 자기의 전적(全的)인 무능(無能)을 고백합니다. 자기는 죄인(罪人: sinner)으로서 '하나님을 위하여'(for God) 아무것도 할 수 없다는 이야기입니다. 그러나 하나님께 자기의 모든 죄를 고백하고 예수님의 십자가의 피로써 그 죄들을 깨끗이 씻음 받고(요일 1:7 참조), 온전히 회개(悔改: repent)한 후에, 예수 그리스도를 주(主: Lord)로 믿고 모셔들이면, 자아(自我: oneself)는 십자가에서 그리스도와 함께 못 박혀 죽고, 그 후에는 믿는 자의 그 마음속(in the heart of the believer)에 '하나님 성령'(God the Spirit)께서 임재(臨齋: presence)하시게 되고, 그 하나님 성령께서 빌립보서 4장 13절의 말씀대로 "내게 능력 주시는 자 안에서 내가 모든 것을 할 수 있느니라"(I can do all things through Christ which strengtheneth me.)고, 믿는 자의 마음을 일깨워주십니다. 이때에 고린도전서 10장 31절의 "그런즉 너희가 먹든지 마시든지 무엇을 하든지 다 하나님의 영광을 위하여 하라"(Whether therefore ye eat, or drink, or whatsoever ye do, do all to the glory of God.-KJV)는 말씀을 준행(遵行)할 수 있습니다.

이것을 역으로 말하면 '나는 사탄(Satan)을 위해서는 어떠한 일도 할 수 없다'(I can not do anything for Satan.)라고 말해야 하는 것입니다. 그 대신에 오직 '하나님의 영광만을 위하여(for the glory of God) 모든 것을 할 수 있다'(I can do all things for the glory of God.)라는 것입니다. 왜냐하면 예수 그리스도께서 내 마음에 와 계시고 하나님을 위한 나의 소원이, 삼위일체의 제2위이신 '하나님 성자'(God the Son) 곧 예수 그리스도

(Jesus Christ)의 소원이시며 또한 '하나님 성령'(God the Spirit)의 소원이시기 때문입니다. 이것은 또한 '하나님 아버지'(God the Father)의 소원이시기도 합니다. 그래서 결국은 삼위일체(三位一體: trinity)의 하나님의 소원인 것입니다. 이것이 빌립보서 2장 13절 "너희 안에서 행하시는 이는 하나님이시니 자기의 기쁘신 뜻을 위하여 너희로 소원을 두고 행하게 하시나니", 빌립보서 4장 13절 "내게 능력 주시는 자 안에서 내가 모든 것을 할 수 있느니라"는 말씀들을 우리 마음에 떠오르게 하여 우리를 일깨워 주십니다.

그래서 믿음이 믿음을 불러오게 되고 믿음이 믿음에 믿음을 더하게 됩니다. 이런 이유로 필자는 '믿음이 믿음을 불러오는 것'을 한자(漢字)로 '신초신'(信招信)이라고 부르고, '믿음에 믿음을 더하는 것'을 한자(漢字)로 '신익신'(信益信)이라고 부를 뿐만 아니라, 우리 믿는 자들은, '자기를 믿는 자신감'(自信感: self-confidence)으로 살 것이 아니라 이것을 철저히 깨뜨려 버리고, 하박국 2장 4절의 히브리어 성경의 'his faith'로 표현된 '의인의 믿음'(the faith of the just)과 하박국 2장 4절의 칠십인역 헬라어 성경(LXX/LXT)의 'my faith'로 표현된 '하나님의 믿음'(the faith of God)이 동일한 것과 같이 예수 그리스도, 즉 '주님'(主: Lord)께서 나를 믿어주시는 '주님의 믿음'(the faith of the Lord)과 내가 주님을 믿는 '나의 믿음' 즉 'my faith'가 동일하도록 추구하는 '주신감'(主信感: confidence on the Lord)으로 살아야 한다고 믿습니다. 필자가 간절히 바라기는 이 글을 읽는 모든 분들이 다 그렇게 믿고 다 그렇게 살았으면 좋겠습니다. 믿음(faith)과 의(righteousness)와 순종(obedience)과 경외(fear)로 하나님께 영광을 돌릴 수 있도록 말입니다.

삼위일체(三位一體) 하나님으로서 삼위일체의 제1위이신 '하나님 아버지'(God the Father)의 뜻(will)에 따라, 삼위일체의 제2위이신 '하나님 성자'(God the Son) 곧 예수의 '그리스도로서의 죽음'(Christ's death), 그 죽음으로 인한 '우리 죄(罪: sin)의 대속(代贖: ransom)', 그 대속(代贖: ransom)의 죽음으로부터의 부활(復活: resurrection), 그 부활(復活: resurrection)로 인한 '예수 그리스도의 우리의 주(主: Lord)' 되심, 이를 믿어 죄인(罪人: sinner)된 우리를 거듭나게 하여 영생(永生: eternal life)을 얻고 신(神: divine)의 성품(性品: nature)에 참여케 하신 삼위일체의 제3위이신 '하나님 성령'(God the Spirit)의 중생(重生: born again)의 역사(役事)를 생각하면 생각할수록 절로 합력하여 선을 이루시는 삼위일체 하나님이심을 더욱 깊이 깨닫게 됩니다.

마지막으로 거듭거듭 원하기는 이렇게 삼위일체의 제1위이신 '하나님 아버지'(God the Father)의 뜻을 따라 제2위이신 '하나님 아들'(God the Son) '예수 그리스도'의 대속과 제3위이신 '하나님 성령'(God the Spirit)의 중생(重生: born again)하게 하심으로 말미암아 구원(救援: redemption)을 받은 자로서, 구원하면 삼위일체, 삼위일체 하면 일체로서의 하나님의 사랑(love), 삼위 상호간의 믿음과 존경과 순종함으로써의 의(righteousness), 특히 구원(redemption)에서의 의(righteousness)라고 하면 각위 간의 상호관계로서, 제1위이신 하나님 성부의 뜻, 제2위이신 하나님 성자 예수 그리스도의 대속, 제3위이신 하나님 성령의 중생케 하심을 우선적으로 떠올리면서, 합력하여 선을 이루시는 삼위일체 하나님의 그 구원의 감격과 확신을 가지고, 그 구원을 누리면서, 그 구원을 삶으로 나타내어 보여주는 우리 모두가 되기를 축원합니다.

맺음말

삼위일체의 관점으로 "야곱의 씨름 사건(창 32:22-32)-승자의 삶"을 볼 때 '어떤 사람'을 보내주신 분은 '하나님 아버지'(God the Father)이시고 야곱의 씨름 사건을 처음에서부터 끝까지 이끌어 가신 분은 말씀이 육신이 되어 우리 가운데 거하시기 이전의 '하나님 성자'(God the Son), 곧 예수 그리스도이십니다. 그런데 이것은 '하나님 아버지'(God the Father)의 뜻에 따라 이루어진 것입니다. 야곱을 먼저 찾아가, 야곱을 훈련시키시고, '움켜쥐는 자', '강탈하는 자', '속이는 자'라는 그의 이름을 '하나님과 및 사람으로 더불어 겨루어 이긴 자' 즉 '이스라엘'이라는 이름으로 바꾸어 주시면서, 그의 정체성을 바꾸어 주시고, 그에게 축복하여 주신 분이 '하나님 성자'(God the Son)이신 예수 그리스도이십니다. 야곱에게 이러한 일들을 알도록 일깨워주신 분은 '하나님 성령'(God the Spirit)이십니다.

야곱이 이것을 깨닫고 감격하여 "내가 하나님과 대면하여 보았으나 내 생명이 보존되었다"라고 하면서 야곱으로 하여금 그곳 이름을 '페니엘'(פְּנִיאֵל)이라고 부르짖게 하신 분은 '하나님 성령'(God the Spirit)이십니다. 원래 그곳의 지명(地名)이 페누엘(פְּנוּאֵל)이라는 것을 창세기 성경 기자에게 알게 하신 분도 또한 '하나님 성령'(God the Spirit)이십니다. 실로 삼위일체 하나님의 역사(役事: work)하심에 놀랄 뿐입니다.

왜냐하면 '하나님의 얼굴'을 나타낼 때 야곱 당시에 쓰던 히브리어 '페니엘'(פְּנִיאֵל)과 옛날의 말로서 폐어(廢語)가 되었지만 지명(地名)으로 그냥 쓰이고 있는 고어(古語) '페누엘'(פְּנוּאֵל)을 사용함으로 야곱이 토설(吐說)한 "내가 하나님과 대면하여 보았으나 내 생명이 보존되었다"라는 야곱의 외침을 제삼자로 하여금 체감토록 다시 한 번 더 강조하신 분 또한 '하나님 성령'(God the Spirit)이시기 때문입니다.

"하나님! 하필이면 왜 접니까?"(욥 3:24-26)에서 한글개역성경 요한삼서 1장 2절의 "사랑하는 자여 네 영혼이 잘됨같이 네가 범사(凡事)에 잘되고 강건(强健)하기를 내가 간구하노라"(Beloved, I wish above all things that thou mayest prosper and be in health, even as thy soul prospereth. - KJV)는 말씀이 현실로 나타날 때에는 하나님께 감사와 찬송을 올려드리기가 쉽습니다. 그래서 우리는 마태복음 6장 33절의 말씀 "너희는 먼저 그의 나라와 그의 의를 구하라[찾으라: 사역(私譯)] 그리하면 이 모든 것을 너희에게 더하시리라 "(But seek ye first the kingdom of God, and his righteousness; and all these things shall be added unto you. - KJV)는 말씀을 실천하는 것이 그렇게 어렵지 않습니다.

이뿐만 아니라 육신적으로는 이와 비슷한 것처럼 보이지만 영적으로는 근원적으로 다른 "네 범사(凡事)가 잘됨같이 네 영혼"이 잘될 때에도 하나님께 감사와 찬송을 올려드리기가 비교적 쉽습니다. 이 경우 하나님께 감사함에도 불구하고 그 속에 사탄 마귀 귀신들의 '낚시바늘'이 숨겨져 있을 수 있다는 점을 명심하여야 합니다. 왜냐하면 우리의 믿음을 파먹는 '좀(moth)과 동록(東麓: rust)' 같은 것이 그 속에 있을 수 있으니까요. 만약 이로 인하여 우리가 믿음을 잃어버리거나 우리의 믿음이 떨어지면 이것은 바람직한 것이 아닙니다. 영적으로 볼 때 말입니다. 왜냐하면 이것은 마태복음 6장 33절의 경우와 반대의 경우이기 때문입니다.

그런가 하면 육신적으로 볼 때 매사가 잘 안 되고 짜증이 나는 상황임에도 불구하고 욥기 1장 22절의 말씀 "내가 모태에서 적신(赤身)이 나왔사온즉 또한 적신(赤身)이 그리로 돌아가올지라 주신 자도 여호와시요 취하신 자도 여호와시오니 여호와의 이름이 찬송을 받으실지니이다"라고 믿음으로 이를 극복하고 영적으로 크게 성장하는 계기로 만든 분들도 많습니다.

그런가 하면 육신적으로 볼 때 매사가 잘 안되고 짜증이 나는 상황이지만 믿는 사람이기 때문에 이를 극복하려고 무척 많은 노력을 함에도 불구하고 육신의 상황에 짓눌려 어찌할 바를 모르는 경우도 있습니다. 특히나 믿음을 잃어가면서 방황하고 영적으로 피폐(疲弊)해지는 경우 말입니다. 누구에게나 대단히 어려운 상황임에 틀림없습니다. 그럼에도 불구하고 이것은 바람직한 것이 못됩니다. 영적으로 볼 때 말입니다. 그래서 육신적으로 잘 안될 때에도 믿음을 우선(優先)시하여 영적으로 난관(難關)을 극복하고 욥기 1장 22절의 말씀과 같이 하나님께 찬양을 올려드리는 우리 모두가 되었으면 좋겠습니다.

욥과 같이 '나의 두려워하는 그것'이 내게 미치고 '나의 무서워하는 그것'이 내 몸에 미쳤을지라도 우리는 이 주어진 환경과 조건에 대하여 부정하면서 갈등 속에서 에너지를 소진(消盡)할 것이 아니라, 과감하게 이것을 수용하고, "오 주님! 하필이면 왜 접니까?"(If so, O LORD! Why me?)라는 땅으로부터 올라온 탄식(歎息)의 말로부터 벗어나 "오 주님! 하필이면 왜 제가 아닙니까?"(If so, O Lord! Why Not me?)라는 하늘로부터 내려온 대망(待望)의 말을 토해내면서 평소에도 하나님이 위에서 부르신 부름의 상을 위하여 긍정적이며 능동적이고 적극적인 자세로 기도하여 고난을 극복하고 하나님께 더욱 큰 영광을 돌려 영혼이 잘됨과 같이 범사가 잘되기를 바랍니다.

"솔로몬의 일천번제(왕상 3:4-15) - 하나님의 학수고대(鶴首苦待)"에서는, 여호와 하나님께서 왕인 솔로몬에게 "내가 네게 무엇을 줄꼬 너는 구하라"고 말씀하십니다. "내가 네게 무엇을 줄꼬"와 "너는 구하라"는 말씀에서 왜 남성인 솔로몬 왕을 나타냄에 있어 남성인 '당신'(너)을 나타내는 히브리어 '레카'(לְךָ)를 사용하지 않고, 여성인 '당신'(너)을 나타내는 히브리어 '라크'(לָךְ)가 사용되었는가를 주의 깊게 살펴보아야 합니다. 즉 왜 이것을 "포잘 형식(pausal form)으로 나타냈는가?" 하는 것입니다. 그 이유는 솔로몬은 남성인 왕이지만 자기의 백성을 다스리는 왕이 아니라 하나님의 백성을 다스려야 하는 하나님의 대리자(代理者)로서의 왕임을 상기시켜 주기 위해서였습니다. 이것은 크고 작은 모든 지도자들에게 해당되는 사항입니다. 즉 직급(職級)상 자기의 예하(隷下)에 있는 사람들이 자기의 예속인(隷屬人)이 아니고 하나님의 백성으로 하나님의 자녀로서 하나님께서 자기에게 위임(委任)하여 주신 귀중한 영혼(靈魂)임을 마음에 깊이 새겨야 할 매우 중요한 교훈이라는 것입니다.

"예언의 말씀(사 14:24-27) - 반드시 되며, 반드시 이루리라"는 말씀을 삼위일체 하나님의 관점에서 보면 '만군의 여호와'는 '삼위일체 하나님'(Triune God)을 말하는 것이며, "나의 생각한 것"은 '하나님 아버지'(God the Father)가 생각하는 것이고, "나의 경영한 것"은 '하나님 성자'

(God the Son)가 경영하는 것이며, "되고 이루리라"는 '하나님 성령'(God the Spirit)이 시행(施行)하시는 것을 말한다고 볼 수 있습니다. 이를 풀어서 이야기하면 하나님 아버지(God the Father)의 생각은 하나님 성자(God the Son)의 경영을 통하여 우리에게 계시되고, 하나님 성령님이 그 계시된 하나님의 생각을 곧 우리의 소원이 되게 하시며, 하나님 성령(God the Spirit)이 우리에게 권능을 주시어 우리로 하여금 그것을 행하여 이루어내게 하십니다. 어떠한 일을 이루어 내는 데 생각, 경영, 시행 중 어느 것 하나 소홀히 할 수 없는 것으로, 그 중요도(重要度)에 있어 경중(輕重)이나 고하(高下)의 구별 없이 똑같습니다. 그리고 세 분 모두가 일체가 되어 움직이십니다. 실로 로마서 8장 28절의 말씀과 같이 '합력하여 선을 이루시는 분들'입니다.

어제나 오늘이나 영원토록 동일하신 주 예수 그리스도께서 하나님 아버지의 '생각', 그에 따른 자기 자신의 '경영'을 우리에게 소원으로 주시고, 성령님으로 하여금 우리를 통하여 그것을 반드시 '되게 하시며', 또한 우리로 하여금 '이루게 하신다'는 말씀입니다. 그러므로 로마서 12장 2절과 같이 이 세대를 본받지 말고 오직 마음을 새롭게 함으로 변화를 받아 하나님의 선하시고 기뻐하시고 온전하신 뜻이 무엇인지 분별하여야 하겠습니다. 그리하여 하나님 아버지의 생각과 예수님의 경영을, 성령님의 가르치심으로 알아서, 그것을 우리의 소원으로 삼고, 그것은 '반드시 되며, 반드시 이루어진다'는 믿음을 가지고 살아야 하겠습니다. 왜냐하면 여기서 쓰인 '만군의 여호와'는 삼위일체(三位一體)의 하나님을 말하는 것입니다. 생각은 하나님 아버지께서 하시는 것이고, 그 생각에 따라 경영은 성자이신 예수 그리스도께서 하시는 것이며, 그 생각과 경영을 성령님이 우리를 통하여 이루어내는 것이기 때문입니다. 실로 삼위(三位)의 하나님께서 혼연일체(渾然一體)가 되어 일사불란(一絲不亂)하게 이루시는 것을 볼 수 있습니다. 필자는 이것이 구약(舊約)에서 보이신 삼위일체(三位一體)의 신비(神秘)를 집약적(集約的)으로 잘 나타낸 좋은 예(例)라고 믿습니다.

"어제는 옛날, 오늘은 살날, 내일은 새날(마 6:31-34)"에서는 어제는 이미 지나간(gone away) 옛날(an old day)입니다. 다시 되돌릴 수 없는 날입니다. 싫든지 좋든지 상관없이 말입니다. 오늘과는 달리 우리가 어떻게 할 수 없는 우리의 영역 밖의 날입니다. 오직 '오늘만이 우리의 영역 안에 있는 유일(唯一: only one)한 날'입니다. 그러므로 잊지 말아야 할 것은 '지금 내가 염려하고 있다' 싶으면 즉시 중단하고 주님께 맡기라는 마태복음 11장 28-30절의 "수고하고 무거운 짐 진 자들아 다 내게로 오라 내가 너희를 쉬게 하리라 나는 마음이 온유하고 겸손하니 나의 멍에를 메고 내게 배우라 그러면 너희 마음이 쉼을 얻으리니 이는 내 멍에는 쉽고 내 짐은 가벼움이라 하시니라"는 말씀을 생각에 떠올리는 것입니다.

또한 다가오는 내일은 새날입니다. 오늘보다 더 좋아야 되는 날입니다. 내일은 새날입니다(Tomorrow is a new day.). 그뿐만 아니라 하나님께서는 우리를 도우시는 분명한 근거를 가지고 계십니다. 왜냐하면 로마서 8장 32절에서 "자기 아들을 아끼지 아니하시고 우리 모든 사람을 위하여 내어주신 이가 어찌 그 아들과 함께 모든 것을 우리에게 은사로 주시지 아니하겠느냐"라고 말씀하고 있기 때문입니다.

"구하라, 찾으라, 두드리라(마 7:7-11) - 구찾두삼단기도"에서 기도의 대전제는 기도하는 자의 마음속에서 우선 하늘에 계신 하나님 아버지의 이름이 거룩히 여김을 받으셔야 하며, 기도하는 자의 마음에 하나님 아버지의 나라가 임해야 되며, 기도하는 자 자신이 하나님 아버지의 뜻을 이 땅에서 이루며 살고자 하는 의지(意志: will)가 있어야 한다는 것입니다.

앞에서 살펴본 바와 같이 '구하라', '찾으라', '두드리라'는 기도의 3단계에서 하나님 성령의 도우심과 인도하심, 그리고 하나님 성령의 조명 없이는 기도로 이루어질 수 있는 것이 하나도 없음을 우리는 깊이 깨달았습니다. 이 땅에서 살고 있는 우리의 현실세계에서 우리의 삶의 정황을 낱낱이 알고 계시며 섭리하시는 삼위일체 하나님께서, 때와 시기는 삼위일체의 제1위(位)이신 하나님 아버지께서, 무엇을 할 것인가는 제2위(位)이신 하나님 성자께서, 어떻게 할 것인가는 제3위(位)이신 하나님 성령께서 주관하심을 깨달았습니다. 즉 '노우-웬'(KnowWhen)은 하나님 아버지께서, '노우-왓'(KnowWhat)은 하나님 성자께서, '노우-하우'(KnowHow)는 하나님 성령께서 주관하심을 깨달은 것입니다.

우리말로는 "구찾두삼단기도", 영어로는 "ASK Triadic Prayer"로 불리어지는 기도 제1단계 "구하라"에서 청원자의 마음에 와 닿은 '믿음의 확신'과 '확신의 증거'로서의 '약속의 말씀' 및 기도, 제2단계 "찾으라"에서 찾아낸 '로고스'를 가지고, 본문으로부터 깨달은 하나님 아버지의 마음, 그리고 기도 제3단계 "두드리라"에서 본문에서 깨달은 하나님 아버지의 마음을 가지고 현장을 볼 때, 청원자의 마음에 임한 '레마'에 의해서, 하나님의 뜻이 현실세계에서 이루어져 가는, 기도의 위용과 묘미와 신비를 체득하시기를 바랍니다.

"구찾두삼단기도"의 청원에 대한 하나님 아버지의 응답을 실현(實現)하기 위해서는 '무엇'(what)을 '어떻게'(how) 할 것인가가 중요한데, 기도 제2단계에서 찾아낸 '로고스'가 '무엇'(what)을 할 것인가를 알려 줍니다. 즉 로고스를 통해서 '노우-왓'(KnowWhat)을 알게 되고 그에 따라 '무엇을 할 것인가?'라는 방향(direction)과 그에 이르는 길(way)이 결정(set up)됩니다. 그래서 로고스(logos)하면 '노우-왓'(knowWhat)이 떠오릅니다. 그런데 '어떻게'(how) 할 것인가는 '레마'(ῥῆμα)와 직접 연결되어 있습니다.

기도 제3단계 "두드리라"에서 시시때때로 변하는 현장의 상황, 그때 그곳의 삶의 정황에 대한 하나님의 말씀인 '레마'를 통하여, 기도 응답이 이 땅에서 세밀(細密)하게 이루어지는 모습을 그려 보면서 더욱 힘을 낼 수 있기를 바랍니다. 기도 중에 하나님 아버지와 하나님 성자와 하나님 성령과 각각 깊은 교제가 이루어져 삼위일체 하나님의 영광을 구체적으로 직접 체득하는 우리 모두가 되기를 기원합니다. 결과적으로 하나님 아버지께서 우리에게 주신 기도응답이 이 땅에서 이루어진 실체를 하나님 아버지께서 보실 때, 하나님 아버지께로부터 '참 잘했다'는 칭찬의 말씀을 들을 수 있기를 바랍니다. 그래서 누가복음 3장 22절의 말씀과 같이 "내가 네 안에서 기뻐하노라"(In thee I am well pleased.)는 말씀으로 우리의 기도응답이 마무리되었으면 좋겠습니다.

"천국은 침노를 당하나니"(마 11:7-15)에서는 하나님 나라는 누가복음 16장 16절의 "율법과 선지자는 요한의 때까지요 그 후부터는 하나님 나라의 복음이 전파되어 사람마다 그리로 침입하느니라"는 말씀과 같이 끊임없이 힘차게 확장되고 팽창되어져야 하고 또한 그렇게 되고 있다고 믿습니다. 그럼에도 불구하고 하나님 나라는 여러 면에서 세상 사람들과 세상 나라들로부터 많은 시련과 도전과 공격을 받고 있습니다. 이때 우리는 어떻게 해야 합니까?

마태복음 11장 12절을 긍정적인 의미로 해석하여 하나님 나라가 힘차게 팽창해 나가면서 세상 나라를 공격하고 그의 일꾼으로 쓰임 받는 우리는 강력한 힘을 지닌 자들로서 세상 나라를 쟁취해 나가는 모습을 그리게 만드는 것은 자의적(恣意的)인 해석으로 '아이서지서스'(eisegesis)를 한 것입니다. 이것은 올바른 해석이 아닙니다. 이렇게 아이서지서스(eisegesis)를 하는 경우는 예레미야 33장 3장의 '부르짖는 기도'와 누가복음 18장 5절의 '강청하는 기도' 및 누가복음 18장 1-8절의 불의한 재판관에게 자기의 원한을 풀어달라고 끈질기게 간구하는 '끈질긴 과부의 기도'를 강조하게 되고 자기의 목적이 쟁취되어야 하는 것이 우선시되어 창세기 32장의 얍복 나루의 야곱의 기도를 하나의 전형적인 모델로 제시하게 되기 쉽습니다.

여기서 잊지 말아야 할 것은 이 모든 기도가 다 주옥같이 귀한 기도들임에는 틀림이 없지만, 우리의 당면한 기도 상황과 여건과 조건을 잘 살펴보아야 한다는 점입니다. 본문을 자의적(恣意的)으로 해석하는 아이서지서스(eisegesis)가 아니라 본문을 문맥의 흐름에 맞게 해석하고 그로부터 삼위일체 하나님의 뜻을 찾아 바르게 현실에 적용하여야 합니다. 즉 '엑서지서스'(exegesis)를 제대로 해야 한다는 것입니다.

'기도하는 자가 자신의 죄를 온전히 회개하고 있는가? 기도하는 자의 간구의 내용이 하나님의 뜻에 합한 것인가?' 좀 더 집약적으로 표현하면 '자기를 죽이고 하나님 중심의 기도를 하고 있는가?'입니다. 대부분의 경우는 그렇지 못합니다. 왜냐하면 출발을 자기중심적으로 하였기 때문입니다. 이것은 잘못된 것입니다. 그럼에도 불구하고 기도가 진행되고 있는 중에 하나님 성령께서 우리의 잘못된 기도 내용을 바꾸어 주십니다. 모든 것을 하나님께 맡기면 말입니다. 그래서 '겸손하라'는 것입니다.

"나를 믿으라"(요 14:1-15)에서 예수님께서는 아버지 안에 계시고 하나님 아버지께서는 예수님 안에 계신다고 말씀하셨습니다. 이는 혼연일체(渾然一體)가 되었다는 이야기이고 호흡이 완전히 일치되었다는 것을 말합니다. 예수님의 행하신 그것을 인하여 예수님을 믿는 'believe on him'의 단계를 지나 예수님의 말씀을 믿는 'believe him'의 단계를 뛰어넘어 예수님 말씀의 행간(行間)의 뜻을 읽을 수 있기를 원합니다. 그리하여 예수님의 마음을 알고 뜻을 알고 사랑을 알아 예수님의 지정의(知情意)를 떠받치고 있는 예수님의 마음과 인격을 믿을 뿐만 아니라, 하나님의 본체(本體)이신 신성(神性)도 아울러 믿는 'believe in him'의 단계에 이를 수 있기를 바랍니다.

"믿음으로 믿음에 이르나니"(롬 1:15-17)에서 하나님을 믿고 예수 그리스도를 '주'(主: Lord)로 모시고 사는 사람들은 하나님께 대하여 "나는 아무것도 할 수 없습니다"(I can do nothing.)라고 자기의 전적(全的)인 무능(無能)을 고백합니다. 자기는 죄인(罪人: sinner)으로서 '하나님을 위하여'(for God) 아무것도 할 수 없다는 이야기입니다. 그러나 하나님께 자기의 모든 죄를 고백하고 예수님의 십자가 피로써 그 죄들을 깨끗이 씻음 받고(요일 1:7 참조) 나서, 온전히 회개(悔改: repent)한 후에 예수 그리스도를 자기의 주(主: Lord)로 믿고 모셔들이면, 자아(自我: oneself)는 십자가에서 그리스도와 함께 못 박혀 죽고, 그 후에는 믿는 자의 그 마음속(in the heart of the believer)에 '하나님 성령'(God the Spirit)께서 임재(臨齋: presence)하게 되고, 그 '하나님 성령'(God the Spirit)께서 그 믿는 자의 마음속에 빌립보서 4장 13절의 말씀인 "내게 능력 주시는 자 안에서 내가 모든 것을 할 수 있느니라"(I can do all things through Christ which strengtheneth me.)고 믿는 믿음을 그에게 일깨워주십니다. 이러할 때에 비로소 고린도전서 10장 31절의 "그런즉 너희가 먹든지 마시든지 무엇을 하든지 다 하나님의 영광을 위하여 하라"(Whether therefore ye eat, or drink, or whatsoever ye do, do all to the glory of God-KJV)는 말씀을 준행(遵行)할 수 있다고 봅니다.

이것을 역으로 말하면 '나는 사탄(Satan)을 위해서는 어떠한 일도 할 수 없다'(I can not do anything for Satan.)라고 말해야 하는 것입니다. 그 대신에 오직 '하나님의 영광만을 위하여'(for the glory of God) '모든 것을 할 수 있다'(I can do all things for the glory of God.)는 것입니다. 왜냐하면 예수 그리스도께서 내 마음에 와 계시고 하나님을 위한 나의 소원이, 삼위일체의 제2위이신 '하나님 성자'(God the Son) 곧 예수 그리스도(Jesus Christ)의 소원이며, 또한 '하나님 성령'(God the Spirit)의 소원이기 때문입니다. 이것은 또한 '하나님 아버지'(God the Father)의 소원이기도 합니다. 그래서 결국은 삼위일체(三位一體: trinity) 하나님의 소원인 것입니다. 이것이 빌립보서 2장 13절 "너희 안에서 행하시는 이는 하나님이시니 자기의 기쁘신 뜻을 위하여 너희로 소원을 두고 행하게 하시나니", 빌립보서 4장 13절의 "내게 능력 주시는 자 안에서 내가 모든 것을 할 수 있느니라"는 말씀들을 우리 마음에 떠오르게 하여 우리를 일깨워주십니다.

우리가 하나님의 말씀을 온전히 믿고 "나는 아무것도 할 수 없습니다"(I can do nothing.)라고 하나님께 고백하고 하나님께 온전히 맡기면, 하나님 성령(God the Spirit)께서 맡기는 자의 심령(心靈: heart) 속에 "I can do all things through Christ that strengtheneth me."라고 확신(確信: confidence)시켜 주십니다. 이때 하나님께서는 그를 의롭다 칭하십니다. 이것이 바로 "믿음으로 믿음에 이르나니"(from faith to faith)라는 장(chapter)에서 보인 "의인을 위한 나선형 믿음 사이클"(spiral faith cycle for the just)입니다. 여기서 말하는 믿음(faith)을 의(righteousness)로 여기는 것이고, 이를 한자(漢字)로 '칭의'(稱義)라고 쓰고 부르는 것입니다. 이때의 믿음은 온전한 믿음을 지칭(指稱)합니다. 이것은 '믿음의 세계'(faith world)에서 일어나는 것이고 '보이지 않는 세계'(invisible world)의 일입니다. 그런 다음에 이 믿음으로 순종하는 사람이 일상생활 속에서 자기의 가장 귀한 것까지라도 아낌없이 하나님께 드릴 수 있는 심령(心靈: heart)이 되면 하나님께서는 그때에 그를 보고 '내가 너를, 나(하나님)를 경외하는 자로 알고 있다'라고 그에게 알려 주십니다. 이것이 '의인을 위한 나선형 믿음 사이클'(spiral faith cycle for the just)에서 '실생활'(實生活: real life)을 통하여 믿음이 '현실 세계'(real world)에서 이루어지면서, '보이는 실세계'(visible real world)에서 믿음의 증표(證票: evidence)가 되는 것입니다. 이는 하나님께로부터 인정받는 참된 믿음입니다.

'의인을 위한 나선형 믿음 사이클'(spiral faith cycle for the just)에서 믿음(faith), 의(righteousness), 순종(obedience), 경외(fear), 믿음(faith)의 순

서(順序: order)가 시계방향(clockwise)으로 돌아가면 앞으로 전진(前進)하는 것입니다. 즉 안으로 들어가는 것입니다. 이것은 산업용 기계장치(機械裝置: machine)에서 많이 쓰이는 나사(screw)를 예(例: example)로 들어 설명하면 쉽게 이해할 수 있습니다. 왜냐하면 모든 나사는 시계방향(clockwise)으로 돌리면 안으로 들어가게 되어 있기 때문입니다. 즉 전진(前進: advance)하게 되어 있습니다.

'의인을 위한 나선형 믿음 사이클'(spiral faith cycle for the just)을 피상적(皮相的)이고 관념적(觀念的)으로만 이해할 것이 아니라 우리의 믿음생활에 실제로 적용하였으면 좋겠습니다. 왜냐하면 어떤 하나의 믿음이, 믿음의 세계에서 의롭다 여김을 받고, 그 믿음이 현실 세계에서 순종을 통하여 하나님께로부터 경외하는 자라는 인정을 받는 정금과 같이 단련된 믿음이 되면, 이 믿음을 토대로 그 다음에는 새로운 영역에서 새롭게 확장된 믿음으로 새롭게 출발할 수 있기 때문입니다. 이것은 로마서 1장 17절의 "믿음으로 믿음에 이르나니"라는 말씀을 통해 믿음의 영역이 확장되어 가는 믿음의 진보를 가시(可視)적으로 보여주는 실증(實證: real witness)이 될 수 있습니다. 믿음의 진보(進步)에 대한 하나의 좋은 예(example)로 말입니다.

여기서 말하는 믿음은 하나님께서 인정하는 온전한 믿음입니다. 그 믿음을 실생활에서 살아내는 것입니다. 그것이 순종입니다. 그렇게 순종할 수 있을 때, 믿는 자가 가장 아끼고 사랑하고 고귀하게 여기는 것까지도, 믿는 자 스스로가 하나님께 기쁜 마음, 즐거운 마음, 감사하는 마음으로 드릴 수 있으며, 또한 모든 것을 하나님께 맡길 수 있습니다. 왜냐하면 하나님을 신뢰하기 때문입니다. 그래서 믿음이 믿음을 불러오고 신뢰가 신뢰를 불러오는 것입니다. 성경을 해석할 때도 삼위일체 하나님 중심으로 온전한 '엑서지서스'(exegesis)를 하게 됩니다. 왜냐하면 모든 것이 하나님 중심이고 눈에 보이는 예수님 중심이기 때문입니다. 성경을 통해서 말입니다(요 1:18, 5:39).

그러나 '의인을 위한 나선형 믿음 사이클'(spiral faith cycle for the just)에서 믿음(faith), 경외(fear), 순종(obedience), 의(righteousness), 믿음의 순서(順序: order)가 반시계방향(counterclockwise)으로 돌아가면 이것은 믿음의 세계에서 현실의 세계로 빠져나오는 것으로, 히브리서 10장 38-39절에서 말씀하는 믿음의 퇴보(draw back)가 초래(招來)되는 것입니다. 이것은 모든 선택의 중심이 '나'에게 있고, '나'를 지배하는 세상의 관점에 있습니다. 이런 경우 성경을 해석할 때도 본문 중심의 '엑서지서스'(exegesis)를 하는 것이 아니라 자기중심으로 하는 '아이서지서스'(eisegesis)를 하게 됩니다. 왜냐하면 하나님을 알지 못하고 예수님이 보이지 않기 때문입니다. 이때는 하나님을 경외(fear)한다고 할지라도 두려움과 공포와 무서움으로부터 나온 경외이기 때문에, 그 속에는 하나님의 사랑과 자비가 없습니다. 이때의 순종은 짓눌려 기쁨과 즐거움과 감사가 없고, 어떻게 할 수 없어서 억지로 복종하는 것입니다. 이때의 의(義: righteousness)는 하나님께서 인정하는 의가 아닙니다. 단지 자기 스스로가 의롭다고 여기는 자칭(自稱)하는 의(義)일 뿐입니다. 이때의 믿음은 하나님께서 의롭다고 칭(稱)해 주시는 믿음이 아닙니다. 자기 스스로 만들어 낸 자신감(自信感)일 뿐입니다. 하나님과 관계가 없는 믿음입니다.

그래서 참된 믿음이 믿음을 불러오게 되고 참된 믿음이 믿음에 믿음을 더하게 됩니다. 이런 이유로 필자는 '믿음이 믿음을 불러오는 것'을 한자(漢字)로 '신초신'(信招信)이라고 부르고, '믿음에 믿음을 더하는 것'은 '신익신'(信益信)이라고 부릅니다. 뿐만 아니라 우리 믿는 자들은 '자기를 믿는 자신감'(自信感: self-confidence)으로 살 것이 아니라 이것을 철저히 깨뜨려버리고, 히브리어 성경 하박국 2장 4절의 'his faith'로 표현된 '의인의 믿음'(the faith of the just)과 칠십인역(LXX) 하박국 2장 4절의 'my faith'로 표현된 '하나님의 믿음'(the faith of God)이 동일해야만 되는 것과 같이, 예수 그리스도 즉 '주님'(主: Lord)께서 나를 믿어주시는 '주님의 믿음'(the faith of the Lord)과, 내가 주님을 믿는 '나의 믿음' 즉 'my faith'가 동일하도록 추구하는 '주신감'(主信感: confidence on the Lord)으로 살아야 한다고 믿습니다. 간절히 바라기는 이 글을 읽는 모든 분들이 다 그렇게 믿고 다 그렇게 살았으면 좋겠습니다. 믿음(faith)과 의(righteousness)와 순종(obedience)과 경외(fear)로 하나님께 더욱 값진 영광을 돌리는 우리 모두가 되시기를 축원합니다.

부 록

성경구절 색인
(Index of Bible Phrases)

1. 한글개역성경(KRV)
2. 히브리어성경(BHS)
3. 헬라어성경(GNT)
4. 기타 헬라어성경(Other Greek Text)
5. 칠십인역헬라어성경(LXX/LXT)

1. 한글개역성경(KRV)

2. 히브리어성경(BHS)

3. 헬라어성경(GNT)

4. 기타 헬라어성경(Other Greek Text)

5. 칠십인역헬라어성경(LXX/LXT)

Messages of Bible through Trinity

삼위일체로 본 성경말씀

1판 1쇄 인쇄 _ 2017년 3월 3일
1판 1쇄 발행 _ 2017년 3월 10일

지은이 _ 이흥주
펴낸이 _ 이형규
펴낸곳 _ 쿰란출판사

주소 _ 서울특별시 종로구 이화장길6 3층
편집부 _ 745-1007, 745-1301~2, 747-1212, 743-1300
영업부 _ 747-1004, FAX 745-8490
본사평생전화번호 _ 0502-756-1004
홈페이지 _ http://www.qumran.co.kr
E-mail _ qrbooks@gmail.com/qrbooks@daum.net
한글인터넷주소 _ 쿰란, 쿰란출판사
등록 _ 제1-670호(1988.2.27)
책임교열 _ 신영미 · 최찬미

 ISBN 978-89-6562-952-8 93230

실용적 관점에서 본 인간학

UUP

실용적 관점에서 본 인간학

- 2014년 5월 12일 2판 1쇄 인쇄
- 2014년 5월 16일 2판 1쇄 발행
- 1998년 2월 16일 초판 발행
- **옮긴이** 이남원
- **펴낸이** 이철
- **펴낸곳** **UUP.** (울산대학교출판부) 680-749 울산광역시 남구 대학로 93(무거동) 울산대학교 출판부
- **전화** (052)259-2488 **팩스** (052)277-3011 • **홈페이지** http://uup.ulsan.ac.kr
- **출판등록** 제370-1996-000001호(1996.3.13)
- ₩ 15,000

ISBN 978.89.7868.341.8 (93160)

일러두기

1. 이 책은 학술원(Akademie)판을 대본으로 하여 번역하였다.
2. 이 책에 나오는 Ak., A, B, Cassirer판은 각각 학술원판, 제1판, 제2판, 카시러판을 나타낸다.

   Ak.판 *Kant's Gesammelte Schriften.* Herausgegeben von der Königlich Preussischen Akademie der Wissenschaften, Band VII(Erste Abteilung: Werke, 7. Band). *Anthropologie in pragmatischer Hinsicht.* Herausgeber: Oswald Külpe, 1917.

   A판 *Anthropologie in pragmatischer Hinsicht.* Abgefaßt von Immanuel Kant. Königsberg bey Friedrich Nicolovius, 1798.

   B판 *Anthropologie in pragmatischer Hinsicht.* Abgefaßt von Immanuel Kant. Königsberg bey Friedrich Nicolovius, 1800.

   Cassirer판 *Immanuel Kants Werke.* Herausgegeben von Ernst Cassirer. Band VIII. *Anthropologie in pragmatischer Hinsicht.* Herausgegeben von Otto Schöndörffer. 1922.
3. 본문 중의 [ ] 안에 있는 숫자는 Ak.판의 쪽수이다. A판과 B판의 쪽수는 각각 | 3 ¦ 3 식으로 표시하였다. Cassire판의 쪽수는 표시하지 않았다.
4. 본문 중의 [ ] 안에 있는 내용은 이해를 돕기 위해 번역자가 추가한 것이다.
5. 본문 중 각 절 다음의 [ ] 안에 있는 내용은 A판과 B판의 절 표시이다.
6. 역주는 각 쪽 하단에 있으며, 일련번호가 붙여져 있다.
7. 칸트의 주는 *로 표시되어 있으며, 이 표시가 있는 쪽 하단에 나온다.
8. 칸트의 주에 대한 역주는 ※로 표시되어 있으며, 칸트의 주 바로 다음에 나온다.

차 례

¦ B XVI

제2부 인간학적 성격론

(인간의 내면을 외면으로부터 인식하는 방법에 관하여)

[119] ⁞ 서 론

문화적 진보에 의해서 인간은 자신을 도야하지만, 문화에서의 모든 진보는 이 획득된 지식과 숙달을 세계를 위해 사용한다는 목표를 가지고 있다. 그러나 인간이 그러한 지식이나 숙달을 응용할 수 있는 세계 안에서 가장 중요한 대상은 바로 인간이다. 왜냐하면 인간은 인간 자신의 궁극 목적이기 때문이다. 그러므로 인간을 ⁞ 그 종(種)에 따라서 이성이 부여된 지상의 존재자로서 인식하는 것은, 인간이 지상의 피조물 중 단지 일부를 이루고 있지만, 세상에 관한 지식(Weltkenntniß)이라 불릴만하다.

인간의 지식에 대해 체계적으로 파악된 이론(인간학)은 생리학적 관점에서 있을 수 있거나 아니면 실용적 관점에서 있을 수 있다. 생리학적 인간 지식은 자연이 인간에 대해서 하고 있는 것이 무엇인가 하는 것에 대한 탐구를 목표로 하고 있지만, 반면에 실용적 인간 지식은 인간이 자유롭게 행위 하는 자로서 자신에 대해 무엇을 하고 있으며, 혹은 무엇을 할 수 있으며 또한 무엇을 해야 하는가라는 것에 대한 탐구를 목표로 하고 있다. ⁞ 예컨대 기억 능력의 기초를 이루고 있는 자연의 원인을 숙고하는 사람은 수용된 감각이 뒤에 남겨 두는, 우리의 두뇌 안에 남아 있는 인상의 흔적들에 대해 이리저리 (데카르트적 의미에서) 말을 둘러댈 수 있겠다. 그러나 이 경우에 그는 자신이 이

⁞ AB Ⅲ, Ⅳ, Ⅴ

표상의 활동에서 단순한 방관자이며, 자연에 모든 것을 내맡겨야 한다는 점을 인정해야만 한다. 왜냐하면 그는 뇌의 신경이나 섬유를 알지 못할 뿐만 아니라 또한 이것을 그의 뜻대로 조작하는 방법에 대해서도 알고 있지 못하며, 따라서 이것에 관해서 이론적으로 이해하는 것은 모두 완전히 시간 낭비이기 때문이다. 그러나 그가 기억에 방해가 되는 혹은 도움이 되는 것으로 인정되었던 것에 관한 지각을, 기억의 확대 또는 효과를 도모하기 위해서 이용하고 이 목적을 위해서 인간에 대한 지식을 사용한다면, 이것은 실용적 목적을 가진 인간학의 일부를 이룰 것이며, ⁞ 이것은 정확하게 말해서 우리가 여기에서 관심을 가지고 있는 것이다.

[120] 형식적인 학교 교육을 마친 후 가져야 하는 세상에 관한 지식으로 간주되는 그러한 인간학은, 그것이 세상사 중 여러 가지, 예컨대 여러 지방이나 풍토에서의 동물, 식물, 광물과 같은 것에 관한 광범위한 지식을 포함하는 한, 본래 아직 실용적이라 부르지 않는다. 그것이 세계 시민으로서의 인간에 대한 지식을 포함하는 한 본래 실용적이라 부른다. 그러므로 여러 인종에 대한 지식조차도 자연의 역할의 산물로서 간주되는 한 아직 실용적인 세상에 관한 지식으로는 산정되지 않고, ⁞ 다만 이론적인 세상에 관한 지식으로 산정될 뿐이다.

더욱이 세상을 알고 있다고 하는 표현과 세상을 가지고 있다고 하는 표현은 그 의미에 있어서 서로 매우 다르다. 왜냐하면 첫 번째는 그가 보았던 활동을 단지 이해할 뿐이지만, 두 번째는 그 활동에 함께 참여하는 것이기 때문이다. 소위 큰 세상, 즉 상류 계층을 평가하기 위해서는 인간학자는 매우 불리한 입장에 있게 된다. 왜냐하면 상류층의 사람들은 서로들 간에 너무 가까이 있고, 다른 모든 사람들과는 너무 멀리 있기 때문이다.

여행은, 단순히 여행기를 읽는 것에 그친다 하더라도, 인간학의 범

⁞ AB VI, VII, VIII

위를 확장하는 수단이 된다. ⁝ 그러나 인간에 대한 지식 범위를 확장하기 위해서 무엇을 바깥에서 구해야 할지를 알고자 한다면, 사람들은 우선 집안에서 자신의 나라나 지역의 동료들*과의 교제를 통해서 인간에 관한 지식을 획득해야만 한다. 그러한 계획(이러한 계획은 이미 인간에 관한 지식을 전제로 한다)이 없다면, ⁝ 세계 시민은 자신의 인간학에 관해 언제까지나 대단히 한계에 머무르게 될 것이다. 이때 일반적 지식은, 그것이 철학에 의해 질서지어지고 철학의 지도를 받는다면, 항상 국부적 지식에 선행할 것이다.

* * *

그러나 이러한 학문에 근본적으로 도달하고자 하는 모든 시도는 인간성 그 자체에 내재해 있는 중대한 어려움에 봉착하게 된다.

[121] 1. 인간은, 누군가가 자신을 관찰하고 있으며 또한 탐구하려고 시도한다는 것을 깨닫고는, ⁝ 당혹하고 (어리둥절하고), 그 때문에 그는 자신의 있는 그대로의 모습을 보여줄 수 없든가, 그렇지 않다면 자신의 있는 그대로의 모습이 알려지는 것을 원하지 않기 때문에 자신을 위장할 것이다.

2. 또한 사람들이 자신만을 탐구하고 싶어 한다 하더라도, 특히 자신의 정서적 상태에 관해서는, 통상 그 정서를 위장하는 것이 허용되지 않기에 그는 위험한 상태에 빠지게 된다. 즉 동기가 활동을 하고 있을 때에는 사람들은 자신을 관찰하지 않고, 자신을 관찰할 때에는 동기는 정지해 버린다.

---

* 나라의 중심이 되는 대도시에서는 그 나라 정부의 여러 기관이 있는데, 하나의 대학(학문의 개척을 위해서)을 가지고, 또한 해상 무역을 위한 위치를 점유하며, 강을 통해서 나라의 내부와 교역하고 또한 여러 가지 언어나 풍습을 가진 이웃 국가들과 교역을 한다는 이점(利點)을 가지고 있는 이러한 도시, 예컨대 프레겔 강가에 있는 쾨니히스베르크와 같은 도시는 세상에 관한 지식뿐 아니라 인간에 관한 지식도 크게 확장하는 데 적절한 장소로 간주될 수 있다. 이런 도시라면 그러한 지식은 여행을 하지 않더라도 획득될 수 있는 것이다.

⁝ AB Ⅸ, Ⅹ, Ⅺ

3. 장소와 시대 추세는, 이들이 지속적이라면, 습관을 낳는다. 습관은 흔히 말하듯이 제2의 천성이며, 이것은 사람들로 하여금 자신을 무엇이라고 생각해야 하는가 라고 하는 자신에 대한 판단을 어렵게 만들지만, ⁞ 그러나 오히려 자신이 교제하고 있는 다른 사람을 무엇이라고 생각해야 하는가라는 판단 또한 어렵게 만든다. 왜냐하면 사람들이 운명에 의해서 정해지거나 혹은 그가 모험가로서 그 자신을 그렇게 정해 놓았던 상태의 변화는 인간학을 진정한 학문의 지위에 올려놓는 것을 더욱더 어렵도록 만들기 때문이다.

마지막으로 인간학에 이용될 수 있는 자료가 없다고 하더라도, 세계사, 전기, 심지어는 연극이나 소설과 같은 보조 자료가 있다. 뒤의 둘에게는 본래 경험과 진리에 의거해 있는 것이 아니라 허구에 의거해서, 마치 꿈속의 모습에서처럼 성격이나 상황의 과장을 통해서 인물을 표현하는 것이 허용되어 있기 때문에, ⁞ 이들은 인간의 지식에 대해 아무 것도 가르쳐 주는 바가 없는 것처럼 보인다. 그러나 이들 인물의 성격은 예컨대 라챠드슨이나 몰리에르와 같은 사람들이 기도하고 있는 것처럼 그것의 **근본 특징**에 있어서는 인간의 현실적 행동의 관찰로부터 취해져야 한다. 왜냐하면 이들 특징은 과연 정도에서는 과장적이지만, 그러나 그 성질에 따라 말한다면 인간의 본성과 일치하기 때문이다.

체계적으로 기획되고 그러나 통속적으로 (모든 독자에 의해서 확인될 수 있는 예들을 인용하기 때문에) 실용적 견지에서 작성된 인간학은 독자인 대중에게 다음과 같은 이점(利點)을 가고 있다. ⁞ 즉 제목 — 실천적인 것에 관계하고 관찰에 근거한 이런 저런 인간의 특성이 [122] 이 제목 아래 배열될 수 있는데 — 의 완비를 통해서 모든 특수한 것까지도 인간학에 속하는 부문에 넣기 위해, 독특한 테마를 이루고 있는 기회나 권고가 독자인 대중에게 주어진다고 하는 것, 또한

⁞ AB Ⅺ, Ⅻ　본문 주 ⁞ AB XIV

그것을 통해서 인간학을 연구하는 일이 이 연구의 애호가들의 관심을 끌게 되고, 계획의 통일에 따라서 차례차례 하나의 전체에 통합되어 간다고 하는 것, 그로부터 만인을 위한 학문의 성장이 촉진되고 가속화된다는 것이 이점이다.*

---

* 내가 처음에는 자유롭게 착수했지만 나중에는 나의 교수 의무로서 과해진 순수 철학에 대한 일에서 나는 30 몇 여 년 간을 통해서 세상에 관한 지식을 목적으로 하는 강의를 일 년에 두 번 했다. 그것이 곧 인간학(겨울학기)과 자연지리학(여름학기)이다.※ 이들 강의는 통속적인 강의로서 다른 계층의 사람들까지도 출석하였다. 현재의 책은 이 강의 중 인간학에 관련된 것이다. 그러나 자연지리학에 관해서 말한다면 나 이외에 어떤 사람도 거의 판독하기가 쉽지 않은 나의 초고로부터 이러한 책을 간행한다는 것은 나의 나이를 고려해 볼 때는 가능하지 않을 것으로 생각된다.

※ 인간학 강의는 1772~3년의 겨울학기에 시작해서 1795~6년 겨울학기까지 계속 되었으며, 자연지리학 강의는 1757년 여름학기에 시작해서 1796년 여름학기까지 계속되었다.

제1부

인간학적 교수론

인간의 외면 및 내면을 인식하는 방법에 관하여

AB 1

[127] ⁞ 제1장 인식능력에 관하여

제1절 자기 자신의 의식에 관하여

1 [A, B판 1절] 인간이 자아를 표상할 수 있다는 사실은 인간을 지상의 다른 모든 생물 위로 무한히 높게 만든다. 이 때문에 인간은 인격인 것이며, 그에게 일어나는 모든 변화에도 불구하고 이 의식의 단일성에 의해서 인간은 동일한 인격인 것이다. 다시 말하면 인간은 이성이 없는 동물과 같은, 즉 인간이 임의대로 지배하고 통제할 수 있는 동물과 같은 그런 것들과는 지위나 존엄에서 완전히 다른 존재이다. 인간이 아직 자아에 대해 말할 수 없을 때라도 그러하다. ⁞ 왜냐하면 인간은 자아를 사고 안에 가지고 있기 때문이다. 마치 이것은 모든 언어가 1인칭으로 이야기할 때, 비록 이 자아성을 특별한 언어로 표현하지 않는다 하더라도, 이 언어가 그것을 생각하지 않으면 안 되는 것과 같다. 왜냐하면 이 능력(즉 사고하는)은 오성이기 때문이다.

그러나 다음과 같은 사실은 주목할 만하다. 즉 이미 잘 말할 수 있는 어린 아이가 상당히 늦게 (아마도 1년쯤 뒤에) 비로소 나라는 말을 사용하기 시작하며, 그러는 동안에는 자신을 3인칭으로 (칼 (Karl)은 먹고 싶다, 가고 싶다, 등등) 말한다. 그리고 어린 아이가 일단 나라는 말을 하기 시작한다면, 그 아이에게는 말하자면 한 줄기 빛이 출현하는 것처럼 보인다. 그 날부터 그 아이는 결코 그 전의 말하는 방식으로 되돌아가지 않는다. — 이전에는 그 어린 아이가 단순히 자기 자신을 느꼈을 뿐이지만, 지금은 자기 자신을 사고한다. — 이런 현상을 설명하는 것은 인간학자에게는 상당히 어려울지도 모른다.

어떤 아이는 태어난 후 3개월까지는 울음도 웃음도 표현하지 않는다는 관찰은 모욕이나 불법[1]에 관하여 어떤 종류의 표상 — 그야말로 이성에 대한 암시를 하고 있는 표상의 발생에 의거하고 있는 것처럼 보인다. 이 시기에 [128] 어린 아이가 그의 앞에 놓인 빛나는 대상들을 눈으로 따라잡기 시작한다는 것은 지각(감각 표상의 파악)으로부터 출발해서 그것을 감각 대상의 인식, 즉 경험에까지 확장하기 위한 전진의 소박한 시작이다. ⁞ 더욱이 어린 아이가 말하려고 시도할 때, 더듬거리며 말하는 것은 그 아이로 하여금 어머니나 유모를 그렇게 사랑하도록 만들고, 이들로 하여금 그 아이를 계속해서 포옹하고 키스하도록 하는 성향을 갖도록 하며, 또한 그의 모든 소망과 의지를 충족시켜 줌으로써 그 아이를 작은 지휘관으로 만들어 응석받이로 키운다. 이 작은 피조물이 인간 본성으로 발육하기까지의 시기 동안 사랑스럽다는 사실은 한편으로는 그의 지금까지의 실수투성이의 표현 — 거기에는 아직 어떠한 비밀도 악의도 없는데 — 이 순진함과 솔직함이라는 점을 틀림없이 보증해 주지만, 그러나 다른 한편으로는 다른 사람의 의지에 알랑거리면서 자신을 완전히 맡기는 피조물에 대해 그것을 기쁨으로 삼는 유모들의 자연스런 성향을 틀림없이 보증해 준다. 왜냐하면 어린 아이에게는 모든 시간 중 가장 행복한 시간인 노는 시간이 허용되며, 또한 거기에는 양육자 자신도 말하자면 어린 아이로 되돌아감으로써 어린 아이가 가지는 즐거움을 한 번 더 즐기는 것이 되기 때문이다.

그러나 그의 어린 시절을 회상하는 것은 그러한 시절까지는 미치지

1) Ak., A, B판에는 "불법"(Unrechttun)이지만, Cassirer판에는 "호의"(Wohltun)로 나와 있다.

⁞ AB 5

못한다. 왜냐하면 그런 시절은 경험의 시기가 아니라, 객관이라는 개념 하에서 아직 통일되지 않은, 단순히 산발적인 지각의 시기이기 때문이다.

제2절 에고이즘에 관하여

2 [A, B판 2절] 사람이 나라고 말하기 시작하는 그 날부터, 그는 그의 사랑받는 자기를 허용될 수 있는 곳까지 가지고 나오고, 그래서 에고이즘이 멈추지 않고 전진한다. 만약 그가 터놓고 그렇게 하지 않는다면 (왜냐하면 이 경우에 다른 사람의 에고이즘이 그에게 저항하기 때문이다), ‖ 그는 다른 사람의 판단에서 자신의 우월한 가치를 더욱더 보증받기 위하여 허울 좋은 자기희생과 가장된 겸손을 가지고서 은폐한다.

에고이즘은 세 가지 월권을 가질 수 있다. 즉 오성의 월권, 취미의 월권, 실천적 관심의 월권이다. 즉 에고이즘은 논리적 또는 심미적 또는 실천적일 수 있다.

논리적 에고이스트는 자신의 판단을 다른 사람의 오성에 의해서 음미해 보는 것은 불필요하다고 생각한다. 그는 이 시금석(진리의 외면적 표준 criterium veritatis externum)을 결코 필요로 하지 않는 것 같다. 그러나 매우 확실한 점은 우리들이 우리 판단의 진리성을 확실히 하기 위한 이러한 수단 없이 지낼 수 없다는 것, 그리고 그것은 교양 있는 사람들이 무엇 때문에 문필의 자유를 그렇게 단호하게 외치는가 하는, 아마도 가장 중요한 근거라고 하는 것이다. 왜냐하면 만약 이 자유가 [129] 거부된다면, 동시에 우리 자신의 판단의 정당성을 음미하는 중요한 수단을 박탈당하게 되며, 우리는 오류에 자신을 내맡기는 셈이 되기 때문이다. 우리는 수학이 적어도 특유의 독재권으로부터

‖ AB 6

단정을 내리는 특권을 가지고 있다고 말해서는 안 된다. 왜냐하면 한 측량가의 판단과, 재능과 근면을 가지고서 이 일에 봉사하는 다른 모든 사람들의 판단 사이에 지각되고 검증된 일치가 나타나지 않는다면, 수학자 자신도 어딘가에서 오류에 빠지지 않을까 하는 불안으로부터 자유롭지는 못할 것이기 때문이다. — 또한 우리는, 예를 들면 벨이 울리는 소리가 단지 우리들의 귀에 있을 뿐인지 아니면 실제로 쳐진 종소리를 들었는지 어떤지라고 하는 경우에서처럼, 우리 자신의 감관의 판단에 대해서만 신뢰를 보내는 것이 아니라, 다른 사람에게도 그렇게 생각하지 않는지를 물을 필요가 있다는 것을 알게 된다. ⁞ 그리고 철학적 사색의 경우, 법률가가 법률에 정통한 사람의 판단에 호소할 때 하는 것처럼, 우리 자신의 판단을 확증하기 위해서 다른 사람의 판단에 호소하는 일이 허용되지 않음에도 불구하고, 누구도 지지하지 않지만 단지 자신의 견해를 외부에 공표할 뿐이라는 점, 그 밖의 점에서는 그의 견해가 매우 중요하다는 점을 발견한 모든 저술가는, 단순히 그것 때문에 공중(公衆)에 의해서는[2] 오류에 빠진 것이 아닌가 하는 의혹을 받게 된다.

바로 그 때문에 일반적인 의견과 충돌하고, 심지어는 이성적인 사람의 의견과 충돌하는 주장을 공중에게 공표하는 것은 모험인 것이다. 이런 형의 에고이즘은 기론벽(奇論癖, Paradoxie)이라 불린다. 여기서는 그것이 진실이 아니라고 하는 모험을 감행하는 것이 대담이 아니라, 오히려 그것을 단지 소수만 받아들일 수 있다는 모험을 감행하는 것이 대담이다. — 기론벽을 편애하는 것은 그야말로 다른 사람의 모방자가 되기를 원하는 것이 아니라 오히려 비범한 사람처럼 보이도록 하는 논리적 아집이지만, 그러한 아집은 비범한 인간 대신에 기이한

2) Cassirer판의 "단지 … 뿐이라는 점, … 단순히 그것 때문에 공중(公衆)에 의해서는" … allein steht, bloss darum beim Publikum의 구절이 Ak., A, B판에는 없다.

⁞ AB 7

인간을 만들어 버린다. 그러나 모든 사람은 자기의 의견을 가지고 있고, 또한 그것을 주장해야 하기 때문에(다른 모든 아버지가 그렇다고 하더라도, 나는 아니라고 하겠다. Si omnes patres sic, at ego non sic. 아벨라르두스[3]), 기론벽이라는 비난도, 그것이 자신을 단순히 구별 짓고자 원하는 허영심에 의거해 있는 것이 아니라면, 어떤 나쁜 의미도 가지고 있지 않다. — 기론적인 것에 대립해 있는 것은 일반적인 의견을 자신의 것으로 가지고 있는 **범상적**(凡常的)인 것이다. 그러나 여기에서도 기론적인 것에 비해 적지 않을 정도로 또한 불확실한 점이 있다. 왜냐하면 범상적인 것은 마음을 잠들게 하지만, 반면에 기론은 마음을 깨워서 주의와 탐구토록 하여 종종 발견으로 인도하기 때문이다.

심미적 에고이스트는 다른 사람이 그의 시나 회화나 음악 등을 악평하거나 비평하거나 심지어는 조소한다고 하더라도 자신의 **취미**에 만족한다. ⁞ 그가 스스로 자신의 판단을 고립시키고, [130] 스스로 자신에게 박수를 보내고, 예술미의 시금석을 자신 안에서만 구한다면, 그는 보다 좋은 것을 향한 진보를 스스로 단념하는 셈이 된다.

마지막으로 **도덕적** 에고이스트는 모든 목적을 자신에 제한하고, 자신을 만족시키는 것 말고는 어떠한 효용도 인정하지 않는 사람이며, 또한 행복론자(Eudämonist)로서 효용과 자신의 행복에만 자신의 의지의 최고 규정 근거를 두고, 의무의 개념 안에는 그것을 결코 두지 않는 사람이다. 왜냐하면 모든 다른 사람은 그가 행복으로 산정(算定)했던 것과는 다른 개념을 가지고 있어서, 참으로 보편적으로 타당한 원리이어야 하는 진정한 의무 개념이라는 시금석을 그로 하여금 갖지 못하도록 하는 것이 정확하게 말해서 에고이즘이기 때문이다. — 따라서 행

---

3) 아벨라르두스(Pierre Abélard, 1079~1142)는 중세 프랑스의 스콜라 철학자. 로스켈리누스(Roscelin de Compiègne)와 샹포의 기욤(Guillaume de Champeaux)과의 보편논쟁이 유명하다. 여기서 아벨라르두스는 개념론을 주장했다. 그의 저서로는 ≪가와 부≫(*Sic et non*)가 있다.

복론자는 모두 다 실천적 에고이스트이다.

에고이즘에 대립될 수 있는 것은 다원주의(Pluralism)뿐이다. 즉 그것은 전 세계를 자기 안에 포괄하는 것으로 자기를 생각하고 행동하는 것이 아니라 단순한 세계 공민으로서 생각하고 행동하는 사고방식이다. — 이상이 인간학에 속하는 모든 것이다. 왜냐하면 형이상학적 개념에 따른 이러한 구분에 관하여 말한다면, 그것은 여기서 다루어지는 학문의 분야를 완전히 넘어서 있기 때문이다. 즉 만약 사고하는 자로서 나의 현존 외에 나와 공동의 관계를 맺고 있는 다른 존재자의 전체(세계라 부르는)의 현존재를 인정하는 이유를 내가 가지고 있는지 어떤지 하는 문제가 있다고 한다면, 그 문제는 인간학적인 문제가 아니라 단지 형이상학적인 문제인 것이다.

⁞ 주해 : 에고이스트적 언어가 가지는 의례(儀禮)에 관하여

국가의 원수가 자신을 칭할 때 국민에 대해 사용하는 언어는 오늘날 통상 복수적이다(신의 은총이 내리신 국왕인 우리들 등등). 문제가 되는 것은 이 경우 그 의미가 오히려 이기적인 것은 아닌지, 즉 특유의 독재권을 나타내고, 스페인 왕이 자신을 Io, el Rey(국왕인 나)라는 말을 사용하고 있는 것과 동일한 것을 의미하고 있는 것은 아닌지 하는 것이다. 그러나 가장 높은 권위자의 위와 같은 예의도 근본적으로는 겸양(우리, 즉 왕과 그의 고문관 또는 국회)을 나타내는 것처럼 보인다. — 그러나 옛날의 고전적 언어에서는 당신(Du)이라는 말로, 따라서 단칭적으로 표현된 상호 간의 호칭이, 많은 민족 특히 게르만 민족에 의해서 복수적으로 당신들(Ihr)이라는 말로 표현되었던 것은 어떻게 해서 생겨난 것일까? 독일인은 대화하는 상대방에 대해 보다 경의를 표하기 위해서 두 가지 표현, [131] 즉 그(Er)와 그들(Sie)이라는

⁞ AB 9 ⁞ BA 10

표현을 고안해 내었다(그것은 전혀 호칭이 아니라, 한 사람이든 여러 사람이든 관계없이 거기에 없는 사람을 이야기하는 방식이다). 이것은 결국 호칭되는 상대보다도 자신을 낮추어 보이드록 하고, 다른 사람을 자신보다도 더 높이려는 모든 불합리한 언행 방식으로서 상대의 신분의 특질을 뽑아 낸 명칭(즉 폐하, 전하, 각하, 예하 등)이 그 인칭 대신에 사용되는 데까지 이른다. — 아마도 이 모든 것은 봉건제도의 산물인데, 이 제도에 따르면, 왕의 존엄으로부터 시작해서 모든 신분을 거쳐 인간의 존엄이 ¦ 완전이 없는, 다만 인간인 것에 지나지 않는 신분에 이르기까지, | 즉 윗분에 의해서 너(Du)로서 호칭된 농노의 신분이나 자신의 의지를 가지는 것이 허용되지 않는 어린 아이의 신분에 이르기까지 — 보다 신분이 위에 있는 사람에게는 그것에 어울리는 존경의 정도가 침해되지 않도록 배려되고 있었다.

제3절 자신의 표상에 대한 자의적(恣意的)인 의식에 관하여

3 [A, B판 3절] 자신의 표상을 의식하려는 노력은 눈을 집중하는 것(주의 attentio)이거나 또는 내가 의식하고 있는 표상으로부터 눈을 전환하는 것(추상 abstractio)이다. — 후자는 단지 주의를 중지하고 등한시하는 것이 아니라 (왜냐하면 그것은 주의가 산만함 distractio일 것이기 때문이다), 내가 의식하고 있는 표상이 하나의 의식 안에 있는 다른 표상과 결합하지 못하도록 하는 인식 능력의 현실적 활동이다. — 그러므로 사람들은 어떤 것을 추상하는(분리하는) 것에 대해 말하고 있는 것이 아니라, 어떤 것으로부터 추상하는 것에 대해 말하고 있는 것이다. 즉 나의 표상의 대상의 규정으로부터 추상하는 것에 대해 말하고 있는 것이다. 그렇게 함으로써 이 표상은 개념으

¦ AB 9 ¦ BA 10

로서의 보편성을 획득하고, 그리하여 오성 안으로 들어오게 된다.

어떤 표상이 인간에 대해 감관을 통해서 강압을 가하는 경우라 하더라도, 이 표상으로부터 추상을 할 수 있는 것은 주의하는 것을 훨씬 능가하는 능력이다. 왜냐하면 그것은 사유 능력의 자유와 마음의 자주권을, 즉 자신의 표상들의 상태를 그의 주권 하에 둘 수 있는 힘(자기를 지배하는 힘 animus sui compos)을 증명하는 것이기 때문이다. ― 이런 점에서 추상 능력은, ‖ 감관의 표상에 관한 한, 주의 능력보다도 훨씬 어렵긴 하지만 그러나 또한 중요한 능력이다.

많은 사람들이 불행한 것은 그들이 추상을 할 수 없기 때문이다. 만약 구혼자가 그의 애인의 얼굴에 있는 사마귀나 이빨 빠진 것 등을 무시할 수 있다면, 좋은 결혼을 할 수도 있었을 것이다. [132] 그러나 다른 사람의 결점에 대해 본의는 아니라 하더라도 주의를 기울이는 것은 우리의 주의 능력의 특별히 나쁜 습관이다. 즉 바로 마주보고 있는 사람의 상의에 있는 단추가 떨어져 있다든가 이빨이 빠져 있다든가 혹은 말하는 것에 대한 습관적인 결함 등에 눈을 고정시키고, 그렇게 함으로써 다른 사람들을 당황하도록 만들고 그 자신 또한 교제에서 오는 즐거움을 해치는 것은 나쁜 습관이다. ― 주요한 점이 선(善)이라고 한다면, 다른 사람의 결점이나 자신의 행복 상태를 간과하는 것은 공평할 뿐만 아니라 또한 현명한 방법이다. 그러나 추상의 능력은 훈련에 의해서만 획득될 수 있는 마음의 힘이다.

제4절 자기 관찰에 관하여

4 [A, B판 4절] 자기를 주목하는 것(animadvertere)은 아직은 자기 자신을 관찰하는 것(observare)은 아니다. 후자는 우리 자신

‖ AB 11

에서 만들어진 지각들의 방법적 총괄이다. 그러한 지각은 자기 관찰자의 일지(日誌)에 자료를 제공하고 쉽게 광신이나 망상에 빠지게 된다.

자신에 주의를 하는 것(attentio)은 다른 사람을 다룰 때는 필요한 것이지만, ‖ 그러나 교제에서 남의 눈에 띠어서는 바람직하지 않다. 왜냐하면 그렇다면 그것은 어색하게(당혹스럽게) 하든가 뽐내도록(조롱하도록) 하기 때문이다. 이 두 가지에 대립되는 것은 구애되지 않는 것(편안한 태도 air dégagé)이다. 즉 자신의 행동거지에서 다른 사람으로부터 불리한 판정을 받지 않는다는 자기 신뢰이다. 자신을 마치 거울 앞에 서 있는 사람인 것처럼 판정하는 식으로 행동하는 사람은 또는 스스로 말하는 것을 자신이 듣는 것처럼 (단순히 다른 사람이 자신이 말하는 것을 듣고 있는 것처럼 하는 것이 아니라) 말하는 사람은 일종의 연기자이다. 그는 연기를 하고자 하며, 자신의 인격에 관하여 외면을 꾸미고 있다. 그 때문에 그는, 사람들이 그의 그러한 애쓰는 노력을 알아차리게 될 때, 다른 사람의 판정에서 손해를 보게 된다. 왜냐하면 그러한 애쓰는 노력은 다른 사람을 속이는 의도를 가지고 있는 것이 아닌가 하는 의혹을 일으키기 때문이다. ― 그러한 의혹을 일으키지 않는 식으로 자기 자신을 표현하는 솔직성을 사람들은 자연적 행동이라고 부른다(그러나 그러한 행동은 모든 미적인 기예나 취미의 도야를 배제하는 것은 아니다). 그리고 또한 그러한 행동은 표현의 그 단순한 진솔성 때문에 기쁨을 준다. 그러나 동시에 천진난만으로부터 오는 솔직성이, 즉 이미 상례로서 확립된 위장술이 결여된 것으로부터 오는 솔직성이 말로써 나타날 경우에는, 그 솔직성은 순박성이라고 부른다.

[133] 결혼 적령기에 가까이 있는 처녀나 도시풍의 범절에 친숙하지 않은 농촌 사람이 스스로를 설명할 때의 거리낌 없는 방식은 그들의 순결성과 단순성(거짓을 가장하는 기술을 알지 못하는 것) 때문에,

‖ AB 12

이미 이 기술에 숙달되고 빈틈없이 된 사람에게는 유쾌한 웃음을 자아내게 한다. 그러한 웃음은 경멸에 찬 조소는 아니다. 왜냐하면 사람들은 이 경우 오히려 마음 안에는 순진성과 정직성을 존경하고 있기 때문이다. ‖ 오히려 이러한 웃음은 위장술에 대한 경험을 가지지 않았던 것에 대한, 선의의 애정 어린 웃음이다. 그런데 이러한 위장술은 우리의 이미 부패된 인간성에 근거하고 있는 것이긴 하지만 악한 것이며, 사람들은 그것에 웃음을 보내기보다는 오히려 비탄을 보내야 할 것이다. 특히 사람들이 그 위장술을 아직 부패되지 않은 인간성이라는 이념과 비교할 때 그렇게 해야 할 것이다.* 그것은 마치 한 부분 잠시 열려진 구름낀 하늘로부터 태양 빛을 비치는것과 유사한 순간적 즐거움이지만, 그러나 개인 욕심이라는 약한 두더지 눈을 보호하기 위하여 곧 다시 구름으로 가리는 것과 같다.

그러나 이 절의 진정한 목적에 관해서 말한다면, 자신의 사상과 감정의 본의가 아닌 과정의 내적인 역사를 탐색하고, 말하자면 고의적인 문서 작성에 관여하는 것에 대해 위에서 말한 경고를, 철저하게는 아니지만, 보내는 것이다. 이러한 경고는 다음과 같은 이유 때문에 생겨난다. 즉 그러한 내적인 탐색과 문서 작성에 관여하는 것은, 무언가 높은 차원의 암시가 있다고 굳게 믿게 되는, 우리가 관여하지 않았는데도 어디로부터 오는지를 누군가가 알지도 모르는 식으로 영향을 미치는 힘이 있다고 굳게 믿게 되는 두뇌 혼란으로, 즉 광명관(光明觀)이

* 이 점에 관해서는 페르시우스※의 유명한 시구가 다음처럼 풍자될 수 있다. "그들은 본성을 바라다보며, 그것을 잃어버렸기에 탄식하고 있다."(Naturam videant ingemiscantque relicta.").

※ 페르시우스(Aulus Persius Flaccus, 34~62)는 로마의 풍자시인. 루킬리우스, 호라티우스와 함께 로마의 대표적인 풍자 시인의 한 사람이다. 풍자시 6 편, 650 행을 남기고 있다. 그의 작품은 사상면에서는 스토아 철학의 영향을 강하게 받고 있는 반면, 스타일은 호라티우스의 영향을 받았다.

‖ AB 13

나 공포관(恐怖觀)으로 들어가는 곧바른 길이기 때문에 생겨난다. 왜냐하면 우리가 여기에서 발견했다고 생각하고 있는 것은, 우리 자신은 알지 못하지만, 사실은 우리 자신이 우리 안으로 가지고 들어온 것이기 때문이다. 예를 들면 브리년같은 여성이[4] 알랑거리는 것 같은 표상을 가지고 있고, 또한 파스칼[5] 같은 사람이 다른 사람을 공포에 떨게 하며 불안케 하는 표상을 가지고 있으며, 알브레히트 할러[6]의 경우처럼 다른 점에서는 탁월한 두뇌의 소유자라고 하더라도, 역시 이와 동일한 형편에 빠져 들어가게 된다. 이 할러는, 그의 정신 상태에 대해 중간 중간 중단되었지만 긴 세월에 걸친 일기를 쓰는 동안, 결국에는 유명한 신학자이자 이전의 대학 동료였던 레스 박사[7]에게 다음과 같은 물음을 묻게 되는 데까지 이르게 되었다. ‖ 즉 자신은 레스 박사가 가지고 있는 신학에 관한 방대한 장서 중에서 자신의 불안한 혼을 달래는 위안을 발견해 내는 것이 가능하지 않은지 어떤지를 물었다.

나의 안에 있는 표상력의 여러 가지 활동을 관찰하는 것은, 만약 내가 그러한 활동을 불러 낸다면, 실로 숙고할 만한 가치가 있으며, 논리학이나 형이상학에도 필요하고 유용하다. — 그러나 이러한 활동이, 불러내지 않았는데도, 마음 안에 들어온다면(이러한 일은 의도하지 않았지만 허구를 만들어내는 상상력의 유희를 통해서 일어난다), 자기 자신에 귀 기울이고자 하는 것은, [134] 이 경우 사고의 원리들이 앞서 있는(마땅히 이들이 그러해야 하는 것처럼) 것이 아니라 오히려 그

---

4) 브리년(Antoinette Bourignon, 1616~1680)은 북프랑스 태생의 광신자이자 한 종파의 창시자였던 여성. 방대한 분량의 신비적인 신지학적(神知學的) 저서를 남겼다.

5) 파스칼(Blaise Pascal, 1623~1662)은 프랑스의 저명한 수학자, 물리학자, 철학자.

6) 할러(Albrecht von Haller, 1708~1777)는 스위스의 생리학자. 그의 자격감응성설(刺激感應性說, Irritabilitätslehre)은 생리학사에 한 획을 그었다. 여기서 그의 일기라는 것은 ≪문필가와 자기 자신에 관한 관찰 일기≫(*Tagebuch seiner Beo- bachtungen über Schriftsteller und über sich selbst*)이다.

7) 레스(D. Less, 1736~1797)는 괴팅겐 대학 신학 교수.

‖ AB 14

후에 뒤따르기 때문에, 인식 능력의 자연적 순서를 전도시키는 셈이 된다. 그리고 그것은 이미 마음의 병(심기증 心氣症)이든가 그러한 병으로 귀결되어서 결국 정신병원으로 가게 만들 것이다. 내적 경험을 (예컨대 은총이나 시련을) 상당히 많이 말할 수 있는 사람은, 자기 자신을 탐구하는 발견의 여정에서는, 우선 안티키라에 상륙하는 정도가 고작일 것이다.[8] 왜냐하면 내적 경험은 공간 안에 있는 대상에 대한 외적 경험과 동일한 것이 아니기 때문이다. 외적 경험에는 대상들은 병존해서 그리고 지속적으로 고정되어 있는 것으로서 나타난다.[9] 내적 감관은 그것의 규정 관계를 단지 시간 안에서만, 따라서 흐름의 상태 안에서만 보는데, 이 흐름의 상태 안에는 경험에서 필요한 관찰의 지속성이 결코 존재하지 않는다.* [135] ⁞

---

8) 마음의 병을 고칠 필요가 있다는 정도의 뜻. 안티키라(Antikyra)는 그리스 고린도만에 있는 해안 도시. 이 지방의 산중에는 옛날 그리스인이 정신병에 걸렸을 때 복용했던 헬레보로스(helleboros, 미나리아재비과의 식물)가 다량 생산된다. 호라티우스의 시에도 종종 안티키라가 요양지로 나타나고 있다.

9) Ak.판에서는 "나타난다"(erscheinen)이지만, A판에서는 "경험된다"(Er- fahrungen abgeben)이다.

* 그것을 통해서 개념(생각)이 가능하게 되는 바의 내적 행위(자발성), 즉 반성과, 그것에 의해서 지각(Perceptio), 즉 경험적 직관이 가능하게 되는 바의 ⁞ 감수성(수용성), 즉 파악(Apprehension), 이 두 가지 활동을 그러나 우리 자신이 의식적으로 표상한다면, 자기 자신에 관한 의식(통각 統覺, apperceptio)도 반성의 의식과 파악의 의식으로 나누어진다. 전자는 오성의 의식이며, 후자는 내적 감관이다. 즉 전자는 순수 통각이고, 후자는 경험적 통각이며, 전자를 내적 감관이라고 말한다면 그것은 잘못이다. — 심리학에서는 우리는 내적 감관이 가지고 있는 자신의 표상에 따라서 우리 자신을 탐구한다. 그러나 논리학에서는 지성적인 의식이 제공하는 것에 따라서 그것을 한다. — 이 경우 자아는 우리들에게 이중으로 있는 것처럼 보인다(그것은 모순일 것이다). 즉 (1) (논리학에서) 사고하는 주체로서의 자아이고, 그것은 순수 통각(단순히 반성하는 자아)을 의미하고, 그것에 관해서는 그 이상 어떤 것도 말하지 못하며, 그것은 하나의 완전히 단일한 표상이다. (2) 지각의, 따라서 내적 감관의 객체로서의 자아이며, 그것은 내적 경험을 가능하게 하는 규정의 다양을 포함하고 있다. 인간 마음의 상이한 내적인 변화(마음 안의 기억 또는 마음에 의해서 가정되는 원칙)에 있어서, 그가 이 변화를 자각하고 있다면, 그가 동일한 사람(영혼에 따라서)인지 어떤지를 묻는 것은 어리석은 일이

제5절 우리가 의식하고 있지는 않지만 가지고 있는 표상에 관하여

5 [A, B판 5절] 표상을 가지고 있지만 그러나 그것을 의식하고 있지 않다고 하는 것에는 모순이 있는 것처럼 보인다. 왜냐하면 우리가 그러한 표상을 의식하고 있지 않다면 우리가 그것을 가지고 있다는 것을 어떻게 알 수 있겠는가? 이러한 반대는 이미 로크가 했던 것인데, 그는 그 때문에 이러한 종류의 표상이 존재하는 것도 거부했다.[10] — 그러나 우리는 ‖ 어떤 표상을 직접적으로는 의식하고 있지는 못하지만, 간접적으로는 그것을 가지고 있는 것을 의식할 수 있다. — 그러한 종류의 표상들은 불분명한(dunkel) 표상이라 부른다. 그 외의 표상들은 명석하고(klar), 그 명석성이 표상 전체의 부분 표상 및 그것들의 결합에까지 확장될 때, 이들 표상은 그것이 사고의 표상이든 직관의 표상이든 판명한 표상이다.

만약 내가 나로부터 멀리 떨어진 목장에 있는 어떤 사람을 보고 있는 것을 의식하고 있다면, 비록 그 사람의 눈, 코, 입 등을 보고 있다고는 의식하고 있지 못하지만, 실제로 나는 이것이 하나의 사람이라고는 추정한다. 왜냐하면 이들 부분의 표상을 내가 나의 직관 안에 결코 가지고 있지 않다고 주장하고자 한다면(내가 머리의 이 부분을(마찬가지로 이 사람의 다른 부분도) 지각하는 것을 의식하고 있지 못하기

다. ‖ 왜냐하면 그가 그러한 변화를 자각하는 것은 단지 그가 상이한 상태에서 자신을 동일한 주체로서 표상하는 것에 의해서 가능하기 때문이다. 그리고 인간의 자아는 실로 그것의 형식(표상 방식)에 따른다면 이중적이지만, 그러나 실질(내용)에 따른다면 이중적이 아니다.

10) 로크(John Locke, 1632~1704)의 ≪인간오성론≫(*An Essay Concerning Human Understanding*) 제2권 제1장 〈관념일반 및 그 기원에 관하여〉의 9 이하, 특히 18, 19참조.

때문이다), 나는 어떤 사람을 보았다고도 말할 수 없을 것이기 때문이다. 왜냐하면 이들 부분 표상으로부터 전체 표상(머리든 사람이든)이 성립하기 때문이다.

우리가 가지고 있다는 것을 의심의 여지없이 추정할 수는 있지만, 의식은 하지 못하는 감관적 직관과 감각의 영역, 즉 인간에 있어서(따라서 동물에 있어서) 불분명한 표상의 영역은 헤아릴 수 없을 정도로 광대하지만, 거기에 반해서 명석한 표상은 의식에 드러나 있는 이들 직관과 감각 중 무한히 작은 점밖에 포함하지 못한다는 것, |: 말하자면 우리 마음의 큰 지도 위에 단지 작은 부분만 밝혀진다는 것, 이것은 우리 자신의 존재에 관해서 경탄의 마음을 자아내게 한다. 왜냐하면 보다 높은 힘[신]이 단지 "거기에 빛을"이라고 외치면, 극히 작은 것[인간](예컨대 우리가 어떤 저술가를, 그가 기억에 가지고 있는 모든 것과 함께 취해본다 하더라도)의 도움이 없더라도, 말하자면 반쪽의 세계[낮의 세계]가 그의 눈앞에 펼쳐지게 되기 때문이다. 망원경(예컨대 달에 대해서)이나 현미경(적충류 滴蟲類에 대해서)을 사용한 눈이 발견하는 것은 모두 육안으로 보여지는 것이다. 왜냐하면 이 광학적 수단은 [136] 저러한 인공적 도구없이 망막에 비치는 것보다 더 많은 광선과 그렇게 해서 만들어진 상(像)을 눈에 가지고 오는 것이 아니고, 단지 그것을 확대하고 그렇게 해서 우리에게 의식되도록 할 뿐이기 때문이다. — 동일한 것이 청감각에 대해서드 타당하다. 예컨대 음악가가 열 손가락과 두 다리로 오르간을 이용하여 환상곡을 연주한다면, 그는 동시에 그 곁에 서 있는 사람과 대화를 나누고 있는 것이며, 잠시 사이에 상당한 양의 표상이 그의 영혼 안에서 불러일으켜지게 되며, 하모니에 맞지 않는 단 한 번의 손가락 놀림도 곧바로 불협화음으로 들려지기 때문에, 그 표상 중 하나하나를 선택하는 데 있어 이러한 연주의 어울림에 관련해서 특별한 판단을 필요로 한다. 그러나 전체가

|: AB 17

나타나게 되면, 자유로이 환상을 연주하는 음악가가 즐겁게 수행했던, 그러나 그 이외에는 진정한 열정을 가지고 그렇게 잘 수행할 수 없었던 곡목을 그는 가끔 악보로 남겨 놓기를 원한다.

‖ 이처럼 불분명한 표상의 영역은 인간에게서 가장 많다. — 그러나 그것은 인간을 그의 수동적인 부분에 있어서만 감각의 유희로서 지각되는 것이기 때문에, 이러한 불분명한 표상에 관한 이론은 역시 단지 생리학적 인간학에 속하는 것이며, 여기서 본래적으로 의도하고 있는 실용적 인간학에 속하는 것은 아니다.

즉 우리는 종종 불분명한 표상을 가지고 유희하며, 그러나 상상력에 의해서 선호되거나 선호되지 않는 대상을 흔적 속에 두는 일에 흥미를 가진다. 그러나 또한 보다 자주 우리 자신이 불분명한 표상의 유희의 대상이 되며, 우리의 오성도 불분명한 표상이 영향을 미치는 불합리로부터, 비록 그것이 착각이라고 하는 점을 인정하고 있기는 하지만, 벗어날 수는 없다.

성적인 사랑의 경우에도 그것은 결코 애정을 지향하는 것은 아니고, 그 대상을 즐기는 것을 지향한다. 옛날부터 얼마나 많은 기지(機智)가 실로 사람들이 선호하는 것에 대한 섬세한 베일을 벗기지만, 그러나 인간을 동물류와 극히 가까운 관계로 보는 것에 의해 낭비되고 있는지…… . 이것 때문에 수줍은 얼굴이 요구되고, 그리고 또한 상류 사회에서는 표현들은, 비록 명백히 웃음을 자아내지만, 완곡하게 나타난다. — 여기서 상상력은 불분명한 것 안에서 어스렁거리고 있으며, 견유주의(犬儒主義, Zynism)를 피하기 위해 우스꽝스런 결벽주의로 빠지게 되는 위험에 처하지 않으려면 상상력은 각별한 기술을 필요로 하게 된다.

‖ 다른 한편으로는 우리는 매우 자주 불분명한 표상의 희롱거리가 되고, 이 표상은 오성이 그것을 비춘다 하더라도 소실되지 않는다.

‖ AB 18, 19

[137] 묘지를 자신의 정원에 두든가, 그것과 함께 응달진 나무 아래 두든가, 들판에 두든가 건조한 토지에 두든가 하는 것은, 비록 죽어가는 사람이 그가 앞의 것을 선택할 경우 좋은 전망을 기대할 이유가 없고, 뒤의 것을 선택할 경우 감기에 걸릴까 두려워할 이유도 없다는 것을 알고 있기는 하지만, 그에게는 매우 중요한 일이 되는 경우가 자주 있다.

"옷이 사람을 만든다."는 어느 정도는 분별 있는 사람에게도 타당하다. 러시아에 "사람들은 손님을 그의 옷 순서로 영접하고, 오성 순서로 전송한다."라는 속담이 있다. 그러나 오성은 옷을 잘 입은 사람이 어떤 중요한 사람이라는 불분명한 표상의 인상을 피할 수 없지만, 그러나 단지 그 사람에 관하여 내린 판단을 뒤에 정정하려는 시도를 할 수 있다.

게다가 심오함과 철저함이 있는 것처럼 잘 보이기 위해서는 불분명함이 이용되며, 이런 이용은 가끔 원하는 효과를 가져다준다. 그것은 마치 여명(黎明) 중이나 안개를 통해서 보여진 대상은 실제의 모습보다도 크게 보이는 것과 유사하다.* 스코티손(Skotison 불분명하게 만들라!)은 ‖ 작위적인 불분명성에 의해서 지혜의 감추어진 보물을 찾고

---

* 이에 반해서 일광(日光) 아래서 보여지는 경우에는 주위의 대상보다도 밝은 것이 또한 크게 보인다. 예를 들면 흰 양말은 검은 양말보다도 더 크게 보인다. 또한 밤중에 높은 산에서 타는 불은 사람들이 그것을 실제로 측정해서 확인할 때보다도 더 크게 ‖ 보인다. — 아마도 지평선 가까이에서는 달이 외견상 더 큰 모습※으로 보일 수 있으며, 마찬가지로 별 사이가 외견상 더 큰 간격으로 보이는 것도 이런 방식으로 설명될 수 있다. 왜냐하면 이 두 가지 경우에 빛을 발하는 대상들은 지평선 가까이에서는 하늘 높는 곳보다는 더 약한 빛을 통해서 보여지는 대상이며, 그리고 불분명한 것은 주위의 빛 때문에 보다 작은 것으로서 판정되기 때문이다. 사격의 경우에도 따라서 중앙의 흰 원이 중앙에 검은 점을 가지고 있는 흰 표적보다도 더 유리할 것이다.

※ Ak., A, B판에서는 "외견상의 크기"(scheinbares Größe)이지만, Cassirer판은 수고(手稿)에 근거해서 "외견상 보다 큰 모습"(scheinbar größere Gestalt)으로 되어 있다. 또한 이 본문의 주와 동일한 것이 본문의 제11절에도 나와 있다.

‖ AB 20　본문 주 ‖ AB 20

있는 사람을 유혹하기 위한, 모든 신비가의 좌우명이다. — 그러나 일반적으로 독자는 책 속에 있는 어느 정도의 신비한 점을 환영한다. 왜냐하면 그렇게 함으로써 그 독자에게는 불분명한 것을 명석한 개념으로 풀어냄으로써 그 자신의 예민성이 감지될 수 있기 때문이다.

제6절 자기의 표상을 의식하는 것과 관련된 판명성과 불판명성에 관하여

6 [A, B판 6절] 자신의 표상에 관한 의식이 하나의 대상과 다른 대상을 구별하기에 충분할 때, 이 의식은 **명석**(Klarheit)하다. [138] 그러나 표상에 관한 의식에 의해서 여러 표상들의 합성도 또한 명석하게 될 때, 그 의식은 **판명**(Deutlichkeit)하다고 한다. 후자만이 여러 표상들의 총계가 인식되는 것을 가능하게 한다. 의식을 가지고 있는 모든 합성은 의식의 통일을, 따라서 합성을 위한 규칙을 전제하고 있기 때문에, 이러한 인식에 있어 질서가 이러한 다양한 표상 안에서 고려되는 것이다. — 판명한 표상에 대립시킬 수 있는 것은 혼란된 표상(perceptio confusa)이 아니라, ‖ 오히려 불판명한(단지 명석할 뿐인 것 mere clare) 표상이어야 한다. 혼란되고 있는 것은 합성된 것이지 않으면 안 된다. 왜냐하면 단순한 것 안에서는 질서도 혼란도 없기 때문이다. 따라서 혼란은 불판명성의 원인이지만 그것의 정의는 아니다. — 모든 복합적 표상(perceptio complexa)에서는 그 하나하나가 인식이지만 (왜냐하면 그것을 위해서는 항상 직관과 개념이 필요하기 때문에), 판명성은 질서에 기초하고 있는데, 이 질서에 따라서 부분 표상이 합성되며, 그리고 이 때 이들 부분 표상은(단순한 형식에 관하여) 상위 표상과 하위 표상(제1표상과 제2표상 perceptio primaria et secundaria)이라는

‖ AB 21

단순히 논리적인 구분을 생겨나게 하든가 또는 주요한 표상과 부차적인 표상(perceptio principalis et adhaerens)이라는 실재적인 구분을 생겨나게 한다. 이러한 질서에 의해서 인식은 판명하게 된다. — 사람들이 익히 알고 있는 것이지만, 인식의 능력이 일반적으로 오성(이 말의 가장 보편적인 의미에서)이라 불리게 되면, 오성은 대상의 직관을 생산하기 위해서는 주어진 표상의 파악 능력(attentio)을, 대상의 개념을 생산하기 위해서는 많은 것 중에 있는 공통적인 것의 분리 능력(abstractio)을, 그리고 대상의 인식을 생산하기 위해서는 반성 능력(reflexio)을 포함하지 않으면 안 된다.

이 능력을 탁월할 정도로 소유하고 있는 사람은 머리를 가진 사람이라고 부르고, 이 능력을 매우 작은 정도밖에 받지 못한 사람은 둔재라 부른다(왜냐하면 그는 항상 다른 사람에 의해서 지도받을 필요가 있기 때문이다). 그러나 이 능력을 사용하는 데 독창성을 지닌 사람은(독창성에 의해서 그는 보통이라면 다른 사람의 지도 하에서 배우지 않으면 안 되는 것을 자신으로부터 창출한다) 천재라 부른다.

만약 배운 사람으로 보이고 싶어 하고, 따라서 그것을 알아야만 하는 어떤 사람이, 알기 위해서 배우지 않으면 안 되는 것에 대해 아무것도 배우지 않는다고 한다면, 무지한 자라고 부른다. 왜냐하면 이러한 요구가 없다면 그는 여전히 큰 천재일 수 있기 때문이다. 비록 많은 것을 배울 수 있다 하더라도 스스로 생각하는 일을 하지 않는 사람은 편협한 두뇌의 소유자(고루한 자)라 부른다. — 어떤 사람들은 박식한 학자(즉 한때 자신이 배웠던 것을 다른 사람에게 가르치는 기계)이지만, 그러나 자신의 사실적 지식을 이성적으로 사용하는 것에 관해서는 매우 고루한 사람일 수 있다. [139] — 자신이 배웠던 것을 공표하는 데 있어 취했던 태도가 학교풍의 강제(따라서 스스로 생각하는 자유의 결여)를 보여주는 사람은 융통성 없는 사람이다. 그는 학자이거나, 군인이거나, 심지어는 조신(朝臣)일 것이다. 이런 사람들 중에 가장 참을성이 강한 사람은 학자이면서 융통성 없는 사람이다. 왜냐하면 우리는 여전히 그로부터 배울 수 있기 때문이다. 여기에 반해서 조신에 있어서 형식적인 의례의 철저성(융통성없음)은 소용없을 뿐 아니라, 융통성없는 사람에 의해서 불가피하게 나타나는 자만 때문에 거기에 덧붙여 우스꽝스럽기도 하다. 왜냐하면 ‖ 그것은 무지자의 자만이기 때문이다.

사교적인 어조로 대화하고 일반적으로 최신 유행에 따르는 기술 또는 오히려 노련성은, 특히 학문에 관한 한은, 잘못되게도 통속성이라고 하지만, 그러나 오히려 치장한 천박성이라 불려져야 하며, 그것은 편협한 두뇌의 빈약성을 자주 은폐시킨다. 그러나 아이들만 이것에 의해서 잘못된 길을 걸어가게 된다. "너의 북(아디손[11]에 의하면 퀘이커 교도가 역마차에서 그 옆에 앉아서 재잘거리는 장교에 대해서 이야기했다)은 너의 심볼이다. 북은 공간이 비었기 때문에 잘 울린다네."

인간을 그의 인식 능력에 따라서(오성 일반에 따라서) 판단하기 위해서, 사람들은 인간을 두 부류로 분류한다. 즉 공통 감각(sensus communis)의 속성을 소유하고 있는 사람은 물론 범속성(sensus vulgaris)을 가진 사람은 아니고, 학식이 있는 사람이다. 공통 감각을 가지고 있는 사람은 규칙을 응용하는 경우(현실적으로 in concreto) 그것에 정통한 사람이며, 학식이 있는 사람은 규칙의 응용에 앞서서 규칙 그 자체에(원리적으로 in abstracto) 정통한 사람이다. — 전자의 인식 능력에 속하는 오성은 건전한 인간 오성(bon sens)이라 부르고, 후자의 인식 능력에 속하는 오성은 명석한 두뇌(ingenium perspicax)라 부른다. — 주의해야 할 점은 전자는 보통 단지 실천적 인식 능력으로만

11) 아디손(Joseph Addison, 1672~1719)은 영국의 풍자 작가이자 도덕가. 스틸(Steel)과 함께 일간지 ≪스펙테이터≫ (*Spectator*)를 출간하였다. 거기서 인용된 말은 지령 132 호에 나와 있다.

‖ AB 22, 23

간주될 뿐이며, 사람들은 이것을 연마없이 존재할 수 있는 오성으로서가 아니라, 오히려 연마가 충실히 철저하게 이루어지지 않을 경우 연마가 방해로 작용할 수 있는 오성으로서 생각한다는 사실이다. 따라서 이 상식을 광신이 되는 데까지 높여 칭찬하고, 이것을 마음의 심연 속에 감추어진 보물의 광맥이라고 생각하며, 또한 종종 그 상식의 견해를 신탁(소크라테스의 수호신)으로 생각하며, 박학한 학문이 시장에 제공하고 있는 어떤 것보다도 더 신용할 수 있는 것이라고 공언했다는 사실이다. — 이런 한에서는 확실히, 문제의 해결이 오성의 보편적이며 생득적인 규칙(이 규칙을 소유하는 것은 생득의 지혜라고 말해진다)에 의거해 있는 것이라고 한다면, [140] ¦ 연구되고 인위적으로 확립된 원리(책상의 지혜)를 추구하고, 오성의 결정을 거기에 따라서 작성하는 것은 마음의 어두운 곳에 가로지르고 있는 판단의 규정 근거로부터 결론을 이끌어내는 경우보다 덜 신뢰할만하다는 것이다. 그리고 그 뒤의 경우와 같은 판단의 방식은 논리적 전환이라고 부를수 있을 것이다. 거기에서 반성은 마음의 내부에 선행하는 활동을 자각하지 않고서 대상을 여러 측면으로부터 설명하고 올바른 결과를 산출하는 것이다.

그러나 상식은 이러한 자신의 장점을 단지 경험의 대상에 관해서만 증시(證示)할 수 있을 뿐이다. 즉 그것(경험)을 통해서 인식이 증대하는 것만은 아니고, 상식은 경험 자신까지도 확장한다는 장점을 가지고 있다. 그러나 그것을 사변적인 관점에서 하는 것은 아니고, 단지 경험적-실천적 관점에서 하는 것이다. 왜냐하면 사변적 관점에서는 아프리오리한 학문적 원리가 필요하지만, 경험적-실천적인 관점에서는 시도와 결과에 의해서 지속적으로 확정된 경험, 즉 판단이 있을 수 있을 뿐이기 때문이다. ¦

¦ AB 24

제7절 오성과 대립된 감성에 관하여

7 [A, B판 7절] 표상의 상태에 관하여 나의 마음은 능동적이고 능력(facultas)을 보여주든지, 혹은 수동적이고 감수성(수용성 receptivitas)을 본질로 하든지 둘 중 하나이다. 인식은 이 양자의 결합을 자신 안에 포함하고 있으며, 그러한 인식을 가질 수 있는 가능성은 인식의 가장 중요한 부분에 관한, 즉 표상을 결합하거나 서로 분리시키는 마음의 활동에 관한, 인식 능력이라는 명칭을 가지고 있다.

표상에 관하여 마음이 수동적 태도를 취하고, 따라서 그 표상에 의해서 주관이 촉발되는 경우(이 주관은 자신을 촉발하기도 하고, 다른 객관에 의해서 촉발되기도 한다), 이 표상은 감성적 인식 능력에 속한다. 그러나 표상들이 단순한 활동(사고)을 포함하는 경우 그것은 지성적 인식 능력에 속한다. 전자는 하급의 인식 능력이고, 후자는 상급의 인식 능력이라 부른다.* 전자는 [141] ⁞ 감각의 내적 감관의 수동성이라는 성격을 가지고 있고, 후자는 통각의 자발성이라는 성격을 가지고 있다. 즉 후자는 사고를 이루고 있고 논리학(오성의 규칙 체계)에 속하는 활동을 위해서 순수 의식의 자발성이라는 성격도 가진다. 이것은 마치 전자에 있어서 감관이 심리학(모든 내적 지각을 자연 법칙 아래

* 감성을 단지 표상의 불판명성에서만 정립하고, 여기에 반하서 지성을 표상의 판명한 것에서 정립하며, 그렇게 함으로써 사고의 형식뿐 아니라 ⁞ 내용에도 관계하는 실재적(심리적)인 구별 대신에, 의식의 형식적(논리적)인 구별을 정립하는 것은 라이프니츠·볼프 학파의 큰 실수였다. 즉 이 학파는 감성을 단순히(부분 표상의 명석성의) 결여에, 따라서 불판명성에 두고, 오성 표상의 성질을 판명성에 둠으로써 잘못을 저질렀다. 왜 잘못이냐 하면, 감성은 무언가 대단히 적극적인 것이고, 인식을 산출하기 위해서는 오성의 표상의 불가분한 부가물이기 때문이다. — 이에 관해서는 그러나 원래 라이프니츠에게 책임이 있다. 왜냐하면 그는 플라톤 학파에 의거해서 이데아라 하는 생득적인 순수 오성 직관을 상정하고, 그럴 경우 이 이데아는 지금은 불분명한 것에 지나지 않지만 마음 안에서 발견되는 것이며, 이 점에 주의해서 분석되고 해명된다면, 우리는 객관을 그 자체 있는 그대로 인식하게 된다고 했기 때문이다.

⁞ A 25, 26

총괄하는 것)에 속하고 내적 경험의 기초를 이루고 있는 것과 같다.

주해. 표상의 대상은 그것에 의해서 내가 촉발되는 방식을 포함하고 있으며, 이 대상은 그것이 나에게 현상하는 한에서만 인식될 수 있으며, 그리고 모든 경험은(경험적 인식)은, 외적 경험 못지않게 내적 경험도, 대상이 있는 그대로의(그 자체로만 고려해보면) 인식이 아니라, 대상이 우리들에게 현상하는 한의 인식 이외 아무 것도 아니다. 왜냐하면 표상 객관의 성질이 단순히 문제되는 것은 아니고, ‖ 그것 말고도 주관의 사고(객관에 관한 개념)가 거기에 뒤따르는 감성적 직관이 어떤 방식으로 있는가 하는 것을 규정하는 데 있어 중요한 주관의 성질과 그것의 감수성이 또한 문제되기 때문이다. — 이 수용성의 형식적 성질은 다시 또한 감관으로부터 차용될 수 있는 것은 아니고, (직관으로서) 아프리오리하게 주어지지 않으면 안 되는 것이다. 즉 일체의 경험적인 것(감관의 감각을 포함하는 것)이 제거되더라도 남아 있는 어떤 감성적 직관이 존재하지 않으면 안 된다. 그리고 직관의 이 형식적 요소가 내적 경험에 있어서는 시간인 것이다.

경험은 경험적 인식이지만, 그러나 인식에는(이것은 판단에 근거해 있기 때문에) 반성(reflexio)이 필요하다. 따라서 표상의 다양을, 그것을 통일하는 규칙에 따라서 총괄하는 활동에 대한 의식, 즉 개념과(직관으로부터 구별되는) 사고 일반이 필요하다. 그리고 의식은 추론적(discursiv) 의식(그것은 규칙을 부여하기 때문에 논리적인 것으로서 선행하지 않으면 안 된다)과 직관적 의식으로 나누어진다. 추론적 의식(자기 마음의 활동의 순수 통각)은 단일(單一)하다. 반성으로서의 자아는 어떠한 다양도 자신 안에 포함하고 있지 않으며, 모든 판단에서 항상 동일한 것이다. 왜냐하면 그것은 단순히 의식의 형식적 요소를 가지고 있을 뿐이기 때문이다. 이에 반해서 내적 경험은 의식의 실질적

‖ AB 27 본문 주 ‖ AB 26

요소와 [142] 경험적인 내적 직관의 다양을, 즉 파악으로서의 자아(따라서 경험적 통각)를 포함하고 있다.

사고하는 존재자로서의 자아는 실로 감관적 존재자로서의 자아와 동일한 주관이다. 그러나 내적 경험적인 직관의 객관으로서의 나는, 즉 내가 ⁝시간 안에 있는 감각들에 의해, 그 감각이 동시적으로 있거나 계기적으로 있거나 간에, 내면적으로 촉발되는 한에서의 나는 내가 나 자신에 현상하는 대로 나 자신을 인식하고 있지, 물자체로서 나 자신을 인식하고 있는 것은 아니다. 왜냐하면 객관으로서의 나는 결코 오성 개념이 아닌(따라서 단순한 자발성이 아닌) 시간 조건에 의존하고 있으며, 따라서 그것에 관해서는 나의 표상 능력이 수동적인(그리고 수동성에 속하는) 조건에 의존하고 있기 때문이다. — 그러므로 나는 나 자신을 내적 경험에 의해서 항상 단지 내가 나 자신에 현상하는 그대로 인식한다. 이 명제는 종종 악의적으로 곡해된다. 즉 내가 어떤 표상이나 감각을 가지고 있다는 것, 실로 내가 일반적으로 현존한다는 것이 그런 식으로 단지 나에게 보일(mihi videri) 뿐인 것이라고 곡해된다. — 이 가상은 주관적인 것이 원인인 데도 잘못되게도 객관적인 것으로 간주되는 데 기인하는, 잘못된 판단의 근거가 된다. 그러나 현상은 결코 판단이 아니며, 단지 경험적 직관일 뿐이다. 그 직관은 반성을 통해서, 그리고 그 반성으로부터 생겨나는 오성 개념을 통해서 내적 경험이 되며, 결국 진리가 된다.

내적 감관과 통각이라는 말은, 전자는 단지 심리적인(응용적인) 의식을 보여주고, 후자는 논리적인(순수한) 의식을 가리켜야 하는 것이라고 하더라도, 심리학자들에 의해서 일반적으로 동의어로 간주되는데, 바로 이것이 오해의 원인이다. 그러나 이상의 사실로부터 명료하게 되는 것은 감관에 의해서 우리는 우리 자신을 단지 우리들이 자신에 현상하는 대로 인식할 수 있을 뿐이라는 점이다. 왜냐하면 내적 감관의 인상

⁝ AB 28

의 파악(apprehensio)은 주관의 내적 직관의 형식적 조건, 즉 시간을 전제로 하며, 이 시간은 결코 오성 개념이 아니고, ‖ 인간 영혼의 본성에 따라서 우리에게 내적 감각이 주어지는 방식에 관한 단지 주관적인 조건이며, 그리하여 시간은 객관이 그 자체로 있는 것에 관해 인식하기 위해 이 내적 감각을 주는 것은 아니기 때문이다.

* * *

이러한 주해는 원래 인간학에 속하는 것은 아니다. 인간학에서는 경험은 오성의 법칙에 따라서 결합된 현상이다. 그리고 여기서는 사물이 감관과의 관계를 고찰하지 않더라도(따라서 그 자체로서) 존재하는 것이기에, 사물을 표상하는 방식은 결코 문제가 되지 않는다. [143] 왜냐하면 이러한 탐구는 아프리오리한 인식의 가능성에 관계하는 형이상학에 속하는 것이기 때문이다. 그러나 이 문제에 관해서 사변적인 머리를 가진 사람의 실수를 피할 수 있는 정도만큼은 되돌아 볼 필요가 있다. — 내적 경험을 통한 인간에 관한 인식은, 사람들이 그것에 따라서 대부분 다른 사람도 판단하기 때문에, 매우 중요한 것이다. 그러나 동시에 아마도 다른 사람을 올바로 판단하는 것보다도 더욱 어려울 것이다. 왜냐하면 자신의 내적 의식을 탐구하는 것은, 단순히 관찰하는 대신에, 많은 것을 자기의식 안으로 가져오기가 용이하기 때문이다. 그래서 자기 자신의 안에서 관찰된 현상으로부터 시작해서 그 다음에 우선 인간의 본성에 관한 특정한 명제를 주장하는 것으로, 즉 내적 경험으로 진행해 가는 것이 적절하고 필요하다. ‖

‖ AB 30, 31

제8절~제11절 감성에 대한 변호

8 [A, B판 8절] 오성을 상급 인식이라고 부른다는 점이 이미 보여졌지만, 모든 사람이 오성에 대해 존경을 표하고 있다. 오성을 찬미하려고 하는 사람은 저 덕을 찬미하려 하는 연설가에 대한 조롱(어리석도다, 누가 일찍이 덕을 비난했던 적이 있었는가 stulte! quis unquam vituperavit)과 함께 쫓겨날 것이다. 그러나 감성은 평판이 나쁘다. 사람들은 감성에 대해 다음과 같은 언짢은 말을 한다. 예컨대[1] 감성은 표상력을 혼란시킨다.[2] 감성은 큰 소리로 장담하며, 실은 오성의 시녀에 지나지 않기 때문에 여왕과 같이 완고하고 제어하기 어렵다.[3] 더욱이 감성은 기만적이며, 사람들은 감성에 관해서 충분히 경계할 수가 없다. — 반면에 그러나 또한 감성에도 찬미자가 없는 것은 아니다. 특히 시인이나 취미인(趣味人) 사이에서는 찬미자가 없는 것이 아니다. 그들은 오성 개념의 감성적 구체화를 공적이라고 해서 높이 평가할 뿐만 아니라, 감성이 바로 감성화라는 이 점에서 그리고 개념은 지나친 면밀함을 가지고서도 구성 부분들로 분해되지 않는다는 의미에서, 언어의 함축성(사상적 풍부성)이나 강조성(고조) 및 표상의 명백성(의식 안에서의 명료성)을 가지고 있기에 높이 평가한다. 그러나 여기에 반해서 오성은 장식이 없어서 빈약하다고 선언된다.* ⁞ 우리들은 여기에서 찬미가를 필요로 하는 것이 아니라, 단지 고발자에 대한 감성의 변호인만을 필요로 한다.

[144] 감성에서의 수동적 요소는 원래, 우리가 결코 떼어버릴 수 없는 것이지만, 사람들이 입을 대는 모든 악의 원인이다. 인간의 내적인

---

* 여기서는 단지 인식 능력이, 따라서 표상이(쾌·불쾌의 감정이 아니라) 언급되고 있기 때문에, 감각은 개념(사고)과 구별되고, 또한 순수 직관(공간 및 시간 표상)과도 구별되는 감관의 표상(경험적 직관) 이상의 것을 의미하고 있는 것은 아닐 것이다.

완전함은, 인간이 자신의 모든 능력의 사용을 자기의 자유로운 선택 의지 아래에 두기 위해서, 그 능력을 뜻대로 행사할 수 있다는 점에 존립한다. 그러나 그것을 위해서는 오성이 지배하면서 그러나 감성(그것은 사고하지 않기 때문에 그 자체 천민과 같다)을 약화시키지 않는 것이 필요하다. 왜냐하면 감성이 없다면, 입법적 오성을 사용하기 위해서 소비될 수 있는 어떤 재료도 주어지지 않을 것이기 때문이다.

첫 번째 고발에 대한 감성의 변명

9 [A, B판 9절] 감관은 혼란을 야기하지 않는다. 주어진 다양을 파악하고 있지만 그러나 아직 질서 짓게하는 데까지는 이르지 못한 사람에 대해 그는 그 다양을 혼란 되게 하고 있다고 말할 수는 없다. 감관의 지각(의식을 가지고 있는 경험적 표상)은 내적 현상이라고 말해질 수 있다. 여기에 첨가해서 감관의 지각을 사고의 규칙 아래에 결합하는(다양의 안으로 질서를 가져다주는 것) 오성은 우선 지각을 경험적 인식으로, 즉 경험으로 만든다. 그래서 오성이 만약 감관의 인상을 개념에 따라서 질서 짓게 하지 않고 성급하게 판단한다면, ¦ 그런 뒤 표상의 혼란을 슬퍼하고, 그것은 감성적 성질이 부여된 인간의 본성의 죄에 속하지 않으면 안 된다고 말한다면, 오히려 책임이 있는 것은 자신의 의무를 무시한 오성인 것이다. 이러한 비난은 감성에 의한 내적 표상이나 외적 표상의 혼란에 대한 무근거한 비탄에 대해서도 적용된다.

감성적 표상은 물론 오성의 표상에 앞서서 오고 대량으로 모습을 나타낸다. 그러나 만약 오성이 자신의 질서와 지성적 형식을 가지고서 추가된다면, 그리고 오성이 예컨대 개념에서 함축적인 표현과 감정에서 강조적인 표현 그리고 의지 규정에서 흥미있는 표현을 의식 안으로

¦ AB 32

가져온다면, 그 수확은 더욱 풍성해진다. — 변론술이나 시예술에의 정신의 산물이 오성에 동시에(대량으로) 나타내는 풍부성은 [145] 자주 오성으로 하여금 그의 이성적 사용에 관해서 곤혹을 일으키도록 하며, 또한 만약 오성이 이 경우에 비록 불분명하더라도 현실적으로 행하고 있는 반성의 모든 활동을 판명하게 하고 분석한다면, 오성은 종종 혼란에 빠지게 된다. 그러나 감성은 여기서 어떤 죄도 없고, 오히려 오성에 풍부한 재료를 제공했던 것은 감성의 공적이며, 종종 오성의 추상적인 개념은 단지 겉으로만 빛나는 빈약성에 지나지 않는다.

두 번째 고발에 대한 감성의 변명

10 [A, B판 10절] 감관은 오성을 지배하지 않는다. 감관은 오히려 단지 스스로 봉사를 하기 위하여 오성에 자신을 제공하고 있다. ‖ 감관이 자신의 중요성, 즉 우리가 인간의 공통 감각(sensus communis)이라고 부르는 것 중 특히 감관에 속하고 있는 중요성에 관해 오해되지 않기를 바라는 것은 감관에 있어 그것이 오성을 지배하려고 하는 참월(僭越)로서 인정될 수 없다는 사실이다. 오성에 의한 최후의 판단을 내리기 위해, 형식에 그치는 것이 아니라 실질적으로 오성의 법정 앞에 제출되는 판단들이 있다. 그러므로 그러한 판단은 직접적으로 감관에 의해 지시되는 것처럼 보인다. 소위 경구나 신탁의 발상(예를 들면 소크라테스가 그의 판결을 그의 수호신에 귀속하게 하는 그런 발상)은 이러한 판단을 포함하고 있다. 즉 이 때 전제가 되는 것은 당면한 사태에서 행하는 것이 옳다 또는 현명하다고 하는 최초의 판단은 일반적으로 또한 정당한 판단이며, 여러 가지 숙고를 통할 경우 단지 작위적으로 될 뿐이라는 것이다. 그러나 이러한 판단들은 사실상 감관으로부터 나오는 것은 아니고, 오성의 불분명하지만 현실적인 반성으로부터 나오는 것이다. — 감관은

‖ AB 33

이에 관해 어떤 요구도 하지 않는다. 감관은, 만약 자신이 천민(ignobile vulgus)이 아니라면, 그들의 상관인 오성에 기꺼이 복종하지만 그러나 자신의 말도 듣기를 희망하는 평민과 같다. 그러나 어떤 판단이나 통찰이 직접적으로 내적 감관으로부터(오성을 매개하지 않고) 생겨나는 것으로 간주되고, 내적 감관이 독자적으로 명령을 내리는 것으로 간주되며, 감각이 판단으로서 통용된다면, 그것은 진짜 광신이며, 광기와 근접한 관계에 있는 것이다. [146]

세 번째 고발에 대한 감성의 변명

11 감관은 기만하지 않는다. 이 명제는 사람들이 감관에 대해서 하는 가장 중요한 그러나 또한 엄격하게 말해서 ⁞ 가장 공허한 비난을 거부하는 것이다. 왜냐하면 감관은 항상 올바로 판단하기 때문이 아니라, 전혀 판단하지 않기 때문이다. 이 때문에 오류는 항상 단지 오성의 부담이 된다. — 그렇지만 감관의 가상(species, apparentia)은 오성에 대해서 정당화는 아니라고 하더라도 변명은 된다. 감관의 가상에 의해 사람들은 종종 자신의 표상 방식의 주관적인 것을 객관적인 것으로 간주하고(예컨대 사람들이 그 각이 보이지 않는 먼 거리의 탑을 둥근 것으로, 먼 바다의 부분이 보다 높은 광선에 의해서 사람들의 눈에 비치는 바다를 해안보다도 높은(altum mare) 것으로, 지평선 위에서 떠오르는 모습을 안개 자욱한 공기를 통해서 본 만월(滿月)은 동일한 시각에서 그것을 본다 하더라도, 달이 하늘 높이 있을 때 보이는 경우보다도 더 멀리 떨어져 있는 것으로, 따라서 더 큰 것으로 간주하는 것처럼), 그래서 현상을 경험으로 간주하고, 그렇게 함으로써 감관의 결함에 의해서가 아니라 오성의 결함에 의해서 오류에 빠지게 된다.

⁞ AB 34

* * *

논리학이 감성에 대해 제기하는 한 가지 비난은 감성을 통해서 촉진되는 그런 인식은 천박(개별성, 개별적인 것에 제한하는 것)하다고 욕하는 것이다. 거기에 반해서 보편적인 것을 목표로 하고, 그러나 그야말로 그것 때문에 추상에 순응해야만 하는 오성에 대해서는 무미건조라는 비난이 적중한다. 그러나 통속성을 첫 번째 것으로 요구하는 심미적(ästhetisch) 취급은 두 가지 결함을 피해갈 수 있는 길을 걸어간다. ⁞

제12절 인식 능력 일반에 대한 가능성에 관하여

12 앞 절은 누구도 통제 가능하지 않은 측면에서의 가상(假象) 능력을 다루고 있는데, 우리들은 결과적으로 쉬운 것과 어려운 것(leve et grave)이라는 개념에 대한 논의로 나아간다. 이 두 가지는 독일어 문자상으로는 단지 물체적인 성질과 힘을 의미하지만, 그러나 라틴어의 경우에 어떤 종류의 유비에 의해서 이들이 의미하는 것은 [147] 실행할 수 있는 것(facile)과 비교적 실행할 수 없는 것(difficile)이다. 거의 실행할 수 없는 것은 그것을 수행하기 위해서 필요한 능력의 정도를 스스로 가지고 있는지를 의심하는 주관에 의해서는 주관의 어떤 상황이나 관계에서 주관적으로 실행할 수 없는 것으로 간주되기 때문이다.

어떤 것을 하는 데 있어 쉬운 것(promptituco)은 그러한 행위에서의 숙달(habitus)과 혼동되어서는 안 된다. 전자는 기계적인 능력이 가지고 있는 어떤 정도, 즉 "내가 원한다면 나는 할 수 있다"를 의미하고, 주관적인 가능성을 나타낸다. 후자는 주관적 · 실천적 필연성, 즉 습관성, 따라서 "의무가 그것을 명령하기 때문에, 나는 하기를 원한다."라

⁞ AB 35, 36

고 하는 것과 같은, 자신의 능력을 자주 반복해서 사용하는 것에 의해서 획득되는, 의지의 어떤 정도를 의미한다. 그러므로 우리는 덕에 대해서 덕이 자유롭고 합법적인 행위에서의 숙달이라고 설명할 수는 없다. 왜냐하면 이 때 덕은 한갓 힘을 이용하는 기구에 불과한 것이 되기 때문이다. 오히려 덕은 자기의 의무를 따르는 데서의 도덕적 강함이고, ‖ 이것은 결코 습관은 아니고 완전히 새롭고 또한 근원적으로 항상 마음으로부터 나와야 하는 것이다.

쉬운 것은 어려운 것과 대립해 있지만, 그러나 또한 종종 성가신 일과 대립하기도 한다. 실행에 필요한 힘을 이용하는 데 있어 어떤 주관의 능력이 그의 안에서 크게 넘칠 때 그것은 그에게 쉬운 것으로 간주된다. 방문이나 축하나 애도하는 등의 의례를 하는 것보다 쉬운 것이 무엇일까? 그러나 또한 바쁜 사람에게는 그러한 의례보다도 귀찮은 일이 무엇일까? 그것은 친절에서 나오는 번거로움(고역)인데, 모든 사람은 그런 번거로움으로부터 진정 자유롭기를 원하지만, 그럼에도 불구하고 그것이 관습에 위반된다는 생각도 가지고 있다.

종교에 속하고 있다고 생각되지만, 그러나 원래 교회의 예식에 관계하고 있는 외면적 관습에는 얼마나 많은 번거로움이 존재하는가? 그러한 관습은 아무데도 쓸모없는 것이지만, 의식과 계율, 참회와 고행(그것은 많으면 많을수록 좋다)을 통해서 인내하려는 신자들의 단순한 복종에는 신심의 공적이 있다. 그러한 고역은 실로 기계적으로는 쉽지만(왜냐하면 이 경우 사악한 경향성은 결코 희생되지 않기 때문이다), 그러나 그것은 이성적인 사람에게는 도덕적으로 대단히 어렵고 성가신 일임에 틀림없다. — 그러므로 민중의 위대한 도덕적 교사가 "나의 계명은 어렵지 않다"[12]라고 하더라도, 그는 그것에 의해서 이 계명을

---

12) ≪신약성경≫ 요한1서, 제5장 3절에 "하느님의 계명을 지키는 것이 곧 하느님을 사랑하는 일입니다. 그리고 하느님의 계명은 무거운 짐이 아닙니다"라고 나와 있다.

‖ AB 35, 36

성취하기 위해서는 단지 약간의 힘만을 필요로 할 뿐이라는 것을 말하고 있는 것은 아니다. 왜냐하면 사실상 그 계명은 순수한 마음의 ‖ 기질을 필요로 하는 것인데, 이들은 명령될 수 있는 것 중에서 가장 어려운 것이기 때문이다. 그러나 이러한 계명은 [148] 이성적인 사람에게는 유대교가 창시했던 것과 같은, 바쁘지만 아무 것도 하지 않는 행위(공연히 헐떡거리고, 많은 일에 종사하지만, 아무 것도 행하는 바가 없다. gratis anhelare, multa agendo nihil agere)라는 명령보다도 무한하게 쉬운 것이다. 왜냐하면 이성적인 사람이 기계적으로 쉬운 것 때문에 소비되는 노력이 아무데도 쓸모없는 것이라는 사실을 안다면, 그는 이것을 대단히 어려운 것이라고 느끼기 때문이다.

무언가 어려운 것을 쉽게 하는 것은 공훈이다. 스스로 그것을 실행할 수 없음에도 불구하고 그것을 쉽다고 말하는 것은 기만이다. 쉬운 것을 행하는 것은 공훈이 아니다. 여러 가지 방법과 기계, 그리고 그 아래에서 여러 기술자들이 하는 분업(공장식의 노동)은 다른 도구를 사용하지 않고서 자신의 손으로 행하기 어려운 많은 것들을 쉽게 만든다.

착수에 대한 지시를 하기 전에(예컨대 형이상학 탐구에서와 같이) 곤란한 점들을 보여주는 것은 실로 위협적이기는 하지만, 그러나 어려움을 감추는 것보다는 낫다. 자기가 착수하는 것 모두를 쉽게 보는 사람은 무모하다. 그가 하는 모든 것을 쉽게 수행하는 사람은 재주 있으며, 또한 그것을 하는 데 큰 힘이 드는 사람은 둔하다. — 사교적 담화(좌담)는 단순한 유희이고, 거기에는 틀림없이 모든 것이 쉽고 또한 쉬운 것처럼 보인다. 그러므로 좌담에서의 의례(경직)는, 예컨대 연회를 파할 때 하는 의례적인 고별은 고풍스런 것으로서 폐지되어야 한다.

‖ 일을 착수하는 데 직면한 사람의 기분은 기질의 차이에 따라서 달라진다. 어떤 사람은 어려운 일과 근심스런 일과 함께 시작하지만(우울질의 사람), 다른 사람의 경우에는 실현의 가망성과 용이성이 그

‖ AB 38

의 마음에 떠오르는 최초의 것이다(다혈질의 사람).

그러나 정력가들의, 단순히 기질에만 근거해 있는 것이 아닌 우쭐거리는 발언, 즉 "인간은 원하는 것을 할 수 있다"는 발언에 관해서 무어라고 말해야 할까? 이러한 발언은 떠벌리는 동어반복 이상의 것이 아니다. 즉 그는 도덕적으로 명령하는 자신의 이성의 지도에 따라서 하고자 원하는 것은 정확하게 말해서 그가 해야만 하는 것이며, 따라서 또한 그것을 할 수 있는 것이다(왜냐하면 불가능한 것을 이성은 그에게 명령하지 않을 것이기 때문이다). 그러나 몇 년 전에는 그것을 자연적인 의미에서도 자찬(自讚)하고 자신을 세계 습격자로서 알리는 그런 바보가 있었지만, 이러한 인종은 이미 사라진지 오래되었다.

마지막으로 습관으로 된 것(consuetudo)은, 동일한 종류의 감각이 변화 없이 오랫 동안 지속되어서 감관으로부터 주의를 박탈하고, 사람들은 이들 감각을 더이상 의식하고 있지 않기 때문에, [149] 사악(邪惡)에 대해 참는 것을 쉽게 하지만(그것을 사람들은 잘못되게도 하나의 덕, 즉 인내라는 명칭 아래에서 존경하고 있다), 그러나 또한 사람으로부터 받았던 선(善)에 관한 의식과 기억을 보다 어렵게 하며, 이것은 일반적으로 배은망덕(사실상의 부덕)으로 귀결된다.

그러나 버릇(assuetudo)은 사람들이 지금까지 처신해 왔던 것과 동일한 방식에 따라서 이 이후에도 계속해서 처신하는 자연적인 내적 강요이다. ⦙ 버릇은 바로 그 때문에 선한 행위로부터 그것의 도덕적 가치를 박탈해 버린다. 왜냐하면 그것은 인간의 자유를 훼손하고, 더 나아가서 동일한 행위를 생각 없이 반복케 하는(단조로움) 결과로 나타나며, 그리하여 우스꽝스럽게 되기 때문이다. 버릇화된 허사(虛辭, 사상의 공허성을 단순히 채우기 위해 사용되는 진부한 표현)는 듣는 자로 하여금 이러한 시시한 표현을 반복해서 듣게 만들며, 말하는 사람을 말하는 기계로 만들어 버린다. 다른 사람의 버릇이 우리들 안에

⦙ AB 39

일으키는 혐오감 유발의 원인은, 여기서는 동물성이 인간으로부터 지나치게 돌출해 나와서, 그것이 다른 것(인간이 아닌 것)의 본성처럼 본능적으로 버릇의 규칙에 따라 인도되며, 그 때문에 인간이 가축과 동일한 부류에 떨어질 위험을 감수하는 데 놓여 있다. — 그러나 어떤 종류의 버릇은 의도적으로 생겨나며, 인정될 수 있는 것이다. 즉 그것은 자연이 자유로운 선택 의지에 대한 도움을 주는 것을 거부하는 그런 경우이다. 예컨대 노년에 있어서 음식 시간과 음식의 질과 양, 또는 수면의 시간과 수면의 질과 양에 대한 습관이 이루어지고, 그리하여 점차 기계화되는 경우이다. 그러나 그것은 또한 예외로서 필요한 경우에만 타당하다. 일반적으로 모든 버릇은 배척되어야 하는 것이다.

제13절 감관의 가상을 가지고 하는 인위적인 놀이에 관하여

13 [A, B판 11절] 오성에 대해 감관의 표상에 의해서 만들어지는 환영(幻影, praestigiae)은 자연적이거나 인위적일 수 있으며, 또한 착각(illusion)이거나 기만(fraus)이다. — ⁞ 어떤 것에 대해 동일한 주관이 그의 오성에 의해 불가능한 것이라고 언명함에도 불구하고, 사람들로 하여금 그것을 눈의 증언에 의해 실저적인 것으로 간주하도록 강요하는 그런 환영은 환시(幻視, praestigies)라고 부른다.

착각은, 대상이라 칭해지고 있는 것이 현실적으로 존재하지 않는다는 것을 알고 있음에도 불구하고, 잔존하는 그런 환영이다. — [150] 감관의 가상에 대한 마음의 그러한 유희는 매우 기분좋은 것이고 재미있는 것이다. 예컨대 우리는 사원의 내부를 원근적으로 그린다든가 혹은 라파엘 멩그스[13]가 페리파토스학파의 학원에 있는 그림(나의 생

13) 멩그스(Anton Raphael Mengs, 1728~1779)는 독일 화가. 드레스덴의 궁정에서 일했

각으로는 코레죠의 그림이 아닌가 한다)에 관해 "사람들이 그들을 오랫동안 보면 그들이 가고 있는 것처럼 보인다"라고 말하든가 혹은 우리는 암스테르담시 청사의 안에 그려진, 반쯤 열려 있는 문을 통해 보이는 계단을 올라가고 싶은 유혹에 빠지게 된다.

그러나 감관의 **기만**은 대상이 어떠한 성질을 가지고 있는가를 사람들이 알게 되자마자 가상 또한 사라지고 마는 그러한 종류이다. 모든 종류의 요술이 그런 것이다. — 옷의 색깔이 눈에 좋게 보이도록 하는 것은 **착각**이다. 그러나 화장은 기만이다. 전자에 의해서 사람들은 유혹되지만, 후자에 의해서 사람들은 속임을 당한다. — 그러므로 자연의 색깔로 그려진 인간이나 동물 모습의 **입상(立像)**을 사람들이 좋아하지 않는 일이 일어나기도 한다. 왜냐하면 사람들은, 그것들이 갑작스럽게 눈에 들어오게 될 때, 한 순간 기만을 당해서 그것들을 살아있는 것으로 생각하게 되기 때문이다.

‖ 다른 점에서는 건전한 마음 상태에 있는 **매혹(fascinatio)**은 자연적인 사물에 관계하고 있지 않다고 사람들이 말하고 있는, 감관의 어떤 환영이다. 왜냐하면 어떤 대상(또는 그 대상의 성질)이 **있다**는 판단은, 그것에 대해 주의를 기울이게 될 때, **그런 것이 아니라는**(혹은 다른 형태라는) 판단으로 저항도 못하고 변경되고 말며 — 따라서 감관은 자기모순에 빠지게 되는 것처럼 보이고 말기 때문이다. 그것은 마치 한 마리의 새가 자신의 모습이 비치는 거울을 향해서 날개짓하며, 그 모습을 현실의 새로 생각해 본다든가 혹은 그렇지 않다고 생각해 보고 있는 것과 같다. 사람들이 **자신의 감관을 신뢰하지 않는다고** 하는 그런 식의 유희는 특히 욕정에 강하게 사로잡혀 있는 그런 사람에게서 나타난

으며, 회화 아카데미의 장(長)이 되었다. 여기서 말하고 있는 "학원의 그림"은 아마도 라파엘(Rafael)의 그림이라고 말해지고 있는 "아테네 학원"일 것이다. 칸트가 말하고 있는 코레죠(Correggio, 본명은 Antonio Allegri, 1494?~1534: 이탈리아 화가로 라파엘의 영향을 받았으며, 바로크 회화의 선구가 되었다)의 그림은 남아 있지 않다.

다. 자신이 사랑하는 여자가 타인의 팔에 안겨 있는 모습을 보았던 남자에게 (헬베티우스에 따르면[14]) 그 여자는 그것을 완전히 부인하고 다음과 같이 말했다. "당신은 부정한 사람, 당신은 더이상 나를 사랑하지 않아요. 당신은 내가 당신에게 말하는 것보다도 당신이 보고 있는 것을 믿고 있군요." — 복화술사(腹話術師)나 가스너 신자나 메스머 신자[15] 및 기타 다른 자칭 악마술사가 실행하고 있는 기만은 보다 뻔뻔스런 것이지만, 적어도 더욱 해로운 것이었다. 옛날에는 사람들은 무언가 이러한 초자연적인 것을 할 수 있다고 생각했고, 불쌍하고 무지한 여자들을 마녀라고 불렀으며, 금세기에 있어서도 또한 그런 것에 대한 신앙은 완전히 근절되고 있지 않다.* ‖ 무언가 전대미문에 관한 경이

---

14) 헬베티우스(Claude Adrien Helvétius, 1715~1771)는 프랑스 계몽기의 감각론적 철학자. 칸트가 인용한 부분은 그의 주저 ≪정신론≫(*De l'esprit*) 제1부, 제2장에 나와 있다.

15) 가스너(Joh. Joseph Gaβner, 1727~1779)는 동부 스위스의 가톨릭 승려. 악마를 쫓아내어 병을 치료한다고 남부 독일에 알려져 있지만, 황제의 명에 의해 옳지 않은 행위로 금지되었다. 메스머(Franz (Friedrich Anton) Mesmer, 1733~1815)도 마찬가지로 가톨릭 신학자였지만, 후에 의사로서 소위 동물자기설(動物磁氣說)의 창시자(1775)가 되었다고 알려지고 있다. 이 설은 파리에서 유행하였고, 의사들 사이에도 많은 신봉자가 있었다.

* 스코틀랜드의 어떤 개신교 목사는 금세기에도, 이러한 사건에 관한 심문에서 재판관에 대해 증인으로서 다음과 같이 이야기하고 있다. "각하, 나는 나의 성직자의 명예를 걸고 이 여자는 악녀라는 것을 각하에게 확언하겠습니다." 이것을 들은 재판관은 다음과 같이 대답했다. "나는 나의 판사의 명예를 걸고서 당신이 마법사가 아니라는 것을 당신에게 확언하겠습니다." ‖ 오늘날 독일 말의 악녀(Hexe)라는 말은 성찬을 봉헌할 때 미사 문구 첫 말에서 유래했다. 신자는 그 성찬을 육체의 눈을 가지고서는 조그만 빵 조각으로서 보지만, 그 문구를 만들었던 사람들은 영적(靈的)인 눈을 가지고서 그 빵을 한 사람의 육체로서 보지 않으면 안 되는 것이다. 왜냐하면 처음에는 hoc est라는 말이 corpus라는 말과 결합되었지만, 이 경우 hoc est corpus(이것은 성체[聖體]다)가 hocuspocus로 변했기 때문이다. 아마 이것은 올바른 이름을 부르고 신성을 모독하는 것을 경건하게 조심하는 데서 나온 것이라고 생각된다. 이것은 미신을 믿는 사람이 비자연적인 대상의 경우에 그것을 모독하는 것을 하지 않기 위해 흔히 하는 일이다.※

※ 여기서 Hexe라는 말의 어원에 대한 칸트의 설명은 옳지 않다. 오늘날의 견해에 의하면Hexe라는

‖ AB 42 본문 주 ‖ AB 42

의 감정은 [151] 그 자체 약한 자에게는 매우 유혹적인 것을 가지고 있는 것처럼 보인다. 그것은 단순히 그에게 갑자기 새로운 전망이 열려진 때문은 아니고, 심약한 사람이 그로서는 번거로운 이성의 사용을 면제받고, 다른 한편 다른 사람들을 자신과 같이 무지한 자로 만들고자 하는 유혹을 받고 있기 때문이다.

제14절 허용되는[16] 도덕적 가상에 관하여

14 [A, B판 12절] 인간은 총체적으로, 문명화되면 될수록 연기자가 된다. 그는 호의, 타인에 대한 존경, 정숙, 사욕없음의 모습을 보이지만, 그 때문에 누군가를 속이려는 것도 하지 않는다. 왜냐하면 그러한 것이 반드시 진심으로 의도되고 있는 것은 아니라고 하는 사실을 이 경우 어떤 사람도 서로 이해하고 있기 때문이다. 그리고 또한 이 세상이 그러한 것이라는 사실은 매우 좋은 일이다. 왜냐하면 사람들이 이런 역할을 하게 됨으로써, 결국에는 사람들이 오랜 기간을 통해서 의도적으로 덕의 모습을 가장했을 뿐인 그와 같은 덕이 점차적으로 현실적으로 깨달아지게 되고, ‖ 성향으로 이행해가기 때문이다. — 그러나 우리 자신 안에 있는 기만자, 즉 경향성을 기만하는 것은 덕의 법칙 아래 복종하려고 하는 두 번째 복귀이고, 우리 자신의 기만이 아니라 우리 자신의 죄없는[17] 착각이다.

그래서 마음이 계속해서 추구하고 있는 감각들에 대한 마음의 공허

말의 어원은 Hag에서 나온 것으로, 여기서 Hag는 삼림(森林)을 의미한다. 따라서 Hexe는 삼림 지역에 거주하는 악녀를 의미한다.

16) Ak.판에 "허용되지 않는"(unerlaubten)으로 되어 있는 것은 오식이다.

17) Ak판과 A, B판은 "죄없는"(schuldlose)이지만 Cassirer판은 '광영있는'(rühmliche)으로 되어 있다.

성으로부터 야기되는, 자기 자신의 현존에 대한 혐오감, 즉 지루함에서 오는 혐오감은 매우 불쾌한 감정인데, 이 때 사람들은 동시에 게으름이라는 중압을, 즉 노동이라고 부를 수 있고 저러한 혐오감을 쫓아낼 수 있는 일체의 일(왜냐하면 그것은 노고와 결부되고 있기 때문에)에 대한 권태라는 중압을 감지하게 된다. 이런 감정의 원인은 안락(어떤 피로도 그것에 선행하지 않는 안식)에 대한 자연적 경향성 이외 아무것도 아니다. — 그러나 이러한 경향성은 기만적인 것이요, [152] 사람이 아무것도 하지 않을 때(그가 목적없이 단조로운 생활을 할 때), 이때 그는 아무것도 나쁜 일은 하고 있지 않기 때문에, 자신에 만족하고 있다면, 이성이 사람들에 대해 법칙으로 삼는 목적에 관해서도 기만적이다. 따라서 이러한 경향성을 다시 한번 기만하는 것(그것은 미술에 대해 활동함으로써 이루어지지만, 특히 사교적인 환담에 의해서 이루어질 수 있다)은 시간을 보내는 것 (tempus fallere)이라 부른다. 이때 이러한 표현은 활동하지 않는 안식을 향한 경향성 그 자체를 기만한다는 의도를 이미 암시하고 있다. 이러한 일은 예컨대 미술에 의해 마음이 즐겁고 유쾌해진다든가, 또한 역시 평화적 경쟁에서 단지 그 자체는 목적도 없이 이루어지는 활동에 의해서 적어도 마음의 계발이 달성된다든가 하는 경우에 나타난다. 그렇지 않다면 그것은 시간 죽이기라 부를 것이다. — 경향성에서 감성에 대항해서 힘을 쓰더라도 어떤 것도 성취되지 못한다. 사람들은 그 감성을 ⁞ 책략을 써서 이겨야 하고, 스위프트[18]가 이야기하고 있는 것처럼, 배를 구하기 위해서 우리는 고래가 빈 통과 놀 수 있도록 고래에 빈 통을 던져 버려야 한다.

자연은 현명하게도 사람들 안에다 덕을 구하기 위하여, 특히 덕으로 인도되기 위해서 자기를 기꺼이 속이도록 하는 성향을 심어주었다.

18) 스위프트(Jonathan Swift, 1667~1745)는 ≪걸리버 여행기≫의 저자인 영국의 풍자 작가. 여기에 인용되고 있는 말은 그의 작품 ≪터무니없는 이야기≫(*A Tale of a Tub*)의 서문에 나온다.

⁞ AB 44

선량하고 단정한 예의는 다른 사람에게 존경을 느끼도록 하는(품위를 떨어뜨리지 않도록 하는) 외면적인 모습이다. 실로 부녀자는 남성이 그들의 매력에 경의를 표하는 모습을 보이지 않는다면 예의에 대해 불만족스럽게 생각하게 될 것이다. 그러나 정숙(pudicitia), 즉 욕정을 감추는 자기 강제는 남성과 여성들 사이에서, 한 쪽을 다른 쪽의 향락의 단순한 도구로 낮추어 보지 않도록 하는, 필요한 간격을 만들어 내기 때문에, 착각이기는 하지만 매우 유용한 것이다. 일반적으로 사람들이 예의바름(decorum)이라고 부르고 있는 것은 그것과 동일한 종류의 것이며, 즉 아름다운 모습 이외 다른 것이 아니다.

정중(Politesse)은 애정을 느끼도록 하는 겸양의 모습이다. 몸을 굽혀 인사하는 것(Komplimente)과 모든 정중한 행위는 모두 말에 의한 최고의 열렬한 우정의 확언을 가지고 있지만, 반드시 매우 진실한 것은 아니다("나의 친애하는 친구들, 친구란 하나도 없군!"이라고 아리스토텔레스는 말했다[19]). 그러나 이러한 것들이 또한 기만하고 있다는 것은 아니다. 왜냐하면 모든 사람은 자신이 그것을 어떻게 받아들여야 하는가를 알고 있기 때문이며, 그리고 특히 호의나 존경의 표시가 처음에는 공허하지만, 점차적으로 이러한 종류의 현실적인 마음으로 나아가기 때문이다.

⁞ 교제에 있어서 모든 인간적인 덕은 보조 화폐이다. 다만 어린 아이들만이 그것을 진짜 금이라고 생각한다. ― 그러나 보조 화폐를 유통시키는 것이 그러한 통화를 전혀 하지 않는 것보다는 더 낫다. 그러

19) 아리스토텔레스의 ≪에오데모스 윤리학≫(*Ethica Eudemia*)의 VII, 12 참조. 단지 여기에는 *οὐδεις ριλος ὠ πολλοι φιλοι*(큰 세력의 친구가 있는 사람에게는 누구도 친구가 아니다 [친구를 많이 가지고 있는 사람은 진실한 친구를 가지고 있지 않다])이다. 칸트의 인용과 엄밀하게 일치하는 것은 ≪디오게네스 라에르티오스≫(*Diogenes Laertios*), V, 1, 21 에서 아리스토텔레스를 참조하고 있는 *ὠ ρίλοι, οὐδεὶς ρίλος*(친구들이여, 누구도 친구가 아니군)라는 어구이다.

⁞ AB 45

나 마지막에는 이러한 통화는 상당한 손실을 가져옴에도 불구하고 순금과 교환될 수 있다. [153] 그러한 보조 화폐를 전혀 가치가 없는, 단순한 장난감 계산기로 보거나, 빈정대는 스위프트에게 "정직은 진흙 속에서 닳아 떨어지는 한 켤레의 신발"[20] 이라고 말하거나, 또는 마르몬텔의 ≪벨리자르≫를 공격했던 목사인 호프스테데[21] 에 동조하고, 누군가가 덕의 존재를 믿는 것을 저지하기 위해서 소크라테스와 같은 사람조차 중상 모략한다는 것은 인간성에 관해서 저질러지는 반역이다. 다른 사람에게서 보이는 선의 모습도 우리들에게 가치있는 것이어야 한다. 왜냐하면 아마도 존경을 받을 만한 가치가 없는데도 존경을 얻게 되는 위장술을 가진 이러한 활동으로부터 결국에는 진지한 어떤 것이 생겨날 수 있기 때문이다. — 다만 우리들 자신에서의 선의 가상(假象)만이 미화(美化)됨이 없이 닦아내져야 하며, 또한 자애(自愛)가 우리들의 도덕적 결점을 감추는 수단으로 삼는 베일은 찢겨 없어져야 한다. 왜냐하면 거기에서는 그 가상은 기만하는 것이기 때문이다. 이 경우 사람들은 일체의 도덕적인 내용을 가지지 않음으로써 자신의 죄책을 소멸시킬 수 있다거나 또는 그들의 도덕적 내용을 내던져 버리면서 자신은 아무 죄도 없다는 것을 납득할 수 있다고 잘못 생각하고 있는 것이다. 예를 들면 일생의 최후 순간에 악한 행위에 대한 참회가 현실적인 개전(改悛)이라고 말해진다든가, 그의로 하는 법의 위반이 인간의 취약성으로 말해지는 경우가 그것이다.

---

20) 스위프트의 ≪터무니없는 이야기≫, 86 쪽.

21) 호프스테데(H. Hofstede)는 네덜란드의 개신교 신학자. 개혁 교회의 정통파 멤버이며, 또한 로테르담 대학의 신학 교수. 그는 ≪마르몬텔 저 〈벨리자르〉 논평≫(*Des Herrn Marmontels herausgegebener Belisar beurtheilt*, Leipzig, 1769)을 썼으며, 제23장 〈그리스 철학자 소크라테스의 정체를 밝히다〉 는 활발한 논쟁을 불러 일으켰다.
마르몬텔(Jean François Marmontel, 1723~1799)은 프랑스 백과전서파 중 한 사람. 소설 ≪벨리자르≫(*Bélisaire*)를 간행했으며(1767), 제15장에서 관용의 문제에 관해 크게 세상의 주목을 불러 일으켰다.

제15절~제23절 다섯 가지 [외적][22]감관에 관하여

15 [A, B판 13절] 인식 능력에서의 감성(직관에서의 표상 능력)은 ‖감관과 상상력이라는 두 부분을 포함하고 있다. — 전자는 대상이 현재 있는 경우의 직관 능력이며, 후자는 대상이 현재 없더라도 기능하는 직관 능력이다. — 그러나 감관은 또한 외적 감관과 내적 감관(sensus internus)으로 분류된다. 외적 감관은 인간의 신체가 물체적인 사물에 의해서 촉발되는 때의 감관이요, 내적 감관은 인간의 신체가 마음에 의해서 촉발되는 때의 감관이다. 이때 주의해야 할 점은 내적 감관은 단순한 지각 능력(경험적 직관의)으로서, 쾌·불쾌의 감정과는 다른 것으로, 즉 어떤 표상의 상태를 받아들이든가 또는 거부하든가 하는 것이 이 표상에 의해서 규정되는 그런 주관의 감수성과는 다른 것으로 간주되어야 한다는 것이다. 이 쾌·불쾌의 감정은 내면적 감관(sensus interior)이라 할수 있겠다. — 사람들이 그런 것으로 의식하고 있는 바, 감관을 통해서 나오는 표상은, 감각이 동시에 주관의 상태에 대한 주의를 환기시킨다면, 특히 지각 표상이라 부른다.

16 [A, B판 14절] 우리들은 우선 먼저 신체 감각의 감관을 [154] 생명 감각의 감관(부정감관 不定感官, sensus vagus)과 기관 감관의 감관(고정감관 固定感官, sensus fixus)으로 분류할 수 있다. 그리고 이들 감관은 총괄해서 단지 신경이 있는 장소에서만 마주치게 되기 때문에, 이들을 전체 신경 조직을 촉발하는 것과 신체의 어떤 일부에 속하는 신경만을 촉발하는 것으로 분류할 수 있다. — 따뜻함과 차가움

22) 차례에는 A판, B판, C판 모두 "다섯 가지 외적 감관에 관하여"(Von den fünf äußern(C판은 äußeren) Sinnen)으로 되어 있지만, 본문 제목에는 "외적"이란 말이 빠져 있다.

‖ AB 46

의 감각은, 마음에 의해서 환기되는 것(예컨대 급격하게 일어나는 희망이나 공포에 의한)이라 하더라도, 생명 감관에 속한다. 숭고한 것을 표상하는 데도 사람들에 넘쳐흐르는 전율(戰慄)과 ‖ 늦은 밤에 유모들의 이야기가 아이들을 침대로 쫓아버릴 때의 공포는 후자의 부류에 속한다. 이들 감각은 신체의 어디든 생명이 있는 곳은 뚫고 들어온다.

그러나 기관 감각은, 이들이 외적 감관에 관계하는 한, 다섯 가지보다 많지도 적지도 않고 딱 알맞은 숫자를 가지고 있다.

그러나 그 중 세 가지는 주관적인 것이라기보다는 오히려 객관적이다. 즉 이들은 경험적 직관으로서, 촉발된 기관의 의식을 환기시키기보다는 오히려 외적 대상의 인식에 기여하고 있다. — 그러나 나머지 두 가지는 객관적이기보다는 오히려 주관적이다. 즉 이들 감관에 의한 표상은 외적 대상의 인식의 표상이라기보다는 오히려 향유(享有)의 표상이다. 따라서 앞의 세 가지에 관해서는 사람들은 다른 사람과 쉽게 일치할 수 있지만, 뒤의 두 가지에 관해서는 대상에 관한 외적, 경험적 직관과 대상의 명명(命名)이 동일하다 하더라도, 주관이 대상에 의해 촉발되는 것을 어떻게 감지할 것인지 하는 방식은 완전히 달라질 수 있다.

전자의 부류에 속하는 감관은 (1) 촉각(tactus), (2) 시각(visus), (3) 청각(auditus)의 감관이다. — 후자의 부류에 속하는 것은 (a) 미각(gustus), (b) 후각(olfactus)의 감관이다. 모두 기관 감각의 순수한 감관이며, 대상을 식별하기 위하여 자연에 의해서 동물에 제공된, 이 수(數)만큼의, 바깥으로 향해 있는 입구로서의 감관이다.

‖ 촉각의 감관에 관하여

[A, B판 15절] 촉각의 감관은 고체(固體)의 표면에 접촉함으로써 이

‖ AB 48, 49

17 물체의 형태를 찾기 위해서 손가락 끝과 신경돌기(神經突起, papillae) 안에 존재한다. — 자연은 단지 인간에게만 이 기관을 부여했던 것처럼 보이고, 그렇게 함으로써 인간은 물체의 모든 측면에 접촉함으로써 그 물체의 형태에 대한 개념을 형성할 수 있게 된다. 왜냐하면 곤충의 촉각은 [155] 단지 물체의 현재를 목표로 할 뿐이며, 그 형태의 조사를 목표로 하는 것이 아닌 것처럼 보이기 때문이다. — 이 감관은 또한 **직접적인** 외적 지각에 관한 유일한 감관이다. 그 때문에 또한 가장 중요하고 가장 확실한 것을 가르치는 감관이지만, 그럼에도 불구하고 가장 조야(粗野)한 감관이다. 왜냐하면 우리가 물질의 표면으로부터 접촉을 통해서 형태를 알게 될 때, 이때 그 물질은 고체적인 것임에 틀림없기 때문이다(그 표면의 느낌이 부드럽다든가 부드럽지 않다든가, 더군다나 그 느낌이 따뜻하다든가 차갑다든가 하는 생명 감각은 여기서 문제가 되지 않는다). — 이 기관 감각이 없다면 우리는 물체의 형태에 관해서 전혀 개념을 형성할 수 없을 것이다. 따라서 경험적 지식을 공급하기 위해서는, 첫 번째 부류에 속하는 다른 두 가지 감관이 이 형태의 지각과 근원적으로 관계를 맺지 않으면 안 된다.

청각에 관하여

18 [A, B판 16절] 청각의 감관은 단지 **간접적인** 지각에 관한 감관 중 하나이다. — 우리를 둘러싸고 있는 공기를 통해서, 또한 그것을 매개로 해서 먼 거리의 대상이 넓은 범위에 걸쳐 인식된다. 그리고 발성 기관인 입에 의해서 움직여지게 되어 있는 이러한 매개를 통해서 인간은 ‖ 다른 사람과 가장 쉽게 그리고 가장 완전하게 그들의 생각과 감각을 공유할 수 있다. 이것은 특히 다른 사람으로 하여금

‖ AB 48, 49

들을 수 있도록 하는 음성이 확실하게 발음되고, 오성에 의해서 이들이 법칙적으로 결합되는 언어를 형성하는 경우에 타당하다. — 대상의 형태는 청각에 의해서 주어지지는 않는다. 또한 언어의 음성은 직접적으로는 대상의 표상에 이르지 않는다. 왜냐하면 언어의 음성은 그 자체로는 아무 것도 의미하지 않으며, 적어도 어떤 대상도 의미하지 않으며, 기껏 단지 내적인 감정을 의미할 뿐이며 개념을 표시하기 위한 가장 적절한 수단이기 때문이다. 그리고 태어날 때부터 귀머거리인 사람은 바로 그 때문에 또한 벙어리(말이 없는)로 남아있지 않으면 안 되며, 이성의 유사물 이상의 것에 결코 도달할 수 없는 것이다.

그러나 생명 감관에 관하여 말한다면, 이것은 청감각의 규칙적인 활동인 음악에 의해서 말할 수 없을 정도로 활발하게 그리고 다양하게 움직일 뿐만 아니라 강화된다. 따라서 음악은 말하자면 단순한 감각들의 언어(개념을 전혀 갖고 있지 않는)이다. 음성은 여기서는 음조(音調)이며, 색의 시각에 대한 관계와 음성의 청각에 대한 관계가 같은 것이다. 즉 음악은 어떤 주위의 공간 내에서 거기에 있는 모든 사람들에게 멀리서 감정을 전달하는 것이며, 또한 많은 사람들이 거기에 참여한다고 해서 감소되는 것이 아닌 사회적 향락이다. [156]

시각의 감관에 관하여

19 [A, B판 17절] 시각 또한 특정한 기관(눈)에서만 감각될 수 있는 움직이는 물질, 즉 빛에 의한 간접적인 감각의 감관이다. ⁞ 빛은 소리처럼 주위의 공간에서 모든 방향에 뻗치고 있는, 단순히 유동적 원소의 파장적인 운동은 아니고, 하나의 발산이며, 그것에 의해서 공간 중에 있는 대상의 장소가 규정된다. 그리고 그 빛을 매개로 해서 우주의 구조가 광대무변한 범위까지 우리에게 알려지게 되고,

⁞ AB 50

그래서 특히 스스로 빛을 발하는 천체의 경우에는, 그 거리를 이 지상에서의 우리들의 척도와 비교한다면, 우리는 숫자를 배열하는 데 지쳐버리고 말 것이다. 또한 이 경우 우리는 대상(우주의 구조)의 크기에 대해서보다도 그렇게 미약한 인상의 지각에 관한 이 기관의 섬세한 감수성에 대해서 더 경탄하는 그 이상의 이유를 가지고 있다. 특히 사람들이 현미경의 도움으로 눈앞에 주어진 미물(微物)의 세계를 볼 때, 예컨대 적충류(滴蟲類)를 조사할 때 그러하다. — 시각의 감관은 청각의 감관만큼은 불가결한 것은 아니라 하더라도 가장 고급의 감관이다. 왜냐하면 시각의 감관은 모든 감관 중에서 지각의 가장 제한된 조건인 촉각의 감관으로부터 가장 멀리 떨어져 있으며 그리고 또한 공간 중 가장 큰 지각 범위를 포함하고 있을 뿐만 아니라, 그 감관을 가장 적게 촉발되는 것으로 감지하고 있으며(그렇지 않다면 그것은 단순히 보는 것이 아닐 것이기 때문에), 따라서 이 점에서 순수 직관(눈에 띄는 감각을 섞지 않고 주어진 객관을 직접적으로 표상하는 것)에 비교적 접근하는 것이기 때문이다.

* * *

이 세 가지 외적 감관은 우리 바깥에 있는 사물로서의 대상을 인식하는 데로 주관을 인도한다. ⁞ — 그러나 감각이 너무나 강해서 기관 활동의 의식이 외적 객관에 대한 관계의 의식보다도 더 강하게 된다면, 외적 표상은 내적 표상으로 변화된다. — 감지할 수 있는 것에서 부드럽거나 거친 것에 주목하는 것은 외적인 물체의 형상을 그것에 의해서 탐지하는 것과는 완전히 다르다. 마찬가지로 다른 사람이 말하는 음성이 너무나 강해서 소위 어떤 사람의 귀가 그것 때문에 고통을 받게 되는 경우라든가, 또는 어두운 방에서 밝은 양지로 걸어오는 누

⁞ AB 51

군가가 실눈을 뜨는 경우에 후자는 [157] 강하고 갑작스런 빛 때문에 잠시 동안 잘 안보이게 되며, 전자는 째지는 소리 때문에 귀가 먹게 된다. 즉 두 사람 다 감관의 감각의 강렬 때문에 객체의 개념에 이를 수 없으며, 그들의 주의는 단지 주관적 표상에만, 즉 기관의 변동에만 고정되어 있는 것이다.

미각과 후각의 감관에 관하여

20 [A, B판 18절] 미각과 후각의 감관은 둘 다 객관적이라기보다는 주관적이다. 전자는 혀, 인후(咽喉), 구개(口蓋)의 기관이 외적인 대상에 의해 접촉됨으로써 활동하게 되고, 후자는 공기와 섞여 있는 이질(異質)의 발산물을 흡입함으로써 활동하게 된다. 이 중 뒤의 경우에 그 발산물을 방출하는 물질은 기관으로부터 멀리 떨어져 있을 수 있다. 이 두 감관은 서로 밀접한 관계를 가지고 있고, 후각에 결함이 있는 사람은 항상 둔감한 미각만을 가지고 있을 뿐이다. — 예컨대 두 가지 감관은 염분(고체 및 휘발성의)에 의해 — ⁞ 그 중 한 쪽은 입안의 액체에 의해서, 그리고 다른 한쪽은 공기에 의해서 용해되지 않으면 안 되지만— 촉발되며, 이 염분이 기관에서 그들의 특수한 감각을 생기게 하기 위해서는 그 기관의 내부로 침투해 들어와야 한다.

외적 감관에 대한 일반 주해

21 [B판에 추가 B 19절] 우리는 외적 감관의 감각을, 기계적인 영향에 의한 감각과 화학적인 영향에 의한 감각으로 분류할 수 있다. 기계적인 영향을 주는 것에는 세 가지의 상급 감관이 속해 있으며, 화학적인 영향에 의한 감각에는 두 가지 하급 감관이 속해 있다. 전자

⁞ AB 52

는 지각(표면에 대해)의 감관이며, 후자는 향유(가장 내면적인 수용에 대해)의 감관이다. — 그러므로 구토감, 즉 먹은 것을 식도의 최단거리를 통해 밖으로 내어 놓는(구토하는) 자극이 사람들에 매우 강한 생명감각으로서 주어지는 경우가 생겨난다. 왜냐하면 그러한 내면에의 수용이 동물에게는 위험이 될 수 있기 때문이다.

그러나 또한 사상의 전달을 본질로 하는 정신의 향유도 존재한다. 그러나 사상이 우리들을 압박하고, 그럼에도 우리들에게 정신의 양식으로서 효능이 없다면, 마음은 그 사상을 불유쾌한 것으로 보게 된다(예를 들면 기지(機智)에 차고, 혹은 즐거움을 일으키고 마는 착상이 항상 일률적으로 반복되고, 이러한 천편일률 때문에 우리 자신에 유해한 것이 생길 수 있다). 그래서 이러한 사상의 향유를 벗어나고자 하는 자연의 본능은, [158] 그것이 내적 감관에 속해 있는 것임에도 불구하고, 유비에 의해서 메스꺼움이라 한다.

‖ 후각은 말하자면 멀리 떨어져 있는 미각이며, 다른 사람들은 그들이 원하든 원하지 않든, 향유를 가지도록 강요당한다. 그리고 이 때문에 후각은 자유에 대립되는 것으로, 미각보다도 사회성이 결해 있다. 미각의 경우에 많은 접시나 병을 보게 될 때, 손님은 그 하나를 자신이 좋아하는 대로 선택할 수 있지만, 그러나 다른 사람들은 그것을 먹는 것을 강요받지 않는다. — 불순한 것은 눈이나 혀에 불쾌한 것에 의해서 메스꺼움을 불러일으키기보다는, 오히려 그것으로부터 나오는 것으로 추측될 수 있는 악취에 의해서 더 메스꺼움을 불러일으키는 것처럼 보인다. 왜냐하면 후각에 의한 수용(폐 안으로)은 입이나 식도의 흡수관에 의한 것보다는 더 내면으로 향해 있기 때문이다.

감관에 생기는 영향의 정도가 거의 동일한 경우에는, 감관이 촉발되는 것으로 느끼는 것이 강하면 강할수록 감관이 가르치는 것은 적다. 반대로 감관이 많은 것을 가르쳐야 한다면, 감관의 촉발은 적절한 것이

‖ AB 53

지 않으면 안 된다. 가장 강렬한 빛에서 우리는 아무 것도 보지(식별하지) 못한다. 큰 소리로 하는 절규는 귀를 먹게 한다(사고를 억압한다).

생명 감각이 인상에 대해 감수적이면 감수적일수록(즉 섬세하고 민감할수록), 사람들은 더욱 불행하게 된다. 기관 감관에서는 감수적(다감적)일수록 그리고 반대로 생명 감관에서는 무감각적일수록, 사람들은 행복하다. — 나는 보다 행복하다고 하는 것이지, 반드시 도덕적으로 더 선하다고 하는 것은 아니다. — 왜냐하면 그 사람은 자신이 건전하다는 감정을 보다 자신의 통제 하에 두고 있기 때문이다. 사람들은 강함으로부터 오는 감각 능력(강한 감수성 sensibilitas asthenica)을 유연한 다감성이라 부르고, 감관의 영향이 의식 안으로 들어오는 것에 대해 충분히 저항할 수 없고, ¦ 즉 의지에 저항하는 감관의 영향에 주목하는 주관의 약함으로부터 오는 감각 능력을 부드러운 민감성(연약한 감수성 | sensibilitas asthenica)이라 부른다.

문 제

22 [B판에 추가 B 20절] 어떤 기관 감관이 가장 보람 없으며, 또한 가장 무용한 것처럼 보이는 것일까? 그것은 후각의 감관이다. 즐기기 위해서 이 감관을 개발하거나 또는 그것을 세련되게 하려는 것은 보람없는 일이다. 왜냐하면 이 감관이 쾌적을 제공하는 대상보다는 메스꺼움을 주는 대상(특히 사람들이 많은 장소에서)이 더 많이 있으며, 또한 이 감관에 의한 향유는, 그것이 즐거움을 주는 경우에도, 단지 일시적이어서 곧 사라져버리기 때문이다. — 그러나 건강의 소극적인 조건으로서 [159] 이 감관이 중요하지 않은 것은 아니다. 예컨대 해로운 공기(난로의 연기 또는 수렁이나 부패한 공기의 악취)를 흡입하지 않기 위한 것이나 또한 부패하고 있는 것을 음식물에 사용하지

‖ BA 54

않기 위한 것이 건강의 소극적 조건으로서 중요하다. — 이것과 같은 중요성을 두 번째 향유 감관, 즉 미각의 감관도 가지고 있다. 그러나 미각 감관은 향유할 때 사교성을 촉진한다는 자신에 특유한 장점을 가지고 있는데, 후각 감관은 이것을 가지고 있지 않다. 더욱이 미각 감관은 음식이 장관(腸管)으로 들어가는 입구의 문에서 그 음식이 자양(滋養)으로 되는지를 판정한다는 장점도 가지고 있다. 왜냐하면 만약 사치와 탐닉이 감관을 지나치게 정련(精練)하지 않는다면, 이 자양으로 되는 것은 음식을 향유할 때 쾌적함의 상당히 확실한 예언과 밀접하게 연결되어 있기 때문이다. — 병에 걸린 사람에 있어서 식욕을 돋우는 음식은 그 사람에게 또한 대체로 약품과 동등한 효험이 있을 것이다. — 음식물의 냄새를 맡는 것은 말하자면 시식이며, 배고픈 사람에게는 좋아하는 음식의 냄새가 ⁞ 향유(享有)를 불러일으키지만, 배부른 사람은 동일한 냄새에 의해서 역겹게 된다.

감관에서 대리적인 어떤 것이, 즉 하나의 감관을 다른 감관에 대신하기 위해서 사용하는 것이 있을 수 있을까? 귀머거리는, 그가 전에는 들을 수 있었다면, 몸짓에 의해서, 따라서 귀머거리의 눈에 의해서 통상의 언어를 불러낼 수 있다. 여기에는 또한 그의 입술의 움직임을 관찰하는 것도 필요하다. 뿐만 아니라 어두운 곳에서 움직이는 입술을 감지함으로써 동일한 것이 생겨날 수 있다. 그러나 그가 타고 난 귀머거리라면, 그를 가르칠 때 사람들이 그로부터 끌어내었던 음성을, 시각의 감관은 발어(發語) 기관의 움직임으로부터, 그의 발어 근육의 특유한 움직임의 촉감으로 변화시켜야만 한다. 그렇게 하더라도 그는 그것에 의해서 실제의 개념에 도달하지 못할 것이다. 왜냐하면 그가 그것을 위해서 필요로 하는 기호는 결코 보편성을 가질 수 없기 때문이다. — 비록 단지 육체적인 청각은 다치지 않았지만 음악적인 청각에 결함이 있는 경우, 그의 청각이 소리를 지각할 수는 있지만 음조를

⁞ AB 55, 56

지각할 수 없으며, 따라서 그 사람은 말할 수는 있지만 노래 부를 수 없는데, 이것은 설명하기 어려운 장애이다. 그것은 마치 잘 볼 수는 있지만 어떤 색깔도 식별할 수 없는, 혹은 대상이 동판화(銅版畵)처럼 보이는 사람이 있는 것과 같다.

청각과 시각 중 감관의 어떠한 결함이나 상실이 더 중대한 것일까? — 청각의 결함이나 상실은, 그것이 타고난 것이라면, 모든 것 중 가장 보완되지 않는 것이다. 그러나 눈을 사용하는 길이 몸짓을 관찰하도록 계발되며, ‖보다 간접적으로는[23] 책을 읽음으로써 계발된 이후에 뒤늦게 그것이 생긴 것이라면, [160] 그러한 상실은, 특히 유복한 사람의 경우에는, 시각에 의해서 다소 보완될 수 있다. 그러나 나이가 들어 귀머거리가 된 사람은 이런 교제 수단의 상실을 매우 슬프게 생각한다. 그리고 우리들은 맹인들이 이야기하기를 좋아하고, 사교적이며, 식탁에서 즐거워하는 것을 많이 보지만, 자신의 청각을 상실한 사람이 사교장에서 비위에 거슬리고, 의혹을 품게 만들고, 불만족스럽게 하는 것 말고 다른 행동을 하는 것을 발견하기는 쉽지 않다. 이러한 사람은 식탁 동료와 얼굴을 마주보고 있을 때 모든 종류의 호의의 표현이나 적어도 관심의 표현을 보게 되지만, 그들의 의미를 추측하려고 쓸데없이 노력을 하고, 따라서 사교장에서 고독의 저주를 받게 된다.

* * *

23 [B판에 추가 B 21절] 또한 뒤의 두 감관(객관적이라기보다는 주관적인 것)에 다음과 같은 특수한 종류의 외적 감관 감각을 생기게 하는 객관에 대한 감수성이 속해 있다. 즉 이 외적 감각은 단순

---

23) A판과 B판에는 "보다 간접적으로"(mittelbarer)이지만 Ak판은 "더욱 직접적으로"(unmittelbarer)로 되어 있다.

‖ AB 55, 56

히, 어떤 자극을 통해서 냄새 맡고 맛을 보는 기관들에 작용하지만, 그러나 이 자극은 후각도 미각도 아니라, 기관을 자극하고 특수한 해방감을 일으키는 어떤 종류의 고체 염분의 영향으로서 감지되는 것이다. 따라서 이들 객관은 본래 향유되는 것도 아니요 기관 안으로 철저하게 받아들여지는 것도 아니며, 오히려 다만 기관과 접촉하고 그 다음 곧 버려지는 것이다. 그러나 바로 그렇게 함으로써 하루 종일(식사와 수면 시간을 제외하고는) 싫증나지 않고 사용되고 있다. — 이 감각에 사용되는 가장 일반적인 재료가 담배이다. ¦ 코담배의 냄새를 맡는 것, 또는 타액(唾液)을 자극하기 위해서 담배를 입안의 뺨과 구개 사이에 넣는 것, 또는 파이프를 통해 마치 리마(Lima)에서 스페인 부인들이 불붙여진 권련을 통해서 하듯 담배를 피우는 것이 이 감각에 사용되는 일반적 재료이다. 말레이 사람은 이 경우에 담배 대신에 구장(蒟醬)의 잎으로 둥글게 말은 빈랑자(檳榔子) 열매(구장 빈랑자)를 이용하는데, 이는 동일한 효과를 준다. — 이러한 기호(嗜好, Pica)는, 두 기관에서의 액의 분비가 결과적으로 가질 수 있는 의학상의 이익이나 해로움은 차치하고, 감관의 감정을 일반적으로 단순히 자극하는 것으로서 말하자면 자신의 사고 상태에 대한 주의를 환기시키도록 자주 반복해서 자극하는데, 만약 그렇지 않았더라면 이 사고 상태는 잠들게 되었거나 단조로움이나 일률성에 의해서 지루하게 되었을 것이다. 그 대신에 이러한 자극 수단은 끊임없이 주의를 주면서 다시 눈뜨게 만든다. 사람들의 자기 자신에 대한 이런 종류의 즐거움은 [161] 사교를 대신한다. 왜냐하면 그것은 항상 새롭게 불러일으켜진 감각과 재빨리 사라지지만 항상 다시 갱신되는 자극을 가지고 있어서 담화를 대신하여 시간의 공허를 메꾸어주기 때문이다.

제24절 내적 감관에 관하여

24 [A판 19절, B 22절] 내적 감관은 순수 통각은 아니다. 즉 인간이 하는 것에 대한 의식은 아니다. 왜냐하면 이러한 의식은 사고의 능력에 속하는 것이기 때문이다. 내적 감관은 오히려 인간이 자기 자신의 사고 활동에 의해서 촉발되는 한에서 그가 겪게 되는 것에 관한 의식이다. 여기에는 내적 직관이, 따라서 시간에서의 표상들의 관계(이들 표상은 시간 안에서 동시적이든지 계시적이다)가 기초에 놓여 있다. ‖ 내적 감관의 지각과 그리고 그 지각의 결합에 의해서 합성된(진리이든 가상이든) 내적 경험은 인간학적인 것일 뿐만 아니라, 심리학적인 것이기도 하다. 만약 인간학적이라면 사람들은 인간이 영혼(특수한 비물체적인 실체로서의)을 가지고 있는지 가지고 있지 않은지 하는 문제를 도외시한다. 그러나 심리학적이라면, 사람들은 영혼을 자기 안에서 지각한다고 믿으며, 그리고 감각하고 사고하는 단순한 능력으로서 표상되는 마음은 인간 안에 내재해 있는 특수한 실체라고 간주되고 있다. — 여기서는 단지 하나의 내적 감관이 있을 뿐이다. 왜냐하면 사람들이 내적으로 자기를 감각하는 여러 가지 기관이 있지 않기 때문이다. 그리고 사람들은 영혼은 착각에 종속되어 있다고 말할 수 있다. 이 착각은 사람들이 내적 현상을 외적 현상으로 보든가, 즉 상상을 감각으로 보든가 또는 그것을 외적 감관의 대상이 아닌 다른 존재가 원인이 되고 있다는 암시로 보든가 둘 중 하나 안에 존립한다. 이때 착각은 몽상이든가 시령(視靈)이며, 둘 다 내적 감관의 기만이다. 두 경우 모두에 심적인 병이 있으며, 이것은 내적 감관의 표상의 유희를, 그것이 단지 허구인데도, 경험적 인식으로 보려고 하는 성벽이다. 그것은 또한 자주 작위적인 마음의 기분으로 자기 자신을 교묘히 속인다. 왜냐하면 아마도 사람들이 그 기분을 건강한 것으로 보고 감관의

‖ AB 58

표상의 저급성보다 숭고한 것으로 보기 때문일 것이다. 그리고 그 기분에 따라서 형성된 직관(백일몽)으로 자기 자신을 속이려는 성벽이다. — 왜냐하면 차츰차츰 사람들은 자신들이 고의적으로 마음 안으로 가지고 들어왔던 것을 ¦ 이미 전부터 마음 안에 존재했던 것으로 보고, [162] 그가 자기 자신에게 밀어 넣었던 것을 | 단지 자기의 영혼의 심연에서 발견했다고 믿고 있기 때문이다.

이러한 경우는 브리녠과 같은 여성의 광신적으로 도발하려는 내적 감각이라든가, 파스칼과 같은 광신적으로 공포를 자아내려는 내적 감각에서 나타난다. 마음의 이와 같은 병적인 기질은 이성적 표상에 의해서 적절하게 제거될 수 없다(왜냐하면 직관이라고 추정되는 것에 대립해서 이성적인 표상이 무엇을 할 수 있을까?). 자기 자신에 침잠하려는 성벽은, 그것으로부터 생기는 내적 감관의 착각과 더불어, 다음과 같은 사실에 의해서만 질서 있게 될 수 있다. 즉 사람들이 외적 세계로, 따라서 외적 감관의 앞에 존재하는 사물의 질서 안으로 되돌아 갈 때만 질서 있게 될 수 있다. ¦|

제25절 감관의 감각이 그 정도에 따라서 증감하는 것에 관하여

25 [B판에 추가 B 23절] 감관의 감각이 그 정도에 따라서 증대되는 것은 1) 대조, 2) 신기(新奇), 3) 교체, 4) 증진에 의해서 이루어진다.

1) 대 조

대조는 상호 대립하는 감관의 표상에 주의를 기울이게 하여 동일한 개념 아래 병렬해 놓는 것이다. 그것은 서로 반발하는 개념의 결합에서 성립하는 모순과 구별된다. — 사막 안에 잘 경작된 한 조각의 땅은 단순한 대조에 의해서 그 토지의 표상을 두드러지게 한다. 이것은 시리아의 다마스커스에서의 낙원 지대라 부르는 것의 경우와 같다. — 궁정이나 혹은 또한 대도시의 소음과 광채가 농브의 조용하며 단조롭지만 만족스런 생활과 이웃해 있다든가, 짚으로 이은 지붕을 가진, 내부에 아취있고 쾌적한 방을 가진 집을 만난다든가 하는 것은 표상을 활기차게 하며, 사람들은 그 장소에 기꺼이 머무른다. 왜냐하면 감관은 그 대조에 의해서 강화되기 때문이다. — 여기에 반해서 빈곤과 오만의 결합이라든가, 마름모꼴로 번쩍이는 다이아몬드를 단, 그 내의가 더러운 귀부인의 화려한 장신구라든가 ⁞ — 또는 옛날 폴란드의 귀족의 경우에 그러한 것처럼 다리가 부러질 정도의 식탁이 있고, 그 옆에는 상당수의 시중인들이 있는데, [163] 인피(靭皮)의 구두를 신고 있다든가 하는 것은 대조를 이루고 있는 것이 아니라 모순을 이루고 있는 것이다. 그리고 하나의 감관적 표상은 다른 감관적 표상을 없애버리거나 약화시킨다. 왜냐하면 하나의 표상이 반대의 것을 동일한 개념 아래 결합하려고 하지만, 그것은 불가능하기 때문이다. —

— 사람들은 또한 익살스럽게 대조할 수 있으며, 명백한 모순을 진리의 어조로 묘사하거나, 무언가 명백하게 경멸해야 할 것을 칭찬하는 말로 묘사하는데, 이것은 불합리한 것을 보다 두드러지게 만든다. 필딩[24]이 그의 작품 ≪대도적 조나단 빌트≫에서, 또한 블루마우어[25]가 그의 희곡 ≪버어질≫에서 했던 것이 이것이다. 또한 예를 들면 ≪클라리사≫[26]와 같이 가슴을 찢는 듯한 소설도 익살스럽고 유용하게 풍자하고 있으며, 그리하여 잘못되고 유해한 개념이 감관으로 스며들어 왔던 충돌로부터 이 감관을 해방시킴으로써 감관을 강화시킬 수 있는 것이다.

24) 헨리 필딩(Henry Fielding, 1707~1754)은 영국의 소설가.

25) 블루마우어(Alois Blumauer, 1755~1798)는 예수파 출신의 저술가.

26) 리챠드슨(Samuel Richardson, 1689~1761)의 대표작.

2) 신 기

드문 것과 은폐되어 있는 것이 새로운 것에 속해 있는데, 이 새로운 것에 의해서 주의(注意)는 활기있게 된다. 왜냐하면 새로운 것은 획득이며, 따라서 감관의 표상은 그것을 통해서 한층 힘을 얻게 되기 때문이다. 범상한 것이나 습관적인 것은 주의를 소멸시키고 만다. 그러나 이 새로운 것은 고대의 유물 조각을 발견하거나 그것에 손을 대거나 그것을 공개리에 전시하는 것을 의미하는 것은 아니다. 이런 것들에 의해서, 시간의 힘이 오래전에 파괴시켜 버렸으며, 사람들이 사물의 자연적 경과를 추적하여 추측했던 것이 현전화된다. ⁞ 로마인의 고대 극장의 폐허(페로나 또는 림스에 있는) 조각에 앉는다든가, 여러 세기(世紀)를 거쳐 용암(熔岩) 아래에서 발견된 오래된 헤르쿨래네움에서 출토되었던 로마 민족의 가구를 손으로 만져본다든가, 마케도니아 왕의 동전이나 고대 조각의 보석을 꺼내어 보일 수 있다든가 하는 것 등등은 전문가의 감관을 고무시켜 비상한 주의를 증가시킨다. 지식을 획득하려는 성벽이 단지 그 지식의 신기함, 희귀함, 은폐되어 있는 것 때문이라고 한다면, 그 성벽은 호기심이라 한다. 이 경향성은 단지 표상에 대한 유희만 일삼고, 그 외에 그 대상에 관해 하등 관심도 가지고 있지 않다 하더라도, 그것이 만약 실제로 다른 사람들의 관심을 끌었던 것만을 탐색하려고 하는 것이 아니라면, 비난받아서는 안 된다. — 그러나 단순한 감관의 인상에 관계하고 있다면, 모든 아침은 단지 그것에 대한 감각이 신기하다는 것에 의해서 감관의 모든 표상을(감관이 특별히 병든 것이 아니라면), 일반적으로 그들이 저녁 쪽을 향해 있는 상태보다도, 훨씬 명석하고 활기있게 만든다. [164]

⁞ AB 62

3) 교 체

단조로움(감각의 완전한 균일성)은 결국에는 감각의 이완(자신의 상태에 대한 주의의 쇠약)에 이르게 되며, 따라서 감관의 감각은 약해진다. 전환은 감각을 다시 신선하게 만든다. 소리를 질러서 하는 것이든 적절하지만 균일한 소리로 하는 것이든, 동일한 어조로 전달하는 설교는 전체 모인 사람들을 잠들게 한다. ― 노동과 휴식, 도시와 전원생활, 사회적 담화와 유희, 고독에서는 혹은 역사로 ‖ 혹은 시가(詩歌)로, 때로는 철학으로 때로는 수학으로 하는 즐거움은 마음을 강화시킨다. ― 감각의 의식을 활발하게 하는 것은 바로 동일한 생명력이다. 그러나 감각의 여러 가지 감관은 그들의 활동에서 서로 교대하고 있다. 그리하여 장시간 보행을 즐기는 것은, 이 경우 한쪽의 근육(다리의)이 다른 쪽의 근육과 교체되어 휴식하기 때문에, 동일한 장소에 계속 서 있어서 하나의 근육이 일정 시간 쉬지 않고 움직여야만 하는 경우보다도 더 쉽다. ― 그러므로 여행은 매우 유혹적인 것이다. 단지 나태한 사람의 경우에는 여행도 가정생활의 단조로움의 결과인 공허함(이완)을 뒤에까지 남겨 놓는데, 이것은 유감이다.

그런데 자연은 그 자신 이미 너무나 질서가 있기 때문에, 쾌적한 감각과 감관을 즐겁게 하는 감각 사이에서 고통은 부름을 받지 못한 채로 기어 다니고 있으며, 그리하여 생활을 흥미롭게 한다. 그러나 고의로 변화를 주기 위해서 고통을 혼입시켜서 스스로 고통을 맛본다든가, 새로이 잠드는 것을 다시 충분히 느끼기 위해 자신의 잠을 깨운다든가, 또는 필딩의 소설 (≪버려진 아이≫)에서처럼 이 책의 출판인이 저자의 사후에도 마지막 부분을 추가해서 교체하기 위해 결혼(그것과 함께 이야기는 종결되었었다)의 중간에 질투를 가지고 들어온다든가 하는 것은 재미없는 일이다. 왜냐하면 상태를 악화시키는 것은 감관이

‖ AB 63

거기에서 품고 있는 관심을 증대시키는 것이 아니기 때문이다. 이 점은 비극에서도 마찬가지이다. 왜냐하면 종말은 교체되는 것이 아니기 때문이다. ⁞

4) 완전에 이르기까지의 증진

정도가 상이하면서 서로 계기하는 감관 표상의 연속적 계열은, 후속하는 표상이 선행하는 표상보다 항상 강렬하다면, [165] 긴장(intensio)의 극한을 가지게 되며, 그 극한에 가까이 가는 것은 활기를 부여하지만, 그것을 넘어서는 것은 다시 이완시키는 것이다(쇠약 remissio). 그러나 그 두 상태를 나누는 지점에서는 감각의 완전 상태(극대, maximum)가 존재하며, 이것이 무감각을, 따라서 무기력을 결과로서 가져온다.

사람들이 자신의 감관 능력을 활기 있게 유지하기를 원한다면, 강한 감각으로부터 시작해서는 안 되고(왜냐하면 강한 감각은 후속하는 감각에 대해 우리들을 무감각하게 만들기 때문이다), 오히려 처음에는 강한 감각을 거부하고, 조금씩 소량을 분배해주고, 차례차례로 보다 높은 단계로 올라갈 수 있어야 한다. 설교가는 앞부분에서는 의무의 개념을 마음에 남겨놓도록 지시하고, 오성의 냉정한 설교를 가지고 시작해서, 그런 후에 그의 전거로 삼는 성서의 한 절을 해설하는 데로 도덕적 관심을 불러오고, 그리고 마지막으로 그것을 응용해서 그러한 관심에 강조를 줄 수 있는 감각에 의해서 사람들의 영혼의 모든 동기를 움직이도록 해야 한다.

젊은이여! 스스로 만족(오락, 유흥, 사랑 등등의)을 거부하라. 완전히 금욕하는 것을 원하는 스토아적인 의도로부터 그렇게 하는 것이 아니라, 증대하고 있는 향락을 보기 위해서 순수한 에피쿠로스적 의도에서 그렇게 하라. ⁞ 당신의 생활 감정이 수중에 가지고 있는 현금을

⁞ AB 64, 65

이렇게 절약하는 것이, 당신이 이 현금 사용을 생애의 마지막까지 대부분 단념한다 하더라도, 향락을 연기함으로써 당신을 실제로 훨씬 풍요롭게 한다. 향락을 당신의 통제 아래 둘 수 있다는 의식은, 모든 이상적인 의식이 그러한 것처럼, 만족과 동시에 소모되어 전체의 양이 줄어드는 것을 통해서 감관을 만족시키는 모든 것보다도 더 다산(多産)적이고 포괄하는 범위가 더 넓다.

제26절~제27절 감관 능력의 저지, 약화 및 완전한 상실에 관하여

26 [A판 20절] 감관의 능력은 약해지거나 저지되거나 완전히 상실될 수 있다. 그러므로 만취, 수면, 실신, 가사(假死, 질식) 및 실제의 죽음이라는 상태가 생겨난다.

만취는, 그 상태가 과도하게 섭취된 기호음료의 작용인 한에 있어서, 자신의 감관의 표상을 경험의 법칙에 따라서 질서지우는 능력이 없는 반(反)자연적 상태이다.

수면은 그 말의 설명에 따른다면 건강한 사람이 외적 감관에 의해서 표상을 의식할 수 없는 무능력의 상태이다. [166] 이것에 관한 실태의 설명은 생리학자들에게 넘겨지는 것인데, 이들은 이런 긴장의 이완을 할 수만 있다면 설명할 수도 있을 것이다. 여기서 긴장의 이완은 게다가 동시에 수면으로 회복된 외적인 감관 감각을 위한 힘의 집중 통일이다(그것에 의해서 사람들은 자신을 마치 세상에 새로 태어난 것으로 보고, 또한 그것과 함께 우리들의 생애의 삼분의 일은 무의식적으로 ¦ 그리고 후회 없이 지나가 버린다).

감관 기관의 마비라고 하는 반자연적 상태는 자기 자신에 대한 주의의 정도가 자연적인 상태에 있을 때보다도 적은 결과로서 생기는 것인데, 만취와 유사한 것이다. 그러므로 I 깊은 잠에서부터 급하게 일어나는 사람은 잠에 취해 있다고 말할 수 있다. — 그는 아직 완전히 정신을 차린 것은 아니다. — 그러나 깨어있을 때에도 누군가가 예기하지 못한 사태에 직면해서 무엇을 해야 할까를 숙고하는 것에 관련하여, 갑자기 그 사람을 곤혹스럽게 덮치는 것은 그의 반성 능력을 정상적으로 여느 때와 같이 사용하는 것을 저지하는 것이며, 감관 표상의 활동에서의 정지 상태를 야기하기도 하는 것이다. 이 경우에 사람들은, 그가 침착성을 상실했으며, 제정신을 잃어서(환희나 놀라움 때문에), 당황스럽고, 어리둥절하고, 아연케 되어, 트라몬타노*를 상실했다는 등을 이야기한다. 그리고 이러한 상태는, 그의 감관 감각을 집중하는 것을 필요로 하는데, 이를 위해서 순간적으로 엄습하는 잠과 같은 것이 고려될 수 있다. 갑자기 일어난 강렬한 감정(놀라움, 분노, 아마도 환희)의 경우 사람들은 흔히 말해지듯이 제정신을 잃어버리며(사람들이 감관의 직관이 아닌 직관에 사로잡혀 있다고 믿을 때는 몰아 상태(沒我狀態 Ekstasis)에 빠지게 되며), 자기 자신을 마음대로 제어하지 못하고, 외적 감관의 사용에 있어 일순간 말하자면 마비되어 버린다. ‖

27 [A판의 21절, B판의 24절. Ak.판 27절 전체는 A판의 이 장소에 나오지 않고 A판 22절에 이어서 나온다(A 755.; Ak판 29절, B판 26절 표기 다음에 나온다.)] 실신은 현기증(많은 이질적인 감각의 교체가 빠르게 빙빙 돌면서 돌아오고, 자제력을 넘어서는 것)의 뒤에 통상 생기는 것으로, 죽음의 전주(前奏)이다. 이 감각을 전부 완전히 저지하는 것이 질식 또는 가사(假死)이며, 우리가 외면적으로 지각할 수 있는

---

* 트라몬타노(Tramontano) 또는 트라몬타나(Tramontana)는 북극성을 말한다. 그리고 perdere la tramontana 즉 북극성(항해자를 인도하는 별로서의)을 잃어버리는 것은 냉정을 잃는 것, 갈 길을 알 수 없는 것을 말한다.

‖ BA 67, 75

한 진짜 죽음과 그 결과에 의해서만 구별될 수 있다(익사자, 교수형에 처해진 사람, 연기에 질식된 사람의 경우와 같이).

어떤 사람도 자기 자신의 죽음을 경험할 수 없으며(왜냐하면 [167] 경험을 하기 위해서는 살아있는 것이 필요하기 때문이다), 단지 다른 사람에 관해서 지각할 수 있을 뿐이다. 죽음이 괴로운 것인지 어떤지 하는 것은 죽어가는 사람의 목구멍에서 나는 가르랑거리는 소리로부터 또는 경련으로부터 판정될 수는 없으며, 오히려 그것은 생명력의 단순히 기계적인 반복이며, 아마도 모든 고통으로부터 해방되는 부드러운 감각인 것처럼 보인다. — 모든 사람에게, 가장 불행한 사람에게도 또는 가장 현명한 사람에게도 나타나는 죽음에 대한 자연적인 두려움은 죽는 것에 대한 두려움이 아니라, 몽테뉴가 올바로 진술했듯이[27] 죽어버렸다(즉 사망했다) 고 하는 생각에 대한 두려움이다. 따라서 죽음의 후보자는 그런 생각을 죽은 이후에도 여전히 가지고 있다고 잘못 생각하고 있다. 왜냐하면 그것은 그가 더 이상 자신의 것이 아닌 시체를 음지의 묘지나 다른 장소에 있는 자기 자신이라고 생각하고 있기 때문이다. — 그러한 착각은 여기서는 제거될 수 없는 것이다. 왜냐하면 이러한 착각은 자기 자신과 이야기하고 자기 자신에 대해서 이야기하는 것으로서 생각하는 본성 안에 존재하는 것이기 때문이다. 나는 존재하지 않는다고 하는 생각은 결코 존재할 수 없다. 왜냐하면 내가 존재하지 않는다면 내가 존재하지 않는다고 하는 것도 나에게는 의식될 수 없기 때문이다. 실로 나는 내가 건강하지 않다는 등의 말을 할 수 있고, ⁞ 또한 유사한 술어를 나 자신에 관해 부정적인 것으로 생각할 수 있다(모든 진술 verba의 경우에 그러한 것처럼). 그러나 1인칭으

---

27) 몽테뉴(Michel Eyquem de Montaigne, 1533~1592)는 문예부흥기의 프랑스 회의론적 인간학을 대표하는 철학사상가. 그러나 그의 ≪수상록≫(Essais)의 제I장 19와 제II장 13는 그 반대가 발견된다. 즉 죽어 있는 것이 아니라, 죽는 것이 사람을 두렵게 만든다는 것이다.

로 말한다면, 주어를 부정하는 것은 그 경우에 이러한 주어가 자기 자신을 없애는 것이기 때문에, 모순이다. |

제28절~제30절 상상력에 관하여[28]

28 [B판 25절] 상상력(facultas imaginandi)은 대상이 현전하고 있지 않는데도 직관을 만들어내는 능력인데, **생산적**이든가 **재생적**이든가 둘 중 하나이다. 생산적인 경우는 대상을 근원적으로 표현하는(근원적 표시, exhibitio originaria) 능력이며, 그러므로 이 표현은 경험에 선행한다. 재생적인 경우는 대상을 파생적으로 표현하는(파생적 표시, exhibitio derivativa) 능력이며, 이 표현은 이전에 가지고 있었던 경험적 직관을 마음 안에 떠 올리는 것이다. — 순수한 공간 직관과 시간 직관은 앞의 근원적 표현에 속한다. 다른 모든 직관은 경험적 직관을 전제하며, 이 경험적 직관은, 그것이 대상의 **개념**과 결합되고, 그리하여 경험적 인식으로 되는 경우에는 **경험**이라 칭해진다. — 상상력은 그것이 의도하지 않고서 상상을 생산하는 한에서 **공상**이라 한다. 이 공상을 경험(내적 또는 외적)으로 간주하는 습관을 가진 사람은 **공상가**이다. — **수면**(건강의 한 상태로서의) 중에 의도하지 않고서 자기의 상상력으로 농락되는 것을 **꿈**이라 한다.

¦ 상상력은(다른 말로 하면) **창작적**(생산적)이거나 단순히 **회상적**(재생적)이든가 둘 중 하나이다. | 그러나 생산적 상상력은 [168] 그럼에도 불구하고 반드시 **창조적**인 것은 아니다. 즉 이전에 우리의 감관능력에 결코 주어지지 않았던 감관의 표상을 만들어 낼 수는 없다. 사

28) A판에는 이 앞에 "인식 능력에서의 감성에 관한 제2장"(Der Sin- nlichkeit im Erkenntnisvermögen Zweites Kapitel)이 나와 있다.

람들은 그 상상력의 소재를 항상 지적할 수 있다. 일곱 가지 색 중 붉은 색을 한 번도 본 적이 없었던 사람에게 이 감각을 이해시키는 것은 결코 가능하지 않으며, 타고난 맹인에게는 어떤 색 감각도 결코 이해시키지 못한다. 두 가지 색의 혼합으로부터 만들어지는 중간색, 예컨대 녹색도 마찬가지이다. 노란 색과 파란 색이 서로 합쳐져서 녹색이 된다. 그러나 그 색이 합성된 것을 보지 못했더라면, 상상력은 이 녹색에 관하여 최소한의 표상도 만들어내지 못했을 것이다.

다섯 가지 감관 각각에 대해서도 사정은 똑같다. 즉 이들 감관이 합성되어서 만들어지는 감각은 상상력에 의해서 만들어질 수 있는 것은 아니고, 근원적으로 감관 능력으로부터 이끌어 내지지 않으면 안 된다. 사람들 중에는 빛의 표상에서 자신의 시각 능력 안에 흰 색이나 검은 색 이상의 어떤 것도 준비하지 못하고, 따라서 그들에 있어서 예컨대 보는 것은 가능하더라도 그의 눈에 비치는 세계는 단지 동판화와 같이 여겨지는 사람도 있다. 또한 마찬가지로 비록 극히 예민한 청각은 아니더라도 우수한 청각을 가지고 있지만, 결코 음악적인 귀를 가지고 있지 못한 사람도 생각 이상으로 많다. 그들의 감관은 음조에 대해서는 단순히 그것을 모방하는(즉 노래 부르는)데 있어 감수력이 전적으로 결여되어 있을 뿐만 아니라, 단순한 음향으로부터 구별하는 데도 감수성이 결해 있다. — 동일한 사정이 미각이나 ¦ 후각의 표상에 대해서도 존재할 수 있다. 즉 이들 향유(享有) 재료를 여러 종별로 분류해서 감각하기에는 | 감관이 결함을 가지고 있고, 그리고 어떤 사람이 그들의 감각에 관하여 다른 사람이 말하는 것을 이해할 수 있다고 믿는다고 하더라도, 그 사람의 감각은 다른 사람의 감각과 단순히 정도(程度)에서뿐만 아니라 종별에서도 완전히 구별될 수 있는 경우가 있다. — 후각의 감관이 완전히 결해 있고, 단순한 공기를 코를 통해 흡입하는 감각을 후각이라고 생각하고, 따라서 사람들이 이런 종류의

¦B 70 | A 69

감각에 대해 설명하려는 일체의 노력에도 불구하고, 이해하지 못하는 사람도 있다. 그러나 후각의 결함이 있는 경우에는 미각 또한 결함있는 경우가 많이 있고, 이 미각이 존재하지 않는 경우에 그것을 가르치고 전달하는 것은 쓸데없는 노력이다. 그러나 배고픔이나 그것의 만족(포식)은 미각과는 완전히 다른 것이다.

따라서 상상력이 비록 위대한 예술가이고, 또한 마술사라고 하더라도, 그것은 창조적인 것이 아니라 그것의 형상을 위한 재료를 감관으로부터 구해 와야 한다. 그러나 이러한 형상은 [169] 위에서 제시된 주의에 따르면, 오성 개념처럼 보편적으로 전달될 수 있는 것이 아니다. 그러나 사람들은 상상력의 표상을 전달할 때의 감수성도(단지 비유적인 것에 지나지 않지만) 종종 감관(Sinn)이고 부르며, 이 사람은 이것에 대한 감관을 가지고 있지 않다고 말한다. 그것은 사실 감관의 무능력이 아니라, 부분적으로는 전달된 표상을 파악하고 사고에서 결합하는 능력인 오성의 무능력임에도 불구하고 말이다. 이 사람은 말을 하고 있더라도 어떤 것도 생각하고 있지 못하다. 그러므로 다른 사람은 그를 이해하지 못한다, 그는 무의미한 것(non sense)을 말한다. ¦ 이러한 결함은 의미의 공허함(Sinnleere)과는 다른 것이다. 이 경우에 | 다른 사람이 그것에 대해 어떻게 할 것인지를 알지 못하는 식으로 생각이 짝지워져 있다. — Sinn이라는 말은(단지 단수의 경우에만) 매우 종종 생각이라는 말 대신에 사용되고 있다. 뿐만 아니라 생각의 단계보다 훨씬 높은 단계를 드러내고 있다. 사람들은 어떤 언표에 관하여 그것은 풍부한 또는 심오한 의미(Sinn, 그러므로 격언이라는 말)가 있다고 이야기한다. 또한 상식도 공통 감관(Gemeinsinn)이라고 불리며, 이처럼 감관(Sinn)이라는 이런 표현은 본래 인식 능력의 가장 낮은 단계를 나타내고 있음에도 불구하고 가장 높은 단계에 놓여지게 된다. 이 모든 것은, 오성에 재료를 주고 오성의 개념에(인식을 위해)

¦ B 71 | A 70

내용을 부여하는 상상력이 그 상상력의(창작된) 직관과 현실의 지각 사이의 유사성 때문에, 저 개념에 실재성을 부여하는 능력인 것처럼 보인다는 사실에 근거하고 있다.

29 [B판 26절. A판에는 이곳에 "상상력을 자극하거나 진정시키는 육체적 수단에 관하여. 22절"로 되어 있다.] 상상력*을 자극하거나 진정시키기 위해서는 도취를 일으키는 기호물을 향유하는 육체적 수단이 존재한다. [170] 그러한 기호물 중 어떤 것은 독물(毒物)로서 생명력을 약화시키고(어떤 종류의 버섯, 백산차(白山茶), ⁞ 야성의 어수리, 페루인의 치카와 남양제도 토인의 아바,[29] 아편), 다른 것은 생명력을 강화시키거나 적어도 그것의 감정을 고조시키지만(발효된 음료, 포

* 여기서 나는 의도를 달성하는 수단이 되지 않고, 누군가가 정립했던 상태로부터의 자연적 결과인 바의 것, 그리고 그것에 의해서 그 사람의 상상력이 단지 그를 혼란에 빠뜨리게 할 뿐인 것을 간과한다. 여기에 속하는 것에는 어떤 높은 것의 모퉁이로부터(아마도 또한 난간 없는 좁은 다리로부터) 내려다볼 때의 현기증이나 뱃멀미 등이 있다. — 스스로 소심하다는 것을 느끼는 사람이 내디디고 있는 널빤지가 만약 땅에 놓여 있다면, 그것은 그에게 어떤 두려움도 주지 못할 것이다. 그러나 만약 그것이 판자다리로써 ⁞ 깊은 낭떠러지 위에 있다면, 발을 딛는다는 단순한 가능성을 생각하는 것만으로도 그가 건너려고 시도할 때 실제로 위험에 빠뜨릴 만큼 강력한 힘을 가지게 된다 — 뱃멀미는(나 자신도 필라우로부터 쾨니스베르그로 여행할 때, 만약 그러한 것도 항해라고 한다면, 뱃멀미를 경험했다) 구토증을 일으키고, 내가 알고 있다고 믿는 바로는, 이 뱃멀미는 단지 나의 눈에 의해서 생겨났던 것이다. 왜냐하면 배가 요동할 때에 선실에서 본다면, 때로는 만(灣)이 눈에 들어오고 때로는 후미(後尾)의 구름이 눈에 들어오고, 배가 올라가서 떨어지고 하는 반복이 상상력을 매개로 해서 복근(腹筋)을 통해서 내장의 연동(蠕動)적인 운동을 자극했기 때문이다.

29) 남미에서 생산된다고 하는 치카(Chica)에는 두 가지 의미가 있다. 하나는 볼리비아에서 생산되는 옥촉맥(玉蜀麥)을 양조해서 만든 알콜 음료이고, 다른 하나는 브라질이나 베네수엘라에서 산출되는 아라비다에어라는 관목(灌木)의 잎을 삶아서 만든 노란 또는 붉은 염료이다. 여기서는 음료이기 때문에 아마도 첫 번째 의미일 것이다. 남양제도 토인이 사용하는 아바(Ava)는 폴리네시아 산(産)의 호초(胡椒) 나무로부터 생산되는 끽연용의 호초. 토속인들은 또한 치료를 위한 마취용 음료로 사용했으며, 또한 이뇨제로서 유럽에도 전해졌다.

도주와 맥주, 또는 브랜디처럼 이들로부터 추출된 알콜 정제품 등), 그러나 모두 반자연적이고 인위적인 것이다. 그런 것들을 과도하게 섭취해서 얼마간 감관의 표상을 경험의 법칙에 따라서 배열할 수 없는 사람은 술에 취했다고 또는 도취되었다고 말해진다. 그리고 임의적으로 또는 고의로 이런 상태에 들어가는 것은 도취를 한다고 말해진다. 그러나 이런 모든 수단은 인생 일반에 근원적으로 놓여 있는 것처럼 보이는 짐을 사람으로 하여금 망각하도록 하는 역할을 하는 것이다. — 그러한 매우 광범위하게 놓여 있는 경향성과 이 경향성의 오성 사용에 대한 영향은 실용적 인간학에서는 특히 고찰될만한 가치가 있다.

모든 무언(無言)의 도취는, 즉 사교나 상호 간의 사상 전달을 고무하지 않는 도취는 ¦ 수치스러운 무언가를 자신 안에 가지고 있다. 아편이나 브랜디에 의한 도취는 이런 류에 속한다. 포도주와 맥주 중 전자는 단순히 자극하는 것인데 반해서, 후자는 더욱 영양을 공급하고 음식물처럼 배부르게 하는 것이지만, 이 둘은 모두 사교적인 도취를 위해 어떤 역할을 하고 있다. 그러나 이때 구별이 있다. 맥주를 마시는 연회는 꿈꾸는 기분으로 말없게 되며, 또한 종종 무례한 방식으로 나타나지만, 반면에 포도주를 마시는 연회는 유쾌하고 떠들석거리며 재치에 찬 수다가 나타난다.

사교적인 음주에 있어서 감관의 몽롱에까지 이르게 되는 무절제는 물론 남자의 나쁜 습관인데, 그것은 사람들이 즐기고 있는 연회에 관하여 나쁜 습관일 뿐만 아니라, 그것으로부터 그가 갈 지자 걸음으로 걷고, 적어도 불확실하게 발걸음을 옮기고, 또는 단지 돌아가지 않는 혀를 가지고 지껄이면서 연회를 나오게 된다면, 자존(自尊)이라는 점에서도 나쁜 습관이다. 그러나 자기 통제의 한계선은 너무 쉽게 간과되고 경계선을 넘게 되기 때문에, 이러한 실책에 대한 판단을 완화하기 위해서도 많은 것이 구실로 인증(認證)되기도 한다. 왜냐하면 주인은

| A 72, 73 ¦ B 73, 74

역시 손님이 이러한 사교 행동에 의해서 충분히 만족해서(만족한 손님으로서 ut conviva satur) 떠나기를 바라고 있기 때문이다

도취의 결과로서 생겨난 불안하지 않음 그리고 그것과 함께 또한 조심성없음은 생명력이 증대되었다고 착각을 일으키는 감정이다. 도취하고 있는 사람은 바야흐로, 자연이 계속해서 그에게 극복하기를 요구했던(그것에 역시 건강성이 존재한다) 생명의 장애를 감지하지 못한다. 그리고 자신이 약(弱)해 있음에 행복해 한다. 왜냐하면 자연은 실제로 인간의 안에 그의 힘을 서서히 증강시킴으로써 그의 생명을 단계적으로 다시 회복시키려고 노력하고 있기 때문이다 [171] — 여성, 성직자, ¦ 유대인은 통상 취하지 않는다, 적어도 그들은 그와 같은 모든 모습을 신중하게 피한다. 왜냐하면 그들은 공민으로서 미약하며, 극기를 필요로 하기 때문이다(여기서는 철저하게 절주가 요구된다). 왜냐하면 그들의 외면적인 가치는 단지 다른 사람들이 그들의 정숙, 경건, 분리주의적 적법성을 믿는 데에 근거하고 있기 때문이다. 유대인에 관하여 말한다면 모든 분리주의, 즉 정부의 국법을 따를 뿐만 아니라 특수한(종파적인) 법률에도 복종하는 사람은 특별한 자로서 그리고 선택된 사람이라고 자칭하는 자로서, 특히 공공체의 주목과 비판의 송곳에 노출되어 있다. 그 때문에 또한 자기 자신에 대한 주목에도 게을리할 수 없다. 왜냐하면 이 신중성을 제거하는 도취는 그들에게는 추문이기 때문이다.

카토에 대한 스토아학파의 찬양자가 "그의 덕은 술에 의해서 강화되었다"(virtus eius incaluit mero)라고 말했다.[30] 또한 고대의 독일인

30) 이것과 유사한 말은 로마의 시인 호라티우스(Quintus Horatius Flaccus, B. C. 65~8)의 송시(頌詩) ≪카르미나≫ (*Carmina*)중 대(大) 카토를 칭찬한 시구의 일부이다 (III, 21 이하). 그러나 칸트는 여기서는 카토의 숭배자로서 스토아학파의 철학자 세네카(Lucius Annacus Seneca, B. C. 5~A. D. 65)를 염두에 두고 있다고 추측된다. 세네카도 동일한 것을 소(小) 카토에 관해 진술하고 있지만(Seneca, *De tranquillitate*

에 대해서 어떤 근대의 독일인[31]이 "그들은 그들의 평의회(전쟁의 결의를 하기 위한)를 술자리에서 구성했고, 그렇게 해서 결정은 활력에 차 있었으며, 그들이 술에 깨어 있었을 때 그 결정을 재고했다. 그래서 그 결정은 분별없이 이루어지지 않았다"라고 말했다.

음주는 혀를 느슨하게 한다(in vine disertus). — 그러나 또한 음주는 마음을 열게 하며, 어떤 도덕적 특성, 즉 솔직성을 가져오는 물질적 운반 수단이다 — 자신의 사상에 대해 발언하는 것을 삼가는 것은 순진한 마음에서는 답답한 상태이다. 그리고 즐거운 음주가는 누군가가 주연에서 매우 절제를 하고 있는 것을 쉽게 참을 수 없다. 왜냐하면 그 사람은 다른 사람의 실책에 주의를 하면서 자기 자신의 실책을 보는 데는 자제를 하는, 주목인의 역할을 하기 때문이다. ‖ 흄도 "나는 잊어버리지 않는 사교인을 싫어한다. 하루의 우둔한 짓은 다른 날의 우둔한 짓에 장소를 내주기 위하여 망각되지 않으면 안 된다"고 이야기했다.[32] 교제의 즐거움을 위해서 약간이라도 짧은 시간 동안 술 취하지 않는 한계선을 넘어서는 것이 남성에게 허용되는데, 선량함이 그 전제로 되는 한에서 허용되는 것이다. 반세기 전에 유행했던 정책, 즉 북구 제국(北歐諸國)의 궁정이 자신은 취하지 않고 많이 마시면서 다른 사람을 취하도록 하여 그들로부터 정보를 끄집어내거나 그들을

---

animi, XV, 11), 칸트가 인용했던 대로의 어구는 아니다.

대 카토(Cato maior) (Marcus Porcius Cato, B. C. 234~149)는 제2포에니 전쟁 중에 활약했던 고대 로마의 군인이며 정치가. 같은 이름의 소 카토(Cato minor, B. C. 95~46)는 그의 증손자.

31) 슈타르케는 이 대신에 타키투스(Cornelius Tacitus, 55?~120?)의 이름을 들고 있다(Starke, *Kants Menschenkunde oder philosophische Anthropologie*, Leipzig 1831, 103쪽 참조). 본문의 말은 내용적으로는 타키투스의 ≪게르마니아≫(*Germania*) (c. XXII)에까지 거슬러 올라갈 수 있다. 그러나 타키투스는 고대 로마의 역사가이며, 칸트가 말한 "어떤 근대의 독일인"이 아니므로, 후자가 누구인가는 알 수 없다.

32) 흄의 ≪도덕 원리에 관한 연구≫(*An Enquiry concerning the Principles of Morals*)의 제4부에 나오는 말이다. 그러나 칸트는 이 문장을 부정확하게 번역해서 인용하고 있다.

설복시키는 사절단을 파견했을 때의 정책은 교활한 것이었다. 그러나 이러한 것은 당시 풍습의 조잡성과 함께 사라지고 말았고, 이 악덕에 대해 경고를 하는 것은 예절 있는 신분에 관한 한 오늘날에는 확실히 불필요한 것일 것이다.

음주할 때에도 사람들이 취해 있는 사람의 기질이나 그의 성격을 탐구하는 것이 가능할까? 나는 그렇게 믿지 않는다. [172] 새로운 액체가 술 마시는 사람의 혈관을 흘러가는 액체와 섞이게 되고, 신경에 다른 자극이 주어지지만, 이 자극은 자연적인 기질을 보다 판명하게 드러내는 것이 아니라, 다른 기질을 가져오는 것이다 — 그러므로 취했던 어떤 사람은 호색적으로 되고, 다른 사람은 큰 소리를 탕탕 치게 되며, 세 번째 사람은 논쟁하기 좋아하게 되며 네 번째 사람은(특히 맥주를 마시는 경우) 상냥하게 되거나 신의가 있는 체 하거나 또는 완전히 침묵한다든가 한다. 그러나 그들이 한숨 자고나서 취기로부터 깨어나고, 지난 저녁에 그들이 이야기했던 것을 사람들이 상기시켜 준다면, 그들은 모두 자신의 감관의 기묘한 기분이나 변덕스런 기분에 스스로 웃어버릴 것이다. ⁞

30 [B판에 추가 B판 27절] 상상력의 독창성(모방에 의하지 않은 생산)은 그것이 개념과 일치한다면 천재라고 부른다. 개념과 일치하지 않는다면, 그것은 광신이라 부른다. — 주의해야 할 점은 우리가 인간의 형태 이외 이성적 존재자에 적합한 다른 형태를 생각할 수 없다는 사실이다. 그 이외 모든 다른 형태는 아마도 인간의 어떤 특정한 성질의 상징을 나타낼 것이지만 — 예컨대 사악하고 교활한 것의 상징물로서의 뱀 — 그러나 이성적 존재자 그 자체를 나타내지는 못할 것이다. 그러므로 우리는 우리 자신의 상상에서 모든 천체에 순전히 인간의 형태를 한 것을 거주시키고 있는 것이다. 비록 그 우주인

이 그들을 받쳐주고 영양을 공급해주는 대지(大地)의 상위성 때문에, 또한 그 우주인을 구성하고 있는 원소의 상위성 때문에 대단히 다른 형태를 가지는 것이 있음직함에도 불구하고 말이다. 우리가 이들에 부여할 수 있는 모든 다른 형태는 희화(戱畵)이다.*

Ⅰ어떤 감관의 결함(예컨대 시각의 결함)이 타고난 것이라면, 그런 장애인은 가능한 그 감관을 대신할 다른 감관을 개발하고, ¦생산적 상상력을 크게 구사할 것이다. 왜냐하면 그는 외적 사물의 형태를 촉각에 의해서 파악하고자 하며, 크기 때문에(예컨대 집의 경우) 접촉하는 것이 충분하지 않을 경우는, 그것의 광대함을 또한 다른 감관, 예컨대 청각의 감관에 의해서, 즉 실내에서의 음성의 반향에 의해서 파악하고자 하기 때문이다. 그러나 최후로 운이 좋은 수술로써 기관이 [173] 감각을 자유롭게 한다면, 그는 무엇보다도 우선 보고 듣고 하는 것을 배워야 한다. 즉 자신의 지각을 이런 종류의 대상의 개념에 연결시키도록 노력해야 한다.

대상의 개념은 종종 우리 자신이 만든 형상(생산적 상상력에 의한)을 자기도 모르게 이것에 부여하도록 유혹을 한다. 재능이나 공적이나 위치에 있어서 위대한 사람의 생활이나 행동을 읽거나 듣는다면, 사람들은 상상력 안에서 그에게 당당한 체격을 부여하거나, 그것에 반해서 기술된다면 성격이 섬세하고 유화한 사람에게는 몸집이 작고 화사한 외형을 부여하는 것이 통상 있는 일이다. 단지 농부뿐만 아니라 매우 세상을 잘 아는 사람도, 만약 그가 그 사람에 관하여 말해지고 있는

---

* 그러므로 노인, 젊은이, 새(비둘기)라고 하는 성삼위(聖三位)는 그 대상과 닮은 현실적인 형태로서가 아니라 단지 상징으로서 표상되지 않으면 안 된다. 천상으로부터의 강하와 천상에로의 상승이라는 비유적 표현은 바로 이것을 의미하고 있다. 우리는 이성적 존재자에 대한 우리의 개념에 직관을 부여하기 위해서는 그것을 의인화하는 것 말고 다른 식으로 다룰 수 없다. Ⅰ그러나 이때 상징적 표현이 대상 그 자체의 개념에까지 올라간다면, 그것은 불운한 일이거나 유치한 일이다.

행동으로부터 보고 상상했던 영웅이 | 사실은 작은 남자라든가, 거꾸로 섬세하고 유화한 흄과 같은 사람이 어깨가 쩍 벌어진 남자라는 사실이 그에게 보인다면, 이상하게 느끼게 된다. — 그러므로 우리는 어떤 일에도 기대를 너무 크게 가져서는 안 된다. 왜냐하면 상상력은 자연스럽게 극단에까지 상승하는 경향이 있기 때문이며, 또한 현실은 그 성취의 모범으로서의 역할을 하는 이념보다는 항상 한계를 가지고 있기 때문이다. —

¦ 처음에 어떤 모임에서 소개하고자 하는 사람을 미리 너무 많이 칭찬하는 것은 적당하지 않다. 오히려 그것은 종종 그 인물을 우스꽝스럽게 만들고자 하는 악당의 심술궂은 간계일 수도 있다. 왜냐하면 상상력은 기대되고 있는 것에 관한 표상을 매우 높은 데까지 올려서, 그 인물은 선입관이 된 이념과 비교되어 손해 볼 수밖에 없기 때문이다. 바로 동일한 사실이, 사람들이 책이나, 연극이나, 또는 그 밖에 다른 우아한 유에 속하는 것을 과도한 찬미로써 고지할 때 일어난다. 왜냐하면 이때 그와 같은 것이 면전에서 보인다면, 그것은 함몰될 수밖에 없기 때문이다. 좋은 각본을 읽었다고 하는 것만으로도 사람들이 그것이 상연되는 것을 볼 때 이미 인상을 약화시켜 버린다. — 그러나 만약 미리 칭찬되었던 것이 기대되고 있었던 것과는 완전히 반대인 것이라고 한다면, 상연된 대상은, | 해로움이 별로 없을 경우, 가장 큰 웃음을 자아내게 된다.

변화될 수 있고 움직이고 있는 형태 그리고 그 자신의 주의를 불러일으킬 수 있는 의미를 결코 본질적으로 가지고 있지 않은 그런 형태, — 예를 들면 난로 불이 가물가물 타거나 돌 위에 흘러내리는 실개천이 다양하게 소용돌이를 일으키고 거품을 일으키며 움직이는 것과 같은 그런 형태도 완전히 다른 종류의 많은 표상(여기서는 시각의 표상과는 다른)을 [174] 가지고서 마음속에서 유희하며 또한 숙고 안으로 빠져들어 가는 그런 상상력을 즐겁게 만든다. 전문가로서 듣는 것이 아닌 사람들을 위한 음악도 시인이나 철학자를 어떤 기분 중으로 빠져들게 하고, 그 기분 중에서 각자는 자신의 직업이나 특기에 따라서 생각을 붙잡고, 그것에 ¦ 통달할 수 있다. 그러한 생각은 만약 그가 자신의 방안에 홀로 앉아 있다면 그렇게 유리하게 시작할 수 없을 것이다. 이 현상의 원인은 다음과 같은 점에 놓여 있는 것처럼 보인다. 즉 감관이, 스스로는 어떤 주의도 불러일으키지 못하는 그런 다양한 것에 의해서 I 무언가 다른, 보다 강하게 감관을 자극하는 그런 대상에 대한 주의로부터 분리된다면, 생각은 그것이 오성 표상에 재료를 제공하기 위해서 보다 긴장되고 보다 지속적인 상상력을 필요로 하는 한에서 용이하게 되고 활기차게 된다. — 영국의 ≪스펙테이터≫지(誌)[33]는 다음과 같은 변호사에 대한 이야기를 쓰고 있다. 즉 그는 변호를 할 때 호주머니로부터 실을 끄집어내는 습관이 있었다. 즉 그는 계속해서 그것을 손가락으로 꼬고 푸는 습관이 있었다. 그러나 장난꾸러기인 그의 상대 변호사가 그 끈을 몰래 그의 호주머니로부터 꺼내었기 때문에 저 변호사는 완전히 낭패하고 말았으며, 무의미한 말만 지껄여댔다. 그 때문에 사람들은 "그가 자신의 말의 실을 잃어버렸다"고 이야기했다. — 하나의 감각에 고정되어 있는 감관은(습관 때문에) 다른 감각에 대해 어떤 주의도 하지 않지만, 그 때문에 이 다른 감각에 의해서 흩어지지 않는다. 그러나 상상력은 이때 한층 더 규칙에 따르는 길을 유지할 수 있게 된다.

33) 주 11) 참조.

제31절~제33절 상이한 종류의 감성적 창작 능력에 관하여

31 [A판 23절, B판 28절] 감성적 창작 능력에는 세 가지의 상이한 종류가 있다. 이것은 공간에서의 직관의 **형성적 능력**(형성 구조 imaginatio plastica), ¦ 시간에서의 직관의 **연상적**(聯想的) 능력(연합 구상 imaginatio associans), 표상들 상호 간의 공동 기원으로부터 나오는 **친화력**(affinitas)이다. |

1) 형성이라는 감성적 창작 능력에 관하여

예술가는 물체적 형태를(말하자면 손으로 잡을 수 있는) 표출할 수 있기 전에, 상상력 안에서 그것을 작성해야 한다. 그리고 [175] 이러한 형태는 하나의 창작이다. 창작이 무의식중일 때는(예컨대 꿈에서의 경우처럼), **공상**이라고 말해지고, 예술가에 관련되어 있는 것이 아니다. 그러나 창작이 선택 의지에 의해서 지배된다면, 그것은 **구성** 또는 **발명**이라고 부른다. 그런데 예술가가 자연의 형성물과 유사한 형상에 따라서 작업한다면, 그의 작품은 **실물과 닮았다**(natiirlich)고 말해진다. 그러나 그가 경험에 나타날 수 없는 형상에 따라서 그러한 형태의 대상을(팔라고니아 왕이 시칠리아 섬에서 작성했던 것과 같이)[34] 작성한다면, 그것은 기괴하고 부자연스러우며 희화(繪畵)적인 형태라고 말해지며 이러한 식의 착상은 말하자면 깨어있는 사람의 꿈의 형상이다(병중의 몽상과 같이 공허한 환상이 날조된다. velut aegri somnia vanae finguntur species[35]) — 우리는 종종 또한 기꺼이 상상력을 희롱한다.

---

34) 반(半)미치광이 팔라고니아의 왕이 팔레르모의 동쪽에 있는 바게리아의 별장에서 기괴하고 어리석게 정원이나 궁전의 건설을 했던 것을 가리킨다. 이것에 관해서는 괴테가 그의 ≪이탈리아 기행≫에서 상세한 보고를 하고 있다(1787년 4월 9일의 항).

35) 호라티우스의 ≪시학≫(*Ars poetica*) 7 이하 참조.

¦ BA 80

그러나 상상력도(공상으로서) 꼭 같이 종종 또한 때때로 매우 부자연스럽게 우리를 희롱하고 있다.

¦ 잠자고 있을 때 공상이 사람을 희롱하는 것은 꿈이며, 건강한 상태에서도 일어난다. 반면에 꿈꾸는 것이 깨어있을 때에도 일어난다면, 그것은 병적인 상태를 드러내는 것이다. — 수면은 외적인 지각의 모든 능력을 이완시키며, 특히 임의적인 활동의 모든 능력을 이완시키는 것으로서, 모든 동물에 있어서, 뿐만 아니라 식물에 있어서도(후자를 전자와의 유비에 의해서 본다면) 깨어있을 때 사용되는 힘을 축적시키기 위해서 필요한 것처럼 보인다. 그러나 틀림없이 이것은 꿈꾸는 것에 대해서도 해당되는 것처럼 보인다. 그래서 생명력은 그것이 수면 중에도 꿈에 의해서 끊임없이 활동하게끔 되지 않는다면 소멸하여 버리고, 그래서 가장 깊은 | 수면은 동시에 죽음을 수반할 것이다. — 사람들이 꿈도 꾸지 않고 숙면했다고 말할 때 그들은 사실은 깨었을 때 꿈을 더 이상 기억하지 못한다는 것 이외 다른 것을 이야기하는 것이 아니다. 이러한 일은, 상상이 재빨리 변화할 때에는 깨어있더라도, 즉 방심의 상태에 있을 때에도 어떤 사람에게서 일어날 수 있다. 이 경우 눈을 고정시켜 동일한 지점을 잠시 동안 보고 있는 사람이 무엇을 생각하고 있는가라는 질문을 받는다면, 나는 아무 것도 생각하고 있지 않았다라고 대답한다. 깨어있을 때 우리의 기억 안에서 많은 중단(부주의로부터 간과되었던 결합하는 역할을 하는 중간 표상)이 없다면, 즉 우리들은 지난밤에 그만두었던 그 지점에서 그 다음날 밤에 다시 이어서 꿈을 꾸기 시작한다면, 나는 우리가 두 가지 상이한 세계에 살고 있다고 억측하지 않을지 어떨지를 나는 알지 못한다. — 꿈을 꾸는 것은 ¦ 선택 의지에 의거하고 있는 신체의 운동, 즉 근육의 운동이 정지되어 있는 동안에 무의식중에 창작된 사건에 관계하는 감정에 의해서 생명력을 활기차게 하는 자연의 현명한 준비이다. — 단지

사람들은 꿈의 사건들을 [176] 눈에 보이지 않는 세계로부터의 계시로 간주해서는 안 된다.

2) 연상이라는 감성적 창작 능력에 관하여

연상의 법칙은 자주 서로 계기하는 경험적인 표상들이, | 하나의 표상이 발생할 경우 다른 표상도 또한 발생케 하는 마음의 습관을 낳는 것이다. — 이것에 대한 생리학적 설명을 요구하는 것은 무익한 일이다. 사람들은 이를 위해 어떤 종류의[36] 가정을 이용할 수 있다(이 가정 자신은 또한 조작된 것이다). 예컨대 데카르트가 두뇌 중에 그의 소위 물질적인 관념이 있다고 가정했던 것이 그것이다.[37] 적어도 그러한 종류의 설명은 결코 실용적이지 않다. 즉 사람들은 그것을 어떠한 기술(技術)의 실행에도 사용할 수 없다. 왜냐하면 우리들은 뇌수에 대해서건 또한 그 뇌수 중 표상으로부터의 인상의 흔적이 서로(적어도 간접적으로) 말하자면 접촉하는 것에 공감적으로 일치하게 되는 장소에 대해서건 어떤 지식도 가지고 있지 못하기 때문이다.

이러한 근접 관계는 자주 매우 멀리까지 나아간다 그리고 상상력은 수백에서 수천까지 매우 급속하게 진행하는 일이 자주 있고, 그래서 사람들은 그 표상의 연쇄에서 어떤 중간 항들을 완전히 뛰어넘는 것처럼 보인다. ¦ 사실은 사람들은 그 중간 항을 단지 의식하지 못했을 뿐이기는 하지만 말이다. 따라서 사람들은 자주 다음과 같이 자문하지 않으면 안 된다. 나는 어디에 있는 것일까? 나는 어디서부터 나의 말을 시작할 것이며, 어떻게 이러한 종점에 도달했던 것일까?*

---

36) "어떤 종류의"(was immer für)는 A판과 Cassirer판에는 없다.

37) 데카르트의 ≪정념론≫제 24절.

* 그러므로 사교적인 담화를 시작하는 사람은 그의 가까이에 있고 그에게 현전하는 것으로부터 시작해서 | 점차적으로, 흥미를 줄 수 있는 한에서 보다 멀리 있는 것에 도

3) 친화라는 감성적 창작 능력에 관하여

친화는 다양한 것이 하나의 근거로부터 유래했던 것에 의거해서 결합하는 것이라고 나는 이해한다. | — 사교적인 [177] 담화에서 하나의 화제로부터 완전히 다른 종류의 화제로 이탈하는 일이 있는데, 여기에서는 연상의 근거가 단지 주관적일 뿐인(즉 어떤 사람에 있어서 표상의 연상 방식이 다른 사람의 경우와 다른) 그런 표상들의 경험적인 연상은 ¦ — 즉, 나로서는 그렇게 말할 것인데, 이 연상은 이 이탈에 유혹되어서 형식상 모든 흥미를 방해하고 파괴하는 일종의 난센스이다. — 단지 하나의 화제가 고갈되고 짤막한 중단이 생겨날 때만 누군가가 흥미있는 다른 화제를 끌어낼 수 있다. 불규칙적으로 배회하는 상상력은 객관적으로는 어떤 것에도 관계하지 않는 표상들의 변화에 의해서 두뇌를 매우 혼란시키기 때문에, 이런 종류의 회합에서 출발했던 사람은 자신이 마치 꿈을 꾸고 있는 것이 아닌가 하는 기분을 갖게 된다. — | 조용히 생각하는 경우도 사상을 전달하는 경우도 다양한 것이 그것에 근거해서 배열되는 주제가 항상 있게 마련이며, 따라서 이때 또한 오성도 작용하기 마련이다. 그러나 여기서 상상력의 작용은 그것에 재료를 공급하는 감성의 법칙에 따르며 그리고 그 재료의 연합은 규칙에 대한 의식은 없지만 그러나 그 규칙에 적합하며, 따라서 오성으로부터 유래하는 것은 아니지만 오성에 적합하게 수행되고 있다.

친화(affinitas)라는 말은 여기서는 화학에서 사용되었던, 오성 결합

달하지 않으면 안 된다. 나쁜 기후는 거리에서부터 서로 동지의 위안을 위해 모인 회합에로 들어가는 사람들의 편리하고 일상적인 주제이다. 왜냐하면 사람들이 방안으로 들어갈 때 때마침 신문에 나오는 터키로부터의 보도에 대해 말하기 시작한다는 것은 무엇이 그로 하여금 그것을 이야기하게 했을까에 대해 알지 못하는 다른 사람들에 있어서는 그들의 상상력에 폭력을 가하는 것이 되기 때문이다. 마음은 사상의 전달에 있어 어떤 질서를 요구하고 있으며, 이 경우 담화에서뿐 아니라 설교에 있어서도 실마리가 되는 표상이나 이야기 발단이 매우 중요하다.

과 유사한 상호 작용을 상기시킨다. 그것은 두 가지 종적으로 다른 물체적인, 그러나 긴밀하게 작용해서 결합하려고 하는 원소의 상호 작용이다. 여기서 이 결합은 두 가지 이질적인 원소의 결합에 의해서만 생겨날 수 있는 성질을 가지고 있는 제3의 것을 만들어낸다 그런데 오성과 감성은 이들이 동종적인 것이 아닌데도 불구하고 우리들의 인식을 낳기 위해서는 스스로 동포의 친교를 맺는다. 이것은 마치 한 쪽이 다른 쪽을, 혹은 두 쪽이 하나의 공동의 ¦ 근간을 그것의 근원으로 하고 있는 것과 같다. 그러나 이러한 것은 있을 수 없는 일이며, 적어도 우리에게는 어떻게 해서 다른 종류의 것이 동일한 뿌리로부터 발생하는는지 이해될 수 없다.* ǀ

32 [39] [A판 24절, B판 29절] 상상력은 사람들이 아마 자칭하고 있는 만큼 그렇게 창조적인 것은 아니다. 우리는 인간의 형태

---

* 처음의 두 가지 종류의 표상 합성을 수학적 합성(증가의)이라 부르며, 세 번째 것을 역학적 합성(산출의)이라 부른다 이 뒤의 것에 의해서는 완전히 새로운 것(예컨대 화학에서 중성염※과 같은 것)이 발생한다. 생명있는 자연에서도 생명없는 자연에서도, ǀ 또한 물체에 있어서도 정신에 있어서도 힘들의 활동은 다른 종류의 것의 분해와 결합에 의거하고 있다. [178] 우리들은 실로 힘들의 작용을 경험함으로써 그 힘들에 도달하게 된다. 그러나 그 최고 원인 및 힘들의 소재가 분해될 수 있는 단순한 구성 요소는 우리에게는 인식될 수 없다. — 우리들이 알고 있는 모든 유기체가 자신의 종을 단지 양성(兩性, 사람들이 자웅 雌雄이라고 부르는)의 결합에 의해서만 번식시킨다고 하는 것의 원인은 도대체 무엇일까? 그러나 사람들은 창조자가 단순히 신기롭게 하기 위해서, 또한 당신을 기쁘게 할 설비를 이 지구에 만들기 위해서만, 말하자면 가지고 놀았을 뿐이라고 볼 수는 없다. 오히려 양성이 마련되어 있지 않다면, 우리의 지구에 있는 물질로부터 유기물을 다른 방식으로 번식에 의해 생성시키는 것은 불가능한 것처럼 보인다. — 인간의 이성이 여기서 그 유래를 탐색하려고, 아니 단지 추측만이라도 하려고 시도한다면, 이성은 어떤 암흑에서 길을 잃어버리게 될까?

※ 중성염은 염기성염(鹽基性塩)과 산성염(酸性塩) 사이 중간에 있는 중성적인 염이다.

39) 수고와 A판에서는 "실례에 의한 해명"(Erläuterung durch Beispiele)이라는 표제가 붙어 있다.

이외 어떤 다른 형태도 이성적 존재자에 조합한 것으로 생각할 수 없다. ¦ 그러므로 조각가나 화가가 천사나 신을 제작하는 경우에 항상 인간의 모습을 그리고 있다. 모든 다른 모습은 그들에게는 그의 이념에 따라서 볼 때 이성적 존재자의 구조와 합치시키지 않는 부분을(예컨대 날개나 금수의 발톱, 발굽과 같이) 포함하고 있는 것처럼 보인다. 여기에 반해서 크기는 그들이 원하는 만큼 창작할 수 있다.

| 인간의 상상력을 강화시킴으로써 나타나는 착각은 종종 매우 극단으로 가서, 사람들은 단지 머리 중에 가지고 있는 것을 자신의 바깥에서 보거나 느낀다고 믿는다. 그러므로 심연을 들여다보고 있는 사람이 떨어지지 않을 만큼 그 주위에 충분히 넓은 지면을 가지고 있음에도 불구하고, 또는 단단한 난간에 기대어 서 있음에도 불구하고, 현기증이 그를 엄습한다. — 일부러 자신의 몸을 내어 던지려는 내적 충동의 발작에 대해서 약간의 정신병자가 품게 되는 공포는 기이한 것이다. — 메스꺼움을 느끼는 것을 다른 사람이 즐기는 모습을 보는 일은(예컨대 퉁구스 족이 자신들의 아이들의 코로부터 콧물을 빨아내어 마시는 경우와 같이) 그 목격자에게, 마치 그 자신에게 그것을 즐기는 일이 강요되는 것처럼, 메스꺼움을 일으킨다.

스위스 사람이 다른 나라에 갈 때 그의 마음을 엄습하는 향수는(또한 내가 경험많은 장군에게서 들은 바에 의하면, 베스트펠러나 포메른 지방 사람들의 향수도) 젊은 시절의 즐거움이나 이웃과의 사귐의 모습을 회고함으로써 환기되었던, 그들이 늘 소박한 생활의 즐거움을 향유했던 장소들에 대한 동경의 결과이다. ¦ 그 뒤 그들이 동일한 장소를 방문했을 때, 그들은 그들의 기대가 꺾이게 되고 [179] 심지어는 그들의 향수가 치유되었다는 것을 알게 된다. 그들은 거기서 모든 것이 매우 변했다고 마음속으로는 생각하지만, 그러나 사실상으로는 그들은 그들의 청춘을 다시 되돌릴 수가 없기 때문에 그런 일이 생겨난다.

| A 86 ¦ B 87

이때 주목해야 할 일은 이 향수가, 돈벌이에 종사하고 "형편 좋은 곳은 어디나 고향"(patria ubi bene)을 모토로 삼는 사람보다는 오히려 돈은 없지만 그 대신 형제나 종형제의 관계에서 결손이 있는 지방의 농촌 사람들에게 보다 많이 나타난다는 사실이다.

만약 이런 저런 사람이 나쁜 사람이라는 말을 들었다면, 사람들은 그 사람의 얼굴에서 악의(惡意)를 읽을 수 있다고 믿는다. 그리고 여기서는 특히 감정과 욕정이 추가될 때 허구가 경험과 결합되어 하나의 감각이 된다. 헬베티우스[40]에 의하면 어떤 귀부인이 망원경을 통해서 달에서 두 사랑하는 연인의 그림자를 보았다는 것이다. 그런데 그 뒤 그것을 통해 관찰했던 목사가 다음과 같이 이야기했다. "그렇지 않습니다, 마담. 그것은 교회의 두 종루(鐘樓)입니다."

| 사람들은 이 모든 것들에 대해 또한 상상력의 공감에 의한 작용을 추가할 수 있다. 경련이나 또는 간질의 발작 증상이 있는 사람을 목격한다면 동일한 경련적인 운동을 일으키도록 자극을 받는다. 그것은 마치 다른 사람이 하품할 때 그와 함께 하품하게 되는 것과 같다. 또한 의사인 미카엘리스 씨가 작성했던 보고서에 의하면,[41] 북미의 군대에서 한 남자가 격렬한 광란에 빠졌을 때 옆에 있던 두 세 명도 그것을 보고는 갑자기 동일한 상태에 빠지게 되었다는 것이다. 비록 이 발작이 일시적인 것에 불과하다고 하더라도 말이다. ¦ 그러므로 신경이 약한 사람(신경증을 가지고 있는 사람)에게 호기심을 위해서 정신병원 방문을 권유해서는 안 된다. 대부분 그들은 자연히 이러한 일을 피한다. 왜냐하면 그들은 그들의 머리에 대해 두려워하기 때문이다. — 또한 쾌활한 사람들은 누군가가 자신에 일어났던 일을 감정 특히 화난 감정을 가지고 자신들에게 이야기한다면, 강한 주의를 보내는 경우에

40) 그의 ≪정신론≫ I, 2장 참조.

41) 미카엘리스(C. F. Michaelis, 1754~1804)는 카젤대학 교수이자 시의(侍醫). 저서 ≪임상병학총서≫(*Medizinisch - praktische Bibliothek*), 제1권, 114쪽 이하 참조.

는 거기에 맞추어 찌푸린 얼굴을 하고, 자신도 모르게 그의 감정에 맞추어 표정을 짓고 있다는 사실을 우리는 알아차리게 된다. — 또한 우리는 서로 사이가 좋은 부부는 점차 용모도 흡사하게 된다는 것을 알게 된다. 그리고 그 이유는 그들이 이처럼 유사하므로(유사한 것은 유사한 것을 좋아한다. simils simili gaudet) 결혼했기 때문이라고 설명된다. 그러나 그것은 잘못이다. 왜냐하면 자연은 서로 사랑에 빠진 주체들의 상이성을 남녀 양성의 본능에 의해서 부추겨서 자연이 그들의 태아 안에다 심어놓았던 모든 다양성을 전개시키고 있기 때문이다. 따라서 그것이 아니라, 둘만의 외로운 환담에서 서로 가까이 있으면서 자주 그리고 오랜 시간 서로의 눈을 볼 때의 친밀과 애정이 공감적이고 유사한 표정을 낳으며, [180] | 그것이 고정화될 때 결국에는 일정한 용모로 이행해 가는 것이다.

마지막으로 공상이라 부를 수 있는 생산적인 상상력의 이 의도적이지 않은 작용에는 악의 없는 거짓말에 대한 성향도 포함될 수 있다 이러한 성향은 어린 아이에게는 항상 있는 것이지만, 어른에게도, 그렇지 않았더라면 선량한 사람인 어른에게도 때때로 있는 것이며, 그럴 때에는 거의 유전적인 질병으로 보인다. ¦ 이 경우 언급되는 여러 가지 사건 및 모험이라 부르는 것은 붕괴하는 눈사태처럼 상상력으로부터 유출되어 나온다. 그러함에도 불구하고 단지 스스로 재미있어 하는 것 외에는 어떤 이득도 의도하고 있지 않다. 마치 셰익스피어의 작품에 나오는 기사 존 팔쉬타프가 모직의 옷을 입은 두 사람을 그의 이야기가 끝나기 전에 다섯 사람으로 만드는 경우와 같다.[42]

42) ≪헨리 4세≫, 제1부, 2, 4 참조.

33 [43] [A판 25절, B판 30절] 상상력은 감관보다 표상이 풍부하고 다산적(多産的)이기 때문에, 여기에 욕정이 추가된다면, 대상이 현전함으로써 보다는 그것이 부재함으로써 더 많은 활기를 띠게 된다. 즉 어떤 것이 발생하고, 얼마 동안 마음이 산란해짐으로써 소실된 것처럼 보였던 그것에 대한 표상을 다시 마음에 불러오는 경우가 그것이다. — 귀족이지만 거친 무사였던 어떤 독일 왕족이 그의 성 아래에 거주하는 어떤 평민의 여자에 대한 그의 사랑을 그의 마음으로부터 떨쳐버리기 위해 이탈리아로 여행을 간 적이 있었다.[44] | 그러나 그가 돌아와서 여자의 거주지를 처음 본 순간 그것은 긴 교제를 했을 때보다도 더 강렬하게 상상력을 일깨웠던 것이다. 그래서 그는 더 이상의 주저 없이 결혼의 결단에 따랐고, 다행히 그것은 기대에도 부응하였다. — 창작적인 상상력의 결과로서의 이러한 병은 결혼에 의하지 않고서는 치유될 수 없다. 왜냐하면 결혼이 진리이기 때문이다(사람은 사라져도(연극은 끝나도) 사물은 남는 것. eripitur persona, manet res. 루크레티우스[45]).

창작적 상상력은 우리 자신들과의 일종의 교제를, 비록 내적 감관의 현상에 지나지 않는다 하더라도 ¦ 그럼에도 외적 감관과의 유비에 따라서 불러일으킨다. 밤은 창작적 상상력을 활기차게 하며, 그것을 그것의 현실의 내용 이상으로 높인다. 마치 달이 저녁에는 하늘에서 큰

---

43) A판에는 이 앞에 다음의 표제가 붙어 있다. "상상력의 역할을 고무하고 억제하는 수단에 관하여"(Von den Mitteln der Belebung und Bezämung des Spiles der Einbildungskraft).

44) 데쏘(Leopold von Dessau, 1676~1747)와, 그가 어머니의 반대를 무릅쓰고 1698년에 결혼했던 약제사 처녀인 푀제(Annelise(Anne Luise) Föse)에 대한 이야기이다. 데쏘 공 레오폴드 1세는 프로이센의 원수. 여러 전쟁에서 무공을 세웠다.

45) 루크레티우스(Titus Lucretius Carus, B. C. 96~55)는 에피쿠로스 학파의 시인이자 철학자. 그의 6 각운의 교훈시 ≪사물의 본질에 관하여≫ (*De rerum natura*)는 자연주의적 세계관에 대해서보다 인간을 계몽하는 것에 대해 공헌했다. 본문은 그의 시 III, 58.

¦ B 90 | A 91

모습을 보이지만, 대낮에는 단지 의미없는 작은 구름 조각처럼 보일 뿐인 것과 같다. 상상력은 밤의 고요함 속에서 지적인 활동을 하거나 또한 상상의 적과 싸우거나 자신의 방을 걸어다니면서 공중누각을 쌓는 사람들 안에서 왕성하게 활동한다. 그러나 그때 그에게 중요한 것처럼 보이는 모든 것도 밤의 수면을 지난 후 아침이 되면 그 모든 중요성을 상실하고 만다. 그러나 그는 아마도 시간이 경과함에 따라 이 나쁜 습관 때문에 [181] 심적인 힘의 피로를 감지하게 될 것이다. 그러므로 일찍 일어나기 위해서 일찍 잠자리에 들어감으로써 자신의 상상력을 억제하는 것은 심리학적인 다이어트에 속하는 매우 유용한 규칙이다. 그러나 귀부인들과 우울증 환자들(그들은 통상 바로 이 때문에 그들의 질병에 걸리게 된다)은 오히려 그 반대의 행동을 좋아한다. — 아침에 일어나자마자 누구에게도 쓸모없고, 담화에 전혀 어울리지 않는 것으로 생각되는 귀신 이야기를 심야에는 무엇 때문에 들을 필요가 있겠는가? ∣그때 사람들은 그 대신 다음과 같이 묻는다. 무언가 새로운 일이 집이나 사회에서 일어났습니까 라고 묻든가 아니면 어제 하던 일을 계속해서 하든가 한다. 왜냐하면 그 자체가 단순한 놀이에 지나지 않는 것은 낮 동안에 움직여서 피로해진 힘을 이완하는데 적절하지만, 그러나 일이라고 하는 것은 밤의 휴식으로 원기가 생겼거나 말하자면 다시 태어난 사람에게 적절한 것이기 때문이다.

상상력의 과실(過失, vitia)은 그것의 창작이 단순히 제어되지 않거나 또는 ¦ 규칙적이지 않거나(분방하든가 또는 무법 無法이든가, effernis aut perversa)하는 것이다. 후자의 과실은 최악이다. 전자의 창작은 아마도 어떤 가능한 세계(우화의)에서 그것의 소재를 발견할 수 있다. 그러나 후자의 창작은 어떠한 세계에서도 소재를 발견할 수 없다. 왜냐하면 후자는 자기 모순적이기 때문이다. — 리비아의 사막 라셈[46]에

46) 리비아 다라(Darha) 주(州)의 라셈(Ras-Sem)의 유적. 칸트는 아마도 —≪함부르그 잡

서 종종 발견되는 인간과 동물의 형태는 아라비아 사람에게는 공포의 대상으로 보인다. 왜냐하면 그것은 그들이 그 모습을 저주에 의해서 돌로 변한 인간으로 보기 때문이다. 이것은 첫 번째 종류의 상상, 즉 제어되지 않는 상상력에 속한다. — 그러나 동일한 아라비아 사람의 견해에 따르면 이들 동물의 조상은 모든 부활의 날에는 예술가를 거칠게 다루면서, 그가 그러한 상들을 만들었음에도 불구하고 이들에 영혼을 불어넣을 수 없었다는 질책을 가한다고 하는데, 이것은 모순이다. — 제어되지 않는 공상은 항상 또한 본론으로 돌아갈 수 있다(예를 들면 에스테 추기경이 자신에게 헌납된 책을 건네받으면서 "아리오스토 선생, 당신은 악마처럼 어디서 그러한 광기 가득한 책을 모두 입수했습니까?"라고 물을 때 상대의 시인이 공상했던 것처럼[47]). 이러한 공상은 | 그 풍부함으로 가득 차있다. 그러나 규칙적이지 않은 공상은 광기에 가까이 있으며, 여기서 공상은 완전히 인간을 희롱하고, 운 나쁜 사람은 자신의 표상의 흐름을 완전히 자신의 뜻대로 할 수 없게 된다.

이 밖에 정치 기술자도 예술가와 마찬가지로 현실 대신에 거짓된 모습을 보여주는 방법을 알고 있으며, 상상에 의해서, 예컨대 단순한 형식적인 절차에 지나지 않는 국민의 자유(영국 국회에서의 자유와 같은) 또는 계급의 자유와 평등(프랑스의 국민 의회에서의 자유와 같

지≫(*das Hamburgische Magazin*)의 1757년 19호에 게재되었던 "아프리카의 트리폴리 지방의 화석 도시에 관한 연구"라는 논문으로부터 이러한 사실을 알았을 것이다.

47) 에스테 추기경은 15세기쯤 북 이탈리아의 페라라 영주였던 에스테 가의 알퐁소 1세의 동생인 입폴리트 에스테(Ippolite d'Este, 1479~1520)로 형과 함께 학문과 예술의 보호 육성에 힘썼다. 이 때문에 페라라는 르네상스 문화의 중심지로 되었으며, 뛰어난 예술가가 많이 모였다.

아리오스토(Ludovico Ariosto, 1474~1533)는 이 에스테가의 입폴리트에 발견되어서 그 집에서 일했던 이탈리아 르네상스의 대표적인 시인. 낭만시 ≪광란의 오를란드≫ 등 중세풍의 무용과 연애를 묘사했으며, 르네상스기의 인간 고양의 분위기 조성에 힘썼으며, 풍부한 상상력과 뛰어난 8행시의 스타일로 알려져 있다.

| B 91 | A 92

은)에 의해서 세상을 인도하고 또한 지배할 수 있다(세상은 속게 되기를 원한다 mundus vult decipi). [182] 그러나 ¦ 이러한 인간성을 고상하게 하는 선(善)을 소유하고 있는 모습만 가지고 있다 하더라도 그것은 그 선을 명백하게 빼앗겼다고 느끼는 것보다 훨씬 좋은 것이다.

제34절~제36절 상상력에 의해서 과거와 미래를 현전화하는 능력에 관하여

34 [A판 26절, B판 31절] 과거를 의도적으로 현전화하는 능력은 상기 능력이며, 무언가를 미래의 것으로서 표상하는 능력은 예견 능력이다 이 둘은 그것이 감성적인 한에서 주관의 과거나 미래의 상태의 표상을 현재의 상태와 연합시키는 것에 근거하고 있다. 그리고 이들은 그 자체 지각은 아니지만, 그러나 현재 있는 것에 의해서 이미 존재하지 않는 것과 아직 존재하지 아니하는 것을, 하나의 맥락을 가지는 경험의 안에서 결합시킨다고 하는, 시간 안에서 지각들을 결합시키는 역할을 한다. 이것은 회상과 예상(만약 이런 표현이 허용된다면)의 상기 능력 및 예언 능력이라고 부른다. 왜냐하면 사람들은 자신의 표상을 | 과거나 또는 미래의 상태에서 만나게 될 그런 것으로서 의식하고 있기 때문이다.

1) 기억에 관하여

기억이 단순한 재생적 능력과 구별되는 것은 그것이 이전의 ¦ 표상을 자의적으로 재생할 수 있고, 따라서 마음은 상상력의 단순한 유희가 아니라고 하는 점에 있다. 공상, 즉 창조적 상상력은 이 안에 섞여

| A 93, 94 ¦ B 93

들어와서는 안 된다. 왜냐하면 그렇게 될 경우 기억은 불충실한 것이 되기 때문이다. — 무언가를 곧 기억에서 파악하고, 그것을 쉽게 생각해 내어서, 오랫동안 보존하는 것은 기억의 형식적인 완전성이다. 그러나 이들의 제 특성은 거의 공존하고 있지 않다. 누군가가 기억 속에서 그것을 가지고 있다고 믿지만 그러나 그것을 의식으로 가져올 수 없다면, 그는 그것을 마음에 떠올릴 수 없다고 말한다(깜빡 잊는 것을 말하는 것이 아니다. 왜냐하면 그것은 느끼지 못하는 것과 같은 의미이기 때문이다). 이때의 노력은, 사람들이 그것을 생각해 내려고 노력한다 하더라도, 매우 머리를 피곤하게 한다. 가장 좋은 방법은 잠깐 동안 다른 생각에 의해서 정신을 딴 데로 전환시키고, 그리고 때때로 [183] 잠간씩 그 대상에로 되돌아 가보려고 하는 것이다. 그러면 대개는 그 표상을 불러낼 연관된 표상 중 하나를 갑자기 알아차리게 된다.

방법적으로 어떤 것을 기억에 붙잡아 두는 것(기억에 새겨두는 것. memorize mandate)은 기억하는 것이라 말해진다(배우는 것이 아니다. 예컨대 목사가 전달하고자 하는 설교를 들어서 단순히 암기할 때 그 목사의 말을 일반인은 배우고 있다고 말한다 I). — 기억하는 것은 기계적이거나 기교적이거나 판단적일 수 있다. 기계적인 기억은 빈번한 그리고 문자적인 반복에만 의존한다. 예컨대 구구단 표를 습득하는 경우이다. 이때 구해지는 답에 도달하기 위해서는 습득자는 순순히 관용의 순서로 이어져 있는 어구의 전(全)계열을 통해서 진행해가야 한다. 예를 들면 곱셈을 처음 배우는 어린 아이는 삼 곱하기 칠은 얼마인가라는 물음에 대해 삼삼은 구라는 것에서 시작해서 ¦ 이십 일이라는 답에 도달하게 될 것이다. 그러나 사람들이 그에게 칠 곱하기 삼은 얼마인가라고 묻는다면, 그는 곧바로 생각해 낼 수 없고, 수를 거꾸로 하여 그것을 습관적인 순서에 따라 배열시켜야 한다. 기억되는 것이 의식적(儀式的)인 공식이고, 이 공식에서 어떤 표현도 변경되지 않고 흔히들 이야기하듯이 기계적으로 암송되어야 한다면, 아마 기억이 가장 좋은 사람이라도 기억에 의존하는 데 두려움을 느낄 것이며(사실상 이런 두려움은 그 자체 사람들을 잘못에 빠뜨릴 수도 있지만), 그 때문에 이 공식을, 마치 가장 숙련된 목사가 그렇게 하는 것처럼, 써서 보고 낭독하는 것이 필요하다고 생각된다. 왜냐하면 이 경우 그 말을 조금이라고 바꾸면 우스꽝스럽게 되기 때문이다.

기교적인 기억은 어떤 표상을, 그 자체로는(오성에 관하여) 서로 어떤 친근 관계도 가지지 않는 부차 표상들과 연합시킴으로써, 기억에 각인하는 방법이다. 예컨대 어떤 언어의 음(音)을 그 언어와는 완전히 종류가 다른 것이지만 그 음에 대응하는 형상들과 연합시킴으로써 기억하는 경우가 기교적인 기억이다. 이 경우 사람들은 보다 쉽게 기억하기 위해서, 그 이상의 보다 많은 부차 표상에 시달리게 된다. 따라서 이것은 동일한 개념 아래에 함께 속할 수 없는 것을 짝지으려고 하는, 상상력의 무규칙적인 절차로서 불합리하다. | 또한 동시에 거기에는 수단과 의도 사이에도 모순이 있다. 왜냐하면 사람들은 기억에 대해서 그 일을 쉽게 하려고 하지만, 사실은 완전히 공통점이 없는 표상을 연합시킨다고 하는, 기억에 불필요하게 짐을 지움으로써 그 일을 곤란하게 하는 것이기 때문이다.* ¦ 익살꾼들이 정확한 기억을 가지고 있는 일이 드물다고 [184] 하는 것은(익살꾼들은 별로 신뢰할 만한 기억을 갖고 있지 못하다. ingeniosis non ad- mondum fida est memoria) 이러한 현상에 의해서 설명된다.

---

* [183] 그림이 삽입된 입문서, 예를 들면 그림이 삽입된 성서라든가 그림을 삽입하여 설명하는 법률 전서 중 하나는, | 자신이 가르치는 아이들을 지금까지보다도 더 유치하도록 하기 위한, 유치한 성향의 교사가 사용하는 시각(視覺) 상자이다. 법령 전서에 관해서는 그러한 방식으로 기억에 맡겨진 법령 전서 제목 중 하나인 자권(自權)상속인과 법정상속인에 관하여≫(de heredibus suis et legitimis)가 실례로서 유용하다. [184] 그 최초의 단어[상속인]는 맹꽁이 자물쇠로 채워진 상자에 의해, 두 번째 단어[자권의]는 돼지에 의해, 또한 세 번째 단어[법정의]는 모세의 두 개의 석판(십계명을 기록했던 돌)에 의해, 감성적으로 구체화된다.

판별적 기억은 사고 중에 가지고 있는, 어떤 체계(예를 들면 린네의[48])의 분류표 이외에 다른 것이 아니다. 여기에서 사람들은 무언가 어떤 것을 망각했다고 한다면, 마음에 간직했던 항목들을 열거함으로써 다시 충분히 알아낼 수 있다. 또는 보일 수 있도록 배열된 전체의 분류(예를 들면 지도 위에서 한 나라의 북방이나 서방 등에 존재하는 여러 주들을 구분하는 것처럼)를 기억함으로써 충분히 알아볼 수 있다. 왜냐하면 이 기억 방법을 위해서 우리는 오성도 사용하고, 오성이 상상력에 대해 서로 도움을 주기 때문이다. 대부분 토픽[표제에 의한 정리법]은, 즉 공통 표제라고 불리는 보편 개념을 위한 틀은, 마치 사람들이 | 도서관에서 책들을 여러 가지 표제를 가지고 있는 서가(書架)에 배분하는 경우처럼, 부류 구분을 통해서 기억해내는 것을 용이하도록 한다.

일반학으로서의 기억술(ars mnemonica)은 존재하지 않는다. 기억술에 속하는 특수한 기법 중에는 시구(詩句)에서의 잠언(기억시 versus memoriales)이 있다, 왜냐하면 운율은 기억의 메카니즘에 매우 도움이 되는 규칙적인 억양을 포함하고 있기 때문이다 — ¦ 미란돌라의 피코, 스칼리거, 안겔루스 폴리티아누스, 마글리아베키[49]등과 같은 기억의 귀재나, 학문을 위한 재료로서 백 마리의 낙타에 실을 정도의 책을 머릿속에 가지고 있는 박식가들을, 그들이 아마도 이 모든 지식을 합목적적으로

48) 린네(Caroli a Linné (Carolus Linnaeus), 1707~1778)는 스웨덴의 식물학자. 분류학의 기초를 확립하고, ≪식물철학≫에서 식물의 분류에 두 가지 이름을 채용하고, 속명(屬名)과 종명(種名)으로 단순하게 나타내었다. 또한 ≪자연의 분류계≫에서는 속, 목, 강(屬, 目, 綱)을 설정하여, 전체 생물을 두 가지 이름을 사용해서 분류했다. 그 책의 제10판(1758)은 동식물 분류의 고전으로서, 현재의 국제 명명 규약에서의 규준으로 되어 있다.

49) 피코(Giovanni Pico della Mirandola, 1463~94)는 르네상스기의 이탈리아 신비 사상가이자 신플라톤주의자. 스칼리거(Julius Caesar Scalige, 1484~1558)는 유명한 언어학자인 요셉 유스투스 스칼리거(Joseph Justus Scaliger)의 아버지. 안겔루스 폴리티아누스(Angelus Politianus, 1454~1494)는 프로렌스의 언어학자. 마그릴아베키(Antonio Magliabecchi, 1633~1714)는 프로렌스의 박학한 도서관 사서이자 수집가.

사용하기 위해 선택하는 능력에 합당한 판단력을 가지고 있지 않기 때문에, 경멸하여 이야기하는 것은 아니다. 왜냐하면 다른 사람들이 뒤에 이들 재료를 판단력을 가지고 가공하기 위해서 참가하지 않으면 안 된다 하더라도, 가공하지 않은 재료를 풍부히 공급하는 것은 그것만으로 이미 충분한 공적이기 때문이다(우리들이 기억하는 것만큼 그만큼 우리는 알고 있다 tantum scimus, quantum memoria tenemus). 고대인 중 한 사람[50]이 "쓰는 기술은 기억을 파멸시킨다(부분적으로 불필요하게 되었다.)"고 말했다. 이 명제에는 무언가 진리가 있다. 왜냐하면 보통의 사람들은 스스로에게 부과된 많은 일들을 순서에 따라 실시한다든가 상기한다든 하여 대체로 비교적 알맞은 순서대로 한다. 바로 그 때문에 여기서의 기억은 기계적이며, [185] 어떤 미묘한 것도 포함되어 있지 않다. 그러나 여기에 반해서 많은 다른 종류의 부차적인 사상이 머릿속에서 움직이고 있는 학자에게 있어서는 자신의 위탁된 일이나 | 가정사에 관한 많은 것들이 흩어짐으로써 사라지고 만다. 왜냐하면 그는 이들을 충분히 주의해서 파악하지 못하기 때문이다. 그러나 호주머니 속의 수첩을 넣고 있어서 사람들이 보존할 목적으로 머리 중에 남겨 두고 있는 일체의 것을 아주 정확하게, 또한 어떤 노력 없이 확실히 하고 재발견해 내는 것은 그야말로 대단히 편리한 것이다. 그리고 쓰는 기술은 항상 훌륭한 기술이다. 왜냐하면 이 기술은 역시 자신의 지식을 다른 사람에게 전달하기 위해 편리한 것은 아니고, 그것은 가장 광범위하고 ¦ 가장 정확한 기억에 대신해서, 그 기억의 결함을 보충해줄 수 있기 때문이다.

건망증(obliviositas)은 여기에 반해서, 머리가 아무리 자주 채워진다 하더라도 구멍 뚫린 항아리처럼 항상 텅 비어있는 채로 있는 것인데,

50) 플라톤을 가리킨다. 이 말의 출처는 ≪파에드로스편≫ 274S. 여기서 이것은 소크라테스가 했던 말이다.

있으면 있는 만큼 폐해가 더 크다. 이 폐해는 때로는 죄가 되지 않는다. 예컨대 자신의 어릴 때의 일은 실로 잘 기억해 낼 수 있지만, 보다 극히 최근에 일어난 일은 항상 잊어버리고 마는 노인들의 경우 죄가 되지 않는다. 그러나 건망증은 종종 습관적인 주의 산만의 결과이며, 이 주의 산만은 특히 소설을 애독하는 여자들에게서 잘 일어난다. 왜냐하면 소설을 탐독하는 경우에는 그것은 단순한 허구일 뿐이라는 것을 앎으로써 순간적으로 스스로 즐기는 것만을 목표로 하고 있으며, 따라서 여기서 독자인 여성들은 소설을 읽으면서 그녀의 상상력이 가는 방향대로 창작을 하는 충분한 자유를 가지고 있는데, 이러한 일은 당연한 결과로서 주의를 산만하게 하고 방심(현재 있는 것에 대한 주의의 결여)을 습관화시키기 때문이다. 그러므로 기억은 그 때문에 불가피하게 약화된다 — 시간을 죽이고 세상에 대해서 자신을 구용하게 만들고, 그럼에도 뒤에 인생의 짧음을 한탄하는 이러한 습관은, I 그것이 만들어 내었던 공상적인 마음의 기분은 별도로 하더라도, 기억에 대해서는 가장 적의(敵意)가 있는 침해 중 하나이다. ⁞

2) 예견 능력(Preadvisio)에 관하여

35 [B판에 추가 B판 32절] 이 능력을 소유하고 있는 것은 다른 어떤 능력보다도 더 흥미를 끈다. 왜냐하면 그것은 가능한 모든 실천의 조건이며, 또한 인간이 자신의 힘의 사용을 그것에 관계시키는 목적의 조건이기 때문이다. 모든 욕구는 이 능력에 의해서 가능하게 되는 것의(의심스런 것이든 확실한 것이든) 예견을 포함하고 있다. [186] 과거를 회고하는(상기하는) 것은 미래의 예언을 가능하게 하는 의도에서만 생겨난다. 왜냐하면 우리는 무언가를 결정하든가 또는 무언가를 각오하기 위해서 대체로 현재의 입장에서 자신을 돌아보기 때

⁞ B 97, 98 I A 98

문이다.

경험적 예견은 유사한 경우를 기대하는 것(exspectatio casuum similium)이며, 원인과 결과에 관한 이성지(理性知)를 필요로 하지 않고, 통상 서로 계기하고 있는, 단지 관찰된 사건을 기억하는 것만을 필요로 한다. 반복된 경험이 경험적 예견에서의 숙달을 낳는다. 바람과 날씨가 어떠한가하는 것은 항해자나 농부의 큰 관심사이다. 그러나 이 점에서 우리 자신의 예견 능력은 소위 농민층에 미치지 못한다. 농민의 예언은 만약 그것이 적중한다면 칭찬을 받지만, 적중하지 않는다면 잊혀지며, | 그리하여 그들의 예언은 항상 어느 정도의 신용 상태에 있게 된다. — 섭리는 날씨의 유동을 의도적으로 너무나 변덕스럽게 엮어놓아서, 사람들이 ¦ 모든 경우에 거기에 필요한 준비를 하는 일을 쉽게 하도록 내버려두지 않고, 모든 경우에 준비를 하기 위해서 오성을 사용할 필요가 있게끔 했다는 것, 이것은 사람들이 대체로 믿고 있는 것이다.

멍하게(사려도 없고 조심도 없이) 살아가는 것은 실로 인간의 오성에는 결코 명예가 되지 않는다. 그것은 마치 아침에 자신의 침대 매트를 팔고, 저녁에는 자신이 밤에 어디서 자야할는지 몰라서 당황하는 카리브 토인의 경우와 같다. 그러나 이 경우 도덕성에 어긋나는 어떤 과실도 초래되지 않는다면, 모든 사건에 대해서 무감각한 사람이 항상 비관적인 견해를 가지고 인생으로부터 일체의 즐거움을 빼앗는 사람보다 훨씬 행복하다고 볼 수 있다. 그러나 인간만이 가질 수 있는 모든 조망 중, 인간이 자신의 현재의 도덕적 상태에 대해 그것의 존속과 또한 보다 선한 상태에로의 계속된 전진을 기대하게 되는 이유를 가진다면, 가장 위안이 될 것이다. 이에 반해서 인간이 이제부터 새롭고 보다 나은 품행으로 나아가기로 용감하게 마음먹었다 하더라도, 그는 자신에게 자주 다음과 같이 말해야만 한다. "그러나 아마 그것은 어떤

‖ AB 99

것도 이루지 못할 것이다. 왜냐하면 너는 자주(연기했기 때문에) 이런 약속을 했지만, 그러나 항상 이번만은 예외라고 하는 구실로 이 약속을 파기했기 때문이다." 그래서 유사한 경우를 기대하는 것은 오히려 전망을 어둡게 만든다.

| 그러나 우리들 위에 덮칠지도 모르는 운명이 문제이고 우리들의 자유로운 선택 의지의 사용이 문제되지 않는 경우에는, 미래에 대한 조망은 [187] 예감(豫感), 즉 육감(Ahndung, praesensio)이든가* 또는 예기(豫期, praesagitio)이다. 전자는 아직 현전(現前)해 있지 않은 것에 대한, 말하자면 잠재적인 감각을 의미한다. 후자는 사건들의 계기 법칙(인과율)에 대한 반성을 통해서 산출된, 미리 사건에 대한 의식을 의미한다.

사람들은 모든 예감이 환상이라는 사실을 쉽게 알고 있다. 왜냐하면 아직 현전해 있지 않은 것을 사람들이 어떻게 감각할 수 있겠는가? 그러나 만약 그러한 인과 관계의 불분명한 개념으로부터 내려지는 판단이 존재한다면 그것은 예감이 아니며, 사람들은 그러한 판단을 낳는 개념을 전개할 수 있고 또한 위에서 말한 판단이 어떻게 성립하는가를 설명할 수 있게 된다. — 예감은 대부분 불안스러워 하는 종류의 것이다. 즉 공포의 대상이 무엇인가 하는 것이 분명하지 않은 데도 5원인

---

* 사람들은 최근 무언가를 느끼다(Ahnen)라는 말과 무언가를 비난하다(Ahnden)라는 말 사이를 구별하고자 하였다. 그러나 전자는 독일어가 아니며,※ 따라서 남는 것은 후자뿐이다. — Ahnden 은 마음에 새겨둔다는 것과 같은 의미이다. 여격(與格)으로 사용될 때(나에게 어떤 예감이 든다 es ahnden mir) 그것은 무언가가 나의 기억에 어슴푸레하게 떠오른다는 것을 의미한다. 대격(對格)으로 사용될 때(무엇을 책망한다 eswas ahnden) 그것은 누군가의 행위를 악의를 가지고서 기억하는(즉 그의 행위를 벌하는) 것을 의미한다. 그것은 항상 동일한 개념이지만, 다른 방식으로 사용된다.

※ 오늘날의 연구에 의하면 Ahnen(느끼다)는 저지(低地)의 독일어 내지는 옛 게르만어의 방언으로부터 왔으며, Ahnden(비난하다)는 원래 다른 말이었지만, 중세 이래 양자 사이에 혼동이 있었으며, 16세기경부터 일반적으로 폭넓게 같은 의미 "예감하다"로도 사용되었다. 그것이 후에 다시 구별되었다.

을 가지는 불안이 먼저 생기는 것이다. 그러나 또한 광신자가 가지고 있는 명랑하고도 분방한 예감도 있다. 광신자들은 인간이 그것에 대해서 | 어떤 감관의 감수성도 가지고 있지 않은 그런 비밀이 곧 드러난다는 것을 느끼며, 또한 그들은 신비가(Epopten[51)])로서 신비적인 ¦ 직관 중에서 기대하고 있는 것에 대한 예감이 곧 벗겨진다는 것을 알 수 있다고 믿는다. — 산지(山地)에 사는 스코틀랜드 사람에게는 제2의 시각(視覺)이 있는데, 이들 중 몇 명은 배의 돛대에 매어있는 남자가 보인다고 믿고 있으며, 우편이 실제로 그들에게 도착하기 전에 그 남자의 사망 통지를 받았다고 주장한다. 이런 제2의 시각도 이러한 부류의 경이에 속하는 것이다.

3) 예언자의 재능(Facultas divinatrix)에 관하여

36 [B판에 추가 B판 33절] 예보, 점술에 의한 예언, 신탁에 의한 예언은 다음과 같은 점에서 구별된다. 즉 첫 번째 것은 경험 법칙에 따른 예견(따라서 자연적)이며, 두 번째 것은 이미 알고 있는 경험 법칙과 대립되는(반자연적인) 것이며, 세 번째 것은 자연과 구별되는 원인으로부터의 암시(즉 초자연적)이든가 혹은 암시라고 보이는 것이다. 이 암시의 [188] 능력은 신의 영향으로부터 기원하는 것처럼 보이기 때문에 본래의 예언 능력이라고 한다(왜냐하면 비본래적으로는 미래의 것에 관한 모든 명민한 추측이 또한 예언이라고 하기 때문이다).

누군가에 대해 그는 이런 저런 운명을 예언한다고 이야기할 때, 이것은 완전히 자연적인 숙련을 나타내는 것일 수 있다. 그러나 이때

---

51) "Epopten"은 고대 그리스 엘레시우스 사람들의 신비에 대해 고도의 직관을 가지고 있었던 사람들을 말한다. 플라톤의 ≪Symposium≫, 210 A 참조.

초자연적인 통찰이라고 자처하는 사람에 관해서는 그는 ‖ 점을 치고 있다고 말해야만 한다. 예컨대 인도인에 기원하는 집시 무리의 경우에 그들은 손금을 보고 점치는 것을 운성(運星)을 읽는다고 말한다. 또는 점성술가나 보물을 찾아다니는 사람들도 그러하며, 연금술사도 이들에게 한몫 가세하고 있다. 이들 중 보다 나은 사람은 고대 그리스에 있어서는 델피 신전의 무녀(巫女)이지만, 오늘날에는 누더기를 걸치고 있는 시베리아의 무당이다. 로마인의 새점(鳥占)이나 짐승의 창자로 점치는 것에 의한 예언은 세상사의 과정에서 은폐되어 있는 것을 발견하려고 하는 것보다는, 오히려 자신들의 종교에 따라서 복종했던 신들의 의지를 발견하려는 의도를 가지고 있다. — 그러나 어떻게 해서 시인들이 자신을 영감을 받은(또는 소유한) 사람으로, 또한 예언을 하는(vates) 사람으로까지 생각하게 되었는가, 또한 그들의 시인적인 열광적 발작(furor poeticus) 속에서 영감을 가지고 있다고 자찬(自讚)하게 될 수 있었던가 하는 것은 다음과 같은 사실에 의해서만 설명될 수 있다. 즉 시인은 산문 연사처럼 맡겨진 일을 한가하게 연출하는 일을 하는 것은 아니고, 자신의 마음에 떠올랐던 내적인 감성적 정취의 바로 그 좋은 순간을 재빨리 잡아채지 않으면 안 되며, 이 순간에 그에게는 생생하고 힘찬 심상(心像)이나 감정이 저절로 분출되어 나오는 것이다. 그리고 시인은 이 경우에 말하자면 단지 수동적인 태도를 취할 뿐이다. 옛 말처럼 천재에게는 어느 정도 양의 광기가 혼재해 있는 것이다. 유명한(말하자면 영감에 의해서 고취된) 시인들의 시구(詩句)들을 맹목적으로 선택한 경우에 거기에 있다고 추정되는 신탁(비르길리우스 풍의 탁선(託宣)[52] sortes Virgilianae)에 대한 신앙도

52) 시에 의한 점의 일종. 사람들은 시인이 쓴 책을 펼치거나 또는 시인이 쓴 것 중 몇 곳을 작은 막대기에 쓰다가 우연히 하나의 시구가 눈에 들어올 때 그것으로 길흉을 점쳤다. 베르길리우스의 작품은 이 목적을 위해서 자주 이용되었으며, 그러한 관습은 중세로부터 16세기에 걸쳐 광범위하게 행해졌다. 베르길리우스(비르길리우스) (Publius

‖ AB 102

여기에 근거하고 있다. 하늘의 의지를 발견하려고 하는, 근대 위신가(僞信家)들의 보물 상자와 유사한 수단이나, 로마인에게 국가의 운명을 예고했었지만, ‖ 슬프게도 로마인이 인색하게 악용했기 때문에 일부가 소실되어 버렸던 ≪신탁의 서≫[53]에 대한 해석도 이러한 유이다.

한 민족의 변화되지 않는 운명은 사실 그 민족 자신의 책임이며, 따라서 민족의 자유로운 선택 의지에 의해서 야기되었던 것이지만, 이런 운명을 예고하려고 한 일체의 신탁 예언은, 그 민족에 있어서 피해질 수 있는 것이 아니기 때문에 미리 아는 것도 소용없는 짓이라는 점을 제외한다 하더라도, 다음과 같은 불합리한 점을 자신 안에 가지고 있다. 즉 이 무조건의 숙명(절대적 결정 decretum absolutum)[189] 안에는 어떤 자유의 메카니즘이 고려되고 있지만, 이러한 개념은 자기모순인 것이다.

점치는 사람에서의 불합리 또는 기만의 극단적인 것은 특히 다음과 같은 점일 것이다. 즉 정신 착란자가(눈에 보이지 않는 사물에 대한) 시령자(視靈者)로 간주되는 것이다. 말하자면 이미 오래전에 육체라는 집과 이별을 고했던 혼령을 대신하는 하나의 영(靈)이 마치 그의 입을 빌려서 말하고 있는 것이다. 그리고 또한 가련한 정신병자(또는 간질환자도 또한)가 신들린 자(마귀에 사로잡힌 자)라고 간주되고 있다. 그를 사로잡고 있는 신령이 선한 영이라고 간주되는 경우, 그는 그리스

Vergilius (Virgilius) Mora, B. C. 70~19)는 로마 최대의 국민적 서사시인.

53) ≪신탁의 서≫(*Sybyllinische Bücher*)는 고대 로마의 신탁집으로, 정치에 종사했던 사람이 이것을 종종 그들의 결정의 전거로 삼았다. 여기에 쓰여 있는 내용은 쿠마에(Cumae)의 무녀(巫女)와 고대 로마 최후의 왕 타르퀴니우스(Tarquinius Superbus, B. C. 534~510) 사이의 전설에 관련되어 있다. 쿠마이의 무녀 중 한 사람이 이 왕에게 이 ≪신탁의 서≫ 9권을 팔려고 했지만, 왕이 인색하게 거절했기 때문에, 무녀는 그 중 3권을 태웠고, 남아 있는 6권을 1년 후에 같은 가격으로 팔려고 하였다. 왕이 다시 이것을 거절했기 때문에, 무녀는 또 3권을 태워서 결국 남아 있는 3권을 뒤에 최초와 같은 가격으로 왕에게 팔았다고 전해진다.

‖ AB 103

인 사이에서는 신무(神巫)라고 부르며, 또한 그를 해석하는 자는 예언자라 부른다. — 미래의 사실을 예견하는 것은 우리들에 있어서 극히 흥미를 자아내는 것이지만, 그 미래의 사실을 오성을 매개로 해서 경험을 통해서 거기에 이르려고 하는 일체의 단계를 뛰어 넘어서 우리의 관심을 불러일으키기 때문에, 일체의 어리석음이 결과적으로 나타나게 마련이다. 오오 인간들의 치료를!(O curas hominum)

천체의 운행을 무한하게 예고하는 천문학도 그러한데, ⁞ 매우 확실하지만 그럼에도 매우 넓은 범위에 걸친 예고를 하는 학문은 다른 분야에서는 결코 존재하지 않는다. 그러나 이것으로도 신비설이 제시되어 왔던 일을 방지할 수는 없었던 것이다. 이 신비설은 결코 이성이 추구하는 것처럼 역사의 시대를 나누는 수(數)를 사건들에 의존시키는 것이 아니라, 거꾸로 사건을 어떤 신성한 수에 의존시키려 하고 있으며, 그렇게 해서 모든 역사의 극히 필수적 조건인 연대기 그 자체를 우화로 바꾸고 말았던 것이다.

제37절 건전한 상태에서의 비자의적(非恣意的) 창작, 즉 꿈에 관하여

37 [A판 27절, B판 34절] 수면, 꿈, 몽유병(수면 중 고성을 지르는 것도 여기에 포함된다)의 자연적 성질이 무엇인가를 탐구하는 것은 실용적 인간학의 영역 바깥에 놓여 있다. 왜냐하면 사람들은 이 현상으로부터 꿈꾸는 상태에서의 어떤 행동규칙도 도출해 낼 수 없기 때문이다. 왜냐하면 이러한 규칙은 꿈꾸는 것을 원하지 않거나 또는 잠들 때는 아무것도 생각하지 않으려하는, 깨어있는 사람에게만 타당하기 때문이다. 그리고 어떤 사람이 황제를 살해한 자신의 꿈을 친구들에게 이야기했을 때, 그 사람에 대해서 “그가 깨어있을 때 그것을

⁞ AB 104

생각했던 것이 아니라면 그는 그런 꿈을 꾸지 않았을 것"이라는 구실로 사형 판결을 내렸다고 하는 그리스 황제의 판단은 [190] 잔혹하면서도 경험에 반대되는 판단이다. "깨어 있을 때 우리는 하나의 공통된 세계를 가지고 있다. 그러나 우리들이 잠자고 있을 때에는 각자는 자신만의 세계를 가지고 있다."[54] — 꿈을 꾸는 것은 수면에 있어서 매우 필요한 것처럼 보인다. ‖ 만약 꿈이 상상력에 의해서 내부의 생명기관을 비록 무의식적이지만 자연스럽게 고무하는 것으로서 추가되어 있지 않다면, 수면과 사망은 동일한 것이 되고 말 것이다. 그래서 나 자신도 아주 잘 기억하고 있는 것이지만, 내가 어렸을 적 놀이에 지쳐 잠이 들었을 때 내가 물에 빠져서 빙빙 돌면서 물속에 가라앉는 꿈을 꾸고는 갑자기 눈을 떴지만, 다시 보다 평화롭게 잠에 빠져버리고 말았다. 아마도 이것은 선택 의지에 완전히 의존해 있는 호흡 작용에 있어서 수면을 위한 가슴의 근육 활동이 이완되고, 그 때문에 호흡이 쇠약해지는 것과 함께 심장의 활동도 저지되지만, 그러나 그 결과 꿈의 상상력이 다시 대신해서 활동하게 되기 때문에 일어나는 일이라고 생각된다. — 소위 가위눌리는(incubus) 경우라 하더라도 꿈이 가지고 있는 이익도 또한 여기에 속한다. 왜냐하면 우리를 습격하는 요괴나, 다른 자세로 변화하려는 전체 근력의 긴장과 같은 공포스러운 상상이 없다면, 수면에 의한 혈액의 정체가 바로 그 자리에서 생명을 끝내버리고 말 것이기 때문이다. 바로 그러한 이유 때문에 자연은 꿈의 대부분이 여러 가지 어려운 것과 위험하기 짝이 없는 상황을 포함하도록 배열하고 있는 것처럼 보인다. 왜냐하면 모든 것이 우리가 원하고 의지하는 대로 되는 경우보다도, 그러한 표상 방식이 보다 영혼의 힘을 자극하기 때문이다. 사람들은

54) 이것은 원래 그리스 철학자 헤라클레이토스(Heraclitus of Ephesus, 기원전 540?~480?)가 한 말이다. 그 단편은 플루타르코스(Plutarchos, 45?~120)의 *De Superstitione*, 3, p. 166 C 에 나와 있다. 또한 칸트는 이것을 아리스토텔레스의 말로 잘못 생각하고 ≪시령자의 꿈≫(*Traum eimes Geistsehers*)에도 인용하고 있다.

‖ AB 105

종종 스스로 일어설 수 없게 되었다든가, 설교에서 답문이 막혀 헤맨다든가, 대집회에서 가발 대신에 잊어버리고서 잘 때 쓰는 모자를 쓰고 나온다든가, 사람이 공중을 멋대로 떠다닐 수 있다든가, 무슨 이유인지는 몰라도 즐겁게 웃으면서 잠이 깬다든가 하는 꿈을 꾸는 것이다. — ¦ 우리는 꿈속에서 아주 먼 과거 시대로 옮겨 가서 옛날에 죽은 사람과 대화를 하고, 자신은 이것을 꿈으로 생각하려고 노력하지만, 그러나 이 상상을 현실로 간주할 수밖에 없게 된다는 점을 보면서 이러한 일이 어떻게 해서 일어날까 의문을 가지지만, 이것은 항상 설명되지 않은 채로 남아있을 것이다. 그러나 꿈 없는 수면은 있을 수 없다는 것 그리고 꿈을 꾸지 않는다고 믿고 있는 누구라도 자신의 꿈을 단지 잊어버렸을 뿐이라고 하는 것은 확실하다. [191]

제38절~제39절 표시 능력(Facultas signatrix)에 관하여

38 [A판 28절, B판 35절] 예견된 것의 표상을 과거의 것에 대한 표상과 결합하는 수단으로서, 현재 있는 것을 인식하는 능력은 **표시 능력**이다. — 이 결합을 낳는 마음의 활동이 표시(signatio)이며, 그것은 또한 기호화라고도 부르며, 이 중 정도에서 최대의 것은 **특기**(特記)라 부른다.

사물의 형태(직관)는 그것이 개념에 의한 표상을 위한 수단으로서의 그 역할을 하는 한에서는 **상징**이다. 그리고 상징에 의한 인식은 상징적 또는 **비유적**(speciosa)이라고 부른다. — 문자는 아직 상징이 아니다. 왜냐하면 문자는 단지 간접적인(직관적이 아닌) 기호에 지나지 않으며, 그것 자체는 아무 것도 의미하지 않고 단지 직관과의 조합을 통해서 그리고 이 직관을 통해서 개념에 이르게 될 수 있기 때문이다. 그 때문에 **상징적** 인식은 **직관적** 인식에 대립해 있는 것이 아니라,

¦ AB 106

논변적 인식에 대립해 있어야 한다. ‖ 이 논변적 인식에서는 기호(문자 character)는 그때그때 개념을 재생산하기 위해 단지 순찰자(custos)로서 개념에 붙어서 첨가되어 있는 것에 지나지 않는다. 그래서 상징적 인식은 직관적 인식(감성적 직관에 의한)에 대립해 있는 것이 아니라, 지성적 인식(개념에 의한)에 대립해 있다. 상징은 오성의 단순한 수단이다. 그러나 그것은 오성의 개념이 적용될 수 있는 어떤 종류의 직관과의 유비에 의한 간접적인 수단일 뿐이다. 그것을 적용하는 목적은 하나의 대상을 묘사함으로써 그 개념에 의미를 부여하기 위한 것이다.

항상 단지 상징적으로밖에 자신을 표현할 수 없는 사람은 오성의 개념을 거의 갖고 있지 못한 사람이다. 야만인이(때로는 아직 미개한 민족에서는 현자라 자칭하고 있는 사람도) 그들의 말 중에서 표현하는 생기 넘치는 묘사에는 매우 종종 경탄스러운 것이 있지만, 이것은 사실은 개념의 빈곤, 따라서 또한 그 개념을 표현하는 말의 빈곤에 지나지 않는다. 예를 들면 아메리카의 인디언이 "우리는 전투용 도끼를 매장하자"고 말한다면, 그것은 "우리는 화평을 맺자"라는 것과 동일한 것을 나타내고 있다. 또한 사실상 호머로부터 오시안에 이르기까지, 또는 오르페우스로부터 예언자들에[55]이르기까지의 고대 시가는 오로

---

55) 호머(Homeros)는 기원전 800년 경의 그리스의 유명한 시인으로, ≪일리어드≫와 ≪오디세이≫라는 두 편의 대서사시를 지었다.
오시안(Ossian)은 3세기 경의 아일랜드의 영웅이자 시인이며, 부왕(父王) 핀 (Fin)의 사적에 관한 다수의 시작품이 있다고 말해지지만, 원래 그 내용은 다분히 전설적이다.
오르페우스(Orpheus)는 그리스의 전설상의 시인이며, 또한 악사(樂士)이다. 칠현금(七絃琴)에 능하며, 그것에 의해서 목석(木石)도 감동시켰다고 하지만, 그의 작품으로 전해지는 ≪아르고나우티스의 원정담≫, ≪신통기(神統記)≫ 등은 모두 후세 사람들의 위작(僞作)이다.
예언자(Propheten)는 구약성서에 나오는 이사야, 예레미야, 호세아, 아모스 등 고대 이스라엘의 예언자를 이야기하고 있다고 생각된다. 그들이 말했던 신의 계시와 이스라엘 민족의 퇴폐에 대한 경고의 말에는 시적인 운율에 있어서도 뛰어난 것이 적지 않다.

‖ AB 107

지 그들이 개념을 표현하는 수단이 결여된 덕택 때문에 그 문체의 빛을 발휘하고 있다.

감관의 앞에 놓여 있는 현실 세계의 현상들을, (스웨덴보리[56]가 한 것처럼) 배후에 감추어진 가상적(可想的) 세계의 단순한 상징이라고 말하는 것은 광신이다. 그러나 [192] 모든 종교의 본질을 이루고 있는 도덕성에 속하며, 따라서 순수 이성에 속하는 개념 ⁞ (이념이라고 말해지는)을 서술할 때에 상징적인 것을 지성적인 것으로부터(예배를 종교로부터) 구별하는 것, 즉 잠깐 동안 유용하고 또한 필요하기도 한 보자기를 사상(事象) 그 자체로부터 구별하는 것이 계몽이다. 왜냐하면 그렇지 않다면 이상(순수 실천 이성의)은 우상에 의해 대체될 것이며, 궁극적 목적은 성취되지 않을 것이기 때문이다. — 지상의 모든 민족이 그러한 대체를 시작했다는 것은 논쟁의 여지가 없으며, 또한 그들의 교사 자신이 그들의 성스러운 문서를 기초할 때에 현실적으로 무엇을 고려하고 있는가가 문제라고 한다면, 사람들은 이들 문서를 상징적으로가 아니라 문자적으로 해석하지 않으면 안 된다는 것도 논쟁의 여지가 없는 것이다. 왜냐하면 이들의 말을 왜곡되게 해석하는 것은 불성실하게 취급하는 것이 되어버릴 것이기 때문이다. 그러나 단지 교사의 성실성만의 문제가 아니라 또한 실로 본질적으로 교리(教理)의 진리성도 문제된다면, 사람들은 이 저술들을 오직 상징적인 표상 양식 — 거기에서 행해지고 있는 의례(儀禮)나 관습을 통해서 앞에서 이야기한 실천적 이념을 따르는 상징적인 표상 양식이라고 해석할 수 있고 또한 그렇게 해야 한다. 왜냐하면 그렇지 않다면, 궁극 목적을 이루고 있는 지성적 의미는 상실되어 버리고 말 것이기 때문이다.

---

56) 스웨덴보리(Emanuel Swedenborg, 1688~1772)는 스톡홀름에서 태어난 스웨덴의 신비가. 영적 세계의 존재와 그 세계와의 교통을 믿으며, 스스로 죽은 자의 영(靈)과 말한다고 자칭하며, 신자는 오늘날 여전히 구미 각지에 존재하고 있지만, 칸트는 ≪시령자(視靈者)의 꿈≫에서 이것을 망상이라고 심하게 비판했다.

⁞ AB 108

39 [B판 29절, A판 36절] 우리들은 기호를 자의적인 기호(인위 기호), 자연적인 기호, 불가사의한 기호로 분류할 수 있다.

첫 번째 유형에 속하는 자의적인 기호에는 (1) 몸짓의 기호(일부분은 자연적인 것이기도 한 모방 기호), (2) 문자 기호(음성에 대한 기호인 문자), (3) 음조(音調) 기호(음부 音符), (4) 단순히 눈으로 보기 위한, 개개인 사이의 협정에 의한 기호(암호), (5) 세습의 높은 ⦙ 지위라는 영예를 가지는 자유인의 신분 기호(휘장 徽章), (6) 법으로 정해진 복장에 의한 직무의 기호(제복이나 정복), (7) 근무의 영예 기호(수상자의 리본), (8) 오욕의 기호(낙인 등)가 있다. — 이 유형 안에는 또한 문장에서의 쉼표의 기호, 의문의 기호 또는 감동의 기호, 감탄의 기호(구두점)도 포함되어 있다.

모든 언어는 사상(思想)의 표현이다. 그리고 또한 거꾸로 사상을 표기하는 가장 뛰어난 방식은 자기 자신 및 다른 사람을 이해시키기 위한 가장 좋은 수단, 즉 언어에 의한 표기 방식이다. 사고는 자기 자신과 말하는 것이다(다히티 섬의 토인은 사고를 배 腹 속의 언어라고 부른다). 따라서 또한 그것은 자신을 내적으로(재생적 상상을 통해서) 듣는 것이다. 태어날 때부터 귀머거리인 사람에 있어서는 자신이 말한다고 하는 것은 자신의 입술과 혀와 턱을 움직이는 촉감이다. 그리고 그가 말할 때에는 본래의 개념을 가지고서 사고하는 것은 아니고, 육체적인 촉감을 가지고서 활동하는 것 이상으로 무언가를 하고 있다고 생각하는 것은 거의 불가능하다. — [193] 그러나 말하고 들을 수 있는 사람이라 하더라도, 그것 때문에 반드시 자기 자신이나 다른 사람을 이해하고 있는 것은 아니다. 그리고 표기 능력의 결여 또는 그런 능력의 잘못된 사용(기호가 사물로, 또한 역으로 사물이 기호로 간주되는 경우) 때문에 발생하는데, 이 경우 특히 이성의 문제에 관해서는, 언어상 일치하고 있는 사람들이 개념상으로는 천지 차이가 나는 것이다.

⦙ AB 109

이런 차이는 각자가 자신의 개념에 따라서 행위하고 있는 경우에 단지 우연적으로만 드러난다.

‖ 둘째로 자연적 기호에 관해서 말한다면, 기호와 표기된 사물과의 관계는 시간에 따라서 현시적(現示的)이거나 추억적이거나 예지적(豫知的)이다.

맥박은 의사에게 환자의 현재 열병 상태를 표시한다. 그것은 마치 연기가 불이 있다는 것을 표시하는 것과 같다. 시약(試藥)이 물속에 함유되어 있는 밝혀지지 않은 물질을 화학자에게 나타내는 것은 풍향기가 바람이 있다는 것을 나타내는 것과 같다. 그러나 홍조(紅潮)가 죄책의 의식을 무심코 나타내는 것인가, 오히려 섬세한 수치심을 나타내는가, 또는 사람들이 부끄러워해야 할 일을 비방하는 데 대한 반응을 나타내는가 하는 것은 나타나는 경우를 갖고 판단하기에는 불확실하다.

분묘와 사당은 죽은 자에 대한 추억의 기호이다. 마찬가지로 피라미드도 왕이 가졌던 과거의 위대한 권력을 영원히 추억하기 위한 기호이다. — 바다로부터 멀리 떨어진 내륙 지방에 있는 패총(貝塚)이나 고지의 알프스 산중에 있는 구멍 뚫린 조개의 구멍이나, 지금은 지상으로부터 불을 내뿜지 않는 화산의 유물은 우리들에게 세계의 옛 상태를 표시하고, 자연에 관한 고고학에 기초를 제공한다. 물론 그것들은 부상당한 전사(戰士)의 흉터만큼 그렇게 직관적으로 나타나는 것은 아니지만. — 팔미라, 발베크, 페르세폴리스[57] 등의 폐허는 고대국가의 기술

57) 팔미라(Palmyra)는 시리아 사막의 오아시스에 있는 고대의 유적. 옛날 유프라테스 강변과 다마스커스를 잇는 교통의 요충 역할을 했으며, 로마 제정 초기에는 로마의 지배와 함께 용맹한 화살 부대를 고용해서 번영을 누렸지만, 그 뒤 로마에 반기를 들었던 273년 황제군에 의해서 궤멸되었다.
발베크(Baalbek)는 레바논의 유적. 오론테스 강과 리타니 강의 분수령 근처에 위치하며, 시리아의 신 바알을 그리스 신 헤리오스와 동일시했던 것이 지명으로 붙여졌다. 로마에 귀속된 후에 역대 황제의 보호를 받았으며, 시리아 신의 신전은 로마 신 주피터의 신전으로서 개조 증축되었으며, 헬레니즘 양식의 건축이나 회화의 걸작이 많이

‖ AB 110

상태를 이야기하는 기념물이며, 또한 모든 사물의 변화를 나타내는 애처로운 징표이다.

예지적 기호는 모든 기호 중 가장 흥미를 일으키는 것이다. 왜냐하면 변화의 계열 중에서 현재는 단지 일순간에 지나지 않으며, 그리고 ⁞ 욕구 능력의 규정 근거는 현재 있는 것을 단지 미래의 결과의 이익을 생각하고(ob futura consequentia) 숙고하며, 특히 이 결과에 대해서 주의를 기울이는 것이기 때문이다. — 미래 세계의 사건에 관해서 말한다면, 그것의 가장 확실한 예지는 천문학에서 보인다. 그러나 별의 형태, 결합, 변화했던 혹성의 상태가 인간의 곧 닥쳐올 운명에 관해 하늘에 쓰인 우화적(寓話的)인 문자 기호(점성술 Astrologia iudiciaria에 있어서)라고 생각된다면, 그러한 천문학은 유치하고 공상적이다.

[194] 곧 닥쳐올 병이나 병의 회복 또는(죽을 상 facies Hippocratica과 같은) 곧 닥쳐올 죽음에 관한 자연적 예지적(豫知的) 기호는 장기간의 그리고 중복된 경험에 근거한 현상이며, 또한 그 현상의 원인과 결과로서의 연관을 통찰함으로써 의사의 치료에도 지침으로서의 역할을 하는 현상이다. 동일한 것이 소위 갱년기에도 적용된다. 그러나 정치적인 의도를 위해 로마인에 의해 행해진 새 점(鳥占)이나 창자(腸)점은 위급한 시기에 국민을 지도하기 위해 국가에 의해서 신성시되었던 미신이었다.

불가사의한 기호(사물의 성질이 거기에서 역전되는 사건)에 관해서 말한다면, 오늘날 사람들이 결코 생각하지 않는(인간과 금수 사이의

만들어졌지만, 후에 폐허로 되었다.

페르세폴리스(Persepolis)는 페르시아의 옛 도시로, 아케메네스 왕조 페르시아 제국 시대의 수도였다. 다리우스 1세 이래 초석을 놓았으며, 크세르크세스 1세의 시대에 완성되었던 대궁정은 높은 연와(煉瓦)의 성벽으로 둘러싸였으며, 그 건축이나 벽화 조각은 페르시아 예술의 정수를 나타내고 있다. 기원전 330년 알렉산드로스 대왕 때 마케도니아, 그리스 군의 보복 방화로 폐허가 되었다.

기형물) 것은 별도로 하더라도, 하늘에 있는 기호나 불가사의, 즉 혜성이나, 고공을 질주하는 광구(光球), 북극광(北極光), 그뿐 아니라 일식이 있다. 특히 그와 같은 여러 | 기호들이 일치하고, 전쟁, ¦ 역병 등을 수반할 때, 그것에 경악했던 대중들은 이러한 것들을 미구에 닥칠 최후의 심판일(日)과 이 세계의 종말을 예고하는 것으로 생각한다.

추기(追記)

기호와 사상(事象)을 혼동하고, 사상 그 자체가 기호에 준거(準據)해 있어야 하는 것처럼, 기호에 내적 실재성을 부여한다면, 거기에는 인간 상상력의 놀라운 활동이 포함되어 있는데, 이런 점을 언급하는 것은 가치 있는 일이다. — 4가지 변화 모습(초승, 상현, 보름, 하현)에 따르는 달의 운행은 정수(整數)로는 정확하게 28일로(그러므로 아라비아 사람에 의해 황도 黃道의 12(宮)의 각각은 28숙 宿으로) 구분되며, 그것의 4분의 1이 7일이 되기 때문에, 7이라는 수는 그 때문에 신비적인 중요성을 획득했으며, 그래서 세계의 창조도 또한 이 수에 따르지 않으면 안 되었던 것이다. 특히 (프톨레마이오스의 우주계에 의하면) 7개의 혹성이 존재해야 하며, 또한 음계에서는 7가지 음, 무지개에는 7가지 색, 금속도 7가지가 존재해야 한다.[58] — 이로부터 액년(厄年)이라는 것(7 곱하기 7이 그것이며, 인도인의 경우에는 9도 또한 신비적 수이기 때문에 7 곱하기 9가 그리고 9 곱하기 9가 마찬가지로

58) 프톨레마이오스 클라우디오스(Ptolemaios Klaudios, 100?~170?) (그리스 알렉산드리아의 천문학자, 수학자)가 말하는 7개의 혹성이란 지구 중심설이기 때문에 태양과 달을 추가해서, 안으로부터 달, 수성, 금성, 태양, 화성, 목성, 토성을 말한다. 그는 이들 천체가 지구를 중심으로 해서 원형 궤도로 회전하고 있다고 생각했다. 7가지 금속은 그리스, 로마 시대에 알려져 있는 7가지 금속으로, 금, 은, 동, 납, 주석, 수은, 철이다. 청동은 합금이기 때문에 이 중에 포함되지 않았다.

그것이다)도 생겨났으며, 그 해가 끝나게 될 때 인간의 생명은 매우 위험하게 된다고 한다. 또한 7년의 70배(490년)[59] 도 유다적 그리스도교적 연대기에는 실제로 가장 중요한 변화들(아브라함에 대한 하느님의 소명 [195] 과 그리스도의 탄생 사이의)의 각 시기를 이루고 있을 뿐만 아니라, 또한 ‖ 그것의 연대기가 역사에 따르는 것이 아니라 거꾸로 역사가 연대기에 따르지 않으면 안 되는 것처럼, 이 연수가 말하자면 아프리오리하게 시기의 한계를 정밀하게 규정한다.

그러나 또한 다른 경우에도 사상을 수에 의존시키는 것이 습관으로 되고 있다. 어떤 의사에게 환자가 자신의 하인을 통해서 사례금을 지불했는데, 그 의사가 종이를 펼치고 그 안에 11개의 두카텐[60]금화가 있는 것을 본다면, 그는 하인이 아마도 1개의 금화를 착복한 것은 아닐까 의심하게 된다. 어째서 완전한 1다스가 아닐까? 경매에 있어서 한 세트의 도자기를 사는 사람은, 그것이 완전한 1다스가 아니라면, 낮게 입찰을 할 것이다. 또한 그것이 13개의 접시라고 한다면, 그는 하나가 깨어지더라도 여전히 완전한 1다스가 확실하게 보증되는 한에서만 13개의 접시에 값을 치룰 것이다. 그러나 사람들이 자신의 손님을 12명 초대하는 것이 아니라고 한다면, 이 12라는 바로 그 수에 우위를 부여하는 것은 무엇 때문일까? 어떤 사람이 유언장에 자신의 4촌 동생에게 11개의 은 숟가락을 주겠다고 약속하고, 다음과 같이 추가했다. “왜 내가 그에게 12개를 남기지 않는가는 그 자신이 잘 알고 있을 것이다”(행실이 좋지 않은 젊은 사람이 그의 식탁에서 하나의 숟가락을 몰래 주머니에 꽂아 넣었으며, 그런 행실을 그 노인은 잘 알고 있었

59) 칸트의 ≪학부들의 논쟁≫ (*Der Streit der Fakultaem*)B판 108쪽 이하의 주를 참조. 하느님의 아브라함에 대한 소명으로부터 그리스도의 탄생에 이르기까지, 후자를 포함해서 490년 동안 4가지의 큰 변화가 있으며, 따라서 이의 전성기는 490년의 4배, 즉 1960년이 된다고 한다.

60) 두카텐(두카트) (Dukaten, ducat)은 중세 말엽부터 근대에 걸쳐서 일찍이 유럽의 여러 나라에서 유통되었던 금화(또는 은화)의 이름. 1 두카텐은 약 9.55마르크.

지만, 이때에는 4촌 동생을 부끄럽게 하고 싶지 않았다). 유언장을 읽어 보면 사람들은 유언자의 생각이 무엇인지를 쉽게 추측할 수 있을 것이다. 그것은 단지 12개만 충분한 수일 것이라는, 일반적으로 인정된 선입견에 근거하고 있는 것이다. — 황도 12궁의 기호도(이 수에 대한 유비에 의해서 영국에서는 12 사람의 판사가 임용되는 것처럼 ‖ 보인다) 이러한 신비적인 의미를 가지고 있었다. 이탈리아, 독일에서도, 또한 아마도 다른 곳에서도 정확하게 13인의 식탁 모임은 불길한 것으로 간주되고 있다. 왜냐하면 이 경우 그들 중 한 사람은, 그가 누구이든, 그 해에 죽게 될 것이라고 믿어지기 때문이다. 마찬가지로 12사람의 판사가 앉아 있는 탁자 사이에 앉아 있는 13번째 사람은 처벌받아야 할 죄인 이외 아무도 아닐 것이다(나 자신도 그러한 식의 탁자에 앉았던 적이 있다. 이때 그 집의 여주인이 착석하면서 이 나쁘다고 추정되는 사태를 알아차리고는, 재빨리 거기에 동석하고 있었던 그녀의 아들에게 자리에서 일어나 별실에서 식사하라고 명령했다. 그렇게 해야 유쾌함이 방해를 받지 않게 될 것이다). — 그러나 사람들이 어떤 수량이 표시하는 사상에 만족할 때, 그 수의 단순한 양이라는 것도, 그것이 수셈에서 십진법에 따른(따라서 그것 자체 자의적 恣意的인) 하나의 구간을 채우지 못하는 것만으로, 놀라움을 불러일으킨다. 그래서 중국의 황제는 [196] 9,999척의 배로 이루어진 함대를 가지고 있다고 말해지지만, 사람들은 그 숫자를 보고는 왜 하나의 배를 더 가지지 않는가라고 자문하게 된다. 이 정도 숫자의 배는 황제가 사용하기에는 충분하기 때문이라고 하는 답이 있을 수 있겠지만 그러나 실제로는 이 물음의 의도는 사용을 염두에 두고 있는 것이 아니라, 단순히 일종의 수에 대한 신비감을 염두에 두고 있는 것이다. — 다음과 같은 것은 이례적인 것은 아니지만, 매우 불유쾌한 것이다. 그것은 인색과 기만에 의해서 현금으로 90,000탈레의 부를 창출했던 사람은,

‖ AB 114, 115

그것을 사용하지 않더라도 100,000을 소유할 때까지는 안심할 수 없으며, 그렇기 때문에 아마도 교수형에 처해지지는 않겠지만, 적어도 그 형을 받을만한 경우이다.

성숙한 연령에 도달하더라도, 사람들이 감성의 사슬이 끌고 가는 대로 자신을 맡겨 둔다면, 얼마나 아이다운 상태에 ‖ 들어갈 수 있을까! 이제 우리들은 인간이 오성의 빛이 인도하는 대로 자신의 길을 걸어간다면 얼마나 잘 살아가게 될는지 어떤지를 살펴보기로 하자.

제40절~제44절 오성에 근거한 한의 인식 능력에 관하여

1) 구 분

40 [A판 30절, B판 37절] 오성은 사고하는(개념에 의해서 무언가를 표상하는) 능력이고, **상급**의 인식 능력(저급의 인식 능력으로서의 감성과 구별되는)이라고도 한다. 왜냐하면 직관(순수한 것이든 경험적인 것이든)의 능력은 단지 대상에서의 개별적인 것을 포함하지만, 반면에 개념의 능력은 대상에 대한 표상의 보편적인 것을, 즉 **규칙**을 포함하기 때문이다. 객관의 인식에 통일을 가져다주기 위해서 이 규칙에 감성적 직관의 다양이 종속되지 않으면 안 된다. — 특히 오성은 감성보다도 **한층 고귀하다**.[61] 오성을 가지지 않은 동물도 몸에 심어져 있는 본능에 따라서, 이럭저럭 감성에 맞추어나갈 수 있다. 그것은 마치 원수없는 민중과 같다. 대신에 민중 없는 원수(감성 없는 오성과

61) C판에서는 수고(手稿)에 근거해서 "그러나 후자는 보다 필요하고 불가결하다. 그렇지만 감성은"(aber die letztere ist notwendiger und unentbehrlicher. Ist doch die Sinnlichkeit)으로 되어 있다.

같은)는 결코 어떤 것도 할 수 없다. 그러므로 하나가 상급이고, 다른 하나는 하급이라고 칭해진다 하더라도, 둘 사이에는 어떤 위계의 다툼은 존재하지 않는 것이다.

그러나 오성이라는 말은 특수한 의미로 받아들여지기도 한다. 왜냐하면, 즉 오성도 구분의 한 항으로서는 다른 두 능력과 함께 일반적인 의미의 오성에 종속해 있기 때문이다. ‖ 그래서 [197] 상급의 인식 능력은(실질적으로 즉 그 자체로 뿐만 아니라 대상의 인식에 관계해서 고찰해 본다면) 오성, 판단력, 이성으로 성립한다. — 이제 인간에 관련해서, 한 사람이 이러한 심적 재능이나 또는 그 재능의 습관적인 사용 내지는 오용에 있어서 다른 사람과 어떻게 차이가 나는지를, 우선 건강한 정신에 관하여, 또한 그 다음은 정신병에 관하여 고찰해 보기로 하자.

2) 세 가지 상급의 인식 능력 상호 간의 인간학적인 비교

41 [A판 31절, B판 38절] 올바른 오성은 다수의 개념을 통해서 사람들의 눈을 현혹시키는 오성은 아니고, 오히려 대상의 인식에 대한 개념의 적합성이라는 것에 의해서 사람들의 눈을 끄는 오성, 따라서 진리의 포착에 대해서 능력과 숙달을 포함하고 있는 오성이다. 많은 사람은 다수의 개념을 머리에 가지고 있고, 이들의 개념은 전체적으로는 그들로부터 듣기를 원하는 사람의 것과 결과적으로 유사하지만, 그러나 객관 및 그것의 규정은 합치하지 않는다. 그는 광범위한 개념을 가질 수도 있고, 심지어는 빈틈없는 개념을 가진 사람일 수도 있다. 일반적인 인식 개념으로도 충족되는 올바른 오성은 건전한(가정용으로는 충분한) 오성이라고 한다. 이러한 오성은 유베날리스[62]가 썼

62) 유베날리스(D. Junius Juvenalis, 50?~130?)는 로마의 풍자시인. 다만 이 같은 유베날

던 책에 나오는 경찰관과 함께 말하고 있다. "내가 분별을 가지고 있는 것만으로 나에게는 충분하다. 아르케실라오스나 골치 아픈 솔론[63]과 같이 되는 것을 나는 바라지 않는다."(Quod sapio, satis est mihi, non ego curo — esse, quod Arcesilas aerumnosique Solones) 솔직하고도 올바른 오성의 천품(天稟)이 그 오성에 기대되고 있는 지식의 범위에 관해 ⁞ 자기를 억제하고, 또한 이러한 오성을 부여받고 있는 사람이 겸손하게 처신하고 있다는 것은 자명하다.

42 [A판 32절, B판 39절] 오성이라는 말에서 규칙을 인식하는(따라서 개념에 의해 인식하는) 능력이 일반적으로 고려되고 그래서 오성은 모든 상급 인식 능력을 자신 안에 포괄하고 있다고 한다면, 그 규칙은 자연의 본능에 의해서 구사되는 동물의 경우에 일어나는, 자연이 인간을 그의 행동에서 인도하는 규준이 되는 규칙이 아니라, 인간 자신이 만들어내는 규칙이지 않으면 안 된다. 사람들이 단순히 배우고, 그리하여 그리고 기억에 맡기는 것, 이것을 사람들은 단지 기계적으로(재생적 상상력의 법칙에 따라서) 오성의 사용 없이 수행하는 것이다. 규정된 형식에 따라서 단지 겉치레 인사를 하는 하인은 어떤 오성도 사용하지 않는다. 즉 그는 스스로 생각할 필요가 없는 것이다. 그러나 그가 자신의 주인이 부재중 일 때 [198] 그 집을 배려하지 않으면 안 되는 경우에는, 따라서 그것이 필요하다. 즉 그 경우에는 문자로는 지시될 수 없는, 준수해야 할 많은 행동 규칙이 필요하다.

올바른 오성, 숙련된 판단력, 투철한 이성은 지성적 인식 능력의 전 범위를 이루고 있다. 특히 이 능력이 실천적인 것을 추진하기 위해,

---

리스의 것은 아니고, 페르시우스의 ≪풍자시≫(3, 78)에 나온다.

63) 아르케시라오스(Arkesilaos, B. C. 315~241)는 그리스의 철학자. 중(中) 아카데미 학파의 창시자로 회의론자. 솔론(Solon, B. C. 640?~560?)은 고대 그리스의 7현(賢) 중 한 사람으로, 정치가, 입법가로서 이름을 날렸으며, 시인으로도 알려져 있다.

즉 어떤 목적을 위해 쓸모 있는 것으로서 평가되는 한에서 그러하다.

개념 사용의 목적에 그 개념이 적합하다는 성질을 오성이 가지는 한에서, 올바른 오성은 건전한 오성이 된다. 그런데 충분성(sufficientia)과 정확성(praecisio)이 결합함으로써 적합성에 도달하게 되는데, ⁞ 이 적합성은 대상이 요구하는 것보다 많지도 않고 적지드 않은 것을 포함하는 개념 (사물에 적합한 개념 conceptus rem adaequans)의 성질을 이루고 있으며, 따라서 올바른 오성은 지성적 능력 중 제1의, 가장 귀한 능력이다. 왜냐하면 그것은 최소의 수단을 가지고 그 목적을 만족시키기 때문이다.

간지(奸智), 즉 간계(奸計)에 대한 재능은 악용된 것이지만 위대한 오성이라고 종종 잘못 간주되고 있다. 그러나 그것은 매우 편협한 인간 사고법에 지나지 않으며, 영리성의 겉모습을 자신 안에 가지고 있는듯하지만, 영리성과는 매우 다른 것이다. 사람들은 한 번은 정직한 사람을 속일 수 있지만, 이것은 교지(狡知)를 가지고 있는 사람의 고유한 의도에 의해서 결과적으로 심한 불이익을 당하게 될 것이다.

형식적인 명령에 따르는 가복(家僕)이나 공복(公僕)은 단지 오성을 가질 필요만 있을 뿐이다. 자신에게 내려진 직무에 대해서 일반적인 규칙만이 지시되고 있고, 주어진 일에 대해 무엇을 해야 할 것인가는 스스로 결정하도록 임무가 맡겨진 장교는 판단력을 필요로 한다. 있을 수 있는 경우를 판정하고 이에 대해 스스로 규칙 그 자체를 안출해야 하는 장군은 이성을 소유하지 않으면 안 된다. — 이러한 상이한 준비에 필요한 재능은 또한 극히 상이하다. "최고의 단계에서는 자립하지 못할 많은 사람들이 두 번째 단계에서는 빛을 발하고 있다"(Tel brille au second rang, qui s'eclipse au premier).[64)]

---

64) 칸트는 볼테르(Voltaire)의 말을 인용하고 있다. *La Herriade* (Paris: Leccinte, 1835), p. 91.

⁞ AB 118

똑똑한 체 하는 것은 오성을 가지고 있는 것이 아니다. 그리고 스웨덴의 크리스티나처럼 여러 가지의 격언을 자랑삼아 보이면서도 ¦ 그 행위가 이것과 모순되고 있는 것은 이성적이라고 말해지지 않는다.[65] — 이것과 비슷한 이야기가 영국의 국왕 찰스 2세에 대해서 했던 로체스터 백작의 답에서 보인다. 즉 국왕이 깊은 명상에 잠기고 있는 백작을 만나서 "경은 무엇을 그렇게 깊이 생각하십니까?"라고 물었을 때, — 답은 "폐하의 묘비명(墓碑銘)을 구상하고 있었습니다". — "어떤 문구였습니까?"라고 물었다. — 답은 [199] "생애 중 많은 현명한 것을 말하였으나, 어떤 현명한 것도 하지 않았던 찰스 2세, 여기에 잠들다."[66]

사교장에서 침묵하며, 단지 때때로 대단히 일반적인 판단을 내리는 것은 분별이 있는 것처럼 보이지만, 이것은 어떤 정도의 조야성이 정직(옛 독일적인)이라고 잘못 칭해지는 것과 같다.

---

65) 스웨덴의 여왕 크리스티나(Christina, 1626~1689)는 유명한 영주인 구스타프 2세의 딸로 아버지가 세상을 떠나자 6살에 즉위하였다(재의 기간: 1632~54). 18 세에 친정(親政)하기까지 남자와 똑같은 교육을 받았고, 7개 국어를 익히고 철학, 신학 등에 관심이 깊었으며 승마, 사냥 등을 즐겼다. 총애하는 사람들에게 왕실의 영토를 나눠주어 재정 위기에 빠졌다. 반면에 학문과 예술을 애호하여 지식인을 궁정에 초대하고 외국의 유명한 문화인들과 친교를 맺었는데, 그 중에서도 철학자 데카르트를 왕궁으로 초빙한 이야기는 유명하다. 그 후 통치권에 대한 열의를 잃고 스스로 퇴위하였다. 그 뒤 가톨릭교도가 되었으며, 여러 철학적인 격언을 남겼다.

66) 로체스터 백작 존 윌모트(John Wilmot, Earl of Rochester, 1647~1680)는 영국의 시인으로, 찰스 2세의 궁정에서 일했다. ≪로체스터 백작 등의 저작집≫, 156 쪽에 의하면 그가 기초했던 왕의 묘지명은 다음과 같다.

> 여기에 우리의 주권자이신 왕이 잠들다
> 그의 말은 어느 누구도 믿지 않았으며
> 어리석은 것은 결코 말하지 않았으나
> 현명한 일은 하나도 하지 않았다

찰스 2세(Charles II, 1630~1685)는 청교도 혁명 중 프랑스, 네덜란드, 독일 등지로 망명하였으나, 1660년 크롬웰이 죽은 뒤 정치적 혼란을 이용하여 1660년 의회와 교섭, 브레다 선언을 제시한 뒤 귀국하여 왕정복고를 실현하였다. 그 뒤 가톨릭 보호 정책을 취하고 의회와 대립하여 명예혁명의 원인(遠因)을 만들었다.

¦ AB 119

* * *

그런데 자연적인 오성은 가르침에 의해서 또한 많은 개념들로 풍부하게 될 수 있으며, 이 오성에 규칙들이 제공될 수 있다. 그러나 제2의 지성적 능력, 즉 어떤 것이 규칙에 적용되는 경우인가 아닌가를 구별하는 능력, 즉 판단력(iudicium)은 가르쳐질 수 있는 것이 아니라 단지 숙달될 수 있는 것이다. 그러므로 이 능력의 성장은 성숙이라고 하며, 시간이 지나가야만 나타나게 되는 오성이라 한다. 이것이 그밖에 달리 될 수 없다는 것은 쉽게 통찰된다. 왜냐하면 가르치는 일은 규칙을 전달함으로써 이루어지는 것이기 때문이다. 따라서 판단력에 대한 교설이 있어야 한다면, 어떤 것이 규칙에 일치하는지 어떤지 하는 것을 구별할 수 있도록 하는 일반적 규칙이 있어야 할 것이다. 여기서는 무한 소급하는 문제가 나타날 것이다. 그러므로 이것은 ‖ 시간이 지나야만 얻을 수 있게 되는 오성이며, 그것은 어떤 사람 자신의 오랜 경험에 근거해 있게 되는 것이며, 프랑스 공화국 같은 데서도 그러한 오성의 판단은 소위 원로원에서 구해지는 것이다.

이 능력은 실행할 수 있는 것, 어울리는 것, 알맞은 것만을 문제로 삼는(기술적 技術的, 심미적 審美的, 실천적 판단력을 위한) 능력이며, 확장적인 능력과 같이 사람들의 눈을 현혹시키지는 않는다. 왜냐하면 그것은 단지 건전한 오성을 돕고, 오성과 이성 사이를 연결하기 때문이다.

43 [A판 33절, B판 40절] 그런데 오성은 규칙의 능력이며, 판단력은 특수적인 것이 이 규칙에 따르는 경우인 한에 있어서 특수적인 것을 발견하는 능력이라고 한다면, 이성이란 보편적인 것으로부터 특수적인 것을 도출하고, 그렇게 해서 후자를 원리에 따라서, 필연적인 것으로서 설명하는 능력이다. — 따라서 사람들은 또한 이 이성

‖ AB 120

을 원칙에 따라서 판단하고(실천적 견지에서는) 행위하는 능력이라고 설명할 수 있다. 모든 도덕적 판단에 대해(따라서 종교에 대해서도) 인간은 이성을 필요로 하며, 조례나 관행적인 관습에 기초해 있을 수는 없다. — 이념은 경험의 영역에서 어떤 대상도 그것에 대해 적절하게 주어질 수 없는 이성의 개념이다. — 이념은 [200] 직관(공간과 시간의 직관과 같은)도 아니고 감정(행복설이 추구하고 있는 것과 같은)도 아니다. 직관과 감정은 감성에 속한다. 그렇지만 이념은 인간이 항상 접근할 수는 있지만 결코 완전히 도달할 수는 없는 완전성에 관한 개념이다.

‖ 현학적인 추리(건전한 이성없이)는 일부는 무능력으로부터 일부는 착안점의 잘못으로부터 궁극 목적을 놓치는 이성의 사용이다. 이성을 가지고 헛소리하는 것은 그 사람의 사상 형식으로부터 본다면 원리에 따라서 처신하는 것이지만, 실질 또는 목적으로부터 본다면 이 목적과는 정반대의 수단을 가진다.

부하는 현학적이지는(그럴싸하게 꾸며대는) 않다. 왜냐하면 이들에게는 행동의 기준이 되어야 하는 원리가 종종 감추어져 있음에 틀림없고, 적어도 알려지지 않은 채로 남아 있기 때문이다. 사령관(장군)은 그러나 이성을 가져야만 한다. 왜냐하면 일어날 수 있는 일에서 그에게 훈령이 주어질 수 있는 경우는 없기 때문이다. 그런데 종교는 도덕으로 평가를 받아야 하지만, 그 종교 문제에서 소위 평신도(laicus)가 자기 자신의 이성을 사용하지 않고, 임명된 성직자(clericus)에 따라서 다른 사람의 이성에 따르지 않으면 안 된다는 것은 정당한 요구가 아니다. 왜냐하면 도덕적인 것에 있어 모든 사람은 자신의 행동에 대한 책임을 스스로 져야 하며, 성직자는 자기 자신의 위험을 무릅쓰면서까지 그것에 대한 변명을 떠맡지는 않을 것이며, 또는 그러한 것이 가능할 것도 아니기 때문이다.

‖ AB 121

그러나 이 경우 사람들은 자신의 모든 이성 사용을 포기하고, 성도(聖徒)들이 받아들였던 교의(敎義)에 대해 수동적이고 복종적으로 따르면서 자신의 인격에 대한 안전을 오히려 도모하는 경향이 있다. 그러나 이것을 사람들은 자신의 통찰 능력이 부족하다는 감정 때문에 그렇게 하는 것이 아니라(왜냐하면 모든 종교에 본질적인 것은 역시 도덕이고, 이것은 모든 사람들에게 ‖ 자명한 것이기 때문이다), 간지로부터 그렇게 하는 것이다. 즉 부분적으로는 무언가 잘못이 생겨날는지도 모를 경우 그 책임을 다른 사람에게 미룰 수 있고, 또한 부분적으로는 특히 종교 예식보다도 훨씬 어려운 본질적인 것(회심, 回心)을 보기 좋게 회피하고자 하는 간지로부터 그렇게 하는 것이다.

지혜는 이성의 합법적으로 완전한 실천적 사용의 이념이며, 이것을 인간에게 요구하는 것은 확실히 과도한 일이다. 그러나 그것의 최소 정도의 것이라 하더라도, 지혜를 다른 사람이 그에게 부어넣을 수 있는 것은 아니며, 오히려 사람들은 이것을 자신으로부터 끌어내어야 한다. 지혜에 도달하기 위한 지침은 이것에 도달하는 세 가지 준칙을 포함한다. 즉 1) 스스로 생각하는 것, 2) (다른 사람과의 대화에서는) 스스로 다른 사람의 입장에서 생각하는 것, 3) 항상 자기 자신과 일치해서 생각하는 것.

[201] 사람들이 자신의 이성을 완전히 사용하는 데 도달하기까지의 시기는 그의 숙달(임의의 의도를 달성하는 기술 능력)에 관해 말하면 대충 20대(代), 영리(다른 사람을 자신의 의도를 위해서 사용하는)에 관한 시기는 40대, 또한 마지막으로 지혜의 시기는 대충 60대로 정해질 수 있다. 그러나 이 마지막 시기에서 지혜는 오히려 앞의 두 시기가 모두 어리석었다는 것을 통찰하는 것이며, 따라서 부정적인 것이다. 이 경우 사람들은 “사람이 어떻게 해야 참으로 착하게 살아가는 것인가를 이제 비로소 배워 알게 될 때, 죽지 않으면 안 되는 것은 유감스

‖ AB 122

러운 일이다"[67]라고 말한다. 그러나 이러한 판단을 하는 것도 드문 일이다. 왜냐하면 향락에서도 행위에서도 생이 가지는 가치가 줄어들면 줄어들수록 생에 대한 집착은 강해지기 때문이다. ‖

44 [A판 34절, B판 41절] 보편적인 것(규칙)에 대해서 특수적인 것을 발견하는 능력이 판단력인 것처럼, 특수적인 것에 대해서 보편적인 것을 생각해 내는 능력이 기지(機智, ingenium)이다. 전자는 다양(多樣) 내에서 부분적으로 동일한 것 사이에 있는 차이점을 파악하는 일을 지향하고, 후자는 다양 내에서 부분적으로 상위한 것 사이에 있는 동일성을 파악하는 일을 지향한다. — 이 양자에서 가장 탁월한 재능은 극히 작은 유사상 또는 차이성을 파악하는 것이다. 이런 일을 하는 능력이 **예민성**(acumen)이며, 이런 종류의 주목은 **면밀성**이라 부른다. 그러나 그것이 인식을 전진시키는 것이 아니라면, 공허한 궤변 또는 무익한 **꾸밈말**(vanae argutationes)이라 부르며, 일반적으로 오성을 반드시 거짓되게 사용하는 것은 아니라 하더라도 무익하게 사용하는 허물을 범하고 있다. — 따라서 예민성은 판단력에 결부되어 있을 뿐만 아니라 기지에도 관계하고 있다. 예민성은 전자의 경우에는 오히려 **엄밀성**(정확한 인식 cognitio exacta) 때문에, 후자의 경우에는 우수한 머리의 **풍부성** 때문에 가치 있는 것으로 간주된다. 그 때문에 또한 기지는 **만발하는** 것이라 부른다. 그리고 자연은 자신의 꽃이 만발할 때에 놀고 있는 것처럼 보이고, 열매를 맺을 때 일을 하고 있는 것처럼 보이는 것과 마찬가지로, 이 기지에서 보이는 재능은 판단력에 관계하는 재능보다도 지위(이성의 목적에 따를 경우)에서 보다 낮은 것으로 판정된다. — 일상적인 건전한 오성은 기지도 예민성도 요구하

67) 이 문장은 키케로(Marcus Tullius Cicero, B. C 106~43)의 ≪투스쿨라나룸 논총≫(*Tusculanae Disputationes*), III, 69절에 나온다.

‖ AB 123

지 않는다. 기지와 예민성은 일종의 화려한 두뇌를 보여 주지만, 이와 반대로 일상적이고 건전한 오성은 진정 필요한 것에 자신을 제한한다. [202] ⦙

제45절~제53절 인식 능력에 관한 정신박약과 병에 관하여

1) 전체 구분

45 [B판 42절] 인식 능력의 결함은 **정신박약**이든지 **정신병**이든지 둘 중 하나이다. 인식 능력에 관한 정신병은 두 가지 주요한 부류로 나뉜다. 그 중 하나는 **우울증**(Hypochondria)이며, 다른 하나는 **정신착란**(Mania)이다. [A판 35절. A판에는 위 문장 대신에 "최상의 구분은 우울증(Hypochondria)과 정신착란(delirium)이라 불려지는 것의 구분이다."가 나와 있다.] 우울증의 경우에는 환자는 자신의 사고 흐름을 바르게 하거나 그것을 억제하거나 고무시키는 데 있어 그의 이성이 자신에 대한 충분한 통제력을 가지고 있지 못하기 때문에, 자신의 사고 흐름이 올바르지 않다는 것을 확실히 자각하고 있다. 때맞지 않는 희열이나 때맞지 않는 슬픔, 따라서 변화하는 기분이, 마치 나타나는 그대로 받아들이지 않으면 안 되는 기후와 같다. — 정신착란은, 그의 사고가 자신의 독자적인(주관적인) 규칙 그러나 경험 법칙과 일치하는(객관적인) 규칙에 어긋나는 규칙을 가지는, 그런 사고의 자의적인 흐름이다.

감관의 표상에 관하여 말한다면 정신 착란은 **망어**(妄語)나 **망상**(妄想) 중 하나이다. 판단력과 이성의 도착(倒錯)에 관해 말한다면, 그것의 착란은 **망단**(妄斷)이나 **망념**(妄念)이라 한다. 상상의 경우 경험 법칙과 비교하는 일을 습관적으로 태만히 하는(백일몽에 의해) 사람은 공상가(변덕쟁이)이다. 공상가가 감정적 흥분을 수반하면, 그는 ¦ 열광가라 불린다. 공상가의 예기치 못한 발작은 공상의 돌발(raptus)이라 한다.

단순한 사람, 경솔한 사람, 우둔한 사람, 맵시꾼, 바보, 멍청이는 정신착란자와 정도에서 뿐만 아니라 심적인 ǀ 변조(變調)의 성질이 다르다는 점에서 구별된다. 그리고 전자의 사람들은 그들의 결함 때문에 정신병원에 들어가는 것은 아니다. 정신병원은 사람들이 그의 나이에 따라 성숙하고 힘이 있게 되었음에도 불구하고, 가장 사소한 생활 용무에 관해서조차 다른 사람의 이성에 의해서 질서지어지지 않으면 안 되는 장소이다. — 감정적 흥분을 수반하는 망상은 광상(狂想)이며, 그것은 종종 독창적인 것이지만, 그러나 이때 예기치 못하게 발작적으로 튀어 오르는 수가 있으며, 그리고 이 경우 그것은 시인적 영감(시인의 열광 furor poeticus)과 흡사하며, 천재에 가깝게 된다. 그러나 경박하지만 불규칙적인 관념들이 용출하는 이런 종류의 발작은, [203] 그것이 이성에 영향을 미치는 경우에는, 광신이라 한다. 동일한 관념에 대해, 어떤 가능한 목적도 없지만, 이리 저리 번뇌하며 생각하는 것, 예컨대 배우자의 죽음을, 다시 생을 되돌릴 수 없는데도, 고통 그 자체에서 위안을 구하기 위해 이리 저리 생각하는 것은 말이 없는 광기이다. — 미신은 오히려 망상과, 광신은 광란과 비교될 수 있다. 후자의 두뇌병에 걸린 사람은 또한 종종(완화된 표현을 사용해서) 열광적이든가 또는 일상성을 벗어난 두뇌의 소유자라고도 부른다.

열이 있을 때의 헛소리나, 때때로 강렬한 상상력 때문에 미친 사람을 단지 뚫어지게 응시하는 것만으로 공감적으로 환기되는, 간질과 유사한 미치광이의 발작은(그 때문에 매우 동요하기 쉬운 신경을 가진 사람들은 그들의 호기심을 불행한 사람들의 은폐된 방에까지 확장하지 않도록 충고를 받게 된다) ¦ 일시적인 것이기 때문에 아직 광기로 간주되어서는 안 된다. — 그러나 변덕스러움이라 부르는 것(이것은 정신병은 아니다. 왜냐하면 정신병이란 통상 내적 감관의 우울증적인 혼란이라고 이해되기 때문이다 l)은 대부분의 경우 망상과 가까이 있는 인간의 자만이다. 다른 사람들은 그와 비교해 볼 때 자신을 경멸해야 한다는 자만에 찬 인간의 불손한 요구는 그 사람 자신의 의도(미친 사람의 의도와 유사한)와 확실히 대립된다. 왜냐하면 그는 그렇게 함으로써 다른 사람을 자극하고, 모든 가능한 방법으로 그의 허영심을 꺾어버리고, 그를 괴롭히며, 또한 그의 모멸적인 태도의 어리석음 때문에 그를 웃음거리로 만들어 버리기 때문이다. — 이것보다 온화한 것은 변덕쟁이(marotte)라는 표현이며, 어떤 사람은 이 변덕쟁이를 자신 안에 간직하고 있다. 그것은 통속적인 원칙이지만, 결코 현명한 사람의 찬성을 받을 수 있는 것이 아니다. 예컨대 예감의 재능이나, 소크라테스의 수호신과 흡사한 종류의 암시, 즉 설명할 수 없는데도 경험에 근거해 있다고 추정되는 종류의 영향, 즉 공감, 반감, 병적 혐오와 같은 것(감추어진 성질들 qualitates occultae)으로, 이것은 그의 머릿속에서는 말하자면 귀뚜라미처럼 재잘대지만, 다른 사람은 들을 수 없는 것이다. — 건전한 오성의 한계선을 넘는 모든 일탈 중 가장 온화한 것은 도락(道樂)[68]이다. 즉 오성이 오락을 위해 단지 장난치는 데 지나지 않는 상상력의 대상에 대해, 일부로 일게 종사하는 취미, 즉 말하자면 바쁜 나태이다. 은퇴하고 유복한 연로(年老)한 사람들에 있어서는 이러한, 말하자면 무사태평한 아이들의 시절로 다시 돌아가는 마음 상태는 생명력을 늘 활기차게 하는 건강의 격려로서 유효할 뿐만 아니라, ¦ 매력 있는 것, 동시에 웃음을 주는 것이다. [204] 그렇지만 웃게 되는 사람은 다른 사람과 함께 즐겁게 웃음에 참여할 수 있다.

---

68) 원어 Steckenpferd에는 "죽마"(竹馬)의 의미도 있다.

¦ BA 127

— 그러나 또한 젊은 사람이나 바쁜 사람의 경우에도 이 도락은 기분 전환의 역할을 한다. 그리고 이러한 조그만 죄도 없는 우행(愚行)을 융통성이 없는 착실함이라고 비난하는 영리한 사람은 다음과 같은 스테른의 가르침을 받을 만한 자격이 있는 사람이다. | "모든 사람으로 하여금 자신의 죽마를 타고 저자 거리 위 아래로 달려가도록 내버려 두자. 그가 무리하게 당신을 자신의 뒤에 앉히지만 않는다면".[69]

2) 인식 능력에서의 정신박약에 관하여

46 [A판 36절, B판 43절] 기지가 결여된 사람은 둔감한 두뇌(obtusum caput)의 소유자이다. 그렇지만 오성과 이성이 문제되는 경우에 이러한 머리도 극히 뛰어난 두뇌일 수 있다. 그러나 사람들은 그로 하여금 시인의 역할을 하도록 요구해서는 안 된다. 마치 클라비우스[70]의 경우가 그렇듯이, 그는 어떤 시도 쓸 수 없었기 때문에 그의 교사는 그를 대장장이의 도제로 보내려고 했다. 그렇지만 그는 수학책을 손에 넣게 되었기에 위대한 수학자가 되었다. — 이해가 느린 두뇌는 그 때문에 아직 박약한 두뇌는 아니다. 마치 기민한 이해력을 가진 두뇌가 반드시 투철한 두뇌인 것은 아니고, 극히 천박한 경우도 종종 있는 것과 같다.

판단력의 결여가 기지 또 한 가지고 있지 않다면 우둔(stupiditas)이다. 그러나 동일한 결함이 기지를 수반해 있다면 몽매이다. — ‖ 일에 있어서 판단력을 보여주는 사람은 분별이 있다. 이 경우 그 사람이 동시에 기지

69) 스테른(Laurence Sterne, 1713~1768)은 영국의 소설가. 처음에는 성직자가 되었지만, 40세 때 발표했던 독특한 심리 소설 ≪트리스트람 쉔디≫(*Tristram Shandy*)로 일약 문단에서 유명하게 되었다. 이 문장은 위의 작품 제1권 7장 말미에 있다.

70) 클라비우스(Clavius)는 크리스토프 쉴뤼셀(Christoph Schlüssel, 1537~1612)의 라틴 이름. 독일의 수학자이자 천문학자. 예수회에 속한 로마 학원 교사였다. 로마 교황 그레고리우스 13세 때까지 쓰였던 율리우스력 대신 그레고리력을 제안, 1582년부터 실시되었다.

를 가지고 있다면, 그는 영리하다고 한다. — 이들 특성 중 하나를 단지 꾸며대는 사람은 재치 있고 똑똑한 체하는 사람이긴 하지만 또한 구토감을 주는 사람이다. — 사람들은 손해를 통해서 현명하게 된다. 그러나 이 분야에서 | 다른 사람들의 손해를 통해서 그들을 현명하게 만들 수 있을 때까지 이것을 사용했던 사람은 교지(巧知)의 주위를 지나간다고 한다. — 무지는 우둔이 아니다. 예를 들면 어떤 귀부인은 "말은 밤에도 먹이를 먹습니까?"라는 대학교수의 질문에 대해서 "어떻게 학식이 있는 사람이 그렇게 우둔할 수 있습니까?"라고 반문했다는 것이다. 더욱이 사람들이 어떻게 해야 멋진 질문을 하는 것일까(자연으로부터 또는 다른 사람으로부터 배우기 위해서)에 대해 알고 있다면, 그것은 뛰어난 오성을 가지고 있는 증거이다.

자신의 오성을 통해서 많은 것을 파악할 수 없는 사람은 단순하다. 그러나 그가 그것을 잘못 파악한 것이 아니라면, 우둔하지 않다. 정직하지만 우둔하다고(약간의 사람이 포메라니아 하인들을 부당하게 서술했던 것처럼)하는 것은 잘못된 그리고 가장 비난해야 할 판정이다. 그의 판정은 잘못이다. 왜냐하면 정직(원칙으로부터 행하는 의무의 준수)은 실천 이성이기 때문이다. [205] 그의 판정은 가장 비난해야 할 것이다. 왜냐하면 그것은 누구든 자신이 모든 것에 숙달되어 있다고 느낀다면 사람을 속이는 것이고, 속이지 않는 사람은 오직 그의 무능력에 기인하고 있다고 하는 점을 전제하고 있기 때문이다. — 그러므로 "그는 화약을 발명하지 않았다, 그는 국가를 배반하지 않을 것이다, 그는 마술사가 아니다" 라는 금언은 인간을 증오하는 원칙을 나타내고 있는 것이다. 그것은, 즉 사람들은 우리들이 알고 있는 인간의 선의지(善意志)를 전제로 하는 것에는 확신을 가지지 못하고, 다만 그 인간의 무능력이라는 것에만 확신을 가지고 있다고 하는 원칙이다. ¦ — 그러므로 흄이 말한 것처럼[71] 이슬람의 황제는 그의 후궁을 이들을

| BA 128
¦ BA 129

경호하는 자들의 덕에 맡기는 것이 아니라, 그들의 무능력 (혹인 거세자 去勢者)에 맡기고 있다. — 인간이 가지고 있는 개념의 외연(外延)에 관하여 매우 편협(고루)한 것은 | 결코 으둔성이 아니고, 그 개념의 성질(원칙)이 문제되는 것이다. — 사람들이 보물을 찾아다니는 사람, 연금술사, 복권 취급자에게 속임을 당하는 것은 속임을 당하는 사람의 우둔한 탓으로 돌려져서는 안 되고, 그들의 나쁜 의지, 즉 그들 자신의 적절한 노력없이 다른 사람의 희생을 통해서 부유하게 되려고 하는 나쁜 의지의 탓으로 돌려져야 한다. 교활, 노회(老獪), 약삭빠름(versutia, astutia)이란 다른 사람을 속이는 것의 숙달이다. 거기에서 문제는 속이는 사람이 쉽게 속임을 당하는 사람보다도 더 영리한지 어떤지 그리고 후자는 우둔한 사람인지 어떤지 하는 것이다. 쉽게 신뢰하는(믿는, 신용하는) 성실한 사람은 악인의 쉬운 사냥감이 되기 때문에, 매우 부당하게 때때로 바보라고도 하며, "바보가 시장에 간다면 상인들이 기뻐한다."는 속담도 있다. 나를 한 번 속였던 사람에 대해서 내가 다시 신뢰하지 않는다는 것은 진실 되고 현명하다. 왜냐하면 기만하는 사람은 그의 원칙에서는 타락한 사람이기 때문이다. 그러나 어떤 한 사람이 나를 속였기 때문에 어떤 다른 사람도 신뢰하지 않는다는 것은 인간혐오이다. 속이는 자가 본래 바보이다. — 그러나 그 기만자가 큰 기만을 당해서 다른 사람의 신뢰도 자신의 신뢰도 더 이상 필요로 하지 않게 되는 상황에 있다는 것을 알게 된다면, 어떻게 될까? 그 경우에는 그의 모습을 보여주는 성격은 완전히 변화하지만, 그러나 기만된 기만자를 조소하는 대신에 멋진 솜씨의 기만자를 경멸하는 식으로 변화하게 된다. 이 경우에도 그러나 영속적인 이득은 없다.* ⁝

71) 이런 언급은 흄에게서 발견되지 않는다.

* 우리들 사이에서 생활하고 있는 팔레스타인 사람[유대인]은 또는 적어도 대다수의 팔레스타인 사람은 자신들의 고향으로부터 추방된 이래 | 악덕 상인의 근성 때문에, 기만한다는, 근거가 없지 않은 평판을 받게 되었다. 한 국민을 기만자로 보는 것은 의아스러운

것처럼 보인다. 그러나 그들 대부분이 그들이 거주하는 국가에 의해서 승인된 옛 미신에 의해서 결합되고, [206] 어떤 시민적 명예도 구하지 않지만, 이 점에서의 그들의 손실을, 그들을 보호하고 있는 국민들에 대해, 심지어는 서로서로에 대해 책략을 써서 얻은 이익을 통해서 보상받고자 하는, 전체가 상인으로 구성되어 있는 한 국민을 생각하는 것도 마찬가지로 의아스러운 일이다. 그런데 이것은 전 국민이 상인으로 이루어진, 즉 사회의 비생산적인 성원으로 이루어진 (예를 들면 폴란드에서의 유다인) 경우에도 다르지 않다. 따라서 그들의 옛 규율에 의해서 인가되고, 그들이 생활을 함께 하고 있는 우리들(즉 그들과 어떤 성서를 공유하고 있는 우리들) 에 의해서도 승인되고 있는 조직은, 예를 들어 그들이 "상인이여, 눈을 뜨고 있어라!" 라는 격언을 우리들을 다루는 데 있어 자신들의 도덕의 최상 원칙으로 삼고 있다 하더라도, 심각한 결과없이는 폐기될 수 없는 것이다. — 이 민족을 기만과 정직이라는 점에 관하여 도덕적으로 교화하는 쓸데없는 계획 대신에, 나는 오히려 이 기묘한 조직의(즉 상인들로밖에 구성되어 있지 않은 한 민족) 근원에 관한 나의 추측을 서술하고 싶다. — — 부(富)는 가장 옛 시대에는 인도와의 통상에 의해, 인도로부터 육지를 거쳐 지중해의 서해안※에 이르기까지, 또한 페니키아(거기에 팔레스타인이 속해 있다)의 여러 항구에 이르기까지 가져와졌다. ǀ — 그런데 그 부는 실로 다른 많은 장소, 예를 들면 팔미라, 더욱 옛 시대에는 티루스, 시돈※※을 거쳐, 또는 ¦에지온게버와 엘라트※※※와 같은 바다를 거쳐서, 또한 아라비아의 해안으로부터 대(大)테베를 향해서, 그렇게 해서 이집트를 경유하여 시리아의 해안에 이르는 자신의 길을 만들 수가 있었다. 그러나 예루살렘이 그 수도였던 팔레스타인은 대상(隊商)의 무역에 있어서도 극히 유리한 곳에 위치해 있었다. 아마도 옛 솔로몬의 영화의 현상도 팔레스타인의 위치 덕분이었으며, 또한 그 주변의 지방은 로마인이 지배하던 시대에 이르기까지도 상인들로 가득차 있었다. 그 상인들은 그들의 도시가 파괴된 이후 동일한 언어와 신앙을 가진 다른 상인들과 전부터 이미 확장된 거래를 해왔기 때문에, 그들의 언어와 신앙을 가지고서 멀리 떨어진 나라(유럽에 있는)로 차차 이주해 갔고, 서로서로 연결을 유지하였고, 그리고 그들이 이주했던 국가들에서도 그들의 상거래가 이익을 주었기 때문에 보호를 받는 것이 가능하게 되었다. — 그래서※※※※ 그들이 종교와 언어에서 통일을 유지하면서 전 세계에 흩어졌다는 것은 결코 이 민족에 가해졌던 저주로 간주되어서는 안되고, 오히려 축복으로서 간주되어야 한다. 그들의 부는 개개인으로서 평가된다면, 오늘날에는 분명 동일한 수로부터 이루어진 모든 다른 민족의 부를 능가하는 것이다.

※ A, B, Cassirer판에는 "서해안"이지만, Ak 판에는 "동해안"이다.

※※ 티루스와 시돈은 모두 페니키아의 항구도시.

※※※ 에지온게버와 엘라트는 모두 홍해의 북동으로 흐르는 강에 있으며, 구약성경의 여러 곳에서 나오고 있는 지명이다.

※※※※ 이 이하의 문장은 수고에서는 다음과 같이 되어 있다. "그래서 그들 국가의 가장 큰 추락이 개개인에 있어서는 최대의 행복으로 되었다. 왜냐하면 이 광범위하게 확장되었던 민족의 금전상의 부는, 이들이 모여지면 (이것에 관하여 모리스 칸갈레리 Moris

47 [A판 37절, B판 44절] 정신이 산만해지는 것(distractio)은 주의가 그것의 분산에 의해서 어떤 지배적인 표상으로부터 다른 종류의 표상에로 이동해가는 상태(abst-ractio)이다. 그것이 의도적인 것이라면 기분전환이라 한다. 그러나 부지불식간에 정신이 산만해지는 것은 방심(absentia)이다.

| 사람들이 크게 그리고 지속적으로 주의를 기울이는 표상에 대해 재생적 상상력에 의해서 집착하고, 그 표상으로부터 떨어질 수 없는 것, 즉 상상력의 진행을 다시 자유롭게 ¦ 할 수 없는 것은 정신박약 중 하나이다. [207] 이런 화(禍)가 습관적으로 되어 버리고, 항상 동일한 대상을 향해 있다면, 아마 망상으로 될 수 있을 것이다. 사교 모임에서 정신이 산만해지는 것은 실례이며, 또한 종종 웃음을 자아낸다. 부인들은 학문에 종사하고 있지 않다면 보통 이러한 발작을 일으키지 않는다. | 식탁에서 접대하고 있을 때 정신이 산만해지는 하인은 무언가를 몰래 꾸미고 있든 그것의 결과에 대해 생각하고 있든, 통상 무언가 못된 짓을 생각하고 있는 것이다.

그러나 정신이 산만해지는 것, 즉 부지불식간 재생적 상상력에 대해서 긴장을 늦추는 것은, 예를 들면 성직자가 자신이 암기했던 설교를 행할 때 그의 머리에서 뒷 궁리들이 흘러가는 것을 방지하는 등, 이것은 마음의 건강에 대해 배려하기 위해서 필요한 것이며, 부분적으로는 인위적인 처리 방식이다. 동일한 하나의 대상에 대해서 오래 숙고하는 것은 말하자면 여향(余響)과 같은 것을 남겨 놓는다(그것은 마치 춤을 위한 동일한 음악이 오래 계속되면, 연회가 끝나고 집으로 돌아간 사람들의 귀에 여전히 윙윙거리는 것과 같으며, 또는 아이들이 자신들이 좋아하는 동일한 명 문구를, 특히 그것이 리드미칼하게 들리는 경우,

---

Cangallerie라는 사람이 생각을 제시했다) 같은 수의 사람들로부터 이루어진 모든 다른 민족을 능가할 것이라고 믿어지기 때문이다. — 만약 부가 행복이라고 가정한다면."

¦ BA 132, 133

계속해서 반복하는 경우와 같다). — 이러한 여행은 머리를 괴롭히고, 그것을 제거하는 유일한 방법은 정신을 산만하게 하거나 주의를 다른 대상으로 향하게 하는 것, 예컨대 신문을 읽는 것[72]이다. — 어떤 새로운 일에 대한 준비를 위하여 마음을 다시 집중하는 것(정신집중, collectio anima)은 마음의 건강을 촉진하도록 정신력의 균형을 회복시키는 것이다. ¦ 여기에는 계속 바뀌는 여러 가지 주제 — 유희와 같은 — 로 채워진 사교적 담화가 가장 유익한 수단이다. 그러나 그런 담화는, 관념의 자연적 친근 관계와 어긋나게, 하나의 화제로부터 다른 화제에로 비약하지는 않는다. 왜냐하면 비약한다면 사교의 모임은 산만한 마음의 상태가 되어 흩어져 버릴 것이기 때문이다. 왜냐하면 백 가지 화제가 천 가지 화제와 섞여버릴 것이요, 대화의 통일은 완전히 상실될 것이요, 따라서 마음은 혼란을 느끼고, 그 산간을 면하기 위해서는 새로운 정신의 산만해짐을 필요로 할 것이기 때문이다.

이로부터 알 수 있는 것은 힘을 집중시키기 위해서 정신을 산만하게 하는, 일에 있어서 마음의 양생법(養生法)을 위해 필요한(한 가지 방법이 아닌) 기술이 있다는 사실이다. — 그러나 사람들이 자신의 생각을 집중시킨다 하더라도, 즉 그의 생각을 임의의 의도에 따라서 이용할 준비가 되어있다 하더라도, 적합하지 않은 장소나 또는 다른 사람과의 어울리지 않는 일 관계에서, 의도적으로 자신의 생각에만 침잠하고, 그것에 관하여 앞에서 이야기한 관계를 고려해 놓지 않는 사람을 정신이 산만해진 사람이라고 할 수 없다. [208] 사람들은 그의 방심을 비난할 수 있으며, 물론 방심은 사교에서는 부적절한 것이다. — 따라서 정신을 산만하게 하면서, 그렇지만 결코 정신이 산만해지지 않게 되는 것은 일반적이지 않은 기술이다. 이 정신이 산만해지는 것이 습관적이

72) C판의 수고와 제1판에 따르면 여기에 다음과 같은 구절이 들어 있다. "철학적 문제에 대해 긴장되게 생각하는 것"

¦ BA 132, 133

라면, 이것은 이 해악으로 시달리는 사람을 몽상가의 모습으로 보이게 하고, 그 사람을 사교에서 쓸모없는 사람으로 만든다. 왜냐하면 그는 이성에 의해서 질서지어지지 않고, 자유롭게 활동하고 있는 상상력을 맹목적으로 따르기 때문이다. — 소설을 탐독하는 것은 다른 사람에게 여러 가지 마음의 변조(變調)를 일으킬 뿐만 아니라, ¦ 정신이 산만해지는 것을 습관적으로 하는 결과도 낳는다. 왜냐하면 소설을 탐독하는 것은 현실적으로 사람들 사이에서 발견될 수 있는 성격들의 묘사(약간의 과장을 가지고 있더라도)에 의해서, | 진실한 사건, 그 서술 방식이 항상 어떤 방식으로 체계적이지 않으면 안 되는 진실한 사건의 경우처럼, 하나의 연관을 사상에 부여하지만, 결국 동시에 그것은 독서하는 중 마음에 본 줄거리를 벗어난 것(즉 소설의 이야기와는 다른 여러 사건)을 삽입시키는 일을 허용하고, 그리고 사상의 진행은 단편적으로 되어버리고, 그래서 사람들은 동일한 객관에 대한 제표상을 오성의 통일에 따라서 결합하는(conjunctim) 것이 아니라, 산만하게(sparsim) 마음 중에서 가지고 놀기 때문이다. 설교 연단이나 대학의 강단에서의 교사, 재판의 원고, 변호사가 자유로운 대화에서(즉흥적으로) 심적인 침착을 보여 주려면, 다음과 같은 세 가지 주의를 입증하지 않으면 안 된다. 첫째로 그가 지금 이야기하고 있는 것을 명석하게 설명하기 위해서 그것에 주시하는 것, 둘째로 그가 이야기했던 것을 되돌아가서 보는 것, 셋째로 그가 지금 확실하게 말하고자 하는 것을 예상해서 보는 것이다. 왜냐하면 그가 이 세 가지 중 하나에 대해서도 주의를 하지 않게 되면, 즉 그 주의를 이 순서대로 가지런히 하는 일을 태만히 한다면, 그는 자기 자신과 그의 청중 혹은 독자의 기를 흩어지게 만들며, 그래서 다른 점에서는 우수한 두뇌라 하더라도, 혼란된 두뇌라고 불리게 되는 것을 자신으로부터 거절할 수 없게 된다.

¦ BA 134

48 [A판 38절, B판 45절] 그 자체로는 건전한 오성(정신박약이 없는)도 그것의 활다른 점에서는 건전한 오성이 시민적 업무에서 오성의 활용에 관하여 박약함을 수반할 수 있다. 이러한 박약함은 적당한 성숙에 도달할 때까지 성장하기 위한 유예를 구하든가 ¦ 또는 시민적 성질을 가지는 업무에 관해서는 다른 사람이 자신을 대리하는 일을 필요로 한다. 독자적인 사용에 관해서(자연적 또는 법률적으로) 무능력한 것은 미성숙이라 부른다. 이것이 연령의 미성숙에 근거하고 있다면, 그것은 미성년이라 부른다. 그러나 그것이 [209] 시민적 업무에 관한 법률적 제도에 근거하고 있다면, 그것은 법률적 또는 시민적 미성숙이라 칭해질 수 있다.

아이들은 | 자연적으로 미성숙하며, 그의 양친은 그들의 자연적 후견인이다. 여성은 어떤 연령에 있더라도 공민의 측면에서 미성숙하다고 선언된다. 남편이 그녀의 자연적 후견인이 된다. 그러나 그녀가 남편과 재산을 나누어서 생활한다면, 이야기는 달라진다. — 왜냐하면 여성은 여자로서의 본성상, 이야기하는 것에 관해서는, 법정에서도(나의 것, 당신 것에 관하여) 자신이나 자신의 남편을 변호하는 데 충분한 말재주를 가지고 있으며, 그러므로 문자의 측면에서 매우 성숙하다고 선언될 수 있음에도 불구하고, 그러나 부인은 전쟁에 참여하는 것이 여성의 권한에 있지 않는 것과 마찬가지로, 자신의 권리를 개인적으로 옹호하는 국민적 업무를 자기 자신에 부과할 수는 없고, 단지 그것을 대리하는 사람을 세울 수 있을 뿐이기 때문이다. 그리고 공적인 협의에 관한 이 법률상의 미성숙이 가정적 복지에 관해서는 그만큼 더욱더 여성을 능력 있게끔 만든다. 왜냐하면 여기서는 약자의 권리가 생겨나며, 이 권리를 존중하고 옹호하는 것을 ¦ 남성은 그 본성에 의해 확실히 사명이라고 자각하고 있기 때문이다.

그러나 자기 자신을 미성숙한 자로 만드는 것은, 그러한 것이 자신

의 품위를 떨어뜨리지만, 대단히 편리한 것이다. | 그리고 자연스럽게 대중들의 유순함(왜냐하면 대중이 스스로 단결하는 것은 어렵기 때문에)을 이용할 수 있고, 또한 다른 사람의 지도 없이 자신의 오성을 사용하는 것의 위험을 매우 큰일이라고, 또한 치명적인 것이라고 훈계할 줄 아는 지도자들이 부족한 사정도 아니다. 국가의 원수는 국부(國父)라고 부른다. 왜냐하면 이들은 신하보다도 어떻게 해야 신하들이 행복하게 되는가를 더 잘 이해하고 있기 때문이다. 그러나 국민들은 국민 자신의 이익 때문에 언제까지나 미성숙된 자라고 판정된다. 그리고 아담 스미스[73]가 원수들에 대해, 그들은 실로 예외가 아니며, 모든 사람 중 가장 큰 소비자라고 부당하게 이야기하고 있다고 하더라도, 그의 말은 많은 국가들에서 공포되었던(현명한!) 사치 규제법에 의해서 강력하게 반박되고 있다.

성직자는 평신도를 확고하고도 영속적으로 미성숙한 상태에 있는 사람으로 간주한다. 민중은 천국에 이르기 위해 가야 할 길에 관해서는 아무 발언권도, 또한 어떤 판단도 가지고 있지 못하다. 거기에 도달하기 위해서는 인간 자신의 눈은 필요하지 않다. 즉 누군가가 반드시 그를 인도할 것이며, 그들 자신의 눈으로 볼 수 있도록 그들의 손에 성서가 건네진다 하더라도, 동시에 그들은 그들의 [210] 인도자로부터 "우리가 성경 안에 있다고 보증하는 것 이외에는 어떤 것도 그 중에 있다고 생각해서는 안 된다"는 경고를 받게 된다. 그리고 일반적으로 인간을 다른 사람의 지배 아래에서 기계적으로 다루는 것은 ¦ 법률적 질서를 준수하기 위한 가장 안전한 수단이다.

학자는 가사(家事)상의 지도에 관해서는 통상 기꺼이 부인으로부터 | 미성숙된 채로 두어지도록 허용한다. 자신의 책에 파묻혀 있는 어떤

73) 아담 스미스(Adam Smith, 1723~1790)의 ≪국부론≫(*An Inquiry into the Nature and Causes of the Wealth of Nations*), 2편 3장 말미에 나온다.

| A 137, 138 ¦ B 138

학자는 방 하나에 불이 났다고 하는 하인의 외침 소리에 대해 “자네도 알다시피 그러한 일은 나의 집사람의 소관사일세”라고 답했다. — 마지막으로 소비자가 법률적으로 성년에 들어간 이후에도 자신의 자산 관리에 관해서는 어린아이나 백치의 모습과 같은, 오성의 박약을 보여주는 경우에는, 그 소비자가 이미 획득한 성숙 상태가 국가의 손에 의해서 공민적 미성숙 상태에로 되돌려질 수도 있다. 그러나 이러한 일에 관한 판단은 인간학의 분야 바깥에 놓여있다.

49 [74][A판 39절, B판 46절] 단순(einfältig, 둔감 hebes)은, 단련되지 않은 칼이나 손도끼처럼, 어떤 것도 가르쳐질 수 없는 사람, 배울 능력이 없는 사람의 특성이다. 모방하는 것에만 숙달된 사람은 둔재라 한다. 여기에 반해서 스스로 정신적 산물 또는 예술적 산물의 창조자일 수 있는 사람은 수재이다. 천진난만(Einfalt, 작위에 대립되는)은 그것과는 완전 다르고, 이것에 관해서는 “완전한 인위(人爲)는 다시 자연이 된다.”[75]라고 어떤 사람은 이야기한다. 그리고 사람들은 만년이 되어야 비로소 여기에 도달한다. 즉 이것은 수단의 절약을 통해서 — 즉 단도직입적으로 — 동일한 목적에 도달하는 능력이다. 이 재능을 가지고 있는 사람(현자, 賢者)은 천진난만하지만 결코 단순하지는 않다.

|¦ 우둔(dumm)은 주로 판단력을 가지고 있지 않기 때문에 일에 사용되지 않는 사람을 가리키는 말이다.

바보(Tor)는 어떠한 가치도 가지지 않는 자신의 목적 때문에 가치를

---

74) A판에서는 이 앞에 다음과 같은 표제가 붙어있다. “B 정신박약에서의 근본적 차이에 관하여”(B vom dem Grundunterschiede in der Gemütsschwäche).

75) 칸트의 ≪인간 역사의 억측적 기원≫ B판, 6권, 58쪽 참조. 거기서는 “완전한 인위가 다시 자연이 되는 것…… 이야말로 인류의 도덕적 사명의 최종 목표이다”로 되어 있다.

가지는 사물을 희생시키는 사람이다. 예컨대 가정의 행복을 집 바깥에서의 화려를 위해서 희생하는 인간이다. 바보가 모욕적이 될 때, 멍청이라고 한다. 어떤 사람이 그를 바보라고 불렀지만, 그것이 그 사람을 모멸했던 것이 아닐 수 있다. 사실상 그가 자신에 대해서 바보라고 고백할 수도 있다. 그러나 악당의 도구(포프에 의하면)라든가 멍청이라고 불리게 되는 것은 어느 누구도 듣고 있을 수 없는 것이다.* 거만은 멍청한 것이다. 왜냐하면 우선 다른 사람에 대해서 [211] 그들이 나와 비교해서 자신을 경시해야 하기를 요구하는 것은 바보이며, 또한 그런 경우 그들은 나의 의도를 쓸데없도록 방해하기 위하여 나에 대해 책략을 쓰기 때문이다. 그러나 그것은 결과적으로 조소를 자아내게 한다. 그러나 그러한 요구 안에는 모멸도 포함되어 있다. 그리고 이것은 당연히 증오를 불러일으킨다. 바보 같은 여자라는 말이 부인들에 대해 사용되더라도 그것은 남성에게 적용되는 것만큼 거친 의미를 가지고 있지 않다. 왜냐하면 남성은 부인들의 공허한 참월에 의해서 모멸을 받을 수 있다고는 믿지 않기 때문이다. 그 때문에 멍청이는 오직 남성의 거만이라는 개념과 결부되어 있는 것처럼 보인다. — 사람들이 자신에게(일시적으로든 ‖ 영구적으로든) 상처를 입히는 사람을 멍청이라고 부르고, 따라서 그 사람에 대해 경멸에다가 증오를 덧붙인다면, 그가 우리들을 모멸하지 않았다 하더라도, 사람들은 그것을 인류 일반에 대한 모멸로서, 따라서 다른 사람에 대해서도 미치는 모멸로서 생각하게 된다. 자신의 합법적인 이익에 직접적으로 대립되는 행위를

* 어떤 사람이 누군가의 익살에 대해 "당신은 영리하지 않습니다" 라고 대답했다면, 그것은 "당신은 농담하고 있습니다." 또는 "당신은 분별이 없습니다"를 대신하는 어느 정도 품위가 낮은 표현이다. — 분별 있는 사람은 올바르고 실천적으로 그러나 작위적이지 않게 판단하는 사람이다. 경험은 실로 분별있는 사람을 영리하게 만들며, 즉 작위적인 오성 사용에 숙달될 수 있게 한다. 그러나 본성만이 그 사람을 분별있는 사람이 되게 할 수 있다.

‖ AB 139

하는 사람은, 그가 자신에 대해서 단지 상처를 입히는 데 지나지 않는다 하더라도, 또한 동시에 멍청이라고 부른다. 볼테르의 아버지인 아로웨는 명성이 높은 자식들에 대해서 그에게 축하했던 사람에게 다음과 같이 말했다. "나는 두 명의 멍청이를 자식들로 가지고 있습니다. 한 명은 산문에서 멍청이이고, 또한 한 명은 시에서의 멍청이입니다" (한 명은 얀센파에 몸을 던져 박해를 받았고, 다른 한 명은 풍자시 때문에 바스티유 감옥에서 상을 받아야만 했기 대문이다[76]). 일반적으로 바보는 그가 당연히 행해야 하는 것 이상의 가치를 사물 안에다 두고, 멍청이는 이것을 자기자신 안에다 둔다.

사람을 맵시꾼(Laffen) 또는 멋쟁이(Gecken)라고 부르는 것도 그들이 멍청이로서 영리하지 않다는 개념에 근거해 있다. 전자는 젊은 멍청이이고, 후자는 늙은 멍청이이다. 양자가 모두 악한이나 사기꾼에 유혹받지만, 이 경우 전자는 동정을 받지만, 그러나 후자는 조소를 받는다. 어떤 기지에 찬 독일 철학자이자 시인[77]인 사람이 프랑스어 형용사인 fat와 sot라는 칭호(멍청이 fou라는 공통의 부류에 들어간다)를 다음과 같은 하나의 예를 통해서 설명했다. 즉 그에 의하면 "전자는 파리로 간 젊은 독일인이고, 후자는 파리로부터 귀환한 동일한 독일인이다"라는 것이다.

76) 볼테르(Noltaire, 1694~1778)의 본명은 프랑소아 마리 아로웨(François Marie Arouet)이며, 프랑스 계몽주의 철학자이자 문호. 22, 3세쯤 당시 루이 14세에 대한 풍자시를 발표해서 11개월간 바스티유에 투옥되었다. 또한 그리스도교의 얀센파에 가입해서 박해를 받았던 사람은 그의 형 아로웨이다.

77) 괴팅겐대학 수학 교수이자 풍자 작가인 캐스트너(Abraham Gotthelf Kästner, 1719~1800)를 말한다. 이 말에 관해서는 그의 ≪강의집≫(*Einige Vorlesunge*), 제1집(Altenburg, 1768) 102쪽 참조.

* * *

생활력을 동물적으로 사용하는 데서도 불충분하거나(예컨대 ‖ 발리스 주 州의 크레틴 병 환자의 경우와 같은) [212] 또는 동물들에도 있을 수 있는 외적 활동(톱질을 하거나 흙을 파는 것 등)을 단지 기계적으로 모방할 뿐인 완전한 정신박약은 백치(Blödsinnigkeit)라 불린다. 이것은 정신병은 아니고, 오히려 정신의 상실이라고 할 수 있는 것이다.

3) 정신병에 관하여

50 [A판 40절, B판 47절] 정신병의 최고의 분류는 이미 앞에서 서술된 것처럼 우울증(hypochondria)과 정신착란(mania)으로 분류된다. 전자가 그런 병(Grillen-krankheit)으로 불리는 것은 밤의 정적 속에서 귀뚜라미의 재잘거리는 소리에 주의를 기울이는 것과의 유추에 의한 것이며, 이 소리는 수면을 위해 필요한 마음의 안정을 방해한다. 그런데 우울증 환자의 병은 다음과 같은 점을 본질로 하고 있다. 즉 어떤 내적인 신체적 감각이 신체 내에 실제로 존재하는 병환을 드러낼 뿐만 아니라, 오히려 또한 인간의 본성이 어떤 국부적인 인상에 주의를 기울임으로써 그 인상에 대한 느낌을 강화하고 또는 지속적으로 만드는 특수한 성질(동물은 가지고 있지 않은 성질)을 가지고 있다는 것이 병을 낳는 원인이 될 수도 있다. 반면에 의도적인 또는 정신이 산만해지는 다른 일에 의해서 일어나는 초탈은 그러한 인상을 이완시키며 그리고 그러한 일이 습관적으로 생기면, 그 인상은 완전히 사라지게 된다.* 그런 식으로 우울증으로서의 히포콘드리아는 ¦ 상상적인

* 나는 다른 저서※ 중에서 다음과 같은 점에 주목했다. 즉 어떤 고통스런 감각으로부터 주의를 돌려서 ¦ 어떤 다른 | 임의로 생각했던 대상에 주의를 집중시키는 것은 고통스런 감각을 충분히 물리칠 수 있고, 그 결과 이 감각들은 병으로까지 변할 수는 없게 된다.

¦B 141 본문 주 ‖BA 141

신체적 병환을 실제적인 것으로 간주하는 원인이 된다. 환자는 이러한 병환들이 상상이라는 것을 잘 알고 있지만, 때로는 그것을 현실적인 것으로 보는 일을 떨쳐버릴 수가 없다. 또는 거꾸로 현실적인 신체적 불쾌(예컨대 편식의, 팽만감을 불러일으키는 음식물로부터 생겨나는 식사 후의 고통)로부터 각종의 외적인 사건이나, 자신의 일에 대한 불안에 관하여 여러 가지 상상이 생겨난다. 그러한 상상은 완전히 소화된 이후 팽만이 사라지면 곧 소멸하고 만다. — 우울증 환자 중 가장 가련한 종류의 변덕장이(공상가)가 있다. 즉 변덕장이는 그의 상상을 진술하게 할 수 없을 정도로 완고하고, 의사가 따라다니지만 끊임없이 그 사람과 다투어야 하고, [213] 단지 아이를 조용하게 하는 방법(즉 의약 대신에 빵의 연한 부분을 포함하는 환약을 가지고서)을 써야 그 환자를 조용하게 할 수 있는 그런 종류의 사람이다. 또한 항상 몸이 좋지 않지만 실제로 병에 걸리지 않은 이 환자가 의학서라도 읽는다든가 하면, 그는 그 책 중에서 읽었던 모든 병환을 자신의 신체에서 느낀다고 믿기 때문에 완전히 참을 수 없게 되어버린다. —— 이상한 흥분이나 활발한 기지나 유쾌한 웃음이 이러한 병적인 상상력의 징후로서 나타난다. 이러한 병에 걸린 사람은 종종 이러한 상상력이 가는대로 느끼고 그리하여 그는 그의 기분의 항상 변하는 놀이감이 되어버린다. 죽는다는 생각에 대해 아이들같이 같이 느끼는 불안한 공포는 이 병을 악화시킨다. 그러나 이러한 생각을 ‖ 남자다운 용기를 가지고서 무시하고자 하지 않는 사람은 결코 인생을 적당하게 즐기지 못할 것이다.

착란된 정신이 가지는 한계의 이 측면에서도 기분의 갑작스런 변화(발작적인 돌발 raptus)가 있다. 그것은 즉 어떤 하나의 제목으로부터 어느 누구도 예상치 못했던 완전히 다른 제목에로의 기대하지 않은 탈선이다. 때때로 이러한 탈선은 그것이 고지(告知)하고 있는 바의,

※ 다른 저서란 ≪마음의 힘에 관하여≫(*Von der Macht des Gemüts*, 1768)를 말한다.

앞에서 이야기한 착란에 선행한다. 그러나 또한 두뇌가 이미 매우 전도된 상태이기 때문에, 이러한 무규칙성의 발작은 그 경우 규칙으로 되는 경우도 종종 있다. — 자살은 가끔 단지 발작의 결과일 뿐이다. 왜냐하면 감정의 격앙 중에 스스로 목을 째는 사람은 곧 바로 뒤에 그 목을 다시 꿰매도록 허락하기 때문이다.

우울(Tiefsinnigkeit, melancholia)도 침울한(상심의 경향을 가지는) 자학자(自虐者)가 만들어 내는, 불행한 역경에 관한 단순한 망상에 지나지 않을 수도 있다. 우울 그 자체로는 아직 정신착란은 아니지만, 쉽게 그것에 이를 수 있다. — 다른 측면에서, 어떤 사람이 단지 깊이 있게 생각하는 사람만을 의미할 때, 그를 우울한 수학자(예컨대 하우젠 교수[78])라고 말하는 것은 잘못된 그러나 자주 사용되는 표현이다.

51 [A판 41절, B판 48절] 열이 있는 상태에서 깨어 있는 사람의 헛소리(delirium)는 신체적인 병이며, 의학적인 예방 수단을 필요로 한다. 의사가 그러한 병적인 사태를 인정하지 않지만 헛소리하는 사람은 광기를 가진 사람이라 한다. 이에 반해 착란이라는 말은 온화한 표현일 뿐이다. 그러므로 누군가가 고의적으로 좋지 않은 일을 했다면, 그 때문에 그에 주어지는 죄책이 있는지, 또한 그것은 어떠한 죄책인지 하는 것이 문제이며, ¦ 따라서 그가 그 때 광기 상태였는지 어떤지가 미리 결정되어야만 한다면, 법원은 그를 대학의 의학부에 보내어 감정해서는 안 되고, 오히려(법원에는 결정하는 능력이 없기 때문에) 철학부에 보내어 감정해야 한다. 왜냐하면 피고인이 그 행위를 할 때 자연적인 오성 능력과 [214] 판정 능력을 가지고 있었느냐 어떠냐 하는 문제는 전적으로 심리학적인 것이기 때문이다. 또한 마음 기관의

78) 하우젠(Christian August Hausen, 1693~1745)은 독일의 수학자. 1714년 이래 라이프찌히대학 교수였다.

¦ AB 143, 144

육체적 이상이(모든 인간에 내재해 있는) 의무의 법칙을 부자연스럽게 범하는 원인일지도 모른다고 하더라도, 의사나 생리학자는 일반적으로 인간 내부의 메카니즘을 매우 깊이 있게 통찰하고, 그러한 잘못된 행동에로의 발작을 그것으로부터 설명하고, 또는(신체의 해부없이) 이것을 미리 알 수 있을 만큼 충분히 진전되어 있지 못하기 때문이다. 그리고 법의학(medicina forensis)은 — 범인의 다음 상태가 광기였던가, 또는 건전한 오성을 가지고 취해진 결의였던가가 문제인 경우에는 — 다른 사람의 일에 대한 간섭이고, 재판관은 그러한 일에 관하여 어떤 것도 이해하지 못하며, 적어도 그것을 자신의 기관에 속해 있지 않은 것으로서 다른 학부에 가서 문의를 하도록 지시하지 않으면 안 된다.* |:

52 [79] [A판 42절, B판 49절] 본질적이고 치유불가능한 무질서에 체계적 분류를 제시하는 것은 어려운 일이다. 또한 이러한 일을 취급하는 것은 그다지 유용하지 않다. 왜냐하면 당사자의 힘이 이 분류하는 일에 협력하는 것도 아니고(신체적 질환의 경우 그러한 것처럼), 그럼에도 이 분류 목적은 환자 자신의 오성 사용에 의해서만 도달될 수 있으므로, 이러한 분류의 의도에 근거하고 있는 일체의 치료 방법은 결과적

---

* 예컨대 이러한 재판관 중 한 명은, 어떤 사람이 교도소에 가서 판결을 받고 절망한 나머지 어린아이를 살해했던 사건이 일어났을 때, 이 사람을 정신 이상자로, 따라서 사형은 면제된다고 선고했다. — 왜냐하면 거짓 전제로부터 참된 결론을 추론하는 사람은 미치광이기 때문이라고 그는 말하고 있다. 그런데 그 관련된 사람은 징역형이 죽음보다도 더 사악한 모욕이라는(그러나 그것은 거짓이다) 것을 원칙으로서 채용하고, |: 그것으로부터 추론에 의해서 스스로 죽는 것이 가치가 있다는 의도에 도달하게 되었다. — 따라서 그 사람은 광기를 가지고 있었고, 미치광이로서 사형을 면제받게 되었다는 것이다. — 이러한 논의에 근거해서, 연민을 느끼고 치료해야 하는 모든 범죄자에 대해서 벌을 내리지 않고 미치광이라고 선고하는 것이 쉽게 이루어질 수 있을 것이다.

79) 수고와 A판에는 여기에 다음과 같은 표제가 붙어있다. "광기의 분류"(Kassi- fikation der Verrückung).

|: AB 143, 144

으로 효과없는 것이 틀림없기 때문이다. 그럼에도 불구하고 인간학은 이 경우에는 간접적으로만 실용적일 수 있지만, 즉 단지 치료의 중지를 명할 뿐이지만, 적어도 인간성의 가장 깊은, 그러나 본성적으로 유래하는 저하(低下)에 관하여 일반적인 윤곽을 시도하는 일을 요구한다. 우리들은 광기를 일반적으로 소란적(騷亂的) 광기, 방법적 광기, 체계적 광기로 분류할 수 있다.

1) 망어광(妄語狂, Unsinnigkeit)(amentia)은 자신의 표상을 경험의 가능성을 위해 필요한 맥락 안으로 가져오는 것의 무능력이다. 정신병원에서는 여성은 [215] 수다 때문에 주로 이 병에 걸린다. 즉 여성 환자가 말하는 것 중에는 그녀의 활발한 상상력이 너무 많이 주입되어서, 그녀가 실제로 무엇을 이야기하는지를 어떤 사람도 이해할 수 없다. 이러한 첫 번째 광기가 소란적 광기이다.

¦ 2) 망상광(妄想狂, Wahnsinn)(dementia)은 광인이 말하는 모든 것이 경험의 가능성을 위한 사고의 형식적 법칙에 따르지만, 그러나 거짓된 창작을 하는 상상력에 의해서 스스로 만든 표상이 지각으로 간주되는 그런 마음의 착란이다. 자신의 주위 모든 곳에서 적들에 둘러싸여 있다고 믿는 사람들은 이런 종류의 광기를 가지고 있다. 그들은 다른 모든 사람의 얼굴이나 말, 또는 그 밖에 다른 행위까지도 자신을 향해 있으며, 자신을 겨눈 덫이라고 생각한다. — 이러한 사람들은 자신의 불행한 망상에서 다른 사람이 솔직하게 행한 것에 대해서도 자신을 겨눈 것으로 해석하고, 그러한 해석이 종종 매우 예민하기 때문에, 자료가 진실되기만 하다면, 사람들은 그들의 오성에 일체의 경의를 표하지 않으면 안 될 것이라고 생각한다. — 나는 이 병에 걸린 사람이 치료된 경우를 결코 보지 못했다(왜냐하면 이성을 가지고서 미쳐 있다고 하는 것은 일종의 특수한 소질이기 때문이다). 그러나 그들은 정신병원에 갈 환자로 계산되어서는 안 된다. 왜냐하면 그들은 자신에 대해서만 배려를 할 뿐으로, 자신의 가정된 교활함을 단지 자기 자신의

¦ AB 145 본문 주 ¦ AB 144

자기보존으로만 향하도록 할 뿐이며, 다른 사람을 위험에 빠뜨리지는 않기 때문이다. 따라서 안전을 위해서 감금될 필요가 없기 때문이다. 이 두 번째의 광기는 방법적인 것이다.

3) 망단광(妄斷狂, Wahnwitz)(insania)은 착란을 일으킨 판단력이다. 그 판단력 때문에 마음은 서로 유사한 사물들의 개념과 혼동되는 유비에 의해서 질질 끌려간다. 그래서 상상력은 상이한 사물을 결합하는 오성과 유사한 활동을 이들 사물의 표상을 포섭하는 일반자로 보이도록 속인다. ‖ 이런 종류의 정신병자는 대부분 매우 쾌활하며, 무미건조한 시를 쓰고, 또한 자신의 의견으로는 조리 있는 개념들의 매우 광범위한 친근 관계의 풍부함으로 인해 득의만만하게 된다. — 이런 종류의 망상 환자는 치료될 수 없다. 왜냐하면 그는 시 일반이 그런 것처럼 창조적이며 다양성을 통해서 즐기기 때문이다 — 이 세 번째 광기는 방법적이지만, 그러나 단편적인 것에 지나지 않는다.

4) 망념광(妄念狂, Aberwitz)(vesania)은 착란을 일으킨 이성의 질환이다. — 이 정신병자는 경험의 전(全) 단계를 뛰어넘어서, 경험의 시금석을 완전히 면(免)해 있는 원리에 사로잡히고, 이해하지 못하는 것을 이해한다고 망상한다. — [216] 원과 같은 면적의 정사각형을 구하는 방법이나 영구 운동하는 것을 발견하는 것, 자연의 초감성적인 힘들을 밝히는 것, 삼위일체의 비밀을 이해하는 것은 그의 능력 안에 있다. 그는 병원환자 중 가장 조용하다. 그리고 그 자신의 폐쇄되어 있는 사변 때문에, 그는 광기로부터 가장 멀리 떨어져 있다. 왜냐하면 그는 완전한 자기만족을 하면서 탐구 상에 나타나는 모든 곤란을 무시하고 있기 때문이다. — 이 네 번째 광기는 체계적이라고 부를 수 있다.

왜냐하면 이 마지막 종류의 착란에서는 단지 무질서와 이성 사용의 규칙으로부터의 편향이 존재할 뿐만 아니라, 또한 적극적인 몰(沒)이성, 환언하면 다른 규칙, 즉 하나의 완전히 다른 견지가 존재하기 때문이다. 이 견지에서 말하자면 영혼은 위치가 바뀌게 되고, 이 견지로부터 영혼은 일체의 대상을 달리 조망하며, ‖ 생명(동물의)의 통일에 필요한 공통 감관(sensorio communi)으로부터 떨어져서 이것과 멀리 떨어진 장소로 자신이 이동해가고 있음을 발견한다. 광기(Verrückung라는 말도 이것에 근거하고 있다). 그것은 조감도에 그려진 산이 많은 풍경은 평지로부터 조망된 경우와는 그 지형에 관하여 완전히 다른 판단을 불러일으키는 것과 같다. 영혼은 다른 장소에서 자신을 느끼거나 조망하는 것은 아니다(왜냐하면 영혼이 공간에서의 자신의 위치에 따라서 자신을 지각하는 것은 모순을 범하는 것이기 때문이다. 왜냐하면 영혼 그 자체는 내적 감관의 객관일 수 있을 뿐인데도, 방금 말한 것이 가능하다면 자신을 그것의 외적 감관의 객관으로서 직관하게 될 것이기 때문이다). 그러나 이런 방식으로 우리는 소위 광기를 가능한 만큼 설명할 수 있다. — 그러나 놀라운 일은 착란을 일으킨 정신이 가지고 있는 힘들이 어쨌든 하나의 체계 안으로 들어오게 되며, 자연도 역시 저 힘들을 결합하는 원리를 몰이성(沒理性) 안으로 가지고 들어가려고 노력한다는 사실이다. 그렇게 함으로써 사고하는 능력은, 객관적으로 사물의 참된 인식을 위해서는 아니라 하더라도, 단지 동물적 생명을 위해서 주관적으로만 기능하고 있는 것도 아닌 셈이다.

이에 반해서 물질적인 수단을 통해서 광기에 접근하는 상태에 의식적으로 몸을 움직여서 자신을 관찰하려고 하는 시도가 이 관찰에 의해서 또한 무의식적인 것도 잘 통찰하기 위한 것이라면, 이러한 시도는 현상의 원인을 탐구하기에 충분한 이성이 있다는 것을 보여준다. 그러나 마음을 사용해서 실험을 하고, 이것을 어느 정도 질환으로 만들어서 마음을 관찰하고, 이 경우 나타날 수 있는 현상에 의해서 마음의 본성을 탐구하려고 하는 것은 위험한 일이다. ‖ — 헬몬트[80]는 어떤

80) 헬몬트(Jan Baptista van Helmont, 1577~1644)는 네덜란드의 의학자이자 철학자. 화

용량의 나펠(어떤 종류의 유독한 뿌리)을 복용한 후에, [217] 마치 자신이 위 안에서 생각을 하는 것 같은 감각을 지각했다고 말했다. 어떤 다른 의사는 장뇌(樟腦)의 복용량을 차츰차츰 증가시켜서 거리의 모든 것이 대소동을 일으키는 것처럼 느껴질 때까지 계속했다고 말했다. 많은 사람들이 아편을 가지고서 장시간 자신에 대해 실험을 했던 바, 사고를 왕성하게 하는 이 보조제(補助劑)를 그 이상 사용하는 일을 중지할 때마다, 정신박약에 빠지게 되었다. — 인위적으로 야기된 광기는 쉽게 진짜 광기로 될 수 있을 것이다.

잡다한 주해

53 [A판 43절, B판 50절] 생식(生殖)의[81] 배아가 발육하는 것과 함께 광기의 배아도 동시에 발육한다. 그러므로 이 광기도 유전적인 것이다. 단 한 명이라도 그런 사람이 나타난 적이 있었던 가족과 결혼하는 것은 위험하다. 왜냐하면 한 쌍의 부부의 아이들, 예컨대 이들 모두가 아버지나 아버지의 양친이나 양친의 양친을 닮았기 때문에 이러한 나쁜 유전으로부터 면제되어 있는 아이들이 아무리 많다고 하더라도, 만약 어머니가 그녀의 가계에서 단지 한 명의 광기 있는 아이라도 가졌던 적이 있었다면(어머니 자신은 이 재액 災厄으로부터 면제되어 있다고 하더라도) 이 결혼에서 언젠가는 어머니 가계와 유사하고 (용모의 유사함으로부터도 인정될 수 있는 것처럼) 또한 유전에 의한 정신의 착란을 소질로서 가지고 있는 아이가 탄생되기 때문이다.

사람들은 가끔 이 병의 우연적인 원인을 밝힐 수 있다고 생각하며,

학 치료를 제창했던 대표적인 인물.

81) A판에는 이 앞에 다음과 같은 문장이 있다. "처음부터 착란을 일으키는 어린아이는 존재하지 않는다."(Es gibt kein gestört Kind).

|| AB 148

그래서 이 병은 유전적인 것이 아니라, ⁞ 그 불행한 사람 자신에게 그것의 책임이 있는 것처럼, 자초했던 일이라고 생각한다. 사람들은 어떤 사람에 대해서 "그는 사랑 때문에 미쳐버렸어"라고 이야기하며, 또한 다른 사람에 대해서는 "그는 거만 때문에 미쳐버렸어"라고 이야기하고, 또한 다른 사람에 대해서는 "지나치게 열심히 공부했어."라고 이야기한다. — 결혼을 요구하는 것이 불가능할 것 같은 그런 신분의 사람과 사랑에 빠지는 일은 광기의 원인이 아니라 그것의 결과이다. 또한 거만에 관한 한, 어떤 가치도 없는 사람이 다른 사람에 대해서 자신 앞에서 허리굽히는 것을 요구하고, 다른 사람에 대해 잰 체하는 작태는 광기를 전제하고 있는 것이며, 광기가 아니라면 그는 그러한 태도를 취하지 않았을 것이다.

그러나 지나치게 열심히 공부했던 사람에* 관한 한, 젊은 사람에게 그것에 관해 급히 경고할 필요는 없다. 이 경우 젊은 사람에게 요구되는 것은 [218] 오히려 박차를 가하는 것이다. 이 점에서는 가장 격렬하고 가장 지속적인 노력도 확실히 마음을 피로하게 하며, 그래서 사람들이 여기에서 학문까지 원망하게 될 수 있지만, 그러나 마음이 벌써 이미 미쳐버렸고, 그 때문에 상식을 일탈한 신비적 서적이나 계시에 취미를 느꼈던 것이 아니라면, 그러한 노력이 마음을 병들게 할 수는 없는 것이다. ⁞ 어떤 종류의 신성한 도유(塗油)를 받은 서적을 읽는 경우라도 도덕적인 것을 지향하지 않고 단지 그 문자의 까닭에만 전념하는 성벽은 이러한 상식을 벗어난 유형에 속한다. 어떤 저자는 이것

---

* 상인이 손짓을 과도하게 하면서 장사하고, 자신의 능력 이상으로 광범위한 계획에서 실패를 하는 것은 보통의 현상이다. 그러나 걱정이 많은 부모도 젊은 사람들이 지나치게 열심히 공부하는 것에 대해서는(그들의 머리가 그 밖의 점에서는 건전하다면) 아무것도 두려워하지 않는다. [218] 열심히 공부한 사람이 머리를 싸 잡아매고 노력했으나 허사였다면 그는 그 일에 대해 혐오감을 느끼기 때문에, 이러한 지식의 과중한 부담에 대해서는 자연이 이미 예방을 해놓았던 터이다.

에 대해서 "그는 서적 미치광이"라는 표현을 생각해내었다.

일반적인 광기(delirium generale)와 특정한 대상에 결부된 광기(delirium circa obiectum) 사이에 차이가 있는지 없는지 나는 의심스럽다. 몰이성(沒理性. 그것은 무언가 적극적인 것이며 이성의 단순한 결여가 아니다)은 이성과 마찬가지로 객관이 적합하게 될 수 있는 단순한 형식이며, 그 때문에 양자는 보편적인 것에 의거하고 있다. 그러나 광기의 소질이 돌발한 경우에(그것은 일반적으로 돌연히 발생한다) 마음에 최초로 뜻밖에 나타나게 되는 것(우연히 마주친 주제로, 그것에 관해 뒤에 헛소리하게 된다)에 관하여 미치광이는 특히 계속해서 공상에 빠지게 된다. 왜냐하면 그러한 것은 인상(印象)의 신기(新奇)함에 의해 그 후에 계속해서 한층 더 강하게 그의 마음에 남아있기 때문이다.

머리의 활동이 일상을 벗어나 버린 사람에 관하여 사람들은 "그는 선을 넘었다"라고 말한다. 마치 열대 지방의 중앙선을 처음으로 넘은 사람이 오성을 상실할 위험에 빠진 것과 같은 것처럼. 그러나 이것은 단지 오해일 뿐이다. 그것은 단지 다음과 같은 것을 말하는 것일 뿐이다. 즉 오랜 노력도 하지 않고 인도의 일주 여행에서 한 번에 일확천금을 낚으려고 희망하는 바보는 이미 자기 나라에 있을 때부터 멍청이로서 자신의 계획을 세웠던 사람이다. 그러나 그의 계획을 실행하고 있는 도중에 초기의 광기가 자라나서, ⁞ 그가 귀국할 때에는 예컨대 행운이 그에게 미소를 짓는다 하더라도, 광기는 완전히 성장해버리고 만다.

머리가 정상으로 돌아가지 않는 의심은 자신에게 큰 소리를 지른다든가 또는 혼자 방에서 여러 가지 제스쳐를 하는 일에 사로잡혀 있는 사람에게 나타나는 일이다. — 더욱이 또한 그가 [219] 영감의 혜택을 입거나 또는 그것에 붙어 다니고, 고차(高次)의 존재자와 대화나 교류를 하고 있다고 믿고 있는 경우가 또한 저러한 경우이다. 그러나 이때 그가 그의 성직자들에게는 이 초감성적인 직관이 아마도 가능할 것이

⁞ AB 151

라는 점을 인정한다 하더라도, 자신은 이러한 능력을 가지도록 선택되어 있다고 망상하지 않고, 또는 심지어는 한 번도 그러한 것을 희망한다는 고백도 하지 않으며, 따라서 이러한 것으로부터 자신을 제외시키는 경우는 저러한 경우가 아니다.

광기의 유일한 일반적 특징은 **공통 감각**(sensus communis)의 상실과, 이것에 대신해서 나타나는 **논리적 아의**(我意, sensus privatus)이다. 예컨대 대낮에 어떤 사람이 탁자에 같이 앉아 있는 누구에게도 목격되지 않는 타오르는 불빛을 보거나, 또는 다른 누구에게도 들리지 않는 소리를 듣는다. 왜냐하면 우리가 자신의 오성을 **다른 사람의 오성**에서도 유지하고, 우리의 오성을 **고립**시키지 않으며, 우리의 사적 표상을 가지고 말하자면 **공적으로** 판단하는 것은 우리의 판단력 일반의 정상성(正常性)의, 따라서 또한 우리의 오성의 건전성의 주관적·필연적인 시금석이기 때문이다. 단지 이론적인 의견만을 의도하는 서적을 금지시키는 것은(특히 그 서적이 법률상의 행동에 |: 어떤 영향도 미치지 못하는 경우) 인간성을 모욕하는 일이다. 왜냐하면 그러한 것에 의해서 사람들은 우리로부터, 우리 **자신**의 사상을 시정하는, 유일하게는 아니라 하더라도 최대의, 가장 유용한 수단을 박탈하는 것이 되기 때문이다. 이러한 시정은 우리 자신의 사상이 다른 사람의 오성에도 적합한가 어떤가 하는 것을 알기 위해서, 우리가 자신의 사상을 공적으로 제시해 봄으로써 행해진다. 왜냐하면 그렇지 않다면, 무언가가 단지 주관적인 것이(예를 들면 습관이나 경향성이) 쉽게 객관적인 것으로 간주될 것이기 때문이다. 바로 이것이 가상(假象)의 본질이다. 그 가상에 관하여 사람들은 가상이 기만이라고 말하지만, 오히려 가상에 의해서 사람들은 규칙을 적용할 때 자기기만에 빠지게 된다. — 이 시금석에 관해 전혀 고려하지 않고, 사적인 감각을 공통 감각 없이 또는 공통 감각에 어긋나게, 이미 타당한 것으로 인정하는 일을 정당

|: AB 152

하게 생각하는 사람은 하나의 사상의 유희에 몸을 맡기며, 이 경우 그는 다른 사람과 공통의 세계에서가 아니라(꿈속에서처럼) 자신의 세계에서 자신을 보며, 처신하며, 판단한다. — 보통은 명석하게 생각하는 두뇌의 소유자가 자신의 외적인 지각을 다른 사람에게 전달하고자 하는 표현 방식에서 그의 지각이 공통 감각의 원리와 일치하지 않고, 자신의 감각을 고집하는 경우가 때때로 있을 수 있다. 그래서 ≪오세아나≫의 영민한 저자인 해링톤[82]은 자신의 발산물(effluvia)이 파리의 모습으로 자신의 피부에서 날아오르는 망상에 젖었다. 그러나 이것은 아마도 이러한 물질을 지나치게 가지고 있는 신체에 대한 전기적(電氣的)인 영향일는지도 모르고, 이러한 경험은 사람들이 [220] 전에 가진 적이 있었다고 말하는 그런 경험일 수도 있다. 그리고 허링톤은 이것에 의해서 아마도 단지 자신의 감정이 파리의 비약과 유사하다는 것을 암시하려고 했을 뿐이며, 이 파리를 보았다는 것을 암시하려고 하지는 않았을 것이다.

⁞ 화내는(진실한 대상 또는 상상된 대상에 더하여) 감정이 격앙을 동반하는 광기(광포 rabies)는 이 화내는 것이 모든 외적인 인상에 대해서 감정을 무감각하게 만들어 버리지만, 종종 그것은 그것의 결과보다도 공포스러운 모습을 보이는 착란의 변종일 뿐이다. 이것은, 열병에서의 세찬 발작처럼, 마음에 근원을 가지고 있다기보다는 오히려 물질적인 원인에 의해서 일어나며, 가끔 의사에 의해 1회 분량의 투약으로 제거될 수 있다.

---

82) 해링톤(James Harrington, 1611~1677)은 영국의 정치사상가. 공화주의자였지만 내란 시대에는 중립적인 태도를 취하고, 처형전 찰스 1세에게 충실하게 봉직했다. 주저인 ≪오세아나≫(*The Commonwealth of Oceana*, 1656)는 공화주의를 이상으로 하는 유토피아 정치사상을 서술한 책이다. 이 중에서 그는 유창목(癒瘡木)을 많이 먹어 착란 상태에 빠져, 자신의 정기(精氣)가 새나 파리나 귀뚜라미의 모습으로 되어서 발산했다고 쓰고 있다.

⁞ AB 153

제54절 인식 능력의 여러 재능에 관하여

54 [A판 44절, B판 51절] 재능(천부의 능력)은 지도에 의해서가 아니라 인간의 자연적 소질에 의존하는, 인식 능력의 탁월성이라고 이해된다. 그것은 생산적 기지(機智, 보다 엄밀히 또는 실질적으로 말하는 바의 재능 ingenium strictius sive materialiter dictum), 명민 및 사고의 독창성(천재)이다.

기지는 비교하는 기지(ingenium comparans)이든가 또는 논쟁적인 기지(ingenium argutans)이다. 기지는 상상력의 법칙(연상의 법칙)에 따라서 매우 멀리 떨어져 있는 이질적인 표상들을 짜 맞춘다(동화 同化시킨다). 그리고 대상을 유(類) 아래에 포섭시키는 한에서의 오성(보편적인 것을 인식하는 능력으로서의)에 속하는, 특유의 동류화(同類化)의 능력이다. 더욱이 기지는 특수한 것을 보편적인 것 아래에서 규정하고, 또한 인식을 얻을 목적으로 사고 능력을 사용하기 위해 판단력을 필요로 한다. — 기지를 가지는(말하는 것이나 ‖ 글쓰는 것에서) 것은 학교의 기구나 학교의 강제에 의해서 학습될 수 있는 것이 아니라, 특수한 재능으로서, 상호 사상을 전달하는 데서의 성향의 관대함(우리는 상호의 호의를 허용하고 또한 요구한다, veniam damus petimusque)에 속한다. 즉 기지는 오성 일반의 설명하기 어려운 성질 — 말하자면 오성의 호의 — 에 속하는 것이기에, 이 성질은 보편적인 것을 특수한 것에(유개념을 종개념에) 적용하는데서의 판단력(분별의 판단력, indicium discretivum)의 엄격성과 대조를 이룬다. 판단력은 이러한 엄격성을 가지는 것으로서, 동화의 능력과 그것으로 향하는 성향을 제한하는 것이지만. [221]

제55절~제59절 비교하는 지성과 논증하는 지성 사이의 종적 차이에 관하여

1) 생산적 지성에 관하여

55 [A판 45절, B판 52절] 종류가 다른 사물 사이에 유사성을 발견하고, 그래서 기지가 활동하는 바가 있지만, 오성의 개념을 보편적인 것으로 만들기 위해 오성에 대해서 재료를 제공하는 것은 쾌적하고, 마음에 드는 것이며, 사람의 기분을 전환시켜 주는 것이다. 거기에 반해서 판단력은 개념을 제한하고 개념의 확장보다는 오히려 시정(是正)에 기여하는 것이며, 모든 존경을 가지고 칭찬되고 권장되는 것이지만, 그러나 엄하고, 생각하는 자유에 대해서 제한적이며 그러나 바로 그 때문에 마음에 들지 않는 것이다. 비교하는 기지의 행위는 오히려 놀이이지만, 판단력의 행위는 오히려 일(事)이다. — ¦ 전자는 무엇보다도 청년의 꽃이지만, 후자는 오히려 노년의 성숙한 과일이다. — 이 양자를 하나의 정신적 산물 안에서 보다 높은 정도로 결합하는 것은 다재(多才, perspicax)이다.

기지는 착상을 재빨리 파악하고, 판단력은 통찰을 얻으려고 노력한다. 신중은 시장(市長)의 덕(도시를 성주 城主의 명령 아래에서, 주어진 법률에 따라서 보호하고 관리하기 위해)이다.[83] 여기에 반해서 판단력의 의혹을 무시하고, 대담하게(hardi) 최후의 판정을 내리는 것은, 모험으로서 상당히 오만(천박)하게 보인다 하더라도, 자연 체계의 위대한 저자인 부퐁[84]의 공적이라고 그의 나라 사람들은 생각한다. — 기지는 오히

83) 동일한 말이 칸트의 ≪미와 숭고의 감정에 관한 고찰≫에도 나오지만 (제2장의 첫머리), 그것에 의하면 이 말은 크롬웰(Oliver Cromwell(1599~1658)의 말이었다고 한다. 또한 흄의 *Essays*, ed. Green and Grose, London, 1898, vol. II, p. 220 참조.

84) 부퐁(Georges Louis Leclerc de Buffon, 1707~88)은 프랑스 계몽기의 박물학자이자

려 액즙을 구하고, 판단력은 영양물을 구한다. 수도원장인 트루블레[85]가 풍부하게 예를 들고 있고, 이때 기지를 고문에까지 확장시키는 경구(警句, bons mots)를 찾아다니는 예는 천박한 두뇌를 만들든가 또는 심원한 두뇌의 소유자에 대해서는 구토감을 낳는다. 기지는 유행을 낳을 때 독창적이 된다. 즉 단지 새롭다는 것만으로 선호되고, 그것이 습관으로 되기 전까지는, 마찬가지로 일시적인 모습의 다른 양식에 의해서 변화되지 않으면 임시의 행동 규칙을 낳을 때 독창적이 된다.

말놀이를 가지고 하는 기지는 천박하다. 그러나 판단력의 공허한 심사숙고(꼬치꼬치 캐물음)는 현학적이다. 변덕스러운 기지는 기론적(奇論的)인 것을 좋아하는 두뇌의 정서로부터 생겨나기 때문에, 이 경우 단순성이라는 성실한 정서의 배후로부터, 사람을(또는 또한 그의 ‖ 의견을) 웃음거리로 만들고자 하는(교활한) 악한이 모습을 드러내고 있다. [222] 왜냐하면 찬동할 만한 가치가 있는 것의 반대되는 것이 겉치레의 칭찬으로 찬양되기 때문이다(우롱). 예를 들면 "스위프트의 시에서의 포복(匍匐)하는 기술"[86] 이나 또는 버틀러의 ≪휴디브라스≫[87]가 그것이다. 경멸적인 것을 대조를 통해서 한층 경멸적인 것으로 만드는 기지는 예기하지 않았던 것이 뜻밖에 나타나 놀라움을 주기 때문에 매우 재미있지만, 그러나 그것은 항상 유희이며 또한 경박한 기지(볼테르의 그것처럼)일 뿐이다. 반면에 진실하고 중요한 원칙을 문장

철학자. 영국에서 뉴튼에게 사사했으며, 귀국 후 왕실 식물원의 원장이 되었다. 대저 ≪박물지≫(*Histoire Naturelle*)를 순차적으로 간행하고, 그 중에 생물 진화의 사상을 서술하고, 또한 철학적으로는 기계론적 자연주의 입장을 가졌다. .

85) 트루블레(Nicol. Charles Jos. Trublet, 1697~1770)의 저서 ≪문학과 도덕에서의 약간의 문제에 관한 시론≫(*Essais sur divers sujets de littérature et de morale*, 1754) 참조.

86) 스위프트 저서의 독일어 번역 표제명은 ≪스위프트 박사의 최신 시작(詩作)술, 별명, 시에서의 포복 기술≫로서 1733에 간행되었다.

87) ≪휴디브라스≫(*Hudibras*)는 왕당파의 버틀러(Samuel Butler, 1612~1680)가 영국 혁명 시대 청교도에 반대해서 썼던 풍자시로, 당시 크게 읽혀졌다.

‖ AB 156

으로 표현하는 기지는(영이 그의 풍자시에서 했던 것처럼[88]) 벅 배의 무게가 나가는 기지라고 할 수 있다. 왜냐하면 그것은 일(事)이며, 위락보다는 오히려 경탄을 불러일으키는 것이기 때문이다.

속담(proverbium)은 경구(警句, bon mot)는 아니다. 왜냐하면 속담은 일반화되어 버린 문구이며, 모방에 의해서 전달된 사상을 — 처음에 말했던 사람의 입에서는 경구였을는지도 모르지만 — 표현하고 있기 때문이다. 속담에서 사용된 말은 따라서 천민의 언어이며, 상류 사회와의 교류에서는 기지의 완전한 결여를 드러내고 있다.

심원(深遠)함은 확실히 기지의 문제는 아니다. 그러나 기지는, 그것이 사상에 부여된 우의적(寓意的)인 형식에 의해서 이성에 대한, 또한 이성의 도덕적 · 실천적 이념을 위한 이성 사용에 대한 운반 기구 또는 의복이 될 수 있는 한에 있어서, 심원한 기지(천박한 기지와 구별되는)라고 생각될 수 있다. 사무엘 존슨[89]이 여성에 대해서 서술했던, 경탄할만한 가치가 있다고 칭해지는 잠언의 하나가 그의 ≪왈러의 생애≫에서 다음과 같이 ‖ 쓰여져 있다. "의심의 여지없이, 왈러는 자신이 결혼하기를 주저했던 많은 여성을 반드시 칭찬했지만, 그러나 그 자신 칭찬하기 부끄러워했던 여성과 아마도 결혼했다." 대구(對句)의 놀이가 여기서는 경탄할만한 가치가 있는 것의 전체를 이루고 있다. 그러나 이성은 그것에 의해서 어떤 것도 얻는 바가 없었다. — 그러나 이성에 대한 당면한 체계적인 문제에 관해서는, 그의 친구 보스웰[90]이 끊임없

88) 영(Edward Young, 1684~1775)은 1725년부터 1727년 사이에 ≪보편적 정열≫(*The Universal Passion*)이라는 이름하에 7편의 풍자시를 간행했다.

89) 존슨(Samuel Johnson, 1709~1784)은 영국의 비평가이자 시인. ≪영어사전≫을 편집했다. 만년의 대작은 52명의 시인을 논평했던 ≪영국 시인전≫(*Dictionary of English Language*) 으로, 왈러(Edmund Waller, 1606~1687)의 전기도 그 중 하나이다.

90) 보스웰(James Boswell, 1740~1795)은 존슨의 애(愛)제자로 스코틀랜드의 역사가. 전기 ≪존슨 박사전≫을 써서(1790) 전기 문학의 모범이 되었다. 칸트가 서술하고 있는 존슨의 일화는 모두 이 책에서 발견된다.

‖ AB 157

이 신탁적인 문구를 찾아 구했지만, 최소한의 기지조차 나타낸 문구를 그로부터 발견할 수 없었다. 존슨은 종교나 정부의 권리의 면에서 회의적인 사람에 대해 서술했으며, 또는 인간의 자유 일반에 관해서도 여러 가지 서술했지만, 이들은 모두 존슨의 태어날 때부터의 그리고 추종자들의 감언이설에 의해서 습관화된, 무엇이라도 거부하는 전제적 태도 때문에, 그의 숭배자들이 즐겨 무작법(無作法)* 이라 불렀지만, 매우 조야한 결과로 되고 말았던 것이다. 그러나 [223] 이러한 무작법은, 동일한 사상에서 심원함과 결합된 기지의 면에서 존슨이 극히 무능력하다는 점을 보여준다. — 또한 존슨을 의회에 특히 유능한 의원으로서 추천했던 그의 친구들에 대해 세력있는 사람들이 귀를 기울이지는 않았지만, 이들은 존슨의 재능을 높이 평가했던 것처럼 보인다. — 왜냐하면 한 나라의 사전의 편집에는 충분한 기지도, ‖ 중요한 직무에서의 통찰에 필요한 이성의 이념을 일깨우고 생명을 주는 데는 충분하지 못하기 때문이다. — 겸양은 이것을 하늘이 준 것이라는 사실을 깨닫는 사람의 마음에서 자연스럽게 생겨난다. 그리고 자신만으로는 결정하지 못하고 다른 사람의 판단까지도(어쨌든 눈에 띠지 않게) 고려해 넣는, 자신의 재능에 대한 불신뢰는 존슨에게는 결코 일어나지 않았던 특성이었다.

---

* 보스웰의 말에 의하면, 그와 동석했던 귀족이 존슨은 고급의 교육을 받은 적이 없었다는 아쉬움의 말을 표명했을 때 바레티※가 "아닙니다 각하, 당신은 당신이 원하는 모든 것을 그와 함께 할 수 있으며, [223] 항상 그는 곰(熊) 그대로였습니다." 라고 말했다. "그렇지만 춤추는 곰입니까?"라고 귀족이 말했다. 그의 친구인 세 번째 사람은 다음과 같이 말함으로써 이것을 완화할 수 있다고 생각했다. "그는 피부 외에는 어떤 것도 곰과 닮은 점을 가지고 있지 않습니다."

※ 바레티(Guiseppe Marc, Antonio Baretti, 1719~1789)는 이탈리아 태생의 시인이자 문예비평가로 런던에서 살았다.

2) 명민 또는 탐구 재능에 관하여

56 [A판 46절, B판 53절] 무언가 어떤 것을(나 자신 안에 있는 것이나 또는 다른 곳에 있는 것을) 발견하기 위해서는 많은 경우 어떻게 탐구해야 하는가를 알고 있는 특수한 재능이 필요하다. 즉 진리가 어떤 곳에서 발견될 수 있는가를 앞서서 판단하는(豫斷의 iudicii praevii) 천부의 재능이 필요하다. 그것은 구하는 것을 발견하고 또는 발명하기 위해서 사물의 흔적을 찾고, 친근성의 최소한의 기회라도 이용하는 재능이다. 학교에서 배우는 논리학은 이 점에 관해서는 우리에게 아무 것도 가르쳐주지 않는다. 베루람의 베이컨[91] 같은 사람은 그의 ≪신(新)오르가눔≫ 중에서 자연물의 숨어있는 성질이 실험에 의해 어떻게 해서 발견될 수 있는가에 대한 방법에 관해서 빛나는 실례를 보여주었다. 그러나 이런 실례조차도 성공적인 탐구 방법을 일정한 규칙에 따라서 가르쳐 주기에는 충분치 않다. 왜냐하면 사람들은 이 경우, 그것으로부터 진행을 시작하고자 하는 무언가를 반드시 전제로 하지(하나의 가정으로부터 시작하지) 않으면 안 되기 때문이다. 그리고 이러한 일은 어떤 절차 형식인 원칙에 따라서 ‖ 진행되어야 한다. 바로 이점에, 어떻게 해야 이 원리를 탐구할 수 있게 되는가 하는 문제도 놓여있는 것이다. 왜냐하면 사람들이 돌에 발브리를 채이고, 광석의 층을 발견하며, 이와 함께 광맥도 발견하기 때문에, 맹목적으로 요행을 바라고 그러한 일을 감행하는 것은 확실히 탐구를 위해서는 낮은 수준의 지도이기 때문이다. 그럼에도 불구하고 [224] 배우지 않고도, 말하자면 손에 마법의 지팡이를 들고 인식의 보물이 숨겨져 있는 길을

91) 프란시스 베이컨(Francis Bacon, 1561~1626)을 말한다. 아리스토텔레스의 ≪오르가논≫을 본떠 ≪신오르가눔≫(*Novum Organum Scientiarum*, 1620)을 지었다. 여기서 그는 귀납의 원리를 설명하고, 근대과학의 방법에 기초를 놓았다.

‖ AB 159, 160

아는 재능을 가지고 있는 사람도 있다. 다른 사람에게 그것을 가르칠 수는 없지만, 단지 그것을 그들에게 보여줄 수는 있다. 왜냐하면 그것은 천부의 재능이기 때문이다.

3) 인식 능력의 독창성 또는 천재에 관하여

57 [A판 47절, B판 54절] 무언가를 발명하는 것은 무언가를 발견하는 것과는 완전히 다르다. 왜냐하면 사람들이 발견하는 일은 미리 이미 존재하고 있는 것으로서, 다만 아직 그것이 알려져 있지 않았을 뿐인, 예를 들면 콜럼버스 이전의 아메리카와 같은 것으로 생각된다. 그러나 사람들이 발명하는 것, 예를 들면 화약과 같은 것은 그것을 만든 기술자*가 나타나기 전에는 ‖ 아직 전혀 알려져 있지 않았다. 양쪽 모두 공적(功績)일 수 있다. 그러나 사람들은 결코 탐구하지 않았던 것을 찾아낼 수 있다(예를 들면 연금술사가 인(燐)을 발견한[92] 경우처럼). 이때 그것은 전혀 공적이 아니다. — 그런데 발명의 재능은 천재라 칭해진다. 그러나 사람들은 이 천재라는 이름을 단지 예술

* 화약은 승려 슈바르츠※ 시대 훨씬 이전에 알헤시라스의 포위 공격※※에 이미 사용되었다. 그리고 그것의 발명은 중국인에 속하는 것처럼 보인다. 그러나 이 화약을 손에 넣은 저 독일인이 그것의 분석을 시도했고, 그래서 이것을 발명한 것은 아니라도 발견했다고 할 수 있는 것이다.

※ 프라이부르크 출신의 프란체스코 파의 승려 슈바르츠(Berthold Schwarz)가 흑색 화약의 제조법을 밝혀서 이것을 화포(火砲)에 응용했던 것은 1313년경이다.

※※ 알헤시라스(Algeziras)는 스페인의 남부 지브롤터의 서남에 있는 해안 도시. 알헤시라스 포위 공격은 오랫동안 이슬람국가의 지배하에 있었던 이 도시가 1344년 20 여 개월의 포위전 끝에 스페인 사람들의 손으로 들어온 것으로 보이는데, 그렇다면 슈바르츠 시대보다 훨씬 이전이라는 칸트의 글과는 일치하지 않는다. 원래 화약 그 자체는 훨씬 이전부터 사용되었다.

92) 인은 브란트(Brand)라는 함부르크의 연금술사가 오줌을 증류시켜 우연히 발견했으며(1669), 이것을 "냉화"(冷火, kaltes Feuer)라고 명명했다. 그 후 1777년 스웨덴의 셀레가 태운 뼈를 유산(硫酸)으로 처리하여 비로소 개체로서 만들어내는 데 성공했다.

‖ AB 159, 160

가에게만 부여한다. 따라서 무언가를 만들 수 있는 사람에게만 부여하며, 단지 많은 것을 알고 있을 뿐인 사람에게는 부여하지 않는다. 그러나 단지 모방하는 예술가에 부여하는 것이 아니라, 자신의 작품을 근원적으로 만들어 내는 기질을 가진 예술가에게 부여한다. 마지막으로 또한 이러한 예술가라도, 그의 작품이 모범적인 경우, 즉 그것이 범례(exemplar)로서 모방될 가치가 있는 경우에만 부여한다. — 그러므로 인간의 천재란 "그의 재능의 모범적 독창성"(이러저러한 양식의 예술 작품에 관한)이다. 그러나 사람들은 또한 이에 대한 소질을 가진 사람도 천재라 부른다. 그래서 이 말은 단지 어떤 인물의 천부의 재능을 의미할 뿐만 아니라, 또한 그 인물 그 자체를 의미하기도 한다. — 많은 전문 분야에서의 천재는 대재(大才)이다(레오나르도 다빈치처럼).

천재의 고유한 분야는 상상력이다. 왜냐하면 상상력은 창조적이며, 규칙의 강제 하에 따르는 것은 다른 능력보다도 적지만, 그 때문에 더욱 독창성을 보여줄 수 있기 때문이다. [225] — 가르치는 것의 메카니즘은, 가르치는 것이 학생들로 하여금 항상 모방하도록 강제하는 것이기 때문에, 천재의 발아(發芽)에는, 즉 천재의 독창성에 관한 한, 실로 확실히 불리하다. 그러나 모든 예술은 역시 어떤 종류의 기계적인 근본 규칙을 필요로 한다. 즉 작품과 기초가 되는 이념 간의 정확한 적합을, ‖ 바꾸어 말하면 고려되고 있는 대상을 표현하는 데 있어서의 진리를 필요로 한다. 그런데 이것은 학교식의 엄격함을 가지고 배우지 않으면 안 되며, 확실히 모방의 결과이다. 그러나 상상력을 이러한 강제로부터도 해방시키고, 특유의 재능을, 비록 자연에 어긋난다 하더라도, 무규칙적으로 처리토록 허용하며, 몽상에 잠기도록 허용한다면, 진짜 광기로 되어버릴 것이다. 그러나 물론 이러한 것은 모범적인 것이 아니며, 따라서 천재로 평가되지도 않을 것이다.

정신은 인간 안에 생기를 부여하는 원리이다. 프랑스 말로 정신과

‖ AB 161

기지는 에스프리(esprit)라는 동일한 단어로 쓰인다. 독일어에서의 사정은 다르다. 사람들은 어떤 연설, 어떤 서적, 사교장의 어떤 귀부인 등등이 아름답지만, 정신을 가지고 있지 않다고 말한다. 여기서 기지의 저장(貯藏)은 문제되지 않는다. 왜냐하면 기지의 결과는 어떤 영속적인 것을 남겨놓지 않기 때문에, 사람들이 기지를 혐오하는 일도 있을 수 있기 때문이다. 이상에서 언급된 모든 사실이나 사람들이 정신에서 풍부하다고 불린다면, 그들은 관심을 불러일으킬 것이며, 실로 그런 일을 이념에 의해서 이루고 말 것임에 틀림없다. 왜냐하면 관심은 이러한 개념에 대해서 큰 활동의 여지를 눈앞에 가지고 있는 상상력을 움직이도록 하기 때문이다. 여기서 우리는 프랑스어의 génie[천재]를 독일어의 eigentümlicher Geist[독특한 영 靈]이라는 말로 표현한다. 왜냐하면 프랑스인은 이에 대한 말을 자신의 언어 안에 가지고 있지만, 우리는 그것에 적합한 말을 가지고 있지 않아서 프랑스인으로부터 빌려와야만 했다고 우리 독일 국민은 자인하고 있기 때문이다. 그러나 프랑스인 자신은 그것을 라틴어(genius)로부터 빌려왔으며, 이 라틴어는 독특한 영 이외의 어떤 것도 의미하지 않는다.

‖ 그러나 재능의 모범적인 창조성이 무엇 때문에 이러한 신비적인 이름으로 불리게 되었는가 하는 이유는, 이 재능을 가지고 있는 사람이 자신의 재능의 돌연한 발로를 설명할 수가 없었고, 또한 그가 습득하지 않았던 기술에 어떻게 도달하게 되었는가 하는 것을 자신으로서도 명백히 하는 것이 불가능했기 때문이다. 왜냐하면 불가시적(不可視的)인 것(어떤 결과에 대한 원인의)이 영(재능에서 풍부한 사람에 있어 그의 출생 때 이미 동반된 수호신 守護神, genius)의 부차적인 개념이며, 이 수호신의 암시에, 말하자면 그는 단지 따를 뿐이기 때문이다. 그러나 마음의 여러 힘들은 이 경우 상상력을 매개로 해서 조화롭게 활동해야만 한다. 왜냐하면 그렇지 않다면 마음의 여러 힘들은 생명을

‖ AB 162

불어넣는 것이 아니라 서로 교란시킬 것이기 때문이다. 그리고 이러한 것들은 주체의 자연에 의해서 일어나지 않으면 안 된다. [226] 그 때문에 사람들은 천재란 "그것에 의해서 자연이 예술에 규칙을 부여하는"[93] 재능이라고 말할 수 있다.

58 [A판 48절, B판 55절] 위대한 천재는 종종 새로운 길을 걸어가고 새로운 전망을 열기 때문에 전체적으로 특별히 세상을 위해 역할을 하는지, 아니면 기계적인 두뇌의 소유자가 비록 시대의 획을 긋지는 못한다 하더라도 그들의 보통의, 경험을 지팡이로 삼아 천천히 전진하는 오성을 가지고서 예술이나 학문의 성장에 가장 큰 기여를 하는지(왜냐하면 그들은, 그들 중 어떤 사람도 경탄의 생각을 불러일으키지는 못한다 하더라도, 어떠한 무질서도 야기하지 않기 때문에)하는 문제는 여기서는 해명되지 않은 채로 그대로 두기로 하자. — 그러나 천재(좀 더 적절하게 이야기한다면 천재 원숭이)라 불리는 사람들의 종류가 모두 천재의 간판 아래 들어갈 수가 있는데, 이들 중 한 무리는 특별히 자연으로부터 은혜를 받은 사람의 언어를 구사하고, 힘이 드는 학습이나 탐구를 ‖ 졸렬하게 설명하며, 그리고 모든 학문의 정신을 한번 만에 붙잡으려 애쓰지만, 이것을 적은 복용량으로 농축하고 강력하게 해서 사람에게 제공하는 것이라고 자칭하고 있다. 이러한 종류의 사람들은, 만약 이들이 종교나 국사(國事)나 도덕에 관해서 마치 통달자나 주권자인 것처럼 지혜의 자리에서부터 내려다보고 결정적인 음조(音調)로 단정을 하고, 그래서 정신의 빈약성을 감추는 방법을 아는 사람이라고 한다면, 돌팔이 의사나 협잡꾼의 무리와 마찬가지로, 학문적 · 논리적 교양의 진보에서는 매우 해로운 인물들이다. 이러한 사람에 대해서는 단지 웃어넘기고, 저러한 요술쟁이에 관심을 기울

93) 이 말에 관해서는 칸트의 ≪판단력 비판≫ 제46절 참조.

‖ AB 163

이지 않으면서, 자신의 길을 근면과 질서와 명석성을 가지고서 참을성 있게 계속 걸어가는 것 외에 무엇을 할 수 있을까?

59 [A판 49절, B판 56절] 천재는 인종(人種)과 그것이 태어난 토지의 상위(相違)함에 따라서 상이한 근원적 맹아를 자신 안에 가지고 있으며, 그것을 다른 방식으로 발전시켜 나가는 것처럼 보인다. 그것은 독일인의 경우에는 보다 많이 뿌리에, 이탈리아인의 경우에서는 수관(樹冠)에, 프랑스인의 경우에서는 꽃에 그리고 영국인의 경우에는 과일에 관계하고 있다.

보편적인 두뇌의 소유자(모든 상이한 종류의 학문을 파악하는 사람)는, 발명적인 두뇌의 소유자로서의 천재와는 구별된다. 전자는 습득될 수 있는 일에서의 천재일 수 있다. 즉 그것은 모든 학문에 관해서 지금까지 이루어졌던 것에 관한 기술적(記述的) 인식을 소유하고 있는 사람(박식한 사람)으로, 율리시즈 카이사르 스칼리게르와 같은 사람이 그것이다. 후자는 정신의 큰 외연(外延)을 가지고 있다기보다는 오히려 정신의 내포(內包)가 큰 사람으로, 그가 기도(企圖)하는 모든 것에서 한 시대를 긋는 사람(뉴튼이나 라이프니츠같은)이다. ‖ 모든 학문의 연관을, 마치 이들 학문이 상호 지지(支持)하고 있는 것처럼, 방법적으로 통찰하는 건축술적인 두뇌의 소유자는 아래에는 있지만 평범하지 않은 천재이다. — [227] 그런데 거인적인 박식도 있지만, 그것은 종종 키클로프스[94] 적이며, 즉 거기에는 하나의 눈이 결여되어 있다. 즉 백 마리의 낙타에 적재할 짐만큼의 기술적(記述的) 지식의 분량을 이성에 의해서 합목적적으로 이용하기 위한 참된 철학의 눈이 결여되

94) 키클로프스(Kyklops)는 그리스 신화에서의 한 눈을 가진 거인. 호머의 ≪오디세이≫에서 보인다. 이것에 의하면 시게이라의 섬에 살고, 인간을 먹으며, 신들까지도 공포에 떠는 거대한 목인(牧人)의 종족. 이 이름 자체가 그리스어로는 "둥근 눈"을 의미하고, 그들은 각각 그의 머리 중앙에 하나의 둥근 눈을 가지고 있다.

‖ AB 164

어 있다.

두뇌에서의 단순한 자연인(자연이 가르친 아들 élèves de la nature, 스스로 배운 자 Autodidacti)은 많은 경우 천재로도 보일 수 있다. 왜냐하면 그들은, 자신들이 알고 있는 많은 것을 다른 사람으로부터 배울 수 있었음에도 불구하고, 이것들을 스스로가 고안해 낸 것이라고 보고, 그래서 그 자체로는 어떤 천재의 일도 아닌 것에서 천재이기 때문이다. 마치 기계적인 기술에 관한 한, 이 기술에서의 발견자가 스위스에 많이 있는 것과 같다. 그러나 뤼벡의 하이네케나 할레의 바라티에르[95]와 같은, 명이 짧은 존재들의 조숙한 신동(ingenium praecox)은 자연이 그의 규칙으로부터 일탈시켰던 것이며, 박물 표본실들의 진품이다. 그들의 이른 성숙은 확실히 경탄을 불러일으키지만, 그러나 또한 성숙을 촉진시킨 사람을 결국은 후회하게 만드는 일이 종종 있다.

* * *

마지막으로, 인식 능력 그 자체를 촉진시키기 위해 이 능력을 전체적으로 사용하는 일은 이론적 인식에서조차 이성을 필요로 하고 그리고 이 이성은 ⁞ 규칙을 부여하며, 이 규칙에 따라서만 인식 능력은 촉진될 수 있기 때문에, 사람들은 이성이 인식 능력에 대해서 하고 있는 요구를, 세 가지 인식 능력에 따라서 제기되는 세 가지 물음으로 총괄할 수 있다.

95) 하이네케(Chr. Heinrich Heinecke, 1721~1725)는 "뤼벡의 아이"라 불리는 신동. 그의 정신의 조숙한 발달, 특히 이상한 기억력 때문에 큰 평판을 받았지만, 불과 네 살에 죽었다.
바라티에르(Joh. Phil. Baratier, 1721~1741)는 다섯 살 때 벌써 3개 국어로 이야기했으며, 여덟 살 때는 성서를 원어로 이해할 수 있었지만 이른 나이에 노인의 모습을 보였으며, 20세 때 죽었다.

⁞ AB 165

나는 무엇을 원하는가?(라고 오성은 묻는다).*117)
무엇이 중요한가?(라고 판단력은 묻는다).
무엇이 그것으로부터 귀결하는가?(라고 이성은 묻는다).

두뇌는 이 세 가지 물음 모두에 답하는 능력에 관해서 매우 상이하다. — 첫째 물음은 단지 자기 자신을 이해하는 명석한 두뇌를 필요로 할 뿐이다. 그리고 천부의 재능은 약간이라도 개화된 곳에서는 특히 일반적인 양상을 띤다. 사람들이 그것에 주의를 기울인다면 특히 그러하다. — 둘째 물음에 적절하게 대답하는 것은 훨씬 드문 일이다. 왜냐하면 제시된 개념의 규정 및 과제의 외관상의 해결에는 여러 가지 종류가 있기 때문이다. 그런데 이런 과제에 엄밀하게 적합한 유일한 해결은 어떤 것일까? [228](예를 들면 소송의 경우나 동일한 목적을 위해서 어떤 행위에 대한 계획을 시작하는 경우). 이에 대해서는, 어떤 특정한 경우에 아주 적당한 것을 선택하는 재능 식별의 판단력 iudicium discretivum)이 있는데, 이것은 매우 원하는 것이기는 하지만, 또한 매우 드문 것이다. 자신의 주장을 확증하는 많은 논거를 가지고 있는 변호사는 판사로 하여금 판결을 더욱 어렵게 만든다. 왜냐하면 변호사 자신이 암중모색하고 있기 때문이다. 그러나 변호사가 자신이 원하는 것을 설명하는 것에 관해서 중요한 논점을 적중시키는(왜냐하면 그러한 논점은 단지 하나이기 때문이다) 방법을 알고 있다면, ⁞ 일은 즉시 결말이 나고, 이성의 판결은 저절로 뒤따라 나온다.

오성은 적극적이며, 무지의 어둠을 쫓아버린다. — 판단력은 오히려 소극적이며, 희미한 빛 — 대상이 그 속에서 현상하는 희미한 빛으로부터 나타나는 오류를 방지해준다. — 이성은 오류의 원천(선입견)을 막고 원리의 보편성에 의해 오성을 안전하게 한다. — 책으로부터 배

---

* 원한다는 것은 여기서는 단지 이론적인 의미에서 이해된다. 나는 무언가를 참된 것으로서 주장하고자 원한다.

⁞ AB 166

운 지식은 식견을 증대시키지만, 그러나 이성이 거기에 추가되지 않는다면, 개념이나 통찰은 확장되지 않는다. 그러나 이 이성은 궤변을 부리는 것과는 다르다. 즉 이성의 법칙없이 이성을 사용하려고 단순히 시도하는 장난과는 다르다. 내가 유령을 믿어야 할지 어떨지 하는 것이 문제된다면, 나는 모든 방식으로 유령의 가능성에 관해 궤변을 부릴 수 있다. 그러나 이성은 미신적으로, 즉 경험 법칙에 따라서 현상을 설명하는 원리없이, 그러한 현상의 가능성을 상정하는 일을 금지하고 있다.

동일한 대상을 관찰하거나 동료들 사이에 서로를 관찰하는 방식에 관해서 사람들의 두뇌는 큰 차이를 보인다. 그리고 그러한 두뇌를 가진 사람들이 서로 부딪쳐서 또한 결합하기도 하고 또한 분리되기도 한다. 그로부터 자연은 끝도 없이 여러 가지로 다른 종류의 관찰자나 사상가를 무대에 세우며, 볼거리가 있는 연극을 공연한다. 사상가의 부류에 대해서는 다음과 같은 준칙이(이것은 지혜에 이르기 위한 것으로서 이미 언급되었던 것이다) 변치않는 규칙으로 제시될 수 있다.

|: 독자적으로 생각하는 것.
(사람들과의 대화에서는) 스스로 모든 다른 사람의 입장이 되어서 생각하는 것.
항상 자기 자신과 일치하는 생각을 하는 것.

첫째 원리는 소극적이며(누구도 선생의 말에 맹종할 의무는 없다 nullius addictus iurare in verba Magistri[96]), 즉 강제되지 않는 마음의 원리이다. 둘째 원리는 적극적이다. 즉 다른 사람의 개념에 순응하는 자유로운 마음의 원리이다. 셋째 원리는 수미일관한 [229] (논리정연한) 마음의 원리이다. 인간학은 이들 세 가지 원리의 각각에 관한 예를 제시해 줄 수 있고, 또한 그 반대의 것에 대한 그 이상의 예도 제시해

96) 호라티우스의 ≪서간집≫(I. 1, 14) 참조.

|: AB 167

줄 수 있다.

인간의 내부에서의 가장 중대한 혁명은 “인간이 자기 자신의 책임인 미성숙으로부터 탈출하는 것”[97] 이다. 지금까지는 다른 사람이 그를 대신해 생각하며, 그는 단지 모방을 하거나 또는 임의대로 조종되었지만, 그 대신에 이제 그는 경험의 지반위에서 자신의 발을 가지고, 비록 아직 비틀거리기는 하지만, 감히 전진하는 것이다.

97) 칸트의 논문 ≪계몽이란 무엇인가≫(*Was ist Aufklärung*)에서의 “계몽”에 대한 정의 참조.

[230] ⁞ 제2장 쾌와 불쾌의 감정

구 분

1) 감성적인 쾌, 2) 지성적인 쾌. 전자의 쾌는 A. 감관에 의한 것(쾌락)이든가 또는 B. 상상력에 의한 것(취미)이다. 후자의 쾌(즉 지성적인 쾌) 는 a. 표현될 수 있는 개념에 의한 것이든가 또는 b. 이념에 의한 것이다. — 그 반대인 불쾌도 또한 동일한 식으로 생각된다.

감성적인 쾌에 관하여

제60절~제66절 쾌적한 것에 대한 감정 또는 어떤 대상의 감각에서의 감성적인 쾌에 관하여

60 [A판 50절, B판 57절] 쾌락은 감관에 의한 쾌이다. 그리고 감관을 즐겁게 하는 것은 쾌적이라 부른다. 고통은 감관에 의한 불쾌이다. 그리고 고통을 낳는 것은 불쾌적이다. 이것들은 서로 획득과 결여(+와 0)처럼 대립해 있는 것이 아니라, 획득과 상실(+와 -)처럼 대립해 있다. 즉 한 쪽은 다른 쪽에 대해서 대립(모순적으로 또는 논리

⁞ AB 168, 169

적으로 ‖ 대립하는 것 contradictorie sive logice oppositum)으로서뿐만 아니라, 대항(상반적으로 또는 실재적으로 대립하는 것 contrarie sive realiter oppositum)으로서 맞서 있다. — 즐겁게 하는 것 또는 즐겁게 하지 않는 것 그리고 그 중간에 있는, 즉 어느 쪽이든 상관이 없는 것이라는 표현은 너무 광범위하다. 왜냐하면 그러한 표현은 지적인 것에도 관계할 수 있기 때문이다. 이 경우에 이 표현은 쾌락이나 고통과 합치하지 않을 것이다.

사람들은 이 감정을 또한, 우리의 상태에 관한 감각이 마음에 미치는 작용에 의해서도 설명할 수 있다. [231] 나의 현재 상태를 버리도록(그런 상태로부터 나오도록) 나를 직접적으로(감관에 의해서) 자극하는 것은 나에게는 불쾌적이다. — 그것은 나를 고통스럽게 한다. 마찬가지로 그런 상태를 유지하도록(그런 상태에 남아있도록) 나를 자극하는 것은 나에게는 쾌적이다. 즉 그것은 나를 즐겁게 한다. 그러나 우리는 끊임없이 시간의 흐름 속에서 그리고 이것과 결합한 감각의 교체 속에서 움직이고 있다. 그런데 하나의 시점(時點)을 버리고 다른 시점으로 들어가는 것은 동일한 활동(교체의)임에도 불구하고, 그러나 우리들의 사상과 이 교체의 의식 안에는 인과 관계에 따르는 시간의 계기가 있다. — 거기에서 문제는, 우리 안에 쾌락의 감각을 일으키는 것이 현재의 상태를 버린다는 의식인가 아니면 미래의 상태로 들어간다는 조망인가 하는 것이다. 첫 번째 경우에는 쾌락은 고통의 폐기 이외에 다름 아니고, 무언가 소극적인 것이다. 두 번째 경우에는 쾌락은 쾌적의 예견이며, 그 때문에 쾌의 상태의 증가이며, 따라서 무언가 적극적인 것이다. 그러나 이미 미리 추측되는 것은 전자만이 발생한다는 사실이다. ‖ 왜냐하면 시간은 우리를 현재의 상태로부터 미래의 상태로 끌고 가는(그 역 逆은 아니다) 것이기 때문이다. 그리고 우리는 어떤 다른 상태에 우리가 들어가게 될 것인가에 대해서는 미확정인

‖ AB 170

채로 현재의 상태로부터 나오도록 강요되지만, 어쨌든 단지 미래의 상태는 다른 것이며, 그것은 쾌적한 감정의 원인이 될 수 있다.

쾌락은 생을 촉진하는 감정이며, 고통은 생을 저지하는 감정이다. 그러나 생(동물의)이란, 이미 의사들도 주목하고 있었듯이, 이 양자 사이 대립 관계의 끊임없는 겨루기이다.

그러므로 고통은 모든 쾌락에 선행하지 않으면 안 된다. 즉 고통은 항상 최초인 것이다. 왜냐하면 어떤 정도를 넘어서서는 증대되지 않는 생명력을 끊임없이 계속 촉진시킨다면, 그 결과로서 희열 때문에 급사(急死)하는 것 이외에 무엇이 있겠는가?

또한 어떠한 쾌락도 다른 쾌락에 직접적으로 이어질 수는 없다. 하나의 쾌락과 다른 쾌락 사이에는 고통이 개재해 있음에 틀림없다. 건강 상태를 이루고 있는 것은 생명력의 촉진을 그 사이에 혼입시키는 생명력의 작은 저지(沮止)이다. 그것을 우리는 잘못되게도 계속적으로 느끼는 안녕이라고 간주하는 것이다. 그러나 건강 상태는 간헐적으로(항상 그 사이에 들어오는 고통을 가지고서) 서로 계기하는 쾌적한 감정으로부터 성립한다. 고통은 활동의 자극물이다. 그리고 이 활동 안에서 우리는 처음으로 생명력을 느낀다. 고통이 없다면 생기없는 상태가 들어오게 될 것이다.

[232] ‖ 천천히 지나가는 고통(병이 서서히 치료되거나 잃어버린 자본이 천천히 다시 획득되는 경우처럼)은 어떤 생생한 쾌락도 낳지 않는다. 왜냐하면 거기에서는 이행이 감지되지 않기 때문이다. — 나는 베리 백작[98]의 이 명제를 충분한 확신을 가지고서 시인한다.

98) 베리(Pietro Verri 또는 Veri, 1728~1799)는 밀라노의 궁정 시종, 추밀고문관으로 상업단체위원회 총재. 그의 저서 ≪행복에 관한 명상≫(*Meditazioni sulla felicità*, Milano, 1763)을 괴팅겐 대학 철학교수인 마이너스(Chr. Meiners)가 ≪쾌락의 본질에 관한 명상≫(*Gedanken über die Natur des Vergnügens*)이라는 제목으로 독역했다(Leibzig, 1777). 칸트가 인용했던 문장은 후자의 34 이하, 56, 61, 98쪽에서 각각 발견된다.

‖ AB 171

1) 실례에 의한 해명

내기를 하는 일(특히 도박)은 왜 사람의 마음을 그렇게 끌며, 만약 그것이 지나치게 자신을 욕구 충족시키는 것이 아니라면, 그것이 오랫동안의 사고의 긴장 뒤에는 가장 좋은 기분전환과 휴식이 되는 것은 무엇 때문일까? 왜냐하면 사람들은 아무 것도 하지 않음으로써 천천히 원기를 회복하기 때문이다. 그 이유는 내기를 하는 일은 끊임없이 교체하는 공포와 희망의 상태이기 때문이다. 내기를 하는 일 이후의 만찬은 한층 맛나게 하며, 또한 한층 건강에 유익하다. — 연극은(비극이든 희극이든 간에) 왜 그렇게 사람의 마음을 매혹시킬까? 왜냐하면 모든 연극에는 어떤 곤란한 장면 — 희망과 즐거움의 중간에 개재하는 불안과 곤혹 — 이 들어오며, 서로 대항하는 감정의 겨룸은 관객을 내면적으로 동요시킴으로써 극의 막바지에 가서는 관객들에게 생을 촉진시켜주기 때문이다. — 연애 소설은 왜 결혼으로 끝을 맺는 것일까, 또한 서투른 작가의 손에 의해 결혼한 뒤까지도 또한 소설을 계속해서 덧붙이는 속편(예를 들면 필딩의 경우처럼)은 왜 사람의 비위에 거슬려서 무취미한 것으로 될까? 왜냐하면 연인들의 기쁨이나 희망 사이에 개재하는 고통으로서의 질투는 독자에 있어서는 결혼 전에는 양념이지만 ⁞ 결혼 생활 중에는 독약이기 때문이다. 왜냐하면 소설의 말투로 말한다면 "사랑의 고통의 종말은 동시에 사랑의 종말"(감정을 가지고서 하는 사랑이라면 자명한 일이지만)이기 때문이다. 노동은 왜 삶을 즐겁게 하는 최고 좋은 방법일까? 왜냐하면 노동은 귀찮은(그것 자체로서는 불쾌적이며, 단지 그것의 성과에 의해서 즐겁게 되는) 일이며, 또한 휴식은 긴 노고가 단지 소멸함으로써 감지할 수 있는 쾌, 즉 즐거움의 생활이 되기 때문이다. 그렇지 않다면 노동은 어떠한 향락할 수 있는 것이 아닐 것이다. — 담배는(그것이 흡연하는 것이든

⁞ AB 172

코로 냄새 맡는 것이든) 처음에는 불쾌적한 감각과 결부되어 있다. 그러나 자연(구강이나 코의 점액을 분비시킴으로써)은 이 고통을 일순간에 제거하고, 담배는(특히 흡연하는 담배) 사람을 즐겁게 하고 또한 감각이나 생각을 항상 새롭게 일깨움으로써 일종의 반려(伴侶)가 된다. 비록 이때의 생각은 단지 배회적인 것에 지나지 않지만 말이다. — 마지막으로 어떤 적극적인 고통에 의해서도 활동하도록 자극받지 않는 사람에게는 [233] 소극적인 고통인 지루함이 영향을 미치는 일이 종종 있게 된다. 지루함은 감각의 교체에 익숙해 있는 사람이 자신 안에서 지각하는 감각의 공허이다. 왜냐하면 그러한 인간도 역시 무언가에서 생존욕을 충족시키고자 하기 때문이다. 이처럼 지루함에 의해 영향받게 되면 그는 아무 것도 하지 않는다기보다는 오히려 자신에게 손해가 되더라도 무언가를 하지 않으면 안 된다는 것을 느끼는 정도에까지 이르게 된다.

2) 지루함과 즐거움에 관하여

61 [A판 51절, B판 58절] 자신의 생명을 느끼고 스스로 즐기는 것은 현재의 상태로부터 탈출하도록 끊임없이 내몰리게 되는 것을 느끼는 것 외에 다름 아니다(현재의 상태는 따라서 ⁞ 마찬가지로 종종 반복되는 고통임에 틀림없다). 자신의 생명과 시간을 염두에 두는 모든 사람(문명인*)에 있어서 지루함이 중압적이고 불안케 하는

* 카리브의 토인※은 태어날 때부터 생기가 결여되어 있기 때문에, 이러한 귀찮은 일로부터 면제되어 있다. 그들은 장시간 아무 것도 낚지 않고서도 낚시대를 드리우고 앉아 있을 수 있다. 생각이 없다고 하는 것은 활동의 자극물이 결여되어 있다는 것이다. 그리고 그 자극물은 항상 고통을 동반하지만, 그들은 그러한 자극으로부터 면제되어 있다. — 세련된 취미를 가지고 있는 우리의 독서계는 자신을, 개화하기 위해서가 아니라 향락하기 위해서 책을 마구 읽으려는(일종의 무위 無爲) 욕망, 아니 심지어는 탐욕에 충실하며, 항상 물적(物的)인 서적에 의해서 유지된다. 그러므로 사람들의 두뇌는 그러함에도 불구

⁞ AB 173

귀찮은 일이라는 것도 이로부터 설명된다. 우리가 현재 처해 있는 각각의 시점을 버리고 다음의 시점으로 들어간다는 이 압박 내지 충동은 가속도적이며, 자신의 생명을 끊으려고 결의하는 데까지 이르게 될 수 있다. 왜냐하면 사치스런 사람은 모든 종류의 향락을 시도해 보고, 결국 그에게 있어 어떤 것도 더 이상 새로운 것이 못되기 때문이다. 예를 들면 파리의 사람들은 모돈트 경에 대해 "영국인은 지루함을 피하기 위해서 목을 맨다"고 말했다.[99)]— 감각의 공허가 자신 안에서 지각되는 것은 전율(공허의 공포 horror vacui)과, 말하자면 서서히 진행되는 죽음의 예감을 불러일으킨다. 이러한 죽음은 운명이 생명의 실을 급속하게 단절하는 것보다도 더 고통스러운 것이라 간주된다.

⁞ 시간을 줄이는 것이 왜 쾌락과 동일한 것으로 보이는가 하는 것도 이로부터 명료해진다. 왜냐하면 우리는 시간 지나가는 것이 빠르면 빠를수록 더욱더 기분 좋게 느끼기 때문이다. 예를 들면 마차를 타고 놀러 가는 세 시간 동안 담화를 즐겼던 사교 친구들이 하차를 하는데, [234] 그 중 한 사람이 시계를 보면서 "시간은 어디로 가버렸을까!"라

하고 항상 공허한 채 그대로이며, 어떤 과식에 대해서도 두려워할줄 모른다. 왜냐하면 그들은 자신의 바쁜 태만에 노동의 외견(外見)을 부여하고, 태만한 가운데서도 가치있게 시간을 보내는 것처럼 속이고 있기 때문이다. 그러나 그러한 시간 사용은 ≪사치와 유행의 잡지≫※※가 독자에게 주고 있는 시간의 낭비에 비해 조금도 나은 바가 없다.

※ 카리브 토인은 중남미의 인디언. 그리고 이 주 전체가 수고에는 빠져 있다.

※※ 이러한 잡지가 1786년 이래 베르투흐(F. J. Bertuch)와 크라우스(J. M. Kraus)에 의해서 발간되었다. 최초의 1년은 ≪유행의 잡지≫라는 제호로, 1787년부터 1812년까지는 ≪사치와 유행의 잡지≫라는 제호로 출간되었다.

99) 칸트는 이 글을 ≪르 블랑 신부의 서간≫(*Lettres de Monsieur l'Abbé Le Blanc*, 1751)이나, 또는 알베르티(Alberti)의 ≪영국인에 관한 서간≫(*Brief über die Engländer*, 2. A. 1774)으로부터 취해온 것이라 추측된다.
모돈트 경은 영국 내란 시대 이래의 명문으로, 특히 명예혁명에 참여한 후에 스페인 공략의 지휘관이 된 피터버러 백작인 모돈트(Charles Mordaunt, Earl of Peterborough, 1658~1735)의 가계와 연관된 필립 모돈트(Philip Mordaunt)로, 27세의 젊은 나이에 파리에 체류 중 권총 자살을 했다.

⁞ AB 174

든가 "우리에게 시간은 얼마나 짧은 것일까!"라고 즐겁게 말한다. 이와 반대로 시간에 대한 주의가 우리들이 면하려고 노력하고 있는 고통에 대한 주의가 아니라 쾌락에 대한 주의라고 한다면, 사람들은 당연한 듯이 시간의 모든 손실을 유감스런 일로 생각할 것이다. — 표상의 변화를 거의 포함하지 않는 상담(相談)은 지루하다고 하며, 따라서 또한 귀찮은 것이라고도 한다. 그리고 익살스러운 사람은 중요한 사람은 아니라고 하더라도 쾌적한 사람이라고 간주된다. 그는 방에 들어오자마자 모든 동석자의 얼굴을, 마치 귀찮은 것으로부터 해방되는 기쁨에 의한 것처럼, 명랑하게 한다.

그러나 자신의 일생의 대부분에 걸쳐 지루함으로 고통을 받고, 따라서 매일 매일이 그에게 길게 보이는 사람이, 그럼에도 인생의 마지막에 이르러 생의 짧음을 탄식하는 현상은 어떻게 설명해야 좋을는지? — 이러한 현상의 이유는 유사한 관찰과의 유비에서 찾아질 수 있다. 독일의(측량된 것도 아니고, 러시아의 이정(里程)처럼 이정표를 준비한 것도 아니고) 이정은 수도(예를 들면 베를린)에 가까이 오면 올수록 작아지고, 수도로부터 멀어지면 질수록(포메른에서) 커진다. 즉 보여진 대상(촌과 농가)이 풍부하면, ‖ 사람들은 기억 속에서 작은 공간을 큰 것으로, 따라서 실제보다 긴 시간이 경과한 것처럼 잘못되게 추론한다. 그러나 도시로부터 멀어지는 경우에 텅 빈 공간은 보이는 것의 회상을 작게 만들고, 따라서 시간도 시계가 가리키는 것보다도 짧은 것처럼 추론하도록 한다. — 마찬가지로 일생의 최후의 부분을 이미 수행된 다양하고 변화하는 노동으로 특징짓는 인생의 많은 기간은, 노인에 대해서 그가 연수(年數)에 따라서 생각하는 것보다도 더욱 긴 생애를 살았다는 상상을 불러일으킬 것이다. 그리고 계획에 따라서 진행하고 소기의 큰 목적을 달성하는 일에 의해서 시간을 충실하게 보내는 것(여러 가지 일에 의해서 생애를 연장하는 것 vitam extendere

‖ AB 175, 176

factis)은 자신의 인생을 즐기고, 동시에 그러나 또한 인생에 포만감을 갖게 하는 유일하고 확실한 수단이다. "당신이 생각하는 것이 많으면 많을수록, 당신이 행했던 일이 많으면 많을수록, 당신은 그만큼 길게 (당신 자신의 상상에서라고 하더라도) 살았다." — 이렇게 해서 인생을 마감하는 것은 만족과 함께 나타날 것이다.

그러나 살아가는 동안의 만족(acquiescentia)은 어떠한 것일까? — 그러한 만족은 인간에게는 도덕적 견지(품행 방정한 자신에 만족하는)에서도 또한 실용적 [235] 견지(숙달과 영리를 통해서 사람들이 획득하고자 하는 안녕에 만족하는)에서도 도달될 수 없다. 자연은 활동을 하도록 하는 자극물로서 고통을 인간에게 주었다. 인간은, 항상 보다 나은 것을 향해 전진하기 위해서는, 고통을 벗어날 수 없다. 그리고 인생의 최후의 순간에서도 인생의 최종 기간이 만족하다면 단지 비교적으로(부분적으로는 우리가 자신을 ⁞ 다른 사람의 운명과 비교하고, 부분적으로는 우리 자신과 비교함으로써) 그렇게 말할 수 있을 뿐이다. 그러나 그러한 만족은 결코 순수하고 완전한 것은 아니다. — 생에 있어서 (절대적으로) 만족한다는 것은 무위(無爲)의 휴식이고 동기의 정지이며, 혹은 감각과 이 감각에 결합되어 있는 활동의 둔화일 것이다. 이러한 둔화는 동물의 체내에서의 심장의 정지와 같은 것으로, 인간의 지성적 생활과 양립하지 않는 것이다. 그의 심장이 정지한 후에 새로운 자극이(고통에 의해서) 일어나지 않는다면, 죽음이 불가피하게 뒤따라 나올 것이다.

주해. 본 절에서는 인간의 내적 자유의 한계를 넘는 쾌와 불쾌의 감정으로서의 정서에 관해서도 다루어져야 한다. 그러나 이것은 다른 절, 즉 욕구 능력에 관한 절에서 다루어지는 욕구와 자주 혼동되며, 또한 그것과 가까운 관계에 있기 때문에, 나는 정서에 대한 구명을 <III. 욕구 능력에 관하여>의 적절한 장소에서 시도할 것이다.

⁞ AB 175, 176

62 [A판 52절, B판 59절] 습관적으로 희열의 기분이 드는 것은 확실히 대부분은 기질에 의한 특성이지만, 또한 종종 원칙의 결과일 수도 있다. 예컨대 에피쿠로스의, 다른 사람으로부터 그렇게 불리고, 그 때문에 평판이 나쁜 쾌락의 원칙이 그것이다. 이 원칙은 본래는 현자의 늘 즐거워하고 있는 심정을 의미하는 것이었다. — 평정(平靜)이란 기쁘지도 슬프지도 않은 사람의 마음이며, 인생의 우발적인 사건에 무관심한, 따라서 둔감한 감정의 소유자와는 ‖ 매우 다르다. 변덕스러운 성향(launisch [변덕스런]은 처음에 lunatisch [몽유병의]이라 불렸었다)은 평정성과는 다르다. 이러한 성향은 어떤 사람이 희열과 비탄에로 발작적으로 빠지는 성향이며, 그러한 발작에 관하여 이 사람은 스스로 어떤 이유도 제시할 수 없다. 또한 이 성향은 특히 우울증의 사람에 항상 따라다닌다. 유머스러운 재능(버틀러나 스턴과 같은 사람의)과는 완전히 다르다. 후자는 기지가 있는 두뇌의 소유자가 대상을 일부러 전도된 상태로 가지고 들어가서(말하자면 대상을 거꾸로 세움으로써), 익살스런 천진난만함으로 청중이나 독자에게 그 대상을 스스로 올바로 세워서 보는 즐거움을 준다. — 다감성(多感性)은 앞에서 이야기한 평정성과 대립되는 것이 아니다. 왜냐하면 그것은 [236] 쾌의 상태도 불쾌의 상태도 허용하며, 또는 그것을 마음으로부터 멀리하는 일도 하는 능력이고 힘이며, 따라서 모든 것이 선택 여하로 결정되기 때문이다. 이와 반대로 민감성은 말하자면 느끼는 자의 감관을 향해서 임의적으로 노닥거릴 수 있는 타인의 상태에 감응함으로써 의지와는 반대로 영향을 받는 약함이다. 다감성은 남성적이다. 왜냐하면 여성이나 아이에게 귀찮음이나 고통을 주고 싶지 않은 남성은 다른 사람의 감각을 자신의 강함에 따라서가 아니라 상대의 약함에 따라서 판정하는 데 필요한 섬세한 감정을 가지지 않으면 안 되며, 또한 이러한 그의 감각의 섬세함은 관용을 위해서도 필요하기 때문이다. 반면에 다른 사람의

감정에 동정적으로 자신의 감정을 맞추며. 그리하여 단지 수동적으로 영향을 받는, 자신의 감정의 위선적인 감응은 유치하며 유아적이다. — 좋은 기분의 경건성은 존재할 수 있으며, 존재해야 한다. 마찬가지로 사람들은 귀찮지만 필요한 노동을 좋은 기분으로 수행할 수 있고, 또한 수행해야 한다. ‖ 뿐만 아니라 사람들은 좋은 기분으로 죽을 수 있고 또한 그렇게 죽어야 한다. 왜냐하면 이 모든 것은 나쁜 기분과 언짢은 기분으로 그것을 행하거나 감수한다면, 그것의 가치를 상실하기 때문이다.

죽지 않는다면 결코 끝나지 않는 고통, 즉 일부러 골똘히 생각하는 고통에 관해 사람들은 누군가가 무언가를(해악을) 염려한다고 말한다. — 그러나 사람들은 어떤 것도 염려해서는 안 된다. 왜냐하면 변화되지 않는 것은 망각되게 마련이기 때문이다. 왜냐하면 발생하는 것을 발생하지 않는 것으로 만들고자 하는 것은 넌센스일 것이기 때문이다. 자기 자신을 개선하는 것은 좋은 일이며 또한 의무이기도 하다. 그러나 이미 자신의 능력 바깥에 있는 것을 개선하려고 하는 것은 불합리하다. 그러나 무언가를 열심히 마음 안으로 가져오는 것은 좋은 의도를 가지고 있는 모든 좋은 권고나 가르침을 받아들이는 것을 의미하고 있으며, 그의 의지를 수행하는 데 있어 충분한 강력함을 가지고 있는 감정을 그의 의지에 결합시키는 숙려된 사고의 방향이다. — 자신의 심술(心術)을 보다 좋은 품행을 발견하는 일에 재빨리 사용하지 않는, 자기를 학대하는 사람의 후회는 완전히 무익한 일이다. 또한 그것은 단지 그렇게 함으로써(후회함으로써) 그의 자책 목록이 말살되는 것으로 보고, 그래서 좋은 것을 향해서 이성적인 방식으로 이제 또한 배가해야 할 노력도 하지 않는 나쁜 결과를 낳는다.

‖ AB 178

63 [A판 53절, B판 60절] 즐기는 방법의 하나는 동시에 개화(開化)이다. 즉 이런 종류의 쾌락을 보다 향유하려고 하는 능력을 증대시키는 것이다. ¦ 학문이나 미술을 가지고서 하는 쾌락은 이런 종류의 것이다. 그러나 다른 종류의 | 방법은 소모(消耗)이다. 그것은 우리에게 이 이상의 향유를 점점더 [237] 할 수 없도록 만든다. 그러나 어떠한 방식으로 사람들이 쾌락을 구하든, 그 쾌락을 언제나 증가할 수 있도록 분량을 스스로 안배하는 일은 이미 앞에서 이야기 했듯이 주요한 준칙이다. 왜냐하면 쾌락을 가지고 포식하는 것은 사치에 젖은 사람에게 인생 그 자체를 짐으로 느끼게 만들며 여성을 망상(妄想)이라는 이름 아래 소모시키는[100] 혐오해야 할 상태를 낳기 때문이다. — 젊은이여!(나는 반복한다) 일을 좋아하라. 쾌락을 거부하라. 쾌락을 끊어버리기 위해서가 아니라, 가능한 한 많은 쾌락을 항상 단지 미래에서 유지하기 위해서! 쾌락에 대한 감수성을 향락에 의해서 너무 일찍이 무디게 하지 마라! 하나하나의 육체적 향락의 결핍을 결코 후회하지 않는 성숙한 연령에 도달하면, 이러한 희생이 있더라도 연령의 성숙이 만족의 자본을 당신에게 확약(確約)할 것이다. 그 자본은 우연과도 자연의 법칙과도 무관한 것이다.

64 [A판 54절, B판 61절] 그러나 우리는 또한 쾌락과 고통에 관하여 그것을 거부해야 하는가 또는 그것에 몸을 맡겨야 하는가를 우리 자신에 대한 고차원의 만족이나 불만족(즉 도덕적인 만족, 불만족)에 의해 판단한다.

1) 대상은 쾌적하지만, 그 대상에 관한 쾌락은 불만족스러울 수 있다. 그래서 쓰라린 즐거움이라는 표현이 있는 것이다. — 어려운 상황에 있고, 이제 자신의 양친이나 또는 재산이 있고 자비로운 친척으로

100) 칸트의 ≪미와 숭고의 감정에 관한 고찰≫ 제4장 및 루소의 ≪에밀≫ 제4장 참조.

부터 유산을 상속하는 사람은 그들의 죽음을 기뻐하지 않을 수 없다. ¦ 그러나 또한 이 기쁨에 대해 스스로를 비난하지 않을 수 없다. 그것은 마치 | 자신이 숭배하는 선임자의 장례식에 마음으로부터의 슬픔을 가지고 참가하는 조수의 마음에서도 일어나는 일이다.

2) 대상은 불쾌적하지만, 그 대상에 관한 고통은 기쁠 수 있다. 달콤한 고통이라는 표현이 그것이다. 예를 들면 남편이 죽은 후 다른 점에서는 유복한 과부가 아무리 해도 위로를 받으려고 하지 않는 경우가 그것이다. 이것은 종종 부당하게도 내숭이라고 해석된다.

이에 반해서 쾌락이 또한 만족스러운 경우가 있을 수 있다. 즉 그것은 사람들이 거기에 종사하는 일이 명예가 되는 대상에서 쾌락을 발견하는 경우이다. 예를 들면 단순한 감관의 향락이 아니라 예술을 가지고서 하는 쾌락이 그것이며, 또한 그는(세련된 사람으로서) 이러한 쾌락을 음미할 능력이 있다. — 마찬가지로 어떤 사람의 고통이 또한 그에게 불만족을 줄 수 있다. 모멸을 받은 사람의 모든 증오는 고통이다. 그러나 생각이 깊은 인간이라면 명예를 회복한 후에도 계속해서 그 사람에 대해 원한을 품고 있는 사실에 대해 스스로를 비난하지 않을 수 없다. [238]

65 [A판 55절, B판 62절] 사람들이 스스로(합법적으로) 획득하는 쾌락은 두 배로 느껴진다. 첫 번째는 획득한 것으로서, 그 다음에는 또한 공적(자신이 그것의 창시자라는 내적 자찬)으로서이다. — 근로에 의해서 얻은 돈은 기쁨을 주고, 적어도 그 기쁨은 도박에서 얻은 돈의 경우보다도 영속적이다. 복권이 일반적으로 유해한 것은 ¦ 도외시하고라도, 이러한 수단에 의한 획득에는 | 생각 깊은 사람이 부끄러워해야 할 점이 있다. — 다른 원인 탓으로 돌릴 수 있는 해악은 고통을 준다. 그러나 자신의 탓으로 돌릴 수 있는 해악은 슬픔을 주며,

¦| BA 180, 181

의기소침하게 만든다.

그러나 다른 사람에 의해서 누군가의 신상에 일어나는 해악의 경우에 두 가지 말이 사용되는 것은 어떻게 설명되어야 할까 또는 어떻게 통일되어야 할까? — 예컨대 화를 입은 사람 중 하나가 "그에 대한 책임이 나에게 가장 적게 돌아온다면 나는 만족할 것이다"라고 말했다. 그러나 다른 한 사람은 "나에게 결코 그것에 대한 책임이 없다는 것이 나에게 위안이 된다"라고 말했다. — 책임이 없이 화를 입는 것은 사람을 격분시킨다. 왜냐하면 그것은 다른 사람에 의한 모욕이기 때문이다. — 책임이 있어 화를 입는 것은 의기를 꺾어버린다. 왜냐하면 그것은 내심(內心)의 질책이기 때문이다. — 상술한 두 사람 중 두 번째 사람이 보다 선한 사람이라는 것은 쉽게 알 수 있다.

66 [A판 56절, B판 63절] 사람들의 쾌락은 다른 사람의 고통과 비교됨으로써 높아지지만, 자신의 고통은 다른 사람의 같은 또는 훨씬 큰 고뇌와 비교됨으로써 감소된다는 것은 인간에 있어서 그다지 마음에 드는 진술은 아니다. 그러나 이러한 결과는 단지 심리학적이며 (대립하는 것은 서로 나란히 두면 보다 뚜렷하게 보인다 opposita juxta se posita magis elucescunt라는 대조의 명제에 따라서), 사람들이 자기 자신의 상태의 안락함을 보다 깊게 느끼고 싶기 때문에 다른 사람의 고뇌를 희망한다는 것은 도덕적인 것과 아무런 관계가 없다. 사람들은 상상력에 의해서 타인과 고뇌를 함께 하며(예를 들어 누군가가 평형을 잃어 넘어지려고 하는 것을 본다면, ¦ 사람들은 부지불식간 쓸데없이 그 사람을 말하자면 바로 세우기 위해 반대 측에 자신의 몸을 기울이는 | 것과 같이), 자신이 동일한 운명에 처하지 않았음에 단지 기뻐할 뿐이다.* 그러므로 대중은 범인이 끌려가서 처형될 때, 그것

* 폭풍이 해면(海面)을 어지럽힐 때,

¦ BA 182

을 보고 싶어 하는 욕망으로 연극을 보러 가는 경우보다도 훨씬 빨리 달려간다. 왜냐하면 범인의 얼굴이나 [239] 거동에 나타나고 있는 마음의 동요나 감정은 보는 사람의 마음에 공감적으로 작용하며, 상상력(그것의 강도는 엄숙한 공기에 의해서 더욱 높아진다)에 의해 보는 사람의 마음에 떠오르는 불안의 뒤에는, 부드럽지만 진지한 긴장 이완의 감정을 남기기 때문이다. 이 이완은 그 뒤에 이어지는 삶의 향락을 보다 잘 느낄 수 있도록 한다.

또한 사람들이 자신의 고통을 자신의 신체에서의 다른 가능한 고통과 비교한다면, 그 고통은 보다 참을 수 있게 된다. 다리가 부러진 사람에 대해서 불행은 목에서 일어나지 말라는 법은 없다고 이야기한다면, 그렇게 함으로써 그의 불행을 보다 참을 수 있게끔 할 수 있다.

모든 고통을 완화시키는 가장 철저하고 가장 쉬운 수단은 이성적인 사람에게 특히 기대할 수 있는 다음과 같은 생각이다. ‖ 즉 인생을 향락하는 것은 행운에 의존하지만, 그 점에 관해서 말하면 인생은 일반적으로 결코 어떤 독자적인 가치를 가지는 것이 아니라는 것, | 그리고 인생이 어떠한 목적을 향하든 그것을 위해서 인생을 사용하는 일에 관해서만 인생은 가치를 가지며, 그 가치를 인간에게 부여할 수 있는 것은 행복이 아니라 지혜라는 것, 따라서 그것의 가치는 인간의 힘 안에 있다는 것, 이것들이 이성적인 사람이 가질 수 있는 생각이다.

육지에서 동포의 큰 고생을 바라보는 것은 즐겁다.
누군가가 고통 받고 있는 것이 재미있는 쾌락이기 때문이 아니라,
자신이 재난으로부터 벗어나 있다는 것을 알고 있는 것이 유쾌하기 때문이다.

Suave, mari magno turbantibus aequora ventis,
E terra alterius magnum spectare laborem;
Non quia vexari quenquam est iucunda voluptas,
Sed quibus ipse malis careas quia cernere suave est.

루크레티우스※

※ 루크레티우스의 ≪사물의 본질에 관하여≫(*De rerum natura*), II, 1~4 참조. 칸트는 이 시의 두 번째 행을 alterius magnum 으로 썼다. 그러나 원래의 순서는 magnum alterius이다.

‖ BA 183, 184

가치 상실 때문에 불안해하고 우려하는 사람은 결코 인생을 즐기지 못할 것이다. ‖

제67절~제70절 미에 대한 감정, 즉 반성된 직관에서의 일부는 감성적이고 일부는 지성적인 쾌에 관하여, 또는 취미에 관하여

67 [A판 57절, B판 64절] 취미는, 그 말의 본래의 의미에 대해서는 이미 언급한 바 있지만, 음식을 섭취할 때 어떤 용해된 물질에 의해서 특수하게 촉발되는 어떤 기관(혀, 구강, 인후)의 특성이다. 취미는 그 말이 사용될 때 단지 판단의 취미로서 또는 동시에 쾌의 취미로서 이해되어야 한다(예를 들면, 어떤 것이 달콤한가 쓴가 하는 것, 또는 맛보여진 것(달콤하든가 쓴 것)이 쾌적한가 어떤가 하는 것). 전자는 어떤 물질이 어떻게 불려야 하는지의 방식에서 보편적으로 일치함을 보여줄 수 있다. 그러나 후자는 결코 보편타당한 판단을 주지 못한다. 즉 나에게 쾌적한 것(예컨대 쓴 것)이 모든 사람에게 쾌적할 것이라는 판단을 줄 수 없다. 그 이유는 명백하다. 왜냐하면 쾌와 불쾌는 객관에 관한 인식 능력에 속하는 것이 아니라, [240] 주관의 규정이며, 따라서 외적 대상에 귀속되지 않는 것이기 때문이다. — | 쾌의 취미는 따라서 만족 또는 불만족에 의한 판별이라는 개념을 동시에 포함하고 있으며, 나는 ¦ 만족 또는 불만족을 지각 또는 상상 안에서 대상의 표상과 결합시킨다.

그러나 또한 취미라는 말은 나 자신에서의 감관의 감각에 따르는 것만은 아니고, 그것과 함께 모든 사람에게 타당하다고 생각되는 어떤 규칙에 따라서 선택하는 감성적 판정 능력이라 간주된다. 이 규칙은 경험적일 수 있다. 그러나 그 경우에 규칙은 참된 보편성에 대해서, 따라서 또한 필연성(쾌의 판단에서는 다른 모든 사람의 판단이 나의 판단과 일치하지 않으면 안 된다고 하는 것)에 대해서 어떤 요구도 할 수 없다. 즉 예를 들면 식사에 관한 취미의 규칙은 독일인에 대해서는 수프로부터 시작하도록 요구하지만, 영국인에 대해서는 실질적인 어떤 음식물로부터 먹기 시작하도록 요구한다. 왜냐하면 모방에 의해서 서서히 넓어지는 습관이 그것을 식탁 순서의 규칙으로 만들기 때문이다.

그러나 쾌의 취미에서 그 규칙은 아프리오리하게 기초지워지지 않으면 안 된다. 왜냐하면 그러한 규칙은 어떤 대상의 표상이 쾌 또는 불쾌의 감정에 관하여 어떻게 판정되어야 하는가에 대해 필연성을 가지고서, 따라서 모든 사람에 대한 타당성을 가지고서 고지해야 하기 때문이다(그러므로 여기서는 이성의 판단을 이성의 원리로부터 도출해서 그것을 이 원리에 따라서 증명할 수는 없다고 하더라도, 이성은 비밀스럽게 함께 작용하고 있다). 그리고 사람들은 이 취미를 감관의 취미로서의 경험적 취미와 구별하며, 이성을 포함하고 있는 취미라고(이 취미를 반성적 취미 gustus reflectens, 감관의 취미를 반사적 reflexus 취미라고) 부를 수 있을 것이다.

‖ 자기 자신의 인격이나 그의 기술을 취미로 가지고 표현하는 것은 모두(자신을 전달하기 위해) 사회적 상태를 전제로 한다. 그러나 그러한 상태는 반드시 사회적(다른 사람의 쾌에 관여하는)인 것은 아니고, 처음에는 대개 야만적이고 비사교적이며 단지 경쟁적일 뿐이다. — 완전하게 고독한 경우에는 어떤 사람도 자신이나 자신의 집을 장식하고 청소하지 않는다. 그가 그렇게 하는 것은 자신의 골육(아내와 자식)에 대한 것이 아니라, 단지 다른 사람에 대한, 그것도 자신을 유리하게 보이기 위한 것이다. 그러나 취미(선택의), 즉 심미적(審美的) 판단력에서 대상에 관한 만족을 낳는 것은 직접적으로 감각(대상에 대한 표

‖ AB 186

상의 실질)이 아니라, 자유로운(생산적) 상상력이 창작에 의해서 이 실질을 조합하는 방식, 즉 형식이다. 왜냐하면 오직 형식만이 [241] 쾌의 감정에 대한 보편적 규칙에의 요구를 할 수 있기 때문이다. 주관의 감관 능력의 상위(相違)에 의해서 매우 다양하게 있을 수 있는 감관의 감각으로부터는 사람들은 이러한 보편적 규칙을 기대하지 못한다. — 그러므로 사람들은 취미를 다음처럼 설명할 수 있다. 즉 "취미는 보편타당하게 선택하는, 미적 판단력의 능력이다."

그러므로 취미는 상상력에서 외적 대상을 사회적으로 판정하는 능력이다. — 이 경우 마음은 상상의(따라서 감성의) 활동에서 자신의 자유를 느낀다. 왜냐하면 다른 사람과의 사회 공동성은 자유를 전제로 하기 때문이다. — 그리고 이 감정이 쾌이다. — 그러나 모든 사람에 대한 이 쾌의 보편타당성은 법칙의 ‖ 개념을 동반하고 있는데, 바로 이 보편 타당성에 의해서 취미에 의한 선택(아름다운 것의)은 단순한 감관의 감각에 의한 선택(단지 주관적으로 마음에 드는 것), 즉 쾌적한 것의 선택과 구별된다. 왜냐하면 이 법칙에 따라서만 만족의 타당성은 판정하는 사람에 대해 보편적일 수 있기 때문이다. 그러나 보편적인 것에 대한 표상 능력은 오성이다. 따라서 취미 판단은 심미적 판단이면서 또한 오성 판단이다. 그러나 그 양자가 합일한 것(따라서 이 오성 판단은 순수한 것이 아니다)이라고 생각된다. — 취미에 의한 대상의 판정은 상상력의 활동에서의 자유와 오성의 합법칙성 사이의 일치 또는 항쟁에 관한 판단이다. 그래서 그것은 단지 심미적으로 판정하는 형식(감관의 표상의 이러한 일치)에만 관계하며, 저 형식이 그 안에서 지각되는 바의 작품을 산출하는 데에 관계하지는 않는다. 왜냐하면 끓어오르는 생기발랄함이 취미의 수줍음에 의해 완화되고 제한되는 것을 가끔 요구하는 것이 천재일 것이기 때문이다.

미(美)만이 취미에 속하는 것이다. 숭고도 심미적 판정에 속하지만

‖ AB 187

취미에는 속하지 않는다. 그러나 숭고한 것의 표상은 그 자체 이미 미일 수 있고, 또한 미이어야 한다. 그렇지 않다면 이 표상은 조야하고 야만적이며 취미에 반(反)하는 것이다. 악한 것 또는 흉한 것(예를 들면 밀튼[102]에서의 의인화된 죽음의 모습과 같은)의 표현이라 하더라도, 대상이 심미적으로 표상된다면, 그것이 테르시테스[103]와 같은 것일지라도, 아름다울 수 있고 또한 아름다움에 틀림없다. 왜냐하면 그렇지 않다면 그러한 표현은 싫증이나 혐오감을 불러일으키기 때문이다. 이것은 둘 다 ⁞ 향유를 위해서 제공된 표상을 밀어내려고 하는 노력을 포함한다. 이에 반해서 미는 대상과의 긴밀한 결합에로, 즉 직접적인 향유에로 인도하는 개념을 포함한다. — [242] 아름다운 영혼이란 표현은, 그 영혼과 내적으로 결합시킬 목적으로 그 영혼을 만들기 위해 언급될 수 있는 모든 것을 말한다. 왜냐하면 영혼의 위대함이나 영혼의 강인함은 실질(특정한 목적에 대한 도구)에 관계하기 때문이다. 그러나 또한 영혼의 선량함은 순수한 형식에 관계하므로, 이 형식 아래에서 일체의 목적이 결합되며, 그래서 그 형식이 마주치는 곳에서는, 그것은 전설의 나라의 사랑의 신(Eros)과 마찬가지로 근원 창조적이지만 또한 초현세적이기 때문이다. — 그러나 이러한 영혼의 선량함은, 오성의 자유와 일치하는 감성적 쾌에 관한 일체의 판단을 취미 판단이 모으는 중심점이다.

주해. 특히 근대 언어가 심미적 판정 능력을 단지 어떤 감관의 도구(구강 口腔의 내부)나 그 도구에 의해서 향유하는 사물의 판별 및 지시하는 데 지나지 않는 표현(즐기는 것 gustus, 맛보는 것 sapor이라는)

---

102) 밀튼(John Milton, 1608~1674)은 영국의 시인. 그의 ≪실락원(失樂園)≫(*Paradise Lost*) 제2장 참조.

103) 테르시테스(Thersites)는 호머의 ≪일리어드≫에 나온다. 절름발이에다 비뚤어진 머리를 가진 추남. 못난 얼굴 때문에 모든 아카이아 사람으로부터 미움을 받았다. 그렇게 못난 얼굴이라도, 호머의 솜씨로 아름답게 표현될 수 있다는 의미이다.

⁞ AB 188, 189

으로 나타내는 것은 어떻게 된 연유일까? — 좋은 사교 모임에서의 좋은 식사처럼 — 감성과 오성이 하나의 향유에서 결합되고, 오래 계속되며, 또한 여러 번 만족과 함께 되풀이될 수 있는 상태는 없다. — 그러나 이 경우 좋은 식사는 좋은 사교 모임의 즐거움의 수단으로 간주된다. 그런데 주인의 심미적 취미는 보편타당하게 요리를 선택할 수 있는 솜씨에서 드러난다. 그러나 주인은 그것을 그 자신의 ‖ 감관을 통해서는 성취할 수 없다. 왜냐하면 그의 손님들은 아마도 각각 자신의 사적인 감관에 따라서 다른 음식이나 마실 것을 선택할 것이기 때문이다. 따라서 주인은 다양하게 준비를 한다. 즉 각자의 감관에 적합한 약간의 것이 발견될 수 있도록 하는 것이다. 이것이 비교적 보편타당성을 낳는다. 서로간의 공통적인 즐거움을 위해서 손님 그 자체를 선택하는 솜씨(그것도 역시 취미라고 부르지만, 그러나 그것은 사실 취미에 적용되는 이성이고, 취미와는 아직 구별되는 것)는 현재 우리가 다루는 문제에 포함될 수 없다. 그래서 하나의 특수한 감관에 의한 기관(器官) 감정은 관념적인 감정에 대해서, 즉 감성적으로 보편타당한 선택의 감정에 대해서 일반적으로 이름을 제공해 줄 수 있다. — 이보다 한층 기묘한 것은 다음과 같은 것이다 즉 어떤 것이 동일한 주관의 향유 대상인가 아닌가(그 주관의 선택이 보편타당한가 아닌가가 아니라)를 감관에 의해서 음미하는 솜씨(미의 분별 sapor)가 지혜라고 명명(sapientia)될 정도로 의미가 곡해되어 왔다.[104] 아마도 이것에 대한 이유는, 무조건적으로 필연적인 목적은 숙고도 시행도 필요로 하지 않고, [243] 말하자면 자양(滋養)이 되는 것을 맛봄으로써 직접 마음 안으로 들어오는 것이기 때문일 것이다.

104) 라틴어의 sapientia(지혜)라는 말의 어원은, 최초로 "맛보다"를 의미한 후에 "이해하다"라는 의미로 전용된 sapio는 동사이다.

‖ AB 188, 189

68 [A판 58절, B판 65절] 숭고한 것(sublime)은 범위 또는 정도에 관해 경외(敬畏)를 일으키는 위대함(경외해야 할 위대 magnitudo reverenda)이다. 그리고(자신의 힘으로 그것에 적합한 것이 되기 위하여) 그것에 접근하도록 권하지만, 그러나 그것과 비교함으로써 자기 자신의 평가를 소멸시키지나 않을까 하는 공포는 동시에 위협적이다(예를 들면 우리의 머리 위의 천둥이나 ‖ 높고 험한 산악). 이때 사람들 자신이 안전 상태에 있다면, 그런 현상을 파악하기 위해서 자신의 힘을 결집하는 것과, 그럼에도 불구하고 그 현상의 크기에 도달하지 못하지는 않을까 하는 우려가, 환언하면 경이(고통을 끊임없이 극복함으로써 느끼는 쾌적한 감정)가 일어난다.

숭고한 것은 아름다운 것에 대항하지만, 그러나 그것과 모순되지는 않는다. 왜냐하면 대상을 파악(apprehensio)하려고 자신을 향상시키려는 노력이나 시도는 주관에 대해 자기 자신의 크기나 힘의 감정을 일깨우지만, 그러나 기술(記述)이나 표현을 하는 경우의 대상에 대한 사고 표상은 항상 아름다울 수 있고, 또한 아름답지 않으면 안 되기 때문이다. 왜냐하면 그렇지 않으면 경이는 위협이 되고 말지만, 위협은 판정으로서의 찬탄 — 이때 사람들은 경이에 신물 난 것은 아니다 — 과 매우 다른 것이기 때문이다.

목적에 합치하지 않는 크기(괴이한 크기 magnitudo monstrosa)는 터무니없는 것이다. 그러므로 러시아 제국의 광활한 크기를 칭찬하려고 한 저술가들이 그것을 터무니없이 큰 것으로 묘사한 것은 요점을 놓치고 있다. 왜냐하면 그렇게 묘사하는 방식에는 그 나라가 단지 한 사람의 지배하에 있기에는 너무나 크다는 비난이 숨어 있기 때문이다. — 진실에 대한 서술이 소설 같은 사건에 자신을 관련시키려는 성향을 가지고 있는 사람은 모험을 좋아한다.

그러므로 숭고한 것은 취미의 대상이 아니라, 감동의 정서의 대상이

‖ AB 190

다. 그러나 서술이나 윤색(潤色)의 경우에 숭고한 것을 기교적으로 표현하는 ⁞ 것은(부속 附屬 작품 parerga의 경우) 아름다울 수 있고, 또한 아름다워야 한다. 왜냐하면 그렇지 않다면 그것은 야만적이고 조야하며, 반감을 불러일으키며, 따라서 취미에 어긋나는 것이기 때문이다. [244]

취미는 도덕성을 외적으로 촉진시키는 경향을 포함한다

69 [A판 59절, B판 66절] 취미는(말하자면 형식적인 감관으로서) 자신의 쾌와 불쾌의 감정을 다른 사람에 전달하는 일을 목표로 하고, 이 전달에 의해서 자신도 쾌를 느끼도록 자극을 받으며, 그것에 대한 만족(complacentia)을 다른 사람과 공동으로(사회적으로) 감각하는 감수성을 포함하고 있다. 그런데 만족은 단지 감각하는 주관에게만 타당한 것이 아니라, 또한 다른 모든 사람에게도 타당한 것, 즉 보편타당한 것으로 간주될 수 있다. 왜냐하면 만족이 그러한 것으로 생각되기 위해서는, 필연성(이 만족의)을, 따라서 아프리오리한 만족의 원리를 포함하지 않으면 안 되기 때문이다. 그래서 이 만족은 주관의 쾌가 다른 모든 사람의 감정과 보편적 법칙에 따라서 일치하는 것에 관한 만족이다. 이 보편적 법칙은 느끼는 사람의 보편적 입법(立法)으로부터, 따라서 이성으로부터 나와야 한다. 즉 이 만족에 따르는 선택은 형식에 따라서 의무의 법칙에 종속해 있다. 그래서 이상적인 취미는 도덕성을 외적으로 촉진하는 것을 향하는 경향을 가지게 된다. — 사람을 그의 사회적 상태에 따라서 예의범절 있도록 만드는 것은 사람을 도덕적으로 선하게(도덕적으로) 교화하는 것과 결코 같은 것을 의미하는 것은 아니지만, 그럼에도 불구하고 이 상태에서 다른 사람의 마음에 들도록(사랑받는다든가 칭찬받도록) 하려는 노력에 의해서 도덕적

⁞ AB 191

으로 선한 상태에 이르는 준비를 하는 것이다. — 이러한 방식으로 사람들은 ⁞ 취미를 외적으로 현상하는 도덕성이라 명명할 수 있을 것이다. 그러한 표현은, 문자적으로 이해한다면, 모순을 포함함에도 불구하고 말이다. 왜냐하면 예의범절이 뛰어나다는 것은 도덕적으로 선한 것에 대한 외관 또는 행실을 포함하고 있으며, 그럼에도 어느 정도의 도덕적으로 선한 것도 포함하며, 즉 그러한 것의 가상(假象)에 이미 가치를 부여하려는 경향을 포함하고 있기 때문이다.

70 [A판 60절, B판 67절] 그러나 예의범절이 뛰어나다, 예의가 바르다, 공손하다, 세련되어 있다(조야를 멀리 한다)라는 것은 취미의 소극적인 조건일 뿐이다. 상상력에서의 이들의 제 성질에 대한 표상은 대상 또는 자기 자신의 인격에 관한, 취미를 가지고 있는 외적으로 직관적인 표상 양식이 될 수 있다. 그러나 그것은 단지 청각이나 시각이라는 두 가지 감관에 대한 것일 뿐이다. 음악과 조형 예술(회화, 조각, 건축 및 원예술 園藝術)은, 전자는 청각에 대해, 후자는 시각에 대해, 취미를 외적 직관의 단순한 형식에 대한 쾌 감정의 감수성으로서 요구한다. 반면에 소리나 문자에 의한 논변적인 표상 양식은 [245] 그 안에 취미가 나타나는 두 가지 양식, 즉 웅변술과 시예술(詩藝術)을 포함하고 있다.

제71절~제72절 취미에 관한 인간학적 고찰

1) 유행의 취미에 관하여

71 [A판 61절, B판 68절] 자신의 행동에서 자신을 보다 중요한 사람과 비교하고(⁞ 아이들이 어른과, 신분이 낮은 사람이 높은

⁞ AB 193

사람과 비교하고) 그의 방식을 모방하는 것은 인간의 자연적인 성향이다. 단지 다른 사람보다 천하게 보이지 않도록 하기 위한, 실로 그 밖에는 어떤 이익도 고려하지 않는 그러한 모방의 법칙은 유행이라 부른다. 그러므로 유행은 허영이라는 명칭 아래 속한다. 왜냐하면 그의 의도 안에는 어떤 내적 가치도 없기 때문이다. 마찬가지로 그것은 바보라는 명칭 아래에도 들어간다. 왜냐하면 사회에서 우리에게 주어지는 많은 단순한 예에다 자신을 노예처럼 종속시키는 강제가 그 경우에 존재하기 때문이다. 유행을 따른다는 것은 취미의 문제이다. 유행을 따르지 않고 이전의 관습에 집착하는 것은 고풍(古風)이라 부른다. 유행을 따르지 않는 것에 가치를 부여하는 사람은 별난 사람이다. 그러나 유행을 따르고 있는 멍청이가 유행을 따르지 않는 멍청이보다 더 낫다. 이미 이야기한 허영을 일반적으로 이 심한 이름으로 부른다고 하더라도 말이다. 만약 유행벽(癖)이 이런 허영을 위해서 참된 이익이나 의무를 희생시킨다면, 그것은 실제로 그러한 명칭을 받을 만하다. — 모든 유행은, 이미 그 개념으로부터 볼 때, 변화하기 쉬운 생활 방식이다. 왜냐하면 모방의 행동이 고정된다면 모방은 습관이 되지만, 이 경우에는 결국 취미는 아무런 문제도 되지 않기 대문이다. 그러므로 신기함은 유행을 좋아하게 만드는 것이다. 그리고 모든 외면적인 형식에서 재간이 풍부한 것은, 이 형식이 또한 종종 기이한 것이나 부분적으로는 흉한 것으로 타락한다 하더라도, 궁정인(宮廷人), 특히 귀부인의 양식에 속한다. 그러면 다른 사람들은 그들을 열렬히 추종하며, 비록 사람들이 이 형식을 벗어던진다 하더라도, 하층 계급의 사람들은 오랫동안 그것에 질질 끌려 다니게 된다. — 그러므로 유행은 본래 취미의 문제가 아니라 ⁞ (왜냐하면 유행은 극히 반反 취미일 수 있기 때문이다), 고귀하게 행동하려는 단순한 허영의 문제이며, 또한 그렇게 해서 서로 상대를 능가하려는 경쟁심의 문제이다(궁정의 풍류인 élegants

⁞ AB 194, 195

de la cour이나, 그렇지 않으면 젠 체하는 사람 petits maîtres 으로 불리는 사람은 경박한 무리들이다).

참된 이상적인 취미는 장려(壯麗)한 것과 [246] 즉 숭고하면서 동시에 아름다운 것과 결부될 수 있다(예를 들면 화려하고 별 총총한 하늘이나, 또는 다음의 예가 속되게 들리지 않는다면, 로마의 성 베드로 성당과 같은). 그러나 허식, 즉 사람들에 보이기 위해서 과시적으로 꾸며진 장식은 취미와 결부될 수 있겠지만, 그러나 취미를 거부하는 것이 없지는 않다. 왜냐하면 허식은 많은 천민을 포함한 대중의 것으로 간주되지만, 천민의 취미는 둔하므로 판정의 능력보다도 오히려 감관의 감각을 요구하는 것이기 때문이다.

2) 예술의 취미에 관하여

여기서 나는 말하는 예술인 웅변술과 시예술만을 고찰하고자 한다. 왜냐하면 이것들은 마음이 그것에 의해서 직접 활동하도록 자극을 받는 기분을 목표로 하고 있으며, 따라서 인간을 인간으로부터 만들어진 것에 따라서 알려고 하는 실용적 인간학 안에 자리를 차지하고 있기 때문이다.

이념에 의해서 생명을 얻게 되는 마음의 원리를 정신이라 부른다. — 취미는 상상력에서의 다양을 결합하는 데 있어서 형식을 단지 통제적으로 판정하는 능력이다. ‖ 그러나 정신은 상상력의 아프리오리한 형식에 대한 모범을 부여하는 이성의 생산적인 능력이다. 정신과 취미 둘 중 전자는 이념을 창조하기 위한 것이며, 후자는 생산적 상상력의 법칙에 적합한 형식에 이 이념을 제한하고, 그래서 근원적으로(모방적으로가 아니라) 형성하기(fingendi) 위한 것이다. 정신과 취미를 가지고 형성된 소산은 일반적으로 시라 부를 수 있고, 하나의 미적 예술의

‖ AB 194, 195

작품이다. 그것은 눈 또는 귀를 매개로 해서 감관에 직접적으로 제시될 수도 있으며, 그것 또한 시예술(넓은 의미의 시작 詩作, poetica in sensu lato)이라 부를 수 있다. 또한 그것은 회화 원예, 건축 또는 음악, 시문(좁은 의미의 시작 poetica in sensu stricto)일 수도 있다. 그러나 웅변술과 대립되는 시예술은 단지 오성과 감성의 상호 종속에 따라서만 웅변술과 구별될 뿐이다. 그래서 시예술은 오성에 의해서 질서를 갖게 된 감성의 활동이며, 웅변술은 감성에 의해서 생명을 얻게 되는 오성의 일이다. 그러나 연설가와 시인(넓은 의미의)은 둘 다 창작가이며, 자기 자신으로부터 새로운 [247] 형태(감성적인 것의 총괄)를 그들의 상상력에서 산출한다.*

‖ 시인의 재능은 기교이며, 그리고 취미와 결합된다면 미적 예술에 대한 재능이지만, 그러한 미적 예술은 어떤 부분은 착각(달콤하지만 종종 간접적으로는 즐겁기도 한)을 겨냥한다. 그러므로 그러한 예술이 인생에서 많게(가끔은 유해하게) 이용되지 않는다는 것은 확실하다. — 따라서 시인의 성격에 관하여 또는 시인의 일이 자신이나 다른 사람에 대해서 미치는 영향이나 그러한 영향의 평가에 관하여 약간의

---

* 예를 들면 개념 그 자체는 새로운 것이 아니라 하더라도, 개념 표현의 새로움은 시인에 대한 미적 예술의 주요한 요구이다. — 그러나 오성에 대해서는(취미를 도외시한다면) 사람들은 새로운 지각을 통해서 우리의 지식을 증가시키기 위해 다음과 같은 표현을 하고 있다. 무언가를 발견하는 것, 즉 이미 실제로 존재하고 있었던 것을 처음으로 지각하는 것, 예를 들면 아메리카나 양극을 향한 자력(磁力)이나 대기 중의 전기. ‖ — 무언가를 발명하는 것(즉 아직 실제로 존재하지 않았던 것을 현실로 가져오는 것), 예를 들면 나침반이나 경기구(輕氣球). — 무언가를 찾아내는 것, 즉 잃어버렸던 것을 탐구해서 재발견하는 것 — 숙고하고 고안해 내는 것(예를 들면 기술자를 위한 도구나 기계에 관하여). — 꾸며내는 것, 즉 예를 들면 소설의 경우처럼 단지 즐거움을 위해서만 행해질 뿐이라던, 의식적으로 참되지 않은 것을 참된 것으로 설명하는 것. — 그러나 참된 것으로 전달되는 꾸밈은 거짓말이다.

(상체는 아름다운 여자이지만 꼬리는 추하고도 검은 고기로 끝나고 있다. Turpiter atrum desinit in piscem mulier formosa superne) 호라티우스※

※ 호라티우스의 ≪시학≫(*Ars poetica*), V, 3f. 참조.

‖ AB 196 본문 주 ‖ AB 193

의문과 주의를 서술하는 것도 가치 있는 일일 것이다.

무엇 때문에(말하는) 예술 중에서 목적은 정확하게 동일한 데도 시가는 웅변술보다 더 나은 상을 받게 되는가? | — 그것은 시가가 동시에 음악(노래 부를 수 있다)과 음조(音調)이며, 그것 자신만으로 쾌적한 음색이지만, 단순한 언어는 그렇지 않기 때문이다. ¦ 웅변술도 시가로부터 음조와 유사한 소리, 즉 억양을 빌려오며, 그 억양이 없으면 연설은 정지와 활기 부여라는, 필요한 사이사이의 순간을 상실하게 되어 어려움에 직면하게 될 것이다. 그러나 시가는 웅변술에 비해 더 나은 상을 받게 될 뿐만 아니라, 모든 다른 미적 예술, 즉 회화(조각도 여기에 속한다)와 음악에 비해서도 더 나은 상을 받게 된다. 왜냐하면 음악은 단지 시가를 운반하는 수단의 역할을 함으로써만 미적인(쾌적만이 아니다) 예술이 되기 때문이다. 또한 시인들 중에는 음악가들에 비해 천박한(일에 적절치 않는) 두뇌의 소유자가 많지 않다. 왜냐하면 시인들은 오성에게도 말을 하지만, 음악가들은 감관에게만 말할 뿐이기 때문이다. — 좋은 시는 마음을 활기차게 해주기 위한 가장 유효한 수단이다. — 그러나 다음과 같은 사실은 시인에 대해서 타당할 뿐만 아니라 [248] 미적 예술에 종사하는 모든 사람에게 타당하다. 즉 사람들은 그것에 대해 천부의 재능을 가져야만 하고, 근면이나 모방에 의해서는 그것에 도달할 수가 없다. 또한 마찬가지로 예술가가 자신의 일에서 성공하기 위해서는 마치 하늘에서 준 영감의 순간이기나 한 것처럼 그를 엄습하는 행운의 기분을 필요로 한다(이 때문에 예술가는 예언자 vates[105]라 불린다). 왜냐하면 지시나 규칙에 따라서 만들어지는 것은 정신이 없는(노예적인) 결과를 낳지만, 그러나 미적 예술의 소산은 모방에 근거할 수 있는 취미를 필요로 하기도 하지만, 또한 사고의 독창성도 필요로 하기 때문이다. 이 독창성은 자신으로부터

105) 이 "예언자"를 의미하는 vates라는 라틴어에는 "시인"의 의미도 있다.

생기를 불어넣는 것으로서 정신이라 불린다. — 그림붓이나 펜(후자는 산문에서든 운문에서든)을 가지고 자연을 묘사하는 사람은 미적 정신을 가지고 있지 않다. | 왜냐하면 그는 단지 모방할 뿐이기 때문이다. 이념을 묘사하는 사람만이 미적 예술의 대가이다.

¦ 통상 사람들이 시인을 운문(韻文) 작가, 즉 운을 포함하는(음악과 마찬가지로 율동있게 말해지는) 문체의 작가라고 이해하는 것은 무엇 때문일까? 그것은 시인이 미적 예술의 작품을 보여줄 때 가장 세련된 취미까지도(형식에 따라서) 만족시키는 장중함을 가지고 등장하기 때문이다. 왜냐하면 그렇지 않다면 그의 작품은 아름답지 않을 것이기 때문이다. — 이러한 장중함은 그러나 숭고한 것을 아름답게 표현하기 위해서 가장 필요한 것이기 때문에, 운을 포함하지 않고 이런 종류의 장중함을 뽐내는 것은 "광기의 산문"이라고(휴그 블래어[106] 에서처럼) 불린다. — 반면에 운문의 작품이라도, 그것이 정신을 가지지 않는다면, 시가 아니다.

근대 시인의 운문에서 각운은, 그것이 다행스럽게도 사상을 포함하는 경우에는, 우리의 대륙에서는 취미의 큰 요구이지만, 그것은 무엇 때문일까? 또한 반면에 각운은 고대의 시 문구에 대해서는 그것과 정반대의 위반이며, 그 때문에 예를 들어 독일어에서는 각운을 붙이지 않은 시구(詩句)는 거의 마음에 들지 않지만, 각운을 붙인 라틴어의 버질 또한 별로 즐거움을 주지 않는 것은 무엇 때문일까? 아마도 그것은 옛날의 고전적 시인의 경우에 운율은 확정되었지만, 근대 언어에는 대부분 그것이 결여되어 있으며, 그래서 시구를 그 전의 시구와 같은 음조로 끝내는 각운에 의해서 귀는 그 손해를 보충하고자 하기 때문일 것이다. 산문의 장중한 연설에서 다른 문구 사이에서 우연히 일어나는

106) 휴(휴고) 블래어(Hugh(Hugo) Blair, 1718~1800)는 스코틀랜드의 신학자이자 미학자. 그러나 여기에서 칸트가 인용했던 말은 그의 것이 아니라, 풍자 작가 에반스(Abel Evans)의 것이다.

| AB 198, 199

각운은 우스운 일이다.

| 때때로 언어의 법칙에 어긋나는, 연설가의 권한에는 속하지 않는 시인의 자유가 언급되는 것은 무엇 때문일까? 아마도 그것은 ¦ 시인이 위대한 사상을 표현하기 위해서는 형식의 법칙에 의해서 너무 심하게 제한을 받아서는 안 될 것이기 때문이다.

평범한 시는 참을 수 없지만, 평범한 [249] 연설은 그러나 여전히 견딜 수 있는 것은 무엇 때문일까? 이것에 대한 이유는 다음과 같은 점에 있는 것처럼 보이기 때문이다. 즉 시인의 작품에서는 모두 음조의 장중함이 큰 기대를 불러일으키며, 이 장중함은 이 기대가 만족되지 않으면, 보통의 경우 그렇지만, 그 작품이 산문으로서 평가될 경우 여전히 가치 있다고 생각되는 것보다도 훨씬 아래의 가치로 떨어져버리고 말기 때문이다. — 시가 잠언으로서 보존되는 시구로 끝을 맺게 되는 것은 뒷맛으로 쾌의 느낌을 남기며, 그렇게 함으로써 매우 흥미 없는 것을 다시 재미있게 만든다. 그래서 이것도 시인의 기술에 속한다.

노인에 있어서 학문이 훌륭한 두뇌의 소유자에게 더욱 좋은 건강과 일에서의 활동을 약속하는 데도, 시인의 소질이 이 시기에 고갈되는 것은 아마도 다음과 같은 이유 때문일 것이다. 즉 아름다움은 꽃이지만, 학문은 열매이기 때문이다. 환언하면 시는 자유로운 예술임에 틀림없고, 그것의 다양성 때문에 경쾌함을 필요로 하지만, 노년에 이르면 이러한 경쾌한 감관은(그것은 당연하지만) 소멸하고 말기 때문이다. 더 나아가서 학문이라는 동일한 궤도 위에서 전진하는 습관은 동시에 경쾌함을 수반하지만, 모든 작품에 독창성과 신기함(이것에 덧붙여서 민첩함)을 필요로 하는 시는 노년과는 잘 조화를 이루지 못하기 때문이다. | 그러나 신랄한 기지의 일은, 즉 경구(警句)나 풍자시의 경우는 예외이다. 여기에서는 시는 유희라기보다는 오히려 진지한 일이다.

¦ 시인이 변호사나 다른 전문 학자와 같은 입신출세를 하지 않는

것은 전체적으로 보아서 타고난 시인에게 필요한 기질의 소양에 이미 포함되어 있다. 즉 생각을 가지고서 하는 친숙한 유희에 의해서 근심을 쫓아내는 기질이다. — 그러나 성격에 관한 어떤 특성, 즉 어떤 성격도 가지지 않지만, 변덕스럽고 까탈스럽고(악의는 없지만) 신뢰할 수 없으며, 누구를 증오하지도 않으면서 제멋대로 적을 만들고, 자신의 친구에게 고통을 주려고 원하지도 않으면서 그 친구를 조롱하는 그런 특성은 실천적 판단력을 지배하는, 일부는 생득적(生得的)인, 비뚤어진 기지(機智)에 포함되어 있다.

3) 사치에 관하여

72 [A판 62절, B판 69절] 사치(luxus)는 공공 단체에서 취미를 동반하는 사교적인 환락 생활이 지나친 것이다(그러므로 그것은 공공 단체의 복지에도 어긋난다). 그러나 그러한 지나침이 취미를 동반하지 않을 때에는 공적(公的)인 탐닉 (luxuries)이다. — [250] 복지에 미치는 양자의 작용을 고찰하면, 사치는 궁핍을 초래하는 쓸데없는 낭비인 반면에, 탐닉은 병을 초래하는 마찬가지의 낭비이다. 그러나 사치는 또한 민중의 전진하는 문화(예술이나 학문에서의)와 결합될 수 있다. | 그러나 탐닉은 향락을 가지고서 채우며, 결국 구토를 낳는다. 양자는 자기 향유적이라기보다는 오히려 허식적(외면을 화려하게 하는)이다. 즉 전자는 관념적인 취미를 위해서 우아함을 보여줌으로써 ¦ (무도회나 연극의 경우에서처럼), 또한 후자는 미각의 감관(예를 들면 영국의 대도시 시장의 연회처럼 신체적인 감관)에 대해서 과잉과 다양을 줌으로써 그렇게 한다. — 정부가 이 양자를 사치 금지법에 의해서 제한하는 권능을 가지고 있는가 어떤가 하는 것은 여기서 답할 필요가 없는 문제이다. 그러나 국민을 보다 쉽게 다스릴 수 있기 위해서 국민

을 부분적으로 약하게 만드는 미적인 예술이나 쾌적한 예능은, 조야한 스파르타주의 안으로 들어오는 것으로, 정부의 의도에도 전적으로 어긋날 것이다.

좋은 생활양식은 환락 생활을 사교성에(따라서 취미를 가지고서) 적합하게 하는 것이다. 사치가 좋은 생활양식을 파괴한다는 것은 이러한 사실로부터 명료해진다. "그는 생활하는 방법을 안다."라는 표현은 부유한 또는 고귀한 사람에 대해서 사용되지만, 그 표현은 사교적인 향락에서의 선택의 숙달을 의미한다. 그리고 이러한 사교적인 향락은 절제(자제)를 포함하며, 서로 향락을 유익하도록 만들며, 또한 영속적인 것으로 평가된다.

이로부터 명료해지는 것은, 사치는 본래 가정생활에 대해서가 아니라 단지 공공 생활에 대해서만 비난될 수 있기 때문에, 국민이 공공 단체에 대해 맺고 있는 관계가, 자기 자신이나 | 자신의 일을 보다 미화(美化)하는 데 있어서(축제, 결혼, 장례식에서부터, 아래쪽으로 보통의 교제에서의 예의범절에 이르기까지) 어쨌든 이익을 선취(先取)하려고 하는 경쟁의 자유에 관하여 말한다면, 사치 금지법 등에 의해서 괴로움을 당할 필요가 없다는 사실이다. 왜냐하면 사치는 ¦ 예술을 활기있게 하는 이익을 낳고, 그래서 이러한 낭비가 공공 단체에 초래한다고 생각되는 손해를 다시 공공 단체에 배상해주기 때문이다.

|: AB 202

[251] | 제3장 욕구 능력에 관하여

73 [A판 63절, B판 70절] 욕망(appetitio)은 그것의 결과로서의 어떤 미래의 것에 대한 표상에 의해서 주관의 힘이 자기를 규정하는 것이다. 습관적인 감성적 욕망은 경향성이라 한다. 객관을 산출하기 위해서 힘을 쓰지 않는 단순한 욕구는 원망(願望)이다. 원망은 주관이 그것을 가지고 올 능력이 없다는 것을 스스로 느끼는 대상을 향하기도 한다. 이 경우 이것은 공허한(효과없는) 원망이다. 욕구와 욕구된 것의 획득 사이의 시간을 없애고자 하는 공허한 원망은 동경이다. 주관을 현재의 상태로부터 나오도록 내몰 뿐으로, 그것이 도대체 어떠한 상태에 들어가는지 알지 못하는, 객관에 관한 무규정의 욕망(막연漠然한 욕망, appetitio vaga)은 변덕스러운 원망이라 불릴 수 있다(아무 것도 그것을 만족시키지 못한다).

주관의 이성에 의해서 거의 또는 전혀 제어할 수 없는 경향성은 욕정(Leidenschaft)이다. 반면에 현재의 ¦ 상태에서의 쾌와 불쾌의 감정이며, 주관 안에 반성(사람들이 그 느낌에 자신을 맡기느냐 혹은 그것을 거부하느냐 하는 것에 대한 이성의 표상)을 낳지 않는 감정은 정동(Affekt, 情動)이다.

정동이나 욕정에 굴종(屈從)하는 것은 항상 마음의 병이다. 왜냐하면 이 양자는 | 이성의 지배를 배제하기 때문이다. 양자는 또한 정도에

따라서 똑같이 격렬하다. 그러나 그것들의 성질에 관하여 본다면, 이들은 정신과 의사가 사용해야 하는 예방 방법에서도 치료 방법에서도 서로 본질적으로 다르다. [252]

제74절 욕정과 대립되는 정동(情動)에 관하여

74 [A판 64절, B판 71절] 정동은 마음의 침착(자신을 지배하는 마음 animus sui compos)을 잃게 하는, 감각에 의한 기습이다. 그러므로 정동은 성급이다. 즉 반성을 불가능하게 하는 감정의 정도까지 급속하게 오른다(사려없게 된다). — 행위에 이르는 동기의 강도를 줄이지 않는 무정동(無情動)은 좋은 의미의 점액질(粘液質)이다. 즉 저러한 동기의 강함에 의해서도 조용한 반성을 잃어버리지 않는 씩씩한 남성(강고 强固한 영혼 animus strenuus)의 특성이다. 분노의 정동이 신속하게 수행하지 않는 것은 하나도 없다. 그렇지만 이 정동은 쉽게 망각된다. 그러나 증오의 욕정은 깊이 뿌리를 내리고 상대에게 복수를 기도하려고 시간을 준비한다. — 부친이나 학교의 교사는 사죄(변명이 아니라)에 귀 기울이는 참을성을 가졌더라면, 벌줄 수가 없었을 것이다. — ¦ 세찬 분노에 차서 당신에게 거친 말을 하기 위해서 당신의 방에 들어오는 사람에게는 친절하게 앉기를 권유한다. 당신이 그 일에 성공하면, 그의 꾸짖음은 이미 가라앉고 만다. 왜냐하면 앉는다는 것의 안락함은 긴장의 이완이기 때문이다. 이 이완은 서 있는 경우의 위협적인 거동이나 외침과 | 확실히 결합되어 있지 않다. 이에 반해서 욕정은(욕구 능력에 속하는 마음의 기분으로서) 시간을 허용하고, 그것이 아무리 격렬하다 하더라도, 자신의 목적에 도달하기 위해서 반성적이다. — 정동은 제방을 파괴하는 물과 같은 작용을 하고, 욕정은

하천 바닥을 항상 보다 깊게 파고 들어가는 강과 같은 작용을 한다. 정동이 건강에 미치는 작용은 뇌졸중과 같은 것이며, 욕정의 그것은 폐병이나 쇠약과 같은 것이다. — 정동은 잠들면 뒤에 두통이 뒤따름에도 불구하고, 취해 있는 것과 같지만, 욕정은 삼켜진 독약이나 발육부전에서 오는 병과 같은 것으로 간주되며, 내과 또는 외과의 정신병 의사를 필요로 한다. 그러나 그들도 대개는 근본적인 치료약으로 처방하는 것은 불가능하고, 거의 항상 단지 임시적으로 치료하는 약제로 처방할 수 있을 뿐이다.

정동이 많은 경우에는 일반적으로 욕정은 적다. 예를 들면 프랑스 사람의 경우가 그러하며, 그들은 이탈리아 사람이나 스페인 사람과(인도 사람이나 중국 사람과도) 비교되며, 그들의 생기발랄함 때문에 마음이 변하기 쉽다. 반면에 후자는 그들이 원한을 품을 때에는 복수를 기도하거나 그들이 연애를 할 때에는 망상에 이르기까지 고집하고 있다. — 정동은 정직하고 개방적이지만, 여기에 반해서 욕정은 교활하고 무언가를 숨긴다. 중국 사람이 영국 사람에 대해 [253] 그들은 "달단(韃靼) 사람처럼" 성급하고 성마르다고 비난한다면, 후자는 전자에 대해 ¦ 중국인은 완전한(그러나 태연한) 기만자라고 비난한다. 중국인은 이런 식으로 비난받아도 그의 욕정에서 조금도 흔들리지 않는다. — 정동은 잠들면 술에 취해 있는 것 같지만, 욕정은 스스로 깊게 간직한 표상을 계속 생각하는 망상으로 간주된다. — 사랑하고 있는 사람은 또한 이때 | 그의 시각을 온전히 유지할 수 있다. 그러나 반해 있는 사람은 사랑하는 상대의 결함에 대해서도 불가피하게 눈이 멀어버린다. 비록 그 사람은 결혼 후 일주일이 지나면 보통 자신의 시각을 다시 회복하지만 말이다. — 정동이 그의 몸에 발작하는 것처럼 불의에 엄습하는 것을 통상 경험하는 사람은, 아무리 그 정동이 좋은 성질의 것이라 하더라도, 착란자와 유사한 사람이다. 그러나 그는 발작 뒤에

곧 그것에 대해 후회하기 때문에, 그것은 사람들이 무분별이라 칭하는 발작에 불과할 뿐이다. 많은 사람은 화낼 수 있으면 하고 바란다. 그리고 소크라테스도 때때로 화내는 것은 좋은 것이 아닐까 의문을 가졌다. 그러나 화내어야 할까 화내어서는 안 될까를 냉정하게 반성할 수 있을 정도로 정동을 뜻대로 할 수 있다는 것은 무언가 모순인 것처럼 보인다. — 이에 반해서 욕정을 원하는 사람은 아무도 없다. 왜냐하면 자유로울 수 있다면, 누가 자신을 사슬에 잡아매기를 원할까?

제75절~제79절 개개의 정동에 관하여

1) 정동에 대한 마음의 통제에 관하여

75 [A판 65절, B판 72절] 현명한 사람은 결코 정동에다 몸을 두지 않으며, 자신의 최고 친구의 불행에 동정하는 정동에조차도 몸을 두지 않는다고 하는 무감동의 원리는 ¦ 스토아학파의 전체적으로 옳고 숭고한 도덕적 원칙이다. 왜냐하면 정동은(많든 적든) 사람을 맹목적으로 만들기 때문이다. — 그럼에도 불구하고 자연이 우리 안에다 정동에의 소질을 심어 놓았다는 것은 자연의 지혜였다. | 그것은 이성이 아직 충분한 힘에 도달하기 전에 잠정적으로 고삐를 잡기 위한, 환언하면 선을 지향하는 도덕적 동기에 더해서 병리학적인(감성적인) 자극의 동기를 이성의 일시적인 대용물로서 추가해서 고무시키기 위한 것이다. 왜냐하면 그 밖의 점에서는 정동은, 그것 자체로서 고찰해 보면, 항상 무사려(無思慮)한 것이기 때문이다. 정동은 자기 자신의 목적을 추구하는 일을 스스로 불가능하게 한다. 그러므로 정동을 일부러 자신의 마음 중에 일어나도록 하는 것은 현명하지 않다. — 그럼에

¦B 206 | A 207

도 불구하고 이성은 도덕적으로 선한 것을 표상하는 데 있어서 [254] 이성의 이념을 그 이념의 아래 놓여 있는 직관(실례)과 결합시킴으로써 의지를 고무시킬 수 있다(국민에 대한 종교적 또는 정치적인 연설에서도, 또는 홀로 자신에 대해 하는 연설에서도). 따라서 이성은 정동의 결과로서가 아니라 원인으로서 선에 관해 영혼을 고무시킬 수 있다. 이때 이 이성은 항상 고삐를 잡고 있으며, 그래서 선한 의도에 대한 열의도 생겨나게 된다. 그러나 이 열의는 본래 욕구 능력에 속해 있음에 틀림없고, 보다 강한 감성적 감정으로서의 정동에 속하지 않는다.

충분한 영혼의 강도가 있을 경우 무감동이라는 천부의 재능은 이미 서술했던 것처럼 행운의 점액질(도덕적 의미에서)이다. 그런 기질을 부여받은 사람은 그 때문에 아직 반드시 현명한 사람인 것은 아니지만, ¦ 그러나 다른 사람보다도 더 쉽게 현명한 사람이 되는 은혜를 자연으로부터 받았다.

일반적으로 정동이라는 상태를 이루는 것은 어떤 종류의 감정의 강렬이 아니라 | 이 감정을 그것의 상태에서 모든 감정(쾌나 불쾌의)의 총계와 비교하는 반성의 결여이다. 잔치에서 부자의 하인이 아름답고 진기한 유리 제품의 잔을 운반 도중 꼴사납게도 깨뜨려 버렸을 때 이 부자는, 만약 그가 동일한 순간에 하나의 즐거움의 이러한 상실을 부자로서의 그의 행운의 상태가 자신에게 준 모든 즐거움의 양과 비교한다면, 이 우발 사건을 아무 것도 아닌 것으로 생각할 것이다. 그러나 그는 고통이라는 하나의 감정에만 전적으로 자신을 맡긴다(앞서 이야기한 계산을 생각 중에서 신속하게 하는 일 없이). 그러므로 이 경우 그에게 자신의 모든 행복이 상실되고 말 것과 같은 기분이 드는 것은 결코 놀랄 만한 일은 아니다.

¦ B 207, 208 | A 208

2) 여러 가지 정동 그 자체에 관하여

76 [A판 66절, B판 73절] 주관을 그 주관이 현재 있는 상태에서 **머무르도록** 재촉하는 감정은 쾌적이다. 그러나 현재 있는 상태를 **버리도록** 재촉하는 감정은 불쾌적이다. 의식과 결합되는 경우에는 전자는 쾌락(voluptas)이라 하며, 후자는 불쾌(taedium)라 한다. 정동으로서는 전자는 즐거움, 후자는 슬픔이라 칭해진다. — 분방한 ¦ 즐거움(고통에 대한 염려가 있더라도 감소되지 않는)과 침통한 슬픔(어떠한 희망에 의해서도 완화되지 않는), 즉 비탄은 생명을 위협하는 정동이다. 그러나 [255] 죽은 자의 목록으로부터 분명하게 알 수 있는 것은 보다 많은 사람은 | 후자에 의해서보다도 전자에 의해서 갑자기 생명을 잃게 된다는 사실이다. 왜냐하면 헤아릴 수 없이 많은 행운에 대한 전망이 기대하지 않았는데도 열려지므로, 마음은 자신을 정동으로서의 희망에게 맡게 버리며, 따라서 정동은 질식을 일으키는 데까지 증대되지만, 이에 반해 계속해서 두려운 비탄에 대해서는 자연스럽게 항상 마음에 의한 저항이 있게 마련이고, 따라서 비탄은 단지 서서히 사람을 죽음에 이르게 할 뿐이기 때문이다.

경악은 갑자기 일어나는 공포이며, 이 공포는 마음의 침착을 어지럽힌다. 경악과 유사한 것은 충격적인 것이며, 이것은 사람을 낭패하게 하고(아직 당황에는 이르지 않는다 하더라도), 마음을 깨워 반성하도록 스스로를 집중하게 한다. 그것은 경이(驚異)에 대한 자극이 된다(경이는 이미 반성을 자신 안에 포함하고 있다). 경험 있는 사람에게는 이러한 일은 그렇게 쉽게 일어나지는 않는다. 그러나 평범한 것을 사람의 눈을 끌게 할 정도의 측면에서 설명하는 것은 예술에 속한다. 분노는 경악의 하나로, 동시에 해악(害惡)한 것에 반항하는 힘을 급속하게 환기시킨다. 분명히 드러나지 않은 해악을 가지고 위협하는 대상에 대한 공포는 불안이다. 불안을 일으키는 특정한 객관을 알지 못하더라도 불안을 느끼는 것은 가능하다. 그것은 단지 주관적인 이유(병적인 상태)로부터 나오는 가슴 답답함이다. 수치(羞恥)는 현재 거기에 있는 사람의 경멸이 마음에 걸리는 것으로부터 생겨나는 염려이며, 그 자체 하나의 정동이다. ¦ 그 외에 사람들은 자신이 그에 대해 부끄럽게 여기는 상대가 없는 데도 민감하게 부끄럽게 느낄 수도 있다. 그러나 이런 경우 이것은 정동이 아니라, 비탄과 흡사하며, 경결을 가지고서 계속해서, 그렇지만 헛되게도 자신을 괴롭히는 일종의 욕정이다. 이에 반해서 수치는, 정동으로서, 갑자기 발생함에 틀림없다.

| 정동은 일반적으로 병적인 우발 사건(징후)이며, (브라운[107] 체계와의 유비에 따라서) 강함으로부터 일어나는 왕성한 정동과 약함으로부터 일어나는 무력한 정동으로 구별된다. 왕성한 정동은 흥분을 일으키지만, 또한 그 때문에 자주 피로하게 만드는 성질의 것이며, 무력한 정동은 생명력을 이완하게 하지만, 또한 그 때문에 자주 회복을 준비하는 성질의 것이다. — 정동을 동반하는 웃음은 경련적(痙攣的)인 환희이다. 우는 것은 운명에 대해 또는 다른 사람에 대해, 마치 그것으로부터 모욕을 받은 것처럼, 무력한 분노를 느끼는, 차차 약화되는 감각을 동반한다. 그리고 이 감각이 비애(悲哀)이다. 그러나 웃는 것도 우는 것도 모두 마음을 명랑하게 한다. 왜냐하면 그것은 이 양자에 감정을 유출시킴으로써 생명력을 억제하는 일로부터 해방되는 것이기 때문이다(그러므로 사람들은 소진될 때까지 웃는다면 눈물이 날 때까지도 웃을 수 있는 것이다). 웃음은 남성적이지만, 반면에 울음은 여성적(남성의 경우에는 [256] 여성 같은)이다. 단지 눈물의 발작, 실로 다른 사람의 고뇌에는 도량이 크지만 무력하게 동정을 할 뿐인 그런 눈물의

107) 영국의 의사인 브라운(John Brown, 1735~1788)의 학설에 의하면, 생물 유기체의 본질은 흥분성에 있고, 그 흥분성이 과도하게 되면 지나치게 왕성한 증상(Sthenie)의 병을 일으키고, 흥분성이 줄어들게 되면 무력한 증상(Asthenie)을 일으킨다고 한다.

발작은 남성에게도 허용될 수 있다. 그러나 남성에 있어 눈물은 눈 안에서 빛을 발할 뿐, 눈물이 방울져 떨어지지도 않으며, 더욱이 흐느껴 울면서 눈물의 반주를 하거나 그리하여 혐오의 음악을 연주하지는 않는다. ¦

3) 비겁과 용감에 관하여

77 [A판 67절, B판 74절] 불안, 염려, 전율, 공포는, 공포, 즉 위험을 피하는 것의 여러 가지 정도(程度)이다. 반성을 가지고서 위험을 떠맡는 마음의 침착이 **용기**이다. 어떤 것에 의해서도 쉽게 공포에 빠지지 않는 내적 감관의 강함(마음의 평정 Ataraxia)은 | **대담**(大膽)이다. 용기의 결여는 **비겁***이며, 대담의 결여는 **소심**이다.

놀라지 않는 사람은 **강심장**이다. 반성을 하면서 위험에 굴복하지 않는 사람은 용기를 가지고 있다. 위험할 때 용기가 지속되는 사람은 **용감**하다. 위험할 때 그 위험을 알지 못하기 때문에 모험을 감행하는 경솔한 사람은 **무모**하다. 위험한 줄 알면서도 모험을 감행하는 사람은 **모험적**이다. 자신의 목적을 달성하는 것이 불가능한 것처럼 보이는 경우에 자신을 극도의 위험에 내맡기는 사람(벤더에서의 칼 12세처럼[108])은 **만용**의 인간이다. 터키 사람들은 그들의 용기 있는 사람(아마도

---

* 겁쟁이(Poltron)라는 말은 (pollex truncatus 끊어진 엄지손가락)으로부터 유래했다) 후기 라틴어에서는 murcus(비겁자)와 함께 사용되었으며, 전쟁에 징집되지 않을 목적으로 자신의 엄지손가락을 도끼로 자른 사람을 의미했다.※

※ 폴트론의 어원에 관한 설명은 17세기 언어학자 살마시우스(Salmasius)가 시도했던 것이다. 그러나 오늘날에는 이 설명은 올바르지 않다는 것이 확인되었다. 또한 이 본문의 주 전체 문장이 수고에는 없다.

108) 칼 12세(1682~1718)는 스웨덴의 왕. 15세에 즉위했다. 왕은 나이가 어린 것을 틈타 다른 나라가 스웨덴의 분할을 책동하려는 것을 알고 북방 전쟁을 일으켰다. 우선 덴마크에 침입했고, 이어서 러시아, 폴란드에 진입해 처음에는 연승했지만, 폴다바에서

아편에 의한)을 미친 사람이라고 부른다. — 따라서 비겁은 불명예스럽고 패기 없음이다.

경해(驚駭)는 쉽게 공포에 빠지는 습관적 성질은 아니다. 이러한 성질은 소심이라 불리기 때문이다. 오히려 경해는 대개 신체적인 원인에 의한 것으로, ¦ 갑자기 일어나는 위험에 대해 충분히 준비하고 있지 않았다고 느끼는, 단순히 하나의 상태이며 우연적인 기분이다. 여전히 침실 가운을 입고 있는 장군에게 예기치 않은 적의 접근이 알려진다면, 그 순간에 장군의 피는 멈추어버릴 수도 있다. 또한 어떤 장군에 대해 그의 의사는, 장군의 위가 위산을 내고 있을 때는, 그는 소담(小膽)했고 소심하였다고 기록했다. | 그러나 강심장은 단지 기질에 의한 성질이다. 반면에 용기는 원칙에 근거하고 있으며, 하나의 덕이다. 이성은 결연(決然)한 남자에게는 자연이 그에게 주기를 종종 거부하는 강인함을 준다. [257] 전투에서의 경악은 유익한 배설을 가져다주며, 그러한 배설은(심장을 올바른 장소에 가지고 있지 않는다고 하는[109]) 조롱을 속담처럼 만들었다. 그러나 전투에 임하라는 소리를 듣고 용변 장소로 급히 가는 수병(水兵)들이 그 뒤 전투에서 가장 용감하다는 것은 사람들도 알고 있다. 동일한 사실이 맹조인 매가 왜가리 위를 빙빙 돌고, 왜가리가 이에 대해 전투를 준비하는 경우에도 타당하다.

인내는 따라서 용기는 아니다. 그것은 여성의 덕이다. 왜냐하면 그것은 저항을 위해서 힘을 다하는 것이 아니라, 고통스러운 것(견디는 것)을 습관에 의해서 알지 못하기를 바라는 것이기 때문이다. 외과

러시아에 대패했고, 터키로 도망했다. 뒤에 귀국해서 조국의 재건을 꾀혔지만, 다시 덴마크, 작센, 프로이센, 러시아의 군대에 포위되었으며, 반격에 나서 노르웨이 침공 작전 중 전사했다. 굳세고 용기에서 희대의 군사적 천재였지만, 성급하고 평화를 꾀할 줄 몰랐으며, 세상 사람들로부터 "북방의 광인(狂人)"이라 불렸다.

109) "심장을 올바른 장소에 가지고 있지 않다"(das Herz nicht am rechten Ort zu haben) 또는 "심장이 바지 안으로 떨어졌다"(das Herz fiel in die Hosen)는 독일어에서는 용기가 없는 것을 의미한다.

의사의 메스 아래에서, 또는 통풍(痛風)이나 결석(結石)의 고통 속에서 소리지르는 것은 따라서 이 경우에 비겁하다든가 여성 같다든가 하는 것은 아니다. 그것은 길을 걸어갈 때 근처에 굴러다니는 거리의 돌에 (엄지발가락을 — 이로부터 hallucinari(나오는 대로 지껄이는 것)라는 말이 나왔다[110]) 맞은 경우의 저주의 말과 같은 것이다. 즉 오히려 그것은 화의 폭발이며, 그렇게 함으로써 ¦ 자연은 외침을 통해서 심장에서의 혈액의 정체를 해소시키려고 노력하고 있다. — 그러나 아메리카의 인디언은 종종 특수한 종류의 인내를 보여주고 있다. 그들은 포위되었을 때는 무기를 내던져 버리고, 용서를 비는 것이 아니라 조용하게 죽는다. 그러나 이 경우 최후의 한 사람이 될 때까지 방어하는 유럽인보다도 더 용기가 있는 것일까? | 그것은 나에게는 단지 야만스런 허영에 지나지 않는 것처럼 보일 뿐이다. 즉 적이 그들로 하여금 자신에 복종하는 증거인 비탄과 신음에로 강제적으로 몰고 갈 수 없도록 하여 자신들의 종족의 명예를 유지하고자 하는 허영이다.

정동으로서의(따라서 한편으로는 감성에 속하는) 용기는 그러나 또한 이성에 의해서도 일어날 수 있으며, 그리하여 참된 용기(덕이 강함)로 될 수 있다. 존경에 가치를 두는 것에 대한 은근한 빈정댐에 의해서나 기지로 날카롭지만 그러나 그것만으로는 위험하게 되는 조롱적 모멸에 의해서도 위협이 되지 않고, 자신의 길을 의연히 걸어가는 것은 야전(野戰)이나 전투에서 용감한 사람이라는 점을 증명하는 많은 사람들도 가지지 못한 도덕적 용기이다. 결단을 위해서는 의무가 명령하는 것을 다른 사람들에게 조롱을 받을 위험이 있음에도 불구하고 감행하는 것이 필요하다. 실로 높은 정도의 용기가 필요하다. 왜냐하면 명예를 사랑하는 것은 덕의 지속적인 동반자이기 때문이다. 그리고 다른

---

110) hallux(엄지발가락)으로부터 "발가락에 걸려 화가 나서 돌을 저주한다."라는 의미에서 hallucinor(나오는 대로 지껄인다 또는 환각을 일으키다)라는 말이 생겼다고 하는 어원의 설명이다. 그러나 이것은 잘못된 설명으로 오늘날에는 인정되지 않는다. hallucinor의 올바른 어원은 ἀλύω(또는 ἀλύω — 잃다)이다.

¦ B 212 | A 213

경우에는 폭력에 대해 충분히 침착한 사람이라도 사람들이 그의 이 명예에 대한 요구를 냉소적으로 거부한다면, 그의 조소에 인내하려고 생각하는 사람은 거의 없을 것이기 때문이다.

[258] 다른 사람과 비교해서 자신의 존경을 결코 잃지 않는, 용기의 어떤 외적인 모습을 보이는 태도는 ¦ 호방(豪放)이다. 그것은 다른 사람의 눈에 유리하게 보이지 않는, 일종의 소심과 우려인 비겁과는 반대된다. — 호방은 자기 자신에 대한 공평한 신뢰에서 비난받을 수 없다. 그러나 다른 사람이 자신에 대해 내리는 판단을 결코 고려하지 않는 모습을 누군가에게 보이는 호방*의 태도는 철면피, 후안무치, 좀 완화된 표현을 쓴다면 불손이다. 따라서 그것은 그 말의 도덕적 의미에서의 용기에 속하지 않는다.

자살이 용기를 전제로 하는가 또는 항상 단지 절망만을 전제로 하는가 라는 것은 도덕적인 문제가 아니라 단지 심리학적인 문제이다. 자살이 단지 살아서 자신의 명예를 더럽히지 않기 위해서, 따라서 분노로부터 행해진다면, 그것은 용기인 것처럼 보인다. 그러나 그것이 서서히 모든 인내를 고갈시키는 비통에 의해서 고뇌 중의 인내력이 고갈되는 것이라면, 그것은 절망의 경우이다. 사람들이 인생을 더 이상 사랑하지 않는 경우에, 죽음을 직시하고 이것에 대해 두려워하지 않는 것은 일종의 영웅주의처럼 보인다. 그러나 사람들은 죽음을 두려워하지만, ¦ 모든 조건에서의 삶을 항상 사랑하지 않을 수 없으며, 따라서 자살에 호소하기에는 불안으로부터 오는 마음의 혼란이 우선 불가피

---

* 이 말은 본래 Dreistigkeit가 아니라 Dräustigkeit(Dräuen 또는 Drohen으로부터 나왔다)라고 쓰여져야 한다. 왜냐하면 이러한 사람의 어조나 표정은 그가 무례할지도 모른다고 하는 두려움을 다른 사람에게 주기 때문이다. 마찬가지로 사람들은 liederlich를 lüderlich로 쓰고 있다. 전자는 경솔하고 방자하지만, 그러나 다른 점에서는 유용하지 않은 것은 아닌 그리고 호인다운 모습을 의미하는 반면에, 후자는 극도로 악한, 어떤 사람에게도 혐오를 느끼도록 하는 인간(Luder 부패이라는 말에서 나왔다)을 의미한다.※

※ 칸트에 의한 이 두 가지 말의 어원에 관한 설명도 오늘날의 언어학 연구 결과 부정되고 있다.

¦ B 214 ∣ A 215

하게 일어난다면, 그는 비겁으로부터 죽는 것이다. 왜냐하면 그는 인생의 고뇌에 대해 인내할 수 없기 때문이다. | — 자살을 수행하는 방식은 심적 기분의 이러한 상위(相違)를 어느 정도 알 수 있도록 한다. 자살을 위해서 선택되는 수단이 갑작스러운 것이어서 구조 가능성이 없이 치명적인 것이라면, 예를 들어 권총의 발사나 또는(어떤 대왕[111])이 포로로 잡혔을 경우를 위해서 전쟁시 소지하고 있었던 것 같은) 극약의 염화 제2수은의 사용이나, 또는 돌을 주머니에 집어넣고 깊은 물에 뛰어드는 것이라면, 그 자살자에게 용기가 있다는 것은 논쟁의 여지가 없다. 그러나 그 수단이 다른 사람에 의해서 역시 절단될 수 있는 머리 매는 줄이나 의사에 의해서 신체로부터 제거될 수 있는 보통의 독약이나 다시 봉합되어 치료될 수 있는 머리의 절단된 상처라고 한다면, — 이런 식의 자살 기도의 경우에 자살자가 구조된다면, 보통은 [259] 스스로 기뻐하고 두 번 다시 자살을 시도하지 않지만 — 이것은 약함으로부터 오는 비겁한 절망이며, 그러한 행위를 위해서 마음의 침착의 강인함을 필요로 하는, 의지강한 절망은 아니다.

이러한 방식으로 인생의 무거운 짐으로부터 해방되려고 결심하는 사람이 반드시 단지 구제되지 못하는 무가치한 인간인 것은 아니다. 오히려 참된 명예에 대해서 어떤 감정도 가지지 않은 사람들은 그러한 행위를 쉽게 범하지 않는다. — 그러함에도 불구하고 그러한 행위는 항상 소름끼치는 일이고, 사람들은 그것에 의해서 자기 자신을 추한 인간으로 만들어 버리지만, 다음과 같은 사실은 주목할 만한 가치가 있다. 즉 혁명적 상태의, 합법적이라 선언되어진 공공연한 부정(不正)의 시대 ¦ (예를 들면 프랑스 공화국의 공안 위원회의 시대)에는 명예를 사랑하는 사람들(예를 들면 로랑과 같은 사람[112])은 자살에 의해서

111) 프로이센의 프리드리히 2세 대왕(Friedrich II, der Groβe, 1712~1786)을 가리킨다. 영민한 계몽 군주로 칸트가 이 왕에 대해 존경을 했다는 것은 잘 알려진 사실이다.

112) 고명한 지론도 당(黨)의 대신(大臣) 로랑(Roland de la Platière)이 1793년 11월 15일

법률에 따른 처형을 방해하려고 시도하였다. ❘ 입헌적 조직 아래서라면 그 자신이 그러한 자살을 비난해야 마땅하다고 선언했을 것이지만. 그 이유는 다음과 같다. 법률에 의한 모든 처형에는 그것이 형벌이기 때문에 무언가 굴욕적인 것이 있다. 그리고 그러한 처형이 부정한 것이라면, 그 법률의 희생이 되는 사람은 이 형벌을 당연한 것으로서 시인할 수 없다. 그러나 이것을 그는 다음과 같은 사실에 의해서 증명한다. 즉 그에게 죽음이 선고된다면, 그는 그것을 자유로운 사람의 그것으로 선택하기를 좋아하고, 그래서 죽음을 자기 자신에게 부여하는 것이다. 이 때문에 폭군들(네로와 같은)도 사형 선고를 받은 자에게 자살을 허용하는 것을 은총의 표시라고 칭했다. 왜냐하면 그것은 보다 한층 더 큰 명예를 가지고서 행해지기 때문이다. — 그러나 나는 이것의 도덕성을 변호하고 싶지 않다.

군인의 용기는 결투자의 용기와는 매우 다르다. 결투는 정부에 의해 너그럽게 보아 넘겨졌고, 또한 모멸에 대한 자조(自助)는 어느 정도까지 군대에서도 명예를 위해서 만들어졌으며, 군대의 지휘자도 그것에 개입하지 않았다. 그러나 그것은 법률에 의해서 공공연하게 허용되고 있지는 않다. — 결투를 묵인하는 것은 국가의 원수도 곰곰이 생각하지 않는 끔찍스러운 원리이다. 왜냐하면 단지 주의를 끌기 위해서 자신의 목숨을 걸고, 국가의 유지를 위해서 몸의 위험을 무릅쓰고 무언가를 하려고 하는 생각은 조금도 없는 수치스러운 인간도 존재하기 때문이다.

¦ 용감은 의무가 명하는 것에는 생명을 잃을지라도 두려워하지 않는 합법칙적인 용기이다. 대담한 것만으로는 그것에 충분치 않고, 기사(騎士) 바이야르[113] (두려움을 모르고 또한 나약하지도 않은 기사 chevalier sans peur et

에 자신의 칼로 쓰러졌던 이유는 오늘날의 조사에는 그 일주일 전에 있었던 그의 부인(유명한 로랑 부인)의 처형에 대한 고통 때문이었다

113) 바이야르(Pierre de Bayard, 1476~1524)는 루이 12세, 프랑소와 1세 등에 봉직했던

sans reproche)의 경우처럼 도덕적으로 결점이 없는 것(도리를 자각하는 정신 | mens conscia recti)이 그것과 결합되지 않으면 안 된다. [260]

4) 목적에 대해 자기 자신을 약화시키는 정동에 관하여 (정동을 억제 못하는 마음 impotentes anima motus)

78 [A판 68절, B판 75절] 분노와 수치의 정동은 그것의 목적에 관하여 자기 자신을 약화시키는 특성을 가지고 있다. 그것은 모멸로서의 해악(害惡)이 갑자기 환기되는 감정이지만, 그 감정이 세차기 때문에 이 해악을 누그러뜨리는 것을 동시에 불가능하게 만든다.

세찬 분노 때문에 얼굴빛이 창백하게 되는 사람과 동일한 상황에서 붉게 되는 사람 중 어떤 사람이 더 공포를 느낄까? 전자는 그 순간에 공포를 느끼겠지만, 후자는 뒤에 보다 더(복수심 때문에) 공포를 느끼게 된다. 전자의 상태에서는 침착을 잃어버린 사람은 뒤에 후회할지도 모르는 폭력을 사용하도록 강렬한 마음이 드는 자기 자신에 대해 두려워한다. 후자의 경우에는 두려움은 갑자기 공포로 이행하지만, 그것은 스스로 자신을 방어할 힘이 없다는 의식이 분명하게 될지도 모르는 것에 대한 공포이다. — 양자는, 마음의 갑작스러운 침착에 의해서 울분을 풀 수 있다면, 건강에 해롭지는 않다. 그러나 그렇지 않은 경우에는 이것들은 생명 그 자체에도 위험한 것이며, ¦ 혹은 그의 정동의 폭발이 억제된다면, 원한을 뒤에 남긴다. 즉 도멸에 대해서 그러한 태도를 취하지 않는 것에 관한 고통을 뒤에 남긴다. 그러나 이러한 고통은 이들 정동이 말로 되어서 나타날 수 있다면, 피해지게 된다. | 그러나 두 가지 정동은 사람을 침묵하도록 만들며, 그 때문에 불리한 상황 아래 스스로를 드러내는 그런 종류의 것이다.

프랑스의 기사. 호담과 관용을 가진 것으로 알려졌으며, 당시 기사의 전형이었다.

조급함은 마음의 내적 훈련에 의해서 폐기될 수 있다. 그러나 수치의 순간에 과도하게 섬세한 명예 감정이 약화되는 것은 그렇게 쉽게는 통제되지 않는다. 왜냐하면 흄도 말한 것처럼[114](그 자신 이러한 약함 — 공식적으로 이야기하는 데 대해 겁을 냄 — 에 시달리고 있는) 호방한 마음으로 되려고 하는 최초의 시도가 실패한다면, 그것은 사람을 소심하게 만들뿐이기 때문이다. 그래서 예의에 관한 그들의 판단이 거의 문제되지 않는 그런 사람들과 교제하는 것으로부터 시작해서, 천천히 우리에 대한 다른 사람의 판단을 중대한 것으로 생각하는 태도를 극복하여, 이 점에서 내심 그들과 동등하다는 입장으로 스스로를 평가하는 것 말고 다른 수단은 없다. 이에 대한 습관화는 솔직함을 낳지만, 그것은 겁을 내는 것과도 거리가 멀지만 또한 사람을 모멸하는 호방함과도 거리가 멀다.

우리는 다른 사람의 수치에 대해서는 고통이라고 해서 동정하지만, 그러나 다른 사람의 성냄에 대해서, 만약 그 사람이 우리에게 성냄을 일으킨 충동이 [261] 정동 때문이었다고 지금 이야기한다면, 동정하지 않는다. 왜냐하면 이 상태에 있는 사람의 앞에서 그가 말하고 있는 것을(모욕을 받은 것에 관하여) 듣고 있는 사람 자신도 안전하지 않기 때문이다.

¦ 경이(예기치 않은 상황 안에 자신이 처해 있다는 것을 알게 되는 곤혹)는 자연적인 사고의 활동을 처음에는 방해하고, 따라서 쾌적하지 않은 것이지만, | 그러나 예기하지 않은 표상에 대한 생각의 흐름을 계속 더 촉진시키고, 그 때문에 감정의 쾌적한 환기가 된다. 그 지각이 깨어있을 때 발생하는지 꿈을 꿀 때 발생하는지를 알지 못하는 한에서 이 정동은 본래 놀람이라고 한다. 이 세상에 대한 미(未) 경험자는 모든 것을

114) 흄의 ≪논문집≫(*Essays and Treatises on Several Subjects*, ed. Green and Grose), II, 381, 참조.

경이롭게 본다. 그러나 이따금의 경험에 의해서 사물의 과정을 숙지하고 있는 사람은 어떤 것에 대해서도 경이를 느끼지 않는다는(nihil admirari) 것을 원칙으로 하고 있다. 이에 반해서 연구의 눈을 가지고 자연의 질서를 그 매우 다양성에 걸쳐서 숙고하면서 걸어가는 사람은, 그가 예기하지 못한 지혜와 마주치게 되면, 경이를 느끼게 된다. 그것은 사람들이 그로부터 절연(絶緣)할 수 없는(경이를 느끼기는 하지만 만족할 만큼 느끼지 않는) 찬탄(讚嘆)이다. 그러한 정동은 단지 이성에 의해서 환기되기 때문에, 초감성적인 것의 심연이 발 앞에 열려진다는 것을 알게 되는 일종의 신성한 전율이다.

5) 자연으로 하여금 건강을 기계적으로 촉진시키는 정동에 관하여

79 [A판 69절, B판 76절] 약간의 정동에 의해 건강은 자연의 손에서 기계적으로 촉진된다. 특히 웃는 것과 우는 것이 여기에 속한다. 성냄도, 만약 사람들이(저항을 염려하지 않고) 용감하게 질책할 수 있다면, 소화를 위해서 매우 확실한 수단이 된다. ¦ 그리고 많은 주부는 아이나 하인을 질책하는 것 외에는 열심히 운동을 하지 않는다. 이때 아이들이나 하인들이 잘 참고 행동한다면, 쾌적한 피로를 생명력이 신체의 기구를 통해서 ❘ 균일하게 확대시켜 버릴 것이다. 그러나 이러한 방식은 집안사람들의 염려하는 저항 때문에 위험이 없지 않다.

이에 반해서 사람들이 좋아하는(악의 있는 것도 아니고 쓴 웃음도 아닌) 웃음은 보다 선호되고 또한 보다 효과적이다. 즉 "새로운 쾌락을 생각해 내는 사람에게" 상금을 건 페르시아 왕에게 추천되었던 웃음이다. [262] — 이때 끊어졌다 이어졌다 하면서(말하자면 경련을 일으키면서) 발생하는 호흡은(그러한 호흡 중의 재채기는, 그것의 소리가 억제되지 않고 울린다면, 작지만 생기를 주는 효과이다), 횡경막의 건강한 운동에 의해서 생명력의 감정을 강화한다. 그러나 우리를 웃도록 만드는 사람은 고용된 익살꾼(Harlekin)일지도 모르며, 친구들 중에 속하는 재간있는 장난꾸러기일지도 모른다. 이러한 장난꾸러기는 악의(惡意)를 조금도 가지지 않은 것처럼 보이지만, "눈에 보이지 않는 교활한 자"이며, 함께 웃지 않고, 오히려 순진함을 가장해서 긴장된 기대(팽팽하게 된 현 絃같은)를 갑자기 느슨하게 만든다. 그래서 웃음은 결국 소화에 필요한 근육의 진동이며, 그것은 의사의 지혜가 하는 것보다도 소화를 훨씬 더 촉진한다. 또한 잘못된 판단력이 보여주는 심한 불합리조차도 — 물론 ¦ 현명하다고 자칭하는 사람의 희생이 뒤따르지만 — 실로 동일한 결과를 낳는다.*

| 우는 것은, 즉 흑흑 흐느껴 우는 것과 함께 일어나는(경련적인) 호흡은, 그것이 눈물의 유출과 결합된다면, 고통을 진정시키는 수단으로서 마찬가지로 건강을 위한 자연의 준비이다. 흔히 말해지듯이 위안받고 싶지 않은, 즉 눈물의 흐름을 저지하는 방법을 알고 싶지 않은 미망인은 모르는 사이 또는 원하지 않았는데도 자신의 건강을 배려하고

---

* 후자에 대한 예를 많이 보여줄 수 있다. 나는 여성들의 귀감이었던 귀부인인 고 카이젤링 백작부인※의 입에서부터 들은 한 가지 이야기만을 인용하고 싶다. | 당시 폴란드에서 말타 섬의 기사단의 창립을 세평(世評)하는 위임을(오스트로그 교구 사제직으로부터) 받았던 사그라모소 백작이 그녀의 집으로 방문을 했다. 그리고 또한 우연히, 쾨니히스베르크에서 태어났지만 함부르크의 몇 명의 부유한 상인들이 도락(道樂)을 위해서 그들의 박물 표본실의 표본 수집가 겸 관리자로 고용했던 한 사람이 프로이센의 친척을 방문하러 와서 그들과 만났다. 백작은 대화를 하면서 그 사람에게 엉터리 독일말로 다음처럼 말했다. "함부르크에는 숙모가 있었지만(ick abe in Amburg eine Ant geabt (ich habe in Hamburg eine Tante gehabt)) 죽었습니다." 그러자 그 관리자는 즉각 이 말을 되받았다. "왜 귀하는 그녀의 껍질을 벗겨서 박제해 두지 않았습니까?" 그는 숙모를 의미하는 영어의 Ant(aunt)를 Ente(오리)로 생각했으며, 희한함에 틀림이 없는 일이 그에게 일어났기 때문에, 그는 이 큰 손해에 대해 애통해 했다. 이러한 오해가 얼마나 큰 웃음을 일으켰는지 상상해보자.

※ 카이젤링 백작부인(Gräfin Charlotte Amalie Keyserling, 1729~1791)의 가정과 칸트는 빈번하게 교제했다. 현명하고 철학의 교양도 깊었으며, 부군(Heinrich Christian Keyserling)과 함께 칸트의 좋은 친구였다.

¦ B 220 | A 221 본문 주 | A 221

있는 것이다. 이러한 상태에서 일어나는 분노는 이 흐름을 즉각 저지할 것이지만, 그러나 그녀에게는 해가 된다. ¦ 비록 반드시 비애뿐만 아니라 분노도 여자와 아이들에게 눈물을 흘리게 할 수 있지만 말이다. — 왜냐하면 [263] 강한 정동의 경우(그것은 분노이기도 슬픔이기도 하다) 해악에 대해 자신이 무력하다는 감정이 외적 자연적인 표시를 원조(援助)로서 불러내기 때문이다. 이 표시는 또한(약자의 권리에 따라서) 남성의 마음을 적어도 누그러뜨린다. 그러나 여성의 연약함으로서의 이러한 섬세함의 표현은 | 동정하는 남성의 마음을 움직이고, 우는 데까지 이르게 하지는 않는다 하더라도 눈에 눈물을 고이게 한다. 왜냐하면 우는 경우에는 남성은 그 자신의 성(性)을 모독하는 것이며, 이러한 자신의 여성 같은 나약함을 가지고서는 보다 약한 사람들을 보호하는 역할을 할 수가 없기 때문이다. 그러나 눈물이 고이는 경우에도 이성(異性)에 대해 동정을 보여 주지 못할 것이다. 동정은 남성에 대해서 그의 남자다움을, 즉 여성을 보호한다는 것을 의무로서 부과하고 있다. 이것은 기사(騎士) 이야기책이 용감한 사람에 귀속시키고 있는 성격이다. 즉 그러한 성격은 바로 이러한 보호에 있는 것이다.

그러나 무엇 때문에 젊은 사람들은 비극을 사랑하고, 부모들에게 연회를 마련해 드리는 경우에도 이것을 상연(上演)하는 일을 좋아하는 데도, 노인은 희극을, 심지어는 광대극까지도 좋아할까? 전자의 이유는 어느 정도까지 아이들로 하여금 위험한 일을 감행하도록 하는 이유와 같다. 즉 아마도 자신의 힘을 시험해 보려고 하는 자연의 본능에 의한 것이다. 그러나 어느 정도는 또한 다음과 같은 이유 때문이다. 즉 젊은 사람들은 마음이 경솔하여 마음을 아프게 하거나 놀라게 하는 인상에 대해서, 막이 끝나자마자 어떤 우울함도 남아있지 않고, ¦ 단지 강한 내적인 활동 뒤의 쾌적한 피로가 남아있을 뿐이며, 바뀌어서 즐거움과 일치하게 되기 때문이다. 이에 반해서 노인의 경우에는 그러한 인상은 그리 쉽게는 사라지지 않으며, 그들은 쾌활에 대한 기분을 그렇게 쉽게는 자신 안에서 다시 생산해내지 못할 것이다. 그렇지만 기민한 기지를 가지고 있는 어릿광대는 그의 재치에 의해서 노인들의 횡경막이나 내장안에다 건강에 좋은 진동을 일으킨다. I 그리고 그렇게 함으로써 그 후에 계속되는 연회의 식사에 대한 식욕이 왕성하게 되며, 또한 수다를 통해서 건강에 도움이 된다

6) 총괄 주해

어떤 종류의 내적인 신체적 감정은 정동과 유사하지만, 그러나 정동 그 자체는 아니다. 왜냐하면 그것들은 순간적이고 일시적일 뿐이며, 뒤에 어떤 흔적도 남기지 않기 때문이다. 어린아이가 밤에 유모로부터 귀신 이야기를 들을 때 그 아이에게 엄습하는 소름끼침은 이런 종류의 것이다. — 마치 차가운 물을 덮어쓰는 것 같은(소나기의 경우같은) 몸 떨리는 느낌도 여기에 속한다. 위험의 지각이 아니라 위험하다는 단순한 생각이 — [264] 어떤 위험도 없다는 것을 알고 있음에도 불구하고 — 이런 감각을 낳는다. 이런 감각이 단순한 발작이며 경악의 나타남이 아니라면, 반드시 쾌적하지 않은 것은 아닌 것처럼 보인다.

현기증과 심지어는 뱃멀미도 그것의 원인에 대해 말한다면 이러한 관념적인 위험의 부류에 속하는 것처럼 보인다. — 땅 위에 놓여 있는 판자 위에서는 사람들은 흔들거리지 ¦ 않고 걸어갈 수 있다. 그러나 판자가 심연의 위에 걸쳐져 있다든지 신경이 약한 사람이라면 단지 도랑 위에 걸쳐져 있는 경우라 하더라도, 위험에 대한 공허한 염려가 종종 실제로 위험한 것이 된다. 배의 동요는 가벼운 바람이 불어도 침하와 상승이 교체하는 것이다. 침하의 경우에는 상승하려는 자연의 노력이(왜냐하면 모든 침하는 일반적으로 위험이라는 표상을 I 수반하

¦ B 223 I A 224

기 때문이다), 따라서 아래로부터 위로 향하려는 위(胃)나 내장의 운동이 구토를 일으키는 자극과 기계적으로 연결되어 있다. 그리고 환자가 선실 안에서 창밖을 보고 하늘과 바다를 교대로 조망하며, 그렇게 함으로써 자기 아래로 떨어지는 것 같은 좌석의 착각이 점점 더 커진다면, 이 구토의 자극은 한층 증대된다.

자신은 냉정하지만 오성과 강한 상상력을 가지고 있는 배우는 일부러 꾸며진(작위적인) 정동에 의해서 종종 참된 정동에 의해서보다도 더 사람의 마음을 움직일 수 있다. 진심으로 사랑하고 있는 사람은 연인이 현재 눈앞에 있다면 당혹해하고, 어색해하며, 사람의 마음을 끌지 못한다. 그러나 단지 사랑에 빠진 체 할 뿐 어떤 다른 재능도 가지고 있지 않은 사람은 자신의 역할을 극히 자연스럽게 할 수 있기 때문에, 그는 속여서 가련한 사람들을 온통 자신의 올가미로 끌어오고 만다. 바로 이것은 그의 마음이 선입견에 사로잡히지 않고, 그의 두뇌가 명석하며, 그러므로 그는 사랑하는 남자의 외관을 극히 자연스럽게 모방하기 위한 숙달과 역량을 자유로이 사용할 수 있기 때문이다.

사람 좋은(숨김없는) 웃음은(희열의 운동에 속하는 것으로서) 사교적이며, 악의있는 ¦ 웃음(비웃는 웃음)은 적의(敵意)적이다. 정신을 혼란시키는 사람(테라손[115] 처럼 가발 대신에 나이트캡(寢帽)을 쓰고, 모자를 손에 끼고, 학문에 관해 고대인과 근대인의 장점에 대한 논쟁을 하면서 엄숙하게 돌아다니는)은 전자의 웃음을 일으킨다. 그는 홍소(哄笑)의 대상이 되기는 하지만, 그러나 그 때문에 | 조소의 대상이 되는 것은 아니다. 분별이 없는 것도 아닌 별난 사람은 홍소의 대상이 되지만, 그에 있어서 그것은 굉장한 것은 아니고, 그도 함께 웃음에 참여한다. — 기계적으로(무신경하게) 웃는 사람은 천박하고, 모임을

115) 테라손(Jean Terrasson, 1670~1750)은 프랑스의 학자이자 수도원장. 또한 파리 아카데미 회원. 칸트는 그의 말을 ≪순수이성비판≫의 서문에서도 인용하고 있다.

¦ B 224 | A 225

재미없게 만든다. 거기서 전혀 웃지 않는 사람은 까탈스러운 사람이거나 현학적인 사람이다. 어린이들, [265] 특히 소녀들은 일찍이 사람 좋고, 강제되지 않은 웃음을 웃는 습관을 가지지 않으면 안 된다. 왜냐하면 이 경우 얼굴 표정의 명랑함은 서서히 마음 안에 각인되며, 쾌활, 친절, 사교성을 향하는 성향의 기초가 되기 때문이다. 이런 성향은 호의라는 덕에 이런 식으로 접근하는 것을 일찍부터 준비한다.

사람을 모임 중에 기지(機智)의 웃음 대상으로 만들고(조롱), 그럼에도 거기에 가시가 있는 것은 아니고(빈정댐이 없는 조롱), 이에 대해 다른 사람도 자신의 기지를 가지고서 동일한 응수의 준비를 하며, 그렇게 해서 쾌활한 웃음을 그 모임에 가지고 들어올 준비를 할 수 있는 사람은 모임을 기분 좋고 또한 동시에 세련되도록 활기차게 만든다. 그러나 이것이 우둔한 사람을 희생시켜 행해지고, 그 사람을 사람들이 공처럼 다른 사람에게 던지고 받고 한다면, 이런 웃음은 다른 사람의 불행을 즐거운 것으로 삼는 것으로서 적어도 무례한 것이다. 그리고 이것이 식객에게 일어나고, 그 식객은 포식을 위해서 제멋대로 구는 놀이의 희생양이 되거나 자신을 웃음거리로 만들도록 내버려 둔다면, 이것은 그것에 대해 큰 소리를 내면서 웃을 수 있는 사람들의 나쁜 취미의 증거이면서 ¦ 또한 둔한 도덕 감정의 증거이기도 하다. 궁중의 신하들을 웃음거리로 해서 영주의 배를 건강에 도움이 되도록 충격주기 위해서, 웃음을 통해서 식탁에 흥을 돋우어야 하는 궁정 도락의 역할을 맡은 사람의 임무는, | 사람들이 어떤 방식을 취하든, 모든 비판을 넘어서 있거나 혹은 그 아래에 있다.

¦ B 225 | A 226

제80절~제86절 욕정에 관하여

80 [A판 70절, B판 77절] 어떤 욕망이 그 대상의 표상에 선행해서 성립하는 주관적 가능성이 성벽(propensio)이다. — 대상을 알기 전에 그 대상을 점유하려는 욕구 능력을 내적으로 강제하는 것이 본능이다(예를 들면 성교의 본능이라든가 자신의 새끼를 보호하려고 하는 어미 동물의 본능 등). — 주관에서 규칙(습관)의 역할을 하는 감성적 욕망은 경향성(inclinatio)이라 한다. — 어떤 선택에 관하여 그 경향성을 모든 경향성의 총계와 비교하려고 하는 이성을 방해하는 것이 욕정(passio animi)이다.

쉽게 통찰되는 것이지만, 욕정은 가장 냉정한 반성과도 결합되고, 따라서 정동처럼 무분별한 것에는 미치지 않으며, 그 때문에 격렬하고 일시적인 것이 아니라 뿌리를 내리고 그 자체 이치에 맞는 것과도 공존할 수 있기 때문에, — 자유를 가장 크게 훼손시키며, 정동이 [266] 도취적인 것이라면, 욕정은 ¦ 병이다. 이 병은 모든 약제를 거부하고, 그래서 앞서 이야기했던 모든 일시적인 마음의 동요보다도 훨씬 나쁜 것이다. 일시적인 정동은 적어도 좀 더 나아지고자 하는 시도를 불러일으키지만, 그 대신에 욕정은 개선조차 거절하는 마법이다.

| 사람들은 욕정을 욕(欲)이라는 말로 명명한다(명예욕, 복수욕, 지배욕 등). 그러나 사랑에 빠져있는 것이 아닌 연애의 욕정은 다르다. 그 이유는 연애의 욕망이(향유 享有에 의해서) 만족되는 경우 욕망은 적어도 동일한 인간에 관해서는 동시에 중지해 버리며, 따라서 욕정적으로 사랑에 빠져 있는 것은(상대방이 거절을 고집하고 있는 한) 욕정이라고 말해지지만, 육체적 연애는 욕정이라고 하지 않기 때문이다. 왜냐하면 연애는 객관에 관해서는 고집적인 원리를 포함하고 있지 않기 때문이다. 욕정은 항상 경향성이 주관에 지정해주었던 목적에 따라

¦ B 226, 227 | A 227, 228

서 행위 한다는 주관의 준칙을 전제로 하고 있다. 따라서 욕정은 주관의 이성과 항상 연결되어 있으며, 단순한 동물에 욕정을 귀속시킬 수 없는 것은 순수한 이성적 존재자에게 그것을 귀속시킬 수 없는 것과 같다. 명예욕, 복수욕 등은 결코 완전히 만족되는 것이 아니기 때문에, 병으로서 욕정 아래에 포함되며, 이 병에 대해서는 단지 완화제가 있을 뿐이다.

81 [A판 71절, B판 78절] 욕정은 순수 실천 이성에서는 암이며, 대개는 불치의 병이다. 왜냐하면 이 병에 걸린 사람은 치료되기를 원하지 않으며, 그것에 의해서만 치료가 될 수 있는 원칙의 지배를 거절하기 때문이다. 이성은 감성적 ¦ · 실천적인 것에 있어서도 다음과 같은 원칙에 따라서 보편적인 것으로부터 특수적인 것으로 나아간다. 그것은, 즉 마음에 드는 하나의 경향성 때문에 다른 모든 경향성을 그늘이나 구석에다 갖다 놓으려는 것이 아니라, 그 경향성이 모든 경향의 총계와 공존할 수 있도록 하는 데 유의하려는 원칙이다. — 어떤 인간의 명예욕은 항상 이성에 의해서 | 시인된 경향성의 방향일는지 모른다. 그러나 명예욕을 가진 사람은 다른 사람에 의해서도 사랑받고 싶어 하며, 그는 다른 사람과의 마음에 드는 교제나, 자신의 자산 상태의 유지 등도 필요로 한다. 그러나 그가 욕정적으로 명예욕을 가진 사람이라면, 그는 그의 경향성이 마찬가지로 그를 유인하는 이 목적에 맹목이 된다. 그리고 그가 다른 사람으로부터 증오를 받거나 교제시 다른 사람이 그를 피하거나 낭비에 의해 궁핍하게 되는 위험을 감행하는 일 — 이러한 일을 그는 모두 간과한다. 그것은 그의 형식적인 원리에서도 이성과 바로 모순되는 어리석음(자신의 목적의 일부를 전체로 만들고자 하는)이다.

[267] 그러므로 욕정은 정동처럼 많은 해악이 가득 차 있는 불행한

¦ B 226, 227 | A 227, 228

마음의 기분일 뿐만 아니라 또한 예외 없이 나쁘다. 그리고 가장 좋은 성질의 욕망이 덕, 예를 들면 자선의 덕에(실질에 따라서) 속하는 것에 관계한다 하더라도, 그러나 그것은(형식에 따라서) 욕정으로 되자마자 단지 **실용적**으로 해가 될 뿐만 아니라 **도덕적**으로 배척해야 되는 것이다.

정동은 자유와 자제를 순간적으로 훼손한다. 욕정은 그것을 단념하고 자신의 쾌와 만족을 ¦ 노예적인 근성 안에서 발견했다. 그럼에도 불구하고 이성은 내적 자유에 대한 자신의 외침을 중시하지 않기 때문에 불행한 사람은 그의 사슬 아래에서 탄식하지만, 그럼에도 불구하고 그 사슬로부터 잘 벗어날 수 없다. 왜냐하면 그 사슬은, 말하자면 이미 그의 수족으로 유착되어 버렸기 때문이다.

그럼에도 불구하고 욕정도 또한 그것을 찬양하는 자를 발견했다(왜냐하면 사악 邪惡도 일단 원칙 안에 장소를 점하게 되면, 찬양하는 사람이 발견하지 못하는 것이 어디에 있겠는가?). 그리고 다음과 같이 말해진다. "이 세상에 격렬한 욕정 없이는 어떤 위대한 것도 성취되지 않는다. 그리고 섭리 그 자체가 이 욕정을 현명하게도 용수철처럼 인간의 본성 안에 심어놓았다."[116] — 많은 **경향성**에 대해 사람들은 살아있는 자연이(인간조차) 자연적 · 동물적 요구로서의 경향성을 가지지 않을 수 없다는 것을 인정할는지도 모른다. 그러나 경향성이 **욕정으로** 된다는 것, 아니 욕정으로 되어야 한다는 것을 섭리는 원하지 않았을 것이다. 경향성을 이러한 관점에서 설명하는 것은 시인에게는 허용될는지도 모른다(즉 포프와 함께 말하면 "이성이 자석이라 한다면 욕정은 바람이다"[117]). 그러나 철학자는 이 원칙을 가까이 해서는 안 된다. 인류가 문화의 상당한 정도에까지 도달하기 전에, 고의로 인간의 본성

---

116) 아마도 칸트는 여기에서 헬베티우스(Helvétius)의 ≪정신론≫(*De l'esprit*), III, 6~8장을 염두에 두고 있는 것 같다.

117) 포프(Alexander Pope, 1688~1744)는 영국의 시인이자 철학자. 그의 ≪인간론≫(*Essay on Man*), II, 108 참조.

¦ B 228

중에 욕정을 가져다 놓는 섭리의 잠정적인 준비로서 이 욕정을 칭찬할 목적이라고 하더라도, 그렇게 해서는 안 된다.

욕정의 구분

욕정은 자연적(생득적) 경향성의 욕정과 인간의 문화로부터 생겨 나온(획득적) 경향성의 욕정으로 분류된다.

첫 번째 종류의 욕정은 자유의 경향성과 [268] 성(性)의 경향성이며, 양자 모두 | 정동과 결부되어 있다. 두 번째 종류의 욕정은 명예욕, 지배욕, 소유욕이며, 이것들은 정동의 격렬함과 결합되어 있는 것이 아니라, 어떤 목적을 겨냥하는 준칙의 완고함과 결합되어 있다. 전자는 뜨거운 욕정(passiones ardentes)이라 부를 수 있으며, 후자는 탐욕처럼 차가운 욕정(passiones frigidae)이라 부를 수 있다. 그러나 모든 욕정은 인간으로부터 인간에로 향해진 욕망이며, 사물에로 향해진 욕망은 아니다. 그리고 사람들은 비옥한 경작지나 살찐 암소에 대해서는 그것을 이용하려는 경향성을 다분히 가질 수 있지만, 애정(그것은 다른 사람과의 공동에의 경향성을 본질로 한다)을 가질 수 없으며, 하물며 욕정을 가질 수는 없는 것이다.

1) 욕정으로서의 자유의 경향성에 관하여

82 [A판 72절, B판 79절] 이것은 자연인이 다른 사람과 서로 요구하는 일을 피할 수 없는 상태에 있을 때, 그 자연인의 모든 경향성 중 강렬한 것이다.

다른 사람의 선택에 따라서만 행복해질 수 있는 사람은(다른 사람이 아무리 호의적이라 하더라도) 당연히 자신이 불행하다고 느낀다. 왜냐하면 자신의 유력한 동포가 ¦ 행복에 관한 판단에서 자신의 판단과 일치할 것이라는 점에 대해 그는 어느 정도의 보증을 할 수 있을까? — 야만인(아직 복종에 습관화되지 않은 사람)은 이 복종의 상태에 들어가는 것보다 더 큰 어떤 불행도 알지 못한다. 그리고 그것은 아직 공적으로 법률이 그를 보호하지 않는 한에서, 그가 훈련에 의해서 I 서서히 복종을 참아낼 수 있을 때까지는 당연한 일이다. 그러므로 야만인은 다른 사람을 가능한 만큼 자신으로부터 멀리 놓으려 하고 또한 황야에 산재해서 생활하려고 하는 의도를 가지고 있으며, 끊임없이 전쟁의 상태에 있게 된다. 또한 막 모태(母胎)로부터 벗어난 아이가 다른 모든 동물과 달리 큰 소리로 울면서 세상에 나오는 것은 다음과 같은 이유 때문인 것처럼 보인다. 즉 유아는 자신의 수족을 사용할 능력이 없다는 것을 속박으로 느끼고, 그래서 자유(다른 어떤 동물도 자유에 대한 표상을 가지고 있지 않다)에 대한 요구를 즉각 알리기 때문이다.* — 유목민은 [269] ¦ (목축민으로서) 예를 들어 아라비아

---

* 시인인 루크레티우스는 동물계에서의 이 실제로 주목할 만한 현상을 다른 방식으로 언표하고 있다.

> 많은 불행을 생애에서 경험하도록 결정된 사람에 어울리게
> 비탄의 소리를 가지고 그 장소를 채워라!
> Vagituque locum lugubri complet, ut aequomst
> Cui tantum in vita restet transire malorum!※

[269] 새로 태어난 아이가 이러한 전망을 가지는 일은 아마도 있을 수 없을 것이다. 그러나 아기 마음에서의 불쾌의 감정이 신체적인 고통으로부터가 아니라, 자유와 그것에 대한 방해, 즉 불법에 관한 어렴풋한 관념(또는 그것과 유사한 표상)으로부터 생겨난다는 것은 탄생 이 삼 개월 후에 우는 소리와 결합되어 있는 눈물에 의해서 명료하게 된다. 그것은 아기가 어떤 대상에 가까이 가려고 또는 일반적으로 자신의 상태를 변경시키려고 노력하지만, 그럼에도 그것이 방해를 받는다고 느끼는 경우에 나타나는 일종의 분개를 보여주고 있다. — I 자신의 의지를 가지고 있는 그리고 이것에 대한 방해를 모욕이라고 해석하려고 하는 충동이 특히 아기의 울음소리의 고저에 의해서 확실히 나타난다. 또한 이러한 충동은 어머니가 처벌을 가할 필요가 있다고 느끼지만 통상 강렬한 울음소

사람처럼 어떤 토지에도 집착하지 않기 때문에, 완전하게는 아니더라도 자신들의 속박되지 않은 생활양식에 강하게 집착을 하고 있다. 그리고 정주(定住)하는 민족을 경멸하면서 내려다보는 고답적인 정신을 가지고 있다. 그러므로 그러한 생활양식과 분리되지 않는 극심한 고통도 몇 천년간 그들로 하여금 그러한 생활양식을 등지게 할 수 없었다. | 단순한 수렵 민족(올레니-퉁구스 족 같은[118])도 이러한 자유로운 감정에 의해서(그들과 혈연관계가 있는 다른 민족과 분리되어) 실제로 자기를 향상시키기도 했다. — 그래서 도덕 법칙 아래에 있는 자유 개념은 열의(熱意)라고 하는 정동을 환기시킬 뿐만 아니라, 외적 자유의 단순히 감성적인 표상이 자유 안에 머무르려는 또는 자유를 확대하려는 경향성을, 권리 개념과의 유비에 의해서, 강렬한 욕정에까지 높인다.

단순한 동물의 경우에는 가장 강렬한 경향성(예를 들면 성교의 경향성같은)도 욕정이라 하지 않는다. 왜냐하면 동물은 이성을 가지고 있지 않기 때문이다. 이성만이 자유 개념의 기초를 이루고, 또한 이것과 욕정은 ¦ 서로 충돌한다. 그러므로 욕정의 들발은 인간에게만 귀속될 수 있다. — 사람들은 인간에 관해 인간은 어떤 것을 **욕정적으로** 사랑(음주나 승부거는 일이나 수렵을)하거나 혐오(사향(麝香)이나 브랜디를)한다고 말한다. 그러나 이 여러 가지의 경향성이나 기피성을 각각 **욕정**이라고 말하지는 않는다. | 왜냐하면 이것은 각각 여러 가지의 본능, 즉 욕구 능력 안에 있는 각각의 단지 **수동적인** 것에 불과하기

리에 의해 응수되는 나쁜 성질을 드러내기도 한다. 아기 자신에게 책임이 있는 경우에도 동일한 사실이 나타난다. 다른 동물의 새끼는 놀지만, 인간의 아이들은 일찍부터 말다툼을 한다. 그것은 마치 어떤 권리 개념(그것은 외적인 자유에 관계한다)이 동물성과 동시에 발전하며, 따라서 점차적으로 학습되는 것이 아닌 것처럼 보이는 것이다.

※ 루크레티우스의 ≪사물의 본질에 관하여≫(*De rerum natura*), V, 227~228 참조.

118) 올레니 - 퉁구스(Olenni - Tungusi)족은 동부 시베리아에 거주하는 한 종족.

때문이다. 그러므로 이것은 또한 사물로서의 욕구 능력의 대상(이것은 무수하게 있다)에 따라서 분류되는 것이 아니며, [270] 인간은 다른 사람을 자신의 목적의 수단으로 삼으므로, 인간이 그들의 인격이나 자유를 서로 사용하거나 악용하는 원리에 따라서 분류되어야 하기 때문이다. — 욕정은 본래 인간에게만 관계하며, 또한 인간에 의해서만 만족될 수 있다.

이러한 욕정은 명예욕, 지배욕, 소유욕이다.

이것들은 직접적으로 목적과 관계가 있는 모든 경향성을 만족시키기 위한, 수단의 소유에 관계하는 경향성이기 때문에, 이성의 외관(外觀)을 가지고 있다. 즉 자유 — 이 자유에 의해서만 목적 일반이 달성될 수 있는 그런 자유와 결합되어 있는 능력에 대한 이념을 추구하는 것이다. 임의의 의도를 위해서 수단을 소유하는 것은 물론 개개의 경향성과 그것의 만족을 향해 있는 경향성보다도 훨씬 멀리까지 미친다. — 그러므로 이것들의 욕정은 또한 망상의 경향성이라 칭해질 수 있다. ¦ 그 망상의 본질은 다음과 같은 점에 있다. 즉 사물의 가치에 대한 다른 사람의 생각을 현실의 가치와 동등하게 평가하는 것이다. |

2) 욕정으로서의 복수욕[119]에 관하여

83 [A판 73절, B판 80절] 욕정은, 경향성이 서로 일치 또는 대항하는 목적에로 향해지는, 따라서 애정 또는 증오인 한에 있어서, 인간으로부터 인간에로 향해진 경향성일 수 있을 뿐이다. 그러나 권리의 관념은 직접적으로 외적인 자유의 개념으로부터 생겨나는 것이기 때문에, 호의(好意) 개념보다도 훨씬 중요한, 또한 의지를 훨씬 강하게 움직이는 유인(誘因)이다. 그러므로 불법을 당하는 것으로부터 생겨나

119) "복수욕"(Rachbegierde)은 수고와 A판에서는 "권리욕"(Rechtsbegierde)으로 되어 있다.

| A 233, 234 ¦ B 233

는 증오 즉 **복수욕**은 인간의 본성으로부터 불가항력적으로 생겨나는 욕정이다. 그리고 그 욕정이 아무리 악한 성질의 것이라 하더라도, 이성의 준칙은 허용된 **권리욕** — 그것의 유비물이 복수욕이다 — 에 의해서 이 경향성과 얽혀 있다. 그리고 바로 이 때문에 복수욕은 가장 강렬하고 가장 깊이 있게 뿌리를 내리고 있는 욕정 중 하나이다. 그것은 해소되는 것처럼 보인다 하더라도, 몰래 원한이라 불리는 증오를, 재(灰) 아래에서 희미하게 빛나는 불처럼, 남겨둔다.

권리가 원하는 것이 각자에게 분배될 수 있는 그런 상태에서 동포와 함께 있고 또한 동포와 관계를 맺고 싶어하는 **욕망**은, 물론 욕정이 아니라 [271] 순수 실천 이성에 의해 자유로운 선택 의지를 규정하는 근거이다. ¦ 그러나 단순한 자애(自愛)에 의해서, 즉 각자에 대한 입법을 위해서가 아니라 자신의 이익을 위해서만 그 욕망이 **일어날 수 있는 것은**, 부정에 관한 증오가 아니라 우리에 대해서 **부정한 사람**에 관한 증오를 감성적으로 자극하는 것이다. | 그 경향성(박해하고 파괴하는)은, 하나의 이념이 그것에 물론 이기적으로 적용됨에도 불구하고, 이념이 그것의 기초를 이루고 있는 것이기 때문에, 모욕자에 대한 권리청구를 보복의 욕정으로 변환시켜 버린다. 이 보복에 대한 욕정은 종종, 적이 파멸을 면할 수 없다면, 자기 자신까지도 파멸로 내몰게 되며 (혈족에 대한 복수라는 형태로), 이 증오를 민족 사이에조차 상속하게 만드는 광기에 이르기까지 강렬해진다. 왜냐하면 모욕을 받았지만 아직 보복을 받지는 않은 자의 피는, 죄 없이 흘려진 피가 다시 피에 의해서 — 그 피가 또한 그의 죄 없는 자손의 피라고 하더라도 — 씻길 때까지는 **절규**이기 때문이다.

¦ B 234 | A 235

3) 타인에 대해 영향을 미치는 능력에 대한 경향성에 관하여

84 [A판 74절, B판 81절] 이 경향성은 기술적(技術的) 실천적 이성, 즉 영리(怜悧)의 준칙에 가장 가깝다. — 즉 다른 사람의 경향성을 자신의 의도에 따라서 좌우하고 규정할 수 있기 위해서 이것을 자신의 뜻대로 하는 것은, 자신의 의지의 단순한 도구로서 다른 사람을 소유하는 것과 거의 같은 것이다. 다른 사람에 대해 영향을 미치는 이러한 능력을 구하는 노력이 욕정인 것은 놀랄만한 일이 아니다. ¦ 이 능력은 말하자면 세 가지 힘을 자신 안에 가지고 있다. 즉 명예와 권력과 금전이 그것이다. 이러한 힘을 소유한다면 그것에 의해서 사람들은 이 영향 중 하나에 의한 것이 아니라면 다른 것에 의해서 | 다른 모든 사람을 억누르며, 그를 자신의 의도를 위해서 사용할 수 있게 된다. — 이들에 대한 경향성은, 그것들이 욕정이 되는 경우, 명예욕, 지배욕, 소유욕이 된다. 이 경우에 인간은 자기 자신의 경향성에 대해 자부하는 사람(현혹되는 사람)이 되고, 그러한 수단을 사용하게 됨으로써 자신의 궁극 목적을 그르치게 되는 것은 물론이다. 그러나 우리는 여기서 어떤 욕정도 허용하지 않는 지혜에 대해 언급하는 것이 아니라, 그것을 가지고 바보를 조종할 수 있는 영리함에 대해 언급하고 있다.

그러나 욕정은 일반적으로 감성적 동기로서는 아무리 강렬하다고 하더라도, [272] 이성이 인간에게 지시하는 것에 관하여 말한다면 약점일 뿐이다. 그러므로 욕정을 자신의 의도를 위해서 사용하는 똑똑한 사람의 능력은 다른 사람을 지배하고자 하는 욕정이 크면 클수록 그만큼 작아진다.

명예욕은 이 약점을 가지는 사람들이 자신들의 의견을 통해서 영향을 받게 될 수 있는, 지배욕은 그들의 공포를 통해서, 또한 소유욕은 그들 자신의 이해(利害)를 통해서 영향을 받게 될 수 있는 그런 인간의 약점이다. 도처에 노예적 근성이 있지만, 다른 사람이 이 근성을 장악해 버리면, 다른 사람은 그 근성을 그 자신의 경향성을 매개로 해서 자신의 의도대로 사용하는 능력을 가지게 된다. — 그러나 이 능력 그 자체의 의식과 그것의 경향성을 만족시키는 수단을 가지고 있다는 의식은 이 수단을 사용하는 것보다도 더 욕정을 환기시킨다. ǀ⁝

(1) 명예욕

85 [A판 75절, B판 82절] 이것은 명예에 대한 사랑, 즉 어떤 사람이 그의 내적(도덕적) 가치 때문에 다른 사람으로부터 기대해도 좋은 존경이 아니라, 외관(外觀)으로 충분한 명이를 찾고자 하는 노력이다. 거만(우리 자신과 비교해서 스스로를 경시하도록 다른 사람에게 부당한 요구를 하는 것, 즉 그 자신의 목적에 어긋나는 어리석은 행동)에는 — 이러한 거만에는 단지 알랑거리면 좋다. 그러하다면 사람들은 이러한 멍청이의 욕정을 이용해서 그를 지배할 수 있게 된다. 추종자* 또는 중요한 지위에 있는 사람에 대해 기꺼이 과대한 말을 바치는 예스맨은 중요한 사람을 약화시키고자 하는 이러한 욕정을 배양하고, 이 마술에 몸을 맡겨 버리는 위대한 사람이나 유력한 사람을 파괴해 버린다.

거만은 그 자신의 목적에 어긋나게 행동하는 잘못된 명예욕이며, 다른 사람 [273] (그는 스스로 그것에 대해 반발한다)을 자신의 목적을 위해서 사용하려고 하는 의도적인 수단으로는 간주될 수 없다. 오히려

* 추종자(Schmeichler)라는 말은 아마도 원래는 굴종하는 자(Schmiegler)라고 불렸을 것이다. 복종하는 것은 유력자라고 자부하는 사람을 그의 거만을 이용해서 뜻대로 유도하기 위한 것이다. 마찬가지로 위선자(Heuchler)라는 말(본래는 한숨을 쉬는 자 Häuchler라고 쓰여야 한다)도 유력한 성직자의 앞에서 그의 설교 중간 중간에 한숨을 쉼으로써 믿음이 두터운 체하는 겸손을 속여서 보여주는 기만자 — 를 의기하는 것이었다.

거만한 사람은 멍청이라고 부르며, 악인의 도구가 된다. 언젠가 매우 ⁞ 이성적이고 정직한 상인이 나에게 "왜 거만한 사람은 항상 또한 비열한 사람입니까?"라고 물었다(즉 그 상인은 사람들에게 그야말로 상업력으로서의 부를 가지고서 자랑했던 어떤 남자가 뒤에 자신의 재산을 잃어버리게 되었을 때 굽실거리는 데 어떤 주저도 하지 않았던 경험을 했던 것이다). 나의 의견은 다음과 같았다. 즉 거만이란 자신을 상대방과 비교해서 경멸하도록 다른 사람에게 부당하게 요구하는 것이다. 그러나 그러한 생각은 자신이 비열하다는 것을 이미 느끼고 있는 사람 이외에는 누구의 마음에도 떠오를 수 없다. 그러므로 거만 그 자체는 이미 그러한 인간의 비열함에 대해 결코 속아 넘어가지 않는 전조적(前兆的) 징표를 부여하고 있는 것이다.

(2) 지배욕

이 욕정은 그 자체 부정(不正)이며, 그것이 나타나게 되면 모든 것을 스스로 배척해 버린다. 그것은 다른 사람에 의해서 지배된다는 공포로부터 출발해서, 곧바로 다른 사람의 위에 권력을 휘두른다고 하는 유리한 입장에 스스로를 두는 일에 마음을 쓰게 된다. 그러나 이러한 일은 다른 사람을 자신의 의도를 위해서 사용하기 위한 불확실하고도 부정한 수단이다. 왜냐하면 그것은 부분적으로는 반항을 불러일으키고 그래서 현명하지 않으며, 부분적으로는 각자가 요구할 수 있는 법칙하에 있는 자유에 어긋나며, 그래서 부정(不正)적이기 때문이다. — 간접적인 지배의 기술, 예를 들면 남성을 자신의 의도를 위해 이용하기 위해서 여성이 남성에게 자신에 대한 애정을 느끼도록 함으로써 이루어지는 지배 기술에 관해 이야기한다면, 이것은 지배욕이라는 위의 제목 하에는 포함되지 않는다. 왜냐하면 그것은 어떤 권력을 수반하는 것이 아니라, ⁞ 굴종자를 그 자신의 경향성을 통해서 지배하고 속박하는 방법을 아는 것이기 때문이다. — 이것은 인류의 여성의 부분이

| A 239 ⁞ B 238

남성을 지배하고자 하는 경향성으로부터 자유롭다는 것을 의미하는 것이 아니라(그 반대가 바로 진리이다), 오히려 그것은 여성이 그의 의도를 위해서 남성과 동일한 수단, 즉 힘의 우월(지배한다는 말에는 여기서 그러한 힘이 의미되고 있다)을 이용하는 것이 아니고 남성의 지배되고자 하는 경향성을 자신 안에 포함하고 있는 매력의 우월을 이용하는 것이다. [274]

(3) 소유욕

금전은 암호이다. 그리고 플루투스[120]가 호의를 베푸는 사람의 앞에는, 부(富)가 결핍된 사람 앞에서는 닫혀져 있는 모든 문이 열려져 있다. 이 금전이라는 수단은 인간의 근면의 결과를, 따라서 또한 모든 자연적 재물을 인간 사이에서 홍정하는 역할을 하는 것 이외에는 어떤 용도도 가지지 않는다(적어도 가져서는 안 된다). 그러나 이 수단의 발명은, 그것이 특히 금속에 의해서 대표된 이후에는 소유욕을 낳게 되었다. 이 소유욕은 최후에는 향락하는 것 없이 단순히 소유하는 것만으로, 심지어는 모든 사용을(수전노가) 단념하면서조차, 다른 모든 것의 결핍을 충분히 보완할 수 있다고 믿는 힘을 포함하고 있다. 반드시 도덕적으로 배척해야 할 만한 일은 아니더라도, 이 완전히 정신이 결여된, 단순히 기계적으로 도입된 욕정은 특히 노인에게(그의 자연적인 무능력을 보충하기 위해) 항상 따라 다니는 것이며, 저 보편적인 수단에 대해서 그것의 큰 영향력 때문에 단적으로 능력이라는 이름을 부여한다. 그러나 이러한 욕정은 일단 그것에 사로잡히게 되면 어떤 변경도 허용하지 않으며, 세 가지 욕정 중 첫 번째 것이 증오의 대상이 되고, 두 번째 것이 공포의 대상이 된다면, 세 번째 것으로서의 자기를 경멸토록 만든다.*

120) 그리스 신화에서의 부(富)의 신.

| A 240 ¦ B 239

4) 욕정으로서의 망상의 경향성에 관하여

86 [A판 76절, B판 83절] 욕망의 동기로서의 망상이라는 말을 나는 운동 원인에서의 주관적인 것을 객관적인 것으로 간주하는 내적·실천적 착각이라고 이해한다. — 인간의 활동을 새롭게 하기 위해서 자연은 때때로 생명력의 보다 강한 환기를 원하며, 그렇게 함으로써 인간은 단순한 향유(享有)에서 생명 감정을 잃어버리지 않게 된다. 이 목적을 위해서 자연은 매우 현명하고 자비롭게도, 본래 나태한 인간으로 하여금 그들을 속이고 있는 대상들을 상상 속에서 실제적인 목적(명예, 권력, 금전의 획득 방식)으로서 생각하도록 하는데, 그것들은 마지못해서 일을 하고 있는 인간에 대해서 충분히 움직이도록 [275] 만들며, 또한 아무 것도 하지 않지만 그럼에도 바쁘도록 만드는 것이다. 이때 인간이 일에 관하여 품고 있는 흥미는 단순한 망상의 흥미이다. 그래서 자연은 현실적으로는 인간을 가지고 놀고, 인간(주관)으로 하여금 자신의 목적으로 향하도록 자극한다. | 그럼에도 불구하고 인간은 스스로 자신의 목적을 설정했다고 생각한다(객관적으로). — ¦ 망상이라는 이 경향성은, 이때 공상은 자기 창조자이기 때문에, 특히 그 경향성이 인간의 경쟁으로 향하게 되는 경우, 최고도로 욕정적으로 되는 성향이 있다.

공놀이, 레슬링, 달리기, 병정놀이와 같은 아이들의 놀이나 장기, 카드놀이(장기의 경우에는 오성의 단순한 우월을 보여주는 것이 의도되고 있지만, 카드의 경우에는 현금의 상금 획득이 의도되고 있다)와

---

* 여기서 경멸은 도덕적 의미에서 이해되어야 한다. 왜냐하면 시정(市井)적인 의미에서는 만약 포프가 말한 것처럼※ "악마가 금으로 만들어진 비(金雨)가 되어 엄청나게 많이 고리대금업자의 몸 안에 떨어지고, 그의 마음을 사로잡는다"라는 사건이 발생한다면, 대중은 오히려 그러한 큰 상재(商才)를 경탄할 것이기 때문이다.

※ 포프의 ≪도덕론집≫(*Moral Essays*), III, 371-374 참조.

| A 241 ¦ B 240

같은 어른들의 놀이나, 마지막으로 파로[121] 또는 주사위를 사용하여 공개석상에서 자신의 운을 시험해보는 시민들의 놀이 — 이것들은 모두 보다 현명한 자연에 의해 알지도 못하는 사이 다른 사람과 다투는 가운데서 자신들의 힘을 시험해보는 모험을 하도록 자극을 받고 있는 것이다. 원래 이렇게 함으로써 생명력은 감퇴로부터 보호되고, 활기차게 유지된다. 이러한 경쟁을 하고 있는 두 사람은 자신들끼리 승부하고 있다고 믿지만, 그러나 실제로는 자연이 이 두 사람을 농(弄)하고 있는 것이다. 이것에 관해서는 그들이 선택한 수단이 그들의 목적에 얼마나 불충분하게 적합한가를 생각해 본다면, 이성은 확실히 이러한 점을 그들에게 확신시켜 줄 것이다. — 이러한 흥분의 순간에 느끼는 쾌의 기분은, 망상의 관념(나쁘게 해석된 관념이지만)과 밀접하게 연관되어 있기 때문에, 바로 그 때문에 가장 강렬하고 또한 오래 지속하는 욕정에의 성벽의 원인이 된다.*

¦ 망상의 경향성은 약한 인간을 미신적으로 만들고, 미신을 믿는 사람을 약하게 만든다. 즉 결코 자연의 원인(무언가를 두려워하거나 원하는)일 수 없는 사태로부터도 역시 이해(利害)에 관련된 결과를 기대하도록 만든다. 사냥꾼, 어부, 승부사(특히 복권에서)는 미신적이다. 그리고 주관적인 것을 객관적인 것으로 보고, 내적 감관의 기분을 일 자체의 인식으로 보는 착각으로 유인하는 망상은 동시에 미신에의 성벽까지도 이해 가능하도록 만든다. [276]

121) 파로(Faro)는 일종의 도박 카드놀이.

* 어떤 함부르크 남자가 그 도시에서 상당한 재산을 내기에서 잃어버렸지만, 이제는 내기하는 사람들을 방관하는 일로 자신의 시간을 보냈다. 다른 한 사람이 그에게 | 그러한 재산을 한 번은 가지고 있었다는 것을 생각한다면 어떤 기분이 드는가 라고 물었다. 그 남자는 다음처럼 대답하였다. "내가 그 재산을 한 번 더 가졌더라도, 역시 그 이상의 쾌적한 방법으로 사용할 수 없었을 거요."

| A 242 ¦ B 241 본문 주 | A 242

제87절 최고의 자연적 선에 관하여

87 [A판 77절, B판 84절] 혐오감의 혼입(混入)을 전혀 수반하고 있지 않은 최대의 감관적 향락은 건강한 상태에서는 노동 뒤의 휴식이다. — 건강한 상태에서 먼저 노동하지 않고 휴식을 취하려고 성벽은 나태이다. — 그러나 다시 일로 돌아가는 것을 당분간 거부하는 것과 힘을 결집시키기 위한 즐거운 무위(無爲, far niente)는 그 때문에 아직 나태가 아니다. 왜냐하면 사람들은(놀이에서도) 쾌적하고 그러나 동시에 유용하게 활동할 수 있기 때문이며, 또한 일을 그들의 특수한 성질에 따라서 교체하는 것도 각각에 많은 도움이 되기 때문이다. 이에 반해서 완성되지 않은 채로 방치된 어려운 일에 복귀하는 것은 상당한 각오를 필요로 한다.

I 나태, 비겁, 허위라는 세 가지 악덕 중 첫 번째 것이 가장 경멸되어야 할 것처럼 보인다. 그러나 이러한 판정에는 가끔 인간에 대한 부당한 취급이 있을 수도 있다. 왜냐하면 자연은 현명하게도 오래 지속하는 노동에 대한 혐오감을 많은 사람에게, ¦ 자신이나 다른 사람의 건강에 좋은 본능 속에서, 부여하고 있기 때문이다. 왜냐하면 인간은 오랜 또는 자주 반복되는 힘의 소비를 피로 없이는 참아낼 수 없으며, 회복을 위한 일정한 중지를 필요로 하기 때문이다. 그러므로 데메트리우스[122]가 이 마녀(나태)에게도 항상 제단을 마련해 준 이유가 있을 것이

---

122) 아마도 아테네의 작가이자 정치가인 팔레론의 데메트리우스(Demetrius von Phaleron, B. C. 350?~280?)일 것이다. 테오프라스토스에서 배우고 마케도니아의 왕 카산드로스로부터 아테네의 지배자로 임명되었지만, 뒤에 쫓겨나서 테베로부터 알렉산드리아로 도망쳤다. 문인으로서는 호머에 관한 것 이외 많은 저작이 있었지만 현존하지 않는다.

그러나 아디케스에 의하면 나태에 제단을 마련해 주었던 자가 데메트리우스라고 말하는 것은 칸트의 오해였다는 것이다. 아마도 칸트는 폴리비우스의 서술(*Polybius*, XVIII, 54)을 염두에 두고 있었지만, 그것에 의하면 마케도니아의 장군 디카이아르코스(Dikaiarchos)가 원정하기 위해 출발할 때마다 불신심(不信心)이나 부정(不正)에

다. 왜냐하면 나태가 그 사이에 들어오지 않았다면, 쉬지도 않는 악심(惡心)은 지금보다 훨씬 많은 해악을 이 세상에서 저질렀을 것이다. 비겁이 인간을 불쌍히 여기지 않았더라면, 전투의 잔학성이 인간을 금새 절멸시켜 버렸을 것이다. 허위가 없었더라면(즉 모반을 위해 결합했던 많은 악인들 사이에서도 다수 중에는(예를 들면 한 개 연대 중에는) 언제나 그것을 배신하는 자가 하나는 있을 것이다) 인간 본성의 생득적인 악성 때문에 모든 국가는 금새 붕괴되어 버렸을 것이다.

세계의 자연적인 최고선을 보편적으로 배려하는 고차의 이성(세계 통치자)에 의해서 인류를 눈에 보이지 않게 [유도하는 힘][123]의 자리를 차지하며, 그럼에도 인간의 이성이 그것에 영향을 미치지 않는, 자연의 가장 강렬한 충동은 생명에 대한 사랑과 성에 대한 사랑이다. 전자는 개체를, 후자는 종족을 보존하기 위한 것이다. 성행위를 통해서, 이성이 부여된 인류의 생명은, | 인류가 의도적으로 자신을 파괴하는 일(전쟁을 통해서)을 하더라도, 전체적으로 전진적으로 유지된다. 이것은 문화에 있어서 늘 성장하는 [277] 이성적 피조물에 대해서, 더 이상 후퇴하지 않는 행복한 상태를 다가올 세기(世紀)의 인류에게 확실하게 조망시키고 있다는 사실을, 전쟁 중에서도 방해하지 않는다. ¦

제88절 최고의 도덕적 - 자연적 선에 관하여

88 [A판 78절, B판 85절] 자연적 선과 도덕적 선이라는 두 종류의 선은 함께 혼합될 수 없다. 왜냐하면 혼합되면 이들은 중화되

제단을 마련했다고 한다(*Akademie - Ausgabe*, Bd. XV, 632 쪽 참조).

123) 칸트는 이 [유도하는 힘] 부분을 빠뜨렸지만, "고타 학예 신문"의 보충(1799)에 근거하여 "lenkende Macht"를 추가해서 번역했다.

어 버리고, 참된 행복이라는 목적에 어떤 영향도 미치지 못하기 때문이다. 오히려 환락 생활을 향한 경향성과 덕은 서로 투쟁하고, 후자 원리에 의한 전자 원리의 제한이, 서로 투쟁하면서, 일부는 감성적이고 일부는 도덕적으로 지성적인, 성품 좋은 인간의 전체 목적을 이루고 있다. 인간은, 습관상 이 양 원리의 혼합을 방해하기 어렵기 때문에, 서로 결합되어서 품위가 있는 행복의 향유를 마련해 줄 수 있는 요소들과 이들의 결합 비율이 어떠한가를 알기 위해서는, 반대로 작용하는 수단(시약 試藥, reagentia)을 사용해서 분석할 필요가 있다.

교제에 있어서 환락 생활과 덕을 결합시키고 있는 심술(心術)이 인간성이다. 여기서는 환락 생활의 정도는 문제가 안 된다. 왜냐하면 그러한 생활을 위해서 자신에 필요하다고 생각되는 것을 어떤 사람은 많이, 다른 사람은 조금 요구하기 때문이다. | 오히려 환락 생활을 향한 경향성이 덕의 법칙에 의해서 어떻게 제한되어야 하는가 라고 하는 관계 방식이 문제된다.

사교성도 하나의 덕이지만, 교제에의 경향성은 종종 욕정이 된다. 사교적 향락이 낭비에 의해서 과시적으로 증가한다면, 이 잘못된 사교성은 덕이기를 중단하고, 인간성을 파괴하는 환락 생활이 된다.

* * *

¦ 음악, 무용, 승부거는 것은 대화 없는 사교를 이룬다(왜냐하면 승부걸기 위해서 필요한 약간의 말은 생각을 서로 전달하는 데 필요한 어떤 대화의 근거도 되지 못하기 때문이다). 식사 뒤 대화의 공허를 채우는 역할을 한다고 사람들이 말하는 승부거는 일은 [278] 실은 일반적으로는 주요한 관심사가 되고 있다. 즉 그것은 돈벌이의 수단이며, 이때 정동이 강하게 움직이며, 최대의 정중함을 가지고 서로 약탈하기 위한 사리사욕의 협약이 정해지고, 그 승부거는 일이 계속되는

한 완전한 에고이즘이 원칙으로 제시되지만, 어떤 사람도 그 원칙을 부정하지 않는다. 이 경우 대화에 의해서는, 그러한 생활 태도에서 어떤 교양이 생겨나더라도, 사교적 환락 생활과 덕의 결합이, 따라서 또한 참된 인간성이 진실로 촉진되는 것을 기대하는 일은 거의 가능하지 않을 것이다.

참된 인간성과 가장 잘 조화하는 것처럼 보이는 환락 생활은 좋은 | 사교 모임(그것도 가능하다면 교대하는)의 좋은 식사이다. 이것에 대해 체스터필드는 "모임은 우아의 여신의 수[3인]보다 적어서는 안 되고, 예술의 여신의 수[9인]보다 많아서도 안 된다"라고 말하고 있다.*124)

단순히 공동으로 식사를 즐길 뿐만 아니라 서로 서로를 즐기고자 하는 의도를 가지는 취미인(趣味人, 심미적으로 단결된)만으로 이루어지는 식탁의 모임을 고려해 본다면* ¦ (이 경우 그 수는 우아의 여신의 수[3명]을 많이 넘을 수 없다), 이 작은 식탁의 모임은 육체적인 만족을 의도하는 것이 아니며 — 이러한 만족은 각자가 자기 자신만으로도

---

* 하나의 식탁에 열 사람이다. 손님을 접대하는 주인은 이 수에 들어가지 않기 때문에 아홉 사람이라고 하는 것이다.

124) 이것이 또한 칸트가 손님을 초대한 경우의 원칙이었다. 체스터필드 백작(Philip Dormer Stanhope, Earl of Chesterfield, 1694 - 1773)은 그가 죽은 후 출판되었던 ≪나의 아들에게 보내는 편지≫(1774)에 의해 유명해졌다.

* 귀부인들이 출석하고 있는 것이 남자들의 자유를 저절로 예의바른 것에로 제한하고 있는 연회의 식탁에서 이따금씩 생겨나는 갑작스런 침묵은 ¦ 심심함을 낳아서 두렵게 느껴지는 불쾌한 사건이다. 이때에는 어떤 사람도 무언가 대화를 진전시키기에 적절한 새로운 것을 끌고 들어오는 일을 감히 하지 않는다. 왜냐하면 누구도 그러한 것을 제멋대로 날조해서는 안 되고, 그 날의 새로운 것 그러나 흥미 있는 것으로부터 취해 와야 하기 때문이다. 어떤 한 사람이, 특히 그가 가정주부라면, 이 정체를 종종 혼자 방지하고, 대화를 끊임없이 진행시킬 수 있다. 즉 대화는 음악회의 경우와 마찬가지로 모두 완전히 유쾌한 기분으로 끝을 맺으며, 그 때문에 점점더 유익하게 된다. 마치 "당신 집의 식사는 이것을 즐길 때뿐만 아니라, 또한 자주 그것을 생각하는 데서도 기쁨을 준다"라고 손님이 말했던 플라톤의 향연에서처럼 말이다.※

※ 아테나이오스(Athenaios)의 ≪향연의 학자들≫(*Deipnosophistai*) 참조. (X, c. 14).

¦ B 245, 246 | A 247 본문 주 ¦ B 245

가질 수 있다 — 오히려 육체적 만족은 단지 그것의 수단인 것처럼 보이는 사교적 쾌락을 의도하는 것이어야 한다. | 이 경우 앞서 이야기한 사람의 수는, 대화를 정체시킨다든가 또는 분리된 작은 소(小) 모임을 만들어서 옆에 있는 동석자와만 대화를 한다든가 하지 않기 위해서는, 아주 충분하다. 이 후자는 결코 [279] 대화의 취미는 아니다. 대화의 취미는 각자가 항상 모든 사람과(단지 옆에 있는 사람과가 아니라) 말하는 교양을 항상 수반해야 한다. 반면에 축제의 향응(잔치와 연회)에는 취미가 전무(全無)하다. 이때 자명한 사실은 모든 식탁의 모임에서, 음식점 식탁에서의 회합에서조차도, 바로 그 장소에서 분별없는 식탁 동료에 의해서 부재자에게 불리한 것이 공공연하게 말해진다고 하더라도, ¦ 그러나 그것은 이 회합 이외의 장소에서 이용되어서는 안 되고 뒤에 이야기되어서도 안 된다고 하는 점이다. 왜냐하면 모든 향연은 그것에 해당되는 특별한 약속이 없더라도, 식탁의 회합의 동료에 대해 뒤에 회합 이외에서 낭패를 불러일으킬지도 모르는 것에 관해서는 침묵을 지켜야한다는 어떤 신성함과 의무를 수반하기 때문이다. 왜냐하면 이러한 신뢰가 없다면 회합에 있어서 도덕 교양 자체에 매우 효과적인 즐거움이, 그리고 회합 자체를 향유하는 즐거움이 파기되어 버리고 말 것이기 때문이다. — 그러므로 소위 공적인 회합에서(왜냐하면 원래 아무리 큰 식탁의 모임도 항상 사적인 회합에 불과하고, 국민적인 회합만이 일반적으로 이념상 공적인 것이기 때문이다) 나의 가장 좋은 친구에 관해서 — 내가 말하지만 그에 관해서 무언가 불리한 것이 말해진다면, 나는 그를 변호하고 필요한 경우에는 나 자신 위험을 무릅쓰고라도 혹독하고 신랄한 표현을 써 가면서 그를 위해 힘을 쓸 것이다. | 그러나 이 심한 험담을 확대하거나 이 험담에 관련된 본인에게 알리거나 하기 위해서 나 자신을 도구로 사용하지는 않을 것이다. — 이것은 대화를 지도해야 하는 사교적 취미일 뿐만 아니라,

| A 248, 249 ¦ B 247, 248

또한 교제에서 생각을 가지고 사람들이 공적으로 교류할 때, 사람들의 자유를 제한하는 조건의 역할을 해야 하는 원칙이다.

하나의 식탁에서 함께 식사를 하는 사람들 사이에는, 예를 들면 아라비아 사람이 가지고 있는 습관과 신뢰와 유사한 것이 존재한다. 아라비아 사람의 경우 다른 나라 사람은 아라비아 사람의 천막 중에서 그들로부터 단지 한 가지 향유(물 마시는 ¦ 것)라도 솜씨 좋게 얻어낼 수 있자마자, 몸의 안전도 기대할 수 있다. 또는 러시아의 여왕에게 소금과 빵이 모스크바로부터 그녀를 마중 나온 사자에 의해서 도착하고, 여왕은 그것을 먹음으로써, 환대를 받은 자의 권리에 근거해서 모든 추적자로부터 몸의 안전을 지킬 수 있었던 경우도 그것이다. ― 하나의 식탁에서 함께 식사하는 것은 이러한 안전을 위한 계약의 의례로 간주된다.

혼자서 식사하는 것(식탁에서의 독신주의 solipsismus convictorii)은 철학하는 [280] 학자에게는 건강에 좋지 않은 것이다.* ‖¦ 그것은 원기를 회복하는 것이 아니라(특히 그것이 혼자서 음식에 탐닉하게 되는 경우에는), 원기를 소모시킨다. 즉 생각을 피폐시키는 일이며, 생각

* 왜냐하면 철학하는 사람은 어떠한 원리에 자기 생각을 체계적으로 결합해야 할 것인가를 여러 번의 시도에 의해서 찾아내기 위해서 자신의 생각을 끊임없이 가지고 돌아다니지 않으면 안 되며, 또한 이념은 직관이 아니므로, 그 이념은 말하자면 공중에 있는 것처럼 생각 안에서 가물거리기 때문이다. 역사학자나 수학자는 이에 반해서 자기의 생각을 자신 앞에나 제출하고, 이것을 손에 펜을 가지고서 | 이성의 보편적 법칙에 따르면서, 그럼에도 사실인 것처럼 경험적으로 질서지우고, 그리하여 이러한 생각들은 어떤 점들에 따라 이미 배열되었기 때문에, 다음 날에는 나머지 일로부터 일을 계속할 수 있다. ― 철학자에 관해 말한다면 사람들은 그를 과학의 건축물을 짓고 있는 노동자, 즉 학자로 간주될 수 없고, 오히려 지혜의 탐구자로 간주되어야 한다. 그것은 모든 지(知)의 궁극 목적으로서 자기를 실천적으로, 또한 (지의 목적 때문에) 이론적으로 대상화하는, 인격의 단순한 이념이다. 그리고 사람들은 이 철학자라는 이름을 복수로 해서는 안 되고 단수로만 사용할 수 있다(철학자는 이렇게 이렇게 판단을 내린다). 왜냐하면 철학자는 하나의 단순한 이념을 특징짓지만, 철학자들이라는 말은 절대적으로 단일한 것에 대한 수다성(數多性)을 나타내기 때문이다.

에 생명을 불어넣어 주는 놀이가 아니다. 혼자서 식사하는 동안 사색에서 자신을 소모시키면서 식사하고 있는 사람은 차츰 원기를 잃어버린다. 반면에 식탁 동료가 그에게 자신의 변화하는 착상을 보여주고, 그 자신은 찾아 내지 못했던 새로운 재료를 제공해서 고무하는 경우, 그는 원기를 획득하게 된다.

충실한 식탁에 요리가 많고, 그것이 손님들을 오랫동안 모으는 것(회합을 길게 하는 것 coenam ducere)을 목적으로 하는 경우에, 담화는 통상 1) 세상 이야기, 2) 논의, 3) 농담, 이 세 단계를 거쳐 진행된다. — A. 사신(私信)과 신문에 의해 입수된, 처음은 자기 나라의, 그로부터 외국의, 그 날의 신기한 이야기로부터. — | B. 이 첫 번째 욕망이 만족되면 회합은 이미 보다 활기차게 된다. 왜냐하면 합리성을 포함한 논쟁의 경우에는, 화제가 된 동일한 대상에 관한 판정의 상이성(相異性)은 피하기 어렵게 되며, 또한 각자는 자신의 판정에 관해 적지 않게 의견을 이야기하게 되므로, 논쟁이 계속 일어나게 된다. 그리고 이 논쟁은 요리나 음료수에 대한 식욕을 왕성하게 하며, 이 논쟁의 활발함과 그것에 대한 관여의 정도에 따라서 식욕을 건강에 좋도록 만든다. — C. 그러나 이러한 논쟁은 일종의 노동이며 노력이지만, 이 노력은 논의를 하는 사이에 상당히 많은 음식을 먹기 때문에, 결국에는 귀찮은 일이 되어 버린다. 그래서 담화는 당연히 어느 정도까지는 동석하고 있는 부인들의 마음에 드는, 기지(機智)의 농담으로 떨어져 버리게 된다. [281] ¦ 부인들에 대해서는 여성에 관한 대수롭지 않은, 장난치는, 따라서 수치를 일으키는 것은 아닌 공격이 이루어지며, 여성도 자신들의 기지를 보여주는 데서 자신을 유리하게 보이려고 하는 효과를 낳는다. 그래서 식사는 웃음으로써 종결된다. 이 웃음이 소리가 크고 온화하다면, 그것은 원래 신체적인 건강을 위한 것으로서, 횡경막이나 내장의 운동에 의해 위의 소화를 잘 시키기 위한, 자연이 정해준 것이

¦ B 249, 250 | A 251

다. 그러는 사이 연회의 참석자들은 자연의 의도 안에서 정신의 교양 — 사람들은 얼마나 많은지 놀란다 — 이 발견되었다고 생각할 것이다. — 진수성찬을 차린 귀족들의 연회에서의 식탁 음악은, 항상 탐닉이라는 것이 고안될 수 있겠지만, 극히 취미를 결한 무의미한 것이다.

회합을 활기차게 하는 취미가 풍부한 향연의 법칙은 다음과 같다. a) 모든 사람의 흥미를 끌며, 항상 누군가에게도 무언가를 적절하게 부가할 기회를 제공해 주는 담화의 소재를 선택. b) ❙ 담화 중 죽은 것 같은 침묵이 아니라, 순간적인 휴지(休止)만 일어나도록 할 것. c) 필요도 하지 않은 데도 화제를 돌리고, 하나의 소재로부터 다른 소재로 비약하지 말 것. 왜냐하면 사람들의 마음은 향연이 끝날 때에는 연극이 끝날 때와 같이(이성적 인간이 살아 왔던 전 인생도 그러하지만), 담화의 여러 국면들을 되돌아보는 일에 몰두하는 것은 정해진 이치이며, 이때 마음이 어떤 대화 연관의 실마리를 발견할 수 없다면, 마음은 혼란을 느끼게 되고, 자신이 교양이라는 점에서 진보한 것이 아니라 오히려 후퇴했다는 것을 불유쾌한 기분으로 깨닫게 되기 때문이다. — 흥미있는 화제는 다른 화제로 이동하기 전에 말이 거의 소진(消盡)되지 않으면 안 된다. ¦ 그리고 대화가 정체된 때에는 그것과 연결된 무언가 다른 주제를 시험적으로 사람들이 모르는 사이에 회합 안으로 끌고 들어갈 수 있어야 한다. 그렇게 되면 회합 중에 있는 한 사람이, 다른 사람이 눈치 채지 못하면서 또한 질투를 느끼지 못하는 사이, 이러한 담화의 지도를 떠맡을 수 있는 것이다. d) 자신에 대해서도 회합의 동료에 대해서도 자신의 생각만 옳다고 하는 태도를 시작하거나 계속하지 말 것. 오히려 그 담화는 일이 아니라 단순히 놀이이기 때문에, 저러한 진지함은 재치 있게 도입된 농담에 의해서 회피되어야 한다. e) 그럼에도 불구하고 회피될 수 없는 진지한 논쟁의 경우에는, 자기 자신이나 자신의 정동을 주의 깊게 규율 속에서 유지해서, 상호

¦ B 249, 250 ❙ A 251

존경과 호의가 항상 뚜렷하게 드러나도록 해야 한다. 이때 중요한 것은 대화의 내용이라기보다는 그것의 어조(語調)이다(그 어조는 큰 소리를 낸다든가 불손하다든가 해서는 안 된다). 그렇게 함으로써 손님 중 어떤 사람도 다른 사람과 다투어서 그 회합으로부터 집으로 돌아가는 일이 없게 된다.

[282] | 세련된 인간성이라는 이러한 법칙이, 특히 이것을 사람들이 순수하게 도덕적인 법칙과 비교할 경우, 두의미한 것처럼 보인다 하더라도, 그러나 사교성을 촉진하는 모든 것은, 설령 그것이 단지 사람들을 즐겁게 하는 준칙이나 품행만을 본질로 삼는다 하더라도, 덕을 유리하게 옷 입히는 의상이며, 이 의상은 진지하게 고려하더라도 덕을 위해서 추천되어야 한다. — 사교적인 환락 생활을 가지지 않는 퀴니코스 학파의 결벽주의와 은둔자의 금욕은 덕의 왜곡된 형태이며, 사람을 덕으로 꾀어 들이는 것이 아니라, 우아의 여신에 의해 버림을 받게 되며, 인간성에 대한 어떤 요구도 할 수 없게 된다.

| A 252

제 2 부

⁝ 인간학적 성격론

인간의 내면을 외면으로부터 인식하는 방법에 관하여

[285] 구분

1) 개인의 성격
2) 양성(兩性)의 성격
3) 민족의 성격
4) 인류의 성격

| A 253 ⁝ B 251

⁞ 제1장 개인의 성격

89 [A판 79절, B판 86절. 이하에서는 절 표시가 빠져있다.] 실용적 견지에서는 보편적, 자연적(국민적이 아니라) 기호학(semiotica universalis)은 성격이라는 말을 이중적인 의미로 나타내고 있다. 즉 어떤 사람은 이런 또는 저런(자연적) 성격을 가지고 있다고 말해지는 반면에, 그는 일반적으로 성격(도덕적인)이라는 것을 가지고 있다고 말해진다. 후자의 이런 성격은 단지 하나이든가 또는 전무(全無)이든가 둘 중 하나이다. 전자는 감각을 가지고 있는 것 또는 자연 존재로서의 인간을 드러내는 차별 특징이요, 후자는 이성적인, 자유가 부여된 존재자로서의 인간의 특징이다. ⁞ 원칙을 가지고 있는 사람은 성격을 가지고 있는데, 사람들은 그에 대해서 그의 본능으로부터가 아니라 그의 의지로부터 무엇이 기대되어야 하는지를 확실하게 안다. — 그러므로 사람들은 장황하게 늘어놓을 것 없이 성격을 욕구 능력에 속하는 (실천적인) 것에 따라서 a) 천성 또는 자연 소질, b) 기질 또는 성향(Sinnesart), c) 단적으로 성격 또는 심술(心術, Denkungsart)로 분류할 수 있다. — 앞의 두 가지 소질은 인간이 무엇이 될 수 있는가를 나타내고, 마지막 소질(도덕적)은 인간이 자기 자신을 무엇으로 만들 준비가 되어 있는가를 나타낸다.

| A 255, 256 ⁞ B 253, 254

1. 천성에 관하여

사람들이 선한 **심성**(Gemüt)을 가지고 있다는 것은 그가 완고하지 않고 유순하다는 것을 의미한다. 그는 격분하기는 하지만 쉽게 진정되고 [286] 어떠한 원한도 품지 않는다(소극적으로 선하다). — 여기에 반해서 그에 대해서 “그는 선한 **심정**(Herz)을 가지고 있다”고 말할 수 있기 위해서는 심정도 성향에 속하는 것이긴 하지만, 앞에서 말한 것 이상이 언급되어야 한다. 그것은 원칙에 따라서 행해지는 것은 아니라 할지라도 실천적으로 선한 것을 향해 있는 충동이다. 그러므로 선한 심성을 가지는 사람도 사악한 남자가 원하는 대로 이용할 수 있는 사람들이다. — 따라서 천성은 (객관적으로) **욕구 능력**에 관계하기보다는 오히려 (주관적으로) 사람들이 다른 사람에 의해 어떻게 촉발되는가라고 하는 쾌 · 불쾌의 **감정**에 관계한다(그리고 천성은 이 점에서 무언가 성격적인 것을 가질 수 있다). 욕구 능력의 경우에는 생명은 |¦ 단지 **내면적으로** 감정에 나타날 뿐만 아니라, 또한 비록 감성의 동기에 따른다 하더라도 **외면적으로** 행동에도 나타나는 것이다. 그런데 **기질**은 이 점을 본질로 하고 있지만, 그러나 그것은 습관적인(습관에 의해서 야기되었던) 성질과는 구별되어야 한다. 왜냐하면 습관적인 성질의 근저에는 자연의 소질이 존재하는 것이 아니라 단순한 기회 원인이 있을 뿐이기 때문이다.

2. 기질에 관하여

생리학적으로 고찰해 보면 기질이 문제되는 경우에는 그것은 **육체의 구조**(강하거나 약한 체격)와 그것의 **체액 배합**(생명력에 의해서 육

| A 257 ¦ B 255

체를 통해서 규칙적으로 움직이는 액체로, 그 안에 이 액체를 작동시키는 열기나 냉기를 함께 포함되고 있다)으로 이해된다.

그러나 심리학적으로 고찰해 보면, 즉 영혼(감정 능력과 욕구 능력)의 기질로서 보는 경우에는, 혈액의 성질로부터 빌려온 이와 같은 표현은 단지 감정이나 욕망의 활동을 신체적인 활동의 원인(그 안에는 혈액이 가장 중요하다)과 유비시켜 보는 것이다 간주된다.

그리하여 그 결과로서 다음의 사실이 도출되어 나온다. 즉 우리가 단지 영혼에만 귀속시키는 기질은 아마 또한 인간에서의 신체적인 것을 신비스럽게도 공동 작용 원인으로서 가질 수드 있다는 점이 도출되어 나온다. — 더욱이 기질은 첫째로 감정의 기질과 활동의 기질로 크게 분류되고, 둘째로 그들의 각각은 생명력의 흥분(긴장 intensio) 또는 그것의 이완(remissio)과 결합될 수 있기 때문에, — 바로 단지 네 가지의 단순한 기질이(매개념 medius terminus의 위치에 의한 삼단논법의 네 가지 격의 경우처럼) 확립될 수 있다는 것이 분명해진다. 즉 다혈질, 우울질, 담즙질, 점액질이다. 이것에 의해서 [287] 옛 형식이 보존될 수 있고, 그러나 이 기질론의 정신에 적합한, 보다 적당한 해석이 유지될 수 있다.

이때 혈액의 성질이라는 표현은 감성적으로 촉발된 인간 현상의 원인을 표현하기에는 — 그것이 체액 병리학에 따르는 것이든 신경 병리학에 따르는 것이든[125] — 충분하지 못하고, 그 현상을 단지 관찰된 결과에 따라서 분류하는 역할을 할 뿐이다. 왜냐하면 사람들이 추구하고 있는 것은, 어떠한 혈액의 화학적 혼합이 어떤 기질의 특성을 명명하는 데 적당한 이유를 제시하는 것인가를 미리 아는 것이 아니라,

125) 특히 비르코(Rudolf Virchow)에 의해 촉구되어서 발견된 세포 병리학 이전에는, 병리학의 두 가지 주요한 방향이 여기서 말하는 두 가지 병리학이다. 체액 병리학은 체액(humores)을 질병을 일으키는 것으로 보았고, 고체 병리학 또는 신경 병리학의 방법은 신체의 고차적인 부분, 특히 신경을 질병을 일으키는 것으로 보았다.

인간에 대해 특수한 부류의 칭호를 적절하게 부여하기 위해서는 인간을 관찰하는 경우에 어떠한 감정이나 경향성을 총괄하는 것이 좋을까를 아는 것이기 때문이다.

따라서 기질학의 상위 분류는 감정의 기질과 활동의 기질로 분류될 수 있다. 그리고 이것은 다시 하위의 분류에 의해서 두 가지 종류로 나뉘며, 합해서 네 가지 기질을 부여한다. — 그런데 감정의 기질로서 나는 다혈질(A)과, 그 반대로서 우울질(B)을 계산해 넣는다. — 전자는 감각이 빠르고 강하게 촉발되지만, 깊이 침투하지는 않는다(오래 지속하지 않는다)는 특성을 가지고 있다. ⁞ 여기에 반해서 후자에 있어서는 감각은 그렇게 눈에 띠지는 않지만, 깊이 뿌리박고 있다. 감정 기질의 구별은 이 점에 귀속되지 않으면 안 되며, 희열이나 비애에로의 성벽에 귀속되어서는 안 된다. 왜냐하면 다혈질의 사람이 가지고 있는 경솔성은 쾌활을 야기하지만, 이것에 반해서 감각에 대해 골똘하게 생각하는 우울은 쾌활로부터 경박하게 동요하는 것을 탈취함에도 불구하고 그 때문에 슬픔을 산출하는 것은 아니기 때문이다. — 그러나 사람들이 자신의 뜻대로 할 수 있는 모든 변화는 일반적으로 마음을 활기차게 하고 강화하는 것이기 때문에, 자신이 만나는 모든 것을 가볍게 취급하는 사람은 자신의 생명력을 마비시키는 감각에 매여 있는 사람보다도, 더 현명한 것은 아니라고 하더라도 확실히 더 행복한 사람이다.

1) 감정의 기질

(1) 낙천적인 사람의 다혈적 기질

다혈질인 사람은 자신의 성향을 다음처럼 드러낸다. 그는 무관심하며, 좋은 희망을 가지고 있다. 그는 모든 것에 대해 그 순간에는 매우

| A 259, 260 ⁞ B 257, 258

중요성을 부여하지만 [288] 그 다음 순간에는 벌써 그것을 생각하지 않는다. 그는 진심으로 약속을 하지만 결코 그 말을 지키지 않는다. 왜냐하면 그는 그것을 지키는 힘이 자신에게 있는지 어떤지 미리 충분히 생각하지 않았기 때문이다. ⁞ 그는 다른 사람에게 도움을 주기에는 충분히 호의적이지만, 채무자로서는 곤란한 자이고 항상 유예를 원한다. 그는 선량한 사교가이고, 익살맞으며, 원기왕성하며, 무슨 일에도 중요한 의미를 부여하지 않으며(하찮은 일에 대해 만세! Vive la bagatelle!), 또한 모든 사람을 친구로 한다. 그는 보통은 나쁜 사람은 아니지만, 회개하는 죄인으로 되기 어려우며, 무언가를 매우 후회한다 하더라도, 이 후회를(그것이 그에게 괴로움이 되는 일은 결코 없다) 곧 망각한다. 그는 일을 하고 있을 때는 피곤해 하지만, 그러나 단순히 노는 것에는 쉬지 않는다. 왜냐하면 이 놀이는 변화를 제공하고, 고집하는 것은 그의 관심사가 아니기 때문이다.

(2) 우수적인 사람의 우울적 기질

우울한 기분을 가진 사람(우울증인 사람은 아니다. 왜냐하면 우울증인 사람의 경우는 하나의 상태를 의미하지, 그러한 상태에 이르는 단순한 성벽을 의미하는 것은 아니기 때문이다)은 자기 자신에 관계하는 모든 것에 큰 의미를 부여하며, 모든 곳에서 우울의 원인을 발견하고, 다혈질인 사람이 성공의 희망으로부터 시작하는 데 반해서, 그는 무엇보다도 어려움에 주의를 기울인다. 그래서 다혈질인 사람이 단지 표면적인 것만을 생각하는 데 반해서, 우울질을 가진 사람은 심각하게 생각한다. 그는 거의 약속을 하지 않는다. 왜냐하면 약속을 지키는 것은 그에게는 소중한 것이지만, 그것을 지킬 그의 능력은 의심스런 것이기 때문이다. 이 모든 것은 도덕적 원리로부터 나오는 것은 아니다(왜냐하면 여기서는 감성적 동기가 문제이기 때문이다). ⁞ 오히려 그 반대되는 일은 그에게 곤란한 것이기 때문에, 그 반대되는 일은 그를 우려스럽게 만들고 불신이나 의혹을 생기게 하며, 그렇게 함으로써 또한 쾌활함을 느끼지 못하게 한다. — 더욱이 이러한 심적 기분은, 그것이 습관적인 것이라면, 다혈질인 사람의 소질에서 오히려 있는 것 같은 박애자의 기분과 적어도 그 동기에 있어서 정반대되는 것이다. 왜냐하면 자기 자신 즐거움없이 지내지 않으면 안 되는 사람은 그것을 타인에게 주기는 곤란하기 때문이다. [289]

2) 활동의 기질

(1) 다혈질적인 사람의 성급한 기질

사람들은 다혈질적인 사람에 대해서 그는 뜨거운 기질의 소유자이고, 지푸라기를 태우는 불처럼 급히 흥분하지만, 다른 사람이 양보하면 재빨리 진정되며, 화는 내지만 미워하는 것은 아니고, 곧바로 그에게 양보했던 사람을 그만큼 더욱더 사랑한다. — 그의 활동은 신속하지만 지속적이지는 않다. — 그는 바쁘긴 하지만 일에 끈기가 없어서, 그것에 종사하는 것은 아니기 때문이다. 그리고 일을 지도하는 단순한 명령자의 역할을 하는 것을 좋아하지만, 스스로 실행하려고 하지는 않는다. 따라서 그의 지배적인 욕정은 명예욕이다. 그는 공적인 일에 관계하는 것을 좋아하며, 큰 소리로 칭찬받기를 원한다. 그러므로 그는 외관 및 의례의 화려함을 좋아한다.

| ⁞ 그는 기꺼이 보호자의 역할을 자임하고, 겉보기에는 도량이 넓지만, 그것을 좋아하는 것은 아니고 과장하는 것이다. 왜냐하면 그는 자기 자신을 더 사랑하기 때문이다. — 그는 질서를 수호하며, 그 때문에 실제보다도 영리하게 보인다. 그는 인색하지는 않지만, 욕심은 많다. 정중은 하지만 의례에 대한 집착 때문에, 교제도 딱딱하고 부자연스러

우며, 자신의 봉(鳳)이 되는 어떤 추종자도 좋아한다. 그가 그의 오만한 불손 때문에 다른 사람의 저항을 받음으로써 생겨나는 고통은 구두쇠가 그의 탐욕한 불손에 의해서 그렇게 되는 것보다 더 크다. 왜냐하면 약간의 신랄한 기지라도 있다면 그의 중요한 후광을 완전히 없애버릴 수 있지만, 구두쇠는 이득에 의해서 이러한 손해를 보상받을 수 있기 때문이다. — 요컨대 담즙질은 모든 기질 중에서 가장 불행한 것이다. 왜냐하면 그것은 자신에 대한 반항을 가장 많이 불러일으키기 때문이다.

(2) 냉혈질적인 사람의 점액질적 기질

점액질(Phlegma)은 타성(무생기 無生氣)를 의미하는 것이 아니라 무관심을 의미한다. 우리들은 다량의 점액을 가지고 있는 사람을 그 때문에 그렇게 즉시 점액증자(粘液症者)라든가 그는 점액증적이라고 칭해서, 이러한 호칭 아래서 그를 게으름뱅이의 부류에 넣지는 않는다.

점액질은 약점으로서는, 강한 동기에 의해서드 일할 기분이 들지 않는 무활동에의 성벽이다. ‖ 일에 대해 무감각하다는 것은 [290] 의식적인 무용성(無用性)이며, 경향성은 단지 포식과 수면으로만 향해 있다.

여기에 반해서 점액질은 장점으로서는, 경쾌하고 신속한 것은 아니지만, 천천히 그리고 지속적으로 움직인다고 하는 특성을 가지고 있다. — 상당량의 점액을 자신의 신체의 혼합물로 가지고 있는 사람은 천천히 따뜻해지지만, 그 따뜻함을 오래 보존한다. 그는 쉽게 화내지는 않으며, 화내야 할지 어떨지를 우선 고려한다. 다른 한편 담즙질인 사람은 그의 냉혈함으로부터 견고한 사람을 감동시킬 수 없다는 것을 알고 있기 때문에, 그는 격노하게 되는 것이다.

통상적인 정도의 이성을 가지고 있다 하더라도 동시에 자연에 의해서 점액이 추가되고, 비록 뛰어나지는 않다 하더라도, 본능으로부터가

| A 263 ⁞ B 261

아니라 원칙으로부터 출발하게 된다면, 냉혈인도 후회할 일은 없다. 그의 행복한 기질은 그에 있어서 지혜를 대신한다. 그리고 사람들은 통상의 생활을 할 때라도 가끔씩 그를 철학자라고 부른다. 이런 기질에 의해서 그는 다른 사람보다 우월하게 되는데, 그렇다 하더라도 다른 사람의 허영심을 손상시키지는 않는다. 사람들은 그를 종종 노련하다고 한다. 왜냐하면 그를 향해서 노포(弩砲)나 투석기로 쏘아댄다고 하더라도, 양모(羊毛)의 자루처럼 급히 되살아나기 때문이다. 그는 평화스러운 남편이고, 처나 친척에 대해서 지배하는 방법을 알고 있지만, 겉보기에 모든 사람의 의견을 따르는 것처럼 하여 그렇게 한다. 왜냐하면 그는 자신의 확고한, 그러나 숙고된 의지에 의해서 그들의 의지를 자신의 의지에 맞추어 마음을 변하게 하는 방법을 알고 있기 때문이다. 그것은 마치 작은 물질이라도 큰 속도로 충돌하는 물체는 ¦ 그것을 향해 있는 장애물에 구멍을 뚫지만, 그것을 파괴하지 않는 것과 유사하다.

하나의 기질이 다른 기질과 — 통상 믿어지는 것처럼 — 예컨대

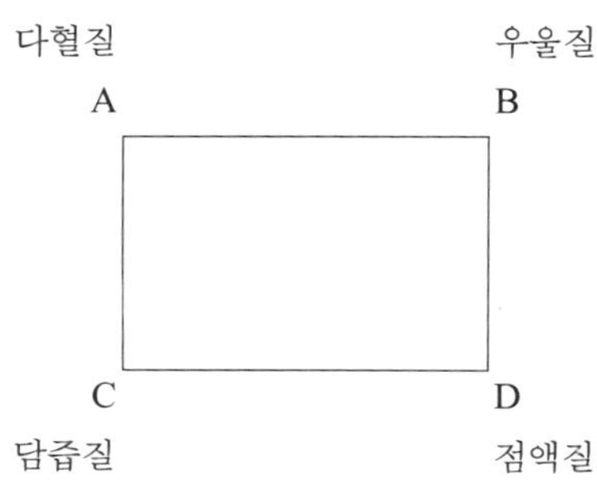

처럼 맞추어진다면, 이들은 상호 저항하든가 또는 서로 중립적이든가 한다. 다혈질과 우울질이, [291] 마찬가지로 담즙질과 점액질이 동일

주관에서 결합된다고 생각되는 경우에는 서로 저항한다. 왜냐하면 이들(A와 B, 마찬가지로 C와 D)은 서로 모순 관계에 있기 때문이다. — 다혈질과 담즙질, 우울질과 점액질(A와 C, 마찬가지로 B와 D)이 (말하자면 화학적으로) 혼합된다면, 이들은 서로 중립적일 것이다. 왜냐하면 사람들의 좋은 희열이 위협적인 노함과 동일한 행동에서 융합하는 일은 생각될 수 없으며, 마찬가지로 자기를 고통스럽게 하는 사람의 고통이 자신에게 만족해하는 마음의 만족한 평정과 융합하는 일도 생각될 수 없기 때문이다. ¦ — 그러나 이러한 두 가지 상태 중 하나가 동일 주관에서 다른 상태와 교체된다면, 그것은 단순한 일시적 기분을 나타낼 뿐, 어떤 특정한 기질을 나타내는 것은 아니다.

그러므로 복합된 기질은 존재하지 않는다. 예컨대 다혈질이면서 담즙질인 사람(허풍이나 치는 경솔한 사람은 모두 그것을 가지기를 원한다. 왜냐하면 그들은 자비롭지만 그러나 또한 엄격한 신사라고 하는 것을 속여서 보여주고 싶어하기 때문이다)은 존재하지 않으며, 기질은 단지 네 가지뿐이고, 그것의 각각은 단순한 것이다. 우리는 혼합된 기질을 가지고 있는 사람이 어떤 것인지 알지를 못한다.

쾌활과 경솔, 우울과 망상, 오만과 완고, 마지막으로 냉담과 지둔(遲鈍)은 기질의 결과로서 그것의 원인과 관계해서 구별된다.* ¦

---

* 기질의 차이가 공적인 일에 어떠한 영향을 미치는가, 또는 거꾸로 이 일이(일에서의 일상적인 훈련이 기질에 미치는 결과에 의해서) 기질에 어더한 영향을 미치는가를, 사람들은 일부는 경험에 의해, 다른 일부는 억측적인 기회 원인의 도움에 의해 여러 가지 궁리해 내었다. 그리하여 예를 들면 종교에 있어서는,

> 담즙질인 사람은 정통파
> 다혈질인 사람은 자유사상가
> 우울질인 사람은 광신자
> 점액질인 사람은 무관심파.

라 말해진다. 그러나 이것은 개략적인 판단이며, 상스러운 기지가 허용하는 만큼만 성

3. 심술(心術)로서의 성격에 관하여

어떤 사람에 관하여 "그는 **성격**을 가지고 있다"고 단적으로 말할 수 있다면, 우리는 그에 대해서 많은 것을 이야기하고 있을 뿐만 아니라 또한 [292] 그를 칭찬하고 있다. 왜냐하면 이것은 그에 대한 존경과 찬탄을 불러내는, 희귀한 것이기 때문이다.

이러한 명명 방식이 일반적으로, 어떤 사람이 선하든 악하든, 사람들이 그에 대해서 확실히 기대하는 것을 의미한다면, 사람들은 또한 "그는 **이** 또는 **저** 성격을 가지고 있다"고들 이야기하지만, 이 경우 그런 표현은 **성향**을 나타내고 있는 것이다. — 그런데 단적으로 성격을 가지고 있다는 것은 주관이 그것에 따라서 자기 자신을 특정한 실천적 원리와 결부시키는 의지의 특성을 의미한다. 이 실천적 원리는 그가 자기 자신의 이성에 의해서 변화함이 없이 자신에 과(課)했던 것이다. 이 원칙은 종종 잘못되기도 하고 결점이 있기도 하지만, 그럼에도 불구하고 일반적으로 확실한 원칙에 따라서 행동한다(모기떼의 경우처럼 혹은 이리로 혹은 저리로 날아가는 것이 아니라)는 의욕 일반의 형식은 가치 있는 것, 찬탄할 만한 것을 자신 안에 가지고 있다. 그것은 실제로 드문 일이다.

‖ 여기서 문제되는 것은 자연이 인간을 그것으로 만드는 것이 아니라, 인간이 **자기 자신을 그것으로 만드는** 것이다. 왜냐하면 전자는 기질에 속하며(이 경우 주관은 대부분 수동적이다), 후자만이 인간은 성격을 지닌다는 사실을 인식시켜 주기 때문이다.

인간의 다른 선하고 유용한 모든 성질은 그것과 같은 유용성을 낳는 다른 성질과 교환되는 가격을 가지며, 재능은 **시장 가격**을 가진다. 왜

격론에 대해서 가치를 지닌다(이들은 자신들에게 가능한 만큼만 가치가 있다. vale[a]nt, quantum possunt).

냐하면 군주나 영주는 이러한 사람을 모든 방식으로 사용할 수 있기 때문이다. — 기질은 **애호(愛好) 가격**을 가진다. 사람들은 그와 즐겁게 대화할 수 있다. 그는 쾌적한 상대이다. — 그러나 — 성격은 내적 **가치**[*]를 가진다. 그리고 일체의 가격을 넘어서 숭고한 것이다. [293] |¦

인간이 성격을 가지는가 가지지 않는가 하는 것으로부터 귀결하는 특성들에 관하여

1) 모방자(윤리적인 것에서)는 성격을 가지지 않는다. 왜냐하면 성격은 심술의 독창성을 본질로 하기 때문이다. 성격은 자기 자신에 의해서 열려진, 자신의 행동의 샘으로부터 길러진다. 그러나 그 때문에

---

* 어떤 회합에서 학자들이 소속한 학부의 등급에 관하여 논쟁하고 있는 것을 한 사람의 선원이 방청하고 있었다. 그는 자신의 방식으로 이 싸움을 해결했다. 즉 그가 포로로 잡은 사람을 알제[※]의 시장에 가지고 가서 노예로 팔 경우 얼마를 벌까? 신학자나 법률가를 거기에서는 누구도 필요로 하지 않지만, 의사는 직업상의 일을 잘 터득하고 있기 때문에 현금을 받을 수 있다. — 영국왕 제임스 1세는 그를 젖을 먹여 길렀던 유모로부터 그의 아들을 신사(품위있는 사람)로 만들어 달라는 간청을 받았다. 제임스 1세는 다음처럼 답했다. "나는 그 일을 할 수 없다. 나는 그를 백작으로 만들 수는 있다. 그러나 그는 스스로 신사가 될 수밖에 없다." — 디오게네스(퀴니코스 학파의 사람)는 (소위 역사가 말하는 것에 의하면[※※]) 항해 도중 크레타 섬에서 포로가 되었으며, ¦ 시장에 공개적인 노예 매물로 나오게 되었다. "너는 무엇을 할 수 있으며, 무엇을 알고 있는가?"고 그를 경매대에 놓았던 중개인이 물었다. "나는 지배하는 일을 터득했다. 너는 주인을 필요로 하는 구매자를 찾아라"라고 철학자는 대답했다. [293] 이 진기하고 무리한 요구에 대해 깊이 생각했던 상인은 이 진기한 거래에 대해 낙찰을 했다. 즉 그는 자신의 자식을 자신이 원하는 사람으로 만들기 위해 그 철학자에게 맡겼고, 자신은 수 년간 아시아에서 장사를 하였으며, 그 후 이전에는 야비했던 자식을 이제는 빈틈없으며, 예의바르며, 덕스러운 사람으로 되돌려 받았다. — — 그래서 사람들은 인간 가치의 등급을 더략 평가할 수 있다.

※ 알제리아의 수도.

※※ 디오게네스(Diogenes von Sinope, B. C. 323년 경 죽음)는 퀴니코스 학파에 속하는 철학자. 안티스테네스에서 배웠고, 걸식하고 방랑하는 금욕 생활을 행했으며, 수많은 기행(奇行)을 했다고 알려져 있다. 칸트가 인용했던 기록에 관해서는 ≪디오게네스 래르티오스≫ (*Diogenes Laertios*), V, 2, 74 참조.

이성인(理性人)은 별난 사람이어서는 안 된다. 그는 결코 별난 사람은 아닐 것이다. 왜냐하면 그는 모든 사람에 타당한 원리에 근거해 있기 때문이다. 별난 사람은 남의 흉내를 내는 사람이다. 기질로부터 나오는 선량함은 수채로 그려진 그림이며, 어떤 성격의 특색은 아니다. 그러나 성격의 특색이 만화로 묘사되는 것은 참된 성격을 가진 사람에 대한 뻔뻔스런 조롱이다. 왜냐하면 참된 성격을 가진 사람은 공공의 습관이(유행이) 되어버린 악(惡)에 ¦ 참여하지 않으며, 그래서 그는 별난 사람으로 모사되기 때문이다.

2) 기질의 소질로서의 악성(惡性)은 성격을 가지지 않는 소질의 선량함보다 덜 나쁘다. 왜냐하면 성격에 의해서 사람들은 그의 악성을 극복할 수 있기 때문이다. — 나쁜 성격의 인간(예를 들면 술라[126]와 같은)이라도, 설령 그의 확고한 준칙의 무법(無法)에 의해서 혐오을 일으킨다 하더라도, 또한 찬탄의 대상이 된다. 그것은 영혼의 강인함이 일반적으로 영혼의 선량함과 비교되는 것과 같다. 그러나 현실에 있는 것보다 이상인 것을 가져오기 위해서는, 즉 영혼의 위대함이라는 명칭을 받을 자격이 있게 되기 위해서는, 이 영혼의 강인함과 선량함의 양자는 물론 주관 안에서 결합된 것으로 발견되지 않으면 안 된다.

3) 일단 세워진 기도(企圖)에 대한 완고하고 불굴의 마음가짐(칼 12세의 경우 같은)은 성격을 위해서는 매우 좋은 자연 소질이지만, 아직 일반적으로 특정한 성격은 아니다. 왜냐하면 이 성격을 위해서는 이성과 도덕적인 실천적 원리로부터 생겨나는 준칙이 필요하기 때문이다. 그러므로 이 사람의 악성을 그의 성격의 특성이라고 말하는 것은 적절

126) 술라(실라)(Lucius Cornelius Sulla(Sylla), B. C. 138-78)는 로마의 귀족이자 군인. 처음에 평민파의 마리우스의 부하로서 전공을 세웠지만, 뒤에 귀족파의 대표로 되었으며, 마리우스와 싸워 그의 지휘권을 박탈했다. 마리우스가 죽은 후 평민파를 탄압하고 독재관(獨裁官)의 자리에 올라서 호민관의 입법권과 거부권을 제한하고, 원로원 지배체제의 회복을 위해 각종 개혁을 단행하였다.

하지 않다. 왜냐하면 그렇다면 그 악성은 악마적일 것이기 때문이다. 인간은 자신 안에 있는 악을 결코 시인하지는 않는다. [294] 그리고 원칙으로부터 이루어지는 악의(惡意)는 본래 존재 않지 않는 것이며, 단지 원칙을 방기(放棄)하는 것으로부터 오는 악의가 존재할 뿐이다.

* * *

그러므로 성격에 관한 원칙을 부정적으로 설명하는 것이 가장 좋은 설명이다. 그것은 다음과 같다.

¦ a. 일부러 진리가 아닌 것을 말하지 말 것. 따라서 또한 뒤에 취소하는 수치를 야기시키지 않기 위해서도 신중하게 말할 것.

b. 위선적으로 행동하지 말 것. 즉 눈앞에서는 선량하게 보이면서 이면에서는 적의가 있는 식으로 행동하지 말 것.

c. 자신의(동의한) 약속을 파기하지 말 것. 이를 위해서는 이제 깨어진 우정의 기억을 하는 것도 존중하고, 또한 다른 사람의 이전의 신뢰나 솔직함을 뒤에 악용하지 않는 것도 필요하다.

d. 취미의 교제에서 사고방식이 좋지 않은 사람과는 관계를 맺지 말고 "자신으로부터 드러나지 않는 사람도 친구들을 보면 드러난다. noscitur ex socio usw.[127]"라는 것을 염두에 두면서 교제를 단지 일(事)에 한정시킬 것.

e. 다른 사람의 천박하고 악의있는 판단으로부터 나오는 험담에 귀를 기울이지 말 것. 왜냐하면 그 반대에서 험담에 귀를 기울이는 것은 이미 약점을 보여주는 것이기 때문이다. 또한 마찬가지로,

127) ≪칸트의 1789~90년에 걸친 인간학 강의≫(*Kants Vorlesung über Anthropo- logie 1789/90*), 130쪽에는 전문이 있다. 그것에 의하면 noscitur ex socio, qui non cognoscitur ex se이다. 그러나 이것은 고전으로부터의 인용은 아닌 듯하다.

| A 270 ¦ B 268

> 신속하고 변하기 쉬운 것인 유행에 반(反)하지나 않을까 하는 두려움을 완화시킬 것. 그리고 그 유행이 어느 정도 중요한 영향을 가진다 하더라도 그 유행의 명령을 적어도 도덕에까지는 확장시키지 말 것.

자신의 심술 중에서 성격을 자각하고 있는 사람은 그 성격을 본래 가지고 있는 것이 아니라, 항상 획득했던 것임에 틀림없다. 이 성격의 확립은 일종의 재생(再生), |¦ 즉 그가 자신에 대해서 이룩한 어떤 엄숙한 서약과 같은 것이며, 이러한 재생 및 이 변화가 그에게 일어나는 시점을, 새로운 시기의 시작이 그렇듯이, 그가 잊기 어렵다는 것은 인정될 수 있는 일이다. — 이러한 확고하고 지속적인 것은 교육, 실례(實例), 훈육에 의해서 일반적으로 원칙에서 서서히 실현될 수는 없으며, 본능이 동요하는 상태에서 싫증난 나머지 일시적으로 일어나는, 말하자면 폭발에 의해서 실현될 수 있다. 30세 이전에 이러한 혁명을 시도한 사람은 아마도 소수에 불과할 것이다. 그리고 40세 이런 일을 확립했던 사람은 역시 소수일 것이다. — 단편적으로 보다 선한 사람이 되고자 하는 것도 헛된 시도이다. 왜냐하면 사람들이 다른 인상에 상관하는 사이에 하나의 인상은 사라져 버리기 때문이다. [295] 그러나 성격의 확립은 품행 일반의 내적 원리를 절대적으로 통일하는 것이다. — 또한 사람들은 다음과 같이도 이야기한다. 즉 시인은 성격을 가지지 않는다. 예를 들면 자신의 기지에 찬 착상을 포기하기보다는 가장 친한 친구를 경멸한다. 또는 모든 형식에 순응하지 않으면 안 되는 궁정인(宮廷人)의 경우에는 성격은 전혀 찾아질 수 없으며, 또한 천상의 주(主)에게도 또한 동시에 지상의 군주에게도 동일한 기분으로 경의를 표하는 성직자의 경우도 성격의 견고함을 지키기는 어려운 상태에 있다. 따라서 내적인(도덕적인) 성격을 가진다는 것은 아마도 단지 경건한 바람(願望)에 지나지 않을 것이며, 언제나 그런 채로 남아

| A 271 ¦ B 269

있을 것이다. 그러나 아마도 거기에는 철학자에게도 책임이 있을 것이다. 왜냐하면 그는 성격의 개념을 분석하고 이것을 충분히 밝히는 일은 결코 하지 않았고, 덕을 단지 단편적으로 설명했을 뿐이며, 전체적으로 그것의 아름다운 형태에서 설명하고 모든 사람에 흥미를 일으키는 일에는 노력을 기울이지 않았기 때문이다.

|¦ 한마디로 말하면, 자기 자신에 관한 고백의 내면에서도, 또한 동시에 모든 다른 사람에 대한 행동에서도 성실을 최상의 준칙으로 삼는 것이, 사람이 성격을 가진다는 것을 의식하는 유일한 증명이다. 그리고 성격을 가진다는 것은 사람들이 이성적인 인간에 대해서 구할 수 있는 최소한임과 동시에 내적 가치의(인간 존엄의) 최대한이다. 그러므로 원칙을 가진 사람이 된다는 것(특정한 성격을 가지는 것)은 가장 보통의 인간 이성에서도 가능한 것이며, 그렇게| 됨으로써 최대의 재능을 가진 사람보다도 존엄에 관해 우월하다고 할 수 있다.

관상술에 관하여

이것은 사람의 눈에 보이는 형태로부터, 따라서 사람의 외면으로부터 그의 내면을, 그것이 성향이든 심술이든, 판정하는 기술이다. — 이때 사람들은 그 사람의 병의 상태에서가 아니라 건강한 상태에서 판정한다. 또한 마음이 동요하고 있을 때가 아니라 마음이 고요할 때에 판정한다. — 이런 의도 하에서 판정되는 사람은 사람들이 그를 관찰하고 그의 내부를 탐색하고 있다는 것을 알게 되면, 그의 마음은 평정하게 되지 않고, 압박감과 내적 동요의 상태로 되며, 뿐만 아니라 자신이 다른 사람의 평가에 맡겨져 있다는 것을 알고 불쾌한 상태에까지 빠지게 되는 것은 자명하다.

시계가 좋은 케이스 안에 들어 있다 하다|라도, 이로부터 그 내부도

| A 272 ¦ B 270

좋다고 확실하게 판정할 수는 없다(라고 유명한 시계 기술자가 이야기하고 있다). ¦ 그러나 케이스가 나쁘게 만들어져 있다면, 사람들은 [296] 내부도 또한 대단히 쓸모가 없다고 상당히 확실하게 추정할 수 있다. 왜냐하면 기술자는 열심히 일해서 만든 작품을 최소한의 노력을 기울이는 외부의 공정을 태만히 함으로써 신용 없도록 하는 일은 하지 않을 것이기 때문이다. — 그러나 인간의 기술자와 자연의 다함이 없는 창조주의 유비에 의해서, 창조주는 자신이 창조했던 사람을 다른 사람에게 추천해서 좋은 판정을 받도록 하기 위해서 선한 영혼에 대해서는 아름다운 육체를 부여했을 것이라든가 또는 또한 거꾸로("이 사람은 (마음이) 검은 자이니 로마인이여, 당신은 이 사람을 조심하시오." hic niger est, hunc tu, Romane caveto[128] 에 따라서), 어떤 사람을 협박하여 다른 사람으로부터 멀리 떨어지게 했을 것이라고 여기서 추론하는 것은 불합리할 것이다. 왜냐하면 어떤 사람의 다른 사람들에 대한 적의(敵意) 또는 적의를 품지 않음(그 사람들의 아름다움 또는 추함에 따라서)의 단순히 주관적인 근거만을 포함하고 있을 뿐인 취미가, 객관적으로 어떤 자연적인 성질을 가진 인간의 현실 존재를 목적으로 하는(그러한 목적을 우리는 절대적으로 통찰할 수는 없지만) 지혜의 규준으로서의 역할을 하지 못하며, 이 두 가지 이질적인 것이 인간 안에서 동일한 목적을 위해서 결합되어 있다고 가정하는 일은 잘못된 것이다.

관상술에 대한 자연의 인도에 관하여

우리는 신뢰해야 할 사람에 관해, 그가 아무리 좋게 추천되었다 하더라도, 그로부터 무엇을 기대할 것인가를 찾기 위해서는, 우선 얼굴

128) 호라티우스의 ≪풍자시≫(*Satiren*), I, 4, v. 85 참조.

을, 특히 눈을 들여다보는 것이 | 자연의 본능이다. 그리고 그의 태도 중 어떤 반발을 일으키는 것이나 사람을 끄는 것이 우리의 선택을 결정하도록 하거나, 또는 우리가 그의 품행을 물어서 알기 전이라도, 우리를 주저하게 만들기도 한다. 그러므로 관상술적인 성격론이 있다는 것은 논의의 여지가 없지만, 이것은 결코 학문으로 될 수 있는 것은 아니다. 왜냐하면 관찰된 주관의 특정한 경향성이나 능력을 암시하고 있는 사람의 형태의 특성은 개념에 의한 서술에 의해서가 아니라(직관이나), 또는 그것의 모방에서 보여진 묘사나 표현에 의해서 이해될 수 있기 때문이다. 이 경우 인간의 형태는 일반적으로, 각자가 인간의 내심에서의 특수한 내면적 특성을 암시하고 있는 여러 가지 변화에 따라서, 판정 내려진다.

밥티스타 포르타[129]에 의한 인간 두부(頭部)의 만화(漫畵)는 동물의 두부들을 어떤 특징있는 인간의 얼굴과의 유비에 의해서 비교하고, 묘사하며, 이로부터 [297] 양자에서의 자연 소질의 유사성을 추론했지만, 오래 전에 망각되어 버렸다. 또한 라바터[130]의, 실루엣(半面影像)을 사용해서 잠깐 동안 일반적으로 애호되고, 염가로 판매되는 상품이 되었던 이 취미의 광범위한 유포도 이제는 완전히 사라지게 되었다. — 그리고 이제는(아르헨홀쯔 씨[131]의) 다음과 같은 애매한 말 이외에는 거의 아무 것도 남아 있지 않게 되었다. 즉 우리가 찌프린 얼굴을

129) 기암바티스타 포르타(Giambattista Porta, 1540-1615)는 나폴리 사람. 그의 ≪인간 관상술≫(*De humana physiognomia*), 1580, IV 참조.

130) 라바터(Johann Kaspar Lavater, 1741-1801)는 스위스 사람. 시인으로서 활약했고, 또한 신비가로서 관상술에도 관심을 나타내었으며, 사람의 성격은 얼굴 모습으로부터 알려질 수 있다고 주장했다.

131) 아르헨홀츠(Johann Wilhelm von Archenholz, 1743-1812)는 독일의 역사가로 7년 전쟁에 참가했으며, 후에 각지를 여행한 후 함부르크에 살면서 저술에 종사했다. 그의 저서 ≪7년 전쟁≫에 의해 오늘날에도 유명하다. 1782년부터 1791에 걸쳐 잡지 ≪문학과 민족학≫(*Literatur und Völkerkunde*)을 간행했다. 칸트가 인용했던 취미의 표현에 관해서는 위의 잡지 제4권, 859쪽 참조.

하고 오직 자기 스스로 어떤 사람의 얼굴을 모방할 경우, 그 사람의 얼굴은 그 사람의 성격과 일치하는 특정한 생각이나 감각을 동시에 불러 일으킨다는 것이다. — 그래서 관상술은 ¦ 인간의 내심을 특정한 외면적인, 의도하지 않고서 주어진 징표를 매개해서 탐지하는 기술로서는 완전히 수요가 없고, 그것에 관해 남아 있는 것은 취미 교양의 기술, 그것도 사물에 관해서가 아니라 풍속이나 예의나 습관에 관한 취미 교양의 기술에 불과한 것뿐이다. 이것은 사람들과의 교제나 일반적으로 인간의 지식에 요구되는 비평에 의해서 이 인간 지식에 도움이 되기 위한 것이다.

관상술의 구분

1. 얼굴의 구조에서, 2. 용모에서, 3. 습관적인 얼굴 표정(모습)에서, 나타나는 성격적인 것에 관하여.

1) 얼굴의 구조에 관하여

그리스 예술가들이 — 조상(彫像), 보석의 세공, 음각(陰刻)에서도 — 매력을 끌어들이지 않고, 영원의 청춘을 그리고 모든 정동으로부터 벗어난 평정을 표현하는, 얼굴 구조의 이상(理想, 신들이나 영웅에 대한)까지 염두에 두는 것은 주목할 만한 가치가 있다. — 그리스적인 수직식의 반면상(半面像)은 우리의 취미(매력을 겨냥하는)에 따라서 그렇게 있어야 하는 것보다도 더 깊은 눈을 가지고 있다. 심지어는 메디치 가(家)의 비너스조차도 매력을 결해 있다. — 그 이유는 아마도 다음과 같은 것이다. 즉 이상이라고 말해지는 것은 일정한 불변적인 규범이어야 하지만, ¦ 얼굴과 어떤 각도를 이루면서 이마로부터 돌출해 있는 코는(이때 그 각도는 비교적 클 수도 작을 수도 있지만) 규범에 속하는 것이 필요로 하는 형태의 일정한 규칙을 — 보여주지 않기 때문이다. 근대의 그리스인도, 그들이 얼굴 이외의 다른 신체의 구조에 관해 아름다운 형태를 만들고 있음에도 불구하고, [298] 예술 작품에 관한 저 이상성을 원형으로서 드러내는 것처럼 보이는 반면상의 엄숙한 수직성을 소유하고 있지는 않다. — 이러한 신화적인 표본에 따르면 눈은 비교적 깊게 놓여 있으며, 코 뿌리에 얼마간의 그림자가 이루어지는 그 곳에 놓여 있다. 이에 반해서 현대인이 아름다운 것으로 간주하는 얼굴은 코가 이마의 방향에서부터 약간 돌출하고 있고(코 뿌리에서 곡선을 이루고 있고), 그것을 사람들은 더욱 아름다운 것으로 본다.

현실적으로 존재하는 대로의 인간에 관하여 우리의 관찰을 추적해 보면, 엄밀하게 정확한 규칙성은 일반적으로 정신을 가지지 않은 매우 일상적인 인간을 가리키고 있다는 사실이 분명해진다. 평균은 아름다움의 근본 척도이며 기초이지만 결코 아름다움 그 자체는 아닌 것처럼 보인다. 왜냐하면 아름다움을 위해서는 무언가 성격적인 것이 필요하기 때문이다. — 그러나 사람들은 이 성격적인 것을 아름다움이 아니라도 얼굴 중에서 발견할 수 있다. 거기서는 표정은 다른(아마도 도덕적 또는 심미적인) 관계에서이긴 하지만, 얼굴을 매우 유리하게 보도록 한다. 즉 사람들은 어떤 얼굴에 관해 이마나 코나 턱이나 머리카락 색 등에 대해서는, 혹은 이런 혹은 저런 것으로 비난하더라도, 그 인물의 개성에 대해서는 이런 얼굴이 ¦ 완전히 규칙성을 겸비한 얼굴의 경우보다도 오히려 추천될 수 있을 것이라고 고백할 수 있다. 왜냐하면 규칙성은 일반적으로 성격의 없음을 동반하고 있기 때문이다.

어떤 얼굴에 대해서도 그 얼굴이 용모에서 악덕에 의해서 더럽혀진 마음의 표현을 드러내거나 그러한 악덕에로 향하는 자연적이지만 불

행한 성벽을 드러내지 않는다면, 이것을 추악하다고 비난해서는 안 된다. 예를 들면, 이야기하자마자 악의를 가지고 냉소하는 어떤 사람의 용모라든가, 온화한 부드러움 없이 다른 사람의 얼굴을 빤히 쳐다보고, 그렇게 함으로써 다른 사람으로 하여금 그 자신의 판단으로부터 아무 것도 하지 못하도록 보이게 하는 철면피의 용모가 추악한 경우이다. — 아이를 침대로 쫓아 낼 수 있다고들 이야기하는 무서운(rebarbaratif 라고 프랑스 사람이 이야기하는 것같은) 얼굴의 소유자나, 천연두에 걸린 기괴한 얼굴이나 네덜란드 사람이 말하는 것 같은 정체가 알려지지 않은(wanschapenes, 말하자면 망상이나 꿈 중에서 생각되는 것같은) 얼굴을 가진 사람들이 있으며, 그럼에도 동시에 자기 자신의 얼굴에 관하여 농담을 할 만큼 사람의 선량함이나 명랑함을 보여주고 있는 사람도 있다. 그러므로 이러한 얼굴은 결코 추하다고 말해질 수는 없다. 더욱이 그들은 어떤 귀부인이 그들에 대해(프랑스 아카데미 Académie française)에서 펠리송[132]에 대해 말했던 것처럼) "펠리송 씨는 추해서 좋다고 하는, 남성에게 허용되어 있는 것을 남용하고 있습니다"라고 말할 때, 결코 이것을 악이라고 받아들이지 않지만 말이다. 더욱 나쁘고 어리석은 것은, 도의(道義)를 기대해도 좋은 사람이 [299] 천민이 하는 것처럼 장애자에 대해서 그의 신체적인 결함을, 그것은 종종 정신적인 장점을 높이는 역할을 하는 데도, 비난하는 경우이다. 이러한 행위가 어릴 때 불행하게 되었던 사람에 대해서 가해진다면("이 앞 못보는 개야", "이 절름발이 개야" 등에 의해서), 그들을 실제로 ¦ 나쁜 사람으로 만들며, | 단정하고 아름다우며, 그 때문에 스스로 우월하다고 생각하는 사람에 대해서 서서히 격분하도록 만들어 버린다.

---

132) 펠리송(Paul Pellison - Fontanier, 1624~1693)은 프랑스 아카데미의 회원. 그에게 말을 걸었던 귀부인은 드 세비그네 부인(Madame de Sévigné)이다.

¦ B 278 | A 276

또한 자기 나라에 거주하고 있는 다른 나라 사람의 익숙하지 않은 얼굴은 자기 나라를 한 번도 떠난 적이 없는 사람에게는 보통 다른 나라 사람에 대한 조소의 대상으로 된다. 일본의 아이는 거기서 장사를 하고 있는 네덜란드 사람의 뒤를 쫓아가면서 "야 얼마나 눈이 크냐, 얼마나 눈이 크냐!"라고 외치며, 중국인에게는 그 나라를 방문한 많은 유럽인의 붉은 머리는 불쾌하게 느껴지며, 또한 유럽인의 푸른 눈은 우스꽝스럽게 보인다.

단순한 두개골 및 그 형태의 기초를 이루고 있는 두개의 형상에 관하여 말한다면, 예를 들면 니그로, 칼뮤크,[133] 남양(南洋)의 인디언 등의 그것에 관하여 말한다면, 캄페르, 특히 블루멘바하[134]가 쓰고 있는 것처럼, 이것에 관한 기사는 실용적 인간학보다도 오히려 자연 지리학에 속하는 것이다. 남성의 이마는 우리 종족에서도 평평하지만, 여성의 이마는 오히려 둥근 것이 보통이라고 하는 생각은 두 학문의 중간에 있는 것이라고 말할 수 있다.

코 위의 혹은 조롱하는 사람을 보여주는지 어떤지, — 중국인은 아래 턱의 뼈가 윗 턱의 뼈보다 약간 나와 있다고 말해지지만, 그 얼굴 모양의 특성이 그들의 고집이 세다는 표시인지 어떤지, 또는 이마가 양측으로부터 내려온 머리카락으로 보기 흉하게 된 아메리카의 인디언의 얼굴 모양이 태어날 때부터의 저능의 특징인지 어떤지 하는 것 등등은 ‖ 불확실한 해석만을 허용할 뿐인 억측이다.

---

133) 칼뮤크 족(die Kalmücken)은 서부 몽고 종족.

134) 캄페르(Pieter Camper, 1722~1789)는 네덜란드의 해부학자.
블루멘바하(Johann Friedrich Blumenbach, 1752~1840)는 괴팅겐 대학의 해부학 및 비교 동물학 교수이며, 칸트와 개인적으로 친교를 맺었다.

2) 용모에서의 성격적인 것에 관하여

남성의 경우에는 그의 얼굴이 피부색이나 마마 자국 때문에 추하게 되거나 또는 사랑스럽게 되지 않는다 하더라도, 그것이 여성의 판단에서조차도 그에게 손상을 주는 것은 아니다. 왜냐하면 선량함이 그의 눈에 비치고 동시에 자신의 힘을 의식하는 경우의 씩씩함의 표현이 평정과 결합되어 그의 시선으로부터 두드러지게 나타난다면, 남성은 항상 사랑받을 수 있으며, 또한 사랑받을 가치가 있으며, 일반적으로도 그런 식으로 생각되기 때문이다. — 사람들은 이러한 남성이나 또한 그들의 사랑스러움에 대해 장난을 치고(반어적으로 per antiphrasin), [300] 부인들은 그러한 남편이 있는 것을 자랑스럽게 여길 수 있다. 그러한 얼굴은 만화의 얼굴은 아니다. 왜냐하면 만화는 정동 상태에 있는 얼굴을 고의로 과장되게 묘사하고, 웃음을 자아내기 위해서 고안된 그림(희화 戱畵)이며, 흉내내는 일에 속하기 때문이다. 그러한 얼굴은 오히려 자연 안에 존재하는 변종(變種)으로 간주되어야 한다. 그것은 희화의 얼굴(그러한 얼굴은 불쾌한 느낌을 줄 것이다)이라 칭해져야 할 것이 아니라, 사랑스럽지는 않더라도 사랑을 일으킬 수 있으며, 아름답지는 않지만 추한 것은 아니다.* ¦

---

* 런던에 거주하는 독일 음악가 하이데거*는 기이한 얼굴 모습을 하고 있었지만, 그러나 쾌활하고 분별이 있는 사람으로, 고귀한 사람들도 그와 담화하기 위해서 교제하는 것을 즐거워했다. — 한번은 펀쉬**를 마시는 모임에서 한 사람의 귀족을 향하여 ¦ 자신은 런던에서 가장 추한 얼굴을 가졌다고 주장했던 일이 일어났다. 귀족은 생각에 잠겼고, 곧 그에게 더욱 추한 사람을 보여줄 것이라는 내기를 걸었다. 그가 음료를 들고 있는 한 여자를 불렀고, 그것을 보자 회합의 참석자 모두는 큰 웃음을 터뜨리고는 소리쳤다. "하이데거 씨, 당신은 내기에 졌습니다!", "그렇게 빨리는 결정되지 않습니다"라고 하이데거는 대답했다. "그녀에게 나의 가발을 쓰게 하고, 내가 그녀의 실내모를 쓰게 해 주십시오. 그 다음 우리는 보게 될 것입니다." 실제로 이런 일이 일어났을 때, 모든 사람은 숨막힐 때까지 웃었다. 왜냐하면 그 여자는 완전히 점잖은 남자처럼 보였고, 그 남자는 마녀처럼 보였기 때문이다. 이것은, 누군가를 아름답다거나 또는 적어도 어지간히 귀엽다고 하기

3) 얼굴 표정에서의 성격적인 것에 관하여[135)]

얼굴 표정은 움직임에서 나타나는 용모이다. 그리고 사람들은 많건 적건 간에 강한 정동에 의해서 얼굴 표정을 보여주게 된다. 얼굴 표정에 대한 성벽은 인간 성격의 특징이다.

정동의 인상을 어떤 얼굴 표정에 의해서도 나타나지 않게 하는 것은 어려운 일이다. 정동[136)]은 몸짓 또는 어조에서의 고통스런 저지(沮止)에 의해서 자연스럽게 나타난다. 자신의 정동을 지배하기 어려운 사람의 경우 얼굴 표정의 움직임조차(자신의 이성의 뜻에 거슬러서) 그가 기꺼이 감추고 다른 사람의 눈으로부터 멀리 떨어지고 싶어하는 내심을 폭로해 버린다. ¦ 그러나 이 내심을 은폐하는 기술에서 탁월한 사람들은, | 사람들이 그들의 마음을 알아버리면, 신뢰를 가지고 다룰 수 있는 최선의 인간으로 생각되지 않을 것이다. 특히 그들이 행동한 것과 모순되는 얼굴 표정을 일부러 지을 때 그렇다.

[301] 의도하지 않고서 내심을 드러내면서 그럼에도 불구하고 일부러 꾸미는 얼굴 표정을 해석하는 기술은 여러 가지 재미있는 이야깃거리의 기회를 제공할 수 있지만, 나는 그 중 하나만을 언급하고 싶다. — 평소에는 사시(斜視)가 아닌 사람이 말을 하면서 자신의 코앞을 보려 하고, 그래서 사시가 될 때, 그 사람이 말하는 것은 항상 거짓말이다.

위해서는, 사람들은 절대적으로 판단해서는 안 되고, 항상 단지 상대적으로 판단하지 않으면 안 된다는 것, 누군가가 잘 생기지 않았다고 해서 그 때문에 그를 추하다고 말해서는 안 된다는 것을 증명한다. — 다만 얼굴에 혐오를 불러일으키는 상처가 있을 때에는, 추하다고 말하더라도 이유가 있는 것이다.

※ 하이데거(John James Heidegger, 1659~1749)는 취리히 태생의 유명한 악극 지휘자로, 영국에서 살았으며, 런던 왕립 극장의 지휘자를 역임했다.

※※ 펀쉬(Punsch)는 포도주, 향료 및 탕(湯)을 주 원료로 하는 음료.

135) 이 제목은 수고와 A판에는 없고, B판에 처음으로 추가되었다.

136) A, B판은 칸트에 따라서 "얼굴 표정"(sie)으로 되어 있지만, Ak.판은 "정동"(er)으로 이것을 정정하고 있다. 여기서는 후자에 따라서 번역했다.

¦ B 279 | A 281

— 그러나 사시자로 눈에 결함이 있는 사람의 상태를 그것에 편입시키지는 않는다. 이러한 사람은 앞서 이야기한 악덕으로부터 완전히 벗어날 수 있기 때문이다.

그 밖에 모든 종족이나 풍토에 속하는 사람들이 협정(協定)하지 않고서도 서로 이해할 수 있는, 자연에 의해서 형성된 거동이 있다. 여기에 속하는 것은 머리를 끄덕이는 것(긍정할 때), 머리를 좌우로 흔드는 것(부정할 때), 머리를 치켜드는 것(반항할 때), 머리를 흔드는 것(경이로울 때), 코를 찌푸려 주름지게 하는 것(웃음거리가 될 때), 조롱하면서 웃는 것(이빨을 드러내 놓고), 침통한 표정을 짓는 것(필요한 것을 거절할 때), 눈살을 찌푸리는 것(불만일 때), 급히 입을 벌리거나 닫는 것(경멸), 손을 흔들어 자신 쪽으로 오도록, 또한 자신 쪽에서부터 가도록 신호하는 것, 손을 머리 위에서 맞부딪치는 것(경악해서), 주먹을 움켜쥐는 것(위협할 때), 인사를 하는 것, 침묵을 명하기 위해서 손가락을 입 위에 대는 것 |⁞ (입술을 닫게 하는 compescere labella), 쉿쉿하는 것 등등이다.

잡다한 주해

마음의 동요를 무의식적으로 수반하고 종종 반복되는 얼굴의 표정은 서서히 고정적인 용모로 되지만, 그것은 죽을 때 비로소 소멸될 뿐이다. 그러므로 라바터도 기록하고 있듯이, 살아 있는 동안에는 악인임을 보여주는 공포스러운 얼굴도, 죽을 때에는(소극적으로) 말하자면 고상하게 된다. 왜냐하면 이제 모든 근육이 이완되고, 말하자면 죄가 없는 평정한 표정만 남아 있기 때문이다. — 자신의 청춘을 순결하게 보냈던 사람이 뒤에 와서, 방탕 때문에, 건강함에도 불구하고 다른 얼굴이 될 수 있다. 그러나 그런 얼굴로부터 그의 자연 소질을 추론할 수는 없다.

또한 사람들은 고귀한 얼굴에 대립시켜 비천(卑賤)한 얼굴에 대해서 이야기한다. 고귀한 얼굴은 우아하게 아첨하는 예법(禮法)과 결부되어 있는 오만한 중후함 이외의 아무 것도 의미하지 않는다. 이것은 단지 큰 도시에서만 번성하는 것이다. 거기에서는 사람들은 서로 간에 마찰을 일으키고 자신들의 조야함을 닦아내 버린다. 그래서 시골에서 태어나서 교육받은 관리들은 가족과 함께 도시의 상당한 대우를 받고 출세하게 되는 경우에도, [302] 또는 신분적으로 그러한 대우에 어울리는 자격을 가지는 경우에도, 그들의 예법에서뿐만 아니라 얼굴 표정에서도 무언가 비천한 것을 보여준다. ¦ 왜냐하면 그들은 거의 그의 부하만을 상대하므로, 그의 활동 범위에서 거리낌 없는 느낌을 가지며, 그래서 그들의 상급자, 하급자, 동료에 대한 모든 관계에서 그들의 교제와 그것에 결부되어 있는 정동에 어울리는 얼굴 표정의 움직임을 연마해야 하는 데 필요한 유연성을, 얼굴 근육이 유지하지 못하기 때문이다. 그러나 이러한 얼굴 표정의 움직임은 자신의 품위를 떨어뜨리지 않고서 사회에서 좋은 대우를 받기 위해서 필요한 것이다. 이에 반해서 동일한 지위를 가지고 있지만 도시의 예법에 익숙한 사람은 이 점에서 다른 사람에 비해 우월하다는 것을 의식하고 있으므로, 이 의식은, 그것이 오랜 연습으로 습관화된 경우에는, 지속적인 특징을 가지고서 얼굴에 각인되어 있게 된다.

신심(信心)이 깊은 사람이 오랜 기간 기계적인 기도의 연습으로 훈련되고, 말하자면 그 점에서 경직되어 버리면, 유력한 종교나 예배의 경우에 그들은, 그들 자신에게 얼굴 모습에서의 성격을 부여한 국민적 특징을, 그 종교나 예배가 미치는 한계 내에서, 전 국민들 사이로 가지고 들어간다. 그래서 프리드리히 니콜라이 씨[137]는 바이에른에서는

137) 니콜라이(Friedrich Nicolai,1733-1811)는 유명한 계몽 사상가. 그의 ≪1781년 독일과

축복을 받은 숙명적인 얼굴이 있다는 것을 이야기한다. 이에 반해서 옛 잉글랜드의 존 불은, 어디를 가더라도, 외국에서도 자국(自國) 내에 있는 외국인에 대해서도, 무례한 자유를 그의 얼굴에 이미 나타낸다. 그러므로 반드시 태어날 때의 것으로 간주될 수 없는 국민적 얼굴 모습이 있다. — 법률이 형벌을 내리기 위해서 모은 무리 중에도 성격적인 특색이 있다. 암스테르담의 라스푸이스나 파리의 비세뜨르나 런던의 뉴게이트에 있는 죄수에 관해 어떤 여행을 좋아하는 노련한 의사[138]가, ‖ 그들은 대체로 뼈대가 굵고 자신들의 우월을 의식하고 있는 무리들이라고 쓰고 있다. 그러나 그들에 관해 배우 퀸[139]에 동조해서 "이 남자가 불한당이 아니라면, 창조자는 읽을 수 있는 필적으로 글자를 쓰고 있지 않다"라고 말하는 것은 허용되지 않을 것이다. 왜냐하면 무리하게 그러한 부정적인 판정을 내리기 위해서는, 자연이 단지 다양한 기질을 산출하기 위해서 그 창조의 형식들을 가지고 활동하는 것과, 자연이 여기에서 도덕을 위해서 하거나 하지 않는 것 사이를 판별하는 능력이, 죽을 수밖에 없는 어떤 인간도 그런 능력을 가지고 있다고 자칭하지 못하는 까닭에, 보다 많이 필요하기 때문이다.

스위스 여행기≫ 참조.

138) 그림(J. F. K. Grimm)을 말함. 독일의 의사이자 여행가. 그의 ≪독일, 프랑스, 영국, 네덜란드 여행기≫(1775) 참조.

139) 퀸(James Quin, 1693~1766)은 영국의 유명한 배우.

[303] 제2장 양성(兩性)의 성격

다른 기계에 의해서 큰 힘을 사용해서 하는 것과 같은 정도의 일을 작은 힘을 사용해서 완수하는 모든 기계에는 기술이 부가되어야 한다. 따라서서 자연의 지배는 여성의 신체 조직 중에 남성의 그것보다도 훨씬 많은 기술을 부여할 것이라는 사실은 미리 가정할 수 있는 일이다. 왜냐하면 자연은, 남녀가 친밀하게 육체적으로 결합해서, 이성적 존재자로서 자연에 의해 가장 중요한 목적, 즉 종(種)의 보존을 달성하도록 양자를 짝지어 주기 위해서, 남성에게 여성보다도 큰 힘을 부여했기 때문이다. 그로부터 또한 자연은 양자에게 이러한 자격에서(이성적 동물로서) 사교적 경향성을 부여하고, 그들의 성적 공동 관계를 가정적인 결합에서 지속시키도록 만들었기 때문이다.

|⁞ 결합이 통일을 유지하고 해소되지 않도록 하기 위해서는 두 사람이 임의적으로 결합되는 것만으로는 충분치 않다. 상대를 지배하고 통제할 수 있기 위해서는, 한편으로는 다른 쪽에 복종하고 또한 서로 한쪽은 다른 쪽에 비해 무언가에서 우월하지 않으면 안 된다. 왜냐하면 서로를 결(缺)해 있는 것이 불가능한 양자의 요구가 등등하다면, 자애(自愛)가 단지 말싸움을 불러일으킬 뿐이기 때문이다. 문화가 진보된 경우에는 각각 한쪽이 이질적인 방식으로 다른 쪽보다 우월하지 않으면 안 된다. 남성은 여성보다 그의 신체적인 능력과 용기에 의해

서 우월하고, 여성은 남성보다 남성의 경향성을 자신을 위해서 이용하는 천부의 재능에서 우월하다. 이에 반해서 아직 문명화되지 않은 상태에서는 우월은 오직 남성측에만 있다. — 따라서 인간학에서는 여성의 특성은 남성의 특성보다도 훨씬 많이 철학자를 위한 연구 자료가 된다. 야만의 자연 상태에서는 여성의 특질을 인정하지 않는 것은 야생의 사과나 야생의 배의 특질을 인정하지 않는 것과 같다. 이런 것들의 많은 특성은 접목이나 접종함으로써 비로소 발견된다. 왜냐하면 문화가 이 여성의 특성을 가져다 준 것이 아니라, 문화는 여성의 특성이 발전하고 유리한 사정 하에서 인정될 수 있도록 하는 기회를 부여했을 뿐이기 때문이다.

여성다움은 약함이라고 말해진다. 사람들은 그것에 관해 농담을 한다. 바보는 그것을 조롱한다. 그러나 이성적인 사람들은 여성다움이야말로 남성을 조종하고 남성을 자신의 의도대로 사용하는 기중기(起重機)라는 사실을 대단히 잘 안다. 남성은 마음을 측정하기가 쉽지만, 여성은 [304] 자신의 비밀을 드러내지 않는다. 비록 여성의 경우(그녀의 수다 때문에) 다른 사람의 비밀은 쉽게 지키지 못하지만 말이다. ¦ 남성은 **가정의 평화**를 사랑하며, 자신의 일이 단지 방해받지 않도록 하기 위해서 즐겁게 여성의 지배에 복종한다. 여성은 **가정의 싸움**을 피하지 않는다. 그 싸움을 그녀는 혀로 수행하며, 자연도 이 목적을 위해서 남성의 무장을 해제시키는 수다나 풍부한 능변을 그녀에게 부여하고 있다. 남성은 외적에 대해서 가정을 지켜야 하기 때문에, 가정에서는 명령하는 강자의 권리를 기초로 하고 있다. 여성은 약자의 권리를 기초로 하고 있다. 그것은 남성에 의해서 다른 남성으로부터 보호를 받게 한다. 또한 여성은 남성이 관대하지 않음을 비난함으로써 노한 눈물을 가지고서 남성의 저항력을 상실토록 만든다.

야만의 자연 상태에서는 물론 사정은 다르다. 거기에서는 여성은

| A 286 ¦ B 284

가축과 같은 것이다. 남성은 무기를 들고 앞에 서서 가고, 여성은 가재 도구를 넣은 짐을 지고서 그를 따라 간다. 그러나 야만의 공민 조직이 일부다처를 합법적으로 하고 있는 경우에도, 가장 애호되는 여성은, 그의 감옥(하렘 harem이라고 불리는)에서 남성을 지배하여 이길 수 있는 방법을 안다. 그리고 남성은 많은 여성이(남성을 지배해야 하는) 한 사람에 대해 싸움을 하는 중에 참으면서 평정을 얻어야 하는 매우 어려운 상태에 놓여 있다.

공민 상태에서는 여성은 결혼을 하지 않으면, 그것도 일부일처제의 결혼을 하지 않으면 남성의 정욕에 몸을 맡기지 않는다. 이때 문명이 정사(情事, 한 사람 이상의 남성을 애인으로 가지는)에서 여성의 자유가 허용되는 수준에까지 이르지 않는다면, 남성은 연적(戀敵)을 가지고 |¦ 남성을 위협하는 여성을 벌주게 된다.* 그러나 정사가 유행이 되고 질투가 우스꽝스럽게 된다면(사치의 시대에는 반드시 그렇게 되는 것처럼), [305] 여러 남성에 호의를 보여줌으로써 자유와, 동시에

---

* [304] 러시아 사람에 관한 옛 이야기에 다음과 같은 것이 있다. 즉 부인이 남편으로부터 때때로 맞지 않는다면, 부인은 남편이 다른 여성을 가지고 있는 것은 아닐까 하는 의심을 하게 된다는 이야기가 있지만, 이것은 일반적으로 우화인 것으로 보여진다. 그러나 쿡※의 여행기를 보면 다음과 같은 것이 쓰여 있다. 타히티에서 한 사람의 인도인이 그의 부인을 때리면서 혼내주고 있는 것을 어떤 영국의 선원이 보고, 부인에게 친절을 베풀고, 위협을 하면서 그 인도인을 향했다. 그러자 그 여자가 곧바로 영국인 쪽을 향해서 다음처럼 말했다. "그것이 당신과 무슨 상관있습니까? 남자가 그런 일을 하지 않으면 안 되잖아요." — 마찬가지로 결혼한 여성이 노골적으로 정사에 애를 태우는 데도 그녀의 남편은 전혀 그러한 일에 주의를 하지 않고서, 오히려 편쥐를 마시는 모임이나 승부거는 일이나 또는 다른 정사를 가지고서 보상한다면, 경멸뿐만 아니라 증오가 그 여성의 마음에 일어난다는 것은 짐작할 수 있는 일이다. 왜냐하면 그 여성은 남편이 그녀에게 더 이상 어떤 가치도 부여하지 않고, 그가 자신을 무관심하게 다른 남자들에게 내버려두며, 그들로 하여금 같은 뼈를 갉아먹도록 내버려둔다는 것을 알고 있기 때문이다.

※ 쿡(James Cook, 1728~1779)은 영국의 해양 탐험가. 1768년 이후 3회에 걸쳐 남태평양의 여러 섬, 베링해협의 탐험 항해를 했으며, 특히 첫 번째 세계 여행에서 뉴질랜드, 뉴기니아가 호주 대륙과 분리해 있다는 것을 발견했던 공적은 크다.

남성 전체를 정복할 것을 요구하는 여성의 성격이 발견된다. — 이 경향성은 교태(嬌態)라는 이름 하에서 악평을 받음에도 불구하고, 시인(是認)될 현실적 이유가 없는 것은 아니다. 왜냐하면 젊은 부인에게는 과부가 될 위험이 항상 있기 때문이다. 그리고 그것은 그녀로 하여금 그녀의 매력을 기회가 생기면 결혼할 수 있는 모든 남성에게 뿌리도록 만든다. 그녀는 과부가 되는 경우가 생길 때 구혼자에게 부족함이 없을 것이다.

¦포프[140]는 여성을(물론 그 여성의 교양있는 부분이지만) 두 가지 점에서 특징지울 수 있다고 믿고 있다. 즉 지배하려는 경향성과 쾌락을 얻으려는 경향성이 그것이다. — 그러나 후자는 가정내의 쾌락이 아니라 세간적(世間的)인 의미의 쾌락으로 이해되어야 한다. 세간적인 쾌락의 경우 여성은 자신을 유리하게 보이게 하고 두드러지게 할 수 있다. 그렇다면 후자의 경향성도 전자의 경향성으로 해소된다. 즉 마음에 드는 것에 관하여 그녀의 연적(戀敵)들에 굴복하는 것이 아니라, 그녀의 취미와 매력에 의해서 가능한 한 연적들에 이기고 싶은 경향성이다. — 그러나 또한 첫 번째로 진술된 경향성도 일반의 경향성과 마찬가지로 남성에 대한 여성의 태도에 관해 여성 일반을 특징짓는 역할을 하는 것은 아니다. 왜냐하면 우리에게 유리한 것을 추구하는 경향성은 모든 인간에 공통한 것이며, 따라서 우리에게 가능한 한 지배하려는 경향성도 또한 그러하기 때문이다. 그러므로 이러한 경향성은 여성을 특징짓는 것은 아니다. — 그러나 여성이 서로 동지와는 끊임없는 싸움의 관계에 있으면서, 이에 반해 이성과는 진정 사이가 좋다는 것이야말로 오히려 여성의 성격에 속할 수 있는 것이다. 이것이 한 사람의 여성이 다른 여성들로부터 남성의 호의와 헌신이라는 점에서 우월을 쟁취하려고 하는, 경쟁심의 단순한 자연적 결과가 아니

140) 포프의 ≪도덕론집≫(*Moral Essays*), II, 209~210 참조.

라면 말이다. 그렇다면 지배하려는 경향성이 현실의 목표로 되고, 여성 매력의 활동 여지를 확장시키는 것으로서의 세간적인 쾌락은 앞의 경향성에 효과를 부여하는 수단일 뿐이다.

우리가 스스로 목적으로 하고 있는 것이 아니라, 여성을 만들 때 자연의 목적인 것을 원리로서 ‖ 사용함으로써만 사람들은 여성의 성격론을 완수할 수 있다. 그리고 이 목적은 인간의 어리석음을 매개로 하고 있지만 자연의 의도로부터 본다면 지혜임에 틀림없다. 그러므로 이 자연의 억측적 목적은 또한 자연의 원리를 드러내는 역할도 할 수 있을 것이다. 이 원리는 우리의 선택에 의존하는 것이 아니라, 인간 종(種)에 관한 고차의 의도에 의존한다. 그러한 목적은 1. 종의 보존, [306] 2. 여성에 의한 사회의 교양과 그것의 세련화이다.

1. 자연이 여성의 태내(胎內)에 자연의 가장 고가의 담보를, 즉 인류가 번식하고 영구히 존재하기 위한 종을 태아라는 모습으로 맡겼을 때, 자연은 말하자면 종의 보존에 대해서 공포를 느꼈다. 그리고 이러한 공포, 즉 신체적인 훼손에 대한 공포와 그러한 위험에 대한 소심함을 여성의 마음 중에 옮겨 놓았다. 이 약함 때문에 여성은 남성에게 정당하게도 자신에 대한 보호를 요구한다.

2. 자연은 또한 교양에 속하는 보다 세련된 감각, 즉 사교성과 예의바름에 관한 감각을 부어넣고 싶어했기 때문에, 여성을 얌전함과 언어나 얼굴 표정에서의 웅변성에 의해서 남성의 지배자가 되도록 일찍부터 분별을 갖게 했으며, 여성에 대해 남성이 온화하고 정중하게 대우하도록 요구했다. 그래서 남성은 자신의 관대함 때문에 아이들 같은 여성에 의해서 눈에 보이지 않게 속박을 받으며, 또한 그렇게 됨으로써 반드시 도덕성 그 자체는 아니라 하더라도 도덕성의 옷을 입은 것, 즉 도덕성을 위한 준비이면서 동시에 ‖ 그것을 위해 추천되어야 할 품행 방정한 예의를 갖게 된다.

잡다한 주해

여성은 지배하고자 하고, 남성은 지배받고자 한다(특히 결혼 이전에는). 옛 기사도(騎士道)의 부인에 대한 은근함도 여기에 근거하고 있다. — 여성은 일찍부터 사람의 마음에 든다고 하는 확신을 품고 있다. 청년은 마음에 들지 않는다는 것에 대해 항상 걱정하고, 따라서 귀부인들의 회합에서는 당혹해 한다(어색해 한다). — 여성이 상대방으로 하여금 느끼게 하는 경의(敬意)에 의해서 남성의 모든 끈덕짐을 제어하는 여성의 이 자만을 그리고 공적이 없어도 자기에 대한 존경을 요구할 권리를 여자는 이미 여성이라는 명칭으로부터 주장하고 있다. — 여성은 거절하며 남성은 구혼한다. 여성의 복종은 은혜이다. — 자연은 여성이 찾아 다녀지게 되는 것을 원한다. 그 때문에 여성 자신은 선택(취미에 따른)에서는 남성만큼 세련되지 못하다. 자연은 남성을 조야하도록 만들었지만, 남성이 여성을 보호하기 위한 힘과 유능성을 그 체격에서 보여준다면, 그것만으로 여성의 마음에 들게 된다. 왜냐하면 여성이 사랑에 빠질 수 있기 위해 상대를 선택함에 있어서 남성의 육체의 아름다움에 관해 까다롭고 꼼꼼하게 군다면, 여성이 구혼하고 남성이 거절하는 일을 보여줘야 하지만, 이것은 여성의 가치를 남성의 눈으로까지 완전히 깎아내리게 될 것이기 때문이다. [307] — 연애할 때에는 여성은 냉정하게, 남성은 열렬하게 사랑하는 것처럼 보인다. 구애의 요구에 따르지 않는 것은 남성에게 수치가 되지만, 그 구혼에 간단하게 응하는 것은 여성에서의 수치인 것처럼 보인다. — ⁞ 자신의 매력을 모든 순수한 남성에게 미치고자 하는 여성의 욕망은 교태이다. 모든 여성과 사랑에 빠지는 것처럼 보이고자 하는 것은 은근이다. 이것들은 둘 다 단지 유행이 되는 허식(虛飾)이며, 어떤 심각한 결과도 없다. 마치 부인이 공공연한 정부(情夫)를 가지는 일이 결혼한 여성의 자유라 칭해지거나 마찬가지로 일찍이 이탈리아에서 있었던 매춘 제도가 그러한 것처럼(그 중에서도 트리엔트 공회의사 公會議史, *Historia Concilii Tridentini*[141] 에 의하면, "거기에는 또한 매춘녀라고 불리는 미모의 창녀가 300 명이나 있었다" erant ibi etiam 300 honestae meretrices, quas cortegianas vocant 라고 말해지고 있다). 이 제도에 대해서는 그것이 개인 가정에서의 남녀가 포함된 모임의 경우보다도 더욱 순화(純化)된, 품위 있는 공공연한 교제 문화를 포함하고 있다고 말해진다. — 남성은 결혼에서 자신의 처의 애정만을 받으려고 애쓰지만, 부인은 모든 남성의 애정을 받으려고 한다. 부인은 매력에서나 고상한 체 하는 것에서 다른 여성을 능가하려는 질투로부터, 같은 여성의 눈에만 보이도록 하기 위해서 몸치장을 한다. 반면에 남성이 몸치장을 하는 것은, 만약 그것을 몸치장을 하는 것이라고 말해질 수 있다면, 여성을 위해서 그렇게 하는 것이다. 그것도 자신의 처가 자신의 의상으로 인해 부끄러워하지 않는 범위 내에서 그렇게 한다. — 남성은 여성의 잘못을 너그럽게 판정하지만, 부인은(공공연하게) 대단히 엄하게 판정한다. 만약 젊은 부인들에게 자신들의 과실을 남성의 법정에 의해 재판을 받을 것인지 여성의 법정에 의해서 재판을 받을 것인지를 선택하라고 한다면, 그들은 확실히 전자를 자신의 재판관으로 선택을 할 것이다. — 세련된 사치가 매우 높은 수준에까지 올라갈 때마다, 부인은 단지 강제에 의해서만 정숙함을 보인다. 그리고 자신의 경향성에 보다 크고 자유로운 활동의 여지를 줄 수 있는 호감이 가는 남성이고 싶다는 원망(願望)을 결코 숨기지 않는다. 그러나 남성은 누구도 여성이고 싶어하지 않을 것이다.

‖ 여성은 결혼 이전에 있었던 남성의 금욕에 대해 문제삼지 않는다.

---

141) 베네치아의 역사가 사르피(Paolo Sarpi, 1552~1623)의 저서. 그러나 그 안에는 칸트가 인용했던 문장은 보이지 않는다.

그러나 남성에게는 부인 쪽에서의 이 문제가 한없이 중요하다. — 일단 결혼한다면 여성은 남성 일반의 불관용(不寬容, 질투)에 대해 조롱한다. 그러나 이것은 여성의 농담일 뿐이다. 결혼하지 않은 여성들은 매우 엄격하게 이 점을 판정한다. — 학식있는 부인들에 관하여 말한다면, 그녀들이 자신의 책을 필요로 하는 것은 자신의 시계를 필요로 하는 것과 같다. 즉 그녀들은, 비록 그 시계가 보통 그대로 서 있거나 또는 정확한 시간을 가리키지 않더라도, 시계를 하나 가지고 있다는 것을 남에게 보이기 위해서 그것을 소지하고 있는 것이다.

여성의 덕 또는 부덕은 종류에 따라서라기보다는 오히려 동기에 따라서 남성의 그것과 매우 다르다. — 여성은 참을성이 강해야 하지만, 남성은 관용하지 않으면 안 된다. 여성은 민감하고 남성은 다감하다. — [308] 남성의 경제는 버는 것이며, 여성의 그것은 저축하는 것이다. — 남성은 사랑에 빠졌을 때 질투가 심하다. 부인은 사랑하고 있지 않을 때 질투가 심하다. 왜냐하면 다른 부인에 의해서 취해진만큼의 애인 숫자는 자신의 애인의 범위로부터 상실되어버린 것이기 때문이다. — 남성은 자신을 위해서 취미를 가지고, 부인은 모든 남성을 위해서 자기 자신을 취미의 대상으로 만든다. — "세간(世間)이 말하는 것이 진리요, 세간이 행하는 것이 선이다"라는 것이 여성의 원칙이지만, 이 원칙은 말의 좁은 의미에서의 성격과 거의 결합되지 않는다. 그러나 자신의 가정 일에 관하여 이러한 자기의 사명에 걸맞은 성격을 주장하고 호평을 받는 갸륵한 여성도 있다. — 밀튼은 크롬웰이 죽은 뒤에 제공된 라틴어 비서관의 지위를 받아들이도록 그의 부인으로부터 충고를 받았다. |¦ 비록 그가 전에는 비합법적이라고 생각하고 있었던 정부를 이제 합법적이라고 선언하는 것은 그의 주장과는 반대되는 것이었지만. 그래서 그는 부인에게 다음처럼 대답했다. "오 사랑하는 사람이여, 당신과 당신네 여성들은 마차를 타고 여행하고 싶어합니다.

그러나 나는 — 정직한 인간으로 있지 않으면 안 됩니다."[142] 소크라테스의 부인도(아마도 욥의 처도) 그들의 장한 남편 때문에 궁지로 몰리게 되었다. 그러나 남성의 덕은 그의 성격에서 자신의 입장을 고수하지만, 여성의 덕에 대해서도 여성이 맺고 있는 관계 안에 있는, 여성의 성격에 기인하는 공적을 감소시키지는 않는다.

실용적인 여러 귀결

여성은 실제적인 것 그 자체 안에서 자신을 형성하고 훈련시켜야 한다. 남성은 그러한 것을 이해하지 못한다.

젊은 남편은 연상의 부인을 지배한다. 이것은 질투에 근거하고 있다. 즉 성(性)의 능력에서 다른 쪽에 비해 열등한 쪽은 상대방이 자신의 권리를 침해하는 것을 우려하고, 그 때문에 오직 상대의 뜻에 따라서 응대를 하고, 그에 대해 친절을 베푸는 것에 마음을 둘 수밖에 없다는 점을 알게 된다. — 그러므로 경험이 있는 부인들은 모두 젊은 남성과의 결혼을, 비록 동일한 연령이라 하더라도, 하지 말도록 충고할 것이다. 왜냐하면 세월(年)의 진행에 있어 여성 쪽이 남성 쪽보다 더 빨리 나이를 먹게 되며, 또한 그 불평등을 무시하더라도, ¦ 평등에 근거하고 있는 화합(和合)에 확실하게 도달하지 못하기 때문이다. 그리고 젊은 분별 있는 여성은 건강하지만 상당한 정도의 연상의 남성과 결혼함으로써 훨씬 행복하게 될 것이기 때문이다. — 그러나 [309] 결혼 전에 아마도 이미 자신의 성 능력을 방탕하게 탕진했던 남성은 자신의 가정에서는 바보가 될 것이다. 왜냐하면 그는 부인의 어떠한 정당한 성적 요구에도 빚을 지고 있지 않는 한에서만, 이 가정적인 지배권을 가질

142) 리챠드슨(Richardson)의 ≪밀튼의 전기≫ (*Life of Milton*), p. 89 참조. 그러나 이 일화는 슈테른(Alfred Stern)에 의하면(*Milton und seine Zeit*, 2. Th. 4. Buch (1879) S.12, 196) 거짓이라는 것이다.

수 있기 때문이다.

흄은 결혼 생활에 대한 풍자가 여성에 대한 빈정댐보다도 훨씬 여성(늙은 처녀라 하더라도)을 불쾌하게 만든다고 쓰고 있다.[143] — 왜냐하면 여성에 대해 빈정대는 경우에는 진지함은 없지만, 미혼자에게 면제되어 있는 결혼 생활의 어려움을 실제로 명료하게 할 때에는, 그러한 풍자는 확실히 진지하게 될 수 있기 때문이다. 그러나 결혼 생활이라는 이 부문에 관한 자유사상은 여성 전체에 대해 나쁜 결과를 가져올 것임에 틀림없다. 왜냐하면 이때 여성은 이성(異性)의 경향성을 만족시키는 단순한 수단으로 전락해 버릴 것이기 때문이다. 이러한 만족은 쉽게 권태와 변덕스러움을 낳을 것이다. — 여성은 결혼에 의해서 자유롭게 된다. 그러나 남성은 결혼에 의해서 자유를 상실하게 된다.

특히 젊은 남성에 관하여 그의 결혼 이전의 도덕적 성질을 탐색하는 것은 결코 부인 본연의 일이 아니다. 그녀는 남성을 개선할 수 있다고 믿고 있다. 이성적인 부인은 품행이 바르지 않은 남성도 반드시 올바르게 할 수 있다고 말하지만, ‖ 그러한 판단에서 여성은 대체로 가장 가엾은 방식으로 기만당하게 된다. 그가 아직 완전히 탕진해 버리지 않았다면, 그는 그의 처에게서 이 본능에 대한 충분한 만족을 얻을 것이기 때문에, 그의 결혼 전의 방탕은 묵과될 수 있다고 쉽게 믿는 여인의 경우도 역시 이러한 것이다. — 이러한 사람 좋은 자들은 이 부문에서의 방탕이 향락의 변화를 본질로 하고 있으며, 결혼 생활의 단순함이 그를 곧 위에서 이야기한 생활 방식으로 되돌릴 것이라는 사실을 생각하지 못하고 있다.*

143) 흄의 ≪논문집≫, II, 383 쪽. 〈연애와 결혼에 관하여〉(Of love and marriage) 장을 참조.

* 그것의 결과는 볼테르의 ≪스카르멘타도 여행기≫ (*Voyagde Scarmetado*)에 있는 것 같이 된다. 거기에서 그는 다음과 같이 이야기한다. "마지막으로 나는 나의 조국 칸디아로

그렇다면 가정에서는 누가 상위의 지배권을 가져야만 할까? 왜냐하면 단지 한 사람만이 일체의 일을 자신의 목적과 일치하는 연관 중에 가져오는 그러한 사람일 수 있기 때문이다. — 나는 부인에 대한 은근한 말(그러나 진리가 없지는 않는)로 부인이 지배하고 남편이 통치해야 한다고 말할 것이다. 왜냐하면 경향성은 지배하고 오성은 통치하기 때문이다. — 남편의 행동은 그에게 있어서 부인의 행복이 [310] 모든 것 중 가장 마음에 가까이 있는 것이라는 점을 보여주어야 한다. 그러나 남편은 그 자신이 어떠한 상태에 있으며, 어디까지 나아갈 수 있는가를 가장 잘 알지 않으면 안 되기 때문에, 그는 단지 자신의 쾌락에만 열심인 군주에 대한 신하와 같은 입장이 된다. 신하는 예를 들면 축제나 궁전의 건축을 시작하는 군주에 대해서, 처음에는 그런 명령에 상응하는 순종을 표명하지만, 예를 들면 ¦ 이제는 국고에 돈이 없다거나 더욱 긴급하게 필요한 일이 먼저 완료되지 않으면 안 된다는 것 등등을 이야기한다. 그러므로 최고의 명령자인 군주는 원하는 것을 모두 할 수 있다고 하더라도, 그 신하가 이 의지(意志)를 군주에게 조언하는 것이 실상이다.

여성은 찾아져야만 한다(왜냐하면 여성에게 필수적인 거절이라는 것이 그것을 바라고 있기 때문이다). 그러나 결혼 그 자체에서는 여성은 일반적으로 마음에 드는 것을 찾아다녀야 할 것이다. 그것은 그녀가 어쩌면 청상과부가 되는 경우에 그녀의 새 애인을 찾기 위한 것이다. — 남성은 결혼을 맺음과 함께 그러한 요구를 모두 정리해 버린다. — 그러므로 부인이 이렇게 남의 마음에 들고 싶어 하는 욕망을 가지고 있다는 것을 이유로 해서 질투하는 것은 온당한 일이 아니다.

돌아가서, 거기서 한 여성에게 장가들었지만, 곧 간부(姦婦)의 서방이 되었다. 그리고 이것이 모든 생활 중 가장 마음편할 것이라는 사실을 알게 되었다."※

※ 볼테르의 ≪스카르멘타도 항해기≫(*Historie der Voyages de Scarmentado*)의 말미를 참조. 다만 원문은 칸트의 인용과는 다르다.

그러나 부부의 사랑은 본성상 불관용(不寬容)한 것이다. 부인들은 그것을 종종 조소한다. 그러나 이미 앞에서 서술했던 것처럼 농담으로 그렇게 한다. 왜냐하면 다른 사람이 부부의 권리를 침해할 경우에 이것에 대해 인내하고 관대하게 되는 것은 여성 쪽에서의 경멸, 따라서 또한 그러한 남편을 향한 증오의 결과로 나타날 것임에 틀림없기 때문이다.

일반적으로 아버지는 자신의 딸을, 어머니는 자신의 아들을 응석받이로 기르며, 자식 중 가장 난폭한 아이는, 만약 그가 단지 대담할 뿐이라면, 일반적으로 어머니로부터 응석받이가 된다. 이것은 양친 중 어느 한 쪽이 죽게 되면, 양친의 필요에 부응하는 기대 안에 그 이유를 가지고 있는 것처럼 보인다. 왜냐하면 남편의 경우에 그의 부인이 죽는다면, 남편은 그의 맏딸에 의해서 부양을 받게 되지만, 어머니의 경우에 그 남편이 죽으면, |¦ 장성했고 좋은 마음씨를 가진 아들이 어머니를 존경하고, 부양하며, 또한 과부로서의 어머니의 생활을 쾌적하게 하는 의무를 스스로 가지게 되고, 또한 그러한 자연적 경향성을 자신 안에 가지고 있기 때문이다.

* * *

나는 성격론이라는 이 제목에서 인간학의 다른 장(章)들과 균형을 이루는 것처럼 보이는 것보다도 더 많은 시간을 할애했다. 그러나 자연은 이러한 자신의 절약 중에서도 종의 보존 이외에 다른 것이 아닌 그의 목적을 위해서 그렇게 풍부한 준비를 마련해 두고 있기 때문에, 보다 상세한 연구의 기회가 있을 때 [311] 서서히 전개된 자연 소질의 지혜에 대해 찬탄하고, 이것을 실천적으로 사용하는 문제에 대한 충분한 자료가 또한 존재할 것이다.

| A 297 ¦ B 295

제3장 민족의 성격

민족(populus)이라는 말에 의해서 이해되는 것은 다수의 인간이 하나의 전체를 구성하는 한에 있어서 어떤 지역에서 결합되어 있는 것이다. 이러한 다수의 인간 또는 그것의 일부가 공통의 기원으로부터 하나의 공민적 전체로 결합해 있는 것으로 인정되는 경우에는 국민(gens)이라 부른다. 이 법칙으로부터 제외되어 있는 부분(이 민족 중에서 야만스런 무리)은 천민(vulgus)이라 하며,* 법률을 위반한 천민의 결집은 폭동(난폭한 민중에 의한 행동 agere per turbas)이다. 이것은 천민을 국민된 자격으로부터 배제하는 행동이다.

흄은 한 국민에 있어서 각각의 개인이 자신의 특수한 성격을 가지는데 열심이라면(영국 사람들의 경우처럼), 국민 자체는 어떤 성격도 가지지 않는다고 생각한다.[144] 그러나 이 점에서는 흄이 잘못을 저질렀다

---

* 인민 중의 천민(la canaille du peuple)이라는 욕은 아마도 canalicola라는 말을 기원으로 하고 있을 것이다. 이것은 고대 로마의 수로(水路)를 따라 이곳저곳 돌아다니며 일을 하는 사람들을 우롱하고 있는 빈둥빈둥 노는 자(조롱자이자 익살꾼 cavillator et ridicularius, 플라우투스의 ≪곡상충 穀象蟲≫(Curculio)이라는 책을 참조)이다.※

※ Canaille(천민)의 어원에 관한 칸트의 설명은 정확하지 않다. Canailla는 canis로부터 왔던 것으로 "개와 같은 인간"의 의미이다. 또한 cavillator(조롱자)나 ridicularius(익살꾼)이라는 말도 플라우투스(Plautus, B. C. 250~184)의 *Curculio*에는 나오지 않는다. 플라우투스는 움브리아 태생의 시인.

144) 흄의 ≪논문집≫, I, 252 쪽, 〈국민적 성격에 관하여〉(Of National Characters) 참조.

고 나는 생각한다. 왜냐하면 하나의 성격을 가지고 있는 체하고 있는 사람이야말로 흄 자신도 속하고 있는 그 민족의 일반적 성격이기 때문이다. 그리고 이것은 모든 외국인을 경멸하는 것이다. 특히 왜냐하면 영국 국민은 자신들만이 국내에서의 국민적 자유와 외부에 대한 실력을 결합하는 참된 헌법을 자랑할 수 있다고 믿고 있기 때문이다. — 이러한 성격은 쉽게 친숙하게 되는 정중(鄭重)함과 반대되는 방자한 조야(粗野)함이다. 즉 다른 어떤 사람도 필요로 하지 않는, 따라서 다른 사람의 마음에 들 필요도 없다고 생각하는 자칭의 독립심으로부터 나오는, 모든 다른 사람에 대한 오만스런 행동이다.

이런 식으로 영국과 프랑스는 서로 성격이 대조적이며, 아마도 주로 그 때문에 끊임없는 투쟁을 하고 있는, 지상의 가장 문명화된 두 민족이지만,* [312] ⁞ 또한 양자는 획득되고 작위적인 성격이 단지 그 결과로 나타날 뿐인 그들의 태어날 때부터의 성격에 따라서 보더라도, 아마도 일정한, 전쟁의 폭력에 의해서 뒤섞이지 않은 한에서 불변적인 성격을 가질 수 있는 유일의 민족일 것이다. — 프랑스어가 특히 여성 상류 사회의 일반적인 회화 용어가 되며, 영어가 상업 사회의 가장 보급된 상업 용어**가 된 것도 아마도 양국의 대륙적인 및 도서국(島嶼國)적인 위치의 차이에 의한 것일 것이다. 그러나 이들 민족이 지금 실제로 가지고 있는 천성과 언어에 의한 그것의 육성에 관하여 말한다면, 이것은 그들의 기원이 된 원민족(原民族)의 생득적인 성격으로부터 도출되지 않으면 안 될 것이다. 그러나 이것에 관한 기록은 우리에게는 부족하다. — 그러나 실용적 관점에서의 인간학에서 우리들에게

---

* [311] 이 분류에서 독일 민족이 도외시된 것은 분명하다. 왜냐하면 독일 사람인 저자의 칭찬은 그렇게 되지 않을 경우 자찬이 되어버릴 것이기 때문이다.

** [312] 상인의 정신도 허풍을 떨면서 하는 말의 음조의 차이에서 그의 자만의 어떤 변화를 보여주고 있다. 즉 영국 사람은 "그 사람은 백만의 가치가 있다"고 말하고, 네덜란드 사람은 "그는 백만을 지배한다"고 말하며, 프랑스 사람은 "그는 백만을 소유한다"고 말한다.

| A 299 ⁞ B 297

보다 중요한 것은 현재 있는 그대로의 양 민족의 성격을 약간의 실례를 들어 가능한 한 체계적으로 제시하는 것이다. 그렇게 한다면 한쪽은 다른 쪽에 대해서 무엇을 기대할 수 있는지, 또한 어떻게 한 쪽이 다른 쪽을 자신에게 이익이 되도록 이용할 수 있는지에 대해 이 실례에 의해서 판단을 할 수 있을 것이다.

민족의 성향을 표현하는 준칙은, 조상 대대의 것이든, 또는 오랜 습관에 의해서 말하자면 본성이 된 것 및 본성에 접목된 것이든, ¦ 전 민족의 자연적 성벽에서의 여러 가지 변종(變種)을 철학자가 이성적 원리에 따라서라기보다는 오히려 지리학자가 경험적으로 분류하기 위한 대담한 시도일 뿐이다.*

[313] 한 민족이 어떠한 성격을 가지는가 하는 것이 모두 통치의 양식에 관계하고 있다고 하는 것은 근거가 없는, 어떤 것도 설명하지 못하는 주장이다. 왜냐하면 정부 그 자체는 어디로부터 그 특유의 성격을 받은 것일까? — ¦ 기후나 토지도 이 문제에 대한 핵심을 줄 수 없다. 왜냐하면 전민족의 이동이 증명했던 바로는, 그들은 그의 성격을 그들의 새로운 거주지에 의해서 변화시킨 것이 아니라 그의 성격을

* 그리스도교적인 유럽을 프랑케스탄(Frankestan)이라 부르는 터키 사람이 인간이나 그의 민족성을 알기 위해서 여행을 한다면(이러한 것은 유럽 민족 이외의 어떤 민족도 하지 않는 것이며, 다른 모든 민족의 정신의 협소함을 증명하지만), 민족의 분류를 그들의 성격적 결함에 따라서 보여주고, 아마도 다음과 같이 시도할 것이다. 1. 유행의 나라(프랑스). — 2. 변덕의 나라(영국). — 3. 선조의 나라(스페인). — 4. 화려의 나라(이탈리아). — 5. 칭호의 나라(게르만 민족으로서의 독일, 덴마크, 스웨덴). — 6. 주인의 나라(폴란드), 여기서는 모든 국민이 주인이기를 원하지만, 국민이 아닌 사람을 제외하고는, 이 주인 중 어떤 사람도 신하이기를 원하지 않는다. — 러시아와 유럽의 터키는, 둘 다 대부분 아시아 출신이기 때문에, 프랑케스탄 이외의 사람일 것이다. 전자는 슬라브족, 후자는 아라비아족이 기원이며, 이것의 근간이 되었던 양 민족은 일찍이 다른 어떤 민족보다도 넓은 유럽의 구역으로 자신의 지배를 확대했지만, 이제는 자유가 없는 법칙이라는 헌법,※ 따라서 거기서는 어떤 사람도 국민이 아닌 헌법의 상태에 빠져 버렸다.

※ 전제 정체(政體)를 의미한다.

단지 사정에 따라서 새로운 거주지에 적응시켰을 뿐이며, 그럼에도 그 경우 언어나 직업의 유형이나 심지어는 의상에서도 그의 출신의 흔적을, 따라서 또한 그들의 성격을 여전히 드러내고 있기 때문이다. ― 나는 민족의 성격 묘사를 그들의 보다 아름다운 측면에서가 아니라 그들의 결점의 측면이나 규칙으로부터의 일탈의 측면에서(그러나 이때 그렇다고 해서 만화 漫畵적으로는 아니고) 시도하고자 한다. 왜냐하면 추종이 타락시키며, 반대로 비난이 향상시킨다고 하는 것은 어쨌거나 간에, 비평가가 예외 없이 한 결같이 사람들의 결점을 비난하는 경우가, 그가 많게 또는 적게 칭찬함으로써 판정을 받는 사람들 상호 간의 질투를 불러일으키는 경우보다도, 인간의 자애(自愛)에 대해 위반하는 일이 적기 때문이다.

1. 프랑스 국민은 모든 다른 국민 사이에서 대화의 취미에 의해서 색다른 점을 보여주며, 그 점에서 모든 다른 국민의 모범이 된다. 그들은 특히 그곳을 방문한 다른 나라 사람에 대해서 정중(höflich)하다. 궁정풍(宮廷風, höfisch)이라는 것이 오늘날에는 유행은 아니지만 말이다. 프랑스 사람은 이해(利害)로부터 그렇게 하는 것이 아니라, 자신의 마음 속을 전하는 직접적인 취미의 요구로부터 그렇게 한다. 이 취미는 특히 여성 상류 사회와의 교제에 관계하기 때문에, 귀부인의 언어가 상류 사회의 공통어로 되었다. 이러한 종류의 경향성이 직무 수행에서의 친절함, 기꺼이 사람을 돕는 호의, 점차적으로 원칙에 따른 보편적인 ⁞ 인간 사랑에도 영향을 미치며, 이 국민을 전체적으로 사랑스럽도록 만듦에 틀림없다고 하는 점은 논의의 여지가 없다.

화폐의 뒷면은 숙고된 원칙에 의해서 충분하게 제어되지 않는 생생함이며, 천리안의 이성을 가지더라도 어떤 종류의 형식들을, 그것들이 오래되었다든가 단지 지나치게 칭찬받았다는 이유만으로 지금껏 이것에 만족해서, 오래 존속시키지 않으려고 하는 경솔함이며, 또한 이성

| A 302 ⁞ B 300

자신도 그 관계 속으로 끌어들이고, 국가에 대한 인민의 관계에서도 [314] 일체를 진동시키는 열광을 일으키며, 그것이 극단의 도를 넘게 되는 전염성의 자유 정신이다. — 이 민족의 특성은, 흑색 동판(銅版)을 사용하지만 실생활에 따라서 묘사하면, 그 이상의 서술을 하지 않고도 단지 성격론의 자료로서 토막토막 대충 서술된 단편만으로도 쉽게 전체적으로 설명될 수 있다.

esprit(bon sens 대신에), frivolité, galanterie, petit maître, coquette, étourderie, point d'honneur, bon ton, bureau d'esprit, bon mot, lettre de cachet — 등은 쉽게 다른 나라 말로 번역되지 않는다.[145] 왜냐하면 이들 말은 생각하고 있는 사람의 머리에 떠오르는 대상을 나타낸다기보다, 오히려 그것을 말하는 국민의 성향의 특징을 나타내는 것이기 때문이다.

¦ 2. 영국 국민. 브리텐*(켈트 민족)의 옛 종족은 유능한 인간 종족이었던 것처럼 보인다. 그러나 독일과 프랑스 민족의 이주는(왜냐하면 로마인의 짧은 체류는 어떤 주목할 만한 흔적도 남기지 않았기 때문이다), 그들의 혼합된 언어가 증명하고 있듯이, 이 민족의 독창성을 소멸시켜 버렸다. 그리고 그 나라의 도서국(島嶼國)적인 위치는 영국 국민을 외적의 침입에 대해서 꽤 안전하게 하고, 오히려 자신을 침략자가 되도록 유인했지만, 이 위치가 영국민을 유력한 통상(通商) 민족으로 만들었으며, 그래서 영국민은 본래 어떤 성격도 가지지 않았음에도

---

145) esprit(정신, 기지 機智), bon sens(양식 良識), frivolité(경솔), galanterie(부인에 대한 은근함), petit maître(멋쟁이), coquette(성적 매력이 있는 여자), étourderie(경솔), point d'honneur(명예에 관한 것), bon ton(고상함), bureau d'esprit(기지를 다투는 문학적 집회), bon mot(재치있는 말), lettre de cachet(국왕이 도장을 찍은 유배의 명령서).

* 뷔쉬 교수※가 올바로 쓰고 있듯이(brittanni가 아니라 britanni라는 말에 따라서).

※ 뷔쉬(Johann Georg Büsch, 1728~1800)는 함부르크 김나지움의 수학 교수. 상업학에 관련된 저술이 많다.

불구하고, 스스로 조달한 성격을 가지게 되었다. 따라서 영국 사람의 성격은 스스로 이러한 성격을 만들지 않으면 안 되는, 즉 성격을 가지는 체 하지 않으면 안 되는, 이전부터의 가르침이나 실례에 의해서 배운 원칙 이외의 어떤 것도 의미하지 않는다. 왜냐하면 자유 의지에 근거해서 채용한 원리를 고수하고, 어떤 특정한 규칙(그것이 무엇이든)으로부터 일탈하지 않으려는 견고한 마음가짐은, 사람들이 자신으로부터 무엇을 기대하고, 또한 그가 다른 사람으로부터 무엇을 기대해야 하는가를 확실하게 안다고 하는 중요한 일을 인간에게 부여하기 때문이다.

이 성격이 다른 어떠한 민족보다도 프랑스 민족의 성격과 정반대인 것은 다음과 같은 점으로부터 명백하다. 왜냐하면 영국 사람의 성격은, 프랑스 국민의 가장 뛰어난 사교적 특성인 다른 나라 사람들에 대해서뿐만 아니라, |¦ 자국민에 대해서도 상냥스러운 것을 모두 단념하고, 단지 존경만을 요구하고, 그때 각자는 자기 자신의 생각에 따라서 오직 생활하고자 하기 때문이다. — 영국 사람은 동포를 위해서는 [315] 다른 어떤 국민도 들어보지 못했던 큰 자선(慈善) 시설을 건설한다. — 그러나 운명 때문에 그 나라에 흘러 들어와서 큰 곤궁에 빠진 다른 나라 사람은 항상 퇴비 더미 위에서 생명을 잃어버리는 처지가 될 수 있다. 왜냐하면 그는 영국인이, 환언하면 인간이 아니기 때문이다.

그러나 영국 사람은 자신의 조국에서도 자신의 돈으로 식사를 하는 경우에 고립되어 있다. 그는 같은 돈으로 음식점의 식탁에서보다도 특별한 방에서 혼자서 식사하기를 좋아한다. 왜냐하면 음식점의 식탁에서는 무언가 예의가 요구되기 때문이다. 그러나 다른 나라, 예컨대 영국 사람들이 모든 도로나 음식점을(샤르프 박사[146] 처럼) 혐오스럽

146) 샤르프 박사(Dr. Samuel Sharp)의 논문에 관해서는 ≪신 함부르크 잡지≫(*das Neue Hamburger Magazin*), 제2호(1767년), 259쪽 이하 참조.

다고 비난하기 위해서 여행하고 있는 프랑스에서는, 그들은 서로 간의 회합을 위해서 음식점에 모인다. — 이상한 것은 프랑스 사람은 대개 영국 국민을 사랑하고 존경을 하면서 높이 평가하는 데도 영국 사람은 (자신의 나라를 벗어난 적이 없는) 프랑스 사람을 일반적으로 증오하고 경멸한다는 사실이다. 그것에 대해 책임이 있는 것은 아마도 인접 국가의 라이벌 의식이 아니라(왜냐하면 영국은 논란의 여지가 없을 정도로 프랑스보다 우월하다고 자인하고 있기 때문이다) 일반적으로 상업 정신일 것이다. 이것은 자신이 가장 고귀한 신분을 이루고 있다고 전제하면서 같은 영국 민족의 상인 사이에서도 비사교적인 그런 정신이다.* ¦ 양 민족은 양쪽의 해안이 서로 근접해 있으며, 단지 하나의 해협(그것은 물론 바다라고 할 수 있지만)에 의해서 서로 나누어지고 있다. 그러므로 양 민족 상호의 라이벌 의식은 그들의 다툼에서 상이한 방식으로 변양(變樣)된 정치적 성격을 낳는다. 즉 한쪽에서는 불안이 있고, 다른 쪽에서는 증오가 있다. 이것이 그들이 양립할 수 없는 두 가지 양식이며, 그 중 전자는 자기 보존을 의도하고, 후자는 지배나, 그 반대의 경우는 서로의 절멸을 의도하고 있다.

다른 민족의 성격 묘사에 관해서는 그 국민적 특성이 앞에서 이야기한 두 민족의 국민적 특성의 경우처럼 대부분 그들의 다른 문화 양식으로부터 도출되는 것이 아니라, 오히려 본래 상이한 종족의 혼혈에 의한 그들의 자연적 소질로부터 도출되기 대문에, 이제 우리는 이것을 보다 간단하게 파악할 수 있다.

* 상업 정신은 귀족 정신과 마찬가지로 일반적으로 그 자체 비사교적이다. 집(상인은 자신의 점포를 그렇게 부른다)이 자신의 일에 의해서 다른 집과 나누어져 있는 것은 기사의 저택이 도개교(跳開橋)에 의해서 다른 저택과 떨어져 있는 것과 비슷하다. 그리고 의례(儀禮)없는 친한 교제가 그로부터 배제된다. 그러한 교제도 그들과 함께 집에 의해서 보호됨에 틀림없겠지만, 그러나 이러한 것은 집의 일원으로는 간주되지 않을 것이다.

[316] 3. 유럽 사람들의 피와 아라비아(무어 사람)의 피의 혼혈에 의해서 나온 스페인 사람은 그들의 공적·사적인 행동에서 어떤 종류의 장중함을 보여주며, 농민조차도 법률적 방식으로 복종하고 있는 상관에 대해서 자신의 존경의 의식을 표하고 있다. — 스페인의 ¦ 최고 귀족이나 또한 그들의 대화 용어에조차 존재하고 있는 호언장담은 어떤 고귀한 국민적 자부심을 나타내고 있다. 이 때문에 그들에게는 프랑스 사람의 붙임성 있는 방자가 완전히 혐오스러운 것이다. 스페인 사람은 절도(節度)를 이해하고 있으며, 법률, 특히 그들의 옛 종교의 법률에 대해서는 마음으로부터 따르고 있다. — 그러나 이러한 위엄도 그들이 즐기는 날에는(예를 들면 수확물을 거두어들이는 때의 노래나 무용에서) 즐거워하는 것을 방해하지는 않는다. 그리고 여름날 저녁 판당고[147]가 연주되면, 이 음악에 맞춰 거리로 춤을 추며 달려가는, 지금 한가한 노동자들이 반드시 있게 마련이다.

스페인 사람들의 나쁜 측면은 다음과 같다. 스페인 사람은 외국 사람으로부터 배우지 않고, 다른 국민을 알려고 여행하는 일도 하지 않는다.* 학문에서도 수 세기 동안 뒤쳐져 있다. 어떠한 개혁에 대해서도 어려워하면서, 노동하지 않아도 되는 것을 자랑으로 여기고, 투우가 보여주는 것처럼 정신이 낭만적 기분이며, 옛 종교재판(Auto da Fé)이 증명하고 있듯이 잔혹하다. 그리고 그들의 취미에서 부분적으로 유럽 이외의 계통을 나타내고 있다.

4. 이탈리아 사람은 프랑스 사람의 활기(쾌활함)와 스페인 사람의 엄숙(견고)을 ¦ 결합시키고 있다. 그들의 심미(審美)적 성격은 정동과

147) 판당고(Fandango)는 스페인 무용의 이름.

* 다른 세계를 자신의 눈으로 알고, 더욱이 그 쪽으로(세계 공민으로서) 이주하고자 하는, 이해(利害)를 떠난 호기심이 일어나지 않는 모든 민족이 가지고 있는 정신의 협소함은 이들 민족에 특징적인 것이다. 이 점에서는 프랑스 사람, 영국 사람, 독일 사람은 다른 민족과 비교해서 훌륭한 차이점을 보여주고 있다.

| A 307 ¦ B 305

결합된 취미이다. 그것은 마치 알프스로부터 매력적인 골짜기를 내려다보는 조망이 한편으로는 용기를 북돋우는 재료를 제공하고, 다른 한편으로는 조용한 향락에 대한 재료를 제공하고 있는 것과 흡사하다. 이탈리아 사람의 경우에는 기질은 혼합적이지도 쉽게 변화하지도 않으며(왜냐하면 그러하다면 어떤 성격도 나타내지 못할 것이기 때문이다), 숭고의 감정이 미의 감정과 결합할 수 있는 한에서 그 숭고의 감정을 지향하는 감성의 기분이다. — 이탈리아 사람의 표정에는 그의 감각의 강한 움직임이 나타나고 있으며, 그의 눈은 표현에서 풍부하다. 그들의 변호사가 법정에서 변호를 맡으면, 그 변호는 매우 정동적이어서 마치 무대 위에서 연설하는 것과 흡사하다.

프랑스 사람들이 대화의 취미에서 탁월한 것처럼, 이탈리아 사람은 예술 취미에서 탁월하다. 전자는 오히려 [317] 사적(私的)인 오락을 선호하지만, 후자는 공적인 오락을 선호한다. 즉 보기 위한, 또한 큰 모임에서 보이기 위한 화려한 복장, 행렬, 대연극, 사육제, 가장무도회, 공공건조물의 호사함, 붓을 쓰거나 모자이크를 사용하여 묘사된 극색채(極色彩)의 회화(繪畵), 거대한 스타일의 로마 고대 유적 등이 그것이다. 그러나 그것과 함께(자신의 이익을 잊지 않기 위한) 환전(換錢), 도박대, 복권의 발명도 있다. — 이것은 이탈리아 사람의 좋은 면이다. 곤돌라의 사공이나 나폴리의 부랑인이 귀족들에 대해서 가질 수 있는 자유도 그것이다.

보다 나쁜 면은 루소가 말한 것처럼,[148)] 호화로운 방에서 대화를 하고, 쥐의 보금자리에서 잠자는 것이다. ¦ 그들의 대화는, 상류 사회 가정의 귀부인이 각별한 우정을 필요로 하지 않고, 어슬렁거리면서 그 날의 새로운 것을 서로 전달하기 위해서 큰 모임에 지불할 만큼의 돈을 넣고 다니고, 밤에는 그 안에서 꺼낸 소액으로 식사를 하는 돈지

148) 루소의 ≪사회계약론≫(*Du Contrat Social*), III, 제8장 참조.

갑과 비슷하다. — 그러나 나쁜 것은 나이프를 뽑는 것, 노상강도, 자객(刺客)이 신성한 장소로 도피하는 것, 경찰이 직무를 소홀히 하는 것 등등이다. 그러나 이것의 책임은 로마 사람에 돌아가기보다는 오히려 그들의 양두(兩頭) 정치적인 통치 양식에 돌아간다. — 그러나 이것은 내가 책임을 질 수 없는 비난이지만, 자신의 것 이외의 어떠한 헌법도 마음에 들어하지 않는 영국인들이 퍼뜨리는 보통의 비난이다.

5. 독일 사람은 좋은 성격, 즉 정직과 가정적이라는 좋은 성격을 가지고 있다고 하는 평판을 받고 있다. 그러나 이것은 광채를 띠는 것에 적합한 특성은 아니다. — 독일 사람은 모든 문명 국민들 사이에서 그가 종속하고 있는 정부에 가장 쉽게 또한 영속적으로 따르고 있으며, 일단 도입된 질서의 갱신이나 반대를 가장 싫어한다. 독일 사람의 성격은 오성과 결합된 점액질이며, 이미 도입된 질서에 관해 이러쿵저러쿵 말을 하지 않으며, 스스로 하나의 질서를 고안해 내는 일도 하지 않는다. 그들은 이 경우 어떤 국토나 기후에도 적합한 인간이며, 쉽게 외국으로 이주하며, 자신의 조국에 열정적으로 속박되지 않는다. 그러나 그들이 외국으로 이주민으로서 가는 경우에는 거기에서 그들은 곧 동포의 무리와 일종의 공민적인 동맹을 맺는다. ¦ 그러한 동맹은 언어상의 통일에 의해, 또한 일부는 종교의 통일에 의해 독일 사람들을 소국민(小國民)으로 정착시킨다. 즉 이 소국민은 이주지의 상급의 정부 하에서 평온하고 도덕적인 조직을 만들며, 근면, 청결을 좋아함, 검약함으로써 다른 국민의 이주지보다도 특히 출중한 점을 보여주고 있다. — [318] 이것은 영국 사람들조차도 북미 지역에 있는 독일 사람에 부여하고 있는 찬사이다.

점액질(좋은 의미로 해석된)은 자기의 목적을 추구하는 경우 냉정하게 반성하고 인내하는 기질이며, 또한 그것과 결부된 어려운 점을 참아내는 기질이다. 그러므로 독일 사람들의 올바른 오성과 심사숙고

하는 이성의 재능으로부터 최대의 문화 능력을 가지고 있는 다른 모든 민족과 동등한 것을 기대할 수 있다. 다만 기지와 예술 취미의 부문은 예외이며, 이 점에서는 독일 사람은 프랑스 사람, 영국 사람 및 이탈리아 사람과는 비교가 될 수 없을 것이다. — 이것은, 지속적인 근면에 의해서 실행되는 것에서는 그리고 그것을 위해서 천재가 필요하지 않은 데에서는* 독일 사람이 가지고 있는 좋은 측면이다. 천재는 ¦ 상식의 재능과 결부된 독일 사람의 근면성과 비교될 경우 훨씬 유용하지 못한 것이다. — 교제에서의 독일 사람의 성격은 수줍어하는 것이다. 독일 사람은 모든 다른 국민 이상으로 외국어를 배우며(로버트슨[149]이 이야기하고 있는 것처럼), 지식의 도매상인이며, 학문 분야에서는 뒤에 다른 민족에 의해서 요란스럽게 이용되는 발견을 첫 번째로 한다. 독일 사람은 국민적인 자랑도 하지 않고, 세계 공민적 성향을 가지고 있어서 자신의 고향에 연연해하지 않는다. 그러나 고국에서는 독일 사람은(보스웰[150]도 고백하고 있듯이) 다른 어떤 국민보다도 다른 국

---

* 천재란 가르치지 않은 것 또는 배우지 않은 것을 발명하는 재능이다. 사람들이 어떻게 좋은 운문(韻文)을 지을까 하는 것은 다른 사람으로부터 배울 수 있지만, 어떻게 좋은 시를 지을까 하는 것은 배울 수 없다. 왜냐하면 시는 작자의 본성으로부터 저절로 나오지 않으면 안 되는 것이기 때문이다. 그러므로 시는 주문에 응해서 충분한 대가가 지불되는 제품으로서 기대될 수 있는 것이 아니라, 어떻게 거기에 이르게 되었는지 시인 자신도 말할 수 없는 영감(靈感)과 같은 것으로서, ¦ 즉 자신에게도 알려지지 않는 우연한 의향(意向)으로서 기대될 수 있는 것이다(태어날 때의 별을 지배하는 수호자인 정령이 안다 scit genius, natale comes qui temperat astrum※) 천재는 따라서 사이를 두고 나타났다가 사라지는 순간적인 현상이며, 의지에 따라서 점화되고 임의의 기간 동안 타고 있는 빛에 의해서가 아니라, 정신의 행복한 발작이 생산적 상상력으로부터 도출하는 순간적으로 떠오르는 섬광과 같은 것이다.

※ 호라티우스의 ≪서간집≫(*Epist.*), II, 2, 187 참조.

149) 로버트슨(William Robertson, 1721~1793)은 스코틀란드의 역사가. ≪스코틀랜드의 역사≫, ≪카를 5세사(史)≫, ≪아메리카사≫ 등의 저서가 있다.

150) 보스웰에 관해서는 역주(譯註) 90)을 참조. 그의 저서 ≪코르시카지(誌)≫(1769 년 독일어 번역)에 서술되어 있다.

민을 후대한다. 그들은 아이들을 조심스럽게 행동하도록 엄격하게 훈련시킨다. 이것은 독일 사람이 이 경우 스스로 질서와 규칙에 대한 성벽(性癖)에 응해서, 혁신(특히 통치에서의 자주적 개혁)에 관계하기보다도 전제(專制)에 따르는 것과 똑같다. — 이것은 독일 사람의 좋은 측면이다.

독일 사람의 불리한 측면은 모방하려는 성벽과 독창적일 수 있다는 점에서 자신을 낮추어보는 것(이것은 오만스런 영국 사람과 정반대이지만)이다. [319] 그러나 특히 ¦ 바람직하지 못한 것은 자신이나 다른 나라 사람을 평등에의 접근이라는 원리에 따라서가 아니라, 특권이나 등급의 단계에 따라서 면밀하게 분류하고, 이러한 등급의 도식에 의해 칭호(귀하, 좌하, 각하 등)를 한없이 만들어 내며, 그래서 단순히 현학적인 것의 노예가 되는 어떤 종류의 방법벽(方法癖)이다. 이러한 것은 물론 모두 독일 국가 헌법의 형식에 아마도 속할 수 있는 것들이다. 그러나 이 경우 숨길 수 없는 것은 이 현학적인 형식 그 자체의 성립이 국민의 정신 및 독일 사람의 자연적 성벽으로부터 생겨난다는 사실이다. 지배하는 자와 복종해야 하는 자 사이에는 단계가 설정되고, 그 단계의 하나하나는 그것에 상응하는 위신의 정도에 따라서 표시된다. 어떤 직업도 가지지 않고 어떤 칭호도 가지지 않은 사람은 말하자면 아무 것도 아닌 인간이다. 이것은 칭호를 부여하는 국가에게는 오히려 무언가 이익을 가져다주기도 하겠지만 그러나 이 점을 고려하지 않는다면, 신하들 사이에 다른 사람의 명망과의 차별성을 주장하려는 요구를 불러일으킨다. 이러한 것은 다른 민족에게는 우스꽝스러운 것처럼 보임에 틀림없다. 그리고 실제로 이것은 전체를 하나의 개념 아래서 파악하기 위한 주도면밀함이고 방법적 분류의 요구이며, 생득적 재능의 한계를 드러낸다.

* * *

러시아는 발전할 준비가 되어 있는 자연적 소질을 일정한 개념으로 나타내는 데 요구되는 것을 아직 가지고 있지 못하다. 또한 폴란드는 ‖ 그러한 것을 더 이상 가지고 있지 않다. 유럽 터키의 국민성은 일정한 민족적 성격을 소유하는 데 필요한 것을 소유한 적도 없었고, 앞으로 소유하지도 못할 것이다. 이 때문에 이들 나라의 성격을 서술하는 것은 여기서는 생략하는 것이 적절할 것이다.

전체적으로 봐서 여기서는 말하자면 인간 혈액의 혼합에 존재하는 생득적인 자연적 소질이 문제이며, 국민의 획득적이고 인위적인(또는 작위적인) 성격의 특징을 서술하는 것이 문제가 아니기 때문에, 그것의 묘사에는 많은 주의가 필요할 것이다. 그리스 사람의 성격에서는 터키 사람의 거친 압박이나 또한 그들과 비교해서 그다지 온화하지도 않은 칼로이에[151] 의 압박 아래에서도 그 성향(활기와 경박)은 그들의 신체의 구성, 형태나 용모와 마찬가지로 상실되지 않았다. 그리고 이러한 특질은, [320] 종교와 정치의 형식이 행복한 사건에 의해서 스스로 회복한 자유를 부여한다면, 아마도 다시 부활하게 될 것이다. — 또 하나의 그리스도교 민족인 아르메니아 사람에게는 특별한 종류의 어떤 상업 정신이 지배하고 있다. 그것은 즉 중국 국경으로부터 귀네아 해안의 코르소 곶(岬)에 이르기까지 도보로 여행함으로써 교역을 하는 정신이다. 그 정신은 이 이성적이고 부지런한 민족이 특수한 혈통의 사람들이라는 점을 증시하고 있다. 이 민족은 북동으로부터 남서에 이르는 선(線)에 걸쳐서 거의 ‖ 구(舊)대륙의 전 구간을 편력하고, 거기서 만나게 되는 모든 민족의 아래에서 평화스런 대우를 받을 줄 아는, 오늘날의 그리스 사람의 경박하고 비굴한 성격보다도 뛰어난 성격을 증명하고 있다. 우리는 이러한 성격의 최초의 형성에 대해서

151) 칼로이에(Caloyers)는 성 바실리오스(Basilios)의 교단에 속하는 그리스 정교의 승려들을 가리킨다.

는 더이상 탐구할 수 없다. — 서서히 성격을 잃어가고 있는 여러 종족의 혼혈(큰 침략의 경우에서)이 박애주의를 자칭함에도 불구하고, 인류를 위한 도움이 되지 않을 것이라는 사실은 아마도 지당한 판단일 것이다.

| A 313 ¦ B 311

제4장 인종의 성격

이것에 관해서는 추밀 고문관인 기르타너씨[152]가 그의 저작에서(나의 원칙에 따라서) 훌륭하게 또한 철저하게 설명과 부연의 진술을 했던 것을 인용할 수 있다. — 나는 단지 가족의 혈통에 관해서 또한 동일한 인종 안에서 인지될 수 있는 변종이나 이종(異種)에 관해서 약간의 의견을 진술할 것이다.

여기서 자연은 상이한 인종을 융합시킬 때 의도하고 있는 동화(同化) 대신에, 이것과 정반대의 것을 법칙으로 만들었다. 즉 자연은 동일한 인종(예를 들면 백인)에 속하는 한 민족에 있어서 그것이 형성될 때 성격을 끊임없이 지속시키고 서로 접근시키는 대신에 — 그렇게 되면 결국에는 동판의 인쇄에 의한 초상화처럼 동일한 초상만 생산될 것이다 — 오히려 동일한 종족에서 ¦ 또한 동일한 가족에서조차도 신체적으로도 정신적으로도 무한히 다양화시킨다. — 실로 유모는 양친의 한사람 한사람에게 알랑거리면서 "이 아이는 이 점에서 아버지를 빼어 닮았고, 저 점에서 어머니를 빼어 닮았습니다"라고 말한다. 그러나 이것이 참이라면 인간 생산의 모든 형식은 이미 오래 전에 고갈되

152) 기르타너(Christ. Girtanner, 1760~1800)는 작센 마이닝겐 공국(公國)의 추밀고문관. 1796년에 ≪칸트의 박물학 원리에 관하여≫(*Über das Kantische Prinzip für die Naturgeschichte*)를 출간했다.

어 버렸을 것이다. [321] 또한 배우자에서의 다산(多産)은 개체의 이질성에 의해서 촉진되는 것이기 때문에, 이 경우 번식은 정지되고 말 것이다. — 그러므로 예컨대 회색의 머리카락 색깔(cendrée)은 매우 검은 머리카락의 소유자와 금발의 소유자 사이의 혼혈로부터 생겨나는 것이 아니라, 특수한 가족의 혈통을 드러내는 것이다. 자연은 자신 안에 충분히 저장을 해 두고 있기 때문에, 자신의 저장된 형식이 빈곤하다는 이유로, 이미 전에 존재했던 인간을 이 세상에 내보내는 일은 하지 않는다. 실제로 근친결혼은 주지하다시피 불임을 낳는다.

제5장 인류의 성격

어떤 존재자의 유(類)에 관해서 그 성격을 보여주기 위해서는 다음과 같은 것이 필요하다. 즉 그 존재자를 이미 우리에게 알려져 있는 다른 존재자와 함께 하나의 개념 아래 포괄하고, 그 다음에 이들 존재자를 서로 구별시켜 주는 것을 이 구별 근거의 특성(proprietas)으로서 | 보여주고 사용하는 것이 필요하다. — 그러나 우리가 알고 있는 일종의 존재자 (A)를 우리들이 알지 못하는 다른 종류의 존재자 (비A)와 비교할 때, 비교의 매개념(비교의 제3항 terium comparationis)이 우리에게 없기 때문에, ¦ 전자의 성격을 보여주는 것을 기대하거나 요구하는 것이 어떻게 가능할 수 있을까? — 최고 유개념이 지상(地上)의 이성적 존재자의 그것이라 하더라도, 우리는 이 존재자의 어떠한 성격도 서술할 수 없을 것이다. 왜냐하면 우리는 지상적이 아닌 이성적 존재에 관해서는, 그것의 특성을 보여주고, 지상의 이성적 존재자를 이성적 존재자 일반의 아래에서 특징짓기 위한 어떤 지식도 가지지 않기 때문이다. — 그러므로 인류의 성격을 보여주는 문제는 결코 해결할 수 없는 것처럼 보인다. 왜냐하면 해결은 두 종류의 이성적 존재자를 경험에 의해서 비교함으로써 행해져야 하지만, 이 경험을 지상적이 아닌 이성적 존재자는 우리에게 제공하지 못하기 때문이다.

그래서 생물적 자연의 체계에서 인간의 부류를 보여주고, 이것을 특징짓기 위해 남아 있는 것은, 인간은 스스로 설정했던 목적에 따라서 자기를 완성하는 능력을 가지고 있기 때문에, 인간은 스스로 창조한 그런 성격을 가진다고 하는 것뿐이다. 이것에 의해서 이성 능력이 부여된 동물(animal rationabile)인 인간은 자기 자신을 이성적 동물(animal rationale) 로 만들 수 있다. — 이때 인간은 첫 번째로 자기 자신과 자기의 종을 보존하고, 두 번째로 [322] 그들을 훈련시키고 교화시켜 가족적 사회에 적합하도록 교육시키며, 세 번째로 ǀ 이들을 사회에 속하는 조직적인(이성의 원리에 따라서 질서지워진) 전체로서 통치한다. 이때 인류의 성격적인 것은 지상에서의 가능한 ¦ 이성적 존재자 일반의 이념과 비교해 보면 다음과 같다. 즉 자연은 인류의 안에 불화(不和)의 맹아를 두고, 인간 자신의 이성이 이 불화로부터 벗어나서 화합을, 또는 적어도 그 화합에로의 부단한 접근을 끌어내기를 바란다. 그리고 이 화합은 이념으로서는 **목적**이지만, 사실상으로는 전자(불화)가 자연의 계획에서는, 우리로서는 헤아릴 수 없는 지고(至高)의 지혜의 **수단**이 된다. 즉 인간의 생의 즐거움을 상당한 희생으로 삼는다고 하더라도, 전진하는 **문화**에 의해서 인간을 완성하기 위한 수단이다.

태어나서 지상에 거주하는 것 중 인간은 사물을 사용하기 위한 기술적(의식과 결부된 기계적) 소질, 실용적(다른 사람을 자신의 의도를 위해서 재치있게 이용하는) 소질, 인간의 본질에서의 도덕적 소질(법칙 하에서 자유의 원리에 따라서 자신과 다른 사람에 대해서 행동하는)에 의해서 모든 다른 자연 존재자와 확실히 구별된다. 그리고 이 세 가지 단계 각각은, 그 자체만으로 이미 인간을 다른 지상의 생물과 구별시켜 성격적으로 특징지운다.

1. 기술적 소질. 인간은 본래 네 다리로 걷도록 정해졌는가(ǀ 모스카티[153])

153) 모스카티(Graf Pietro Moscati, 1740-1824)는 이탈리아의 해부학자. “동물과 인간의

가 아마도 단지 학위 논문의 제목으로 제출했던 것처럼) 또는 두 다리로 걷도록 정해졌는가, — 긴팔원숭이, 오랑우탕, 침팬지 등은 그런 식으로 정해졌는가(이 점에 대해서는 린네와 캄페르가 서로 논쟁하고 있다), 인간은 초식성의 동물인가 또는(막질 膜質의 위를 가지고 있기 때문에) 육식 동물인가, ¦ — 인간은 갈고리 발톱도 가지고 있지 않고, 따라서(이성이 없다면) 어떤 무기도 가지고 있지 않지만, 본성상 맹수인가 평화적 동물인가 — 라고 하는 문제에 답하는 것은 망설일 것도 없다. 어쨌든 인간은 본성상 사교적 동물인가 또는 독거적(獨居的)이고 이웃을 혐오하는 동물인가라고 하는 문제가 게출될 수도 있겠지만, 그것에 관해서는 후자가 아마도 가장 있을 법한 일일 것이다.

최초의 한 쌍의 인간이 이미 완전히 발육한 상태를 가지고 자연의 손으로부터 벗어나서 음식물의 한복판에 있게 될 때, 우리의 오늘날 자연 상태에서 존재하지 않는 자연적 본능이 동시에 주어지지 않는다면, 종의 보존을 위해 자연이 준비한 것과 그 최초의 인간이 합치하기는 어려울 것이다. 즉 최초의 인간은 [323] 그가 보았던 최초의 늪에 빠져버릴 것이다. 왜냐하면 헤엄치는 것은 인간이 배워야 할 기술이기 때문이다. 또는 인간은 유독한 뿌리나 과일을 먹게 되고, 그래서 계속된 위험에서 생명을 잃게 될 것이다. 그러나 자연이 이 본능을 최초의 한 쌍의 인간에게 심어놓았다면, 그들이 이것을 아이들에게 물려주지 않는 일이 어떻게 가능할 것인가? 그러한 것은 현재는 결코 일어나지 않는다.

| 우는 새는 새끼들에게 우는 것을 가르치고, 그것을 전승에 의해서 뒤에 전하게 된다. 그래서 아직 눈을 뜨지 못한 상태에서 보금자리에서부터 떼어져서 사육되고 격리된 새는 성장한 후에도 울지 않으며,

구조 사이의 육체적인 본질적 차이에 관하여"란 강연에서 인간이 두 다리로 서는 것은 부자연스러우며, 이것이 많은 병의 원인이라고 했다.

¦ B 315, 316 | A 318

¦ 어떤 종류의 생득적인 기관음(器官音)만을 가질 뿐이다. 그러나 최초의 울음은 어디서부터 오는 것일까?* 왜냐하면 그것은 습득되는 것이 아니기 때문이다. 그리고 그것이 본능적으로 발생한 것이라면 어째서 그것을 새끼들에게 유전적으로 전하지 않았을까?

이성적 동물로서의 인간의 특성은 이미 그의 손, 그의 손가락, 손가락 끝의 형태와 조직에 존재하고 있다. 자연은 이런 것들을 일부는 이들의 구조, 일부는 이들의 섬세한 느낌을 | 이용해서 만들었으며, 그래서 인간을 사물의 취급 방식으로가 아니라, 무규정적으로 모든 방식으로, 따라서 이성을 사용하는 방식으로 면밀하게 만들었다. 그리고 그렇게 함으로써 자연은 ¦ 이성적 동물인 인류의 기술적 소질 또는 숙달의 소질의 특징을 나타낸다.

2. 문화에 의한 문명화라는 실용적 소질, 특히 교제의 특성이라는 소질은, 그리고 사회적 관계에서 단지 자신의 실력의 야만스런 상태를 벗어나서 화합을 본분으로 하는 예의바른(아직 도덕적이라고 할 수는 없다 하더라도) 존재자로 되는 인류의 자연적 성벽은 고차의 단계이다. — 인간은 교화와 훈련(훈육)에 의해서 교육될 수 있으며, 또한 그것을 필요로 한다. [324] 여기에서 문제되는 것은(루소에 대해 찬성하든 반대하든[154]), 인류의 성격은 그것의 자연 소질로부터 고려할 때

* 사람들은 기사(騎士) 린네와 함께 자연의 고고학에 대해서 다음과 같은 가정을 할 수 있다. 즉 지구 전체를 덮는 세계의 바다로부터 처음에 적도 아래에서 하나의 섬이 산처럼 드러나고, 그 산에서, 산의 낮은 해안의 열기로부터 산 정상의 한대(寒帶)적인 냉기에 이르기까지 온도의 모든 기상(氣象)상의 단계가 생기고 또한 그것에 적응한 동식물이 서서히 발생했다. 모든 종류의 새에 관해서 말한다면, 우는 새는 매우 다양한 소리의 생득적인 기관음을 모방하고, 각각의 새의 소리를 그들의 목이 허용하는 한에서 다른 새의 소리와 결합시키고, 그렇게 함으로써 모든 종류의 새가 그 자신의 특정한 울음을 만들게 되며, 이것을 뒤에 하나의 새가 다른 새에게 가르쳐서(전승 傳承처럼) 전하게 된다. 또한 되새[새의 이름]와 나이팅게일이 다른 나라에서는 그 우는 소리에서 약간의 다른 점을 가지고 있는 것은 사람들도 알고 있는 바이다.

154) 루소의 ≪예술과 과학에 관한 서설≫(*Discours sur les arts et les sciences*, 1750) 참조.

어떤 목적도 간파하지 못하는 문화 기술(技術)의 경우보다도 그것의 자연성에서의 조야의 경우에 더 낫지 않겠는가라고 하는 것이다. — 우선 첫 번째로 주목되어야 할 것은 모든 다른 방임된 동물의 경우는 각각의 개체가 그들의 전체 사명을 달성하지만, 인간의 경우는 유(類)만이 그것을 한다는 사실이다. 그러므로 인류는 헤아릴 수 없을 정도로 많은 세대의 계열을 거쳐 전진함으로써만 그의 사명을 향해 향상하려고 힘을 쓸 수 있는 것이다. 이때 인간에 있어서 목표는 항상 전도(前途)에 놓여 있다. 그러나 이 궁극 목적에 이르려는 경향은 종종 저지되기는 하겠지만, 완전히 역행하는 일은 결코 있을 수 없다.

| 3. 도덕적 소질. 여기서 문제가 되는 것은 인간이 본성상 선한가 본성상 악한가, 또는 이런 저런 인간을 교화하는 손에 속하는 것이 어떠한가에 따라서 본성상 선하게도 악하게도 쉽게 물드는(밀랍은 악덕을 향해 굽는다 등등 cereus in vitium flecti etc.[155])가 하는 것이다. 마지막 경우가 타당하다면 인류 그 자체는 어떤 성격도 가지지 않을 것이다. — 그러나 이것은 자기모순이다. 왜냐하면 실천적 이성 능력과 자기의 선택 의지라는 자유의 의식이 부여된 존재자(인격)는 이 의식에 의해, 불분명한 표상에서라 하더라도, 자신이 의무의 법칙 하에 있다는 것을 자각하고, 또한 자신이 정당 혹은 부당하게 다루어진다는, 또는 자신이 다른 사람을 정당 혹은 부당하게 다룬다는 감정(그 때문에 이것은 도덕적 감정이라 한다)을 가지고 있기 때문이다. 그러나 이것은 그 자신 이미 인간성 일반의 가상적(可想的) 성격이며, 그런 한에서 인간은 그의 생득적 소질에 따라서(본성상) 선하다. 그러나 또한 경험은 다음과 같은 점을 보여준다. 즉 인간에게는 허용되지 않는 것을, 그것이 허용되지 않는다는 사실이 잘 알려져 있다 하더라도,

155) 호라티우스의 ≪시학≫ 163장 참조.

열심히 욕구하고자 하는 성벽, 즉 악에로 향하는 성벽이 있다. 그 성벽은 인간이 자신의 자유를 사용하기 시작하자마자 반드시 조속히 일어나며, 그 때문에 생득적으로 간주될 수 있다. 그러므로 인간은 그의 감성적 성격에 따르면 (본성상) 악이라고 판정되지 않으면 안 된다. 그리고 이것은 인류의 성격이 문제일 때는 자기모순이 아니다. 왜냐하면 인류에 있어서는 그의 자연적 사명은 보다 선한 것을 향한 부단의 진보를 본질로 하고 있다는 점이 가정될 수 있기 때문이다.

| 인간의 사명에 관한 실용적 인간학의 총괄과, 인간 형성에서의 성격론은 다음과 같다. 즉 인간에게 그의 이성에 의해서 과해져 있는 사명은 ⁝ 그가 사람들과 함께 하나의 사회 안에서 존재하며, 그 사회에서 예술과 학문을 통해서 자기를 개화하고, 문명화하며, 도덕화한다는 사실이다. 그리고 또한 [325] 행복이라고 말해지는 평온과 환락 생활에 대한 자극에 수동적으로 몸을 맡기려 하는 동물적 성벽이 아무리 크다 하더라도, 오히려 능동적으로 그의 자연성은 그의 조야(粗野) 때문에 그에게 붙어 있는 장애물과 싸우고, 자신을 인간성에 걸맞도록 만든다.

그러므로 인간은 선을 향하도록 교육되어야 한다. 그러나 인간을 교육해야 하는 사람은 또한 인간이다. 즉 자연성의 조야한 상태 안에 있으면서, 이제는 자기 자신이 필요로 하는 것을 성취해야 하는 인간인 것이다. 인간의 사명으로부터의 끊임없는 일탈이 또한 그의 사명에로 항상 되돌아가는 복귀를 동반하는 것이다. — 우리는 이 문제의 해결이 내포하고 있는 어려움과 그것의 장애물을 인증하고자 한다.

A

이 문제의 첫 번째 자연적 규정은 동물류로서의 인류를 보존하고자 하는 충동에 있다. — 그러나 여기에서도 이미 인간 발육의 자연적

시기는 공민적 시기와 합치하지 않는다. 전자에 따르면 | 인간은 자연의 상태에서는 적어도 15세가 되면 성본능에 의해 떠밀려 다니며, 자신의 종을 생산하고 보존하는 능력을 가진다. 후자에 따르면 인간은 ¦ (평균으로) 20세 이전에는 감히 이런 일을 거의 할 수 없다. 왜냐하면 젊은 사람이 자신 및 자신의 처의 경향성을 세계 공민으로서는 만족시키기에 충분한 능력을 일찍부터 소유하고 있다 하더라도, 아직 국민으로서 자신의 처자를 부양할 능력을 가지고 있지는 않기 때문이다. — 한 사람의 여성과 가정생활을 시작하기 위해서는 그는 직업에 대해 습득하고, 그것에 정통해야 한다. 그러나 그렇게 하기 전에 비교적 세련된 인민의 계급에서는 자기의 사명을 달성할 만큼 성숙하기까지 아마도 25세가 지나야 할 것이다. — 그러나 젊은 사람은 이 강요된 부자연스런 절제의 중간 기간을 무엇으로 채워야 할까? 악덕을 가지고 하는 것 말고는 거의 하지 않을 것이다.

B

인간성을 고상하게 하는 문화로서의 학문을 향한 충동은, 인간 전체를 고려해 볼 때 개인의 수명과 결코 비례하지 않는다. 학자가 문화에서 그의 분야를 스스로 확장하는 데까지 전진한다면, 죽음에로 불려가게 되며, 그의 지위를 초학자(初學者)가 대신해서 차지하게 된다. 그 초학자가 또한 마찬가지로 일보 전진한 후에는 이미 그의 생애의 마지막이 오고, 그 장소를 다시 다른 사람에게 넘겨주게 된다. [326] — | 만약 아르키메데스, 뉴튼, 라보아지에[156]와 같은 사람이 자신의 근면

156) 라부아지에(Antoine Laurent Lavoisier, 1743~1794)는 프랑스의 화학자. 프랑스 혁명 시 단두대의 희생이 되었다. 물질 항존의 원리라 하는 라부아지에의 원리를 주창했으며, 종래 행해지던 화학 원리 즉 연소설(燃素說)을 타파하고 근대 화학의 기초를 제시했다.

과 재능을 가지고 생명력이 감퇴하지 않고 수 세기 간 지속하는 연령을 자연으로부터 혜택받았다면, 얼마나 많은 양의 지식, 얼마나 새로운 방법의 발견이 이미 저장되어 있었을까? ¦ 그러나 학문에서의 인류의 진보는 항상 단지 단편적(시간에 따라서)일 뿐이며, 중간 중간 끼어들어오는 국가 전복의 만행에 의해서 끊임없는 후퇴의 위험에 직면하기 때문에, 그 진보는 어떤 안전도 허용하지 않는다.

C

인간의 본성은 끊임없이 인간을 재촉해서 행복을 추구하도록 만들지만, 이성은 행복할 만한 가치가 있는 조건, 즉 인륜이라는 조건에 이것을 제한한다. 그러나 행복에 관해서도 인류는 마찬가지로 그의 사명을 달성하지 못하는 것처럼 보인다. — 자연 상태로부터 벗어나려고 시도하고 있는 인류에 대해서, 루소는 심기증(心氣症)적인(기분이 언짢은) 서술을 행했지만, 이 서술은 다시 인간이 자연 상태로, 따라서 삼림 중에 되돌아가는 것을 권고하는 것이 진의(眞意)라고 간주되어야 한다. 즉 그렇게 함으로써 인류의 사명에 접근하는 궤도에 오르는 것이 인류에게 어렵다는 점을 루소가 언명하고 있다고 간주되어야 한다. 사람들은 이 사명에 관해 제멋대로 억측해서는 안 된다. — 인류가 언젠가는 더욱 좋은 상태에 있게 될 것인가 어떤가에 관해서는 고금(古今)의 경험이 모든 사상가를 곤혹스럽게 만들며, 회의적으로 만듦에 틀림없다.

| 루소의 세 저서, 즉 1. 인류가 자연으로부터 문화에로 진행하는 것이 우리의 힘을 약화시키는 것에 의해, 2. 문명이 ¦ 불평등과 상호 억압에 의해, 3. 도덕화라고 칭해지는 것이 반자연적인 교육과 심술(心術)의 잘못된 형성에 의해, 야기되었던 손해에 관한 세 저서 — 감

| A 324 ¦ B 322

히 말하지만 자연 상태를 사악함이 없는 상태인 것처럼 설명한 이 세 저서[157]는(자연 상태에 되돌아가는 것을 천국의 문지기가 불의 검(火劍)으로 방해한다), ≪사회계약론≫, ≪에밀≫, ≪사보아의 부목사≫를 읽을 때 인류가 그 자신의 죄책에 의해 둘러 싸였던 해악의 미망(迷妄)으로부터 탈출하는 안내의 역할을 할 뿐이다. — 루소는 결국 인간이 자연 상태로 다시 되돌아가기를 원하는 것이 아니라, 그가 현재 있는 단계로부터 자연 상태를 되돌아보기를 원한다. [327] 루소는 다음처럼 생각했다. 인간은 본래(유전된 대로는) 선이지만, 그러나 소극적 방식에서 그렇다. 즉 자발적·의도적으로 악인 것은 아니지만, 단지 악한 또는 미숙한 지도자나 실례에 의해서 감화되고 타락하게 될 위험이 있다는 것이다. 거기서 이 위험을 피하기 위해서는 다시 선한 인간이 필요하게 된다. 그 인간 자신이 이 때문에 교육받지 않으면 안 된다. 그렇지만 타락(생득적 또는 후천적인)을 자신 안에 가지고 있지 않은 사람은 인간 중에는 하나도 없다. 그러므로 도덕 교육의 문제는 인류에 의해서 단지 정도에 따라서가 아니라, 원리의 성질에 따라서도 해결되지 않는다. 왜냐하면 인류에 있어 생득적인 악한 성벽은 보편적 인간 이성에 의해서 비난되며, | 기껏 제어되는 것이기는 하지만, 그렇게 함으로써 절멸되는 것은 아니기 때문이다.

* * *

¦ 공민적 헌법은 인류에서의 선한 소질을 인류의 사명의 궁극 목적을 향하여 최고도로 인위적으로 높이는 것이지만, 이 공민적 헌법에서

---

157) 세 저서라는 것은 루소의 ≪예술과 과학에 관한 서설≫, ≪인간 불평등 기원론≫(*Discours sur l'origine et les fondements e l'inégalité parmi les hommes*, 1755), ≪신 에로이즈≫(*La nouvelle Héloise*, 1761)를 말한다.

도 동물성은 그 발현에서 순수한 인간성보다도 더 이르고(早) 근원적으로 보다 강력하다. 그리고 길들여진 가축은 그것의 힘을 약화시킴으로써만 야생의 동물보다도 인간에게 유용하다. 자신의 의지는 항상 그의 동포에 대해서 적의(敵意)를 드러낼 준비가 되어 있으며, 또한 항상 스스로 독립되어 있고자 하는 절대적 자유뿐만 아니라, 자기와 본래 동등한 다른 사람에 대해서도 명령자가 되려는 절대적 자유에 대한 요구에 힘쓰고 있다. 이것은 극히 작은 아이에서도 이미 알려져 있는 사실이다.* 왜냐하면 인간 안에 있는 자연성은 ¦ 개화(開化)로부터 시작해서 도덕성에로 들어가고, [328] (이성이 지시하는 것처럼)

* [327] 태어난 지 얼마 안 되는 아기가 들려주는 외침 소리는 비애의 어조가 아니라 격분과 분개된 화(怒)의 어조를 그 자체 가지고 있다. 그것은 어린아이가 고통을 느끼기 때문이 아니라 불쾌를 느끼고 있기 대문이다. 아마도 어린아이는 활동하고 싶어 하지만, 그것이 가능하지 않다는 것이 그로부터 자유를 박탈하는 속박인 것처럼 느끼기 때문일 것이다. — 자연이 어린아이에게 큰 외침 소리를 외치면서 이 세상에 태어나도록 만드는 것은 어떠한 의도를 가지고 있는 것일까? 이것은 야만스런 자연 상태에서는 어린아이에게도 어머니에게도 극히 위험한 것이 될 것이지만. 왜냐하면 늑대나 또는 돼지조차도 어린아이의 우는 소리를 듣게 되면, 어머니가 없거나 또는 어머니가 분만으로 약해져 있는 것을 겨냥해서, 그 어린아이를 먹어버리고 싶은 유혹을 받을 것이기 때문이다. | 인간(현재 있는 것 같은) 이외의 어떠한 동물도 태어날 때 자신의 존재를 높은 소리로 알게 하는 일은 하지 않는다. 이것은 종을 보존하기 위해서 자연의 지혜에 ¦ 의해서 그렇게 안배된 것처럼 보인다. 그러므로 인류라는 동물의 부류에 관해서도 자연의 옛 시대(즉 야만스런 상태의 시대)에는 어린아이는 태어날 때 고성을 지르는 일은 [328] 하지 않았을 것이며, 다만 뒤에 양친이 가정 생활에 필요한 개화에 이미 도달한 제2의 시기가 되었을 때 울음소리는 시작되었다. 자연이 어떻게 해서, 또한 어떤 함께 작용하는 원인에 의해서 그러한 발전을 하게 되었을까 하는 것은 우리로서는 알 수 없다. 이 견해는 더 나아가서 예컨대 다음과 같은 생각으로도 통할 수 있다. 즉 이 제2의 시기 뒤에는 예사롭지 않은 자연의 변혁이 일어나는 경우, 제3의 시기가 이어서 일어날 수 있는 것은 아닐까. 그 때에는 오랑우탄이나 침팬지가 보행이나 대상의 촉각이나 언어에 유용한 기관을 인간의 구조와 동일한 것이 될 때까지 발육시키고, 또한 그 내부에는 오성의 사용을 위한 기관도 지니게 되며, 사회적 개화를 거쳐 서서히 발달해 가는 것은 아닐까.

도덕성 및 그것의 법칙으로부터 시작해서 그 위에 세워진 합목적적인 개화에로 들어가려고 노력하지는 않기 때문이다. 이것으로부터 불가피하게 앞뒤가 바뀐 반목적적 경향이 생겨난다. 예를 들면 필연적으로 도덕적 개화이어야 하는 종교 교육이 단지 기억의 개화에 지나지 않는 역사적 개화로부터 시작해서, 그것으로부터 도덕성을 불러내려고 하는 쓸데없는 시도를 하고 있는 경우가 그것이다.

전체로서의 인류의 교육 — 즉 집합적(universorum)으로 생각되며, 모든 개개인(singulorum)의 교육이 아니다. | 만약 그렇지 않다면 다수는 조직이 아니라 끌어 모여진 집합이 되어버릴 뿐이다 — 은 자유의 원리와 동시에 합법칙적인 강제의 원리에 근거해야 하고, 공민적 헌법을 수립하려는 노력을 목표로 하지만, ¦ 인간은 이러한 교육을 단지 섭리로부터, 즉 하나의 지혜로부터 기대할 뿐이다. 이러한 지혜는 인간의 지혜는 아니지만, 그러나 인간 자신의 이성에 있어서는(그 자신의 죄책 때문에) 무력(無力)한 이념이다. — 이러한 교육은 말하자면 유익하지만, 거칠고 엄격하다. 이렇게 되는 까닭은 그 교육이 많은 난제(難題)에 의해서 그리고 거의 전체 인류의 파멸에까지 미치는 자연의 취급에 의해서 이루어지기기 때문이다. 환언하면 인간이 의도하고 있는 것은 아니지만 일단 존재하게 되면 존속하는 선을, 내부에서 끊임없이 자기 자신과 싸우고 있는 악으로부터 만들어 내려는 것에 의해서 이루어지기 때문이다. 섭리는 끊임없이 파멸을 향해서 움직이지만, 그럼에도 그 종을 지켜가고 유기적인 자연물의 종을 보존함에 있어서 우리가 찬탄을 가지고 인정하는 지혜를 의미한다. 그럼에도 불구하고 우리는 우리가 동식물의 보존을 위해서 이미 활동하고 있다고 가정하고 있는 원리보다도 더 고차원의 원리를 그러한 배려 중에서 가정하고 있는 것은 아니다. — 어쨌든 인류는 그 자신이 자기의 행복의 창조자이어야 하고, 또한 창조자일 수 있다. 그러나 인류가 그렇게

될 것이라는 사실은 [329] 인류에 관해서 우리에게 알려져 있는 자연의 소질로부터 아프리오리하게 추론되지는 않는다. 오히려 그것은 경험과 역사로부터 다음과 같은 기대를 가지고 추론될 뿐이다. 즉 보다 나은 것을 향한 인류의 전진에서 절망하는 것이 아니라, 모든 영리(怜悧)와 도덕적 모범을 가지고, 이 목표에(각자가 가능한 한에서) 접근하는 것을 촉진하는 데 필요한, 근거있는 기대이다.

| 따라서 인류의 첫 번째 특징은 ¦ 자신의 인격에 대해서도, 또한 자연이 그를 그 중에 있게 한 사회에 대해서도 일반적으로 성격을 부여하는 이성적 존재자로서의 능력이라고 할 수 있다. 그러나 이것은 이미 인간 안에 은혜를 받은 자연 소질과 선을 향한 성벽이 있다는 것을 전제로 한다. 왜냐하면 악은(이것은 자기 자신과의 항쟁을 동반하고 있으며, 어떤 지속적인 원리를 자기 중에 허락하지 않기 때문에) 본래 성격을 가지고 있지 않기 때문이다.

살아 있는 존재의 성격은 그것에 근거하고 있는 이 존재자의 사명을 미리 인식하도록 하는 것이다. — 사람들은 다음과 같은 것을 자연의 제목적에서의 원칙으로 간주할 수 있다. 즉 자연은, 피조물에 있어서 그 본성의 모든 소질이 합목적적으로 전개되며, 이렇게 해서 설령 모든 개체가 아니더라도 종이 자연의 의도를 실현함으로써 모든 피조물이 그의 사명을 달성하기를 원한다. — 이성을 가지지 않은 동물의 경우에는 이것이 실제로 일어난다. 그리고 이것이 자연의 지혜이다. 그러나 인간의 경우에는 유(類)만이 이것을 완수한다. 우리는 지상에서의 이성적 존재 중 단지 하나의 유, 즉 인류를 알고 있을 뿐이다. 그리고 그 인류에 있어서도 이 목적을 달성하기 위한 단 하나의 본성의 경향, 즉 인류 자신의 활동에 의해서 악으로부터 선의 발전을 언젠가는 완수하려는 경향을 알고 있을 뿐이다. 이것은 자연의 변혁이 갑자기 그것을 단절하지 않는 한에서는 도덕적인(그 목적을 향해서 노력

하는 의무를 위해서 충분한) 확실성을 가지고서 기대될 수 있는 전망이다. — 왜냐하면 다음과 같은 것이 인간이라는 것, 즉 악한 성질을 가졌지만 발명에 풍부한 소질과 동시에 도덕적인 소질이 부여된 이성적 존재자라는 것이기 때문이다. | 즉 상호 이기적으로 가하는 해악(害惡)을 문화의 증대함과 함께 ¦ 더욱더 강하게 느끼지만, 그러나 사적인 감각(개인적인)을 공통의 감각(모든 사람이 결합된)에, 즉 규율(공민적 강제의)에 마지못해서이긴 하지만 복종시키는 것 외에 어떤 수단도 가지고 있지 못하기 때문에, — 그러나 이 규율에 인간은 단지 자기 자신이 부여한 법칙에 의해서만 복종하지만 — 이런 의식에 의해서 자신이 고귀하게 되는 것처럼 느끼는 것, [330] 즉 이성이 이상으로서 보여주는 인간의 사명에 적합한 유에 속한다고 느끼는 것 그것이다.

인류의 성격 묘사의 개요

I. 인간은 가축과 같이 무리에 속하도록 정해져 있는 것이 아니라, 벌과 같이 벌통에 속하도록 정해져 있다. — 즉 무언가 공민 사회의 일원이 되는 필연성.

그러한 사회를 확립한 가장 단순하고 가장 적게 기교를 부리는 양식은 이 벌통에 한 사람의 지도자가 있는 양식(군주제)이다. — 그러나 그러한 벌통이 많이 모이면 서로 도적 벌이 되어 갑자기 싸운다(전쟁). 더욱이 사람이 하는 것처럼 다른 벌통과 단결함으로써 자신의 벌통을 강화하는 일은 하지 않는다. — 왜냐하면 여기서 비교는 끝나기 때문이다. — 그러나 오히려 단지 다른 자의 근면을 간지(奸智)와 폭력을 가지고 자신을 위해 이용하려고 한다. 각 민족은 | 인접의 민족을 정복함으로써 자신을 강화하고자 한다. 그리고 그것이 증대욕(增大欲)이라고 한다면, ¦ 또는 상대방을 앞지르지 못할 경우 상대방에게 합병된

다고 하는 공포라고 하더라도, 인류에서의 내 · 외의 전쟁은, 그것이 아무로 큰 해악이라 하더라도, 동시에 야만스런 자연 상태로부터 시작해서 공민 상태로 이행해 가는 동기이다. 이것은 섭리의 계획이며, 그 경우 서로 대항하는 여러 힘들은 마찰에 의해서 서로 손해를 끼치지만, 다른 여러 동기의 충돌이나 견인에 의해서 오랜 기간을 거치는 동안 규칙이 된 진행을 유지하게 된다.

II. 자유와 법칙(법칙에 의해서 자유는 제한된다)은 공민적 입법이 그것을 돌면서 움직이는 두 축이다. — 그러나 법칙이 효과를 가지면서 공허한 추천이 되지 않기 위해서는 매개가 되는 것* 이 추가되어야 한다. 즉 권력이 추가되어야 한다. 권력은 앞의 두 원리와 결합되고, 이 두 원리에 성과를 부여하는 것이다. 거기에서 사람들은 권력과 앞의 두 원리 사이에 네 가지 조합을 생각해 낼 수 있다.

A. 권력을 동반하지 않는 법칙과 자유(무정부)
B. 자유를 동반하지 않는 법칙과 권력(전제제)
[331] C. 자유와 법칙을 동반하지 않는 권력(야만)
D. 자유와 법칙을 동반하는 권력(공화제)

| 이 중 마지막 것만이 공민적 헌법이라고 말할 가치가 있다고 하는 것은 명백하다. 그러나 이때 ¦ 사람들은 세 가지 국가 형식 중 한 가지(민주제)를 목표로 삼는 것이 아니라 공화제라는 말을 국가 일반으로 이해하고 있다. 옛 브로카르트[158] 법에서의 "극가의(시민의 civium가 아니라) 복지가 최고의 법(Salus civitatis suprema lex esto)"이라는 말

* 판단의 주어와 술어를 결합시켜 네 가지 격을 정하는 삼단논법의 매개념(medius terminus)과 유비적으로.

158) 브로카르트(Brocard)는 11세기의 이탈리아 사람으로, 보름스의 주교가 되었다. 그가 1025년에 편찬한 교회법 집성이 브로카르트 법(Brocard.ca)이라 부르며, 대부분 잠언 형식으로 표현되었다.

은 공공체의 감관적 행복(공민의 행복)이 국가 헌법의 최고 원리의 역할을 해야 한다는 것을 의미하고 있는 것은 아니다. 왜냐하면 각자가 그의 사적인 경향성에 따라서 이런 저런 식으로 마음에 그리는 안녕은 보편성을 요구하는 무언가 객관적 원리의 역할을 하지 못하기 때문이다. 오히려 저 잠언이 의미하고 있는 것은 오성적 행복, 즉 일단 존립하고 있는 국가 헌법의 보존이 공민 사회 일반의 최고 법칙이라는 것 외에 다름 아니다. 왜냐하면 공민 사회는 국가 헌법에 의해서만 존립하는 것이기 때문이다.

모든 시대의 경험으로부터 그리고 모든 민족 사이에 알려져 있는 인류의 성격은 다음과 같다. 즉 집합적으로(인류의 전체로서) 이해된 인류는 계기적으로 그리고 동시적으로 존재하는 인간의 집합이며, 게다가 평화적인 공동 존재가 없는 것은 아니지만, 그러나 서로 간의 지속적인 불일치는 피할 수 없다. 따라서 인류는 그 자신으로부터 나오는 법칙 아래서 상호 강제에 의해서 끊임없이 분열의 위협에 직면해도 일반적으로는 전진하고 있는 동맹이 자연에 의해서 세계 공민사회(cosmopolitismus)가 되도록 결정되어 있다고 느낀다. 세계 공민사회처럼 그 자체 도달할 수 없는 이념은 어떤 구성적 원리(| 인간의 가장 활발한 작용과 반작용 중에 존재하는 평화에 대한 기대)가 아니라, 단지 ¦ 통제적 원리, 즉 그 이념을 향한 자연적 경향성의 어떤 근거 있는 추측을 가지고서 인류의 사명으로서의 이념을 열심히 추구하기 위한 통제적 원리에 지나지 않는다.

인류는(이것을, 다른 천체의 존재자와 비교해서, 하나의 조물주에 의해서 나온 피조물의 집합으로 보고, 이성적인 지상의 존재자라는 종 種으로 생각한다면 종족이라 불려질 수 있겠다) — 인류는 선한 종족으로 간주되어야 하는가 또는 악한 종족이라고 간주되어야 하는가라고 묻는다면, 나는 그것에 관해 자만할 수 있는 일이 많지 않다고 고백하지 않으면 안 된다. 그러나 인간의 행위를 [332] 옛 역사에서뿐만 아니라 현재의 역사에서 관찰하는 사람은 종종 인간을 혐오하는 티몬과 같은, 그러나 훨씬 보다 자주 보다 적절하게, 모모스[159]와 같은 판단을 하도록 유혹을 받을 것이다. 또한 악성(惡性)보다도 오히려 우둔함이 인류의 특징 중 두드러진 것이라는 사실을 발견할 것이다. 그러나 악성이라는 인상(人相)과 결합된 우둔함이(그것은 이 경우 바보라 불린다) 인류의 도덕적 용모에는 부정될 수 없기 때문에, 자신의 생각의 좋은 부분을 감추는 것—영리한 사람은 누구든 이것을 필요하다고 생각하지만—으로부터 이미, 다음과 같은 사실, 즉 인간이란 종족에서는 각자는 자신이 조심하고, 있는 그대로의 모습을 전부는 보여주지 않는 것이 현명하다고 생각한다는 사실이 분명히 드러난다. 이것은 이미 서로에 대해 악(惡)감정을 가지고 있는 인류의 성벽을 보여준다.

| 어딘가 다른 혹성에서는 ¦ 생각한 것을 큰소리치며 나타내는 것 말고는 다른 것을 하지 않는 이성적 존재자, 즉 깨어있든 잠자고 있든, 모임 중에 있든 혼자 있든, 동시에 말로 표현하지 않는 생각을 가지는 것은 불가능한 존재자가 있을지도 모른다. 그러한 존재자는 우리의 인류와는 어떤 종류의 다른 태도를 보여줄까? 만약 그들이 모두 천사처럼 순수하지 않다면, 어떻게 그들이 서로 살림을 꾸려나가며, 한쪽이 다른 쪽에 대해 약간이라도 존경을 가지며, 또한 서로 화합할 수 있는지 예측할 수 없다. — 그러므로 다른 사람의 생각은 탐색하지만 자신의 생각은 절제하는 것은 인간이라는 피조물의 근원적인 구성에 그리고 그 인류의 개념에 이미 속하는 것이다. 이러한 지독한 성질은 서서히 위장(僞裝)으로부터 고의의 속임수로, 그리고 결국에는 거짓

---

159) 티몬(Timon)은 소크라테스와 동시대 사람으로, 기원전 5세기의 유명한 아테네의 인간 혐오자. 세익스피어의 ≪아테네의 티몬≫이라는 비극은 그에 관한 것이다. 또한 모모스(Momos)는 그리스 신화에 나오는 조롱욕(嘲弄欲)의 신.

| A 333 ¦ B 331

말로 반드시 진행해간다. 그렇다면 이것은 인류의 만화를 보여주게 될 것이다. 그리고 이것은 단지 인류를 악기(惡氣)가 없는 웃음거리로 만들 뿐 아니라, 인류의 성격을 구성하는 것을 경멸하고, 이성적 세계 존재자인 이 종족은 자신이 다른(우리에게는 알려지지 않은) 존재자 중에서 어떤 존경을 받을 지위에도 있지 못하다는 점을 고백한다는 사실을 당연한 것으로 만들어 버린다.* — [333] 또한 이것은 ‖ 이러한 비난하는 판단이 우리 안에 있는 도덕적 소질, 즉 이성의 생득적 요구를 드러내지 않는 경우인 것이다. 그 생득적 요구란 저 성벽에도 대항하고, 따라서 인류를 악한 것으로서가 아니라, 장애물이 있더라도 악으로부터 선을 향해서 끊임없이 향상하도록 노력하는 이성적 존재자의 유(類)로서 드러내야 한다는 요구이다. 이때 인류의 의욕은 일반적

---

* [332] 프리드리히 2세가 그의 공적을 칭찬하고 슐레시엔에 있는 여러 학교의 관리직에 임명하였던 슐쩌※를 향해서 어떻게 일이 되어가고 있는가라고 물었다. 슐쩌는 다음처럼 대답했다. "인간은 본성상 선하다고 하는(루소의) 원칙에 근거해서 일을 계속한 이래, 일이 제대로 되어가기 시작했습니다." "아아, (라고 왕은 말했다) 친애하는 슐쩌씨, 경은 ǀ 우리가 속해 있는 이 저주스러운 종족에 대해 충분히 알고 있지 않습니다. Ah, mon cher Sulzer, vous ne connaissez pas assez cette maudite race à laquelle nous appartenons." — 인류의 성격에는 다음과 같은 것도 있다. ‖ 즉 인류는 공민적 헌법을 향해서 노력하면서 [333] 종교에 의한 훈련도 필요하지만, 그렇게 함으로써 외적 강제에 의해서 달성되지 않는 것이 내적 강제(양심의)에 의해서 성취된다. 인간의 도덕적 소질은 입법자에 의해서 정치적으로 이용되지만, 이것은 인류의 성격에 속하는 하나의 경향이다. 그러나 이 민족의 훈련에서 도덕이 종교에 선행하지 않으면, 종교가 도덕의 지배자가 되며, 국가의 규칙에 따라서 종교가 신앙상의 전제자 아래에서 국가 권력(정치)의 도구가 된다. 이것은 불가피하게 성격의 비위를 거스르고, 기만(정략 政略이라 말해진다)을 가지고 통치하도록 유혹하는 해악(害惡)이다. 이것에 관해서 이 대왕은 공적으로는 자신이 국가의 최상의 공복에 지나지 않는다고 공언하지만, 사적인 고백에서는 탄식을 하면서 그것과는 반대되는 것을 감출 수가 없었다. 그렇지만 이러한 패덕(悖德)을 인류라 하는 악한 종족의 책임에 돌림으로써 그 자신의 인격에 대한 변명을 하고 있다.

※ 슐쩌(Johann Georg Sulzer, 1720~1779)는 볼프 학파에 속하는 독일의 철학자. 그러나 심리학설, 미학설에서는 볼프를 떠나 일가를 이루었다. 그렇지만 그가 슐레시엔의 학교 관리직에 있었다는 칸트의 설명은 잘못이다.

으로 선하지만, 그 실현이 쉽지 않은 것은 다음과 같은 이유 때문이다. 즉 이 목적의 달성은 개개인의 자유로운 일치로부터 기대될 수 있는 것이 아니라, 세계 공민적으로 결합된 조직으로서의 인류 안에 있는 그리고 이러한 인류를 지향하는, 지상에 있는 공민의 전진적인 유기적 조직에 의해서만 기대될 수 있기 때문이다.

옮긴이의 글

칸트의 인간학에 대한 강의는 1772～73년의 겨울학기부터 시작되었다. 이 강의는 칸트가 그의 노령 때문에 완전히 강의를 중단했던 1796년까지 20여 년 간 계속된다. 칸트의 이 인간학 강의는 "세상에 관한 지식"(Welt- kenntnis)에 대한 강의, 즉 통속 강의(populäre Vorträge)였으며, 인간학 이외 이와 같은 통속 강의는 1756년 이래 계속되었던 자연지리학 강의였다. 인간학 강의가 추가된 이후에는 칸트의 강의가 완전히 중단될 때까지 여름학기에는 자연지리학 강의가 겨울학기에는 인간학 강의가 규칙적으로 개설되었다고 한다.

통속 강의였기 때문에 칸트의 인간학 강의는 학생을 포함한 청강자들에게 대단한 인기를 끌었다고 알려져 있다. 그의 청강자 중에는 학생 이외 다양한 계층과 다양한 직업의 소유자들이 포함되어 있다. 어쨌든 이 강의는 대단한 호평을 받았고, 청강자는 최고 70명, 적을 때는 28명, 평균 50명이었다고 전해진다. 교과서는 바움가르텐(Alexander Baumgarten, 1714~1762)의 ≪형이상학≫(Metaphysica) 중에 포함되었던 <경험 심리학> (Psychologia Empirica)이 사용되었다. 자연지리학 강의도 마찬가지였지만 이처럼 청강자들의 인기를 끌었던 이유는 칸트의 다른 딱딱한 강의와는 달리 이 강의 내용은 통속적이었고, 따라서 이해하기가 비교적 쉬웠으며, 매우 매력적인 교훈을 주었기 때문이다.

인간학 강의가 계속되는 동안에 칸트는 이것을 책으로 출판해 달라는 요청을 여러 사람들로부터 받았던 것 같다. 그러나 칸트는 이러한 요구에 응하지 않았다. 그러다 그가 강의를 완전히 중단한 2년 뒤 1798년 그의 나이 74세 때, 지금까지 20여 년에 걸쳐 행했던 강의의 초고를 기초로 해서 책으로 출간하게 되었다. 이 책은 저자 자신의 손으로 출간한 최후의 저서였다. 당시 이 책의 출간은 많은 사람들의 기대에 부응하는 것이었으며, 하나의 사건이었다. 1797년 ≪신 도이치 메르쿠르 지(誌)≫(Der Neue Teutsche Merkur)에 같은 해 4월 12일자의 쾨니히스베르크 통신에 근거해서 다음과 같은 글이 게재되었다. “칸트는 금년에 그의 인간학을 출판한다. 그는 학생들이 자신의 모든 강의 중 거의 이 강의만을 아직 청강하고 있었기 때문에 처음부터 출판을 삼갔던 것이다. 이제는 그는 어떤 강의도 하고 있지 않다. 그러므로 이것을 세상에 전하는 데 더 이상 주저하지 않게 되었다.” 물론 “학생들이 칸트의 모든 강의 중 거의 이 강의만을 아직 청강하고 있었다”는 것은 고증의 결과 잘못된 기사였다. 어쨌든 이 책이 출간되기 전에는 출간에 대한 요청이 끊임없었고, 출간된 이후에는 감사의 마음을 전하는 편지도 있었던 것 같다. 그래서 초판 2,000부는 일년 반 이내에 절판되었다.

그러면 인간학은 그의 전 철학 체계에서 어떤 위치를 차지하고 있으며, 어떤 의미를 담고 있는가? 칸트 철학의 궁극 목적이 원래 인간에 관한 연구라는 것은 인구에 자주 회자되는 유명한 말로서 ≪논리학 강의≫ 서론의 1절에 언급되어 있다.

“이 세계 공민적 의미[세계 개념]에서의 철학의 분야는 다음의 물음으로 총괄된다.

1. 나는 무엇을 알 수 있는가?
2. 나는 무엇을 해야 하는가?

3. 나는 무엇을 희망해도 좋은가?
4. 인간이란 무엇인가?

첫 번째 물음에는 형이상학이, 두 번째 물음에는 윤리학이, 세 번째 물음에는 종교가, 네 번째 물음에는 인간학이 답해진다. 그러나 근본적으로는 이 모두는 인간학에 귀속될 수 있을 것이다. 왜냐하면 앞의 세 물음은 마지막 물음과 연관해 있기 때문이다."

만약 칸트의 인간학 강의에 근거해서 출간된 인간학이 칸트의 위의 진술에서 나오는 바로 그 인간학이라면, 이 저서는 칸트의 철학 체계에서 대단한 의미를 가질 것이며, 칸트의 다른 어떤 저서보다도 중요하게 다루어질 만하다. 그래서 문제는 이 저서가 과연 위의 네 번째 물음과 연관된 인간학 저서인가 하는 것이다. 아마도 역자의 생각으로는 칸트가 그렇게 중시했던 인간학은 그야말로 철학적인 인간학이고, 이 책이 다루는 인간학은 단지 응용적인 인간학인 듯하다. 이 책이 지향하고 있는 지식은 그야말로 세상에 관한 지식이며, 그런 의미에서 통속적인 지식에 불과한 것이기 때문이다.

지금까지 우리는 이 책을 단지 ≪인간학≫이라 명명하였는데, 좀더 정확한 제목은 ≪실용적 관점에서 본 인간학≫이다. 칸트는 실용적 인간학을 생리학적 인간학과 대비시키고 있다. 그에 의하면 인간 지식은 생리학적 관점에서 있을 수 있거나 아니면 실용적 관점에서 있을 수 있다. 생리학적 인간 지식은 자연이 인간에 대해서 하고 있는 것이 무엇인가 하는 것에 대한 탐구를 목표로 하고 있지만, 반면에 실용적 인간 지식은 인간이 자유롭게 행위하는 자로서 자신에 대해 무엇을 하고 있으며, 혹은 무엇을 할 수 있으며 또한 무엇을 해야 하는가라는 것에 대한 탐구를 목표로 하고 있다. 칸트가 지향하고 있는 것은 세상에 관한 지식으로서의 인간에 관한 지식인 것이다. 실용적 인간학에 대한 이와 같은 정의는 "실용적"이라는 말의 의미를 고찰해 볼 때 보다 분명하게 된다.

칸트는 ≪순수이성비판≫에서 다음과 같은 취지의 말을 하고 있다. 즉 오직 자유에 의해서 가능하게 되는 것은 모두 실천적이지만, 이때 우리들의 자유로운 선택 의지를 움직이는 조건이 경험적일 때는 이성은 경험적 법칙의 통일을 실현하는 데 중요한 역할을 할 뿐이며, 그 경우의 이성의 법칙 중 하나가 "실용적 법칙"이다(≪순수이성비판≫ A 800/B 828). 실용적 법칙 내지 영리(怜悧)의 규칙은 행복의 동기로부터 생기는 실천적 법칙을 말한다(≪순수이성비판≫ A 806/B 834). 이에 반해서 완전히 경험적으로 제약되어 있는 것이 아닌 순수 실천적 법칙이 도덕적 법칙(도덕률)이다.

칸트가 ≪판단력비판≫의 서론에서 실천적 원리를, 기술적 · 실천적(technisch-praktisch) 원리와 도덕적 · 실천적(moralisch-praktisch) 원리로 구분하고 있는 것은 잘 알려져 있지만, ≪도덕형이상학 정초≫에서는 전자에 상당하는 명법을 가언명법, 후자에 해당하는 명법을 정언명법이라고 하여 구별하고 있다. 가언명법이란 다른 무언가의 목적을 달성하기 위한 수단으로서의 선이라는 행위를 규정하는 명법을 말한다. 이 가언명법 중에는 가능적 목적이라고 칸트가 부르는 기술을 목표로 하는 숙달(Geschicklichkeit)의 명법, 또는 기술적 명법과 현실적 목적, 즉 행복을 목표로 하는 영리(Klugheit)의 명법, 즉 실용적 명법이 포함되어 있다. 그리고 양자는 모두 어떤 다른 목적을 위해서가 아니라 그 자체만으로 객관적이고 필연적인 도덕적 명법에 대립되고, 거기에 종속된다.

이처럼 "실용적"은 "기술적" · "도덕적"과 구별되는데, 이 구별의 방식을 칸트는 이 책 중에서도 "인류의 성격"에 적용하고 있다. 거기에서의 설명에 의하면, 사물을 사용하는 것이 "기술적" 소질이고, 다른 사람을 자기의 의도를 위해서 능숙하게 이용하는 것이 "실용적"

소질이며, 그리고 법칙에 근거해서 자유의 원리에 따라서 자신에 대해서도 다른 사람에 대해서도 행동하는 것이 "도덕적" 소질이다. 요컨대 실용적이란 다른 사람과의 관계를 통해서 자기의 생활을 보다 풍부하게, 보다 행복하게 하려고 노력하는 태도이지만, 그런 한에서 이것은 자연적 생활과 도덕적 생활의 중간에 있는 형성적(形成的)·개화적(開化的) 생활의 단계를 나타내는 것이다. 인간이 자연을 떠나서 다른 사람과의 관계를 통해서 자기 자신을 형성·발전시키며, 본래의 도덕적 인간에까지 높이려고 노력하는 중간의 과정 속에 실용적 인간의 생활이 있다. 실용적 인간학이란 그러한 단계에 있는 인간의 제상태를 취급하는 것이라고 해야 할 것이다.

그러나 실용적이라는 말이 이 책에서 이렇게 좁게 사용되고 있는 것은 아니다. 오히려 여기서는 실용적이라는 말 대신에 단지 경험적이라는 말을 사용하는 것이 좀더 적절한 듯하다. 이 책의 1부는 <교수론>으로서 인간의 인식 능력, 쾌·불쾌의 감정, 욕구 능력이라는 마음의 세 가지 면을 전반에 걸쳐서 취급하고, 2부는 <성격론>으로서 개인, 남녀, 민족, 인종, 인류의 각 성격을 논하고 있다. 이런 점을 볼 때 인간학은 오히려 경험적 심리학이라고 간주해도 좋을 듯하다. 아니 칸트 자신이 경험적 심리학을 인간학의 일부라고 생각했던 것 또한 사실이다. 왜냐하면 칸트는 이미 ≪순수이성비판≫ 중에서 경험적 심리학의 소속을 문제로 삼고, 그것이 지금까지는 형이상학 중에 들어갔지만, 원래는 형이상학과 별개이며, 단지 한 학과로서 독립해 있는 풍부한 내용이 아니기 때문에 "(경험적 자연학의 부속물이다) 상세한 인간학 안의 그 자신의 주거로 이동하기에 이르기까지" 잠깐 형이상학 중에 들어오는 것이 허용된다고 서술하고 있기 때문이다(≪순수이성비판≫A 849/B 877). 전반적으로 칸트의 ≪인간학≫은 경험적 심리학의 체제를 갖춘 철학적 인생론이라는 좀 어색한 형태의 모습을 가지고 있다. 그러나 어쨌든 칸트의 관심은 전체적으로 경험과 실질이다. 이것은 칸트의 순수한 철학 저서의 목적과는 매우 다르다.

그런 의미에서 칸트의 ≪인간학≫이 철학적으로 진지하게 주목할 만한 가치가 없다는 혹평도 있어 왔던 것이 사실이다. 사실 칸트는 이 책을 노년에 출간하였고, 따라서 그가 젊은 시절 풍부하고 생기있는 문체로 써 내려갔던 글 솜씨는 그의 은퇴와 더불어 쇠퇴했던 것으로 여겨진다. 물론 칸트의 강의가 이처럼 딱딱하고 생기가 없었던 것은 아니었을 것이다. 다만 나이 때문에 많은 내용들이 누락되고 다소 표현이 느슨해졌을 것이다. 이렇게 추정하는 이유는 칸트가 인간에 관해 서술하고 있는 ≪유고집≫의 단편들이 매우 활기차게 서술되어 있기 때문이다. 그렇다고 해서 칸트의 인간학이 별로 주목할 만한 가치가 없는 저서라고 단정하는 것은 옳지 않다. 우리는 칸트의 ≪인간학≫에서 칸트 및 그의 체계를 보다 완벽하게 이해하는 데 도움이 되는 것들을 상당수 발견할 수 있을 것이다.

예를 들면 우리는 인간 칸트의 진면목을 보는 데 이 책의 도움을 받을 수 있을 것이다. 그가 고전들에 대해 얼마나 애정을 가지고 있었고, 그 당시 과학과 문학에 관련된 저서들, 기타 여러 종류의 저서들, 심지어는 여행기나 통속 소설에 이르기까지 얼마나 많은 독서를 했으며 다양한 견문을 가지고 있었는지 놀라움을 금치 못하게 된다. 반면에 또한 그가 종교나 인종 그리고 여성에 대해서 얼마나 많은 편견을 가지고 있는지 하는 것도 알 수 있다. 물론 이것은 누구나 흔히 가질 수 있는 편견이다. 이런 것들은 칸트의 인간적인 면을 볼 수 있게 해주는 것들로, 칸트의 전기를 쓰는 사람들에게 여러 가지 도움을 줄 것이다.

또 하나 주목할 만한 점은 여러 가지 개념들에 대해 칸트가 제시한 정의, 논평, 구분이다. 예컨대 감성적 창작 능력의 세 가지 종류에 관한 설명은 주목을 끌만하다. 특히 31절에 나오는 친화력(親和力, affinitas)에 관한 설명은 ≪순수이성비판≫의 초판에서 중요한 역할을 했지만, 매우 불분명하게 보여졌던 그 개념을 보다 명료하게 이해하는 데 도움을 줄 것이다. 또한 8절에 나오는 감성의 변호에 관한 설명은 그의 비판서에서 충분히 다루어지지 않았던 실질적인 면을 보충적으로 이해하는 데 도움을 준다. 또한 73절에서 80절까지 나오는 욕망과 성벽(性癖) 그리고 정동(情動)에 관한 설명은 칸트의 도덕 이론에 관한 보다 구체적인 측면을 보다 분명히 이해하는 데 도움을 줄 것이다. 또한 인식의 감성적 요소와 지성적인 요소가 결합되어 있는 취미의 능력이 도덕성의 외적 모습에서 중요한 역할을 한다는 칸트의 생각(69절)은 칸트 도덕 이론의 연구에 다소 도움이 될 것이다. 위에서 "실용적"에 대한 칸트의 개념에 대한 설명에서 밝혔듯이 그의 실용적 인간학은 칸트의 순수한 도덕 이론에 대비되는 경험적인 도덕 이론이라고 생각된다. 칸트가 순수한 도덕 이론에서 다소 비난의 의미를 담고 있었던 경험적인 도덕 규칙에 대해서 좀더 자세한 설명을 하고 있다는 점에서 그의 도덕 이론 전반을 이해하는 데 우리는 도움을 받을 수 있을 것이다. 그리고 그 밖에 많은 곳에서 칸트는 자신의 다른 저서와 연관되어 있는 개념들에 대한 설명을 하고 있으며, 이것은 보다 중요한 칸트의 저서 및 이론을 이해하는 데 도움을 줄 것이다.

≪인간학≫은 칸트의 생전에 2회 간행되었다. 제2판은 초판이 나온 지 일년 조금 뒤인 1800년에 개정판으로서 나타났다. 초관과 제2판 사이에는 다소 차이가 나지만, 전반적으로 개선된 것이라 생각된다. 그 때문에 오늘날에는 이 제2판을 기초로 한 저서들이 유포되고 있다. Ak판은 완전히 이것을 따르고 있으며, C판은 이것을 골자로 하면서 수고 및 제1판을 서로 비교하여 약간 정정한 내용을 담고 있다. 그러나 제1판과 제2판의 차이점은 내용의 본질에 관계하고 있는 것이 아니

라 문체에 관계하고 있다. 그리고 칸트가 죽은 후 1820년에는 쾨니히스베르그에서 제3판이 출간되었고, 1833년에는 라이프치히에서 제4판이 출간되었다. 제3판과 제4판은 제2판을 조금 개정하였지만, 단지 문법적인 개정에 지나지 않는다.

칸트의 수고(手稿)에는 난외에 많은 방주가 포함되어 있으며, 또한 상당한 양의 본문이 포함되어 있다. 이것은 Ak판의 말미에 보유(補遺)로서 게재되어 있으나 이에 대한 번역은 생략했다. 또한 칸트가 생전에 저서로서 출간한 ≪인간학≫ 이외에, 그가 유고로서 남긴 인간학에 관한 글들이 남아 있다. 또 한 가지 추가할 말은 원 저서의 주 이외에 특기할 만하다고 생각되는 곳이 있을 경우 주해를 붙였다. 본문에 일련 번호로 표시된 것이다.

마지막으로 본서의 출간을 위해 도움을 주신 분들에게 이 자리를 빌어 감사를 표한다. 이 책은 출판된 지 오래지 않아 절판되었다. 책을 구할 수 없느냐고 개인적으로 여러 번 문의를 받았지만 해결할 수 없었다. 이전의 울산대학교 출판부장이였던 김 진 교수의 도움으로 다시 책을 내게 되었다. 전체적으로 내용변경은 없으며 몇 개의 오탈자에 대한 교정이 있었다. 아울러 이 책이 나오기까지 여러모로 애써 주신 출판부 임직원 여러분들에게도 감사를 드리고 싶다.

2014년 2월
부산대 미래내골 연구실에서
옮긴이 씀

인명 색인

항목 색인